天台宗典編纂所 編

續天台宗全書

顯教6 法華玄義伊賀抄 下

春秋社

續天台宗全書（第Ⅱ期第九回配本）顕教6　法華玄義伊賀抄　下　解題

今回は『法華玄義伊賀抄』第七より第十終わりに至る四巻である。ただし第七と第十巻は各々上下巻に分けられている。なお、『三大部伊賀抄』六十五冊中の『摩訶止観伊賀抄』十巻については、『続天台宗全書』顕教1・2として既刊。また『法華玄義伊賀抄』十巻も、顕教4（上・一〜二）・5（中・三〜六）として既刊であり、今回刊行の顕教6（下・七〜十）を以て完結となる。

法華玄義伊賀抄

Hok-ke-gen-gi-i-ga-shô.

〈撰者〉 伊賀往生院祐朝撰（底本扉朱書）。

〈異名〉 玄義鈔。玄義伊賀抄。法華玄義鈔。玄義見聞。

〈成立〉 明記なし（鎌倉末期か）。

〈底　本〉 叡山文庫仏乗院蔵、二十二冊写本（重複冊も含）。

〈対校本〉 ㋑＝東叡山護国院蔵、七冊写本（缺巻あり）。

㋺＝叡山文庫真如蔵、九冊写本（缺巻あり）。

〈校訂者　武　覺超〉

本書は、天台大師智顗（五三八〜五九七）『天台三大部』（『法華玄義』『法華文句』『摩訶止観』）中の『法華玄義』及び荊渓大師湛然（七一一〜七八二）『法華玄義釈籤』の注釈書である。その注釈形態は、『玄義』『釈籤』の内容上の問題点について、主に論義の問答形式を用いて記述している。中世日本天台における三大部研究の成果が広く深い内容としてまとまっており、重要な注釈書である。

著者　本書の著者は、底本扉朱書に「伊賀往生院祐朝撰」とあるが、これは後筆のものである。しかし本書を祐朝編とする記述は、小野逢善寺定珍（一五三四〜一六〇四）撰『日本大師先徳明匠記』（仏全一一一）所収の「伊賀抄見方」（二八〇〜二八一頁）・「伊賀抄事」（二八二頁）があり、『台祖撰述密部書目』（仏全二）にも解説されている。しかし祐朝自体の生没年代は不明である。

「伊賀抄見方」と「伊賀抄事」に関しては、既刊の『止観伊賀抄』や『玄義伊賀抄』の解題にも取り上げられ、既に大久保良順氏・野本覚成氏・山口興順氏の詳しい論考があるので、詳しくはそちらを参照していただくこととし、ここでは今一度再掲し『伊賀抄』把握の一助としたい。

○伊賀抄事　討運法印記云。江浜宏海仰云。伊賀国山田郡往生院ト云山寺アリ。此寺ノ学頭良意僧都〈仮名三河〉。静明等三人ニ値ヒ被申。弟子祐朝〈仮名下野。良意弟子。〉此両人ハ天台恵心流ノ嫡家静明心賀心聡三代ノ御房ニ多年同宿申シテ彼ノ法談ヲ聴聞ス。山洛都鄙ノ明匠達モ此法席ヘ出仕ヲ遂グ。祐朝僧都伊賀ノ国常明寺ト云山寺ヘ夏中二十余年通テ被遂談義。此弟子ニ宏賢僧都ト申人。往生院ノ聖教ヲ蒙テ免許被書写云云　先師宏賢没後ニ宏海僧都武州金鑽ヘ取下ス。此ノ聖教ハ祐朝宏賢宏海云云

○伊賀抄見方　此抄伊賀国往生院祐朝被書。故名伊賀抄。

　○傳云者。静明御事也。

　○仰云者。心賀御事也。

　○示云者。心聡御事也。

　○師云者。三河僧都良意御事也。

　○私云者。祐朝御事也。

　○東陽者。中島院主本所也。

　○知足者。良俊。三井寺坊號也。此坊弥勒所感作之。學匠たべと云。祈誓するに。知足坊自然出来せり。

　先ず「伊賀抄事」であるが、冒頭の「討運法印」は『天台名匠口決』(仏全十八・二八一頁上段)にもその名が見られ、そこでは「金鑽談所の能化」とあり、金鑽大光普照寺第十一世(—一四四二—)である。この『三大部伊賀抄』は、伊賀国山田郡往生院という山寺で著されたとあるから、当時の伊賀国で天台三大部に対する広範かつ精緻な学問研鑽が行われていた事実を知るのである。ただ野本氏が言われるように、『伊賀抄』では静明以前の論義記録が多く用いられ、引用される人師も五十名を超えることから、静明等が伊賀で講談したのではなく、編集し講伝された場所が伊賀ということであろう。

往生院と諸人師　伊賀国往生院の開創は、『本朝高僧伝』によれば覚弁(建久末年一一九九没)とされる。覚弁は毎年、天台五時説に則った講義(五時講)を行っていたことが、建仁寺栄西の『興禅護国論』や三井寺慶政の『閑居友』にあり、『本朝高僧伝』はそれらをもとに書かれたであろうと思われる。

　『本朝高僧伝』によれば覚弁の出身について、「不詳何許人」とあり、詳しいことはわからない。覚弁は往生院の第一世ともある。比叡山で天台の教えを研鑽し、善男善女に結縁の機会を与えるため、毎年春分に国内の名僧を招き、華厳時から始まり涅槃時を以て終わるという、天台の五時説を敷衍する所謂「五時講」を開講したという。そして建久末年(一一九九)二月十五日(涅槃日)に、自ら涅槃経を講じ、終わるとともに高座上で亡くなったという。覚弁は、確かに伊賀国往生院で活躍した高僧に

は間違いないであろうが、『興禅護国論』や『閑居友』には第一世とする記述がないことや、奈良県教育委員会編『奈良県大般若経調査報告書』などによれば、覚弁を往生院の第一世とするよりも、むしろ南都法相系寺院あるいは真言系寺院としてすでに存在していたと見る方が妥当であろう。

次に、編者と思われる祐朝であるが、恵心嫡流の静明(一二四〇～一二八六)・心賀(一二四三～一三一〇)・心聡(一三〇九～一三六四)に、少なくとも四十年随聞した良意と共に三大部の形に編集したと思われる。(「伊賀抄見方」にはその他に、中嶋院主長豪・東陽座主忠尋・知足坊良俊などの名が見られる)。

祐朝が師事した静明は、長豪・忠尋と継承された恵心嫡流の法系に連なる。忠尋の弟子に相生皇覚があり、皇覚より範源・俊範へと法灯が受け継がれた。なかでも静明は灯明院承踰・花林坊俊承・毘沙門堂経海らと共に俊範門下の四上足に数えられる。また静明は、京都東山粟田口に住し一流を開いた。静明の弟子にも四人の上足がおり、惟暹は横川恵心流、静運は行泉坊流、政海は土御門御門跡流と号した。

心賀もまた静明門下として、正統を継いで心聡・心栄と次第相承し、後に天海・公弁等へと法脈が流れていく。

因みに『伊賀抄』の記述に依れば、静明・心賀・心聡と相承した教えが、良意・祐朝・宏賢・宏海へと受け継がれたことになる。その意味ではこの法系を伊賀流と名づけても、また可なるべきものかとも思う。既刊『玄義伊賀抄』上の解題に諸流法脈の系譜があるので、併せて参照していただきたい。

本書の流伝について

ところでこの『伊賀抄』は、宏海の時に金鑚(埼玉県児玉郡、金鑚山大光普照寺)に「取下」されたと言われる。それ以来の写本系統が、今日の現存写本である。「取下」すなわち取り下されたというのは、往生院での研鑚活動が金鑚へ下向したということと考えられる。既に大久保氏も疑問を呈されているように、何故『伊賀抄』が伊賀から金鑚へ取下されたのか。

この問題の前に、先ず伊賀往生院の立地条件を見てみたい。往生院は中世末に断絶したが、伊賀国山田郡の千戸、現在の三重県阿山郡大山田村大字千戸にあったことが報告されている。往生院があった千戸は、また「千戸別所」とも呼ばれた。山口氏も指摘している通り、千戸の所在する山田郡を流れる河川を利用して東大寺復興用の資材が運ばれているし、何より俊乗房重源によって山田盆地の東端に新大仏寺という大伽藍も建立されている。新大仏寺は東大寺を本寺と仰ぐ「伊賀別所」とも呼ばれ、「千戸別所」と同様に特別な場所であった。

別所とは、特定寺院または私領主の容認によって、宗教施設の建設や自行化他の活動がなされた場所をいい、一方、造営国料の管理、造営資材の集積運搬などさまざまな機能をもち、大勢の人が集まる場所でもあった。往生院の名が示すように、文字通り西方往生を願って修行する場という意味で付けられたのであろう。伊賀往生院は天台系の学僧が活躍した所であるから、その念仏は止観業中心の助念仏が中心であったとも考えられる。ただし前述の覚弁が毎年春分に五時講を開講し、四衆に結縁させようとした記事からすれば、助念仏とは言え西方往生を人々に布教したと考えることもできる。つまり別所とは、単なる教学研鑽の道場という意味合いだけでなく、むしろ人々に仏縁を説く教化の場であったとも言えるからである。

そのような研鑽結縁の場であった往生院が、どのような因縁で関東金鑽へ下向したのか、もしくはせざるを得なかったのか。もちろん、当時隆盛になりつつあった関東天台の教学の不備を補うためということもあろう。しかしそうであるならば、往生院をはじめとする伊賀流天台の人師が関東に赴き化導すればよい話しである。往生院は一四世紀末を以て、その名が史実から消えてしまうのであるが、その理由を山口氏は「悪党」跋扈からの退避によるものと推測されている。

伊賀国は十三世紀後半から、別名「悪党の時代」といわれるほど、悪党の活動が顕著になる。『東大寺文書』によれば嘉暦二年(一三二七)に、千戸別所の住人左近入道蓮日と子息の彦三郎の一党が、隣郡の東大寺領阿拝郡内保庄に乱入し狼藉を行ったとある。千戸に悪党が存在したということである。このような世情不安の中では、落ち着いて学問研鑽や布教をすることは困難であろう。金鑽への下向は、伊賀流天台の存続のために、もはや避けることの出来ない道であったと推測される。

[参考]

『正続　天台宗全書　目録解題』(春秋社刊)
続天台宗全書『摩訶止観伊賀抄』解題
続天台宗全書『法華玄義伊賀抄』解題
野本覚成稿「伊賀流(恵心流)天台学の系譜」(『天台学報』第三二号所収)
山口興順稿「伊賀国往生院について―在地との関係を中心に―」(『天台学報』第三九号所収)
山口興順稿「中世天台教学の一拠点・伊賀国往生院について―新出・護国寺蔵『大般若経』奥書等による成立事情の再考―」(多田孝正博士古希記念論集『仏教と文化』所収)

(小林順彦)

内容　本書の内容は、『法華玄義』および『法華玄義釈籤』第七より第十終わりに至る四巻である。ただし第七と第十巻は各々上下巻に分けられている。各巻の項目数は、巻第七－上86項目、同－下144項目、巻第八201項目、巻第九95項目、巻第十－上88項目、同－下77項目となっている。なお詳細な項目は、各巻に目次を付してあるので参照されたい。

先ず本書の巻第七は、本門十妙を解釈する「六重本迹事」から始まっている。これは現行の大正蔵経所収本や『天台大師全集』本とは巻の区切りが異なっている。本文中に「唐本」を参照した記述も見られるし、これとは別に日本において、この時代に流布していた『法華玄義』『釈籤』が基本文献であったことが判る一例である。なお大正蔵本『釈籤』の対校甲本である日光輪王寺蔵本は巻第七で、本書と同じ巻区切りである。

次に、巻第八は、通名を解釈する部分で「経」の一字を説明するところから始まっている。巻第九は、円門入実の観、つまり円教入門の観について解釈する所から始まっている。巻第十は、教相を解釈する所から始まり、終わりまでとなっている。なお、本書ではしばしば引用文に頭注が記されている。翻刻では圓〇〇と行間注記しているが、これは本書が参考にしたであろう『法華玄義』『釈籤』の丁数と思われる。

本書の注釈形態は、前巻と同様に『法華玄義』『釈籤』の内容上の問題点を事書形式に見出しとして、主に問答形態を用いて記述されている。但し『補注』や『備検』の引用・援用のみ記述されている場合も少なからずある。

次に、本書における特徴ある諸説を二・三列挙してみよう。

先ず、巻第七－上の初めは、事理・理教・教行・体用・権実・已今の「六重本迹事」を説明する。中でもNo.15六重本迹に迹門の十妙を摂する次第事など簡潔に説明されている。また特にNo.18十妙義には、

私云。此ノ義科ハ諸宗ニ不レ云事也。六重本迹ハ詮ナル也。迹門ハ諸經ト可レ同有レ異。本門ハ一向永異也。故ニ本門カ今ノ義科ト被レ云也。以ニ第六已今本迹ヲ一為レ本ト。前五重ハ作事也。故ニ第六ヲ不レ可レ離。天月ハ本也。水ニ移ルハ迹也。水月又物ニ移事有レ之。移ル物ヲ出テ本迹ヲ作也。得ニ已今本迹ヲ一後ニ立還テカクモ作ラントト云也。得ニ本門ヲ一已ヌレハ迹外ニ無レ之。迹則本也ト云故ニ本迹雖殊等云也。本門已前ニハ無ニ此義一故ニ有ニ淺深一也

と言われ、また終わりには「示云。本ト者。無作ノ顕本也。本因妙ト者。本有ノ菩薩界無縁ノ慈悲也。本果ト者。無作ノ三身也。本国土ト者。常寂光也」と説述されている。

あるいはまた、No.20補処智力事には、答の注記に「西塔。僕抄。楽音坊」が見られたり、「威勝房云」「師云」「仰云」「中嶋院主長豪云」「相生注云」「示云」「新懐云」「知足坊云」など諸説が述べられている。この論題は、『宗要集』を始め多くの論義書にも取り上げられるものであり、また『法華玄義伊賀抄』

上（一－五）（№47・48）なども合わせて検討すべき部分と考えられる。当然のことながら本迹同異についての問題を考える上で重要視されるところである。

　また№52玄云。或言。道樹天衣為座事〈此題ニ云レ有ニ四尋一〉にも注目すべき人師の諸説が散見される。例えば、「問。通教ニ明ニ草座成道一ヲ耶」部分には、「尊均」「西塔云」「東陽云」「義云」「有云」などが見られ、また「問。通教ノ仏。草座天衣並座ル歟」には「威抄」が見られ、また「問。通教仏以レ何為レ座耶二算」には、「円頓止観二云」「楽音坊義此流同レ之」とあったり、また「答。正舜法印云。此ハ西塔ノ五時講ニ慶詮カシタリシ論義也。弁祐ハナシタリシ也。其時法橋先達ニ被レ出タリ」とあり、「義云」「講師泰円」「私云」「明禅、最勝講ニ問レ之」ともある。また「問。通教仏。以テ二蓮華一ヲ為レ座ト耶」に割註されて「勧学講一問。備後阿闍梨明遍放レ之。明遍ハ皇覚ノ御弟子也」とあり、「正舜法印云」が見られる。

　また№55の内「通教明受職灌頂耶」部分にも、諸師諸説が記述されている。「西塔義云」中には「静厳律師」が見え、「示云」中には「西塔ニハ…北谷ニハ…」とあったり、また「東尾ノ講ノ時ニ永弁 北谷 法印ハ如レ此被レ申」ともある。また「楽音坊 尋云。法城寺ノ竪義ニ。寺ノ信奏。通教ハ灰断教ルカ故ニ不レ明ニ受職灌頂一ヲ云云」とあり、「性舜法印云ク。無下ニ術尽タル義也。凡理モ不レ聞。サレハ静厳題者トシテ灰断ノ教ナランカラニト難セシカハ全会釈シャリタル事無リキ。是中堂番論義ニ快範已講セラレタリ。」などと記述され、さらに「楽音房難云」や答え部分に「東尾ノ二位ノ已講。対ニ実信一云ク。古円定法眼云ク。…太上ノ義ニテ有ヤラン 知足房同レ之」ともあり、また「新懐云」「仰云」などが見られ、灌頂儀式や灌頂の解釈など、次№56灌頂ハ俗家ヨリ起事やその後も合わせ見ることで、「受職灌頂」や「立太子灌頂」の研究資料としても貴重である。

　また№65一成一切成事 三身義。一算。五算 には、1三身遍不遍事、2一生入妙覚ノ有無事、3三周ノ声聞今日唱八相歟、4四句成道事、5竜女ノ成道ハ三周ノ現成明証事、6円教ノ意。不シテレ調レ機速ニ入ニ妙覚一ニ歟、7因円果満ノ成道事、8等覚位ニシテ多劫ノ間調ニ妙覚分ノ機一歟、9内証外用必同時ニ開発ル歟、10二乗与物結縁ハ記中ニ於論レ之事、11一仏成仏ル時。法界ノ衆生皆成仏ル耶事、12正報成仏ル時。依報モ成仏ル歟。以上この論義おける重要問題点の十二箇条が明示されている。

　また№69三本国土妙下の中には、四種仏土同異について「此ハ横川ノ賢範ニ常楽院僧都御房。勧学講ニ被レ授論義也」とあり、また「物語云。法性寺ノ三十講ニ。有人。常在霊山ト云ハ四種仏土ノ中ニハ何ソ耶ト問ニ。雅円カ答ニ。常在ト云カ故ニ。実報ソト云テ見聞ノ者ニ被レレ笑ケリ。意ハ娑婆ヲモ常在ト云カ故也」とある。また№71には、問答の後に「玉抄云」「永心云」「円融房云」「妙覚坊云」「月蔵坊云。

桓舜精云」が併記されている場合もある。この巻第七－上は、本感応妙まで収載されている。

次に巻第七－下は、本門十妙の本神通妙より始まっている。中でも眷属妙義に関わるNo.15玄。地涌千界皆是本時応眷属也事は、多くの頁を割いている。ここには「此流云。先ノ西塔義ハ三世料箇門ノ意也」や「物語云。昔行学騒動有リケルニ。神輿中堂ヘ振上タマヘルニ。法楽ニ修ルニ八講ヲ。皇覚ノ弟子弁然。地涌ハ本時ノ応眷属ト答ケレハ。諸人殊勝也ト云テ満ニト法楽ニ云云 経蔵房法橋」ともあり、注目される記述も見られる。またNo.70玄云。不必皆顕本事は、新成顕本の論題として重要問題であり、ここでは「示云」「口伝云」「私云」などが見られ、さらにNo.71以下においても「四句成道」「証道八相」など関連する問題について貴重な記述が見られる。

またNo.118蓮華下より蓮華の解釈となる。ここには「三箇大事」の記述があり、またNo.122には、「庄仰云」「師云」「仰云」「僕抄云」「示云」などが見られ、中でも「僕抄云。此ハ常住院座主。庚申講ヲ被レルル行時。肥後阿闍梨明遍問ニタル俊養坊増恵ニ論義也。…」という記述も注目される。また本巻奥書識語には「於ニ武州金鑽談所ニ見ニ聞之ニ 心俊」とある。

次に巻第八は、通名を解釈する部分で「経」の一字を説明するところから始まっている。本巻には「尊抄」「知足坊」の諸説が多く見られる。No.4迦葉仏説法堂事には「日本ノ四天王寺ハ迦葉如来ノ転法輪ノ処ト云ハ。実ニハ迦葉如来ト云フ仏来リタマフ歟」の記述が見られる。次にNo.47顕体下となる。この巻でも語句説明には『補注』『備検』が多用されている。No.120一法異名下よりは、四教四門の教理について様々な解釈が見られる。

次に巻第九は、円門入実の観を明かすところより始まっている。No.4玄云。別門体ニ滅ニ生死色ニ。次第滅ニ法性色ニ。通レ中事は、比較的長文の問答が記述されている。またNo.18籤云。当レ知偏教皆名為レ邪事についても関連する問題が多岐に亘り長文の問答となっている。またNo.24における案位進入の二種開会についても詳しい記述内容である。さらにまたNo.39以下は四教四門の麁妙を問題として、被接義など関連した様々な解釈が施されている。またNo.52は涅槃経の文の解釈について四教五味説などが記述されている。なお本巻には「円師」「良師」の説が目を引く。さらにNo.57宗下より明宗になる。またNo.77用下より論用となっている。No.85十住顕一事やNo.89本門十重顕本事などは、多くの有用な問答が見られる。

次に巻第十－上は、釈教相義より始まる。No.5には「大上法橋云」「勝陽房故座主御房」「寛印供奉」「良師云」などが見られる。またNo.6には「顕法華義抄三云」「阿弥陀坊云」「義云」などが見られ、またNo.7・8・9・10など華厳経説処などに関して多様な説述が見られる。その後には阿含・浄名・般若など種々に記述されている。またNo.19以下には声聞や菩薩義について様々に問題点が説述されている。No.29には法華教主については、一乗義としての問題点を含め「一義云」「師云」「尊均云」「私云」「円師云」「良師云」「皇云」などが散見され、さらに「法華ノ教主ヲハ三身中ニハ応身ト可レ云也。サレハ上古経蔵房モ応身トノタマヘリ。然ニ彼ノ御房ノ弟子ニ二人アリ。持乗房。竹中也。其経蔵房存生ノ時ニ。門徒皆応身ト云リ。滅後ノ時。竹中カ報身ト云ヘリ。時ニ持乗房。竹中ニ語テ云。汝ハ経蔵房ノ面ニ軟ヲハ出ト。存生ノ時ニ応身ト伝テ。没後ニ報身ト云ト申テ論給リ。其モ此心ニテ云ケル也。此義ヲ委ク云ク。法華ノ教主ハ上古ヨリ論ル事也。」とあり興味深い記述も見られる。なおここでは華厳教主にも触れられている。あるいはNo.31・32では華厳における仏・菩薩義が議論されている。No.34以下は異解に当たり、No.39以後は明難であり、有相教・No.47無相教が議論される。なお去取の部分についてはNo.79以後僅かでである。

次に巻第十一下は、判教相が主である。No.1五判教下　五味義、No.2大綱三教下、No.3天台大綱。決一は、日本天台における教相義を検討する上でも重要である。またNo.6頓教下・No.9二漸教下・No.15三不定教下など、さらにその後に議論される不定毒発義など有益である。またNo.40玄。初能生レ後復是於レ入事の部分は、本巻でも特に長文で多様な議論が記述されている。

またNo.42の共般若不共般若義についてや、No.56玄云。已有密悟無生忍事も比較的多くの頁を割いている。またNo.58文中の後番五味の説示には、「松井法橋ハ此ノ論義ヲシタリケレハ。問答共ニ八箇年ノ間ニモ説ト権教ヲ共許シタリケレハ。腹立シテ北向ニ居テ証義ナカラ一言モ不レ云。皇覚ハ聞レ之。長耀カ不レハ知道理也ト云云」といった面白い記述も見られる。またNo.72章安私録下について記述されているが、ここでも多様な問題点についての議論が見られる。

今回翻刻の『法華玄義伊賀抄』は、叡山文庫仏乗院蔵本・東叡山護国院蔵本・叡山文庫真如蔵本の写本三本を使用したが、その他にも未検討の身延文庫蔵本もあり、今後研究する必要があるだろう。

（藤平寛田）

編纂だより

日本天台において天台三大部の注釈書は『三大部伊賀抄』の他、証真撰『三大部私記』三〇巻がある。伊賀抄も当然この私記を引いているが、その特徴は問答形式であることに加えて祖師先徳の御抄や御義が随所に引かれていることである。これは日本中古天台教学の展開を研究する上で極めて重要な文献となる。今回の配本で『三大部伊賀抄』のうち、止観と玄義が揃い、残る文句伊賀抄の刊行が俟たれるのであるが、これは第三期『続天台宗全書』で刊行予定である。

續天台宗全書　顯教6　法華玄義伊賀抄　下　目次

引用文註　略號

（天玄）一〜五　……………『天台大師全集』**法華玄義**一〜五
共通、舊版『佛教大系』法華玄義
（天文）一〜五　……………『天台大師全集』**法華文句**一〜五
（天止）一〜五　……………『天台大師全集』**摩訶止觀**一〜五
共通、舊版『佛教大系』摩訶止觀

（卍續）……………………舊版『大日本續藏經』
（大正藏）…………………『大正新脩大藏經』
（傳全）一〜五　…………新版『傳教大師全集』
（佛全）……………………舊版『大日本佛教全書』
（續天全）…………………『續天台宗全書』

『續天台宗全書』編纂趣旨

1　天台宗全書刊行の目的は、天台宗の教学・歴史を学ぶに必要な典籍を網羅し、出来得る限り研究の便に供するにある。けれども、天台宗開創以来一二〇〇年に亙って伝えて来た諸寺の宝庫に所蔵されている書籍は極めて多く、『續天台宗全書』数百巻の刊行を必要とするほどであり、これに中国天台さらに経典の注釈書を加えると、なお多くの刊行が必要となろう。このような大規模な出版計画は、短期間に完成し難い。今回の刊行は前『天台宗全書』（昭和十年～十二年発刊）に続くものとして計画したものであり、一応第1期十五冊・第2期十冊合わせて二十五冊とした。第2期完成後は、第3期第4期と継続する予定である。

2　編纂の基本方針は、入手された中で最も重要と思われる書籍の刊行を主とし、貴重珍稀な写本と重要希少な木版刊本を選択したが、すでに刊本が流布する書であっても重要と認められる書については採択した書もわずかながらある。

編纂上、諸典籍を顕教部・密教部・論草部・口決部・円戒部・法儀部・神道部（山王神道）・史伝部・寺誌部・修験部・悉曇部・雑録文芸部の十二に分けた。刊行順序は、出来るだけ成立の古い書籍から出版するのが望ましいが、その順序に従えなかったものもある。

3　明治以来、活版印刷によって流布した書籍については、天台宗の根本経疏であっても重複を避けて選択採用しなかった書籍が多い。すなわち、前『天台宗全書』はもちろん、『大日本校訂縮刻大蔵経』（縮蔵）、『大日本校訂訓点大蔵経』（卍蔵）、『大日本続蔵経』（続蔵）、『大正新修大蔵経』（大正蔵）、『大日本仏教全書』（仏全）、『日本大蔵経』（日蔵）、『伝教大師全集』『智証大師全集』『恵心僧都全集』『慈眼大師全集』『群書類従』『続群書類従』等の中に収められる書籍は、原則として省略し採用しなかった。

4　書籍の翻刻には、厳密なる校訂のもとに確定本が作られる必要がある。異本の対校には出来る限り努めて訂正注記した。

凡例

使用文字

1　翻刻に当たり、原則としてすべて正字に統一した。しかし正字であっても、さして用いられない文字の場合は、通用の旧字体を用い、また別体字は生かして用いた。固有名詞は俗字・異体字でも使用した場合がある。

返り点・送り仮名は原典を尊重しながら表記統一を行い、句点「。」と中点「・」のみを適宜に付した。

傍注は、原則的に右側の行間に記した。

〔表記例〕

岳嶽天台五臺山。辯辦辨總綜燈灯〔凡例2c　辨總㋑［ナシ］〕。以レ邑ヲ爲レ氏〔凡例2c　「㋑子孫因〕。

「穎〔凡例3b　（穎カ）〕川ハ郡ノ名。」〔凡例2b　「」㋺［ナシ］〕〔在リ二豫州ニ一〔凡例2b　㋺㋩〕〔凡例3a　豫州㋺許州ノ西〕秦ノ所レ置ナリ也〔凡例4b　㋩［朱］有穎河〕〕

「謂フ二照了ノ分明ナル體達ノ無礙ナルヲ一。」〔凡例3a　「」㋑照了分明。取二譬ヲ於日一體達無礙〕法華ト花儼〔凡例3b　（ママ）〕經。

宼〔凡例1〕澄筆跡名蹟亓迹也〔凡例4a　イ大師傳也〕

〔　〕および「は対校本の挿入

（　）は参考注記（本文中では対校注記）

「　」『　』は範囲指示

2　**脱字・加文の注記**（表記例参照）

脱字・脱文、加字・加文の場合の挿入・注記。

2a　対校本は㋑・㋺・㋩等を用いて表示し、各書目末にその対校本の所蔵処と種類を明記した。

2b　底本に長脱文ある場合は、〔　〕を用いて本文中に対校本加入文を加入して㋑・㋺・㋩等で出典の対校本を表示した。対校本に長脱文ある場合は、脱文相当を「　」で囲み、対校注を［ナシ］で表わした。（例）「」㋺［ナシ］

2c　対校本加入字の傍注は、「㋑㋺㋩□□□などとした（原則的に短文）。対校本脱字の傍注は、本文の横に相当脱字を小文字で指示し、［ナシ］で表わした。（例）辨總㋑［ナシ］

3　**校異文字の注記**（表記例参照）

置き換え字・文（文字が対校本で異なる）の場合の傍注。

3a　3文字までは、本文の横に相当文字を小文字で指示し、続けて傍注した。（例）傳㋺傅

4文字以上の場合は、相当文を「　」で囲み、傍注した。

（例）「」㋑□□□□

3b　（ママ）（□カ）は、異読文字の校訂者注。

4　**原典注の表記**（表記例参照）

原典に記されている傍注等の表記。

4a　底本および対校本に元来ある短文傍注は、あるままに印刷してあり、○のないイが付されている場合がある。

4b　［朱］は朱書き、［押］は付紙、［裏］は裏書、［頭］は頭注を示し、長文注記の場合は2字下げて本文同様に印刷した。

朱書は［朱書］、付紙は［押紙］、裏書は［裏書］、頭注は［頭註］

法華玄義伊賀抄 全10巻22册 對校本表

收錄巻	巻號	册No.	佛乘院本（底本）	護國院本（對校㋑本）	眞如藏本（對校㋺本）	○は現存使用 備考
法華玄義伊賀抄 上 顯教4	1－1	1	○	○	○	1－7は底本、㋑㋺本ともに1－1（44～55）、1－2（1～33）重複のため不使用
	1－2	2	○	○	○	
	1－3	3	○	○	○	
	1－4	4	○	○	○	
	1－5	5	○	（缺本）	○	
	1－6	6	○	（缺本）	○	
	2－上	7	○	○	○	
	2－下	8	○	○	（缺本）	
法華玄義伊賀抄 中 顯教5	3	1	○	（缺本）	○	
	4－上	2	○	（缺本）	（缺本）	
	4－下	3	○	（缺本）	（缺本）	
	5－上	4	○	（缺本）	（缺本）	
	5－下	5	○	（缺本）	（缺本）	
	6－上	6	○	（缺本）	（缺本）	
	6－下	7	○	（缺本）	（缺本）	
法華玄義伊賀抄 下 顯教6	7－上	1	○	（缺本）	（缺本）	
	7－下	2	○	○	（缺本）	
	8	3	○	○	（缺本）	
	9	4	○	（缺本）	（缺本）	
	10－1	5	○	（缺本）	（缺本）	
	10－2	6	○	（缺本）	（缺本）	

法華玄義伊賀抄　下

伊賀往生院祐朝撰

法華玄義伊賀抄七上　目錄

29玄云。引₂若有衆生來至我所文₁證₂感應妙₁事
30五廣下
玄云。若能解ㇾ迹則亦知ㇾ本事
31玄云。本極法身微妙深遠。佛若不ㇾ說。彌勒尙闇事 四箇大事。本迹同異自ㇾ是云事也
32玄云。惠命卽本時智妙事
33〔玄〕我本行菩薩道事
34籤云。一句下結₂本因四義₁事
35玄云。昔爲₂陶師₁值₂先釋迦佛₁。三事供養事
36玄云。旣不ㇾ明₂斷惑₁。知是三藏行因之相也事
37玄云。值₂燃燈佛₁五華奉散事
38玄云。藉草事
39玄云。並云₂斷惑₁。故知通佛行因之相也事
40引₂燃燈授記₁證₂通佛行因₁事
41玄云。躍₂身虛空₁。得₂無生忍₁事
42玄云。引₂寶海梵士記₁證₂別圓行因₁事
43籤云。先授₂寶海記₁事 如₂疏二₁。四算
44籤云。修一圓因感一圓果事
〔玄〕文云。本果圓滿久在₂於昔₁事
45玄云。一近故。二淺深不ㇾ同故。三被ㇾ拂故事
46玄云。引₂盡行諸佛所有道法文₁證₂本實成₁事

47玄云。初住不ㇾ得ㇾ稱₂悉具₁事
48玄云。本果圓滿久在₂於昔₁事
49玄云。三十四心見思俱斷事
50玄云。唯有₂此佛₁無₂十方佛₁文
51籤云。俱舍婆沙智論所ㇾ明三祇四階事
通佛果成下
52玄云。或言。道樹天衣爲ㇾ座事 此題云ㇾ有₂四尋₁
53籤云。道樹天衣具如₂大品₁事
54玄云。一念相應惠。斷餘殘習事
55玄云。大品中說₂共般若₁時。十方有₂千佛₁現○亦是他佛事
通教明₂受職灌頂₁耶
56灌頂俗家起事
57法相宗破₂眞言₁事
58〔玄〕或言。寂滅道場七寶華爲ㇾ座事 別敎下
59玄云。身稱₂華臺₁。臺千葉上事
60玄云。十方放₂白毫及分身光₁等事
61玄云。華臺名₂報佛₁。華葉上名₂應佛₁事
62玄云。報應但是相關而已。不ㇾ得₂相卽₁事
63玄云。報應但是相關而已。不ㇾ得₂相卽₁。此是別佛果成相也事
64籤云。或言道場虛空爲座等。亦如₂華嚴普賢觀₁事

(以上目次新作)

〔法華玄義伊賀抄七-上〕

法華玄義第七抄〔上〕

嘉慶三年(一三八九)己巳五月四日始レ之

1〔六重本迹事〕

師云。大雙紙ノ第四云俊仰云。玄ノ七ノ六重本迹ハ假設ノ本迹也。事成ノ邊ヲ沙汰シタル也。如レ此次第ニ多ノ不同ヲ立テテ法體ヲ蓮華因果ニ結成シタル也。蓮華因果ノ時ハ法體法爾ノ久遠實成也。六重等ノ意ハ。顯本スル佛モ有レ之。不レ然モ可レ有レ之。論ルニ事成久近ヲ下タナルカ故也。蓮華因果ニハ皆一切ノ佛可ニ顯本一也。而ニ其內ニハ顯不顯又歷歷ト可レ有。十重ノ中ノ住迹顯本等ノ如キ也

尋云。六重本迹ノ樣如何

仰云。六重本迹ノ中ニ。第一ノ事理本迹ニ久遠本地ノ事理也。只點一法二諦宛然ノ位也。(天玄二、一五五。釋籤)此事理本迹ヲ爲レ機ニ說ケハ。理教本迹已下。第五ノ權實本迹ニ至テ有レ之也。此ノ五重ノ本迹ヲ爲レ機ノ設レハ之。迹ノ中ノ本迹ト被レ云也。地體ハ五重ハ皆本門ノ本迹ナレトモ。爲レ機ノ設レハ之迹ト被レ云也。久遠本地ノ佛果ノ內證ノ五重ノ本迹ハ。本迹共ニ皆本ト被レ云也。此ヲ已今本迹トハ云也。已迹今本也

尋申。體用本迹ノ時ハ。體ヲ得ト者。全ク得ニ久遠ノ本果一ヲ也。何尚屬レ迹ニ耶

仰云。體ハ久遠ノ本果ナレトモ。約レ機ニ得レカ之故ニ屬レ迹ニ也

尋云。立ニ六重本迹一ヲ故如何

答。立ニ六重本迹一ヲ故ヘハ。爲メ取ンニ第六ノ已今本迹一ヲ也。今本者佛內證ノ功德也。今所ノ立本門ノ十妙ト者。今本ノ中ノ十妙ソト云也料ニ釋レ之也

示云。六重本迹ノ大綱ハ。前ノ五重ハ爾前。迹門。本門ニ亙ル也。第六重ハ本門ノ意也。依レ之籤云。(天玄四、三七三)前之五重通レ已通レ今通レ本通レ迹文又第六ノ已今本迹ハ無ニ別體一。前ノ五重カ本時ニ有レハ已今ト云也。已ト者本也。今ト者迹也。又已ハ爾前。迹門。今ハ本門壽量也。解釋此意見リ。此二重ハ下ノ說法妙ニ有レ之。玄次下云。(天玄四、四三八)已說爲レ迹。今說爲レ本(久本)。已本今迹(第二番已後)。俱迹俱本云云

一。理事本迹。理ハ本。事ハ迹也。理者一念。事者三千也。此理事ハ法體ヲ云也。未レ起レ機處也。卽取意存略(止觀カ)ノ二諦ト一ッ事也。是ハ內證ノ敎也。當レ知諸法諸佛之師等云ヘル此意也。是ハ無作ノ敎理也。卽理者。從無住本ノ理。卽實相也。心性之敎ハ卽諸法立一切法ト云是也

二。理敎ト者。理ハ卽前ノ事理共ニ合シテ理ト云也。敎者。其理事ヲ對レ機ニ敎ルヲ敎ト云也

三。敎行者。敎ハ本。卽前ノ第二ノ敎也。行ハ迹。依レ敎ニ行ルカ故也

四。體用依ニ前ノ行一ニ叶テ二初住一ニ得ハ二法身ノ理一體也本也。サテ迹爲八相スルハ用也迹也

五。權實內證ノ法應ハ本也。外用ノ法應ハ迹也

六。已今如レ前ノ

2 玄云。理本卽是實相一究竟道事 (頭一)(天玄四、三六四)

尋云。理ヲ何ソ道ト云耶

答。諸佛所行ノ道ナルカ故ニ爾カ云也

尋云。何立ニ行證本迹ヲ一不レ爲ニ七重ト一耶

答。有ハ二敎行一必可レ有レ證。仍敎行ノ外ニハ不レ立レ之也

3 籤云。簡レ通從レ別事 (天玄四、三六四)

私云。別ト者指ニ十妙ノ文段ヲ一歟

師云。六重本迹ノ中ノ前五重本迹ハ久遠ニモ有リ。中間ノ垂迹已後ニモ有レ之通ト云也。別ト者。別シテ最初實得ノ時ノ五重ノ本迹ヲ惣シテ爲レ本ト。中間已後ヲハ惣シテ名レ迹ト也

4 玄云。無住之理卽是本時實相眞諦也事 (頭二)(天玄四、三六七～八)

問。玄文中ニ釋トシテ二六重本迹ノ中ノ理事本迹ヲ一。引ケリ二淨名經ノ從無住本立一切法ノ文ヲ一。爾者。所レ云無住ノ本ト者指ニ無明ヲ一歟 (頭一)(天玄四、三六七)

答。如ハ二本經ノ指ニ無明ヲ一也

進云。如レ題。 付レ之。見ニ淨名經ノ文一。說トシテ二妄想顚倒ノ本一。無住爲レ本 文 (大正藏十四、五四七下) 是可ニ無明ナル一。依レ之彼疏(第八)ニ。以ニ無明ヲ爲ニ無住一ト釋セリ (大正藏三八、六七六下。取意)

答。自レ本所ニ答申一指ニ無明ヲ一也。但至レ釋者。彼淨名經ノ文ハ。文殊淨名ノ問答ノ文也。而ニ彼等ノ大士ハ等覺無垢ノ大士ナレハ。得ルニ二無明法性不二ノ道理ヲ一菩薩ナレハ。無明也トモ實相ト

云ハンニ不レ苦カラ。依レ之。無明以ニ法性一爲レ本。法性以ニ無 頭ニ(天玄四、三三六八。釋籤取意)
明一爲レ本ト釋セリ
難云。猶以難レ思。本經ハ從ニ無明一生ニ妄想顚倒一云テ。無
明ハ迷ノ根本ト成ル事ヲ說ト覺タリ。妙樂何ソ從ニ無明一生ニ法性一ヲ 頭ニ
釋ル耶。況從ニ無明一生ンニ法性一ヲ事ハ不審也。爭カ迷ヲ爲シテレ本ト
生レンレ悟ヲ耶
答。無明法性一如ニシテ無二ナレハ。從ニ無明一生トモ云ヒ。從ニ法
性一生トモ云ンニ不レ苦也。依レ之金光明經云。籤一引レ之(天玄一、二六二) 理性無レ體全
依ニ無明一。無明無レ體全依ニ法性一 文 是卽流轉ノ次第ヲ云
時ハ。法性ヨリ生ニト諸法一ヲ云也。所以ニ。從ニ法性眞如ノ都一迷
出ストス云カ故也。又還滅ノ次第ヲ云時ハ。無明卽法性ト觀シテ悟ルカ
故ニ。無明ヨリ生ニトモ法性一ヲ云也。如レ此分別スレトモ無明法性二
無ケレハ何ヨリ生ト云ンニ不レ苦カラ
示云。從無住本ノ文。當流觀心ノ肝要トスル也。(大正藏九、十九中) 雖ニ一地所生ト
云ヒ。疏ニハ無住ヲ爲レ本故ニ實相ト云 云 大日經住心品ヲモ彼
疏ニハ無住爲レ本故云ニ住心一ト云顯密一同也
西塔學(樂音)恩坊阿闍梨良舜難云。金光明經ノ文ヲ引合テ成ニセハ今

義一ヲ。無明ハ依ニ法性一ニ。法性ハ依テニ無明ニ立ニト能依所依一ヲ覺タリ。
若爾者ハ。非ニ一如ニ如何
答。無明法性一如ナレトモ。且ク無明ト云。法性ト云二名有ル處ヨリ
且ク依ルトハ云也。實ニハ無二也。仍非ニ能所ニハ也。彼氷水二
有トモ如ニ其體ハ一一ナルカ
難云。見ニ本經ノ文一無明無住トハ說タレトモ。法性無住ト云事無レ
之。然一家有ニ何ル據一無明無住。法性無住ト立耶
答。自レ本無明卽法性ソト得ハレ心。說ニ無明無住ニ法性無住ハ
被レ得レ心也
淨名經ノ觀衆生品(大正藏十四、五四七下)中云。又問。身孰タレカ爲レ本。答曰。貪欲(欲貪カ)爲レ本。又問。
貪欲(欲貪カ)孰タレカ爲レ本。答曰。虛妄分別爲レ本。又問。虛妄分別孰
爲レ本。答曰。顚倒妄想(妄想カ)爲レ本。又問。本(「○カ)。答曰。無住卽無レ
本。文殊師利。從レ本(「無住カ)立ニ一切法一 文
疏八云。(大正藏三八、六七六下) 無住卽是無始無明以(爲カ)。無住卽無レ本者。正言ミ無
明依ニ法性一(「無明カ)。法性卽無レ二(「○カ)無レ別。豈得レ性還依レ性。當レ知
無明無レ本 云 (大正藏十七、九一四上)
大圓覺經云。一切諸衆生。無始幻無明。皆從諸如來。圓覺

心建立文

仁王經云。菩薩未二成佛一時以二菩提一爲二煩惱一。菩薩成佛（大正藏八、八二九中）

時以二煩惱一爲二菩提一文又云。初一念金剛終一念云云（同、八二八下）

問。俗諦ハ事理ノ中ニハ何耶

（頭二）籤云。眞俗是理文（天玄四、三六五）

付ㇾ之。森羅ノ萬法是名二俗諦一。故ニ可ㇾ云ㇾ事ト。依ㇾ之自他宗ノ人師。俗是事法ト定タリ。今何理ト云耶

答。俗諦ト云諦ト者。眞實不虛ノ義ニテ實ナル義ナルカ故ニ。眞俗是理ト云歟。三諦ノ理ト云モ假諦ハ俗諦ノ理也。此釋ハ又次第ニ理事理教教行ト有カ。第二ノ理教本迹ノ時ハ。第一ノ理事本迹ヲ合シテ爲二一ノ理一。第三ノ教行本迹ノ時ハ。第二ヲ合シテ爲ㇾ一。其第二ノ理教ト云ハ前ノ事理ヲ爲ㇾ一。故ニ眞俗ト云ハ理事本迹也。其ヲ第二ノ理教本迹ノ時ハ。第一ノ理事ヲ爲二一ノ理一意ニテ今ハ如ㇾ此釋也伊抄

問。圓教ノ意。法性以二無明一爲ㇾ本可ㇾ云耶

（頭二）籤云。法性復以二無明一爲ㇾ本文（天玄四、三六八）

付ㇾ之。法性ト云ハ無始本有ノ法。凝然不變ノ理也。無明ハ迷眞ノ始。妄想因緣ヨリ起ル故ニ。迷テ法性ニ起ニ無明ヲ。故ニ但以二法性一可ㇾ爲ㇾ本。何法性還テ以二無明一爲ㇾ本耶

答。圓ノ意ハ法性無明其體一ト云カ故ニ爲ルㇾ本ニ無ㇾ失

難云。圓ノ意モ不二而二ノ替ナレハ。而二不二時ハ法性無明一也。不二而二ノ日ハ法性無明各別也。故ニ此時ハ。無明ハ以二法性一可ㇾ爲ㇾ本也

5（頭三）籤云。法性卽無明。法性無二住處一事（天玄四、三六八）

問。玄文ニ如ㇾ上爾ハ。法性無住ノ義テハ妙樂如何釋耶

答。如ㇾ題

付ㇾ之。法性卽無明ナラハ。法性ハ以二無明一爲ㇾ本。何無住處ト云耶

答。此ハ無明ニ無二住處一成ル二法性一故ニ。法性ニ無二住處一成二無明一故ニ。仍無ㇾ失。譬ハ水ハ無二本性一成ㇾ氷ト故ニ。氷無二本性一成ㇾ水故ニ。今又此心也

難云。妙樂ノ釋ヲ見ニ。上ニハ無明ハ以二法性一爲ㇾ本。法性ハ以二無明一爲ㇾ本ト釋シテ。無明法性互有二住處一義ヲ判セリ。今何ソ法性無明無二住處一云耶如何

答。上ハ約ニ相卽一故ニ。無明ハ法性ヲ爲レ本ト。法性ハ無明ヲ爲レ本ト云也。是ハ法性無明不二ル故也。今ハ相卽ノ故ニ無ニ住處一方ヲ釋也。仍同事也

難云。法性無住カ爲ナルトニ無明一ト云ハ。已成ノ佛還作ニ衆生一可レ云歟

答。此事ハ宗ノ大事也。如ニ生佛二界不增不滅（減カ）ノ算一ノ。取レ其首楞嚴經中ニハ灰ト木ト金鑛ノ譬ヲ以テ成セリレ之。灰還不レ成レ木ト。薄還テ不レ成レ鑛ト。如シ三佛還テ不レ成ニ衆生一也

難云。如ハ二首楞嚴經一有ニ住處一成ス如何

答。一ニハ。佛還テ不レ作トモニ衆生一ト。得レハ二一如ノ道理ヲ一無明ニモ不レ留。法性ニモ不レ留。心地ニ住ヲ云也。二ニハ謂ク。法性ニ無レハニ住處一。普現三昧ノ時現ニ九界ノ身一也。九界ニ無レハニ住處一。還住ニ法性一也。三ニハ。悟ト云ハ十界一念ト得也。而ニ法性無住ナレハアリケラ等ハ自迷自起スル也。是一念ノ方ハアリケラモ皆法性ナレトモ。法爾法然トシテ隨緣スル也。此三重ハ皆有ニ其義分一也。是法性無明ノ心聞タル也。此三重ハ此流ノ義也

尋云。現ニ九界ノ身一時ハ成ニ但妄一ト歟。又面ハ九界ナレトモ底ハ覺體ニテ有歟

答。成ニ但妄一也。成レトモ得レハニ無住ヲ一不レトモニ修行一又成ルニ佛界一トモ也。我等ハ不レ得ニ無住一故ニ還不レ成レ佛ト也。爰本ニ權者實者ノ不同ハ有也。彼傅大士如レ鉤レ魚也。鉤レ魚時頭香浮レ水。此時悟リケリニ本身一也

6 籤云。（頭二）無明法性雖ニ皆無住一而與タメニ二一切諸法ノ一爲レ本事（天玄四、三六八）

問。玄文中ニ付レ釋ニ理事本迹一ヲ。所レ云理ト者實相理。事ト者無明歟

答。本書ノ釋ハ。理者實相ト釋セリ

兩方。若理ト云ハ。實相ノ理ト云ハ妙樂大師如レ題。此釋ハ無明法性ヲ合シテ爲ニ理本一。此本ヨリ垂ニ俗諦ノ迹一云也。若依レ之爾ト云ハ。本書ノ文ニハ。（頭一）無住之理卽是本時實相眞諦也。一切法卽是本時森羅俗諦也文（天玄四、三六七～八）此釋ハ理者限ニ實相一聞タリ。難レ思如何

答。自レ本任ニ本書ノ解釋一。但至レ籤者。是又不レ違ニ本書ノ文一也。所以ニ。籤（頭二）ニハ。無明法性雖ニ皆無住一而與ニ一切諸（天玄四、三六八）

法一為レ本ト云ヘルハ。本書ノ實相ノ體ヲ指シテ無明法性ト云也。是則本書ノ實相ト云ハ。眞俗未分ノ實相也。故ニ妙樂ハ爰本ヲ顯トシテ無明法性トハ云也。故ニ本末無二相違一也。サテ本書ノ森羅ノ俗諦ト云ヘルハ。無明法性不二ノ實相ヨリ出生シタル諸法也。是ヲハ籤ニ。一切諸法云ヘリ。無明法性ノ一念ト者。我等カ不二片墜一念也。此無明法性未分位カ諸法ノ為レ本ト云ハ。成ニ迷ノ根本一方ヲハ無明ト云。成ニ悟ノ根本一方ヲ法性ト云也

難云。本書ノ文ハ。實相眞諦ト云ト一切諸法ト云トハ。無明法性未分ノ位ニ於テ而モ眞俗ヲ釋トコソ覺タレ。而ヲ何實相ト云ハ眞俗不二ノ理。諸法ト云ハ此實相ヨリ出生シタル法ソトハ云ヘル耶。所以ニ。(釋籤カ)今ノ理事本迹ト云ハ。佛ノ內證ノ二諦ノ形ヲ釋カ故也。是卽玄文第三ニ。(天玄二、一五五)只點一法二諦宛然ト一ツ意ト覺タリ。而ヲ如ハ二妙樂ノ釋一ノ。無明法性不二ノ本ヨリ而モ生ト二諸法一云意ナラハ。不二ノ中ノ俗諦ノ外ニ又有二諸法一云ハハ。俗諦カ二可カレ有歟

答。此ハ本末無二相違一也。所以ニ。妙樂ハ實相ト云處ニモ有二眞俗一。俗諦ト云時モ有二眞俗一。是ハ一念ト云時モ具二三千一。三千ト云時モ一念ナル也。故ニ籤ニ。無明法性等云ヘルハ。眞諦ノ中ノ眞俗也。次ニ諸法ト云ハ。上ノ眞諦ノ中ノ諸法ヲ二ヒ擧タル也。非二別物一同時ナル物ヲ說必次第シテ書タル也。而ニ眞諦ハ為ナルト二諸法ノ本一ト云ハ。不二ノ中ニテモ一念ヨリ諸法ハ生ト云也。次玄三ハ。聊今ト異也。所以ニ。第三ノ卷ハ今ノ眞諦ノ內ニ於テ所ノレ作ル眞俗也。今本迹ヲ釋カ故ニ一念ノ眞俗ハ本也。而ニ其中ニ諸法ト云ハ迹也。諸法ト云時モ不レ離二一念一ヲハ也。仍第三卷ハ一箇ノ眞俗不二也。今ハ本迹ト云カ故ニ兩箇ノ釋分タル也。我等カ心ニテ云ハ。四十六ノ心所各各ナル方ハ俗諦也。而モ只心ノ一ニテ有ル方ハ眞諦也。心ノ方ヨリ取レハ眞諦ト云トモ眞俗有レ之。各各ノ方ヨリ云ヘトモ眞俗有也。是ヲ一念ハ本。諸法ハ迹ト云也。是本迹同時也。此中ニモ諸法ハ一念ヨリ生トモ云也。如レ此本迹ト云ヘトモ非二淺深一ニハ也。只於二一法一ニ作ルレ義ヲ計也

示云。體無明者。元品無明。是ハ事圓ノ三千也。四十一品ノ用ノ無明ハ理圓也。(天玄四、三四九。釋籤)三千在理同名無明ハ用ノ無明也。(同前)三千果成咸稱常樂ハ體無明也。卽玄ノ三ノ(天玄二、一五四)無明十二因緣等云是也。理圓ノ無明ト云事ハ。隔レハレ事ヲ二法カ立テテ而二ノ情ニ成ナレハ見思等ニモ墮ル也

7 頭二 籤云。言二從本垂迹一者。此理性之本迹。由レ此方有二（天玄四、三六八）
外用本迹一事

問。玄文中ニ付二理事本迹一釋二セリ從本垂迹ノ相一ヲ。爾ハ。所レ云從本垂迹ノ義ヲハ妙樂大師如何釋耶

答。以二實相一爲レ本。以二俗諦一爲トヤレ迹釋ラン

進云。如レ題。付レ之。玄文ノ意ハ。偏ニ以二實相一爲レ本。以二俗諦一爲レ迹見タリ。妙樂何意ゾ理性本迹ヨリ垂トニ外用ノ本迹一釋耶如何

答。自レ本以二實相一爲レ本ト。以二俗諦一爲レ迹可レ釋ナル。但至二令レ進解釋一者。是又無下違二背スル本書一ニ事上。所以ニ。此理頭二性ノ本迹ト云ハ。（「有カ）本書。以二實相一爲レ本。以二俗諦一爲レ迹云釋ニ相叶。サテ由此方外用本迹已下ハ。妙樂大師。惣シテ久遠實證ノ理性ノ本迹ヨリ中間今日マテ。外用ノ理事本迹モ有釋也。是卽六重本迹ノ中ノ前五重ハ通レ已ニ意ヲ釋顯也。全ク由此方（天玄四、三六八）有外用本迹ト云ヘルヲ。本書ノ垂於俗迹ト云ヘルニ不レ可レ合（天玄四、三七三）中間今日　本門 頭一

8 籤云。前之五重通レ已通レ今事

籤云。（同前）本門已前皆名爲レ已。踊出已後方名爲レ今 文

問。法華已前ノ諸經ノ中ニ明二實權本迹一ヲ可レ云耶

答。明ラン

兩方。若明ト云ハ。夫實權本迹者。圓教ノ法應ヲ爲シテレ本。三教ノ眞身化身ヲ爲レ迹ト也。爾前ノ經ノ意。豈ニ圓佛ヲ爲レ本ト垂ト二三佛ノ迹一ヲ云ン耶。法華已前ニハ三佛雖明。隔二偏小一故ト（天文一、一〇九下。文句記）（離カ）云カ故ニ。若依レ之爾ト云ハハ。妙樂大師如レ題如何

答。此ハ實權ノ名ハ通トモニ爾前一義ハ遙ニ異也。所以ニ。本門ハ本迹各二ノ三身ヲ明シ。迹門ハ圓ノ法身ヨリ前三教ノ報應ヲ垂ト云也。又爾前ニハ或ハ法身平等ノ故ニ。從二因陀幢ノ本一垂トモ釋迦ノ迹一云也。或又法身ノ本ヨリ垂トモ二九界ノ迹一明也。又寂場自行ノ本ヨリ垂トモ二鹿苑已後ノ權一ヲ云也。仍爾前ニハ二三重ノ事有レ之 知足房。師云。此義吉。本末其意見タリ

記九云。（天文五、二二三〇下）若其未レ開法報非レ迹。若顯レ本已（遠カ）本迹各三 文

師云。爾前ノ經ハ實ニ無二因陀幢一等可レ云也。迹門ハ又以二圓佛一爲レ本。以二三教一爲レ迹可レ云也。故ニ通已通今ト云ニ不レ苦カラ也

9 頭四 玄云（天玄四、三七二）前來ノ諸教ニ說事理。（「已カ）乃至權實者皆是迹也。今經所

說久遠理事（事理カ）。乃至權實者皆名爲レ本事

問。玄文中ニ釋ニ六重本迹一見タリ。爾者。已今本迹ハ獨リ如クレ限カニ今經一ニ。前五重本迹皆有ニ今經一可レ云耶

答。如レ題。此釋ノ意ハ。迹門已前ニモ有ニ前五重ノ本迹一聞タリ

付レ之。本迹ノ廢立ハ今經ノ本門ニ可レ有。何於ニ爾前一ニ有ニ前五重ノ本迹一ト云ン耶。爰以釋ニハ六重本迹一ヲ。皆約ニ最初本時一ニ判レ之難レ思如何

答。是本門久遠實成者。爾前迹門ノ外ニ無レ之。所以ニ。爾前迹門ニ分分ニ本迹有レ之。其沙汰ハ前ノ論義ニ有レ之。不シテレ動レ其ヲ本覺ソト開覺スルヲ本門トハ云也。仍爾前迹門ニ無トハ本迹一不レ可レ得レ意。依レ之籤ニ云。又以ニ第六已今一重一。判ニ前五重有レ本有レ迹。驗知前五皆屬ニ於本一（〔ア〕本カ）〇第六已今。已卽是迹卽指ニ迹門及諸迹教一。今卽是卽指ニ本門一。本門已前皆名爲レ已。涌出已後方名爲レ今。故云ニ已說事理乃至權實名レ之爲レ迹。今說事理乃至權實皆名爲レ本。故知若無ニ迹中事理乃至權實一。何能顯ニ於長遠之本一文（天玄四、三七三）又記九ニハ。開ニ諸經中長短一等文（天文五、二二五上）可レ思レ之。是卽迹門ニハ前三教ヲ爲ニ所開一圓ヲ爲ニ能開一故ニ。迹門ハ爾前ノ法ノ外ニ無レ之。只四十餘年ノ本迹ヲ理圓ソト開ル計也。又本門ハ爾前迹門ノ諸法ヲ久遠本覺ソト悟ル計也。サレハ爾前ニ無ニトハ本迹一不レ可レ得レ心。是卽般若ノ時。法ヲハ皆付タルニ窮子一ニ也。故ニ般若ノ外ニ法華ニハ前ノ五重ノ外ニ已今ハ無キ也。已今ハ能開。五重ハ所開也

難云。前五重カ通ニ爾前一ニ云ヘハ。當分ニ通ト云ハハ第六ノ已今モ可レ通。所以ニ。華嚴。已經不可思議等云フハ。本今成妙覺ト（玄七。今妙覺本）云爲レ迹如レ此可レ作也。又本近迹遠等ノ本迹可レ有。故ニ與テ（奪カ」）云ハハ。六重共ニ通ニ爾前一ニ。（□初住迹）云ハハ。六重共ニ可レ限ニ本門一ニ也。依レ之籤ノ次下云。已今之言雖レ異ニ前五一。亦是一往指ニ於壽量一名爲ニ今本一。若望ニ初本一則應ニ又簡ニ已今不同一。法華已前諸經已今仍屬ニ於迹一。今經所レ明乃是眞明ニ久遠之本一。卽是已說已今爲レ迹。今說已今爲レ本。方是實說文（天玄四、三七三）

答。今妙樂釋ハ答潤色也。所以ニ。諸經ノ已今ヲハ尙屬レト迹ニ云テ。皆迹ソト云テ本ヲハ爾前ニ不レ明レ之也。只因果ナントヲ已今ニ作事ハ有トモ。已今本迹トハ不レ被レ云也。已今本ト云ハ指ニ久遠一也。爾前ニハ不レ明レ之。サテ前五重ハ皆本迹カ有テ。乍レ

其本成ト被レ開也。第六ノ已今ノ本ハ當分ニモ不レ被レ作也。所
以ニ。前ノ五ハ當分ナカラ開レハ實事ニテ有レ之。第六ノ本ハ當分ニモ
不レ被レ云也

有云。前來諸教等云テ。(天玄四、三七二。玄義)已今ヲ作ハ中間ハ番番ヲ指ト云云　此義ハ
惡也。今釋ハ指ニ法華已前一ヲ也。非ニ中間一ニハ。況爾前ニハ道樹
已前ノ成道ヲ不レ明故ニ。中間番番成道ヲ不レ可レ明

尋云。前ノ五重。爾前ニ有ル方如何

答。理事ハ三藏ノ眞俗也。理教ハ通教也。教行ハ別教也。教(天玄二、一一四。釋籤)
談(譚カ)ニ中理一是故名レ融。行證次第故名ニ不融一ト云カ故ニ。體用ハ
別攝通。中ハ體。地前ハ用也。權實ハ地上ノ法身實。外用ハ權
也。是ハ本書ニハ。頭四(天玄四、三七二)前來諸教ト云。籤ニハ。(同、三七三)迹門及諸迹教云ヘリ。
釋ハ不レ委トモ義ハ如レ此可レ云覺タリ

10　互テニ四教一釋ニ本迹ヲ一事

疏一云　釋レ住　(天文一、一二二下)本迹解者。三藏佛ハ應ニ涅槃一ニ。慈悲垂レ迹生身
住レ世ニ。通佛誓願慈悲モテ。扶ニ餘習一度ニ衆生一作ニ佛事一ヲ。
別圓佛ハ皆慈悲ニテ薫ニ法性一愍ニ衆生一故垂ニ應法界一。當レ知
四佛住ニ本佛住一ニ。以ニ慈悲一故住ニ於忍土已(王カ)城一。威儀住レ
世。是名ニ迹住一ト　文

記云。(天文一、一二二上)住(住[ナ]カ)本迹中　○　若據ニ灰斷一ニ即應ニ入滅一ス。入滅ハ本也。
由ニ慈悲一ニ故ニ所以ニ住レ世。只各(名カ)住レ世ニ以爲ニ垂迹一ト。此佛
報生シテ無ニ別理(中道)本一。通佛ハ扶レ習此從レ因ニ說ク。以ニ六七地
入空一爲レ本。以ニ誓扶レ習利レ他爲レ迹。果同ニ三藏一故從レ
因說。別圓同云ニ薫法性一ト者。教證少殊(別　圓(小カ))。然トモ皆因時起ニ四
弘誓一ヲ眞(冥カ)薫ニ法性一ニ。但明ニムルニ法性一ヲ即離不同(圓　別)ナリ。智斷雖レ殊
法性無レ別。當知下。惣判ニ前文一以明ニ本迹一ヲ。本迹ハ莫シレ
不コトニ皆由ニ慈悲一ニ。前ニ四(四教)倶迹故須ニ更云ニ本佛ノ住一ト也。以
慈悲下判ナリ。既ニ開レ迹已豈ニ別ニ有レ本　文

問。玄文釋ニトシテ六重本迹一ヲ引ニ今經ノ文一ヲ。爾者。教行本迹ヲ
證トシテ何ナル文ヲ引ク耶

答。頭三 籤(玄カ)云。(天玄四、三七一)諸法從本來常自寂滅相等ノ文ヲ引ク

付レ之。此文ニ(同前)佛子行道已ト云カ故ニ。行ハ有トモ教ノ義不レ聞如
何

答。上ニハ由レ教ニ(同前)詮レ理而得レ起レ行　文　此ノ釋ハ教可レ有ト云也。
教ト云ハ能詮。理ト云ハ所詮也。常自寂滅相ト云ハ理ナルカ故ニ。

以二所詮一ヲ顯二能詮一ヲ心歟。又六重本迹ハ次第ニ上ニ讓タリ。第三ノ本迹ノ中ノ教ヲハ。第二ノ本迹ノ中ノ教ニ讓タル也。(同前)爲五比丘說ノ文ニ教聞ルカ故ニ。讓レテ之第三ニハ行ノ處ヲ證ル也

難云。第二ニハ教モ理モ被レタリ證。若讓ラハ上ニ第二ニハ理ヲ不レ可レ證。第一ニ證レ理ヲ故也

問。六重本迹ヲ釋ル中ニ。頭二(天玄四、三六八)本迹ノ雖レ殊不思議一也文誰人ノ言ヲ借ル耶

頭二鑯云。(天玄四、三七三)借二肇公言一云ヘリ

付レ之。僧叡ノ言也。何如レ此云耶。叡公ノ九徹ノ中ニ有レ之如何

答。肇公ハ用二叡公ノ九徹一ヲト云カ故無二相違一。疏記ノ第一ニ。(天文一、五〇下)肇用二叡公九徹(轍カ)一文

師云。唐本ノ記ニハ。肇師用叡公文嘉祥等モ肇公九徹ト釋セリ

11 頭四(天玄四、三七三)鑯云。又已今之言雖レ異二前五一。亦是一往事意如何

答。已今モ寄セ事也。實事ハ顯二法身ノ理一ヲ再往ト可レ云也賢

12 頭四(天玄四、三七三)鑯云。法華已前諸經已今文

疑云。爾前ニ已今ト者。何カニ可レ作ル耶

答。以レ義作也。假令爾前教ノ佛ノ因位ノ事ヲ說ヲハ已ト云ヒ。今日ヲハ今ト可レ云也

13 頭五(天玄四、三七三)鑯云。所三以六門引證之文。前三引レ迹後三引レ本事

問。玄文中ニ釋二トシテ六重本迹一ヲ。各引二經文一ヲ。爾者。此ノ六ノ文ヲ以テ如何カ本門迹門ニ分別ル耶

答。如レ題

付レ之。前ノ三ノ文ニハ皆本時實相等文故皆引二テ本門一ヲ可レ證レ之。然ニ何ソ引二迹門ノ文一ヲ耶。又後三ノ文ノ中ニ。頭四(天玄四、三七二)是我方便ノ文。及頭五(同、三七三)諸佛法久後ノ文ハ是迹門ノ文也。然ヲ何ソ後三ハ本門ノ文ヲ引クト云耶

答。千觀ノ十妙義ノ私記云。前ノ三ハ顯二本門ノ心一ヲ事弱シ。後ノ三ハ顯二本門ノ心一ヲ事强シ。故ニ前ノ三ニハ引二迹ノ文一。後ノ三ニハ引二本ノ文一ニ也。後ヲ會シテ云。(天玄四、三七二。玄義)是我方便。諸佛亦然ト者。壽量品ノ。(大正藏九、四三二)諸佛如來法皆如是ノ文ヲ引ク也。如レ此引ケル事ハ。處處ノ釋ノ習也。慥ニ爾カ見ル處ハ疏記第五。止觀ノ第六也。(天止四、一〇七)如レ此之事是我方便。諸佛亦然ト引ケリ。如レ此之事ノ文ハ有二壽量品一ニ。

故ニ無レ疑壽量品ノ文ト聞リ。諸佛法久後。（天玄四、三七三。玄義）要當說眞實ト者。
方便品ノ時密ニ本門壽量ヲ思ヘテ說ク也。眞實ト者。本門久成ノ
旨トレ被ルレ得心也。故ニ此ヲ本ノ文ト引ク也。前ノ三ノ文ハ有テニ迹門ノ
中一ニ。而本門ノ意不レ見故ニ迹ノ文ト云也 西塔。知足房。新懷同レ之
難云。是我方便等ノ文。又諸佛法久後等ノ文ヲ密開ト云ハハ。
諸法從本來等云ヘルニ。本門ノ心ト可レ云。所以ニ。本來ト云ハ
尤モ本門ノ意ト聞タリ。何ソ此ノ文ヲハ前三引迹ト云ル耶
答。要當說眞實ト云ハ互ニトモ本迹ニ殊ニ本門ト覺リ。諸法從本
來ト云ヘルハ必ス非ニ本門一ニ。別教ノ但中ヲモ本來ト云也
示云。略開三ヲハ。此家ニハ本迹不二ト習也。可レ思レ之
尋云。後三引本ノ故ヲ釋シテ。頭五（天玄四、三七三。釋籤）既云ニ本用本權一此非ニ迹文能
顯一 文 然ニ本書ニ別シテ本用本權ト云事無レ之。若有ト二其意一
云ハハ。前三文ニモ本時等云。豈ニ非ンニ本ノ意一ニ耶
疏五云。汝不レ見（天文三、一二一〇下）（聞カ）壽量品中。我少出家得ニ三菩提一。乃至中
閒若小若大。若己若他皆我方便。諸佛亦然 文
備云。是我方便。（卍續四四、三二〇丁左下）諸佛亦然。藥草品ノ（「喩カ）文也。諸佛法久後。要
當說眞實。方便品文也。此二迹中文耳。大師之意。下文既

拂レ迹已通得ニ引用一。以顯ニ本ノ意一。記主謂イヘルレ本ト誤矣
補注云。前三引レ迹（卍續四四、五丁右上）後三引レ本者。亦誤矣。（也カ）如ニ後三中一只
是體用引ニ本證一云ニ甚大久遠一耳。權實引證文在ニ迹中藥
草品偈一耳。已今引證文在ニ方便品（「迹中カ）文一（文因カ）耳。引證之意者。
以ニ本迹雖レ殊而理事等法無ヒレ別故也。又將ニ久後之言一ヲ密
在ニ於本一。（天玄一、二三三）故得レ引レ之也 文
籤一云。方便（「品カ）初雖ニ近歎ニ五佛權實一。意實密歎ニ師弟長遠一（文カ」）
壽量品云。（大正藏九、四三上）諸佛如來法皆如レ是 文
示云。略開三ハ互ニ本迹ニ云事可レ合レ之
記一云。（天文一、五六上）以ニ迹中此文密ニ示ニ本意一故○（也〇カ）也。下文顯已通
得ニ引用一 文
頭五 籤云。（天玄四、三七三）前之三文既在ニ於（于カ）因一等 文 前者何ソ耶。因ト者如何ソ
耶（答缺）

14 六重本迹ニ一一ニ不思議一ト云事

示云。不思議一者。本迹未分法ノ位ヲ云也

15 六重本迹ニ攝ルニ迹門ノ十妙ヲ次第事

頭五「玄云。（天玄四、三七七）攝ニ得釋迦寂滅道場已來十麁（爾前）十妙（迹門）一悉名爲レ

已迹─迹─私云。今日已前。中間番番ノ五味ハ。彼ニ又有ニ已今本迹一故ニ。今日ノミニ彼ヲ不レ入也

今本─玄云。(同前)惣遠攝ニ得最初本時諸麁諸妙一皆名爲レ本 文 頭五

權迹─玄云。(同前)攝ニ得中間種種異名佛十麁十妙一皆名爲レ權 文 頭六
　　─私云。權迹ニ今日ノ寂場已來ヲ不レ取事ハ。前ノ已迹ニ取レ之故也

實本─玄云。(同前)攝ニ得最初十麁十妙一悉名爲レ實 文 頭六

用迹─玄云。(同前)攝ニ得最初感應神通説法眷屬利益等五妙一 文 頭六
　　─私云。體用本迹ハ久遠最初實成ノ本爲法身迹爲八相也。此ハ本迹同時ニシテ非ニ前後次第一故ニ中間今日ヲ不レ取。只久遠實成ノ迹爲八相ニ攝ニ五妙ヲ一也

體本─玄云。(同前)攝ニ得最初三法妙一也 文 頭六
　　─私云。體用本迹ハ果成ノ功能ナルカ故ニ除ニ境智行位ノ四妙ヲ一也

行迹─玄云。(同前)攝ニ得最初行妙位妙一 文 頭六
　　─私云。除ニ境智ヲ一事ハ以レ行ヲ爲ルレ迹ト故也
　　─私云。權實體用ハ同様ナルトモ。權實ハ先ツ自行ノ實。次ニハ化他ノ權也。體用ハ同時也。權實ハ機ノ方。體用ハ佛ノ方也

教本─玄云。(同前)攝ニ得最初本時智妙一 文 頭六
　　─私云。教ハ依レ智ニ起スレ行ヲ。故ニ教ニ攝ニ智妙ヲ一也

理本─玄云。(同前)攝ニ得本初之境妙一 文 頭六

教迹─玄云。(同前)攝ニ得本時之師教妙一。兼攝(攝之カ)ニ得本師十妙一 文 頭六
　　─私云。教妙ト者。説法妙也(十麁)

事迹─玄云。(同前)攝ニ得本時諸麁境一 文 頭六 (十妙)

理本─玄云。(同前)攝ニ得本時諸境妙一 頭六 (妙境カ)

16　玄云。(天玄四、三七七)攝ニ得最初十麁十妙一事 頭六

問。本實成ノ時ハ但限ニ十妙ニ一歟

答。如レ題

付レ之。本實成ト者。(天玄四、四〇四。釋籤)修一圓因感一圓果ノ土也。但可レ限ニ十妙ニ一。何ツ在ニ十麁ト一云耶。若化他ノ邊ヲ麁ト云ハハ。只感應妙已

下麁有ト可レ云耶。何ソ十麁ト云耶

答。此ハ本實成ノ成道互ト二四教ニ一得レ心。十麁十妙可レ有也。若限ト二圓教ニ一云ハハ。限ト二十妙ニ一可レ云也。彼論義ニテ可二落居一 疏一可レ見レ之 又下ノ十妙義ニ可二沙汰一

示云。三身相即ノ故ニ。自行ノ時モ三身四土ノ成道同時也。然ハ最初ニモ十麁十妙可レ有。而ヲ修一圓因等云ハ。自行ニハ四教ヲ一念ニ持テハ圓ト云也

尋云。攝得最初十麁十妙ト云事。悉名爲實ト云事難レ思。十麁ハ可レ權ナル如何

答。望二中間今日一ニ實ト云也

17 頭六 玄云。指レ教爲レ本。攝二得最初本時智妙一事 （天玄四、三七七）

問。玄文ノ中ニ以二六重本迹一ヲ攝二十妙一ヲ事ヲ釋セリ。爾者。教行本迹ノ中ノ教。悉本時ノ十妙ヲ攝得スト可レ云耶

答。智妙ヲ攝スト云ヘリ

付レ之。教ハ既廣詮二十妙一ヲ。何ソ限テ二智妙一ニ十妙ニ不レ通耶。例如三理教本迹ノ中ノ教ニ通シテ攝二ルカ十妙一ヲ。若又限テ論レハ之。說法妙ヲ攝ト可レ云フ。何ソ智妙ト云耶如何

答。凡教行本迹ト者。起レ機聞圓法スレハ教ト被レ云。聞圓法シテ名字即ノ妙解ヲ成ス。此ノ妙解ヲ智ニ被レ屬也。名字ノ妙解ヲ智ト云。五品ノ位ヲ行ト云テ。智（目カ）自行足具足シテ至ルト二初住ノ果ニ一云ハ一家ノ定判也。故ニ今教本ニ攝ト二智妙ヲ一云ハ此意也。但至二理教本迹ノ難ニ一者。彼ハ約ルカ二師ノ說教ニ一故ニ。師ノ說教ハ廣ク互二十妙ニ一也。サレハ理教本迹ハ能化ノ說教。教行ハ所化ノ妙解妙行ト可レ得レ心耶。若爾ハ。理教ト教行ト同時ノ能化所化ノ事ナレトモ。聊カ有ト二其不同一可レ得レ心也 知足坊同レ之

尋云。一心三諦境。一心三觀智ト云時ハ。智ヲハ行ノ位ニ攝ル也。今何ソ妙解ニ智ヲ攝ル耶

示云。觀門ヲ智ト云事ヲ智ト云也。今ハ妙解スルハ智ナレハ智妙ト云也

西塔云。依レ智ニ起レハ二說教一教本ヲ攝ル二智妙ニ一也 云云 此ハ釋ニ違ル也。ノヒテハサモ可レ云。今ハ約シテレ機ニ釋タル也

18 十妙義 本書ハ自リ二ニ明ニ本十妙一至ニ不復具記也一ニ 末書ハ自リ次正明本迹一終至ニ卽此義一ニ也

私云。此ノ義科ハ諸宗ニ不レ云事也。六重本迹ハ詮ナル也。迹門ハ諸經ト可レ同有レ異。本門ハ一向永異也。故ニ本門カ今ノ義科ト被レ云也。以ニ第六已今本迹ヲ爲レ本ト。前五重ハ作事也。故ニ第六ヲ不レ可レ離。天月ハ本也。水ニ移ルハ迹也。水月又物ニ移事有レ之。移ル物ヲ出テ本迹ヲ作也。得ニ已今本迹ヲ後ニ立還テカクモ作ラント云也。得ニ本門ヲ已ヌレハ迹外ニ無レ之。迹卽本也ト云故ニ本迹雖殊等云也。本門已前ニハ無ニ此義一故ニ有ニ淺深一也

示云。本門ノ十妙ハ同時也。自證ノ十妙也。此ノ處ニ同時ニ化他ノ十妙ハ有レ之也。卽感應神通等云方ハ化他也。仍テ本迹ノ十妙ハ同時也。教時義ニハ自證ノ處ヲハ內證ノ眷屬ト云也。宗門ニハ初心速極ト談シテ我レ佛ト云也。可レ難レ之事ハ內證外用同時也。若自證ノ佛ト同クハ。今ノ外用ノ成道ヲハ唱歟ト可レ難也止二云。（不明）當世觀無生者。初心速極ト思ヘリ。化他ノ國ハ何ニト可レ難也 云云 取意

示云。本ト者。無作ノ顯本也。本因妙ト者。本有ノ菩薩界無緣ノ慈悲也。本果ト者。無作ノ三身也。本國土ト者。常寂光也

19 略釋下

頭七 玄云。（天玄四、三八〇）本因妙者。本初發ニ菩提心一（名字）。行ニ菩薩道一（觀行）。所レ修（初住已上等）因也事（覺マテ）

問。玄文ノ中ニ釋トシテ本因妙ノ相ヲ。（同前）初發ニ菩提心一 文 爾者。此ハ六卽ノ中ニハ何ツ耶

答。圓教ノ初發心ト云ハ名字卽歟

兩方。若名字卽也ト云ハハ。既ニ引テ我本行菩薩道ノ文一爲ニ證據トス。明ニ知。初住ノ位ニシテ非ニ住前未證ノ位ニ云事ヲ。若依レ之爾ト云ハハ。夫尋レハ本佛ノ行因ヲ依ニ前佛ノ教ニ初テ發シ菩提心ヲ。意ヲ懸ニ果佛ニ期ニ轉依ノ妙果ヲ。此レ豈ニ非ニ名字卽ノ聞圓法ノ位ニ耶。難レ思如何

答。自レ本初發心ト云ヘルハ名字卽ナルヘシ。但至ニ一邊ノ難ニ者。我本行菩薩道ト云ハ名字觀行也。所成壽命ト云ハ初住已上也。所以ニ。本行ニ被タル成壽命ト云ハ。所成ハ初住已上也。前ノ行ト云ハ觀行ト聞ル也。仍テ受テ此ノ文ヲ佛修ニ圓因一登ニ初住一時ト（天文五、二三三上。文句）等釋ルモ依ニ圓因ニ登ニ初住ニ云也。知ヌ。名字觀行卽ト釋ト聞リ

尋云。本因ト云ヘルハ。何ニモ初住已上ナルヘシト聞リ。凡ソ初住眞因ト
云テ。住前ハ非ルカニ眞因一ニ故ニ。住前ヲハ不レ可レ取。然ニ初發心ト
云ヲ名字卽ト云ヘルハ見ル處有レ之歟

答。相傳云。本因妙ト云ハ始從ニ名字卽一終至テニ等覺一ニ云也。
取レ夫ニ經文ニハ。(大正藏九、四二下)我本行菩薩道ト云ヒ。今ノ文ニハ。釋(天玄四、二八〇)發菩提心。
行菩薩道ト云フ。(天止一、二三六七。弘決)此ハ初發心ヲハ必名字ト習也。サレハ止觀ノ菩
提心ヲハ。今明發心在名字位ト釋也。行菩薩ト云行ノ字ハ正ク
妙行觀行卽ト習也。サレハ止觀ノ第五ノ妙行ヲハ觀行卽ト釋ル
也。釋尊久遠ノ昔。初テ立ニ妙解妙行一ヲ開ニ初住已上ノ眞因一ヲ。
是ヲ所成壽命トハ云也。然ハ此ノ妙解妙行ヲ惣シテ本行菩薩ト云。
一切圓頓ノ行者。皆釋尊ノ久遠實成ノ妙解妙行ヲ不レ動シテ。
彼ノ如クニ名字觀行ニテ菩薩ノ道ヲ行ル也。然ハ大師モ彼ノ本佛行
因ヲ末代ノ凡夫ニ令レ蒙メ妙解妙行ノ止觀ヲ釋タマヘリ。此止觀ヲハ止
五 身子カ三ヒ請處。佛道場ニシテ開悟ル處。久遠ノ本行菩薩道ノ
時修ル處ト釋セリ

論記 山王院之大師。止觀ハ是本佛行因ノ相ト釋ル是也。故ニ
今モ發心ト云ハンヲハ名字卽。行菩薩道ト云ヘルヲハ觀行卽ト可ニ治

定一也。今ノ釋ノ次上ニ。六重本迹ヲ釋ルニモ對セリニ境智行等一ニ。
知ヌ。名字卽ノ菩提心ト覺タリ

尋云。本行菩薩道ト云ハ觀行卽ソト云ハ有ニ證人一歟

答。不輕菩薩是也。不輕ハ卽初隨ズイ喜ノ人也。不輕ハ卽釋迦ノ
本因行時也。此ヲ本行菩薩道トハ說ケル也。疏十云。(天文五、二五一一下)(〻之位カ)此是初隨
喜人也ト釋セリ

尋云。次下ノ廣釋ノ文ヲ見ルニ。所レ成壽命者。(天玄四、二三九八。取意)本時ノ智妙也。
我本行ト者。卽本ノ行妙也。菩薩ノ道ト者。顯ニ位妙一ヲ也文 此ハ
案ルニニ迹門ノ十妙配立一ヲ。境妙ト者理卽也。智妙ト者名字卽
也。行妙ト者觀行・相似也。位妙者。籤ノ六ニ。(天玄四、一)位妙若立實通
因果ト云テ互トニ始終ニ釋ル也。三法妙ハ。(天玄二、五〇三。釋籤)三法妙顯在ニ於初住一
文 以レ之案ルニ智妙ト者名字卽ナルヘシ。然ヲ所成壽命ト者。初住
已上ソト釋ル事ハ。疏九ヲ見ルニ。(天文五、二二三三上)佛修ニ圓因一登ニ初住一時文 今
何ソ所成壽命ヲ智妙ソト釋ル耶

答。此ハ有ニ二ノ意一也。所以ニ。迹門ニハ約ルニ三周ノ聲聞ニ時。
以テ初住ヲ爲ルカレ果ト故ニ。境ハ理卽。智ハ名字卽。行ハ觀行・相
似卽。三法ハ初住也。若約ルニ釋尊ニ時ハ。住前ハ境妙。所以ニ。

(天玄五、二九〇。玄義)此乃遠論德三因ト等云テ。住前ハ皆性德ト云也。仍境妙ト可レ取也。サテ初住ノ(「性カ)智妙斷惑ノ智也。二住乃至等覺行妙。妙覺ハ三法妙也。仍テ此ノ二ノ配立有也。次ニ本門ハ相似ノ因ヲ云時ハ住前(因カ」)妙。初[　](住カ)ハ果妙。此時ハ境ハ理。智ハ名字。行ハ觀行。相似也。又眞因ヲ云時ハ。初住乃至等覺ハ因妙。妙覺ハ果妙也。此ノ時ハ住前ハ境。初住ヲハ智妙。二住乃至等覺行妙。妙覺ハ果妙也。又止觀ニハ本佛行因トモ釋ス。近期初住ノ邊ヲ初住ハ果妙ニテ有也。此ノ初住ニテハ依ル二師ノ教ヘ一ニ故ニ。是マテヲ釋シテ二住已上ヲハ不二沙汰一セ也。サテ今ノ廣釋ノ下ニハ。行妙ハ等覺マテ至ル心ニテ智妙ヲ置二ケル初住一ニ也。又略釋ニハ。遍(兼カ)二二ノ心一。又本行菩薩道ニモ有二二心一也。久遠ノ前ハ本行菩薩道也。又三世有二ト本行菩薩道一云筋ニテ。住本顯本ニテ三世ニ觀行初隨喜ニテ在ル也

尋云。三世ニ初隨喜ト云證據有耶

答。經云。我本行二菩薩道一(大正藏九、四二下)○今猶未レ盡文 論云。以二本願一故。(大正藏二六、十九上)衆生界未レ盡願非二究竟一故。言二未論(滿カ)一(「者カ)非レ謂二菩提不滿足一故文

籤(不明)一云。佛道行滿利益不レ窮文

授決集ノ裏書云。不輕行三世初隨喜ト云云 此ノ裏書ニハ[illegible]字ヲ書合タル也。釋迦ノ種子也

示云。僕抄云。法華堂ノ法華經ハ非二大師ノ御筆一ニハ云ヘリ。其故ハ普門品ノ偈有ルカ故ニト云云

頭七 玄云。(天玄四、三八〇)彌勒補處ナル以二出假種智一ヲ直ニ數ンニ二世界一ヲ。尚不レ能レ知ルコト。況數二其塵一ヲ。寧ロ當ニ得レ盡スコトヲ。特ニ是如來巧喩モテ。顯二其長遠之相一ヲ。況以テセン二世智一巧曆(歷カ)二算數一耶。文云。我以二佛眼一觀二彼久遠一。猶若レ今也。唯シ佛ノミ能ク知レリ二如レ此久遠一ヲ文 此ノ一段ヲハ比決ノ文段ト云也

籤云。(天玄四、三八〇)次若十六下擧レ迹比決ス。三若留下拂迹顯本。迹文中云二娑婆爲墨一至二寧當得盡一者。此引二迹門化城品文一。不レ合レ引二於彌勒等言一。彌勒不知ノ文ハ在二本門一ニ。或是借二於本中之文一ヲ來レシテ此ニ況喩スルナリ。假使迹中三千塵點ナリトモ補處ノ智力亦不レ能レ知ルコト。若定用二迹文一。則應レ除二彌勒等二十五字一ヲ。義理卽順ナン。師玄朗云。恐ハ別ニ有レルカ意。然雖レ引二彌勒一語勢ハ稍殊ナリ。彼本門ニハ但云三(「文カ)我等住二レトモ阿惟越致地一ニ。於テハ二是ノ事中一ニ亦所レ不レ達。今此文中ニハ以二出假

智ヲ數ルニ世界ヲ不レ知。況於テカ塵數ニ。若取レ塵ヲ只應レ合レ用ニ（〔ㇾ知カ〕）出假智ヲ耳。是ニ知ヌ應下用ニ前文ヲ（〔ㇾ文カ〕）說上也（天玄四、三八〇。玄義）此ハ三算也。題ニハ直數世界。尚不能知ノ文ヲ下。或ハ唯佛（同前）能知如此久遠ノ文ヲ下也

20〔補處智力事〕

問。補處智力知ニ三千塵點ヲ耶

答。可レ知レ之

進云。不レ知レ之云云　付レ之。補處ノ智力ヲ以テ能ク可レ知ニ（大正藏二五、二九九中）三千塵點ヲ也。然ヲ何ソ不レ知云耶。依レ之大論三十二云。大（已カ）通佛出世以來劫數如レ是。如レ是無量恆河沙等世界微塵（〔ㇾ慧カ〕）數。佛大菩薩皆悉能知 文 況華嚴經ノ中ニ。（六十第十ニ歎ニ初住ヲ文也（大正藏九、四五五中））無量諸佛說。悉（數ヵカ）抹爲ニ微塵ニ。一塵（置カ）於ニ一（刹カ）發。悉ク能分別知（刹カ）文 如何

答。如ニ所難ノ可レ知也。但至レ釋者。籤ニ會ルニ之有ニ二ノ意ニ。初ノ釋ノ心ハ。今ノ三千塵點ハ化城品ノ文ナルカ故ニ。本門ヲモ不レ知事ヲ況釋ル也。所以ニ。實ニハ三千塵點ヲ知トモ且ク假設ニ迹門ヲ不レ知定ニ云成ナシヌ。迹門ノ三千塵點ヲタニモ不レ知。況本門ノ五百塵點ヲ耶ト云心ヲ顯ス也。是則本門ヲ不レ知事ヲ必定センノ料ニ。假設ニ迹門ヲ不レ知事ヲ釋ル也。實ニ三千塵點ヲ不レ知云ハハ。彌勒等ノ二十五字ヲハ可レ除ニ。此ノ二十五字有ルヲ之以テ思ニ本門ヲ況釋ル也ト釋ル也。次ノ釋ノ心ハ云ク。彌勒不知三千塵點ト者。有ニ別ノ心ニ也。彌勒ノ不レ知ニ本門ノ文ヲ引樣ナレトモ。文言ハ彼ニハ異也。壽命品ノ中ニハ（量カ）只我等住阿惟越致地。（大正藏九、四二中）於是事中亦所不達ト云ヘルヲ。今ハ文言ヲ替テ。（天玄四、三八〇。釋籤）以出假智數世界不知ト引ケリ。語勢替ルヲ思ニ。本門ノ不知ヲ引クニハ非。只迹門ノ三千塵點ヲ不レ知云事ヲ證センノ料ニ引ク也ト云也。（同前）是知應用前文說也ト云ヘル前ト者。迹門ヲ指シテ前ト云也。然ヲ。（同前）師云恐別有意ノ釋ニハ有ニ別ノ意ニ。迹門ヲ不ト知云ヘトモ。未其ノ別ノ心ト云ヘル。何ニ事ト云事無。其ヲ學者料簡シテ餘處ニ。（疏三）權ノ（彌勒）補處可レ問。實ノ（文殊）補處ハ可ト答云（天文一、四六七上。取意）文ナント以ニ才智ヲ權教ノ補處ノ邊ニテ三千塵點ヲ不レ知也。其ヲ恐別有意ト云也得レ心也。釋ノ文ニハ慥ニ約ストモ二權實ノ補處ノ邊ニ不レ見也 西塔。僕抄。樂音坊

難云。初ノ義ノ心不審也。實ニハ迹門ヲハ知レトモ本門ヲ不レ知事ヲ云ハントテ。假設ニ迹門ヲモ不ト知云事假令也。實ニハ知ラハ之。何ソ不レ知ト釋ンソ耶。次ニハ。權教ノ補處ハ不レ知ト云意ヲ釋ルソト云事不審

也。昔コソ權教ノ補處ニテハ有レ。法華ノ莚ニ來ヌレハ何ソ不レ知レ之耶

威勝房云。權教ノ補處ト云處ヲハ。私記ニ引テ二大論一ヲ大菩薩モ不トレ知云カ故ニ。小ノ菩薩ハ不トレ可レ知聞リ。此ノ大小ハ權實相對也。設ヒ小乘ノ補處也トモ。小乘ノ補處ハ不レ知。大菩薩ハ可レ知云義聞リ。經カ我以佛眼觀(天玄一、五六五。釋籤)ト云フ。是カ權實相對ノ心也。實教ヲハ佛意(知イ)ト云。圓教菩薩卽屬佛界ト云テ。皆圓教ヲ屬ニ佛界一ニ也。故ニ實教計。觀彼久遠猶如(若カ)今日(大正藏九、二二中)ト云テ知ト云カ故ニ。權教ハ不トレ知聞リ。以レ是ヲ權實相對ト可ニ心得一也

難云。大菩薩ト云ハ。別圓ノ斷無明證中道。地住已上ノ菩薩ヲ爾カ云也。地住已前ノ菩薩ハ未證ナレハ不レ可レ知レ之。登地ノ菩薩ハ證位ナレハ可レ知レ之也。仍テ大菩薩ト云也。未タ大小相望ストハ不レ聞ルヲ耶。次ニ經文ハ未タ權實相對トモ不レ聞。只因果相對ナルヘシ。等覺ノ菩薩ハ猶因位也。故ニ望ルレ果ニ日ハ猶闇キ處カ有レ之也。實教ノ補處也トモ因位ハ不レ知ニ果位一如何

答。此本書ノ娑婆爲墨ノ文ハ化城品也。故ニ迹門ハ彌勒ノ智力不トレ知レ之云言ヲ引クヘクモナシ。本門コソ我等住阿惟越致地ト等云テ。五百塵點ヲ彌勒不トレ知云事ハ有ン。三千塵點ヲ不トレ知云事ハ全無シ。借テニ本門不知ノ文一ヲ三千塵點ヲモ不レ知。況五百塵點ヲヤト云也。若定用等云ハ。一向迹門ノ事ナラハ。二十五字ヲ可レ除故ニ。不ルハレ除本門ノ文ヲ借ルニコソ義理相順スレト釋ル也。サテ玄文ハ彌勒不知ノ言ヲ引クカ。本門ノ不知ニハ替タリ。今ハ約カニ出假智一ニ故ニ迹門ノ文ニテ可レ云也。卽我以佛眼等ノ文也。此ノ文カ彌勒不知ノ意カ聞タル也。本門ノ定ニ彌勒トコソ不レトモ云。佛計知タマフト云カ故ニ。等覺已還ハ不トレ知聞リ。故ニ此ハ文ノ外ノ義也。有ニ別意一云ハ是也。佛ノ知ルト云文ヲ副ソヘタル也

難云。權教ノ補處ト云ハ。文ハ何レノ文ソ耶

答。五百塵點ヲ不トレ知云ニ。一約權教。二約實道ト云テ二ノ釋ヲ作也。彼ハ本門ノ文ヲ來シテ況喩スト云カ故ニ權教ノ補處ト云事聞リ

難云。彼ハ釋ニテコソ有。經ニハ不レ見如何

答。サレハ釋ヲ思ハヘテ釋ルソト可レ得レ心也

師云。我以ニ如來知見力一(大正藏九、二二中)等云ヘルヲ。唐土ノ人師。密表壽量ト釋セリ。此意ニテ實教ノ補處モ不レ知也

仰云。當流ノ本來相傳ノ義云。今ノ比決ノ文段ト者。本迹比決スル也。而ニ擧ニ迹門一ヲ中ニ本門彌勒不知文ヲ引ケル事ハ。迹門ノ

三千ヲモ本門ノ五百ヲモ只是廣略ノ異也。地體同物也。迹門ニハ三千ノ塵勞ヲ出過シテ理性ノ大通ヲ以テ爲レ首ト。本門ニ五百ト（天文五、二三五五上。文句取意）云ヘルハ。五濁ニシテ出過シテ本成ノ佛ヲ顯也。諸佛出五濁世必先近後遠ト云テ。三世ノ諸佛ハ五濁ヲ出過ル也。五濁ト云ヒ。三千ノ塵勞ト云ハ共ニ是迷法也。其ヲ爲ニ本門ノ機ノ説ニ五百ト。爲ニ迹門ノ機ノ説ニ三千ト也。而ニ本迹ハ同時也

不待時ノ機ハ迹門ニテハ聞ニ三千一ヲ五百ト聞ケル也。待時ノ機ハ至レ後ニ聞ルレ之也。機ハ有トモ二前後一法ニハ無二前後一也。今ハ依テ三法ノ（天玄四、三八〇）無二前後一迹門ノ下ニ引レ本ヲ也。其ヲ妙樂大師ハ。來此況喩ト釋シテ。猶約レ機ニ本迹前後ノ定ニテ釋スレ之。然トモ實ニハ同時也。彌勒ハ逗シテ二待ノ機一三千ニモ不レ知。五百ヲモ不レ知ト云也

仰云。彌勒ハ三千塵點ヲ不レ知也。知ト云ハ如二我等カ六識一ニテ推量ル樣ニハ非。其カ樣ニ知也。知ルト云ハ其法體ニ成ルヲ云也。卽知ト云ハ三千塵點ニ可レ成也。然彌勒ハ未レ斷二元品ノ無明一ヲ故ニ佛程ハ不レ知也。所以ニ。元品ニ有二三義一故ニ。元品ノ塵沙ニヲシ隔ラレテ不レ知也（天玄五、三七五）

難云。籤十ニ。自二本地眞因初住一已來。遠鑒二今日乃至未來大小衆機一文 此ハ釋尊久遠ニ叶テ初住ニ今日乃至未來ヲ知ト云ハ過テ二五百塵點一ヲ知ル也。以レ之思ニ初住スラ尚如レ此。況等覺ノ菩薩何ソ不レ知二三千塵點一ヲ耶

答。本地眞因ト云ハ。妙覺所具ノ初住也。故ニ知也。而ヲ彌勒不トレ知云ハ。迹化ノ衆ト云方ニテ本覺ヲ不トレ知云也。此ハ迹化ノ方ニテハ理圓ノ無明ノ心カ等覺マテ有故ニ。事圓ニ暗キ心カ有テ佛程不レ知也

難云。初住已上ハ三世了達ノ智惠ヲ得レハ三千觀カ朗ル故也。若爾ハ。彌勒何ソ不レ知レ之耶

答。中嶋院主長豪云。補處ノ菩薩。三千塵點ノ事法ノ塵數ニ於テハ不レ知レ之事無シ。只是如來ノ内證不レ知也

椙生注云。如來内證ノ補處ノ菩薩。如來ノ出假智ヲハ不レ得云事也云云　一念ノ方ハ三千ヲモ五百ヲモ知ル也。釋迦久遠壽量。山王院云云　大日經疏云。衆生一念心中○不（〔能カ〕）レ知云ハ（續天全密教１、九〇上）。三千ノ事法ニ暗キ方カ有ル也

示云。法華論ニ五百塵點ハ五住云云　引二疏九一　山王院ハ五百ハ五道云云

仰云。相傳ニハ五百塵點ト者。五識轉依ノ佛云云五識カ轉レハ成ニ應身ノ佛ト一也

新懷云。出假智ニテ不レト知云ハ。別教ノ十行出假智ニテ不レ知云事也

難云。補處智力ト云。何ソ十行ト得レン心耶

答。出假智ニテハ不レ知レ之故。五百塵點ヲハ一塵ヲモ不レ知也。故ニ其中ノ三千ヲハ不レ知レ之也

知足坊云。彌勒迹門分ノ三千塵點ヲハ知也。而ヲ不レト知云ハ密開壽量ノ心ニテ三千卽五百塵點ナル方ヲハ不レ知也。三千塵點ハ三周聲聞ノ下種處也。何不レ知レ之耶。故ニ密開ノ邊ヲ不レ知也。依レ之東春云。(卍續四五、二六一丁左上~下。取意)所レ明久遠者。一爲レ示ニカ聲聞根鈍一退大已後經ニ爾許時一○五爲ニ本門密開壽量一。由ニ此ノ五意一所レ見久遠也 文

次師云恐別有意ト云釋心ハ。(頭七(天玄四、三八〇。釋籤))非ニトモ密開一ハ出假智ニテハ不レト知云釋也。(同前。玄義)唯佛能知ト釋シテ佛ノ智ニテ知ル也。菩薩智ニテハ不レ知。佛智ニ不レ及處ヲ云也 此流同レ之

示云。經ニハ我以佛眼觀ト云云今ノ釋ニハ唯佛能知等云云故ニ佛ヨリ外ハ不レ知也。而ヲ華嚴。大論等知ト云ハ實義ヲ云也。此ハ內證ノ方也。今不レト知云ハ外用ノ補處ト被レルル云方也。依レ之菩提心義三云。(大正藏七五、五〇二中)與ニ上行等一同會ニ一處一。迹隣ニ補處一不レ識ニ一人一 文

華嚴第十八(ママ)云。(大正藏九、四四九上)一切世閒抹(界末カ)爲レ塵。悉能分別知ニ其數一。菩薩所行(「等カ)微塵。是卽名爲ニ眞佛子一 文 說ニ十住一文也

大論三十二云。(大正藏二五、二九九中)問(曰カ」)。一不土(石カ)之微塵尚難レ可レ數。何況三千大千世界地及諸山微塵其數。是不レ可レ信。答曰。聲聞辟支佛智惠(「尚カ)不レ能レ知(之カ)○諸佛及大菩薩所レ知。如ニ法華經說一。譬喩三千(「大千カ)世界地及諸山諸塵(末以爲カ)○大通佛出世已來劫數(「慧カ)如レ是(「如是カ)。無量恆河沙等世界微塵。佛大菩薩皆悉能知 文

21 玄云。(頭八(天玄四、三八三))若留ニ中閒之因一。於レ後難レ信事

尋云。此釋ノ意如何

答。莆云。中閒之因者。次上所レ云大通因也。若留ニ彼三千塵因一ヲ於レ後ニ說ニ五百塵點之果一成レ有レ疑。此故說ニ本行菩薩道時一。是拂ニト中閒因一ヲ云事也

22 玄云。(頭九(天玄四、三八三))今旣迹在ニ同居一。或在ニ三土一事 方便。實報。寂光也

問。玄文中ニ釋ルニ本國土妙ヲ付テ。且ク垂迹ノ土ハ限ルト同居方便實報ノ三土ニ可レ云耶

答。如レ題

付レ之。夫諸佛ノ垂ルル應レ事ハ。寂光ノ理土ヨリ實報方便同居ノ三土ノ應用ヲ垂ルル也。何以ニ寂光ヲ猶迹化ノ土ニ屬ン耶。依レ之從ニ記五一（天文三、一一二五下）寂光本垂三土迹ト云ヘルハ一家ノ定判也。今ノ解釋難レ思如何

答。此ハ本國土妙ヲ釋ル故ニ如レ此釋ル也。所以ニ。能化ノ三身ヲ旣ニ本迹各三身有レ之。卽如來祕密ト者。本地ノ三身也。神通之力ハ迹ノ三身也。記九（天文五、二二三〇下）若其未レ開法報非レ迹。若顯レ本已本（遠カ）迹各三ト文 旣ニ能居ノ佛ニ有ニ本迹ノ三身一。所居ノ土ニ尤本迹ノ四土可レ有レ之。故ニ本地ノ四土ヨリ迹ノ四土垂ル義可レ有レ之故如レ此云也。但。至ニ記五ニ一者。迹門ノ心也。迹門ニハ寂光ハ本。三土ハ迹ト云也。本門ハ本ニモ四土。迹ニモ四土有レ之

難云。能居ノ三身ニ本迹各三ナル事ハ且置レ之。本地ノ寂光ヨリ迹ノ寂光ヲ垂ルルト云形不審也如何

答。爾前迹門ニ所レ明寂光ハ迹ノ寂光也。本門ニ所レ明寂光ハ本ノ寂光也。取レ夫本門ノ四土ハ四土共常住也。是ハ本有ノ四土ナレハ捨劣得勝ノ義ニハ非。本覺ノ三身ノ四土ナレハ斷迷開悟ノ義ニハ非。迹ノ四土ハ捨劣得勝シテ始覺修入ル也。故ニ始覺極ルヲ以テ寂光土ト云ヒ。斷迷開悟ノ終リヲ以テ法身ト云也。故ニ唯理ノ寂光ニテ有也。本地ノ寂光ハ事圓ノ土也。サテ同居方便實報ノ形ハ本迹ノ不同無レ之。只本地常住。垂迹ハ捨劣得勝ノ不同計也。卽同居ハ瓦礫荊棘ノ土。方便ハ空ノ土。實報ハ衆寶莊嚴ノ土也。サテ本地ノ寂光ハ三土一念ナルヲ本地ノ寂光ト云也。迹ノ寂光ハ始覺ノ極ナレハ唯理ニテ有也。記五云。（天文三、一一二五下）今日已前（之カ）垂ニ三（ト〇カ）土迹一。至ニ法華會一攝ニ三土迹一。歸ニ寂光本一文 此ハ迹ノ四土ヲ釋ル也。又記三云。法無ニ二法一本迹依レ機ト文 又我常在此娑婆世界ハ本地ノ同居。及餘所住處ハ方便。常在靈山ハ本地ノ實報也。法華論之（云カ）。本有伽耶。不毀ノ靈山ト云 發迹顯（天文五、二二五一下。文句）本三如來者。永異諸經ト云テ。本門ノ三身ハ爾前迹門ニ不レ明文 凡所依土。皆順正法ナレハ尤本門ノ四土ニ可レ異故ニ。本國土ト云時ハ四土共ニ可レ有也

名疏ノ一云。（大正藏三八、五六五上。取意カ）第一義空ナル唯理ノ土ヲ寂光ト云也。本門ノ寂光ハ

記九云(天文五、二一五五上)。本有四德爲ニ所依一。修德(得カ)四德爲ニ能依一。能所並(有カ)爲ニ能依之身一。依ニ於能所所依之土一云。二義齊等方是毘盧遮那身土之相 文 此ハ本門ノ寂光ハ本有ノ四德也。此ハ依ニ普賢經ニ也。本有常樂我淨也。是卽波立風吹。春ハ花咲サキ。秋ハ菓成ル。是三世常住也。常ト者常住也。樂ト者空假ニ不レ被レ犯カ也。寂卽樂德ト釋ル是也。我ト者自在ノ義也。波立風ノ吹ニモ隨レ其ニ自在也。淨ト者明カナル義也。疏九云(天文五、二一五四下)。住處者常寂光土。(也カ」)常卽常德。寂卽樂德。光卽淨我。是爲ニ四德祕密之藏一 文

難云。三土ニ垂レ迹ヲ事ハ可レ然。寂光土ニハ無レ機。垂ヲハ寂光ノ迹ヲ何ノ用ソ耶。所以ニ。教被ニ中下一不レ被ニ究竟一(天止一、一三三四。弘決) 文 上品ノ寂光ニハ何ニ物ヲ爲レ利ン可ニ垂迹一ス耶

答。此ハ始覺ノ機カ初後ヲ云時。唯理ノ寂光有ト云也。仍始得ノ機ノ爲ニ垂迹ノ寂光ヲ立ル也。又直入圓頓ノ機ハ。方便實報ヘ不レシテ移直ニ寂光ヘ移ル也。此ノ機ハ寂光ノ機也。是法身ノ說法ニ預ル也。此ハ立波吹風ヲ見テ悟ルハ法身ノ說法也。設見ニトモ釋尊ヲ遍照ヲ得レハ心寂光ノ機也。玄六ニ(天止三、二三。止觀參照)。冥薰密益可トレ有(ママ)釋ルハ此ノ心也。非ミ但ニ二德有ルノミニ(通三德下)利他ノ用一ノ(天止二、一六二。弘決)。法身亦爾(然カ) 文 此ハ法身說法ストモ云勘文也。此ノ前ニハ垂迹ノ寂光尤可レ有也

尋云。本時ノ四土。垂迹ノ四土ノ不同如何

答。本時ノ四土ト者。寂光土ノ四土也。垂迹ノ四土ト者。爾前迹門ノ四土也。能能可レ思レ之

23　玄(頭九)云(天玄四、三八四～五)。亦是本時應處ニ同居方便二土一。有レ緣旣度。唱(一本カ)
言レ入レ滅卽涅槃也事

問。於ニ方便土一ニ入涅槃義有耶

答。如レ題

付レ之。法性ノ土ニハ入涅槃義無レ之。何ソ約ニシテ方便土ニ論ニ入涅槃ヲ耶。若又作リ事ニ約ニシテ方便土ニ論ニセハ入涅槃ノ義ヲ。又何約ニシテ實報土ニ不レ論レ之耶

答。實ニ如クニハ同居ノ入涅槃ノ義ハ不レ可レ有。只以レ義ヲ如レ此釋ル也。所以ニ。界外土ニモ約ニ機息應轉ニ入滅ヲ論ル也。機息應轉ト者。機ハ進メハ上位ヘ敎主モ隨テ登ニ後位ニ。當位ヲ息ムレハ入涅槃ト云也。此ハ變易生死也。依レ之決九下(天止五、一八四)如レ(解カ)止九云(同前)。方便實報二土成道。轉法輪。入涅槃。亦應可レ然 文 弘云。機息應轉。名レ之爲レ滅 文 次ニ實報土ニ入滅ノ義ヲ不レ釋事ハ。今ハ

本書(時カ)應處ト云カ故ニ且約ニ應身ニ釋レハ報土ヲハ不レ入也　仰義也
或ハ又略シテ不レ云。委ク云ハハ實報ヲモ可レ入。依レ之止九ニ實報
土ニモ入涅槃有ト釋セリ　如ニ上ニ書ニカ
難云。應處ト云カ同居方便ニ限ト云事不審也。實報土ノ教
主モ。或ハ一示勝應身。圓滿相海如前實報之應ト云。或ハ故（兩卷疏　方便土）(大正藏三四、九三三中。觀音義疏)(天文
他受用亦得レ名レ報。亦得レ名レ應 文 若爾者。實報土ヲモ應ト（五、一二四二上。文句記)
云リ。何ソ實報不レンヤ入耶　伊抄同レ之
仰云。應ト者。中道ノ理ヨリ垂ニ應迹ヲ云也。若爾ハ。實報寂光ハ
共ニ取レ本ニ故ニ應トハ不レ云也。若望ニ寂光ニ時ハ實報ヲモ應ト云(天止一、
也。其ハサレトモ止ノ一ニ於テ妙覺ニ智德斷德ヲ置ケルヲハ　弘一　果及（三八四）
果果仍(成カ)存教道釋シテ。實ニハ初住ヨリ果性果果性ヲ得ル也。故疏
九。兩卷ノ疏ハ約シテ教道ニ釋也。故ニ初住ヨリ得ニ中道ヲ實報ヲハ(天文三、一三七〇下)
猶化他ノ土ニハ不レ取也。依レ之記六云。即依ニ自受用土ニ實（實報土　方便土）
慈悲ニ求レ子不レ得。故今正(止カ)ニ於自他中間ニ住ニ於方便ニ
云ヘリ。此ノ釋ノ正ク實報土ヲハ自行ノ土ト取ル也。今ノ釋ハ實報寂
光ヲハ本涅槃ト取テ。同居方便ヲ垂迹ノ土ト釋ル也。又實報ニモ因
移果易スル方ニテハ入涅槃ノ義ヲモ可レ論。サレトモ今ハ得ニ中道ノ

理ヲ方ニテ應ノ土トハ不レ釋也

24 玄云。本利益者。本業願通應等眷屬事　頭十(天玄四、三八五)
疑云。本眷屬者。地涌菩薩也。豈ニ有ンヤ業願通眷屬ニ耶
答。地涌ヲ應眷屬ト云ハ今日ノ事也。然ト云テ本時ニ無ニト業願
通ニ云ンモ非　已上知足房
師云。此義吉

25 本迹(迹本カ)同異下(天玄四、三八六)

玄云。迹中因開而果合(合カ」)。習果報果爲ニ三法妙ニ也事　頭十(同前)（境智行位　三法ト云テ國土。壽命。涅槃ヲ合也　斷德涅槃　智德菩提　三身也）
問。迹門ノ三法妙ニ在ニ報果ノ國土妙ニ可レ云耶
答。文ニ不レ釋也
兩方。若無ト云ハハ。今ノ解釋ニ。合ニ習果報果ニ爲ニ三法妙ニ也　頭十(同前)
文 是則在ニトモ報果ニ別ニ不ト擧レ之釋ル也。若依レ之爾ト云ハハ。第
五卷ノ三法妙ノ文ヲ見ルニ。只三軌ト云テ以ニ習果ニ見レトモ。全ク果
報ノ國土妙義不レ見如何
答云云 任ニ一邊難ニ。但至ニ第五卷ニ不ト見云ニ者。自レ本迹
門ニ合シテ只三法妙ト云カ故ニ無ニ國土妙ハ也。若五卷ニ明サハ國
土妙ヲ合ル義ニテハ可レ非。仍非ニ論義ニ事也

私云。本迹ハ只一ソト云事也。疏(記カ)三ニ見リ。疏三云 方便品 十(天文
二、六一九下。文句記)義無レ二。一(「〇カ)如。爲ニ衆生ノ一故別(列カ)釋生起乃至本迹。理事(事理カ)乃
至悉檀不レ同 文
尋云。本迹ノ十妙只一ナラハ何意ソ。迹門ニハ開シテレ因ヲ立ニ境智行
位ノ四妙一。合シテレ果只爲ニ三法妙一一ト。本門ハ合シテレ因只爲ニ本
因妙一ト。開レ果ヲ爲ニ果妙。壽命妙。國土妙。涅槃妙ノ四一ト耶
答。迹門ハ弟子明ニ因門一。卽三明ノ聲聞ヲ修行得果ノ樣ヲ釋ルカ
故ニ開ニ因門ヲ一也。本門ハ明ニカ師ノ果門一故ニ開レ果也。所以ニ。(天文五、二二七一下。文句)
此品詮尋(量カ)通(「明カ)三身。若從別意正在報身ト云テ。如來ノ壽量ヲ
明カ故ニ果門ヲ開也。地體ハ十妙ノ配立ハ本迹可レ一ナル。但替ル
處ハ始覺本覺ノ不同計也。依レ之籤ノ次下云。約ニ本門一卽是(天玄四、五四二)
果人無謀(方カ)之大用。節節不レ値(休カ)。當當不レ息(已カ)。約ニ迹門一譬ニ於(天玄
四、五二八。取意)行者從レ因至レ果。味味調熟位位入レ圓 文 又玄九(七カ)云。光
宅。迹門明弟子因門。本門明師果門クワト云フ破シテ。迹門ハ因正(天玄五、
二四九)果傍。本門果正因傍 云云(同前)
仰云。今ノ本迹同異文段ニ。迹中因開而果合(天玄四、三八六)。合ニ習果報
果一爲ニ三法妙一也。本中因合而果開。開ニ習果一出ニ報果一。

明ニ本國土妙一也。迹門(「文カ)ニハ開ニ九界ノ十如ヲ一成ルカニ迹佛界ノ十
如一故ニ。九界ノ因ヲ開會スレハ開レ因ヲ釋スト也。所以ニ。迹ノ開會ト
云ハ。三乘九乘等ヲ開會シテ實相ノ一理ソト云也。此ノ一理ニ歸
入ルヲ三法妙トハ云也。サテ本門ニ開レ果ヲト云ハ。開ニ迹佛界ノ十
如ヲ一卽成ニ本佛界ノ十如ヲ一也。此ノ時迹門ニ九界ヲ令レ歸ニ實
相ノ一理ニ一打破テ。十界常住無作ノ三身ソト開會ル也。此ヲ果
頭ノ開會ト云也。サレハ迹門ニ歸ニ實相ニ一云ハ尙無明ノ分域ニ取
也。悟ト云ハ一念無明ナルヲ開出シテ。其ノ相貌ヲ了了ニ知ルヲコソ悟トハ
云ヘ。故ニ次下ニハ迹門ノ佛ニ有ニ無明一釋ル也。仍テ本門ニ開レ果ヲト
云ハ。迹門ノ三法妙ハ只習果ニテ有ルヲ開シテ。本國土。涅槃。壽
命ノ三妙ヲ出也。仍テ國土ト云ハ報果也。サレハ本國土ハ正在
報身ノ所居ノ土ナレハ。自受用モ居ニ報土ニ一ト習也
尋云。今ノ文段ハ離合ノ文段也。何ソ開會ニテ云ル耶
仰云。離合ト開會トハ同事也。離スルト云ハ一念ノ中ナル物ヲ取出
也。是則開會也。所以ニ。無明ノ一念ニ萬法有ト開スレハ一念三
千ニテ有也。仍合ト云カ開會ニテ有也。サテ迹門ニ因ヲ開シテ境智
行位ト云ヘルハ。境ト者三千諸法也。智ト者三千ヲ妙解シタル智也。

行ト者境智不二ヲ妙行ル也。サテ修行ヲ修入シテ初住ノ三法妙ニ住也。三法ハ卽三身也。故ニ三千十界ノ依正カ實相ノ一理ニ歸入スト云ヲ因ヲ開ト云也。次ニ本門ニハ只一ノ因妙ト立ルハ。猶始覺修（入歟）行義無レハ一ノ因妙ト云也。本門ニハ別ニ歸トハ實相ニ不レ云。只三千十界ハ本覺ト達ルヲ本果ト云也。仍テ此ノ前ニハ我等モ無作ノ三身ニテ有也。サレハ離合ヨリ外ニハ開會ハ無キ也。蓮華因果ノ法門。只此事也

仰云。本國土妙下ニ自受用身ハ居ニ報土一見リ。料ニ簡之一申ヘシト可レ精也。迹門ニハ明ニ自受用ヲ一云ヘトモ。歸ニ實相理一ニ云故ニ立ニ自他一他受用ニテ有也。本門ニハ達レハ本覺ニソト自他ノ義無レ之。仍テ自受用ト云也。仍テ正キ自受用ハ可レ限ニ本門一ニ也。サテ本門ノ自受用ハ迹門ノ他受用ノ外ニハ無レ之。只始覺ナレハ他受用ト被レ云。本覺ナレハ自受用ト被レ云也。サテ所依ノ國土モ本門ニハ被テレ開成レハ自受用土ト。自受用居ニ報土ニ習也。所以ニ。迹門ノ三法妙ト云ハ習果也。此ノ習果ヲ本門ニハ開シテ成ニ報果ト一。本果。國土。涅槃。壽命ト成スル時ハ。報果ノ國土ナレハ報土ト習也

---

26 玄云。（頭十一）（天玄四、三八七）久遠諸佛。如ニ燈明迦葉佛等一。皆於ニ法華一卽入ニ涅槃一事

問。淨穢土ノ一切ノ諸佛。皆說ニ涅槃ヲ一耶　如レ宗　三算

問。迦葉佛所說ノ三悉檀ノ涅槃經ハ。法華ノ外ニ別坐ニ說レ之歟　三算

答。或ハ別座ニ說トヒ。或不レ爾云也

兩方難レ思。若別坐ニ說レ之ト云ハハ如レ題。文句第二ニハ。（天文一、二九八下）二萬燈明迦葉佛等。皆於ニ法華一究竟　文　既ニ於ニ法華ニ唱ト滅ヲ（淨土）云フ。定テ知ヌ。別座不レ可レ有レ之云事。若依レ之爾ト云ハハ。不（也）動世界ノ滿月如來ノ國土ニハ。別座ニ三悉檀ノ涅槃經ヲ說。今ノ（涅槃疏九）三悉檀ノ說迦葉又（亦カ）爾ト云テ。其儀式ヲ例ニ同迦葉佛ニ也。而ニ（大正藏三八、一五五下）彼ノ說教ノ問難ノ人ハ（高貴德王）。今佛ノ涅槃經ト同ト宣タリ。卽定別座ノ化儀ナルヘシ難レ思如何

答。同座別座難レ思。先別座ト云テ會釋セハ。設別座也ト云ヘトモ。三悉檀ノ涅槃ハ法華ト法門同カ故ニ。皆於法華卽入涅槃ト云歟。次ニ法華ノ同座ニテ說ト云テ。至ニ滿月如來ノ例難ニ者。如ニンハ滿月如來ノ別座ニシテ非ニ說ト云事ニハ。迦葉ハ法華ニシテ說ニ三悉

檀ヲ。滿月如來ハ別座ニシテ說ニ三悉檀涅槃經一ヲ。共ニ三悉檀ノ涅槃經ナル處ヲ例ル也。依レ之涅槃ノ疏九云。彼土雖レ無ニ對治之說一亦三悉說迦葉亦爾（大正藏三八、一五五下） 文 此ハ非ニ座ノ同異一ニハ

難云。同三悉檀ノ涅槃ナラハ。何カ迦葉ハ法華ノ座ヲ說キ。滿月ハ別座ニシテ說耶

答。所被ノ機緣不定ナレハ必モ不レ可ニ別座一ナル。或ハ又機見ノ不同歟

難云。化儀不同ナレハ非ニ一座ニ云ハハ。迦葉ヲハ一向法華ニシテ涅槃ヲ說トモ可レ云也。何難トレ計答ル耶

答。迦葉說涅槃ノ座ノ事不ルカニ分明一故ニ難レ計云也。所以ニ。滿月如來ヲハ別座ニシテ分明ニ說クト見リ。迦葉ノ事ヲハ涅槃ニ說タレトモ。何ノ處ニシテ說トモ不レ云故ニ難レ定事也 北谷

難云。一家處處ノ定判。燈明迦葉ヲハ一具ニ法華ニシテ入トニ涅槃ニ（疏二三釋）釋セリ。何ソ難レ計云ル耶

一義云。任ニ一家處處ノ定判一ニ。迦葉佛ハ法華ニシテ說ニ涅槃一ヲ可レ得レ心也。所以ニ。如レ此得レ心事ハ。涅槃經ノ中ニ說ニ迦葉ノ事一ヲ。雖レ有ニ是典一不レ須ニ演說一（大正藏十二、七一五中） 文 此正ク別座ニシテ不トレ說聞リ。サテ滿月如來ハ別座ニシテ三悉檀ノ涅槃ヲ說ク如ニ釋迦一ノ 文 如レ此簡別シテ滿月ハ別座ト云ヒ。迦葉ハ如レ此不レシテ云。不須演說ト云ルハ別座ニハ不トレ說聞ル也

行滿 末師受レ之。於ニ法華中一入滅醍醐體（同カ）內。所（以カ）謂不レ須レ說（說須カ）也（卍續五七、四五七丁左下～八丁右上） 文 伊抄同レ之

前唐院圓舜律師問。隆澄範イ答 尋難云。抑迦葉法華ニシテ說ニ涅槃一ヲ云ハハ。法華ト涅槃トノ不同如何

答。法華涅槃同ク說トモニ三悉檀一ヲ。法華ハ實相常住ヲ說キ。涅槃ハ佛性常恆ヲ說ク也

尋云。理常住ト智常住ノ形如何

答。智ト者。隨緣常住也。歷テニ事法ニ兔角振舞テ自在遍照ナルヲ智ト云也。理ト者。住ニ法性ノ理ニ離ニ義味一ヲ。物ニイロイハマサル（イロハサルコト也）也。二經共ニ理智不二ナルニ互ニ面立ッ方カ有ル也

口仰云。大經ノ三德ト。法華ノ三德トノ同異ノ事ハ。法華ハ三德カ實相也。大經ハ佛性ノ唯果德ノ三德也。實相ト云ハ只有ノ其ママ也。仍衣坐室常住トモ云也。大經ハ三德ノ常住。此ノ不同ト習也。涅槃ハ十界ハ其ノママニ於テ。而モ果德ノ三德ト顯ス也。境

智ノ中ノ境ヲ所詮ト説也。法華ハ事常住ヲ明ス也。境智不二並存也。涅槃ハ三徳ノ法體也。相用ニハ不レ向。只果徳ノ法體ナレハ不レ立二言思一ヲ。法體ハ本門ト可レ同ル。但事ニ向。理ニ向フ不同也。取レ其ニ法華有二本迹一様ニ。涅槃ニモ佛性ノ開權ハ初門也。終ニハ同二本門一ト様可レ有レ之也。論シ二不同一ヲ判ル二勝劣一ヲ事ハ。彼ハ性此ハ相ノ不同也。此ノ經ノ大綱。佛性常恆ナル三徳ノ常住也。如ナル二本門一ノ事ヲハ不レ爲セ二經ノ本意一ト也。本門ノ心見ル事ヲハ爲ル傍ニ也。仍テ勝劣ヲモ判也。此習ニ極已ヌ

示云。法體ヲ云時ハ法華涅槃ノ二ハ無也。智斷二德更(旣カ)無前後ニテ有也(天止三、四一二。弘決)。サテ法華涅槃ハ付レ機ニ云也。取レ其ニ法華ハ機縁アレハ波トモ風トモ思也。思ヘトモ遍照ニテ有也。涅槃ノ機ハ向ニ法性ノ理一ニイロイハム意ヲ不レ持也。波ノ立ニモ風ノ吹ニモ不レ向。唯理ノ法體ニ向也。仍遍照ニハ不レ向也。迹門ノ理ハ理ノ中ニモ猶相ヲ存也。所以ニ。波モ風モ理ノ起ト見ル也。大品ノ眞如ハ事法ヲハ如トシ二空華影像一ノ思テ唯理ノ處ヲ存ル也

尋云。本佛ニハ無二別號一。自行成道ナルカ故ニ。燈明迦葉ハ有二別號一。故ニ迹佛ニテ有也。若爾者。迹佛ノ涅槃ヲ以テ本佛ノ涅槃ニ不レ可レ同耶。迹ノ理ト本ノ理トハ可レ別故也。若依レ之爾ト云ハハ。今釋ニ本異(涅槃カ)ヲ引二燈明迦葉一ヲ例同セリ如何

答。實ニ迹佛ノ理ハ迹門ノ理也。本佛ノ理ハ本門ノ理ナルヘシ。而ヲ引テ同ル事ハ。顯本ノ後ハ迦葉等モ同二レハ本佛一ニ。三悉檀ヲ説ニテ有也。故ニ今ハ顯本ノ心ニテ引ク也。今本門ノ涅槃妙ヲ云ハハ。全三悉檀ノ涅槃經ニテ有ル也

尋云。諸佛ハ化道可レ同ル。而何ソ燈明迦葉ハ法華ニシテ入二涅槃一。滿月如來等ノ如ンハ別座ニシテ説二涅槃經一ヲ耶

答。是ハ即機見ノ不同ニシテ滿月モ釋迦ニ同ル時ハ。四悉檀共ニ説ト見ル也。釋迦ノ所説ニモ沙羅ノ四見有レ之。別圓ノ機ハ三悉檀計リヲ見ル也。此ハ同ス二寶月一ニ。又同二迦葉等一ニ時ハ法華ニシテ入二涅槃一ニ見ル也。如法華中八千聲聞。見如來性ト説ク是也(天玄三、六七三。釋籤取意)。又。如來不久當入涅槃ト云ヒ(大正藏九、三三下)。法華ニシテ悟ル有レ之日ハ。今ヨリ同スト云口傳可レ思レ之。又於二道同一ニ化法同。化儀同有レ之。化法同ト云ハハ。法門ハ同シテ儀式ハ異リト。所以ニ。滿月ハ別座ナレハ儀式ハ迦葉佛ニ異也。又共ニ説ク二三悉檀一ヲ邊ハ迦葉等ニ同シ。是化法同也。又迦葉等ハ化他ノ涅槃也。三悉四悉ノ不同有故ニ。

本佛ハ内證ノ涅槃也。此ノ方化儀ノ同ニテ化法別也。如レ此所望不同也ト可レ得レ心也。化儀同ト云事ハ。疏二ニ燈明八子。釋迦ハ一子等釋ル處ニ見リ

尋云。滿月如來。別座ニシテ説ニ三悉檀ノ涅槃經一ヲ云ハハ。法華ニシテ既ニ理智ノ二有ルヲ之。智ハ法華。理ハ涅槃ト定メハ。又別座ニシテ説レ之涅槃ヲカ覆説ニテ有レ之歟

示云。不レ然。只機見ノ不同ニテ同時ナル理智ノ二説ヲ別座トモ見。同座トモ見ル也。如來不久當入涅槃ト唱ルニ。法華ニシテ聽テ入ニトレ涅槃一見機モ有レ之。又別座ニシテ涅槃可レト有見ル機モ有也。地體法華涅槃ハツツキテ有ルヲ。譯者カ二經トセル也

尋云。法華ニシテ入ニ涅槃一佛ハ。法華ノ内ニシテモ對治無常ヲ説歟。若不レト説云ハハ。迦葉佛説ニ涅槃經一ヲ。(大正藏十二、七一五中)雖有是典不須演説ト云ヘルハ。此ノ曲(典カ)ハ有トモ別座ニハ不レト説云ト覺リ。知法華ニシテ對治ノ説ハ可レト有云事。若爾ト云テハ。迦葉ハ淨土ナレハ對治無常ヲ不レモヤ説カ有ラン

答。法華ノ中ニモ對治ノ説ハ可レ有也。機緣不同ナレハ。迦葉ノ土ヲモ穢土ト見機モ可レ有レ之。此機ハ法華ニシテ對治ヲ説ト可レ見也

示云。寂光大師ノ傳タマヘルニハ傳教ニ。隨緣眞如ハ法華。不變眞如ハ涅槃ト口傳シタマヘリ

尋云。對治無常ト云ハ。如來ノ入滅ヲ見テ悲歎ル故ニ。如來ハ常住ニシテ實ニハ不レト滅セ説ケハ。無常ハ無レ之物ソト可レ得レ心歟。又三悉檀ノ涅槃ト云形如何

答。此ハ法華ノ機。涅槃ノ三悉檀ノ機。對治無常ノ機可レ定レ之也。先法華ノ機ニモ對治無常ノ機有レ之。所以ニ。無量義經ニ。(大正藏九、三八六下)未曾不説苦空無常ト云ヘルヲ。注釋ニ受レ之。(傳全三、六四一。取意)不説隨緣眞如苦空無常ト云ヘルヲ。三世常恆也ト得レ心。苦空無常ヲ智品ニテ持タル也。捨テテ二苦空無常ヲ一得ントハ二眞如ヲ一不レ向也。次ニ三悉檀ノ涅槃ノ機ト云ハ生滅モ己ト生滅ス。此ニハイロワス向ニ不生不滅ニ一也。又不生不滅ヲモ六識ニハ不レ懸也。此ヲ大涅槃トハ云也。若不生ニ懸ケハレ心ヲ大ノ義ニハ非ス。次ニ對治無常ト云ハ。無常ノ執强キ故ニ直ニ不シテレ向ニ不生不滅ノ處ニ一無常ニ心カ懸ル故ニ。舍那思フノ常住ナル物ソト説時キ。サテハ不生不滅ナル物ソト得レ心也。如レ此得ツレハレ心三悉檀ト一ニ成也。三悉檀機ハ。八千聲聞見如來性得授記別ト説此等也。法華ノ智常住ニハ不レ入。性常住ヲ悟ルカ

故ニ對治無常ノ機ハ五千起去此等也。此ハ法華ニシテ聞ニ常住ヲ一起レツ座ヲ。無常ノ執強カ故也。卽是鈍中之鈍ト云是也。如レ此法華涅槃ノ不同ハ機ノ入門也。約ニ佛意ニ一時ハ理智一體也。故ニ本門ニ立ニルハ涅槃妙ヲ一。約レハ佛意ニ一理智不二ニシテ有ルカ故ニ。法華涅槃カ無レハ二ハ法華ノ涅槃妙ト立ル也

示云。六重本迹ノ略廣ノ十妙ヲハ三世料簡ト習也。所以ニ。最初正覺ヲ立テテ此ハ本也。第二番ノ成道ヨリ後ハ垂迹ソト見ルカ故ニ。而トモ次下ノ三世料簡門ニハ異也。彼ハ一向ニ三世門ヲ立ル也。今ノ六重本迹ノ廣略ノ十妙ハ三世門ナレトモ。本有常住ノ一念ノ內ノ法ソト習也。其故ハ口傳ノ言ニ。六重本迹廣略ノ十妙ハ。蓮華因果ニ結歸スト習也。蓮華因果ハ住本顯本ノ心也。蓮華同時ルカ故ニ今ノ文段ハ法也。蓮華ハ譬也。法譬可レ同カル故ニ蓮華ニ結歸スト云也。故ニ蓮華本迹同時ナル處ヨリ見レハ。今ノ三世カ久遠一念ノ內ニ歷歷ト有也。サテ蓮華ノ處ヨリ得テレ心。今ヲモ顯本形ニテ可レ云也。所以ニ。第一卷ノ略釋ニ。（天玄一、一〇七。玄義）一體相卽權實同時因果ノ蓮華ト云ヘリ。又前華後菓等云ヲハ簡テ同時ナル蓮華ヲ取也。籤ニハ受レ之。華落蓮成等ハ（同、一一〇）約レ機ニト云 云 蓮華既ニ同時也。本迹不レ可ニ前後ス一也。如レ此得レ心時ハ。今日ヨリ外ニハ久成ト云事無レ之。十界ヨリ外ニハ無作ノ三身不レ可レ有レ之。依レ之弘ノ一ニ引ニ大論六十七ヲ一云ク。（天止一、三四八）久發心者乃能信受。云何爲レ久。於ニ一切法ニ一不レ生ニ分別ヲ一。名レ之爲レ久 文 此等ハ正ク不ルヲレ生ニ分別ヲ一爲レ久ト云ヘリ。今久遠ト云ハ只今ノ一念ソト云勘文也。可レ祕レ之

口仰云。玄七ノ卷ノ六重本迹ハ假設ノ本迹也。事成ノ邊ヲ沙汰ル也。如レ此次第ニ立ニ多ノ不同ヲ一法體ヲ蓮華ニ結成タル也。蓮華因果ノ時ハ法體法爾ノ久遠實成也。六重等ノ心ハ顯本スル佛モ有レ之。不ルモレ爾可レ有レ之。事成久近ヲ論ルカ故ニ。蓮華因果ニハ皆一切ノ佛可ニ顯本ス一也。而ニ其中ニハ又顯不顯歷歷ト可レ有。十重（六カ）ノ中ノ住迹顯本等ノ如ク也

涅槃經十八云。（大正藏十二、七一五中）迦葉佛時所有衆生。貪欲微薄智惠滋多〇世界清淨。一切衆生悉以（知カ）下如來終不ニ畢竟入ニ於涅槃ニ一常住不滅（變カ）上。雖レ有ニ是典一不レ須ニ演說一 文

27 玄云。（頭十一）（天玄四、三八七）義推本佛必是淨土淨機云ヘリ。意如何 一算

答。本門ノ十妙ヲ釋シテ開ニストシテ涅槃壽命ノ二妙ヲ一如レ此釋ル也

問。本實成ノ國土ハ淨穢土ノ中ニハ何ソ耶
答。淨土ナルヘシ
兩方。若淨土也ト云ハハ。見ニ二經文一ヲ。我於ニ伽耶城。菩提樹（大正藏九、四一中）
下一坐。得レ成ニ二最正覺一　文　娑婆ノ穢土ナルヘシト聞リ。若依レ之爾ト
云ハハ。如レ題如何
答。最初正覺ハ自行ノ土也。是則淨佛國土成就衆生ノ行ニ
酬テ所レノ唱成道也。尤可ニ淨土一ル。但至ニ經文ニ一者。今日約シテニ
娑婆ナルニ一如レ此說也。爾ト云テ昔非ニ穢土ナルニハ一（天玄四、四〇四。釋籤）
千觀威〔感カ〕抄云。最初實成ハ自行ノ成道也。只應修一圓因一圓
果ト云テ。實修實證尤可ニ淨土一ナル。但娑婆ノ名ハ所ヲ不レ改
故ニ。本成ノ處ヲ今ハ娑婆ト云事也
示云。淨佛國土ノ行ト云ハ。令三衆生ヲ斷ニ煩惱一ヲ也。若求淨土
先淨其心ト云テ。斷ニ煩惱一ヲ淨レハ心ヲ國土モ淨土ニテ有也
難云。依ニ淨佛國土ノ行一ニ所レノ感土ナレハ。可ニ淨土一ナルト云事難レ
思。一切ノ諸佛ハ立ニ淨佛國土ノ行一ヲ也。サレトモ今日ノ如ンハニ釋
迦等ノ一出ニ穢土一ニ也如何
答。化他ノ成道ハ淨穢不定也。今日ノ釋迦ハ化他ノ成道ナレハ穢
土ニテ有也。此ハ隨ニ機ノ所欲一ニ也。然ヲ本實成ノ土ハ。自行ノ土ルカ
故ニ淨土ト釋ル也。本時自行唯與圓合。化他不定亦有八教ト（天文一、一〇四上。文句記）
釋ルハ此意也。自行ノ成道ト者。自受用也。化他ノ成道ト者。應
身也
難云。本實成ノ時。三身四土ノ成道同時也。其中ノ應身ハ可ニ
同居土一ナル。依レ之釋ルニニ本國土一ヲ。我常在此娑婆世界ノ文ヲ（頭二十）（天玄四、三九五。玄義）
引テ本時ノ娑婆ト云ヘリ。又法華論ニハ。本有ノ伽耶　文　若爾者。
一向ニ可トハレ限ニ淨土一ニ不レ覺。而ヲ今日ハ穢土也トモ。本時ハ非トニ
穢土一ニ令ルレ答耶
答。此ハ本實成ノ土ハ四土有レトモ。皆淨土ソト云事ハ。今ノ釋ニ既ニ
准テニ燈明迦葉一ニ釋レ之。故ニ燈明迦葉既ニ淨土也。知ヌ。本佛モ
淨土ソト釋定ト覺リ。而ヲ娑婆ト云ハ隨テニ今日一ニ云也。凡ハ本時ニモ
穢土有トモレ之。准テニ淨土一ニ皆淨土ソト云也。故ニ本時ニ非ニ一向
穢土無一ニハ。是則淨佛國土ト云事ニテ相從ルカ故淨土ソト釋ル也　樂音房
此流云。本實成ノ土ハ自受用土ナルカ故ニ可ニ寂光一ル。寂光土ソト
定メハ四土圓備シテ可レ有也。寂光ト云ハ。同居。方便。實報ノ三

土一念ナルヲ云也。內證ノ三土。化他ノ四土ト習口傳可レ思レ之。自行ノ邊ニテハ三土一念ナルヲ寂光ト云也。示レ他時ハ有ニ四土ニ云也

口仰云大雙紙四淨土也。內證ノ淨土也。卽常寂光也。常寂光ニ諸土有レ之。四敎共ニ可レ說レ之。三身ノ成道同時也。本地內證ノ故也

難云。今釋ニ淨土ト云ハ寂光ニハ非ト見リ。所以ニ。燈明迦葉ニ例同セリ。爾ニ彼ノ土ハ同居ノ淨土也如何

答。本實成ノ國土ハ內證土ルカ故ニ可ニ寂光土一ナル。但至ニ燈明迦葉ニ例ルカ故ニ同居ナルヘシト云一ニ者。彼ノ迦葉等ハ化他ノ土ナレトモ。淨土ナルカ故ニ法華ニシテ入涅槃ス。而ニ釋迦モ法華ニシテ入涅槃ルカ故ニ可ニト淨土一ナル類例ル計也。依ニ自行化他ニ其ノ土ニ不レ可レ同ス。釋尊ハ自行ノ土。迦葉ハ化他ノ土ナレトモ。同ク法華ニシテ入涅槃ル處ヲ同ル也

示云。本實成ノ時。入涅槃ト者。同居土ノ頭北面西ノ入涅槃ニハ異也。其故ハ本有ノ無爲常住ニ歸ルヲ涅槃ト云也。本門ノ所談可レ思レ之。本時自行唯與圓合ト云處也。其ノ處ハ四敎土圓備ルカ故ニ。頭北面西ノ涅槃モ可レ有レ之。夫ハ機ノ方也。化他不定亦有八敎ノ邊也。是則自行化他同時ルカ故ニ。本時自行唯與圓合ノ處ヲ機カ修スレハ。軈テ化他不定亦有八敎ト被レ云也。仍テ內證ノ方ヨリハ歸ルヲ圓寂ノ理一ニ涅槃ト云ヘトモ。化他ノ方ハ頭北面西ノ方宛然也。三世料簡門ノ時モ。約ニ化他ニ頭北面西ノ義可レ有レ之。是ヲ軈テ本涅槃妙ト云時モ有レ之。此時ハ化他門ノ成道ヲハ第二度ノ成道ト云也。剋體シテ云ハ正ク本涅槃妙ト被レ云處ハ內證ノ處也。仍涅槃妙ニ自行化他同時ナレハ。本時ノ內證ノ處ニ軈テ頭北面西ノ義モ有レ之。可レ思レ之

難云。何ナレハ本時成道ハ必淨土淨機ト被レ云耶

答。本時ノ成道ト云ハ內證成道ルカ故ニ淨土ト被レ云也

難云。淨土淨機ト云テ。論レ機ヲ故ニ化他土ト聞リ如何

答。本時ノ土ハ寂光土ナルニ取テ。而モ今ノ釋。自ニ從是一來。我常在ニ此娑婆世界一等ト云ヘル文ヲ引テ。娑婆ト者。卽本時ノ同居土。餘處ト者。卽本時ノ三土ト釋セリ。仍自行化他同時也ト聞リ。故ニ淨機ト者。內證ノ方ヨリ云ヘハ自受用ノ果海ノ上ノ內眷屬也。卽自受用ノ目鼻ニテ有也。是卽無作本眷屬也。機カ卽內

頭二十一（天玄四、三九五）
（同、四二五）
（了也カ）

證ノ處ヲ修レハ化他ニ成ル也。此故ニ淨機ト云フニ無レ二也。內證方ハ淨機ト被レ云內眷屬也。機ノ領ル方ニナレハ化他ノ三土ノ機ト聽テ被レ云也。四土圓備ノ質ヲ寂光ト云カ故ニ。其ノ中ノ機ハ皆淨機ト被レ云也。機カ領ルニ能化ノ方ニナレハ。化他ノ三土ト被レ云也

示云。化他不定亦有八教トモ云。寂光無作ノ說法也。本時自行唯與圓合ト被レ云處ヲ押ヘテ化他不定ト釋也。自行化他同時ナル故也。化他ノ成道ヲハ第二度ノ成道ト云事ヲハ。三世料簡門ノ日ノ事也

此論義ハ寂光土ニ有ニ說法一耶ト云論義ト。法身說法スル耶ト云論義ト同事也

私難云。今ノ釋ハ二ノ釋也。諸佛最初成道ハ必可ニ淨土ナル一。依ニ淨佛國土ノ行一ニ正自行圓滿シテ唱ニ成道一故也。彼如下般若修行菩薩依ニ淨土行一ニ未來成道ハ明中カ淨土也上ト。以ニ此義一擬ノニ今佛初成道ナレハ。淨土ト云一ノ意也。次又往事已成ノ釋ハ。必モ一類ノ菩薩最初成道ノ說。依ニ淨土ノ行一ニ非レルカ可キニ淨土ナル一故ニ穢土ト釋也。仍二ノ釋也 私記義ノ意也

本ニハ私云。本實成ノ土ト者。卽指ニ本時ノ同居一問也。取レ其ニ約ニ能化所見ニ淨土ナリ。約ハ所化ノ果報ニ可ニ轉變一也。故ニ迦葉等モ本地ノ應ルカ故ニ引テ淨機ト云。釋迦モ本地無作三身ノ中ノ應ハ對治ノ涅槃不レ說可レ云

林泉坊云。本因本果ノ兩妙ハ約ニ自行一ニ。故ニ修一圓因等云也。自行ノ日ハ隨レ機ニ。四教ノ不同有トモ一因一切因ト云テ體具微妙ノ法ト悟カ故也。本時自行唯與圓合ト釋ル同意也。然トモ化他ノ方ハ有ニ四教ノ不同一故ニ。化他不定亦有八教ト云也。本時自行ノ土ニハ依報土可レ有故ニ本國土妙モ可レ約ニ自行一ニ也。サテ感應已後ハ可レ約ニ化他一也。自行ノ悟ノ上ニ神通說法等ハ出來ル故也

28 頭十二（天玄四、三九四）玄云。今佛靈山八年說法華事（華ナシカ）

問。說法華ノ時節幾也ト可レ云耶 如ニ疏四。玄五一

答。如レ題

付レ之。以レ何爾カ知ラン耶

答。菩提流支ノ法界性論ニ云ヘルヲ。佛成道ノ後四十二年ニ說ニ法華經一。常途ノ三十成道ノ說ニ叶テ。七十二歲ノ說法華ノ義ヲ

成シテ如レ此云也（大正藏三四、八二七下）僕抄。要義。義決同レ之

玄賛。菩提流（留カ）支法師引テ二經ノ偈一云ク。八年嬰（「作カ）嫁（孩カ）云リ

29 頭十二 玄云。引二若有衆生來至我處（所カ）ノ文一證二感應妙一事（天玄四、三九五）

問。玄文中ニ釋トシテ二感應妙一引二壽量品文一何ノ文耶

答。如レ題

付レ之。感應妙ト者。月モ不レ降。水モ不レ昇。衆生モ不レ往。聖人モ不レ來。而モ名二感応道交一。今既ニ來ニ我處一云フ。是何ソ感應ノ義ナラン耶

答。衆生法性ノ心。約レハ二法身一不來不往ト云也。約ハ二色心ノ邊一ニ。不往而往。不來而來也。故ニ不二相違一 會均同レ之

30 頭十三 五廣下（天玄四、三九六）

玄云。若能解レ迹則亦知レ本事

問。利根ノ人。聞ク二迹門所說ノ法門ヲ一時。知ト二本門ヲ一可レ云耶

答。異義也。一義ニハ不レ知レ之

兩方。若不ト知レ之云ハハ。解釋如レ題。若依レ之爾ト云ハハ。設ヒ利根也ト云ヘトモ。如來ノ於ハ二久遠久成ニ一輙爭知ン之。依レ之記九ニハ。當レ知壽量非レ說不レ知 文 如何（天文五、二一二八七上）

答 云云 但至レ難ニ者。今ノ解釋ハ迹門ノ內ニシテ直ニ得ト心ニ本門ヲ一云釋ニ非。此ハ垂迹ソト云事ヲ知ヌレハ。サテハ有ラハ二垂迹一定メテ可ト有ニ本門一ハ得レ心也。是佛不レ說タマフ二本門ヲ一前ニ。所化カ本門ヲ推知スト云釋ニハ非。迹門ヲ能ク知レハ本門ハ易ト知釋也。仍テ難ノ旨ニモ不レ可レ違。譬ハ水月ハ影ソト示ンニ。天月ハ可ト有得カ心如シ

難云。本書ノ文相ヲ案ルニ。若能解迹即亦知本ト云ヘルハ。利根ノ者ハ迹門ノ內ニシテ本ヲ解ス。次。爲未解者更重分別ト云ハ 頭十三（天玄四、三九六〜七）。鈍根ノ者ハ迹門ニシテ本ヲ不ルカ解セ爲ニ。重テ本門ヲハ說ソト云ヘト聞リ。若即亦知本ト云ヘルヲ。爲下ニ解ル二迹門ヲ一人ノ上本門ヲ說カハ易ト知云釋ソト得レ心。二重ノ釋無ニ不同一耶。依レ之記一云（天文一、五六下）。利人（根カ）縱ヒ其レ已ニ知ルトモ。須レ待ニ彌勒扣發ヲ一 文 但至ニ記九ノ釋ニ者。彼ハ約シテ二待時ノ機ニ一可レ釋ナル。何ソ約ト二利根ノ者ニ一得レン心耶。又疏四ニハ待時不待時ノ二機有ト云事ヲ釋ニ。於ニ迹門一ニ知ルニ本門ヲ一機有ト之見リ如何

答。於テハ二本地ノ久成ノ事一ニ。說ヲ不シテハ待爭輙ク知ン之。依レ之本書ノ次下ニ。頭十三（天玄四、三九七）本極法身微妙深遠。佛若不レ說。彌勒尚闇 文 等覺無垢ノ大士。猶ヲ待レ說ヲ知ト見リ。何ニ利根也トモ等覺ノ菩

薩ニハ不レ可レ及。但若能解迹ノ釋ハ二重ノ釋ニハ非。只利根ナル者ハ迹ヲ解シテハ本ヲモ可キコト知。非レハ說ニ不レ解故ニ重テ說ソト本ヲ云釋也。爲未解者ト云ヘルハ。上ノ若能解迹ト云テ委ク釋也。別ノ事ニハ非。次ニ疏一ノ釋モ縱ノ字ノ顯ス處。實ニハ不ト知云ト聞リ。只是與タル釋也。知足坊ノ義也

私云。此ノ義ハ疏四ノ不待時ノ釋ノ會釋無レ之。此ヲハ不待時ト云モ。佛ノ迹門ニシテ祕密ニ本門ヲ說キタマヘハコソ知レ。我ノ力ニテ佛ノ不ルヲ說タマフ知ルニハ非スト可レ會歟

一義云 此流 迹門ニ知ルニ本ヲ二有レ之。一ニハ本迹ハ同時ナレハ。利根ノ者ノ爲ニハ迹門ノ中ニシテ本門ヲ說タマフ故ニ聞レ之知ル也。此ハ只聞ニ本門ヲ知ニテ本ヲ有也。今ノ論義ハ非ニ此意一ニハ。次ニ叶ヌレハ初住ニ得ニ三世了達ノ智一ヲ。知ルカ本覺一ヲ故ニ分ニハ本門ヲ可レ知也。（ヒ重複カ）「初住ニ得ニ三世了達ノ智一ヲ知ルカ本覺一ヲ故ニ分ニハ本門ヲ可レ知也。」初住ニ斷ルニ三重無明一事ハ。實ニハ迹門ノ觀力ニテハ不レ斷也。一切皆本覺ソト云觀法ニ依テコソ斷レ。故ニ分ニハ知ニ本門一ヲ也。サテ而モ塵點界數ノ本門ヲハ如ニハ佛ノ不レ知也。假諦ノ智不レ及レ佛ニ。故事圓ニ闇キ也。此方ニテハ不レ知ト釋也。仍知ト云モ不レト知

云モ無ニ相違一也。依レ之籤次上ニハ。以ニ出假智一直（直カ）數ニ世界一（天玄四、三八〇）頭七
尚（尚カ）不レ能（能カ）レ知 文 是則空中ノ智ハ易レ明メ。故ニ知レトモ本覺一ハ事事ノ法法ハ難レ明メ。故ニ四十二重ノ不同出來也。仍テ界數ヲハ如クハ佛ノ不レ知也。故ニ三世了達ト云モ大方ハ知也。委ハ不レ知也。所以ニ。空中ノ德ハ萬法無レ隔處ヲ知ル故ニ本覺トハ知也。而トモ界數ノ大小曲直ヲハ假智カ闇故ニ如ハ佛ノ不レ知也。サテノイテ如レ此可レ得レ心也。而トモ今ノ論義ハ不ル進釋也。此ハ非ニ在世ノ事一ニハ。只大師ノ迹門ノ十妙ヲ釋シタマフニ。利人ノ者ハ本門ノ十妙ヲモ可レ知。サレトモ鈍根ノ人ハ迹門計ニテハ本門ヲ不レ可レ得レ心。故ニ又本門釋ルソト云釋也。所以ニ。本書ノ次下ニ。今略（天玄四、三九七）頭十四
依ニ經旨一。髣髴推尋 文 此意也。此ノ論義ノ所詮也。可レ思レ之。本迹ノ十妙ハ久近ノ異計也。所以ニ。迹門ノ境智行位ハ本門ノ因妙也。三法妙ハ本門ノ果妙也。感應ハ國感ノ二妙也。神通妙ハ本ノ神通也。如レ此得ツレハ心。利根ノ者ハ迹ノ十妙ニテ本ノ十妙ヲモ可レ推レ之也

庄仰云。記一ノ利人等云釋ハ。利人ト者。本迹同時ノ故ニ。迹門ノ時分ニ本門ヲ聞ケル者也。不待時ノ機也

範承云。利人ト云ハ他方來菩薩也 教尋同レ之 示云。行テハ庄仰云ト同事也。而トモ爾前ニシテ若已入實セル人ハ。此土ノ菩薩也トモ利人ト可レ被レ云也。一向ニ他方來ニハ不レ可レ限也

31 頭十三 玄云。（天玄四、三九七）本極法身微妙深遠。佛若不レ說。彌勒尚闇事

四箇ノ大事。本迹ノ同異ハ自レ是云事也

問。本迹二門ノ二ノ理ニ有ニ淺深不同一耶 一算。了因ニハ四算

答。異義也。一義ノ意ヲ存セハ淺深不レ可レ有兩方。若有ニ淺深一云ハハ。雖ニモ本迹二門異也一ト。於ニハ實相ノ理一ニ不レ可レ有ニ淺深一。依レ之妙樂大師一處籤解釋ニハ。（天玄一、五七）本中體等與レ迹不レ殊文若依レ之爾ト云ハハ。如レ題。此ノ釋ノ意ハ。本門ノ實相ハ尚以甚深也ト聞リ如何

答。開三顯一ノ理ハ迹門ノ實相ニ事足ヌ。惑トシテ不レト盡云事無ク。理トシテ不レト顯云事無シ。（天玄一、六九。釋籤）爰以宗ノ處處ノ解釋ノ中ニ。本迹二門ノ同異ヲ判ルニ。（同、一一四。釋籤取意）或ハ本迹但是近遠（遠近カ）之異ト云ヒ。或ハ迹門ハ諸經ト有レ同有レ異。本門ハ一向永異ニシテ一向異ナリト云ハハ。人疑テ體等モ可キレ異歟ト可レ思處ヲ釋シ定ルトシテ。（同前）所レ言異者。所以（謂カ）遠壽諸經永無。故一向異文重重問答ルニ。於ニ實相ノ理一ニ全ク無ニト淺深一聞リ。但至ニハ今ノ解釋一ニ。只是事成ノ久カ故ニ微妙深遠ト云也

師云。本門ノ十妙ヲハ皆本極法身ノ十妙ト可レ得レ心也。今ノ釋。本妙難顯知ト云ハントシテ。本極法身等云カ故也 可レ祕レ之

難云。本迹ノ淺深猶於レ事ニ不同也。實相ノ理何ソ同カラン耶。況玄文ノ次下ニ大師自ラ問答シテ。迹門ノ十妙ニ無明ノ惑盡シヌ。頭四十三（天玄四、四八七）又說ニ本門ヲ破ニント何ル惑一ヲカ。答レトシテ之。無明重數甚多。實相海深無量。如レ此破顯スルニ無レ咎文故ニ本極法身ハ既ニ破レ惑ヲ顯レ之。豈ニ無ニン淺深一耶。但所レ言異者。所以（謂カ）遠壽者。壽量ノ長遠何ソ離レン理ヲ耶。只事成ノ久キ計ヲ名テ本門ト重請シテ說レン之（天玄一、一一四。釋籤）耶。故ニ遠壽ヲ即寄テ深遠ノ理ニ顯レ之也。故末文ニ。長壽只是證レ體之用云ヘリ如何

答。自レ本遠近ノ不同計也。實相ノ理ニ無ニ不同一也。（天玄一、五七）依レ之本迹二門但是近遠文（了〇カ）籤一云。本迹二用不論麁妙。但據近遠以判本迹文（天玄四、五〇八）（了得益カ）今玄次下云。若論實道兩處不殊文隨喜品記云。（天文五、二四四〇下）若信ニ長遠一。信必依レ理。理ト與ニ迹中妙理一不レ殊文

但至實相海深無尋(量カ)等釋者。只是迹門今日得實相說。本門久遠得此實相說。故實相海深云計也。(天玄二、五〇三)況又迹門。三法妙顯在於初住云。(天玄三、五七三)已(以カ)迹門中但入初住云。迹門初住得益明故。二住已上無明無量也云事也。迹門妙覺有無明云釋非也

難云。本門十妙者。斥迹十妙立本十妙也。若本迹實相一爭迹理可被破耶。又迹門初住也。故二住已上惑有故無量云得心。本門十妙約二住已上可釋。而本行菩薩道文引。觀行即立本門十妙。若爾。無明重數甚多云。二住已上無明不得心。只迹門上猶有無明。本門理破覺如何

答。此所化聞實相迹門時叶初住也。而本門時。佛我久遠得此實相至今。壽命不盡說聞。彌此實相信故。二住已上增進有之也。仍約機本門二住已上。佛我境智行三法久遠行得實相事云ハントシテ。本行菩薩事云出也

難云。次下釋見。問。(頭四十三(天玄四、四八六～七))破十麁顯十妙。即無明惑盡一實理彰。今更破迹妙為麁。顯本為妙。破何惑顯何理 文 此問迹門無明盡。何又說本門云。若迹門初住計無明盡不可難。爰知。迹門實相無明不盡事有之聞。若爾者。本門實相勝云事如何

答。此難非起云。初住無明盡。何又本門說耶問也。實迹門無明盡云釋非也

難云。此難文假令問。答難假令樣可答。不然無明重數甚多。實相海深無量云。迹門實相深實相有答聞如何

示云。他流無明重數釋。本極法身釋料簡計故。四算下也。當流此上本迹心地尋故。一算下也。他流本迹同異云。實相同。久近異云也。サテ他流人惠心流同異云。本迹隨緣眞如。不變眞如不同云故同異云得心也。此只不同同異云也。其可難樣。當流。本迹同異本迹不同各別

相傳ル也。何ゾ不同ヲ同異ト云ソトハ可レ得レ心耶
（此流）一義云。本迹ノ同異ト云ハ。同ト者約ニ能化ニ也。佛ハ本迹一揆キニ得レ心也。而ヲ三周ノ聲聞カ迹門ニテハ理圓ノ實相ト得レ心。本門ニハ事圓ト得レ心。此ノ方ハ異ト云也。サレトモ若得始覺還同本覺シヌレハ。實ニハ唯理ノ實相ハ無シテ。事圓ト開クル邊ハ能化ト同ル也。サテ本門ハ無ニ理圓ノ義一歟ト云ハ。其ノ分モ可レ有。本覺ノ中ニ理圓ノ本覺ソト得ル機モ有レ之。各稱本習ノ者也。地體ハ實相ニハ本迹ノ不同無レ之。其ヲ機カ先實相ト者。一念不生ナル處ニ得ハレ心。迹門ト云。理圓ト云也。サレトモ此ノ理ヲ本門ニテハ不レシテ動事圓ト開ル也。仍テ一ノ實相ナル方ハ同也。サテ事ト理トノ不同也。サテ處處ノ釋。本中體等與迹不殊ト云。（同（天玄一、五七））又顯本爲事圓開權爲理圓ト釋ルハ。（不同（同、五六））此ノ兩重ヲ得ハレ心無ニ相違一也
難云。事圓理圓ト釋ルハ久近ノ異ヲ云也。爾ト云テ實相ニ有ニト不同一云ニハ非
答。若久近ノ異計ナラハ事圓トハ不レ可レ云。圓ト者名ニ萬法具足ニ也。知ヌ。實相ヲ圓ト云也。仍テ當流ニハ本迹ノ同異ヲ所依ノ本極法身ノ釋ト。籤一ノ顯本爲事圓ノ釋ヲ爲ルニ手本ト也。本極法身ト者。無作ノ三身也。是レ故信解本地難思境智ト云ハルル者（天文五、二四一二下）也。仍テ久遠ト云ハンハ他流他宗ノ得ルレ心久遠トハ異也。弘一ニ引テニ大論一ヲ。（天止一、三四八）不生分別名之爲久ト云ハ。是卽實相不生分別ナルヲ久遠トハ云也
次本迹ノ不同ト云ハ。付レ機ニ云也。迹ヨリ移ル本ニ機ト。又獨立本門ノ機ト也。迹ヨリ入レ本ニ機ハ同異也。始ヨリ住レ本ニ機ハ不同ト得レ心也。一向初ヨリ事圓ノ心地ニテ迹ニ不レ向也。本門立行ノ（天文五、二四一一下。文句記）之首ト云ハ初ヨリ行ニ本門ヲ一機也
示云。所詮迂廻入ト。直入迹門ノ機ト。直入本門ノ機トヲ可レ得レ心也。迂廻入ト者。爾前。迹門。本門ト傳テ入ル機也。此ノ心地カ次第ニ移テ行ク也。次ニ迹門ノ機ト者。移トモニ本門ニ理圓本覺ト開クル機也。是ハ迹門ノ始覺ノ情カ破テ本覺ト成ル處ハ。本門ト一トニ成ル證道同圓ノ如シ。サレトモ理圓ノ本習本覺ト開ル故ニ直入本門ノ機ニハ異ル也。如ニ惠心ノ證道同圓一ノ。付レ之ニ有ニ同異一也。次ニ本門ノ機ハ初ヨリ事圓ト開クル也。此ハ本迹ノ不同ト被レ云者也
示云。文言ハ如ニ他流一ノ有トモニ本迹同異一ハ。他流ニハ心カ異ル處ト。

又本迹ノ立行ノ不同ト。又本迹ノ心地トノ此ノ三重ヲ可レ精也。教相立行ハ立レトモ。心地ヲ不レハ云未判ニ可レ處。此ノ三重ヲ皆不レンハ立可レ略也

尋云。迂廻入者。三周聲聞等也。置レテハ之迹門ノ立行。本覺ノ立行ト各別機有レ之。可レ申レ之

傳云。迹門立行ノ機者。舍利弗也。本門立行ノ機者。彌勒是也。卽迹門ノ對向衆ハ身子也。依ニ身子カ請一ニ迹門ハ起カ故也。本門ハ依ニ彌勒ノ請一ニ起故也。故ニ身子ニハ迂廻入ト迹門トノ二機ヲ兼タリ。身子ヲハ置ク只教ノ入樣ニ付テ云事也

尋云。迹門ノ理ヲ本覺ト開タルハ惣在一念ノ處歟

示云。不レ然。惣シテ眞如ノ位ニハ無ニ己證一也。本迹ト云ハ約ニ機ノ情一ニ也。仍理圓トモ事圓トモ云ハン程ハ約レ機ニ也

尋云。止觀ハ此ノ三種ノ機ノ中ニハ何ノ教ル耶

示云。止觀ハ本佛ノ行因ナレハ直ニ示ニ本門一ヲ也。此ノ本門ト云ハ。對レタル迹ニ非レ本ニハ本迹一揆ノ處也。（天止三、一〇八。弘決）サテ本迹未分ノ處ヲ示スニ。其ノママニ豁爾開明スル機ヲハ。修行證果自是一途（「〇カ）ト云テ備ニ不レ經ニ十章一ヲ機也。故ニ止觀ハ令レ被ニ中下一ニ云テ。機ハ聞圓法ノ時ニ本迹未分ニ得レタレトモ心。起（名字）圓信ノ位ニ心地カ墮ニ法性一ニ也。仍前六重迹門トハ云也。教カ迹門ト教タルニハ非レトモ。機カ先ツ不起ノ念ニ住スル邊ヲ云也。サレトモ本迹不二ノ處ヲ妙解シタル機ナルカ故ニ。妙行ニハ本迹未分ノ處ニ安住也。故ニ前六重モ一向迹ノ機ニハ異也。（天止三、七四。弘決）然圓頓教本被凡夫ト云テ。華嚴ノ報身報土ノ心地ヲ。末世ノ凡夫ニ打チキセタル也。サテ其ノママニ開ル機ハ界外土ノ機ト云也。是一途ノ者也。次ニ中下ノ機ハ迹本ト入カ故ニ。止觀但明（天玄五、八五。釋籤）（圓教カ）一種空門トモ釋ル也

示云。止觀ノ迹門ハ本門ノ中ノ迹門（依ニル行者ノ心地一ニ）。玄文ノ迹門ハ本迹不二ノ中ノ迹門（佛意ノ方）。仍圓事ナレトモ佛意ニ圓備シテ有ル中ノ迹門也。是ハ妙法蓮華ノ迹門也。止觀ハ行者ノ墮テ有處ノ迹門也

尋云。本迹各別ニ釋スレ之如何

示云。一揆ナル處ヲ分ケテ且ク本迹ノ十妙ヲ立ル也。此ハ在世ノ機ノ得入ヲ釋スレトモ。大師ハ妙法ノ中ノ本迹ト得タマフカ故ニ住本垂迹ノ迹門ト云也。仍テ在世ノ機ハ妙解カ一向迹門也。止觀ノ機ハ妙解カ本迹不二也。此ノ方ハ止觀ノ機ハ勝ルル也。玄ノ九ニ此意見タリ

示云。同居ノ機ハ何カニ本門ノ機ナレトモ。迹門ヨリ入ト云分在レ之

也。所以ニ。迹門ノ機ハ此ノ起念空假中トナラハ解也ト云也。此レ一向ノ迹門ノ機。從因至果ノ機也。次ニ同居本門ノ機ト云ハ一念卽本覺ト得ル也。如クレ此ノ得タレトモ一念ノ己證ヲ帶シタルカ故ニ迹門ヨリ入機ト云也。是本ノ中ノ三世料簡門ノ機也。界外土ノ機ハ始ヨリ一念ノ己證ヲ無也。一念尚無。況三千耶ト云此意也

尋云。迹本ノ心地如何

示云。迹門ハ不起ノ念無自性也。本門ハ起念卽法界也

於ニ法華ノ機ニ五

- 一。直入本門―名字卽ヨリ至ニ等覺ニ六卽皆本覺也
- 二。直入迹門―名字卽ヨリ至リ相似卽ニ。入テ初住ニ知ニ本門ヲ也
- 三。迂廻入―直ニ入ニ相似ニ後久聞觀轉シテ入ニ初住ニ卽入ニ本門ニ。直入迹門ノ機ニ同シ
- 四。界內二機（迹門機）
  - 一ニハ界內ノ機。迹門始覺得ニ理圓ヲ。理圓ト者。一心三諦也
  - 二。界外ノ機。迹門ノ理圓卽本覺從本垂迹ノ理圓也。得ニ一念本覺ト者也
- 五。界外二機
  - 一。界內ノ機。本門破ニ始覺ノ情ヲ歸ニ本覺ニ。破迹顯本也
  - 二。界外土ノ機。本門破迹顯本。卽本來如レ此。從本垂〔迹〕常修常證ル也

師云。迹門ノ機ニ二。本門ノ機ニ二ト云ハ得レ心吉也。後日ニハ如レ此被レ仰也

示云。界內ニ二ト云テ。一ニハ界內。二界外ト云ヘルハ未斷惑ノ程ハ直入實報ノ機ナレトモ。界內ニ在ル故ニ界內ニ二ト標シテ有也。サテ而モ一ニハ界內ヨリ次第ニ經昇者ノ是一。又界外根性者ナルニ二ト標シテ。一ニハ界內ノ機ト云ヘルハ。迹門ヨリ入機一是（惠心略私記）二ニハ直入實報ノ機二是此ハ付ニ斷無明ニ云也。此ノ流ニ迹門一緣ノ開廢（界內ノ二ト云ル者是也）二ニハ本門二緣ノ開廢（界外ニ二ト云者是也）

仰云。一緣二緣ノ開廢ニ有ニ多ノ法義。然トモ先土臺ヲ相傳スルニ。迹門ハ一緣ノ開廢。本門ハ二緣ノ開廢也。此ノ二ノ意ヲ諸佛出世ノ本意。說法華ノ元意ソト習也。先迹門ハ一緣ソト云事ハ。同居ノ三藏ノ一緣ヲ開權顯實スルヲ爲レ本ト也。次ニ本門ニハ迹門ニテ入ルニ無生ニ同居ノ機モ本門ニ入。直入本門ノ機。迹門ヲ不レ經シテ

直ニ本門常住ヲ悟ル者ノ有レ之。本門ハ此ノ二機ヲ令ルヲ二得悟一爲ニ元意一ト也。此ノ一縁二縁ノ開廢ヲ爲シテレ本ト。此ノ上ニ本迹出世ノ元意ヲ云ヒ。多ノ一縁二縁ノ義ハ可レ有也。此ノ事ハ惠心ノ略私記ト云文ニ有レ之。籤十云(天玄五、三八八)。開レ權顯レ實。開レ迹顯レ本。如レ此(斯カ)兩意永異ニ餘經一云ヘリ。此ノ釋ヲ爲シテレ本ト云也

庄仰云。迹門ニハ開レ教ヲ一縁。本門ニハ開レ教ヲ開レ佛ヲ二縁也。本門ヲ教ヲ開スト云ハ。迹門教道ノ別教ヲ開ル也。此ハ同居ノ機ノ一縁ト云カ同也。開ニ教主一ヲ云ハ果頭ノ開顯也。卽直入本門ノ一縁ト同也。可レ思レ之

示云。本門ニ有ル二二機一中ノ本門ノ「本門ノ」(「」ナシカ)機モ心ヨリ入也。サテ爰ニハ。若爾ハ。本門ノ中ノ迹門ノ機ノ不同如何ト云處ヲ沙汰スヘキ也

32　玄云。圓十四(天玄四、三九八)惠命卽本時智妙事

問。玄文ニ釋トシテニ本因妙一ヲ。引ケリニ壽量品ノ我本行菩薩道所成(ㄱ時カ)圓十四(同前)壽命ノ文ヲ一。爾者所レノ云壽命者。境智行。理卽。名字。觀行卽住上眞因ノ惠命也ト可レ云耶

答。可レ爾

兩方。若爾云ハハ。如レ題。旣ニ智妙ト云可ニ名字卽一ル聞リ。若依レ之爾云ハハ。依ニ本行一所レノ感惠命ハ。初住眞因ノ可ニ惠命一ル。依レ之處處ノ釋。住上トノ釋リ如何

答。自レ本如ニ經文。住上眞因ノ壽命也。但至ニ今釋一者。境智行ノ三妙ハ。如レ次理卽。名字。觀行卽也。玄文ノ第六ニ。上(天玄四、一)來四妙名爲圓因ト云ヘリ。此ノ三妙ハ至ニ住上ニ時三身ト顯ルル也。玄文ノ第六ニ。三法祕藏(同前)名爲ニ圓果一文 故今釋ハ隨テ眞因開發ニ住上報身智妙ト云也。然ハ所成壽命ト云モ。壽命ノ體ハ本有トシテ而モ名字卽ニ妙ニ解之(也カ)。此妙解ノ智妙至ニ初住ニ所成壽命ト被レ云也。然ハ望ニ初住ニ時ハ理卽。名字。觀行ヲ境智行ノ三妙ト云ヒ。望ル妙覺ニ時ハ此三妙初從ニ理卽一至テ等覺ニ有レ之。本因ト被レ云至レハ妙覺ニ三身ト顯ルル也。委ク三妙ヲ不レ云。大樣ニ云時ハ。我本行菩薩道ヲハ名字觀行ト云ヒ。所成壽命ヲハ住上眞因ト云也。是ヲ委ク云ヘハ。本因ハ智行位ノ三ナレハ。從ニ名字卽一至マテニ等覺ニ一一ノ位ニ有トレ之可レ得レ心也。而レハ六重本迹ニ迹門ノ十妙ヲ攝得ル時。教行本迹ニ攝ニ行妙位妙智妙一也。此ハ釋迦受ニ前佛ノ教ヲ一圓三(天玄四、三七一)行ル時也。故ニ名字觀行ト云(行ナシカ)也。故ニ教行本迹ノ釋云。最初稟ニ昔佛之教一以爲ニ行本一文

上ノ略釋ニ釋尊最初ノ發心ハ名字卽歟ト云論義ト一也。所詮難ハ竪ノ配立也。竪ニハ境ハ理。智ハ名字。行ハ觀行相似也。横ニハ一一ノ位ニ可レ有二三法一也。今ノ釋ハ此意也。依レ之籤四云。(天玄二、五〇四)又境ハ卽理三(一三カ)。智卽名字。行卽觀行相似三也。此ハ釋ニセリ横竪一

33　我本行菩薩道事　頭十四(天玄四、三九八)

疑云。經ニハ無ニ時ノ字一如何

答。本ノ不同歟。光宅ノ疏ニモ有ニ時字一。知ヌ。有ニ時字一本有レ之歟

陽云。東塔法華堂。天台ノ御筆ノ經ニハ有ニ時ノ字一。但件ノ經ニハ有ニ普門品偈頌一(同前。玄義)云云 仍非ニ大師ノ御筆一ニハ歟

問。我本行ニ菩薩道一時。所レ成壽命 文 惠命歟。報命歟

若報命ト云ハハ。今文ニハ是爲レ況ニ果ノ壽一ヲ。說ニ因位ノ壽一ヲ云也。豈ニ以ニ生死果報ノ壽命一ヲ況ニ果地壽命一ニ耶。爰以今玄文ニハ。惠命 文 若依レ之爾ト云ハハ。記九云。(天文五、二三三三下)豈有四初住眞變易壽者(者㔫カ)。更同ニ分段有ニ無常一耶 文 報命ト聞リ

答。惠命也。如ニ道理ノ難一ノ(便カ)。但至レ記ニ者。眞變易壽ト者。初住ノ位ニ叶テ受ケ二變易生一ヲ得ルカ二惠命一ヲ故ニ眞ノ變易壽ト云歟。變易ノ報命トハ不レ可レ得レ心歟

難云。既ニ(便カ)更同ニ分段有ニ無常一耶 文 上ニ變易土ノ報命ヲ釋スト聞タリ

答。惠命也。其故ハ經ノ今文ハ。以テ二不盡ノ因壽一ヲ。況ニル不盡ノ果壽一ヲ也。豈ニ以テ二報命一果壽ヲ可ケンレ況耶。故ニ尤モ可ニ惠命一ナル。但至レ釋ニ者。他人經ノ今文ヲ以テ神通延壽ト釋ス。今破ルレ之時以ニ連持壽ヲ判スレトモレ之。初住ハ既ニ有ニ變易土ノ壽命一。何ゾ分段ノ壽命ニ同ト云ハン耶ト破也。此ヲ豈有初住等云也。爾ト云テ。一家ハ今所レ成壽命ヲ非ニ變易壽ト云一ニハ

一義云。所レ成壽命ト者。報命歟。所以ニ。叶ニ初住ニ變易ノ生ヲ受テ後ニハ。進メハ後位ニ因移果易ノ邊雖レ有ト。無常生滅ノ壽ノ如クニハ非。常住ルカ故ニ彼ノ以ニ不盡ノ因壽一ヲ況ルニ果壽一ヲ無レ失。故ニ記釋此心ヲ存タマフ歟　威抄

34　籤云。一向(句カ)下結ニ本因四義一事　頭十四(天玄四、三九七)

疑云。本書ニハ三妙ト云ヘリ。何ソ四ト云耶

答。有カニ智妙一故ニ可トレ有ニ境妙一得テレ心四ト云ヘル歟。智ト境トハ一

體ノ法ルカ故也

補云。三妙ト可レ云云云

35　玄云。昔爲二陶師一値二先釋迦佛一。三事化(供カ)養事　圓十四(天玄四、三九八)

問。釋尊昔陶師トシテ遇二過去ノ釋迦文佛ニ一得トヤセン授記ヲ一將如何

答。如レ題

付レ之。三藏ノ菩薩。三祇ノ間多ノ佛ニ値遇シテ發願得記ル也。何ソ只遇テ二前ノ釋迦ニ一以テ得記スルヲ一爲二三藏ノ行因一ト耶。又大論ヲ見ルニ。釋迦文ノ時發願スト見タレトモ。得記スト云事不レ見。況既ニ最初發心ノ時也。何ソ得記セン耶如何

答。値フニ二多ノ佛ニ一中ニ引二一ノ事ヲ一證スルニレ之有ン二何ノ失カ一。又大論ニ瓦師トシテ釋迦文及比丘僧ニ三事ノ供養ヲ宣テ後ニ發シテレ願ヲ云ク。我レ未來成道ノ時。名號並ニ弟子ノ名如ナラン二今佛ノ一云ヘリ。七卷　佛不ルカレ遮レ之故ニ是ハ得記ノ義也。依レ之四教義ニハ佛其ノ願ヲ印可ストニ云ヘリ。西塔義。知足房同レ之。威抄又同レ之

大論四云。(大正藏二五、八三中)釋迦文佛先是(世カ)作二瓦師一(ﾌ乾カ)。名二大光明一。爾時有レ佛名二釋迦文一。弟子名二舍利弗目連阿難一。佛與二弟子一倶到二瓦師舍一一宿。爾時瓦(師カ)敷。施二(ﾌ布カ)草座燈明石蜜漿(ﾌ〇カ)三事一。供二養佛及比丘僧一。發レ願言。我於二當來世一(ﾌ便カ)作佛。如二今佛一名二釋迦文一。我弟子名字亦如二今佛弟子名一(故ﾄｶ)。以二佛願一故得レ字ナツクルニ二阿難一故云云

師云。石蜜ト者。水ノコツテ石ト成ル。是ヲスリテ飲ムニ身冷シ。勢州鳴ナルタ谷ニ多レ之也

36　玄云。既不レ明二斷惑一。知是三藏行因之相也事　圓十四(天玄四、三九八)

問。玄ノ中證トシテ二三藏ノ行因ヲ一。陶師ノ昔ノ發願ヲ引テ。爾ハ三藏ノ行因也ト知事ハ依ソ二何ナル義ニ一耶

答。小乘ノ義ト見ル故ニ引テ證レ之歟

進云。如レ題。　付レ之。設後三教也ト云ヘトモ。初心何ソ斷惑セン耶。若爾者。初發心ニ斷惑ヲ不ルヲレ明故トシテ。何ソ三藏ノ修因也ト釋ン耶如何

答。大乘ノ教ノ習。發願得記多是斷惑ノ位也。(大正藏三四、八八五中。取意)故ニ如レ此釋ル歟。依レ之觀音玄ノ中ニハ。大論ノ中ニ出ス二迦旃延子ノ義ヲ一有ト二陶師ノ發心一云云

難云。涅槃經ノ中ニ說ク二陶師ノ因緣ヲ一中ニ。住二不退轉一文此ハ

大乘ノ心也ト見リ如何

答。陶師ノ發心ニモ四教ノ行因ノ邊邊可レ有也。故ニ大經ハ擧ニ大乘ノ見ノ邊ヲ一歟。況住不退轉ト云ヘトモ斷惑ストハ不レ云。尙三藏ノ心トモ可レ云歟　威同レ之

樂音坊云。既ニ陶師トシテ發願スルニ。父母ノ名字等ヲ定カ故ニ三藏ノ心ト云也。大乘ニハ如レ此不レ云也。此ノ上ニ未斷惑ト云事ヲハ云ヘル也

弁(ママ)　云。初心ニ不レハ明ニ斷惑ヲ一非ニ三藏ト釋ルニハ。只是大論迦旃延子ノ義トシテ。三祇百劫ノ中ニ大論ト云カ故ニ三藏行因ト釋ル也。況婆沙論ニ有レ之。知ヌ。三藏ト聞リ

婆沙論云。(大正藏二七、八九一下～二上)時有ニ陶師一名曰ニ廣熾一。佛時至(「知カ)卽告ニ阿難(「侍者カ)一言。吾(「今カ)身疾(「不安汝カ)。可レ往ニ廣熾陶師家一(「願カ)　○願言。我未來世(世[?]カ)當ニ作佛一(「陀カ)。名號(「○カ)。今世尊無レ異(「有カ)　文

大論十二云。(等カ「」)(大正藏二五、一五〇中)如ニ釋迦牟尼初發心之時(之[?]カ)。作ニ國王一名曰ニ光(「大カ)明一。求ニ索佛道一小(少カ)多有施(布カ)。轉輪身(「佛カ)名ニ陶師一(作カ)　文

37　玄云。値ニ燃燈佛一五華奉散事　頭十四　(天玄四、三九八)(受後カ)

問。釋迦昔於ニテ摩納仙人トシテ燃燈佛ノ所ニ一。以ニ幾蓮華ヲ一供ニ養ル彼佛ニ一耶　菩薩義四算

玄(答カ)。如レ題

付レ之。見ニ龍樹ノ智論ヲ一七莖ノ靑蓮華ヲ用ト見ヲ。今何ソ五莖ト云耶　四教義同レ之

答。經論ノ異說歟。一經ノ中ニハ五莖ト云ヒ。次ニ耶輸二莖ヲ加ル故ニ七莖(六カ)ト云歟。隨應(瑞カ)經ニハ女人加ニ二莖ヲ一云ヘリ。仍無ニ相異一(大正藏二五、一八〇中)

大論十八云。見ニ燃燈佛一五華散レ佛(「以カ)云ヘリ　頭十四　(天玄四、三九八)

38　玄云。藉草事

補注云。(卍續四四、五丁右下)今文意卽是敷(布カ)ニ草于地一(「此カ)薦(センマイラ・コモ)進スル以捧(待カ)ニ於佛一而座(坐カ)レ之耳　文

問。瑞應經ハ大乘歟。若小乘ト云ハハ。彼經ニハ得ニ無生忍一　文

今ハ引テ證ニ通教ヲ一。又菩薩十地ノ行ヲ明ス。若大乘經歟。目錄ハ誤歟。一家必モ不レ依ニ目錄一ニハ　(答缺)

39　玄云。並云ニ斷惑一故知通佛行因之相也事　頭十五　(天玄四、三九八)

問。藏通二教ノ菩薩ノ修行ノ劫數齊等也ト可レ云耶　被攝義。四算。或二算。如レ宗。通教菩薩經ニ幾劫數一成佛ル耶如何

義云。今ハ並云斷惑ト云カ故ニ引ニ斷惑ノ邊ヲ一也。劫數ヲハ不レ引

也。依レ之大論ノ五十二ヲ見ルニ。劫數ヲハ不レ云如ニ今ノ所引ノ
40 引ニ燃燈ノ授記ヲ證ルニ通佛ノ行因ヲ事
問。通教入空出假ノ時分ヲ論ル時。何レヲ長トカ可レ云耶 如レ宗
義云。入空出假並フ故ニ出假ノ邊ニテハ經レ劫ヲ也。入空ノ邊ハ短キ
也
問。玄文ノ中ニ釋トシテ二通教ノ行因ノ相ヲ一引ニ燃燈佛ノ受記ノ事ヲ一。
爾ハ。有ニ何ノ故カ一引ニ此ノ事ヲ一釋ニ通佛ノ行因ヲ一耶
答。並云ニ斷惑ヲ一 文 頭十五(天玄四、三九八)
付レ之。斷惑得無生忍ノ言互ニ別圓ニ也。然ヲ何ソ得無生忍ヲ
以テ。此レ通教ノ行因ト知ラン耶如何
答。今ハ燃燈ノ受記ノ事ハ出ニ大品經ニ一。而ニ見ニ經文ヲ一說ニ共般
若ノ處ニ有レ之。故ニ通教ト得レ心ニ無ニ相違一。惣シテノヒテ云ハン
時ハ。含容ノ經ナレハ如レ難ノ可レ得レ心
難云。今釋旁難レ思。大品ノ華嚴城ノ受記ノ時得ニ無生忍ヲ一
云ヘリ。是別圓ノ心ナルヘシ。何ソ通教ト得レ心耶。又瑞應經ノ摩納ノ
記ヲ引テ證ニ通教ノ事ヲ一難レ思。彼經ハ目錄ノ中ニハ小乘經ト見リ。
彼ノ三藏ノ證ニハ可レ引也如何

答。自レ本含容ノ經ナレハ別圓ニモ可レ互。而トモ共般若擧ル處ナレハ
且ク證ニ通教ヲ一也。次ニ瑞應經ハ小乘トハ不レ可レ得レ心。所以ニ。
三藏ハ因時未斷ノ故ニ。第二僧企ニ無生忍ヲハ不レ可レ得。知ヌ。
通教ノ意ト聞タリ。但目錄ヲハ不レ可レ用レ之
難云。若爾ハ。共般若ノ方ヲ何ソ引斷惑ノ故ニ耶
答。七地無生ト說カ故ニ通教ト云也。所レ值燃燈ハ第二僧企(ヿ法カ)
也。第七地ト覺リ。又大論(大正藏二五、二六一中～下)。從ニ燃燈佛一得ニ無生忍ヲ一來斷ニ煩
惱ヲ一盡 文 七地ト聞リ。瑞應經上云(大正藏三、四七三上)。菩薩已ニ得レ記ヲ言ク。疑ヒ
解ケ望(止カ)ム心。耀(霍カ)然トシテ無想。寂ニシテ而入リ定道(道忍カ)ニ一。得(便逮カ)ニ清淨不起
法忍ヲ一。卽時ニ輕擧シテ。身昇リ虛空ニ一。其(去カ)レ地七刃(仞カ)ナナイロ 文
難云。捧ルハ五莖ノ蓮華ヲ華藏世界ノ表事也。故ニ別圓ノ意ト
覺リ。例如下依シテレ奉ルニ藉草ヲ得カ中三藏草座ノ記上ヲ。次ニ瑞應經ヲ大
乘ト云事難レ思。所以ニ。修行本起經ニハ說ニ摩納ノ受記ノ相ヲ一
草座成道ト見リ。知ヌ。非ニ大乘ニハ一聞リ。況瑞應經ト菩薩處胎
經トニハ九十一劫ト記ス。知ヌ。三藏ノ心ト見リ
答。既ニ斷惑ト云カ故ニ非ニ三藏ト一聞リ。又無生忍ト云ヘルハ。通教ニ
四地無生。七地無生在ハレ之。通教ト得レ心ニ不レ可レ有ニ相違一。

況ヤ大論中ニ華嚴城ノ受記ノ終リニ誓扶習生ト見リ。知。通教ノ
心ト聞リ。但至ニ草座成道ト見ルニ者。權智開三藏ノ邊ニテ附ニ
順シテ三藏ニ説歟。次ニ九十一劫ト云ヘルハ通教ノ心也トモ何無レ之
耶。動逾(逾カ)塵劫ヲ疊メルニ三祇ニ也
大論靈見疏云。大乘所レ明三僧企劫。即時節長遠不レ同ニ
小乘一但人天極數 文
輔記云。(卍續四五、四〇丁左下)劫(數カ)有ニ大小一者。但單三祇由レ約ニ小(少カ)數一屬ニ於藏一
也。大乘言(言〓カ)ニ無量阿僧企(祇カ)一爲ニ一阿僧祇等一 文
西塔云。瑞應ニハ説ニ無生忍。十地行。乃至失無失等。大乘
十八不共功德一。故ニ大乘經也 云云
中嶋院主云。大般若經ノ中ニ習ニ如幻如化一ヲ。菩薩經ニ三祇一
見リ。知ヌ。互ニ藏通ニ聞リ
尋難云。瑞應經ノ中ニハ儒童菩薩ト云テ摩納トハ不レ云。摩納トハ
大集經ノ海(〓惠カ)菩薩品ニ見リ。本書ニハ在也指レ之。妙樂何具如(天玄四、三九九)
瑞應ト云耶
答。因縁一ルカ故ニ。瑞應ト云ニ不レ苦ラ歟。彼モ儒童ト摩納トハ可レ
一ナル

補注云。(卍續四四、五丁右下～左上)故瑞應云。菩薩得レ記。定テ而入レ定。便チ逮フ清淨
不起法忍一ニ。即時ニ輕擧シテ身昇(升カ)ニ虛空一。者(去カ)レ地七刃(仞カ)等ナリ。故
知。瑞應經文亦可レ通ニ於藏通二教一也 文
又云。(同、五丁右下)通教行因。燃燈授(與カ)レ記者。若順ニ諸文一乃是三藏第二
僧祇(佛カ)ナリ。良ニ以ニ瑞應經ハ是小乘一ルヲ故也。今此ニハ恐ハ約ニ顯露
不定教義一。又與ニ大品文一同シ故ニ得ルレ謂フコトヲニ之通佛因一ト也。
例如シ提謂經中ニ三百人得忍等ノ是顯露不定一ルカ 文
師云。不定教ヲハ當教ハ不レ載。仍テ補注ハ不審也
仰云。此論義ヲ可レ得レ意事ハ。華嚴城ノ受記ヲ或時ニハ證シニ三
藏一。或時ハ證ニ通教ノ行因一ヲ事。大品經ニ説テ華嚴城ノ受記一ヲ。
惑斷(斷惑カ)無生ト云ヘタルカ故也。證ニ三藏一時ハ大品經ヲハ不レ引
也。三藏ヲハ未斷惑ニテ引ク故也。取レ夫證ニ二教一ヲ事ハ所詮機
見ノ不同也。而ルニ通教ニテ第二僧祇滿ノ時得テ無生忍一受記ル
事。三藏ノ次位ヲ通教ニ配當ル心ニテハ。第二僧企ト通教ノ性地
也。無生ト云モ性地ノ初炎ヲ云也。然トモ釋尊大權ノ化現レハ。何ノ
位ノ無生ト云事。經論ニモ釋ニモ不レ明カ故ニ七地無生見ルモ可レ在。
八人見地無生ト見ル者モ在レ之。或ハ性地初炎ヲ無生ト云ソ聞ク

者モ可レ有レ之。不レ可ニ定量一ス事也

示云。四教行因ハ同時ナレハ何ヘ引トモ不レ苦ラ也

私云。觀音品疏ニ修行普ク釋ルニ華嚴城事ヲ引ク。此ハ圓ノ

因ニ引ク。玄次下云。（蓮華下）（天玄四、五四八）經言。於ニ無量劫一所レ作功德。不レ

如下カ五茎ノ華ヲ（「蓮カ）上ニツル燃燈佛一ニ得ニコト功德一多上キニハ。此是眞因成（圓教ノ初住ト聞リ）

就。卽其義也 文

41 玄云。（頭十五）躍ニテ身虛空一ニ。（天玄四、三九八）得ニ無生忍一事

問。玄文ニ摩納値ニテ燃燈佛一ニ得ニコトヲ無生忍一ヲ引テ證ニリ通教ノ行

因一ヲ。所レ云無生忍ト者。八人見地ヲ指歟

答。難レ計

兩方。若指ニト八人見地一云耶。如レ題。若夫八人見地ナラハ全

不レ得ニ神通一。寧ロ在ニン昇虛空ノ義一耶。可レ知叶ニテ離リ欲地一ニ後ノ

事也ト云事ヲ（不ハ盡ニ欲惑一不レ得ニ神通一也）若依レ之爾ト云ハハ。諸教ノ習。斷惑ノ

初ニ立ニ無生忍一ヲ也。初テ得ニ無生一述タルハ八人見地ニテ非ンハ是

何レソ耶

答云云 先今無生ト云ヘルハ七地無生歟。彼ノ淨名經ニ。五百長

者ノ子得ニ無生忍一云ヘルヲハ同疏ニ。通ノ七地無生 文 今釋モ此

意歟。次ニハ八人見地無生歟。但至ニ神通一者。依ニ佛ノ加被

力一ニ昇ル歟 性舜法印ノ義也

玉抄云。設四地也トモ依ニ伏惑一ニ現ニ神通一歟。彼如ニシ以伏六（天玄四、二六〇。玄義）

道業故。不爲諸弊（蔽カ）所惱ト云一フ

難云。（櫻本ノ定豪難也）若八人見地無生ト云ハハ。既ニ値ニ燃燈一事。第二僧企

滿ノ佛也。何八人地已前ニ經ニ二僧企一得レ心耶。所以ニ。金（此難ヲ爲ニル己證一也）

光疏ニ。（大正藏三九、八〇中）通教入空（「〇カ）非ニ止一世作（修カ）行一 文 可レ知七地無生ト聞リ。

次ニハ又四地無生歟。所以ニ。三藏教ニコソ化他ヲ爲レ前ト故ニ。三

賢四善根ニ經ニ三祇一ヲハ。通教ハ自行爲レ前故ニ。非止一世作（修カ）

行ト云テ不レ經レ劫。知ヌ。異ニカ三藏一ニハ故ニ四地無生ナルヘシト

聞リ。四地已前ニハ未ニ入空一セ。二僧企ヲモ經ルラン如何 一義筋也

一義云（惠光房。玉抄同レ之）七地無生也。肇論云。（大正藏四五、一五九下）放光云。三乘諸道。

皆因ニ無爲一而有ニ差別一。佛言。昔我（我昔カ）爲ニ菩薩一。名曰ニ儒童一。

於ニ燃燈佛所一。已入ニ涅槃一。儒童菩薩。時於（「時カ）ニ七地住一（地□カ）初獲ニ

無生忍一 文 大論ノ惠影ノ疏云。肇論。法華玄論七云。諸經及

釋論云。儒童得ニ七地無生忍一。燃燈佛方與ニ受記一 文

但至下入空ニハ不レ可レ經ニ二僧企一ヲ云上ニ者。入空出假ヲ並テ利

根ノ菩薩ハ行カ故。出假方ニテハ經レ劫歟。智圓法印云。不レ引ニ劫ノ方一ヲハ引ニ斷惑ノ方一ヲ也

42 玄云。引ニ寶海梵士(志カ)ノ記一ヲ證ニ別圓ノ行因一事　頭十五　(天玄四、三九八～九。取意)

問。玄文中ニ證ニ別圓ノ行因一見リ。爾ハ何經ノ何事引テ證レ之耶

答。如レ題

付レ之。何以得レ知コトヲ別圓ノ行因也ト云事ヲ。所以ニ。悲華經ハ方等部也。何別圓ノ行因ニ限ン耶。況行ニ大精進一ヲ事可レ通ニ四教一ニ。精進波羅蜜ハ不レ可レ限ニ別圓一ニ故ニ。付レ中寶海梵士ノ記莂ハ得記ノ後ニ經ニ僧企劫一見リ。若爾者。別教ニモヤ有ラン。又爲ナルニ彌陀ノ師一ト事。別圓トモ不レ聞如何

答。見ニ本經ノ文一別圓ノ眞因ト見ル也。所以ニ。寶海梵士ハ爲ナラニ寶藏佛ノ父一ニ來ニ至シテ佛所一ニ得記作佛。十方微塵數ノ衆生ヲ皆教化シテ一時ニ令ニ成道一見リ。是遍ク助ニ如來ノ行化一ヲ備リニ難思ノ化用一ヲ。是豈非ニ別圓ノ行因一ニ耶。依レ之本書ニハ。頭十五　(天玄四、三九九)　稱ニ其功德一不可思議 文 藏通二教淺近ノ義トハ不レ聞。次至下經ニ僧祇劫一ヲ云難上ニ。圓教也トモ何ソ不ランレ然。例如下法華經ノ中ニ經テ無量劫一ヲ成佛ルト記上ルカ

43 籤云。先授ニ寶海記一事　如ニ疏二一。四算　頭十六　(天玄四、三九九)

(卍續四四、三三二丁右上)

備云。寶海次授彌陀記ト云ヘルハ。是多移ニシ(寫カ)却サクル寶海二字一ヲ

問。玄文中ニ證トシテ二別圓ノ行因ノ相一ヲ引クニ悲華經文一ヲ。爾ハ寶藏佛先誰人ニ記ル耶

答。頭十五　本書ニハ先記ニ無諍念王一ニ

進云。如レ題。　付レ之。經ニ違 云云

答 云云 但釋見ニ悲華經第二卷一ヲ。寶海夢內ニ見テ種種ノ奇特一ヲ如來ニ申ス時ニ。未來作佛事也ト告タマフ故ニ。指シテレ之如レ此釋ル也　財圓坊。智圓坊同レ之

尋云。記ニ輪王一ニ云事如何。輪王ハ增劫ニ出ツ。佛ハ出ト二減劫一ニ性相ニハ定リ。何ソ同時ニ出ン耶

答。其ハ一途性相也。無量義經ニハ同聞ニ輪王有レ之也

44 籤云。修一圓因感一圓果事　頭十六　(天玄四、四〇四)

文云。本果圓滿久在ニ於昔一事　(天玄四、四〇九。玄義)

問。本實成ノ國土ニ四教成道俱ニ唱レ之耶　一算。如ニ疏一一ノ

示云。本時自行ノ成道ヨリ外ニ二度ヒ成道ヲ不レ唱也。而ヲ化

他ノ成道ト云ハ自證ノ處ニ圓備シテ有ルヲ。機カ分分ニ領スルヨリ化他ノ成道トハ云也。サテ他流ニハ自證ハ法身報身也。應身ハ化他也。內證外用ハ同時也云云

夫ハ爾前迹門ノ心也。本門ノ心ハ內證ニモ三身ノ外用ニモ三身有也。如來祕密ノ處ハ內證無作ノ三身也。神通之力ノ處ニ垂迹ノ三身也。內證外用同時也云云

垂迹云云　慈悲自彼歟　出家自行　無爲文　同時也

45 玄云。一近故。二淺深不レ同故。三被レ拂故事（天玄四、四〇三～四）

問。玄文中ニ釋ニトシテ拂迹顯本ノ相ヲ舉ニ迹ノ因ヲ出ニセリ三義ヲ。且其中ノ第二ノ故ヲハ如何釋耶　二算

答。如レ題

付レ之。設ヒ本行菩薩道ノ時也ト云ヘトモ。四教ノ行因可レ無カル

非。何ソ以ニ淺深不同ノ故ヲ可レ屬ニ迹ノ因ニ耶

答。自レ本任ニ解釋ニ。但至レ難ニ。本時自行ノ時ハ有トモニ四教八教ハ。一ニ圓融シテ體內ノ四教ナルカ故ニ淺深ヲ不レ論也。本時自行（天文一、一〇四上。文句記）唯與圓合ト云ハ此意也。化他ノ邊ニテハ機カ領ル故有ニ淺深ニカ也。（同前）化他不定亦有八教ト云ヘルハ此意也

難云。本時ノ自行ハ同時ノ四教ナレハ無ニ淺深ニト云事難レ思。所以ニ。本果ノ時コソ覺滿位ナレハ一圓也トモ。今ハ本因妙ノ下ヲ釋ル也。若爾者。因位ハ四教ノ行因ノ不同ニモヤ有ルラン。若有ニラハ不同ニ淺深可レ有也。若因ニ無ニクンハ淺深ニ。本果ノ時四教ノ成道同時ニハ不レ可レ唱。只圓教ノ成道計ナルヘシ。何ニ物カ合レトハ圓ト可レ釋ソ耶。知本果ニ四教圓備シテ有ルカ故ニ。本因ノ時四教不同在レラハ之淺深可レ在也如何

答。本行菩薩道ト者。卽觀行卽ノ行也。其ノ行ト者。一心三觀。一行一切行也。此ノ三觀ハ卽四教ノ行在也。四教ハ何ニヨリ起ル。三觀ヨリ起ルト云テ。全ク淺深シテハ不レ行也。故ニ本行菩薩道ノ時有ニトハ淺深ニ不レ可レ得レ心。一心ニ惣ニ萬行ヲ衆途ヲ了ニ（血脈ノ言可レ思レ之）三觀ニ云云本因行ト者。玄文ノ行妙也。此ハ非ニト相趣ノ行ニハ云ヘリ。況本因妙ト者。前後ノ因果ニ非。因ハ卽無作ノ因也。果ハ卽無作ノ果也。因果同時也。前華後菓ヲハ簡テ蓮華ノ華菓同時ナルヲ以テ譬ニ今經ニ也。（天文一、一一七上）而ニ疏一本地ノ四佛ハ共ニ是本果時ニ（大正藏九、四二下）四教ノ成道同時也。同時ノ本因。豈有ニン淺深ニ耶。卽本行菩（同前）薩道時所成壽命。今猶未盡ト云テ。本因モ三世常恆也。又我

實成佛已來甚大久遠ト云テ。本果モ三世常恆也。仍テ因果同時也。佛於二三世一等有二三身一等 文（天文五、二二八六上。文句）所詮我等一念ノ形也。本門ノ立行ト者。十界常住常修常證也。十界一念ナル中ニ。九界ハ本因。佛界ハ本果也。因果同時也。全非二淺深前後ノ法一ニハ也

尋云。因果同時ナル形如何

示云。本門ノ十妙ハ皆自證ノ邊ナルカ故ニ。十妙共ニ同時ト習也。所以ニ大論ニハ。一切世閒中。但有名 心也 與色（大正藏二五、二五九中。取意）ト云テ。但心法ト色法トノ二ヨリ外ニハ法ハ無也。取レ其ニ一切色一切心ニテ色ト云ヘハ萬法皆色也。心ト云ヘハ萬法皆心也。二法ハ無也。依レ之決二ニハ。一切色。一切聲。一切香等釋セリ。取レ夫天台ハ心ノ實相ヨリ入ル故ニ。先心ノ實相ヲ談ル也。惣シテ同居ノ衆生ハ心法ニ過ク也。仍テ一心三觀。一念三千ニテ可レ悟也。心法ト云時ハ萬法皆心法也。此ノ心佛衆生ハ一心ノ法ナレハ十妙同時ナル條ハ勿論也。取レ夫ニ因果同時ナルニ有二二ノ心一。一ニハ九界ハ因。佛界ハ果也。此ハ九權一實ノ心也。二ニハ十界ノ當體ハ果妙。界界ヘ可レ生。業ハ因妙也。此ハ各具權實ノ意也

弘五云。一家觀門永異二諸說一。該二攝一切十方三世若凡若聖一切因果一者。良由レ觀レ具。具足（卽カ）是假。假卽空中等 文（天止三、二〇六～七）蓮華因果ノ法門ハ是也

玄一云。言レ因卽攝（天玄一、一三七～一四一）。無量修（衆カ）善。言レ果卽攝。無量證得。取レ（「〇カ）意爲レ言。因窮二久遠之實修一。果窮二久遠之實證一 云云 實修實證ト云ハ自受用智也

經云。我實成佛已來 云云（大正藏九、四二下）眞言ニハ六大無礙常瑜伽等云テ。法界皆五大ノ種也。卽我等カ五大ハ。法界ノ五大カ緣起シテ在也。故ニ死ル時法界ノ五大ニ歸也。又生時ハ法界ノ五大カ緣起ル也。故ニ死此生彼ル事ハ無也。然ヲ我等過テ我他彼此ヲ成ス。故ニ此ノ妄情ニ被レ封地獄ヘハ墮ル也。悟ノ方ヨリ見ル時ハ全不レ墮也。心地觀經ニモ我等死ル時法界ノ五大ト成ルト說也。サレトモ權教ルカ故ニ色心不二トハ不レ說也。サレハ顯密ハ同時也。サレトモ眞言ニハ色ノ實相ヨリ入ルカ故ニ。此レ報土ノ儀式ルカ故ニ。同居ノ衆生ノ爲ニハ無用也。是ハ龍猛ノ南天鐵塔ニシテ傳受シタマヘル也。龍猛ハ初地菩薩 楞伽說 金剛薩埵ハ等覺ノ菩薩也。報土ノ儀式ナル條勿論也。サレハ眞言モ爲二ニハ同居ノ衆生一ノ。住心品ノ上ニ具緣

品ヲハ可ニ沙汰一也

46 玄云。引ニテ盡行諸佛所有道法ノ文一證ニ本實成一ヲ事（天玄四、四〇七）［頭］十七

問。玄文ノ中ニ釋ニト本實成ノ妙覺ナル事一ヲ見リ。爾者。引ニ今經ノ何ル文一ヲ證レ之耶

答。如レ題

付レ之。此ノ文ハ方便品ノ文ナルカ故ニ。此レ今日ノ成佛ヲ可レ説ナル

如何

答。籤一云。方便品初雖ミ近歎ニ五佛權實一。意實密歎ニ師弟長遠一（天玄一、二三三）文若爾者。密表壽量ノ心ニテ引テ證ルニ無レ失

難云。今ノ釋ノ心ハ他人カ本實成ハ初住。中間ハ増道損生。今日ハ妙覺ト云ヘルヲ破シテ。盡行諸佛ノ文ヲ證據ニ引ル也。然ヲ一家ノ學者トシテハ密表壽量ノ心ト云ヘトモ。他人經ノ現文ヲ不レンハ見不レ可レ許レ之如何

答。凡ソ釋尊昔既ニ叶ニヘリ妙覺一ニ。所以ニ。出ニ釋氏宮一。去ニ伽耶城一等云テ。（大正藏九、四二中）今日叶ニフト妙覺一ニ云ハ天人修羅ノ謂ヒ也。實ニハ久遠ニ成佛セリト説也。故ニ本實成ノ時叶ニト妙覺一ニ云事ハ分明也。（天文一、五六上。文句記）此ノ上ニ引ニ盡行諸佛ノ文一ヲ事ハ約ニ佛意一ニ。下文顯已通得引用ノ心ニテ。迹ノ文ナレトモ引テ證ルニ本成一ヲ有ニ何失一カ耶

難云。何ニモ引ニ分明ナル文一ヲ可レ證ニ本成一ヲ。曲テ引ニ迹門ノ文一ヲ證ルニ本成一ヲ有ニ何ノ深意一耶

答。佛意ハ常住之 玄九 本而成顯本ト云テ自レ初本迹同時ト説タマフ故ニ。約シテニ佛意一ニ迹門ノ文ナレトモ。本門ノ證據ニモ引ニ無ニ相違一也。サレハ阿含經ニ久遠ト説タルヲハ。一家ハ本門ノ證據ニモ引ク也。他人ハ不レ知ニ佛意一ヲ故ニ如レ此難ル也

（授カ）受決集（佛全26、三八三下）天台引證不同常類（流カ）ト云テ。天台ハ得ニ佛意一ヲ故態ト引ニ迹門一ヲ顯ニ本成一ヲ也。是ハ本迹同時ナル事ヲ爲レ顯ンカ歟。サレハ山家ノ大師ハ立ニ三種ノ法華一ヲ。一代ヲハ皆法華ソト釋ルハ約ニ佛意一ニ也。三種者。根本法華 約ニ佛意一也 二隱密法華 爾前 三ニハ顯説法華 第五時也

示云。今ノ釋ノ問答ハ他師ノ義。答ハ一家ノ破文ソト云事ハ千觀ノ私記ノ義也。如レ下ノ

難云。今ノ本末ノ釋ニ別ニ他人釋トモ不レ見。先德何ソ人師異釋ト釋ル耶

答。本書ノ問ノ文ハ他師ノ釋ノ心ニテ有也。故答ノ文ニハ。文義不可（天玄四、四〇七）

文 一家ノ釋ナラハ文義不可トハ不レ可レ云。知ヌ。他師ノ釋ト聞タリ

47 玄云。初住不レ得レ稱二悉具足一事 頭十七 (天玄四、四〇七) (足因カ)

問。初住已上等覺已還ニ有二悉具足因一可レ云耶

答。可レ有

進云。如レ題。　付レ之。初住已上ハ一行一切行ノ位也。依レ之舍利弗ノ未來成道ヲハ具足菩薩行ト云ヒ。(大正藏九、十一下) 說ニハ二富樓那尊者ノ相一ヲ。(大正藏九、二八中) 功德悉成滿 文 知初住ノ位ニモ悉具足ト可レ云云事ヲ如何

答。此ハ他人カ本成ト云テ指二初住一云ヘルヲ。破シテレ之若本成ハ初住ソト云ハハ。住前ヲハ悉具トハ不レ可レ云。住上コソ一行一切行ナレハ悉具足ト可レ云破也。初住ヲ悉具足ニ非ト云ニハ非也。サテノイテ云ハハ。約レ横ニ初住已上ニハ位位ニ悉具足ト可レ云。約レ竪是ヲ云ハ初住ヲハ悉具足トハ不レ可レ云。二住已上乃至等覺ノ因カ有ル故。等覺已還ハ悉具足トハ不レ可レ云也。故ニ今ノ釋ヲハ初住ナラハ不レ得トレ稱コトヲ二悉具一可レ讀也。意ハ本成初住ノ成道ナラハ住前ヲハ不レ可レ稱二悉具一ト云釋也

千觀私記云○答。今此經ニ稱レハ佛只指二妙覺ノ滿位一ヲ。因位ノ分證トハ不レ可レ云。如來既ニ自說二タマヘリ是極位一ト。人師何輒作二異釋一ヲ。遠成近成本迹異也ト云ヘトモ。因圓果滿作佛ハ是同故ニ。迹ノ因行ノ相ヲ引ト云ヘトモ。顯二其本因一ヲ不レ妨ト云ヘリ

難云。玄文ハ第四妙行ノ證ニ引二テ今ノ盡行諸佛ノ文一證レ之。然ヲ籤ニ。(天玄二、五〇三) 今言レ行者多在二住前一 文 仍行妙ト云ハ住前ノ行ヲ證セリ。今何自語相違ル耶

答。一家ノ意ハ横竪配立有レ之。約二セハ横ノ邊一ニ住前ヲモ悉具足ノ因ト可レ云。他人ハ不レ知二横竪ノ配立一ヲ故ニ如レ此破也。仍無二相違一

新懷云。他師ノ初住ヲ悉具足ノ果ト云事ハ不レ被レ云也。所以ニ。一品斷ノ初住ハ何悉具足ナラン耶。一家ノ心ニテハ初住ヲモ悉具ト可レ云。一行一切行ノ故ニ云云

難云。釋堅シ。他師ハ昔ノ佛ハ因位ト云ヲ破シテ。引二テ經文一最初妙覺ノ義ヲ證ス。若爾者。悉具足ノ義。因位ニハ不トレ亙聞リ

答。解釋ハ爾也。道理ハ爭カ一向因位ニ悉具足ノ因無ン耶

疑云。經文ニ因位ノ成道ヲ說ニ皆其ノ旨見タリ

私云。今ノ問答ハ。他師ノ問答ハ今家ノ義ト覺リ。先問ノ意ハ。

久遠成道ト云ハ。本行菩薩道ノ時叶ルヲ二初住一ニ以テ顯本ノ
初トシ。中間二住已上ノ增道損生スル也。今日ハ正キ妙覺ノ成
道也。此ノ始終ヲ以テ經文ヲ料簡スルニ。叶ヘル歟ト問也。答(悉カ)ルニ之
經ノ文義ニ不レ叶。所以ニ。今ノ經ニ正キ成佛ト云ハ。盡ク行ニ諸
佛所有ノ道法ヲ具ニ足行諸道一。盡シテ因位ノ功德成就ノ上ニ
正キ成佛ト云名ヲハ立ル也。故ニ以ニ迹門ノ說ヲ案ルニ本門ニ初
住ノ成道ヲ。悉具足ノ成道ト云事ハ本迹ニ不レ見故ニ。初住
不レハ得レ稱ルコト二悉具一ト。顯本ノ我實成佛ト云ヘル處ハ非ニ初
住ニハ。故ニ經文ノ始終ニ難ノ趣ハ不レ叶ト破タマフ也。以ニ迹門ノ成
道ノ文一本門ニ例知ルニ。更ニ經文ニ不レ叶釋成ストト覺リ

48　頭十八(天玄四、四〇九)　玄云。本果圓滿久在ニ於昔一事

問。於ニ本果妙ニ論ニ其初ヲ耶　一算
答。可レ論歟
若論ト云ハハ。凡本果ト者。俱體俱用ノ佛名タリ二無作ノ三身一ニ。豈ニ
論ニン其初ヲ耶。若依レ之不レ論云ハハ。披ニ解釋ヲ如レ題。既ニ論ト二
圓滿ノ初ヲ聞リ如何
答云云 可レ論ニ其初ヲ也。所以ニ約ルニ修得ニ日。何ニモ斷迷開悟ノ
義可レ有レ之。故ニ其初テ可レ論也。但至ニ一邊難ニ者。無作ト
云事。約ニ性德ノ邊ニ日ノ事也。此ハ法身常住ノ邊也。仍性德ノ
日無ニ其初一。修得ノ日有ト初得ハ心。全相違不レ可レ有
難云。於ニ修得ニ有ト初云ハハ。本無今有ノ物可レ有。若又有ト
初云ハハ。其終リ可レ有歟。生者起(必カ)滅一向起去ト(記故カ)釋ルカ故ニ。若
有ラハ二其ノ終一リ無常ノ佛ナルヘシ。況山王院ノ大師。論記(佛全25、二七四下)本地因果俱常
之壽。長遠無極出ニ過三世一文　此ノ釋既ニ出過三世ト云カ
故ニ。無始無終ノ佛ナルヘシト聞リ。加之次第禪門ニハ。報身如來無
爲無妙　文　如何
北義　答。修得ト云ハ。初テ本無今有ノ法ヲ顯ニハ非ス。性德ノ法ヲ修
得ニ顯ス也。故ニ無レ本物ヲ始テ顯ニハ非也。若爾ハ。諸難被レ會
難云。三德上藏ノ理ハ無始無終非因非果ノ法也。然ニ今本地
因果ト云ヘルハ約ニ修得ニ釋ト聞リ。故ニ所顯ノ理ニハ無ニ因果一。是ハ
卽ノ邊也。能顯ノ智ニハ可レ有レ初。是ハ六ノ邊也。於レ是ニ本因
本果ヲ論也。若爾者。修得ハ有ルカニ其ノ初一故ニ。本無今有ノ法ニ
成ヌ如何
答。凡圓宗ノ意ハ。(天文五、二五〇一下。文句記)卽五佛性皆在衆生ト釋ルカ故ニ。因果俱ニ本

有ルカ故ニ非ニ本無今有一ニハ也。修得ニ顯ルル因果ハ。性得ニ宛然トシテ有レ之。而ヲ性德ハ非因非果ト云ハ。合彼性三爲一法身ノ心也。（天文四、一五七九下。文句記）然トモ。一一修具無非理具ナレハ因果共ニ性德ニ有レ之也（天止三、二九二。弘決）

難云。性得ニ有ル法カ修德ニ顯ルルソト云ハ。猶修得ノ邊ハ修因感果ノ義也。若爾ハ。爾前迹門ノ心ト同レ之。而ヲ本門ヲハ永異諸經ト云テ。爾前迹門ニハ超過ストコ云カ故。本因本果モ迹門ニハ異ニシテ本來常住ナル邊可レ有レ之。若只理性ノ法カ修得ニ顯ルルソト云ハハ。全同ニ迹門一ニ也。若爾ハ。修得ハ猶本無今有ノ義可レ有ト聞リ如何

答。自レ本理性ノ法カ修ニ被レ顯ト云分。本迹全無ニ不同一也。只本迹ノ不同ハ久近ノ異計也。若爾ハ。有ニ何ノ相違一カ

難云。本迹只時節ノ久近計ソト云事難レ思。從因至果ノ配立ハ迹門ノ所談也。所以ニ。三世常住ノ三身ヲ不レ立故也。有レ因ニ（止三ノ心也）時ニハ名ニ三德一。有レ果ニ時ヲハ名ニ三身ニ也。本門ノ心ハ我實成（頭十八（天玄四、四〇八））佛已來甚大久遠ト云ヘルヲ。今ノ玄ニ受レ之。已來者。乘如實道（天文五、二二八六上。文句）來成正覺ト釋リ。是非ニ時節ノ久近一ニハ聞リ。又佛於三世等有

三身ト釋セリ。此ハ本門ハ非ニ從因至果ノ義一ニハ聞リ。故ニ本因本果ト云ハ。性德ハ三世ニ性德ニシテ修德ヲ不レ隔。修得ハ三世ニ修得ニシテ性德ヲ不レ隔。修性共ニ本來常恆ナルヘシ。所以ニ。經ニ過去（大正藏九、四二中）益物ヲ說クニハ。我常在此娑婆世界云。未來益物ヲ說ニハ。常在（同、四三下）靈鷲山ト云ヘリ。此ニ知。修德ノ三身モ本來常住ナルヘシト聞リ。又本因常住ナル事。我本行菩薩道ト云ヘテ。若因ヨリ果ニ移ラハ菩薩ノ道常住トハ不レ可レ云。故ニ本因本果共ニ三世常住ナルヘシト聞リ。サテ如レ此經文ハ因果共ニ常住トハ說トモ。佛モ凡地ヨリ次第ニ修行得果ノ義。何ソ無ント云處カ難也。可レ答レ之樣ハ。本因本果ト云ハ三千世間依正宛然ト云テ。治生產業春花散サキナントスルハ本因也。十界ノ當體ハ本果也。依正共ニ三世常住ナルヲ本因本果トハ云也。如レ此得レ心時ハ我等成佛ノ形顯也。サテ此ノ上ニ經中從因至果ノ旨カ見タランヲハ無作ノ上ノ常修常證ノ形也。此ハ執近ノ情ヲ爲ニ破レ破迹顯本ヲ顯也。サレハ此ハ三世料簡門ノ意也。サテ此ノ三世料簡ノ形カ本來常住ナルヲ無作ノ顯本トモ取也。依レ之破迹顯本。住本顯本二ノ意カ有ル也。依レ之玄次（天玄四、三八六）上ニ。開ニ習果一出ニ報果一。明ニ本國土妙一也文如レ此佛ノ方ハ

三世常住ニシテ常修常證スルヲ。機ノ方ハ其ノ一分ヲ見テ始成正覺ト
思也
示云。此ノ論義ヲハ算ニ下ス時ハ。本果時ハ四教ノ成道ヲ唱ル歟ト云
論義ニ尋スル也

49 圓十八 玄云。（天玄四、四〇九）三十四心見思倶斷事

尋云。三十四心ト者何等耶
示云。三十四心ト者。八忍。八智。九無礙。九解脱也。取レ
其ニ八忍八智ハ十六心也。此ハ斷ニ見思ヲ智也。サテ九無礙ト
云ハ非想地ノ九品也
尋云。何下八地ノ無礙解脱ニ不レ起耶
答。下八地ノ思惑ヲハ異生ノ時以ニ有漏智ヲ斷カ故ニ。成道ノ時ハ
見惑ト非想ノ九品トヲ同時ニ斷ル也。故ニ下八地ノ無礙解脱ノ
道ニ不レ起也
尋云。若爾ハ。又四ノ（下界）法智四法忍ヲハ不レ可レ起。此ハ欲界能
治ノ道ルカ故ニ。先ニ斷ニ下八地ノ見惑ヲ盡シテ煩惱ヲ可レ斷事無
故ニ如何
答。四法忍四法智ヲ起ス事ハ。以レ彼ヲ加行トシテ卽類忍類智ヲ
爲レ起サンカ也。專ラ非ニ斷惑ノ爲ニハ
示云。聲聞ハ以ニ有漏智ヲ不レ斷ニ見惑ヲ。菩薩ハ因ノ時。下八
地ヲハ五部合斷ル也。此ハ菩薩ハ慈悲深クシテ不レ起レ見故也。卽
釋迦ノ阿羅羅伽羅羅ニ値テ斷ニ下八地ヲ是也
尋云。若爾者。爲ニ斷惑ノ非シテ只非想地ノ九無礙九解脱道ヲ
爲レ起ンカ。又下八地九無礙九解脱ノ道ヲ可レ起耶
答。超越ノ功能有ルカ故ニ。下八地ノ無礙解脱ノ道ヲ雖レ不レ起ト。
能非想地ノ九無礙九解脱ノ道ヲ起ス也
尋云。若爾ハ。又有ニ超越功能故ニ。四法忍四法智ヲハ不レ
可レ起故ニ如何
答。菩薩ハ雖レ有ト超越ノ功能。最初ハ難レ超故ニ起ニ法忍法
智ヲ也。已上ハ惠暉師心也
尋云。大論ノ心如何
答。大論ハ倶舍ニハ異也。卽非想ノ九品ヲ料（斷カ）時。下八地ノ思
惑ヲモ一九ニシテ治定ル也（天止二、二七〇）
決三云。大論中無（云カ）。下地諸惑因時未レ斷。至ニ樹下ニ時乃
以ニ九地九品思惑ヲ。通名ニ一九ト。故云ニ三藏菩薩位同ニ凡

夫ニ○倶舍婆沙意云。下八地惑初修レ禪時先已斷竟。唯非想地九品見思全在。用ニ九無礙九解脫一以ニ根勝一故不三(復カ)得更修ニ下八地定一。不レ同ニ聲聞一亦異ニ緣覺一 文

50 玄云。唯有ニ此佛一無ニ十方佛一 文 （頭十八）（天玄四、四〇九）

疑云。中阿含云。身子以ニ衣絲一繫ニ他方佛坐脚一也 云云 疏一引レ之（天文一、一二二下。取意）

答。經部ハ十方有佛ト云也

51 籤云。倶舍婆沙智論所レ明三祇四階事 （頭十八）（天玄四、四一〇）

疑云。倶舍婆沙ニハ不レ見如何

答。依ニ倶舍等ニ作ニ四階ヲ一云文也。彼ノ疏ニ有ト云ニハ非也

通教果成下 （佛カ）

備撿云。綩ヲン繡シク裳也。綖ヌイモノ席也。正ク作ルレ莚ニ云ヘリ （卍續四四、三三二丁右下）

補注云。此綖字。天子覆レ冠耳 文 （卍續四四、五丁左上）

52 玄云。或言。道樹天衣爲レ座事 此題ニ云レ有ニ四尋一 （頭十八）（天玄四、四〇九）

問。通教ニ明ニ草座成道ヲ一耶

答。異義也。且存ニハ一義一草座成道ヲ不レ明歟

兩方。若不レ明云ハハ。通教ト者。界內ノ敎。三藏ト斷惑齊レ之。何ゾ不レ明ニ草座成道ヲ一耶。若依レ之爾ト云ハハ。如レ題如何

答云云不レ可レ明ニ草座成道ヲ一。草座成道ハ小乘ノ經論明レ之。大乘ニハ不レ明レ之故也。說教ヲ云ヘハ。三藏ハ生滅ノ。通教ハ無生ノ教也。觀法ハ又三藏析空觀。通教ハ如幻ノ觀也。若爾者。全三藏ニハ不レ可レ同

難云。縱觀門ハ異也ト云ヘトモ。斷惑證理同クンハ何ゾ不ンレ明ニ草座成道ヲ一耶。依レ之大論中ニ明ニ通教ヲ一明リ草座成道ヲ一。（天玄四、四一〇。）大論三十八云。聲聞經數（ㇾ說カ）ニ草座ヲ一。衍經中說或見レ敷ニ草座樹下ヲ一。或見レ敷ニ天衣綩（衣囗カ）綖一云ヘリ 如何 釋籤

答。自レ本云云但至ニ大論ノ文ニ一。權智開三藏ノ意也。正キ通教ノ心ニハ非。是ハ直ニ不レ得レ心。通教ヲ爲レ機ノカリソメニ說ニ三藏ヲ一也。以藏助通ト云ハ此意也

難云。通教ハ三乘共學ノ教也。其中ニ利根ノ菩薩コソ天衣爲座ト見トモ。二乘何ゾ天衣爲座ヲ見ン耶。依レ之勝天王般若經ノ中ニ說ニ後三大乘ヲ明ニ草座成道ヲ一。知ヌ。通教ニ草座成道ヲ明ト覺リ。勝天王般若云。菩薩。以ニ方便（力カ）故一取レ草敷レ座。於ニ菩提樹下一端坐。下劣衆見ニ如レ此相一 文 如何 （大正藏八、七〇九中。取意）

答。勝天王般若ノ文ハ。且ク爲レ斥ンカニ三藏ヲ一出レ之歟。依レ之彼

經ノ次下文ニ。(同前)復有ニ高行ノ諸大菩薩一。七寶ノ(了○カ)羅網ヲ彌覆ニ其
上一 文 此ハ斥テ二三藏一讃ト二大乘ノ菩薩ヲ一聞リ。或ハ又以藏助通ノ
爲ニ擧ニ三藏ヲ一歟 尊均
難云。高行ノ菩薩ノ所見ト云カ故ニ。二乘ハ天衣ヲ不レ見聞リ
答。彼ハ三藏ヲ斥也。二乘ヲ遮ルニハ非
西塔云。二乘ト鈍根ノ菩薩トハ草座ヲ見。可ニ被接一機ハ天衣ヲ
見ル也
難云。通教ノ機見ニ草座一云ハハ與ニ三藏一無ニ不同一
東陽云。所說ヲ云ヘハ。無生四諦法輪。生滅ニ不レ可レ交ニ無
礙一。所座ヲ云ヘハ。天衣爲レ座。蓮華草座ヲ不レ可レ敷ト 云云 當流ノ
學者トシテハ。此ノ御義ヲ爲レ本ト。諸ノ文ヲハ如ニ尊均ノ義一可レ會也
義云。三藏ヨリ通教ヘ轉入ル人ハ見ニ天衣一レトモ。依ニ本習ニ住ルニ空
觀ニ時ハ見ニ草座ヲ一也。爰本ヲ般若經ニモ草座ヲ說ル也。サテ直入
通教ノ人ハ初ヨリ見ニ天衣ヲ一也。如レ此得レハ心以藏助通ト云モ同
事也
有云。摩訶衍經中ニ有ニ草座一云ヘハ。指ニ方等經ヲ一歟。若爾ハ。
草座尚ヲ三藏見也

難云。大論中ニ小衍相對シテ明レ之ヲ故ニ。摩訶衍ト云ハ必指ニ
後三大乘一也。故ニ方等トハ不レ可レ得レ心也
有云。通教ノ教主ハ丈六尊特合身佛ル故ニ。草ノ上ニ敷ニク天衣ヲ一
也。故ニ草座トモ云也
難云。大論ニ。(大正藏二五、三一〇中。取意)或見ニ草座一。或見ニ天衣一 文 此ハ機見ノ不同ト
聞リ。一人カ重タル座ヲ見トハ不レ聞如何
問。通教ノ佛。草座天衣並座ル歟 如レ宗 若爾カ云ハハ。今ノ釋ニ。(頭十八)(身カ」)
(天玄四、四〇九)天衣爲レ座 文 如何。依レ之爾ト云ハハ。帶ニ比丘像一現ニ尊特一(天文一、一〇九上。文句)
文 座ヲ可レ並フ如何
答。通ノ教主ハ勝應身也。何ソ二ノ座ヲ並ヘン耶
難云。大論ニ。摩訶衍經草座天衣 云云 如何
答。大乘ニハ(兼カ)遍說ニ小乘ヲ一故ニ。或見レ敷レ草云也 威抄
問。通教佛以レ何爲レ座耶 二算
答。天衣爲レ座見リ
付レ之。以レ何得レ知コト天衣爲座ノ成道通教也トハ。依レ之大(大正
藏二五、三一〇中)論ノ文ヲ見。界外ノ身也 法性身ノ(ア生カ)佛以ニ天衣一爲レ座 文 知非ニ通教ニ云事
如何

答。既ニ大論ノ中ニ共聲聞ノ中ニ說リ天衣爲座ノ成道ヲ。知通教也ト云事ヲ。況論ノ文ニ。有煩惱習因緣故。受法性生身 文（同、二六四中）知ヌ。彼ノ論ハ通教ノ佛。非レハ實業ノ報身ニ且法性身ト云ヘル歟

大論二十七云。菩薩得無生法忍。煩惱已盡習氣未除故因テ習氣（「受カ）。及法性生身能ク自在ニ化生ス 文（大正藏二五、二六一下）

圓頓止觀二云。若通教中所得法性身。非中道法身也 文（天玄四、四一一。玄義私記參照）

樂音坊義
此流同之

尋云。天衣爲座成道ハ三乘共ニ見之ヲ歟。若見云ハハ。二乘爭カ見ン之。若不ト見云ハハ。大論中ニ天衣爲座云トシテ。與聲聞菩薩（「諸天カ）共說 文（大正藏二五、三一〇下）既ニ聲聞ト共說ト云フ。知ヌ。共ニ見ト云事ヲ

答。正舜法印云。此ハ西塔ノ五時講ニ慶詮カシタリシ論義也。弁祐ハナシタリシ也。其時法橋先達（樂心）ニ被出タリ

義云。大論。或有見敷天綩綖。隨其福德多少所見不同 文（大正藏二五、三一〇中）（有ナシカ）故ニ鈍根ノ菩薩。二乘ハ不見也。只草座ヲ可見也 云云

サレハ其時講師泰圓也。二乘鈍根ノ菩薩ハ不可見答タリ。吉答タル也。大論ニ與聲聞菩薩共說ト云ハ。只是三乘共ノ般若ト云事也。故ニ通教ノ共般若ノ心ト云事ニテコソ有レ。正ク二乘所見ト云ニハ非ル也

此流義云。三藏ヨリ轉入ル三乘ハ。或時ハ天衣ト見。有時ハ草座ヲ見ル也。直入通教三乘ハ共ニ天衣ト見タル也

私云。通教ハ三乘共學ノ教ルカ故ニ三乘共ニ可見。但勝天王般若ニ。天衣爲座ノ佛ハ非天子ノ所見ニハ。高行菩薩ノ所見也ト云ヘルヲ。彼ノ經文ヲ見ニ。八萬四千ノ天子各敷ク天衣ヲ（大正藏八、七〇九中。取意）每ニ衣佛座タマヘリ。而ヲ天子ハ只我天衣計ニ佛ハ座タマフト見テ。餘ノ天子ノ衣ニハ不ト座シ給ハ思也。是ヲ非ト天子ノ所見ニ云也。サテ高行ノ菩薩ハ天衣コトニ佛ハ座給フト見ルカ故ニ。高行菩薩ノ所見ト云也。次ニ大論。天衣爲座ノ佛ハ非生死人所見ト云ヘルヲ。二乘鈍人ト別入通ノ利人ト。各ノ丈六ト尊特トノ二身ヲ見テ。通教ノ教主。正キ勝應。天衣爲座ノ佛ヲ不カ見故ニ爰本ヲ釋タマフ也。明禪。最勝講ニ問之

問。通教佛。以テ蓮華ヲ爲座ト耶　勸學講一問。備後阿闍梨明遍放之。明遍ハ皇覺ノ御弟子也

答。今ノ解釋ニハ天衣爲座ト云テ。蓮華ヲ爲座トハ不釋付之。以何得ン知ルコトヲ。通教佛。蓮華ニ不ト座云事ヲ。教主ハ既ニ丈六尊特佛也。尊特ノ邊ハ寧ロ蓮華爲座ノ成道ヲ不ン唱耶

答。蓮華爲座ノ事ハ實報土ノ儀式也。蓮華藏世界ト云ハ此意也。而ニ通教ハ界內教。教主勝應身也。何ゾ座ニン蓮華ニ耶。但至下尊特邊ハ座ニト蓮華ニ云上者。彼ハ非ニ一向ノ尊特ニハ。丈六尊特合身ト云カ故ニ蓮華ニハ不レ可レ座。故ニ只座ニト天衣ニ云也

正舜法印云。此論義ハ報身ト定テセル論義也。夫尊特ト者。勝應身ト云ハントスレハ非ニ論義ニ也。勝應ノ所座ハ卽天衣也

此流同レ之。上ノ東陽仰可レ思ヿ合之。又山王院ノ丈六尊特共是勝應釋可レ思レ之

53 籤云。道樹天衣具如ニ大品ニ事 頭十九（天玄四、四一〇）

問。通教ノ天衣爲座ノ相ハ何ル經ニ出タリトカ可レ云耶

答。如レ題

付レ之。餘處ノ解釋ニハ。天衣七寶虛空蓮華出ニ勝天王一（名疏四）（大正藏三八、六四二上）文 今何如レ此云ヘル耶

答。勝天王モ般若部ナレハ。具如大品ト云內ニ可レ有レ之歟

玉抄云。勝天王ト大品トハ同本異譯也

勝天王般若經云。若下（見カ）八萬四千天子敷ニ（「文カ）八萬四千大師子（大正藏八、七〇九中）座一衆寶合成。七寶羅網彌覆ニ其上一

名疏一云。如ニ勝天王明一。或現下座レ（坐カ）草（「〇カ）座ニ（坐カ）天衣一（「或カ）或處ニ寶（大正藏三八、五七〇中）座一或在中虛空上 文（同、五八中）

涅槃疏二云。勝天王中。初座ニ（坐カ）樹下一有ニ四種相一。或見レ坐ニ（「坐カ）祥草一。或見レ座ニ（坐カ）天衣一。或見レ座ニ七寶一。或見ニ虛空一云ヘリ

54 玄云。一念相應惠。斷餘殘習事 頭十八（天玄四、四〇九）

四教義八云。一念相應觀眞諦（大正藏四六、七五〇中）文 又云。一念相應惠。（「惠カ）與ニ無生四諦一（「理カ）相應。斷ニ一切煩惱習一盡云ヘリ（同、七五一上）

尋云。一念相應惠ト者。眞諦惠歟 如ニ玄四抄一 若爾カ云ハハ。斷ハ習氣ヲ一惠ナルカ故可ニ俗諦一ナル。若依レ之爾カ云ハハ。如ニ四教義一ノ。如レ上

答。習氣ト者。見思ノ餘習ナルカ故ニ以テ空惠ヲ一可レ斷也

難云。眞諦ハ七地ニ極ル也。八地已上ハ出假ノ位也。何ゾ用ニン空惠ヲ一耶（答缺）

55 玄云。大品中說ニ共般若一時。十方有ニ千佛一現〇亦是他佛事 頭十八（天玄四、四〇九）

問。般若中千佛同ク般若ヲ說ト者。卽釋迦ノ分身也ト說歟

答。如レ題

付レ之。彼ノ見ニ大品經ノ文一ヲ。（大正藏二五、三〇二下。智度論參照）如レ是（「等カ）東方恆河沙（「等カ）無礙（量カ）世界。

有下莊嚴者不二莊嚴一者上。皆(□是カ)我分身(分因カ)而作二佛事一文故ニ彼ノ
經ノ中ニ既ニ說ク二分身一ト。何ソ亦是他佛ト釋スル耶如何
答。般若ノ千佛ト云ハ共般若ヲ說ク文也。而ニ共般若ト者。通教
也。通教ニハ爭カ明ン二分身ヲ一耶。分身ト者。中道ノ理ヨリ云事也。
故ニ今釋ハ無レ失。但至ハ二經文一。彼ハ非二千佛ノ事一ニハ別ノ文段
也。是說ク二圓教ヲ一下也。仍テ無二相違一
示云。通教ニハ十方有佛ヲ許ト云說ニハ出ニ此文ニ耶
尋云。般若經ニ明二分身ヲ一耶
答。此ハ宗要ノ沙汰也。皆我ノ分身ト云ヘルハ。中道ノ理ヨリ一時一
會ニ化身ヲ現ル也。此分ハ爾前ニモ有レ之也。法華分身ハ指シテ二他
佛ヲ一分身ト云也。此ハ爾前ニ不レ可レ明レ之 西塔義。此流同レ之
問。引テ二大品經何事ヲ一證ル二通教果成相ヲ一耶 頭十八(天玄四、四〇九)
答。說二共般若一時 云
付レ之。大品經ハ說二後三大乘ヲ一。若爾ハ。千佛共說ノ意可レ
通二後三教一ニ。何ソ通教ト釋ル耶
答。既ニ說共般若ト云フ。是可二通教一ル。況ヤ別圓ノ果成ハ是報
佛也。今ハ既ニ應身說法ノ儀式也。豈ニ別圓ノ果成ニ屬ン耶。經
文ニハ擧リ二四果支佛ノ得益ヲ一。不共般若トハ不レ聞。仍テ通教ト
釋ルコト尤有二其謂一レ歟

〔通教明二受職灌頂一耶〕

問。通教ニ明二受職灌頂ヲ一耶 一算
何ヲ名ル二通教果成ノ相ト一耶
答。不レ可レ明レ之
兩方。若明ト云ハハ。解釋以二受職灌頂ヲ一別教ノ果成ノ相トス。通
教ニ有トハ二此ノ義一不レ見。若依レ之不レ明云ハハ。既ニ十方有佛ト
許ス。豈ニ來テ二古佛一新佛ニ不ン授二職位ヲ一耶。況大論中ニ十地
爲如佛文ヲ釋トシテ。(大正藏二五、四一九中~下)十方諸佛。數(〇放カ)二眉間光一從二菩薩頂一入 文
以レ此ヲ判ス二通教位ヲ一。豈ニ有二通教ニ授職灌頂一非耶
答。諸經論ニハ受職灌頂ヲハ報身如來ノ成道ノ儀式ニテ說レ之。
故ニ通教ニハ不レ可レ用レ之。若夫付テ二報身成道一ニ論ハレ之ヲ。廣量
十方有佛ト云難ハ不レ可レ有ル。諸經論ノ中ニ全非シテ二臺葉ノ儀
式ニ一。明スニ受職灌頂一事無レ故也。但至ハ二十地爲如佛文一者。
西塔義云。約ス二被攝者ニ一。靜嚴律師ハ會シテ二此文ヲ一(十地爲如佛文也)。此ハ消ル二法
雲地名ヲ一也。通教ノ第十地ニ別教ノ法雲地ノ名ヲ立ル故ニ。付ニ

法雲ノ名ニ本別教ノ第十地ノ灌頂ヲ引テ釋ル也

示云。受職灌頂ハ報身ニテ明スソト云事ハ。灌頂ハ著ルカ二寶冠一ヲ故ニ。應身ニハ比丘像ナレハ不レ明レ之ト云也。又西塔ニハ十地如佛ハ約シ二被攝一ニ。北谷ニハ約ニ名別ト云ハ。終ニ同事也

難云。通教ニハ不レ明二受職灌頂一ヲ云道理未レ聞。設ヒ應佛也トモ他方ノ佛來集シテ灌頂ノ職位ヲ授ト云ハンニ。何ソ道理ニ背ン耶。故ニ應佛ニハ有ルマシキ樣大切也。但至二經論ニ不レ見云一ニ者。サレハ通教ニハ受職灌頂有マシキ樣ヲ得テコソ心經ニ說カヌ謂タレトモ。可レ信道理ヲ不レ得レ心程ハ。尚經ノ文ニモ可レ迷者耶如何

答。應身ノ化儀ハ本以二三藏一爲レ本ト。三藏ニハ不レ許二十方有佛一故ニ。不レ可レ論ス二受職灌頂一ヲ。故ニ通教ニモ不レ明也。是ハ東尾ノ講ノ時ニ永弁 北谷 法印ハ如レ此被レ申

示云。補處ト云ハ讓二世事一ヲ也。灌頂ハ授二法門一ヲ也。取レ其ニ付二應身ニ不レ許二受職灌頂一ヲ無二二佛並出ノ義一故也

樂音坊 尋云。法城寺ノ竪義ニ。寺ノ信奏。通教ハ灰斷教ルカ故ニ不レ明二受職灌頂一ヲ云云 此ノ所立如何

性舜法印云ク。無下ニ術盡タル義也。凡理モ不レ聞。サレハ靜嚴

題者トシテ灰斷ノ教ナランカラニト難セシカハ全會釋シヤリタル事無リキ。是中堂番論義ニ快範已講セラレタリ。涅槃ノ後分ニ應身ニ明二受職灌頂一ヲ見ル文ヲ。難ノ詮トシテ第三重ニ被レ難。擧タルハ二降魔ノ相一ナラントテ應身ト云事無レ疑。而トモ明セル二受職灌頂一ヲ也。其ヲハ應身ニ帶シテ二報身一ヲ說トレ可レ得レ心也。應身儀式ヲ說處ニ兼テ擧テ二報身ノ儀式一說也

樂音房難云。猶不レ可レ明二灌頂一ヲ。道理弱也如何

答。東尾ノ二位ノ已講。對二實信一云ク。古圓定法眼云ク。受職灌頂ハ輪王ノ職位ヲ移カ故ニ。寶冠ノ成道儀式ニ有レ之。應身ハ出家形ナレハ不レ可レ用レ之。是ハ太上ノ義ニテ有ヤラン 知足房同レ之

新懷云。分段同居ノ習ハ。彼ノ此ノ國土相分レテ能化所化ノ緣遙ニ異ナル也。豈ニ此土ノ佛ニ十方ノ諸佛授ン二職位一ヲ耶。若十方ノ諸佛授ケハ二職位一ヲ。更ニ分段ノ佛ニハ有ラン二實報無障礙ノ習一也。彼此融通シテ互ニ授二職位一ヲ無礙自在ナレハ

仰云。此算ハ通教心ニテ尋タル也。當通教ノ佛者。三藏ノ教主ニ小(少カ)モ不レ違也。三藏教ノ心ハ灰斷ヲ爲レ本ト故ニ。前佛後佛同時ニ有レト之不レ云ハ。補處ノ菩薩ヲ爲二弟子一ト。我歸ハ二灰斷一ニ。此

補處必可レ唱ニ正覺一ヲ云也。故ニ以ニ前佛ノ智水一ヲ後佛ノ頂ニソ
ソクトハ不レ可レ云也。通教ニ小モ(少カ)不レ違也。設許トハ十方有
佛一ヲ云ヘトモ。弟子ノ位ヲ師ト同位ニ置テ。受職灌頂儀式惣以不レ
可レ有也。凡灌頂ノ儀式ハ。別式ハ別佛相也。別教ハ談ルカ二佛性
常住一ヲ故ニ。前佛後佛同座シテ受職ル也
難云。別教ニ明ニ灌頂一ヲ。第十法雲地菩薩ヲ爲シテニ弟子一ト。後ニ
經テニ等覺ノ位一ヲ成佛ルカ故ニ。全ク前佛後佛同座ノ義ハ無レ之。通
教ニモ第十地ノ佛。第九地ノ菩薩ニ如ニ別教ノ授ンニ灌頂一ヲ有ン二何
失一
仰云。灌頂ノ儀式ハ受職時。聽テ弟子ヲ師ノ位ト同ク果上ノ相ヲ
今ハ觀也。別教モ法雲地ニシテ內證ハ因位ナレトモ。前佛ノ加持力ノ
故ニ。弟子ノ位カ佛果ノ振舞ヲスル也。華嚴ニハ地地ニ受職灌
頂スル事有レ之。可ニ思合一。通教ハ第九地ノ菩薩ニシテ不ル入ニ佛
地ニ前ニ果地ノ振舞ヲスルソトハ惣以テ不レ可レ云事也。第九
地ノ菩薩ニ第十地ノ佛。我化他ノ儀式ヲ可レ授也。汝未來ニ如レ
我利生方便スヘシト云ハン事ハ有ン二何ノ憚カ一耶
仰云。是ハ灌頂ト云事ヲ不レ知不審也。灌頂ト者。成ニ正覺一ヲ
時キノ儀式也。如レ我カ儀式ノ全體不シテレ動。弟子ヲ同位ニ令テレ住
成セシムルニ正覺一ヲ也。通教ハ弟子ノ位ニ唱ルニ正覺一ヲ事無レ之。又第十
地ノ佛ハ灰斷ニシテ以ニ智水一ヲ授ルレ是ニ事ハ不レ可レ有レ之。灌頂ト
云ハ未來マテノ事ニテハ無キ也。別圓コソ理智共ニ常住ナルカ故ニ。以ニ
此ノ理智一ヲ授ニ弟子一ニ同位等行ノ振舞ヲハ令ル有レ事也。サレハ祕
教ノ灌頂モ。大阿闍梨先登ニ中臺一ニ。受者ヲ令テニ下坐一セ。大阿闍
梨中臺ヨリ下テ。弟子ヲ令レ登ニ中臺一ニ。大阿闍梨下座ニ乍レ立
法ヲ令レ授。大阿闍梨ト令レ成ラニ同位一ニ也
尋云。菩提心義ノ意ハ。後三教ニ有ト二灌頂一釋リ如何
仰云。夫ハ三摩地觀ノ菩提心ノ時。四教ノ果成皆常住ト云時
事也。今ノ論義ハ當通教ニ取テノ事也
仰云。籤六云。(天玄四、一八二)言ニ緣絕一者。且約ニ三藏一期一而說。教中觀(旣カ)
不レ說レ有ニ生處一。故昔教中不ニ復論レ生。跨節ヲモテ論レ之生
生ニ不レ息文五大院ノ釋ハ此意也。此ノ釋ハ圓教ノ方ヨリ見レハ四
教常住ト云也。三藏ハ乍ニ三藏一常住也。後三教モ又如レ此。
五大院ノ釋ハ當通教ノ心ニテハ三摩地ノ觀ヲ不レ知ト釋セリ

56 灌頂ハ俗家ヨリ起事

菩提心義云。金剛疏云（大正藏七五、五三五上～中）。譬如ニ轉輪聖王一將ニレ登レ極時。取ニ
四海水ヲ一請ニ一ノ明師ヲ一。灌レ頂ニ加持シテ被ニレ印可セ一已ル。然後
登レ極ニ○彼四輪王欲レ登ントレ極時一リノ（請一カ）請ニ外道ノ阿闍梨ヲ一（耶カ」）。
亦云ニ祇シ（「阿カ）梨ト一。此ヲハ云ニ明解ト一。明ニ解ル古今ノ天地之道ヲ一。本
是在俗ノ明解ノ師ノ名ナリ。佛出テテ隨レ世ニ稱シテ明解師ヲ一爲ニ阿
闍梨ト一。彼阿闍梨汲クンテ四海水ヲ一盛ニ一ノ金ノ鐘ニ一。令三其太子
駕セニ一ノ大象ニ一。明師在レ後ウシロニ以レ水灌レ頂ニ。亦繋ニ寶冠ヲ一○是
名ニ灌頂ト一。佛隨フニ世法ニ一。亦云ニ此（立カ）稱ヲ一。雖レ布トニ身心ニ一亦名ニ
灌頂ト一 文

六十華嚴ノ二十八云（大正藏九、五七二中）。○譬如轉輪聖王太子○在白象寶
像（「○カ）。取ニ四天（大カ）海水ヲ一○灌ニ此ノ（子カ）頂上ニ一。卽名灌頂（「爲カ）○菩薩摩訶薩
亦如レ（座カ）是。授（受カ）レ職時。諸佛以ニ智水ヲ一灌ニ是菩薩頂ニ一 文
大堂ノ精ニ。昔ハ俗家ヨリ起ル故ニ。何ゾ藏通ニモ不レ明耶ト精ケリ
涅槃後分云（釋迦ノ事惑也）。○斷ニ除一切不善ヲ一（大正藏十二、九〇二中～下）。斷ニ除一切煩惱ヲ一。斷ニ除一
切煩惱餘習ヲ一。通ニ達四諦十二因緣ヲ一。於ニ菩提樹ニ一降ニ伏四
魔ヲ一成ニ就種智ヲ一。如レ是妙法悉修習シ已テ。而（爾カ）乃一切諸佛唱
言。善哉善哉。同以ニ法性水ヲ一灌（「智カ）ニ法身頂ニ一。乃チ成ニス阿耨菩（○カ」）
提ヲ一。以ニ是ノ因緣ヲ一。我今告（號カ）ニ天人師ニ一十方種覺至極世尊。天
上人間無シニ與等ノ者一 文
難云。今後分ノ文ハ。斷ニ餘習ヲ一菩提樹ノ成道ト見リ。故ニ通教ノ
心ト聞リ如何
答。餘習ノ言ハ別圓ノ無明ヲモ云也。又樹下ノ成道ハ亙ルニ四教ニ一
也。山王院ノ釋云（佛全25、二四七下。法華論記）。草座（「爲座カ）天衣七寶（「蓮華カ）虛空。皆在ニ道樹ニ一 文 況ヤ
灌法身頂ト云ヘルハ別圓ノ心ト聞リ
仰云。涅槃ノ後分ハ別圓ノ心也。十方ノ佛受職スト見ルカ故也。
藏通ハ前佛後佛同時ニ當坐ニ現シテ令ニル受職セ一事ハ不レ可レ有。
灰斷ルカ故也
示云。藏通ノ心ハ智ハ無常ト立ル也。若藏通ノ心トシテ智ノ水ヲ灌ト
云ハハ。弟子ヲシテ可レ成ニ無常ニ一歟。灌クニ智ノ水ヲ一義ハ不レ可レ有レ之」
仰云。受職灌頂ハ專別教ニ明事也。圓教ニハ名別義圓ノ時明レ
之也。藏通ニハ不レ明ト習也。西塔ニハ藏通ニハ不レ明ニ常住ヲ一。故ニ
受職灌頂ヲ不レ明 云云 祕藏義也
尋云。藏通ニハ明ニ補處ヲ一。何ゾ灌頂ヲ不レ明ン耶
仰云。補處ト灌頂トハ別ノ事也。藏通ハ無常ノ佛。灰斷ヲ爲ニ至

極ト故ニ。設テ補處ヲ未來ノ衆生ヲ令レ化也。前佛後佛一時ニ並起シテ。前佛ノ職位ヲ與ルニ後佛ニ事無レ之。別教ニコソ明カニ常住ヲ故ニ。前佛モ不レ滅後佛モ同座シテ受職灌頂スレ。所詮灌頂ト云ハ。新成妙覺ノ佛カ前佛ノ位ニ同座スル時ノ事也。前佛後佛體皆同スルヲ云也。法雲地ノ菩薩ニ妙覺ノ職位ヲ授クト云事也。藏通ハ弟子位淺ニシテ極果ト同ル義無レ之。爭カ受職灌頂ヲ明ンヤ耶

難云。灌頂ニハ有レ二。職位ノ灌頂。立太子ノ灌頂也。立太子ト云ハ立ツニ東宮ニ時ノ事也。職位ハ登ニ帝王ニ時ノ事也。若爾ハ。通教ノ菩薩ハ斷惑スレハ立太子ノ灌頂ノ義可レ有ヲ耶

仰云。立太子ノ灌頂ノ義モ一分妙覺ノ分ヲ得ル上ノ事也。別圓地住已上コソ得ニ法身ノ本ヲ一故ニ。佛果ノ振舞ヲモスレ。通教ハ因位ニ佛ノ振舞無レ之。仍テ立太子ノ灌頂モ不レ可レ有レ之

尋云。守護國界經ノ中ニ。鼻端ニ觀ニ唵字ヲ一云事如何

仰云。此ハ釋迦ノ成道也。非ニ圓佛ノ成道ノ義ニハ也。彼ノ文ニ六年苦行ヲ明カ故也。釋迦唱トニ後夜ノ成道ヲ一云ハ。應身ハ空理ノ至極ニテ假中ノ心根無カ故ニ。眞實ノ佛果ノ義無レ之。故ニ觀ニ唵字ヲ一取ルニ正覺ヲ一也。[梵字]字ト者。眞言ニハ三身具足ノ字ト習也。祕教ニハ[梵字]ノ二字ヲ至極トスル也。口ヲ開ク時出息ハ阿也。口ヲ閉時息鼻ヨリ出ハ吽ニテ有也。此ノ吽字カ轉レハ必唵字ニテ有也。鼻端ト云ハ吽字カ鼻ヨリ出ル故ニ云也

菩提心義一云。若守護國界王(主カ)經釋迦菩薩經ニ無量劫ニ修ニ菩薩行ヲ一。至ニ最後身ニ一六年苦行シテ坐ニ道場ニ一時不レ能下證シ一無上菩提ヲ一成ルコト中毘盧遮那ト上。時ニ一切佛告テ言ク。汝當下鼻端諦觀ニ月輪ノ中ニ觀中[梵字]字ヲ上。釋迦菩薩受レ教諦ニ觀シテ得レ成ニ正覺ヲ一。是ハ後身ノ菩薩也。若法華經ニハ龍女海中從ニ文殊ニ聞ニ此經ヲ一。得ニ受記ヲ一入ニ初住ニ一。即往ニ南方ニ一八相作佛ノ之時必修ルナリ此觀ヲ。(ㇾ也カ)若十住斷結經中ニ獨覺(菩薩カ)之行レ佛。像法盡テ聞ニ樹ノ皮(カハ)聲ヲ一證ニ無上道ヲ一○此人亦可(ㇾ之カ)レ修ニ此觀(ㇾ一カ)ヲ一也。故令(今カ)未(末カ)世ニ設修ニ此觀ヲ一即身成佛人亦應ニ隱レ形如ニ常人ニ一。非スレハニ有緣人ニ一誰カ見ンニ其ノ佛ヲ一文（大正藏七五、四七一上）

示云。國王ノ灌頂ノ時。四海ノ水ヲ灌レ頂ニ四海ノ民ヲ從フル義也。天竺ニハ外道婆羅門ヲ爲ル師ト也。吾朝ニハ關白殿ヲ爲ニ大阿闍梨ト一。卽當時ノ二條殿灌頂ヲ不シテレ知。西山ノ十樂院ノ僧正ニ習テ奉レ授也。是我ノ不覺也。一條殿。近衞殿ニハ相傳シテ

灌頂ヲ令ニ存知セ一也
西塔樸抄云。問。受職灌頂ノ時ハ卽成佛トヤセン。將如何。答(缺文)
疑云。受職灌頂ノ時卽成佛スト云ハハ。華嚴經云。(大正藏九、五七二中)以ニ是職一故。菩薩摩訶薩ハ受ニ無礙(量カ)百千萬苦行難行一(事カ)。菩薩道(道ナシカ)得ニ是職ヲ一已。住スニ法雲地一ニ。無礙(量カ)ノ功德智惠轉シテハ增ス文(「是カ) 是豈ニ受職灌頂後經ルニ多時節ヲ一非耶。若依レ之爾ト云ハハ。玄文ノ今ノ釋ニ。受ニ法王職位一。窮ニ得諸佛法底一。而得ニ成佛一文 如何
頭十九(天玄四、四〇九)
答。華嚴經ノ說ハ實ニ如ニ所難一ノ。但今釋ハ受職灌頂ハ因位果位其相同カ故ニ。且引テニ華嚴ノ受職灌頂ヲ一證ニ果成ヲ一也
尋云。何ノ處ニカ慥ニ約ニ成佛ノ時ニ一明ニ受職灌頂ヲ一耶
答。攝大乘論。涅槃ノ後分ニ爾カ見ル也
難云。若爾ハ。何ソ忽ニ果上ノ受職ヲ不レ引。因位ノ灌頂ヲ引ケル耶
答。華嚴經ノ中ニ受職灌頂ノ樣。委細ニ說カ故ニ引レ之也
(上舜法印)陽云。受職灌頂ハ報身ノ成道ノ儀式ルカ故ニ。因位ニモ報身ノ成道ヲ唱ル時ハ皆受職ル也。故ニ華嚴經ニ位位ニ說ニケリ受職灌頂ヲ一。但第十地ニシテ受職スト說ケルハ。一ノ教門ノ意ニテ第十地ニ初テ受職スト明也。受職灌頂ハ再ヒスル也。立太子ノ時。職位ノ時也。准テレ之菩薩モ二度スト明ス也。內論義ノ一番ニハ惟コレ先達ノ義ナランニハ。問答共ニ受職灌頂ノ沙汰ヲ不レ知聞リ。智海法印ニ對面ノ時。實事トテ被レテ命云ク。華嚴經ノ文ヲハ繫讀マシケヘキ也。此ノ職ヲ得ヱ已テ。住シテニ法雲地一ニ。無量ノ功德轉增云云 既得記已得入初住ノ文ノ如ト云云 但今ノ文ニカケヨミケニトモ不覺也已上
示云。灌頂ハ專別教明レ之。圓教ニハ前佛後佛ヲ不レ論故ニ。前佛ノ智水ヲ灌クトニ後佛ノ頂ニ一云事無レ之。然トモ名別義圓ニテ無作ノ三身ノ上ニ立ニ三世料簡門ヲ一時。灌頂ノ義圓教ニモ明レ之。常修常證ノ形也
尋云。眞言ノ灌頂ハ別教ノ心歟
示云。不レ然。無作ノ上ノ三世料簡ノ心也。灌頂ヲハ顯宗ニモ明レ之。但シ顯密ノ不同ハ印明ヲ不ル明不同也

57 法相宗ノ破ニ眞言ヲ一事

(大正藏七五、四四四下～五下。取意)
教時義第四云。法相宗(宗ナシカ)亦云。又眞言宗所レ修灌頂是非ニ(「〇カ)下地所レ修之法一。是等覺地菩薩受ニ法王職一之時キ。十方諸佛

各以二智水一灌二其頂上一。而今凡夫徒ニ灌二冷水一。而増二諸人
頭風之病一ヲ○答○又灌頂ノ法經相不同(教カ)ナリ。或説三等覺ニ始テ
得ニト灌頂一。如二佛地等一ノ　如二佛地論一　或説三初地及以等覺ニ並ニ
得ニト灌頂一。如二楞伽等一。或説三凡夫始得ニト灌頂一。如二大日等一
經　何學ニシテ佛地一ヲ不レ見二餘相一ヲ(教カ)
示云。受二法相ノ難一ヲ答ルニ。但出テ大日經一ヲ答タルハ。經經ノ異説
計ヲ答タル也。如キハ二此答一ノ隨機ノ説也。設ヒ大日經也トモ末學ノ不
審不レ散者耶(大正藏七五、四四四下～五中)
又云。問。法相亦云。(「○カ)又眞言法爲二劣惠者一佛以二方便一説二
有相行一。其劣惠者。凡夫二乘非レ爲二上智一。非二無相行一。(○カ」)又
供養法法。(云カ)(甚深カ)深甚無相法。劣惠所レ不レ堪。爲ルレ應二彼等一故。
兼存二有相説一ト云云　答(「○カ)○大日經云。若別二修行地一(到カ)授二不思
議果一。不レ具二聲聞縁覺一(共カ)亦普不レ爲二一切衆生一(不普カ)云云　故知
不レ爲二凡夫二乘一。而上文云。劣惠諸衆生隨順説二是法一等
者。是爲下未來劣惠諸(諸ナシカ)衆生不レ知二内證一。唯愛二自身一除レ災
求ヒ福。佛以二此法一與二彼衆生一。卽於二此門一引入二佛道一。故
説二時當(方カ)立壇修法等事一モ(「文カ)

此答ノ意ハ。不レ延ヒ不レ爲ニセ二一切衆生一ノ云者ハハ。別教ノ意ニ成ヌ。
除災求福ノ者ノ爲ニスト云。知ヌ。但世閒ノ求福ノ爲ニト云ハ當結縁
分ト云ト聞タリ。又無相ノ處ヲハ指置テ。有相ヨリ四重ノ祕釋ヲ立ルカ
故ニ。眞言ハ顯宗ヨリ劣ナリト聞タリ。若又無相ノ上ノ有相ソト陳セハ。
其ハ迹門ノ理ノ上ノ隨縁ト云意ニ同ス。況ヤ大日經ニ我本無有
言ト説キ。瑜企(祇カ)經ニハ我本無有言。但爲利益ト説ト説テ。眞言ヲ
言説ヨリ立ルカ故ニ。遙ニ天台ノ無相ヨリ劣ナル也。仍テ天台ノ無相ヨリ
眞言ハ生スト聞タリ。故ニ天台ハ能生。眞言ハ所生也
私云。是ハ才覺也。實ニハ理祕密ハ同。事祕密ハ異ト可レ思レ
之
大品云。若菩薩摩訶薩。(大正藏八、二五九下)具足六波羅蜜四念處乃至十八不
共法。一切種智。(「具足滿カ)斷一切煩惱及習。是爲菩薩摩訶薩住十
地中當知如佛。(「○カ)過乾惠地性地乃至菩薩地ト云云
大論五十云。當知如佛者。(大正藏二五、四一九中～下)菩薩望二如レ是樹下一(坐カ)入二第十
地一。名爲二法雲地一(摩訶薩ナシカ)○菩薩摩訶薩降レ魔已。十方諸佛慶二其
功(勳カ)德一。皆放二眉閒光一從二菩薩頂一入。(「十地カ)是時所得功德變爲二
佛法一。斷二一切煩惱習一モ(「文カ)

止六云。借前(別カ)名名通者(天止三、六二五)。(「〇カ)大品云。十地菩薩(「位カ)爲レ如レ佛。得レ
作ニ此釋一也
弘云。大品既(同前)云ニ十地如佛一(「文カ)。當レ知卽是別名名通ナリ(「文カ)
58 或言。寂滅道場七寶華爲レ座事 別教下 頭十九(天玄四、四〇九。玄義)
問。華嚴經所説毘盧舍那佛座ニ華臺一ニ云者。七寶ノ華ハ佛ノ
所座歟。將所依ノ國土歟
答。佛ノ所座歟
又ノ樣。玄文ノ中ニ別佛果上ノ相ヲ釋ストシテ。七寶華爲座ナリ。所レ
云七寶華ハ成佛ノ時キノ所座歟。將タ華王世界歟
答。二ノ意有ル也
兩方。若所座也ト云者。見ルニ二經ノ文ヲ一千葉蓮華ノ內ニ百億ノ四
天下有リト云カ故ニ所居ノ國土ト聞タリ。若依レ之爾也ト云者。解
釋如レ題如何
答。自レ元佛ノ所座也。今ノ釋次ノ文ニ。身昇(稱カ)華臺ト云ヘリ(天玄四、四〇九)。是所
居ノ座ト云也
梵網經ノ上卷ニ云。還至ニ蓮華臺藏(大正藏二四、九九七中)世界百萬億紫金光光(剛カ)明
空(宮カ)中一。見三毘(毘ナシカ)盧舍那佛座(坐カ)ニ百萬蓮華赫赫光明座上一ナリ。

是華藏世界ノ上ニ又座ニ蓮華一ニ見タル文也
財圓房豪慶ノ義 同レ之 有義云。是ハ古ヘ一番ノ論義也。而トモ近
來ハ捨レタリ之。其故ハ經ノ文ニ付ニ華臺一ニ有ニ二種一。謂ク國土並ニ
所座也ト見タルカ故ニ。所謂ニ。臺上ノ盧舍那ヲ於テニ蓮華國一ニ。赫
赫タル紫ノ蓮華座ヲ敷テ令レ座レ之宣タル。無レ諍國土ノ蓮華。所
座ノ蓮華各別ニ有リト見ヌ。何ニ意ノ可レ有レ論カ云テ捨タル也。況ヤ
案ニ道理一ヲ。佛法正法ヲ辨ル時キ。爭カ國土所座ノ別無ナルヘキ。
然レハ但我今盧舍那(大正藏二四、一〇〇三下)。方座(坐カ)蓮華臺ノ文ヲ出テ。問題トシテ國土カ所
座歟ト問ハ。必ス國土ト可レ答。惣シテ華臺ト云者。國土ト可レ答。
惣シテ華臺ト云者。土歟座歟ト問ハ。問疑廣量也トイラツヘキ也」
問。華嚴ノ寂場。梵網ノ臺上同所トヤ爲ン。將如何　答(缺文)
若別所云者。玄云。頭十九 或言寂滅道場(天玄四、四〇九)〇復有ニ百億菩薩一云。
彼此一處ト聞タリ。若依レ之爾也ト云者。華嚴ハ以ニ樹下一ヲ爲ニ
華藏舍那住所一ト。梵網ハ以ニ樹下一ヲ千百億ノ釋迦ノ爲ニ住所一ト。
其外ニ別ニ臺上ノ有ニ舍那一云カ故ニ各別ト聞タリ
再治ノ私記ニ云。各別ノ處也。梵網本源世界明ス。彼ハ眞ノ報
土也。卽攝ニ一切ノ世界一ヲ臺上ノ外ニ明ニ千葉一ヲ。臺上ト云者。

本源世界。眞ノ報土也。寂場ヲハ舍那ノ住所ト云テ。臺上ノ舍那ノ化迹。釋迦ノ爲ニ住所一ト。華嚴ハ影以ノ報土ヲ明ニ於同居ノ上ニ。現ニ報土一故ニ。樹下卽舍那ノ住所。別ニ臺上ノ分別ヲ不レ說。但シ釋ハ梵網ハ本土報土。華嚴ハ假立報土。假實異ナレトモ同ク舍那ノ所也。故ニ且ク未再治ノ私記云。機見ノ不同也。實ニハ一所也ト云云

（現如レ本）

難云。心地觀經ニハ色究竟ヲ眞ノ爲ニ報土一ト。臺葉ハ假ノ報土トスト見タリ。相違如何

答。心地觀經ハ色究竟ヲ爲ニ自受用土一ト

59　玄云。身稱ニ華臺。臺千葉上事（頭十九）（天玄四、四〇九）

問。別教ノ佛座ルニ幾葉ノ蓮華ニ耶

答。坐ニ無量葉ノ蓮華ニ歟

進云。如レ題。　付レ之。依ニ初地ノ菩薩ノ所見ニ者。百葉ノ蓮華ニ坐ト可レ云歟。何千葉ニ限ン耶。無量無邊ト可レ云也如何

答。今ハ廣ク別佛ノ所座ヲ論ルカ故ニ。菩薩ノ華ハ千葉ト云文ノ意ヲ以テ釋レ之歟。仍不レ說ニ初地百葉一ト者。且對當也。若夫依ニ彼ノ對當ニ者。百葉ト云ヘトモ。何二地以上ヲ不レ說耶云疑可レ有レ之。故ニ今ハ約ニ通ノ義ニ也。依レ之龍樹ノ智論中ニハ。菩薩華千葉 文（大正藏二五、一二九中）今釋ハ其意ヲ存歟

示云。十波羅蜜ヲ對ルニ十地ニ。初地ハ百葉ナントト云ハ一經ノ說也。大論ハ只菩薩ノ所見ヲ惣シテ千葉ト云也。仍テ異說也

義軌云。大論云。佛菩薩見千葉 文

仁王經云。千華臺上寶滿佛 文（大正藏八、八三二上）此等ノ分不レ限ニ第二地一惣シテ千葉ト云也

難云。依ニ次位ノ淺深ニ可レ論ニ所座ノ蓮華一ヲ。何十重盧遮那ト同ク坐シテ千葉ニ耶

有云。今千葉ト云ハ。梵網ノ我今盧舍那〇千葉上ノ文ニ例歟。（大正藏二四、一〇〇三下～四上）惣シテ十重盧舍那。皆居トニ千葉ニ云ニハ非。故ニ他宗ノ人師。梵網ニハ說ニ戒品一ヲ。故ニ擧ニ第二地ノ見ヲ歟ト云云（天玄四、四一〇。釋籤）

難云。今文ハ佛ノ或言寂滅道場具如ニ華嚴一 文 梵網トハ不レ云。又梵網文ヲモ。義軌ニハ如レ上十地共ニ千葉ト可レ云釋セリ 如何

答。華嚴梵網能結所結ナレハ。次ニ義軌ノ釋ハ二意有レ之歟

問。華嚴經ニ明ニ臺葉ノ成道一ヲ耶

頭十九 籤云。具如ニ華嚴一（天玄四、四一〇）文

疑云。不レ見

答。能結梵網ニ有レハ。所結經ニモ有ルラント得レ心歟

60 頭十九 玄云（天玄四、四〇九）。十方放ニ白豪（毫カ）及分身光一等事

問。玄文中ニ釋ニトシテ別教ノ果成ノ相一ヲ。引ニ華嚴所説臺葉授職ノ文一。爾者如何引レ之耶

答。如レ題

付レ之。華嚴經ノ中ニ。全分身ノ光入ニト華葉ノ菩薩ノ頂一ニ云事ハ不レ見。只十方ノ華臺ノ佛ノ眷屬ノ光。華葉菩薩ノ頂ヲ。（後出＊この位置か」）此ハ臺上ノ佛ノ光ニ有ニリト大小一經文ニ見リト難ル也。「＊照ト宣タリ。」只是付ニ光明ニ論ニ眷屬一ヲ也。白豪（毫カ）外ノ光ヲ。白豪（毫カ）光ノ眷屬ト云也

答。樸抄云。隨義轉用也。受レル職ヲ臺上ノ菩薩ニ。既ニ眷屬ノ葉上ノ菩薩有ルカ故ニ。受レル職ヲ諸佛ニモ又眷屬ノ葉上ノ佛可レト有得レ心。眷屬ノ言ヲ轉用シテ。華臺ノ佛ノ眷屬ル華葉ノ佛ト引也

私云。爾前ニ明ニ分身一歟、云論義也。而ニ今ハ分身ニ明シテ定テ釋レ之故ニ。只光明ノ分散ト云事ナルヘシ如何

答。以ニ今家ノ意一釋歟

正舜法印云。是ハ内論義ノ一番ノ論義也。彼答云。汝ハ分身ト云ヘ。我ガ分身ト云ハント云云是ハ指ニ分身ノ眷屬ノ光明一ヲ分身ノ光トハ云也。非ニ分身ノ佛一ニハ云也

難レ之云。涅槃疏二云。十方諸佛放ニ眉閒光一入ニ華臺頂一。（大正藏三八、五八上）諸佛眷屬放ニ眉閒光一入ニ華葉頂一文既ニ諸佛眷屬放眉閒光ト云カ故ニ指レ光。眷屬ト云ニハ非シテ葉上ノ佛ヲ諸佛ノ眷屬ト云ト聞ル也。故ニ今ノ釋ヲモ如ニ涅槃疏一可レ得レ心也。内論義ノ答ハ非也

尋難云。涅槃ノ疏ノ諸佛眷屬ノ文ヲハ。諸佛ノ所レノ放光明眷屬ト得レ心有ニ何ノ相違一耶

答。樂音坊云。若爾ハ。何重テ放眉閒光ト云ン耶

難云。尚分身光ト云テ分身佛光トハ不レ云故ニ。只分身ト云ヘルハ光明ヲ云也。依レ之華嚴經ノ二十九云。（大正藏九、五七二中）爾時諸佛。出ニ眉閒白豪（毫カ）相光一。名ニ益一切智一。有ニ無量無邊光明眷屬一。悉照ニ一切十方世界一 ○眷屬光明。入ニ眷屬蓮華諸菩薩頂一文（又カ）文云。菩薩得ニ益一切智位三昧力一故ニ。（同、五七一下～二中）身在ニ大蓮華座一。卽（「蓮華カ）時ニ眷屬蓮華上ニ皆有ニ菩薩一 ○眷屬光明ハ。入ニ眷屬諸菩

薩頂一文如何

答。如ニナラハ此難一ノ違ニ涅槃ノ疏一ニ。既ニ涅槃疏ニ諸佛光明ト云ヘリ。故ニ經ノ文ハ如レ難ノ。眷屬光明文然ヲ今ハ隨義轉用シテ。此土ニ臺上葉上葉中ノ三重有レ之。故ニ十方ノ臺上ノ佛ノ光ハ入リニ此ノ土ノ臺上ノ頂一ニ。十方ノ葉上ノ光ハ入リニ此土ノ葉上ノ頂一ニ。十方ノ葉中ノ光ハ可レトス入ニ此土ノ葉中ノ頂一ニ得レ心如レ此釋也（卍續五八、十七丁左上～下）

涅槃道暹云。眷屬菩薩者ハ此卽往日ノ同行ナリ。（「〇カ）實是分身ナリ。教權ニシテ未レ說且ク云ニ眷屬一文（天文四、一九三八上）

疏八云。准ニ今經一者應ニ是分身一。（彼カ）非帶ニ方便一故實（時中カ）有不ニ顯說一耳文

私云。難ノ趣ハ華嚴經ニハ十方ノ佛放ニテ眉間ノ大光一照ニ此土ノ華臺菩薩ノ頂一ヲ。又十方佛放ニテ小光一入ニ此土ノ華葉ノ菩薩頂一ニ。此小光ヲ對ニシテ白豪（毫カ）一ニ眷屬光トハ云也。全十方佛ノ分身ノ光トハ不レ見。何今釋ニ分身光ト釋ルソ耶ト疑也。答レ之如レ難可レ得レ意也。所以ニ。見ニ經文一。白豪（毫カ）光名ニ益一切智一。其外ノ無量ノ光明ヲ名ニ眷屬光一トハ也。仍白豪（毫カ）ヲ爲レシテ主。其ノ外ノ無量ノ光ヲ爲レ伴也。此ヲ大師ハ得レテ心。白豪（毫カ）光者。臺上ノ報身ノ光ト得レ心。無量光者。應身ノ光ト得レ心出也。サテ經ニハ分身光ノ言無レトモ。大師以ニ今經ノ意一ヲ眷屬光者分身ソト釋也。華嚴經ハ權教ナルカ故ニ。分身ノ言ヲ隱シテ眷屬トハ云也。實ニハ指ニシテ分身一眷屬トハ云也。故ニ無量光者指ニ分身一也。涅槃疏記可レ合レ之。此土ノ臺葉ハ共ニ菩薩ト云ヘルハ受職ノ時ナルカ故ニ菩薩トハ云也。灌頂ノ後ニ佛トハ云也。サテ此土ノ菩薩成佛シヌレハ他方ノ佛ヲ爲レ伴。伴ハ爲ニ菩薩一也。互爲主伴是也　此ハ機所見也

難云。若眷屬ノ（藥上。藥王也）菩薩ノ光明ナラハ。眷屬光明ト可レ云。既ニ光明眷屬ト云フ故ニ。小光明ヲ眷屬ト云ヘト聞リ

答。玉抄云。上ニ白豪（毫カ）及眷屬光明ト云ヘルハ。華臺大菩薩ノ頂ニ入事ヲ說キ。次ニ眷屬光明ト云ヘルハ。他土ノ眷屬菩薩光入ニ此土眷屬ノ菩薩頂一ニ事ヲ說也

尋云。華葉ノ菩薩。授職灌頂ル耶。若爲ト云ハハ。受職灌頂ハ報佛ノ儀式也。華葉ハ應身也。若依レ之爾ト云ハハ。分身光入ニト華葉ノ菩薩ノ頂一ニ云云

答。示云。可ニ受職灌頂一ス也。應佛受職灌頂セスト云ヘハ藏通ノ

心也。今ハ華嚴ノ事ナレハ臺葉共ニ灌頂スト云ハンニ有ニン何失一。依レ之涅槃文句(道暹)云。華臺菩薩卽得レ受レ職成ニ報佛一。華葉菩薩皆受レ職成ニ應佛一 文

尋云。受職灌頂ノ時卽成佛耶。又樣。受職灌頂ノ時居ニ因位一耶　一算

若成佛スト云ハハ。華嚴ノ中ニハ。以ニ是職一故。(大正藏九、五七二中) 菩薩受ニ無量百(「〇カ」)千萬(「億カ」)苦行難行(事カ)一。是菩薩得ニ是職一已。住ニ法雲地一。無量功德智惠轉增 文 灌頂ノ後經ニ時節一ヲ聞リ。又瓔珞經ノ法雲灌頂ノ後。等覺ノ位ニシテ經ニ多劫一ヲ見リ。若依レ之爾ト云ハハ。因位行滿シテ將ニ成ニ正覺一ヲ。前佛ノ智水灌ニ後佛ノ頂一ニ故ニ速ニ可ニ成佛一ス也

答。時節ヲ不レ經也。今ノ釋ハ引テ華嚴一ヲ別佛果成ノ相ヲ釋ルカ故也。但疏文ニ旣ニ譬ヲ借ニ輪王ノ職位一ニテ故ニ法譬不レ可レ違ス。受ニレハ法王ノ職一ヲ卽成レ佛ト說ニ也。苦行難行(事カ)ト云ヘルハ職位已前ノ行ナルヘシ。百千ノ苦行ヲ立已テ住ニシテ法雲地一ニ受職ルル也。次ニ瓔珞經ハ十地等覺合ル意也。開ン時ハ等覺ノ位ニシテ受職スヘキ也

有云。瓔珞經位位ノ受職灌頂ノ心也。千手經ノ疏ニ有ニト二一ノ意一見リ

難云。瓔珞經ハ十地等覺各別ニ列レタリ之。何ソ合ト云耶

答。彼經ニハ開スレトモ合意有也。所以ニ經ニ。(大正藏二四、一〇一五中) 習無明今已滅盡(盡滅カ)受ニ大職位一 文 知合ル心ニ非ンハ第十地ニ習無明ヲ盡ト云ハン耶

圓師云。世ノ灌頂ニハ有レ二。立太子ノ灌頂。職位ノ灌頂也。長阿含因果經等ニハ立太子ノ灌頂也。華嚴瓔珞等ハ職位ノ灌頂也。仍樣樣ノ意可レ有レ之

61　玄云。(頭十九)(天玄四、四〇九) 華臺名ニ報佛一。華葉上名ニ應佛一事

問。華嚴經ノ中ニ。報身應身ノ成道ノ相ヲ明ト見リ。爾ハ所レノ云應佛ハ。何ニ物ヲ爲トカニ所座一ト可レ云歟

答。葉上云云

付レ之。華嚴經ノ中ニハ大蓮華ノ邊リニ小蓮華有ルニ千ノ釋迦ハ座ト見リ。何ソ葉上ト云耶。依レ之華嚴經云。(大正藏九、五七一下) 爾時菩薩。其形殊妙(身姝カ)○在ニ大蓮華座一ニ。卽時ニ眷屬座(座ナシカ)蓮華上ニ皆有ニ菩薩一。一一(「菩薩カ」)座(坐カ)ニ蓮華上一 文 如何

答。自レ本任ニ解釋一ニ。但至レ難ニ華嚴ノ文ハ蓮華上トハ云ヘトモ。實ニハ本ノ蓮ヲ呼ヒ加テ蓮華トハ云ヘル也。應佛ノ座ハ別シテ蓮華ニ

坐ストハ不レ可レ得レ意。但華ノ上ヲ蓮華ト云也。如レ此得レ心事ハ。能結ノ梵網經ニ。周匝千花上（大正藏二四、一〇〇四上）文故ニ所結ノ華嚴經ヲモ如ニク梵網經一ノ可レ得レ心事也

62 玄云（頭十九）（天玄四、四〇九）。報應但是相開（關カ）而已。不レ得ニ相卽一事

問。華嚴經ノ意。臺葉相卽ノ旨ヲ明耶

答。如レ題

付レ之。梵網經云。千花上佛是吾化身。千百億釋迦化身（大正藏二四、九九七下）（一〇カ）文故ニ三佛ノ體卽一也。今何ソ如レ此釋ル耶

答。此難非也。凡相卽ト者。體不二故。故名爲卽ト云テ（天止一、七五。弘決）。於ニ一體ノ物一ニ論レ之也。而ニ今ハ既ニ三重ノ成道有レ之。故ニ非ニ相卽一ニ也。仍葉上臺上ハ化身ト云ハハ相關義也。非ニ相卽一ニハ故ニ非レ難ニ事也

難云。華嚴經ノ心ハ依正融通ノ旨ヲ明シ。海印三昧ノ相ヲ說也。若爾者。臺上何ソ不ニン相卽一セ耶。依レ之華嚴經ニハ塵塵別別皆相卽ストト見リ如何

答。華嚴經ニハ別圓二教說レ之。難ノ旨ハ圓教ノ邊也。今ノ釋ハ先臺葉各別ナル別教ノ方ヲ釋也

難云。今ハ受職灌頂ノ相ヲ釋トシテ。十方臺葉ノ互爲主伴ノ文ヲ引ル也。若爾者。此座十方スラ尙互爲ニ主伴一ト。此ハ顯ニ相卽ノ義一ヲ也。何ソ又一箇ノ臺葉不ニ相卽一セ耶。依レ之華嚴宗ノ人師香象互爲主伴ノ文ヲハ普賢門ト釋セリ。此ハ事事圓融ノ心也。若爾ハ。尤可ニ相卽一ト聞リ

答。今ノ釋ハ互爲主伴ノ文ヲハ不レ引也。只他方ノ佛ハ主。此土ノ臺葉ハ伴ト云計ヲ引ケル也。此ハ別機ノ所見ノ邊ヲ引カ故ニ非ニ相卽一ニハ也。此ハ互爲主伴ノ片方計ヲ引也。凡ハ互爲主伴ハ可レ亙ニ別圓一ニ也。其中ニ別機片カタ方計ヲ見也。圓機ハ互爲主伴共ニ見リ。依レ之記九云。被（緣カ）レ圓（別教）雖レ別（圓教）道理恆同ト釋リ（天止四、四五一）。弘八云。若作ニ相關一卽是別義。不レ明ニ相卽一故四（曰カ）ニ相關一（天文五、二二四八下）。通惑如レ枝。枝謂ニ枝葉一。別惑爲レ本。本謂ニ根本一。枝本但得ニ相關一而已。卽別義也（卍續五八、十七丁左上）文

尋云。難云。涅槃疏遲云。此卽往白（日カ）同行知識 文 各別也ト聞リ

答。爾前ニハ分身ヲ不レ明故ニ。或ハ眷屬ト云。或ハ同行知識ト云也。今經ニテ思ヘハ皆分身也

問。解釋ノ中ニ付レ釋ニ別佛果成ノ相ヲ一。爾者報佛於ニ何ノ處ニ一
唱ニ成道ヲ一耶 如ニ疏一ノ
答。機見不同也。是則不動寂場而遊化鹿苑トモ云（天玄一、一九〇。玄義）此意也
難云。機見不同ト云事難レ思。別教ノ佛ハ於ニ樹下ニ一唱ニト成道ヲ一
云ハハ。應身ハ又於ニ何ノ處ニ一可レ唱ニ成道ヲ一耶。故ニ一向色究
竟ト可レ云也如何
答。三藏如來而爲ニ境本一（天止一、二六三。弘決）云云 可レ思レ之
記九云。施主（世カ）品初（天文五、二一七一上）。名號品初。十定品初。皆云菩提場（「於カ）文
華嚴經五十云。於ニ菩提場菩提樹下ニ一。成ニ等正覺ヲ一（大正藏十、二六二上。取意）文 同キ六八十
同レ之。同一ニ（同、一中）。寶（法カ）菩提場。始成正覺（「中カ）文 名疏一云。初（大正藏三八、五七〇中）
坐ニ道樹一得レ成ニ正覺ヲ一（天止一、二五八～九）文 已上ハ樹下
決一云。報佛相者。色究竟等（「〇カ）文 記一同レ之。起信論ノ
疏一云。地論云。色究竟成道 已上色究竟云云
金剛頂ノ記云。色心究竟處故 文
63 頭十九 玄云。報應但是相關而已（天玄四、四〇九）。不レ得ニ相即ヲ一。此是別佛果
成相也事
問。華臺華葉ノ成道ハ互ニ別圓ニ一耶 二算。如ニ三身義。疏一ノ一

頭十九 文云。此名レ受ニ法王職位ヲ一（天玄四、四〇九）云ヘリ。爾者。受職灌頂ハ互ニ別
圓ニ一耶
傳云。互ルヘシ。受職灌頂ハ華嚴十地論ニ見リ。故ニ引テ屬ニルヲ別
教ニ一耶。大日金剛頂等ニ所レ明ノ灌頂ハ圓教也。迹門ニ尚不レ
明。此等ノ祕教ノ談。隋ノ代ニ不レ度故ニ。天台引テ圓佛ヲ不レ證
也。安樂品疏云。如レ彼
問。華臺華葉ノ成道ハ同時カ異時歟
答。可ニ同時一歟
兩方。若同時ト云ハハ。頭十九 今釋。別教（佛カ）果成相也（天玄四、四〇九）文 而ニ別教ノ心ハ
報應成道更ニ異時ニシテ非ニ同時ニ一。爭報佛華臺。應佛華葉同
時ニ成道唱ン。何ニ況內證先ツ滿シテ八相ノ機緣ヲ調テ華葉ノ成
道ハ可レ有也。心地觀經云。大小釋迦。一時成道（大正藏三、二九九上。取意カ）文 若依レ
之爾ト云ハハ。華嚴梵網ノ兩經。皆同時ニ成道ストリ見
答。臺葉ノ儀式ハ互ニルカ別圓ニ一故。同時ト答申サハ圓教ノ方也。一
時成正覺ノ說モサテ圓ノ方也。約ニシ別機所見ニ一時。如レ難ノ前
後シテ可レ見也。仍テ無ニ違ル事一
尋難云。梵網經ハ前後シテ成ニト正覺ヲ一見リ。所以ニ經云。爾時蓮（大正藏二四、

一〇三中。取意）華世界○盧舍那放ㇾ光（光カ」）。名二千華上佛一。持二（「我カ）心地法門品一。而
者（去カ）○爾時（千カ）本華（「〇カ）上各從二此（告カ）蓮華藏世界一而沒○還二本源世（同居）
界閻浮提菩提樹下一文此ハ長行也。偈ハ。一時成二（同、一〇〇四上）正覺（佛道カ）一也
云云
答。同時也。但。經文ニ至ハ説必次第也。是則戒品ニ相傳スル
次第ヲ云計也。依ㇾ之明曠釋云（大正藏四〇、五八五上）。華臺名二舍那一華葉名二釋
迦一。釋迦爲ㇾ伴舍那爲ㇾ主。主伴相關受二法王職一。同成佛故（「時カ）
（云カ）四二各坐一文
示云。此ノ釋ハ一箇ノ臺葉ノ受職ト見リ
一義云。設別教也トモ同時ト云ハンニ不ㇾ苦。不ㇾ明トモ二相即一ヲコソ。
同時ノ正覺何不ㇾ明。依ㇾ之明曠釋云。如ㇾ上
私云。別教ニ何明ニ本末同時成道ヲ一許ン耶。故ニ一時ト云トモ
細分ノ前後何無ンㇾ之耶
互爲主伴ノ事ハ如二寶塔品抄一。清涼大師云。果主果伴。因主（大正藏三六、六上。演義鈔）
因伴。果主因伴文果主ト者。臺上トシテ互爲主伴ル也。因主因
伴ト者。華葉トシ互爲主伴ル也。サテ因主果伴ヲハ不ㇾ釋ㇾ之。若
一家ノ心ナラハ十方臺葉分身ナレハ因主果伴ノ義モ可ㇾ有也。疏八

云。准二今經一者應二是分身一文（天文四、一九三八上）此ハ因果不二ノ心也。凡ソ臺
上ヨリ外ニ佛ハ無ㇾ之。隨二機ノ所見一ニ三重ヲ云也。此ハ一機カ三
重共ニ見ルニハㇾ之非。機見ノ不同ヲ餘處ヨリ三重ニ見タリト云也。依ㇾ
之華嚴宗ノ人師ハ。主ト主トハ相ヒ令ルコトヲハㇾ見不ㇾ得釋リ。此ハ他
方ノ機ハ我教主計ヲ見テ。此土ノ教主ヲハ伴ト見ル也。如ㇾ此見ル
事ハ地前ノ機ノ所見也。地住已上ハ上能兼下ニテ葉上葉中ヲモ
可ㇾ見也。此レ圓ノ三身ト見ル也
64 籤云（頭十九）。或言道場以（以空カ）虚空爲座（天玄四、四一〇）。亦如二華嚴普賢觀（「等カ）一事
問。圓教ノ意。三身共ニ唱ル二虚空爲座ノ一成道ヲ一歟如何。若爾
云ハハ。虚空爲座ハ法身ノ成道也。若依ㇾ之爾ト云ハハ。如二下ノ
題一
答。圓ノ意ハ寄テ二臺葉ニ一顯二虚空爲座ヲ一也。仍三身共ニ虚空爲
座也
難云。法身ハ理體遍ルカ故ニ虚空爲座也トモ報應ハ事成也。何
虚空爲座ト云ハン耶
答。三身共ニ遍ル故ヲ可ㇾ得ㇾ心也 阿抄
問。虚空爲座成道ハ出リトカ二何ル經ニ一可ㇾ云耶

答。如レ題

付レ之。華嚴經ノ中ニ全不レ見ニ虛空爲座ノ成道一ハ如何（華嚴六十一カ）（大正藏十、三二七上）（菩薩カ）

答。六十華嚴一云。能令ミ佛師子座。量ニ同法界一。並衆會。道場莊嚴。等無ニ差別一 文（西塔勘文）（同、三〇下） 八十華嚴六云。法性如ニ虛空一。諸佛於レ中住 文 八十華嚴ハ非ニ天台所覽一ニ

尋云。虛空爲座ト云意如何

答。如虛空ノ蓮華ト釋タル事モ有リ。只何樣ニモ草座ヲモ天衣ヲモ蓮華ヲモ圓機ハ周遍法界ノ所座也ト見ル也 樂音房

名疏六云。圓教以虛空爲レ座。法界無明永盡初成道所。猶是寂滅道場 文（大正藏三八、六四二上）（以囙カ）（「蓮華カ）（佛處カ）

道暹云。圓教虛空蓮華爲座者。只寄ニ於別教成道處一而說。以ニ圓佛成道一亦無ニ別處一。故云ニ猶是一 文（卍續九二、十二丁右下。維摩疏記鈔）（「者カ）（於囙カ）

論記七云。草座天衣七寶蓮華虛空爲レ座。皆在ニ道樹ニ。（佛全25、二四七下）或者ハ謂ニ大虛爲レ座ト 文（惑カ）（「謬カ）（大正藏九、六〇中）

嚴王品云 雲雷音王佛ノ所座 敷ニ百千萬天衣一。其上有レ佛。結跏趺坐 文

此ハ說ニ法華一時。天衣ヲ爲ニルト所座一ト云證據也

華嚴經云。詣ケイタルニ菩提樹下一。坐ニ吉祥草一。成ニ阿耨菩提一 文（大正藏十、二九〇中）（「道場カ）（「〇カ）（「〇カ）

此ハ別圓ノ佛ノ草座ヲ爲レ坐ト云證也

尋云。普賢觀經ニハ何ナル文ソ耶

答。釋迦牟尼〇遍一切處ト云。寂光ト云。是虛空爲座ノ義也（大正藏九、三九二下）

勝天王四云。或見下空中自然而有ニ師子之座一菩薩在座上 文（大正藏八、七〇九下）（安坐カ）

65　一成一切成事 三身義。一算。五算

（頭十九（天玄四、四一〇。玄義））

問。圓教ノ心。三身成道必同時歟

答。果位ハ同時。因位必非ニ同時一ニ歟

兩方。若同時也ト云ハハ。應佛ハ隨ニ機緣一ニ。何內證外用必同時ニ具足セン耶。如ンハニ三周ノ聲聞ノ經ニ多劫ヲ後ニ唱ニ初住ノ八相ヲ者ヲ耶。若依レ之爾ト云ハハ。一成一切成。三佛具足無レ有ニ闕減一 文（同前）（「〇カ）（缺カ）

答。自レ本因位ノ成道。機ノ熟不。不定ナレハ必シモ三身同時ニハ不レ唱也。果位ハ機緣純熟シテ唱ル故ニ。必三身ノ成道同時也。但至ニ解釋一。內證ノ三身也。法身。般若。解脫 非ニ外用一ニハ也。況今釋ハ圓教ノ果成ヲ釋ルカ故ニ。約シテ極果ノ位ニ如クレ此釋歟。若爾ハ。三周ノ聲聞ノ未來成道ハ。因位ノ成道ナレハ非ニ同時一ニ歟

西塔難云。設妙覺ノ位也トモ。何ソ三身同時ニ唱ン之耶。所以ニ。住前ノ調機ヲハ初住ノ成道ノ時令レ脱レ之ヲ。乃至等覺已前ノ機ヲハ等覺已前四十一重ノ成道ヲ唱ルニ。位位ニ皆令ニ得脱一畢ヌ。故ニ妙覺ノ成道ノ時。又叶ニ內證ノ妙覺一ニ。後ニ調テレ機ヲ外用ノ成道ヲハ可レ唱也。仍テ何ニモ同時ニハ難レ唱者ヲ耶。況等覺已前ノ調機ハ狹。妙覺ノ調機ハ可レ廣カル。若等覺一轉ノ成道ノ時。內證開レハ外用モ同時ニ可レ唱云事難レ思處也如何正舜法印ノ義筋也

答。妙覺ノ位ハ三身同時也ト云事ハ。爲ニ第十地分ノ調機一ノ唱ルニ等覺ノ成道一ヲ。其後等覺ノ位ニシテ入重玄門倒修凡事シテ。無量劫ノ閒調レ機ヲ叶ニ妙覺一ニ故ニ。此ノ機ノ前ヘニハ同時ニ三身ノ成道ヲ唱也

難云。若爾ハ。一生入妙覺ノ者ハ調タル機無レ之。何內證叶ニ妙覺一時。外用モ同時ナラン耶

答。一生入妙覺ノ有無ハ未レ定處也。取モレ其三身ノ成道ハ可ニ同時ナル一故ニ。機緣難レ熟故ニ一生妙覺モ（〔入カ〕）難レ有事也

示云。此義ハ非ニ滿遍ノ義一ニハ一義筋也。此ハ空中ノ智ハ易レ明。假諦ハ難レ明。塵塵法法萬差ナルカ故ニト云筋ニテ一生入妙覺難レト有云也

難云。因位ノ成道ハ同時ナルモ可レ有。異時ナルモ可レ有云事難レ思。設因位也トモ內證外用ハ可ニ同時ナル一。內證調ルナラハ外用不レ唱耶。但三周ノ聲聞モ未來ニ唱ト外用ト云ハ。聲聞ノ面ノ一筋也。實ニハ四大聲聞得ニ受（〔授カ〕）記一已等云テ。今日聽テ外用ヲモ唱ル也如何

答。自レ本機ノ熟不。不定ナレハ機緣ヲ調テ同時ニ唱ルモ可レ有。又機緣不レハ熟。先內證計叶テモ可レ有也。卽三周聲聞其證也。但三周ノ聲聞ハ。今日外用ヲ唱ト云事ハ別ノ論義也。彼モ他方ニシテ作佛弘經ト云ハ只菩薩ニテ弘經ル也。成佛シテ說法セハ弘經トハ不レ可レ云。作佛ト云モ作ニ佛事一ヲ云事也

難云。弘經ト云ヘルハ實ニ不審ナレトモ。既（〔豈カ〕）了初住得八相記。十方作佛種種示現ト云テ（天文三、一一〇三下。文句記）。此釋正ク今日作佛ストト聞リ。此ハ他師破ノ釋也

答。此ノ釋モ得八相記ト云ヘルハ未來成道也。次ニ十方作佛ト云ヘルハ。此モ作ニ佛事一ヲ云事也。況他師破也。仍非ニ盡理ノ釋一ニハ也西塔

一義云此流因果共ニ三身ノ成道ハ同時也。所以ニ。依ニ一心三觀ノ行一ニ叶ニ初住一時。三德三身ト顯現ル也。若爾者。何內證外用前後セン耶。但至ニ三周聲聞一ニ者。未來成道ト云ハ方等彈呵ノ局情ノ一筋ヲ云也。是卽昔シ聲聞ニシテ結緣ノ機無ニ有レ之事一。今日叶テ二初住一ニ成テ二菩薩一ト調レ機云意也。實ニハ今日皆作佛ル也。既了初住等ノ釋明ナル證也。此ハ他師。聲聞モ經ニ未來無數劫一ヲ可ト二作佛一云ヘルヲ破シテ汝カ所立偏向也。實ニハ今日十方ニ作佛スルソト釋也。況龍女カ成道。三周聲聞ノ現成明證也。彼既ニ三身成道同時也。三周ノ聲聞。豈ニ內證外用前後セン耶。但至ニ機ノ熟不。不定也ト云難一者。圓教意ハ。故六（大正藏二四、一〇〇六中）道衆生皆是我父母ト云テ。生生世世ノ閒。値遇結緣セン衆生ヲ集テレ之爲ニ所化一也。權教ノ意コソ佛法ノ結緣計ヲ取テ調機トハ云ヘ。圓ノ意ハ。或以父母爲男女。（大正藏三、三〇二中。心地觀經）生生世世（世世生生カ）互有因（恩カ）ト云テ。一切衆生結緣ノ者ナレハ。（爲カ）機緣不レ熟ト云事ハ爭有ンレ之耶。是マテハ以ニ善惡ノ結緣一ヲ爲レ機云分也。是ハ而二門ノ日ノ事也。又圓ノ意ハ叶テ二初住一ニ內證ノ開ルト云ハ。十界三千一念ト開ルヲ云也。若爾ハ。釋迦彌陀等ノ已成佛。卽我眼目ナレハ。已成ノ佛ノ結緣セル衆生。

卽我結緣スルニテ有也。故ニ本文ニ。頭十九（天玄四、四一〇）八方。一一方各四百萬億國土等。（「〇カ）分身ヲ引テレ之釋。分身ト者。十方三世ノ諸佛。皆我分身ソト開クル也。誰カ疏九十方一佛多佛ニ矇ラン。是毘曇一佛。經部多佛ト云ヘルヲ。是ハ不變隨緣ノ故ニ十方一佛也。隨緣眞如故ニ十方多佛也ト云事ヲ釋ル也。教時義ニハ。（大正藏七五、三七四上）一時一處一佛等云ヒ。（同、三七四下）一心一心識ノ故ニ十方一佛也。一切一心識ノ故ニ多佛也。大日ノ一果海ノ上ニハ三世諸佛皆一佛也云云 仍一生入妙覺也トモ無レ機云事ハ不レ可レ有。是不二門ノ心也

三身遍不遍事 如レ宗

一生入妙覺ノ有無事 如レ宗

三周ノ聲聞今日唱ニ八相一歟 如レ宗

四句成道事

龍女ノ成道ハ三周ノ現成明證事 如ニ卽身義一

圓教ノ意。不シテレ調レ機速ニ入ニ妙覺一ニ歟

因圓果滿ノ成道事 調機也

等覺位ニシテ多劫ノ閒調ニ妙覺分ノ機一歟 一生入妙覺ノ尋也

內證外用必同時ニ開發ル歟

二乘與物結縁ハ死中（記カ）ニ於論レ之事（凡夫時皆是我父母心也）
一佛成佛ル時。法界ノ衆生皆成佛ル耶事
正報成佛ル時。依報モ成佛ル歟　如レ宗
已上十二箇條ハ此論義ニ可ニ沙汰一
三周義抄可レ見
傳云。煩惱業苦ノ三道。法身般若解脱ノ三德ト同時ニ可レ轉
也。故ニ三身ノ功德ヲ圓ノ意ハ同時ニ備ル也。三身ノ功德ヲ同時ニ
備ハ三身（時カ）同時ナルニテ有レ。疏九云。（天文五、二二七二下）如レ是三身種種功德。悉是
本事道場樹下前（先久カ）亦成就。名レ之爲レ本文釋尊初成道時。
三身ノ成道同時ノ事ヲ釋也
難云。三周ノ聲聞。內證靈山ニ開ク。外用未來ニ唱コト如何
答。其ハ番番ノ成道ノ中ノ舉ニ一番一也。實ニハ（天玄四、三一三。釋籤）於ニ他方土一作佛
弘經云ヘリ
難云。三身ノ成道同時ト云ハハ。（天玄四、四六五。釋籤）前五相ハ從ニ何ノ本一垂ルル耶。
故ニ知ヌ。本爲法身迹爲八相ト云カ故ニ。是法身成就シテ次ニ
可レ唱ニ八相ヲ一聞リ。一義筋也
66　頭十九　玄云。（天玄四、四一〇）毘盧遮那遍一切處。舍那釋迦亦遍（「成カ）ニ一切處一
事　如レ宗

問。三身共ニ遍ニ法界ニ耶　（答缺）
67　頭十九　引ニ法華分身ヲ一證ニ迹佛果成ノ相ヲ一事
玄云。（天玄四、四一〇）法華八方。一一方各四百萬億那由他國土。安置釋
迦悉是遮那。普賢觀云。釋迦牟尼名ニ毘盧遮那一。此即圓佛
果成相也　文
問。玄文中ニ迹佛果成ノ相ヲ釋ト見リ。法華ノ何事ヲ引テ證レ之
耶
答。引ニ法華分身一
付レ之。法華ノ分身ハ本門壽量ノ遠由也。何引テ證ニ迹門果
成ノ相ヲ一耶如何
答。今分身ハ迹佛ソト得レ心事。分身ノ迹佛カ多ク以テ推ニ知ルニ本
佛久事ヲ一也。故ニ分身ハ迹佛ナレトモ知ル本佛ノ久事ヲ一遠由トモ被レ
云也。（天玄五、三三六。玄義）分身既多。當レ知成佛久矣トモ云此意也。凡本佛者。
實證佛也。サテ分身者。中間番番ノ成道ヲ取也。故ニ迹佛也
因疑云。普賢觀ノ文ハ本門ノ意ナルヘシ。何ソ迹佛果成ノ證ニ引レ之
耶
答。普賢觀經ハ本迹ノ結經也。故ニ先引ニ迹門ノ方一也。況。釋（大正

藏九、三九二下)迦牟尼名毘盧遮那ト云テ。先擧テ二伽耶始成ノ應佛ヲ一顯ニ二法身ノ遍照ヲ一故ニ爲ル二迹佛果成ノ證ト一也。本佛ニハ別號無レ之故ニ非ニ本門意ニハ一得レ心也。本門ノ意ハ正在報身ニテ自受用身爲レ本也。是ハ三被拂故ト云釋ノ心也(天玄四、四〇三～四)。或ハ又任ニ迹ノ情謂ニ一引レ之也。意ハ本門未レ顯故ニ。機カ始成正覺ノ佛カ是程ノ分身ヲ持タマフト思方ヲ引也。是ハ。一近故ト云釋ノ意也(同、四〇三)

難云。五大院ノ先德ハ。本門ノ佛ヲハ名ニ無量壽決定王如來ト一(大正藏七五、三八四上。教時義取意)云云何別號無ト云耶

答。此ハ嵯峨殿御談義ニ此御沙汰有レ之。卽久久正覺最初實成ニ有ニ別號一耶云云五大院モ東寺ニモ眞言ノ心ニテ。壽量品ノ佛ヲハ名ニル無量壽決定王如來ト一也。此ハ付ニ壽量ト云名ニ一立ニ種子尊形ヲ一故ニ於ニ報身ニ一如レ此名也。卽大日ノ異名也。阿彌陀ト四種三昧ノ敎主ト。壽量品ノ敎主トハ一同ニ習也。顯宗ニハ只報身ト云テ不レ付ニ別號ヲ一也

敎時義一云(大正藏七五、三八四上)。法華ノ儀軌ニハ爲レ令ニ衆生得ニ此ノ當(嘗カ)壽ヲ一故ニ說ニ一切如來無量壽決定(了量カ)如來眞言ヲ一文

私申云。分身者。於ニ無作三身ニ一機カ一分一分見出タルヲ分身ト云也。何分身ハ迹佛ト云ヘル耶

示云。其分モ又迹門ニモ此一佛ヨリ示現シタル佛ソト云分何無レ之耶

問。迹佛所說ノ果。非ニ本果ニト云故ヲハ如何釋ル耶

答。玄云。一今世始成故。二淺深不同故。三拂ニ中間ヲ一故文(頭十九)(天玄四、四二四)委ク見ルニ釋ノ文ヲ。本果一果一切果。何得ニ前後差別不同一文(頭十九(同前))付レ之。上ノ釋ノ中ニハ。一成一切成〇(了〇カ)三佛具足無レ有ニ一異一(同、四一〇)文故ニ雖ニ迹佛ナリト一而圓ノ心ハ一佛一切佛。一果一切果也。何ソ如レ此釋ル耶

答。迹ノ果ハ麁也。本ノ果ハ妙也ト云也。故ニ迹ノ果ハ本ノ果ニ不レ及故ニ爾カ云也

圓禪僧都云。本果本國土等ニ皆此ノ三ノ故有レ之也。其ノ中ノ第二ノ淺深不同ト者。本時ニハ有レトモ二四土一一土一切土也。淺深無キ也。故ニ本時ノ土ハ妙也。伽耶城ト說ケトモ是一土ヲ不レ離餘ノ土ヲ現ル也。迹ノ土ハ經論ノ中ニ樣樣也。淺深不同也。或ハ華王世界ト說キ。或ハ穢惡充滿ト說ク

示云。此義吉

問。三變土田ノ時所レ集分身ノ諸佛ハ。皆應身歟。若爾カ云ハハ。玄云。頭十九（天玄四、四一〇）安置釋迦悉是遮那 文 報身ト聞リ。若依レ之爾ト云ハハ。皆可ニ應身ナル一

答。應身也。但釋ハ三身相即ヲ釋ル文也。釋ニ。毘盧遮那（同前）○無有一異ト云テ。（天玄五、三九〇）八方四百萬億ノ佛モ報身トモ法身トモ被レ云也。玄（籤カ）云。凡集ニ幾許華臺佛一也（耶カ）云ヘリ。此意也

問。四教ノ果成非ニ本果一事ヲハ如何釋耶

答。玄云。頭十九（天玄四、四二四）本果一果一切果。何得前後 文

付レ之。設迹ノ果也トモ圓教ハ一果一切果ナルヘシ。依レ之迹ノ果釋ルニ。一成一切成 文（同、四一〇）

答。今日始テ成道スル故ニ。本時ノ一果一切果ニハ非ト云意也（天玄四、四二四。玄義）

68 本果一果一切果事

問。玄文中ニ釋ニト本果妙ノ相一見リ。爾者其本果妙ノ相ヲハ如何釋レ之耶

答。如レ題

付レ之。釋ルニハ迹佛ノ相一ヲ。頭十九（同、四一〇）一成一切成。三佛具足（了○カ）無レ有ニ（了○カ）一異一 文 故ニ迹佛也ト云ヘトモ。圓教ノ意ハ。一佛一切佛。一果一切果也。然ヲ何ソ本佛ノ果ヲ如レ此釋ル耶

答云云 但至レ難ニ者。一果一切果ノ言ハ同ケレトモ其意ハ異ル也。所以ニ。迹門ノ心ハ。一佛カ成佛シテ見レハ法界悉ク成佛ト見ル也。是一佛成道觀ヨリ見法界一。草木國土悉皆成佛ト說タル心也。是取柄ヲ一置テ立ニ一果一切果ヲ一也。本門ノ心ハ本來萬法カ三身ニテ有故ニ。別ニ主伴ヲ不レ立シテ一果一切果ヲ作ル也。所詮始覺本覺ノ不同也。サレハ望ニレハ本門ニ迹門ハ一佛ヲ爲シテレ本ト。此ノ佛ノ垂迹ヲ分身トモ云カ故ニ。非ニ分身ニハ神變ト云也

69 三本國土妙下（天玄四、四二五）

頭二十 玄云。我常在ニ此娑婆世界一（同前）○卽本時同居土也事

問。玄文中ニ釋ニト本國土妙ヲ一見リ。爾者。引ニ壽量品ノ何ル文ヲ一證ニル本時ノ同居土ヲ一耶

答。如レ題

付レ之。壽量品ノ文句ノ中ニ常在靈山等ノ文ヲ釋トシテ。（天文五、二三七七下）非謂ニ實（此カ）報土一也。及餘諸住所（處カ）者。謂ニ方便有餘土一也 文 妙樂大師受レ之。據ニ常在之言一。卽屬ニ自受用土一。若准（同前）ニ頂（須カ）文寶莊嚴言一。卽非ニ自土一卽本自他（時カ）也 文 故ニ今所引ノ文モ又在ニ常在ノ

言ニ。若准レセハ之是自受用ノ報土ナルヘキ也。餘諸ハ是方便有餘土也。今何以ニ常在娑婆ヲ爲ニ同居ト一。以ニ餘諸ヲ爲ニ餘ノ三土ト一耶如何

答云云 但至ハ難ニ案ルニ壽量品ノ文ヲ。長行ノ常在娑婆ノ文ハ過去益物ノ文段也。偈次ノ常在靈山ノ文ハ未來益物ノ下也。故ニ一概ニハ不レ可レ得レ心。次ニ至ルニ常在ノ言ニ亙ニ四種佛土ニ。常在ノ義可レ有故ニ不レ苦。況常在ニ娑婆ニ説法教化 圓二十（天玄四、四二五）（此カ）（ト世界カ） 文 娑婆ハ應身ノ説法也。尤同居ナルヘシト被レ得

難云。常在娑婆ト云カ故ニ同居ソト云事ハ難レ思。其故ナラハ常在靈山ト云モ。靈山ハ同居土也。何ソ彼ニハ實報土ソト得レ意耶。次ニ常在ノ言可レ亙ニ四種ニ云事難レ思。同居ハ轉變無常ノ土也。應身又緣謝卽滅ノ佛也。何ソ常在ト云ン耶。次ニ説法教化ト云ヘルハ。同居土ソト云事如何。方便實報ニモ説法有レ之如何（同前）

答。偈頌ノ文。我淨土不毀ト云ヒ。種種寶莊嚴（大正藏九、四三下） 文 此ハ界外土ナノヘシト聞リ。長行ニハ此義無カレ之故ニ同居ソト云也。次ニ娑婆ナラハ常在トハ不レ可レ云云難ハ。本時ノ娑婆ト者。卽ニ寂光ニタル同居ナルカ故ニ常在ト云也。依レ之記九云。豈離ニ伽耶ニ別求○（天文五、二二九一下） 文 次ニ説法ト云事ヲ娑婆ト得ル心事ハ。今日伽耶城ノ説法ヲ押テ。今日始タルニハ非。常ニ在テ娑婆ニ説法スト云カ故ニ。破迹顯本心トシテ顯ス本時ノ娑婆ヲ也。故同居ソト得レ心也

難云。設寄ストモ寂光ニ理コソ常住也トモ。同居ハ事ノ土也。若爾ハ。同居ハ四相遷流ノ土也。佛ハ權現出沒ノ佛也。爭カ常在ノ義 圓二（二十カ） 有ン之耶

答。四劫等ニ被トモ遷相續シテ不レ絕故ニ常在ト云也。佛モ亦有ハレ緣三世ニ出現ル也。是又相續常也。西塔 此ハ被レ移處ハ無常ナレトモ。三世不レハ絕常在也 此流是ハ如ニ西塔義ノ得レ心。其ノ上ニ一業感ノ衆生ハ此ノ土滅ト見レトモ。他業感ノ衆生ハ當ニ滅ヲル時分ニ今ハ不レ滅見也。此ノ二人ノ見ハ共ニ妄見也。而ヲ圓機ハ此ノ二ノ義共有ト得レ心也。仍テ被レ移ニ四劫ニ三世常住也。不レ被レ移方モ三世常住也。所以ニ。衆生ノ根性速（迷カ）ナレハ一類ノ衆生ハ内ノ火大增スレハ。外ノ火災起ル也。當テモニ此ノ時ニ内ノ火大不ル增一類ノ衆生ハ不ト被レ移見ル也。如レ此イレクウテ有ト得レ心也。此ハ機見ノ不同也。サレトモ終ニハ同居ハ四相遷流スルカ本ニテ有也。サテ此ノ四相ヲ常住也ト得レ心事ハ。三世生住異滅ル事。須臾刹那モ無レ間故ニマ相

續常住ニテ有也。如レ此機見不同ニテ四相モ入レクウテ有也。サ
レハ釋迦ノ入滅。彌勒ノ出世。此ノ中閒ニ無レト佛思ハ一機ノ所見
也。實ニハ念念ニ權現出沒ル也。例ハ如ニ證道ノ八相一ノ。仍テ同
居ニハ相續常也。界外土ハ不變常也。故ニ機熟レハ當時モ常在
靈山ノ釋迦ヲ感見ル也。如ニシ天台大師二七日ノ開悟ノ時釋迦ヲ
見一タマフカ也

尋云。常在娑婆ト云。常在靈山ト云ハ只同事也。而ヲ今頻リニ
娑婆ヲハ同居土ト釋ル有ニ何故一耶

答。所詮有ニ此事一。本國土妙ノ一箇ヲ習事有レ是ニ。所以ニ。
上ニ釋ルニ開合一ヲ。開ニシテ本果一ヲ出ニト本國土一ヲ釋セリ。而ニ本果ヲハ本
果一果一切果ト云テ。約ニシテ三身一ニ釋ルカレ之故ニ。今釋ルニモニ所依ノ
國土一ヲ。三身ノ國土可レト有レ之得テレ心。常在娑婆ヲハ本時ノ同居
土ト釋ル也。皆常寂光ノ四土ト云事有レ之。可レ思レ之

尋云。爾前所立ノ四種佛土ト。法華ノ四種佛土トハ同歟異歟

此ハ横川ノ賢範ニ常樂院僧都御房。
勸學講ニ被レ授論義也

答。遷ニ異ル也。今ノ四種佛土ト云ハ。開ニ本果一ヲ出ニ本國土一ヲ
故ニ本時ノ四土也。是ハ皆常寂光ノ四土也。淨名疏ニ所レノ立四
土ハ。垂迹ノ四土。唯理ノ寂光也

物語云。法性寺ノ三十講ニ。有人。常在靈山ト云ハ四種佛土ノ
中ニハ何ソ耶ト問ニ。雅ガ圓カ答ニ。常在ト云カ故ニ。實報ソト云テ見聞ノ
者ニ被レ笑ケリ。意ハ娑婆ヲモ常在ト云カ故也

70 玄云。或言。西方有レ土。名四ニ無勝一〇同居淨土也　頭二十（天玄四、四二五）（曰カ）

事

問。涅槃經ニ所レ明無勝世界ハ界內界外ノ中ニハ何ソ耶

答。如レ題

付レ之。以レ何ヲ得レ知ルコト同居土也トハ。況ヤ經ノ前後ノ文ヲ見ニ。
上ニハ。過三十二恆河沙有香積佛土ト云ヘルヲハ。章安大師ハ界（大正藏十四、五五二上。維摩經取意）（四カ）
外土也ト判セリ。若爾ハ。如ニ彼ノ香積佛土一ノ。此ノ無勝世界。界
外土ニモ有ラン。依レ之有ル處ニハ。報土ト釋セリ如何　華嚴探玄記

答。經文ヲ見ニ方域分限ヲ定タリ。又猶如安養ト云ヘリ。明ニ知ヌ。
是同居土也ト云事ヲ。但章安ノ釋ハ非ニ定判一ニ。次ニ至ニ實報
土ト云釋一ニ者。非ニ自宗ノ釋一ニ不レ可レ用レ之。或ハ彼ノ土ノ嚴飾
莊嚴カ殊勝カ故ニ。界內ノ淨土ナレトモ實報土ト云也　後義ハ當流
探玄記云。如ニ涅槃云一西方去レ此三十二恆河沙佛土有ニ（大正藏三五、一五八上）

郵便はがき

料金受取人払郵便

神田局
承認

1019

差出有効期限
平成28年2月
28日まで
（切手不要）

101-8791

535

千代田区外神田
二丁目十八—六

春秋社

愛読者カード係

*お送りいただいた個人情報は、書籍の発送および小社のマーケティングに利用させていただきます。

(フリガナ) お名前	(男・女)	歳	ご職業
ご住所 〒			
E-mail		電話	

※**新規注文書** ↓（本を新たに注文する場合のみご記入下さい。）

ご注文方法	□**書店で受け取り**	□**直送(宅配便)** ※本代+送料210円(一回につき)	
書店名	地区	書名	冊
			冊
取次	この欄は小社で記入します		冊
			冊

ご購読ありがとうございます。このカードは、小社の今後の出版企画および読者の皆様とのご連絡に役立てたいと思いますので、ご記入の上お送り下さい。
ご希望の方には、月刊誌「**春秋**」(最新号)を差し上げます。　＜ **要** ・ **不要** ＞

〈本のタイトル〉※必ずご記入下さい

●お買い上げ書店名(　　　地区　　　書店　)

●本書に関するご感想、小社刊行物についてのご意見

※上記感想をホームページなどでご紹介させていただく場合があります。(諾・否)

●購読新聞	●本書を何でお知りになりましたか	●お買い求めになった動機
1. 朝日 2. 読売 3. 日経 4. 毎日 5. その他 (　　　)	1. 書店で見て 2. 新聞の広告で (1)朝日 (2)読売 (3)日経 (4)その他 3. 書評で(　　　紙・誌) 4. 人にすすめられて 5. その他	1. 著者のファン 2. テーマにひかれて 3. 装丁が良い 4. 帯の文章を読んで 5. その他 (　　　)

●内容	●定価	●装丁
□ 満足　□ 普通　□ 不満足	□ 安い　□ 普通　□ 高い	□ 良い　□ 普通　□ 悪い

●最近読んで面白かった本　(著者)　(出版社)

(書名)

㈱春秋社　電話03·3255·9611　FAX03·3253·1384　振替 00180-6-24861
E-mail:aidokusha@shunjusha.co.jp

世界無勝（〔名カ〕）。是釋迦佛實報淨土云（缺文）示云。香積佛土界外釋事

71　玄云。或言。華王世界蓮華藏海者。此實報土也事（頭二十一　攝大乘論也）

問。攝大乘論（天玄四、四二五）所明華王世界。四種佛土中何耶　四算

答。如題

付之。實報土純諸菩薩境界。凡夫未證輩不交。然華王世界有天龍八部。豈云實報土耶

答。實報土云事。攝大乘論第十（天親釋。玄奘譯）。彼世界相釋云。（大正藏三一、三七六下）周圓無際其量難側（測カ）。超過三界所行之處（所カ）。○大寶花王之處建立文　實報土云事分明也。但至天龍八部者。無性（人名）攝論（第十）。此化非實文（大正藏三一、四四六上）仍今釋叶論文

難云。權必引實。今行天龍等無之。何權天龍等有之耶。若爾者。此化非實釋不審也如何

答。此難非也。此釋非實云權者云事非。名疏（〔記カ〕）（卍續二八、三六二丁左下）一（二カ）遍攝（同前）下土釋。實報土必方便同居具足有也。是上能遍（攝カ）下心也。所以。實報土云同居方便圓融土也。故天龍等同居方天龍等也。故權者天龍等云非。仍攝論此化非實云。此化實報土菩薩所化云。此化非實云也。故非實云。天龍等非實報土云釋也。故委云。此所化天龍等同居土人也。非實報土菩薩可云也　西塔。此流同之

玉抄云。影現土云故。眷屬圓滿爲義。天龍形現也。豎報土此化非實云歟

永心云。實報土遍攝下二云。同居方便。皆實報土攝也。天龍八部者。爲眷屬圓滿有同居土佛眷屬擧也。十八圓滿內有眷屬云事云也

圓融房云。華藏世界有天龍八部者。住上菩薩正報依身。十界色像具足故。依報國土又有十界形像也。意本有三千法門可顯故。十界依正具足也

妙覺坊云。譬如淨明鏡悉見諸色像也。有須彌山等。實於彼土有之云非

月藏坊云。桓舜精云。華藏世界於娑婆上現之故天龍等有云義不明。仍略之云云

難云。超過三界云故實報土云事不審也。極樂世界

勝過三界等云ヘトモ猶同居ノ淨土也。又遍攝下土ト（二カ）云事。其
形如何
寂光コソ理土ナレハ事理融即ノ心ニテ三土ヲモ攝レトモ。實報ハ共ニ事土
也。何ソ事事ト攝在ン耶

事

72 頭二十一（天玄四、四二七）玄云。寂光理通。如レ鏡如レ器○業力所レ隔感見不同
問。法華已前ニ明ニ三身相即。四土不二ヲ耶　如レ宗　此ノ題ノ釋ハ。引ニ淨名ノ經ノ文ヲ釋ルカ故ニ如レ此尋ル也
示云。今寂光理通等ノ釋ハ。本國土ヲ釋ルニ。先爾前ノ寂光ノ
樣ヲ釋シテ簡テレ之。爲ニ顯ンカ本門ノ寂光ヲ一爾前ノ寂光ヲ釋ル也。取レ
其ニ爾前ニハ唯理ノ寂光カ遍ル樣ヲ釋タレトモ。三土ノ變ル事ヲハ爾前ニハ
不レ明也。鏡ト器トハ理也。像ト飯トハ事也。如飯ト者。淨名經ノ
時。隨テ諸天ノ果報ニ飯ノ色五色ニ變ル事ヲ引ル也。サテ法華本
門ノ寂光ハ。四土共ニ遍照シテ寂光モ理計ニテハ無也
次下ニ云。頭二十二（天玄四、四二九）本土一土一切土云云可レ思レ之。本門ノ心ハ四土ノ
遍照ト者。瓦礫荊棘等ノ遍照ハ同居ノ遍照也。空ノ遍照ハ方便
土ノ遍照也。衆寶ノ遍照ハ實報也。中道ノ遍照ハ寂光也

---

73 頭二十二（天玄四、四二八）籤云。據下移ニ天人一置ニ於他土一。純諸寶樹寶師子座。
唯有中諸佛及諸菩薩上則似ニ方便有餘一事
問。約ニ玄文ノ中ニ三變淨土ニ一。頭二十一（天玄四、四二八）或見ニ同居之淨（丁淨カ）一。或見ニ方便
有餘一文（〔丁○カ〕）爾者見ニ方便土ヲ相ヲハ妙樂大師。約シテ何事ニ釋レ之
耶
答。如レ題
付レ之。既ニ頭二十二（同前）唯有諸佛及諸菩薩ト云フ故ニ實報土ノ相ナルヘシ。全
方便土ノ義ハ不レ聞者ヲ耶
答。設方便土也ト云ヘトモ。何ソ有ト諸佛菩薩一不レ云ン。出界ノ
後ハ更ニ二乘ノ名無レ之。悉ク菩薩ナルカ故ニ。復諸菩薩ト云邊ニテハ
實報土ト云事ヲモ不レ遮。依レ之准頭二十二（同前）籤云　文又應亦似實報無障
礙土ト　文
難云。猶此ノ釋不レ明。夫所以ニ本書ノ文ヲ見ルニ。頭二十二（天玄四、四二八）共大菩薩聲
聞衆僧ノ文ヲ引テ方便土ヲ釋シ。（同前）皆紺瑠璃純諸菩薩ヲ以テ實報
土ヲ釋ス。若爾者。全以ニ移諸天人唯有諸佛ノ文ヲ一方便土不レ
可レ釋如何
答。本書ノ文ニハ引ク諸聲聞衆ノ文ヲ事ハ。五人斷通惑ノ生處ナレハ

依レ本ニ諸聲聞衆トハ云也。爾トテ方便土ニ聲聞衆有トハ不レ可レ得也。得ニ此意一ヲ妙樂ハ諸菩薩トハ釋スル也

難云 西塔 界外土ニテ久不ニ廻心一者モ有ト云義ノ心ニテ。始ッ方ハ猶有ト二乘一云歟

答。其ノ方ニテモ菩薩ノ名ヲハ始ヨリ付ル也

玉抄云。三變淨土ノ時ハ無ニ聲聞一。只皆菩薩也。故ニ諸聲聞ト者。猶ヲ本ノ名トスル也。今ハ只移ニ人天一ヲ處ヲ取テ方便土ト云歟。故籤云。據移天人等 文 (天玄四、四二八)

示云。此ノ義不審也。三變土田ノ時ハ三周ノ聲聞ハ入ニトモ初住一ニ。勸持品得益ノ尼衆ハ猶寶塔品時ハ聲聞也

74 玄云。或是變ニ同居之穢一。令レ見ニ同居之淨一。或見ニ方便有餘淨一事 圓二十一 (天玄四、四二八)

問。玄文中ニ約シテ三變淨土ニ有ト界內界外ノ不同一釋セリ。爾ハ此ハ約ニ一人所見一歟。將約ニ多人ノ見一歟

答。雖レ難レ計ッ。既ニ迹ノ土ノ感見不同也。多人ノ所見ニアルヘキ歟

兩方。若多人ノ所見也トハ云ハハ。今經ハ一圓ノ機ニシテ所見ニ異解不レ可レ在。若依レ之爾ト云ハハ。見ニ解釋一如レ題。或ノ言重重也。尤ノ多人ノ所見也ト云事

答。今經ノ時ノ衆ハ。聞ニ開顯ノ説一故ニ四土不二ノ相ヲ可レ見ナル。雖レ然凡夫ハ不レ可レ現ニ見之一。十方容有一席定無ノ心ヲ釋ルニ如ニ凡夫比尤(知カ)ト云一カ。方等ノ時ノ衆ハ開顯ヲ不レ知故ニ今ト異ル也。但感見ノ心ハ可レ同ル (天玄一、二〇四。釋籤)

私云。一圓機也トモ位ニ有ハ淺深一所見不同ナルヘシ。卽名字觀行ノ人ハ。觀見ニハ見ニ四土一ヲ。現見ハ同居也。乃至斷無明ノ人ハ現見ニ見ニル四土一也

難云。本書ノ意ハ。壽量ノ深信觀成ノ見ヲ引テ例レ之。知ヌ。一人ノ見也ト云事如何 直觀ニ此土一釋可レ合レ之

答。彼ハ土ノ不同ヲ例ル計也。更ニ非レ例ニハ人。況彼ハ觀見。此ハ現見。是全可シレ同耶

難云。凡ソ今經ハ純圓一實ノ圓機也。何ソ多人ノ所見ナラン。若又多人ノ所見也ト云耶。方等ニ所レ説四見ト有ニ何別一耶 足指案地四教ノ見不同也

答。自レ本多人ノ所見歟。但至ト同ニ方等ニ云ニ上者。法華ノ機ト云ハ於ニ同居ニ有ト四種佛土一知リ。乃至於ニ實報ニ見ニ四土一ヲ也。方等ニハ一人ハ見ニ一土一ヲ。相卽ノ義無レ之

尋云。難云。今ノ所引ノ文ハ分別功德品文也。何壽量ト云耶

示云。分別品ト壽量品トハ一物也。所以ニ分別品ノ初ニ。聞佛(大正藏九、四四上。取意)壽命長遠ト云テ。壽量品得益ヲ分テ爲ニ分別品ト一也

疏四云。壽量品中。始從ニ發心一訖ニ一生得一文(天文二、七八七下)記云。遠記(同前)亦在ニ分別功德一。言ニ壽量一者。重聞ニ於壽量一故得レ記也云ヘリ

問。三變土田ハ四種佛土ノ中ニハ何耶

答。方便土云云

疑云(缺文)

答。頭二十二(天玄四、四二八)法華三昧之力(使カ)四ニ見不同一文 仍無レ失

問。三變土田ニ有ニ淺深一耶

答。有ト釋

疑云。一圓機也。何有ニ不同一耶

示云。大旨上論義ニテ可レ思レ之。凡ハ一圓機ナレトモ。名字觀行ハ同居ヲ爲レ本見ニ餘ノ三土一。相似卽ハ卽シテ方便土ニ一餘ノ三土ヲ見。分破無明ノ人ハ卽ニ實報一ニ見ル餘三土一也

問。深心信解等ノ文ハ。法華ノ何ノ品ノ文耶

私云。分別品ニ有レ之

頭二十一(天玄四、四二八)籤(玄カ)云。壽量品(品カ)云文

答。文壽量等云カ故ニ且ク爾カ云歟

75 玄云。頭二十二(天玄四、四二八)法華三昧之力使ニ見不同一耳事

尋云。能化ノ三昧歟。所化ノ三昧歟

答。能化ノ三昧也。所以ニ。如來三昧ノ力見ラシメ令ト不同一ナラ云ル歟 甫

一義云。所化ノ三昧也。深信觀成等ヲ引ヲ以テ思レ之ニ。只行者ノ三昧ノ力不同ニシテ。於ニ行者ノ所見一又令ト異云也 知足坊

示云。大旨ハ如ニ知足坊ノ義一。約ニ所化ニ可レ云也。取レ夫有ニ六卽ノ不同一可レ得レ意也。所以。名字觀行ノ人ハ卽ニ同居一ニ見ニ三土一ヲ。相似卽ノ人ハ卽ニ方便一ニ見ニ餘ノ三土一ヲ。分眞卽ノ人ハ卽ニ實報一見ニ三土ヲ一也。仍所化ノ三昧也。引ニ深信觀成一ヲ釋可レ思レ之。深信觀成者第五品ノ終リ。法華三昧者中道王三昧也。此三昧ヲ修得スルニハ初住已上ニテ有也。サレトモ互ニ六卽ニ可レ有ニ此三昧一也。中道ヲ妙解妙行ルカ故ニ互ニ名字等ニ也

頭二十二（天玄四、四二九）
76 玄云。二前後修立故事
尋云。前後修立ト云意如何
答。凡今ノ十妙ニ斥レ迹ヲ三ノ義ノ中ノ第二ノ義ハ。諸經ニ所レ説四教淺深不同也。然ニ今。前後修立（同前）淺深（深淺カ）不同者。上ニ所レ擧降穢（淨カ）。方便。實報等也。是卽指ニ前後（爾前法華）ノ諸經ノ説ニ斥レ之也
一義云。前者中止一城。後者同居。又前ト者住ニ同居ニ。後者住ニ方便土ニ。約レハ佛ニ先住ニ方便土ニ。後ニ來ニ同居ニ。約レハ機ニ同居土ヨリ方便土ヘ至ル也 此義ハ今釋不レ見處也。仍不レ快

頭二十二（天玄四、四二九）四土相卽意也
77 玄云。若是本土一土一切土。不應前後修立事
法（華）三十講。堯延問。南都。證中答。山上
問。法華迹門ノ意。明ニ一土一切土ノ旨ヲ耶
答。可レ明也
兩方。若明ト云ハハ。解釋如レ題。限ニ本門ニ聞リ。若依レ之爾ト云ハハ。設迹門也ト云ヘトモ。明ハ四土不二ノ旨ヲ。何一土一切土ト不レ云耶
答フ。此釋ハ迹門ニ不レ明ニ一土一切土ノ相ヲ云釋ニハ非。本迹共ニ明ニトモ一土一切土ヲ。今本土ヲ一土一切土ト釋ル事ハ。迹ノ土ハ爾前ニ委ク説テ有ニ淺深不同ニ也。サテ本門ハ説ニ內證ノ樣ニ。委淺深ノ樣ヲハ不レ説也。是爾前本門對シテ如レ此釋也。爾ト云テ迹門ニ不レ明ニ一土一切土ニ云ニハ非也。例ハ本時自行唯與圓合。化他不定亦有八教ト釋カ如シ（天文一、一〇四上。文句記）
難云。迹門ニモ明ニ一土一切土ノ旨ヲ云事難レ思。所以ニ。見ニ一經ノ始終ヲ。寶塔已前ニハ不レ明ニ國土ノ相ヲ。寶塔品ニ初テ説ニ三變淨土ヲ。今釋受レ之四土ノ機見不同也。非ニ相卽ニハ。踊出品ニハ。下方空中住ト云ヘルヲ（大正藏九、四一中）寂光土ト釋セリ。此土ハ皆委ク一土一切土トハ不レ明。至ニ本門ニ。我常在此娑婆世界ト説ヲ（同、四二中）。豈離伽耶○等釋シテ（天文五、二三九一下）。娑婆常在ト云ニ。四土相卽ノ旨分明也。故ニ迹門ニハ四土相卽ノ旨ハ不レ見耶。況案ニ十妙配立ヲ。迹門ニハ不レ立ニ國土妙ヲ。至ニ本門ニ立タリ國土妙ヲ。知ヌ。限ニ本門ニ明ト一土一切土ヲ云事
答。迹門既ニ圓融相卽ノ旨ヲ明ス。何ソ一土一切土ノ旨不レ明耶。既ニ三變土田ヲ機見不同ト釋ルハ。四土相卽シタレハコソ機見ノ不同ハ有レ之。若四土不ニハ相卽ニ可ニ妄見ナル。例ハ如ニ證道ノ八相ハ相卽スル故ニ有ニ機見ノ不同ニ。今モ又可レ然。況機見ノ不同ト云モ爾前ニハ異也。見ル穢土ヲ者モ。卽レ穢ニ見ル餘ノ三土ヲ。

是名字觀行ノ人也。又見ニ方便土ト人ハ。卽ニ方便ニ見ニ餘ノ三土ヲ。是相似卽ノ人也。見ニ實報土ニ人ハ。卽ニ報土ニ見ニ餘ノ三土ヲ也。是分眞卽ノ人也。仍機見ノ不同カ卽一土一切土ヲ見ルニテ有也　西塔　當流義筋也

難云。本ヨリ所ハ難レル。迹門ニハ不レ立ニ國土妙ヲ本門始立レツ之。次ニハ寶塔品ノ三變淨土ヲ迹門ト云事不レ可レ然。此ハ本門遠由也。又涌出品ノ空中住ト云ハ本門近由也。サテ至ニ正說ニ。（疏八心也）常在娑婆ト說也。故ニ迹門ニハ一向不レ明ニ土ノ相ヲ者耶。所以ニ。爾前迹門ニハ明ニシテ從因至果ノ旨ヲ。捨ニ同居ヲ移リ方便土ヘ。捨ニ方便土ヲ移ニ報土ヘ。捨ニ實報土ヲ移ルニ寂光土ヘ也。教主モ隨テ捨ニ應身ヲ成ニ勝應身ニ。捨ニ勝應ヲ成ルニ他受用ニ也。捨ニ他受用ヲ成ニ法身ニ也。故ニ四土不二。三身相卽旨ヲハ不レ明也。記五云。（天文三、一一二五下）今日已前從ニ寂光本（之カ）ニ垂ニ三土迹ニ文　本門ニハ明ニカ本有常住ヲ故ニ。捨レ此ヲ生レ彼ヘ事ヲハ不レ談也。見ニル同居ニ者ハ同居卽遍照ト見ル故ニ。同居ニ卽シテ見ニ三土ヲ也。方便實報機准レ之ニ。可レ知教主又本有無作三身也。仍本門始三身相卽。四土不二ノ旨ヲ明也。若四土不二ヲ迹門ニ明ト云ハハ。無作三身ヲ迹門ニ明ト可レ云歟

答。寶塔品。三變淨土ヲ本門ノ遠由ト云事不審也。今釋ニハ垂迹ノ土ノ證據ニ引ケリ。仍非ニ本門ノ遠由ニ

難云。寶塔品。三變淨土ヲ垂迹ニ取事ハ。今ノ十妙ハ皆破迹顯本心也。故ニ本門ヲモ今日ノ本ヲハ迹ト云也。仍三變淨土ヲモ垂迹ト釋ル也。然ト云テ非ニ本門遠由ニ不レ可レ得レ心。依レ之玄〔頭ニ〕十二（天玄四、四二九）云。今日已前（土カ）本土已後。皆名ニ中間ニ。中間悉稱ニ方便ニ。況今之土宜ク（寧カ）得レ非レ迹文　籤ノ次下云。約レ經雖ニ是本門ニ。既是今世迹中之本（指レカ）文　況又寶塔品非レハ本門正宗ニ又垂迹ノ重ヘ引入ルル心モ可レ有レ之。然トモ成ニ本門ノ席ニ席筋ニテハ本門ニ取ランハ不レ苦也。況又所化ノ情執ニ隨レハ迹ノ證據ニモ可レ引也。所化ノ情ト者。本門不レ起程ハ迹情ニテ有ル也

答。此難ノ趣ハ亙ルニ本迹ニ邊有ト云。故知ヌ。三變淨土ニ證前起後義有ハ之。迹門ニモ一土一切土義可レ有レ之聞リ

難云。爾前迹門ニハ當分明ニ四土不二旨ヲ也。卽寂光ヲ爲レ本三土卽セサセリ。法身ヲ爲レ本ト報應ヲ相卽セサスル也。本門ハ事圓ノ三千本有常住也。故ニ事圓ニ一土一切土ヲ論ル也。故ニ如ニハ

本門ノ爾前迹門ニハ不レ明也。難ハ當流義也。答西塔義也

尋云。本門ノ一土一切土ハ事圓ソト本文ニ見ル歟

答。所詮有レ之。迹ノ十妙ニハ境智行等ヲ立テテ。境ヲ爲シテレ本ト。其上ニ立ニカ智行位等ヲ故ニ。理ヨリ相卽ヲ談也。本門ハ因果二妙ノ外ニ境妙ヲ不レ立。事相ノ因果妙ハ能依三身也。本國土妙ハ所依土也。皆是事圓三千也。故ニ本門ノ如ク一土一切土ヲハ不レ明也

尋云。迹門ニハ開レ因ヲ合レ果ヲ。本門ニハ合シテレ因開レ果ヲ。仍テ本果ヨリ國土妙ヲ開ト云ハ離合歟

示云。他流ニハ離合義ソト云也。サレトモ當流ニハ開ト云開會義也。卽事圓ノ三千ト開ル也。此時ハ能依ハ無作三身。所依ハ國土妙也。果頭ノ開顯ト云モ此意也。合ト云ハ理義也。卽理圓義也

示云。此ハ三身義算也。三身相卽旨明ス爾前ニ歟ト下也。其ニ取テ三身相卽ストモ申ハツ。四土不二ヲ明ニ爾前ニ可レ申歟ト精也ニ又當所ニテハ法華已前ニ明ニ四土不二ヲ耶ト下也。宗要集ニハ二ヲ取合下也

玉抄云。本門ニハ約シテ隨自意ニ義ヲ談故ニ一土一切土ト云。迹ノ中ニハ約シテ隨他意ニ義ヲ談ス故ニ淺深不同ト云也

難云。付ニ本書ニ無ト四土不同ト云事難レ思。我常在此娑婆ハ本時同居也。寶莊嚴ハ他受用土也。常在靈山ハ自受用土也如何

答。本門ニハ如レ此消レトモ。一土ニ方方ニ分ト見也。仍中中一土一切土義見ル迹ノ土ハ。經論ニ整束シテ一土一切土ト見事ハ無也

78　四感應妙下（天玄四、四三〇）（ア本カ）

尋云。本感應ト者。久遠ノ感應也。迹ノ感應ト者。始成感應也。形同物也。今ノ釋ハ廢迹顯本ノ心ニテ釋ル也。破シテ始得情ヲ無作感應ノ形ヲ釋ルヲ本感應トハ云也。付レ之有ニ惣別。惣ノ感應ト者。如來祕密ノ本地無作ノ三身ノ自然感應也。別感應ト者。神通之力ノ感應也。長壽只是證レ體之用ト云テ（天玄一、一一四。釋籤）。別體ノ用。三世ニ無ニ斷絕。本有常住ノ感應トハ云也。仍テ體用同時也。今ノ釋ハ破迹顯本ノ形ヲ釋ルカ故ニ。迹情破レハ聽テ本來常住ト悟ル處ヲ。本迹雖殊不思議一トハ釋ル也。破迹（約ニ機情ニ）廢迹（約ニ佛不二ニ）

大旨同物也

79 頭二十三（天玄四、四三〇）玄云。一日三時入レ定觀二可レ度機一事 如二玄四抄一

問。三藏佛ノ照レ機ヲ相ヲハ如何釋ル耶。又様問。通教佛一日三時ニ照レ機ヲ耶

疑云。大論文ニハ釋ルニ二大乘ノ佛ヲ一。一日三時ノ照機ト云ヘリ。何ソ三藏ト云耶

答。一日三時ニ照レ機ヲト云ハ。本地ハ阿含經有レ之。大論ニハ。人師附二近小乘一 文 大乘ナラハ任運ノ照機ト可レ云

80 頭二十三（天玄四、四三〇）玄云。或言。卽レ俗而眞○任運能知。此事 釋二通教一

疑云。藏通ハ斷證同シ。何ソ如レ此釋ル耶

答。約二相卽大旨一ニ爾カ釋ル歟。或ハ名別義通意歟

81 頭二十三（天玄四、四三〇）玄云。通佛照二分段淨國九法界機一事

問。玄文中ニ付レ釋ニ通教感應相ヲ一。且通教佛十界ノ中ニハ照二トカ幾ノ機ヲ一可レ云耶

答。如レ題

付レ之。既ニ分段淨國ト云。淨土ハ四惡趣無レ之。何九法界機ト云耶

答。今釋ノ大綱ハ。於二釋迦一佛ニ一約二四教ノ機ノ感見ニ一。四教ノ教主照機不同ヲ釋ル也。仍三藏佛ハ出二穢土ニ一ト云ヒ。通佛ハ淨土ニ出ツ。別圓ノ佛ハ實報寂光ニ出ト云ヘトモ。此ハ教ノ分齊ヲ擬ヒ釋ル也。實ニハ釋迦穢土出ル佛ニ付テ云カ故ニ。通佛ハ出二淨土ニ一ト云ヘトモ照二九界ヲ一云也。サレハ下ノ別教ノ佛ハ實報ニ出。圓佛ハ寂光ニ出ト云ヘトモ照二十界ノ機ヲ一ト云也。實ノ界外土ナラハ九界ノ不同ハ不レ可レ有レ之 此流。北谷同レ之

知足坊云。今ノ釋ハ有二淨土ニ四惡趣一云釋ニハ非。通佛ノ淨土ニ出ハ照二一切機ヲ一時照二穢土ノ機ヲモ一ト云事也。次別圓可レ准レ之

師云。此義被レタレトモ云。釋ハ先ノ義ノ如ク見タル也

示云。此流ニハ淨佛國土ノ行者。四土一念中道ノ行ヲ云也。淨土ト者。寂光土也。故ニ通教不レ明レ之ト云也。止六ニ。非眞起（天止四、四一）應ト云釋可レ思レ之。次下書レ之ヲ。サテ分テ二淨穢ヲ一云ハハ可レ明レ之。得ル二中道ヲ一菩薩ノ四土ノ機ヲ感見シテ教二導ルヲ之一淨土ノ行ト云也。和光同塵ト云ハ和光中道也。所以ニ。成佛ト云ハ。唱テ二三身四土ノ淨土ヲ一。三土ノ機ヲ鑒ルコソ淨土ノ行ニテハ有レ。仍テ通教ニハ

此義分不レ可レ有。仍三周聲聞無ト二淨土ノ行一云モ無ト二中道ノ行一云事也。下周ノ聲聞ハ内祕菩薩ト云モ前三教ノ菩薩ナレハ。住上淨土ノ行ハ今日始ル也

尋云。淨佛國土ト云事如何

示云。佛ハ衆生ヲ利益ルニ於二一切一ニ離レ著ヲ教ル也。故ニ弟子モ發ルカ二無著心一ヲ故ニ。若求淨土先淨其心ナレハ（天止二、二七七）生二淨土一也。此ヲ淨土ノ行ト云也。所以ニ弘三云。言二淨佛國土一者。通教出假菩薩亦爲二衆生一作二淨土ノ因一ヲ。處處結緣ス。衆生機熟スレハ斷レ習ヲ成佛ルヲ名二淨佛土一。結緣之時名二淨土行一ト。故淨名云。菩薩取二於淨土一皆爲レ饒二益諸衆生一ヲ故ナリ。故ニ云三布施ハ是菩薩淨土。菩薩成佛時。一切能捨衆生來二生其國一ニ。結緣之時以二布施一攝。成佛之時地（〔施カ）ニ多二珍寶一。諸能捨者ハ同生二其土一ニ。而受クニ五種布化益一ヲ。由カ三攝レ生時有二五差一故ニ。所謂人天及以四教ナリ。一切諸行無レ非二菩薩淨土之行一ニ。故ニ有二四土一横竪ニ攝レ物ヲ。此依二跨節一ニ是則淨土義通二諸教一。今文且依下通教菩薩斷二餘殘習一爲中淨土果上。但是異二於二乘一而已。若大經二十二明二淨土義一ヲ。但云二願攝一ト。其義ハ卽通セリ。諸教觀別ナレハ攝レ生ヲ皆然ナリ　文

〔通教佛出二穢土一耶〕

問。通教佛出ルニ二穢土一ニ耶　了因ニハ一算。當流ニハ二三算

答。於二穢土一ニ通佛ノ果成ヲ唱ン事何ソ無ン

兩方。若出ト二穢土一ニ云ハハ。今ノ解釋ニハ分段淨國ト云ヘリ。若依レ之爾ト云ハハ。大師餘處ノ解釋中ニ（玄六）。或起二穢國一（天玄四、九七）或起二淨國一（〔於カ）　文　穢土ニモ可レ出聞リ如何

答。通教ノ佛。淨土ニモ穢土ニモ可レ出也。如二餘處解釋一。但至二今ノ釋一。三藏教ハ出ト二穢土一ニ釋ルカ故ニ。通佛ハ出二淨土一ニ云フ一往ノ釋也

難云。出二穢土一ニ云事難レ思。其故ハ動逾塵劫閒。淨佛國土行ヲ乍レ立。何ソ出ト二穢土一ニ耶。所以ニ。立テテ二淨土行一ヲ必可レ出二淨土一ニ也。今ノ解釋尤有二其謂一。若爾ハ。或起穢國ノ解釋不審ノ内也。又或起穢國ト者。以テ二後教心一ヲ釋ル也。所以ニ。彼ノ釋ニ無記化化禪ト合ト釋セリ　取意　故圓教心ニテハ出ト二穢土一ニ云ハンモ不レ苦。今於二當通教一ニ出ツル二穢土一ニ歟ト云事也如何

答。出二穢土一ニ事モ可レ有レ之。其故ハ通教ノ教主ト云モ。實ニハ圓

教ノ佛ノ所作也。故ニ三身成道同時ナレハ。出トモ穢土ニ通教ノ成道ヲ唱也。草座天衣七寶蓮華虚空爲座。皆在道樹ト云テ（佛全25、二四七下。法華論記）。今日ノ釋尊モ出トモ穢土ニ四教ノ成道同時也。但至下立トニ淨土ノ行ヲ一云難上ニ者。彼ハ當教ノ教門ノ所談也。實ニハ經テ動逾塵劫ヲ一立ルニ淨土行一者ハ無也。若爾ハ。乍レ立ニ淨佛國土ノ行ヲ一穢土ニ不レ可レ出云難ハ不レ可レ來。圓佛所作ナレハ穢土ニモ淨土ニモ可レ出也。今日釋迦成道可レ思レ之

私云。戒緩乘急ノ者ハ。戒緩ノ者ハ戒緩ノ故ニ生ニ穢土ニ一。乘急ノ故ニ通教ヲ可レ用機有テハレ之。何通佛不レ出ニ穢土ニ耶

難云。圓佛垂迹也トモ。當通ノ機ハ。八地以上。動逾塵劫。淨佛國土ノ行ヲ立テテ可ト出ニ淨土ニ一教ヘハ。我身モ淨土ニ可レ出也。我身ハ出ニ穢土ニ一。而立ヨトニ淨土ノ行ヲ一説カハ。當教ノ機ノ思ニ相違ス。所詮有教無人ハ然トモ。當教ノ所談ヲハ不レ可レ違ス也如何

答。今日ノ釋迦既ニ出ニ穢土ニ一。而ニ此ノ通佛ヲ通機有ル機ハ淨土ト見。有機ハ穢土ト見ル也。故ニ淨土ニモ穢土ニモ出ツト云ニ不レ可ニ相違一也。但至ニ淨土ノ行ヲ立ト云難ニ者。實ニ通教ニハ淨土ノ行ハ無ト。淨土ノ行有ト被攝ノ者也

難云。出ト穢土ニ見ル機ハ誰人ソ耶。又淨土ノ行ハ約トニ被攝ニ云意如何

示云。此論義ヲ得レ心ニ。於ニ通教ニ當教二義不足ルカ故ニ。利鈍菩薩所見不同故ト云テ（天玄三、二九六。釋籤）。利根ハ淨土ノ佛ト見ル。又鹿苑ノ機ハ方等般若ノ閒ニテ。入テハ尊特ヲ見。出テテ止ヨ宿スト草庵ニ云テ。尊特ヲ見ル時ハ淨土ノ佛ト見。止ヨ宿ル草庵ニ時ハ穢土ノ丈六ト見ル也。此ハ隨テニ心地ノ昇進ニ如レ此見ル也。然レハ。或起穢國或起淨國ト釋ル（天玄四、九七。玄義）（「於カ）。此ノ二筋ヲ釋シ。今ノ釋ハ其中ノ或起淨國ノ一邊ヲ釋ル一往ノ釋也。有ニトニ淨土ノ行一云ハ當分也。望ニレハ別圓ニ無也。當教ニ有ト云ハ約ニ被攝ノ機ニ一也。所以ニ妙記云。又復通人亦云レ修ニ於淨土行一者。若任ニ當教ニ一望レ有ニ其文ニ乃寄下利人堪ニ被攝一者上文（卍續二八、三七四丁左下）（難カ）然レハ剋體シテ云ハハ。當通教ニハ淨土ノ行無キニ成レリ

尋云。八地已上ノ動逾塵劫ノ利生ヲハ。被攝機ハ立トニ淨土ノ行ヲ一可レ聞。當通ノ機ハ如何可レ聞耶

答。當通ノ機ニハ只動逾塵劫ノ利生計ヲ説テ。淨佛國土ノ行トハ不レ可レ説。又不レ可レ聞也。淨佛國土ノ行ト者。源出ニ大品大論一ヨリ（同、三四二上）。所以ニ大論云。遊戲神通淨佛國土文（大正藏二五、七一六上）（「能カ）又ハ。從一佛國

至一佛國ト云テ。十方世界ニ往反遊行シテ。十方ノ佛ニ給仕シテ
從二一國一至二一國一。無記化化禪スル中道ノ理ヨリ立ル行也。是
則三世常住ニ行也。故ニ灰身入滅ル教ニハ無レ之。依レ之止六(天止四、四一～二)
云(〇カ)。若通教入假云。但是作意神通非二眞起一レ應。一時片ヘン益(「〇カ)
不レ名ニ成就一。灰レ身入レ滅非レ淨二佛土一 文 況三藏教ニハ全
無レ之。依レ之名疏ノ二云。約レ教者。三藏不レ明二淨佛國土一。(大正藏三八、五九三下)
何者聲聞經中無二十方佛一。豈論二諸國一修二淨土行一 ○通別
兩教須二泛(汎カ)論一レ之 文 妙記云。卽(須カ)泛ク論ト者。通別二教ハ猶非ニ(卍續二八、三七六丁右上)
正意一二。只可ニ泛ク論以テ挍タクラフ(「爲カ)搉一 文 此ノ釋(「等カ)ハ別教ニモ猶無ニト淨
土ノ行一釋セリ。サテ與テ當分ニテ云ハン時ハ。只當通ノ利生ヲ淨土ノ
行ト云計也。弘三云。此依跨節。是則淨土義通諸教ト釋ルハ(天止二、二七七)
此ノ意也
示云。下周ノ聲聞ハ無二淨土ノ行一云事。內祕菩薩行ト云ハ。前
三教ノ菩薩ナレハ。顯本タレトモ猶無二淨土ノ行一云也。又極位ノ菩
薩ト云方ニテ猶無ニト淨土ノ行一云筋ハ。案位開ノ心。本有ノ聲聞
界ノ邊也。此邊モ可レ有。此レ淨土ノ行ト者。中道ノ行ナルカ故也。
仍テ二ノ意可レ有レ之。下周ノ聲聞ヲ如レ此得レハ心。上二周モ
此ノ分可レ有ト得ル心也
舜耀法橋ハ。下周ノ聲聞。顯本ノ後無ニト淨土ノ行一云事ヲ。四十
餘年ノ間得レ心不レ出 云云 上ノ義ヲ不ニ相傳一セ歟
一義云(智圓)。淨土ノ行ト者。寂光ノ行也。通教ハ含中ノ教ナレハ大乘
初門ニシテ。中道ノ理カ眞內ニ含ル教ナレハ。卽レシテ穢ニ中道ノ理カ遍スト
云意有ル教ナレハ。穢土ナレトモ淨土ノ行ヲ說歟
有云。當通ニハ淨土ノ行ヲ不レ明。依レ之妙記云。如レ上。又復(卍續二八、三七四左下)
通人亦云通(修於カ)淨土行者 ○ 堪被攝(接カ)者 文 當通ニ明ニト淨土ノ行一ヲ云
文ヲ會ト見タリ

82 玄云(頭二十三)。通教菩薩佛出ニ穢土一耶事

圓師云。通教ノ教主ト者。異義不同也。或ハ爲ニハ鈍根ノ菩薩
二乘ノ現ニシ劣應ノ身一ヲ。爲ニハ後教ノ機ノ現ニト他受用尊特ノ身一ヲ 云云
或ハ通教ノ教主。只勝應身也 云云 勝應身ト云テ二義ニテ有也。
劣應身ト云ハ三藏ノ教主也。通教ハ勝ル後教ノ教主ニ也。何ソ
劣ナルヲ爲ニン通教ノ教主ト耶。仍通教ノ教主ハ勝應身ト云カ能也。(大正藏三九、四七下。金光明文句)
但釋ニハ。丈六尊特合身佛トモ云ヒ。帶比丘像現尊特身トモ(天文一、一〇九上。文句)
釋ルハ。通教ノ勝應ト云ハ。三藏ノ劣應ノ比丘像ヲ不レシテ動。此ノ比

丘像ノ身ニ他受用尊特ノ相好ヲ小分具シテ。三藏ノ劣應ノ丈六ノ身ヨリモ。大キニ高ク相好勝テ能キ御坊ナルカ故ニ如レ此釋也。只是勝應ノ一身也。穢土ニハ劣應ノミ出。是始終應同ノ身也。勝應ハ出ニ淨土ニ。豈ニ出テテ穢土ニ始終應同ノ身ナラン耶。但或起穢國ト（天玄四、九七）（「於カ）釋ル事ハ。此ハ只佛ノ體空ノ慈悲ヲ以テ。淨國穢國ニシテ通教ノ聲聞菩薩ヲ教化ル事ヲ釋ル也。正ク穢土現ニ勝應身ヲ始終應同ストマテハ不レ釋レ之。但釋尊穢土ニ通教ヲ說タマフト云事ハ。只是鹿苑證果ノ聲聞。彈呵洮汰シテ爲レ入ニ法華ノ一圓ニ也。此ハ劣應身ヲ教主ニシテ說レ之。正通教ノ教主トテ一ヒトリ立チシテ說儀式ニハ非。別圓二教ヲモ劣應身ノ面ニテ說レ之也。此等ハ別段ノ事也。佛ノ本意ハ正ク鹿苑證果聲聞。彈呵洮汰レハ傍ニ有ニ通教ノ機ニモ。聞テレ之斷惑證理ル時キ。此ノ佛ハ二乘ト云者ノ拙キ者ヲ教化セントシテ。穢土ニ拙キ身ヲ現シテ說法シタマフ。次ニ我等ニ通教ヲ令ニ說聞カタマヘハ。我等聞レ之得益ス。我等計ヲ正ク教化シタマハン時ハ。於ニ淨土ニ現シテ勝ル身ヲ可ニ說法タマフト打思テ可レ有也。爲鹿苑證果聲聞。此ノ七字ヲ出スカ祕事也

頭二十三（天玄四、四三〇）
玄七云。通佛照分段淨國 文

名疏六云。若同居淨土但有人天四種行人六趣法界 文（大正藏三八、六五一中）（種カ）

妙記下云。然淨土中雖レ無ニ藏教二乘之人ニ亦可レ得レ有ニ（卍續二八、四〇七丁左下）通教二乘ニ幷後二教菩薩及佛故成レ六ト也。由レ是亦得ミ名爲ニ六界ニ 文

暹上云。同居四種者。應レ知淨國同居亦具ニ四教ニ。以レ藏助レ通等。所以西方水鳥樹林等皆說ニ無常苦空ニ等 文

滿記上云（缺文）

83 感應妙ノ中ニ實報土ヲ不レ云事

問。玄文中ニ本門ノ感應妙ヲ釋ト見リ。爾者。實報土ノ感應ヲ釋ト可レ云耶

答。不レ釋レ之

付レ之。同居方便寂光ノ三土ノ感應ヲ釋ス。何實報土ヲ不レ云耶。依レ之止ノ第一ニハ以ニ四教ヲ對ニ四種佛土ニ。依ラハ彼ノ意ニ今モ通佛ハ照ニ方便機ヲ。別佛ハ實報ノ機ヲ照ト可レ云也如何

答。今ノ釋ノ心ハ界內ノ教ルカ故ニ共ニ對ニ同居土ニ。サテ別教ヲハ對ニ方便土ニ。圓教ヲハ對ニ寂光ニ也。但實報土ニ不ト對云難ハ。今ノ寂光ト者。中下ノ寂光也。所以ニ。感應妙ヲ釋ルカ故ニ。上

品ノ寂光ニハ感應ノ義無レ之。故而中下ノ寂光ト者。實報土也。然ヲ直ニ對ニシテ實報ニ不レ云ル事。圓佛ノ感應ヲ釋ルカ故ニ。圓佛ト者。寂光ノ教主ナレハ圓教ハ寂光ノ機ヲ照ト云也。サレトモ底ハ實報土ニテ可レ有也

弘云(天止一、二三四)。問。若爾實報何須レ用ニ別教一耶。答。約ニ教道一說。證道必無。問。寂光既極。何須三用レ教橫竪二門皆(文カ)用ニ無作一。答。教被ニ中下一不レ被ニ究竟一。初住已上名ニ下寂光一。等覺爲レ中。妙覺爲レ上。出ニ淨名疏一 文 可レ思レ之

難云。別佛ハ實報土ノ機ヲ照トテ可レ有ニ何失一耶

答。實報土ハ斷無明證中道ノ菩薩ノ所住也。皆是圓人也。故ニ於ニ彼土ニ別佛カ說テハ別教ヲ何ノ要ソ耶。仍實ニハ別佛カ於ニ實報土ニ照レ機ヲト云事ハ不レ可レ有故ニ今ノ釋ハ吉也。止一ノ釋コソ論義ニテハ有レ

84　玄云。歷別照ニ十法界機一。此別佛事　頭二十三　(天玄四、四三〇)

問。別教ノ佛。十法界ノ機共ニ照レ之ト可レ云耶

兩方。若照ト云ハハ。獨菩薩ノ教也。何ソ二乘界ヲ照ン耶。若依レ之爾ト云ハハ。如レ題

答。釋ノ具ナル文ヲ見ルニ。歷(同前)別照ニ十法界機一。此別佛照ニ方便有餘土一等 文 而ニ方便土ト者。五人斷通惑ノ人ノ生處也。仍テ從レ本ニ二乘界トモ云也。界內ノ別教ニコソ二乘ト云事ヲハ明レサネ之。今ハ界外土ノ事ナレハ。二乘カ生レタルヲ彼ニ漸趣圓實ト云テ(天文三、一三七一上。文句記)。先習ニト別教ヲ云筋ニテ照ニト二乘界一ヲモ云也。況別佛ト云モ實ニハ圓佛也。然ヲ別教ノ機コソ別佛トモ感見スレ。仍テ佛ノ方ヨリ云レハハ之照ニト十界ノ機ヲ一云也

85　玄云。圓佛照ニ十法界寂光土機一事　頭二十三　(天玄四、四三〇)

問。寂光土ニ有ニ十法界ノ機一耶

答。寂光理通ノ故ニ具ニ十界ヲ一

兩方。若具レ之ト云ハハ。寂光土ニ何ソ具ン二十法界ノ機ヲ一。設立ニトモ三品ノ寂光ヲ一皆是佛法界ノ機也。若依レ之爾ト云ハハ。如レ題如何

答。寂光土ト者。三土ノ外ニ無レ之。三土一念ナルヲ寂光ト云也(天止三、二〇二。弘決)。佛ハ住ニシテ中道王三昧ニ照レ機故ニ。佛眼種智眞空冥寂ノ邊ニテ照レ之時(天文三、一三五九下。文句記)。十界皆寂光土ノ機ト被レ云。本結大緣寂光爲土ト云テ。圓機ニ結緣スレハ皆寂光ノ機トコソ云。仍三土皆寂光ナレハ有ニ十界ノ機一云事勿論也。經ニ(大正藏九、四二下)。如來。如レ實知ニ見三界之相一

文佛眼ノ邊ニテハ皆十法界ヲ寂光ノ機ト照タマフ者也

86 籤云。最初實得之時所被機緣。亦有二四教一事（圖二十四）（天玄四、四三一〜二）

問。本實成國土ニ四教機緣可レ有耶（如二上ノ本因妙ノ處。義推本佛論義。疏一ノ修一圓因ノ處一）

答。可レ在レ之

兩方。若有ト云ハハ。下ノ說法妙ノ中ニハ。令發大道心者。簡レ非二小說一文（天玄四、四三四。玄義）小乘ヲハ不レ說トト聞リ。若依レ之爾ト云ハハ。如レ題如何

答。本實成ノ土ニ可レ在ニ四教ノ機一也。但至ニ下釋一者。令發大道心トハ云カ故ニ。付ニ大道心ノ言一ニ簡小ト云也。是ハ地涌ノ菩薩ノ最初發心ヲ釋也。惣シテ云ン時四教共ニ可レ在。況說法妙ノ（天玄一、二一七。釋籤）心ハ成佛ル事ハ。不以餘教爲種ト云テ。圓ヲ爲レ本故ニ如レ此釋ル也

難云。本實成ノ土ハ淨土淨機也。若淨土ナラハ何說ニ三土一耶

答。本實成ノ土ハ好世淨土ルカ故ニ。三藏モ可レ在。例ニ燈明迦葉佛ニ（天玄四、三八七。玄義）義推本佛等云カ故ニ。本佛土モ可ニ好世一トト聞リ。所以ニ。實成ノ土モ自行方コソ圓教也トモ。今釋ハ所被機緣ト釋ルカ故ニ。化他方ハ四教可レ在也

此流云。籤云。（天玄四、四三二）當レ知本時麁妙俱妙ト云テ。實成ノ土ハ自受用密嚴ノ土也。故ニ本時自行唯與圓合ト云テ（天文一、一〇四上。文句記）四土卽一ノ土也。三教卽圓教也。仍體內ノ四教ニテ可レ在也。四教ト云ハトテ非ニ體外ノ四教一ニハ也。仍簡非小說ト云モ不レ苦。體外ノ小乘ニハ非カ故ニ。又有ニ四教一云モ不レ苦。體內ノ四教在レ之故ニ。仍テ實成ノ土ハ能化所化共ニ內證ニテ可レ云也。內證成道。內證ノ機ナレハ十界卽一念ノ處ニ何無ニ四教一耶

法華玄義第七抄

武州児玉郡金鑽談所書與已

嘉慶三年（一三八九）己巳八月三日

心俊之

延寶四（一六七六）丙辰五月日。令レ書ニ寫之一奉ニ寄進一。延暦寺西谷者也

武州市谷　自證院公慶

〔法華玄義伊賀抄七−上　終〕

法華玄義伊賀抄七ー下　目錄

1〔玄〕本神通妙下
2玄云。示己身他身等引證二本神通妙一事
3〔玄〕本說法妙下
4〔玄〕牛出二三味一譬二不定法一事
5籤云。此卽約レ部從レ教立レ名事
6〔玄〕別佛道場所得法。如二五味倶在一レ牛事
7〔玄〕此中大有レ義事
8〔籤〕已迹今本等四句事
9籤云。已實今權事
10籤云。倶權倶實事
11事理四句事
12〔玄〕令發大道心者。簡レ非二小說一也事
　如レ先最初成佛有二四教一耶
13籤云。倶迹者本成已後迹門已前爲二已迹一。今此本門亦是迹佛所說
　故也事
14眷屬妙下
玄云。當レ知。此諸菩薩隣レ佛窮二智度底一事
15玄。地涌千界皆是本時應眷屬也事
16玄云。時節旣久權轉爲レ實事
17玄云。或可二擧レ一例知一レ有レ三事
18玄云。文殊觀音調達等。或稱爲レ師事
19籤云。調達卽是阿私陀仙事
20玄云。問。迹本相望。千界塵則少。増道數則多事
21玄云。法身先滿無レ増無レ減事
22〔玄〕八本涅槃妙下
23玄云。故約レ此指レ彼事
24玄云。或可下將二本人一示中迹人上事
25玄云。或將二迹法一顯二本法一事
26籤云。四恆離車事
27籤云。六恆匿王事
28籤云。遶無量匝事
29籤云。又阿闍世王及其夫人事
30籤云。視毒能殺人事
31籤云。十六惡律儀事
32籤云。廣三寸身大如レ臂事
33玄云。無邊身菩薩弟子之位事
34籤云。言二無邊一者。身實有邊而名二無邊一事

69 玄云。口唱二眞淨大法一事
70 玄云。不二必皆顯一レ本事
71 籤云。本下迹高。本迹俱下。初住唯得二此之兩句一事
72 初住妙覺具二二句一事
73 籤云。若本迹俱高及本高迹下。妙覺唯得二此之二句一事
74 籤云。於二初住中一說二壽長遠一事
75 籤云。唯闕二本高迹下一句一事
76 玄云。若作二無義一。若最初始成佛。既始得レ本。未レ論レ垂レ迹事
77 玄文。若久レ此者。即以二四方一爲レ譬事
78 玄云。佛有二延促劫智一。能演二七日一爲二無量劫義一事
79 玄云。若純菩薩爲レ僧者。何須二開顯一耶事
80 玄云。同是聲聞菩薩共爲レ僧。出二五濁世一可レ如レ此事
81 玄云。出二淨土一佛則不レ然事 如二玄六一
82 玄云。無明重數甚多。實相海深無量。如レ此破顯無レ咎事
83 玄云。別論高下宜レ用二本迹一事
84 玄云。橫論二眞僞一宜レ用二權實一。本迹約レ身約レ位事
85 玄云。權實約レ智約レ教事
86 玄云。非二已今一非二中閒一。乃是體用教行理教等共論二十妙一也事
87 玄云。所破之麁例更是妙事
88 玄云。偏圓約レ法法則已定○權實約レ教等事

89 籤云。亦得二是法一事
90 籤云。昔日已得已今爲レ本事
91 玄云。約レ實施レ權。意在二於實一○若廢レ權顯レ實。意在二於權一事
92 施廢開次第事
93 玄云。遠通二久劫方便一事
94 玄云。華嚴中明。爲二阿鞞跋致一多明二事數一。即其義也事
95 籤云。若是地前行不退位。但聞二事數一知二事即理一事
96 籤云。爲レ對二跋致一故云二初地一事
97 籤云。初依レ境開已是約レ理事
98 籤云。雖レ開二身事一事
99 〔玄〕九利益下
100 利益擧二迹門利益一事
101 玄云。生身兩處得レ益事
102 玄云。於二十妙中一得二五妙益一事
103 玄云。如二身子得記一四衆天龍歡喜說レ偈○即是生身菩薩事
104 玄云。若論二實道得益一兩處不レ殊。而權智事用不レ得二相比一事
105 〔玄〕流通利益下
106 玄云。是諸發誓菩薩及諸羅漢。得二授記一者。此土他土弘レ經事
107 籤云。但見二與記一不レ云二入位一。故名爲レ冥事
108 籤云。或迹門諸菩薩至レ此復益及本門中新得益者。或有レ未レ預二此

（以上目次新作）

〔法華玄義伊賀抄七-下〕

(イ本扉書)玄義第七伊賀抄下 二册之内

法華玄義第七抄下 (天玄四、四三二。玄義)

1 本神通妙下

示云。今ノ本神通妙ト者。頭二十四(同前) 種種如來祕密神通之力 矣 (天文五、二二八六上。文句)

釋云。佛於ニ三世一等(經言カ)有ニ三身一。於ニ諸教中一祕レ之不レ傳 矣

本神通者。本有無作三身中ノ應身ノ形ヲ神通ト云也

玄六 神通者。(天玄四、六八)(「〇カ) 神名ニ天心一。通名ニ惠性一 矣 天心ト者。法爾法然ト云事也。惠性ト者。無礙自在用也。法體法爾ノ振舞ヲ神通トハ云也。サテ此惣體ヨリ爾前迹門ノ別體ノ神通ハ起ル也。爾前迹門ハ始成正覺ノ神通者。(也カ) 本門ハ三世常恆天眞(イ在)獨朗ノ神通者。(也カ) 仍釋尊神通ヲ云ヘハ。一切衆生ノ神通モ顯ルル也。佛於三世等有三身ト云ハ。依正二法。(報カ) 動不動ノ形即神通ニテ有也。サテノ此前ニハ爾前迹門ノ別體ノ神通モ本有常住ノ形ト見ハ。本門ノ神通ト被レルル云也。迹門ハ始成ノ神通ナルカ故ニ。我等ハ具。本門ハ三千十界無作ノ三身ト云カ故ニ。我等モ神通ニ備タリト談ル也。仍決一引ニテ大神變經一云。(天止一、二六九) 一切善惡動不動皆神變相 矣 可レ思レ之

私云。尋云。惠性ト者。報身ト云歟

示云。報身智ハ斷惑ノ智也。今ハ無礙自在ノ智也。故ニ約ルニ應身一ニ也

2 玄云。頭二十四 示己(イ身)他身等 法身。自受用。應身。玄五見リ (天玄四、四三二) 引テ證ニ本神通妙ヲ一事

問。玄文中ニ釋シテニ本神通妙ヲ一引クニ壽量品文一。爾ハ何ノ文ヲ耶

答。如レ題

付レ之。此文皆是中間ノ化迹ヲ説文也。何證ニ本神通ヲ一耶如何

答。實化迹輩ヲ説トモ。(イ如レ本) 今引レテ之證ニ本ノ神通ヲ一事ハ。化迹ニ如レ此振舞ハ。皆本實成ニモ可レト有例釋ル也。依レ之玄次上ノ略釋下。(天玄四、三九六) 中間既唱ニ涅槃一。例本亦有ニ涅槃一。即本涅槃妙 文 中間番番ノ振舞ハ皆是本地ニ有也 西塔

師云。西塔義ハ吉也。實約ニハ機情一ニ以ニ乘(垂カ)迹ノ形ヲ一本地ヲモ推ル邊有レ之。サレトモ佛意ノ方ヲ不レ云。約ニハ佛意一ニ只今ノ振舞ヨリ

外ニ本地トテハ不レ可レ有レ之。我等當時ノ振舞ハ本來ノ形ナルヲ本神通トハ云也。本有常住ト云ハ三世ニ無ニ改ル事一故ニ。當時ノ振舞ヨリ外ニ別物ハ不レ可レ有レ之

3 本說法妙下（天玄四、四三四。玄義）

師云。本說法ハ通トモ二四教一ニ。惣シテハ名ト大可レ得レ心也。如クニ唯與レ圓合料簡一也

玄次下云。利益妙下云。本亦應レ有二偏圓利益一 文（天玄四、四五八）

示云。本說法ト者。內證ノ說法。唯佛與佛ノ境界也。地涌菩薩ヲ爲二所化一說レ之也。三千世間依正宛然自受法樂タル形ヲ說法ト云也。而ヲ機カ領スルヨリ爾前迹門ノ別體ノ說法ヲハ感シ出ス也。佛意ハ。寂光海會ノ本來ノ形ナル處ヲ說法ト云也。地涌ヲ所化ト云ヘトモ。地涌ハ無作三身ノ自鼻（自イ目）也。寶塔品時。人天大會昇ルニ二虛空一ニ。爲二本門遠由ト寂光海會ヲ表ル也。昇ニト虛空ニ云モ機情也。第一義空天然ノ形ヲ示ス也。故ニ內證ハ虛空モ靈山ト一也。故ニ決一云。如二淨名中大士空室。及法華中下方空（天止一、二八六）中。寶塔在レ空。此卽（見カ）常寂光也 矣

始テ昇ニト虛空ニ云ハ。迹門ノ機カ悟ル故ニ如レ此釋也。本門意ハ。自レ本第一義空法爾天然也。自レ本住タル空ニ也。此時ノ說法ト云フハ。立波吹風。純典明法ニテモ說法ニテ有ル也。サレハ我等モ住シテ二寂光ニ預アツカル二無作說法一ニ也。眞言ニ大日如來ヨリ四佛等ヲ出ト云ハ。本迹前後スル方ヤウ（方イ樣）ニ聞タル也。本迹ハ同時ニテ可レ有レ之」

教時義三云。今此祕教其義不レ然。寂照俱時。寂故法界俱（大正藏七五、四一九下～二〇中）寂。照故法界俱散。散不レ妨レ寂寂不レ妨レ散。如來內證其義如レ是。此與二天台三身俱體俱用一大同（「〇カ」（同カ））文 此祕教內證ノ說法ハ。天台ノ無作ノ說法ト同ト釋ル也。常照ノ方ヲ說法ト云也。萬法一念ナルハ止ノ體法性也。此一念不ハレ隔二萬境一ヲ。觀ノ體。照ノ德也。此照ヲ說法ト云也。對シテレ機ニ說ハ二五時八教一ヲ。今一（昔カ）重下タル也。サテ此下タルモ本地ノ方ヨリ見レハ簡無作ノ說法ニテ在也。是ヲ三諦互ニ不レ隔方ヲ智ト云也。卽三般若ト云時キ三諦共ニ智也。此智ヲハ說法ト云也。此說法ノ形ヲ得レハレ意。先ツ不起ノ心ヲ法性ト云也。此不起ノ心カ不ルニレ隔二萬境一ヲ。照ト云時ハ爲メレ令メンレ易レ得レ意也。是未タスニ一念三千ナラ一。此不起ノ心カ在ルレ緣（在イ依）ニ。自東自西起不起ノ心ト全體一ナルヲ事圓ト云也。是事圓ノ一念

三千ト云也。是レ治生産業乃至螻蟻蚊虻マテモ簡(觀カ)照ノ德有レ之。是ヲ說法ト云也。權敎ノ意ハ。不起ノ心ニ不レ置(置イ立)レ智ヲ一向理ト云也。天台眞言ハ。此不起ノ心ニ立レ智也。如レ此照ノ德ヲ内證ノ說法ト云也。サテ受ルヲレ是ヲ本眷屬ト云也。地涌是也。假令疊カ不ハレ隔レ板ヲ。疊ハ能化(無作三身)。板ハ所化(地涌也)也。又板カ不レハ隔レ疊ヲ。板ハ能化。疊ハ所化也。一切以レ是能所ヲ可レ作也。

仍眞言(義釋)ニハ。地涌ハ如來ノ支分ト釋セリ。此有樣ヲ爲ニ不レ知者ノ。爲未了者。以事顯理ト云テ。華嚴ノ互爲主伴ノ樣ヲハ示ス也。仍萬法互ニ成ニヲ能所ト本說法ト本眷屬ト云也

尋云。萬法ノ照德ヲ無作三身ノ說法ト云證據有レ之耶

答。妙法蓮華經如來壽量○釋ニハ。正在ニ報身ニ文(天文五、二二七一下。文句)妙法ト者。十界十如也。仍界如互ニ照德有レ之。此ヲ說法ト云也。此前ニハ今經ノ一字ヲ聞ク者モ。皆可レ預ニ受記ニ也

尋云。地涌ヲ内證ノ眷屬ト云事如何

示云。經ニハ。下方空中住(大正藏九、四一中)文 釋ニハ。頭二十一(天文五、二二五四下。文句)住處者常寂光文 寂光ハ唯佛與佛ノ境界也。故ニ地涌モ如來内證ノ眷屬ト云也。佛ト等(「土カ)同ナル菩薩也。妙法蓮華從(「經カ)(從イ得)地涌出ト云ル法ト者。十界十如ナレハ。十界十如ナル菩薩ト云ハ。萬法ニ地涌ト云ト聞タリ

難云。地涌居ニ寂光ニ云ルハ中下ノ寂光也如何

答。玄云。從ニ本地寂光空中ニ出ニ今時寂光空中ニ矣(天玄四、四四〇)本時(時カ)ト者。本時ノ釋迦寂光也。仍地涌モ上品寂光ニ居ト云證據也。可レ祕レ之

難云。記九云。分別ニ所期(到カ)(天文五、二一五五上)。亦(且カ)云ニ極地ニ文 分ノ寂光ト聞リ如何

示云。其ハ且ク菩薩ノ方ヲ云也

4　牛出ニ三味ニ譬ニ不定法ニ事(天玄四、四三五。玄義)如レ本(如本イナシ)

尋云。三昧(味イ味)ト者何ソ耶

答。中間三昧(味イ味)歟。所以牛出レ乳是常事也。是屬ニ漸ノ初ニ。直出ニスヲハ醍醐ヲ屬レ頓(敎カ)ニ。互ニ三昧(味イ味)ニ隨一出ヲハ屬ニ不定ニ也 已上藤

師云。此義吉

5　籤云。此即約レ諦從レ敎立レ名事(天玄四、四三七)(部カ)

師云。於ニ四敎ニ判ニ五味ニ時。人天爲レ乳。三藏爲レ酪。通爲ニ生蘇ニ。別爲ニ熟蘇ニ。圓爲ニ醍醐ニ意也。故ニ於ニ華嚴ニ立ニ

第四第五味一云也

6 別佛道場所得法。五味俱在牛事（天玄四、四三七。玄義）（「如カ）

疑云。若以二五味一對二四教一者。可レ云二別教如生ヲ一也。若教各經二五味一智（智イ者）。餘三教皆可レ有二五味一也。而何云二別教如五味一耶

答。別教四教ノ意歟（僕カ）樸抄

備云。別佛起道場説次第五味。信住行地對二五味一 文（卍續四四、三二一丁左上）（天玄四、四三七。玄義）

7 此中有大義事（大有カ）

備云。大經云。凡夫如レ乳。須陀洹如レ酪。斯陀含如二生蘇一（酥カ）。阿那含如二熟蘇一（酥カ）。阿羅漢支佛如二醍醐一。此三藏五味也。又云。須陀洹・斯陀含如二眞乳一。阿那含如レ酪。阿羅漢如二生蘇一（酥カ）。支佛十地如二熟（蘇）一（「菩薩カ）イ（酥カ）。佛醍醐一（「如二カ）。此通五味也。又云。衆生如三牛新生二血乳一（未レカ）。○別二聲聞縁覺一如レ酪。菩薩之人如二生熟蘇一（酥カ）。諸佛如二醍醐一。此別五味也 文（卍續四四、三二一丁左上）

8 已迹今本等四句事（天玄四、四三八。釋籤）

疑云。第二句八二今本門一（以カ）可レ爲二迹ノ今一。何唯限二迹門一二耶

答。今本門。無二別事一只最初久成事也。然二今第二句意ハ（「イ者）以二最初事一者。既云二已本一對レ之論二今迹一時。亦更不レ可レ擧二今本門一故唯論二迹門一二歟

難云。第四句二已今別擧レ之如何

答。彼ハ俱本故雙擧レ之無レ失。今ハ第二句分二本迹ヲ一句故不レ擧レ之歟　知足房

9 籤云。已實今權事（圖二十八）（天玄四、四三八）

備云。最初爲二已實一。迹門爲二今權一 文（卍續四四、三二一丁左上）

10 籤云。俱權俱實事（圖二十八）（天玄四、四三八）

備云。本成已後爲二遠權一。迹門已前爲二近權一名二俱權一。最初爲二已實一。本門爲二今實一名二俱實一 文（卍續四四、三二一丁左上）（圖三十八（二十八カ））

11 事理四句事（天玄四、四三八）

備云。已理今事。已事今理。俱事俱理。最初爲二已理一。迹門爲二今事一。中間爲二已事一。本門爲二今理一。本成後爲二遠事一。迹門前爲二近事一。最初爲二已理一。本門爲二今理一。體用等例證（説カ） 文（卍續四四、三二一丁左下）

12 令發大道心者。簡レ非二小説一也事（圖二十六）（天玄四、四三四。玄義）

如レ先ノ最初成佛二有二四教一耶

問。玄文中二釋ト二本説法妙ヲ一見リ。爾者本説法妙ハ通二大小一二

耶
答。可レ通
進云。如レ題。　付レ之。可レ通ニ大小權實ニ如何
答云云 可レ通也。但今文ハ消ニ大道心ノ文ヲ故ニ如レ此釋ル也 (天玄四、四五八)(偏カ)
玄次下。利益妙ノ下云。本亦應レ有ニ遍圓利益ト 文
頭二十六(天玄四、四三四。玄義) 麩 補注云。亦麥也　カカス(カスか) (卍續四四、五丁左上。取意)
頭二十六(天玄四、四三五。釋籤)(厚切カ) 特牛 補注云。牡牛也。牡莫原也 (卍續四四、五丁左上)
13 頭二十八 (天玄四、四三八) 籤云。俱迹者本成リ已後迹門已前ヲハ爲ス已迹ト。今此ノ
本門亦是迹佛ノ所説ナルカ故也事
頭二十八(同前) 玄云。已説爲レ迹 四句分別一句 久遠ノ第二番ノ成道ヨリ至マテニ今日ノ迹門ニ也 三句 今説爲レ本 今日ノ壽量品也 二句 已本
久遠最初成道 今迹 今經迹門 俱迹 久遠成道ノ第二番ヨリ今日ノ壽量品ヲモ屬レ迹ニ 四句 俱本 如ニ遠ノ最初下今日ノ壽量品トノ也 下イト
問。玄文中釋セリニ已今本等ノ四句ヲ。爾者已迹俱迹ノ句ヲハ。妙
樂大師如何釋耶
答。如レ題
付レ之。本門既ニ非レ迹ニ。是顯本ノ説カ故ニ。玄文意。只昔所レ
説有レ迹。今佛亦有レ迹。故ニ今昔俱迹ノ句ヲ可レ立如何

答。實如レ難。昔迹今ノ迹ヲハ合シテ俱迹ト云意モ可レ有。而ヲ妙
樂大師。今日ノ本ヲ屬ル迹ニ事。今日ノ本門人一向ニ迹計可レ
執。故ニ爲レ破ニ此情ヲ迹佛所説ナレハ屬ル迹ニ也。爰以籤次下 頭三十八 利益
妙下 云。約レ經雖ニ是本門ト既是今世迹中之本名爲ニ本門ト 文 此 (天玄四、四五九)(指カ)
意也。凡ソ四句ハ一往事也。强ニ無レ失 (天玄四、四四〇)
14 眷屬妙下
頭二十九(同前) 玄云。當レ知。此諸菩薩隣レ佛窮ニ智度底ト事
尋云。千界塵數菩薩ハ皆等覺菩薩歟 (天文五、二一八三下。文句記)
答。涌出品疏云。雖ニ同補處ト久近不レ等。破知近者不レ側ニ 破イ故 側イ測
遠智ト 文 智イ者　知足坊 坊イ房
示云。本眷屬ト者。地涌菩薩也。是內證眷屬也。其形ハ前ノ
説法妙下ニ書レ之
尋云。地涌所居寂光ハ中下ノ寂光歟
私云。涌出品釋ニハ中下寂光ト釋セリ。然トモ今釋ハ。得ニ本時 (天玄四、四四〇。玄義) 得イ從
寂光空中ト出等云故ニ非ニ中下ト。本時ト者。約ルニ過去ニ
樣ナレトモ。實ニハ本有常住ノ菩薩界也。是無作三身ノ支分也。
サレハ覺大師。五相成身ノ私記ニハ。地涌四大士ハ地水火

風ノ四大種ト釋セリ。十界三千ノ依正二法(報カ)カ。皆無作ノ三身トモ地涌トモ被レ云也。能能可レ思レ之

頭二十九(天玄四、四四〇)
15 玄。地涌千界皆是本時應眷屬也事

問。地涌菩薩ハ久遠最初實成ノ時ヨリ應眷屬也ト可レ云耶

答。不レ可レ然

兩方。若爾ト云ハハ。經文ニハ。令初發道心ト云也(大正藏九、四一中)。近世力(爲カ)脱トモ(天文一、五九上。文句)云リ。若依爾ト(「レ之カ)云ハハ。今ノ解釋如レ題如何

答。自レ本云云 本時ニハ未タ二應眷屬一ナラ。但至二今釋一者。本時發心セル菩薩カ近世ニ成二ト應眷屬一ト云釋也。仍テ經ニモ釋ニモ不レ違也」

難云。今釋ハ本時ニ四種眷屬有ル事ヲ釋ル中ニ。先應眷屬ノ様ヲ釋ル也。如二今ノ義一本時ニハ無二ト應眷屬一可レ云歟

答。本時ニモ可レ有二應眷屬一也。此レ地涌外ノ菩薩ナルヘシ。而ニ今釋ハ地涌近世ニ得脱シテ以レ成ルヲ二應眷屬一ト例知ル二。本時ニモ可トレ有二應眷屬一例セヨト云釋也

難云。此義ハ不レ叶レ釋。釋意ハ地涌千界皆是本時應眷屬(天玄四、四四〇~二。玄義)也。所ニ以ニ無レ上(上㋑三)者。時節既久權轉爲レ實。但一無レ上(上㋑三)ト云ハ。本時ニ有カ二四種ノ眷屬一。時節久ケレハ皆本時地涌應眷屬ナルカ如クシテ。成ハ二應眷屬一無レ三云也。次ニ或可擧一例知有(同、四四二)三ト云ハ。本時地涌カ應眷屬ナルヲ擧ル二。餘ノ業ノ願通ハ可レ有ト例知ヨト云也。若近世ニ地涌カ成ナラハ二應眷屬一ト如シモ(㋑必歟)出シテ二地涌ヲ一餘三ヲ例セヨトハ不レ可レ云。可レ出二文殊等ヲ一如何

答。玄云。問。明二因果等一。皆是約二迹佛一(是㋣カ)指レ本。明二眷屬一(天玄四、四四三~四)而召レ本到レ迹何耶。答。因果等法幽微雖(雖㋑難)レ曉。故約レ此指レ彼。眷屬是人。召證爲レ易。或可下將二本人一示中迹人上。或將二迹法一顯二本法一互現レ意耳ト云ヘリ。此釋ハ本因本果ハ成レテ久難レハ明メ。以二今日久ヲ一可二例知一(成歟)眷屬ハ地涌本時弟子トシテ。中間ニ應眷屬トハ明(明㋑成)テ有ハ。出レ之釋ルニ有トレ謂レ云釋也

私云。已上ノ義ハ不レ叶レ釋

難云。師既ニ久成ノ如來也。弟子又本時ノ得脱ト可レ云也(記一。(天文一、五六下。文句記))。弟(地涌)子尚非實小「檢(「レ驗知師カ)師肝」非近成ト云ニ非耶 知足房

答。疏一云(天文一、五九上)。久遠爲レ種。過去爲レ熟。近世爲レ脱。地涌等是也文 此釋既ニ地涌ハ近世ニ成二ト應眷屬一ト聞リ。又今ノ玄云(天玄四、四四二)。時節既久權轉爲レ實(應)。但一無レ三(業願通)云ヘリ。此釋ハ地涌ヲ釋ルニ。時節既久ト云ハ。地涌カ本時應眷屬ト成ト云ハハ。事新ク時節既

久トハ不レ可レ云。知ヌ。中間ニ成ニト應眷屬一云ト聞リ。但至ニ記一ニ者。本時ニ下種セルカ故ニ非ニト實小一云也。爾ト云テ本時ニ成ニト應眷屬一ト云ニハ非ス

難云。見ニ玄文一（圓二十九）（天玄四、四四〇）。此諸菩薩〇（從カ）得ニ本時寂光空中一出ニ今時寂光空中一等云ヒ畢テ。次。地涌千界皆是本時應眷屬也 文（同前）明知。地涌菩薩ハ本時ヨリ住シテ寂光空ニ。本果時應眷屬也ト云事ヲ如何。又經ニハ。令初發心ト云ルヲ（大正藏九、四一中）。皇覺ハ初住ノ發心ト云ヘリ（「道カ）。是非ニ名字ノ發心一。若初住ナラハ可ニ應眷屬一ナル如何

答。住ニ寂光ニ云ヘハトモ（モ㋑テ）。應眷屬トハ不レ可レ得レ意。例ハ如ニ本結大緣寂光爲土ト云一カ（天文三、一三五九下。文句記）。是ハ圓教ニ結緣スルヲ寂光ト云也。仍最初ニ下種スルヲ住ニト寂光ニ云也。サテ皆是本時應眷屬也ト云ハ。中間ニ成ニト應眷屬一可レ得レ心也

難云。妙經ニハ。令初發心ト云ルヲ（大正藏九、四一中）。正法華ニハ。成無上正眞時（同、一一二上）（「〇カ）（成㋑カ）。勸悅テ（斯カ）此等衆令立不退轉（衆令㋑カ）文 此文ハ最初成道ノ時。地涌ノ菩薩ヲ（地涌）令レ叶ニ初住ニ（初住（「道カ））見タリ。若爾者。本時ニ非ニ應眷屬ニ耶如何

答。正法華ノ文モ本時勸悅ト云處ヲ取ル也（正覺カ）。次ニ令立不退轉ト（等カ）云ルハ。中間ニ叶フ初住ニ處ヲ云也

難云。如ニ今義一以ニ久遠下種。中間得脫者ヲ本時ノ眷屬ヲ釋スト云事難レ思。若爾者。久遠爲レ種。過去爲レ熟。王城得脫ト云ル者ヲ指出シテ可レ釋。何必地涌ヲ取出シテ釋ル耶。正ク目ノ前ニ王城得脫ト云ヲハ不レ出。地涌ヲ取出ハ可レト有レ樣覺タリ

答。記可（一カ）云（天文一、五九上）。發レ疑偏得ニ本名一（「故來カ）文 此釋ハ地涌ヲ取出ス事ハ。地涌カ涌出スルニ彌勒發スレ疑。因テレ之發ニ本門ヲ也。若本ヨリ住タル靈山ニ菩薩ヲ出シテ久遠下種ト云ハハ。發シテレ疑本門ヲ引起ル事不レ可レ有故ニ先出ニ地涌ヲ也。只下種計事ヲ云ハンニハ如レ難。王城得脫ノ者ヲモ可レ出。今ハ成ニ本門ノ序ト處ヲ云顯ントテ出ニ地涌ヲ也」

難云。若爾者。本時叶フ住上ニ者ヲ可ニ呼出一。〔何〕（㋑）中間得脫ノ地涌ヲ呼出シテ爲ル本時ノ眷屬ト耶

〔答〕（㋑）久遠ニ叶ニ初住ニ者ヲモ不レ出。王城得脫ノ者ヲモ不レ出（遠歟）。出ハ地涌一尤有ニ其謂。所以ニ。出シテハ王城得脫ノ者ヲ本門ノ近（近㋑遠）由不レ顯。又最初ニ叶フ初住ニ者ヲ出シテハ。佛三世ニ有ルヲ種熟脫ニ不レ顯。只久遠化道叶（叶㋑計）顯ルル也。故ニ出シテ地涌ニ三世種熟脫ノ有ル事ヲ顯ス也

疏九云（天文五、二一四四下）。三世化道（導カ）惠利無レ彊キヤウ 文

記云。（天文五、二一四四下）自二本成一來三世益レ物。故此三世皆屬二過去一 文 可レ思レ之。此釋出二地涌ヲ一三世益物顯ルト云釋也 已上西塔知足房

難云。案二十妙ノ大旨ヲ一。餘九妙ハ皆約シテ二最初實得ニ一論レ之。而ニ本眷屬釋レ之。業願通置レク之。應眷屬ヲ釋ルニ何約ン二中間ニ一耶。故ニ本時ト云ルハ指トコソ二最初實成ヲ一聞タレ。何ソ指シテ二中間ヲ一本時應眷屬ト云耶

此流云。先ノ西塔義ハ三世料（イ了）簡門ノ意也。此意尤可レ有。是ハ約ル二機情ニ一日ノ事也。然トモ一向三世料（イ了）簡ノ意ニテ云ヘハ。本時應眷屬ト云釋カ難キ也。是ヲ可レ得レ意樣ハ。本時ト云ハ一念ノ方ヲ云也。一念ト云ハ。三世一念ニシテ全非二過去久遠ニ一ハ。故ニ中間卽本時ト可レ得レ意也。其ニ取テ本時ト云ハ佛意一念ノ方也。次ニ應眷屬也。（天玄四、四四〇～一。玄義）所以無三者。時節既久權轉爲實。但一無三ト云ルハ。三世門約ル二機情ニ一也。所以ニ。本時四種ト不シテレ云。但應眷屬ト計云ハ。地涌ハ中間得脱ノ者ルカ故ニ。時節久ケレハ應ト云也。本時ニ聽テ非レ應ナルニ。立ニハ時節ヲ一三世料（イ了）簡ト聞リ。サテ次ニ或可擧一例知有三ト云ルハ。（同、四四二。玄義）立ニハ還テ本時ニ有ルコトヲ二四種眷屬一釋ル也。是ハ佛意ノ方也。一念ノ方ハ案位開心也。立ニハ三世ヲ一勝進開心也。本時應眷屬ト云ハ成ニ近「世應眷屬ト（「」イナシ）云者。聽テ一念ノ方ヨリ見レハ本時應眷屬ト被レ云。近」世ノ外ニ本時ハ無レ之。是一念中ノ三世門也 此ハ疏一ノ大勢威猛佛意方ノ三世門心也 サテ所以無三ト者。時節既久ト云ヨリ約ル二機情ニ一也。時節既久ト云カ故ニ 此ハ迷ノ三世門ノ意也 次ニ或可擧一流（イ例）知有三ト云ルハ（同前）擧レ應ヲ。又此外ニ業願通可レト有例知スト云事ニハ非ス。擧一ト云ルハ四種共ニ收ル也。所以ニ。本時ノ應ト云ルハ。本有寂光ノ應眷屬ト云ヘハ。六卽共ニ一念ナルヲ惣シテ應ト云也。サテ此一念ノ內ノ物ヲ見レハ。有レハ二六卽ノ不同一四種倶ニ有ト得レ心也。仍擧一ト云フハ一念。例知有三ト云ハ三千也。卽一念三千ノ全體一法ナレハ。應眷屬ノ外ニハ非レ立ニハ業願通ヲ一也

難云。釋意ハ例知有三ト云ヘルハ。何ニモ地涌カ應眷屬ニシテ如レ有ルカ。此外ニ定テ餘ノ三種ハ可レ有例知スト覺リ。地涌應眷屬ナルヲ指シテ又應眷屬カ。聽テ餘ノ三種トモ被レン云事ハ不審也如何 他流趣

答。十妙廣略釋。惣一家ノ釋中ニ地涌外ニ久遠ノ弟子トテ。全不レ擧二餘人ヲ一故ニ云ヒ二地涌ヲ一可レ有二四種一得レ意也。其旨如レ

前
難云。南岳ノ四十二字門ニハ。本初發心唯約等覺(期カ)ト云ヒ。記
九ニハ(天文五、二一五五上)。分別ニ所期(到カ)一。且云ニ極地一 文 此等ノ釋ハ地涌皆應也。等
覺ノ菩薩トコソ見レ。何ソ地涌ヲ云ニ可レ有ニ業願通(住前)一得レン意耶
答。地涌ト者。法性ノ淵底。玄宗ノ極地ニ居ル菩薩也。是則本
有常住ト得タル菩薩ソト云ヘハ。本門ノ意ハ(⌐イ者)六卽共ニ得タル二本有本
覺一ト也。此前ニハ一切衆生皆地涌也。一切衆生皆居ニ玄宗ノ
極地一ニ故ニ。仍他流所レノ談四種眷屬ハ迹門始覺ノ意也。六卽
共ニ本有常住ト云ヘハ。止觀ノ六卽ノ意也。弘一云(天止一、三七〇)。此六卽義
起レ自ニ一家一 文 一家ト者。大師己心中ノ六卽也。玄文六卽ハ
三周聲聞。始覺修入ノ六卽也。仍他流ハ玄文六卽ノ意ヲ引ヘテ
云也。故ニ六ノ故ニハ四種ノ眷屬分タリ。卽ノ故ニ(文⊡カ)皆地涌也。必モ
地ヨリ不ニトモ涌出セ一得タランハ二 玄宗ノ極地一 文 皆地涌ト可レ云也。
地ヨリ涌出ト云ハ且ク所表也。サレハ名疏四(⌐十カ)ニハ(卍續二八、三九七丁右上)。當レ知。淨名亦(或カ)
是本時眷屬 文 此ハ地涌外ノ人ナレトモ本時ノ眷屬ト釋セリ。地涌トテ
涌出ルハ別體ノ地涌也。是ハ惣體カ緣起タル也。惣體ノ處ニ一切衆
生ヨリ外ニハ無レ之。衆生所具ノ地涌カ分チ出タル也

菩提心論ニハ(大正藏三二、五七三下)。一切衆生本有薩埵(イ)〔文〕
法華懺悔ニハ(大正藏四六、九五三上〜中)。於ニ菩提中一見レ不ニ清淨一 文 一切衆生本來常
住ナルヲ。久遠トモ云ヒ。地涌トモ云也。久遠ト云ハ只我等一念也。
遍一切處ハ三世ヲ超過セリ。是ヲ且ク久遠ト云也
阿字釋
山王院云(佛全28、一一九五下。參照)。如來本壽ハ非ニ久近量一。隨レ機ニ示ニ現ヲ(⌐イ有)久近量一。
一念非ニ一念一卽是久遠劫ナリ。無量非ニ無量一卽是一刹
那ナリ。念體妙故ニ能無量ナリ。無量亦妙ナレハ只一念ナリ(⌐イ也)。〔一〕(イ)
念ニハ無ニク久近一本性空清淨無一論ニン何量(量イ重)一ヲカ。衆生無始ヨリ亦
一念ナリ。一念無量ニシテ遍ク無始ナリ。如ニンハ今我覺一レルカ只一念ナリ。
念體廣大ニシテ籠ニ元初一ヲ。元初在レ眼如ニ大通一。至ニテ智勝一一
切越タリ。塵點通量シテ壽亦超タリ。見ニ本不生一ヲ與レ今同。今昔
皆是我一念ナリ。無レシ非ニコト實相一ニ。本不生初中後際モ亦不
生ナリ。我ト佛ト衆生モ亦如レ是 文(佛全25、二九五上)
論記云。問。本眷屬ハ本時入道ニ。何故至レ今ニ更ニ加增
進スルヤ。答。種熟脫三世不レ絕。久遠爲レ種ツ過去爲レ熟。近
世爲レ脫。地涌等是ナリ。大師正說如レ此。更不レ疑(⌐可カ) 文
私云。三世一念ト得ヌレハ久遠卽只今也。依レ之玄一云。心(一念)

王得脫。心數隨得脫（三千）文
大日經云。（續天全密教1、六上。大日經疏參照）心王大日常成㆓自然覺㆒時。心數曼荼羅入㆓金剛界中㆒ニ莫シ㆑不トイフコト㆑成㆓差別智印㆒ヲ云云
物語云。昔行學（堂衆修學）騷動有リケルニ。神輿中堂ヘ振上タマヘルニ。法樂ニ修ルニ㆓八講㆒ヲ。皇覺ノ弟子弁然。地涌ハ本時ノ應眷屬ト答ケレハ。諸人殊勝也ト云テ滿ト㆓法樂㆒ニ云云　經藏房（房㋑坊）法橋
仰云。三世料簡（料㋑了）門意。五百塵點ノ最初眷屬ナレハ。時節既ニ久ケレハ。業願通三人轉シテ眷屬計ニ可㆑成。或可舉一例知有三ト者（缺字）只今併應眷屬計有ハ。最初ニハ業願通三ツ有リツラント釋ル處ヲ例知有三ト云也。諸流又寺門ナントノ料簡如㆑此。當流ニモ但一無㆑三ニテハ。三世料簡（料㋑了）意ニテ三筋有㆑之。但或可舉一已前ノ釋ハ。本時內證ノ實義ヲ釋ト可㆑得㆑意。是ハ當流ノ義也。本時內證ニハ十界共ニ可㆑有。業願通應四種眷屬無ン耶。本時ノ應眷屬ト被㆑云內ニ餘三モ可㆑有也。此三ハ皆其分有㆓業願通應㆒ナカラ跨節ノ眷屬ナルヘシ。全六卽ノ次位皆如シ㆓內證㆒ナルカ。拂迹顯本ノ說。起ノ後ハ迹門ノ修行得果スルカ。皆本時ノ內證ノ四種ノ眷屬ニテ有也。地涌ニ名字觀行ノ位ナル者モ可㆑有也。但本時ノ四種ノ眷屬モ可㆑有㆓案位勝進ノ二筋㆒也
尋申云。地涌菩薩ト者。一類菩薩カ實地ヨリ涌出タル歟如何
仰云。迹門機。同梵行者ノ見ニテハ爾カ可㆑見也。本門ノ實義ハ地涌ヲハ法性ノ淵底ニ遊テ涌トモ云ヒ。玄宗ノ極地ニ居ルヲ地ト云カ故ニ。本時內證ノ處ニ住タル菩薩ヲ地涌ト云也。故ニ拂迹顯本ノ後。自證妙覺ノ處ニ住シテ修行得果スルヲハ。只今修行スルトモ地涌ト可㆑云也
又仰云。三世料簡門ノ意ハ悉皆應生ノ眷屬也。本時自證ノ實義ハ。業願通應四種共ニ可㆑有也
尋云。地涌菩薩ハ迂廻入ノ者歟。時節既久權轉爲㆑實文（天玄四、四四二。玄義）此釋權教ヨリ來ル者ト聞リ。（十六）若依㆑之爾ト云ハヽ。修一圓因感一圓果文（天玄四、四〇四。釋籤）本時ノ應眷屬也。可㆑限㆑圓ニ也
一義云。此ハ業願通ハ權。應生ハ實ト云心也。仍非㆓迂廻入㆒ニ
（此流）一義云。地涌中ニハ果德ノ四教有㆑之。迂廻入者可㆑有。又直入者モ可㆑有㆑之。案位ノ邊ニテハ本有ノ十界也。勝進ノ邊ニテハ權轉爲實ル也。又本門開顯前ニハ三周聲聞モ地涌ト習也。此

邊迂廻入權轉爲實也。仍一切皆非迂廻入。十界共地涌得心（心㋑意）。可有迂廻入。可有直入者。地涌廣自本應生可有

大論云。如法華中。涌（踊カ）出菩薩名大眷屬內眷屬（大正藏二五、三〇三中。取意）文　如來內證眷屬云證據也

尋云。地涌菩薩權轉爲實釋有何證據耶

答。地涌云十界本覺處得意故。別經論證據不可尋。常修常證（五大院）菩薩釋故。十界本有得意。權轉爲實無疑也。始覺修入菩薩。其人云人出三周聲聞地涌可答也。妙法蓮華得（得㋑從）地涌出文　妙法者。十界十如也。十界十如地涌聞。若妙法地涌不得意。如州額傍縣使往人惑亂（疏三）。此他人方便品。爾前方便如得意。一家如此破也。涌出品如此可得意

問。界外涌出菩薩皆應眷屬歟

答。如經文皆應眷屬見

兩方。若悉應眷屬也云。以何得心。皆應眷屬云事。依之大師釋（天玄四、四四二）。或可擧一例知有三文　若依之爾云。見經文。下方空中住（大正藏九、四一中）云。釋（頭二十一）（天玄四、四二七。玄義）。住處者常寂光（名カ）土（「〇カ）文　皆應眷屬聞

答。（頭二十九）（天玄四、四四〇～二）今皆本時應眷屬也〇或可擧一例知有三（「〇カ）（天玄四、四四二）如料簡

16　（頭二十九）玄云。時節既久權轉爲實事

問。久遠下種者今日已前。必悉得度耶

答。（疏一）餘處釋〇久遠下種（天文一、五九上。取意）。王城得脫者釋

兩方。若悉得度云。衆生根性不定也。何悉今日已前皆得度。若依之爾也云。如題。今日已前得度聞

（西塔）答。今釋一往釋也。經文本時眷屬只地涌應生眷屬計召出。業願通眷屬不見上。本時業願通眷屬。時節既久成皆轉成應生眷屬故。只應生一眷屬有無業願通云也。只是經不見上一往如此釋也。若再往釋。時節既久權轉爲實道理不成也。次或可擧一例知有三云實事釋也。此釋意。地涌外三種眷屬非無今日。召出可有

只應生計召テ例シテレ之。本時ニ業願通ノ有ニ三種ノ眷屬一事ヲ令ニ例知一也ト云也

私云。此義例知有三トニ云ハ。地涌外ニハ餘三種有ト云義也。

今二ノ釋ヲ作ルニ。權轉爲實ト云ハ一往也。實ニハ今日マテ不ニ得脱セ一可レ有。例知有三ノ（三㋑之）釋實事也

東塔（東塔㋑[ナシ]）一義云。權轉爲實ノ釋ハ實事也。久遠下種者。今日已前ニ皆可レ得レ然也。次ニ或可擧一ノ釋ハ一往也。或ノ言ハ一往ト聞リ。疏一モ一往ト可レ得レ意。サレハ疏一ノ釋ヲ有無不定ト答也

此流云。三世料簡門ノ意ニテハ。久遠下種。王城得脱者可レ有。是ヲ約レハニ佛意ノ方一ニ一念ノ外ニ無レ法故ニ。得ハニ三世一念一ト本時ノ眷屬ト云也。故ニ三世ヲ經モ一念ナレハ。久遠ト今日ト同時也

論記 釋迦如來久遠壽量。皆在ニ衆生一念心中一文 仍權轉爲實ト云ハ迷情邊。或可擧一ト云ハ佛意方也。實ニハ二釋ナレトモ其體ハ一物也。只約シレ機ニ約ルレ佛ニ不同也。久遠ト者。記一（弘カ）ニハ。（天止一、三四八。弘決）不レ生ニ分別一名レ之爲レ久 文 一念不生ヲ久遠ト云也

義釋云。（續天全密教1、九〇上）衆生一念心中等 文 佛ノ方ニモ本有六識ノ方ニハ三世

有レ之。一念ノ方ニハ（㋑二十九）無ニ三世一也。鏡ノ譬可レ思レ之

17 玄云。[頭]二十九（㋑[頭][ナシ]）（天玄四、四四二）或可ニ擧レ一例知レ有レ三事

問。玄文中ニ釋ニトシテ本眷屬一ヲ。[頭]二十九（同、四四〇）地涌千界皆是本時應眷屬也

唐決 爾者又餘ノ三眷屬可レ有事ヲハ如何例ニ知之一耶

答。迹既ニ有リニ四種眷屬一例知ルニ。本ニモ四種眷屬可レトコソ有レ之。釋スラメ

進云。[頭]二十九（同、四四二。玄義）時節既久權轉爲レ實。但一無レ三。或可ニ擧レ一例知レ有レ三云リ。　付レ之。既ニ時節久ノ權轉シテ成レル實ト。例ニ知ニ之一彌ヨ餘三不レト可レ有聞タリ。時節久カ故ニ餘三ハ例ル事有ニル何ノ深意一耶

答。此ハ久遠下種セル者。五百塵點ノ間不レ入ニ妙覺一ニ。居ニシテ等覺一ニ成ルニ應眷屬一ト。以テレ有ルヲレ之例知ルニ。又時節久クトモ不レシテ成ニ應生一ト業願通ニテ居タルモ有ラメト釋スル釋也　廁（廓カ）坊隆惠義。皇覺ノ弟子也

難云。今ハ眷屬妙ヲ釋ル也。何ソ久遠下種者。不ルレ入ニ妙覺一ニ事ヲ論ン耶

新懷同レ之 仰云。久遠下種。應眷屬ノ一也。サテ迹中ニ四種眷屬有レ之。例ニ知之一ヲ久遠ニモ不レ限ニ一種一ニ定テ四種有ラント例知ル也。

依ㇾ之本書ニ。(天玄四、四四二。玄義)或可擧一例知有三ト云テ。頭二十九(同、四四三。玄義)迹中ニ始テ成ㇾ佛ニ。時(亦有カ)又業願通應有リ(有ㇾ云カ)等云云可ㇾ思ㇾ之。頭二十九(同、四四〇。釋籤)籤云。七眷屬妙中但出ニ本相一文 此釋ノ心ハ。迹ノ事ヲ出タレトモ本ニ釋セントスルト云釋也

尋云。但出本相ノ釋難ㇾ思。所以ニ本書ニハ。(同、四四三。玄義)說(從カ)ㇾ本乘(イ垂)ㇾ迹中(「迹カ)等云テ。迹中(イ得)ノ事ヲ明セリ如何

仰云。從本垂迹ト云タルカ故ニ本ノ相ト釋ル也。心ハ本時ノ內證ノ處ニ有レハニ四種眷屬一。垂迹ノ始成正覺ノ五百塵點最初。乃至中閒節節ニモ四種眷屬有ト之釋也。最初實成ニモ成道ハ乘(垂カ)迹始成也。此從本垂迹下ノ文ハ。或可擧一例知有三ノ文ヲ釋シ申タル也

尋云。地涌ノ菩薩。得ニ權乘益一耶

答。頭三十八(同、四五八。玄義)本亦應ㇾ有ニ偏圓利益一文

經云。(大正藏九、四一下)善入ニ出住ミ百千(「萬億カ)三昧(「〇カ)一。善能次第集(習カ)ニ諸善法一文

疏九云。(天文五、二二〇二下)善入出住者(「無量カ)〇藏通(通藏カ)意也。別意也(「〇カ)〇圓意也。次第集(習カ)諸善法。據ㇾ因爲ニ善集(習カ)一。就ㇾ果爲ニ善入一文

記云。(同、二二〇三下～四上)據因爲善集(習カ)等者。自ㇾ淺階ㇾ深故云ニ次第一。言ニ云云一者。善出善入善住(善入ㇾ住カ)皆應ニ從ㇾ果立ㇾ名。因皆善集(習カ)如ニ向分別一文 此釋意ハ。次第集(習カ)諸善法者。地涌菩薩因位ノ時ハ。四敎ヲ次第ニ習入ルト云事也。次第ノ字(字イ意)可ㇾ思ㇾ之。至ㇾ果ニ四敎同時ニ滿故ニ。就ㇾ果ニ住(云イ住)ニ百千三昧一云也。此文ハ正ク地涌ハ廻心入大ノ者ト聞タリ。依ㇾ之權轉爲實トハ釋ル也

難云。約ハニ四敎ニ只約敎ノ釋ニモ有ラン。何實ニ經ニ四敎一得ㇾ心耶

示云。(同、二二〇三下。文句)次第集(習カ)諸善法〔文〕(イ)可ㇾ思ㇾ之

尋云。地涌ヲ廻小入大トハ有ニ證據一耶

仰云。地涌種類多レハ何ノ時トモ不ㇾ可ㇾ定(定イ是)

覺大師釋
五相成身記云。地涌上首四大士。地水火風四大種云也。仍依報正報皆地涌也。眞言ニハ大悲萬行菩薩ト云時。一切ノ依正萬法皆菩薩ト云也

18　玄云。頭三十(天玄四、四四三)文殊觀音調達等。或稱爲ㇾ師事

尋云。釋尊觀音ヲ爲ㇾ師ト云事ハ。何ノ處ニカ見タル耶

答。觀音玄云。(大正藏三四、八九一下。取意)觀音三昧經中。正法明如來タリシ時。釋尊ヲ爲ニ苦行弟子一ト文 取意

千光眼經云。(大正藏二〇、一二〇上～一上。取意)如來一時在ニ白華山一。告ニ何(阿カ)難一言。我念ニ往

昔時一觀自在菩薩於二我前一成レ佛。號曰二正法明一十號具足。我於二彼時一作二苦行弟子一 文

19 玄云。調達阿私陀仙事 頭三十（天玄四、四四三。釋籤）（籤カ）（「卽是カ）

疑云。經ニハ無二陀ノ字一如何

答。經ノ本ノ不同歟

補注云。阿私陀。此云二無法一仙人ト也（卍續四四、五丁左下）（比カ）（「名カ）

20 玄云。問。迹本相望。千界塵則少。增道數則多事 頭三十（天玄四、四四三）

問。地涌菩薩ト增道損生ト相對シテ。數ノ多少ヲ論ンニ何多トカ可レ云耶

答。如レ題

付レ之。涌出品文云。如レ是諸大衆。若人行レ算數。過二於恆沙劫一猶不レ能二盡知一 文（大正藏九、四〇下）（籌カ）

又云。無量百千萬億菩薩同時涌出 文（同、三九下～四〇上）（百ナシカ）（「摩訶薩）

又云。如レ是等法。無量無邊算數譬喩所レ不レ能レ知 文 而ニ分別品ノ中。增道菩薩其數多ト云ヘトモ有二齊限一。涌出菩薩旣ニ無量無邊也如何（同、四〇上）（比カ）

答。涌出ヲハ無量無邊ト云トモ。一大三千界地破裂シテ同時ニ出ト云カ故ニ。分限狹ケレハ其數モ可レ少カル也。コトコトシク云ヒ立テテ云ハン料。無量無邊トモ云也。分別品ニハ多ノ世界ノ擧テ塵數ヲ爲レ譬。其數實ニ多也。籤ノ意如レ此。況二世弟子得二種種益一 文（天文五、二三八六上。文句）

記受レ之。地涌過去靈山現在 文 仍分別品ハ過現ノ菩薩得益ナレハ增進ハ多也（同前）（踊カ）

難云。設三千界也トモ。相續シテ前後無量無邊ニ出ハ其數何ソ少ラン耶

答。前後ニ出事無レ之。同時涌出 文 疏本末ヲ合ル事ハ樂音坊義也 頭三十（天玄四、四四四。釋籤）

問。妙音大士ハ久本弟子歟

答。難レ計

兩方。若久本弟子也ト云ハハ。今本眷屬ニハ不レ得レ之。若依レ之爾ト云ハハ。疏十ニハ。召二本弟子一 文 如何（天文五、二六〇三下）

答。如二三百帖一云

21 玄云。法身先滿無レ增不レ減事 頭三十（天玄四、四四三）（地涌 增道 中道）（無レ減カ）

問。本迹法身ニ有二淺深一耶

答。法體ニハ無二不同一今釋此意也。サテ約レ機シテハ機ニ有二不同一。

迹門機ハ諸法性ヲ執ル故ニ不可見理ニ懸レ目ヲ也。本門ノ機ハ諸法ノ性(性イ相)ヨリ外ニ理性ト云物ハ無レ之見ル也。故ニ約レハ機ニ有ニ淺深一也。サテ終ニ悟テ見レハ無ニ不同一也

起信論 若得始覺還同本覺ト云云(大正藏三二、五七六中。取意)

籤一 本中體等與レ迹不レ殊 云云(天玄一、五七)

心地觀經 前佛後佛體皆同 云云(大正藏三、三〇五中)

口仰云。依ハ執情ニ有リ不同一。不同ト云ハ本ニテハ此火起リナレスルヲ法身ト習也。迹ニハ此火ノ中唯法性ノ常ナル義ノ有ヲ法身常ト云也。實事ハ本ニテ見レハ其法體ハ同物也

頭三十一(天玄四、四四三)玄云。但約ニ權化一。有ニ四句一論ニ廣狹一文

頭三十一(同、四四四)籤云。四句分別亦例ニ前文一云云

22 八本涅槃妙下(天玄四、四四四。玄義)

頭九(同、三八四。玄義)示(妙カ)云。本涅槃妙者。本時所證斷德涅槃文上ノ略釋。妙覺所證果果斷德ヲ本涅槃ト云也。大經云。一切衆生大涅槃相。不レ可ニ復滅一。大般涅槃果果斷德文本來不生亶。三千世閒ノ諸法。境智冥合シテ有ル中ニ。智方ヲハ(隨緣眞如)自受用ト云ヒ。境方ノ事事法法寂然ナル方ヲ涅槃ト云也。止觀ノ旨歸同レ之。此斷德ト云ハ。萬法ハ本來常住ニシテ可キレ斷非レ法ニ談ルヲ斷德ト云也。此始覺ノ智ヲ亡スルヲ斷ト云也。本門不變眞如ノ法性寂然名止ノ處也。止觀一部始自リ大意一至ニ旨歸章一皆三德ト習是也。而ヲ娑婆ハ無常ノ執情深カ故ニ。爲レ對ニ治センカ之一ヲ法華外ニ立ニ涅槃經一ヲ也。本時ニハ淨土ナルカ故ニ無常ノ執情無レ之故ニ。別ニ不レ說ニ涅槃經一ヲ。法華中ニ立ニ涅槃妙一ヲ也。本時ト者。自行內證常寂光土ノ萬法一心處也。六卽共ニ大涅槃ナル處ヲ談スルヲ理卽ト云也。立ルハ六卽一ヲ豎ノ義也。理卽ヨリ外ニハ無レ法云ハ橫ノ義也

而ヲ止一(弘カ)(天止一、三八四。弘決)ニ。果及果果仍成ニ存(存カ)敎道一ト云テ。妙覺計ニ置クニ涅槃一ヲ事ハ敎道思議境ノ意也。圓ノ實事ハ三千世閒依正己ト有ルヲ法體ノ本涅槃ト云也。此理ハ我等モ備レテ之。本有法身ノ體是也。其中ニ法華ニハ。我所得智惠ト云テ。(大正藏九、九下)境智冥合ノ中ニ談ニ智德一ヲ也。涅槃ニハ談ニ境ノ方一ヲ也。止觀一部ハ此二ヲ釋ル也

義例云。(大正藏四六、四四七上)一依法華本迹二門。二依涅槃扶律說常(顯實カ)ト釋ル此意也

23 頭三十一(天玄四、四四四)玄云。故約レ此指レ彼事

(卍續四四、三三二丁左下)
備云。本因之法指ニ智行位三妙ニ。迹因法指ニ迹佛行因ニ。本
果法久證三軌ニ。(指ニカ上)(今カ)(之ガカ)迹果法指ニ四佛近所證法及三十四心ニ 文 (二カ)

24 玄云。或可下將ニ本人ニ示中迹人上事 (顯三十一)(天玄四、四四四)

備云。生ニ四弟子ニ爾示ニ迹佛ニ。卽有ㇾ異前文以ㇾ佛顯ㇾ佛 文 (卍續四四、三三二丁左下)(而カ) 迹文也

25 玄云。或將ニ迹法ニ顯ニ本法ニ事 (顯三十一)(天玄四、四四四) 地涌也

備云。本弟子所證ニ迹佛之證ニ云リ (「イ證イ今日釋迦)(卍續四四、三三二丁右上)
知足房云。或將本人者。今地涌是也。或將迹法顯本法ハ卽
本因本果法也 云云 此義文叶ヘリ

26 籤云。四恆離車事 (顯三十二)(天玄四、四四五)

備云。離車ハ梵音也。此翻ニ邊主ニ。其國多ㇾシ義讓コトニ五百長 (卍續四四、三三二丁上)
者ニ迭爲ㇾ王 文　補注同ㇾ之

27 籤云。六恆匿ノク王事 (顯三十二)(天玄四、四四五)

疑云。見ニ大經ヲ列衆ニ六恆匿王不ㇾ見如何
答。唐本ニハ六恆國王 文 又六恆トハ不ㇾ見。如シ補注ニ。六卷ノ泥 (同前)
薗經ニ正ク六恆ト云リ (洹カ)
難云。匿王ニ何ッ有ラシ六恆ニ耶
答。王ノ眷屬歟

(卍續四四、五丁左下)
補注云。六恆ト者。經無ニ六恆之言ニ。但云ニ供具ニ。六倍ニ於
前ニ耳 文 章安云。(文ガカ) 卽六恆也 文

28 籤云。繞無量匝事 (顯三十二)(天玄四、四四五)

補注云。繞無量匝者。經云ニ三匝ニ耳云ヘリ (遶カ)(遶カ)(卍續四四、五丁左下)

29 籤云。又阿闍世王及其夫人事 (顯三十二)(天玄四、四四五〜六)

疑云。籤云。大經列衆。阿闍世王 文 而ニ列衆ニ無ニ闍王ニ如 (天玄四、四四五〜六)(「〇カ)
何
答。闍王ハ後來ノ人也。此ヲ列衆ト釋ル也 (也イ歟)
補注云。又阿闍世王及其夫人者。列衆文中除ニ迦葉ニ。阿 (卍續四四、五丁左下)(葉イ小)
難。闍王及夫人ニ也。闍王至ニ下文梵行品ニ方ハシメ來耳。阿難
至ニ陳如品ニ方來耳。迦葉至下正欲ニ陀毘ニ時上方來耳 文 (葉イ小)(將カ)(荼カ)

30 籤云。視毒能殺人事 (顯三十二)(天玄四、四四六)

補注云。視毒者。毒蛇視ニ能殺ㇾ人者ニ也 文 (卍續四四、五丁左下)(「卽カ)

31 籤云。十六惡律儀事 (顯三十二)(天玄四、四四六)

備云。一爲ㇾ利養ニ烝ムス羊セウヲ肥シテ已テ轉賣ハイ。二爲ㇾ利屠ト殺。三 (卍續四四、三三二丁右上)(羔カ)(「已カ)
養ニ猪賭ニ肥轉賣。四爲ㇾ利買已屠殺。五養ニ牛犢ニ肥已轉
賣。六爲ㇾ利買已屠殺。七養ㇾ鷄令ㇾ肥肥已轉賣。八爲ㇾ利 (雞カ)

買已テ屠殺。九㪺(鉤カ)釣レ魚。十獵レウ師。十一劫カスメ奪ウハウ。十二魁ケ膾エケラウ。十三網捕ニ飛鳥ヲ。十四兩舌。十五獄卒(率④卒)。十六呪龍 文 此涅槃經ノ文也

32 籤云。廣三寸身大如レ臂事（天玄四、四四六）圓三十二

補注云（卍續四四、六丁右上）。廣三寸身大如臂者誤也。准ニ爾雅ニ云。博三寸首大如レ臂(擘カ)。臂(擘カ)音迫注孟(了子カ)云。巨臂(擘カ)大指也。郭璞注爾雅云。身廣三寸。頭大如ニ人臂(擘カ)指ニ。今文所レ引卽注文云。廣三寸也 矣

33 玄云。無邊身菩薩弟子之位事（天玄四、四四五）圓三十一

疑云。無邊身菩薩○(○④也)是他方佛ノ弟子也。何ソ如レ此引ク耶

答。弟子之位ト者。只因位ト云事也。況他方佛弟子モ來ハ皆本緣相關ル故ニ。釋迦ノ弟子ニテモ有ル也。如ク妙音ノ也

34 籤云。言ニ無邊ト者。身實有邊而名ニ無邊ト事（天玄四、四四六）

問。大經時所レ來無邊身。菩薩ノ身量ハ實ニ無邊ル歟

答。實ニ無邊ト云心モ可レ有レ之

進云。如レ題。　付レ之。大經文云（大正藏十二、六一〇下）。無邊身菩薩身體(大カ)無邊令(量カ)同ニ虛空ニ。唯除ニ諸佛ヲ。無ミ能ク見リ(了餘カ)是ノ菩薩ノ其量(了身カ)遍(邊カ)際ヲ 文 故ニ此菩薩身量ハ實ニ無邊也。而ニ何如レ此釋ル耶。況ヤ彼疏ノ意ハ。少分無量ト者。古人義也。疏中ニハ廣ク破レ之。何今還テ古師ノ義ニ同ル耶

答。無邊身ノ菩薩ト者。卽レシテ邊ニ無邊。卽ニシテ無邊ニ邊也。是則約レハ來時ノ相ニ有邊也。約ハ實報土ニ無邊也。古人ハ實ニ無邊ナル義ヲ不レシテ知一向ニ有邊ト云カ故ニ破ル之也

難云。若爾ハ。地住已上ノ菩薩ハ皆可レ有ニ此義ニ。何不レ名ニ無邊身菩薩ト耶。故ニ知ヌ。實ニ此菩薩ハ無邊ナルニモヤ有ラン如何

答。實ニ內證ヲ云ハハ一切菩薩可ニ無邊ナル。而此菩薩ハ無邊ナル處ヲ別德トシテ名ヲ付タル也。各稱本習ノ意也。例ハ如シ一切菩薩智惠ハ有レトモ文殊ハ持タルカ智劍ヲ

涅槃滿云（卍續五七、三七九丁左下）。少(小カ)分無邊者。他解如ニ阿彌陀佛ノ。此云ニ無量壽ト。其實有量以レ有ニ觀音補處ニ破(破④故)也 文 今ノ籤ト滿文トハ實ハ同也」

知足坊云。若依ニ法身ニ可ニ無邊ナル。若依ハ應身ニ可ニ有邊ナル。他人ハ執ルカ一邊ニ故ニ破レ之也

補注云（卍續四四、六丁右上）。無邊身ト者。章安云。菩薩妙(了妙カ)色。邊卽無邊(卽邊カ)。無邊卽邊。非レ邊非ニ無邊ニ。「非ニ無邊ニ。」邊卽無邊。故同ニ虛空ニ。無邊卽邊故從レ彼來レ此。雙遮雙照不可思議也 文

35 玄云。八十二歳入滅事　頭三十三（天玄四、四四七）

疑云。法華説時八箇年也。若爾者。八十入滅ナルヘシ。今何ソ八十二歳ト云耶

答。佛壽入滅等ハ大小經論ノ異説也

36 玄云。八十二歳老比丘○果報壽命中夜而盡○此三藏佛相○可度衆生縁盡息レ化。入ニ無餘涅槃ニ。此通佛涅槃相也事　頭三十三（天玄四、四四七〜八）（涅槃カ）

疑云。玄四云。通佛與三藏佛惡同亦異。中云同八十年同入灰斷シク。今何ソ如レ此分別ル耶　（天玄三、三〇六）（此カ）惡イ亦（中云カ）（「眞カ）

答。非也。同八十年ノ壽也トモ。其齊業齊縁ノ不同可レ有故ニ。今釋ハ如レ此釋ル也　其イナシ

37 老比丘身事　頭三十三（天玄四、四四七。玄義）疏一ニ引ニ增一ヲ 如ニ問答ノルカ

記一云。老比丘者。從ニ後異ノ説矣　（天文一、一〇九上）（故カ）

覺大師云。老比丘長老ノ相也　文

38 籤云。周那事　頭三十三（天玄四、四四八）

補注云。周那亦是純陀。梵音不同耳云リ　（卍續四四、六丁左下）

備云。純陀梵音楚義耳。純陀此音ニ妙義ノ　文　（同、三三二丁右上）（恐カ）イ僞歟（翻カ）アラシ（夏カ）

---

39 籤云。阿難白。長者事　頭三十三（天玄四、四四八）

備云。經中是白レ佛耳。非レ白ニ長者ニ。以ニ次佛答ヲ勿レ作ニ是言ヲ。知是文誤　文　（卍續四四、三三二丁右下）

40 籤云。佛最後於ニ其舍ニ入ニ般涅槃ニ事　引ニ長阿含ヲ　頭三十三（天玄四、四四八）

問。佛於ニ何處ニ入ニ般涅槃ニ耶

答。雙林ニシテ入涅槃ル也

進云。如レ題。付レ之。佛沙羅林ニシテ入ル涅槃ニ。何於ニ純陀カ舍ニ入涅槃ト云耶

答。文言不レ委也。佛最後ニ詣ニ純陀舍ニ往テ沙羅林ニ入涅槃セン事ヲ惣略シテ云ヒ擧タル也　樸ホク（僕カ）抄 知足坊同レ之　坊イ房

難云。章安釋ニハ正ク純陀カ舍ニシテ般涅槃ストセリ釋　如何

答。其釋モ以ニ長者ノ意ヲ思ハ文不レ委也

備云。舍下脱ニ一食字ヲ。今撿レ文證レ之。第三云。阿難白レ佛。那設レ供。答レ有ニ福利ニ。何以故。如來最後於ニ其舍ニ便取ニ涅槃ニ。佛告ニ阿難ニ。勿レ作ニ是言ヲ。周那獲ニ大利ニ。乃至生レ天等。若涅槃經。本雙林示レ滅。章安。若見ニ佛自行ニ乞食ニ答ニ純舍ニ食ニ毀茸羹ヲ中夜入滅如向中雙林上。此是小機　（卍續四四、三三二丁右下）乎イ字　長阿含　（「周カ）（無カ）（「爲レカ）（食カ」）（「云カ）（「陀カ）イ散（興カ）見イ歟（到カ）ニ カン（檀カ）クサヒラアツモノ（同、三三二丁右上）

一二〇

所見也 文

41 玄云。論云。六地菩薩見思已盡事 圓三十三（天玄四、四四八）

疑云。釋論中。六地思盡ノ文不レ見如何

答。大論ニ以二十度ヲ一對二十地ニ一時。六地ニ對ル二般若ニ一也。此ハ六地思盡ノ證也

威抄云。止六ニ。（天止三、六三七）第六地般若入空之惠。斷レ惑盡與二羅漢一齊 文 以レ是思ヘハ大論文モ（地カ）斷惑ノ惠也。大論云。菩薩第六地（大正藏二五、四一六上）（住カ）中。具二足六波羅蜜一。觀二（「一切カ）諸法空一。未レ得二方便力一故（故カ） 文 此ハ一家齊二羅漢一云云

42 大經云。因レ滅二是色一獲二得常色一。受想行識亦復如レ是 ○ 別佛涅槃相也事 圓三十四（天玄四、四五〇。玄義）

問。玄文中ニ釋トシテ二別教涅槃相ヲ一引ク二大經文ヲ一。爾者何ル文ソ耶

答。如レ題

付レ之。別教只明二理性常住ヲ一。全不レ論二五陰常住ヲ一。既ニ云二五陰常住ト一。何ソ別教ノ意ナラン耶

答。以二因滅是色ヲ一別教ノ意ト可レ云也。獲得常色ハ圓教ノ意ナルヘシ。但別教ノ意ニテハ眞如ハ（ニ(イ)マ）色ノ（色(イ)邊）性ナルヲ指シテ獲得常色ト云ト可レ得レ心也。眞如内ニ諸法ヲ備タリ。眞如法性ニテ生ストハ諸（「(イ)諸）法ヲ不レ云也。故ニ成ル二所依ト一眞如ニ與ル二常住ノ名ヲ一歟。彼ノ唯識ノ意ハ。眞如ハ色ノ性ナルヲ第九識ト立タリト云カ如シ。別教ノ機ハ如レ此可キ二聞成ス一也

43 籤云。既云二滅色乃至滅識一即是界外析色之義事 圓三十四（天玄四、四五〇）（(イ)色歟）

問。別教ノ意。於二界外土ノ意法ニ一論ト二體空觀ヲ一可レ云耶

答。體空ノ義可レ有。色色如レ題

付レ之。論二界内體空ヲ一。界外ニ豈ニ有ン二析空一耶。依レ之玄文第九云。（天玄五、一二一）別門體二滅生死色一 文 如何

答。望ハ二圓ノ相卽ニ一析空ト云ヒ。望ル二界内ニ一時ハ體空ト云。更ニ無二相違一。界内界外共ニ事相ヲハ析空ト可レ云也。仍今ノ釋ハ有二其謂一歟

決七ニ。（天止四、三六九）別教既是界外析法 文

44 玄云。獲二常住有餘涅槃一 ○ 獲二常住無餘涅槃一 ○ 別（佛カ）教涅槃相也事 三十四（天玄四、四五〇）

問。別教意。談ル二有餘無餘涅槃ヲ一耶

答。如レ題

付レ之。藏通所談也。何ソ別教談ニ此義一耶
答。此ハ別教教道意。附ニ傍通門一ニ意也
依レ之籤云。（頭三十四（同前））故以ニ因盡一久爲ニ有餘一果亡（名カ）名爲ニ無餘一。理而
言レ之。變易因果不レ應レ分レ二。當レ知爲レ成ニ別教義一也 文
私云。界外土ニ實ニ無ニキ二涅槃一也。以テハ因移ヲ有餘ト云ヒ。
以ニテハ果易一ヲ無餘涅槃ト云也。作事也
45 玄云。（頭三十四（天玄四、四五一。取意））像法決疑經云。或見ニ如來一切（劫カ）滅一劫一。通教（大正藏八五、一三三七上參照）
佛也事 取意
問。玄文中ニ像法決疑經ノ或見如來住世一劫等文ヲ引ケリ。
爾ハ是ハ四教ノ中ニハ何ノ教ノ意ソ耶
答。文相次第通教ト見リ
付レ之。通教也ト云ハ。玄文第四卷ニハ。（天玄三、三〇六。取意）通佛ト三藏トハ同ク八十
年也 文 今何ソ以ニ住世一劫等一ヲ通教ト云ル耶
答 云云 通教ニ取テ（取⑦得）二乘鈍根（當通機）ノ菩薩ハ。同ク三藏ニ八十年ト見ル
也。利根（被攝機）ノ菩薩ハ一劫（半劫）滅（滅カ）一劫ト見ル也
籤四（籤四⑦九（教カ））當通二義（天玄三、二九六）○ 文
籤四云。（同前）涅槃異中ニ言レ留ニト舍利一ヲ者。若下本門中ニハ通佛ニ

亦言ミ同ク入ニト灰斷一ニ者。當教二義不定ナルカ故ニ。利鈍菩薩所
見ノ不同ルカ故ニ 文（天玄四、四四七～五一）
玄七云。果報壽命中夜而盡。入ニ無餘涅槃一 ○ 三藏佛（佛⑦カ）涅槃（同三藏當教ノ機見也）
相 ○ 可度衆生緣盡息レ化。入ニ無餘涅槃一。此通佛涅槃相 ○
像法決疑經云 ○（大正藏八五、一三三七上。取意）或見ニ（被攝機見也）如來住世一劫滅（滅カ）一劫一 ○ 通相也
云リ
難云。今ハ釋ニ四教涅槃處一也。仍可レ約ニ當通一。何云ニ被攝一ト
耶
答。擧ニ身相一ヲ。或見小身大身ト云ハ。利鈍二人所見ヲ擧ケ例レ
之也
難云。若見ルハニ一切（切⑦劫）等一利根ノ被攝ノ機ソト得ハ心。後教ノ無量
劫ト可レ見。何ソ限ニ一劫等一耶
答。後教ト同ク不レ見事ハ。未レ移ニ後教一フマエ處。通教ナル故ニ
勝ニ當通一ニハ不レ及ニ後教一ニハ見ル也。覺大師釋ニ。一劫滅（滅カ）一劫ハ
別攝圓攝ノ所見（位妙下）云云
尋云。玄四ニ釋ニ通教ノ入涅槃一ヲ。無ニ（⑦言歟 籤四）留舍利一（天玄三、二九六）者。若下本門
中等 文 通教機ニ利鈍ノ見ノ不同ヲ釋ル事處處有レ之。（玄三。疏四）其中ニ

列ヌ二引ク本涅槃妙ノ下ノ文ヲ一事如何

答。此ハ有ニ其意一也。所以ニ。通機ニ二意有レ之。一ハ當通機。是ニ見ニ生身ノ舍利一ヲ。二ニハ利根機。是ハ法身ノ舍利ヲ見ル也。其取テ迹門位妙ノ下マテハ。被攝機ハ理圓ノ法身ノ舍利ト見也。サテ今ノ本涅槃妙ノ下マテハ當通機。如レ上生身ノ舍利ト見也。是一近故等ノ故ヲ釋ル故也。被攝機ハ本有常住。事圓ノ法身ノ體ト見ル也。是付テニ文場フミハニ一云替ル也。仰義ニ多寶表ニ法身ヲ一故ニ。全身ノ舍利ハ本門教主ノ入滅ノ相ヲ示ス也云云是惣體ノ多寶也。非ニ別體ノ多寶一ニハ。本有常住不生不滅ノ體ヲ顯ス也。サテ今釋ニ當分。跨節有レ之。跨節ト者。被攝機所見也。卽當分ヲ本有常住ト見ル也。被攝機カ斷ニ無明一ヲ云ハ。正ク斷無明ハ本門意ニテ斷ル也。仍事圓ト可レ開也。四句マテハ迹門ノ分ヲ談ル也

46　籤云。下文答中如ニ長壽品一作ニ寄レ金譬一等事　頭三十五（天玄四、四五三）

補注云。下答者誤也。此非ニ佛答之文一。乃是迦葉設ニ三十六問一之外（「〇カ）後比丘白レ佛之辭耳。若乃佛答ニ迦葉之問長壽一者。是金剛身品耳　文（卍續四四、六丁左下）（乃カ」）外後イ前諸

備云。經云。諸比丘白レ佛。譬如老人年百二十歲。餘命無レ（同、三二二丁右下）幾イクハク。有ニ一富人一緣レ事欲レ行。以ニ百斤金一寄ニ是老人一。而作ニ是言一ヲ。以ニ是寶物一ヲ而用寄レ汝ニ。我他日ニ還（「還カ）ン時（云カ）歸セレ我ニ。是老人命終ス。所レ寄之物悉皆散失云云乃至三世尊若シ以テ法寶ヲ一付三屬ス阿難ニ等者。不レ得ニ久住一。蓋シ諸聲聞悉皆無常ナリ。故如ニ彼老人一。應下以ニ佛法一ヲ付中屬ス諸菩薩上ニ。得ニ久住一故ニ。如三彼ノ壯サカン人受ニ他寄物一。百金ト者。章安云。喩ニ百句解脫一ニ云リ

47　籤云。廣明護法事　頭三十五（天玄四、四五三）（卍續四四、三二二丁左上）

備云。如レ云下護ニ持正法一者。不レ受ニ五戒及諸律儀一。帶ニ持シテ刀劍弓箭ヲ一護中持ス清淨持戒比丘上　文

48　玄云。彼經雖ニ一兩處說一事　頭三十五（天玄四、四五二）（卍續四四、六丁左下）

補注云。〇者如ニ章安解一ルカ。佛讚テ迦葉三十六問ヲ一云。我初座（坐カ）シ道場ニ。亦有ニ菩薩一來テ問ニ此義一ヲ。乃是元初圓滿始坐ハ非ニ方便ノ道場一ニ。又引ニ第二卷一云。我已ニ久於ニ無量劫一來成佛。亦如ニ法華成佛久遠一。此豈非ニ是大經ノ中ニ明ニ過去常一耶。又法華一兩處ニ說未來常者。卽壽量品ノ長行ノ中ニ（其カ）寄ニ常住不滅ノ四字ニ明レ之。既ニ是不滅（イ立歟）益至ニ未來一ニ。又方

便品ノ未來佛章ニ世間相常住ト云處(是カ)也〔文カ〕
49 玄云。圓三十四(㋑六敗)(天玄四、四五四)利根知ニ本常ヲ知(知ㇱカ)未來亦常。解ニ未來長壽ヲ亦
解ニスル本來ノ長壽ヲ事
問。知ニル未來常住ヲ者。必ス知ニ過去ノ常住ヲ歟
答。可レ知也
兩方。若知ト云ハヽ。華嚴經ニ明ニ未來常住ヲ。彼座ノ機。何知ニン
過去常ヲ耶。說別教ニハ明ニ未來常ヲ。爭カ彼機知ニ過去ノ常ヲ
耶。若爾ト云ハヽ。如レ題。惣シテ爾前迹門ヲ云ハヽ。未來常住ト
知レトモ不レ可レ知ニ過去常住ヲハ。始覺ノ機ルカ故ニ。但今釋ハ法華(本門)
涅槃ノ二經ヲ相對シテ釋ルニ。法華機ハ過去常ヲ說クニ。利根ノ機ハ
未來常住ヲモ知ル。過去常ヲ專トシ。少シ未來常ヲ說故ニ。又涅槃
機ハ未來常住ヲ說トモ過去常ヲモ知也。彼經ニ少說ニ過去常ヲ
故ニト云釋也。仍無ニ相違一也
50 籤云。圓三十五(天玄四、四五三)答中如ニ長壽品ノ等事
私云。長壽品ハ非ニ佛答ニ。金剛身品コソ佛答文ニテ有ル如何
答。補注ニハ。誤(卍續四四、六丁左下)云云
有云。金剛ニ有ニ兩品ニ。下文答中ト云ハ指ニ長壽品ヲ。其品ニモ

如ニ金剛心(身カ)品ノ金譬有釋也
51 玄云。圓三十六(天玄四、四五四)又二萬燈明迦葉。皆不レ說ニ涅槃ヲ。只於ニ法華ニ
明ニ本常未來常ヲ事
尋云。二萬燈明ハ法華本門ヲ說耶
答。爾也。如レ題。於ニ法華內ニ(同前)(明カ)法華ニ本常未來常(涅槃)文於ニ本門ニ立ニル
本涅槃妙ヲ證據也
難云。最後ノ佛コソ涅槃ヲハ不レ說。其外佛ハ不レ說ニ涅槃ヲ云
事。不レ見レ之如何
答。以ニ最後佛ニ例レ餘也
52 九壽命妙下(天玄四、四五五)
示云。本佛自受用報身智也。三千世間依正宛然ノ智ヲ壽
命トハ云也。此壽命ハ非長非短ノ壽也。サテ此非長非短ノ處ニ
長壽ヲ具足ルヲ機前ニ現ル時。第二番ノ成道已後ニハ示ニ長壽ヲ
也。以テ有ニヲ垂迹長短ヲ有ルコトヲ本地長短ノ知ナリト釋ル也。所以ニ
玄云。(同、四五六)年紀大小者。約レ迹而懸指レ本也云ヘリ
籤云。圓三十六(同前)卽引ニ中間ヲ以擬ニ於本ニ文若本壽命非長短ト云テ。
無ニト長短ヲ云ハヽ可レ成ニ本無今有ノ法ニ。開諸經中(天文五、二二二五上。文句記)○可レ思レ

之

53 籤云。三十六問事 ㋑三十五（天玄四、四五三）

疑云。涅槃疏ニハ諸師ノ說不同ヲ擧レ之畢テ。今依ニ河西一爲ニ（大正藏三八、七七上）爲㋑方（ア○カ）三十四問一文如何

答。涅槃疏ハ付レ經ニ三十四問ト釋ス。今依ニ開善ノ義一三十六問ト云耶

54 玄云。此兩佛但齊レ業齊レ緣事 三十七（㋑顯）（天玄四、四五六）

問。三藏敎ノ佛ノ壽命ハ。齊業有緣ノ中ニハ何ソ耶 有㋑齊 如ニ宗要四敎八相ノ算一（答缺）

55 玄云。別敎登地○亦示ニ九界身一事 顯三十七（天玄四、四五七）

疑云。此釋ハ別敎登地ノ菩薩。二乘ノ身ヲモ示ト云ル歟。若爾者。又二乘ノ敎ヲモ可レ說歟。若說ハ何ソ法四人一ト釋ル耶

答。今ノ釋ハ證道同ノ意也。當別敎ノ意ニハ非ス。次下ニ。圓敎登（同前。玄義）住時亦如レ是文 證道同ト聞タリ（同前）

問。玄文ニ釋ニ壽命妙一ヲ引ニケリ我本行菩薩道ノ文一ヲ。爾ハ所レノ云壽命ハ惠命歟。將報命歟。若報命ト云ハハ既ニ云ニ今猶未盡一ト。知ヌ惠命ト云事ヲ。果報ノ命ナラハ。何ソ至テ果位ニ未盡ト云ハン耶。若依レ之爾ト云ハハ。玄文ニ釋シテ果報業命ヲ引カ今文一故ニ可ニ報命ナル被レ得リ

答。地體惠命也。サレハ本因妙ヲ釋ル處ニハ惠命ト釋セリ。但今釋ハ引果報壽ト釋ルカ故ニ。報命ト云意モ可レ有レ之。但至レ難ニ者。因位ノ報命。萬行爲レ因無明爲レ緣等云リ。此ヲ爲レ因ト果報ノ土ニハ生スル無明爲緣ノ邊ハ。彼モ萬行爲因ノ邊ハ至テ果位ニ可レ盡也。功德所感ノ邊ハ全不レ失者也。他受用身ヲ等覺一轉シテ依テ因位ノ萬行ニ入ニ妙覺一ニ。其身ハ本ノ等覺ノ身ナカラ叶ニ果位一ニハ也。故ニ是コソ因位ノ萬行カ果位ノ報感得ニテ有レ。故ニ功德所感ノ邊ハ至テ果位ニ不レト盡被レ云也

疏九云。既有初住眞變易壽文（天文五、二三三三下。文句記）（豈カ）變易壽ト云ハ。擧テ所依身ヲ能依ノ惠命ヲ顯ス也。設又報命ニテ有レトモ。功德所感ノ邊ニ約セハ不レ苦 威抄

問。釋トシテ本壽命妙ヲ引ク今經一ヲ何ノ文ソ耶

答。籤云。年紀大小等云ト 顯三十六（天玄四、四五五）（玄カ）付レ之。是ハ說ニ中間ノ壽命ノ不同一ヲ也。何ソ引レテ之證ニ本壽命一ヲ耶

答。以二中間ノ文一顯二本成一也。例ハ釋二ル本涅槃妙一文ニ。以二中間ヲ顯二涅槃妙一釋ルカ如シ

頭三十七
56 玄云。經我本行二菩薩道一。所レ成壽命今猶未レ盡。指二於本因一。因壽尚未レ盡。況本果壽事（天玄四、四五七～八）（經イ无）（ㄱ時カ）

問。入テ二妙覺ノ果位一後モ尚具ト二因位ノ壽一ヲ可レ云耶

答。可レ具

兩方。若具ト云ハヽ。因壽ハ迷ヒ未レ盡。果壽ハ無累ノ解脱也。何因果ノ壽並存センヤ耶。若依レ之爾ト云ハヽ。如レ題

答。圓教ノ意ハ因圓果滿ト云テ。以二因果不二一ナルヲ妙覺ノ位ト云也。仍可レ具二因壽一ヲ也。但因果ノ壽ノ不同ハ。因壽ト者。慈悲利生也。卽妙音觀音等慈悲。卽釋迦慈悲也。次ニ果壽ト者。（者イ无）以テ二法界圓明一。萬法具足ヲ果壽ト云也。仍因壽ハ慈悲ノ一也。果壽ハ萬法也。佛修二圓因一登二初住一時已得二常壽一。常壽回レ盡云云（天文五、一二三三上。文句）卽菩薩ノ慈悲ト云内ニハ。我等カ從者ヲ愍ムマテモ入也。卽無作ノ慈悲也

尋云。若爾者。無作應身ノ慈悲ト有ンニ何ンノ不同一耶

答。菩薩ノ慈悲ハ對スニ一機一ニ。佛ノ慈悲ハ法界圓明也。共ニ以テ果地究竟ノ慈悲也。可レ祕レ之

57 十利益妙下（天玄四、四五八）

示云。本利益妙ト者。利益約スニ所化一ニ。慈悲ハ約スニ能化一ニ。能化ハ無作ノ應身也。所化ハ地涌也。利益妙ノ妙ノ字ハ。十界三千。本有常住ノ利益ナルヲ本利益妙トハ云也。假令板ハ利コ益疊ヲ。疊ハ利コ益ス板ヲ。此利益ノ方ヲ今利益妙ト云也。此ハ本來任運利益也。迹門利益ハ妙ナレトモ本ノ義無レ之。故ニ彼ハ始得ノ利益也。此ハ別體利益。垂迹十界ノ形像ヲ示ス也。本ノ利益。惣體ノ利益也

尋云。本利益ト者。約ルニ能化一ニ歟

答。約ルニ所化一ニ也

（同前）
玄云。得歡喜。歡喜卽利益相　矣

頭三十八
58 玄。乃至聞二壽〔命〕一增道損生。皆是迹中益也事（三十八イ頭）（天玄四、四五八）（イ）

籤云。約レ經雖二是本門一。既是今世迹中指レ本云ヘリ（同、四五九）

問。分別功德品ノ增道損生ノ益ハ本門得益歟　是西山殿ノ八講。有慶問。成運答也

答。可レ然（然イ爾）

進。如レ題。　付レ之。既聞テ二佛久遠成道壽命ヲ一說ルヲ一得タリ二一

生八生ノ益ヲ一。可レ知本門得益也ト云事。今釋難レ思

答。籤云。如レ上。故ニ雖ニ本門得益也一トヽ。久遠實成ノ最初ニ望ル時。尙屬レ迹ト云也。此義ハ釋ニ叶ヘリ

示云。本有常住ニシテ。時我及衆僧ト云ヒ(大正藏九、四三中)。常在靈山ト云コソ(同、四三下)(〔　〕鷲カ)十界常住ニテハ有レ。增道損生ノ昇進ルヲ本中ノ迹門ノ益ト云也。迹門ニモ不論引入ト云テ昇進ニハ斥者。況久遠最初ノ利益ハ增進義不レ可レ有。爰本ヲ爲ニ所詮一ト也

良師云。迹門ト可レ云也。本門意ハ捨レ迷得レ悟ヲ。斷シテニ煩惱ヲ一得ニ菩提ヲ一云事惣シテ無レ之。煩惱卽菩提ト云モ。尙ヲ煩惱業(業㋑菩提)相對故非ニ本門ノ意一ニハ也。本門ノ意ハ煩惱モ本有ノ煩惱。菩提モ本有ノ菩提ニテ有ル也。サレハ本門ニハ增道損生ト云事無レ之。依レ之玄七ニハ。圓三十八(天玄四、四五八)乃至聞ニ壽命一增道損生。皆是迹中益也 文 妙樂受レ之。言ニ乃至道等一者。約レ經雖ニ是本門一。既是今世(同、四五九)迹中指レ本名爲ニ本門一 文 可レ祕レ之

傳云。本門說ニ有ニ二ノ樣一。謂ク住迹顯本。住本顯本也。今ノ增道損生等益。是ハ住迹顯本ノ邊也。故ニ尙屬レ迹。住本顯本ハ卽無作三身也

尋云。地涌菩薩ハ增道損生有レ之歟。無レ之歟 (答缺)

59 籤云。本緣(緣㋑成)已後俱名ニ中閒一事 圓三十八(天玄四、四五九)

問。玄文中ニ釋ニトシテ利益妙ノ相ヲ一。圓三十八(同、四五八)乃至中閒權實之意(意㋑益)。亦是迹中(〔中〕カ)益 文 爾者所レ云中閒ト者。昔日ノ第二番ノ成道ヨリ取レ之歟

答。可レ爾

進云。如レ題。付レ之。中閒垂迹ハ第二番ノ成道ヨリ可レ得レ之。何ソ最初實成ヲ名ケンニ中閒ト一耶

答。第二番ノ成道ヨリ後ヲ中閒ト可レ取。但至ニ今釋一者。除テニ本成ヲ一後ト云フ意ナルヘシ

此流云。本成ヨリ中閒ト云也。久遠最初ニ自行化他同時ナルヲ。自行ノ方ヲハ最初ト云ヒ。化他ノ方ヲハ中閒ト取ル也。是則(則㋑卽)本時自行唯與圓合ノ邊ハ本成也。化他不定亦有八教ノ方ハ同時ナレトモ。垂迹ト取テヲ中閒ト云也。約束ノ不同也

60 本門十妙大綱事

示云。本門十妙ハ。因・果・國ハ自行。感應已下ハ化他也。然トモ自行化他共ニ久遠內證ノ自行化他ト習也。建ニ立ル十

妙ヲ一初ニ。（頭十三（天玄四、三九七））本極法身微妙深遠。佛若不レ説。彌勒尚闇トレ云テ。
本地内證ノ十妙ハ。彌勒尚不レ知ト云テ十妙建立ル故ニ。十妙
共ニ無作本有ノ形也。サテ第二番已後ノ垂迹ノ方ヲハ不レ可レ得（得イ取）
歟ト云ニ。開迹顯本ノ意ニテ見レハ。垂迹ノ形。皆本有常住ト見也。
故ニ終ニハ不レ捨也
仰云。當流見レ文ヲ。亂脱見ト云テ付ニ大文段一ニ。從リ其文段一
至マテハ其文段ニ。何事ヲ釋スト得レ意文ヲハ可レ見也

（天玄四、四五九。玄義）
61 第六三世料簡下（卩約カ）

示云。三世料簡ハ一切皆假説（設カ）ト習也。取レ其ニ今ノ三世料
簡ハ。本門功德ノ中ノ三世門ニテ對シテ迷情一ニ作ル也。本門ノ三世ト
得レ心（卩約カ）中ニ釋ニ本門十妙一ヲ。惣標ニ釋ニ此十妙一等云テ。其中ノ
第六三世料簡ニシテ。當文ニハ。（頭三十八（同、四五九～六〇。玄義））如來自在神通之力。如來大勢
威猛之力。如來師子奮迅之力等 文 如來内證ノ三世門ト
聞タル也。サレトモ内證ハ非長非短也。對レハ機ニ立ニ三世門一
也。假設ト云ハ機方也。三世ニ内證三世。對機ノ三世也。サレ
トモ實體ハ一物也
口仰云。三世料簡門ト云ハ假設也。假設ト云ハ大ナル口傳也
云云

仰云。本門ノ内ノ三世料簡門ナレトモ。既ニ三世ノ作用ヲ宗ト論シテ。
迷ヲ行乎ニテ佛ノ自證方ヲハ終ニ歸義（義イ處）（處歟）ノ本ト釋タル也。本門内證覺
滿ノ筋ニテハ不レ釋。用ノ三世ノ方ヲ宗ト釋シテ。此作用ハ誰ソ卽其
體ハ無作ノ自證ノ理體也ト釋ル章段也
示云。本極法身ノ中ノ三世ト云ヘハトテ。我等カ所迷ノ三世ノ外ニハ
無レ之。我等内證ノ三世ニ迷。サテ所レ結ニ（同、四六〇。玄義）三世乃殊。毘盧遮
那一本不レ異等云テ。三世卽一念ト可レ得レ意也

62 （頭三十九（天玄四、四六〇））玄云。三世乃殊。毘盧遮那一本不レ異事

問。（頭三十八（八イ九））玄文中ニ毘盧遮那一本不レ異 文 所レ云毘盧遮那ト者。
三身ノ中ニハ何ソ耶
答。法身如來也
兩方。若法身如來ト云ハハ。顯本正意在ニ報身一ニ。若依レ之爾ト
云ハハ。既ニ毘盧遮那ト云フ。法身ト聞タリ。如何
答。自レ本法身也。但至ニ報身ト云ニ者。境智冥合ノ身ナレハ約ニ
所顯ノ理一ニ法身ト云也。若約ニ能顯一ニ者報身ナルヘシ。仍不レ可レ
有ニ相違一

(イ)〔知足坊云。正ハ云ニ報身一ト。但毘盧遮那ト云事ハ智法身ナレハ報身ト一也。非ニ理法身一ニハ。仍無ニ相違一〕

難云。本實成ノ成道。自行內證ノ成道ナレハ。妙覺法身ノ成道ニモヤ有ラン。何ソ報身ト得レ意耶

答。顯ニテ法身ノ理ヲ一成道ト云也。故ニ顯ス者ハ報身ノ智惠カ顯也。故ニ。正在報身ト云ルカ吉キ也（天文五、二二七一下。文句）

一義云 此流 本時成道ハ無作ノ三身也。故ニ偏ニ報身トモ法身トモ不レ可レ云。但報身ト云ハ。義便文會等云テ。（同前）三身相卽シテ住ルニ寂光土ニ故ニ法身トモ云也 論記 法身處三身也

仰云。一本不異ノ處ハ本地無作ノ三身也。釋迦牟尼名毘盧遮那遍一切處ノ本地ノ佛也。我實成佛已來甚大久遠ト云ル佛也。法界ノ惣體。本地ノ三佛也。釋迦牟尼ト云ヘハトテ全非ニ應身ノ釋迦一ニ。智證・安然等本朝ノ大師。皆釋迦ハ本地ノ佛。惣體ノ毘盧遮那ノ異名ト釋ル也

63 玄云。（圓三十九）（天玄四、四六一）普賢觀云。東方有レ佛名曰ニ善德一。彼佛亦有ニ分身諸佛一ニ。若爾ハ亦有ニ諸佛一。諸佛亦有ニ分身一事

問。普賢觀ニ所レ擧ル善德佛ハ釋迦分身也（也(イ)歟）

答。非ニ釋迦分身一ニハ釋セリ

付レ之。何以カ得レ知コトヲ非ニ分身ニ云事ハ。所以ニ今ノ經ノ意ハ。同居分身ト云テ非ニ同居諸佛ハ釋迦分身ニ云事無レ之也。所結ノ經既ニ爾也。能結ノ普賢經亦可レ然（然(イ)爾）。依レ之大論ノ中ニモ如レ此釋ル者ヲ耶如何

答。非ニ釋迦分身ニ云事ハ。見ニ普賢經一ヲ。上ニ釋迦分身ヲハ皆擧畢テ。次ニ普（善カ）德佛ヲ別ニ出セリ。知ヌ。非ニ釋迦ノ分身ニ(イ)〔聞リ〕。但至ニ同居分身等云ヒ大論ノ文ニ者。既ニ釋迦ノ分身ニ取テノ事也。然ト云テ無ニ餘佛ト云事ニハ非ス

難云。善德佛。釋迦ノ分身ト見リ。所以ニ大集經ニ擧ルニ。與（欲カ）次ノ諸佛ヲ出ニセリ善德佛一ヲ。然ニ是ヲハ。（天文四、一九三八上。文句）准今經者應是分身ト釋セリ。釋迦ノ分身ト聞リ如何

答。是ハ同居ノ異體ノ佛意也

師云。法華ノ意ニテハ。非ニ釋迦分身ニ云事無也。又法華ノ意ニテモ。三世料（料(イ)了）簡ノ時ハ有ニ餘佛一。三世料簡ハ常差別門也。一心一切識ノ意也。常平等故ニハ一心一心識也。普賢觀經ハ三世門ノ意也。菩提心義第三 可レ見レ之

難云。分身ヲ集ル事ハ自行成道ノ法性一如。前佛後佛不二ノ旨爲レ顯サン也。爰以テ。一果一切果。一土一切土。盧遮那一本不レ異 文 如何（天玄四、四二四）（同、四二九）（「イ毘）（同、四六〇）

答。常平等故ニハ同シ。常別ノ故ニハ異也。大乘止觀之證得。心體平等之時 云云

一義云。此流 今家ノ意ハ。釋迦ノ外ニ有ト二他佛一不レ云也。毘(盧)遮那一本不異ト云テ。全不レ論ニ餘佛ヲ一也。而ヲ普賢經ハ三世料簡門ノ意也。是假設也。仍不レ可ニ相違一説ト云ハ機情ノ方也（イ）（料イ了）

私難云。正直捨方便ノ經ニ何ソ交ニ假説ヲ一耶（設カ）

示云。佛意機方ニ違スルヲコソ方便トハ云ヘ。今ハ約ル二機情一故ニ非ニ方便ニハ也

64 玄云。又神力品云。彈指謦咳是二音聲。遍至ニ十方諸佛世界一 ○故知有ニ諸佛一。諸佛亦有ニ分身一事（圖三十九）（天玄四、四六一）（謦イ聲）（欬カ）

問。宗師。釋迦外ニ有ニ餘佛一。餘佛亦有ニ分身一事ヲ證トシテ引ニケリ神力品文一ヲ。何文ソ耶

答。如レ題

付レ之。今文ハ只指シテ二分身本土ヲ一諸佛世界トハ可レ云ナル。釋迦外ニ有ニ餘佛一義未タレ聞。況餘佛亦有ニ分身一義ヲ耶

答。釋迦外ニ有ト二餘佛一普賢經ニ分明ニ見タルカ故ニ。引テレ之爲ニ證據一。次ニ引ニケルハ神力品ヲ一普賢經ニ分明ナル故ニ。助證ニ引ニ神力品文ヲ一也。況偈頌云。令ニ我及分身。滅度多寶佛。一切皆歡喜一。十方現在佛。慈過去未來。亦見亦供養。亦令レ得ニ歡喜一 文 此文正ク分身ノ外ニ現在等云也。有ニ餘佛一見リ。仍偈頌如レ此見リ。長行ノ文ヲモ爾カ得レ意也（大正藏九、五二一中）（幷カ）（云也イ云ル）（西塔）

難云。毘盧遮那一本不異ト云テ。釋迦外有ルコト二餘佛一無レ之。何ソ有ニ餘佛一釋ル耶

答。今ハ三世料簡ノ意也 如ニ上仰義一 約シテニ迷情一ニ有ト二餘佛一云也。非ニ本門ノ實義一ニハ。本門ノ意ハ三世トモ不レ可レ立故也 最祕（料イ了）

難云。地體今ノ文段不審也。上ニハ毘盧遮那一本不異ト云ルヲ問ルニ。觀見無量佛。悉是釋迦分身ト問セリ。答ルニレ之ヲ。上ノ毘盧遮那一本ノ樣ニコソ可レ答。何ソ次ノ義ニハ異シテ有ル二餘佛一故ヲ答タル耶（天玄四、四六一）（現カ）

答。今ノ文ノ意ハ。毘盧遮那一本不異ト云ヘルハ。釋迦一佛ニ備ルカニ萬德ヲ一故。釋迦ノ外ニハ無ニ餘佛一云也。而ヲ問ルニ如百千枝葉ノ

方。各別發願。各修淨土佛無之歟問也。サテ答之。機情方云。各別發願各身各體佛有之。サレトモ其皆。毘盧遮那一本不異佛有答ントスル也

尋云（菩提心義）五大院釋云。一切一心識（第九識）故各身各體佛有之。一心一心識（第十識）故無各身各體當歟

答。大旨同也。サレトモ菩提心義。大日一身於覺體論之。今毘盧遮那一本不異。本極法身邊立之云方全同也。サテ三世料簡寄機情云方菩提心義同有物。本門方得意。皆覺體上三世者。仍大旨同事也。菩提心義。又機情有之。仍實同事也

菩提心義第三云。（大正藏七五、五〇七下～八上）一切佛樂（諸カ）達（未カ）本體各有差別。故於異佛更釋平等。是龍樹一切一心識義。今（佛方）一切衆生本是一心一心識。（平等意趣）故達本源卽依（會カ）一體 文

65 玄云。（頭三十九）（天玄四、四六一）彼佛四衆遙申（伸カ）供養事

疑云。彼佛四衆申（伸カ）供養無據。見經文。（大正藏九、五一下～二上）其中衆生天龍夜叉乃至人非人等。乃至彼諸衆生云。四衆不云。何今四衆云耶

答。彼十方土既有天龍等八部。明知。穢土也云事。所以如今娑婆有四衆得意引釋取歟。或四衆者。影向等四衆 已上

66 玄云。（頭四十）（天玄四、四六二）若從論釋。乃是化作全身。非無分身耶（也事カ）

尋云。化作全身者。變化身云歟

答。不爾。只是生佛（佛イ身）不研有全身化作云也。如此全身化作。而十方世界說法華砌悉分身。彼分身者。皆全身相化作云也

問。多寶有分身耶

答。有之

兩方。若有云。既全身舍利云。無分身聞。若依之爾云。玄云。（頭四十）（同前）非無分身也 文 如何

答。如前義。如釋尊始終應同分身事無之。多寶全身化作寶淨世界來亦歸本土相示。始終應同義無之。又無而欻有化身異也。無而欻有化身一時身化。能能見打失也。多寶化作來相歸相示也

籤云(天玄四、四六二)。先引大論解二八念一文

疑云。玄文ニハ(同前)。釋論。第七念佛文ヲ引ク也。全ク非ニ八念ノ文一ニハ。彼ハ第二十二卷ニ有レ之。多寶證明事無レ之如何

答。釋籤ハ第七卷中念佛ヵ有ニ八念ノ中一ニモ云事也。玄文ノ所引ヵ正有ニ八念文一云ニハ非ル也

67 玄云(頭四十)(天玄四、四六二)。應ニ是不レ說ニ法華一事

問。多寶佛說ニ法華ヲ耶 如ニ疏八抄一

物語云。建春門院爲ニ左大臣時信一ノ。十樂院ニテ被レ修ニ八講ヲ一第四卷ノ導師ニテ。寺觀智僧都參シテ說法云。多寶佛ハ慥ニ說ニ法華一也。羅什ノ飜經記ト申文ニ。慥ニ如レ此宣タル也。定テ此御經藏ニカ作ラン

此說ニ多寶ノ事ヲ也 慈恩玄贊云(大正藏三四、六五二上)。成道畢竟(究カ)必說ニ一乘一文

示云。寺ニハ多分ハ說ト云義也。山門ニハ多分不レ說云義也。當流ニハ如ニ釋迦一ノ不レ說カ。サレトモ諸佛道同ニハ不レ違說ニト法華ヲ一云義有レ之。所以ニ玄云(天玄四、四六二)。如入禪定者。表ニ於不滅一出證ニ常經一。「表レ不レ偏。」(「)表ニ於不」偏カ)不偏不滅圓常義顯云ヘリ。是ハ住タルハ塔ニ說レニテハ經ヲ有ト云證也。此根本法華也

籤云(頭四十)(同前)。從ニ如入(去カ)一者。兼明ニ法華是圓(「是常カ)一文

又疏八云(天文四、一九二二下。取意)。多寶塔。表ニ性德七覺七聖財(得カ)一云云 不生不滅ナル處ヵ法華ノ本迹不二體ヲ表ルヲ說ト法華ヲ一云也

68 玄云(頭四十)(天玄四、四六二)。後化ニ佛身及七寶塔一事

疑云。證明法華果報ノ遺身也。非ニ化作ノ義一ニハ。又塔寶淨世界四衆造レル之。何ソ化作ナラン耶

答。爾者。但留ニ身骨ヲ一乘シテ塔ニ現ニルハ十方世界ニ佛力ナレハ化作ト云也

69 玄云(頭四十)(天玄四、四六二)。口唱ニ眞淨大法一事

問。法華ノ眞淨大法ト云ハ誰人ノ言ッ耶

疑云。補注云(卍續四四、六丁左下)。口唱眞淨大法者(「云カ)。此文出ニ如來神力品一。是地涌菩薩所レ唱耳。非ニ多寶一也。多寶只言。如是如是釋迦所說皆是眞實耳。眞實之義雖ニ然不レ異。眞淨大法而在レ文須レ分。故知其(其(イ)玄)籤引。文差誤(コ)矣文

一義云。多寶言ニ皆是眞實ト云ヘリ。此眞實ヵ地涌ノ眞淨大法ト云ト同(同(イ)問)ヵ故ニ借用ル歟

70 玄云(頭四十一)(天玄四、四六四)。不ニ必皆顯レ本事

問。新成妙覺佛。顯本ト可レ云耶如レ宗示云。當所ノ文ハ當流ニハ三世料簡門ナルカ故ニ。立ニ新成久成一ヲ故ニ。有ニ顯本一スルモ有レ不ニ顯本一セ云也。サテ作リ事ニテ新成ノ佛モ顯本スト云也。サテ眞實ニハ本門無作顯本ノ時ハ。新成ト云者ノカ有ハコソ不ニ顯本一佛有ラメレ之。故ニ新成ノ佛ハ不ニ顯本一。顯本ノ時ハ無ニ新成一云也。(「」底重複記載)「サテ一切佛顯本スル耶ト問ハハ可ニ顯本一也。所以ニ。只今始テ成佛スレトモ。久遠實成ナレハ可ニ顯本一也。」サテ三世門ノ時作事ニテ顯本スト云ハ。(同前)最初妙覺指初住爲本ト云テ。指ニシテ初住ヲ一爲レ本ト也。又初住ノ佛ハ延促劫智ニテ作ル也。(同、四六〇)サレハ作事ニテ三百塵點トモ四百塵點トモ云也。實ニハ毘盧遮那一本不異ナレハ。前佛後佛體皆同ニテ。一切佛皆五百塵點ト顯本ル也。摺形木ニ五百塵點ト云也

口傳云。新成妙覺佛。三世料簡門時ハ不ニ顯本一セ。蓮華因果ノ時ハ顯本スト習也。蓮華因果ト云ハ三箇ノ大事ノ隨一也。玄文一部ハ蓮華因果ト習也。蓮華因果ト者。十界十如權實不二ノ故也。故ニ本覺ノ中ニハ新成ノ形有ル也。常修常證是也。卽釋迦ノ今成妙覺ト唱ヘ給ルトモ而顯本ル也。新成ナレトモ本覺ソト開スレハ。乍ニ新成一顯本ト云也。其中ニモ顯不顯ハ歷歷タル也。三世門ヲ不レ動シテ顯本スル故也

口傳云。三世料簡下ニテハ新成佛ハ不ニ顯本一。蓮華因果ノ下ニテハ顯本ス。一切佛顯本ル故也ト習也。久遠實成。本地ノ法體ニハ一切諸佛一物ニ歷歷ト有レ之。此方ニテハ必ス可ニ顯本一。此法體ノ中ニ久遠(遠(イ)近)淺深有ル方ニテ發心前後ナント云ハン。同ハ必五百塵點ヲ不レ可レ顯。二百乃至一百等ニテ可レ有レ之也。此二筋法體ニ並存シテ歷歷ト有ル也。並存ノ義ハ通才覺也。玄文ノ六重本迹ハ假設ノ本迹。事成ノ邊ヲ沙汰タル也。如レ此次第ニ多ノ立ニ不同一ヲ法體ヲ。蓮華因果ニ結成タル也。蓮華因果時ハ。法體ハ法爾ノ久遠成道也。可レ祕レ之

示云。蓮華因果ハ我等ハ成道故也。爰本ヲ能能可レ思レ之。我等カ迷ノ時ハ何ニ成ラントモ不レ思。サテ適願ニ成佛ヲ一時ハ始覺ニテ有也。而ニ此始覺ヲ破シテ眞如ノ法體ヲ顯サントスル故ニ經ニル多劫ヲ一也。圓教ハ始覺卽本覺ソト開覺ル故ニ。一念ニ成佛スル也。サテ生佛二界ノ不增不滅(滅カ)ハ新成ノ佛有ト云ハハ佛界增ス。本覺開覺スレハ佛界ハ不レ增也。衆生界モ不レ滅(滅カ)。仍新成妙覺ハ生佛二界ノ不增

不滅(減カ)トハ可度ニハ不レ可レ疑也

頭四十一 玄云。問。三世諸佛皆顯レ本者。最初實成若爲顯レ本。答。(天玄四、四六三～四)
不ニ必シモ皆顯一レ本。今作ニ有義ヲ一者。最初妙覺(眞實妙覺)指ニ初住一(被レ加作ニ妙覺本一)爲レ本。若初住(初住本)被レ加作ニ妙覺一。(本下迹高)亦指ニ初住一爲レ本。初住之前。豎ニ無レ所レ指(イ横)有ニ體用一。(初住本)(イ八相)卽指ニ體用一(用カ)豈非レ本耶 文(法身初住本迹俱下)

問。指ニ初住ヲ一爲レ本顯本スルハ法華時歟　如ニ疏九。遠成方便。近成眞實ノ論義一

尋云。若法華時ナラハ兩重ニ可ニ顯本一歟。所以ニ。指ニ初住ヲ一本ハ是假設ナレハ。眞實ニ可ニ顯本一。若假設本計ナラハ法華方便可レ有

答。約ニハ機情ニ一假設問答也。仍記九。近成方便ハ(天文五、二二二一上)今師ノ假設ト云ヘリ。今釋ハ三世料簡門也

問。玄文ニ。(天玄四、四六四。取意)新成妙覺顯本ノ有無二義ヲ釋ト見リ。且其ノ有ノ義ヲハ如何釋ル耶

答。(同前)最初妙覺指初住爲本ト釋セリ

付レ之。顯本ト者。妙覺ノ本ヲ顯ニ名タリ。指ニシテ初住一本ト云ハン事ハ。豈ニ非ニ崛(屈カ)曲ノ本ニ一耶如何

答。今ノ釋始終。新成ノ妙覺ノ顯本ノ有ノ義ヲ釋ルニ。重重有レ之。或ハ昔シ初住位ニシテ被レ加作ニ妙覺一セシ處(シイン)ノ妙覺ヲ指シテ說レ本ト。是最初妙覺指初住爲本ト云釋ノ意也。或ハ被加作妙覺ノ佛。初住位ニ所ノ得ル指ニシテ中道法身理ヲ一說レ本ト。是若初住被加作妙覺。亦指初住爲本ト云ハ是也。又新成妙覺ノ當位ニ雖レ無ニ已今一。本迹ハ以ニテ體用本迹ヲ一顯ス義有レ之。故ニ新成妙覺ノ指ニシテ初住ヲ一爲レ本ト云ハ。初住ノ位ノ指ニシテ妙覺ヲ一顯本スル也

難云。見ニ本書文ニ一。最初妙覺指初住爲本トハ云ヘトモ。全初住ノ被加作妙覺セル處ノ指ニシテ妙覺ヲ一顯本ストハ不レ見如何

答。當處ノ本來釋ハ只指初住爲本ト計リ云ヘトモ。如レ難ノ見タレトモ(天文五、二二二四下)記ノ第九(九イ八)卷ニハ。新成妙覺ノ顯本ノ相ヲ釋トシテ。若初住中本下迹高被レ物說レ遠。卽其時也 文(事カ) 此釋ノ意ハ。所成妙覺ノ顯本ハ昔初住中ニ被加作妙覺シテ。本下迹高ノ成道ヲ唱。彼迹高被加作妙覺シテ。爲ニ可レ聞ニ長遠ヲ一(イ機ノ上)說ニソト久遠實成ト一釋ル也。今ノ釋ハ以レ後ヲ可レ得レ意也

難云。彼釋ハ全ク爾カ不レ被レ得レ意。彼釋ノ意ハ新成妙覺佛ハ。顯本ハ初住ノ中本下迹高也。(初住中道理)彼ノ迹妙覺ヨリシテ指ニシテ本下ノ處ヲ一

説ト二久遠ト一覺リ如何

答。彼釋ノ大ナル意ハ新成妙覺ノ事ヲ釋ル也。其故ニ近成眞實。遠成方便ノ佛ナルカ故也。而ニ此事ヲ問答シ下タリ。(天文五、二二二四下)若初住中本下迹高被ㇾ物説ㇾ遠。卽其時也(事カ) 文 既ニ近成眞實妙覺ノ佛ナルソ。何ソ若初住中等ヲ云テ。初住位中(中イナシ)被加作妙覺佛。初住法身理ヲ指シテ顯本スル其時也トハ可ㇾ釋耶。加ㇾ之 記九(同前) 問若爾那知釋迦不是初住ト問セリ。此問ヲ起シテノ上ノ若初住中等ノ釋ハ。新成妙覺ノ佛。昔シ初住位ニシテ被加作妙覺セシ處ノ妙覺ヲ指シテ。久遠實成ト説クト釋シタリト被ㇾタル得也。其故ハ若爾那知釋迦問ル意ハ。今日釋迦昔叶ヘリ二妙覺ニ一説ク。經文ヲ見テ若爾ハ此釋迦ニモ昔妙覺云モ。初住位被加作妙覺ノ處ヲヤ指シテ久遠實成ト説タマフラント問ル也

此問意趣。上ノ若初住中ノ釋。妙覺ノ顯本(「イ佛ノ妙覺)。近成眞實。遠成方便ノ妙覺ノ顯本ソト云ハコソ。若爾ハ。釋迦モ其體ニ有ラント押テ。若爾トハ問スルラメト被ㇾルル得也。仍テ彼釋ヲハ被加作妙覺ノ顯本トハ不ㇾ可ㇾ得ㇾ意。新成妙覺ノ顯本ト可ㇾ得ㇾ意也

記九云。(同、二二二四下～五上)若初住中本下迹高被ㇾ物説ㇾ遠。卽其時也(事カ)。若爾(「〇カ)那知ミ釋迦不ニ是初住一ニ。答今顯ㇾ實已又復(不ニカ)隱ㇾ本。故知(イ五百塵點顯本)非ナリ(「也カ)。是則(則イ卽)初住説ㇾ長爲ㇾ近(權カ)。開ㇾ權説ㇾ近爲ㇾ實。豈(既カ)ニ有ニ本下迹高一ノ。亦有ニ本近亦遠(迹カ)一 文

私云。上ノ論義趣ハ。最初妙覺ハ指ニ初住一爲ㇾ本ト釋ハ。初住ト者。昔指ニ初住法身ノ本一ヲ也。又昔ノ初住成道ノ時。被加作妙覺シテ本下迹高ヲ唱シ。指ニ妙覺一ヲ爲ㇾ本ト釋ル歟。若只初住ニ指ニ本迹倶下一ヲト云ハハ。今日妙覺成道ヲ唱テ。今日始テ非ニ成道一ルニハ。昔妙覺ヲ唱タリシソト云テコソ所化ノ機ハ信セスレ。昔シ初住ノ成道ヲ唱タリシソト云ハテハ不ㇾ可ㇾ信ㇾ之ヲ。故ニ昔ノ初住ノ本下迹高ヲ指シテ爲ㇾ本ト釋スルナルヘシ。如ㇾ此得ㇾ心事ハ。記九ニ。(同、二二二四下)本下迹高被物説遠ト釋スルヲ以テ。今ノ釋ヲ可ㇾ思ニ合之一。

サテ難ㇾルニ之。記九ハ今ノ釋ノ次下。(天玄四、四六四)若初住被加作妙覺ト云ト同ト見タリ如何ト難ル也。答ㇾルニ之。若初住被加作妙覺ト云ハ。初住本下迹高ノ成道也。記九ハ遠戎方便。近成眞實ノ佛ヲ釋ル也。眞實ト云ハ實ノ妙覺也。故ニ今ノ釋ノ上ノ最初妙覺ト釋スルト同也。況。(天文五、二二二二四下。文句記)若爾那知釋迦ト云ルハ。若新成妙覺ハ昔ノ

指ニシテ本下迹高ヲ爲レ本ト釋ル故ニ。サテハ今ノ釋迦モ非ニシテ眞實ノ本ニ指サントニ初住ノ本ヲモ難スル也。記九ノ釋ヲ。若初住被加作等釋ト得レ意。出シテハ釋迦ヲ不レ可レ難ス。釋迦ハ眞實ノ妙覺ナルカ故ニ

尋云。被加作ト云ハ何ニ云事ソ耶

答。可レ加加ストニ云テ叶ヌレハ初住ニ得フ法身ノ本ヲ。爰本ハ。眞珠體（天文二、七七五上。文句）(修カ)顯卽(則カ)無差毫(降カ)ニテ。妙覺ト一ナレハ本爲法身ト云テ。法身ノ本ヨリ迹ノ八相ヲ唱ルハ。妙覺ト一ナル本ヨリ所ヲ唱ル加レ加スト云也。非レ蒙ルニハ餘佛ノ加ヲ也。サレトモ初住ト被レ云事ハ緣修ノ邊ニテ云也。サレハ一切ノ分證ノ佛ハ。四句皆妙覺ノ佛ノ加力ニテ唱ト可レ得レ心也。淨名ノ疏ノ意ニテ加力ト云ハ。加ト他佛ノ力ヲ得レ意也。本門ノ意ハ東陽ノ口傳ニ被フルトニ極佛ノ加ヲ云也。無作ノ三身ヲ極佛ト云也。此時ハ他佛ノ非レ加スルニハ。我卽無作ノ三身ト得タルカ故ニ。他ノ佛ノ加ルニハ非ス。仍テ精ニハレ之。寶幢院先達。極佛ノ三業ノ加ヲ被フルト云ハ。他佛ノ加トハ不レ覺。如何可ニ立申ト精ル也

尋云。新成ノ妙覺顯本ノ付テニ有義ニ法華ニシテ論ルレ之假設ヲ決ル(イ交歟)歟。若爾前ニシテ論ハレ之。爾前ニハ無ニ顯本一如何

仰云。本近迹遠(新成妙覺)ノ佛ト者。爾前ノ佛也。釋尊ノ今日已前ノ化儀ハ皆菩薩ノ所作也。今日ノ近成ハ眞實也。今成ニ妙覺遍照尊一ト文 仍テ已經不可思議劫ト云ルハ此ハ皆方便ノ說也。是爾前ノ佛ノ四教ノ化儀。種種ノ利益。法中論三ノ佛ノ本ニ歸シテ。是證道ノ八教也。此化儀ヲ相望スルニ位位不同ナルカ故ニ。本下迹高等化儀有レ之。此四句成道也。若初住中本下迹高等云ヘリ。（天文五、一二二五上。文句記）是ハ付ニ釋尊ノ化儀ニ爾前佛也ト云事。開ニ諸經中ノ長短ニ倶常。既了ニ諸經長短倶常一。自曉ニ今日久遠之本ト文 爾前ノ教(經カ)主ノ相ヲ委ク除ニ。卽今經ノ久遠自顯ルル也。此ハ東尾ノ和尚所立也。惠心ハ一言ノ精ヲ不レ加略シタマフレ之了ヌ。日助。平(平イ本)源。長圓。遍故(イ救歟)(故イ教)ハ天台ノ四角柱也。長圓。其日ノ問者也。次日參ニ惠心院ニ。惠心仰云。本文ノ意ヲ不レ知。仍略レ之。本文ノ本意ト云ハ上如レ件ノ。至テ大事ニ成ハ始終何ニモ此事ハ不トレ知。覺口チ引キ有ル豎者ヲハ。題者精ヲ不レ加ヘ無ニ左樣一略レ之也。是故ニ實ニテ有レ之。上ノ義不レ可ニ口外一ス。三身義第一ノ大事也

仰云。肝心抄義殊勝也。所詮今成妙覺ノ實本ヲ。今日始テ得レ之見レハ。昔日無量劫閒。種種ノ化儀。四句成道。皆是今

日妙覺ノ本ヨリ垂迹シタリケリト云ヲ。本近迹遠トハ云也。此本近迹遠ノ義ヲ以テ。今經ノ壽量品ノ開迹顯本ノ意ニテ。今日ノ本覺已前ヲ見レハ。四教利益化儀作法。本近迹遠。本下迹高等皆不レシテ動。皆本門無作ノ妙覺ノ意也。故ニ釋云。既有ニ本下迹高一。亦有ニ本近迹遠一。用ニ此高下一開諸經中等云ヘリ。(天文五、二二二五上。文句記)是則(則イ卽)本門果佛ノ開顯ト云事自レ是起ル也。(同、二二二二上參照)又習ニ此一段一ヲ。文句第九ノ正釋已前ニ。近成是方便等ノ重重ノ問答。假設スル事ヲ習也。所以ニ。正釋已前ニ如レ此顯本ニモ種種不同。化儀品品有ル事ヲ有ノママニ釋置テ有ル事ヲ。爾前迹門四教利益。釋尊ノ無量劫ノ閒。種種ノ示現ヲ其ママニ取出シテ置ク也。如レ此取出シテ上ニ所レノ擧種種ノ不同ヲ聽テ押テ。本門壽量ノ正釋起テハ。此ノ種種ノ化儀ノ顯本ノ不同ヲ不レシテ動。釋尊ノ久成ノ質タ一佛ノ示現ソト云ハン料ニ出レス之也ト習也。(同、二二二五上。文句記)其意ヲ妙樂先立テ示レスニ之。假設ノ問答ヲ釋シ了テ。用此高下。(「〇カ)長短倶常ト釋ル也。(天文一、一〇下。文句記)惣シテ目出度キ文段ニテ有也。假設ノ問答ニレハ捨物ニテハ無キ也。開三教果(頭カ)佛之權實。廢(發カ)四味兼(帶之カ)對大小ト云ル本門ノ終窮也

尋云。本近迹遠佛ノ顯本ニ。或ハ法華ノ時ト云ヒ。大和庄仰ニモ爾前ノ佛ト云。如何可ニ會合一耶。顯本云事ハ法華ニ有ル事ナレハ。法華ノ時ト云ハハ可レ然。又爾前佛ト云モ。開諸經中ト釋スレハ。爾前ノ事ト覺リ。此兩義何モ不レ可レ失。如何可ニ會合一耶

答。私云。凡ソ新成妙覺ト云事ハ。或ハ被加作妙覺シテ初住菩薩爲レ機觀(觀イ現)ニン妙覺一ヲ。或ハ實ニ叶ニ妙覺一ニ佛モ可レ有レ之。是ハ四句成道。證道八相。皆本門本覺ノ一妙覺ノ內證事ニ。圓融隨機ノ姿也。新成トモ被加作妙覺トモ云ハ。始覺ノ機ノ所見也。卽三世料簡門ト云ヒ。(天玄四、四五九。玄義)今師假說(設カ)トモ云是也。(天文五、二二二一上。文句記)約レ佛ニ無量ノ示現。新成妙覺モ被加作妙覺。皆本覺ノ振舞也。其ヲ始覺機ハ不レ知故ニ。負セテ此機ニ一往是ヲ料簡スルヲ三世料簡ト云也

サレハ此始覺ノ機ノ所存ヲ爲レ本ト時。新成妙覺ノ佛ハ說テ法華ヲ顯本センニハ。初ニハ我實成佛久遠也ト云テ。其ハ被加作妙覺ナリシソト云ヒ。或ハ初住所具ノ妙覺功德ソト可レ隱レ本也。今日ノ釋尊ハ說ク法華ヲ時ニハ本ヲハ不レ隱。我實成佛久遠ナルソト云テ。此外ニ初住ソトモ不レ云。故ニ眞實ノ顯本也ト釋ル也

サテ如ニ三世料簡ノ實ニ指ニ初住ヲ爲レ本。指シテ被加作妙覺ヲ

爲レ本ヲ顯本シタリシ事ハ有レ之歟ト云ハハ。釋迦世世番番ニ唱ンニ正覺ヲ一。隨機利物多レ之中ニ可レ有レ之。其ハ如ニ今日ノ顯本一ノ。毘盧遮那一本不異ノ無作ノ顯本ニ不レ堪ヘ。而聞ニ顯本一ヲ可ニ得益一機有レハ之。爲レニ彼カ說ニト法華一ヲ定テ如レ此可ニ顯本一也。諸佛ノ利益萬品ナル故也。又於ニ爾前ニ一可レ聞ニ長遠ヲ一機有レ之。崛(屈カ)曲シテ指ニ初住本ヲ一指シテニ被加作妙覺ヲ一可ニ顯本一。今日釋尊華嚴ノ時。已經不可思議劫ト云ヒ。「㋑也 梵網經ニ。如下ク吾今來ニ此(大正藏二四、一〇〇三下)娑婆世界一八千反ト(返カ)云上ルカ也。此等皆近成眞實。遠成方便ノ(娑婆㋤カ)佛也。如レ此得レハ意。近成眞實。遠成方便。法華ノ時ニ顯本ソト云モ。爾前ノ佛ノ顯本ソト云モ又(又㋑不)(不ニカ)相違一。此等ヲハ爾前ニテモ有レ。久成正覺。久成外カ中間今日迹門事共ヲハ屬ニ迹化一ニ。本近迹遠佛ト云也。此等ヲハ皆釋迦一佛ノ所作也。設他佛ノ所作有トモ皆釋迦ノ所作ト云也。(大正藏九、四二中)本門ヨリ云ヘハ。何ノ佛ノ所作モ皆釋迦一佛ノ所作ト云也。我說燃燈佛ト云ヒ。(同、四二下)處處自說名字不同等云フ。此等皆中間今日迹佛ノ振舞也。但中間ニモ如ニ今日一顯本ノ正ク指ニ最初實得ヲ一顯本スルハ。今經ノ如ニ顯本一ノ。此ハ是一邊ト玄文第三等ニハ釋タル也。今日望ニル三周聲聞等ノ機一ニ時ハ。今

日ノ顯本ノ外ニ眞實ノ本ヲ惣シテ不レ顯。今日始テ顯レト之云一邊也。故ニ始覺ノ機ト云ハ三周聲聞等也。今日法華迹門ニ入リシ初住ニ四十二位ノ四句ノ成道。證道八相ト皆得レ意。初住ヨリ應物所好シテ。說テニ法華ヲ一可ニ顯本一可レ得レ意也。然トモ迹情有レハ之。爲レ彼カ釋迦世世番番ニ唱テハ四句成道ヲ一說ニ法華ヲ一事有レ之。其ハ今日ノ華嚴ノ時。始成ハニ妙覺一ニ。今日已前ハ因位ノ四句ノ成道也。若爾ハ。華嚴時ハ實ニ得タリニ妙覺ノ本ヲ一。近成眞實ノ本近ト云ハ是也。昔因位ノ四句ハ。迹遠遠成方便也ト可レ知也。帶ルニ迹情ヲ一機ノ前ノ三世料(料㋑了)簡是也。如レ此以ニ今日ノ妙覺ヲ一爲レ本。今日ヲ爲レ迹ト。以ニ一途ヲ一聽テ法華本門ノ意ニ來シテ開迹顯本スレハ。今日ノ始成ノ妙覺卽本來久成ノ妙覺ノ內證ニ。種種示現ノ四句成道。證道八相有レ之云ハ。(天文五、二一二五上。文句記)開ニ諸經中長短一倶常也。本門中ノ新成妙覺。本門ノ中ノ三世料簡也。毘盧遮那一本不異ノ顯本起リヌレハ。新成ハ乍ニ新成一久成正覺也。被加作妙覺ハ乍レ其久成正覺也。四句成道皆妙覺果地ノ振舞也ト云事。爰本ヨリ起ル也　已上口筆

示云。庄仰ハ本近迹遠(新成妙覺)ノ顯本ハ爾前云云　仰ニハ爾前法華(迹門)

二義也。（也イ者）住ハ共ニ無ニ相違一。如レ此唱ル人ハ誰ソト云ニ。釋尊及一切諸佛如レ此可レ答。先法華ニテ顯本ストト云ハ。三周聲聞カ今日迹門ニ叶ニ初住一ニ見レハ。釋迦ハ今成ト云ハ妙覺ノ佛ナレトモ。昔ハ分證ノ成道ハ初住ヨリ種種ニ唱ラン。仍テ彼指シテニ分證ノ成道一ヲ爲レ本ト。今日ヲ爲レ迹ト可ニ顯本一ス。又昔重重ニ說ニハ法華一ヲ可ニ顯本一ス。我等モ今叶テニ初住一ニ見レハ。唱ヘニ八相一ヲ可ニ顯本一思也。此ハ法華ニテ顯本ストト云義也。又今日モ華嚴ニテ。或見釋迦成佛道。（大正藏十、四四三上。八十華嚴）已經不可思議劫ト說キ。梵網ニハ。吾今來ニ此娑婆世界一（娑婆ナシカ）八千（大正藏二四、一〇〇三下）返云ヒ。因〔陀〕（イ）幢成道等ヲ說ヲ迹門ニテハ平等意趣ノ意歟ナント思程ニ。法華ニ悟テ見レハ。實ニ分證ヲ爾前ニシテ唱ヘハ。指レシテ彼ヲ顯本シ給ケリト得レハ意。爾前シテ顯本スルニテ有也。サレハ三千塵點ヨリ已來未タルレ聞ニ眞實顯本一ヲ也（天文五、二二二五上。文句記取意）

サテ眞實ノ本ハ既ニ本下迹高有リ。又本近迹遠有リ。用テニ此高下一開ニ諸經中長短一倶常等云テ。本門時。三周聲聞局情。乃至我等カ執情ヲモ不レシテ動開ニスルラ本有常住一ト眞實ノ顯本ト云也。仍テ已（仍已イナシ）今本迹ハ限ニ本門一ニ。餘ノ五ノ本迹ハ爾前迹門有レ之。此三周聲聞。釋迦今日妙覺ト唱タレトモ。分證成道ヲ唱タリト思フ處ヲ破迹顯本ト云事ヲ云出也。破迹ハ約シテレ情ニ云ハ此意也

仰云。三世料簡門ノ顯本ハ。迹中ノ本ニテ令テレ蒙レ機ニ說ク故ニ。必モ非ルニ五百塵點一ニハ也。一近故。二淺深不レ同故。三被レ拂故ト被レ云本也。（天玄四、四〇三〜四。玄義）事成ノ昔ノ事ヲ擧タルカ故ニ。何ニ證レトモ昔ヲ始覺ノ義也。是ハ通スニ爾前迹門一ニ。今ノ破迹顯本コソ正顯本ノ處カ本門ナルカ故ニ。實義ニテハ有レ其筋ニテ久遠ノ本佛ノ釋迦ナレハ。摺形木三世ノ一切佛。釋迦ノ一佛也。必說ニ五百塵點一ヲ也。是ハ本門ノ徹トヲリ也。サテ前ノ迹門三世料（料イ了）簡門ノ顯本ハ何ノ用ソト云ニ。其ハ本門實義ヲ爲ニ沙汰一センカ。先始覺門三世料簡ノ成道ヲ沙汰シ置ク也

示云。爾前迹門ニハ何ニ久遠久成ト說トモ。非ニ眞實ノ顯本一ニ不レ破ニ迹情一ヲ也。仍テ機ノ思ワクハ。圓機ハ因位ノ成道ト思ヒ。權機ハ神通佛ト思也。正本門ノ意ハ。天人修羅ノ破シテニ迹情一ヲ說コソ正キ本ニテハ有レ

東陽ノ口傳云。新成ノ佛ハ不ニ顯本一。一切佛顯本歟ト云ハハ顯本ストト云也。新成モ本門ノ時ハ久成ト被テレ云顯本ル也。（天文五、二二二四上〜下。文句）（「〇カ）世人惠心流ニハ法身常住ノ顯本ヲ云メ。故知寄ニ無始無終一。顯ニ法身常

住ㇾ等云。全ク不ㇾ爾事ナリ。法身非壽ハ諸經ヘ所ㇾナレハ談ル本門ノ
實事ニ非ス。三千事圓ト開クコソ正キ顯本ニテハ有也（也イレ）。十界互具ヲ
得ㇾハ意尚迹門也

71 籤云（顯四十一（天玄四、四六四））。本下迹高。本迹倶下。初住唯得㆓此之兩句㆒事

問。初住位唱㆓本高迹下㆒。本迹倶高ノ成道ヲ可ㇾ云耶

答。如ㇾ題

付ㇾ之。初住ニ現スルヲ住前ノ形像ヲ可ㇾ爲㆓本高迹下㆒ト也。二
住ニハ現ルヲ㆓二住ノ儀ヲ㆒。望メハ㆓初住ニ㆒如ㇾ爲ルカ㆓本迹倶高㆒ト。初住ニ
以ㇾ現ルヲ㆓初住ヲ㆒望ハ㆓住前㆒ニ。何ソ不ㇾ爲㆓本迹倶高㆒ト耶

答。今ノ四句成道ト者（同、四六五。釋籤）。本爲法身迹爲八相ト云テ。唱ル㆓八相ヲ㆒
位ニ約シテ作ㇾ之（「イ也）。而ニ住前ニハ法身モ八相モ無ㇾ之故ニ。不ㇾ可ㇾ
約㆓住前㆒ニハ　西塔

難云。決一ニ釋ルニ㆓初住ヲ㆒（天止一、一二五）。此中應㆘以㆓本迹高下四句㆒釋㆖ㇾ之
文　此ハ正ク初住ニ可ㇾト有㆓四句㆒見リ（天文二、五六〇上）。今何ソ二句ト釋ル耶。又記
三云。今光中所ㇾ見應㆓皆果佛ナル㆒義可ㇾ通ㇾ因ニ。既ニ有㆓本
迹四句不同㆒。豈無㆓一土シテ本下迹高本高迹下及倶下㆒ナル（「以カ）。
本迹倶高理數然也　矣

答。決一。記三ハ初住ノ當位。四句共ニ有ト云事ニハ非ス。住上ニ
惣シテ云ハン時ハ四句可ㇾ有云釋也。初住ニハ其中ノ二句可ㇾ有
也。仍言惣シテ四句トハ釋ル也　他流

仰云。記三釋ハ尚難也。豈無㆓一土本下迹高本高迹下及倶（天文二、五六〇上）（以カ」）
下㆒。本迹倶高ト云テ。一土トシテモ不ハㇾ唱㆓四句ヲ㆒無ㇾト之釋シ定ル。
何ソ言惣ト得ㇾ心耶

一義云。四十二位共ニ可ㇾ唱㆓四句ヲ㆒也。記三誠證也。但今ノ
釋ハ。三世料簡門ヲ釋ル時引テ淨名疏ヲ㆒釋ㇾ之也。三世門ハ爾
前迹門カ成ル㆓手本㆒ト故也。仍テ爾前迹門ハ。始覺ノ行ニシテ從因至
果ノ故ニ。初住ト妙覺トハ只二句四句共ニ不ㇾ具也。而ニ本門ノ
意ハ。事圓ヲ談シテ四十二位共皆入妙覺ナレハ。淺深無ㇾ之故ニ。
初住本高ト倶高トヲ作ランニハ。只妙覺ノ二句ヲ初住ニ取ル也。又妙
覺ニ本下ト倶下ヲ作ランニハ。只初住ノ二句ヲ取也。仍テ初住妙覺
打合テ作㆓四句㆒ニ也。八相ト云ハ事圓ナレハ。爾前迹門ニハ事圓ヲ
不ㇾ談故ニ。事ノ圓融ヲ不ハㇾ談初住妙覺一トハ不ㇾ云也。故ニ初
住妙覺ハ二句ト云也。本門ハ事圓ナレハ十界共ニ皆入妙覺ナレハ。
何ニモ作ルニ㆓四句ヲ㆒不ㇾ苦也

難云。記三ハ迹門ノ經ニ釋ルカ故ニ。迹門ノ意ニモヤ有ラン。何ソ本門ノ意ト知ン之耶。又四十二位共ニ一ノ妙覺（天文二、五六〇上。文句記）ソトハ何處ニ見タル耶

答。記三ノ釋誠證也。所以ニ。應皆果佛義可通因トハ。皆果佛ニテモ而モ通ト因ニ云コソ四十二位共ニ佛果ト云ソトハ聞タレ。地體ハ四句ノ成道。淨名疏カ手本ニテ有ル也。其ヲ不レ動本門ニハ。用此（天文五、二二二五上。文句記）高下長短（ㇾ〇カ）俱常ト云テ。爾前迹門ヲ不シテレ動開ル時キ皆入妙覺ト被レ云テ。或ル時初住カ被ルル持ニ妙覺一時。初住ニモ有ト二四句一云也。仍初住妙覺ヲ押シ合スレハ實ニハ四十一重ノ四句也

四イ口
四仰云。迹門意ハ淨名疏四句ノ定ナルヘシ。本門ノ意ハ初住妙覺ニ可レ有ニ四句一。所詮四句ハ一ノ妙覺ヲ中ニ乍ニ妙覺一四十二位ノ法體ニ歷歷ト有レ之。四句ノ成道ハ因。證道ノ八相ハ果ト不同ヲ習分ル也。一ノ妙覺ノ本地法體ノ中ニ。因果ノ八相歷歷ト次位ノ不同有レ之。因ハ妙覺已前也。果ハ妙覺也

新懷云。今ノ釋ハ且ク豎ノ配立者。横ニ四十二字互ニ具セル時。四句成道ヲ具セル事ヲ非レ遮ルニハ

示云。此義吉シ。然トモ迹門替ル處ヲ云ヒ不レ分ケ也

尋云。初住ノ迹高四十一重可レ有レ之。皆被テレ加ヲ唱レ之歟

示云。唱ル妙覺ヲ時ハ。極佛境界ハ因位ノ非レ所ニ及フ。故ニ被ルレ加ヲ因位ニシテハ不シテレ被ラレ加ヲ唱ル也

尋云。住前ノ機ハ只見ル初住ノ八相計ヲ歟

示云。大段ハ然トモ必スレ不定依ニ結緣ノ不同一ニ。結緣ト云ハ修地（治地カ）治業ノ不同也。所以ニ。行ニ壇（檀カ）度一ヲ人ハ見ニ初住ノ佛一ヲ。行レ戒ヲ人ハ見ニ二住ノ佛一ヲナントスル也。如レ此四十二住（重カ）ノ機ハ皆有ル同居ニ也。又住上ニモ可レ有。仍テ迹爲八相ハ依ニ機ノ不同一ニ有ル四十二重一也

尋云。本爲法身トハ何ニ云事ソ耶

示云。常ニハ法身ト云ハ中道ノ理ト云也。若一向ニ中道ノ理計ト云テハ。四十二重ノ法身ノ不同不レ可レ有。（天文二、七七五上。文句）眞修體顯卽（則カ）無差降ト云カ故ニ。仍テ此ヲ可レ得レ心樣ハ。四十二重ノ法身ト云ハ。四十二重ノ修治地業也。初住ノ本ハ壇（檀カ）度也。二住ノ本ハ戒也。其道ニ通達スル者ハ顯ルル本ト也。サテ壇度ノ本カ顯ルル用ニ時。初住ノ八相ナントハ被レ云也。四十二重ノ修治地業ハ大品。智論。瓔珞等ニ有レ之。十地ハ十波羅蜜ト云ハ別教ノ意也。圓ニ配ルニ十住ヲ也。又十行等ニハ別ノ修治地業有レ之也 可レ祕レ之

難云。本爲法身ト云ハ中道ヲ指ス也。如ニ今ノ義ノ修治地業ト云ハハ假諦也如何

示云。修治地業カ遍照スルヲ中道ト云也。理無レ所レ存遍在ニ於事ニ文（天文二、六二五上。文句記）仍テ事法ノ外ニ中道無レ之。遍照ノ法法カ用ノ八相ト顯ルル也。四句ノ成道ノ中ノ一箇ノ大事是也

72 初住妙覺ニ具ニ二句ヲ一事（天玄四、四六五、釋籤取意カ）

問。一切成道ニハ具ニ四十二位成道ヲ一可レ云耶

答。疏第三

示云。一切諸佛八相成道ルト云時ハ。必ス四十二位ノ八相ハ同時ニ唱ル也。又一一ノ位ニハ四句成道有レ之。又一一ノ相ニ互ニ具ニ八相ヲ一。如レ此重重無盡也。此ト云ハ所化（化イ作）機萬差萬品ナル故也。本迹俱下ノ八相ト云ハンニモ。本迹俱高ニモ皆唱ル四十二重ヲ一也。仍テ記三ニハ（天文二、五六〇上）。應皆果佛義可通因ト云此意也。而ヲ今初住妙覺ニ有リト二句ヲ云ハ。准淨名疏ト云カ故ニ（天玄四、四六四。釋籤）。爾前迹門ノ從因至果ノ配立也。本門果德ノ八相ハ。唱ト一位ノ成道ヲ一云ハハ。互ニ具ニ四十二重ヲ也。但相似神通ノ八相ニハ只一箇ノ八相也。住前ノ機ハ如レ此無盡ノ八相ヲ。其中ノ一箇ノ八相ヲ見ル也。四十二重同時トハ不レ知也。住上ノ機ハ重重無盡ノ八相ヲ同時ニ見ル也。證道ノ八相ハ證者見ト口傳スル也

問。因果八相ニ有ニ差別一耶

答。異義不同也

兩方。若有ト云ハハ。機前生天下天等相ヲ示ス。因果更ニ差別不レ可レ有レ之。若依レ之無ニ差別一云ハハ。作テニ本迹高下等ノ四句成道ヲ一判セリ。知ヌ。有ト因果ノ八相差別一云事ヲ如何

答。因果ノ八相無ニ不同一。但論ル四十二重ノ不同ヲ事ハ付テレ機ニ是ヲ云也。所以ニ。所化ニ四十二重不同有レ之。故ニ佛ヲモ住前ノ機ハ見ニ物（物イ初）住分ヲ。乃至等覺ノ機ハ見ニ妙覺分ヲ云也。佛ニハ（イ只是）無ニ不同一機ニ有ニ不同一也

難云。佛ニハ無ニ不同。機カ四十二重ニ見智（智イ替）ト云ハハ。四句ノ成道ト云ハ妄見歟。又佛ニ無ヲ不同一機カ見ト云ハハ。佛ハ劣。機勝タル歟

答。圓意ハ佛ト云ハ無作本有義（義イ處）。毘盧遮那一本不異ナレハ全無ニ不同一也。立（立イ言）ニモ六卽ヲ六卽共ニ佛ト云テ。全ク不レ論ニ不同一也。但立ニ四十二重ヲ事ハ名別義圓ノ意也。此不同ハ機ノ方ヨリ論レ之也。仍テ如來內證ニハ不レ論ニ次位淺深ヲ也。立ル位ヲ事ハ

付レ機ニ云也 新懐

難云。借別名圓(天文四、二〇六五上。文句記)ト云テ。圓教ニ無レハ用何ソ借ランレ之。借ル事ハ圓教四句成道。四十二重ノ不同依レ有ルニレ之也 西塔一義 因果ノ八相ニハ無ニ差別一。四十二位ノ八相ニハ有ニト不同一云也。所以ニ。八相ト云方ニテハ因果共ニ佛ト云ヘハ無ニ不同一也。サレトモ委ク四十二位ト分ル方ニテハ。因果共ニ有ニ不同一也。但不同ト云ハ淺深高下寛狹等ノ不同也。此ト云ハ詫(託カ)胎等モ日輪カ入レト胎ニ見。白象カ入レト胎ニ見也

一義云 此流 因果ニハ無ニ勝劣一而モ有ニ不同一也。所以ニ。依テニ因位ノ行行ノ不同一叶フニ果位ニ時モ。各稱本習(天玄二、二二五。釋籤)ナレハ。修治地業不同。三摩耶形ノ不同有レ之也。仍テ教ルニモレ機ヲ依テニ本習ニ不同有レ之。取テレ其ニ眞言天台ハ一行一切行等ヲ達シテハ。何ノ行ヲモ不レカ惡故ニ。成道ノ時モ隨レ機ニ佛ヲ見替ル也。此佛ニハ備タルカニ萬德ヲ一故也。如レ此云事ハ祕妙方便ヨリ云立ル也。妙法蓮華ノ方便品ト云カ故ニ。妙法ノ中ニ攝ルニ萬法ヲ一也 籤三 各稱ニ本習一(同前)等云ヒ。乃至本門位登ニ無垢一(天文一、三九五下。文句記)等云フ可レ思レ之。淨名大士。依病起之等云ヒ(天止二、六。止觀)。和須蜜多婬而梵行等 云云 可レ祕レ之(之㋑可祕)

---

73 顯四十一 籤云。若本迹俱高及本高迹下(天玄四、四六五)。妙覺唯得ニ此之二句一事

問。妙覺ノ位ニ所レノ現ル八相中ノ前五相ハ。妙覺法身ヨリ乘レ之歟

答。可レ爾

兩方。若爾ト云ハヽ。成道已前ニハ未タレ得ニ妙覺法身一ヲ。若依レ之爾ト云ハヽ。既ニ於ニ妙覺ノ位一ニ有ニト本迹俱高ノ成道一見タリ。是則(則㋑卽)本爲法身迹爲八相ト云カ故。八相共ニ妙覺法身ヨリ乘(垂カ)レト之聞リ如何

物語云。西塔。性舜法印云。前ノ問答廣量也。初テ叶フニ妙覺ニ時ノ八相ト可レ問也。久成妙覺ノ八相ハ。不レ可レ及ニ論談一ニ事歟。又本高迹下ノ句ヲ出シテ片タ難ニスルハ。凡ソ拍子ニモ不レ叶。只妙覺ノ位ニシテ下位ノ八相ヲ唱ル事ニテコソ有レ。故ニ此卷ニテスヘキ論(㋑如本)義ニハ非也。智海僧都ナントハ不レ爲ニ論義一ニモ。無シニさ有ルコト。妙覺ノ本ヨリ可レ垂被レ云也。既ニ妙覺ノ位ノ八相也。豈ニ從ニ等覺一垂ン耶。位位各ノ有ニ八相一故也。但八相前後セルハ。只是機緣ノ前ノ假リノ示現也。實ニハ内證妙覺ニ叶テ後チ同時ニ所レ現

證道ノ八相也。故ニ當時ノ彌勒モ實ニハ妙覺ノ佛也。生天ト示シ。次ニ成道ト示スハ假リノ示現也。故永心法橋。從（從イ證）ニ妙覺一垂レ。從ニ等覺一垂ルル二ノ樣可レ有被レ云也。內證叶テニ妙覺一後ニ橫ニ八相同時ニ現ル事モ可レ有。不ル叶前ヨリ現シテニ生天等ヲ一八相次第ル事モ可レ有。機緣樣樣ナレドモ。未レ叶ニ妙覺一前ヨリ現シテニ生天等ヲ一。サテ叶テニ妙覺ニ一成道スト云ハン事モ何無ンレ之耶。是則（則イ卽）妙覺分ノ八相ニシテ而モ等覺ノ法身ヨリ垂也。南岳大師。既是十地等覺未ニ是妙覺一釋モ如レ此得レ心也。彌勒未是妙覺トハ云也

示云。當流ニハ妙覺ノ本ヨリ垂ト云也。所以ニ。內證叶フニ妙覺ニ一後。外用ノ八相ハ機ノ前ニ現ル也。故ニ等覺ノ本ヨリ垂トニ妙覺ノ八相ヲ一云事ハ不レ可レ有。サテ約スレハレ機ニ內證外用スル樣ナレトモ。內證ノ方ハ三身成道同時也。仍妙覺ノ本ヨリ垂ルルニ外用ノ八相ヲ一也。凡ソ久遠實成ノ三身ヨリ垂トニ外用ノ八相ヲ一云ヘハ不レ難也

難云。サテハ生天シタル彌勒ヲハ菩薩トハ不レ可レ云歟

答。實ニハ彌勒モ內證ハ成佛シタル也。機ノ前ニ示スニ等覺ヲ一トハ也

難云。釋迦ハ迦葉（葉イ小）佛時生天スル也。此時ハ內證ハ妙覺ニ叶ト可レ云歟

示云。圓機ハ。（天玄三、四八八。釋籤）一一相中皆八相ト見カ故ニ。釋迦佛ノ時ヨリ唱トニ八相ヲ一見タル也。權機カ次第シテ見ル也。證道ノ八相ハ證者見也ト云事可レ思レ之

法勝寺ノ御八講ニ性獻已講。等覺ノ本ヨリ垂ルト答タリ。永弁法印ハ於レ是略題也。尤モ被レ云云云 其後法勝寺大湯室ニテ。永弁非常也。向フ樣ニサ云ル樣ヤ有ル。サレハ性獻カ成佛センニハ永弁ヲハ不レ可レ置思也

74 籤云。於ニ初住中一說ニ壽長遠ヲハ一事（圓四十二）（天玄四、四六五）

私云。能住ヲハ住ト云ヒ。所住ヲハ地ト云フ。地體ハ今ノ釋ハ初住也

問。分別品中ニ諸菩薩未來ニ說ニ長壽ヲ一願スト見リ。何ノ時遂ルニ此願ヲ一耶（如三二百帖）

答。如レ題

付レ之。妙覺ノ位ニシテ遂ニト此願ヲ一可レ云也。既ニ聞ニ釋迦ノ長壽ヲ一如レ此願（願イ顯）ル故也如何

答。初地ニシテ且ク說レ之。是則（則イ卽）初地初住ヨリ得カニ法身ノ本ヲ一故也。（同前）但得ニ法身ヲ一必得ニ長壽ヲ一。有緣機熟說遂ニ昔願ヲ一文サテ正所

期可妙覺。仍不可相違
難云。見經文（大正藏九、四五中）。如今日世尊文諸菩薩我等未來
如釋迦願故指妙覺聞。解釋何意有初住
釋耶
答。今釋意三世料簡門意叶初住。唱八相。被加
作妙覺唱故。初住妙覺一邊云也。又叶初住
得妙覺一分無作顯本故。妙覺一云意可有
之。但如今日世尊云。本門意五十二位共皆入
妙覺。應身云妙覺有也。如此願菩薩者。現在
四信菩薩也。故信解本地難思境智得菩薩故（天文五、二四一二下。文句記）。一
切衆生皆久遠實成十界常住得意菩薩也。仍初住
云不苦。而今釋初住釋。初住得法身本。
得始擧也。約終妙覺可云也。サテ經意。三千
世間依正宛然初住乃至等覺妙覺得妙覺云也。四十
一地妙覺無之。如此聞（(イ)キイ）增道損生。乃至得等覺
益四信菩薩見發願也。等覺一轉事可思之
難云。惣相ノイテ云ハン時如上義可得意。見本

書釋長壽。但得法身必得長壽云。寄法身本可
得長壽云也（天玄四、四六五。釋籤）。其上今三世料簡門下故。五十二位
皆入妙覺意不可云如何
答。今三世門住本顯本上三世門習也。常修常證三
世門也

75 籤云。唯闕本高迹下一句事（頭四十二）（天玄四、四六五）

問。妙覺佛唱本高迹下成道耶
答。如（如(イ)可）唱
進云。如題。付之。何不唱之。況籤次上（同前）。本迹俱
高及本高迹下。妙覺唯得此之二句文此豈非前後相
違釋耶
答。西塔抄云。此南京範源僧都。八幡八講被爲論
義也。又ワレナラス（ワ(イ)ソ）シタル事共有之。僻論義也。今籤
文。本書本高迹下句闕云釋也（同、四六四～五。取意）。佛闕云非也。所
以籤次第本書文消云。若初住被加作妙覺者。本
下迹高也。初住之前。竪無所指橫有體用。卽指體用（用(乞)カ）
者。本迹俱下句也。又解最初之佛○自將體用文本迹俱

高句也。同ク妙覺ノ位ノ體用ナルカ故也。故ニ本書ノ文ニ有リ。本高迹下ノ句ハ闕タリト釋タル也　知足坊(イ房)同レ之

尋云。住上ニ互ニ唱ハ四句成道ヲ。何物ヲ可レ爲ニ弟子一耶。弘一ニハ。(天止一、一二五)尚令等覺斷最後品ト云ヒ。四念處ニハ。菩薩不「識執(「諦謂是カ)謂」眞極ト云ヘハ。(大正藏四六、五七二下)住上ニ其機カ可レ有覺タリ。如何カ可ニ得レ意合一耶

答。四句成道ハ本門ノ意ナレハ。本ノ住上ハ互ニ唱テ四句ヲ成テ能化一ト。迹ノ四十二位ハ成ニ所化一ト也。故ニ尚令等覺等云ハ。迹ノ機ハ斷ト無明ヲ一云事也。以レ義ヲ云ヘハ。迹門妙覺モ爲ニ本門ノ成ト弟子一可レ云。然トモ妙覺還同本覺スルカ故ニ。自ラ開テ不レ待ニ能化ヲ一也。妙覺ニ不レ用レ教云得(得イ論)義。四教義ニテ有レ之

難云。本門ニハ迹門ヲ爲ニ弟子ト一云ハハ。迹門ニテ唱ヘンニハ四句ヲ一。何物ヲ爲ニ弟子ト一可レ云耶

答。迹門ハ作事也。此時ハ住前ヲ爲ニ所化ト一也

難云。本門ニテモ一ノ果海ノ中ニモ何ソ不レ論ニ勝劣ヲ一。若不ハレ論ニ四十二位ノ不同ヲ一不レ聞如何

答。如ニ餘抄一

新懷云。斷最後品等ヲ釋ルハ。住前ニシテ仰學スルヲ斷最後品ト云也。非ニ實ノ等覺ノ菩薩ニハ云云

難云。若仰學ト云ハハ。斷ト初住ノ一品無明ヲ一可レ云如何。仍テ不味(昧イ味)ノ義也

尋云。迹門ニハ四句成道ヲ不レ唱歟

示云。迹門ニハ唱ト四句ヲ一云トモ。迹門ハ成ニ始覺ノ本ト一故ニ實ニ本門ニテ云事也。迹門ニテ云トモ。故於權教不須苦窮ト云樣ニ委ク(卍續一八、三七六丁左上。維摩疏記參照)不ニ言イイ極メ一也

尋云。如ニ被加作妙覺スルカ。依テ初住ノ加ニ唱ニ妙覺ノ成道ヲ一耶

答。可レ爾。本下迹高是也

尋云。依ニ檀度ニ得益スル者。有ニ餘波羅蜜一耶

答。成ルニ助縁(檀カ)ト一餘度(檀カ)ヲ具ル也。故ニ値トモニ無量佛ニ一一佛カ成レ本ト云也。壇ニ結縁スルハ壇カ成レ本ト故ニ

尋云。初結縁ノ時。初住壇(檀カ)ト妙覺ノ壇(檀カ)ト不同ヲハ如何可レ得レ意耶

示云。妙覺ノ佛ニ結縁セハ廣シ。初住ニ結縁センハ狹シ。又凡師也トモ初住分法門。妙覺分ノ法門ヲ談ルニ如レ依レ之

76 頭四十一 玄云。若作ニ無義一。若最初始成佛。既始得レ本。末レ（未カ）（天玄四、四六四）
論レ垂レ迹事
問。新成妙覺ノ佛ハ不レ說ニ本門壽量一ヲ歟　如レ宗　（答缺）
77 頭四十一 玄文。若久レ此者。卽次四方一爲レ譬事（天玄四、四六四）（以ニカ）
疑云。東方世界無盡也。設ヒ釋迦ヨリ久ク成佛スト云トモ何以ニ東
方ニヲ不レ爲レ譬ト耶
答。世界悉檀ノ釋也。以ニ四方ヲ一爲レ譬。算數不レ可レ及云ハ世
情ノ前ノ釋也（前④別）
尋云。三世諸佛必說ニ五百塵點一ト歟
答。應身ノ邊ニテハ諸佛道同云ヘハ。應身ハ五塵五識轉シテ成所作
智ト成リ。應身ト成ル也。故ニ指ニ五塵ヲ一五百塵點ト云也。三世
諸佛如レ此
78 頭四十二 玄云。佛有ニ延促劫智一。能延ニ七日一爲ニ無量劫一事（天玄四、四八四）（演カ）（了義カ）
問。釋迦久遠本ヲ顯ハ實事歟
答。可レ爾
兩方。若實事也ト云ハハ。誰知ル有テ延促劫智力一近成也ト
云トモ。而モ延テ爲ニテモ無量劫ノ有ランモ。若依レ之爾ト云ハハ。今經ハ
正直捨方便ノ說。何ツ交ニ方便ノ說ヲ一耶如何
答。釋迦ハ中閒番番ニ成道ヲ唱ル樣ヲ。委ク明ハ眞實ノ久遠成
道ト可レ得レ心也。延促劫智ノ力ニテハ只無量劫前ニ成レ佛ト
云ハンスレ。番番成道不レ可レ有。又假令顯本ノ後ニハ可レ廢也。始
終隱ツメテ息ハ成ニシテ虛言一スルニ。壽量品疏記委ク釋レ之（天文五、二一二四下）
師云。記九云。今顯レ實已不ニ復隱一レ本等云ヘリ。彼ノ釋處ニ能
能可ニ沙汰一ス
79 玄云。若純菩薩爲レ僧者。何須ニ開顯一耶事（天玄四、四八四）
問。純菩薩ヲ爲ニ所化一ト。國土ニ開權顯實ル事可レ有耶
答。雖レ難レ計可レ有也
兩方。若有ト云ハハ如レ題。若依レ之爾カ云ハハ。付テモ菩薩ニ權教
實教相分タリ。若權教菩薩爲ニ所化一。國土ニ寧圓教ニ不ニ廻
入セ耶
答。西塔抄云。此ハ法勝寺ノ三十講論義也。尊珍問。三井朝
圓カ答也。朝圓カ受テ此ノ問題ヲ云ク。先純ニ菩薩ヲ爲ルニ所化ト
土ハ。有歟無歟。定テレ之後ニ可レ爲ニ論義ニ也。尊珍云。於ニ三
井ノ流ニ雖レ不レ知ニ其義ヲ。釋ノ中ニハ純菩薩爲ルニ所化一土有ト

見タレハ。付レテ其ニ至ニ問難一ヲ也ト云テ難タリ。而ニ證義者ニテ寺ノ覺基僧都ノ云。答者ノ僻事ヲ申タル也。三井アランカラニ。爭テカ純菩薩爲ニル所化一ノ土無ト云ハン耶ト云テ釋ヲ會タリ。山ノ證義者ニテ。東陽和尚云。純菩薩ノ土ニハ可ニ開顯一ス樣無也。若藏通ノ菩薩ナラハ必ス可レ共ニ聲聞一ニ。純菩薩ノ土ニハ藏通菩薩不レ可レ有。若別教菩薩ナラハ不レ可レ用ニ開顯一ヲ也

覺基云。藏通菩薩モ何必共ニセシ聲聞一ニ耶。離ニタル聲聞一ヲ藏通ノ菩薩モ可レ有也

示云。共爲僧ト云ハ。必モ聲聞ニ不ニトモ並座一セ。藏通ノ菩薩ナラハ共聲聞ノ菩薩ト云也（天止二、三三五）。空ヲ爲ニ己證一ト故也

決三云。入レ地自證權門自開ト云云（天玄二、二一七）

籤三云。別（「其ヵ）菩薩且置不レ論。以ニ此菩薩猶以（易ヵ）開顯（顯ナシヵ）故 文 此等ノ釋ハ不レト開ニ別教ノ菩薩一ヲ聞タリ。性舜法印。此義ハ倶ニ釋ヲ離タル事也。今ノ玄ノ釋。只開權顯實ニハ非ス。開三顯一ヲ釋ルヲ耶（「イ云）。實ニモ（也イ者）若夫開三顯一ナラハ。何ソ純菩薩ノ土ニ用レ之耶。非レ難ニ也。又別教ノ菩薩也トモ何開會シテ不レ令レ合ニセ圓實一ニ耶。依レ之淨名疏云。雖レ無ニ藏通一而開ニ別權一顯ニ圓之實一 文（大正藏三八、五六六中）

此釋ハ別教計ヲモ開顯ト云ル教圓ハ僻學匠也 威抄同レ之

示云。開權ト云ハ別教ニモ限テ。亦前三教ニモ可レ亙ル。開三ハ必ス亙ニル前三教一ニ。東陽ノ御義ハ釋ニ叶ヘリ。但開三ヲ開權ト云釋モ有ル也

尋云。名疏ノ如ンハ開レ別（別イ前）ヲ見タリ。又如ニンハ籤三一ノ不レト開見タリ。如何可ニ得レ意合一耶

示云。不レト開云ハ。對ニシテ藏通一ニ云也。開スト云ハ望レテ圓ニ云也。仍テ一向ニ不レル開事ハ無キ也

一義云 此流 今ノ釋ハ對ニシテ三乘共爲僧ノ土一ニ。淨土ニハ不レト開云也。然トモ同居ニハ横竪ノ配立共ニ對ニル四教一ニ也。故ニ淨土也トモ可レ開レ之也。開ニルハ別教ノ菩薩一ヲ勿論也。設ヒ一圓ノ菩薩（菩薩イ菩提）也トモ可レ開也。所以ニ。始ヨリ一心三觀ヲ習トモ。同居ノ機先必ス有ノ執情カ破ル也。次ニ空カ破成ニ中道一ニ也。サテ三觀同時ニ觀スレトモ入ニ空假中一ト也。仍テ有ニハ三觀一有ニト四教一習也。仍テ如ニ穢土一ノ體外ノ開三ハセサレトモ（大正藏三八、六五五下）。四教ノ分齊カ有レ之故ニ（有ヵ）（「〇ヵ）開三スルニテ有ル也。例ハ如ニ名疏ノ。中道正觀ノ正治ニ無餘一。傍治ニ同居見思無知一等釋上スルカ（天止四、一九五。止觀）。又如ニ一往然ニ往不然ノ料簡一。故ニ有ニト三

觀一云ハハ。必ス可レ有ニ四教一。卽空假所治見思。塵沙中道所（藏通　別教　圓教）
治文
口仰云。穢土ハ必可ニ開三一也。其故ハ有執ヲ次第ニ破シテ終ニ
顯ニ一實一ヲ故也。有ノ體同レ之也。但說相ノ不同計也。身子
等カ淨土ヲ淨土ト云時寂光土也。此土ニモ破ルニ無盡ノ執一ヲ。開三（地住已上ノ機云也）
顯一ノ執モ被レ破也。觀ニ此法體一ヲ破ルニ重重ノ執一ヲ。開三顯一ノ
執ヲモ終日ニ破也。仍テ一切諸佛說法スト習ハ此習也（法華）
難云。玄次云。出ニ入五濁世一如レ如レ此。出ニ淨土一佛則不レ（天玄四、四八六）（入㋑[九]）（可カ）（則㋑卽）
然文
籤云。佛亦不レ應ニ一切開權一。經聞タリ（同前）（言カ）
答。此釋モ如ニ穢土ノ不一トモ開三一。實ニハ可ニ開三一（如ニ上義一）
80
玄云。此是聲聞菩薩共爲レ僧。出ニ爲一濁世一可レ如レ（[頭]四十三）（天玄四、四八六）（五カ）（同カ）此㋑同此
此事
問。五佛章ノ佛ハ只出ニ穢土一ニ歟（法勝寺三十講。觀海カ問。慶實カ答）
答。難レ計
兩方。限ニ穢土一ニ云ハハ。爲レ界ニ化道同一ヲ開三顯一ノ同キ佛ヲ（顯歟）（界㋑顯）
引ク也。雖ニ淨土也一ト前三後一ノ化儀同カラン。佛此中ニ不レ攝
耶。若依レ之爾ト云ハハ。出五濁世ト云ヘリ如何
答。自レ本難レ計。先不レ限ニ穢土一ニ云テ。會セハレ釋ヲ隨テニ大旨一ニ
釋ル歟。次ニハ限ニ穢土一ニ歟。設開三スレトモ土カ淨土ナル故ニ。如クニ
穢土ノ釋迦一ノ非ハ化導同ノ佛ノ中ニ不レ入歟（西塔）
威難云。五佛章佛ハ同ニク釋迦一ニ擧ニ五濁世一等ヲ云テ。擧ニ五
濁一ヲ釋レ之ニ。佛出ニ穢土一ニ歟
難云。惣諸佛ト云時ハ。淨土ノ佛モ五佛ノ章ニ可レ入聞タルヲ。又。
捨異從同ト云釋ハ。淨土ノ佛ヲハ不レ取ト聞タリ。如何可ニ會合一耶」（天文五、二二二四下。文句記）
答。先限ニ穢土一ニト云テ。惣諸佛ト云ヘルハ。取ニテノ穢土一ニ惣諸佛歟。
次ニ淨土ヲモ取ソト云テ。捨異從同ノ釋ハ。不ニル開三一佛ヲ捨異トハ云
也。從同ト云ハ淨土也トモ開三センヲハ可レ入ト釋ル歟
一義云。三世諸佛ト釋迦トハ穢土ノ佛也。惣諸佛ト云時ハ互ニル
淨土一ニ也。此時ハ淨土也トモ。同ト云ハ一切諸佛ハ對ニル淨土ノ機一ニ
德有カ故ニ。淨土ノ佛モ穢土ノ能ノ方ヲ同ル也。仍テ淨土ト見ハ一機
也。サテ淨土ヲモ穢土ト見ル機有也。取ニ此邊一ヲ同ル也。サテ捨異（淨土ノ方）
從同云ハ。穢土ト見ル方ノ一邊ヲ從同ト釋也（穢土ノ方）（東塔。此流同レ之）
一義云。五佛章。淨穢土ノ一切諸佛ヲ可レ攝也。所以ニ。華（此流）

嚴ノ時。十方臺葉ノ佛ヲ同伴眷屬ト說キ。大集與欲般若千佛ト（天文四、一九三八上。文句）云テ。他佛ニテ有ヲ五佛ノ章ノ時ハ。此等ノ佛ヲ思ハヘテ諸佛道同ト說（明若干佛與欲カ）也。寶塔品時。此等ノ諸佛ヲ我分身ト云也。本門ノ時ハ此等ノ諸佛ヲ。毘盧遮那一本不異ト云テ（天玄四、四六〇。玄義）。十界三千皆無作ノ三身ト說也。十界三千皆一佛ト說テ。一切衆生皆成佛道ヲ顯シテ五佛道同ヲホノメカシ出ス也。故淨土穢土皆可レ入レ得レ意也。而ニ今ノ釋ハ。出淨土佛卽（則カ）不然ト云ヒ（天玄四、四八六。玄義）。捨異從同ト云ハ（天文五、二二二四。文句記）三世料簡門意ニテ如レ此釋ル也。妙法ト云ハ十界三千也。此ノ法ノ中ニ何物可レ除ク耶。教時義ニハ。大日如來ト者。三千世閒名 云云（大正藏七五、四二三上。取意）

仍テ萬法皆一佛ト得レ意時ハ。不レ同ニ釋迦ニ佛ハ不レ可レ有レ之」

弁然云。見ニ祕（祕㋑㊅）經文ヲ。爲ニ五濁障重ノ分別說レ三等云テ。約シテ五佛章門ニ如レ此說ク故ニ限ト穢土ニ聞タリ。釋尊出テテ穢土ニ開三顯一スルト同ト聞タリ

一義云。一切諸佛皆入ニ五佛章ニ也。但佛道不同ト云難ハ。同邊異邊有レ之。同邊ハ開三也。異邊ハ不同也 云云 已上義盡抄

尋云。淨土ニ何開三セン耶。所以ニ。生ニ安養界ニ事ハ。觀經（大正藏三七、一九三中）㋑[疏]ニ釋スル。必還入レ大 文 此界ヨリシテ起シテ大乘心ヲ生ルカ故ニ不レ可レ有ニ開三ノ如何

示云。一向淨土ナレトモ非レ離ルルニ有執ニ。離タラハ有執ヲ可レ生ニ方便土ニ。若有ラハ有執ニ可ニ開三ス也。淨土ニハ有執微薄ナルカ故ニ。望テ穢土ニ不ニ開三ト云也。爾ト云テ一向非レ無ニハ開三ノ也

81 頭四十三 玄云（天玄四、四八六）。出ニ淨土ノ佛則不レ然事 如ニ玄六ノ

問。淨土ニ有ニ開三顯一ノ耶

進云。如レ題。付レ之。安養界開三如何

答。今ハ取ニ五佛ノ章ノ事也。委細ノ事如ニ疑難ノ

師云。大雙紙第四可レ見レ之

頭四十三 籤云（天玄四、四八六）。約五佛章。皆云亦以無量云ヘリ

疑云。惣諸佛過去ノ章トイフ有レ之。餘ノ三ニハ無レ之如何

答。惣諸佛ニ有レハ之。餘ニモ可レ有レ得レ意釋也

問。淨土ニ只說ニ一乘ヲ國土有リ耶 付ニ先題ニ疑レ之。如ニ疏四ノ

答。可レ有レ之歟

兩方。若有ト云ハハ。今ノ解釋ニ。五佛章佛如何（云カ）ト問スルニ（頭四十三（同前。玄義取意））。同此（此カ）是聲聞共爲レ僧。出ニ五濁世ノ如（可カ）レ如レ此。於ニ（於㋑出）淨土ノ佛則（則㋑卽）不レ然等答タリ。知ヌ。穢土ニハ必開三シテ可シ說ニ一乘ヲ云事。況經

文ニモ五濁重故ニ。於ニ一佛乘ニ分別說レ〔㋑三〕云ヘリ。（大正藏九、七中）若依レ之
爾ト云ハハ。國土ノ淨穢ハ依ニ戒ノ持毀ニ。一乘三乘ノ不同ハ任タリニ
乘ノ緩急ニ。若爾者。穢土也ト云トモ。戒緩乘急ノ國土ナラハ只可レ
說ニ一乘ヲ如何

答。衆生根性無盡ニシテ國土又無盡ナレハ。直ニ說ニ一乘ヲ國土モ（㋑盡歟）
可レ有也。但至ニ經文ニ。記四ニ（天文二、九〇七上）。五（五カ）濁一往ト釋セリ。非ニ至理ノ
意ニ歟。依レ之玄六ニ（天玄四、八九）。戒緩乘急卽是穢國。純菩薩爲レ僧。此
亦可レ知文又阿輸闍（㋑周）國ハ穢土ニシテ而モ七歲已上ハ一乘ノ機ト
見リ

記四云（天文二、九〇四上）。故約ニ四句一皆不レ障レ大（五濁不レ障レ大云也）。故障レ大之問一往云耳
文

82 玄云（天玄四、四八七）。無明重數甚多。實相海深無量。如レ此破顯無レ
咎事

問。迹門佛果ニ可レ斷ニ無明ニ有レ之耶

答。可レ有歟

兩方。若有ト云ハハ。迹門ノ十妙中ノ三法妙時。無明惑盡テ叶フニ
妙覺ニ。更ニ本〔㋑十〕妙何ノ有ンニ所破カ耶。若依レ之爾ト云ハハ如レ
題如何

答。迹門妙覺ニハ可レ斷無明ハ無レ之也。若約シテニ初住ニ果ヲ
云ハハ。可レ斷無明可レ有也。而ニ今ノ釋ノ意ハ。迹門ニハ。三法妙（天玄二、五〇三。釋籤）
界（顯カ）在於初住ト云テ。以ニ初住ヲ爲レ果ト故ニ。無明重數等釋ル也

西塔

難云。此義ハ假令也。所以ニ。玄云（天玄四、四八六〜七）。問。破ニ十麁ヲ顯ニ十妙ニ。
則（則㋑妙）無明惑盡一實理彰。今更破ニ迹妙ヲ爲レ麁顯レ本爲
〔レ妙。〕破ニ何惑ヲ顯ニ何理ヲ。答。無明重數○文事新ク爲ニ初
住果ト意ナラハ。何ゾ無明惑盡スト顯ニ何ル理ヲ問セン耶。知ヌ。迹門ノ
妙覺ヲ思ハヘテ如レ此問ト覺リ。又三法妙ヲ初住ト云釋ハ一筋ヲ釋ル
也。又妙覺ト云釋モ有レ之。仍テ迹門ノ妙覺ハ尚可レ斷煩惱有ト
釋ストタリ聞

答云。法妙ヲ妙覺ト釋ルハ所期ヲ云也。當時叶トハ妙覺ニ不レ可レ
得レ意

一義云。今ノ釋ハ說法ト云ハ本今レ被レ機ニ事ナルカ故ニ（同、五〇八。釋籤）。本迹二
門ノ約シテニ所化ニ有ニ斷不斷ノ不同一云也。權智事用不得相
法（比カ）ノ下ノ文。其意見タリ

（三井）一義云。迹門妙覺ニシテ尚障ル二久遠ヲ一無明有ル也。故ニ如レ此
釋ル也
示云。上ノ二義偏向也。二義ヲ寄合テ可レ云也。所以ニ。約ニ三
周聲聞ノ得語（悟カ）ノ次第一ニ三法妙ハ初住也。約シテ二釋尊一ニ釋ルレ之
時ハ。如ニ三井義ノ一可レ云也。迹門ノ時ハ今成妙覺遍照尊ト（大正藏十、二六下。八十華嚴）
云テ。始成正覺ヲ爲レ本ト久遠ヲ障タル佛也。仍テ有ニ無明一可レ
云也。迹門ハ一向ニ約トハ二弟子ニ一不レ可レ得レ意。師弟共ニ有レ
之。玄九ニ見タリ。仍テ今釋ハ無明重數等云ヘルハ。師弟共ニ含タル
故ヲ釋ル也
玄九云（天玄五、二四九）。此經始（得㋑從）得ニ序品一訖ニ安樂行品一。破ニ廢方便一開ニ顯
眞實依（佛如レ本 ㋑佛歟）之知見一。亦明ニ弟子實因實果一。亦明ニ師門權因權
果一。文義雖レ廣撮ニ其樞要一。爲レ成ニ弟子實因一。因正果傍。故
於ニ前段一明ニ迹因迹果一也 文
師云。迹門妙覺ニハ久遠無明ト云事有ル也。於ニ本迹ノ法門一ニ
重重有レ之也。先迹門ノ九界ハ權ナレハ得ニ佛果ノ實一ヲト云也（也㋑ナシ）。是ハ
廢麁妙也。次此九界ノ權體卽佛界也ト入ル。是ハ絶待妙也。
此ハ無明卽法性ト云テ。法性ヲ面立ル故ニ。相卽シテハ明トモ止觀ノ

相待止觀ニテ有ル也。次ニ本門時ハ先ノ迹門ノ無明卽法性ノ
佛ナラハ。彼佛ハ不レ知ニ本門一ヲ。故ニ皆無明ト下シテ爲ニ所化一ト。本
門十界皆成ナル二能化一ト也。此十界皆本有ナレハ。一佛果ニシテ九界
爲權佛界爲實トハ不レ云也。此ハ廢迹立本ノ意也。次ニ斷迷開
悟ト云ハ從本垂迹ノ故ニ。唯一ノ本門ヨリ所レ垂ナル故ニ。終ニ歸ニ本
門一ニト云フ。是開迹顯本ノ意也。次自レ元毘盧遮那一本不
異ニシテ迹門〔㋑本門〕トテ別ニハ無レ之。迹門前三教ノ斷迷開悟シテ
登ル體ヲ不レ動シテ。皆本有果中ノ三世常恆ナリト云。此ハ迷ト云テ
惡キ物有トハ不レ云也。此住本顯本ノ意也。世間相常住ト云モ
自レ是起ル也。此ハ俗諦常住ニシテ皆本門ナル處ヲ不レハ知。迹門ノ
佛ハ眞實ノ無明ヲハ未レ斷ト被レ下サ也。所詮迹門ノ斷迷開悟ト
執シテ。無明卽法性ト照ス。此法性カ障ル二本門ヲ一無明トハ被レ云也。
爰以テ止觀中無明卽法性ト云ヲハ相待止觀トテ下ン。或。思議（天止二、一〇六。弘決）
境ノ後。佛果（界カ）雖レ妙。居ニ九界末一。通名爲レ麁トモ釋ル也 已上。此流ノ
祕藏義也
圓師云。此事ハ有ニ潤色一也。阿含中。阿難。袈裟ヲヌウ時
針ヲ失テ。求メン二無上佛果ヲ一人。求テ與ト云時。佛ノ言ク。我得ニト佛

果ヲ一思ト云云　大論ニ。佛ヲ〔イ佛ノ〕供養シテ增ニスト佛果ヲ一云云　天台菩薩戒
疏ニ八。受戒時ハ他方ノ佛來テ二此土ニ一增ニスト佛果ヲ一云云　此ハ是證文
也
圓師云。玄七ニ〔頭四十三〕〔天玄四、四八七。取意〕。無明重數甚多。無量無邊ト云文其證也可ㇾ
祕可ㇾ祕
大論九十七云〔大正藏二五、七三六下。取意〕。有ㇾ得ニ諸法實相ヲ一故破ニ無明ヲ一。又無盡シテ甚
多云リ
示云。今釋ノ次下ノ判麁妙ノ下ニハ約シテㇾ佛ニ釋ル也。障ニル久遠ヲ一無
明ト者。始覺ノ情也。今成妙覺遍照尊ト云ヘルコソ。始成正覺ニテ
障ニル久遠ヲ一證據ニテハ有ㇾ。記九云〔天文五、二一六五下〕。以ㇾ未ニ久遠本ヲ一〔ㇾ知ニカ〕而爲ニ或〔惑カ〕
者一文　當世不ㇾ分ニ本迹ヲ一。只妙覺位ニ可ㇾ斷無明有リ耶ト疑フ〔遺カ〕
也
有抄云。玄七〔頭四十六〕〔天玄四、四九〇〕。通論本迹只是權實事。下ノ第八ニ明ス權實ヲ一〔同、四九四。玄義取意〕。
今日中間〔乃至カ〕。若權若實皆悉是迹〔「○カ〕〔悉皆カ〕。迹故稱ㇾ權。乃至本地權實〔同前、釋籤〕
俱實也〔妙カ〕　文

83　玄云〔頭四十六〕〔天玄四、四九〇〕。別論高下宜ㇾ用ニ本迹ヲ一事
義云。下ノ利益妙云〔同、五〇八。玄義〕。迹門得道。止齊ニ無生法忍ニ一。本門得
道〔「齊ニカ〕。餘一生在。以ㇾ塵爲ㇾ數。多少深淺豈同ニ於前ニ一　文

84　玄云〔頭四十六〕〔天玄四、四九〇〕。横論ニ眞僞ヲ一宜ㇾ用ニ權實ヲ一。本迹約ㇾ身約ㇾ位事
義云。本門開迹顯本ハ約ㇾ用ニ故ニ〔同、五〇〇。釋籤〕。下云。本門。約ㇾ身事〔「約ㇾカ〕　文
事ト者。因位ノ位也

85　玄云〔天玄四、四九〇〕。權實約ㇾ智教事〔「約ㇾカ〕
義云。迹門開權顯實ハ約ㇾ智約ㇾ教ニ也
私云。本門ノ開迹顯本ト者。約シテㇾ師ニ開シテ迹身ヲ一顯ニ本ノ身ヲ一
故ニ〔頭四十六〕〔天玄四、四九〇〕。約身ト云事。子ノ約スルハ得道ニ一。迹門ハ初住益。本門ハ
至ニル餘有一生在ノ位ニ一。權實ハ約ト位ニ者。迹門開權顯實ハ
權智實智權教實教　文

86　玄云〔頭四十六〕〔天玄四、四九一〕。非ニ已上ニ一〔今歟〕非ニ中間ニ一。乃是體用教行理教等共
論ニ十妙ヲ一也事
問。玄文中ニ六重本迹ヲ攝ニル本門十妙ニ一事ヲ付テㇾ釋ルニ。爾者已
今本迹ニ攝ニル本門ノ十妙ヲ一耶
答。不ㇾ攝釋セリ
付ㇾ之。本地十妙。何故ソ只五重ノ本迹ニ被テ判屬セ。非ニ已今
本迹ニ耶如何

答。已今本迹ト云ハ無ニ別ノ法一。只前五重ヲ約シテニ已今一ニ分別ルニ。已今ノ本迹ノ名ヲ立タル也。故ニ已今本迹ト云テ。別ノ法體無レハ已今ニ十妙ヲ可ニ判屬一様ハ無也。仍テ只五重マテハ判屬シテ非ニ已今一ニハ云歟

頭①四十六（天玄四、四九一）
籤云。本地五重爲レ本。中閒今日爲レ迹 文 此釋此意歟

古キ抄出ニモ不レ書（書カ）今ノ案也。此ハ先年法勝寺三十講ニ。弁性カ得テ語タル論義也。又是ハ法勝寺御八講ニ中納言法印顯眞得テシタマフ論義也 性舜法印義也 知足房同レ之（房①坊）

師云。此義吉

知足坊（坊①房）難云。迹今日（昔カ）已得已今爲レ本 文 頭四十七（同、四九四。釋籤） 久成時有ト已今本迹ニ云ヘル歟。若爾者。玄文ニ非ニ已今一非ニ中閒一云ヘリ如何

答。籤ノ下ノ釋ハ。頭四十七 已今ト者。於テ久成時ニ五時説教相對シテ論カレ之故。久成時有レ之云也。玄文今ノ釋ハ約ニ今昔相對ノ已今一ニ也。仍テ無ニ相違一

威抄云。今ノ釋ハ以ニ本門六重本迹一ヲ約ルニ十妙一ニ也。而ニ非ニ已今本迹ニ云ハ。本ノ十妙ハ共ニ約レハ本時一ニ。只今（昔）非今（今日）ニ。又本時ナレハ非ニ中閒ニ云也。今日中閒ヲ簡フ也。又體用教行等共ニ有ト十妙一云釋ニハ非。體用教行等共シテ有ト十妙一云也。籤ニ爾カ見タリ

87 頭四十三（天玄四、四八七）
玄云。所破之麁例更是妙事

備云。（卍續四四、三三二丁左上）迹中十妙〔既〕①麁以ニ此之麁一破ニ三教境智行等之事（十カ）麁一。此三教麁例更妙（不カ）否。答中以レ智例レ惑。所破四住麁既是妙ナリ。能破惑智豈不レ妙耶

88 頭四十四（天玄四、四八八）
玄云。偏圓約レ法則（ㇾ法カ）已定 ○ 權實約レ教等事

意如何

答。偏圓正ク付タル法ニ名ナレハ。偏ハ偏。圓ハ圓ニテ定レル也。權實ハ展轉分別ルカ故ニ。圓實ナレトモ望ハ本門ニ迹門尚屬レ權ニ也 樸（僕カ）抄

89 頭四十（天玄四、四八九）
籤云。亦得ニ是法一事

備云。（卍續四四、三三二丁左上～下）法既已定ニ事理之法ヲ一。應（ㇾ不ㇾカ）レ云ニ在レ本卽（則カ）事理俱理ナリ。在レ迹卽（則カ）事理俱事ナリ。在（ㇾ又カ）レ本得（則カ）教行俱教。在（各カ）レ迹卽（則カ）教行俱（事カ）行ナリ。須ク事理教行一一分別ナリ。蓋シ偏（偏①約）ニ定偏定圓定時定（則カ）理定敎定行等一ニ。若約レ論ニ權實一云（云①之）者。（云①カ）在レ迹卽事理俱權。乃至在レ本教行俱實ナリ。在レ迹ニ卽（則カ）教行俱權ナリト云ヘリ

90 頭四十七（天玄四、四九四）
籤云。昔日已得已今爲レ本事

問。教主釋尊。五百塵點最初正覺ノ時。有ニト已今本迹一顯本可レ云耶

答。可レ有レ之

兩方。若有トト云ハハ。最初正覺ハ新成妙覺也。爭カ已今本迹顯本有ラン耶。若依レ之爾ト云ハハ。已今本迹有ト釋セリ

答。最初正覺時。已今本迹可レ有也。所以最初正覺也トモ。爾前迹門ヲ爲レ已。顯本ヲ可レ爲レ今ト也

難云。最初正覺ハ内證自行成道也。故ニ爾前迹門ヲ不レ可レ說。又新成妙覺故ニ本トシテ可レ顯事無レ之。仍テ已今共ニ不レ可レ有如何　修（ツクロウ ヲサム ナカシ）

答。自行成道時。既ニ本時自行唯與圓合。化他不定亦有八（天文一、一〇四上。文句記）教ト云テ。五時八教可レ有釋セリ。若爾者。爾前迹門ヲ爲レ已。本門爲レ今ト不レ苦。但無ト本云難ハ。或ハ延促劫智ニテ。或ハ指初住爲本ニテモ作ランニ不レ苦。普通

難云。最初正覺ハ自行成道也。化他不定等云ハ。中間番番ノ成道ノ内ナルヘシ。仍テ自行内證覺滿時已今義ハ不レ可レ有。又延促劫智等ハ假設ノ顯本是也（イ等歟）。久遠實成ノ顯本。何ソ交ンニ假設ヲ耶。故ニ今本ノ義難レ有者ヲ耶

一義云。初成正覺。本地無作三身顯本也「元初云事也」（「」イナシ）。故ニ新成菩薩（事歟）無レ之。仍最初正覺時。五時八教可レ有レ之也。故ニ已今義可レ有。又一切諸佛皆久遠實成（本來佛也）ナレハ。今本ト云ニ不レ難。凡ソ新成妙覺顯本事可レ思レ之

91 玄云。約レ實施レ權。意〔在ニ〕（イ）於實一（頭四十（イ九）（天玄四、四九六））○若廢レ權顯レ實。意在ニ於權一事

疑云。如レ此云意如何

答。施權ト者。實ニハ爲レ令レ歸レ實ニ也。此ヲ意在於實トハ云也。若顯レ實前ニハ施ス權ハ事法ニシテ被レ廢法也ト知ル（「イ也）。此ヲ意在於權ト云也。不ニ顯實一前各各ノ根機在實ト執シテ權トハ不レ知也。故ニ顯ハ實ヲ權ヲ權ト令テレ知ラ有ト云也（僕カ）樸抄

師云。是吉義也

知足坊云。廢權顯實ト云。當時ハ顯實也ト云トモ。志ハ前ニ施ツル權ヲ卽云ハン料ナルカ故ニ意在於權トハ云也

問。玄文中ニ付レ釋ニ施開廢ヲ一○且ク如レ云ニ（頭四十九（同前。玄義取意））施權之時。意在於實ト一。廢權顯實ノ時モ意在於權ト可レ云耶

答。如レ題
付レ之（文缺）
92 施廢開次第事
疑云。第一卷序ハ施開廢ト別ヌ（別㋑列）。又蓮華ノ文ニモ施開廢ト列ヌ。
今何ソ施廢開ト列耶
答。施開廢ハ蓮華ノ約ニ開落ノ次第一ニ。是且ク准レ譬ニ意也。彼ノ
廢ハ卽絕待ノ廢也。今約シテレ法ニ立ツニ施廢開ノ次第一ヲ。此ハ相待
廢也。依レ之處處ニ約ルレ法ニ時ハ廢麁（施カ）開ト列ヌ。又此施開廢ノ次
第ハ。法用能通等ノ三種ノ方便ノ次第ノ意也
93 玄云。遠通ニ久劫方便一事　頭四十九（天玄四、四九六～七）
尋云。久遠實成已來ノ久遠ヲ方便ヲ知ト云歟
答。約ニ迹門ニ釋ルレ之故ニ可レ非ニ久成一ニハ。若ハ是因位ノ方便
歟。所以ニ。大通已來ノ方便也。或ハ方便品。從ニ久遠劫一來ノ（大正藏九、一〇上）
（此カ）法意歟
師云。此義吉。迹門ノ下ナルカ故也
師云。久遠ハ實也。中間今日ハ權也。久遠ト者。衆生一念。止
觀不二ノ形也。久遠ノ權實ト者。只點一法ノ處ハ實也。二諦宛
然ハ權也
頭四十八（天玄四、四九五）
玄云。本初照ニ十麁十妙一皆名爲レ實。迹權本實俱不思議。
不思議卽是法性。法性之理非レ古非レ今 文
94 玄云。華嚴中明。爲ニ阿鞞跋致一多明ニ事數。卽其義　頭四十九（天玄四、四九七）
也事
頭五十（同前）
籤云。一切事法。無レ非ニ權施一 文
問。玄文中ニ約ニ廢權顯實ニ時。權ノ易レ知意ヲ釋セリ。爾者。華
嚴何事ヲ引テ釋レ之耶
答。如レ題
付レ之。爲ニ阿鞞跋致ノ以ニ多事數易レ知權ヲ事ヲ例釋ル。其意
未レ顯如何
答。不退菩薩ハ事法卽理ト達ルカ故ニ易レ知也。此易レ知邊ヲ例
知ル也
難云。爲ニハ不退菩薩ノ多ク可レ顯ニ深位一ヲ。或ハ事理同ク可レ
說レ之。何ソ多明事數ト云ハン耶
答。事卽理也ト爲レ令レ達先說レ事ヲ也
尋云。事卽理ト者。中道理歟

答。不レ然。俗諦理ナルヘシ

難云。頭五十 籤云。（天玄四、四九七）卽能於レ事達ニ不退理一文 既ニ不退理ト云フ。中道ノ理ト聞タリ如何

答。籤ノ見ニ文相一ヲ。俗諦ノ理ト被レ得リ。所以ニ。此不退菩薩ト者。地前ノ行不退也

頭五十 籤云。（同前）開權顯實得レ入ニ初地令（念カ）不退位一文 是コソ正ク入ニトハ中道ニ見タレ。知ヌ。行不退位。地前俗諦三昧ヲ得テ不退也ト云事ヲ

難云。阿鞞跋致者。何位ソ耶

答。互ニ淺深一ニ。今籤ニ地前云ヘリ

又疑云。華嚴ハ爲ニ住行向地不退菩薩一。多ク說ニ法界唯心ノ理一ヲ。何ソ多多（多イナシ）明ニ事數一釋スル耶

答。今ハ地前不退ナルカ故。俗諦恆沙法門ヲ學ルカ故ニ多明ニ事數一云ニ無レ失

頭五十 籤云。（同前）地前行不退位。但聞ニ事數一知ニ事卽理一故 文

尋云。別敎地前ニ何ソ明ニ事理不二一ヲ耶

答。別向圓修意也

95 頭五十 籤云。（天玄四、四九七）若是地前行不退位。但聞ニ事數一知ニ事卽理一事

問。別敎地前ノ行不退菩薩。知ニ事理不二ノ旨一ヲ可レ云耶

答。不レ可レ知

兩方。若不レ知云者。如レ題。若依レ之爾ト云ハハ。歷別敎也如何

答。今事卽理ト云ヘルハ非ニ中道理一ニハ。我等カ但妄ノ事ヲ十行出假ノ菩薩ハ。衆生利益ノ事ト得レ心理ト云也。此卽俗諦ノ理也。事法ニ明ナルヲ理ト云也。於ニ事相法一ニ自在ナルヲ理ト云也

頭四十九 玄云。（同、四九六）遍達ニ恆沙佛法一文 可レ思レ之。凡夫ハ達シテニ事法一ニ十行出假ノ事ハ。事法卽假也ト知ル也。此ヲ不思議ノ事ト云也

威抄云。別向圓修意也。十向後心ニハ知ニ圓無作一ヲ云カ故ニ。事理不二ノ重ヲ知ト云也

96 籤云。（天玄四、四九七）爲レ對ニ跋致一故云ニ初地一事

意如何

答。開權顯實得レ入ニ初住一可レ云。對ニ地前ノ行不退一故ニ入初地ト云事歟

尋云。華嚴經。跋致何必地前ノ行不退ナラン耶。誰カ知ル初地ノ念不退ニモヤ有ン如何

答。既ニ明㆓事數ヲ㆒云故ニ。十行不退菩薩ノ出假歟。若初地不退ナラハ。次ノ開權顯實ノ文下ニ可㆑引㆑之ヲ

問。玄文中ニ付㆑釋㆓本門ノ十妙ヲ㆒。立㆓十重文段ヲ㆒。爾者。此中ニ明ト㆓開麁顯妙ヲ㆒可㆑云耶

答。十重ノ中ニ不㆑立㆑之

兩方。若不㆑明㆑之云ハハ。既ニ明ス㆓判麁妙ヲ㆒。何不㆑明㆓開麁妙ヲ㆒耶。例ハ如㆔迹門十妙ニ判麁妙ノ外ニ明㆓開麁顯妙ヲ㆒。若依㆑之明ト㆓開麁顯妙ヲ㆒云ハハ。見ニ玄文ヲ第七ニ判麁妙。第八ニハ權實ト云テ。開麁顯妙ノ文無㆑之如何

答。凡ソ十重顯本時ハ。破迹顯本。廢迹立本ノ外ニ開迹顯本有㆑之。而ニ今ノ十妙義ニハ。(イ)[頭]十六（天玄四、四〇三～四。玄義）一近故。二淺深不㆑同故ニ。三被㆑拂故ノ三義ニテ。只判麁妙ニテ別ニ開麁妙文無也。其故迹門ニハ開ルニ㆓教味㆒四教五味有ルニ㆑之。圓教ヲ爲㆑妙ト。四味爲㆑麁。醍醐ヲ爲㆑妙ト。如㆑此判麁妙スルニ猶ヲ圓教醍醐ヲ爲㆑ルノミニテ妙ト。三教四味ヲ爲㆑妙ト義不㆑顯カ故ニ。判麁ノ外ニ立㆓開麁妙ヲ㆒。四教五味共ニ妙ナル義ヲ顯ス也。是則（則イ卽）迹門ニハ四教五味ハ法體既ニ四教五味トテ數各別ニ有故也

[頭]五十 籤云。何者。（同、五〇〇）如㆓知中云㆒。（判カ）若教若味皆前麁後妙。若不㆑開者。人謂㆔三四之外前（前イ別）有㆓圓及醍醐㆒。是故開㆑三卽圓。四卽醍醐 文 此意也。次ニ本門十妙ハ約㆓身ト事㆒トニ故ニ。法體ハ但如來ノ一身也。故ニ中間今日成道皆麁也。久遠成道ハ妙也ト云タレハ。判麁ノ義既ニ顯テ。卽如來ノ一身ニシテ只今ノ佛ノ外ニ。別ニ有㆓久成如來㆒ト不㆑思。サテ只今ノ如來ノ一身カ久遠實成ノ佛ニテ。中間モ(イ)〔今日モ〕假ニ種種ノ方便ヲ說（說イ現）タマヘリト知ルカ故ニ。判麁妙スレハ卽開顯ノ義早ク顯ルル也

[頭]五十一 籤云。（天玄四、五〇〇）今本門十則不㆑如㆑此。前廣釋㆑十中。一一皆以㆔三義㆒識㆑迹。近成不㆑同義當㆓於麁㆒。拂㆑迹指㆑本不同（義カ）㆓於妙㆒。據㆑此已是約㆑事判開。一一復言㆓不思議一㆒（「〇カ）此復於㆑此別立㆓兩門㆒判㆓前麁妙㆒此判卽開 文

(イ)[頭]五十一（同前、釋籤）又云。今此本門。約㆑事。（「約㆑身カ）雖㆑開㆓身事㆒猶須㆑開㆑理 文

難云。上ノ十妙下ニ拂㆑迹指㆑本等云ハ。猶可㆓判麁㆒ナル如何

答。（天玄四、四〇三～四。玄義）一近故。二淺深不㆑同故。三被㆑拂故ト云ハ判麁也。次ニ

得本垂迹等云ハ本迹ハ一ニテ有ル心也。是開麁ト云也（得㋑従）
示云。於テハ開會ニ事開理開ト云事有レ之。〔事〕㋑開ト者。迹門ノ
開會也。此ハ付テレ機ニ開スル也。卽三教ハ麁。圓教ハ妙ト云ハ。サテ
ハ三教ノ外ニ圓ト云物ハ可レ有歟ト可レ思。故ニ三教卽圓也ト開ル
也。是ハ立テテニ麁妙ヲ一開ル故ニ非ハニ眞實ノ法體ニ一ハ事開ト云也。次ニ
理開ト者。本門意。只點一法ノ處ニハ能所泯絕タル法體テ談ルカ
故ニ理開ト云也。此ハ機法未分ノ處也。其ニ取テ迹門ノ十妙ニハ
一一每レニ科判麁開麁有レ之。立タルヲニ判麁權實ノ二法ヲ一。開麁ノ
時ハ權卽實ト云也。本門十妙ニハ判麁ノ外ニハ開麁ヲ不レ釋。如
來祕密ト云テ神通之力ノ處ヲ談ルニ或說己身等云ヘリ。如來內
證ノ無作ノ法體ヲ指出シテ。其後ニ中閒番番ノ示現ノ形ヲ說カ故ニ。
不レ開ニ無作本覺ノ形也ト可レ知。故ニ判麁外ニ開ヲ不レ論也。山
家立ニ三種法華ヲ一。於一佛乘卽根法華。分別說三卽隱密法（不思議開處也）（傳全二、一七一。守護國界章取意）（「㋑本）
華。唯有一乘卽顯說法華 文（頭五十一（天玄四、五〇〇））
難云。今籤ニ。此判卽開ト云ルハ開示ノ可レ開ナル。何ソ開會得レン意
耶
答。此ハ莆澤ノ義也。是ハ相待妙ニ不レ明ニ開會ヲ一云カ故ニ。今

文ヲ非ニ開會ニ一云也。若今文ヲ非ニ開會ニ一云ハハ。以ニ何文ヲ一本門
開會ノ文ニ可レ取耶。若無ニ本門ニ開會一云ハハ。百二十重ノ妙ノ
數不定ル者ヲ耶
政海云。根本法華ト者。華嚴 云云
難云。若爾者。何ソ法華ノ於一佛乘ノ文ヲ以テ立ル耶
維仙云。根本法華ト者。第五時 云云
難云。若爾ハ。顯說法華ト無ニ不同一如何
師云。根本法華ト者。事理未レ分。世閒相常住ノ處也。顯說
法華ト者。本迹分テノ法門也 云云

97 籤云。初依レ境開已是約レ理事（頭五十一（天玄四、五〇〇））（卍續四四、三二二丁左下）（之㋑云）
備云。如下開ニ十二因緣境一中之上豈有ニ思議境之麁異ニ不（境（ナシ）カ）
思議妙一。只體ニ之義一卽不思議乃至無諦境。後結云ニ諸諦（思カ）
境。可說爲レ麁。不可說爲レ妙。不可說亦不可說是妙亦妙
也 文

98 籤云。雖レ開ニ身事一（天玄四、五〇〇）（「事カ）（卍續四四、三二二丁左下）
備云。開レ身者。如レ云ニ或說己身。或說他身一。開レ事者。如レ（相カ）
云ニ或示己事。或示他事一 文

私云。身ト者。只是釋迦身也。事ト者。久遠本覺事顯本爲ニ事圓一歟。備撿ノ義モ可然也

修途（ナカキミチ）（天玄四、四九七。釋籤）

99 九利益下（天玄四、五〇一。玄義）

示云。前十妙ノ中ノ利益妙ハ久遠ノ利益也。今ノ利益ハ今日法華ノ本門利益也。此ハ就テレ經ニ益也

100 利益擧ニ迹門利益一事

五妙利益〔者〕(イ)現在正宗利益下。智行位眷屬利益也

問。玄文中ニ釋シテニ本門十妙ヲ一分タリニ十重ノ文段ヲ一。且ク其中ノ第九利益文段ハ限トニ本門利益ニ一可レ云耶

答。可レ然

進云。解釋ハ擧タリニ迹門益ヲ一。付レ之。今文段ハ偏ニ本門ノ十妙ヲ釋シテ立タリニ十重ノ文段ヲ一。其中ノ第九ノ利益ノ文段也。何ソ迹門利益ヲ擧ケ交ン耶如何

答。文段ノ本意ハ擧ルニ本門ヲ一也。但擧ルニ迹門益ヲ一事ハ。本門ニ爲ニ校量センカ一擧レ之也。依レ之籤云。若論實道下校量 文（頭五十三）（天玄四、五〇一）

知足坊云。文ノ本意ハ限トモニ本門益ニ一。釋ニ擧タルニ迹門益ヲ一事ハ。身子等ノ聲聞ノ迹門ニ初住ニテ得タルニ生身益ヲ一。本門ニテモ二住已上ノ益(イ)答 益ヲ得トモ。尚生身ニテ有ルソト云ハントテ如レ此釋ル也。依レ之玄云。(イ)（頭五十一）（同、五〇二）生身兩處得レ益 本迹 文 二住已上ハ法身ノ益ナレトモ。同梵行者ハ生身ト見也

一義云。此流西塔 生身兩處得益ト云ヘルハ。一人カ迹門本門共ニ生身ト云事ニハ非ス。迹門ニテ生身得忍スル者ハ。本門ニテハ二住已上法身ノ益也。又迹門ニテ相似ノ益ヲ得タル人。本門ニテハ初住生身得忍スト云事也。二住已去ヲ生身ト云事ハ不レ可レ有レ之。所以玄（頭五十三）云。（同、五〇六）從ニ二住（去カ）一者至ニ一生在一。皆是法身 文 但擧タルハニ迹門益ヲ一爲ニ校量ノ一擧ル也。付テレ經ニ得ル意同ノ事也。付ニ行者ニ云ハハ。生身ハ迹門。設本門ノ經ナリトモ生身益ヲハ迹門益ト云也。又迹門經ニテモ有レ。法身ノ益ヲハ本門ノ益ト云也

難云。今見ニレ玄ヲ。（頭五十三同、五〇四～六）生身菩薩。得ニ十妙中之五益一。六即中之四益。損レ生增レ道 文 今ノ釋ハ生身ニテモ增道損生スト見タリ。此卽界內ノ生身ノ菩薩。初住乃至得トモニ等覺ノ益ヲ一生身ノ益ト云也。界外土ヨリ來ム人益ヲ法身ノ益ト云也ト聞タリ。二住已去。皆名法身ト云モ。界外ヨリ來人ノ事ナルヘシ 知足房(イ)坊義筋。莆同レ之

答。二住已去ヲ生身ト云事ハ不レ可レ有レ之。所以ニ玄(籤カ)一云。迹(天玄一、一四九。釋籤)門唯益ニ生身及生身得忍ヲ。本門進至ニ法身及法身後心一文

此釋既ニ二住已去ハ法身ノ益ト見タリ。但今釋ニ生身菩薩增道損生ト云ルハ。迹門ニテ初住ノ始心中心ノ益ヲ得タルカ。至ニ本門一ニ叶テ二初住ノ終心一ニ增道損生ト云也。增道ト云ハトテ。二住已上トハ不レ可レ得レ意。所以ニ次ニ。從二二住一去法身ト云カ故。(天玄四、五〇六。玄義)(「〇カ)損生ト云ルハ可ニ初住一ナル。初住ノ終心ニ儀ハ法身ト〔云〕(イ)意モ有トモ。(「イ云云)二住已去。皆名法身ト云時ハ。初住ヲハ一向ニ生身ト云也。約束ノ不同也

101　頭五十一　玄云。生身兩處得レ益事（天玄四、五〇二）

問。法身菩薩。聞テ二迹門一ヲ得益スト可レ云耶

答。傍ニハ可レ有レ之

兩方。若有トレ之云ハハ。生身菩薩。兩處ノ得益ト云テ。於ハ二法身菩薩ニ兩處トハ不レ云。若依レ之爾ト云ハハ。法身菩薩。聞テ二迹門ヲ一可ニ得益一也如何

答。本ヨリ傍ニハ迹門時モ法身益可レ有也。依レ之玄九云。(天玄五、二八六。取意カ)迹門正益ニ生身一傍〔益ニ〕(イ)法身ニ。本門正益ニ法身一傍益ニ生身一文

但至ニ今釋ニ不レ擧云ニ者。見ニ經文ヲ一迹門二住已上益不レ見故ニ。且ク付ニ經文ニ法身兩處ト可レ云也。經ニ又迹門ニ法身ヲ不レ擧事ハ。三周聲聞ノ手本ト說カ故ニ不レ擧ニ法身益ニ也　西塔此流一義云。玄九ハ本迹爲ニ二經一意ニテ。迹門ノ開ニモ傍ニハ法身ハ有レ之。本門ノ經ニモ傍生身益有トレ之釋ル也。サテ今釋ハ行者ノ實證ヲ釋ル也。論ルニ實證ヲ迹門ニハ法身ノ益不レ可レ有レ之。故ニ法身ニ兩處益トハ不レ云也。迹門唯益生身等釋可レ思レ之

102　頭五十二　玄云。於ニ十妙中一得ニ五妙益一事（天玄四、五〇二）

問。迹門生身菩薩。十妙益共ニ可レ得レ之耶

答。共ニ得ト云意モ有ラン

進云。如レ題。付レ之。初住已上ハ皆感應。神通。說法等義有ル也。而ヲ何ソ五妙益ト云ル耶

答。自レ本初住ヲ爲レ果ト分ニ論セン時ハ。十妙共ニ可レ有レ之。今ノ釋ハ三法妙極果定ル釋ノ意ニ。迹門ニハ未タレ得ニ妙覺ノ果一ヲ。若爾者。妙覺ノ果上ノ感應。神通。說法等ノ益ヲハ不レ得釋ル也（天玄二、五〇三。釋籤）

難云。三法妙ト者。本ハ三法妙顯在於初住ト云テ限ニ初住一ニ（天玄四、五〇二。玄義）釋ル也。今何ソ强ニ乘妙(則別カ)卽是究竟在レ佛等釋ル耶如何

答。此妙樂大師。頭五十二（同前）三法屬レ果義可レ通レ因。則（則イ卽）依三聲聞咸入二初住一。今（今イ二）從二極果一故不レ通レ因 文 此釋ノ意ハ。三周聲聞（三周聲聞）迹門ニシテ以レ入ルヲ二（能化方）初住一ニ。三法妙顯在於初住ト云義ニテ（天玄二、五〇三。釋籤）十妙共ニ得タリトモ可レ云。今從二極果一故ニ得テ二五妙益一ヲ不レ得二餘益一ヲハ釋ル也

問。生身菩薩不レ有二神通妙一ノ義ヲハ如何釋ル耶

答。籤云。頭五十二（天玄四、五〇二）修未レ出レ界義非二神通一 文

付レ之。設未レ出レ界ストモ。何ソ不レ得二神通一ヲ耶。依レ之玄六ニハ。或在二上界一（同、一八四）他方ト云テ（「或在カ」）。於二界內一ニ神通ノ義ヲ釋セリ

答。惣シテ論ハ界內ニ皆神通義可レ有。今釋ハ圓ノ神通妙ヲ釋ルカ故ニ。方便土ヨリ來ル者ヲ云カ故ニ。界內ノ色無色ノ神通ハ有トモ同ク非ト二神通一ニハ釋セリ。依レ之籤次下ノ結成ノ文ニハ。同爲二一實益一（同、五〇二）也ト云テ。圓實ノ意ト云ヘリ

103 玄云。頭五十二（天玄四、五〇三）如二身子得記一。四衆天龍歡喜說レ偈 ○ 卽是生
　身菩薩事

問。玄文中ニ迹門生身菩薩ノ得益ル相ヲ釋セリ。爾者迹門誰人ヲ引テ（イ如レ本）證レ之耶

答。如レ題

付レ之。何以得レ知コトヲ。四衆天龍ハ是菩薩也トハ。既ニ見ニ二乘ノ得記ヲ歡喜ス。豈ニ非ン二二乘一ニ耶。依レ之妙樂餘處ノ釋（記一）ニハ。聲聞ト釋セリ如何

答。四衆八部其數多レ之。定テ其中ニシテ聲聞菩薩有レ之故ニ。或聲聞ト云ヒ。或ハ菩薩ト云ニ不レ可二相違一

威抄云。今經ノ時ハ身子等モ預テ二開顯ノ益一ニ得二無生忍一ヲ。生身菩薩ナレトモ其餘ノ四衆八部モ可ニト生身得忍一ナル云意歟

一義云。法師品。四衆八部歡喜文。下周ノ歡喜也。而ニ彼ニハ四衆通シテ互ト二三乘一ニ見リ。今上周ノ歡喜ノ四衆モ不レ限二二乘一ニ得レ意歟

問。生身法身不同ヲハ如何釋ル耶

玄云。頭五十三（同、五〇六）從二二住一去至二一生在一。皆是法身 文

付レ之。斷シ二一品ノ無明一ヲ證二一分中道ノ理一ヲ已來ハ皆是法身菩薩也。故ニ初住已上ハ皆法身ト可レ云。何只二住已去ト云耶。又一生十地ノ者ノ有ト云意ニテ云ハハ。二住已上ニモ生身義可レ有。何但法身ト云耶

答。委ク入立テ云ハハ。初住ニモ生法二身可㆑有。二住已上又
可㆓此定㆒ナル。今ノ釋ハ約シテ㆓本迹二門ノ大旨㆒ニ。迹門生身。本門
法身ト云意ニテ。迹門ノ開權顯實ハ。七方便人來テ初テ得㆓圓ノ
初住益㆒ヲ故ニ。此ハ生身得忍菩薩也。本門開近顯遠ニハ。此
等ヲ菩薩得㆓増道損生益㆒ヲ故ニ。此ハ二住已上法身ト云釋也。(天玄一、一四九)
籤一ニ。迹門唯益㆓生身及生身得忍㆒等ヲ云此意也
104 頭五十三 (天玄四、五〇八) 玄云。若論㆓實道得益㆒兩處不㆑殊。而權智事用不㆑
得㆓相法(比カ)㆒事

問。玄文。若論等云ハ。妙樂大師如何釋ル耶
答。頭五十三 (同前) 籤云。豈以㆓初住無生忍(〔位カ)㆒齊㆓於本門法身一生菩薩㆒耶」
新懷 又方本迹二門ノ得益相對シテ如㆑題。爾者付テ㆓一位㆒ニ兩處ノ同
異ヲ論スト可㆑云耶。　付㆑之。本書ノ意。迹門ニ叶㆓初住㆒ニ者ト。
本門ニ叶㆓初住㆒ニ者トノ實道ノ得益ヲ云ヘハ同ケレトモ。權智事用ニ
有ト㆓差別㆒可㆑云ナル。何ソ籤意ハ迹門初住ト本門ノ等覺マテニ約シテ
消ン㆑之耶。所以。頭五十三(同前。玄義) 若論實道得益兩處不殊ト宣タルハ。於テ㆓一位㆒ニ
校量スト聞タリ。若初住等覺相望セハ其位遙ニ異ナル也。何兩處不
殊ト云ハン耶。況以㆓惠解脱倶解脱㆒ヲ爲㆓例證㆒ト。於㆓同位㆒ニ判ト㆓
優劣㆒ヲ聞リ如何
答。籤ニ如㆑此(同前)釋ル事ハ。見㆓玄文㆒ヲ。上ニハ。頭五十一(同、五〇二) 生身兩處得益ト
云テ。迹門ハ。會(同、五〇四)三歸一開權顯實。生身菩薩等(〔五カ)ヲ云ヘリ。次ニ
釋ル㆓本門㆒ヲ。發本顯迹 ○ 生身菩薩。五十三 得十妙中之益 文 次ニ
擧ル㆓本門法身ノ益㆒ヲ。(同、五〇六) 從㆓二住㆒去(去㋑者)至㆓一生在㆒ 文 五十三(同、五〇八) 次若論㆓實
道得益㆒兩處不㆑殊ラ等云ハ。籤ニ受テ㆑之。(同前) 若論下校量ト云テ。
(同前) 所證圓理〔理〕㋑無㆓深淺㆒。故曰㆓不殊(不㋑文)㆒。豈以㆓初住無生忍化(位カ)㆒。
齊㆓於本門法身一生菩薩㆒耶 文 仍テ本書ニハ迹門初住。本門
初住乃至等覺マテ益擧ルカ故ニ。妙(不㋑文)樂如㆑此釋ルニ無㆑失。但至ハ㆓
本門等覺マテナラハ實相ニ兩處不殊トハ不㆑可㆑云云㆓者。(天文二、七七五上。文句) 眞(修カ)珠
體顯卽(則カ)無差降ト云テ。(天玄四、五〇八) 於㆓中道ノ理㆒ニ初住妙覺無㆓勝劣㆒也。
依㆑之籤云。理無㆓深淺㆒ 文 仍不㆑可㆑有㆓相違㆒。次ニ至㆓惠解
脱倶解脱例證㆒ニ者。一位ノ內ノ勝劣ヲ云ハントテ非㆑例ルニハ。惠倶
共ニ理ニハ無レトモ㆓勝劣㆒。事ニハ有ル㆓勝劣㆒處ヲ引證ル也
難云。見ニ㆓本書文㆒ヲ。迹門ノ生身ト本門ノ生身トノ益ヲ擧テ。(同前) 次ニ本
門法身ノ益ヲ擧テ立返テ結ルニ㆑之。二重ニ結リ㆑之。初。(同前。玄義) 若論實道(道カ)
(〔得益カ) 兩處不殊ト云ルハ。先兩處ノ生身ヲ校量シ。次ニ。先(前カ)ノ迹門得益ハ

止齊ニ無生法忍ニ。本門得道齊ニ餘一生在ニ。以レ塵爲レ數。多少深淺豈同ニ於前ニト云ヘルハ。迹門本門法身ノ益ヲ校量スル也。故ニ若論實道ノ文ヲ消ルニ。迹門初住。本門法身益トモ約。論ニ勝劣ヲ事ハ不審也

答。結文二重ニ云事不審也。若二重ナラハ前迹門等ヲ云上ニ。又トモ次トモ不レ云カ故ニ。若論實道等ヲ云ヲ委ク釋セントテ前迹門等ヲ可レ云ナル。仍只一重ノ釋也

難云。迹門生身。本門法身ト計ヲ相對シテ判ニ勝劣ヲ云ハハ。本書文ニ。（同、五〇二。玄義）生身菩薩（菩薩ナシカ）兩處得益ト云テ。本迹生身計ヲ相對シテ判ルニ勝劣ヲ事ハ無レ之歟

答。迹門ノ初住ト本門初住ト。乃至等覺マテヲ校量スト云内ニ。本迹ノ生身ノ校量モ攝ルニヤ。故ニ別ニ不レ擧レ之也

難云。迹門初住。本門二住已上相對シテ論レハ之可レ有ニ勝劣ニ。本迹初住共ニ何有ランニ勝劣ニ耶。依レ之疏四云。（天文二、七七五上）此同位人無ニ復勝負ニ。眞珠體（修カ）共（共イ融）寧得レ有レ異也（耶カ）文
籤（記カ）云。（同前。文句記）位同理同不レ應ニ更別ニ　文

答。迹門初住ハ不レ知ニ久遠實成ヲ。故ニ本門初住ニハ不レ及也。依レ之。（天文五、二二八七上。文句記）法忍菩薩尚自須レ聞。當レ知壽量非レ說不レ知　文
但至ニ疏四ニ者。彼ハ迹門ノ初住ト。初住ト約ルカ故ニ爾カ釋ル也　西塔

一義云　此流　西塔義吉也。其取テ迹門初住ハ始覺也。始覺ト云ハ從因至果ノ意ハエヲ持タル也。本門初住ハ本覺ナルカ故ニ勝タル也。況ヤ迹門初住ハ始心中心分也。本門初住ハ終心也。取カレ之ヲ故ニ勝タル也。凡ソ迹門初住ハ望ハニ本門ニ凡夫タニモ劣ナル也。佛（天玄四、二三九七。玄義）若不レ說。彌勒尚闇ノ釋可レ思レ之　知足房（房イ坊）同レ之

昔院御社ヘ御幸ノ時。御講有ケルニ。覺演カ問。弁然答。其時處仁難云。法忍菩薩等釋ハサリ。今ノ釋ハ初住ト初住トヲ對シテカ判タル。迹門ノ初住ト。本門等覺ニテヤ對ト見タル如何

三條座主證誠也

尋云。權智事用ト云ハ何ニ云事ソ耶

新懷云。迹門ハ三藏ヲ開。本門ハ別教ヲ開ル也。迹門ハ鹿苑證果ノ聲聞開會ルカ故ニ。本門ハ一向ニ菩薩ノ事ヲ開スルカ故ニ本門ハ勝タル也。故ニ事用ト云ハ所開ノ權法ノ方也。能開ノ方ニハ無ニ勝劣ニ也

難云。此義ハ無ニ證據一如何
示云。以レ義云者（者イ也）無ニ證據一也
尋云。迹ニハ開シニ三藏ヲ一。本門ニハ開トニ別教ヲ一云事如何
仰云。此ハ又此流人人惡ク得レ意事也。迹門開セハニ三藏ヲ一但
限ルニ三藏一ニ。本門ニ開セハニ別教ヲ一只限ニ別教一ニ云ハ僻事也。實義ニハ
迹門ニハ開スレトモニ前三教ヲ一。迹門正意ハ鹿苑三藏同居ノ機ノ悟
入ヲ爲ニ手本ト一一筋ヲ云事也。其鹿苑ノ機ヲ開スレハ自然ニ開ニ前
三教ヲ一也。次ニ開トニ本門ニ別教ヲ一云ルハ。方等別教ノ事ニハ非ス。此ハ
迹門教道ノ別教ヲ開ストニ云事也。所謂ル迹門中心ハ事事法法
乍レ圓而別教ト被レツルヲレ云（天玄一、五六。釋籤）。本門ニテ彼ノ事事ノ法體（「イ本）ヲ不レ改。而
常住也ト談ル時。顯本爲事圓ト被ルルレ云也。能能可レ習也
師云。權智事ト云ハ本門化他門也。所以ニ。迹門ハ初住計也。
本門ハ二住乃至等覺マテ廣キ也
問。迹門不（不イ所）レ明初住益ト。本門ニ所レ明初住ノ功徳トニ可レ有ニ
淺深一〔耶〕（イ）
答。如レ題
又方。付レ明ニ本迹二門利益相ヲ一。爾ハ兩處得益ニ有ニトモ淺深優
劣一可レ云耶
答。可レ有ニ淺深一
兩方。若有ト云ハハ。見ニ釋文一（天玄四、五〇八。玄義）兩處得益不（「〇カ）レ殊云ヘリ。若依レ之
爾カ云ハハ。本門得益ハ無生忍ヨリ至ニ一生在一ニ。迹門得益ハ只
限ルトニ初住一ニ釋セリ。豈ニ兩處得益不ンレ殊耶如何
答。如レ題
新懷云。兩處不殊ト云ルハ。能化方ニハ本迹ノ不同無レ之。化他
門ノ方ニハ本迹分タリ。權智事用ト云ル覺也
示云。惣シテサル事モ有カシ（天文二、七七五上。文句）。今釋ハ不レ爾。付テニ所化得益ニ一云事
也。所以ニ。所化ノ眞珠體顯（修カ）ノ方ニテ云也　切ッ取ッ同レ之
問。迹門得益（玄義）ハ通ニ生身法身（道カ）一ニ耶。若互ト云ハハ（頭五十四（天玄四、五〇八。）玄云。前迹門
得益止齊ニ無生法忍一。本門得益齊ニ餘一生在一　文　限ニ無生
忍（道カ）一ニ聞リ。若依レ之爾ト云ハハ。迹門也トモ何限ンニ生身ニ一耶。本迹二
門俱ニ生法二身ノ益可レ有。依レ之餘處釋爾カ見リ如何
答。以ニ傍正ヲ一可レ答也（大正藏九、四四上～中。取意）
問。分別功徳品中（頭五十四（天玄四、五〇八））ノ。八世界發心ハ。眞位（眞イ者）似位ノ中ニハ何ソ耶
答。玄云。從ニ發心處一即是六根淨位　文

付レ之。以レ何ヲ似位ト云ハン耶。眞位ニモ有ラン。例如ニ普門品。八（大正藏九、五八中。取意）萬四千衆生發心ヲ眞位ト云一カ

答。八生等ノ益ハ眞位ト見リ。其外ニ別ニ擧ルカ二八世界ノ發心ヲ一故ニ（大正藏二六、九下～十上）非ニ眞ト位一ニ聞タリ。法華論。眞（信カ）門。證門中ニハ眞（信カ）門發心ニ屬セリ。此未證ノ位ナリ。證門コソ證位ニテハ有レ

難云。經文ニ似位ト慥ニ見タル事ハ無歟

問。玄文。迹門生身。本門ハ法身ト云義ヲ釋セリ。爾者引ニ何ナル例證ヲ一釋ルニ此不同ヲ一耶　五十四

答。玄云。喩如ニ惠解脱俱解脱。無漏不二而功德優劣一（天玄四、五〇八）云ヘリ

付レ之。迹門生身ハ初住。本門法身一生在。此ハ位ノ淺深雲泥ナレハ此不同分明也。而ニ惠俱二解脱同ク無學道ノ羅漢ノ位也。何以ニ一位二人ヲ一喩ヘン二二門ノ不同ニ一耶

答。迹門生身得益。本門法身菩薩同ク住上眞因也。然トモ所證功德ニハ有ニ優劣一。此是惠俱二解脱ハ。同ク羅漢滅是ノ得不有ニ不同一故ニ。爰ニ例同シテ如レ此釋ル耶（天玄四、五〇九。玄義）

105 流通利益ノ下

尋云。此流通利益ト者。如來ノ滅後ニ菩薩弘經ノ益ト云事歟

答。不レ然。只經ノ流通段ニ擧ルヲ二得益ヲ一云也

106 玄云。（頭五十四　勸持品二萬菩薩）是諸發誓菩薩及諸羅漢。（天玄四、五〇九）（ラ　新得記ノ五百八千聲聞也）得ニ授記一者。此土他土弘レ經事

尋云。此釋ノ意ハ。新得記ノ聲聞。於ニ他土一ニ弘經スト云歟

示云。不レ然。上ニ（上イ歟）發誓菩薩ト新得記聲聞トヲ擧タリ。他土ノ弘經ハ二萬ノ菩薩事也。此土ト者。新得記聲聞也

107 籤云。（頭五十四）（天玄四、五〇九）但見ニ與記一不レ云ニ入位一。故名爲レ冥事

問。玄文中判ニトシテ本迹二門ノ流通利益ノ不同一ヲ。迹門。但明ニ（頭五十四）冥利益（同前）（益⑦カ）一。不レ説ニ顯益一文　妙樂大師。如何消レ之耶

答。如レ題

付レ之。本書ノ意ハ。迹門中ニハ諸ノ新得記ノ菩薩。此土ノ弘經相ヲ説ハ流通ノ冥利益ト見トモ。未タレ説カ二現身説法ヲ一ハ。故ニ不説顯益トレ可レ云ナル。何籤意。約ニシテ與記入位ニ一消ルレ之耶。既ニ是流通利益不同ヲ判ス。約ニシテ自行得記入位ニ一釋ル全無ニ其詮ヲ一耶

答。自レ本妙樂大師解釋ヲ出ル申計也。但至レ難ニ者。妙樂大師。（天玄四、五〇九）但見與記ト云テ出ニ正宗ノ利益相ヲ一事ハ。迹門ノ意ハ現在ニ

生身得益ノ相ヲ得タリ。故ニ未來ニモ十界ノ形像ヲ現ル事不レ可レ有。得ニ二住已上ノ法身益一ヲ。普現三昧ノ利益ヲハ施セ。迹門ニハ生身得忍ニテ生身ヲ帶ルカ故ニ。顯ニハ不レ現ニ十法界身一ニ也。本門ハ現在ニ二住已上ノ法身ノ益ヲ得カ故ニ。流通ニモ十法界身（同前。玄義）遊ニ諸國土一等ヲ釋ル也。仍テ迹門ニテ不レ得ニ普現三昧一ヲ冥益ト云也。附ニテ此經現文一ニ如レ此釋ル也。實事ハ今日至ニテ本門一（同前。釋籤）得ルニ二住已上益一ヲ。故ニ冥顯ノ兩益ヲ可レ施ス也。サテ不云入世ト（天文二、七七一下。文句記）世イ位云ヘルハ。初住ノ終心ニ不レ叶故ニ入レト位ニ不レ云也。故ニ。三品盡方入初住ト云テ。叶フニ終心ニ時正キ初住トハ云也。サテ終心ニ成ハ移ルニ本門一ニ也　當流。西塔。惟忖答同レ之（卍續四四、六丁左～七丁右。取意）

(イ)〔補注云。籤釋ハ誤　云云〕

永心云。菩薩化他利益ハ依ニ自行圓滿一ニ。所以ニ。迹門ニハ諸ノ聲聞得ルニ授記一ヲ。雖ニ他土ノ弘經ヲ申スト祥（詳カ）ニ不レ說ニ其入位一ヲ。未タルカレ轉ニ生身一ヲ故ニ可レ施ニ普現三昧ノ益一ヲ事無レ之。故ニ自行入位ヲ不レ云。化他ノ顯益モ無ト云歟。本門始從ニ無生忍一終至ニ一生在一ニ。委ク入位ヲ分別ス。皆得ニ法身益一ヲ故ニ。化他流通モ施シテニ普現三昧益一ヲ現身說法ルカ故ニ說ニ顯益一ヲ也

尋云。迹門既ニ入ニト初住一ニ處處ニ釋セリ。何ソ不云入位ト釋ル耶

答。三重無明盡セハ本門ト取ル也

威抄云。本書ノ外ニ妙樂ハ一往以テニ別ノ意一ヲ。迹門授記作佛ヲ以テ冥益ト云ヒ。以テニ分別品。（大正藏九、四四中。取意）一生八生ノ入位一ヲ顯益ト云フ一ノ意歟

問。迹門中ニ明ニ冥顯利益共一ニ耶　五十四（天玄四、五〇九）

答。玄云。明ニ冥利一ニ。不レ說ニ顯益一ト云ヘリ

付レ之。三周授記。仙人弘通ニ釋尊唱ニ成道一ヲ。龍女成佛ノ時。三千衆生〔發ニ〕イ菩提心一ニ。三千衆生住ニ不退地一ニ矣（大正藏九、三五下）此ハ皆顯益也如何

答。惣シテ論セン日ハ冥顯益可レ有。今ノ釋ハ只。但見ニ與記一ニ不レ云ニ入位一ヲ。故名爲レ冥。如ニ分別功德品一ニ即是顯也　文　頭五十四（天玄四、五〇九。釋籤）

108 籤云。或迹門諸菩薩至レ（本門）此復益及本門中新得益者（本門始得初住）。頭五十四（天玄四、五〇九）

或有レ未レ預ニ此諸益數一ニ（初住不レ入者也）。並有ニ冥益一ニ（生身得益）。故云ニ兼得迹門一ノ事

問。玄文中ニ。今說ニ本門一ヲ。付ニ屬（囑カ）一切諸佛所有之法一ヲ。兼得ニ迹門法一ヲ也　文（同前）爾者是ハ本門ノ法ヲ付屬スルニ。自ラ兼テ迹門法ヲ

付屬セルト云歟

答。爾也

進。如レ題。　付レ之。本書ノ意。本迹二門不思議一ナレハ。本門ヲ付屬スルニ兼テ迹門ヲ得トレ可云ナル。所以ニ。如來祕密之藏ト云ヘルハ本迹實相ニ通。如來一切甚深之事ト宣タル本迹因果ヲ攝ルカ故ニ也。何籤意。有テニ本書一ニ以ニ得益一ヲ兼得ニ迹門一義ニ消スル耶

答。法勝寺ノ三十講ニ。寺法師問セリ。答者山雲。本書ノ外ノ一ノ義ヲ存ル歟ト云云　見聞ノ人。臨時ノ講ニナタラカニ答タリト　云云

威同レ之

一義云。本書ニ本門ノ法ヲ付屬スルニ。兼テ迹門テモ付屬スト釋セリ。此ハ何ニトテ本門ニ兼テ迹門ヲ付屬ストハ可レ得レ意可レ思處ヲ。籤明ムルニ之。本門ノ時得タルニ迹門ノ益ヲ人有レ之。若本門ニ無ニ迹門ノ法門一者。何ソ得ンニ迹門益一ヲ。知ヌ。本門ニ可トレ有ニ迹門法門一聞タリ。迹門得益ヲスト云ハ生身得忍也。新得益等ヲ云ヘルハ生（大正藏九、四四上。取意）身得忍也。又分別品ノ始得（得①忍）得無生者有ト見タリ。迹門ハ生身得忍ト定ル自リニ此等一云也　西塔。此流同レ之

事次　示云。記一云。末法之初冥利不レ無　文（天文一、六三下）　以ニ今釋一ヲ思ニ。冥ト云ルハ生身得忍也。仍テ末代ニモ可レ叶ニ初住ニ聞リ

示云。當流ニ本迹同時ト云義ニテハ。本門ニ有ルニ迹門一事ハ無レ疑

知足坊云。舍利弗等聲聞カ本門中ニテ。其生身ニテ有ルヲ迹門ト云也

示云。此ハ同梵行者ノ見ニコソ有レ之（有之①有レ）。實ニハ本門也。仍テ釋ノ意ニハ不レ叶

109　頭五十四　玄云。諸發誓菩薩及諸羅漢。得ニ授記一者　○　事（天玄四、五〇九）

疑云。新得記ノ聲聞中ニ專此土ノ弘經無ハ。何ソ如レ此云ハン耶

答。新得記聲聞。實ニハ此土ニモ可ニ弘經一ス也。但申ニス他土ノ弘經ヲ一。且當座ノ機宜逗セル歟

樸（僕カ）云。今ノ釋ハ他土ノ言ハハ。諸發誓ノ菩薩ニ令レ蒙トモ得ラレン意

師云。此土ト者發誓菩薩也。他土ト者新得記ノ聲聞可レ書タルナル

頭五十五　籤云。待時者（同、五一一）。如ニ華嚴不レ悟待レ至ニ三昧（味①味）乃至涅槃一。一一味中亦有ニ待時一。乃至後佛出世之時　文

五十五（同前。釋籤）　又云。待伴（「在カ）者。如下鹿苑待ニ五比丘一度ニ五人一已處處化益。上

如ニ華嚴中四大菩薩一文

又云。待時者。五十五(同前。釋籤)如待文殊答問竟時文

問。玄文中ニ釋ニ弘經相一ヲ。頭五十五(五㋑八)(同前)待レ時待レ伴ト文妙樂大師。如㋑〔何〕消ニ釋之一ヲ耶

答。如レ題

付レ之。見ニ本書一ヲ。頭五十五(同前。玄義)待伴ト者。於ニ佛ノ弘經流通一ニ待ニ菩薩ノ伴一ヲ待ニ化縁時一ヲ事也。五味得益ノ待時不レ可レ領(預カ)(㋑預)。又文殊答問等ノ待時ニ不レ可レ預如何

師云。此ハ非ニ論義一ニ。本書ニ既ニ頭五十五(同前。玄義)如佛雖在世等ヲ云テ。佛在(同前。玄義取意)世。文殊入海教化等文ヲ出ス故ニ。又於レ佛ニ經ニ四味一ヲ有ニ待時等一ト云事ヲ釋ルニ。籤ノ釋ハ無レ失。サレハ今ノ待時ハ廣ク佛在世滅後ニ可レ亙也。籤釋ニモ。五十五(同前)待至後佛出世等云耶

110 頭五十五(天玄四、五一一)籤云。以待後佛事

備云。(卍續四四、三二三丁右上)指ニ彌勒一也。分身諸佛名(各カ)帶ニ一待(待カ)者一。見ニ是地涌菩薩一。皆不レ識ニ一人一。又從レ何來。是諸佛各告曰四(四チシカ)有ニ彌勒菩薩一。次後佛已(ㇷ作カ)問ニ此事一。佛正(將カ)答レ之等云ヘリ

五十五(天玄四、五一二)籤云。故知諸佛法身遍ニ一切處一。而假ニ諸菩薩共化之時一。以ニ菩薩一爲レ伴文

問。玄文中ニ。頭五十四(同、五一一)疑者。法身常有レ佛何須ニ菩薩弘一文所レ云法身ト者。指ニ法身地一ヲ歟。實報。寂光(ㇷ云カ)指ニ法身如來一ヲ歟

答。籤云。法身如來(同、五一二。取意)文

兩方。若指ニ法身如來一ヲ云ハハ。如ニ玄文一ノキンハ。頭五十四(同、五〇九。取意)上ニ千界菩薩於テニ法身地ニ弘ル經ヲ事ヲ云テ。何但如生身此土他土弘經耶。十法界身遊諸國土。則(㋑卽)有冥顯兩益ト云ヒ畢テ。(同、五一二)法身常有レ佛等ノ問ヲ至(致カ)セリ。明ニ知ヌ。法身地ニハ佛常ニ在マセリ。全菩薩ノ弘經ヲ不レ可レ用。所以ニ。今ノ娑婆ナントノ樣ニ佛入涅槃後ニ。無佛ノ時ノ有ル土ニテコソ弘經ノ人ヲハ用ナントノ問也。答スルニレ之。今ノ釋尊弟子弘經スル事ハ。入涅槃ノ後ノ限ニ非ス。佛世皆弟子ノ助縁ヲ待ツ者也。何法身地ニ在ストモ佛謗セントニ菩薩ノ弘經有ラン事ヲ云也。就レ中。㋑頭五十五(同前)法身處雖有佛復須外緣ト云文ハ。法身地ノ事ヲ答タル者ノトコソ聞タレ。若依レ之爾ト云ハハ。籤云。如レ題

答。法身地ト云モ。法身如來ト云モ無ニ相違一也。法身地ト云ハ。得ニ中道法身一ヲ顯タル義ナレハ法身地ト云也。仍テ隨ニ所居一ニ法身地。隨ニ能居一ニ法身如來無ニ相違一事也

問。法身菩薩於ニ界外土ニ弘レ經ヲ耶

答。頭五十四（同、五〇九）千世界微塵菩薩。法身地弘經 文

付レ之。法性土ニハ能化佛常住シテ說法無ニ間斷一。何ソ預ンニ菩薩ノ弘經ニ耶

答。待時待伴ノ二義有。能化佛ハ無トモニ簡（間カ）斷一。所化カ待レ伴ヲ二義有テ。菩薩ノ弘經ヲ用ル也。例如シニ釋尊ノ在世ニ文殊入海教化センカ一

玄云。頭五十四（同前）何但如ニ生身此土他土弘經一耶 文

疑云。迹門時。二萬八萬法身菩薩弘經有レ之如何

答。迹門ハ生身。本門法身ト約シテニ大旨ニ云也

111 十觀心。（天玄四、五一二）下三 引證。釋。結

示云。今此觀心ト者。本十妙卽我等カ一念ノ形也ト釋也。釋（山王院）迦如來久成壽量皆在衆生一念心中ト云ヘル此意也。（續天全密教1、九〇上。大日經義釋參照）玄ニ。頭五十六 佛（天玄四、五一二）十如也 如衆生如無二如（「一如カ」）ト云テ。佛ノ十如ト衆生ノ十如ト全ク一如ナレハ。久遠ノ十如。衆生ノ一念ニ圓備スト習也。此則（則イ卽）觀心本妙。頭五十六（同、五一四）得ニ六卽利益一之相 文 十界三千。無作本有ノ三身ト談ルカ故ニ。我等モ六卽ノ益在ト釋ル也。（天文五、二四一一下。文句記）一念信解。卽是本門立行之首ト（「者カ」）云テ。一念三千ハ專本門ニ明スレ之。故ニ今觀心ハ本門立行ノ形ヲ釋ル也。依レ之引テニ現在四信ノ文ヲ一。深信觀成ノ形ヲ釋ル也。能可レ思レ之

112 玄引ニ頭五十六（天玄四、五一四）願我於未來長壽度衆生ノ文一。證ニ觀心ヲ一事 取意

疑云。此等ノ文ハ全觀心ノ意不レ聞ヘ如何

答。（同前。玄義）深心須臾信ノ文。正キ觀心ノ證據也。願我於ニ未來一等ノ意ハ。觀心信解ノ上ニ所レ得六卽ノ益ナルカ故ニ引レ之者也

113 籤云。頭五十六（天玄四、五一三）如ニ下疏中云一。速願我如得レ如ニ佛如一等事

補注云○如レ題。此文中有ニ三箇字誤一。（卍續四四、七丁右上）一者疏字當レ爲ニ觀（「當カ」）字一。二者速字當レ爲ニ亦字一。三者得字爲ニ速字一。請將ニ下文一對レ之。自見ニ其誤一也

備云。如下疏。（同、三二三丁右上）卽指ニ玄文一 文

114 玄云。頭五十六（天玄四、五一五）雙六句事

問。三（「二カ」）雙六句ト者如何

答。（同前、玄義取意）今經ノ中云大乘等題稱レ妙ト 是一句 涅槃經中ニハ微妙經典題ニハ稱レ大ト 是一句 此兩句ハ大妙圓融スル是一雙也。次ニハ大品云。非レ妙ニ題ニハ稱レ大ト。是ハ以レ大破レ妙ヲ一句也。此文

無大ト云題ニハ稱レ妙スト。是妙破レルレ大一句也。此兩句ハ是一雙也。次ニハ。大修妙是一句也。妙修レ大是一句也。此兩句ハ是一雙也　已上菁抄

115　籤云。亦應レ對ニ教等一事　（圓五十七）（天玄四、五一五）

菁云。爲ニ大乘一破ニカ小乘ノ小一。大乘ノ妙破ニ小乘ノ大一ヲ。亦對シテレ教ニ可レ云。圓教ノ大ハ破ニ三藏ノ妙一ヲ。圓教ノ妙ハ破ス三藏ノ大一。教教相望シテ互ニ大妙破ニ大妙一更ニ修ス。兩向對コトレ教例シテ亦可レ知

問。玄文ノ中ニ付レ釋ニ十妙觀心ノ相一ヲ。妙樂分ニ別セリ可觀不可觀一ヲ。可觀ニ有ニ二ノ釋一。其第二ノ釋如何

籤云。（圓五十六）（同、五一三）如ニ下疏中云一。速願我如得レ如ニ佛如一。說ニ如之壽一。亦復無量　文

付レ之。此ノ速願我如等ノ文。疏中ニ全無レ之。指ニ何文一如レ此引釋ルル耶

答。下疏ト云疏ノ字誤リ。下ノ觀ノ中ニト可レ云。唐土ノ人師如レ此直ナヲセリ。觀ノ中ト云ハ指シテニ本書一ヲ也。知可觀ヲ明。願我如速如（同、五一四。玄義）等文是　文

難云。玄文ニ明ス觀又（又㋑文）コサンナレ。是ハ牒ルレ文ヲ文ノ中ニ有レ之。何ソ下ト云ル耶

答。補注カ其ヲモ釋リ。但中ト云ハ一文ノ中ナレトモ。其中ニ取ル事ハ下ノ文ナレハ下ト云歟

116　玄云。利益之相事　（五十六）（天玄四、五一四）

疑云。此文第三ノ結ノ文段也。何ソ第二ノ文段釋加タル耶（天文五、二二四七上）

答。惣別ニ取レ此事ハ妙樂ノ常ノ習也。疏記ノ九卷ニ。融通ノ中ニ四トト云フ其證也

117　籤云。本迹可觀不可觀事　（天玄四、五一二～四。取意）

進云。三文段中ニ就テ第一境ニ。又可觀不可觀二ノ樣ヲ釋セル。（同、五一三。釋籤）其下文ニ又。先不可觀「ト。是即」（「」㋑ハ云テ）迹用廣大不レ可ニ稱說一。（同前。玄義）次ニ。我如下ニ可觀　文（同、五一四。釋籤）

疑云。玄文意。本迹各約（各㋑名）シテレ境ニ不可觀ト可觀（觀心カ）釋スト見タリ。本妙長遠ト云ハ本妙境也。豈可心觀ト云ハ不可觀也。先境。次ニ不可觀。サテ雖不卽是○得此本妙マテ可觀。サテ迹用廣大不可稱說ト云ハ不可觀。サテ我如佛如（ㄱ如カ）ト云ヨリ下ハ可觀者（者㋑也）。故ニ此本迹各境觀有者ソ。何ソ以レ本ヲ爲レ境。以レ迹ヲ爲ルレ觀ト耶

答。本書ノ文ニ違スル歟　已上威抄

118　蓮華下（天玄四、五一八）

示云。蓮華ト者。十界十如。權實（體內權）不二ノ處ニ喩ル也。餘經ハ空ノ起レ心ヲ得ト二一念不生ヲ一行ルカ故ニ。權實（起心一心不起心）一體トハ不レ云。法華ハ權卽實ト云テ譬ル二蓮華因果俱時ナルニ一也。（同、三六〇。釋籤）此則（則㋑卽）一念三千。十界（九界 佛界）同時也。物理本來性具權實ト云ハ此意也。鏡像圓融ト云モ是也。妙法蓮華ノ方便品ト云ハ方便卽一實ト云也。證據ヲ外ニ不レ可レ求故ニ。我等心性卽佛界ナルヲ。我等外ニ有ト佛思ハ迷也。於ニ菩提中ニ一見レ不ニ清淨ニ一等云可レ思レ之。故ニ卽身成佛（佛㋑道）ハ此意也

傳教大師。弘仁三年以ニ座主傳法書ヲ一付ニ寂光大師ニ一。同八年以ニ三箇大事ヲ一又付ニ寂光大師ニ一。（道邃傳（邃㋑遂））今ノ蓮華因果ハ隨一也。傳教以ニ雜事（世事）ヲ一付ニ義眞ニ一。以テ法門ヲ一傳フ寂光（第二座主）。慈覺（第三座主）ニ一。玄文一部ハ惣シテ蓮華因果ニ習極ル也。我等無始已來善惡ノ修因感果ヲ一念ソト開スルヲ蓮華ト云也。此卽十二字本迹法門攝ル（爲蓮故華等也）也。サテ蓮華因果ト云ハ。正法（報歟）有情此一念惣體ソト得タル人ノ所依ノ國土ハ寂光土也。穢土ハ事土卽三千。寂光ハ理土卽一念也。サテ能居ノ有情十界開ニク一念ト無作ノ三身也。仍テ蓮華因果ハ一念ト得タルカ。聽テ無作ノ三身ニテ有也。サレハ三箇ノ大事ハ只往テ一事也。委クハ如ニ別紙ノ一

119　玄云（五十九）（云㋑亡）。又七喩文多故以レ譬標事（天玄四、五一八）〔レ題カ〕　一三車。二窮子。三藥草。四化城。五繫珠。〔㋑六頂珠。〕七醫師

玄文中ニ今經ニ題ニスル蓮華ト一事ヲ釋セリ。爾者其故ヲハ如何釋ル耶

答。以ニ蓮華ヲ一顯スレ是ヲ故トヤ釋スラン

付レ之。七喩文多キ故ニ題ニト蓮華ト一云意未レ聞。七喩是多クトモ何ソ蓮華ト題セン耶如何

答。一經七喩マテ數多シ。以レ譬ヲ顯レ法ヲ。文多ケレハ經ノ首題。又以レ喩ヲ名ニ蓮華ト一云也

難云。籤ニ（頭五十九（同前））。七譬文多者。用ニ多語意ニ一方顯ニ權實ニ一。不レ同下蓮華用ニ十二字ニ一顯レ理周足上文。此釋ハ七喩多ケレトモ。蓮華ノ文少シテ顯ニ理ヲ不同ナレハ。以ニ蓮華ヲ一爲レ題ト釋スル樣也如何

答。籤文ハ名クニ蓮華ト一故ヲ釋ルニハ非ル也。七喩ハ又（又㋑文）多シテ顯セリ二權實ヲ一。首題ハ文言少シテ顯レ理事普ク足レリト云也。只是七喩文多樣ニ消ル也

一義云。七喩ハ顯ニトモ經ノ功德一ヲ。顯ニハ蓮華ノ權實一體ナルヲ一不同
故ニ。以テ二蓮華一ヲ爲ニ首題一ト云釋也。籤文。(頭五十九)(同前)不同蓮華ト云意爾カ
聞リ。當體譬喩ノ二意含スルカ故ニ蓮華全譬也。七喩ハ當體義
無レ之。況蓮華因果ハ一字法門ヲ三箇條ニ傳ル隨一也。餘譬ハ
此義無レ之可レ思レ之。蓮華因果ハ如ニ別抄一

120 籤云。(頭五十九)(天玄四、五一八)用ニ十二字一事

知足坊云。爲蓮故華等ノ十二字也

121 籤云。(頭六十一)(天玄四、五二四〜五)略破。列事

備云。(卍續四四、三二三丁右下)略破列(多レ列カ)多多レ列　從緣通攝 緣謂緣助福緣資レ智　但是戒聖行初 謂不缺不破不
穿不雜。但制ニ身○未レ修ニ定惠一(ロ一カ)　亦於(在カ)テ戒聖行中 不缺等四漸以不(至ニカ)ニ定共一　亦是戒聖行
前之理體 大經云。菩薩聞ニ大涅槃一。聞已生レ信。信戒定惠性中元具等 文

122 玄云。(頭五十九)(天玄四、五一九)蓮華非レ譬。當體得レ名事

問。玄文中ニ付レ釋ニ今經ノ題一ヲ。爾者蓮華ノ名ハ只從シタカヘテレ譬ニ
立ツル歟
答。當體得レ名(同前) 文
付レ之。蓮華ト者。只借ニ譬於華草一ニ也。開權顯實ノ理ノ當
體ニ。蓮華ト云名可レ有理無也。依レ之法華論中ニハ偏ニ約シテレ
出水開敷 喩ニ釋セリ如何
答。開權顯實。權實一體ナルヲ名ニ蓮華一ト也。此ヲ當體ノ蓮華ト
云也。此當體ノ蓮華ノ形離(離イ難)レハレ知。以ニ華草一ヲ借テ譬ル也 西塔
補注云。(止三)(卍續四四、二〇二丁右下)「玄一部故于有寸。」(于レ居于方寸カ)俗書說人心藏。唯方一寸。正
法念經云。心如ニ蓮華開合一。提謂經云。心如ニ帝王一皆肉團
之心也 文
庄仰云。當體ノ蓮華ト者。所レ譬蓮華卽當體ノ蓮華ト習也。己
心ニ引キ入ルル事ハ實ニハ非ニ當體蓮華一ニ。所以ニ今實相ト者。十界
十如三千法也(也イ者)
止五云。(天止三、二九〇)只心是一切法。一切法是心 文
玄七云。(天玄四、五三五)當レ知。依正因果。悉是蓮華之法 文 玄一ニハ譬喩蓮
華。當體ノ蓮華二共ニ釋ル也。玄七ニハ當體ノ蓮華ヲ釋ルト習也 西
塔同レ之
師云。法華三昧ノ行者ノ果報ハ華藏海也。依ニ一念三千因果
俱時ノ觀ニ果報ノ土蓮華也。只譬ナラハ不レ可レ如レ此。一心三
觀ヲ譬ソトテニ三目(目イ周)ニ不ルレ成ニ摩醯修羅一ニハ者ヲ耶
仰云。天竺ノ土ノ風儀ニテ因果俱時ナル者ヲハ名ニ蓮華一ト也。故ニ三(天玄

(一、一三四。玄義)世諸佛說。皆名法華ト云テ。一切諸佛權實一體ノ法ヲ說時ハ。皆(諸イナシカ)隨二土ノ風儀ニ妙法蓮華ト可レ云可レ得レ意也

大日經義釋云。(續天全密教1、一一五上。取意カ)權人胸有二干栗駄心一(「第九識草木心也」(「」イナシ))。有二一肉團一有二八(「イ體)分一狀如二蓮華一。男仰女覆。觀二此八分一○爲二妙法八葉分陀梨花一　文

守護章中ノ中云。(傳全二、二三九七)夫蓮華之喩。多奇者也。雖(離カ)二二乘泥一出二菩薩水一。因華果臺。始終倶時ナリ。有レ心者(者イナシカ)ニハ一切各有二圓道一(尊カ)實成釋迦。示二此法藏(寶カ)一ヲ。當レ知。一切衆生。證二一圓果一。臺(處カ)二華王海(界カ)一。聞二舍那佛一。座(坐カ)コトヲ二蓮華臺一ニ。法華譬蓮(蓮カ)。其義甚深。麁食者。偏執二譬蓮一。堅ク(固カ)遮二法蓮一ヲ。今示二各一圓道一ヲ。證二一圓果一ヲ(「同カ)。云フレ爾カ　文

又云。(同、四〇〇)身(身イ若)言。三蓮華之三昧。非二法蓮華一者。華王之座。華藏海等(之界カ)。亦可二喩ノ名一ナル。設(彼カ)既不レハ然。此云何ソ然カラ○若依二法華論一ニ。以テ二依法(報カ)ノ國土ヲ一爲二蓮華一ト。復由三菩薩修二蓮華行一ヲ。得二蓮華國土一ヲ。麁食者ハ。偏執シテ不レ當二論意一ニ。以テノ未タルヲレ具二定惠一ヲ故ニ　文

僕抄云。此ハ常住院座主。庚申講ヲ被ルレ行時。肥後阿闍梨明遍問タル二俊養坊增惠ニ一論義也。增惠語リ畢ヌ。明遍ハ當體蓮華ト者。入テ二眞言ニ一胸ノ間ノ八葉ノ肉團ナントヲ指スト義ヲ(イ)〔云テ。〕其ヲ云セントシタル也

師云。今玄文ニ引テ二法華論等ヲ一。依正二法皆蓮華ニテ有ト釋タル也。然レハ此國土ノ依正ハ自レ本十界十如因果ニテ同時ナル國土也。是ハ(イ)〔劫〕初ヨリ名タルニ蓮華一ト也。別ノ故ハ無キ事也。譬ハ一切諸法ニ聖人ノ理リニ法トツテ與ルレ名ヲ如ク也。名ケレ梅ト名ルレ櫻ト別ノ故ニ無也。只其時諸法當體カ如レ此可レ名ク分齊顯タリシカハ。聖人如レ此名付タル也ト今ノ釋ニモ釋スルカ故ニ。此國土ノ依正十界十如ヲ。三世ニ聖人理ニ法トテ名タルニテコソ蓮華ト一可レケレ有。然ニ此十界十如。依正二法全是眞如ナルカ故ニ。此眞如ノ諸法ニ隨縁スルニ。或ハ梅ト隨縁也(也イナシ)。或ハ櫻ト隨縁ス。然トモ十界ノ因果同時ナルカ如ク。不二隨縁一華草ノ蓮華ハ全體如ク二眞如ノ法一ノ。隨縁タル華草ノ蓮華名タルニ蓮華一ト也。上根機ハ如レ此可レ得レ意也。中下ハ以テ二華草ヲ一爲シテレ譬ト。十界十如因果倶時ト可レ得レ意也。玄文ノ蓮華因果ノ義可レ思レ之

又眞言ニ胸ノ間ノ八葉ノ肉團ヲ當體ノ蓮華ト云事モ。十界十如。

因果倶時ノ眞如ヵ顯ルルニ正法ノ衆生ニ時。胸ノ間ノ肉團ト顯ル也。若不レ然者。無始生死ノ閉持タル肉團ヲ衆生多レトモ之。眞如法界ニシテ皆可ニ成佛ト一不レ知故ニ。輪廻生死無ニ出期一也。今入テ眞言教ニ於ニ此肉團一ニ。十界十如。眞如法性ノ隨緣ニ悟入スレハ。此八葉ノ肉團卽第九識ノ千栗駄淨菩提心トモ被レ云也

示云。萬法當體因果一念ヲ卽名ニ蓮華ト一也。當時ノ華草ニ。彼一念ノ因果ノ蓮華ニ譬ル也。是ヵ顯ルル人ト時。心臟ノ肉團ノ形也。仍テ依法(報カ)正法(報カ)皆蓮華也。十界三千。因果倶時ナルハ。卽惣體ノ蓮華也。緣起スル時。或正報ニ緣起スレハ胸間ノ八葉ノ肉團ト顯レ。依報ト隨緣スル時。華草(草イ葉)トモ蓮華藏界トモ顯ルル也。此法界蓮華ヵ。我心計ト思テ迷ト云也。此心不レ隔ニ法界ヲ一知ルヲ悟ト云也。如レ此悟ル時。蓮華藏界ト現シ。蓮華ニ座ル也。仍テ華草蓮華ト我等ヵ心蓮ト二一トハ不レ可レ得レ意

頭六十六(天玄四、五三四玄義。大正藏十三、二上)大集云。矜(憐カ)愍爲レ莖。智惠爲葉(爲ナシカ)。三昧爲レ鬚。解脫爲開(爲開ナシカ)敷 文

頭五十九 玄云。今蓮華之稱非ニ假喩一。乃至法華法門。法華法門清(是カ)淨。(天玄四、五二〇)因果微妙。名ニ此法門一爲ニ蓮華一。卽是法華三昧當體之(卩是カ)名。非ニ譬喩一也 文

頭六十 又云。(同、五二一～三。玄義)定是法蓮華。法蓮華難レ解○須レ譬乃知。以ニ易レ解之蓮華一。喩ニ難レ解之蓮華一 文

守護章云。(傳全二、三九九)法華三昧者。非ニ喩名一故。大法(法法イ法)法華王(寶カ)座。蓮華藏世界等。法蓮華三昧所レ感依法(報カ)果故。妙法蓮華。胎藏曼荼羅。非ニ但喩名一 文

123 頭六十四(天玄四、五三〇)籤云。第十六旣名ニ妙法蓮華一。當レ知諸名並是法華之異名耳事

問。法華論中ニ所ノ列十七種ノ異名ハ。無量義經ノ異名也ト可レ云耶 如ニ無量義經抄一

答。如レ題

付レ之。見ニ法華論ヲ。於テ說ニ大乘經一名ニ無量義一有ニ十七種ノ名一云ヘリ。偏ニ是無量義經ノ異名ト聞タリ。今何法華ノ異名ト釋ル耶

答。實ニ法華論ハ無量義經ノ異名ト見タレトモ。一家ノ意ハ無量義經ハ法華ノ序分ノ經ナレハ。只法華經ニテコソ有レ不レ可ニ中ヵ惡一カル。サレハ十七種ノ中ニ第十六ヲ名タリニ妙法蓮華ト一。故ニ法華ノ異名ト

可レ云釋ル也
問。法華論所ノレ列十七種異名ノ中ニ有リ二平等大會(慧カ)ノ名一耶 如ニ寶塔品疏一
答。列(別カ)ニハ不レ立レ之
兩方。若不レ立云ハハ。尤可レ立レ之。若依レ之爾ト云ハハ。十七種中ニハ不レ見レ之如何
答。別ニハ不レ立有ニ其意一也。所以ニ。十七種中ニ大方等云ヘリ。此方等ト者。平等大會(慧カ)也ト山王院大師釋タマヘリ 六十五
又籤云。方等者。亦曰ニ廣平一 文 (同前) ㋑〔此平等大會(慧カ)意也
論記二云。(佛全25、六〇下) 今(案カ)要ス平等大會(慧カ)ハ卽方等廣平也〕理(之カ)也 文
124 頭六十四 玄云。餘名悉不ニ解釋一。唯列タリニ十七名一事 (天玄四、五三〇) 蓮華外ノ十六名ノ悉ク不レ釋レ之云也
問。玄文中ニ付レ引ニ法華論十七名一ヲ。爾ハ論ノ意十七名ヲ悉ク釋ストヤセン將如何
答。釋ルレ之歟
進云。如レ題。 付レ之。見ニ法華論文一ヲ。十七種名一一ニ解(㋑亢)ニ釋セリ之一。何ソ只釋ニ法華名一ヲ不トレ釋ニ餘ノ名一ヲ云耶
答。餘ノ十六ノ名ヲハ訓釋シタリ事ハ有トモ。約シテニ法華ノ意一ニ釋タル事ハ無ト云也。惣シテ不トレ釋云ニハ非ル也 西塔
示云。法華ノ名ヲハ委ク釋シテ出水開敷ノ義ヲ釋ル也。餘名(㋑水)ヲハ法華ノ異名ナル樣ヲ不シテレ釋。只字訓計ヲ云也
三井義云。彼論ニ蓮華ノ名ヲハ以テニ出水開敷ノ二義一ヲ廣明レ之。於ニ餘名一ニ少分明カレ之故ニ。對シテニ蓮華一ニ餘名ヲハ不トレ釋云歟 知足坊(㋑房)
師云。此義ハ叶ヘリレ論ニ
125 頭六十六 玄云。彼論望ニ今意一。乃是行位兩妙耳事 (天玄四、五三三)
問。玄文中。法華論ニ所レ明蓮華ノ出水開敷ノ二義ヲ引ケリ。爾者二義共ニ今經ニ譬トレ可レ云耶 如ニ疏三抄一
答。如レ題。喩トニ今經一ニ釋セリ
付レ之。記三ニハ。出水義ヲハ譬ニト無量義經一ニ釋セリ (天文一、四二九上～下。取意)
答。此ハ記ノ三ニテコソ爲ナレニ論義一ニ。今何ソ以ニ妙樂ノ釋一ヲ難ンニ大師ノ義一ヲ耶
示云。無量義ト法華トハ一經ナレハ。無量義トモ法華トモ釋ルニ不レ苦
頭六十四 玄云。(天玄四、五三〇) 一出水義〇出ニ雖(離カ)小乘泥濁水一〇華開者。衆生於ニ大乘中一。心怯弱不レ能レ生レ信故。開ニ示如來淨妙法身一。令レ

生ニ信心一故文
問。玄文中ニ引ニ法華論。蓮華出水開敷ノ二義ヲ一。爾者引テ彼論ヲ一。智行位三譬ニ上ノ四妙ニ歟
答。如レ題
付レ之。何只行妙位妙ト云耶。三法妙ヲモ可レ云如何
答。委ク云ハハ如ニ所難一ノ。祕密藏三法妙所證智可ニ位妙ナル一。今ハ且ク從テレ人ニ論シテレ之。祕密藏ヲ行スルヲハ爲ニ行妙一ト。行シテレ之ヲ叶ヲハニ住上ニ一爲ニ位妙一ト也

126 (天玄四、五三三五) 玄云。然經文兩處。說ニ優曇鉢華時一現耳一事
問。今ノ經中ニ說ニ曇華譬ヲ一有リニ幾ノ文一耶
答。四處ニ說レ之
進云。如レ題。　付レ之。方便品ノ長行。偈頌。化城。嚴王ノ四處ニ說レ之ヲ如何
答。今方便品長行。偈頌ヲ取ル也。此ハ正ク今經ニ所レ譬タル文ナルカ故ニ。化城。嚴王等ハ佛ニ譬ルカ故ニ不レ取レ之

127 六十七(天玄四、五三五。玄義) 此華若生論(輪カ)王應レ出事
問。優曇華ハ經ニ幾ノ時ヲ一出現ル耶 如ニ方便品一 (答缺)

128 六十七(天玄四、五三三六) 玄云。此靈瑞華似ニ蓮華一。故以爲レ喩事
問。以ニ曇華一譬ニ今ノ經ニ一事ハ。爲レ顯ニ希奇ノ義ヲ一歟。將如何
中納言已講顯眞答。源仁問ナリ
答。經文ハ可レ爾
兩方。若顯ニ希奇ノ義ヲ一云ハハ如レ題。知ヌ。只曇華ノ形。蓮華ニ相似タルヲ譬ニ今經ニ一可レ云。若依レ之爾ト云ハハ。經ノ意ハ蓮華ノ希ニ以レ現ルヲ今經ノ難キニレ値譬ル也如何
(イ)〔答。〕今似蓮華ト者。華ノ形似タリト云ニハ非ス。曇華モ蓮華モ同ク(イ滅歟)佛出世先表成ル義似タリト云也。所以ニ大論ノ中ニ。此滅(滅カ)劫中ニ千佛可ニ出世一事ヲ。淨居天先ツ知レ之。如レ此知ル故ハ。住劫ノ前キニ千本ノ蓮華開タリト云テ。淨居天千佛可ニ出世一知ル也ト云ヘリ。故ニ蓮華モ佛ノ出世ノ先表ト成リ。曇華モ佛出世先表ト成ル義有ル故ニ。此義ヲ似タリト蓮華ニ云也 西塔 知足坊同レ之。但知足坊ハ不レ引ニ大論一ヲ。引ニ難レ値事一ヲ也 云云
尋云。曇華モ佛出世ノ先表ト成ル義ノ證據如何
答。泥洹經ニ說レ之
一義云。希有ナル故ニ。又其形似ルニ蓮華ニ一歟。大論ニ似タリトニ蓮華ニ一

云云

一義云。曇華ハ輪王ノ世ニ必ス出ツ。蓮華又今經ノ先表ト云歟。

非ニ形ノ似タルニ一歟

129 籤云。喩有ニ八種一事（六十六）（天玄四、五三七）

備云。順喩者。經云。如下天降レ雨溝(コウ)瀆(トク)(ミソウルヲフ)。皆滿以至ニ小坑大坑一。乃至小河大河大海滿上。如來法雨亦復如レ是。衆生戒滿以至ニ三昧滿涅槃滿一文（卍續四四、三二三丁右下～左上）

逆喩。大海有レ本所謂大河。大河有レ本所謂小河。乃至大坑小坑溝瀆以レ雨爲レ本。涅槃有レ本所謂解脱。解脱有レ本所謂呵責。呵責有レ本所謂持戒。持戒有レ本所謂法雨 文（同、三二三丁左上）（呵(イ)菩薩）（呵(イ)菩薩）

現喩。衆生心性猶若ニ獼猴一。取レ一捨レ一衆生執ニ著六塵一無ニ暫住時一文（同前）（訶カ）（訶カ）（如カ）（取カ）

非喩。如三我昔告ニ匿王一。有レ人從ニ四方一來各作ニ是言一。有ニ四大山一從ニ四方一來欲レ害ニ人民一無ニ逃避處一。四山者卽是衆生生老病死 文（同前）

先喩。〔譬〕(イ)如下有レ人貪ニ著妙華一採ニ取之一時爲レ水所上レ漂。衆生亦爾。貪ニ著五欲一爲ニ生老病死一之所ニ漂溺一文（同前）

後喩。大成句經說。莫下輕ニ小罪一以爲上レ無レ殃(アフ)(ツミ)。水滴雖レ微漸盈ニ大器一文（同、三二三丁左上～下）（如ニ法カ）（少カ）

先キ後喩。譬如ニ芭蕉生レ草卽死一。夫人得レ養亦復如レ是。驢(ウサキムマ)懷妊命不ニ久全一文（同、三二三丁下）（果則カ）（愚カ）（如ニ騾カ）

遍喩。經中ニ以ニ三十天上ノ波利質多樹一爲レ喩。如下今取ニ蓮華一喩上（同前）（〔文カ〕）（〔三カ〕）

師云。順喩ト者。法喩俱ニ從レ淺至レ深ニ。逆喩ト者。法喩共ニ從レ深至レ淺也。非喩ハ無シテレ譬假令譬也。備ニ見タリ

130 籤云。惣如ニ分喩一。別如ニ全喩一事（天玄四、五三八）

惣喩ト者。爲蓮等ノ本迹ノ六喩也。別喩ト者。蓮華ヲ委ク華實等ヲ一一法門ニ譬ル也

問。玄文中ニ以ニ蓮華一ヲ譬ニ本迹一ニ。惣體ニ譬レ之見タリ。爾者。所レ云惣別ノ相ヲハ。妙樂大師如何釋ル耶

答。如レ題

付レ之。以ニ蓮華一譬ニ今經一ニ事ハ餘經ニ勝タル故也。若爾者。惣別共ニ可ニ全喩ナル一。何惣喩分喩ト云耶如何

答。所レ云分喩全喩者。不レ似ニ常途ノ全喩分喩一ニハ。付ニ蓮

華ニ有二惣喩別喩一。惣喩ト者。想（想㋑惣）相以二權實一譬二蓮華一。以二本迹一譬テレ之委ク不レ對レ之。別喩ト者。別別對二法華一故ニ全喩ト云也。仍テ以二例ノ分喩全喩一ヲ不レ可レ難レ之

師云。知足坊義吉。莆同レ之

[頭]七十二 籖云（同、五四三）。三種示（現カ）觀 文 三種ノ慈悲歟

備云（卍續四四、三二三丁左下）。三示現「文無」（「」論無レ文カ） 文 不レ見レ經ニ迹門開二九界ノ十如一ヲ事
取意

玄云（天玄四、五四一）。初重偏（偏㋑約）三佛界十如施二出九界十如一。次重開二九界十如一ヲ顯二佛界十如一。三重廢二九界十如一成二佛界十如一。三譬攝二得迹門始終一盡云ヘリ

問。迹門意。開ルニ爾前ノ佛果一ヲ耶

答。開レ之

兩方。若開ト云ハハ。今ノ解釋ニ迹門ニ明二三ノ譬一ヲ全開二トハ佛界一ヲ不レ云也。若依レ之爾ト云ハハ（天文一、一〇九下）。迹門ニ何ソ前三教佛果ヲ不レ開ン耶。依レ之記一云。來二至此經一從レ劣辨レ勝卽レ三而一 文 此迹門爾前ノ三身ヲ開會スト聞タリ

答。可レ開レ之。但至レ釋ニ者。〔前〕㋑三教佛果ヲ尚屬二シテ菩薩界一ニ九界ト云ル歟

難云。何ソ以二爾前佛果一ヲ屬二ン菩薩界一ニ耶如何

答。前三教佛果ハ。藏通ノ佛ハ同ク見思斷ノ佛也。圓教相似卽ノ菩薩ニ當レハ。別教ノ妙覺ハ四十二品ノ無明ヲ纔ニ斷ルカ二十二品一ヲ故ニ。圓教ノ十行中ノ當二レリ第二行ノ菩薩一ニ。故ニ屬二菩薩界一ニ云也

尋云。爾前佛果ヲ開會スル時。實ニモ今經ノ菩薩界ニ開會ル歟如何

答。以二所開權法一云時ハ雖二モ菩薩界一ト。迹門開會ノ實義ハ。皆是前三教ノ佛果ハ。自リ二圓教ノ佛果一示現スル三教ノ佛果ナレハ。歸二スルソト圓教佛果一ニ開會ル也。攝二三土迹（天文三、一一二五下。文句記）。歸寂光本ト云是也

尋云。本門ニハ。開二諸經中長短一倶常云ヘルハ（天文五、二二二五上。文句記）。迹門。爾前佛果開會スルト其意同歟

答。其ノ意異ナル也。迹門意ハ。前三教ノ佛果ハ皆法華ニ來至シテ。寂光法身ノ理ニ歸入スルト云故ニ。只權教ノ佛果ハ實ニハ圓教ノ佛外ニハ無ト云也。本門意ハ。前三教佛果。本ヨリ常住ニシテ有レト之云也。仍テ眞實爾前佛果ヲ開會ル事ハ。本門ニ有レト之習也

示云。迹門ニハ前三教ノ佛果ハ圓果ノ垂迹也。本門ハ前三教ヲ不レ動。其ノ任ニテ本有常住ト云也

頭七十 131 本門ニ開ニ迹門佛果一事 取意（天玄四、五四一）

玄云。第四重約ニ本佛界十如。施ニ出迹中佛界十如一。第五重開ニ迹中佛界十如。顯ニ出本中佛界十如一。第六重廢ニ迹中佛界十如。成ニ本成（成本[乞]カ）本中佛界十如一 文

此流ニ迹門ハ自リ本門一出ト云ハ從レ是云立ル也。所以ニ。迹ノ佛界ヲ本門ニテハ開ト云故也

問。本門意。迹門ノ佛果ヲ開スト可レ云耶

答。解釋開會ストリ云

付レ之。迹門佛果ハ既ニ斷ニ無明ヲ盡ス。何ソ成ン所開ト耶

答。迹門佛果ハ斷ニ盡シ無明ヲ。叶ニト妙覺ニ云トモ尚迹ノ情ニ被レ覆不ニ顯本一故ニ。而ヲ（而イ尚）爲ノ本門ノ成ニ所開ト。若偏（偏イ約）ニセン佛ノ內證一時ハ。若得始覺還同本覺ノ心ニテ只是本門內證也。今此ヲ開ル事。只約ルニ機情ヲ一也

示云。迹門ニハ尚被レ覆ニ機情ニ不ニ顯本一故ニ不レ及ニ本門ニハ也。所以ニ法師品云。如來現在猶多ニ怨嫉一 文（大正藏九、三一中）釋ルニハ之。迹疏（記カ）八（天文四、一八六五上。取意）門正意。示近（〇カ）情（樂カ）者。爲怨嫉 文 不レ知ニ久遠ヲ機ノ怨カ有ル故ニ不ハレ顯ニ久成（成カ）一。其佛怨ヲ持タル故ニ本門ニ不レ及也

師云。迹門所ノ立ニ法妙。佛果ト者。開シテニ爾前ノ九界ノ十如ヲ成ル佛果ヲ也。此佛果ハ約シテニ三周ノ聲聞ニ初住ヲ爲レ果ト故ニ爲ニ所聞ト 是一 又約ルニ教主ニ大通如來至（如イ已）ニ寂場ニ。因圓果滿佛果。今經ニ明レ之從因至果ノ次第淺深ナレハ。開シテ此因果ヲ本門成ス無始無終無作ノ三身ヲ 是一 故ニ迹門ハ三周聲聞ノ行因得果モ。教主ノ行因得果モ皆始覺也。尤モ可レ爲ニ所開ナル

イ頭七十六 132 玄云。五蓮華供養。燃燈佛無量劫修行事 取意（天玄四、五四八）

疑云。多劫行何ソ劣ナランニ供養ニ耶

答。無生忍ノ得故ニ如レ此釋ル也

大論十八云（缺文）

頭七十 133 玄云。亦用ニ此譬一。譬レ之事（天玄四、五四一）

備云。從ニ圓因（因カ）一施ニ三周緣（ア緣カ）。廢ニ三周緣一立ニ一因（因カ）緣一。開ニ三因緣一顯ニ一因緣。亦以ニ此譬一譬レ之。乃至智行利益例皆譬レ之 文（卍續四四、三三三丁左下）

頭七十一 134 籤云。體宗用三料簡之相事（天玄四、五四二）

備云。（卍續四四、三三三丁左下）文云體若是二體體卽非ㇾ體。體若不ㇾ二體卽非ㇾ宗。（體[?]カ）
宗若不二ナラハ宗卽非ㇾ宗。宗若是二ナラハ宗卽非ㇾ體。乃至云
宗非二顯體之宗一 文

135 籤云。三種示現修平（頭七十二（天玄四、五四三））タイラカナリセナカコリ脊 文
備云。（卍續四四、三三三丁左下）喩ト云師子修脊。令ㇾ喩云三示現修脊。修者長也。記（合カ）
主增ス修平兩字。三示現無ㇾ文 文（種カ）（「論カ）

136 籤云。如。先釋ㇾ法中耶（頭七十三（天玄四、五四四））（①事歟）
備云。（卍續四四、三三四丁右上）先惣解二十如一「十如異」。次別爲二四番一釋ㇾ之。一四（前カ）（「畢カ）（別①前）
趣。二人天。三二乘。四菩薩佛 文（前カ）

137 玄云。大經言。是眞正停留在ㇾ山事（頭七十五（天玄四、五四六））（「味カ）
備云。（卍續四四、三三四丁右上）如來性品云。譬如下雪山有二一味藥一名曰中藥王上。其（味カ）
味極甜在二深叢下一人無二能見一コト。有ㇾ人聞テㇾ香ヲ卽知三其（カヒ）（木第カ）
地二當テㇾ有ト二是藥一。過去世中有二轉輪王一。造二作竹筒一以攝二（接カ）
其義一。其味眞正ナリ。主既沒死。其後是藥或酸或鹹或苦或（藥カ）（王カ）（已カ）
淡等。是藥停留ル在ㇾ山。凡人薄福加テㇾ工ヲ堀鑿而モ不ㇾ能ㇾ（有カ）（「於カ）（掘カ）
得コト。復又聖人出テ現スㇾ世ニ。以テ二福因緣ヲ一卽得二是藥ヲ一。善男
子如來祕藏其味亦爾ナル。爲二諸煩惱叢林所一ㇾ覆。無明衆生
不スㇾ能ㇾ得ㇾ見コト二一味一者。譬如二佛性一以二煩惱ヲ一「種種出スㇾ（「故出二種種味一カ）
味。」所謂地獄畜生餓鬼。天人男女非男非女 文

138 玄云。道滅可ㇾ知事（頭七十八（天玄四、五五二））
備云。（卍續四四、三三四丁右下）石蓮內華ヲハ譬二界內道一。華鬚ハ譬二界內滅一。石蓮內（ヒケ）
華ヲハ譬二界外道一。蓮譬二界外滅一。更許ㇾ之 文（「臺カ）（詳カ）
籤云。次釋ㇾ力中具合二四句一云ヘリ（頭七十五（天玄四、五四七））
玄云。譬如下蓮子爲二皮穀一所ㇾ籠爲ㇾ泥ノ所ㇾ沒トモ。而卷ハ荷（頭七十五（同前））（穀カ）
在テㇾ心ニ。而有中生長ノ之氣上 文 是ヲ四句ト云歟（カ）

139 玄云。莖卽慈悲事（頭七十八（八①九）（天玄四、五五三））
備云。（卍續四四、三三四丁右下）菩薩欲ㇾ拔二苦集一而起二大悲一。欲ㇾ與二道滅一而起二大
慈一。五行以二慈悲一爲ㇾ首故如ㇾ莖也。又可二別譬一戒聖行。（亦カ）
葉卽智惠者。諸行須ㇾ惠。亦可二別譬一惠聖行。鬚卽三昧（業カ）（「卽カ）
者。行須ㇾ定。成二別譬一定聖行。開敷解脫。如二聖行一證二三（「者カ）
地一。梵行證二兩地一乃至極果 文

140 玄云。立葉。倚荷若出スンハ蓮生テ不ㇾ久事（頭七十九（①緣歟慈歟）（天玄四、五五四））（倚カ）（「○カ）
備云。倚應ㇾ非ㇾ猗。倚謂立也 文（作カ）（卍續四四、三三四丁右下）
衆生緣 假 法緣 空 無緣 中道（天玄四、五五三〜四。玄義）

141 籤云。觀行位擧₂於欲定乃至四禪₁無色等事　頭七十九（天玄四、五五四）（無色⑦カ）
私云。以₂蓮華₁ヲ譬ルニ₂位妙₁ニ時。何ゾ不ㇾ擧₂名字₁ヲ耶
問。玄文中釋₂觀行位₁ヲ。爾者五品位得ㇾ意₂無色定₁ヲ耶
答。不ㇾ可ㇾ得
進云。如ㇾ題。　付ㇾ之。觀行位ニハ不ㇾ斷₂煩惱₁ヲ。何ゾ得ㇾ意₂無色₁ヲ耶
答。僕云。伏₂煩惱₁得ㇾ意₂無色定₁。必シモ斷₂煩惱₁ヲ得ルニハ₂禪定₁ヲ非
籤云。觀行位擧₂於欲定乃至四禪₁者。寄₂此伏惑之位₁以釋。非₃卽五品必修₂世禪₁文（同、五五四～五）
難云。觀行卽位。一心三觀行者也。何ゾ對ル₂世禪₁ニ耶。依ㇾ之止觀ニハ₂禪定境₁トシテ爲₂所觀₁ト如何
答。今ハ依₂地₁ヲ云也。非₂能觀₁ニハ。仍無ㇾ失（無⑦其）
142 玄云。風雨飄灑翻珠相棠事　頭八十（天玄四、五五五）
飄ヘウ ヒルカヘル颺ヤウ（同、五五五。玄義）
意云。雨飛テ華葉上ニソソイテ。相ツツキテ如ㇾ珠ト也ト云事也（卍續四四、三二四丁右下）
備云。應ㇾ非ㇾ塘（非⑦作）。謂觸也

玄云。魚鼈ヘツ喚喁クチサシツトフ カメシルシアキト文　頭八十一（天玄四、五五七）
備云。上驗下顒。魚口向ㇾ上而動也文（卍續四四、三二四丁右下）
143 玄云。華田事　頭八十一（天玄四、五五七）
備。田應ㇾ作ㇾ塡テム。謂塡滿也（卍續四四、三二四丁右下）
144 籤云。白蓮靑蓮竝因ㇾ日開事　頭七十九（天玄四、五五五）
疑云。靑蓮華ハ因テㇾ月ニ開ト云ヘリ。何ゾ違ル耶
答。知抄云。如ㇾ此事。經論異說無₂一准₁

法華玄義第七抄下

於₂武州（州⑦抄）金鑽談所₁見₂聞之₁　心俊

「延寶四丙辰歲五月日。令ㇾ書₂寫之₁奉ㇾ寄₂進延曆寺西谷₁」（「」⑦⑦）（一六七六）
者也

於₂武抄（州カ）金鑽談所₁見₂聞之₁」

武州市谷　自證院公慶

白居易往二ケレハ有深山ノ中一ヲ。仙人往値テ云。我ハ千年ノ首猶綠也。汝ハ若齡（若㋑落）ニシテ何ソ白髮スル耶ト告ケレハ。白居易云。松樹千年終是朽ヌ。槿華一日自成レ榮云云
此（此㋑江）抄水河。孝靈天王時築也
相類ハ胡國ヨリ垂（垂㋑乘）仁天王ノ時送ル也
傳教大師。十二歲ニシテ大安寺行表和尙ヲ爲レ師出家。十九ニシテ叡山立二千坊一。三十八入唐

（對校㋑本奥書）

本行院校合訖

墨付九十六丁終

〔法華玄義伊賀抄七ー下　終〕

法華玄義伊賀抄八　目錄

37玄云。諸煩惱滅卽滅諦事
38玄云。於レ字起ニ愛恚一是諸行事
39籤云。如レ此勤學事 備撿勸字也
40籤云。與ニ夫一經一論一等事
41籤云。遍攝故不レ棄事
42籤云。卽具十妙事
43籤云。引證中云事
44玄云。心是思數事
45籤云。有ニ三藏一至レ此嗅ニ春秋書一等事
46籤云。隘路不受二人○無窄隘事
顯體下有レ七 一正顯ニ經體一。二廣簡レ僞。三一法異名。四入體之門。五遍爲ニ衆經體一。六遍爲ニ諸行體一。七遍一切法體
一出ニ舊解一下四 一出ニ舊解一。二論レ體意。三正明レ體。四引ニ文證一
47玄云。一乘語通濫ニ於權實一○故不レ用事
48玄云。一乘因果爲レ體。今亦不レ用事
49玄云。十二門論云ニ大人一佛不行故名レ乘。豈應下以ニ不行一證中因果乘上也事
50〔玄〕十二門論事
51玄云。諸佛大人所乘事
52玄云。法華佛自住大乘者。此乃乘レ理以御レ人。非レ住ニ果德一也事
53籤云。並是具度事

54籤云。乃至廣破事
55籤云。皆非ニ具度一事
56籤云。平等法身名レ之爲レ隱事
57玄云。今經明乘體。正是實相事
58〔玄〕二論レ體意下
小乘三法印事
59〔玄〕無ニ三法印一卽是魔說事
60玄云。大乘經但有ニ一法印一。謂ニ諸法實相一○若無ニ實相印一是魔所說事
61籤云。行者觀ニ於無常一便生ニ厭離一。既厭レ苦已存ニ著能觀一。故有ニ第二無我觀一也事
62玄云。一印印ニ生死一一印印ニ涅槃一事
63籤云。無常卽是苦諦集諦。無我卽是道諦。寂滅涅槃卽是滅諦事
64籤云。觀ニ無常一卽是觀レ空因緣。猶如下觀ニ色念念無常一卽知上爲レ空事
65〔玄〕三正顯レ體下
玄云。佛界十如是中取ニ如是體一事
66玄云。七種二諦中取ニ五種二諦一事
67玄云。五三諦中取ニ五中道第一義諦一事
68〔玄〕綱紀事

69 籤云。公侯伯子男事

70〔玄〕四引證下

玄云。引下安三住實智中一我定當二作佛一。文上證二今經體一事

71〔玄〕廣簡レ僞下

籤云。各加所尊及宗計等事

72 籤云。齊桓公正而不レ譎事

73 籤云。周公制レ禮事

74 籤云。經謂二五經七九等一也事

75 籤云。三墳事

76 籤云。五典事

77 籤云。古人書簡事

78 籤云。三禮事

79 籤云。六韜事

80〔玄〕天文地理事

81 籤云。東震等事

82〔玄〕五行事

83 籤云。社謂二后土一事

84 籤云。張陵爲大蟒所呑。乃至得仙者事

85 籤云。故知此土必無二仙術一事

86 籤云。西土神通非レ禪不レ發事

87 玄云。愛論鈍使攝事

88〔玄〕無爲無欲事

89〔玄〕息二諸誇企一事

90〔玄〕棄レ聖絶レ智事

91 玄云。虛二無其抱一事

92 玄云。論力事

93 籤云。大雇二其寶一事

94 籤云。長爪緣。如二止觀第五記一。具在二無見。亦有亦無見。非有非無見。及絶言見中一所レ攝事

95 玄云。有非有非無爲レ有事

96 籤云。此之無相卽無量相事

97 玄云。次第斷レ結。從レ淺至レ深。此乃相似之實非二正實一也事

98 玄云。二乘但一卽事

99 玄云。別教但二卽事

100 籤云。別教菩薩二卽者。兼二通別入空出假兩菩薩一也事

101 籤云。以レ附二論偈一。且與二卽名一。其實未レ卽事

102 籤云。今經體者。但是中卽二假空一。尙簡二假空卽一中事

103 玄云。別教雖下入二一相一。又入中無量相上。不レ能三更入二一相一事 玄引二大論一

104 玄云。若方等中四人得二三智一事

105 玄云。一實諦名二常樂我淨一。常樂我淨無二空假中之異一事
106 籤云。故以二修成之德一。顯二於理性之諦一事
107 玄云。魔雖レ不レ證二別異空假一。而能說二別異空假一事
108 玄云。今借二三喩一正顯二僞眞一。兼明二開合破會等意一事
109 玄云。頗梨無レ寶以喩二偏空一。如意能雨以喩二中道一事
110 玄云。如意珠亦空亦雨レ寶事
111 籤云。是故重喩二如意摩尼一事
112 籤云。今亦能所合論。所入仍語レ俗者爲レ辨レ異レ前事
113 籤云。仙譬二般若一住二妙空一事
114 籤云。若據二顯體一亦只應二是法身德一耳事
115 籤云。若到是五品之前修二於五悔一。開發之言○觀心明淨入二五品一
信解虛融是六根事
116 籤云。次若能下明二聖位一。從二相似一入二初住位一事
117 玄云。一指二指三指分明事
118 玄云。約レ教無二所作一。聞二此教一已更不二他聞一也事
119 籤云。乃至五妙五卽。明レ無二所作一事
120 一法異名下
中道名二畢竟空一事
121 籤云。爲レ欲レ分二對名義體一故。每二一門中一且列二三名一事
122 籤云。圓入初心卽觀二四門一。四門相攝體同名異事

123 籤云。先用二方便一十二門一。向後方觀二此之四意一事
124 玄云。名義體同等四門分別事
125 玄云。名義異而體同事
126 玄云。或小陵レ大或大奪レ小事
127 玄云。故於二二門一多起二諍競一事
128 籤云。此中最後非有非無事
129 玄云。但取二妙有亦空亦有兩門一。引二是圓常之法一事
130 玄云。無二相不一レ相。不二相無一レ相名爲二實相一事
131 籤云。文闕二微妙寂滅一句一事
132 蘇秦。張儀事
籤云。相二於趙一文
133 籤云。史記世家云事
134 玄云。必以二四句一詮レ理。能通二行人一入二眞實地一事
135 玄云。非二唯定者一。散心專志精進者亦得レ入事
136 玄云。若初聞レ教如下快馬見二鞭影一。卽入中正路上者。不レ須二修觀一事
137 〔籤〕廻轉事
138 籤云。是故不レ同二止觀中文一。止觀但爲レ令レ知三諸教四門皆破二見
思一。此爲二並堪一レ入二於實相一事
139 玄云。三十二不二門事
140 玄云。善財遊二法界一値二無量知識一事

176 玄云。若得二前意一事
177 玄云。調達修陀比丘學レ通事（取意。如二止一止二一）
178 玄云。六群比丘事
179 籤云。乃至不レ違二佛之所制一事
180 玄云。但就二通修一論二三十七一事
181 玄云。苦下二行事
182 玄云。十二禪等事
183 玄云。不レ同下外道戒取見取計二生死法一以爲中涅槃上也事
184 玄云。或惣一惣二等事
185 玄云。我弟子有。外道則無事
186 玄云。頂法退爲二五逆一。煗法退爲二闡提一事（如二第三一）
187 玄云。既得二四善根生一。若起二法愛一○不レ得レ入二見諦一事
188 玄云。三番縮觀事
189 玄云。大論云。若不レ得二般若方便一。則墮二有無一事
190 玄云。次明通教○中論師云。此中是大乘聲聞。今言非也事
191 玄云。如レ此妙有。爲二一切法一而作二依持一事
192 玄云。如三金藏草穢額珠證二別教一事
193 玄云。證二別教有門一引二思益三十二大悲一事
194 玄云。引二華嚴。不爲一人發心等一多釋二別教一事
195 玄云。功德黑闇事
196 玄云。二乘道滅名爲レ通事
197 玄云。於二苦集中一能知二非道一通二達佛道一事
198 玄云。離二十相一故名二空三昧一事
199 籤云。沈空爲レ樂事
200 〔玄〕常無常恆非恆事
201 玄云。常樂觀二察諸對治門一事

（以上目次新作）

〔法華玄義伊賀抄　八〕

法華玄義第八抄（イ表紙）

玄義第八伊賀抄　全

1 玄云。第二釋ニ通名一者。經一字也下（下ヒカ）。具存ニ胡音一事（天玄四、五五九）

尋云。胡ト者。指ニ天竺ヲ一歟。若爾ハ五天竺ノ外ニ有ニ胡國一。卽唐ノ南ト見タリ如何

答。籤云（天玄四、五五九）。但從レ西來。以レ胡爲レ稱。應レ云ニ梵音一 文 意ハ胡音ト者。此ハ非レ指ニハ西天ヲ一。唐國ノ西方ニ胡國ト云テ有レ之也。故ニ胡音從レ西來ル義ヲ爲レ要ト也。但至ニ胡國ハ唐ノ南ト云難ニ一者。胡ニ有ニ多數一歟

有處云。五印十胡ト云フ。又有云。四胡ニシテ天竺ノ四方ニ有レ之也 云云 更可レ勘レ之　知足坊

私云。胡國ト者。唐ト天竺トノ中渡也。此ニテハ梵音也。故胡音ト云歟

異本ニハ梵音ト云ヘリ

2 籤云。豈但人法法譬而已事（天玄四、五五九）

問。今經ノ題ハ只從ニ法喩一歟。將從ニル人法一ニ歟

答。但從ニ法譬一ニ歟

進云。如レ題。付レ之。經ノ題ニ自只有ニ法譬一。全無ニ人法一ハ。依レ之次上ノ文云（同前）。此之別名法喩合題 文 恐ハ似タルニ相違一ニ歟

答。知足坊云。今ノ文ハ破ニ他人ヲ一也。所謂ル古人釋ニ諸經一ヲ。纔ニ付ニ題目一ニ從テニ人法法喩一ニ釋レス之。名下ノ深旨ヲ不レ知。而ニ。今家ハ釋（同前）ニ妙法ノ兩字一ヲ。二百餘紙○不レ能レ盡（解カ）ニ經幽旨一 文 故ニ不レ限ニ人法喩一ニハ云也。所以ニ。付テハレ妙ニ有ニ百二十重一。何ノ法カ不ンレ收耶。法ハ界如三千ノ法。豈ニ限ンニ人法法喩一ニ耶。故ニ妙法蓮華ノ四字ハ正ク雖レ擧ニ法喩一ヲ。若存ンハニ深旨一ヲ事理諸法悉備レ之也

3 籤云。感通傳事（天玄四、五五九）

補注云（卍續四四、八丁左下）。此是（是イ覺）南岳（山カ）律師（行カ）精明致ニ感諸天一。共論ニ此事一在ニ委（委在カ）傳中一 文

4 籤云。有云是迦葉佛說法堂事（天玄四、五五九）

問。倉頡所造ノ高四臺ハ。是迦葉佛說法ノ堂也ト可レ云耶

答。難レ知
兩方。若迦葉佛說法ノ堂也ト云ハハ。倉頡ハ釋尊像法ノ世ニ有リ。振(震カ)旦國ニ生シテ初テ作ル書臺ヲ名曰ニ高四臺一ト。迦葉佛ハ是釋尊ノ師。五竺ノ界ニ出テテ說法利生ル者也。時代高下遙異ニ。出生ノ土域永ク隔タレリ。全迦葉佛說法ノ堂ニハ可キレ非也。若依レ之爾ト云ハハ如レ題　云云

答。尊均云。見ニ釋籤ノ具ナル文一ヲ。有云是迦葉佛說法堂ト述タリ。旣ニ引ニリ有人ノ義一ヲ。非ニ大師ノ釋一ニハ歟。況ヤ妙樂雖レ引クトニ此義一是非未タ決ニ判（判イ斷）一セ。何定メテ可レ爲ニ進ノ文一ト耶。加レ之倉頡所造ノ書臺ヲ名ニ高四臺一ト者。引ニ感通傳ノ文一ヲ。次有云是迦葉佛說法堂ト者。彼外ニ引ケルニ有人ノ義一ヲ也。彼ノ釋ノ意。未レ云ニ倉頡一。迦葉佛密化ニ此土一ヲ（天玄四、五五九）　文　恐ハ是迦葉佛。生テ震旦一ニ成テ倉頡一ト造テ書臺一ヲ。密化此土ト云歟。所以ニ籤云。有云乃至密化ニ此土一　文　已上

師云。知足坊義云。同ニ尊抄一ニ。凡今ノ釋ハ。上ニ此土有法本（同前）（書カ）無ニ從始一。但是大權隨ニ其人（方土カ）義一ニ也。故ニ約ニ垂迹一迦葉佛ノ說法ノ堂ト云事ハ勿論也。故ニ倉頡ヲ迦葉佛ノ垂迹ト云義。尤可レ然也。サテ倉頡。迦葉ノ垂迹トハ何ノ文ニ見タルソト云不審ヲ。今釋ハ有人ノ義ヲ引クマテノ事也。有人定テ有ニ所見一歟。今釋ハ一家モ。只是大權隨ニ其身（方カ）土一爲レ其制立ト云テ。如レ此造ニハ文字等ヲ皆權化ソト釋シテ引ニ有人ノ義一ヲ故ニ。無レ疑倉頡ハ迦葉佛ノ垂迹ソト云義引用シタマフ也。依レ之直ニ迦葉佛ノ密（葉イ小）ニ來リタマフ唐土一ニ歟ナント云義ヲ存ル事有レ之。其モ惣シテ云ハン時ハ。唐朝。日域ヘモ佛ノ來リタマフ事可レ有レ之。然ハ今ノ釋ノ意ハ。偏ニ取テ權化ノ邊ヲ釋ノ意據ヲ存ル也。日本ノ四天王寺ハ迦葉如來ノ轉法輪ノ處ト云ハ。實ニハ迦葉如來ト云フ佛來リタマフ歟

5　修多羅有緐無翻（翻イ緐）事　顯二（天玄四、五六一。玄義）

尋云。所レ云ニ二說ト者。譯人歟。人師歟

答。知足坊云。難レ知。但玄ノ次下ニ。和融有無ノ文云。言ニ無（天玄四、五七六）緐一者。乃是河西群學所傳。晚人承用　文　准ニ此文一ニ者。今所レ云有翻（翻イ緐）無緐ト者。人師ノ義引テ什公一ヲ爲ニ證等（イ者）一ト可レ見レ之　已上

尋云。無翻（翻イ緐）家ノ意。一切ノ梵語多含也。不レ可レ翻（翻イ緐）レ之云歟

答。知足坊云。今ハ約ニ修多羅一ニ歟　云云

6 籤。通論別論。中ニ通別(「經カ)ノ事　(天玄四、五六五。玄義)

尋(玄カ)云。通別ノ經ト者。何ナル經ソ(「作カ)耶

答。知足坊云。於ニ一經ニ有ニ通別ノ經一也。所以ニ。阿含內ニ廣ク宣ニ一經ヲ是名ク通ト。其中ニ別シテ宣ルヲ一ノ法門ヲ可レ名レ別ト也 已上

師云。玄二ニ(一カ)。(天玄一、八一) 一經ノ通別等見タリ。一經ノ通別ト者。佛說ハ惣シテ一經ナレトモ。其中ニ念處道品等ノ差別有レ之。諸經ノ通別ト者。佛說ハ一ノ金口ナレトモ諸經無量也

7 初法本又二事　頭三 (天玄四、五六三。釋籤)

補注云。初法本ニ又二ト者誤也。應レ云ニ初散釋又二一ト也 文 (卍續四四、八丁左下)

8 籤云。句身味身事　頭三 (天玄四、五六四)

補注云。句身味身ト者。古人釋レ經翻ルヲ文ヲ爲レ味。味卽是 (卍續四四、八丁左下) 字ナリ。字ハ能ク顯ニ於名句一ヲ。如レ キンハ味能ク顯ニ食ルコト鹹淡一ヲ也。百法ノ疏云。一名多名謂ニ之ヲ名身一ト。一句多句謂ニ之ヲ句身一ト。一字多字謂ニ之ヲ文身一ト。言ニ文身一者。爲ニ名句依一。而モ顯ニ所表ヲ顯ニ有ニ四ノ義一。一扇。二相好。三根形。四鹽。如レ次能顯ニ風涼大人男女及味一也。故喩ニ文身能ク顯スニ於理ヲ一。古人ハ以レ文ヲ爲レ味ト。但是所顯ニシテ非ニ能顯ニ也。婆沙問曰。何ニカ謂ニ多名身一。答。衆名合聚故也。豈非ニ以レ聚釋レ(「多カ)身更(乎カ) 文

9 籤云。或於ニ一名下一說ニ無量名一。如ニ大涅槃亦名ニ無生等一事　頭五 (天玄四、五六六) (「〇カ)

問。籤文ニ。於一名下說無量名ト云ヘリ。爾者引テ何事ヲ證ニ此義ヲ耶

答。如レ題

付レ之。於ニ涅槃一無生無出等ノ有ニ多ノ名。誰カ知ル於テ多ノ義ニ說キニ多ノ名ヲ。或ハ於ニ一義ニ說ニモ多ノ名ヲ有ラン。而ニ何ソ於一名下說無量名ト云耶。例如ニ五陰天帝等ノ如何

答。尊均云。今釋ハ引ニ大經ノ說ヲ非ニ私釋ニ也。況於ニ名義ノ多少ニ論ニ四句ノ不同ヲ見リ。爲レ成ンカ四句ヲ一往語ル耳。但大涅槃ノ至理ニハ自レ本無シ名言。爲レ示ンカ聖人理ヲ名言ヲ施設ル也。所以ニ。涅言ニ不生。槃言ニ不滅一 (天玄三、四四三。玄義) 文 於ニ不生不滅ノ一名ニ無出無作等ノ多ノ名ヲ立ト得レ心也。五陰等ノ有爲有漏ノ諸法ハ。自體ノ名參差シテ。涅槃ノ一如ナルニハ不レ同。何ソ可レ例ニ同

之一 知足坊

尋云。一名無量名ト云意如何

答。涅槃疏ノ十三云。涅槃八味之都名功德之惣稱（大正藏三八、一九九下）ト（衆カ） 文 此則（則イ卽）

大涅槃者。三德祕藏ノ惣名也。祕藏ニ無レトモ名。强テ立ニ千

名ヲ。於ニ彼ノ名ニ更ニ立ニ無量ノ名ヲ。故ニ一名無量名ト云歟 知

足坊

10 籤云。或有一義說無量名。如天帝釋事（頭五）（天玄四、五六六）

問。籤ノ文ニ。或有ミ一義說ニ無量名一 文 所レ云一義說無量

名ト者。出ルソ何事ヲ一耶

答。如レ題

付レ之。無量義。無量名ト可レ云。諸名ハ皆從レテ義ニ立ツレ之故ニ。

例如下以テ佛如來等ヲ爲ルカ中無量義無量名上如何

答。知足坊云。此義又不レ可レ遮レ之。但今爲ル一義無量名ト（卍續五八、一五二丁左上）

事ハ。涅槃ノ遲記ノ八云。次一義者。帝釋是善義。內以ニ善（「釋カ）

法ヲ調レ意故名ニ一義ト 文 故ニ於ニ十善ノ一義ニ立ニ無量ノ名ヲ

也。佛如來ト者。具スニ無量功德ヲ故ニ隨レ義ニ立ニト多ノ名ヲ云歟

尊抄。疑云。爲レ明ンニ今ノ釋ヲ粗尋ニ天帝ノ異名ヲ。三十三天ノ

主ナルカ故ニ呼テ名ク因提利ト。一時ニ思フ千種ノ義ヲ故ニ稱シテ爲ニ

千眼天ト。其寶嚴ル頂上ヲ故ニ云ニ金剛寶頂ト。其人舍脂ヲ爲レシ

妃故ニハ號ニ舍脂夫ト者也。是ハ皆隨テ名ノ別義ニ立タル種種ノ名ヲ

也。何ソ於ニ一義ニ說クト無量ノ名ヲ云ハン耶

答。如ニ知足坊義ノ

難云。若爾者。大涅槃等ノ異名。皆是無漏無爲ノ一義立ルヲ

多ノ名ヲ耶

答。尊抄云。宗ノ餘處ノ釋ヲ釋テルニ（釋イ見）（天文一、三五二下。文句）。引ニ雜阿含經ヲ（富カ）釋ニ帝釋ノ種

種ノ名ヲ中ニ云。本爲レ人時行レ施（「〇カ）。故名ニ留蘭陀羅（「〇カ）。本爲レ人

時（〇何カ）。姓故名ニ憍申迦（尸カ）。本爲レ人（「〇カ）時聰明（「於ニ頓カ）。一時思ニ千種義（「於ニカ）（「坐ニカ）（〇カ」）故

名ニ千眼天ト（天□カ） 云 誠ニ知ヌ。令テ被ラ修因ノ昔時ニ立レコト名非レ

一ニ。其因又不レ出ニ有漏ノ十善ヲ故名ニ一義ト也。大涅槃ハ

不レス如ナラ。此惣シテ依ニ多劫ノ修因ニ得ニ一大涅槃ノ果ヲ。既ニ依テ

天帝ノ名別ノ因ニ得ニハ各別ノ名ヲ異ナル也

淨名玄六云。如ニ帝釋千名一名雖ニ不同ニ終是目ニ於天主一（大正藏三八、五五八下～九上）

文

11 籤云。復有一義說無量名。如五陰等事（頭五）（天玄四、五六六）

問。籤ノ文ニ。復有三一義說二無量名一文所レ云一義無量名ト
者。指二何事一耶
答。如レ題
付レ之。於二五陰一。或ハ名二顚倒一。或ハ名二四識住一ト。各從テ二別
別ノ義一ニ得二此等ノ名一ヲ。若爾者。可レ云二無量義無量名一ト如何
答。知足坊云。陰ハ是聚ノ一義ナルニ立ツ三色受想行識ノ別ノ名一ヲ。
又不レ名二顚倒苦諦等一ト故ニ云二一義無量名一ト也。又四念處
等ニハ豈五陰ノ不同ナラン耶如何
答。以レ陰爲二所緣一ト有ルカ二四念處別一故ニ爾云也。疏云。陰是（大正藏三八、二〇〇上。涅槃經疏）（所カ）
苦境爲二念處一觀。在不淨受想行無我識無常。復名二四念（㋐諦カ）（㋑觀）（色カ）（㋐苦カ）
處一文以レ是可レ思レ之　知足坊
莆疑云。今ノ文ニ雖レ表ト二四句一ト。其下ノ說ハ不レ明。所以ニ。或ハ
大涅槃ノ異名。或ハ天帝釋ノ異名。或ハ如來ノ異名。或ハ五陰。
此四ノ意。更ニ無二差別一如何
答。此事ハ經說難レ計。大涅槃異名ト者。既ニ。或於一名說無（天玄四、五六六。釋籤）（㋐下カ）
量名ト云フ。是一ノ名ノ中ニ含二無量ノ義一ヲ故ニ。一名ノ下ニ立二無
量ノ名ヲ一歟。例如二梵語多含一ノ。天帝釋ノ異名ト者。約レ體一

義ト云歟。所以ニ。一人ノ帝釋ニ有二無量名一故ニ五陰ノ異名。
又以レ如レ此如來顯現自在ニシテ無量ノ德ヲ示現ス故ニ。是無量
義無量名也　凡今ノ名義ハ名體
難云。帝釋一體異名ノ意ト云。如來モ又一體異名也。依レ之（大正藏十六、五五一上）
楞伽經中ニハ擧テ二佛帝釋一體異名ノ義一ヲ。我以亦如レ是。於二（㋐世界カ）（以㋒カ）
娑婆中一ニ百千名號文而ニ今文既ニ帝釋與二如來一爲二二句一。（㋐〇カ）
知ヌ。帝釋ノ句ハ非二一體異名一ニ云事ヲ（經カ）
答。經云ノ異說隨レ緣不定也。設ヒ彼楞伽經ノ意。於二如來一ニ
說トモ二一體異名義一ヲ。大經ノ意。委ク說二名義ノ不同一ヲ故ニ。又
於二如來一ニ說二多體異名一ヲ。是隨宜ノ說歟。所以ニ。有漏ノ事
法ハ一體是一義也。種種ノ名有ト云ヘトモ。約ル二一體ノ上ノ異名一ニ
故ニ。帝釋ヲ一義無量名ト云也。如來體無量也。名モ無量也。
彼ノ如レ現シ二十界ノ形像一ヲ名體皆實也。不レ可レ同二帝釋一ニ。或ハ（㋑異歟）
於二五陰ノ有漏ノ一體一ニ有ルハ二種種ノ名一。大涅槃又名レ理ニ故ニ。
一名ノ中ニ含ル二無量ノ名一ヲ也
難云。名義體ハ各別ノ法也。依レ之下ニ釋ル二實相ノ異名一ヲ中ニ名
義體各別ニ釋スレ之。今何ソ體ヲ爲レ義ト耶

答。法ノ開合隨レ時ニ今合シテ體義ヲ爲レ一ト意歟。例如ニ二身三身ノ開合一ノ。楞伽經ノ第六云。（大正藏十六、五五一上）譬如ニ釋提桓因・帝釋・王（〇カ」）。如レ是等種種名號（名異カ）其義一ニ。不下依ニ多名一（「世カ）言レ有中多體帝釋（祇カ）等上也（耶カ）。大惠。我亦如レ是。於ニ娑婆界中一三阿僧企百千名號（異名カ）。凡夫雖レ說而不レ知ニ是如來名號一 文 是一體ヲ一義トト云證據也 已上

12 如五陰亦名顚倒事 圓五（天玄四、五六六。釋籤）

補注（卍續四四、八丁左下～九丁右上）云。五陰亦名顚倒等者。章安云。五陰是有漏故名ニ顚倒一。五陰是苦諦境故名ニ苦諦一。又爲ニ四念處（四㓛カ）所觀一故名ニ念處一。除ニ色一陰一。餘四陰卽四識住陰。通ニ內外一名ニ四食一。今文闕レ之能通名レ道因ニ陰實法一。有ニ假名一時衆生體。卽無相名ニ第一義一。身心惠（乘カ）之三修。有爲之解脫十二因緣。五陰爲レ體五陰能成ニ三業之身一。餘文可レ見。言ニ四食一者。揣食卽今飯食。可ニ以分段一故。觸食卽依報衣服强耎等。思食卽業食也。識食ハ卽意也 文 圓五

暹云。籤文ニ所引ニ。身心惠解脫トト云ヘリ。經文ト相違スル歟（名カ）（如カ）

大經三十一云 迦葉品（大正藏十二、八一〇中～下）復有ニ一義說ニ無量義一。所謂五陰。亦名爲レ陰亦名ニ顚倒一。亦名爲レ諦亦名ニ四念處一。亦四食亦（「名カ）名ニ四識一（「住處カ）。亦名爲レ有亦名レ道（「爲カ）。亦名爲レ時亦名ニ衆生一。亦名爲レ世亦名ニ第一義一。亦名ニ三脫一謂身戒心（修イ）。亦名ニ因果一（「〇カ）。亦名ニ解脫一亦名ニ十二因緣一。亦名ニ聲聞辟支佛佛一。亦名ニ地獄餓鬼畜生人天一。亦名ニ過去現在未來一 文

疏十三云（大正藏三八、二〇〇上）〇 三脫者卽身戒心（修カ）煩惱ト者。正在ニ行陰一。解脫者卽有爲解脫。亦名ニ十二因緣一者。卽以ニ五陰一爲ニ因緣體一。亦名ニ三脫（乘カ）一者。能成ニ三業（乘カ）之身一。餘皆可レ解 文

暹云（卍續五八、一五二丁左下）。今文中云。但除ニ色陰（陰㓛カ）一者。意取ニ四陰一卽是四識（是㓛カ）ノ住也 文

滿記云。三本經十二云（卍續五七、四四〇丁左上）。如ニ四識住處一者。卽是受等四陰住。於ニ色中一故云ニ五盛陰一也 文

13 五陰亦名ニ第一義一事 籤 圓五（天玄四、五六六）

疑云。常途ニハ指レ理名ニ第一義一如何

答。補注云 如レ上

尊均云。無量ノ五陰歟。或ハ又諸有漏諸法中五陰第一故ニ爾カ云歟。世閒根本故也 云云

14 籤(頭五)云。故後二句並義居レ先事(天玄四、五六六)

蒲疑(同前)云。後三句ト可レ云。何云二二句一耶

答。復有一義説無量名。如五陰等者。是重テ出二第二句一

故ニ不レ可レ取レ之 已上

15 籤(頭五)云。初立(天玄四、五六六)二一名無量名一。不レ立二一義一名。及無量

義一名一者。爲レ酬二迦葉一。是故不レ立事

問。大經中(大正藏十二、八一〇中カ)ニ。立レ名説二無量名等四句一見リ。且此中ニ不レ

立二一義一名一故ヲハ。妙樂如何釋ル耶

答。如レ題

付レ之。若依二此故一者。不レ可レ立二無量義無量名一。亦是定

義故ニ如何

答。知足坊云。既云於二一法上一有二無量義無量名(「説カ)一。正當ニ

不定一可レ舉レ之爲レ例歟

玉抄疑云。迦葉ノ問ハ佛ハ具シテ知根力ヲ一知二衆生ノ諸根一ヲ。於レ

法可レ起二定説一云ヘリ。佛答レ之。逗二衆根一故ニ作二不定説一ヲ。

所謂一義無量名。無量義無量名 文

若爾ハ設ヒ舉トモ二一義一名一ヲ。舉二無量義一名一ヲ。何ソ不レ通二迦

葉ノ問一ニ耶。是以章安大師ハ。今文略舉(大正藏三八、一九九下)二一邊一 文 如何

答。略セル上ニ一往釋歟

有云。文既ニ。一義卽當(天玄四、五六六。釋籤)二定説(義カ)一 文 別指(「一名カ)二定義一會セリ。仍非ニ

論義一

難云。若爾ハ。無量義無量名モ定義ナレトモ出レ之如何

答。一義一名ハ定説也。此外ニ無量義ト云モ。一法ニ立二無量

名一ヲ。是可ニ不定ノ義ナル也。惣シテ無量ノ名ヲハ不定ノ義ト可レ云也」

問 如レ上 且ク此中ニ不レ立二無量義一名一ヲ故ヲハ妙樂如何釋ル耶

答。如レ題

付レ之。一義一名ハ當ニト定義一ニ云事可レ爾。無量義一名何ヲ定

義ナラン耶

答。蒲云。大經意ハ佛舉二醫師譬一以テ二無量名一ヲ答ニスニ不定ノ義一ヲ

故ニ不レ立レ之 已上(佛全15、九五下)

要決云。籤爲レ酬二迦葉問一者。略説二四句一。酬レ問既定(是カ)。是(頭五)

故不レ立二一義一名。及無量義一名(「一カ)一。若「名對名(「對明カ)」者應レ有ニ

六句一。今略二一邊一然義名(「一カ)卽當二定義一。是問之辭。是故不レ

立耳 文

莆云。問。今句數幾耶。答。經有ニ四句一義但三句也（第二第四爲ニ一句一）
今ノ籤文ニ加ニ二句一五句也。更加レ一可レ爲ニ六句一。所謂一
義無量義名。無量義一名。無量義無量名。一義一名。一名
無量名。一義無量義 文

16 玄云。或無ニ出生一例レ此可レ知也事　頭五（天玄四、五六八）（言カ）（也ナシカ）
備撿云。教出生行出生義出生結ニ成三惠一 文

17 籤云。性念處惠解脱約レ理事　頭六（卍續四四、三二四丁左上）（天玄四、五六九）
莆疑云。惠解脱約教ト可レ云如何。答。性念處ハ一向ニ理觀
也。共念處ハ事理共ニ觀ル也。況今ノ釋ニ以テニ三念處ヲ一對ニス教行
理ノ三ニ一。更約シテレ之如何對ンレ之耶 已上
知足坊云。緣念處ヲ對ル教ニ事ハ。緣念處ハ廣ク知ニル天文地理
等無量ノ法ヲ一故ニ對ルニレ教ニ無レ失 已上
尊抄云。一往ノ對當也。所謂性念處ハ只是惠ニシテ未レ假ニ相
應俱有諸法一。例ハ如ニ法身未レ假ニ報應智行一ヲ。故以ニ三念
處一對ニ三身一之時。以ニ法身一爲ニ性念處一ニ。一家處處ノ解
釋ナル者ヲ耶如何 已上
知足坊疑云。毘曇ノ意ハ性念處ニ不レ斷ニ煩惱一ヲ。何性念處智
解脱ト云耶
答。正理論中ニ。爲ニ愚行相資糧所緣一。有情故說ニ三種一 文（大正藏二九、六七六中）（「三種カ）
以レ是思レ之。或依ニ今ノ意一ニ歟 已上

18 玄云。入ニ於聞。思。煗。頂。世第一一事　頭六（天玄四、五六九）
尋云。何ソ忍善根ヲ不レ云耶
答。知足坊云。且ク略ル歟。或ハ以テニ四善根ヲ一爲ニ三品一曰。忍
世第一是上品ト云意有レ之見リ。故ニ今ハ世第一トニ云フ想ハ上（イ恐歟）
品ト云歟。或ハ擧テニ世第一ヲ一且ク攝ニル忍位一ニ歟。同是上品中ニ增
進故ト云云 無量義經ノ得益ノ中ニ不レ擧レ忍ヲ。以レ是可レ思レ
之 已上

19 玄云。從レ小入レ大見ニ似眞中道一事　頭六（天玄四、五六九）
尋云。二乘廻心叶ニフ相似一ニ耶
答。知足坊云。速雖レ入ニ初住一ニ。實ニ經ニカ似假（位）一ヲ故ニ爾カ云ル歟（假イ位）
已上
師云。此釋コソ正ク於ニ一人一ニ有ニト案立勝進一云釋ヨ

20 玄云。起レ自ニ毫末一終成ニ合抱一事　頭六（天玄四、五六九）
補注云。起自毫末等者。老子德經云。毫（合）抱之木生ニ於毫（毫イ合）（卍續四四、九丁右上）

末㆒。九層之臺起㆓於累土㆒ヨリ。千里之行始㆓レリ於足下㆒ 文

21 頭六 玄云。行發卽如來藏事 (天玄四、五六九)

疑云。如來藏ト者。此理也。故ニ理發ト可ㇾ云。何ヲ行發ト云耶

答。玄云。初住中。(同前) 有㆓教發㆒是般若。行發卽如來藏。理發是實相 文 文意ハ住前ノ教行理ノ三至㆓ル初住㆒ニ時。(天止一、三七一。止觀) 法身般若解脫ト顯ルルト云也。其中ニ。一念心卽如來藏理。卽是假諦ルカ故ニ耳ニ藏故卽假ノ文是也 已上尊均

22 頭七 玄云。教泉是法無礙辯事 (天玄四、五七〇)

疑云。教泉是辯無礙辯ト可ㇾ云如何

答。莆云。以㆓テ教行義ノ三㆒ヲ對㆓四辯㆒ニ。更又亂シテㇾ之ニ云何屬對ン。況ヤ再ヒ籤師釋成セリ有ランニ何ノ不審カ 已上

23 頭九 玄云。佛以㆓世界悉檀㆒(說カ)諸ㇾ經。菩薩以㆓世界律㆒(緯カ)織事 (天玄四、五七四)

疑云。佛在世ノ經ハ既ニ緯ト不ㇾ合。何ソ經ト云耶

答。佛世ニハ又菩薩經ヲ可ㇾ釋故ニ此難不ㇾ可ㇾ來。集異門等ノ三論。佛在世ノ造也。可ㇾ思ㇾ之

24 頭十 玄云。〔如ニ〕(イ)支佛不ㇾ値㆓十二部縫㆒(線カ)。不ㇾ能㆓說法㆒事 (天玄四、五七五)

問。部行獨覺說法スル耶

答。不㆓說法㆒

若不㆓說法㆒云ハハ。(「○カ) 觀佛三昧經云。十方諸支佛。一一足下皆有文字。(「○カ) 說十二因緣等 文 (大正藏十五、六六四中。取意) 若依ㇾ之爾者如ㇾ題如何

答。知足坊云。俱舍論ノ中ニ獨覺ノ不㆓ル說法㆒故ヲ釋云。由㆔彼宿習少㆓欣樂勝解㆒ヲ無㆓說法希望㆒(法ナシカ)故。又知㆔有情難ㇾ受㆓深法㆒。以㆔順既久難ㇾ令㆓逆流㆒(「流カ) 故。避ㇾ攝ㇾス衆ヲ故。(「又カ) 不㆔爲ㇾ他宣㆓說正法㆒。怖㆓喧雜㆒(諠カ)故 文 (大正藏二九、六四中) 今何ソ出㆓シテ一義㆒ヲ至ㇾン難ヲ耶。加ㇾ之大經中ニ。(大正藏十二、七〇六上) 緣覺人○若化㆓衆生㆒(「之カ) 但現㆓神通㆒。終日默然無ㇾ所㆓演說㆒(宣カ) 文 准ハ㆓此等ノ文㆒。部行又不㆓說法㆒也。但至㆓觀佛三昧經ノ文㆒者。彼ハ只說㆓現通ノ事㆒ヲ也。全說法ノ相ニ非ル故ニ無ㇾ失

難云。大經ノ文ハ麟喩獨覺ノ相ヲ可ㇾ說ナル。依ㇾ之神泰疏爾カ釋セリ如何 知足坊

授決集抄出云。宗家所釋中云。麟喩獨覺不㆓說法㆒。部行獨覺領トㇾ徒行化 文 如何 (授決集下。支佛不說法決 云云 (佛全26、三七七下。取意))

答。部行獨覺不ㇾ可ㇾ有㆓言語說法㆒。無佛世ニハ無㆓教文㆒故也。況ヤ決題ニハ既ニ云㆓支佛不說法決㆒。明知。部行麟喩共ニ

不說法云事。但宗家所釋者。領徒行云非文字說。彼以神通現十二因緣法故爾云也已上

疏四云（天文二、八〇九上）。又有部行獨覺。在無佛世師徒訓化（緣カ）也。此應（去カ）有二種。佛在世後無文字。衆生根鈍故。支佛不說法。此非部行也。部行者能說法也。又有變化緣覺。冥（宣カ）應見者現緣覺身。今三周之座。有緣覺者其義可解文

25　胡漢未明事（頭十　天玄四、五七六。玄義）

師云。天竺唐土佛法渡時。天竺何云事。唐土何云云事不知云事也云云

26　若有飜者。以何爲正。義寧種種翻那得多事（頭十　天玄四、五七六。玄義）

師云。意云。若定以飜爲正。多含中以何爲正義種種。何義以一可爲正。何多義有之耶云也

27　籤云。故安師云。譯經有五失及三不易等事（頭十一　天玄四、五七七）

補注云（卍續四四、九丁右上〜下）。秦道安法師。常山扶柳人。姓衞氏。家世英儒（ㇾ符カ）。安可（公カ）。每稱譯經者。有五失三不易。易音異或音亦

又以皷（鼓カ）切。一者胡言盡倒（到イ）。而使從秦。是一失本也。二者胡經尙質。秦人好文傳可衆心。非文不合。是二失本也。三者胡經委悉至於歎詠叮嚀反覆。或三或四不嫌文煩。而今裁斥。是三失本（ㇾ無カ）也。四者胡有義說正似亂辭。尋說向說文以異。或一千或五百刻（刈カ）。而不存。是四失本也。五者事以合成將更傍及反。騰前辭已。乃後說而悉除此。是五失本也。然則（則イ卽）。智逕三達之心。覆面所陳聖必因時。時俗有易而删雅古。以適今時。是一不易也。愚智天隔。聖人區階。乃欲以千載之上徵（微カ）言傳使合百王之下末俗（末俗ㇳカ）。是二不易也。阿難出經去佛未久。大迦葉令五百六通迭察迭書。今離千年而以近意裁。彼結集之羅漢兢兢（キョウか）若此。末代之凡夫平平若是。豈將不知法者猛乎。斯三不易也。涉茲五失逕三不易。譯胡爲秦可不愼乎。羅什法師云。天竺國俗甚重文藻。但改梵爲秦。雖得大意殊隔文體。有似嚼飯與人非徒失

味ヲ。乃令ニシテ人ヲ嘔ヲフエツ噦ツク一也。噦ハ乙劣ヲツノ切。嘔ハ烏后ノ切 文

28 三塵爲レ經。施二於此土一事 如二玄六。疏一。心（イ）止一 （聲法色）（頭十四（天玄四、五八三。玄義））

問。玄文中以二六塵一爲レ經義釋セリ。爾者於二娑婆世界一唯限二聲塵一歟

答。如レ題

付レ之。娑婆世界耳根利故。聲爲二佛事ヲ一者也。何用二法塵色塵一爲レ經トレ釋ル耶。依レ之玄文第六云。此土耳根利故偏用二聲塵一 文 如何 （天玄四、一六八）

答。知足坊云。實爾。但以二餘塵一助レ之曰。此土鼻舌身三塵尤劣故。亦擧二此三塵一也。若廣論レ之者。不レ遮二六塵ヲ一也

難云。止觀ハ於二娑婆衆生一施レ之也。然ニ止一云。今人意鈍ニシテ玄覽卽難。故以二文字一示レ之。眼假レ色入故也 文取意 （天止一、一五七）此釋止觀一部ハ假二色法文字一云如何

答。彼釋。眞常。性ノ月隱二煩惱山一ニ。圓音敎ノ風息レ化歸レ寂ニ 文 （同前。弘決）（「〇カ）滅後ノ衆生鈍ナリ。以二文字ヲ一示レ之云也。故ニ在世ハ聞法スレハ利也。滅後ハ不レハ聞レ法鈍也ト云故ニ。尙用二聲塵ヲ一云義也。但滅後衆生ニ以二文字色法ヲ一云事ハ。無レハ佛音一文字ニ書レ之令レ見ト云事也。是ハ大ニ對二在世聞法一滅後ニ無佛ナレハ如レ此云也。然トモ止觀一部ハ。先聞二圓法一起二圓信一等云テ。以レ聞二圓法一爲レ初。章安大師ハ。先代未聞ト云ニ。先不ルヲ聞。今聞ト云。止第五ニハ用二口決一云。聞法セヨト云也。若爾ハ。止觀一部ハ專以レ聲ヲ爲爲レ本釋ル者ヲ耶 （天止一、一一六）（天止一、二二）（前カ）（爲（ヵ）カ）

難云。淨名香飯等豈是劣耶

答。雖レ有二彼等一非レ如二聲法二塵一故。今略シテ不レ擧レ之也。可レ思レ之

難云。今云二三塵爲經一者。三人各別可シレ用ナルレ之。何ソ云二聲教爲レ本之意ト一耶。若如レ此義者。他土亦用二六塵一云ヘル。一塵爲レ本。餘塵助レ之歟。若爾者。偏用二一塵之土一者。惣無二助緣一歟。若爾者所レ引淨名。施食文亦用二餘塵義一。豈無レ之耶如何。又籤次下云。然今古共ニ以レ法爲ルコトレ經者ハ。文從テレ强ニ說ク 文 此文意者。以レ法爲レ經之日者。以レ聲爲レ助云歟。若爾者。聲敎爲レ本之義無レ之歟如何 （天玄四、五八七。玄義）（頭十四（天玄四、五八六））

答。餘處釋中。淨名香飯及以法行思惟悟等。並以金口聲 （記一（天文一、四八上））

敎爲本 文 今文亦可二此意一。籤下。文從レ强說ト云ヘルモ指二法行思惟一ヲ等也。雖レ然此土之儀式者。聲敎爲レ本之義相不レ可レ違。他土亦可レ准レ之歟

難云。餘處云。光明爲佛事者。此土尙有二光明爲一レ正。何況餘土正用二光明一 文 此釋意者。娑婆世界ノ機モ以二光明一爲レ本有レトノ之云也。今文亦以二三塵一爲レ本。機之外也ト云ニモ有ラン如何
（妙記）（卍續二八、四二〇丁左上）（作カ）（ㇾ爲カ）

答。有情根性不定ナレトモ。娑婆ノ機緣者。必以二聲敎一ヲ可レ爲レ本ト也。卽餘處ノ釋モ前後其義分明也。但至二所レ令レ出レ難文一者。彼卽如二今文一可レ得レ心也。聲敎爲レ本之上ニ。殊ニ用二光明緣一以二光明一爲レ正也。可レ思レ之

名疏十云。今一塵爲レ語者從レ勝爲レ名。如下鼻根入レ道最利故用二香塵一起セ之。如下身利故用二光明一觸セ之。此閒耳根利故用二聲塵一起レ之。未下必但聲便無中五塵上。如下此閒以レ聲爲二佛事一。亦後二光明一亦香雲衣服等以爲中佛事上。但從レ勝者爲レ正其餘皆傍。故的判レ聲爲二佛事一。餘國若擧二一塵一者亦復例爾○ 文
（菩薩行品）（大正藏三八、六九九下）（ㇾ此是カ）（ㇾ將二カ）（ㇾ根カ）（ㇾ有カ）（放カ）（ㇾ塵カ）（是カ）（ㇾ香蓋カ）

同上文云。但香積之土香爲二正敎一。如下菩薩在二香樹下一卽入二德前三昧一便得中悟道上。名爲二利根一。其有二未レ悟之者一卽與二大衆一方共座食。故知味爲レ傍也。此正傍兩道逗二利鈍兩根一。今「如人鈍。」是故香味相帶而來○同是一香而用有二正助一。此聲亦爾。利者一聞卽悟。鈍者假二諸方便一。眼見二神通一心思二諸境一假二助方一悟 文 已上知足坊
（香積品）（同、六九七上）（藏カ）（坐カ）（鈍利カ）（ㇾ娑婆國人鈍故カ）（也カ」）（ㇾ聞カ）（或カ」）（ㇾ義カ）

師云。此疏釋大切也。凡ハ娑婆ハ聲塵得道者。此土耳根利故等云テ。餘根ヨリモ耳根利ナレハ用二聲塵一也 如二別紙一 然ニ三根利。三根鈍ヲ分別ルニ。此土ハ眼耳意三根利也。然レ中ニ耳根利也。眼根ニテ見レ色得悟スルヨリハ。耳ニ聞二聲敎一ヲ修習スルハ易キ也。設ヒ見二色ノ經卷等一ヲ得レ心事ハ有レトモ之。聞レ敎ヲ傳受ルハ遙ニ速疾ニ得レ心也。サテ眼見レ色者モ。耳ニ聞レ音ヲ者モ入眼ル事ハ。實ニ心ニ思惟シテ得悟スト云時ハ意根利ナル也。籤ノ文ニ從テレ强ニ說ト云ル此意也。今文段用レ法爲レ經下ナルカ故ニ。殊ニ以二意根一爲レ利釋下也。サレハ眼ニ見レ色意ニ作二思惟一。耳聞レ音意作二思惟一ヲ。此土耳根利故偏用聲塵トハ釋也。此土ニモ見レ色意作二思惟一得悟スル人モ有レトモ之。其ハ耳根得道ヨリモ遲ク可二得悟一ス
（然(イ)就）（天玄四、一六八。玄義）

也。耳根利故（如ニ別紙一）又此土ニモ必シモ意ニ不レ作ニ思惟一。隨ニ所レ聞之所一豁爾開明者有レ之。其ハ一向用ニ聲塵一得悟シテ。意識ニ不レ用ニ思惟一機也。今釋大旨ハ在世ニハ偏用ニ聲塵一。滅後ハ由レ色ニ。或ハ亦自思惟得道云也。此等一往分別ナリ。能能可レ思レ之

仰云。娑婆內也トモ餘塵得道セハ。居所娑婆也トモ他界衆生。又此土耳根利者。娑婆衆生ハ以レ命爲レ體也。連持命ハ是風大也。故出ハ音ヲ風ノ德也。不レ出レ音時氣息也。壽命也。娑婆ハ觀音利生ノ處ト云是也 云云

（師㋑仰）師云。以ニ風大一不レ爲レ命ト世界モ有レ之歟ト云ニ。第四禪已上ニハ無息命根有レ之故也

29 雖ニ別立ニ三唐法一事　頭十四（天玄四、五八六。釋籤）（唐㋑力）

備云。今古共以法爲經。以字以脫一法字以玄云ニ舊用ニ三種一。籤牒レ玄云レ雖ニ別立レ三。若爾須レ云下以ニ三法一爲ヒ經。（卍續四四、三三五丁右上）或是文略 文

30 籤云。聲色兩種。必假レ法通事　頭十四（天玄四、五八六）

問。唯聞レ聲見レ色。意不ニ思惟一。直得道者有耶

（答カ）玄云。可レ有レ之

若有ト之云ハハ。如レ題。若依レ之爾ト云ハハ。衆生ノ根性不定也。何見色聞聲ノ得道ノ者無ン之耶。依レ之宗釋云。隨ニ所レ聞之（之㋑カ）處一豁爾開明 文（天文五、二四一二下。文句）如何

答。私云。宿殖深厚者。一聞ニ聲ノ教一。意不ニ思惟一得道者可レ有レ之。一聞ニ此呪一超ニ第八地一等是也。但至ニ今釋一者。今以レ法爲レ經事ヲ專釋スル下ナルカ故ニ。以ニ法塵一意識ニ思惟スル義ヲ釋成ル也

又云。於ニ此事一者。眼耳識ニ聞レ教見レ色分齊ニテ尋レ之ハ。都テ意識ニ不ニシテハ了知一セ不レト可ニ得道一可レ得レ心歟。所以ニ所聞之處等云モ。聞テ必意識ニ了知シテ。此上ニ別シテ不ニ思惟一事ニテコソ有レ之。如何（如何㋑前）五識分ハ無ニ慮知一無記也。此分齊ニテハ難ニ得道一者ヲ耶。又宿習深厚者ハ。前五識分齊ニテ見色聞聲シテ即豁然トシテ。第九識ノ佛意開發ル者可レ有レ之歟。必モ第六識ニ思惟シテ後ニ。第九識ノ開悟何可レ有レ之耶。此等重重能能可レ沙ニ汰之一　已上師抄

31 如ニ淨名曰一。以ニ一食一施ニ一切一（于㋑於カ）等事　頭十四（天玄四、五八七。玄義）

問。玄文中以二六塵中味塵一爲レ經文爾者引二淨名經何
文ヲ證レ之耶
答。如レ題
付レ之。今所レ引淨名經無レ之如何
答。知足坊云。彼經。香積佛土品中ニ淨名遣（ⓘ如レ本）ニ化菩薩一衆香
土ノ香飯ヲ取來テ。今餘大衆皆食レ之見リ。今云下以二一食一
施二一切一等上卽取意シテ載二彼事一也。次ニ。於（同前）レ食等者於レ法
亦爾云（等カ）者。引二弟子品。須菩提章文一也。今引ニ合彼文一釋ニ
成之一歟
又問云。淨名疏第十（大正藏三八、六九九下）云。此色法詮（能カ）二一切諸法一○圓通無礙。故
大品云一切法趣レ色是趣不（不ㇾカ）レ過。乃至一切法趣レ味是趣
不レ過。於レ食若等（等カ）於レ法亦爾。當レ知根塵遍（備カ）二一切法一文
准レ之於レ食等文者。大品經文ト被レ得如何
答。彼又如二今文一可レ得レ心也。是則（則ⓘ卽）引二須菩提章文一。大品
經ヲ釋成也
私云。一切法趣レ味已下。今私釋也。非二大品文一。疏四（同、六一九中）
云。今（言カ）之一切法趣味等　已上知足坊　知ⓘ智

32　或有二國土一以二天衣觸レ身卽得レ道。此偏用レ觸爲レ　頭十四（天玄四、五八七。玄義）
經事
問。玄（ⓘ同）文中。偏以（用カ）レ色爲レ經文爾者引二淨名經何文一證レ之
耶
答。如レ題
付レ之。違二彼疏釋一。疏云。光明爲二佛事一者（大正藏三八、六九九下）。放レ光觸（ㇾ明カ）レ身具
詮二諸法一隨レ觸得レ解文如何
答。知足坊云。光明ニ有二色觸二義一故互ニ擧無レ失。如二衆
香土一香飯具二香味二邊一也。彼疏文ヲ可レ見
又問。如衆香下。以レ香爲二佛事一云不レ明。彼以レ味爲レ經
見如何
答。彼香飯有二香味二邊一故。俱取爲レ經無レ失。況彼土以レ
香爲レ本ト故利人受レ之。見二彼疏一如二上書一。故依二今文一歟
難云。見二經文一（大正藏十四、五五二下）。我土如來無二文字說一。但以二衆香一令三諸天
人得レ入二律行一文准レ之彼下唯以レ香作二佛事一。何云三亦
用二餘塵一如何
答。以レ味得レ道。經文ニ見タリ

尋云。以二色塵一爲レ經土ハ色ノ經卷。滅後ニ益レ人義可レ爾。
若以二餘塵一爲レ經土ハ滅後ニハ留レ色可レ益レ人耶
答。餘塵ヲ爲レ經土モ色經卷ニ書留テ。臭レ之嘗レ之觸レ之可ニ
開悟一歟。例如二娑婆一雖下以二聲塵一爲ヒ本。滅後留二色經
卷一聲塵ノ說ヲ得レ意也。餘塵土亦可レ准レ之
又尋云。五塵爲レ經國土可レ有レ之耶。若爾ト云ハヽ。今籤中
不レ擧レ之。若無ト云ハヽ。道理必可レ有レ之如何
答。可レ有レ之歟。但籤文略シテ是ヲ不レ云歟
淨名經下云。菩薩行品（大正藏十四、五五三下）是長者維摩詰。從二衆香國一取二佛餘飯一於レ
舍（﹁者カ）食。一切毛孔皆香○聲聞人未レ必（入　正カ）二聖位一食二此飯一者。
得レ入二聖位（正カ）一○已入二正位一食二此飯一者。得二心解脫一○若
未レ發二大乘一（﹁意カ）食二此飯一者。至レ發レ意○得二無生忍一○至二
一生補處一○如レ是（此カ）香飯能作二佛事一○或有二佛土一以二佛
光明一作（﹁而カ）二佛事一。有下以二諸菩薩（菩提カ）一而作中佛事上。有（﹁有カ）下以二佛所化
人一而作中佛事上。有下以二佛樹一而作（﹁有カ）中佛事上。以二佛衣服臥具一
而作二佛事一。以（﹁有カ）二飯食一而作二佛事一。以二薗（﹁觀カ）林臺一（園カ）而作二佛事一。
有下以二三十二相八十隨好（﹁形カ）一而作中佛事上。有下以二佛事（身カ）一而

作中佛事上。有下以二虛空一而作中佛事上。有（﹁○カ）下以二夢幻影響鏡中
像水中月熱時炎如レ是等喩一而作中佛事上。有下以二音聲語言
文字一而作中佛事上。或有三（﹁佛土カ）清淨寂漠（寞カ）無言無說無示無識無作
無爲而作二佛事一　文
菩薩處胎經二云（大正藏十二、一〇二四上）○寂漠（寞カ）世界○無言教名（﹁○カ）○彼土衆皆是（﹁生カ）（胎化カ」）利
根人　文
問。虛空爲說之相如何
答。疏云。（大正藏三八、七〇〇上）虛空者示二空相一（﹁但カ）。空相能詮二諸法一　文　已上知足坊

33 寂漠（滅カ）無言觀レ心得レ道事 頭十四（天玄四、五八七。玄義）

問。寂漠（ママ）無言世界。得道相ヲハ如何釋耶
答。如レ題
付レ之。以レ何得レ知コトヲ。彼世界觀心得道ト云事。況開二淨
名經說一見二。明二其土相一。無言無說無識　文　既二云二無識一。
何觀心ナラン耶
答。尊抄云。夫如レ此釋ル事ハ。見二淨名經文一明二諸土得道
不同一中說也。聲香味觸等五塵得レ悟了テ。有二世界一名二寂
漠無言等一宣リ。誠知觀心法塵得道世界云事耶。但至二所

難一者。無識ト云者。只是無二六識等ノ麁强ノ識一故也。若夫
八識九識無ト云者。何名二有情有識一耶
私云。寂漠無言世界者。恐是十住斷結經所ㇾ説西方安
寂世界歟。彼土ノ能化教主妙識如來ハ無ㇾ有二言語一。於二
定心睡眠中一説ㇾ法。所化亦於二睡眠中一悟ㇾ法 文 委事
可ㇾ見二彼文一 已上
私云。教時義第四云。（大正藏七五、四三六上）寂漠世界ニハ佛欲二説法一右脇ニ而
臥ス睡眠之中ニ爲ㇾ機説ㇾ法。人欲ㇾ聽ㇾ法右脇ニ自臥ス睡
眠之中ニ逢ㇾ佛聽ㇾ法。修二菩薩行一（「等カ）成二正覺一皆在二睡中一（眠カ」）
而並（辨カ）二成ㇾ之 文
34 籤云。（圖十六）（天玄四、五九〇）先且積二黑字一爲二諸法之本一事
補注云。（卍續四四、九丁右上）先且積者。恐誤。應ㇾ云二先正借一也 文
35 玄云。（圖同）（天玄四、五八九）（「左カ）廻詮ㇾ惡右廻詮ㇾ善事
備云。如二六書轉注一。（卍續四四、三二五丁右上）左ニ轉ヲ爲ㇾ考。右ニ轉ルヲ爲ㇾ老ト是也。
左ニ逆ヘ右ニ順フ如シ律ニ説一カ。左ニ遶ハ（「イ者。名ㇾ左）麥藉（シャク）爲二神所訶一（イ謂歟）。夫ㇾ左
右者ハ若自南自西自北自東。如二考字一也。自南自東自東（自東㊃カ）
自北自西名ㇾ右如二老字一也。以二考老一爲二左右一亦可ㇾ識二

逆順一 文
知足坊云。准二籤釋一非ㇾ有二別字一。只是所表也 云云 已上
師云。左轉右轉者。何文字ニテモ左轉シ右轉スル可ㇾ有ㇾ之。以二
墨隨ㇾ字左轉右轉有ハ之表二順逆一也。或又上點表二無漏一。
下ノ點表二有漏一ヲ云（云イ无）也。無二定量文字一也
36 籤云。（圖十六）（天玄四、五九〇）（「以カ）如二梵書一。十一點。加二於本音一。成二十二字一事
備云。（卍續四四、三二五丁右上～下）特（コト）ニ就テ譯場中ニ請問。彼云。天竺ノ字ハ源有二十七字
及ヒ三十四字一。如二此ノ方ニ制カㇾ字ヲ。六書ノ中ニ有二轉注會意一
之類也。梵字始從二一字一增ニ添テ點劃（クワク）ヲ至ルニ十一字一。（「有カ）并ニ本
初一字一共成二十二字一。亦可ㇾ直將テ梵字并書ㇾ字。十一劃
成二本字一并加二本字一成二十二字一 文
補云。（卍續四四、九丁右上）梵書十二字者。曾テ問二京師（ケイ）梵學筆受一テ彼ヲ雖ㇾ寫二出
一十二字一ヲ。然亦未ㇾ委クセ二虚實一ヲ。故此不ㇾ錄セ以待二後賢一ヲ
尋ㇾ之耳 文
37 玄云。（圖十八）（天玄四、五九四）諸煩惱滅卽諦事（「イ滅）
疑云。滅諦所緣眞理也。滅二諸煩惱一道諦智惠力也。今何
如ㇾ此云耶

答。見二玄文一。以因縁所成苦空無我。是道諦。不レ生二字倒一。（天玄四、五九三～四）（〔〇カ〕）
諸煩惱滅卽滅諦（知字カ） 文 是知四諦外立二法性一因レ滅會眞之意（四㋑ナシ）
也。是則三藏四諦之相。一家常所判也 尊均
38 玄云。於レ字起二愛恚一是諸行事 頭十八（天玄四、五九四）
疑云。行緣起支ハ。是業也。何云二愛恚一ト耶
答。於レ字起二愛恚一之時。卽造レ業故云レ爾也。故不二相違一
知足坊

39 籤云。如レ此勤學事 備撿。勸字也 頭二十（天玄四、五九六）
備云。以二一墨字一遍攝二諸法一使二學者曉悟一。此是大師勸（卍續四四、三二五丁右下）
喩意也。勸或是勸字（勸カ） 文
40 籤云。與二夫一經一論一等事 頭同（天玄四、五九六）
備云。夫語辭也。或恐只是人字耳 文（卍續四四、三二五丁右下）
41 籤云。遍攝故不レ棄事 頭同（天玄四、五九七）
補云。遍攝故不棄者。應レ云遍攝故何所レ棄。無レ所レ攝故（卍續四四、九丁右上）
何不レ棄（〔所カ〕） 文
私云。遍攝故不レ棄等云テモ吉也
42 籤云。卽具十妙事 頭二十一（天玄四、五九九）

補注云。卽具十妙者。卽字當レ爲二色字一也 文（卍續四四、九丁右上）
43 籤云。引證中云事 頭同（天玄四、五九九）
補云。引證中云者。字恐剩也 文（卍續四四、九丁右上）（〔云カ〕）
44 玄云。心是思數事 頭二十三（天玄四、六〇三）
問。玄文中約二歡心一釋二經義一見リ。爾者所レ云心者心王（歡㋑觀）
也ト可レ云耶
答。如レ題
付レ之。心者心王也。何云二思數一耶
答。知足坊云。今釋。心爲二行本之相一也。故引二大集經。心
行大行遍行文一證二此義一也。由レ心起レ行故云二心行一得レ
心之日。起レ行正由二思業一故。所レ言心者正思業也ト釋歟。
但於レ思二立二心之名一ヲ事者。或思與レ心相應歟。或成論意。
思卽心王分位故歟
次下云。諸行由二思心一而立。故心爲二行本一 文 此文能能 頭同（同㋑二十三）（天玄四、六〇三。玄義）
可レ思レ之
難云。次上文云。無レ心無二思覺一 文 明知。今文者。心思別 頭二十三（二十三㋑同）（同前）
物也如何

答 已上

私云。一家ノ意ハ。毘曇。成論互有二取捨一也。所以ニ。毘曇ヲハ心王心數倶起ト云邊ヲハ取レ之。王數各別ト云ヲハ捨レ之。成論ヲハ心王分位ニ假二立心所一云ヲハ取レ之。王數前後シテ起ト云ヲハ捨レ之。故ニ今釋ハ兩論ヲ寄合テ釋レ之也ト可レ得レ心也。一家ノ意ハ。王數倶一心惣體ト得レ心故也

45 籤云。有二三藏一至レ此嗅カイテ春秋ノ書ヲ等事 頭二十二（天玄四、六〇〇）

備云。三藏ハ卽菩提流支也。春秋ニ臭カク周ノ時ヨリ二百餘年云（云〻カ）事。其閒ニ殺レ若（若㋑君）三十六亡レ國。五十二兵戈ホコ自尋レハ並ニ非ニ義戰一（書記カ）（日カ）書ニ有二血鯉一（鯹カ）以レ此 文（卍續四四、三二五丁右下）

46 籤云。隘路不受二人○無窄サク隘アイ事 頭二十六（天玄四、六〇八）

備云。經云。又解脫者。無レ有二迮スホシセハシ隘一。譬ハ狹（陝カ）路不レ受二二人並行一。解脫不レ爾。如レ是解脫卽是如來空色相卽名二並行一 文（卍續四四、三二五丁右下）

顯體下有レ七（天玄四、六〇九。玄義）　一正顯二經體一。二廣簡レ僞。三一法異名。四入體門。五遍爲二衆經體一。六遍爲二諸行體一。七遍二一切法體（同、六一二）（ㄱ之カ）

一出二舊解一下四（天玄四、六一一。玄義）　一出二舊解一。二論レ體意。三正明レ體。四引二文證一

47 玄云。一乘語通濫二於權實一○故不レ用事 頭二十八（天玄四、六一一～二）

問。北地師釋云。今經ノ體ヲ云トシテ。以二一乘ヲ一爲レ體ト云ヘリ。爾ハ一家許レ之耶

答。如レ題

付レ之。今經ハ以二一乘一爲レ體云事。一家是（是㋑定）判也。何ソ不レ許レ之耶

答。他人一乘ト云ヘトモ。權實ヲ不二分別一故ニ不レ用レ之

難云。一家又以二實相一爲レ體。實相又通二權實一。相亂ノ失カヲ可レ招不レ云耶如何

答。知足坊云。他人ハ教相ヲ不レ知。只一乘ト云フ權實ヲ簡別ル處無カ故ニ如レ此云也。今家ハ權實ノ不同ヲ判ス故ニ。圓實相ヲ爲レ體ト云カ故ニ。全相亂ノ失ヲ不レ招也

又問。下ノ文五種ノ二諦中ニ取二眞諦ヲ一爲レ體ト云ヘリ。今破スニ他人一。豈ニ自語相違ノ失不レ招耶

答。准シテレ前ニ可レ知。要決云。玄云。一乘語通濫二於權實一（佛全15、九六上）（云〻カ）者。勝鬘一乘是權。法華一乘是實。北地雖レ云二一乘一不レ簡二權實一。故云二奢漫一 文 知足坊。威同レ之

師云。他師ハ一乘ト云ヘトモ權實不二分別一。又乘ト者。運載ノ義

也。只是從因至果也。體ト者。至理ノ至極也。諸法都會也。故ニ乘ト體トハ其義異也。是則（則イ卽）實相ノ理ハ不レ離ニ因果等一ヲ故ニ。實相因果等云ヘトモ。正ク取ニ其體一ル時ハ實相ノ理ヲ爲レ體ト也。此等ノ意ヲ他師ハ不ニ分別一故ニ破レ之也

仰云。山家御自筆ノ法華ノ題名ト云ッ文云。以レカ何ヲ爲ニ經ノ體一ト。答。以ニ五ノ三諦一ヲ爲ニ經體一ト也。問。五ノ三諦ノ中ニハ以レカ何ヲ正ク爲レ體（「イ經）ト。答。眞諦法性ヲ爲ニ經體一ト也 取意 眞諦法性ト者。中道名也 云云

48 玄云。一乘因果爲レ體。今亦不レ用事　頭二十八（天玄四、六一二）

問。他人一乘ノ因果ヲ以テ爲ニ今經ノ體一ト云ヘリ。一家許ニ此釋一耶

答。如レ題

付レ之。他人ノ義ハ。普賢觀經ノ大乘因者諸法實相ノ文ニ（大正藏九、三九二中）叶ヘリ。何不レ許ニ此義一ヲ耶

答。因果ハ非レ體ニ只是宗也。故以ニ因果一ヲ爲レセハ體ト。以レ何爲レ宗ト耶。但至ニ普賢觀經ノ文ニ者。自レ本實相ハ因果ヲ不レ離。因果不ノレ離ニ實相一ヲ意也。雖レ然體ト因果トハ宛然トシテ其義別也。他人ハ不シテレ知ニ定（定イ之）別一以ニ因果一ヲ證レカ體ヲ故不レ用レ之。其旨本末ノ釋分明也。依レ之玄云。頭二十九（天玄四、六一三）普賢觀明ニ因果一。皆指ニ實相一。云何將ニ實相一證ニ於因果一耶。今皆不レ用 文

籤云。頭三十（天玄四、六一四）普賢至ニ今皆不用一者。此責下古人引ニ彼因果一以證上（「體カ）經。彼文正可ニ用證ニ經宗一。經文但云ニ因之與レ果不レ離ニ實相一。是故可レ證ニ因果爲レ宗。若證ニ經體一應レ云ニ實相不レ離ニ因果一。此則（則イ卽）宗家之體。故知古人所レ引。但成レ證ニ於體家之宗一。是故不レ取 文

補注云。（卍續四四、九丁左上）云何將實相證於因果者。此由古人解ニ乘體通ニ因（「而カ）果。引ニ普賢觀因果是實相一爲レ證。章安責ニ古人不一（「〇カ）レ合。引彼因果。釋籤解レ此恐誤也 文

師云。籤釋ハ叶ニフ本書ニ何ッ誤ト云耶

49 玄云。頭二十九（天玄四、六一三）十二門論云ニ大人一佛不行故名レ乘。豈應下以ニ不行一證中因果乘上也事

問。玄文中ニ他人ハ乘體通ニルレ因果一事ヲ釋トシテ。引ニ十二門論ノ諸佛大人所乘等ノ文一證レ之。爾ハ章安大師引ニテ十二門論ノ何ナル文一ヲ破ニルレ此義一ヲ耶

答。如レ題

付レ之。十二門論ノ中ニ大人佛不行故名乘ノ文無レ之如何

答。知足坊云。諸佛大人ハ是果ノ人也。故ニ彼ノ所乘。豈ニ非ン不行ニ耶。故ニ如レ此引用ル歟

莆云。有人云ク。彼論ニ。（大正藏三〇、一五九下）諸佛最大是乘能至 文 意ハ諸佛乘ニシテ大乘ニ至ニト果位ニ云也。是ハ約シテ因位ニ乘ノ義ヲ論也。依レ之起信論云。（大正藏三二、五七五下～六上）一切諸佛本所乘故。一切菩薩皆乘ニ此法ニ到ニ如來地ニ故 文

玉抄云。大乘ト者。畢竟ノ空理也。空ノ日ハ不行ノ意歟。依レ之止九ニハ引ニ十二門論ノ般若畢竟ノ文ニ此意歟

師云。知足坊ト莆抄ト寄合テ可レ云也。凡今文意ハ。有人（一〇カ）諸佛大人所乘ト云ハ乘體通レ果ニ也。文殊觀音等ノ所乘ト云ハ。乘ノ體通レ因ニ也ト他人ハ得レ心也。夫ヲハ章安。諸佛大人ノ所乘ト云ハ。佛果ノ當位ニ非レ有ニハ乘。乘ハ運載ノ義ニテ從因至果ノ法也。佛ヲ乘ト云ハ。因果究竟シテ至ヲ果位ニ云也。全ク果位ノ當體ニ無ニト乘ノ義ニ云也。故ニ因變シテ至ニ果位ニ。只是因ノ一法至レ果ニ故。因果ノ二法不レ立。若因不變ニシテ至ルト果位ニ云ハハ。果位ノ中ニハ二法可ニ並存ニ歟ト破也

難云。方便品ニ。（大正藏九、八上）佛自住ニ大乘ニ 文 是豈ニ非レ有ルニ果位ニ乘ニ耶

答。如ニ下論義ノ

50　十二門論事　（頭二十九）（天玄四、六一二。玄義）

備云。（卍續四四、三二五丁左上）論是龍樹菩薩造。謂因緣門。觀有果無（了果カ）門。觀緣門。觀相門。觀有相無相門。觀一異門。觀有無門。觀性門。觀因果門。觀他（作カ）門。觀三時門。觀生門 文

51　玄云。（頭二十九）（天玄四、六一二）諸佛大人所乘事

備云。（卍續四四、三二五丁左上～下）論云。諸佛最大是乘能至。故名爲レ大。又能滅ニ衆生大苦ニ與ニ大利事ニ故名爲レ大。又觀音。得大勢至。文殊。彌勒菩薩等。大士所乘故名爲レ大。次私斥中大人佛不レ行故名レ乘。豈應ニ以レ不レ行（證）緣ニ因果ニ。乘者論中不レ釋。古人意云。觀音菩薩等未レ至ニ極果ニ須レ行ニ大行ニ。佛已至レ果不レ須ニ更一切（了法カ）ニ。不是事不是證不是體名爲ニ證體ニ也。亦名ニ證體ニ 文

十二門論云　龍樹論 觀因果[イ品]第一　（大正藏三〇、一五九下）諸佛大人乘ニ是乘ニ能（故カ）至。故名

爲レ大○又如般若波羅蜜經中(波羅蜜[ナシ]カ)○卽通ニ達大乘一。具(「足カ)ニ六波羅蜜一無レ所ニ障礙一。故(「是カ)我今但云解(解釋カ)空 文

52 玄云。法華佛自住大乘者。此乃乘レ理以御レ人。非レ住ニ果德一也事 [頭]二十九 (天玄四、六一三)

問。方便品中。佛自住ニ大乘一(大正藏九、八上)云ヘリ。所レ云大乘ト者。指スニ果德ノ功德ヲ一歟

答。不レ爾指ニ所證ノ理ヲ一也

付レ之。乘ハ此運載ノ義也。卽可ニ因果ノ法ナル一。實理既ニ非ニ因果一。豈ニ以テレ之名ンニ大乘ト一耶。故ニ佛自住大乘トハ可レ指ニ果位ノ功德ヲ一也如何

答。次下文ニ。如ニ其所得法一。定惠力莊嚴等云ヘリ(同前)。惠ハ卽果德(位カ)ノ功德也。是能莊嚴也。大乘ハ所莊嚴也。卽指ニ實相ヲ一ト被レリ得。故ニ經ノ此文ハ佛住ニシテ實理ニ一以ニ定惠ノ功德ヲ一度レ人ヲ云也ト得ルレ心歟。但至下理ニ無ニ運載義一云上ニ者。玄次文ニ中邊等ノ五論此義ヲ證ル也

難云。若如キンレ所ノレ云者。果ノ乘ノ體ハ實理歟。若爾者。古人一乘ヲ爲レ體。今ノ論ト無ニ異事一。何ゾ成ニ所破一ト耶

答。古人意ハ。果ノ乘ハ卽果位ノ功德ト云カ故ニ。今ノ意ト全ク異也。彼ハ因果ヲ爲レト體見タリ。豈ニ大ニ別ナル耶

難云。籤云。非レ住ニ果德實相之體一 文 [頭]二十九 (天玄四、六一四) 釋ノ意ハ今所ノレ云果德ハ卽實相ト云歟

答。古人ノ意ハ。果位功德卽乘ト者。果位ノ功德ト者。冥寂ナルカ故ニ名ニ果乘ニ一也。其相ハ當ルニ實相ニ一故ニ。今破レ之。汝カ云處ノ非ニ果德ノ實相ニ一ハ。次下。以此度衆生ト云ヘルハ(大正藏九、八上)。自住ノ言ハ雖レ有ト。正クハ取ルトニ利他ノ邊ヲ一云歟 已上知足坊

師云。破文ノ意ハ。汝ハ住大乘ヲ住ストニ佛果ノ果德ニ一云也。今ノ意ハ以此度衆生ト云カ故ニ證シニ權實不二ヲ一。此理ニ乘シテ來テ衆生ヲ利ル也。如クレ汝カ住トハレ果ニ不レ可レ云也。故ニ今家ノ意ハ。住大乘ノ乘ハ付ニ衆生化度ニ一也。以ニ本所證ノ權實ヲ一利ニ衆生ヲ一心也。汝ハ一向ニ非ニ化度ニ一ハ。自行ノ滿ト云ハ不可也ト破ル也。如クニ乘如實道來成正覺ト云カ一也。故ニ理ノ當體ノ非レ乘ニ云也。他師ハ理ノ當體ヲ乘ト云也

備云。非住果德。制御衆生亦應用權 文 (卍續四四、三二五丁右下)

53 籤云。並是具度事 [頭]三十一 (天玄四、六一五)

備云。具如ニ㡓蓋一。是發菩提心與ニ無作四諦一相應。丹枕中（卍續四四、三二五丁左上）
車內枕安心。車外枕是識通塞皆與ニ般若一相應 文（「是カ）
54 籤云。乃至廣破事 頭三十一（天玄四、六一六）
備云。具如理六度中圓般若波羅蜜。是顯レ理之要去レ果最（卍續四四、三二五丁左上）
近。三十七道品通ニ據四教一。若前之三教去レ果彌遠。況ニ道（且カ）（乎カ）（圓カ」）
品與レ度是同。何得ニ强勿而爲ニ遠近一耶 文（「圓カ）（分カ）
55 籤云。皆非ニ具度一事 頭三十二（天玄四、六一七）
莆尋云。意如何
答。莆云。章安。五ノ論皆實相ヲ爲レ體事ヲ引ク。今經ノ實相爲
體ノ義ヲ釋ス上ニ所ノレ擧非ニ有人具度爲體ノ義一ニハ云事歟。所
以ニ具度ト者。車ノ具度有人等ノ體ノ義ハ當ニレリ具度一ニ。今ハ取レテ
車ヲ爲レ體非ニ具度一ニハ。依レ之於ニ今經一明ニ乘體一。正是實相（天玄四、六二〇。玄義）
不レ取ニ莊校一也 文
56 籤云。平等法身名レ之爲レ隱事 頭三十二（天玄四、六一八）
問。玄文中ニ釋ニトシテ今經ノ體ヲ一引ニク法華論ノ隱顯ノ文ヲ一。所レ云隱
顯ト者。籤ニ云何釋ル耶
答。如レ題

付レ之。籤一。玄七。顯名爲ニ法身一 文 相違如何（八カ）
答。知足坊云。今望ニテ大般若涅槃顯一タルニ。以ニ在纏眞如一ヲ隱ト
云也。餘處ハ望ニル如來藏一ニ歟。實ニ法身ハ可レ互ニ隱顯一ニ歟
尋云。如レ此論ニル隱顯ノ不同一ヲ事ハ只別教ノ意歟
答。不レ爾。今ノ文ハ卽圓意也（意④心）
疑云。圓意ハ明ニ不斷惑一ヲ。豈ニ論ニン隱顯ノ義一ヲ耶。依レ之授決
集ニハ。隱顯不同別教義 文 如何（佛全26、三四三上。取意）
答。付レテ圓ニ有ニカ斷不斷二義一 故ニ。處處ノ釋ハ無ニ相違一歟
57 玄云。今經明乘體。正是實相事 頭三十二（天玄四、六二〇）
問。一家意。釋ニル今經ノ體ヲ一時。以ニテ何物ヲ一爲ニ乘ノ體ト一耶
答。如レ題
付レ之。實相ハ是非因非果法也。豈ニ爲ニ乘ノ體ト一耶。法華ノ
意ハ說ニリ權實二智ヲ一。故ニ以レ智ヲ可レ爲レ體如何
答。知足坊云。今經ノ所說ノ實相成ニカ一切ノ法體ト一故ニ。乘ノ體
豈ニ不レ爾耶。智惠ハ體ノ上ノ莊校也。全不レ可レ爲レ體ト 已上
私云。體ト者。萬法惣體也。是則體分不生ノ不變眞如也。
智惠ト者。是不變眞如ノ作用也。卽是因果自受用也。故ニ

倶體倶用ナレトモ體ト云時ハ惣シテ名ニ法身一也。本迹不同有リ可レ思レ之。第一卷ノ如ニ正指實相一ノ云云（天玄一、一一三。玄義）

58 二體意下　頭三十三（「論カ）（天玄四、六二〇。玄義）

小乘三法印事

問。小乘意。以ニ三法印ヲ倶ニ爲レ體ト可レ云耶

答。正體ハ寂靜涅槃也

若限ニ涅槃寂靜一ニ云ハハ。解釋引テ二釋論一云ク。諸小乘經。若有ニ無常無我涅槃三印一印レ之。卽是佛說。修レ之得レ道。無ニ三法印一卽是魔說 文（天玄四、六二〇。玄義）此釋ハ三法印倶爲レ體云也。若依レ之爾也ト云ハハ。體豈ニ多種ナラン耶。故ニ涅槃寂靜ノ一印ナルヘシ。例ハ如三大乘ニ用ニカ實相ノ一印ヲ一如何

答。知足坊云。如ニ疑難一。若論ニ正體ヲ涅槃寂靜ノ一印也。然トモ以テ餘ノ二印ヲ助伴ノ爲レルニハ體ト無レ失

難云。若論ニ助義ヲ一者。何限ランニ此二印一ニ。苦空等豈ニ非レ助ニ耶。又可レ有レ之如何

答。小乘ノ三法印事ハ玄ニ釋レ之。小乘明下生死與ニ涅槃一異上。（天玄四、六二七）（「〇カ）生死以ニ無常一爲ニ初印一。是故須レ三 文 但以テ苦空ヲ今三印ノ中ニ攝レ之也。依レ之餘處ノ釋云。苦合ニ無常一空合ニ無我一及涅槃 文（大正藏三八、六二五下。維摩略疏）（以寂滅カ）

有云。若論ニ正體ヲ一者。四諦ノ外ノ法性ヲ可レ取也。三法印共ニ非レ體ニ

有云。三法印倶ニ可レ爲レ體ト也。依レ之名疏第六云。聲聞經以レ三爲レ體 文（玄カ）（同、五五五上。維摩玄疏）

淨名玄云。如ニ强扶レ相。君弱扶レ相共治レ國。聲聞經法相理弱故ニ須ニ三法印義一 文（「遂カ）（同前。取意）（イ君レ）（「不カ）（法カ）（治カ）

私云。別立法性ニテハ今釋不レ釋歟。一家ノ意トシテハ小乘ニハ事教ニシテ別立法性ノ義也ト釋ル事可レ有レ之。今ノ釋ハ只倶舍等ノ人師ノ義ニ准シテ以ニ涅槃一爲ニ法性一。以ニ寂滅一印ニトスル法性ヲ云也。是ハ滅諦ノ外ニ立ニトモ法性ヲ能印ノ寂滅ヲ爲レマテヲ體ト云也。若以テ別立法性ヲ爲レ體ト云ハハ。以ニ涅槃ノ理ヲ大乘實相印ニ可レ例也。今釋以ニ寂滅ヲ例ルニ大乘ノ因ニ者ヲ耶

59 無ニ三法印一卽是魔說事　頭三十三（天玄四、六二〇。玄義）

甫疑云。增一明シテ人天ノ因果ヲ。無ニ三法印一何是魔ノ說ナラン。大乘ニハ勝義生ノ領解。一向說空ノ般若。若無ニ實相一是豈ニ

魔說ナラン耶

答。增一明二人天一者。於二四阿含一論ル二別說一事也。論ル二通說一時ハ非レ不レ說二無常一。依レ之下卷。而通說二無常一 文（天玄五、三六三。玄義第十） 次ニ一向說空ノ般若者。彼ハ三藏空門也。則非二印ノ經一 此難不レ可レ來 已上

問。魔說ニ三法印一耶

答 （缺文）

若說云者如レ題。若依レ之爾云ハバ。大論云。除二諸法實相一。（大正藏二五、九九中。取意）餘皆是魔事 文

答。所望不同也。前三教望レ圓。魔事ト云時ハ魔モ說レ之。若以二佛教ノ大小乘一ヲ望ル二佛法外ノ魔一ニ時ハ。魔不レ可レ說レ之也

尊均

60 頭同 玄云。（天玄四、六二〇）大乘經但有二一法印一。謂二諸法實相一 ○ 若無二實相印一是魔所說事

問。玄文中引二大論一。大乘經但有二一法印一 文 爾ハ所レ云一法印者。只是圓教ノ中道實相歟

答。可二キ圓ノ（イ）中道一ナル歟

若圓ノ中道ト云ハバ。通別二教ニ無二此印一還同ニト魔說一ニ可レ云歟。若依レ之互二後三教一ニ云ハバ。既ニ云二諸法實相一ト限レ圓聞タリ如何

答。知足坊云。今文ノ意ハ。惣シテ方等般若部內ニ有二實相印一故ニ非二魔ノ說一ニハ也。部內ノ教教ノ沙汰ハ今一重ノ事也。若具ニ論ハ別教但中。通教偏眞。被接含中等可レ云也。此義ノ意ハ。今大乘ト云ハ只是大乘經也。實相ノ言ハ。且ク約二圓ノ中道一ニ。方等ノ三教ハ又是部內ナルカ故ニ非二ト魔說一ニ云也

仁王私記上云。（大正藏三三、二五五上）此經雖レ具二三教一。正以二圓實一爲レ體 文

難云。大論ノ習ヒ小衍相對シテ論レ之也。故今大乘者。是可ニ後三教一ナル。所以ニ。（イ）何 實相ノ言モ又通二三教一。彼如二諸法實相三人共得一。（天玄一、二〇八。玄義）況籤ノ次下ノ問答分明ニ。小衍相對シテ論レ之被レ得如何

答。大論處處小衍相對ヲハ不レ可レ遮レ之。但今文。實相印又通ニ三教ニ義ハ不レ可レ有レ之。見ルニ二一ノ正顯體ノ文一。七種二諦中取二五種二諦一。既ニ不レ取二通教一ヲ。明ニ知。今文ハ實相又限二中道一ニ也

難云。若准二下文一ニ又可レ取二別教一ヲ。何限二圓ノ實相一ニ耶。但通教ハ三藏ト同ク偏眞ルカ故ニ且簡レ之也。況彼ハ既ニ含中尤モ可レ取也。故ニ今大乘實相ノ言ハ內ニ。又可レ收二通教一ヲモ也如何

答。下文云。取二別教一事ハ證道同圓ノ故也。況若含中ノ故ニ取二通教一ヲ背二前ノ難ノ意趣一ニ歟　已上　會均同レ之

61　籤云。行者觀二於無常一便生二猒(厭カ)離一。既猒(厭カ)レ苦已存二著能觀一。故有二第二無我觀一也事　頭三十三（天玄四、六二二）

問。玄文中ニ。生死ハ以二無常一爲二初印一。無我爲二後印一　文（天玄四、六二七）　妙樂大師。如何消レ之耶

答。如レ題

付レ之。於二涅槃寂靜一ニ生レハ著ヲ。於レテ彼ニ何ソ不レン論二後ノ印一ヲ耶。今何ソ於二生死一ニ必說二後印一ヲト云耶

答。知足坊云。若如二所難一ノ者。招二無窮ノ難一ヲ也。所以ニ無我觀破著ノ後ハ。於二畢竟寂滅ノ上一ニ更ニ生ルレ著ヲ義無レ之歟

62　玄云。二印印二生死一一印印二涅槃一事　頭三十四（天玄四、六二七。取意）

問。玄文中ニ以二三法印一印ルニ生死涅槃一ヲ相ヲ明セリ。爾ハ以テ二三印一ヲ如何カ印ルニ生死涅槃一ヲ耶

答。如レ題

付レ之。倶舍意ハ。諸行無常唯明二有爲一。涅槃寂靜唯明二無爲一。諸法無我唯明(通カ)二有爲無爲一　文（大正藏四一、一中。倶舍論記）　若爾ハ。無常一印ハ唯限リ二生死一ニ。寂靜一印ハ唯限リ二涅槃一ニ。無我ノ一印ハ通二生死涅槃一ニ也。然ニ何ソ二印印二生死等一ヲ云耶

答。具ニ論レハ之可レ如二所難一ノ。無我印ノ中ニ印ル二生死一ヲ有レリ邊。今文言不レ委。惣略シテ二印印生死ト云也

有云。文意聊カ有二所存一也

玄云。小乘明下生死與二涅槃一異上。生死以二無常一爲二初印一。無我爲二後印一。二印印說二生死一。涅槃但用二一寂滅印一。是故須レ三　文　頭三十四（天玄四、六二七）

籤云。行者觀二於無常一便生二猒(厭カ)離一。既猒(厭カ)レ苦已存二著能觀一。故有二第二無我觀一也。推二求能觀一至二不可得一　○說二寂滅印一也　文　頭三十三（同、六二二）　文意ハ初ノ印ハ有爲ノ諸法無常ト觀スレトモ尚能觀著ルカ故ニ。次ニ說二無我觀一ヲ遣ル二其著心一ヲ也。是卽ヤ於二生死ノ初後一ニ立ル二前二印一ヲ也。第三ノ印ノ中ニハ。遣テ二著心一ヲ能ク順ル二涅槃一ニ故ニ。

倶舍ノ意ハ。諸法無我通明有爲無爲ト云也。而ニ此二印ヲ爲レ印ト。正ニ有テ涅槃ニ印ル果也。今ハ存シテ此意ヲ二印印ニ生死一等云ニ無レ失

師云。後ノ義ハサルラント覺タリ

63 籤云。無常卽是苦諦集諦。無我卽是道場（諦カ）。寂滅涅槃卽是滅諦事　圓三十四（天玄四、六二一）

問。以ニ小乘三法印ヲ當ニ四諦ニ樣ヲハ如何釋レ之耶

答。如レ題

答。此義ハ不レ可レ遮レ之。但今ノ釋ハ猒ニ廢シ生死ヲ欣ニ樂ル涅槃ヲ次第ニ約シテ且ク如レ此釋ル也。依レ之本論ノ文ハ。（天止二、三三六八。弘決參照）無常通ニ三諦ニ。無我通ニ一切ニ文（文カ」）要決云。舊釋論ハ全同ニ今所引ニ文（佛全15、九七上）

已上知足坊

玉抄云。無我ハ是苦諦ノ下ノ一行也。苦諦ト可レ云如何

64 籤云。觀ニ無常ニ卽是觀レ空因緣。猶如下觀ニ色念念無常ニ卽知ルヲ爲レ空事　圓三十三（天玄四、六二一）　籤引ニ大論ニ

師云。般若經以レ藏助レ通證文也

65 三正體下（天玄四、六二八。玄義）（「顯カ）

玄云。佛界十如是中取ニ如是體ニ事　圓三十五（天玄四、六二九）

問。十如共ニ今經ノ爲レ體耶

答。如レ題

付レ之。今經ハ十界十如權實。皆是經ノ體ト可レ云也。今何只取テ體如是ヲ簡ニ餘ノ九如是ヲ耶

答。籤云。通論ニ開權顯實ニ諸法皆體○今取ニ權實相對ニ的示ニ體相ニ文　圓同（天玄四、六三四）　准ニ此釋意ニ。今且ク論ルカ經ノ體ヲ故ニ取ト體如是ヲ云也。强ニ非レ簡ニハ餘九如是ヲ

師云。今論ルニ經體ヲ可レ有ニ惣體別ノ體ノ二ノ意ニ也。惣體ト云時ハ體宗用ヲ不レ分。皆諸法皆體也。是開權顯實ノ正意也。別體ト云時ハ體宗用ヲ分別ルカ故ニ。惣體ノ內ニシテ委ク分カ之故ニ。取テ中道惣體ヲ簡フ宗用ヲ也。如レ此得レ心時ハ一切論義皆被レ得レ心也

66 籤（玄歟）云。七種二諦中取ニ五種二諦ニ事　圓三十五（天玄四、六二九）

問。玄文中ニ釋ニ今經ノ體ヲ見タリ。七種ノ二諦ニハ取テ何等ノ二諦ヲ爲ニ今經ノ體ト耶

答。如レ題

付レ之。今經ハ只可レ取二圓二諦一ヲ。何ソ取ル二五種二諦一ヲ耶

答。從レ淺至レ深ニ簡フレ之時。先明ス二中道一ヲ取二五種二諦一ヲ。別接（接イ攝）通。圓接（接イ攝）通。別圓及圓接（接イ攝）別也　尊均

萠云。七種ノ二諦中ノ別接（接イ攝）已後ノ眞諦ニ皆中道有カ故ニ不レ可レ捨レ之

67 玄云（頭同）（天玄四、六二九）。五三諦中取二五中道第一義諦一事

問。三諦共ニ爲二經體一ト可レ云耶　如二第一卷一

師云。如レ前。惣體時ハ三諦共ニ法華諸法實相ノ體也。別體ノ時ハ以レ中ヲ爲レ體ト。空假ヲ可レ爲二宗用一也。可レ思レ之。梁柱繩（綱カ）紀屋舍譬以テレ之可レ思レ之

68 繩紀事（頭同）（天玄四、六三四。玄義）

補注云（卍續四四、九丁左上）。「繩（綱カ）紀云」。白虎通云。大者爲レ繩（綱カ）。小者爲レ紀。「繩（一ニ綱）者帳也（者張也カ）」（一云綱紀者カ）。紀者理也。所以帳（張カ）ニ理上下一整ニ齊人倫一也　文

69 籖云（頭三十六）（天玄四、六三五）。公侯伯子男事

備云（卍續四四、三二六丁右下）。五侯占テ之治ル民主也。秦始皇廢スレ之。分テ二天下一ヲ爲ニ三十六群（郡カ）一ト。立二天（古カ）守（大カ）一治レ之知ニ州始一也　文（天玄四、六三六。玄義）

70 四引證下

玄云（頭三十七）（同前。取意）。引下安ニ住實智中一我定當ニ作佛一文上證ニ今經體一事

疑云。今經以二實相理一爲レ體也。經文既ニ云ニ安住實智中一理智既ニ異也。何引二此文一爲レ證ト耶

答。今經文。身子悟ニ實相理一登ニ初住一。安ニ住實智中一云也。至レハ二初住位一悟ニ實相理一一分境智既冥合セリ。以レ悟ニ此理一方名二實智一也。如三經云二「諸法智惠故（一ニ底本重複記載）」（イ耶）諸佛出世一

尊均

師云。境智冥合ヲ爲ニ今經秀句一也。故ニ冥ニ合シタルヲ中ノ理一ヲ取テ爲レ體ト志タル歟。是則（則イ卽）實智也。實言ヲ爲レ要引レ之也

71 廣僞（一簡カ）下（頭同）（天玄四、六三七。玄義）

籖云（頭三十八）（天玄四、六三九）。各加所尊及宗計等事

備云（卍續四四、三二六丁右下）。各加所尊トイハ。大自在天毘羅仙等ノ。宗計ハ。謂從ニ毘紐天一生ス。從ニ世性一生等　文

72 籖云（頭三十九）（天玄四、六三九）。有桓（齊カ）ゲン公正而不レ譎事

補注云（卍續四四、九丁左上～下）。論語憲問第十四云。晉ノ文公譎イツハテ而不レ正。齊ノ桓公ハ正而不レ譎。正義云。此章論ル二二覇ハ之事一也。譎詐ソ也。晉

文公召二天子一。而使二諸侯ヲ朝一レ之。是詐而不レ正也。齊桓公ハ代(伐カ)レ楚實ニ因レ侵レ蔡。而遂代レ楚ヲ乃以二公義一。而モ責ムニ包茅(「之カ)貢ヲ不レ入。問王(「昭カ)ニ南征テ而不レ還ラ。是正而ヲ不レ詐也 文

備同レ之

73 玄(鐵カ)云。周公制レ禮事 頭四十（天玄四、六四一）

補注云。周禮儀禮。並ニ周公ノ所レ作禮經ノ三百威儀三千禮記者。本孔子門徒共撰レ所レ聞也。後儒各有二損益一。子思作二中庸一。公孫ハ尼子作ル二緇衣一ヲ。漢文時ノ博士作二王制一ヲ 文（卍續四四、九丁左下）

備云。文王之子ヲ名レ思(旦カ)。周禮儀衆(禮カ)皆ナ其ノ則(制カ)也。若禮記者。孔子ノ弟子リ。各有二增益一洎ヨンテ漢ノ文帝ノ時ニ戴德戴勝等 文(イ)(无) 述二王制一ヲ 文（卍續四四、三二六丁左上）

74 籤云。經謂二五經七九等一也事 頭同（天玄四、六四一）

補注云。白虎通云。易(周易)ト書(尚書)ト詩(毛詩)ト禮(禮記)ト樂トヲ曰二五經一也。七(古カ)者ハ以二易書詩禮樂春秋一爲二六經一ト。至二秦ノ楚(焚カ)レ書シヨ。其樂經亡矣。今以二易書詩禮春秋一「爲二五經一焉。（「」底(イ)重複記載）唐ノ章懐イタテ太子ヲ注後漢書云。書禮樂易詩春秋論語卽七經也。禮有二周禮儀禮禮記一。春秋」有二左氏ト公羊ト穀梁ト一兼ヌ二易書詩一ヲ。通シテ而言テレ之名ルニ九經一ト也 文（卍續四四、九丁左下～十丁右上）

備同レ之

備云。九經ハ。易詩書又春秋開二三傳一。謂公羊穀梁左氏。又禮開爲レ三。謂周禮儀禮記(「禮カ) 文（卍續四四、三二六丁左下）

75 籤云。三墳事 頭同（天玄四、六四一）

補注云。墳ハ大也。尙書ノ序云。伏義(犧カ)神農皇帝之書。謂二之ヲ三墳一ト。言二大道一也 文（卍續四四、十丁右上）

76 籤云。五典事 頭同（天玄四、六四一）

補注云。典ハ常也。尙書序ニ云。少昊カウト顓センクヨク頊ト高辛ト唐ト虞ト之書。謂二之ヲ五典一。言フ二常道一ト也 文（卍續四四、十丁右上）

77 籤云。人(古カ」)書簡事 頭四十（天玄四、六四一）

補注云。古者ハ殺キテレ青セイヲ爲シレ簡フタト。以レ韋編テレ之。編簡フタヲ成スレ篇ナヲ。如キ二今ノ連紙ノ爲スレ卷ト也。春秋左傳序云。大事書二之ヲ於策シャク一ニ。小事簡シルスレ牘トク二而已。文撰注云。大竹名レ策。小竹名レ簡。木板名レ牘 文（卍續四四、十丁右上）

78 籤云。三禮事 頭同（天玄四、六四二）

備云。周禮儀禮禮記。或夏殷周之三 文（卍續四四、三二六丁左下）

79 籤云。六韜ヲキロ事 頭同（天玄四、六四二）

備云。周書名ナリ。六トイハ謂ク文ト武ト虎ト豹ト龍ト犬(犬(イ)大)トナリ。或謂(語カ)二（卍續四四、三二六丁左下）
祕讖ト補同レ之

80 天文地理事 頭同（天玄四、六四〇。玄義）

補注云。天文者。天有二日月星辰一以成二文章ヲ一也。地理者。（卍續四四、十丁右上）
地ニ有二川原濕(隰カ)一以爲二條理一也 文 備同レ之

81 籤云。東震等事 頭同（天玄四、六四一）

補云。東震等者。具ニ如二周易ノ說卦中ニ明一レ之。一卦ニ生レ七（卍續四四、十丁右上～下）
者。如下次震(坎カ)爲レ地(地(イ)屯)艮(艮(イ)艮)坎爲レ蒙等上也。坎ハ水。艮ハ山。震雷
也。八純者。乾也。卦ノ名者。六十四卦名也。乾坤等是也。
卦絲(系カ)者。絲(系カ)胡計切。正作レ繫。易有二上下繫詞一也。象彖者。
六十四卦ニ皆有ルレ之也。象ハ吐亂切。斷也。斷ヲハ神(都カ)亂切。統スヘテ
論ニ一卦之體ヲ一。明ス二其所由之主一。故云レ象也。象者。精象擬
象也。出レ意也。言 者。明レ象也。盡スハレ意ヲ莫シレ若コトレ象ヲ。
莫シレ若(ア盡レ象カ)ハレ言ニ也 文（天玄四、六四〇。玄義）

82 五行事 頭同（卍續四四、十丁右下）

補注云。五者ハ。金木水火土也。行ト者。爲二天行氣一也。地
之承タルレ天。猶シ二妻之事ヘレ夫ニ。臣之故(ア事レ君カ)キ也。此ハ起レリ三黄帝感ルヨリ二
妄(玄女カ)ヲ星精ニシテ而說コトシレ之也。木者小(少カ)陽。主二東方一。火者陽尊。
主二南方一。金ト者少陰。主二西方一。水者陰卑。主二北方一。土者
大包。主二中央一而主(王カ)タル二四季一也 文

83 籤云。社謂二后土一事 頭同（同(イ)土）（天玄四、六四二）

補云。白虎通云。王ト者。所ヨ以有ル二社稷一何レト也。爲メニ二天下一（卍續四四、十丁右下）
求ルコト二福報ヲ一功也。人非スハレ土不レ立。非レ穀不レ食。土地廣
博ニシテ不レ可二遍ク敬一。故封シテレ土立レ社。示スレ有ルコトヲ二土尊一也。
五穀衆多ニシテ不レ可二遍ク祭一。故封レ稷ヲ而祭ツル也。周禮注
云。社稷土穀之神。有レ德者ハ配タルレ食焉。德(然カ)而各以二土地
所レ生。太社唯松。東社唯栢。南社唯梓。西社唯栗。北社唯
槐。在二第四記一。禮記王制ニ云。獺ニシテ祭レ魚。然後ニ虞人入二
澤梁一。豺祭レ獸。然後ニ田獵夏桀無道ニシテ置ク二網ヲ一四方。齾(殷カ)
湯聖者(者(イ)カ)ノハ君ナリ。乃除ケ二三面一如レ文可レ見 文
備云。獺二月祭。記(ア禮カ)月令曰ク。獺ヲシテ取レ魚以祭レ天故ニ。二（卍續四四、三二七丁右上）
月中氣獺祭レ天以レ魚 文　又云。我(我(イ)カ)ヲホカミ 豺 八月祭。豺祭レ（同、右上～下）
獸。謂捕テレ獸ヲ以祭レ天也。卽是(本カ)九月耳。豺獺皆所ヨ以ノ祭ル一
者。釋(見カ)二天子一以謹ムニ宗廟ヲ一也 文　又云。去奢去泰。老子（同、右下）

道德經曰。聖人去甚去奢者(去カ)泰。河上公注云(曰カ)。甚謂貪婬聲色。奢謂服飾飯(飲カ)食。泰謂宮室臺榭。此三者。處中利(和カ)無爲則(則イ卽)天下自他(化カ) 文　又云(同前)。三面之羅。史記云。湯出見野張四面(「網カ)。祝曰。自天下四方皆入吾國(網カ)。湯曰。嘻盡之矣。去(「乃カ)其三面。祝曰。欲左左欲右右不用命。及(乃カ)入吾網。諸侯聞之曰。湯至德矣。及禽獸 文

84 籤云。張陵爲大蟒所呑。乃至得仙者事　頭四十一（天玄四、六四二）（卍續四四、十丁左上～下）

補注云。李膺蜀記云。張陵後漢順帝時人。容(客カ)學於蜀。乃入鵠鳴山中。山在益州晉原懸(縣カ)西也。自稱天師。侮慢人鬼。卽身受報。漢嘉(熹カ)平末爲蟒蛇所翕(噏カ)。子衡奔出。尋無所畏。負淸議之譏誡。乃假設獲(權カ)方以表靈化之迹。生麋鵠足。置石崖順(頂カ)謀。事辨畢。剋期發之。至建安元年。遣使告曰。正月七日。天師(師イナシ)「神其神(「升玄都」カ)。」東氏(民カ)山獠蟻集關外靈臺(雲カ)。治民等稽首再拜言(言イナシ)。伏聞。聖駕玄都。臣等長辭蔭接尸塵。方稟(享カ)九幽方夜衡入「久久(「久之乃カ)」出。而詭稱書(云カ)。吾

旋駕辰華。爾各還所治。淨心持行存師念道。衡便蜜(蜜イ密)抽遊置(冒カ)鵠直衡(衡カ)虛空。氏(民カ)獠愚彰(戇カ)意僉言登仙。魏志之(云カ)。張魚(魯カ)曰字公祺(祺カ)(「祖カ)。父陵客蜀學道。在鵠鳴山中造作道書以或(惑カ)百姓。從陵受道者。出米五斗。世號米賊。陵死。子衡傳業。衡死魚(魯カ)曰復傳之。陵爲天師。劉焉傳云。陵爲蟒蛇所螫。弟子亦相次餧蛇。却云白昇(日升カ)天欺詐妊(妖カ)妄。傳記所明也。晉書云。嵇康字叔夜。譙國人也。少背(有カ)奇才。博覽經籍。拜中散。(「〇カ)慧夙成。爲祕書良(郎カ)。遷鎭西將軍(年イ)。鍾(鍾カ)會有憾於嵇康。時呂安兄巽姦通安妻。巽爲大將軍長史。遂搆誣將害安。鐘(鍾カ)會爲大將軍所善。會因勤(勸カ)大將軍。誅康與呂安同罪。又譖云。嵇康臥龍也。其後嵇康與呂安俱斬于東市。神仙傳中乃云。得仙示(不カ)乘(亦カ)謬乎 文

85 籤云。故知此土必無仙術事　頭四十一（天玄四、六四二）

問。於漢土得仙術者可在耶

答。如題

付レ之。漢土服藥仙。其數不レ可二稱計一如何
答。補云今釋ハ既ニ出二其證一。謂張陵等キ也。雖レ得トレ仙非二
實ノ仙一ニ。雖レ得トレ通非二實ノ通一ニ歟

86 籤云。西土神通非レ禪不レ發事 頭同 (天玄四、六四一)
問。天竺ニ在二服藥得通ノ者一耶
答。可レ在
進云。如レ題。　付レ之。倶舍云。依二呪藥力一得二神通一。觀仙(佛カ)
三昧經二八。服二阿伽陀藥一得ト二神通一宣テ何如クレ此云耶
答。呪藥等力得レ通者。先ニ在二禪定ノ宿習一者。得二呪藥等
緣一方得レ通也。故ニ不二相違一　會均　甫同レ之

87 玄云。愛論鈍使攝事 頭四十一 (天玄四、六四一)
疑云。外見皆可レ云二利使一如何
答。今未レ得レ禪已前ヲハ皆屬二鈍使一云也

88 無爲無欲事 頭同 (天玄四、六四三。玄義)
備云。老子曰。道常無爲。又曰。上德無爲ト。言二無欲一者。(卍續四四、三三七丁左下)
又曰。常無レ欲以觀二其妙一。謂要妙也 文

89 息二諸誇企一事 頭四十一 (天玄四、六四三。玄義)
備云。誇ハ應レ作レ跨ニ。企ハ應レ作レ跂。老子ノ曰。跂ト者不レ(卍續四四、三三七丁左下)
立。跨ト者不レ進。王注云。於(物カ)尚進則(則㋑卽)敎。敎(安。安カ)故曰。跂者不レ
立。謂不レ可二釋(久カ)立一矣。跨ト者不レ行。注云。自以爲レ貴而
跨二於人一。衆共蔽レ之使レ不レ得レ行。御曰。跂者擧レ踵而望
也。跨以レ跨夾レ物也。以喩下自謂レ見求レ明明終不上レ得。何
異下夫跂求二久立一跨求中行履上乎 文

90 棄レ聖絕レ智事 頭四十一 (天玄四、六四三。玄義)
備云。河上公注云。絕聖制作。反初守元。五帝畫象。倉頡(卍續四四、三三七丁左下～八丁右上)
作レ書。不レ如二三皇一結レ繩無レ文。御注云。絕二聖言敎之
迹一。則(則㋑卽)化無爲。棄二凡夫智詐之用一。則(則㋑卽)人涼(淳カ)樸。涼(淳カ)樸則(則㋑卽)巧備(僞カ)
不レ作。無爲則(則㋑卽)矜徇不レ行 文

91 玄云。虛二無其抱一事 頭四十二 (天玄四、六四五)
備云。老子曰。見レ索(素カ)抱レ樸。謂索守(抱レ素カ)レ眞不レ尙二文飾一 文 (卍續四四、三三八丁右上)

92 玄云。論力事 頭同 (天玄四、六四五)
補云。論力ト者。梵志ノ名也 (卍續四四、十一丁右上)

93 籤云。大雇二其要一事 頭同 (天玄四、六四五)
備云。論云。毘耶離梵志名曰二論力一。諸梨昌等大雇二其寶(寶カ) (卍續四四、三三八丁右上)

物（合カ）今與㆑佛後（論歟）。取㆓其雇㆒已。卽於㆓其夜㆒撰㆓五百難㆒。明旦與㆓諸梨昌㆒至㆓佛所㆒等。今籤云㆓明難㆒寫倒也。本難字在㆓明字上㆒ 文

94 籤云。（頭四十三）（天玄四、六四六）長爪緣。如㆓止觀第五記㆒。具在㆓無見。亦有亦無見。非有非無見。及絕言見中㆒所㆑攝事

問。玄文中ニ付㆑釋㆓長爪梵志ノ見㆒ヲ。爾者何ナル見トカ釋ル耶

答。玄ニハ引㆘（天玄四、六四五）釋論云。長爪執㆓亦有亦無見㆒。又云。亦計㆗不可得見㆖云ヘリ（說カ）

付㆑之。見㆓大論文㆒ヲ。以㆓一切不受見㆒ヲ雖㆑爲㆓ストハ所執㆒ト。全不㆑見㆓亦有亦無ノ見㆒トハ如何

答。旣ニ一切不受ノ見トト云也。何ノ見カ不㆑ラン起耶。依㆑之籤云。如㆑題。以㆓（天玄四、六四六）彼外道ノ所見巧㆒ナルヲ故ニ所攝處多ト云ヘハ

新懷尊均云。見㆓大論文㆒ヲ二處說ノ不同有ル歟。或ハ有ノ見ト云ヒ。或ハ無見ト明セリ。一論ノ前後不㆑可㆑成㆓鉾楯見㆒ヲ。探㆑之ニ亦ヲ亦有無モ被㆑タル得歟

難云。旣ニ一切不受トト云。只可㆓無ノ見㆒ナル。依㆑之餘處云。弘五（天止三、四六六）一切不受卽俱無見（似カ） 文 相違如何

答。籤云。（頭四十三）（天玄四、六四六）以㆓彼外道所見巧㆒故所攝處多 文 故ニ處處釋ハ不㆑違歟

難云。若爾ハ又有ノ見攝トモ可㆑云。所以ニ。無ヲ不㆑カ受故也。依㆑之大論中ニ有㆓通ト見㆒タリ如何

答。旣ニ一切不受トフ。豈ニ有ン所受㆒。但大論文引㆓ク長爪梵志經說㆒。三見文ヲ計也。忽ニ此三見皆長爪カ所執トモ不㆑聞。況ヤ彼ノ文ハ執トニ亦有亦無㆒ヲ云也 止第十ヲ可㆑見

大論二十六云。（大正藏二五、二五四中）如㆓長爪梵志經中說㆒。種邪見。（〔一〕三カ）一者一切有。二者一切無。三者半有半有半無。（半有（イ）ナシ）佛告㆓ノ長爪㆒○等云ヘリ

又云。有㆓一梵志㆒名曰㆓長爪㆒（卍續四四、十丁左下～十一丁右上）○難㆓世尊㆒云。一切論 文

補注云。大論云。有㆓一梵志㆒名曰㆓長爪㆒。亦號㆓先尼㆒。亦名㆓婆蹉㆒。亦名㆓薩遮迦㆒。亦名㆓摩揵提㆒。計㆓一切論可㆑破一切語可㆑壞一切執可㆑轉。故無㆓實法可㆑信可㆑敬。難㆓世尊㆒云。一切論可㆑破。佛以㆓一句㆒責㆑之云。汝見是忍不思惟良久不㆑得㆓一法入㆑心。乃云沙門是我二負門中。（置カ）若我答㆑忍是負門麁衆人皆知。云何自言㆑不㆑忍而今言㆑忍。若

我答言我不見(見不カ)忍是負門細人無ニ知者一。卽答レ佛言。是見亦不レ忍佛言。不レ忍ニ是〔㋑見一將レ何破レ他。長爪於レ是〕得ニ法眼淨一。勤學爪長無レ暇(イトマ)レ剪(翦カ)ニ之。故云ニ長爪一。此文及輔行文簡略難レ見。文句云。長爪語(言カ)レ佛語。一切法不レ忍。忍卽安義。言一切法我皆能破ス。使レ不レ安耳。佛問汝見是忍ヤ不ヤ。餘如ニ今文一可レ見也 文

95 頭四十三 玄云。(天玄四、六四八)有非有非無爲レ有事

補注云。(卍續四四、十一丁右上)非有(〔有カ)非無爲有者。順(準カ)ニ止觀中一。乃是具ニ足四句一。有句中第四句耳。無非有非無爲ト(〔㋑無)者。乃是無爲(句カ)中第四句耳 文

96 頭四十五 籤云。(天玄四、六五一)此之無相卽無量相事

補云。(卍續四四、十一丁右上)此之無量相。故云入(相入カ)相者。恐訛略也。更請詳レ之 文

97 頭四十六 玄云。(天玄四、六五八)次第斷レ結。淺(〔從カ)至レ深。此實相似(乃カ)之實非ニ正實一也事

問。玄文中ニ簡ニ今經體一。付ニ後三教ノ不空ニ簡レ之見リ。且ク別教ノ相ヲハ如何釋レ之耶

答。如レ題

付レ之。別教ノ意ハ見ニ不空一事。地上ニ判レ之也。何相似ノ實ト云耶。若又地前ナラハ何見ニ不空一耶

答。次下云。(頭四十六 同前)別教但二卽。圓具ニ三卽一 文 是卽ハ讓レ證ヲ屬ルカレ圓ニ故ニ。只取テニ地前ヲ爲ニ別教ト一也。故ニ以レ知ヲニ中道一ヲ見ニ不空ヲ一云也

師云。今釋ノ始終教道ノ意ニテ。別教地上ノ顯中ヲモ望テニ圓教一ニ尚相似ト云也。所以ニ以テノニ但中ヲ一故也。同シ不空ニテハ有レトモ圓ノ三諦相卽ノ不空ニ非レハ相似也

記九云。(天文五、二四二四上)餘教修觀觀違ニ於理一。縱有ニ氣分一不レ准(順カ)ニ中理一 文 氣分ト云ハ卽相似ノ分也。可レ思レ之。是卽今ノ別教ト云ハ。別體(體㋑攝)通ノ別教也。釋籤ニ三義消釋可レ思レ之

98 頭四十六 玄云。(天玄四、六五八)二乘但一卽事

疑云。二乘ハ得ニ但空一何ツ卽ト云耶

答。籤云。(頭同 同前)以レ附ニ論偈一。且與ニ卽名一。其實未レ卽 文

99 頭同 玄云。(天玄四、六五八)別教但二卽事

問。別教意。以レ義配立ル時。明ニ三諦相卽一耶

答。始終教道時ハ可レ然也

進云。如レ題。　付レ之。別教ハ但明ニ三諦一三即ト可レ云也。
依レ之籤ノ下巻第九云。別教或三即 文 如何
答。始終教道ナラハ實如ニ所問一。今ハ以ニ地上一屬ルレ圓ニ。但指ニ
地前ノ空假一爲レ二也。不レ違ニ下ノ巻一　知足坊
師云。但中ヲモ屬レ假ニ意也。故ニ別マテヲハ攝ニ空假一ニ也。今別教ト
云ハ別攝通ノ者也。可レ思レ之。籤釋ノ三文消釋可レ思レ之
也事

100 籤云。(頭同)(天玄四、六五八)別教菩薩二即者。兼ニ通別入空出假兩菩薩一
問。玄文中ニ(同前)。二乘但一即。別教但二即 文 爾ハ所ノレ云別教但
二即ノ義。妙樂如何カ消釋ルレ耶
答。如レ題
付レ之。上ニハ二乘但一即兼ニ通菩薩一ヲ以。別教但二即ト者。
別教ノ入空出假ナルヘキヲ耶如何
答。二乘設ヒ兼トモ二入空菩薩ヲ一。出假菩薩ヲハ不レ可レ兼。其意
尚狹シ。別教ハ其意廣カ故ニ兼トレ之云(云イ本)ニ無レ失
師云。勝ハ兼ヌルカレ劣ヲ故ニ。別教ハ入空出假。藏通入空出假也

101 籤云。(頭同)(天玄四、六五八)以レ附ニ論偈一。且與ニ即名一。其實未レ即事
問。玄文(同前)。二乘但一即。別教但二即 文 所ノレ云即ノ義ヲハ妙樂
如何釋ルレ耶
答。如レ題
付レ之。本書ノ意ハ。二乘但一即ト者。通教ノ如幻即空也。別
教但二即ト者。入空即出假ノ即也。別教地前以爲ニ別俗一。圓
具ニ三即一者。圓教三諦相即也。今何以附論偈ト云耶
答。莆云。中論ノ即字本是一實ノ意也。權教ニハ不レ可ニ具足一
故ニ。籤ノ釋ハ文ニ叶ヘリ
事

102 籤云。(圓四十六)(天玄四、六五八)今經體者。但是中即ニ假空一。尚簡ニ假空即レ中
問。以ニ圓融三諦一ヲ共ニ爲ニ經體一耶　如ニ第一巻抄一
答。假空即中ヲ經ノ體トスヘキ也
兩方。若以ニ假空即中義一ヲ爲レ體云ハハ。三諦相即俱體俱用ノ
故ニ。以テニ中即空假一ヲ爲レ體ト云ハハ。何又以ニ假空即中一ヲ非ニ經
體ニ簡ハン耶。若依レ之爾ト云ハハ。如レ題如何
答。假空即中ヲ可レ爲ニ經ノ體一ト也。釋籤ノ上ノ文如ニ前ニ出カレ
之。但至ニ今釋一者。權實相對的示ニ體相一時ハ本ヨリ爲レ體ト

故ニ。今又無ニ體用ノ中ニ論ルレ體ヲ故ニ。中卽假空ノ中ヲ爲レ本。
空假ヲ成タルヲ可レ爲ニ經體ノ。空假卽中ハ空假ヲ爲レ本。成ルレ中ト
此中ハ非レ體ニ云也。只是一往義門非ニ盡理ノ釋ニハ。文意ハ但
空偏假ヲ爲レ簡ニカ。（同前。釋籤）尚可レ簡ニ假空卽レ中ニ。（可カ）況但空偏假。寧是
經體 文
籤一云。（天玄一、一一八）還指ニ空假ノ卽中ヲ 文 彼文モ空假卽中ヲ取ト聞タルヲ耶

尊均
信州師云。籤一ノ釋ハ。中ヲ爲ニ經ノ體ト釋ル也。今ハ必中ヲ爲ニ
經體ト不レ釋也。只別接（接イ攝）通。圓接（接イ攝）通ノ二ヲ釋シテ。其中ニ圓攝
通ヲ取事ヲ釋也。故ニ三諦共ニ釋ル也。又一往再往ノ意有也。
一往ハ對ル偏空ニ時ハ。圓ハ三諦共ニ經ノ體ト云也。再往ノ時ハ圓
中ニテモ取ニ中道ヲ云也
求云。別接（接イ攝）通ヲハ假空卽中ト云ヒ。圓接（接イ攝）通ヲハ中卽假空ト云意
如何
答。別接（接イ攝）通ハ通教ニシテ先入リ假ニ。次ニ入テレ空ニ。別教ヘ被接（接イ攝）シテ
後ニ得ルレ中ヲ故ニ別教ハ但中也。故ニ空假ノ外ニ有レ中云也。故ニ
假空中ト云也。圓接（接イ攝）通ト者。是モ於テニ通教ニ得ニ假空ヲ云ヘトモ。能
接（接イ攝）ノ中相卽ノ故ニ得ニ中道ヲ云ハ卽得ルニ假空ヲ也。故ニ能證ノ中ノ
約ニ但中不但中ニ云也。得レ中ヲ當體知ルニ空假ヲ故ニ中卽假
空ト云也。此ハ教義料（料イ斷）簡也 以上
師云。此論義ハ別教ニ與フトニ卽ノ名ヲ云事。付ト論意ニ云ニ四教
三觀ノ同異可ニ沙汰ス也
又云。此義ハ本末釋ニハ不レ合ハ。本書。通教利根者。見ニ不
空ヲ多種有ト云カ故ニ。（天玄四、六五一。釋籤）末書。共位菩薩中等ヲ釋ル意ハ。別圓接（接イ攝）
入ノ者ソト得レ心也。當卷ノ經ノ體釋ハ。約シテニ五種ノ二諦ニ簡レ之
取レ之也。故ニ二被接（接イ攝）沙汰ニテ本末ヲ可レ見也
求云。別接（接イ攝）通ヲ假空卽中ト云卽ノ字如何
答。彼ノ卽ト者。相卽ノ卽ニハ非。只是ツクト云意也。又准ルニ中
論偈ノ意ニ付テハ別教ニモ與ルニ卽ノ名ヲ也
問。法華題名ノ以カ何ヲ爲ニ經體ト
答。以ニ五ノ三諦ヲ爲ニ經體ト也
問。五ノ三諦中ニハ以テレ何ヲ正ク爲ニ經ノ體ト
答。眞諦法性ヲ爲ニ經ノ體ト云ヘリ 取意
仰云。眞諦法性ト者。中也 云云 今ノ本末ノ釋全同レ之

103　頭四十六（天玄四、六五九）
玄云。別教雖下入二一相一。又入中無量相上。不レ能三更入二一相一事　玄引二大論一

疑云。上ニ既ニ入ト二一相一ニ云畢テ。次下ニ何ゾ不能更入一相ト云耶

答。雖入一相ト者。入空ノ一相也。次ニ入無量相ト者。入假也。後ニ不能更入一相ト者。從ハ假還テ不レ入二空一相一ニ云歟。次未レタ入二中ノ一相一ニ云歟

師云。次ニ利根菩薩更入一相ト云ハ中道ト覺タル也。故ニ今ノ不能更入一相モ未レ入二中道一ニ云覺タル也。是則（則イ卽）別接（接イ攝）通ノ中ヲ屬レル假ニ意也。不二相卽一故也。今ノ釋ノ配立可レ思レ之

104　頭四十七（天玄四、六六〇）
玄云。若方等中四人得二三智一事

問。方等四教ハ共ニ一切智等ノ得ト三智ヲ可レ云耶

答。藏通ハ不レ可レ得レ之

進云。如レ題。　付レ之。藏通二教ハ道種及一切種智ヲ不レ明如何

答。四人得二三智一ト者。於二四教中一ニ惣シテ有ト二三智一ハ云歟。次ニハ以二義門一ヲ與テ論レ之。四教皆三智義有ト云歟。藏通中ニ有二菩薩出假一。有二カ離斷常中一故也　僧均

師云。以二義門一ヲ云義ハ可レ爾也。鹿苑ヲモ約シテ二三智一ニ可レ云也。其ヲハ文略セリト籤ニ釋レス之

105　頭同（天玄五、一）
玄云。一實諦名二常樂我淨一。常樂我淨無二空假中之異一事

問。別教ニ明ト二常樂我淨一ヲ可レ云耶

答。當分ニハ可レ明レ之

兩方。若明レ之云ハハ。今ノ解釋如レ題。此釋ハ別異ニ三諦ヲハ不レ名二常樂我淨一ト聞リ。若依レ之爾ト云ハハ。卽不卽ハ異也トモ（イ云ヘトモ）中道豈ニ不レ具二四德一ヲ耶

答。今約二三諦義一ニ簡フレ之也。若約ハ當分ニ何不二具足一　知足坊

師云。此ハ別教ニ明二常寂光土一ヲ耶ト云論義ト同物也。常樂我淨。寂光土ト云カ故也。而ヲ別教ニハ明二法身一ヲ故ニ。彼法身所居土。豈ニ不レン明レ之耶ト云難也。其ハ只寂ノ土ノミコソ有ラメ。光ノ義（土歟）ハ爭カ明レシ之。光ハ卽智ノ故也。理智不二ヲハ不レル明レ之故ニ。不レト可レ說可レ云也。別教ハ不レ可レ明二寂光一ヲ云事。新懷同レ之。但別教若明ト二四德一ヲ云ヘル文釋有レハ之。其ハ於二但中一ニ假ニ

立ル二之ヲ一歟。其ハ藏通ノ但空ニテモ立レトレ之云歟。今ハ圓教ニ明ニ二寂光
土ヲ一取テノ事也
106　頭四十八（天玄五、二）籤云。故以二修成之德一顯二於理性之諦一事
問。四德波羅蜜互ニトニ性德修德ニ一可レ云耶
答。可レ互
若互ニ二性德ニ一云ハハ如レ題。限ニ二修德ニ一聞タリ。若依レ之爾ト云ハハ。
圓教ノ意ハ修ノ法必ス從レ性起ル。何ソ限ン二修德ニ一耶。依レ之疏（記カ）九
云。（天文五、二一五五上。文句記）本有四德爲二所依（得カ）一。修德四德爲二能依一 文 如何
答。可トレ互ニ二修德性德ニ一云事。實ニ不レ可レ疑レ之。但今ノ釋ハ其
文相ヲ判ル也。所以ニ。約シテレ轉ルニ二煩惱業苦ヲ一論ルニ二四德ヲ一故也 知足坊
師云。此義ハ可レ爾也。凡ソ諦ハ理也。德ハ理ノ上ノ德義也。此
體德ヲ合ルヲ名クニ二性德ト一。此性德ノ法。修ニ起テ有ヲ二四德ト一云也。
故ニ德ト諦ハ全體修ノ四德ト被レ云也
107　頭同 玄云。（天玄五、四）魔雖レ不レ證ニ二別異空假ニ一。而能說ニ二別異空假ヲ一事
問。魔說ニ二別異ノ空假ヲ一可レ云耶
答。不レ說レ之

若說トレ之云ハハ。次第ノ三觀ハ共ニ是界外ノ談也。魔既ニ不トレ證ニ二
空假ヲ一云。豈ニ能說ニ二空假ヲ一耶。依レ之玄文ニハ。（天玄四、六二〇。取意）小乘三法印尚
非ニ二魔說ニ一 文 況大乘ノ別異空假ヲ耶。若依レ之爾ト云ハハ如レ題
答。今釋ハ大論中ノ除ニ二諸法實相ヲ一皆魔說事。實空假中不トレ
異知ルハ魔不レ可レ說レ之。若於ハ二別異ノ空假ニ一魔不トレ說レ之
云ヘトモ。而モ其境界也ト許歟。何ソ實ニ說ンレ之耶。設ヒ說トモレ之只
是相似ノ空假歟。魔ハ三界ニ繫縛セリ。別異ノ三諦ハ界外ノ深
法ナルヲ耶。次ニ以ニ二前三教ヲ一實ニ名ニ二魔說ト一意モ可レ有也。若爾
者。說クニ二彼空假ヲ一魔ト者。只是前三教ノ佛菩薩等歟。次權者ノ
魔王說レ之歟 尊均
師云。權者ノ魔王說レ之事無念也。只是圓教ノ佛菩薩故也。
所詮此ノ事ハ所望ノ不同也。前三教ヲハ實ニ魔不レ說レ之。然トモ
圓教ヨリ下シテ屬スルニ二魔說ニ一時有レ之。實ニハ四教共ニ魔ハ不レ說也。
說ト云ハ望ルレ圓ニ時事也。又實ニ說ト云ハ相似ニ說クレ之也。如ニハ二
佛ノ說クニ一非ル也
莆疑云。化城喩品云。（大正藏九、二五上）若天魔梵。所（レ〇カ）レ不レ能レ轉 文 如何
答。今ノ釋ハ與テ云事也。既ニ不說別異空假ト云フ。豈ニ如ニ佛

説二説カンレ之耶。只是魔所ハレ説似タリト二別異ノ空假一云歟
知足坊云。相似ノ空假ヲハ説レ之也
難云。若爾ハ。中道又説レ之歟如何
答。依ハ二若此義一又説二中道ヲ一無レ失。依レ之。故惑二阿難一時（記四（天文二、八三二下））
亦説二中道一文 但今ノ文ハ中道ヲ屬シレ圓ニ。依ハ二地前教道ノ義ニ一
不レ論レ之也
又問。魔王何不レ説二圓教ヲ一耶
答。魔界卽佛界與ハ魔王分ニ非カ故ニ不レ説レ之ヲ也
尋云。聞テ二魔説法ヲ一得悟ル者可レ有レ之耶。若有ト云ハハ豈聞二
魔説ヲ一出ン二生死ヲ一耶。若無ト云ハハ天帝釋ハ聞テ二畜生ノ説ヲ一得悟ス
如何
答。魔既ニ機根ヲ不レ知。聞テ二彼説ヲ一全不レ可二得益一。但彼以テ
爲レ證ト機熟ハ自得レ悟不レ有二沙汰限一歟
難云。若依ハ不レ知ルニ機ヲ。二乘ノ説法ニ又無ト得益ノ者可レ
云歟如何
答。彼聞ニ佛説ヲ轉カ之故ニ異ル歟
私云。今釋ハ説ト二中道ヲ一不レ云事ハ。別教三諦ノ空假ニ屬ル意

歟。如ク上ノ別接（接（イ）攝）通ノ也
問。魔王説ト二別異中道ヲ一可レ云耶
答 云云
兩方。若説ト二別異中道ヲ一云ハハ。魔雖不證別異等云テ。不レ出ニ（天玄五、四。玄義）
中道ヲ一耶。若依レ之爾ト云ハハ。記四ニハ。故惑二阿難一時亦説ニ（天文二、八三二下）
中道一文 弘八云。唯不レ能レ説二圓頓法門一。以三圓頓法非ニ其（天止四、六三三）
境界一故也 文 説二別異中道ヲ聞タリ
答。圓教魔界佛界一如ト説カ故ニ。不ト説云ヘトモ別教ハ教權ノ
故ニ。何ッ不レ説レ之耶。所以ニ見ニ釋ノ前後ヲ。若空假中不レ異（天玄五、四～五。玄義）
故（者カ）。魔不レ能レ説。魔不レ能レ説名二一實諦一。若空假異者（了中カ）名ニ
顚倒一文 意ハ相卽ノ三諦ハ魔説コト不レ能ハ。別教ノ三諦ヲハ名二顚
倒一ト。定知ヌ魔王説ト之云事ヲ。加レ之大經ニ六萬四千億ノ魔
王。阿難ヲ饒亂ル時。魔豈非ニ中道ヲ説ニ耶
輔云（卍續四五、六八丁左下）○説ニ相似次第ノ中道一文
名玄記云（大正藏三八、五五五上。取意）。除二諸法實相一者。魔亦能説二次第三諦之相一。若
聞二首楞嚴三昧一魔卽亂 文
疏四云（天文二、八三二下）。除二諸法實相一。餘皆是（名カ）ニ魔事一文

記云。除(同前)諸法(法カ)等者。法華(若爾カ)之外皆魔事耶。不レ然但別教(前カ)中權
魔亦說レ之。故(〇カ)惑ニ阿難一時亦說ニ中道一 文

108 玄云。(頭五十)(天玄五、九)今借ニ三喩一正顯ニ僞眞一。兼明ニ開合破會等意一

事

問。玄文釋ルニ今經體ヲ一。擧ニ三獸度(渡カ)河。(天玄五、十〜十八。取意)頗梨。如意等ノ三
譬ヲ一。爾ハ三獸度(渡カ)河等ノ三說共ニ顯ニ今經開合義ヲ一可レ云歟
答。如レ題
付レ之。三獸等ノ譬。是被接(接イ攝)ノ義門也。全非ニ開合義一ニ。全以ニ
彼中ヲ一不レ可レ證ニ今經ノ開會ノ體ヲ一如何
答。取ニ證道所證理ヲ一也。約ルニハ教門ニ一非歟。所以ニ寄テ教門ニ一
顯ニ所證理ヲ一。是常ノ事也 知足坊
難云。若爾三譬共ニ可レ互。共ニ可レ互ニ開合開會ニ一。而ニ籤ニ(天玄五、九)
云。三獸ニ珠約ニ開合一爲レ喩。黃石中金約ニ破會一爲レ譬 文
如何
答。據ル教門ニ一曰。玄文判ル歟 已上
師云。非ニ論義一。所以ニ今ノ釋ハ始終皆取テ二被接(接イ攝)ノ中道ヲ一爲ニ
經ノ體ト一。而モ捨テ二別接(接イ攝)通中道ヲ一取ル二圓接(接イ攝)通ヲ一也。圓接(接イ攝)通中
道ハ是非ヲ開會ノ義ニ耶。別接(接イ攝)通等スラ尚止觀ニハ。(天止二、三一五。弘決)故知語レ地
以(已カ)含ニ於住一云時ハ開會義可レ有也。然トモ玄文意ハ。七重二
諦配立ニテ捨ニ別接(接イ攝)通ヲ一取テ二圓接(接イ攝)通ヲ一爲ニ經體ト一也
尋云。所ノレ云開合ト者。開會歟
答。不レ然(然イ爾)。只是離合也。所以象二別圓ノ中惣合ハ合也。但
不但中ヲ分別シテ譬ルハ二大小ノ象ニ一開也。又如意珠離合例レ之。
黃石破會ハ當ル二廢麁開麁ノ意ニ一也。本末釋爾見タリ
尋云。三譬次第ノ心如何
答云。初譬ハ通教ノ單俗覆眞ヲ釋ス。(籤此先圓教入別之說)於テ二覆眞ニ一出ニ二被接(接イ攝)ヲ一。
其中ニ取ル二圓接(接イ攝)通ヲ一。次ノ譬ハ約シテ二圓接(接イ攝)別ニ一釋ス二覆俗單眞ヲ一。單
眞ノ中ニ圓ノ中ト取ル。次譬ハ約ス二破會ニ一有テレ文ニ分明也

109 玄云。(頭五十二)(天玄五、十二)頗梨無レ寶以喩ニ偏空一。如意能雨以喩ニ中道一

事

問。玄文中ニ以ニ如意珠ヲ一譬ト二中道ニ一見タリ。爾者但中不但中
譬ルレ之ニ歟
答。爾也
若共ニ譬トレ之云ハハ。但不但中。卽不卽遙ニ異ル也。何同ク譬ニ

如意珠ニ一耶。若依レ之爾也ト云ハハ。既ニ以テ二頗梨珠ヲ一譬ト二偏空ニ一云テ。如意珠ヲ譬ト二中道ニ一云ヘリ。中道ニ卽不卽ヲ分別ル其心ハ釋文ニ可レ顯也。不レシテ爾直ニ譬二中道一。中道ハ但不但共ニ譬レ之見タリ如何

答。要決云。(佛全15、九七下)如意能(能㋑珠)雨以喩中道者。別圓中道譬二如意一(「同カ)。中體無レ二故。然別教中歷別。雨レ寶非二任運一時普雨一。文中便簡二別教一。唯(取カ)說二圓中一(「中道カ)。故下文云二圓珠普雨一 文 此文可レ爾也。今ノ釋ハ圓接(接㋑攝)別時。別ノ地前ノ空假ニ合二通ノ空ヲ一而モ爲二一ノ俗諦ト一也。地上ノ但中ヲ。圓教ノ不但中ニ合シテ爲二一ノ眞諦ト一配立也。故ニ惣シテ如意珠ヲハ譬ル二二ノ中ニ一也。籤云。(天玄五、十二)此是通教偏眞ノ但空。對二別教一俗諦中空。不レ具二諸法一。故云二但空不能雨寶一 ○此是圓教入別之說。別教有無共ニ爲二俗諦一。圓入卽以二兩中一爲レ眞 文 此意也。サテ如レ是惣シテ但不但中ヲ譬二如意珠一。實ニハ捨テテ二但中ヲ一取テ二不但中ヲ一爲二經體ト一也。卽次別シテ約シテ二如意珠ニ一釋ス此意ヲ顯也。依レ之籤云。(同前)是故眞中。簡ヒ却但中非二今經體一。是故重喩二如意摩尼一以辨二得失一。此意也

---

110 玄云。(頭五十二)(天玄五、十二)如意珠亦空亦雨レ寶事

尋云。意如何

答。籤云。(頭同)(同前)亦空亦雨卽是卽中卽假故也 文 此ハ別圓教ノ空ト云ハ空中ニハ無レ寶。而モ萬寶ヲ雨ト云事也。是則(則㋑卽)圓ノ空ハ萬寶ヲ爲レ體ト無レ主ヲ空ト云也。是眞實ノ空ノ義也。藏通ノ但空ハ非二空義一。萬法ヲ不二出生一故ニ尚ヲ存ル二主我ヲ一意也。籤云。(頭同)(同前)但空非レ空教道權說。故以二能雨一正譬二實中一 文 此意也

111 籤云。(頭同)(天玄五、十二)是故重喩二如意摩尼一事

疑云。此釋ハ頗梨珠ヲ摩尼ト云歟

答。不レ然。今ハ本書ニ別ニ約ルカ二如意珠ノ文ニ一故ニ。只是如意珠卽摩尼ト云也。是卽摩尼ハ諸ノ珠ノ惣名ルカ故ニ如意珠ヲ名二摩尼ト一歟。此釋コソ正ク如意珠ヲ釋タル二摩尼ト一證據ナレ

知足坊云。以二頗梨ヲ一摩尼珠ト云歟

師云。此義ハ不レ可レ然。籤ノ釋ハ指シテ二得失ノ文ヲ一釋ル也。何ソ還テ指ジ二頗梨珠ヲ一耶(卍續四四、三二八丁右下)

備云。如意摩尼。摩尼或云只是如意珠。記之若(主云カ)據二法華中一(「經カ)。摩尼珠瓔珞。如意珠瓔珞。此似レ有レ異。今玄云二頗梨一。

籤云二摩尼一。學者詳レ之 文 此義ハ知足坊同

112 籤云。（頭五十二）（天玄五、十二）今亦能所合論。所入仍語レ俗者爲レ辨レ異レ前事

求云。意如何

答。前ノ三獸ノ譬ノ意ハ能合ル時。空ト中トヲ合シテ爲二眞諦一ト。今ノ圓接（接(イ)攝）別ハ前ニ異ナレハ。別教ニハ能所合シテ云ハ。空假共ニ合シテ云レ俗ト也。此事ヲ分別シテ異前スル也

113 籤云。（頭五十六）（天玄五、二二）仙譬二般若一住二妙空一事

疑云。次下。仙譬解脱（同前） 文 相違如何

答。今ノ文ハ以二三譬一ヲ惣シテ對ル二三德一ニ也。下ノ文ハ一ノ譬ニ各ノ作ル二三德一ヲ故ニ。其心頗ル異歟

114 籤云。（頭同）（天玄五、二二）若據二顯體一亦只應二是法身德一耳事

尋云。顯體ト者。指二止觀ノ顯體ノ章一ヲ歟

答。爾也

世人ハ止觀顯體ノ章ト者。三諦爲二經ノ體一ト云義。此文ニ違ル歟

私云。今文ハ指二玄文ノ顯體一ヲ也。恐ハ非二止觀ノ顯體章一ニハ者也。能能可レ思レ之 以上

師云。實止觀ノ顯體章トモ不レ覺ヘ。凡ソ今ハ三德ノ中ニ。體ハ三共ニ體ト可レ云也ト人可レ思レ之。故ニ示シテ二法身一ヲ云レ體ト也。（同前）恐二體濫一故ト云ハ此意也。又惣シテ三德何レトモ不レシテ云。直ニ經ノ體ト云ニモ法身體ト可レ云也ト云事也。若據顯體ト釋ル意是也。

次今言ト者。三德ノ中ニモ法身ヲ取ト云事也

備云。（卍續四四、三二八丁右下）恐體濫故ニ。三軌成乘卽離體一。體一卽亂（濫カ）剋取二其（眞カ）性一。若據顯體亦只應是法身德。取二性三一合爲二法身一。是所顯體。意亦如前。如二前文云一。爲二此義一故簡二出正體一 文

115 籤云。（頭五十七）（天玄五、二四）苦到是五品之前修二於五悔一。開發之言○觀心明淨入二五品一。信解虛融是六根事

問。玄文中ニ釋ニトシテ今經ノ體一ヲ約レシテ悟ニ（頭同）（天玄五、二三）苦到懺悔○禪惠開發。（「〇カ）信解虛融等 文 爾者妙樂大師。約シテ二六卽一ニ如何消レ之耶

答。如レ題

付レ之。苦到懺悔ハ是可二五品位一ナル。五悔ハ是專ラ五品ノ行ルカ故ニ。禪惠開發等ハ是相似ト可レ云。五品未斷惑也。何禪惠開發ト云ハン耶

答。文云。觀心明淨。苦到懺悔ト者。是ハ五品前ノ名字位シテ

行聞。五悔行者。通名字觀行故。今次第者。指名字觀行被得。機諸佛感夢等事歟。又五品禪惠。今初不可驚。如大師入定得陀羅尼云 以上

知足坊

莆云。今釋本書消也。惣論五悔至分眞也。今本書初心方便五悔等行釋故如此云也 以上

師云。記五云。(天文三、一一六下)五悔之中。(「○カ)若望極果唯除懺悔餘四非無 文

尊均云。名字位稍三諦一諦名字聞漸欣樂心有。雖非如觀行卽位。修觀立行分修五悔事有之云歟。如此閒諸佛加被令發五品也 以上

師云。名字卽分立行義有云相傳義叶。名字觀行アワイニ可沙汰之(如餘)凡修五悔事。先名字卽修之爲方便入初品。(「イ初品」)修之入第二品。乃至第四品修之入第五品。止觀第七知次位下如此釋也。故今惣爲入五品修五悔云約名字卽釋也。尤其謂有之也

止七云。(天止四、三九三～六)若能勤行五悔方便助(開カ)誡觀門。一心三諦豁爾(開カ)皆明。如臨淨鏡遍了諸色。於一念中(圓解カ)內外成就。不加功力任運分明。正眞堅固無(信カ)能移動。(「イ此成)深信隨喜心卽初品弟子位也 ○ 又以(於カ)圓解觀心修行五悔(「此名カ)更加(加因カ)讀誦。善言妙義與心相會。如膏助火。是時止觀益明(止イ心)名第二品也。又此心修行五悔(「○カ)(「以カ)正修六度。自行化他事理具足。(天止四、三九二)心觀無礙轉勝於前不可比喩。名第五品也 文

決云。若能下正釋圓位。(「此カ)於中初明五悔功能入品位。(開カ)由五法助戒初品。(住カ)乃至入地遠由此五 文

又云。(同、三九三)又此五品。品品也中(之カ)令修五悔。況常人故(乎カ)。此釋五品已前專修五悔云也

116 籖云。(頭五十七)(天玄五、二〇四)次若能下明聖位。從相似入初住位事

問。(頭同)(同前)玄文中。以能安忍法愛不生。無明豁破 文 所云安忍法愛(若カ)者。相似卽歟

答。可爾

進云。如題。 付之。安忍法愛。五品相似位也。依之止觀十乘配立如此見如何

答。師云。今ノ釋。安忍法愛不レ生。相似無明豁破ハ初住也。但至ニ籤ノ釋ニ者。欲レ明ニント初住ノ相似ノ位ヲ牒ス故。隨テ本意ニ明ニト聖位ヲ消釋ル也

師云。十如ノ次第ハ五品ノ位ニモ横ニ品品ニ具ニ十乘ヲ十信ノ位ト云ハ。又横竪ノ二ノ意有レ之。而ニ止觀ノ十乘ノ委悉ニ釋レ之。此等ノ横竪ノ意可レ有レ之。其ヲ從リ第五卷ニ至ニ第七卷ニ。十乘ノ次第ハ從ニ觀不思議境ニ至ニハ安忍ニ。五品ノ位ノ無法愛ハ入リ相似ニ。初住配立シテ釋ル也

知次位下（天止四、四〇〇）決云。今依ニ菩薩戒疏ニ以（以カ）ニ十法成乘ヲ竪對ニ十信ニ復次ニ十法ニ横入ニ十信ニ 文 玄文第五同レ之

117 頭五十八（天玄五、二五） 玄云。一指二指（イ二指）分明事

疑云。三指共ニ分明ト云歟。若爾者。本經ノ中ニハ一指二指ハ不レ見 云云 如何

答。一指二指ヲハ譬ニ空假ニ故ニ全ク不レ見也。經文ハ其意也。今文ハ又可レ同カラレ之

頭同 籤云。（同前）一指二指等。如ニ止觀第五記ニ。三指分明眞經體也 文 是則取テニ三指小見ヲ爲ニ今ノ經ノ體ト也。分明ノ言ハ指ニハ三指ノ時ヲ也 以上知足坊

莆云。今ノ釋ハ借ニ彼ノ譬ヲ釋ニ今見ヲ計也。必不レ可レ同 以上

師イ仰 師云。莆ノ義ハ可レ然。今釋ハ初住ニ三諦具足ヲ名ニル中道ノ意ルカ故ニ。初住ニシテハ三德圓備スルヲ分明ト云也

118 イ頭五十九（天玄五、二七） 玄云。約レ教無ニ所作ニ。聞ニ此教ニ已更本（不カ）他聞也事

問。大經中ニ。（大正藏十二、六六一中）如ニ秋收冬藏更無ニ所作ニ 文 所レ云更無所作ト者指ニ能化ニ歟

答。經文ハ指ニ能化ノ佛ノ所作ヲ歟

兩方。若指ニト能化ノ佛ヲ云ハハ如レ題。約ニト所化ニ聞タリ。若依レ之爾ト云ハハ。經文ハ指ニ如來ノ無所作ヲ也

答。經文ハ指ニ如來ニ也。但至レ釋者。能化無所作ル故ハ。所化ノ無所作ニ依カ故ニト釋ル意也

119 頭五十九（天玄五、二七） 籤云。乃至五妙五卽。明レ無ニ所作ニ事

疑云。文意如何

答。十妙中ノ前ノ五ハ是自行。後ノ五ハ卽化他。今ハ約ニ理教行ノ三ニ明ニ無所作ヲ。卽當ル前五妙ニ又可レ然。今ハ二乘入實ノ分眞卽ヲ引ク也。故ニ其前後五卽又可レ然故ニ如レ此云也

已上知足坊

私云。究竟卽ノ行ヲハ不レ可レ息ス事也。前後ノ前ノ字不レ被レ得レ心

120 一法異名下（天玄五、二八）〔頭同〕

中道名ニ竟〔イ畢〕空一事

問。玄文中ニ釋ニ實相中道異名ヲ一見タリ。爾者。中道實相ヲ名トニ畢竟空ト一可レ云耶

答。玄文ニハ爾カ釋ル也

付レ之。畢竟空ト者。名クニ空理ニ一。中道ト者。名クルニ非有非無ノ理ニ一也。若中道ヲ名ハレ空ト可レ名ニ第一義空ト一。何ソ名ケンニ畢竟空ト一耶。依レ之般若等經ニ列ヌルニ十八空ヲ一中ニハ。畢竟空。第一義空。各別ニ列〔列イ烈〕レ之如何

答。中道實相者。名カニ萬法ニ一故ニ。實相ヲハ名ケレ假ト名ル〔イ名レ空ト〕中ト也。今ノ釋ニ。妙有眞善。妙色等ハ假諦ノ名也。然トモ名ニ實相中道ニ一也。但至下可レ名ニ第一義ト一云難上ニ者。實ニ畢竟空第一義空。各別ニ談ル時ハ如レ難ノ也。是三諦各別ノ時事也。今釋ハ三諦ヲ惣シテ名ニ實相中道ト一故ニ。畢竟空ヲ名クルニ中道ト一也。委ク分ニ別シ之一時ハ如レ難ノ可レ云歟（委如ニ宗要一）就レ中今ノ釋ハ約シテニ四句ニ一立ニ中ノ名ヲ一。一實中道隨テレ門ニ得ルレ名ヲ事不同也。第一義空ハ非有非空ノ故ニ。今ハ廢シテニ空ノ名ヲ一名クルニ第一義諦ト一也

121 籤云。爲レ欲レ分ニ對名義體一故。毎ニ一門中ニ一且別ニ三（列カ）名一事（天玄五、二九）〔頭六十〕

問。玄文中ニ於テニ實相ニ一立ニ十二ノ異名ヲ一。所ノレ云十二異名ハ各可レ有ニ名義體一耶

答。可レ然

進云。如レ題。付レ之。十二名各ノ可レ有ニ義體一。何ソ毎ニ一門ニ立テレ名ヲ。如レ次ノ對ルニ名義體ニ一耶

答。知足坊云。一法異名ノ故ニ。以ニ三名ヲ一對ルニ名義體ニ一也。實ニハ互ニ通スニ名義體ニ一不レ妨。況ヤ毎レ門ニ分ニ對シテ名ヲ一其體ニ名ク其義分明也。付テニ籤釋ニ一初テ不レ可レ至レ難ヲ

122 籤云。圓人初心卽觀ニ四門一。四門相攝體同名異事（天玄五、二九）〔頭六十〕

問。圓敎行者ニ有トニ四門ノ不同一可ンレ云耶

進云。如レ題。付レ之。縱ヒ圓敎也ト云ヘトモ。何四門不同無ン耶。何ソ四門相攝體同名異ト云ハン耶

答。知抄云。設ヒ圓人也ト云ヘトモ。依ニ無始薫習ニ可レ有ニ四門ノ不同一也。而四門融卽シテ共ニ可レ觀レ之。如レ云ミカ一心三諦ニ而有ニト偏觀偏入ノ義一

私云。圓人ハ四門相攝シテ融卽シヌレハ。雖レ不レ隔レ之。而モ心地四門得入ノ不同宛然也。可レ思レ之

123 籤云。先用ニ方便一十二門一。向後方觀ニ此之四意一事　頭同（天玄五、二九）

疑云。十行出假ノ位ニ用ニ十六門一ヲ歟如何

答。莆云。今且ク約ルニ豎ノ配立ニ歟

124 玄云。名義體同等四門分別事　頭六十一（天玄五、三二。取意）

問。今ノ四句ノ意如何

答。彰顯也。第一ノ句ハ四門各各名義體同。第二ノ句ハ四門各各名義體異。第三ノ句ハ四門各各名義同體異。第四ノ句ハ四門惣合シテ名義異體同。前ノ三句ハ別門。第四ノ句ハ圓門也。第一句ノ四門者。妙有爲レ名。妙色爲レ義。實際爲レ體。三共ニ有ノ意也。此ヲ名ニ有門ノ名義體同一 乃至 中道爲レ名。第一義爲レ義。寂滅爲レ體。此ハ三共ニ非有非空ノ意也。此ヲ爲ニ非有非空門名義體同一 已上 第一四句意也。第二句四門ト者。妙有ヲ爲レ名。畢竟空ヲ爲レ義。如來藏ヲ爲レ體。此ハ有ト空ト亦有亦空トヲ爲ニ名義體一ト。此ノ三ハ各異也。此ヲ爲ニ有門ノ名義體異一ト 乃至 非有非無ヲ爲レ名。妙有爲レ義。畢竟空ヲ爲レ體。此ハ非有非空ト有ト空ト爲レ名爲レ義。此又三異也。非有非空門ヲ爲ニ名義體一 以上 第一ノ二句ノ四門意也。第三ノ句四門ト者。妙有爲レ名。妙色爲レ義。此ハ名義同ク有也。畢竟空爲レ體。此ハ體ト空也。此ヲ有門ノ爲ニ名義體異一。乃至中道ヲ爲レ名。第一義爲レ義。此ハ名義同ク非有非空也。如來藏ヲ爲レ體ト。此體ハ亦有亦空也。是ヲ爲ニ非有非空門名義同體異一ト也 已上第三句四門意也

已前四門各各出スニ初後二門一ヲ。二門ヲハ略レ之。乃至ト注ス准シテニ初後ニ可レ知

又能能本書ヲ挾シ可ニ得レ意合一。第四句ハ惣合シテ名義異體同ヲ論ス。此圓人意也。今不レ記レ之。向テレ文ニ委ク可レ得レ心也

已上 莆

125 玄云。名義異而體同事　頭六十一（天玄五、三四）

疑云。名ハ必依レ義ニ。何ツ有ンニ名義ノ異一耶。況大經中ニ大涅

槃異名ト者。一名ノ下ニ說ニ無量名ヲ云ヘリ。今十二名ニ涅槃ハ其一也。故ニ諸名皆一名下ニ可有。何義體ノ不同ヲ論ン耶

答。知足坊。實是一名無量名也。而ニ今悉赴（ㇷ゚イ檀）機ノ日。於テ名ニ論ン義體ヲ如此四句ヲ作也。大經ハ約シ所通ノ理ニ。今ハ從ル能通門ニ歟　以上

師云。惣シテ如難。今釋ハ四門相望スル一往日同異ヲ判ル也

126　玄云。或小陵（アナツ）ル大或大奪小事　頭六十三　（天玄五、三三六）

問。玄文。空有等四門互ニ起ト諍ヲ見タリ。爾者。小乘空有等ノ名義。大乘ニ亂シテ諍ヲ起ト可云耶

答。如題

付之。玄文ノ次上ニ。（天玄五、三三二）小乘ノ名義（體カ）由來易簡。置而不論　文

籤云。（同前）（ㇷ゚去カ）小乘八門不與大濫（故カ）而置不論　文　如何

答。知足坊云。今ノ文四門入理人依ニ迷執ニ起シ諍ヲ論ル之相也。上ノ釋ハ實義同異也。故ニ彼此其意不同ル歟

127　玄云。而於二門多起諍競事　頭同　（天玄五、三三六）　故歟　空門。非有非空門也

問。玄文中於テ空有等四門ニ互ニ生ル諍ヲ事ヲ釋セリ。且ク小乘人於ニ大乘ノ四門ニ共ニ可起諍ヲ耶

答。如題

付之。小乘人聞テ大乘四門ヲ共ニ諍ヲ可起也。大小遙ニ異ルカ故也如何

答。玄云。頭同　（同前）小乘欲斷生死○聞（○ナシカ）畢竟不但空○故於二門多起諍競　文　是小乘所證理ハ空也。故ニ空門殊ニ附順也。而ニ空ニ生死ヲ於テ涅槃ニ破ル執ヲ故ニ非空非有又附順也

難云。小乘ノ毘曇明ニ諸法實有ヲ。豈ニ於ニ大乘有門ニ其情ニ不附順耶

答。小乘ノ有門又所證理空ルカ故ニ。彼又大乘ノ空門其情ニ順ル也　以上

新懷云。小乘人執ル空ヲ故ニ。順シテ彼ノ所執ニ多ク起ス諍ヲ。大乘ノ人ハ事理ヲ不妨。又於テモ事ニ可ト起諍ヲ云。一往附順ノ意ヲ分別ル計也。再ヒ論シ時ハ共ニ成ン諍ヲ事不可遮之。依之次下云。（天玄五、三三八。玄義）大乘四門名義不融。門門各諍自相呑噬（トンセイ／クラウ）　以上

128　籤云。頭六十五　（天玄五、四〇）此中最後非無（ㇷ゚イ非有）事

尋云。此中ノ最後非有非無ノ意如何

答。此中最後者。第四非有非空門也。所以ニ本書ノ。又此實（天玄五、三三九。

（玄義）相諸佛得法ヨリ下ノ十二ノ名ハ約シテ四門ニ釋ル義也。所以ニ。初ノ三ハ有門義。次ノ三ハ空門義。次ノ三ハ亦有亦空門義。次三ハ非空非有門義也 已上（已㋑以）

129 玄云。但取ニ妙有亦空亦有兩門一。引ニ是圓常之法一事　頭六十二（天玄五、三六）

懷尋云。玄文中ニ付テ釋ニ約シテ別教ニ四門ヲ。爾者四門共ニ成トレ諍ヲ可レ云耶

答。爾也

進云。如レ題。付レ之。四門共ニ入理門也。不レトモ可レ成レ諍ヲ行者生シテ語見ヲ一起スレ諍ヲ時。四門共ニ可レ起也。何空及非有非空ヲ起レ之耶

答。本生シテ語見ヲ起スレ諍ヲ事。於ニ所期ノ理ニ起スレ之。而四門ハ共ニ入理ノ方便。初メテ誘引入門ナレトモ。空門ハ准シレ心ニ。非有非空ハ准スレ中ニ。仍教理ノ諍ヒ爰ニ起ル也。惣シテ言ンレ之時ハ。從ニ行者ニ四門共ニ起ンニレ諍ヲ無レ失。今且教理カ相准スル故ニ。能通所通言亂シテ起トレ諍ヲ云ヘル（ヘル㋑心）釋ヲ也

130 玄云。無ニ相不レ相。不ニ相無レ相名爲ニ實相一事　頭六十五（天玄五、三九）

疏三云（天文一、四二〇上）。無相者。無ニ生死相一（〔ㇾ也カ〕）。不相者（不カ）。無ニ涅槃相一（〔ㇾ也カ〕）。涅槃亦無相（相㋑カ）。故言ニ不相無相一。指レ中爲ニ實相一（〔ㇾ道カ〕）也

131 籤云。文闕ニ微妙寂滅一句一事　頭同（天玄五、四〇）

問。玄文中ニ實相之相ヨリ下付テレ釋ニ實相異名ヲ。爾者上ニ所ノレ擧十二ノ名ノ中ニ闕トカ幾ノ名ヲ可レ云耶

答。如レ題

疑云。玄文。亦實際名ヲ不レ釋。何ソ闕ニ此一句ヲ一云耶

答。知足坊云。今ハ第四ノ門ノ三句ニ約シテ如レ此云歟。若約ハ有門三名ニ。又實際ノ一句闕ト可レ云也　以上　新懷同レ之

132 蘇秦。帳（張カ）儀事　頭六十七（天玄五、四四。釋籤取意）

史記云。蘇秦者。東周雒陽人也。東事フ師ニ於レ齊ニ。而習フ之於ニ鬼谷先生ニ。出遊イテ數歳（歳カ）。大ニ困而歸レリ。兄弟妻（妻カ）子女（嫂 妹）子妾竊ニ皆咲フテレ之ヲ曰ク。周人俗ハ治ニ産業ヲ力メテ商士（工商カ）ヲ。遂（逐カ）ニ什ノ二ヲ以テ爲務メ。餘子擇（釋カ）テ本而中（事カ）ニ口舌ト。困（今カ）コト不レ宜否耶。秦（〔蘇カ〕）聞レ之慚ッ自傷ンテ乃閉テ室ヲ不レ出。讀ニ書ヲ欲ニ睡ト引レ錐ヲ自判（判㋑斷歟）ニ其股ヲ。血流テ至レ踵ニ。遂依テ勤學ニ夙ニ六國之印ヲ（刺カ）時。昆弟妻嫂側テレ目ヲ不ニ敢視一　文

春秋後記云。初蘇秦與ニ張儀一俱ニ事フ鬼谷先生ニ十一年。

皆通二六藝一經二營スル百家之言一ヲ。鬼谷先生。弟子百餘人秦與二（張カ）帳儀一學終ヘテ而辭歸ス 文

（頭同）籖云。相ニ於趙一ニ（天玄五、四四）文

相ト者。丞相也 大相國ト云也 三公ノ隨一也。

國王師也　趙ト者。王ノ名ナリ　（頭同）秦。惠王　魏。王名也。哀王也　韓 漢ノ高祖ノ大將軍也（金歟）　楚 懷王　漢與レ楚○韓虜ニシテ亞父一而還成二ル楚王一。贈リテ二令萬兩一 云云

133　（頭六十七）籖云。史記在家云事（天玄五、四四）

（卍續四四、十一丁右下）補注云。文出二史記ノ列傳一。（世カ）別歟 今云二在（世カ）家一者誤也。鬼谷在二頻エイ（穎カ）川陽城一因二人居一。故乃曰ク（云カ）二鬼谷先生一耳。書國ハ（イ六歟）時縱横家也。秦擊（繋カ）而誡者。誡二門人一不レ爲レ通。又使レ不レ得レ去。數日後ニ而乃見レ之。乃坐二於堂下一也○檄ケキ胡狄テキ切。得（得カ）符檄也。二尺書也。皎也。喩レ彼使二皎然一也○花（范カ）蠡レイ文在二史記世家一。今云二列傳一者誤也。若（イ君）（○カ」）無（居カ）何者居無二幾何一也 文

朗詠下云 述懐 范蠡レイ收二責ヲ勾踐一ニ乘テ二扁舟一ニ出二五湖一 文

注云。范蠡計シテ吳王武差（夫カ）之後移ツル二五湖一ニ永不レ出。而本主勾踐致下可キ二還來一之責上ヲ。蠡答。以二當初一吾雪ススキ二會稽ケイ恥一ヲ（頭六十八）耳。其賞只不二召還一以可レ任レ意也。故謂二收ト責一也。舟ト者。小船也 云云

蒙求云。仲連路海。范蠡泛湖 文　注云。范蠡ト云人。越王勾踐トニ云フ王ニ仕ツカハレケルニ。又謀コトヲシテ吳ト云國ニ打。即チ昔ノ恥ヲ清メテ。勾踐ト云王ヲシテカコトナクシテ後。范蠡カ思ハク大名下ニハ久ク居ルヘカラストテ。舟ヲ水海ニ泛ク浮テ遁レ去テ。姓名ヲ改メ替テ齊ト云國ニ行テ。鴟夷子彼（皮カ）ト云。陶トウト云國ニ趣ヲハ朱公トシテ云ケル。十九年ノ程ニ三ヒ千金ヲ出シ。二ヒ貧キ人ニ施シケリ。富ミ樂テ人トテ陶朱公ト云此人也 云云

134　（頭七十二）玄云。必以二四句一詮レ理。能通二行人一入二眞實地一事（天玄五、五二）

問。四教四門ノ說。與二實理一相應耶 如レ宗（答缺）

135　（頭同）玄云。非二唯定者一。散心專志精進者亦得レ入事（天元五、五三）

問。只以二散心一ヲ叶二初住無生ノ位一ニ者可レ有耶

答。不レ可レ有レ之

進云。如レ題。　付レ之。何以二散心一ヲ叶二初住一ニ耶。必ス可レ具二足惠一ヲ也

答。知足坊云。斷惑證理ノ時ハ必禪定可二相應一ス。今ノ文ハ方

便ノ位ニ禪定ヲ爲レ本。精進ヲ爲ルレ本ト不同也
師云。妙解成シテ上ノ立行ニ定散ノ不同有レ之也。無キニ妙解一散心ニテハ難レ叶ヒ

136 〔頭七十三〕（天玄五、五八）玄云。若初聞レ教如下快馬見ニ鞭影一。即入中正路上者。
不レ須ニ修觀一事

問。衆生ノ開悟得脫。必教觀相資ト可レ云耶
答。根性不定ナレハ但聞キレ教ヲ但修シテレ觀ヲ得道スル者可レ有レ之
若必相資ト云ハハ如レ題。若依レ之爾ト云ハハ。先受テレ教ヲ次ニ修レ觀ヲ。教觀相資シテ正ニ開悟ル也如何
答。非ニ論義一也。衆生根性不定ナルカ故ニ。信行ハ聞レ法ヲ得悟シ。法行ハ修シテレ觀ヲ得悟ス。又如レ難ノ相資ノ機モ可レ有レ之也
懷云。信行根性ハ依テレ教ニ得道シ。法行ノ者ハ依テレ觀ニ得道シ。信法齊等ノ者ハ。教觀相資シテ得道ス。以ニ一種根性ノ者ヲ一信行ノ者不レ可トレ有云難ハ不レ可レ來　此義可レ然

137 〔頭七十四〕（天玄五、五八。釋籤）迴轉事
疑云。轉レ鈍ヲ爲レ利ト事ハ可レ爾。依ニ練根一故也。何轉シテレ利ヲ還テ成レンレ鈍ト耶

答。非ニ論義一也。法門（行カ）ノ人成ニ信行一ト云ハ。修觀ハ鈍ニシテ聞教ハ利ルカ故也。成ルトニ信行一ト云ハトテ成レトハ鈍ニ不レ可レ得レ心。信行法行互ニ判ニルレ利鈍一ヲ事。止觀ノ第五ニ有レ之
新懷ニ尋云。轉シテニ法行一成トニ信行一ト可レ云耶
答。爾カ云尋モ有ラン
疑云。若有ト云ハハ利鈍ノ根性本ヨリ相分タリ。何ソ轉シテレ利成レ鈍ト耶。依レ之止五云。破ニ信法廻轉義一ヲ。若依レ之爾ト云ハハ。玄云（天玄五、五八）。若聞不ニ即悟一應ニ須修レ觀。於レ觀悟者轉成ニ法行一。若修レ觀不レ悟更須レ聽レ法。聽レ法得レ悟轉名ニ信行一　文　如何
答。實ニ衆生根性不同ナレハ利鈍互ニ用ルニ教觀一ヲ事。隨テレ時ニ無レ定故ニ。隨テニ外緣一ニ信法廻轉ル也。但止觀ノ五ノ釋ハ。彼ハ利鈍ノ心。一衆生ニ皆具ルカ故ニ。隨テレ緣ニ轉ル事ヲハ不レ顧。轉スレハニ信行法行一永ク轉シテ信行ノ理ヲ失ヒ。法行〇（〇イ无）轉スレハニ信行一ト又法行ノ根永ク無トト云カ故ニ。若存ハニ永轉ノ義一ヲ自レ本信法轉義不トレ可レ有破ル也。彼ノ釋ハ「止觀ノ釋ハ」（「」イ无）止觀ノ元意ヲ釋ル。實ニ利鈍一心ニ備テ信法任運ニ轉ル意ヲ釋ルカ故ニ。成論。毘曇始終論シテニ利鈍一ヲ。一時ノ利鈍ヲ不レ辨事ヲ破ル也。止ノ文可レ見レ之

師云。此義可レ然。委ハ如ニ止觀ノ五抄一ノ
止五云。（天止三、三七三）復次人根不定。或時廻轉。婆（薩婆カ）娑多明ニ轉レ鈍爲レ利。成論明ニ種習（數カ）卽利一。此乃始終論ニ利鈍一。不レ得ニ一時辨一也。今衆生心行不定。或須臾而鈍。須臾而利。任運自爾。非レ觀（「明カ」）ニ根轉一亦不ニ數習一（關カ）　文
決云。（同前）次明ニ廻轉一者。先敍（序カ）ニ二論一中ノ言ニ始終一者。成論並（二カ）以ニ始終利（「鈍カ」）一。今言ニ須臾一故不レ同レ彼　文
玄云。（㋑頭六十九）（天玄五、四八）例如下世人學レ數（毘曇）則捨レ大。修レ衍則棄レ小。習レ空（成論）則（則㋑卽）惡レ有。善レ地（地論）則彈レ中（中論）（則㋑卽）　文
138　籤云。（頭七十二）是故不レ同ニ止觀中文一。止觀但爲レ令レ知ニ諸教（天玄五、五一）（則㋑卽）四門皆破ニ見思一。此爲ニ並堪レ入ニ於實相一事
問。止觀意。以テ四教四門ヲ爲ニ能通ト。入ニ實相所通理ニ意有レト之可レ云耶
答。可レ有レ之
進云。如レ題。　付レ之。摩訶止觀ノ意ハ。圓頓行者。今修行覺道也。若シ爾者以テ四門ヲ爲ニ能通ト。以ニ實相ノ理ヲ爲ニ所通ト事。玄文（文㋑門）止觀可レ同ルレ之。爰以テ決三云。（天止二、一〇六）故知一部之文。（〇カ」）開權妙觀　文　如何
答。知足坊云。止觀ノ文ハ三權一實ヲ判ル時。見假思假ヲ破ル文中ニ。四教四門ノ不同ヲ論ルカ故ニ。彼ノ文相ノ起盡ヲ判也。若論ハ元意ヲ實ニ如ニ所難一ノ。玄文ニハ明ニ今經ノ體ヲ文段ルカ故ニ。教行ヲ爲レ門ト入ヲ實相ニ爲レ本ト也。諸文ノ以テ判教ノ相ヲ混シテ不レ可レ難レ之
師云。今ノ釋ノ意ハ。玄文ハ於ニ諸ノ法門ニ立ツ判開ヲ。付レ中今ハ顯シテ經ノ體ヲ。專ラ約スル圓實ノ理ニ爲レ本。故ニ開權顯實ノ體ナレハ。並（堪カ）但入於實相等云也。止觀一部之本意ハ。以ニ觀心ヲ爲ニ所詮一。此觀心ト者。共ニ圓乘開權妙觀ト云テ。惣シテ法華修行ナレハ。開權顯實ナレトモ。玄文ニ非レ如レ立ニ判開ヲ。直ニ據ル破法遍ニ中付テ破思ノ文ニ明ニ四門ヲ。四門同ク破ト見思ヲ云也ト釋ル也。故ニ止觀ニハ（則㋑卽）前三教ヲ爲シテ能通ト入レ圓ニナント云事ヲ委ク不レ釋也。是則摩訶止觀ノ四教ハ。四門皆當門顯實シテ。四教ノ當體皆實相ナレハ。權ヨリ入ル實ニ義ヲハ不レ云也。然トモ當門顯實ノ意ヲモ文面ニ不レ釋レ之也。玄文ハ當門顯實ヲモ釋レ之。三教ヲ爲シテ能通ト入ニ圓實ニ義ヲモ。文ノ面ニ委ク釋ルレ之也

139 頭七十四 玄云。三十二不二門事（天玄五、五九）
問。淨名經中ニ三十二菩薩入ニト不二法門一ニ見タリ。爾者。彼菩
薩ノ所說ノ不二法門ハ通ルニ四教ニ耶
答。先何ノ門トテ定通不通ヲ令レ尋耶。但定テ通スラン
爾者。玄ノ第八ノ文ハ限ニトハ一門ニ不レ見。付レ之以レ何ヲ得ンレ
知コトヲ。只說ニモ一門ヲ有ラン。既ニ同ク入不二門ニ可レ限ニ非有非
空ノ一門ニ
答。部ヲ屬ニ方等一ニ。豈ニ限テニ一門ニ不レ亙ニ四門ニ耶。豎ニハ兼ニ
四教ヲ一。橫ニハ論スニ四門ヲ一。但至下共ニ叶ニトヲ不二ノ理ニ云上者。四門
異ナレトモ所入ノ理ハ同レ之。今ハ論ルニ能入ノ門ノ不同ヲ一也
140 頭同 玄云。善財遊ニ法界一値ニ無量知識一事（天玄五、五九）
疑云。經文ニ所ハレ列ル五十三ノ知識也。今何無量トト云耶
答。經所列ハ五十二ノ知識也トト云ヘトモ。惣シテ說ハレ之一百一十ノ
城ニ遊トト云テ。至テニ彌勒處ニ或ハ有ニ法界塵數ノ善知識一宣タリ。
故ニ處處ノ釋引レ之事不同ナル者也。具ニ如ニ第四卷ノ抄ニ注カレ
之
141 頭同 玄云。如ニ喜見城一千二百門事（天玄五、五九）

備云。須彌山頂帝釋有レ城。名爲ニ喜見一。文在ニ大經（論カ）一文（卍續四四、三二九丁右下）
疑云。上ニ無量ノ觀門有等云畢テ。引テニ喜見城千二百門ヲ一爲ルレ
例トレ之事不レ可レ然。千二百ハ既ニ有カレ限レ數故ニ如何
答。尊抄云。爲レ顯ンカニ佛教門ノ多キ事ヲ一。引テニ喜見城ヲ一爲レ例計
也。於テハニ數量有無ニ一今ノ例ノ意ニ非ヲ耶
142 頭七十四 玄云。世性微塵事（天玄五、六〇）
備云。謂世間衆生由ニ冥初一。而有卽世間本性僧佉外道ノ計（卍續四四、三二九丁右上）
也（之カ）。微塵。邪計ニ此身一從ニ微塵一生ニ四大五蘊（陰カ）ノ身一文
143 頭七十五 玄云。能發ニ得煗頂世第一法一。發ニ眞無漏因一用レ眞（天玄五、六一）
修レ道。此則（則イ卽）道諦事
尋云。何忍ヲ不レ云耶
答。略歟。如ニ無量義經得益ノ文ノ一
尋云。以ニ四善根ヲ一攝ルニ道諦ニ一歟。若爾ハ。道諦ハ無漏也。四善
根ハ有漏也如何
答。知抄云。四善根。其體是雖ニ有漏ナリト一成ニカ諦觀ヲ一故ニ。是
相似ノ無漏ナル故ニ且ク屬ルニ道諦ニ一歟
私云。但取テニ四發ノ無漏ヲ一爲ニ道諦ト一也。四善根ハ擧ルニ彼方

便一ヲ也

難云。擧二方便一ヲ有二何用一カ耶。況ヤ籤[頭同]云。(天玄五、六一)一切有下明二道滅一。又(二カ)有。先道。次滅 文 釋意ハ今ノ文ニ所レノ擧四善根等。皆是爲二道諦一ト云也如何

答。毘曇有宗意ハ用二七方便一ヲ。成論等ハ不レ然。今明二カ有門一ヲ故ニ。專擧二テ方便一ヲ爲レ用ト歟。但籤ノ分文ハ今ノ文段ハ。惣シテ明二カ道諦一ヲ故ニ。兼テ擧二ト方便一ヲ云ヘトモ束テ爲二道諦一 文無二相違一

師云。知足坊ノ私ノ義可レ然也。毘雲ハ有門ナルカ故ニ。方便ノ位ニ久ク修シテ觀ヲ斷惑入位ル也。故ニ方便ハ位ヲ爲レ用。成論ハ空門ルカ故ニ。入位斷惑ナレハ方便ノ位ノ修觀ヲ不レ爲レ用ト也。故ニ有門ニハ立二七賢七聖一ヲ。空門ニハ七賢ヲ不レ立。只立二ル二十七賢(㋑賢)聖一ヲ也。二十七聖ト者。初果已後ニ立レ之也

144 玄[頭同]云。(天玄五、六二)引下大集經。獲二得眞實之知見一 文上證二有門一ヲ事 如レ宗取意

問。玄文中證トシテ二三藏教ノ有門得道一ヲ引二タマフ大集經ノ何文一ヲカ耶

答。如レ題

付レ之。何以得レン知コトヲ獲得眞實之知見ノ文。有門得道也ト云事。四門雖レ異ナリト眞實ノ證見同シ。(同前)陳如比丘カ得道有門ナリトハ難レ定。(同前)爰以次上ニハ既ニ云二甚深之理不可得一ト(說カ)非二ト有門一ニ聞リ。第一義(實義カ)諦無聲字ト說ル空門得道也トハ無レ諍。爾者如何

答。如レ此釋事ハ。陳如ハ是初轉法論(輪カ)ノ得道ノ者。有門入道ノ者也ト云事ハ無レ諍。爰以婆沙論ノ中ニハ釋二トテ初轉法輪ノ相一ヲ。盛ニ引二テ陳如カ得道一ヲ釋レリ之。彼論既ニ述二有門一ヲ。豈ニ引二ン空門得道ノ者一ヲ耶。依レ之阿含經ノ中ニハ。有門ノ人ハ見二色ノ實相一ヲ。空門ノ人ハ見二ト色ノ空ノ性一。說二ケリ獲得眞實之知見ノ文一(天玄五、六二。釋籤)證二ニ有門ノ義一ヲ足レリ。是以テ妙樂大師。七十五(㋑頭)以眞實證有ト釋タマヘリ。眞實ノ言。是色レトモ理體ノ不可說是同シ。有無ノ不同ハ是能入ノ初門也。於二ハ所證ノ理一ニ更ニ不レ可レ有レ異。彼ノ諸法寂滅相。(大正藏九、十上)不レ可二以レ言宣一。以二方便力一故。爲二五比丘一說ト說ケリ。卽初轉法輪ノ相ヲ說ル也。然トモ爲二五比丘一最初ニ說二有門一云事ハ。立敵誰カ諍ハン

難云。陳如カ有門得道正ク非ンハ二大聖金言一ニ難レ定。獲得眞

實ノ言ハ餘門ノ入證ヲ非レ可レ斥。對テ二凡夫迷妄ニ聖果ヲ獲得眞實ト云ハン事。誰カ諍ハンレ之。是以テ成論ノ述ルニ空門ヲ一。「我今正欲レ論ニ」（「」故我欲ニ正論ニカ）三藏中實義ヲ一 文（大正藏三二、二三九中）實義ト云ヒ。眞實ト云ヘル其言ハ異カ如何。然トモ大師モ實義者空也ト云テ。只有ニ可レトハ限不レ聞。依レ之分別功德論ノ中ニ。（第二）阿若拘隣ハ聞レ空得道 文（大正藏二五、三四下～五上。取意）但至ニ婆沙論ノ一者。設ヒ陳如空門得道也トモ引テ釋レセンニ之無レ失。諸師ノ常ノ習隨ニ義門ニ一引キニ經文ヲ一叶事ハ。彼論ニ正ク空有兩門ヲ分ケテ不レ釋レ之。惣シテ引ルニ彼論ヲ一歟。引テ有門得道也トハ不レ可レ定如何

答。自レ本如ニ答申ノ一。四門中ニハ有門。是佛法ノ根源。初轉法輪ノ所說也。拘隣等ノ五人有門得道也ト云事。立敵不レ可レ諍。但今釋ハ陳如カ有門得道ナルカ獲得眞實ノ文ハ難レトモ知。非レ證ニハ（空歟）有門ヲ一。本ト眞實ト者。付タルニ有門ノニ名ナレハ引ニ此文ヲ一證ニ有門ヲ一也。陳如カ有門得道ヲ强ニ遠ク經論ニ誠證ヲ非レ可ニ諍。大集經ノ此文正ク有門ト見カ故也。所以今釋意ハ。實相ノ十二異名。四教四門ト被レルル顯時。四門ノ名義體ヲ釋トシテ。有門ノ三義ト者。妙有ハ名也。眞善妙色ハ義也。實際ハ體也。空門ノ三ト者。畢竟空ハ名也。如如ハ義也。涅槃ハ體也。亦有亦空門ヲ云トシテ虛空佛性ハ名也。如來藏ハ義也。中實理心ハ體也。非有非空門ヲ云トシテ非有非空中（中イナシ）中道ハ名也。第一義諦ハ義也。微妙寂靜ハ體也。此等ノ實相ノ法門カ。四教四門ト顯ルル時。眞善實際ノ有門。三藏ノ實有ノ門ト云ヘルカ故ニ。眞實ト者。卽眞善妙有ノ者也ト得レ意タマフ時キ。引テニ獲得眞實ノ文ヲ一證ニ三藏有門ヲ一タマフ也。（天玄五、六二三。玄義）因レ滅會レ眞眞亦是有ト云ルモ眞善妙有ノ意也。以眞實證有ト云ルハ。（同、六二二。釋籤）眞ト者。眞善妙色ノ眞也。實ト者。實際也ト得レ心タマヒテ如レ此判也。但至ニ「成論文ノ一」者。（「」底重複記載）彼ハ毘曇」成論ノ論師互ニ諍テニ空有ノ義ヲ一是非ル時。成論ノ人破シテニ毘曇ノ義ヲ一彼ハ非ニ實義ニ一。今述ニ三藏實義ヲ一云也。正ク定ムニ四門名義體ヲ一時。實義ト云ル空門名義體ヲ非レ可レ證。仍彼假實之實也。非スニ空有兩門相望之日ノ實ニ一ハ

次至ニ分別功德論ノ一者。大集此文分明也。論家ノ一說。隨テレ宜ニ可レ會。所以ニ。彼論ノ文ハ三解脫門ノ中ノ依ニ空解脫門ニ一得道スト云也。彼論ノ文ハ非ニ空門ノ入理ニ一本ト有門毘曇ノ意也ト云ヘトモ。正ク顯レ理時ニハ依テニ空解脫門ニ一見レ道ヲ計也。仍彼ハ非レ難ニ　已上新懐

師云。此義大旨可レ然。但實相ノ法門。四諦ト顯ルル故等云事也

尊抄云。守護國界陀羅尼經云。不レ可レ説ニ甚深勝義一無ニ文字一。我説非レ無レ理。陳如初悟(果カ)解 文(大正藏十九、五四二上) 我説非無理ノ文。有門得道ト聞タルヲ耶。准シテニ彼經一思フニ大集經ヲ。眞實之知見ノ言。豈ニ非ニ有門一耶。但至ニ成論ノ文一者。三(イ)藏中實義ト云ハ。彼ハ敎ニ所レ詮ル以レ空ヲ爲ニ實義ト云也。大集ノ文ハ。於諸法)得(「獲カ)眞實之知見ト云カ故ニ。尚ヲ是有門ト聞タル也 已上(天玄五、六二。玄義)

師云。此一義可レ然ル也。既ニ云ニ於諸法ト故ニ有門ト聞タル也。空門ノ行者ハ於ニ諸法ニ得ニ眞實ヲ不レ可レ云也。有門ノ行者於テ諸法ニ得タリニ體恆有ヲ。此法體恆有ノ法ハ實相也。此實有ノ法ハ無漏ノ理ト無レ隔故ヘト云テ得ルニ無漏ノ理ヲ也。實有ハ門也。無漏ハ理也。凡ソ有門ノ行者ハ法體モ恆有也。無漏ノ理モ恆有也ト修行ル也。無漏ノ理ニ入リ畢ヌルハ。四門是同ク無言説也。門ト云時ハ皆何レモ情也

知足坊同レ之

淨名略疏八云。問身子聞ニ阿鞞(説示カ)カ説ニ三諦(云カ)一。是見レ有得レ道(敎カ)。卽是言説ナリ。今何得レ言ニ解脱言説(無カ)不知所有一ト。答有ニ是有門一豈非ニヤ言説一。此用レ證(空歟)答故云ニ無言説一。如ニ大集明一陳如(「憍カ)比丘最初得ニ無言説理一。此亦因ルニ有問(門カ)無言説一也。見有ト見空ト皆是敎門ナリ。無言説理ハ有ト空ト不レ異。若言レ異者身子ハ見レ有得レ道。何得レ言ニ吾聞ニ解脱無言説一也 文(大正藏三八、六七八下～九上)

淨名經云。舍利佛○曰。解脱者無レ所ニ言説一。故吾於レ聞(閒カ)レ是不レ知レ所レ言(云カ) 文(大正藏十四、五四八上) 疏ニハ此文ヲ釋ル也(天玄五、六二。釋籤)

尋云。以眞實證有ト文 此釋ハ理ヲモ尚有ト云歟。門ニコソ有ナレ如何

答。此ハ有門ノ行者入門ノ時ノ事也。眞亦是有ト云ハ行者ノ情意也。入レ眞ニ已ハ無キニ有ノ念一也。四門共ニ無言説也(同、六三。玄義)

師云。身子有門得道ナレトモ。於ニ空法一得レ證 文(大正藏九、十一上) 所入ノ理ハ同クニ空門一ト空也ト説ク。又玄文ノ第十ニハ。他人十二年前有相教ト云ヲ破ルニハ。陳如拘隣ノ有門得道ヲ引ク。是ハ證レ空ヲ。空豈ニ非ニ無相一耶ト破ル也(天玄五、三九八。取意)(同、四〇四～五)

玄十云。又拘隣五人。最初於ニ佛法一寂然無ニ聲字一。獲ニ眞實知見一(「如カ)○(「〇カ)又若得レ道敎同ニ無相一。若見レ空得レ道還同ニ無相一文

145 玄云。悉入二空平等一事　頭七十六（天玄五、六四）

問。成實論ニ明二空平等一ヲ耶

答。如レ題

付レ之。成實論ハ小乘也。何ソ明二空平等一ヲ耶。所以ニ仁王經ノ空三昧。大經ノ空平等地ノ證。皆是大乘也。就レ中小乘ニハ明シテ二生空法空一我我所ヲ空ス。假實ノ諸法ヲ破ス。此外ニ何物ヲ爲シテ二所破一ト可レ論二空平等地一ヲ耶

答。成實論ニ以二生法二空一ヲ爲二調心ノ方便一。正ク平等空ニ入ト見タリ。既ニ以二生法二空一ヲ破ス二假實ノ法一ヲ。假實異ニシテ生法二空不同也。是ハ則調心ノ方便ト聞ヘヌ。正ク眞ニ叶ハントスル時ニハ。三假浮虚ノ故ニ平等也ト觀シテ眞ニ叶フ歟。本ト生法二空相分レ。假實二法不同ナル事ハ。有門毘曇ノ意也。今ハ破シテレ彼ヲ假實共ニ浮虚也ト云ヘハ。尤モ屬シテ二平等ノ法一ニ可レ觀レ之者也。但至レ難ニ者。法門ノ名目ハ實通二大小一ニ。義門ハ權實水火ナル者也。道品等ノ法門有二大小一ト云ヘハトテ。小乘ニ道品ノ功徳無トヤ云ハントスル。何況瓔珞ニハ假諦ノ上ニ立二ツ平等觀ノ名一ヲ。大經ニハ眞理ノ上ニ立二ツ平等ノ名一ヲ。成論ノ小乘ノ義ニハ假實平等ノ法ノ上ヘニ又立二ルニ平等空ノ名一ヲ無レ失　已上新懐

146 玄云。三假浮虚破二假實一。悉入二空平等一發二眞無漏一事　頭七十六　因成假（天玄五、六四～五）

求云。三假浮虚ト者。事ノ諸法ヲ三假浮虚也ト云歟。將能觀ノ空ノ意歟　頭懐

答。有カ云。空ヲ云也。有云。非二空觀一ニハ所作ノ事法也

義云。此ノ尋ノ意ハ不レ被レ云。毘曇ニハ縁生ノ諸法ヲ有也ト云テ。（天玄五、六〇～五。玄義）以二析空一ヲ空レ之。生死ノ法自レ本世性微塵父母ノ非二所作一ニ。即（乃カ）是無明正因縁ノ法。出ヨ二生ス諸法一ヲ（行カ）。煩惱業苦ノ三道。悉是（皆是カ）皆有ル（也カ）也。一切ノ有爲無常苦空無我也（也カ）○二ニ空門ト者。即是彼教析ニ正因縁無明老死苦集二諦一。三假浮虚破二假實一。悉入二空平等一發二眞無漏一文 此釋意ハ。浮虚ノ字ノ上ニ入テ二空平等ノ能觀一ニ發シテ二眞無漏一ヲ云ト聞タリ。所以ニ。有門縁生ノ諸法實有也ト云テ爲シ二所觀境一ト。成論ハ三假浮虚ノ事ヲ爲二觀境一也。能觀ト者。有門ハ生空。空門ニハ三空也。然トモ平等空カ正ク發レヲハ眞ヲ。玄ノ此釋ニハ入空平等發眞無漏トハ云也　已上

147 故須菩提。在二石室一觀二生滅無常一。入レ空。因レ空得レ　頭七十六（天玄五、六五。玄義）

道事

問。須菩提。佛從ニ忉利天一下時始テ得道耶

答。難レ知不レ然（然イ爾）歟

疑云。若其時ニ得道ト云ハヽ。千二百ノ聲聞ハ鹿苑證果ノ者也。故須菩提モ忉利天ヨリ下ル時ヨリ前ニ得道スルナルヘシ如何。若不レ然（然イ爾）云ハヽ。玄云。須菩提○等云ヘリ。如レ題如何

答。今ノ釋ハ須菩提。空門得道ルカ故ニ有ニ石室一觀トレ空ヲ云也

又義云。實ニ佛忉利天ヨリ下ル時得道スル也。大論ノ第十一ニ見リ。故文不レ可レ諍。私ニ案レ之ニ。忉利天ヨリ下タマフ事ハ鹿苑ノ後歟如何。又入テニ石室ニ一見トニ法身ヲ一者。縱ヒ前ヨリ見トニ法身ヲ一云ヘトモ。空門得道ノ者ハ。一代ノ閒併ラ常ニ在テニ石室ニ一可レ見ニ法身ヲ一也。仍縱ヒ佛昇忉利爲母說法經ノ文ハ。鹿苑ノ後也トモ依テニ空門ニ一得レ道故ニ。忉利天下ノ後モ見トニ法身ヲ一云故ニ。引テ證ルニ空門ヲ一計也。仍テ於ニ其初得道ノ時分ニ一者。文理共ニ難レ知 已上

知抄云。須菩提得道ノ時節可レ有ニ二ノ意一。或ハ十二年ノ內。或ハ十二年後也。今ハ依ニ一說ニ也。但時節ノ前後ニハ不レ可レ依。共ニ是鹿苑證果ノ人ト可レ云故ニ。此論義非也 已上

師云。新懷ノ義大切也

148 籤云。破邪之用事在ニ有門一事 頭七十六（天玄五、六四）

問。三藏教ニ破ル有ヲ事ハ亙ルニ有空ノ二門ニ一耶

答。可レ然

進云。如レ題。付レ之。夫破ルニ邪見ヲ一事。何ソ限ンニ有門ニ一。付ク中以レ空ヲ破レ之云事ハ。其便有レ之如何

知抄云。邪見ハ是四顚倒也。無常等ノ四門。能破レカ之故如レ此云也。空門又破ル之强ニ不レ可レ遮レ之。或ハ初門ニ破シレ之（也イ歟）已レハ。彼彼（後後歟）門無ニ所破一云也

師云。破ル邪事ハ惣シテ有ニ三藏教一ニ。談シテニ但空一破ニ實有思一ヲ故也。而ニ有門ハ以ニ七方便ヲ一委ク修スニ諦觀ヲ一。以ノニ苦空等ヲ一故ニ。於テレ破ルニ邪ヲ便リ也ト云事也。故ニ佛最初ニ說ハニ有門ヲ一此意也

149 玄云。作ニ毘勒論一。還申ニ此門一也事 頭七十七（天玄五、六七）

問。玄文中ニ釋ストニ三藏教ノ亦有亦空門ヲ一見タリ。爾者何ナル論ニ申トカニ此門ヲ一可レ云耶

答。如レ題

付レ之。昆勒論未レタ來ニ此土一ニ。以レ何ヲ知ン申ニト亦有亦空門一ヲ（亦有(イ)无）云事ヲ如何

答。莆云。有人云。大論ニ見タリ 已上（四論乘記）

知足坊云。此論未レタ撿ヘ。但他宗釋中ニ昆勒論者。施設足論文定テ有ル二其據一歟。故ニ施設足論ト可レ云歟

有云。傳教釋有レ之。可レ堪（堪(イ)勘）レ之

難云。六足論。是有部ノ依憑也。定テ是有門歟。今何ソ爲ニ第三ノ門一耶。況大論ノ中ニ（第二）。昆勒ヲ釈シテ爲ニ篋藏一ト見タリ（大正藏二五、七〇上。取意）。全ク非ニ施設ノ義ニハ。加之昆勒論ハ未レ來ニ此土ニ云ヘリ。四教義五（大正藏四六、七三六中。取意）。施設足論ハ來（ㇳ不カ）ニ此土ニ如何

答。旃延是四門遍學ノ人ルカ故ニ。第三ノ門得道ノ人也ト云ヘトモ。又有門論ヲ作也。然ニ彼人ノ所造ノ論無レ之故ニ。以ニ此論一ヲ隨テ能造人ニ且ク第三ノ門ヲ爲レ論ト也。但梵語多含ナルカ故ニ。於ニ昆勒ニ釈シテ篋藏施設有レ之歟。次ニ未レ來ニ此土一ニ者。此論ハ唐ノ三藏ノ將來也。故ニ天台ノ時ハ未來故ニ爾カ云也。仍テ不レ違

又問。大論中ニ以テ身子一ヲ昆勒門ノ得道ト云フ。而ニ身子有門得道ノ義ハ。經論ノ說分明也。故ニ知ヌ。昆勒門ハ有門也。今何ソ爲ニ第三門一ト耶

答。大經（論歟）云（第十八）。若入ニ昆勒門一（大正藏二五、一九四中）卽墮ニ有無事中一（事ト无カ）文 故ニ非ニ私ノ釋ニ也。但昆勒門中ニ有ニリ隨相門對治門一。其中ノ隨相門ト者。說テ二一ノ事一ヲ顯ニ餘事一ヲ也

150 [頭]七十七（天玄五、六七）玄云。惡口車匿因レ此入レ道。未レ見ニ論來一事

問。玄文ノ中ニ釋ト二三藏非有非空門一ヲ見タリ。爾者此門申ルニ何經論ニ耶

答。如レ題

付レ之。大論三十一云（大正藏二五、二九二上）。有無皆空。如ニ迦旃延經說一 文 中論ノ第二云（大正藏三十、二十中）。迦旃延經中。爲（ㇳ佛カ）說ニ正見義一離レ有亦（亦无カ）離レ無 文

今何ソ不レ出ニ此經一ヲ耶

答。知抄云。今文未見論ト云事也。彼經ヲハ不レ遮歟。況惡口（天玄五、六七。玄義）事（事(イ)車）匿因此入道ト云ヘル卽指ニ彼經ヲ一也。所以佛最後ニ依ニ阿難（增一阿含六十六）問ニ爲レ治ニ車匿ヲ一說ニク離有離無法ヲ一也。故ニ探玄（記カ）義云（大正藏三五、一二五下）。迦旃（ㇳ說ニカ）延經一。此云ニ離有人（人ト无カ）無經一。破ニ我慢心一也 文 止六可レ見レ之

又問。涅槃寶疏云。迦旃延經。是迦旃延師造 文 如何

答。不レ可レ用レ之已上

新懐疑云。爲ニ惡口車匿ノ說一迦旃延經ヲ云事。彼經旣ニ不レ來ニ此土一ニ。何以テカ得レ知ンルコトヲ非有非空門ト云事ヲ。況迦旃延經ハ可レ指ニ迦旃延ノ所說ヲ一故ニ是ハ有門ナルヘシ。依レ之他人ハ存ニセリ此意一ヲ

答。大論ノ三十一云。如ニ上ニ書一カ之

151 玄云。(頭同)(天玄五、六七) 有人言。犢子阿毘曇申ニ此意一○此恐ハ未レ可ニ定用一也事

問。他人犢子部ハ宣ニト非有非空門一見リ。爾カ云宗師許レ之耶

答。如レ題

付レ之。犢子ハ立ニ不可說藏一ヲ故ニ。此藏ハ尤モ叶ヘリレ理ニ。何ソ不レ許レ之耶

答。旣ニ不可說藏ト云フ何ソ只限ンニ一門一ニ。仍テ未レ可ニ定用一釋。四門中ニ定テ不レ可レ用フ。若限ハニ一門一ニ不可說藏ハ名不レ可レ有故也

傳義云。犢子部所レノ述門忽ニ難レ定。雖レ立ニ不可說藏一未レ云ニ得道門一トモ。故ニ未可定用ト云ニ無レ失

知抄云。(同前) 此恐未レ可ニ定用一文 非ニ定判一ニ歟。但犢子所計我相第四ノ門ハ不レ叶。又非ニ佛說一ニ故ニ又不レ用レ之也

152 玄云。(頭七十七)(天玄五、六七) 我在第五不可說藏事

備云。(卍續四四、三三一九丁右下) 犢子ト者。付(附カ)ニ佛法一外道因レ讀ニ舍利弗毘曇一自制(製カ)ニ別義一言。我在ニ第五不可說藏中一云何外道計色是我離レ色有レ我色中有レ我我中有レ色。犢子道人又自作レ義云。不生不滅如レ幻如レ化。龍樹行(斥カ)云ニ是邪人法一文

師云。付佛法ノ外道ト云事ハ。委ク止ノ第十ニ有レ之

153 玄云。(頭同)(天玄五、六九) 大論云○觀空卽疊等事

備云。(卍續四四、三三一九丁右下) 如ニ論云一如ニ往(坐カ)禪人一觀ニ於端疊(氎カ)一作ニ地水火風青黃赤白等想一。或復都空是故端氎タンテウ。但有ニ名字一從ニ一極微色香味觸一以爲ニ實相假名毛分一。毛分者。毛中少(小カ)分名(爲カ)曰ニ毛分一。故極微等皆名ニ毛分一。毛合聚故。故名爲レ毳ニコケ。論釋甚廣文

師云。此文ハ析破文也。今ノ玄文所引ハ。疊卽空空卽疊ト云也。不審也。能ク能ク本論ヲ可レ見

154 玄云。(頭七十八)(天玄五、六九) 又(又〓カ)三藏觀ニ生空一得レ道。已又更觀ニ法空一事

籤云。見惑若破得二須陀洹一名レ得二生空一。後進斷レ思
（㋑頭同（同、七〇））方得二法空一事

問。玄文中ニ釋二四門入實相一ヲ。爾者。三藏教意約二生法二空一ニ如何釋ル耶

答。如レ題

付レ之。觀二シテ生空法空一ヲ得道ス。何ソ如レ此云耶

答。籤ニ如レ題

難云。此釋ハ常ノ配立ニハ不レ准セ。本生法二空ト者。爲レ顯カ理ヲ所レ空ル也。何ソ以テ空ルヲ二我我所一ヲ生空法空ト云耶如何

答。常ニハ爾カ可レ云。只一往ノ意也。但委ク案ニレ之。本ト生空ト者。外道ノ殺二神我一ヲ名タリ。仍斷二ト見惑一ヲ被レリ云。（㇐㊦重複記載）故ニ觀二シテ生空一ヲ得レ道ヲ被ルル釋也。次ニ斷ルヲ二思「惑一ヲ法空ト云ハ少キ（㋑不歟）可レ得レ心也。其モ本ト思」惟ノ煩惱ハ事ノ諸法ニ迷ルニ名タリ。而ニ斷二見惑一ヲ後重慮思惟ノ上ノ所斷ナレハ法空ト被レタル云也。但毘曇成論カ空ニシ我我所一ヲ生法二空ノ後顯レ理ヲ云ハ不レ被レ得レ心。然トモ彼ハ思惟ノ一分ヲ斷ルヲ法空ト云歟（如二上兼除四思ト云カ一）（歟㋑也）何モ法空ト被レルル云日。思惟ノ氣分ヲ斷ル歟ト可レ得レ心歟。彼見惑ノ上ニ背上使ヲ論ル等ハ。皆實ニハ一分ノ思ヲ斷ト被レ云意可レ有也。彼ノ見惑ヲ斷シツレハ於テ二三惡趣一ニ得二不生一隨テ四惡趣ノ思惑モ被レ斷也。故ニ明ニ成實法空一ヲ被ルル云。此等ノ義分歟。毘曇ニハ不レ明ニ法空一ヲ釋ルハ。又見諦已後ノ思惟煩惱ヲ斷ト云意ニテ釋ル歟。仍二論共ニ意異ナレトモ見道ノ理等キ歟

知抄云。斷二見惑一ヲ得二初果一ヲ時。二空共ニ可レ有レ之。何ソ如レ此前後ル耶 已上懷

答。實ニ爾リ。但今ノ文ハ斷ルヲ二見惑一ヲ爲二生空一ト。斷ルヲ二思惑一ヲ爲二法空一。是一ノ配立也。籤釋如レ此 云云

難云。若爾ハ。通教ノ二空同時ニ得ト云ハハ。見思ノ二惑ハ同時斷ル歟

答。相即ノ教ナレハ且ク爾カ云也。彼實ニ見思同時斷ノ義不レ可レ有レ之

要決云。籤。（佛全15、九八上～下）得二須陀洹一名（得㋕カ）レ得二生空一。後進斷レ思方得二法空一者。三藏教ノ中ニ判二生法空一略有二三義一。若空レ我名二生空一。若空ルヲ二我所一（㇐理カ）名クルコト二法空一者。初果俱（共カ）ニ得テ諦觀ス觀中能（觀㋕カ）㋑〔觀二〕我我所空一ヲ故ニ。若以二有門一爲二生空觀（觀㋕カ）一。若以二空門一

名二法空觀一者。有門四果皆不レ得二法空一ヲ。若斷二見惑一名二生空一。斷二修惑一名二法空一。此中依レ斷二見修一以二理觀一爲二（爲カ）生空一。以二事觀一得二法空一也 文

玄四云。得二人空一（生空）成二眞諦智炎（焰カ）一。得二法空一成二俗（ヿ諦カ）智炎（焰カ）一 文（天玄三、一三五）此釋ハ法空ハ成二俗諦ト一云論義也 如二第四卷一

決六云。（天止三、六七一）故知小乘空二於我所一。名爲二法空一。空二於我人一名二衆生空一。若諸菩薩以レ空二涅槃恆沙佛法一。名爲二法空一 文

莆云。凡生法二空ノ配立。隨レ義ニ不レ可二一准一。所以ニ毘曇婆沙ノ意ハ如レ難ノ。又成論ノ意ハ空ヲ我我所ヲ名ケ二生空ト一。空ルヲ五陰ノ實法ヲ名二法空ト一。又諸大乘經ニ空ルヲ生死ヲ名二生空ト一。空ルヲ涅槃ヲ名二法空一。此等說不同也。而今ノ釋ハ且ク對シテ通敎二空相卽一ニ。三藏ヲ對ルニ異ノ二空一ニ歟

155 通教有門空門ノ差別事

問。通教ノ中ニ明二通ノ四門一ヲ。且ク有門空門ノ差別ヲハ如何釋ル耶

答。玄云。（天玄五、七三～四）有門者。若業若果善惡等法。乃至涅槃皆如幻（如シカ）化。譬鏡中像○爲（ヿ爲カ）二有門一也。諸法旣如二幻化一。幻化本自無レ實。無レ實故空。乃至涅槃亦如二幻化一。如鏡中像假○是爲二空門一 文

付レ之。此二門相。全無二差別一如何

答。委ク見二文相一ヲ。有門ハ譬フ鏡中ノ如ヒト像ノ。雖レ無二實性（天玄五、七四。玄義）一而モ有二幻化一頭等ノ六分ヲハ爲二有門一。空門ノ中ノ譬ハ。如下鏡（同前）中像假有二形色一求不可得上是爲二空門一 文 玄ノ次下ニ辨シテレ（同前）異ヲ云。諸法旣如レ幻故名〔爲レ有。門不可得故名〕（イ）（幻カ）爲レ空 文 可レ知 已上尊均

156 玄云。乃至涅槃亦如二幻化一事（頭七十九）（天玄五、七四）

問。通教ノ意。空ルニ菩提（ヿ（イ）涅槃）ヲ耶 如二第四一

答。難レ定。若空二菩提涅槃一ヲ。是ハ行者ノ所期也 若夫佛果菩提涅槃空也ト思ハハ。依カレ何修レ行ヲ立ンレ願ヲ耶。依レ之決六云。（天止四、三八）通別入空但照二六界一 文 若依レ之爾ト云ハハ如レ題

答。先可レ空歟。但至二道理一ニ者。雖レ知二衆生空ト一而モ度二如空ノ衆生一ヲ。佛果菩提設ヒ空也ト知ト云ヘトモ而モ求ムルニ如空ノ佛果一ヲ有ンニ二何ノ失一カ。但照六界ト者。空觀ノ本意ニ入ルニ任テ空ニ六

道ノ妄法ヲ云計歟。次ニハ不レ空歟。但至レ釋者。此ハ菩提（提㋑薩）涅槃ノ體ヲ非レ空ルニハ。只是空ニ行ル者ノ所執ヲ歟　已上尊均

知抄云。彼ハ體空ノ教ナルカ故ニ。以テ如幻涅槃ヲ為ト所證ト云ニ無レ失　已上

師云。空ト所執ヲ云義可レ然（然㋑爾）。是ハ如幻ノ教ナレハ。少モ於テ佛果ニ有ン執時ハ。無ト佛果ニ可レ云故也。若無ハ執不レ可レ空レ之。故ニ往テハ空レ執ヲ也。委ハ如ニ三觀義重聞ノ抄ニ書クレ之（行妙下）

玄四云。若有下一法過ニ涅槃ニ者上。我亦說レ如ニ幻化ノ　文（天玄三、八二）

157　玄云。引テ力士額珠ヲ證ニ別教ヲ事（頭八十）（天玄五、七七。取意）

疑云。餘處ニ引テ之為ニ圓教ト。今何為ニ別教ト耶

答。彼又（又㋑文）二教ノ意可レ有也。故彼此各取ル一邊ヲ　已上知抄（頭八十一）（天玄五、七七）

158　籤云。石中有金具如止觀第六記事（卍續四四、十一丁左上～下）

補注云。尼揵（犍カ）經中云（云㋣カ）王名ニ嚴熾ト有ニ大薩遮。來入ニ其國ニ王出遠向（向㋣カ）迎乃為レ王說。大王當レ知依ニ煩惱心（身カ）ニ觀ニ如來心（身カ）ニ。何以故是身卽是如來藏。故一切煩惱諸垢藏中佛性滿足。如ニ石中金。木中火。地中水。乳中酪。麻（此カ）中油。子中禾クワ。藏中金。模中像。孕中胎。雲中日ニ。是故我言煩惱之中有ニ如來藏ニ　文　又云（文㋣カ）。佛藏十喩為レ有者（了者カ）。文在ニ方等如來藏經ニ佛卽如來也。十喩。一未レ敷レ華。二榮（萎カ）レ華。三蜜蜂。四粳糧。五金在ニ不淨ニ。六貧家有レ寶。七掩（菴カ）羅華（果カ）。八閉設褁ヤツルルレ金（弊物カ）。九貧女懷ニ貴子ヲ。十冶（鑄カ）ニ鐘眞（像カ）金藏ヲ。然此兩經十喩皆是有門耳　文

159　籤云。佛藏十喩。為ニ別教ト事（頭八十一）（天玄五、七七）

問。佛藏經所說ノ十喩ト者。圓教ノ意歟

答。如レ題

懷問云。釋籤中ニ證シテ別教ノ有門ヲ引ニ佛藏經ノ何ナル文ヲ耶

答。引ニ十喩文ヲ證レ之也

付レ之。見ニ彼經文ヲ。佛見下一切衆生心中。皆有ニ如來ニ結跏趺坐上　文（天止三、二〇四。弘決參照）悉有佛性ノ說。豈ニ別教ノ意ナラン耶。依レ之餘處釋中ニ以テレ之為ヲ圓ト耶

答。圓之意者。衆生卽是佛也。今ノ文ハ衆生ノ心中ニ有ト佛云カ故ニ別教ト云也。但悉有佛性ト者。約ニ理佛性ニ歟。餘處ノ釋ハ約シテレ圓ニ消ルニレ之無ニ違ル事。經ハ既ニ含容ナルカ故也　懷同レ之

要決。一一譬喩皆顯ニ煩惱覆ニ佛性ヲ。故成ニ別教有門義ヲ。若（佛全15、九八下）

圓教中煩惱卽佛性。又何（如カ）說ニ於（ㇾ土カ）（於ナシカ）能覆所覆別一文

160 玄云。大槃（般カ）涅槃空事　㊀八十一（天玄五、七七）　如ニ止六抄。三觀義。止二ノ

問。別教意。空ルニ菩提涅槃ヲ一耶

答。存ハニ一義ヲ一不レ空

若不レト空云ハハ如レ題。若依レ之爾ト云ハハ。菩提涅槃ハ所期也。（天止一、五五八。弘決）何空レン之耶。依レ之或ハ通別入空但照六界ト云ヒ。（天止四、三八。弘決）或ハ九界既空トハ云ヘトモ。更ニ佛果菩提ヲ空トハ不レ云

答。今ノ釋意ハ。空ルニ煩惱妄有ヲ一空ニハ非ス。只中道實相ノ理カ不思議ニシテ有トモ空トモ說ニ無ト相違一云事ヲ云トシテ所期ノ理。第一義空ナル事ヲ釋タマフ也。入空觀心非ス　已上懷義

要決云。空大涅槃但空ニ其執一。（「者カ）不レ關ニ法體一文（佛全15、九八下）

師云。新懷ノ義ハ不レ叶レ文ニ。今ノ釋ハ空門ヲ釋ル也。非ニ所期ノ理體釋ル者一ニハ耶。サレハ四門時ノ空門ニハ空シニ菩提涅槃ヲ一。入空ノ時ノ空ニハ空トニ六道ヲ一可レ習也。如ニ三觀義一仰

師云ッ。常ニハ空ニ執情ヲ一云也ッ。此流ニハ空ニ菩提涅槃ヲ一ニ云也。決一ニ釋シテニ別教ヲ一。（天止一、二八四）一空一切空ト云テ諸法皆空ト云也。但至ニ所期不レト可レ空云ニ一者。諸法空ト思ヘハコソ可レシ至ニ所期一ヘハ。入ニ空門一ヨリ人如カレ顯ニ眞如ノ理ヲ一故。例ハ如ニ雖非本期觀力便（便㊀使）爾ト（天止一、四一六。弘決）云一カ

問。玄文中ニ證ニトシテ別教空門ヲ一引クニ大經ノ何ル文ヲ一耶

答。如レ題　如レ上

疑。餘處ノ釋ニハ證ニトシテ通ノ空ヲ一引ニ此文ヲ一如何

答。本ト如幻卽空ノ教ナレハ圓ニ通シ別ニ通ル故ニ。證レ通ヲ或ハ（「㊀或ハ）證ルニレ別ヲ無レ失。又引ニ此文一證ニ圓ノ空ヲ一無レ失　已上新懷

師云。止六ニモ別教ノ證ニ引レ之也。如ニ三觀義一

161 玄云。大經ノ引テニ一切衆生悉有佛性ヲ一證ルニ別教ノ亦有　㊀八十一（天玄五、七七）

亦空門ヲ一事

問。別教ニ明ニ一切衆生悉有佛性旨一耶

答。何ナル經ノ別教ソト如レ尋歟。然トモ但明ス耶ト云ハハ明トモ可ニ答申一。爾者玄八云。如レ題

付レ之。一切衆生悉有佛性ノ旨。法華皆成ノ意ニ同シ。爭カ別教ニ有ンニ此說一耶。若許トニ此說ヲ一云ハハ。二乘作佛有ニ何疑一耶

答。言同ケレトモ意異也。別教ハ當分ノ一切也。三乘五乘七方便皆有トハニ佛性一不レ云。只於ニ六道及菩薩一ニ。法身本有ノ故ニ

一切衆生悉有佛性ト云也。法華ノ意ハ十界三千住シテ法位ニ成ト二三乘五乘佛ニ云カ故ニ非レ例ニ。依レ之次下ニハ又以テ此文ヲ證スト圓教ヲ釋セリ　已上懷

新懷十一云。凡ソ付テ別教ニ有リ詮理教一有リ詮行教一。詮理教ト者。卽別圓ハ異ナレトモ説ク所詮ノ理ヲ事。四門更不レ殊。仍テ實相ノ妙理ハ一切衆生無ト隔ル處ニ云ハン事ハ。何別教ニ斥ハン之。(天玄二、一一四。玄義)仍テ教ハ詮行ノ教門ニコソ次第不次第。融不融等ノ差別ハ有ン。融シ。行證不融ト云釋ハ此等ノ意也。但至ニ五性各別ヲ論ト云ニ者。學者未タ許レ處也。況設ト明レ之云ヘトモ。付ニ詮行ニ可レ論レ之ヲ。於ニ詮理ノ四門ニ圓不レ殊（殊イ珠）已上(天玄二、一一四。釋籤)

師云。此義可レ然也。教談(譚カ)中理是故名融。行證次第故名不融ノ釋ニテ入眼可レ爾也

尊抄云。從漸方便而得見佛性ト云カ故ニ。別教ハ依ニ縁珠一得ト眞珠ヲ云フ心也ト云歟。但至レ難ニ者。別教ノ意ニモ理佛性遍ルカ一切ノ法ニ故ニ無レ失。今ハ不レ論ニ行佛性ヲ　已上　知抄同レ之

師云。今玄文一往用ニ別門ヲ方ヲ經文或時ハ爲ニ圓門一。此義ハ下有テ料簡ス。指ス（イ是ハ）第九卷別圓料簡文ヲ也。彼釋云。涅槃中(天玄五、二一五。玄義)四種。名義異名義同。而皆體同　文

籤(同前)云。涅槃中藏通更立ニ偏體一。故ニ四教名義雖レ異。其體皆（了不レ應ミカ）同　文

師云。尊抄義可レ爾。新懷義ト寄合テ可レ云也

付レ之。説ニ別教ヲ經論多レ之。今何引ニ大經ノ一切衆生悉有佛性ノ文ヲ證ルレ之耶ト難也

答ルニ之實ニ諸經ニ説ニ別教ヲ文有レトモ之。今ハ顯體ノ文段ルカ故ニ約シテ中道佛性ニ引ク之也。況ヤ大經所説。悉有佛性ハ不レ隔ニ四教ヲ故ニ不レ引レ之也。方等別教ニハ不レ可レ同也。若爾ハ。爾前ノ理佛性遍ル一切ニ義ニハ不レ可ニ入眼ス也。大經ノ別教ハ全ク圓教ノ意也。四教俱知常住故也。今玄文ニモ。或時爲ニ圓門一(天玄五、八一)文可レ思レ之。又大經ノ文ハ四門俱ニ明レンレ之。餘經ニモ四門明レ之文少シ。今ハ證ルニ四門ヲ便リ也

162 玄(頭八十二)云。三藏四門迂(紆カ)廻隘陋。名爲ニ拙度一。通教四門是(天玄五、八二)摩訶衍。寛直巧度事

問。玄文中ニ付テ釋ニ藏通二教ノ四門ノ相ヲ。且ク二教ノ四門。何ノ迂廻。何ノ直道ノ有トカ不同一釋ル耶　如下通教ノ菩薩。經テ幾劫數ヲ成佛ル耶ノ算上ノ

答。如レ題

付レ之。藏通異レトモ同ク叶二フ眞理一ニ事。更ニ迂廻直道ノ不同不レ可レ有ル。付テ二二乘一ニ論レ之。三生六十劫。四生百劫ノ行藏通可レ同カル。付テ二菩薩一ニ論ハ。三藏ハ三祇百劫。通教ハ動逾塵劫也。何ソ如レ此耶

答。三藏ハ事教廻レシテ事ヲ叶レ理ニ。通教ハ理教故ニ直路ト云歟。大小異也。迂廻直道ヲ判ル事。尤モ叶ヘリ二道理一ニ

義云。今ノ釋ノ意ハ爾カ云ニハ非ス。叶フ二眞理一ニ事ヲ云トシテ。通教ハ是大乘ナレトモ正通實相ノ門也。三藏ハ是小乘教ナレハ迂廻ノ教也ト云也。於ニ各各ノ教ノ門一ニ付テレ叶フ二眞理一ニ。論シテ二時節長短一ヲ非レ判ルニ二迂廻直道一ヲ 已上懷

師云。前義吉也。叶レ釋ニ後ノ義ハ餘ノ事也。今ノ釋ハ既ニ。能通ノ教門大爲ニ十六一。所通之理但是偏圓兩眞 文（天玄五、八二。玄義） 若如ンハ二後ノ義一者。只是圓眞ト可レ云ヲ耶如何。止觀ノ第一ニ別教ノ弘誓ヲ釋下ニ別教四門ヲ釋シテ。藏教ハ迂通化城。〔通教ハ直道化城。〕（天止一、三一七。止觀取意）㋑ 別教ハ紆通寶所。圓教ハ直通寶所ト釋ル也。藏通同ク偏眞ノ理ト云也

163 [頭]同 玄云。眞理無レ二。所通唯一事（天玄五、八二）

問。三藏教ノ二乘。隨智證ノ時成ル二通人一ト耶 如二第三卷一 （答缺）

164 [頭]八十三 籤云。先問意者衍應レ通レ圓。門但應レ八。何故十二事（天玄五、八四）

問。玄文中ニ。小乘一種四門。摩訶衍何故三種四門ト問セリ。[頭]同（同、八三）

爾者妙樂大師。此問ノ意ヲハ如何カ明タマフ耶

答。如レ題

付レ之。玄ノ意ハ小乘ニハ一種ノ四門ヲ立カ如ク。摩訶衍ニモ又一種ノ四門ニ可レ限ル難ル也。何ソ門但應八ト釋ル耶

答。是ニハ有ニ多ノ料簡一。一ニハ衍ト者本ト入ル二中道一ニ門ナレハ。別圓兩教ノ談レ中ヲ教ノミニ可レ有故ニ。通教ノ空門ヲハ可レ除ト問ト得テレ意。門但應八ト可レ消ル。必ス衍門ハ只一種ノ四門可レ有ト問トハ不レ可レ得レ意

又義云。夫門ト者。能入ノ義也。然ニ前三教ハ能入。圓教ハ所入也。（天玄五、八四。釋籤）今[圓]（衍カ）應通圓。門但應八ト者。上ノ句ノ衍應通圓ト者。圓ヲ爲ル二所通一ト事ヲ釋シ。下ノ句ノ門但應八ト者。通別二教ノ爲ル二能通一ト事ヲ釋ルカ故ニ。應八者ト通別二教八門ヲ指スト可レ得レ心

也

又義云。此釋ノ意ハ。本ト立ルレ門ヲ事ハ爲レ通ンカレ理ニ也。然ニ爲ニハレ入ニ眞理ニ一只通ノ四門也。爲ニハレ入カレ中ニ圓ノ四門ニ可レ限也。故ニ通ト圓トノ四門ヲ可トレ立ツ得テレ心門但八トハ釋也。所以ニ。衍ハ應シトレ通トレ圓トノミ可レ讀ム也

師云。此義ヲカシシ

又義云。先此論義ハ。衍應通圓ノ釋ヲ讀ミ定テ後ニ可レ疑也。此文ヲ讀定テハ。次ノ釋ハ不レ苦。所以ニ大乘ト者。至テニ圓教一ニ爲レ詮ト也。故ニ如ニ疑難一ノ。大乘ハ只一種ノ可ニト四門一ナル可レ讀也。通ト圓トハ不レ可レ讀也。此義ハ上ノ門但應八ノ釋含シテニ大小一ヲ八ト云ト得ハレ意ヘ。下ノ何故十二門。又含シテニ大小一ヲ十六トシテ可トレ問覺ル。然トモ本玄文ニ。(天玄五、八三)何故三種四門ト遮シテ詮ル標。妙樂大師モ。上ニ大小兩門ノ例同テ。門但應八トハ云ヘトモ。何故十二トハ且ク衍門ノ三種ヲ結難ル也ト可レ得レ心也。此ノ卷ニ取テハ高名ノ難ニシテ論義ナル也

師云。文點ハ地體如レ此可レ讀也

義云。玄義ニ。(同前)小乘一種四門。摩訶衍何故三種四門ト問スルハ。惣シテ後三大乘ヲ非ニス摩訶衍ト問一ニハ。只藏通相望シテ問ル也。所以ニ。次上ノ文ニ通教ノ四門ヲ云トシテ。通通通別ト釋セリ。(天玄五、六八。玄義)仍テ料ニ簡ル之ヲ一時。小乘ニ有ニリ一種門一。摩訶衍ニモ只一種ノ門ノミ可トレ有者。通教ノ別ニ通シ。通ニ通ト云ヲ難ル也ト被レ得レ心也。所以ニ次下ニ。摩訶衍門那得三人見眞ト問ルニ。(天玄五、八四～五。玄義)此門正意通大。傍通於小。乃至正通實相傍通眞諦ト答セリ。仍テ上ノ摩訶衍ノ何故三種四門ト云ヘトモ通ヲ問也。故ニ衍應通圓。(天玄五、八四。釋籤)門但應八ト者。只通ト圓トノ八門ノミ可レ有。本ト通教ハ正通實相ノ教ニシテ通ルカレ圓ニ故ニ門ハ只可レ八ナル。何ソ十二ト云ソト釋ル也。意ハ傍通眞諦ノ故ニ只四也。也㋑ナシ 正通實相ノ故ニ。只通圓ナルカ故ニ。惣合シテハ可トレ八ナル問也。仍テ惣シテ非ニ後三大乘ヲ問一ニハ通教ノ摩訶衍ヲ問ト可レ得レ心也 已上懷抄義

蕭云。今是ヲ案ルニ本書ノ問ノ意。例問縱問ノ二意可レ有レ之。所以ニ。小乘ハ一種ノ四┌㋑門也。大乘又一種ノ四門ナルヘシト例問ス。設ヒ立ニトモ偏直ノ兩種門一ヲ是可ニ八門一ナル。何故ソ十二ナルト縱問。而ニ籤師ハ縱問意ヲ釋シテ。門但應八ト云歟。(同前)意ハ於テニ例問一ニ偏直ノ八門ヲ許テ通教ノ四門ヲ問也。所以ニ。本書ノ答ノ文ニ通教

四門ヲ答ヘ。重テ又通教ノ三乘共學ヲ擧テ不レ可ニ摩訶衍ナル一事ヲ問セリ 已上

尊抄云。所難旨ハ非也。問ノ意ハ小乘既ニ一種四門也。大乘三教所通只圓ニ可レ有故。又可ニ一種四門ナル一。若爾ハ。大小合シテ可ニ八門ナル一。立ニ十六門ヲ一耶問也ト判ル也

難云。若爾ハ。結文ニ何故十六ト可レ云也。何只十二ト云耶

答。玄義ニ既ニ何故三種四門ト云フ。只是約シテ二後三教ニ一結レ之ヲ。故ニ釋籤釋述ル二此旨ヲ一也。意ハ大小合論シテ只可レ有ニ八門一。大乘中ニ何カ故ソ立ニ十二門ヲ一ト云也 已上

師云。尊抄義。懷抄最後ノ義ニ同レ之

私案ルニ之。莆抄義ハ可レ然（然イ爾）也。所以ニ。本書ニ問ル意ハ。小乘ニスラ只用テ二四門ヲ一入ル理ニ。大乘ハ勝タル教ナレハ別圓八門ニテ可レ入ル。二教共ニ明ス二中道ヲ一。證道同圓ナレハ以テレ別ヲ入ル二圓ニ。以テ二圓ノ四門ヲ一可レ入ニ實相ニ。何ソ用ニ通教ヲ問ル也。答ルニ之。大乘ノ理ハ深ケレハ用テ二多ノ門ヲ一得入ル也。故ニ用ニ通教ノ二被接（接イ攝）ヲ一爲レ門ト故ニ。以テ二通教ヲ一爲レ門入ト圓ニモ答ル也。故ニ籤ノ釋ハ得ル二此意ヲ一也。是新懷ノ義ノ中ノ第一ノ義也

又玉抄云。見ニ玄文ニ先ノ文ニ云。三藏通教ハ同ク所通ハ偏眞也。然トモ通教ヲハ衍門ト云ヘリ。別圓ハ所通ハ圓眞ト云カ故ニ料ニ簡ル之ヲ一。通教ハ所通既ニ同シ二三藏偏眞ニ一。何ソ衍門ト可レ云耶ト問也。故ニ只別圓ノ八門ヲ可レ爲ニ衍門ニ一。加テ二通教ヲ何ソ爲ル二十二門ト一耶ト問也。答ニハ之。通教ハ正通實相ノ教ルカ故ニ十二門ト云也

165 玄云。小乘淺近一生斷レ結事 頭八十三（天玄五、八三） 如ニ問答疏六。止七一

玄云。大乘深遠通處則（則イ卽）長事 頭同（同前）

問。玄文中ニ。小乘一種ノ四門。摩訶衍（「イ訶）何故三種四門ト問セリ。（同前）爾者如何此問ヲ答ヘ釋ル耶

答。如レ題

付レ之。小乘權門ハ迂廻道也。大乘實門ハ直道也ト云事。上ニ既ニ釋シ了ヌ。爾者今ノ答ノ意。大乘還テ小乘ヨリ劣ナルカ歟如何

答。私云。今ノ釋ハ小乘ハ只通ルカ二偏眞ニ一故ニ門不レ多。大乘ハ通ノカ二中道ニ一故ニ門多ト云也。是卽通教ヨリ已後ハ皆通ルレ中ニ邊ヲ出シテ答ヘ釋ル也。故ニ小乘ハ只通ス二偏眞ニ一。纔ニ斷レ見ヲ爲ニ所期ト一故ニ用ルレ門ヲ事不レ多。通シ二中道ニ一斷シ二無明ヲ一斷ニ思惑ヲ一後ナレハ。後

三教ノ所期ハ深遠ナルカ故ニ用レ門ヲ事多ト云也。是ハ三惑三觀ノ配立ニテ浅深ヲ立ル意ニテ釋ル也。行者修入ノ時ハ圓實ニ入ル何モ可二速疾ナル一也。故ニ直道ト云是也。無明卽法性觀ハ直道也。故ニ今ノ釋ハ通別二教ノ當分所期ニテ釋ニテハ無レキ之釋ノ意據也。若四教ノ當分ニテ云時ハ。三藏ハ迂通二化城一。通教ハ直通二化城一。別教ハ迂通二寶所一。圓教ハ直通二寶所一也。今ノ釋ハ後三教ノ十二門ヲ爲二能通一ト。入二圓實ノ中道一ヲ爲二本意一ト釋スル也

難云。以二三教一ヲ爲二能通一ト。以二圓教一ヲ爲ル二所通一ト能通方便意也。若爾ハ。三藏教モ可レ爲二能通一ト故ニ。三藏ヲモ當分ニテハ不レ可レ釋ス如何

答。今ノ釋ハ於二四教一ニ以二無中ノ藏教一ヲ爲二小乘一。含中已後ノ以二三教一ヲ爲ル二衍門一ト心也。能通方便ノ意ニハ非ル也。今釋ル二經ノ體一ヲ文段ニハ初ヨリ約シテ二五種ノ二諦一ニ。藏通當分ノ事ヲハ不レ取也。能能可レ思レ之

難云。四教當分ニモ通教ハ三藏ヨリモ經ル二多劫一ヲ也。名疏十云。大（大正藏三八、七〇八上）乘深（妙歟）遠。是故學劫亦多 文 是ハ引ク下大論ノ迦旃延師ノ斥テ二三藏一ヲ立ル二衍門ノ義一ヲ文上ヲ也。此ハ衍門ト者。多ク是通教也如何

答。如二宗要一。但彼ノ釋ハ。三藏ハ化他ヲ爲レ前ト自行ヲ爲レ後ニ。故ニ自行ノ位ニ劫ヲ經ル事少シ。通教ハ自行ヲ爲レ前ト。八地已上ハ化他ニシテ動踰塵劫ノ後成佛スレハ。大乘ハ利他多レカ之故ニ深妙ト云也。多ノ法門ヲ習故也。小乘ハ經レル劫ヲ化他少レハ。所學ノ法門モ少キ也。故ニ小乘ニ早ク成佛ト云ハ。通教七地ノ分也。第十地ノ成佛ニ不レ及。通教ノ佛ハ齊縁ノ入滅也。是卽化他多キ故也。若約ル二觀門一ニ時ハ。通教ハ自行ハ早シ七地已前ニ不レ可レ經二劫數一ヲ。直道化城ル也。七地已前ニ經レト劫ヲ見タルハ當ル二化他邊一ニ也　委如二宗要一

166　玄云。（頭八十三）（天玄五、八五）正通二實相一傍通二眞諦一事

問。通教四門正ニハ通トカ二何ナル理一ニ釋ル耶

答。如レ題

付レ之。通教ハ此レ界內ノ教。三乘共學ノ法也。正クハ詮二界內眞諦ノ理一ヲ。正通實相ノ釋無レ由。傍ニハ通ル二別圓一ニ者ノ有ト云ヘトモ。當教ニ通ル二實理一ニ者ノ無レ之。傍ニ有ト下通ル二實相一ニ者ノ上云ハン。尚ヲ難レ思。況ヤ正通實相ノ釋ヲ作事如何

答。通教ト者。本ト如幻卽空ノ教ニシテ本意ハ顯ニ二不空一ヲ有リ。仍テ

正通實相ト云也。實ニ教ヲハ三乘共學ト云ヒ。但空ノ教トハ云ヘトモ。
是大乘摩訶衍ノ本意ニ非ス。爲レ聞ニ實相ヲ也。但至ニ當教ニ
留ニ實相ノ者無ト云上者。通ト者本ト通ル大ニ故也。即通カランニ別
圓ニ非ニ通教ニ耶トヤ。聞タル此難甚非也　已上懷
尊抄云。別圓各逗ニ一種根性ニ機定教定也。通教ハ逗シテ多
途根性ニ無ニ機ニ定リ無ニ教ニ定ニ。所以ニ。教ヲ置テ大小ノ中間ニ
覺ル理ヲ。界內外交際ル眞諦ノ理ニ。自リ本含ル中道ノ理ヲ故ニ。
利根ノ人ハ通ニ別圓ニ入ル次第不次第ノ教ニ也。通教ノ名言ハ
正ク從レ是ニ立タリ。正通實相ノ文ケタシ此心而已。天台自ラ
開ニ四教門戶ヲ判ル通教ノ名ヲ事如レ此也。何至（致カ）レン難ヲ耶
師云。新懷。尊抄同義也。凡ソ通教ハ大乘初門調機入（イ）頓ト
釋シテ入ニ頓ヲ爲ル正意ニ故ニ正通實相ト釋ル也。是即佛ノ本意
也。三藏ノ機入テ通ニ後ハ機根顯ス多途ノ意ヲ。此ノ通教ヨリ通ル別
圓ニ本意有レ之。故ニ正通ニ實相ニ也。傍通ニ眞諦ニ非ニ本意ニ。
寄ニ鈍根ニ談ス界內理ヲ也。故ニ利根ノ機ヲ寄ニ界內空理ニ。而
談レ中ヲ菩薩ハ顯ニ被接シ（接(イ)攝）。二乘又密成別人ル也

167　玄云。信行。聞レ說即悟。此心疾利得道事　頭八十三（天玄五、八五）

問。信法兩行相望ル時。何利也トカ可レ云耶　如ニ止觀第五抄ニ（答缺）

168　玄云。毘紐天生事　頭八十四（天玄五、八六）
備云。倶舍云。第三禪頂天也。大論云。反（遍カ）淨天有（者カ）。四臂捉レ
貝持レ輪騎ニ金翅鳥ニ。劫初人生（丁一カ）ニ海水上ニ。臍中生ニ蓮華ニ。梵
王生ニ於蓮華下ニ作ニ是念ニ言。何故空無ニ衆生ニ。作ニ是念ニ
時。他方有ニ八天子ニ化生八天是衆生父母。毘紐天是梵王
父母。外道化（計カ）梵天生ニ四人ニ。口生ニ婆羅門ニ。臂生ニ刹利ニ。脇
生ニ毘舍ニ。足生ニ首陀ニ　文

169　「玄云。無因緣生。是破レ因不レ破レ果。邪因緣亦是　頭八十四（天玄五、八七）（「」底重複記載）
破ニ正因果ニ事」
問。邪因緣。無因緣共ニ破ニ因果ヲ可レ云耶
答。如レ題
付レ之。無因緣。邪因緣共ニ是外道ノ迷情。皆佛法ノ正因緣ニ
背ク。而何ソ無因緣ハ只破シテ因ヲ不レ破ランレ果ヲ耶
答。尊師云。所難實ニ可レ然。但以テ外道二種ノ計ヲ一往如ク
此分別ル事ハ。此レ法ハ本ト因緣所生也。化所生ノ法ハ未タ忽ニ
不レ違ニ佛法ノ義ニ。是正キ果也ト聞タリ。既ニ無ト云カ故ニ佛法ノ正

因ノ義ニ背ト云也。邪因縁ハ因既ニ不レ正シ故ニ。従ニ其邪因所生ニ果又是非ニ正ノ果ニ聞タリ。今ハ且ク存ニ此一往ノ意ヲ耳

弘決十云（天止五、二八九）。破因不破果者。不レ説ニ往因ヲ名為レ破レ因。猶存ニ現果ヲ名レ不レ破レ果 文 甫。要決同レ之

170 籤云（頭八十三）（天玄五、八五）。止観但明ニ圓教空門ヲ。餘之三門。略而不レ説事

問。止観ノ中ニ圓教四門倶明レ之耶

答。如レ題

付レ之。止観ノ第六。四門料簡（料イ了）如何。彼ハ列ニ四四十六門ヲ耶」

答。私云。止観ノ正意ハ以ニ空門ヲ為レ正也。但シ至ニ止観第六巻ノ四門料簡（料イ了）ニ者。彼ハ又為下斥テ餘門ヲ取中ンカ空門ヲ上也。文ニ列レトモ之元意ハ在ニ空門ニ也。依レ之止六云（天止三、七〇一）。十六門料簡（料イ了）シ了テ云ク。如レ上依ニ無生門ニ破ニ見思ヲ者。即是空門。一門一切門不ニ獨無生而已ト 文（同、七〇〇～一）

決云。今論ニ行相ヲ（了四カ）悉旦（旦亡カ）随レ便根性各別随依ニ一門ニ。初依ニ教門途轍大體ニ一切且以ニ無生ヲ為レ首。今明ニ教旨ヲ（圓門カ）辨ニ十六門倶斷ニ見思ヲ。故料（料イ了）ニ簡之ヲ出ニ其元意ヲ。意在ニ因人ニ故通列レ（列イ別）四○是故今門（文カ）無生為レ始（首カ）。文中復須ニ具足列レ四。為ニ遍簡ヲ故是故通列。如上下結ニ成無生ヲ 文

尋云。何故ソ止観ニ以ニ無生門ヲ為レ首ト耶

答。如レ餘

171 玄云（頭八十四）（天玄五、八七）。數存ニ隣虚ヲ事

問。三藏教。毘曇有門ノ意。空ル隣虚細塵ヲ耶 如レ宗

答。空不空ノ二義有リ。然トモ任ハ釋ニ如レ題

付レ之。道理不レ叶（叶イ明）。四門異ナレトモ叶ニ空理ニ。若隣虚ノ細塵ヲ存ハ可レ叶ニ諸法空ノ理ニ歟如何。爰以空ニ我我所諸法ヲ人。無我畢竟理ニ叶ソト云フ。豈ニ隣虚事法ヲ可レ殘ン耶

答。毘曇ノ意。既ニ諸法實有法性甚深ト云カ故ニ。破シテ假和合ノ諸法ヲ。諸法ノ性ハ恆有也ト云也。性即恆有ナラハ隣虚體可レ存ト云事無レ諍。但至下不レ可ト叶ニ空理ニ云難上ニ者。和合ノ諸法施シテニ事用ヲ成ニ理障ヲ性ハ恆有ナレトモ。無ケレハニ其用ニ非ス證理ノ障ニハ。仍非レ難ニ歟。但至ニ人無我畢竟空也ト云ニ者。於テニ事用ノ諸法ニ析ニ破之ヲ也。仍無レ失

尋云。諸法ノ性實有也ト云ト。隣虚ト云トハ。同歟異歟

答。同事也。本隣虚ト者。微細ノ法ニシテ不レ及ニ析破ニ處也。所

以。諸法性非和合法。非分析法。微細法法性甚深故名隣虚細塵。惣三藏有門本借外計言破彼也。所以。諸法分析云事。外道所談也。隣虚細塵云事不及析破義時立此名也。仍佛法亦假和合。諸法皆是苦空無常法也。於其性不及分析法體恆有也云故。呼之名隣虚細塵也

尋云。諸法實有者。其體常住也云歟。若爾者。圓融事不生不滅有何異耶。若生滅云。豈法體恆有云耶

答。三藏假和合滅云。體不滅。圓俗諦不生不滅性相不辨。和合不和合不論。介爾妄念常住（イ无）○修性不二。迷悟事理更無二。今和合諸法苦空無常也云。於隣虚體性不及分析空處。恆有也云計也。圓融常住非。此難不可來

難云。諸法恆有者。非無常法云歟。若爾。俗諦諸法皆非無常云事無之。小乘習。虚空。擇滅。非擇滅三種無爲外全無常住法。況玄三引大品所説空色色空文證實有實空二諦。妙樂受此文（天玄二、一六九）。俗亦（秖カ）是色析滅色故名爲空色。謂色實有名爲不滅。雖不可滅以無常故名爲色空云。此釋意。實有時尚諸法無常故空也云聞如何

答。法體恆有義。實難知。仍隣虚諸法不及析空故。數存隣虚以無常終歸無叶空理云。卽難意趣並玄第三釋准也。然倶舍婆沙意爾非云。本俗諦有也。理空云故和合諸法空也。無常也。諸法性本不改轉有談也。是經論異説配立非一。盡理難法體恆有可難事非。和合諸法事用有成眞理障。是無事用全非入眞障談也。是實圓實眞理片端談。眞善妙色心寄隣虚細塵示（イ不）可析破談恆有也。但至釋籤第三。彼二諦配立非三藏一門述。況縱述有門意（天玄二、一六九。釋籤）。謂色實有名爲不滅云。法體恆有故不可滅云。假和合諸法以無常故色空云釋歟。況以無常故者。苦空無常中無常不可得心。亦三

藏ハ無常ノ教ナレハ、色空ト云ト釋ル也。意ハ色卽是空ノ大乘ノ故ニハ。
色ハ實ニハ雖レ不レ可レ滅。以ノ二三藏ノ無常ノ教一ヲ故ニハ色空ト云也ト
釋也。更ニ以二此文一ヲ倶舍ノ法體恆有ヲ消トハ不レ可レ得レ心 此義
吉

傳云。三藏ハ諸法ノ實有ヲ委クシテ。此外ニ論ニ所證ノ理一ヲ。通教ハ
幻有ナレハ理ヲ爲レシテ本ト而論ル有ヲ也。如幻ハ本是空ナレハ而有也。
仍諸法ノ事ヲ譬レ幻ニ准ル理ニ也。仍テ名ニ理教一トモ名ニ幻有一トモ也。
故ニ三藏ハ事ヲ爲レ本。通教ハ理ヲ爲レ本ト。別圓ハ中道ノ理ノ上ニ
立ルニ不同一ヲ也（天玄五、八七。玄義）

求云。數存隣虛論破隣虛ト者。弘論師義歟。將毘曇成論ノ
正義歟

答。非ニ論ノ正義一ニハ。弘論師義也。玄ノ第八ニ明シテ所觀ノ境一ヲ
初ニハ諸ノ外計ヲ擧テ。（同前）此（是カ）等悉ク非ニ正因緣境一。所レ不レ應レ觀ト
云テ。數存ニ隣虛一論破ニ隣虛一。此與ニ邪無一相濫。殆非ニ正因
緣境一等（等イ安）ヲ斥テ。（同、九〇。玄義）悉是無明顚倒所作。如ニ阿毘曇門廣說一。是
名レ識ニ正因緣所觀之境一 文 既ニ能破ノ文ニ如阿毘曇ト云ヘハ。
數存ニ隣虛一等ヲ弘論師ノ偏執ヲ破ト聞タリ。況毘曇婆沙ノ二

論ハ實ニ三藏ノ義門ナレハ。強ニ無ニ破レ之事一。是ハ既ニ二共ニ墮レト
見ニ斥ヘリ。知ヌ。非ニ正意一ト云事ヲ

又義云。指レ論ヲ云ニ無レ失。本空有二門カ各ノ情意異ナルニ依テ。
數人論人二人異ル也。毘曇カ法體恆有ト云ハン時。豈ニ非ニ數
存隣虛ノ心一ニ耶。仍テ玄第八ハ大乘ノ所觀境ヲ明時。小乘空有
二門共ニ無明顚倒也ト斥テ。大論ノ色若麁若細（大正藏二五、一四八上）惣（「〇カ）而觀レ之。
無常無我等ノ文ヲ引テ。悉是無明顚倒也ト斥フ也。如阿毘曇
門廣說ト者。妙樂大師。擧ト論ヲ釋セリ。是卽大論ヲ阿毘曇ト云
歟。阿毘曇ト者。本ト飜ル論ト事ナレハ非ニ毘曇婆沙一ニハ。況望テ二大
乘ニ斥レ之ヲ時ニハ。二乘智斷所證空理モ皆顚倒無明也ト判ルニ
非耶。何ニモ如阿毘曇文ハ。縦ヒ非トモ諸大乘論ノ中ニ廣ク明ト云
歟。或ハ大論ノ小乘ノ義ヲ如阿毘曇ト云トモ。彼論ニ以ニ佛口ノ三
藏ヲ一破ンニ毘曇成論一ヲ無レ失 已上 懐同レ之

師云。後義不レ可レ然。阿毘曇ト云ハ止ノ三ニ正ク如ニク今ノ文一
引レク之也（天止二、四一七）

止三云。論明仍（文カ）明ニ三藏析法之觀一云。色若麁若細。惣而
觀レ之無常無我。何以故。麁細色等。從ニ無明一生等 文

莆云。諸部阿含說及大論能破三藏。是佛意三藏也。毘曇成論諍論（論イナシ）。是非佛意歟。或宗家（者）之云（之云イ者之）事也。彼攝論地論等說令濫冥初生覺事也。此等意難知。又止三偏圓章委悉也。可見之

有云。數存隣虛者。破論主地論接（接イ攝）論等又如此 已上

師云。餘處且置之。今釋破論師覺也。今三藏觀法明所觀下也。故二論師見計不可用也。只本論本意可用。如阿毘曇廣說釋覺也。惣望大乘時本論破時可有之。其圓教也不及正觀破也。止觀第三偏圓章。或計微塵微塵析破。或（或イナシ）計不析破佛法以苦空無常。析破微塵故不云苦空等。偏計微塵盡不盡外道也釋也。故今釋毘曇成論二師微塵盡不盡諍論處外計濫破也。二論用苦空無常等處不破也可得心也

師云。今釋破論師云事。玄次下見。所以玄云。今（天玄五、九六）阿毘曇師受他破云○若得前意此不應然 文 前意者。今指數存隣虛論（〔破カ〕）隣虛文也

頭八十七丁　籤云。三今阿下救彼論師誤被他破 文（天玄五、九四）

私云。存隣虛觀無我可證理如玉抄

172 〔玄云。論破隣虛事〕（イ頭八十四丁）（天玄五、八七）

（イ懷）問。空門成實論意。空隣虛細塵可云耶

答。空可答

爾者如題。付之。三藏教四門異共（共イナシ）以析空智破諸法。隣虛細塵非所及析破。爭空隣虛耶

答。於三藏教空有教門相分。毘曇有門意。實法體恆有故不破之。成論本諸法空也云故。麁細色塵何物空外論之。但至不及析破云者。彼論生空。法空。平等空立。緣生諸法三假浮虛也談。所以。因生假故依欲心因生諸法。豈因滅時。何果不破滅耶。和合因滅。實有法體豈不滅之耶。相續假故諸法念念生滅。前念既滅無也。後念豈不空耶。相待假故對欲心無欲心。欲心空也。無欲心豈不假耶。乃至破不實法論實。不實法既虛也。豈實法不虛耶。仍以析破法對不析法析破既

假也。不析破不ンレ假ナラ耶。三假ノ法外ニ所ノレ漏ルル法無レ之。更ニ不トハレ空ニ隣虚ヲ一不レ可レ得レ意。但至ニ析破及フ處ニ非ト云一ニ者。因既ニ析ツレハ。所成ノ果不ルニレ析自空也。不實ノ法既ニ析空ナレハ。彼相待セル實法待テカレ何ニ又可レ有ルレ歸トニ都無一釋セリ。爾者無レ失 已上懐

㋑西塔。四教義五

石泉云。但空ルヲニ隣虚ヲ一析ト云歟。積聚ノ色ヲ析ツル習ニテ云也。實ニハ不レ可レ析隣虚ニ成ナレハ。其體空也ト觀ヲ析ト云也。但歸ルレ無ニ處ハ體空ナルヘシト云事ハ。體空ハ本積聚ノ色ヲ不レ析。今析テ無也ト云故ニ體空ニ異也 已上

173 玄云。許由巣父事 [頭]八十六丁（天玄五、九二）

此ハ許由九別ノ主ニ可トレ成云シカハ。彼賢人ナルカ故ニ淺猿キ事ヲ聞タリト云テ。往テニ潁川ニ一洗フレ耳ヲ。巣父其流ニシテ牛ニ呑スレ水ヲ。洗ヲレ耳ヲ見テ問レ之ヲ。如レ上ノ答タリ。巣父又如レ此洗レ耳水不トレ可レ呑スト云テ。上ニ引テ呑ストレ之 云云

174 玄云。若五停心後。單修ニ性念處一時。一向理觀以ニ無常也惠（之カ）一。遍破ニ諸見一事 [頭]八十七丁（天玄五、九四）

問。三藏教意。性念處ハ通ルニ事理一ニ耶

答。如レ題

付レ之。性念處觀可レ通ニ事理一ニ也。何ソ一向理觀ト云耶

答。見ニ釋ノ文一。（同前）修ルニ共念處ヲ一時。帶ニ不淨等一遍破ニ諸法一。事理悉成 文 今以テニ性念處ヲ一望テニ後ノ共念處一ニ一往淺深相望ル歟 已上尊均

問。三藏教意ハ斷ルニ性念處惑ヲ一耶

答。如レ題

付レ之。倶舍等性相不レ斷ニ性念處力煩惱ヲ一如何

答。莆云。性念處不トレ斷ニ煩惱ヲ一者。是一途法相也。宗家所立必モ不レ准ニ倶舍等ノ意ニ一。依レ之處處ニ性念處破ストニ煩惱ヲ一云リ

有人云。性念處斷惑ト云事ハ依ニ天台南岳ノ釋ニ一成レ之。南岳ハ依ニ雜心論ニ一釋レ之

難云。雜心論ハ如ニ倶舍一。性念處不トレ斷ニ煩惱ヲ一見リ如何

答。雜心論。理觀無クニ助道一名クニ性念處ト一。行者根性ニ有ニ利鈍一。利根ハ不トモレ具ニ助道ヲ一斷レ結ヲ。鈍根不ンハレ具セ不トレ斷レ結見タリ。故ニ性念處不レ斷ニ煩惱ヲ一。鈍根ノ約ルレ不ルニレ具ニ助道ヲ一歟。

四教義ニ釋スレ之可レ見レ之。四教義五也 此義ハ西塔石泉抄ニ同レ之

尋云。五停心後ニ卽斷惑ル耶

答。不レ然（然㋑爾）。速疾ノ故ニ爾カ云歟。一生斷結處初從五停文可レ見レ之

175 玄云。佛初轉ニ法輪一不レ說ニ餘法一。但明ニ無常一。遍破ニ一切外道ニ（「法カ）事 頭八十八丁（天玄五、九五）

問。佛初轉輪時。遍說ニ苦空無常等一ヲ可レ云耶

答。可レ然

疑云。若說ト云ハハ如レ題。若依レ之不レ說ト云ハハ。佛初轉ニ法輪一時。遍ク說ニ苦空無常ノ旨一ヲ見タリ如何

答云云今ノ釋ハ惣シテ小乘ハ無常ノ敎。大乘ハ常住ノ敎也ト云意マテ。初轉輪（「法カ）ニハ只說ハニ三藏一ヲ但明ニ無常一等云也。付ニ無常ノ敎一ニ又委ク分別スレハ苦空無常ノ旨ヲ不レ說ト云ハントイフ非ス。文ヲ可レ見也

要決云。玄ノ佛初轉法輪不說餘法。但明無常ト者。鹿苑三藏生滅四諦法輪。是無常故云ミ（「敎カ）但明ニ無常一。又彼（破カ）外道專用ニ無常一故 文（佛全15、九九上）

師云。尊均同レ之。今釋尤爾カ可レ得レ心也。惣シテ三藏破法遍ト云ハ。以ニ無常ノ智一ヲ破レ之ト云カ故ニ。只是生滅四諦ノ智ト云事也

玄五ノ三法妙下云。元タツ夫ヌレハ如來初出卽（卽⬚カ）便欲レ說レ實。爲ニ不ルレ堪者一ノ。先已（以カ）ニテ無常一ヲ遣リレ例（倒カ）ヤ。次ニ用ニ空淨一ヲ蕩カシレ著ヲ。次用ニ歷別一起シテレ心ヲ。然後ニ方ニ明タマフニ常樂我淨一 文（天玄三、五九七）

籤云。又此文中從ニ先以無常一其至（去カ）ニ於四德一。此寄ニ如來漸敎一ニ示ニ離執之方一。此寄ニ漸文一遍具（兼カ）ニ兩意一。一〔㋑約ニ酪等四時一〕二約ニ藏等四敎一 文（同前）

176 玄云。若得ニ前意一事 頭八十八丁（天玄五、九六）

備云。前云數存ニ隣虛一論破ニ隣虛一。隣虛有無不（未カ）レ免ニ二見一 文（卍續四四、三二九丁左下）

177 玄云。調達修陀比丘學レ通事 取意。如ニ止一〔㋑止〕二一 頭同〔㋑丁〕（天玄五、九六。釋籤參照）

補注云。修陀。未レ知ニ飜譯一ヲ（卍續四四、十二丁右上）

問。調達隨テニ誰人一ニ學ルレ通ヲ耶

答。如レ題

付レ之。大論ニハ調達隨テニ阿難一ニ學トレ通ヲ云リ。爾者如何

答。記第二卷ニ引ニテ增一阿含一ヲ云ク。達兜從ニ修陀一學レ通（天文一、二三三下。取意）文

若爾者。依ニル阿含說一ニ歟。但至ニハ大論一ニ。隨宜ノ異說。何ソ必

可ニ會通一ス耶。況恐ハ隨ニテ二人ニ學レル通ヲ歟 已上。尊均。知抄。蕑同レ之

178 玄云。六群比丘事 頭同〔イ丁〕（天玄五、九六）

備云。多論云。二人善解ニ算數陰陽一說法論義（議カ）而多欲。難（本ノママ）

途（卍續四四、三二九丁左下）（「深カ）。跋羅是也。又二人通ニ射道一善解ニ毘曇一而多癡。「伽樓（「」迦留陀

提」（夷カ）。闡陀是也。又二人善ニ音樂戲笑一說法論義（議カ）而多瞋。罵（馬カ）

師。備宿（滿カ）是也 文

補注云。南岳（山カ）云。以ニ本六人同共明（朋カ）從遊處一卽以爲レ號。多（同、十二丁右上）

論云○如レ備

179 籖云。乃至不レ違ニ佛之所制一事 頭八十九丁（天玄五、九六）

備云。六群比丘作ニ制戒緣起一。佛制戒已是六（二カ）群更不ニ再（卍續四四、三二九丁左下）

犯一。故云ニ聖人不重犯一 文

180 玄云。但就ニ通修一論ニ三十七一事 頭九十丁（天玄五、九九）

補注云。通修論ニ三十七者。卽相生道品也 文（卍續四四、十二丁右下）

181 玄云。苦下二行事 頭同丁（天玄五、一〇〇）

備云。苦無常行。是無作門 文（卍續四四、三二九丁左下）

補注云。苦下空無我二行爲レ空也。無常及苦二行爲ニ無（同、十二丁右下）

作一 文

頌疏二十八云。空無我空解脫對レ有謂集道八行。苦諦下（大正藏四一、九七四中）

苦無常對ニ無作一共ニ可レ猒法也。道諦行如ニ船筏一遂可レ捨

故對ニ無願一也。滅諦四行對ニ無相一有レ便 取意

182 玄云。十二禪等事 頭九十一丁（天玄五、一〇〇）

補注云。十二禪等者。等者九想背捨等也 文（卍續四四、十二丁右下）（其カ）

緣中不自在當敎勝。〔無ニ〕色「想一觀ニ外」色一。而於レ緣未ニ（同、三二九丁左下～三十丁右上。備撿）（「」相一外觀レカ）（處カ」）（「〇カ）

自在一。若修ニ八勝處一。內有ニ色想（相カ）一外觀レ色小（少カ）。內有ニ色想（相カ）一

外觀レ色多。雖ニ然轉變自在一而未ニ廣普一。是故更觀ニ靑黃

赤白一。皆一切處 文

也事

183 玄云。不レ同下外道戒取見取計ニ生死法一以爲中涅槃上 頭同丁（天玄五、一〇二）

問。外道非レ滅ニ計レ滅ト計ニ戒取見一ヲ可レ云耶

答。倶舍等ニハ不レ許レ之

進云。如レ題。　付レ之。倶舍等意ハ非滅計。（「イ滅歟）戒禁取等ヲ不レ

計

答。莆云。今ノ釋ハ大方也。所以ニ。計シテ二生死法ヲ一以テ爲二涅
槃一ト。非道計道ノ意可レ顯也
知抄云。劣ヲ謂フレ勝ト相ヲ擧ヲ。非道計道戒取自被レ顯カ故ニ爾カ
云歟。或ハ五見ノ相。經論ノ異説無二一准一ニ。若爾者。以二毘曇
一途ノ説ヲ一不レ可レ難
184 玄云。或惣一惣二等事 頭同丁 (天玄五、一〇二)
備云。玄ノ或惣一（以身惣受）惣二（以二身一惣受心ヲ一）云リ (卍續四四、三三〇丁右上)
185 玄云。我弟子有。外道則（則㋑卽）無事 頭九十二丁 (天玄五、一〇二)
問。外道ノ中ニ有リ二五停。四念觀一耶
答。不レ可レ有
若有トハ云五停。四念ノ觀。是佛法ノ內義也。豈ニ外道等ニ有ンレ
之耶。若依レ之爾ト云ハハ。見ルニ二玄文ヲ一至二煖法ノ觀ヲ釋ルニ一如レ
題。爰ニ知ヌ。五停心。四念處ハ外道ニモ有レ之云事ヲ
答。停心。念處觀。外道ノ中ニ不レ可レ有レ之也。但至二玄文一
者。今引二大經ノ文一計也。忽ニ其前ノ念處外道中ニ有トハ不レ
可レ云也。況煖法位ト者。本佛法煖氣現前ルニ名タリ。故ニ約シテ二
此位一ニ且ク外道則（則㋑卽）無ト云也

186 玄云。頂法退爲二五逆一。煖法退爲二闡提一事（如二第三一） 頭同丁 (天玄五、一〇三)
問。煖頂ノ二善根共ニ退シテ作リ二五逆ヲ一成ト二闡提ト一可レ云耶
答。可レ然（然㋑爾）
進云。如レ題。 付レ之。煖頂二善根退失ノ後ハ。共ニ作リ二五
逆ヲ一成二闡提ト一可レ云也。今何如レ此分別ル耶
答。倶舍云。若得二煖法一。雖レ有下退斷二善根一造二無閒業一 (大正藏二九、一二〇中)
墮中惡趣等上。而無二久流轉一必至二涅槃一故（文）煖法既ニ爾ラハ
頂法亦可レ同ナル故ニ。今釋ハ一往ノ對當歟
尋云。玄義第三云。得二煖法一者。(天玄二、三〇五。玄義私記參照) 不レ斷二善根一（文）今何成二
斷善根人ト一耶。加レ之大經文。又彼ノ玄文第三ノ文ノ如シ如何」
答。不斷善ト者。頂善根ノ勝利也。而ニ所難ハ玄義第三ノ文。
約ルニ二煖法一ニ事。聊カ可レ有レ之歟。只是得二煖法ヲ一後ハ。必至二涅
槃一ニ故ニ只作二五逆ヲ一墮ルニ二無閒一也。煖善根ハ未レ至二頂位一ニ。斷
善ノ義可キレ有レ之故ニ。且ク成ト二闡提ト一云也。一往ノ義文如レ此
云也
知抄云。今ハ依二倶舍等ノ常途ノ義相一ニ也。婆沙ニハ擧クニ二二説一。
上ノ卷ニハ擧二彼ノ一説ヲ一也

187 頭九十二丁 玄云。既得二四善根生一。若起二法愛一〇不レ得レ入二見（天玄五、一〇三）
諦一事
尋云。上忍世第一人。亦爾ル歟
答。全ク不レ可レ然。今約シテ二餘ノ位一ニ如レ此云歟。四善根文ハ
恐ハ是言惣意別歟

188 頭同丁 玄云。三番縮觀事（天玄五、一〇三）
補注云。三番縮觀ト者。卽中上二忍及世第一也。故智妙中（卍續四四、十二丁右下）
以レ財易レ錢。以レ錢易レ金。〔以レ金〕(イ)易レ珠。卽喩レ之(此カ)也 文

189 頭九十三丁 玄云。大論云。若不レ得二般若方便一。則(則イ卽)墮二有無一事（天玄五、一〇八）
疑云。今ハ三藏有門ノ觀ヲ判ルソ也。何ソ引二般若文一ヲ耶
答。龍樹ノ智論ノ中ニ判ル二三藏ノ義一ヲ。其文非レ一ニ。今引二用
之一事不レ始レ之ニ歟
難云。今ノ所引ノ文ハ指二第六般若ヲ故一ニ。餘ノ文ニハ不レ似如何」
答。龍樹ハ探テ二實義一ヲ爾カ判ル也。文殊問經ノ中ニ小乘ノ共部ハ
般若ヨリ出ト云 已上知足坊

190 頭九十三丁 玄云。次明通教〇中論師云。此中是大乘聲聞。今言（天玄五、一〇九～一〇）
非也事

問。他人三乘共學ノ中ノ二乘ハ大乘ノ聲聞也ト云リ。爾者一家
許レタマフ之耶
答。如レ題
付レ之。通教既ニ是衍門也。故ニ彼教ヲ學ル聲聞ハ立タル二大乘ノ
名ヲ一深ク叶二道理一ニ。何ッ今家不レ許レ之耶
答。中論ノ人師不レ知二教相一ヲ。大乘義三教ヲ不レ辨。聲聞ノ名
藏通ヲ不レ辨故ニ。今彼師ノ義ヲ不レ許也 已上知足坊
東春云。記云。不レ同下他釋於二大乘中一自立中聲聞上。他見二（卍續四五、二三四丁左上。法華經疏義纘）
涅槃經一四依菩薩名二四果一。及ヒ通教十地有二聲聞一。卽「有二（〔」謂レ）
謂是」大乘聲聞一。今謂ヨ四依並弘二大小一ヲ。寄レ小結レ果非二（依ニカ）
鈍(純カ)小人一ニハ不レ名二大乘聲聞一也 文（大正藏四六、七四七下～八中）
四教義八云。約二通教一開二三乘一者云云 又中論云。諸佛
以二甘(カン)露味一教ヨ化衆生一。諸法實相是眞甘味(〔露カ〕)也。佛說二實
相一分爲二三種一。若得二諸法實相一。「通共」(〔」滅諸煩惱カ〕)名二聲聞乘一。若生ニ
大悲一發二無上意一。名爲二大乘一。若佛滅後。時(〔度カ〕)無レ佛(〔世カ〕)因二遠
離リ一生レ智。名二辟支佛乘一〇問曰。上引二中論一所レ明卽應二
是大乘聲聞緣覺一也。答曰。不レ然(然イ爾)。此雖下通從二大乘門一

入上。而二乘取二涅槃證一卽身滅度○此二既ニ無二大悲一。何得三名爲二大乘聲聞緣覺一耶。故法華經云。身子自欲（歟カ）云。我等同入二法性一。乃至是我等咎非二世尊一也。此卽自述レ得二法性實相一。非二是大乘聲聞一。若如二迦葉領解一。聞二法華開權顯實一云。我等今月（月①日）。眞（者カ）是聲聞。以二佛道聲一令二一切聞一也。故不レ得レ言下見二諸法實相一。卽是大乘聲聞辟支佛上也

云云

師云。此釋意ニテハ大乘聲聞ト云ハ。如下迦葉聞テ二開權顯實一ヲ眞是聲聞ト云カ上也。通教ノ二乘ハ雖レ聞二大乘一ヲ取二小涅槃一故小乘也。非二大乘聲聞一ニ釋ル也

191　玄云。如レ此妙有。爲二一切法一而作二依持一事　（頭九十四丁）（天玄五、一一二）

問。別教意。明二法性依持一ヲ耶

答。可レ明レ之

若明トレ之云ハハ。別教ハ隔歷ノ教。何以二法性一爲シ二諸法ノ依持一ト耶。若依レ之爾ト云ハハ。如レ題

答。梨（萬歟）耶。法性。依持ハ是人師所計判シテ爲二別教一ト。所以ニ實相ヲ爲ニ○（虫喰）法ノ所依一ト。其體卽ト云ニハ非。是故ニ大ニ圓教ニ畢（畢①異）ル歟

已上知足坊

止十云。別教計下阿梨耶生中一切惑上。緣珠（修カ）智惠滅二此無明一。（天止五、二七三）能生能滅不レ關二法性一 文 此釋ノ料簡ハ如二私抄ノ第十八一（天文一、一九〇下）（「通以」カ）

記一云。鏡喩二法界一者。迷悟事理始末自他同依二一法界一（「云」カ）也。眞如在レ迷能生二九界一 文

192　玄云。如三金藏草穢額珠證二別教一事　（頭同丁）（天玄五、一一四。取意）

問。玄文中ニ金藏草穢額珠 文 爾者此ハ證ル二何教一ヲ耶

答。如レ題

付レ之。貧女寶藏ハ止觀第一ニ引テレ之證二圓ノ六卽ノ位一ヲ。今何ソ爲ル二別教ノ有門觀一ト耶。又力士ノ額珠ハ顯ス二苦集卽道滅一也。故ニ可二圓意一ナル。何爲二別教一ト耶

答。一家引二經論ノ文一ヲ事。隨義轉用也。草穢金藏ト富貴ト貧苦ト各別ノ邊ヲ別教ト云歟。力士ノ額珠又如レ此可レ得レ心也。只各存シテ二一義ノ旨一ヲ爲二別教一爲ル二圓教一ト也。況別教四教ノ意也。別教ノ中ノ無作ノ惠歟。或又釋（迹カ）ノ家ニ探テレ實ヲ如レ此判ル歟

已上尊均

師云。第五卷ニハ開麁顯妙ノ下ニ引二金藏ノ譬一ヲ也（三法妙下）

193 玄云。證二別教有門一ヲ引二思益三十二ノ大非(悲カ)一ヲ事　頭九十四丁（天玄五、一一四）

問。玄文中ニ釋二別教有門一ヲ。爾ハ引二何經ノ何事一ヲ證レ之耶

答。如レ題

付レ之。思益經ノ意ハ。可レ通二諸教ノ大悲一ニ。何ソ限二別教一ニ耶

答。補云。通二諸教一ニ許ハ引テ證ルニ別教ヲ有二何失一ン。況今菩薩ノ廣大ノ慈悲ヲ爲シテ二用事一ト引二此文一ヲ也。限テ二思益ノ說一ニ非ル屬ルニ別教一ニ也

新懷云。本ト別教ハ出假ノ教ナレハ。三十二大悲利物ノ意ニテ有ハ證ルニ別ヲ無レ失。又圓互シテ二化他邊一ニ事非レ遮ルニ

尊抄云。今ノ釋ハ三十二ノ大悲各各說二其相一ヲ。次第隔歷ノ旨。一往是別教ト云計也（也(イ)歟）

知足坊云。共部ノ經說也。何限ン二別教一ニ耶。況准スレハ籖ノ所引ノ文一ニ。約シテ二空相一ニ說カレ之故ニ是可二通教一ナル。又經文ニ。求二聲聞辟支佛道一者。我爲二引導師ノ發一二大悲心一ヲ文（大正藏十五、四二上。思益經取意）豈ニ非二圓意一ニ耶

答。經文。說クニ二此法門一ヲ（同前）。三萬二千人發二菩提心一ヲ得二無生忍一ヲ文 故不レ可レ通二三藏一ニハ歟。於二後三大乘一ニ不レ可レ遮レ之。今ハ引二別教ノ意一ヲ爲レ證ト歟。但大悲ノ言ハ限二別教出假ノ義一ニ歟

194 玄云。引二華嚴一ヲ。不レ爲二一人發心等一ニ多釋二別教一ヲ事　頭同丁（天玄五、一一四）

問。玄文中證二別教發心一ヲ。華嚴經ノ引二何ノ文一ヲ耶

答。如レ題

付レ之。既云三法界爲二發心一ト。一發一切發ノ圓意也ト聞リ。依レ之觀音玄ノ中ニハ證シテ二圓ノ慈悲普一ヲ引クニ二此文一ヲ如何

答。既ニ爲二衆生一ノ發心ストニ云ナレハ非二凡聖不二ノ意一ニ。背ケリ二發心畢竟二不別ノ意一ニ。況既ニ化度利生ノ發心ナレハ引テ證ルニ二別教一ヲ無レ失。但餘處ノ釋ハ彼ハ還テ證二別教ノ發心一ヲ意ト聞タル也。本ト慈悲ト者。化度衆生ノ普キ事顯ス。別教恆沙ノ利物ヲ出シテ證ルニ慈悲普一ヲ也。是ハ以二三教一ヲ收ル二圓ノ化他一ニ意ナレハ不レ可レ爲二相違一

知抄云。此ハ是華嚴經ノ善財知識中ノ。休舍優婆夷（伊舍那カ）ノ文也。若依ハ二前漸後頓ノ意一ニ以レ彼ヲ爲二別教一ト無レ失。以テレ實ヲ而言ハハ。一一知識ニ皆可レ有二別圓ノ二意一故ニ。餘處ニハ爲レ圓ト無レ失

莆云。如二前論義一

有人云。善財知識ノ說ナルカ故ニ屬ス二別教ニ一。此事中中無二指事一

尊抄云。華嚴部含容シテ別圓二教ノ意共ニ可ㇾ有故ニ。處處ノ解釋引用不定也。所以ニ今ノ釋意ハ。彼說二優婆夷ノ菩提心ヲ一不ㇾ爲二一人二人一。乃至百千萬人。一村落一國土一云テ。法界微塵數ノ爲二衆生ノ一卽發二菩提心ヲ一云リ。若約シテ二一二等次第生起ノ義ニ一云ハハ是別教ノ意也。況彼ノ知識ノ文中ニ。唯知一法。餘無所知ノ言ハ。豈ニ非二別教心ニ一耶。但至二餘處ノ釋ニ一者。且ク爲二法界衆生ノ一發二菩提心ヲ一云ヘルヲ。圓教ノ無作ノ發心ト云計也

195　玄云。功德黑闇事　頭九十五丁　（天玄五、一一五）

備云。功德天女。黑闇姉妹（ㇾ女カ）不二相捨一。大經喩二生必有一ㇾ死　文　（卍續四四、三三〇丁右上）

196　玄云。二乘道滅名爲ㇾ通事　頭同丁　（天玄五、一一六）

疑云。別教識通塞也。何ゾ以二二乘ヲ一爲ㇾ通ト耶

答。淺深次第シテ判ル二通塞ノ義ヲ一也。但二乘ノ道滅ト十住入空同カ故ニ爾カ云歟　知足坊

197　玄云。於二苦集中一。能知二非道一通二達佛道一事　頭九十六丁　（天玄五、一一六）

問。別教意。非道卽佛道ノ義ヲ明ス耶

答。當分明ㇾ之

若明ト云ハハ別教ハ隔歷教也。若依ㇾ之爾ト云ハハ如ㇾ題

答。別教ノ意ハ於二婬家酒家ニ一度ルカㇾ人ヲ故ニ爾カ云歟。善財知識。和須蜜多等。通ル二別圓ニ一義可ㇾ思ㇾ之

師云。別教ニモ但中遍ス二諸法ニ一。而ニ性相各別也。故ニ遍ト二諸法ニ一云邊ニテ。且ク非道卽佛道ト云也

198　玄云。離二十相一故名二空三昧一事　頭同丁　（天玄五、一一七）

問。玄文中ニ釋シテ二別教修道品ヲ一擧二三三昧一。且空三昧ノ相ヲハ如何釋ル耶

答。如ㇾ題

付ㇾ之。以ㇾ離ルルヲ二十相ヲ一可ㇾ名二無相ト一。依ㇾ之大經並俱舍等爾也如何

答。諸經論中ニ判ス二三三昧ヲ一。其說非ㇾ一ニ故ニ。今文擧ル二一意ヲ一歟。强ニ不ㇾ可二會通ス一　已上知抄

莆疑云。俱舍ニハ離ルルヲ二我我所ヲ一名ク二空三昧ト一。離ルルヲ二十相ヲ一名ト二

無相三昧㆓ト云リ如何

答。今ハ釋㆓別教ノ三三昧㆒ヲ。以テ㆓倶舍ノ所立㆒ヲ不㆑可㆑疑㆑之

尊抄云。今ノ釋ハ諸法空ルカ故ニ。色聲等ノ十ノ法相ヲ不㆑見名（作カ）㆓空三昧㆒ト。今空ノ相ヲ不㆑見名㆓無相三昧㆒ト。於㆓十法㆒ニ不㆑成（作カ）サ㆓願求㆒ヲ名㆓無願三昧㆒ト 文 玄ノ釋ノ心也。但大經倶舍又是一ノ義門也 已上

補注云。名（妙カ）玄又云（又㋑文）。（卍續四四、十二丁右下～左上）離十相故名空三昧等。釋籤引㆓大經解十相㆒者。玄籤之文恐ハ誤也。經中自明㆓無相三昧㆒無㆑有㆓十相㆒耳 文 言（文[ナシ]カ）㆓十相㆒者。謂色（「聲カ）香味觸生住異（異[ナシ]カ）滅男女等十也。今釋（文欠カ）㆓一聲相㆒剩㆓一異相㆒也。經明㆓空三昧㆒。乃云於㆓二十五有㆒不㆑見㆓一實㆒耳。無作三昧乃云㆓二十五有不作願求㆒耳。又第二十五卷明㆓大涅槃遠離㆒。十相謂生老病死色聲香味觸無常等十也 文

知足坊云。三相四相者。開合ノ不同也。故ニ倶舍除㆑住。涅槃經除㆑異。住異合說故ニ終ニ不㆓相違㆒也。今ノ文住異別說シテ爲㆓四相㆒又相違ル也。但聲ハ是有間斷ノ法ナルカ故ニ且除㆑之歟。只是十ノ數ヲ爲㆑用也。大經疏云。（大正藏三八、一六七下）以㆓五塵四相無常㆒爲㆓十相㆒ 云云 教門不同也 已上

難云。倶舍文同ト云リ如何

尊抄云。判ル㆓倶舍文同㆒ト新舊倶舍未㆑分㆓別之㆒。誰知ル舊倶舍ノ文ト。今ノ所引ノ文ト同歟。次ニハ大旨同カ故ニ爾カ云歟

199 籤云。限空（沈カ）爲㆑樂事 [頭]同丁（天玄五、一一八）

疑云。菩薩ハ猒㆓沈空㆒ヲ如何

答。今從假入空ノ心ヲ釋ル也

要決云。（佛全15、九九下）玄有㆓兩重解㆒。初如㆑文。又沈（破カ）㆑空爲㆑苦。大涅槃（名カ）爲㆑樂。沈（信カ）（破カ）㆑空爲㆑樂ト。大涅槃爲㆑苦○問。大涅槃豈苦ン（「乘カ）耶。（疏カ）

答。住㆓大涅槃㆒化遍㆓法界㆒義如㆑空。故云㆑苦（苦カ） 文

200 常無常恆非恆事 [頭]同丁（天玄五、一一八。玄義）

疑云。常ト恆ト有㆓何差別㆒耶

答。籤云。（同前）不㆑從㆓因縁㆒爲㆑常。始終不㆑異爲㆑恆 文

難云。何如㆑此分別ル耶

答。莆云。一往ノ分別歟。所以ニ常途ノ說ハ。無常ト者。約カ㆓因縁生滅（生滅㋑[ナシ]）生滅㆒故ニ 已上

201 玄云。常樂觀㆓察諸對治門㆒事 [頭]九十七丁（天玄五、一一八）

備云。維摩吉(詰カ)此飜(二)淨無垢(一)。居士以(二)三德(一)立(レ)號。所謂苦（卍續四四、三三〇丁右上）（ヿ稱カ）
樂常無常淨不淨。我無我實不實歸依非歸依衆生非衆生
○章安釋云。味俗爲(レ)苦沈(レ)眞爲(レ)樂。沈(レ)眞爲(レ)苦分別爲(レ)
樂。恆(常カ)我淨(等カ)樂亦復如(レ)是。又沈(レ)眞爲(レ)苦大涅槃爲(レ)樂。沈(レ)
眞爲(レ)樂大涅槃爲(レ)苦。乃至增上非增上亦復如(レ)是。問。常(恆カ)
與(レ)恆(常カ)何異。答。不(レ)從(二)因緣(一)爲(レ)常。始終不(レ)異爲(レ)恆。此
等皆是二邊之病互爲(二)藥病(一)名(レ)之爲(レ)門 文
叨(タウ・シタリカワシク)（天玄五、一一九。玄義）

顯體下七
- 一。正顯(二)經體(一)
- 二。簡(二)眞僞(一)
- 三。一法異名
- 四。入體門
  - 一。略示(二)門相(一)
  - 二。示(二)入門觀(一)
  - 三。示(二)麁妙(一)
  - 四。示(二)開顯(一)門
- 五。遍爲(二)衆經體(一)
- 六。遍爲(二)諸行體(一)
- 七。遍一切法體

〔九十六終〕㋑

法華玄義第八抄　此卷ハ入體下ノ示入門觀マテ釋畢

本云
武州兒玉郡金鑽談所口筆而已
明德元年（一三九〇）十二月二十四日見聞畢　〔心俊〕㋑

（對校㋑本追記奥書）
延寶三（一六七五）乙卯年六月四日一校畢。喜見院祐範

〔法華玄義伊賀抄八　終〕

法華玄義伊賀抄九　目錄

1玄云。體門卽㆓幻色㆒通㆑眞。示㆓人無諍法㆒事
2籤云。故般若中以㆓通教等能通之門㆒爲㆓無諍法事
3玄云。通教無諍法。別教諍法事
4玄云。別門體㆔滅生死色㆒。次第滅㆓法性色㆒。通㆑中事
5玄云。而行深妙道文引證㆑圓事
6籤云。然此十意。前之七意皆有㆓三段㆒事
7籤云。唯第一文。加㆓於破會一復次㆒也事
8籤云。以判㆓前八㆒。故云㆓融卽乃至譬喩㆒事
9籤云。復次經文前後下明㆓融不融㆒事
10籤云。然破㆓冥初㆒。功在㆓三藏有門㆒而已事
11籤云。周璞鄭璞。如㆓止觀第十記㆒事
12籤云。以㆔地人釋㆓地義㆒偸安㆓莊老㆒。如㆓止觀第五記㆒事
13籤云。涇濁渭淸事
14籤云。初明㆓彼論生㆑過事
15玄云。亦不會惡人事
16玄云。生死惡人。煩惱惡法。而皆被㆑會事
17玄云。如淨名○塵勞之儔爲如來種。別教事

18籤云。當㆑知偏教皆名爲㆑邪事
19籤云。別門云㆑說。圓門云㆑證事
20籤云。卽不卽法中從㆓復次㆒去亦有㆓三意㆒事
21第七門下。玄云。別門說㆓果不縱㆒。圓門說㆓果縱㆒事
22籤云。皆有門前序中門相事
23八圓詮下
玄云。前章偏弄引者。前章者序也。門中者正也。門後者流通也
24籤云。按位進入皆有㆑入㆑住事
25入實觀下
玄云。卽空故方便淨。卽假故圓淨。卽中故性淨事
26玄云。體㆓生死卽涅槃㆒名爲㆑定。達㆓煩惱卽菩提㆒名爲㆑惠事
27籤云。道品中三。先正明㆓四念㆒。次明㆔破㆑倒具㆓品等㆒。三結㆓成枯榮㆒事
28籤云。從㆓又知涅槃㆒下重結㆓枯榮㆒事
29玄云。若正道多㆑障應㆑須㆓助道㆒。觀㆓生死卽涅槃㆒。治㆓報障㆒也。觀㆓煩惱卽菩提㆒。治㆓業障煩惱障㆒也事 助道釋也
30玄云。觀㆓煩惱卽菩提㆒。治㆓業障煩惱障㆒也事
31籤云。道品是能趣㆓涅槃㆒行法。三脫是能通㆓涅槃㆒之門。並是正行事
32玄云。不㆑上不㆑退名爲㆓頂墮㆒事

33玄云。生死卽涅槃。解脫。煩惱卽菩提。般若事 取意
34玄云。此十觀意非三但獨出二今經一。大小乘經論備有二其意一事
35籤云。半如意珠偏門。全如意珠圓門事
36籤云。然彼止觀局引二大車一事
37玄云。涅槃卽生死。顯二四枯樹一事
38籤云。約行相攝事
39籤云。皆須先明橫竪事
40籤云。若隨二二乘當分所見一非レ無下能詮二卽空一麁教上事
41玄云。不下卽二生死一是涅槃上故教狹小。不下卽二煩惱一是菩提上故行狹小事
42籤云。後之一教教行理三狹小俱妙事
43籤云。若隨二二乘當分所見一非レ無下能詮二卽空一麁教上事
44籤云。自有帶麁能等事 如レ上
玄云。證二三藏生空法空一引下論爲二鈍根人一說二生空一等文上事
45玄云。有門對レ惡故爲レ妙。三門非レ對故爲レ麁事
46籤云。加復攝大乘輿亦計二黎耶一事
47玄云。中論爲二時人見成一レ病。先以レ大蕩。後示二入眞之門一事
48玄云。迦羅。鎭頭迦事
49玄云。生蘇○兩所通爲レ麁。兩所通爲レ妙。熟蘇○四門是妙。一理爲レ麁。一理爲レ妙事

50玄云。法華折伏破二權門理一○涅槃攝受更許二權門一事
51籤云。通以二三教一而爲二因門一悉歸二常果一事
52因雖二無常一而果是常事 玄籤意取
53玄云。以二平等大慧一實相異名事 取意
54玄云。妙音中名二普現色身三昧一事
55玄云。五品六根以二相似正一爲レ體事
56玄云。金剛般若云。無二住相一布施如三人有レ目見二種種色一事
57宗下
58玄。桷存事
59玄云。遠師以二一乘一爲レ宗事
60籤云。破二龍師一事
61〔籤〕三修事
62縱容事 籤
63籤云。破下用二權實及名一爲上宗可レ見事
64正明レ宗下
玄云。此經始從二序品一訖二安樂行品一。破二廢方便一開顯○亦明二師門權因權果一○從二涌出品一訖二勸發品一○亦明二師門權因權果一。而顯二師之實果一 文
65〔玄〕三衆經因果下
66籤云。華嚴者大同二淨名一事

（以上目次新作）

〔法華玄義伊賀抄九〕

(題簽)法華玄義第九伊賀抄　全

法華玄義第九抄

1 頭一玄云。(天玄五、一二二)體門即ニ幻色一通レ眞。示ニ人無諍法一事

問。通教意說ニ無諍ノ法一耶

玄云。如レ題

付レ之。今明ニ圓門入實ノ觀一ヲ。廣簡テ前三教ノ四門一ヲ獨リ顯ニ圓門一ヲ也。故ニ前ノ三教ハ未レハ融昔名ヲ爲ニ諍法一ト。只以ニ圓門一可レ名ニ無諍ノ法一ト也。況若以ニ通教一ヲ無諍ノ法ト云ハハ。通圓二教更ニ有ニ何別一カ耶

答。藏通ハ界內ノ事理教。別圓ハ界外ノ事理教。藏別ハ共事教。通圓ハ共ニ理教也。理教ト云ハ理即ス。事教ト云ハ歷別ル也。然ニ通圓二教共ニ理教也。故ニ望ニ三藏ノ事教一ニ時ハ。互(理カ)教ヲ無諍ノ法ト云也。但至下通圓二教無ニ差別一云難上ニ者。頭一籤云。(天玄五、一二二)通教即是界內無諍。圓門即是界外(內カ)無諍ト云テ。通教ハ界內無諍也。サテ圓教ハ界內界外ノ無諍ル故ニ其義廣シ。仍テ彼此異也。籤ノ今釋ノ次ニ。故云下(同前)三藏滅ニ於實色一。別教次第滅中於法性之色上等ヲ云ヒ下タル下ノ文ニ此意見タリ。サテ望テ圓教一ニ簡ハン日ハ。通教ヲモ諍法ト可レ云也。其義勿論也。依レ之籤云。(同前)惣而言レ之前三未レ融。通名爲レ諍。至レ圓方名ニ無諍法一也 文

今ハ只望ニ三藏一日ノ事也。是分ノ無諍也

2 頭一籤云。(天玄五、一二二)故般若中以ニ通教等能通之門一爲ニ無諍法一事

疑云。今所レ云等ノ言ハハ。般若ニハ說ニ後三教ヲ故ニ。此等ハ別圓二教ヲ等取スル歟。若爾ハ。玄文ニハ通圓二教ハ無諍ノ法ト云カ故ニ。別教ヲハ等取ストハ不レ可レ云。依レ之止觀ニモ約ニ通圓一。無諍法 文 如何

答。通教既ニ無諍法ト云フ。別教何ニ意ソ無諍法ト不レ云耶。故ニ等ノ言ハハ別圓二教ヲ可ニ等取一也。但至レ釋ニ事理相對シテ理教ヲ無諍法ト云ヒ。事教ヲハ諍法ト云也。藏通相對シ別圓相對ル意也。惣シテ言ハハ。別教ヲモ無諍法ト云ニ無レシ諍。通教ハ界內ノ教也。此ニ云フ程ノ事ヲハ。界外ノ別教ニテ可ニ不レ云樣無一也

尋云。般若無諍法ト者。般若經ノ中ニ有レ之歟

答。大論。既ニ聲聞乘○（諍歟）法。摩訶衍法。無諍法文（天玄五、一二二）仍テ今義推シテ如レ此云歟。依レ之籖云。義推云ヘリ 頭一

3 玄云。通教無諍法。別教諍法事（天玄五、一二一。取意）

疑云。通教ヲ無諍法ト云。別教何諍法ト云ハン耶。勝タル別教ヲ無諍法トレ不レ云耶

答。如レ前。藏通相對シ。別圓相望ル時ノ事也

4 玄云。別門體ニ滅生死色一。次第滅ニ法性色一。通レ中事 頭一（天玄五、一二二）

問。別教ノ意。明ニ法性色一ヲ耶

答。不レ可レ明

若明ト云ハ。法性色ト者。色香中道義也。而ニ別教ニハ不レ談ニ理具ノ色一。仍明レ之耶。若依レ之無ト云ハハ如レ題

答。不レ可レ明レ之。法性ト者。非色ノ法ニテ有也。而法性色ト云事ハ。理內ニ具ト萬法一ヲ云時ニ色法ヲハ具ニ理內一ニ云也。別教ニハ此義不レ可レ有。但今ノ釋ニ實ニ法性色ニテハ無也。實ニ法性ノ色ナラハ滅ト云事ハ不レ可レ有。故ニ法性ノ色ト者。法性ノ土ノ色ヲ指也。謂ク方便土ノ捨ニ色法一通レ中ト云也。サテ法性ノ土色ヲモ滅ストニ云義雖レ不レ可レ有。因移果易ノ方ヲ云也。所以ニ。法性土ノ色ソト得レ心事ハ。別門體滅生死色ト云ハ分段ノ色也

サテ次第滅法性ト云ハ。方便土ノ法性色ヲ云ト聞タリ。依レ之籖 頭一 云。法性之色實不レ可レ滅。初緣ニ法性一先滅ニ分段一次滅ニ變易一文（同前）

難云。大經ニ引テ因滅是色獲得常色ト云文ヲ證ニ別教色法一。既ニ常ノ色ト云ハ明ニ法性ノ色一ヲ云ト見タリ。サレハ籖ニハ法性之色實不可滅ト云リ。是實ノ擧ニ法性色一ヲ見タリ。其故ハ初緣法性ト云指ニ實ノ法性一ヲ也。此ノ一具ニ擧ル上文ニ實ノ法性ニテ云ト被レタリ云。サレハ玄文釋ノ上ニハ。別門體滅生死之色（之ナシカ）等云ハ。實ノ法性色ニテ。別教ニハ滅ニ此色一ヲ云ト聞リ。次ニ。圓門卽ニ生死色一等云ルハ。圓ニハ生死卽法性色ト談ル也。是ヲ今ノ釋ニハ釋ル也

答。籖云。初緣法性ト云ハ指ニ實ノ法性一ヲ也。サテ法性之色ト云ハ。法性土ノ色ヲ指也。如レ此得レ心事ハ。玄文ニ。次第滅法（同前）性等云ルヲ消釋ルニ。滅ニ法性ノ色一ヲ云事ハ不レ可レ有事ヲ釋シテ。法性之色實ニ不レ可レ滅文故ニ今ノ義云。次第滅法性色ト者。因移果易ヲ以テ云トモ會ル也。故ニ法性之色實不可滅ト云ハ指ニ法性土ノ色一ヲ。サテ初緣法性ト云ハ指ニ實ノ法性一ヲ也。別教ハ初

心ヨリ中道ヲ志シテ滅トニ分段方便ノ色ヲ一云事也
示云。別教ニモ眞如ハ通トニ諸法ニ一云也。然トモ諸法ト眞如ト一ト不レ云也。眞如カ遍ニ諸法ニ一故ニ談ルニ色香中道トモ一也。此方ヲ法性ノ色トモ云也。故ニ止一ニ別教ニ引テニ三界唯一心ノ文ヲ一。譬ハ煐カ通スレトモニ法界ニ一諸法ヲ煐トハ不レ云故ニ。諸法眞如トハ不レ云故ニ。望レ圓ニ不レ明ニ法性色ヲ一也。然トモ當分ニハ歷別シテ明也。起信論ニ。非一非異。（大正藏三二、五七六中）名爲阿梨耶トト云テ。法相宗ニモ談ル也。一家法相ヲ判屬ルニ別教ニ一也。止六。（天止三、六九二～三）別教四門○別有ニ妙色一。名爲ニ佛性一 文 法性土ノ色ト云事也。サテ玄八ニ。（天玄五、三二一～三）約ニ別八門（「圓カ）一○妙有爲レ名。眞善妙 文 證道同圓意也
問。玄文中付レ明ニ前三教一。皆色法ヲ滅シテ入コトヲレ理ニ。且ク別教ノ心滅トニ法性ノ色ヲ一可レ云耶
答。不レ可レ明レ之
兩方。若滅ト云ハハ。夫法性色ハ是常住不滅ノ法也。不レ可レ滅也。若依レ之爾ト云ハハ。披ニ大師解釋ヲ一別教ヲ釋トシテ。（天玄五、一二一）次第滅ニ法性之（之ナシカ）色一 文
答云云 但至ニ解釋一者。妙樂大師（頭一）釋レタマフニ之ヲ。（同前）別教次第滅ニ於法性之色一。法性之色實不レ可レ滅。初緣法性ハ先滅ニ分段一。次滅ニ變易一入レ地方乃見ニ於法界（性カ）一。故今義卽（云カ）次第於法（「滅カ）性色耳 文 只是義立ニテ滅ストニ法性色ヲ一云ソト釋タマフ也。盡理ノ難ハ不レ可レ來
難云。義立ソト云ル意難レ思。別教ノ意。從ミ初緣トニ法性ヲ一云ソトテ。法性色ト云事ハ不レ可レ有レ之。別教ノ意ハ隔歷次第シテ。色心不二ノ旨ヲ不レ談。何ソ滅ニ法性ノ色ヲ一明セル耶。何況ヤ本書ニハ正ク次第滅法性色ト云ル。必ス可レ滅聞タリ。不レ可レ滅義ヲ釋タマハハ。大師ノ解釋ニ非ニ違背スルニ一耶
答云云 法性色ト者。不生不滅ノ法也。爭カ滅ンレ之耶。但。至下別教ニ不レ可レ明ニ法性色ヲ一云難上ニ者。妙樂ハ義立ソト釋タマヘル上ハ。强テ會通ヲ不レ可レ存。然ニ法性色ト云ヘルハ實ニハ圓教ノ所談也。別教ニハ彼法性色ヲハ不レ可レ滅也。今法性ノ色ト云ルハ。別教緣ニ但中ヲ一所レ滅ル分段變易ノ色ナレハ法性色トハ云也。是程ノ色法ヲ法性ノ色トハ本書ニハ被レタリト釋妙樂ハ消釋シタマフ也
尋難云。今滅ニ法性色一者。行者緣ニ中道ヲ一。滅スレハレ之滅トニ法性ノ色ヲ一云歟。若爾ハ。緣ニ法性ヲ一云トモ。所滅ノ色ハ非ニ法性一ニ。

何ッ法性色ト云ハン耶。又本書ノ意ハ。體滅生死色。次第滅法
性色ト者。分段ヲハ生死ノ色ト云ヒ。界外土ヲハ法性色ト云ト聞タリ。
何妙樂。初緣ニ法性色一(色ナシカ)先滅ニ分段一。次第滅ニ(第ナシカ)變易一等釋シテ。
分段變易共ニ法性色ト云ソト釋タマヘル耶
答。先法性色ト云事ハ。別教行者。中道法性ヲ心ニ懸テ修ニ
行スレハ之一卽身ニ難レ得故ニ。界內界外ノ色ヲ滅スレハ。法性色ヲ
滅スト云也。是卽圓教ノ法性ノ色ニ爲レ不ニ混亂一。如レ此釋ル也。
次ニ法性ノ色ト者。界外土ヲ云ソト覺タリト云難ニ至テ者。本書ノ心ハ
生死色ト者。界內外ノ生死色也。次第滅法性色ト者。界內
外ノ色ヲ次第ニ滅ル意ヲ顯也。法性色ト者。從ニテ所緣ノ法性一ニ立ルレ
名也
頭一
玄云。(天玄五、一二一)別門體ニ滅生死色一。次第滅ニ法性色一。通レ中○圓門
卽ニ生死色一是法性色。卽ニ法性色一而通レ中　文
籤云　云云
尋云。本書ニハ。體滅生死色ト云テ。次ニ次第滅ニ法性色一　文
是ハ卽法性土(方便土)ノ色ト云ト聞タリ。妙樂釋ニ。初緣ニ法性一先滅ニ分
段一等云ハ違ニト本書ニ一覺タリ

答。體滅生死色ト者。何物カ體滅スルソ。所緣ノ法性カ體滅ル也。
故ニ本書不レ違也
難云。界內色ヲハ以テレ何ヲ可レ滅耶
答。以ニ中道一可レ滅也　四教義云。(大正藏四六、七六〇中)三十心斷(「○カ)無明位(位ナシカ)　文
名疏七云。十住入ニ約(偏カ)空一。似(十住)入ニ圓空(修中)一　文
籤(玄カ)云。(天玄二、三八九)十住正修レ空　文　私志記云。別門生死者。分段
色也。次法性色ト者。變易法性○色ト云也
難云。別教心法性色ト云ハ。如ニ圓教一不レトモ明レ之。當分ニ何ソ
不レ明レ之。所以ニ。別教ナレトモ三界唯一心ト明故ニ。起信論ニハ。
(大正藏三二、五七六中)非レ一非レ異○　文　今何法性色ト云耶。實ニ教ニハ不レ明レ之妙
樂釋タマフ耶
答。如レ爾。法性色有レ之。止六ニ別教有門ノ相ヲ證其意也。
今ノ釋ハ不レ然。只是緣ニシテ法性一ヲ滅ニヲ生死色一ヲ法性色ト云也
師云。止六ニ證ニトシテ別教ノ有門一ヲ引ニテ如來藏經ノ十喩一ヲ。法性色
實ニ不レ可レ滅釋セリ
難云。體滅ニ生死色一釋難レ思。別教ハ事教ナレハ析滅ト可レ云
如何

答。別教十住ノ位ニ用ニル藏通二教ノ觀一故ニ。先約ニ通教體門
邊ニ爾カ釋ル也 止六ニ其意有レ之
師云。明ニ別教法性色ヲ多ノ意有レ之。一證道同圓。二緣シテニ
法性ヲ。先滅ニ諸ノ色ヲ法性色ト云今ノ釋ノ意也。三別教ノ眞如
遍シテニ諸法ニ而モ不ニ相卽一。色ト法性ト非レ一非レ異也。止六ニ
釋ルニ別教(佛カ)ヲ。四門(「○カ)。(天止三、六九三)觀(「者カ)ニ幻化見思一虛妄色盡別有ニ妙色一。名
爲ニ法性。卽是眞(佛カ)善妙色。如來祕藏不レ得不レ有(「○カ)。如來藏者
卽是法性。如來藏經云。幣帛裹金○卽是有門也 文
尋云。所レ明ニ圓教ニ法性ノ色ト者。中道法性歟。將中道ノ
卽タル色法歟
答。如ニハ今ノ文ノ。生死色。法性色。中道。此ノ三各別ニシテ而相
卽ストス見リ。玄云。圓門卽ニ生死色一○如レ上。既ニ法性外ニ
擧ルカニ中道ヲ一故也
尋云。若爾ハ。法性ノ色ト者何物ソ耶
答。界外法性土ノ色歟。意ハ圓教ノ界內生死色卽界外法性
土ノ色也。界外法性土ノ色卽中道ト云事也
難云。若爾ハ。別教ニ所レ明法性色ト者。界外土ノ法性ノ色歟

答。彼ハ界內外共云也。所以ニ。緣シテニ法性ニ所滅ノ色ナレハ法性
色ト云也
尋云。若爾ハ。何ソ實不可滅ト云耶
答。實不可滅ト云ハ。法性ノ色ト云ハ。初地中道ノ眞善妙色也
師云。別教ニモ有門ノ意ハ。中道ト云ハ眞善妙色有ト之云也。空
門ノコツ中道モ空也ト云ヘ (天玄五、一二一。玄義) 止六。可レ見レ之
問。解釋中。次第滅ニ法性色一。通レ中 文 爾者法性色ト者。分
段變易共ニ指レ之ト可レ云耶
答。共ニ指レ之可ニ答申一
兩方。若互ニ界內外ニ云ハハ。既ニ法性色ト云。何界內生死色ニ
可レ亙耶。若依レ之爾ト云ハハ。妙樂解釋(同前、釋籤)。初緣ニ法性一等云テ。
先滅ニ分段一次滅ニ變易一ト判セリ。既ニ先滅分段ト云テ可レ亙ニ
界內ニ聞タリ
答云。如ニ妙樂釋一可レ亙ニ分段變易ニ。但至ニ本書釋ニ。初ニ
生死ノ色ト者ヒ。分段變易二土ノ生死也。次ニ次第滅ニ法性色一
者。擧レ滅ニ分段變易色(同前)一ヲ事也
難云。玄文ニ。別門體滅生死色ト者。同居分段ノ色ト聞タリ。次

第滅法性色ト者。指ニ變易ヲ一聞タリ。但籤文ハ法性ト者。所縁ノ理也。今ノ文忽ニ分段ニ有二トマテハ法性色一不レ聞也　一筋也

付レ之。玄ニ體滅生死色ト者。分段ノ色也。次第滅法性色ト者。法性土ノ色也

籤ニ法性之色者。法性土色也。實不可滅ト者。變易色（色カ）因移果易ノ故ニ。實ノ滅ニハ非ス。初緣法性ト者。以テ中道觀ヲ一先滅ニ分段ヲ一次滅ニ變易色（色カ）ヲ一入レ地方乃見ニ於法性一ト者。本書ノ通中ト云處ヲ云也。故ニ今義云ト者。實ノ滅ニハ非ス。因移果易ノ滅者ト云也

尋云。法性色ト者。指ニ法性土ノ色ヲ一歟

一義云。指ニ法性土色ヲ一歟。本書文分明ナルカ故ニ。所以ニ。先○（第カ）滅ニ生死色ヲ一。次滅ニ法性色ヲ一。通レ中ニ云カ故ニ。同居變易ノ二色ヲ滅シテ見ニ中道法性ノ理ヲ一聞タリ。通中ト云。是法性ノ理ナルカ故也。サレハ玄文。圓門（天玄五、一二一）釋（釋カ）ルニ即生死色一是法性色等云テ。勿論所滅ノ色也。況若是法性理ノ色ナラハ。何滅レ之ト云ン耶。理ハ是不生不滅ノ法也。滅トハ不レ可レ云也。故ニ今法性土色ヲ滅スト云聞タリ。但至ニ籤文一者。法性ノ色ト云言ニ付テ一往假令ノ釋ヲ作ル也。意ハ法性ノ色ト云言カ。法性ノ理ノ色ニ似ルカ故ニ。法性色ナランニ取ハ常住ノ法也。故ニ不レ可レ滅レ之。其ヲ滅ト云ハ。初緣法性先滅分段次滅變易入地方乃見於法性ノ邊ニ約シテ言ルソト假說ノ釋ヲ作也　私記義心

難云。妙樂釋私難シ。法性之色實不可滅ト云ルハ。中道法性ト聞タリ如何

答。是ハ本書ノ付ニ法性色ト云フ言一ニ。中道ノ色ナラハ不レ可レ滅。而ニ緣シテ法性ヲ正ニ滅スルカ生死ヲ一故ニ。今義次第滅ニ於法性色一（云カ）分ト云カ故ニ。以テ義ヲ法性ノ色トハ云也（耳カ）

難云。別門體滅生死色ト云所ニ。分段變易ノ二種ノ生死ヲハ可レ攝也。其外ニ滅法性色ト云所ニハ生死ノ言無レ之。仍テ是ハ中道ノ色ト云ト可レ得レ心也。サテ中道色ナラハ滅スルソト云處ヲ籤ニ會レ之。法性之色實不可滅ト云テ。實ニハ不レ滅ト云リ。下ニ故今義等云テ義立ニテ滅ト云也。所以ニ上ニハ。初緣法性先滅分段等云テ。所滅ノ方ニテ能滅ノ法性ニ付タルソト滅ノ名ヲ一會釋スト見タリ

5　玄云。而行深妙道ノ文引テ證レ圓ヲ事　頭一（天玄五、一二四）

問。玄文ニ付レ釋ニ圓門入實ノ觀ヲ一。爾ヲハ。引ニソ今經ノ何ノ文ヲ一耶

答。如レ題

付レ之。此文方便品ノ文也。而ニ疏四ニハ別教ノ菩薩ヲ開ル文也トヘリ。今何ソ圓門入實ノ證ナラン耶

答。意多シテ多含也。今ハ深妙ト云言。尤モ亙ニ別圓一ニ歟。仍各各一遍ヲ釋ル歟

6 籤云。然此十意。前之七意皆有ニ三段一事（頭二（天玄五、一二五））

問。玄文判ニシテ別圓二教ノ同異ヲ一立ニ融不融等ノ十門一。今此十門中ニ於ニ幾（何歟）門ニ。正釋。判ニ別圓一。判ニ經文前後ノ三文段一共ニ釋レ之耶

答。如レ題

付レ之。正釋。判ニ別圓一等ノ三ノ釋ヲ立ル事。第一ノ融不融門。第二ノ即不即法門具レ之也。其已下ハ全三ノ釋共ニ有トハレ之不レ見如何

答。爾者。但今ノ釋ハ前ノ七門ハ。別ノ門門三釋具ニ可レ有也。後ノ圓詮不圓詮已下ノ三門ハ。前七門ヲ還テ釋ル。故ニ不レ具レ之也。故ニ今皆有三段ト云ハ容有ノ意ヲ釋ル也。但第三已下ニ不トレ具云事ハ略タル也。サレハ籤云云云第一ノ融不融門ヲ釋ルニ。此（天玄五、一三八。釋籤）一門意○遍ニ下諸門一云云

難云。約ハ容有ニ十門俱ニ可レ有ニ三段一也。前ノ七ニハ不レ可レ限耶

答。如レ前。第八ノ圓詮已下ハ前七門ニ惣シテ判ルカ故ニ。別ニハ不レ可レ論ニ三段ヲ一也

難云。籤云（頭二（天玄五、一二五））。唯第一門（文カ）。加ニ於破會一復次一也。又下云。下（同、一三八）去闕ニ第二（「此カ）文（門カ）一 文 第一ノ融不融外ニ闕ニ第一ヲ一云リ

答。如ニ下ノ論義一

7 籤云（頭同（天玄五、一二五））。唯第一文。加ニ於破會一復次一也事

問。玄文如レ上。付テニ十門中ニ一何門有ニ破會ノ文一耶

答。初二門ニハ有レ之

進云。如レ題。　付レ之。第一第二共破會文有レ之。但限トハニ第一ニ一不レ可レ云。若第二ニ無シハニ此文一。サテハ三段無レ之歟。依レ之籤ニ第二門ヲ云ニモ。皆有ニ三段一（頭二（同前）） 文

答。第一第二トニ可レ云。但進ノ釋ハ破會ノ復次ト云ル名ハ。限テニ第（文カ）一門ニ一付ニ此名ヲ一也。意ハ同トモ第二門ハ遍不遍ト付テレ名ヲ替タリ。意ハ破會ノ言ハ有トニ第一ニ一云也。無トハニ其文段一不レ云也。所

以ニ。第二ノ門ニ初ノ卽不卽。次ノ遍不遍。三ニハ約ヤクニト經文前後一ニ
云ヘリ。但下去ハ闕ニト此第二門一ヲ云ハ第三已下ヲ云也
一義云。十門ノ會ノ六ニハ。皆第二ニハ唯別圓ヲ斷シテ更ニ約ニル化
物一ニ事ハ無也。而ルニ融不融ノ中ニハ判ニ別圓一ヲ時。更ニ約ニト破會一ニ
云事ヲ判也。餘ニハ無キ破會ノ一ヲ加フト云也。非ニ復次一ニ也

8 籤云。以判ニ前八一。故云ニ融卽乃至譬喩一事 頭二 (天玄五、一二五)

問。玄文ニ釋ニシテ別圓不同一列リニ融不融等ノ十門一ヲ。妙樂。其
中ノ第九第十ノ門ハ。前ノ八門ヲ判ト釋ル有ニ何故一可レ云耶
答。如レ題
付レ之。十門中ノ第九第十門ニ全ク融卽トハ不レ云。何故云融
卽ト云耶
答。文亂脫也。故云融卽乃至譬喩ト云二句ノ文。次上ノ以
判ニ前七及以後二一ト云下ニ可レ云也。融卽譬喩ノ旨ハ第八
門ニ有故也
一義云。第九第十門ヲ釋ル現文ニハ。雖レ無ニト融卽ノ文一意ハ可レ
有也。其故ハ地體融卽乃至譬喩ハ第八門有レ之。其カ第九第
十ニハ以判前八ト云テ。前ノ八門ノ義ヲ釋云カ故ニ。此第九第十ノ
門融卽等可レ有樣有也。卽許ニシテ前ノ八ノ義一ヲ釋タマフカ故ニ。第
八ノ義モ第九第十ノ得分ニ成ル也 已上 威抄
一義云。融卽ト云ヘルハ第一ノ門也。而ニ今融卽ト云意ハ。第二ノ
卽不卽ト云トテ。第九第十ハ釋レト之云文也。第九第十ノ門ニ有ニト
融卽一云ニハ非。籤 頭二 ニ。第九第十。略無ニ復次一 乃至 以判ニ前
八一。故云ニ融卽乃至譬喩一 文

9 籤云。復次經文前後下明ニ融不融一事 頭三 (天玄五、一二七)

問 如レ上 且第一門中ニ。復次更約ニ經文前後一下圓相 (同、一三七。玄義) (明圓不カ) 文 妙
樂如何釋タマフ耶
答。如レ題
付レ之。第一門ニ有ニ三段一。而ニ明ニ融不融一事ハ初ノ段ニ釋シ
畢ヌ。今復次更約ニ經文前後一者。第三段ヲ釋也。何ソ重テ明ニト
融不融一ヲ釋ル耶
答。第一門ハ同ク明ニトモ融不融一ヲ。第一段ニハ直ニ明ニ融不融一ヲ。サ
テ第三段ハ略シテ約ニ經文前後一ニ明ニ融不融一。第一第三可ニ不
同一ナル。然トモ又地體ハ第一ノ門ト云ハ。融不融ノ門ニ分ニタリ三段一ヲ。
既ニ三段共ニ融不融門ヲ釋ルハ。經文前後下明融不融ト釋ン

事ハ有ニ何ンノ失一カ。或ハ文字脫落セル歟。復次經文下前後明融不融ト可レ云也

問。玄文付レ明ニ別圓四門ノ相ヲ一。以ニ別教四門ヲ一望ニテ圓教ノ四門一ニ如何釋ル耶

答。殆濫冥初生覺 文 頭三（天玄五、一二七～八）

付レ之。外道ノ冥初生ノ覺ヲハ三藏ノ有門尚以テ破レ之。況以ニ別教一ヲ何ソ同ンレ彼ニ耶

答。玄文。別教四門破ニ通門之近一。已不下與ニ二乘一共上。何況外道冥覺而濫ニ妙有一 文 頭同（天玄五、一二八）（之カ） 但今濫ト云ハ成ニ空相ヲ一方ヲ破也。別教四門ニ成シテ［虫入］計ルニ性實ヲ一似同ル也。仍テ爾破也。又除ニ諸法實相一餘皆是魔サ（事カ）ニテ望レ圓ニ日。前三教ハ屬ル魔ニ故ニ同トニ外道ニ云也

10　籤云。然破ニ冥初一。功在ニ三藏有門一而已事 頭四（天玄五、一二八）

問。破ルニ外道ノ邪計ヲ事ハ用ルニ三藏四門共ニ歟

答。如レ題

付レ之。破ニ外道邪解（計カ）ヲ一事ハ廣可レ亙ニ四門一ニ。何限ンニ有門一ニ耶

答。玄云。頭三（天玄五、一二八） 前三藏有門。已破ニ外道邪計一先盡。次空等三門破（邪則カ）卽少等云ヘリ。四門ノ中ニハ有門其ノ始也。故破ルニ外道ヲ事。有門ニテ破ル定ハ破了ヌ。故ニ餘三門ニテ破事ハ少ト釋ル也

補注云。（卍續四四、十二丁左上） 冥初生覺。如止觀第七記。在ニ第十記一。前ニ已ニ指ス引ニ外道之智一ヲ。八萬劫前冥然不レ知。故云レ冥也。但見ニ最初中陰初メ起一ヲ。以ニ宿命力一恆ニ憶ヨ想之一。故云レ初也。從レ此生レ覺故云ニ生覺一也。說レ覺（從カ）生ニ我心等一 文（同、三三〇丁右下）

備撿云。尼犍性實。計スニ罪福苦樂盡クニ由トニ先世（前カ）一ニ。要（必カ）妄當レ償今雖レ行レ道亦不レ能レ斷 文

11　籤云。頭四（天玄五、一二九） 周璞鄭璞。如ニ止觀第十記一事

補注云。（卍續四四、十二丁左上～下） 璞者玉也。鄭重ニ玉璞一。若有ニ得者一與フニ其好（厚カ）賜一ヲ。周人聞レ之規（于匀カ）ニ于其好（厚カ）賜一ヲ。周人風俗ニハ乃以ニ死鼠一ヲ而爲ニ玉璞一。以將レ詣レ鄭（鄭カ）。云人笑レ之。其人悟已答ニ鄭人一云。楚人鳳凰其實山鷄以ニ其楚王重（之カ）一レ鳳ヲ。故其不レ識レ鳳者。路行見テ擔タルヲ下擔ニ山鷄ヲ人上。乃問レ此曰。此何鳥耶（也カ）。擔者知ニ其カ不レ識。乃戲テレ之曰。此鳳凰也。其人聞レ之買テ以上レ王得レ之便死。楚王聞レ之愧而召問。王亦謂實乃八十萬而賜（以歟）レ之 文

12　籤三(云カ)。〔頭同〕以三地人釋二地義一偸安二莊老一。(天玄五、一二九)如二止觀第五記一事

補注云(卍續四四、十二丁左下)。惡魔比丘退レ戒還レ家誇二談莊老一。以二佛法義一偸安二邪曲(典カ)一。捍(押カ)二八萬十二之二(高カ)而一。就二五千二篇之下一。以二道得(德カ)逍遙之名一。齊二於佛法解脫一也。諸(之說カ)非二但古然一。今時甚有皆將二儒老一比二齊吾教一。播在二筆舌一。孰能辨レ之悲夫 文

13　籤云〔頭同〕(天玄五、一二九)。涇濁渭清事

補注云(卍續四四、十二丁左下)。涇濁渭清者誤也。應レ云二涇(半濁)清渭(半清)濁一也 文 備同レ之

14　籤云〔頭三〕(天玄五、一二七)。初明二彼論生一レ過事

疑云。見二本書文ヲ一。今時ト云ヨリ上ニ不レ見。論ハ如何

答。正不レトモ見地論等ノ心カ見タル閒指レ之歟

15　玄云〔頭五〕(天玄五、一三二)。亦不會惡人事

問。般若經ニ會ル二生死惡人ヲ一耶

答。問尤不審也。然トモ明二ト惡人得道ヲ一云ハハ可レ明レ之

若明ト云ハハ如レ題。若依レ之爾ト云ハハ。般若經ノ意ナリトモ。惡人得道ストト云事何無ンレ之。依レ之斑足王聞レ之得記ストト見リ。況方等ニ尚以テ明スレ之。般若何ソ不レ明レ之耶

答。實ニ如レ難也。惡人得道可レ明レ之。但。今ノ釋ハ且ク付二經教ノ炳文ニ一釋ルレ之也。方等ニハ闍王。央崛得二受記一。塵勞之儔(「爲カ)如來種ト明ト云ヘリ。而ルニ般若專ラ開レシテ法ヲ不レ說二人ノ開會ヲ一故ニ。是ハ方等般若ノ兩部ノ大意ヲ釋ル也。其意方等ニハ會ス二惡人惡法ヲ一。然トモ不レ會二二乘ヲ一也。而般若ニハ二乘ノ念處道品。皆摩訶衍也ト會ル也。故是ハ方等ニ所レ勝タル釋ル也。爾ト云テ般若ニ不トレ會二惡人一云ニハ非ス

難云。勝天王般若經ニ明シテ二佛ノ大悲一云(大正藏八、七二四上)。尚令二調達最前得道(道[ナシ]カ)一。況復其餘衆生類耶(耶[ナシ]カ) 文 如何

答。生死惡人ハ具縛ノ凡夫也。調達ハ別事也

16　玄云〔頭五〕(天玄五、一三二)。生死惡人。煩惱惡法。而皆被レ會事

問。方等ニ會二惡人一耶

答。會ト釋ル也

若爾者。爾前ニ何ソ惡人成佛明レ之耶。依レ之記七(文句カ)ニハ。他經(天文四、一六三二上)但記レ善等 云云 若爾ト云ハハ。如レ題

答。可レ明レ之。方等ニハ二乘ヲハ彈呵シ(「○カ)。惡人等ヲハ多ク成佛ストト明也。所以ニ。爾前ニモ惡趣依身不レ改。直ニ成佛スト云事ハ不レ

明。改レ身ヲ成佛ストハ明レ之也

尋云。方等ニハ惡人被ルレ會事ヲ明ス。般若ニ何不レ明レ之釋ル耶。所以ニ。顯五 玄云。(天玄五、一三二)又般若中○(ㇾ人カ)不レ會ニ惡人及二乘等ニ一。不レ辨ニ其作佛ヲ一 文

答。是ハ般若ニハ對ニ惡人ニ一如ニ法華ノ一作佛ストハ不レ說事也。所以ニ。既ニ惡人及二乘ト云テ。二乘ト一具ニ擧テ釋カレ之故ニ。對シテニ二乘ニ一如レ不ルカレ明ニ成佛ヲ一。同ク惡人ヲモ不ニ得益一云也

17 顯同 玄云。(天玄五、一三二)如淨名。(ㇾ○カ)塵勞之儔爲如來種。別教事

問。玄文引ニ淨名經中。會塵勞之儔爲如來種ノ文ヲ一。爾ハ。是ハ圓教ノ意歟

答。可ニ圓ノ意ナル一

進云。如レ題。 付レ之。別教ハ隔歷不融ノ教ニシテ不レ明ニ善惡不二ノ旨ヲ一。只是可ニ圓ノ意ナル一如何

答。自レ本可ニ圓教ノ意ナル一。但釋ハ但爲次第三諦所攝ノ意ナルヘシ。依レ之。(同前)此卽別門攝 文 既ニ云圓意トハ聞タリ

一義云。淨名ハ生死ノ人等會シテ。二乘等不レ會レ之故ニ。不レ會ニ二乘ヲ一方ヲ別教ト云也

又方問。別教ニ明ニ煩惱卽菩提義ヲ一可レ云耶

答。不レ可レ明レ之

若不レ明云ハハ今釋如レ題。若爾ト云ハハ。煩惱卽菩提ハ圓教ノ心也如何

答。不レ可レ明レ之。但釋。此卽別門攝 文 只是圓ナレトモ爾前ノ圓ヲハ攝ニ別教ニ一意也

難云。別教ニモ理性如來爲善惡本ト云文ヲハ。(天止一、三二四。弘決)別教ノ說ニ引レ之。若爾ハ。今ノ釋モ其意歟

答。惣シテ云ハン時。然ル意モ可レ有レ之。今ノ釋ハ爾前ノ圓ノ大旨也。所謂ニ。爾前ノ圓ニハ煩惱卽菩提ト明トモ。斥ニ二乘ヲ一故ニ別門攝ト云也 同レ之 Ⓐ均。莆

問。別教ノ意。二乘ノ念處道品。皆摩訶衍ノ旨ヲ明ト可レ云耶

答。不レ可レ明レ之

進云。披ルニ解釋ヲ一。引ニ念處道品。皆是摩訶衍ノ文ヲ一。此卽別門攝也ト釋セリ。 付レ之。不レ明ナラ。別教ト者。談ニ隔歷不融ノ旨ヲ一。何明ニ小乘卽大乘ノ旨ヲ一耶。依レ之所所ノ解釋。念處道品。皆摩訶衍文ヲハ般若ノ法。開會圓教也ト釋セリ

答。別教ニハ不レ可レ明。任ニ處處ノ解釋一。但至ニハ今ノ解釋一ニ爾
前ノ圓教ヲ一往別教ニ攝ル意也
難云。上ニ別圓ノ不同ヲ釋スルニ有ニ十種一。其下ニ不同ヲ釋シテ二
乘ノ念處道品等。此等ハ別教也ト釋ルニ。爾前ノ圓ヲ下トハ不レ覺
也。加レ之次下。（天玄五、一三五）別教已去皆是方便文（了從カ）爾前圓。今ノ圓相
對。爾前ヲ下ス釋トモ不レ覺如何
答。實ニ別圓相對シテ釋ル時。般若ノ圓ハ二乘ノ念處道品。摩訶
衍トハ明トモ。二乘可ニ成佛スト一不レ明方ヲ。但爲次第三諦所攝ニテ
別教ト釋ル也。此卽別門攝文（同、一三二）攝ノ字可レ思レ之
難云。今釋ハ別圓相對シテ釋ル也。謂第一ノ融不融門ヲ釋ル也。
故ニ爾前ノ圓ヲモ皆圓ノ一具ニ取テ別圓相對也如何
答。爾前圓ヲハ攝ニ別教一對ニ法華ノ圓一ニ也
大集座
尋云。別教意。二乘所レ行摩訶衍ト可レ明歟
答。二乘所學ノ念處道品。菩薩ノ法ト可レ云也
18　籤云。（頤六）（天玄五、一三六）當レ知偏教皆名爲レ邪事
問。玄文中ニ大經引ニ自此已前皆名邪見ノ文一ヲ。（同、一三五）（之カ）（了我等カ）爾者所レ云
邪見ト者。妙樂何物トカ釋タマフ耶

答。釋文ニハ。偏教名ニ邪見一文（了皆カ）（爲邪カ）
付レ之。迦葉童子。大經ノ席ニ來テ。我邪見ノ人也ト宣タリ。是
可レ指ニ生死顚倒見一ヲ。例如下彼ノ須跋陀羅等來テニ涅槃座一ニ
改中邪見上ヲ
答。迦葉童子。聞テニ圓常ヲ住ニト正見ニ說カ故ニ。偏圓相對シテ以レ
圓ヲ名ニ正見一。但至ニ須跋カ例一ニ者。彼ハ外道ト云フ。此ハ菩薩ト
說ケリ。彼此不レ可ニ例同一ス
涅槃經七云。（大正藏十二、六四八上）迦葉菩薩白レ佛言。世尊。我從ニ今日一始得ニ
正見一。世尊。自レ是之前。我等皆名ニ邪見之人一文（悉カ）
難云。經文難也。飜レ邪歸レ正ト者。以ニ外道ノ法ヲ一對スニ佛法一ニ
云事ハ常ノ事也。抑モ權人也ト云事。更ニ大經ニ不レ見如何
答。始得正見ト云ハ。圓常ノ悟ヲ云ト可レ得レ心。サレハ至シテニ三
十六問ヲ一顯スニ佛性常住一ヲ。尤指スト圓ノ正見一見タリ。但初テ來ト云
事。縱ヒ爾前ニハ座ニ有トモ。今大經ノ座ニ來ル時ハ。始テ來ル相ヲ說
歟。但爾前ノ經。十往生經ニ有ト迦葉童子一見タル也
難云。十往生經ニ。姓多羅ト云ヘリ。涅槃經ニハ。（大正藏十二、六一九中）姓ハ大迦葉文
可ニ各別人一ナル

答。大經(同前)ニハ。多羅聚落ノ迦葉ト云リ。多羅ト云モ似タリ

難云。當レ知偏教釋難レ思。縱圓教也トモ初住不レ入已前ニハ(大正藏三八、六五八下)皆名爲邪ト云ニモ(「句カ)有ラン。依レ之名疏七ニハ。圓教四門如(若カ)下未(悉カ)レ見レ性執ニ此四一亦成中四見上故 文 大經云(大正藏十二、六四八上)。自(是カ)レ此之前。皆名ニ邪見一 文取意 又記七ニハ(天文四、一五九八下)。「四大聲聞」(「」迦葉等四カ)未レ聞ニ譬喩一已(喩已囗カ)前。義當ニ邪見一ト云テ。引ニ迦葉自述之今文一非ニ天台釋ニ違一ニ。自解釋違ル耶

答。邪見義通カ故ニ兎モ角モ引用ル也

難云。邪見ノ言。實ニ住前乃至權教ニテモ皆名ニ邪見一ト歟。又前三教ヲ名ニ邪見一ト歟。又外道凡夫位ヲ名ニ邪見一歟。一偏ニ可ニ治定一也如何

答。此ハ何モ無ニ相違一也。彼自述言多含ニシテ邪見ト云タルハ。偏教ヲ邪見ト云時ハ。圓教ヲハ皆名ニ皆(皆囗カ)正見一ト故。法華涅槃ヲハ皆名ニ正見一也。對ニシテ入住ニ住前未證ヲ邪見ト云意モ可レ有レ之。外道邪見ト云ン事勿論也。迦葉童子入住已後ノ自述ナ故ニ住前乃至外道マテ邪見ト云。實含レ之也

難云。抑名疏及法華記ノ如ク不レ見。當レ知偏教等釋ルハ有ニ所存一歟

答。師云。有ニ所存一歟。所以ニ。本書。明ニ圓教ノ破會相一ヲ。阿含。方等。般若ニ明ニトモ會ノ義一ヲ不サルレ如ニ法華一事ヲ釋了テ。法華ノ破會ノ相ヲ釋ルニ引ニ迦葉自述ノ文一故。法華涅槃ヲハ同ク爲ニ正見一。爾前ヲハ名ニ邪見一ト也。此釋ノ意ニテ迦葉童子在ニ法華一被レ得也

師云。今ノ釋ハ只圓ヲ爲ニ正見一ト證據ニ引レ之也。法華座ニ有マテノ事ニハ非也

疑云。十往生經ニ迦葉來テ見佛聞法スト見リ。仍爾前ノ經ニ有歟ト常出也。而迦葉童子ハ涅槃經ノ時ニハ十二歲ニテ來ルト見ル也。而ニ法華ハ八年說也。數ニ此時分一爾前ニハ當ニ三四歲一ニ也。三四歲時諸佛所ニ聞法ン事難レ有。仍十往生經。後番記歟。況十往生經ノ迦葉ハ姓多羅也。大經。迦葉ハ姓大迦葉也。又權化以ニ常人一不レ可レ計ル歟

問。多羅聚落ノ迦葉童子在ニト法華ノ座一ニ可レ云耶 如ニ涌出品一

答。難レ測

兩方。若在レトレ之云ハハ。一經ノ前後ニ全不レ擧ニ迦葉童子一ヲ。依レ

之披ニ大師ノ解釋一ヲ引ニタマフ涅槃經ノ迦葉自述之文(破カ)一ヲ。自レ此之 頭五 (天玄五、一二三五)前我等皆名ニ邪見一也(「人カ) 文 若有ニラハ法華ノ座一ニ邪見ノ人トハ不レ可レ名。若依レ之爾ト云ハハ。迦葉童子既ニ在テ涅槃座一ニ設ニ三十六ノ問一常住ノ因ヲ問起セリ。是則功由ニ法華一之故ニ如レ此至(致カ)レスニ問ヲ非耶

答云云 先有ト云テ會ニ經文一。設ヒ有ニト法華ノ座一ニ云トモ。無カニ其用一故ニ不レ出ニ其名一歟。菩薩ノ八萬。聲聞ノ萬二千。既ニ悉ク不レ擧ニ其名一ヲ者耶。但至ニ迦葉自述之言一ニ者。自レ此之前ト云ハ。惣シテ來テ涅槃座ニ其根利ルカ故ニ。如レ此至(致カ)ニ問難一有ニ何失一耶

難云。有ニト法華座一ニ云事難レ思。自レ本所レ難。若有ニ法華座一何名ニ邪見ノ人一ト耶。既ニ涅槃ヨリ已前ヲハ名ニ邪見一故ニ。不レ(天玄五、一二三六)在ニ法華一ニ聞タリ。爰以。彼ノ邪見人也ノ文ヲハ。妙樂ノ今釋ニ。當知偏教皆名爲邪ト釋タマヘリ。若有ニ法華ノ座一ニ何偏教トハ可レ云耶。有ニ法華座一圓教ノ結緣衆ナルカ故ニ。次ニ無ニ法華座一ニ云會釋又難レ思。其故ハ妙樂餘處解釋中ニ。(天文五、二一八三下)迦葉童子已於ニ此中一聞ニ長壽一竟。於レ彼但聞(問カ)ニ長壽之因一ト釋セリ。此釋ハ正ク法華座有ト釋者耶

答云。難レ測。然トモ先在ニ法華座一云一義成セハ。今解釋以ニ偏教ヲ邪見ト釋ルハ。法華涅槃ヲハ同醍醐味ノ故ニ同ク名ニ正見一ト。法華已前ヲ一向ニ邪見ト云ソト可レ釋スルナル

難云。大方ハ此論義ハ旁以不審也。先妙樂ノ法華座有ト釋タマフハ道理歟。證據カ不審也。次自レ此之前我等皆名ニ邪見人一也。經文ニ今ノ偏教ヲ邪見ト釋タル大師ノ餘所ノ釋違背セリ。所以名疏七ニ。(大正藏三八、六五八下)圓教四門若未見性執(句カ)ハ此四門亦成ニ四見一。故ニ(「○カ)大經云自レ此之前(已カ)○ 文 又法華ノ記七ニ。(天文四、一五九八下)「四大聲聞」(「」迦葉等四カ)未レ聞ニ譬喩(喩已[ナシ]カ)一已前。義當ニ邪見一等云テ。迦葉自述ノ今文ヲ引リ。

大師解釋ニ非レ背ノミニ。自釋ニモ相違スル耶

答。凡ソ邪見ノ義通カ故ニ。其隨ニ義門一ニ引用ルニ無レ失

嘉祥大師引ニ此文一。(涅槃論二)迦葉童子在ニ法華座一ニ判セリ 倒 記七云 藥草品 (天文四、一五九八下)引テ大經迦葉童子ノ自述一爲レ例。彼亦未レ聞ニ涅槃一云前(已カ)ニ。自稱スニ邪見一 文　十往生經ノ了簡如ニ涌出品抄一

難云。先見ニ大經ノ文一。(大正藏十二、六四八上)我從ニ今日一始テ得ニ正見一。自(「世尊カ)レ此之(是カ)

前。我等皆(悉カ)名二邪見人(之人カ)也一文
又記如レ上涅槃已前ハ皆名二邪見一ト云也。何同醍醐味ナレハ法華モ涅槃ト一具ニシテ。其已前ヲ名ルソト二邪見一ト可レ云耶。又大經時。發起衆トシテ問二大事一ヲ故ニ。法華ニ已ニ聞テ二長壽一ヲ。涅槃ニテ問起スト云事不審也。設ヒ無トモ二法華ノ座一ニ餘處ニテモ聞カン。又大經ノ壽命品時說二ヲ常住壽命一ヲ聞テ。長壽品時問起スルニモ有ラン。又涅槃ノ第十ノ勘文未レ聞。有トハ二法華座一ニ如何 涅槃經第十可レ見レ之
答。彌勒等ノ菩薩モ。佛不レ說前ニハ壽量ヲ不レ知也。故ニ迦葉モ大經時ニ直ニ問ハハ二壽命一ヲ。法華マテ聞トフ事ハ被レ推タリセ。但至ニ自レ此之前等難一ニ者。二ノ會釋有レ之。一ニハ同醍醐味故如レ上
二ニハ設法華有トモ未レ開ニ初住無生ノ悟一故ニ。今大經ノ座ニテ開悟ル故ニ。初住已前ヲ指シテ邪見人ト云也

私云。法華涅槃勝劣算可レ思レ之

私云。迦葉童子在ニト法華ノ座一云事
記九ノ釋(天玄五、一一三五～六。釋籤)ナラテハ一家ノ釋ニハ無也ッ。大旨皆大經始テ來、(丁人カ)見リッ當所ノ釋モ。未レ聞ニ常住一之前。我等皆名ニ邪見一(天文五、二一八三下)等云テ。未聞常住ノ言。大經ニ限ト聞タリ。仍記九ノ釋ヲハ已前(於カ)此中ト云ハ。

法華ノ座ニ無トモ。餘經マテ法華ヲ傳聞トモ。已於此中ト云テハ又宗家難レ計。一釋難レ得レ心。仍テ地體ハ難レト思可レ答。宗ノ大事マテモ無レ之何ニモ有ケン

問。迦葉童子。不レ來ニ涅槃座一前ニ成ニ圓人一ト歟。若圓人ト成ト云ハハ。頭五玄云。自レ此之前我等皆名(天玄五、一一三五)○文 若依レ之爾ト云ハ。記九云。迦葉童子在ニト法華ノ座一ニ云ヘリ(天文五、二一八三下。取意)。何ソ不レ成ニ圓人一耶
答。在ニ法華座一ニ成ニ圓人一ト歟。設在ニトモ法華座一ニ。又始テ大經座ニ來相ヲ示歟。次ニハ無ニトモ法華座一ニ法華後皆聞ニ長壽旨一ヲ。如レ此知テ致レ問ヲ歟
難云。無ニ法華座一ニ云事不レ明。始テ外道ノ家ヨリ來ニハ爭カ可レ致ニ三十六問一耶。是以外ノ甚深ノ義ヲ問也。サレハ已於此中ノ釋モ難也。サレハ淨影。嘉祥等モ在ニト法華ノ座一ニ云リ
師云。法華涅槃ハ一座ニシテ不レ隔ニ時節一ヲ故ニ。在ニ涅槃經ノ座一ニ云ハ。法華ノ座ニモ初ヨリ在ケルソト云也。功由法華ノ釋ニテ可ニ入眼一也
難云。法華ハ靈山說。涅槃ハ倶尸那城ノ說也。何一座ト云耶
涅槃經第三。爾時佛告ニ一切大衆一○我之壽命(大正藏十二、六一九中～二〇上。取意)不レ可ニ稱

量一○爾時衆中有二一菩薩摩訶薩一（「童子カ）本是多羅聚落人也。姓ハ大迦葉。婆羅門種タリ。年在二幼稚一○云何カ得二長壽ト。金剛不壞ノ身一トヲ。復以テカ二何ノ因緣一ヲ。得二大堅固ノ力一ヲ。云何カ於二此經一ニ。究竟シテ致二彼岸一ニ○云何カ得三廣大ニ。爲レ衆ノ作二依止一○云何知二天ン魔一ノ。爲ニレ衆作ラハ二留難一ヲ。（「○カ）云何分別シテ知ラン。云何カ諸ノ調御。心ニ喜テ說タマフ二眞諦一ヲ○云何作二善業一ヲ。大仙今當ニレ說。云何諸菩薩。能見ル二難見ノ性一ヲ。云何カ解ル二滿字（「○カ）一。云何共二聖行一ノ○云何未二發心一。而名爲二菩薩一ト。云何於二大衆一。而得レ無コトヲ二所長（長カ）一。（「○カ）云何處シテ二濁世一。不レ汚コト如二蓮華一ノ。云何處シテ二煩惱一ニ。煩惱モ不二能染一コト。（「○カ）云何捨二生死一ヲ。（○カ」）云何觀二三密（寶カ）一○三乘若無レ性。云何而得レ說コトヲ。（「○カ）云何名レ受レ樂ト。云何諸ノ菩薩。而得二不壞ノ衆一ヲ。云何爲二生盲一ノ。而作二眼目ノ導一ト。云何示ス二多頌頭（頌[?]カ）一ト。唯シ願ハ大仙說。云何○（○[?]カ）遠二離ル一切病一。云何カ爲二衆生一ノ。演二說於說（說[?]カ）祕密一ヲ。云何○（「○カ）說畢竟。云何不二定說一ク。云何○（最勝カ）得二無上道一ヲ○文

涅槃十云 如來性品 （同、六六四中～下）迦葉復言。俱尸那（拘カ）城ニ有二旃陀羅一名曰二歡喜一。佛記二是人一由二一ノ發心一ニ。當下於二此界一千佛ノ數ノ

中ニ速ニ成中無上正眞之道上。以二何等一故。如來不レ記三尊セ者舍利弗目犍連等ニ速ニ成中成道（佛カ）上。佛言。善男子。或ハ有二聲聞緣覺菩薩一作二誓願一言。我當下久久護二持シ正法一然後ニ乃成中無上佛道上ヲ。以レ發スヲ二速ニ願一ヲ故ニ與二速記一 文

良師云。此文ハ迦葉童子。法華ニシテ身子目連等ノ未來無數劫ニ與ヘレ記ヲ聞テ。今涅槃座ニシテ旃陀羅ニ與タマフレ記ヲ。何ナレハ於二現在千佛ノ數中一ニ速ニ可二成佛一記シ。舍利弗等ニハ未來無數劫トハ記タマフソト難ル也。是正ク有テ二法華ノ座一ニ聞二三周受記一ヲ也ト覺タリ

難云。今經文有ト二法華座ニ一云事未レ聞。其故ハ旃陀羅ニモ受記ス。爭佛弟子ナル舍利弗等ニ受記スルソト問也。是無トモ二法華座一ニ是程ノ事ハ何ソ不レ云耶

答。身子等モ經テ二無數劫一ヲ可二成佛一ス。迦葉聞タレハコソナト速疾成佛トハ不レ記タマハト疑ヘ。一向成佛スルマシキソト知タラハ此疑ハ不レ可レ有。次傳聞ニモ有ントレ云事ハ。寶塔品已後。八方各四百萬億皆無レ隔。神力品ノ時ハ十方通同如二一佛土一也。サレハ聞クニ二法華一程ニ有ンレ緣人。皆法華座マテ可レ有也。多羅聚落何ソ不レ可二法

華座一

問。解釋中ニ。頭六(天玄五、一三六)龍畜等亦與受記ト云ヘリ。爾者。妙樂ハ今經ノ何文也トカ釋ル耶

答。諸天歡喜ノ文也

付レ之。不レ明ニ今歡喜明文一。諸天等ノ歡喜ハ見トモ。全ク受記ノ意ハ不レ見如何

答。但至レ難ニ妙樂。身子尊者ノ歡喜明文ヲ出ニス龍畜受記一也ト釋成セリ。何テ不レ可レ構ニ私ノ會通一ヲ

難云。此事ハ大師。與ニ龍畜ニ受記一云ル經文無レ之處。尤モ不審ナル上ニ。諸天歡喜ノ文ヲ出ス殊ニ以テ不審也。本書ノ意ハ龍畜ノ受記ト者。若ハ指ニス龍女ノ作佛一ヲ歟。若爾者。彼ニハ無ニト受記文一云事ヲ不審ル也。引替テ妙樂ハ諸天說偈ノ文ヲ出スハ。全受記ノ相無レ之如何

答。實ニ如レ難。龍女ヲ此文ノ内ニ可レ入。尤モ既ニ龍畜等云言有レ之。然トモ妙樂釋如ニ天龍八部一。舍利弗ノ受記ヲ見テ。我(等カ)當亦如是。必當得作佛スルハ(天玄五、一三六)受記文也ト得レ心タマヘハ有ニ其謂一レ

難云。見ニ本書文一。(天玄五、一三六)五逆調達亦與ニ受記一。龍女(畜カ)等亦與ニ受記一指ト覺タリ。何ソ妙樂大師。譬喩品ノ諸天說偈ノ文ヲ出タマフ」耶

答。無ニ受記ノ言一事ハ。提婆品ノ龍女ニモ無レ之。何モ龍女ノ受記ニテコソ可レ有。諸天說偈ヲ無レトハ謂レ難ル耶。故兩處共ニ無ニトモ受記言一。妙樂ハ譬喩品ノ文ハ正ク見ニテ舍利弗ノ受記一ヲ必當レ得ニ作佛一歡喜スレハ。此コソ龍畜等受記マテハ有レト釋タマフ也。其上ニ調達ニ一雙ニ出有トモ。龍畜等ト云ルカ故ニ。若龍女一人ナラハ不レ可レ云。知。譬喩品ノ四衆八部ヲ皆等取スト得レ意也

難云。法師品受ニト天龍等記一ヲ釋タルヲ可レ指ニ譬喩品一ニ。惣記別記(聞歟)不同如何。又龍女受記ハ我獻寶珠ノ文ヲ釋ニハ受記ト云リ如何

玄文云。(天玄五、一三六)圓會者。會ニ諸凡夫著法之衆一。汝等皆當ニ作佛一。我不ニ敢輕ニ於汝等一。五逆調達亦與ニ受記一。龍畜等亦與ニ受記一文

籤云。(同、一三六～七)龍畜(等カ」)皆受(授カ)記者。如ニ舍利弗一。(〔〇カ)今得レ受(〔尊カ)レ記。我等亦如レ是必當レ得ニ作佛一文

疑云。大旨舍利弗文ハ歡喜文也。何領解ト釋ル耶

答。受記段ヨリ事起ル。諸天歡喜ルカ故ニ受記段ト云歟

良師云。疏八云。下周既爾。(天文四、一八四一下)中上亦然文 歡喜段ノ經文。諸(大正藏九、三〇下)天龍(「王カ)夜叉(「〇カ)。聞妙法華經○一念隨喜者。我(「皆カ)與受記文 中上二周定テ可レ有二受記段一釋ル也

師云。(同、八中)諸法從本來○佛子行道已。來世得作佛ト說ヲ聞テ悟テ身子カ得ルヲ二作佛ノ記一ヲ。諸天聞レ之。悟テ歡喜ス。サレハ當作佛ト說ハ受記也。可レ祕レ之

疏五云。(天文三、一一一四上～七上)四衆領解。有二長行偈頌一○如二身子之領解一。如二身子述(「被カ)成一。如二身子之得一レ記也。問迦葉善吉諸聲(「大カ)聞。尚未レ得レ解。四衆何人而獲先(先獲カ)悟。答四衆天人亦具二三品一。上根同二身子一。中下可レ知文

師云。記五ニ正諸天歡喜領解ト釋ル也。記五云。(同、一一二一上)此中四衆於二前四中一。非二但當機結緣二衆一。發言領解卽是發起影向(響カ)二衆文

一義云。指トモ二提婆品ヲ一不レ苦。然トモ今引クハ二譬喩品一天龍歡喜所著衆ヲ供シテレ佛ニ佛攝スレ之。仍テ印可故ニ名二受記一也。但擧二譬喩一隨レ始ニ也。可レ祕レ之

問。今經中ニ。(大正藏九、二〇中)汝等所行是菩薩道文 爾者藏通二教ノ二乘同ク開會ストレ可レ云耶

答。藏通二教共ニ開會スル也

進云。披二大師解釋一。頭六(天玄五、一二三七)析法二乘會ト釋セリト。付レ之。夫法華開會ノ意ハ。廣亙二前三教一ニ二乘(「尚被カ)開會ノ文。何只限二三藏ノ二乘一ニ耶

答。可レ亙二藏通二乘一ニ。但至二解釋一ニ者。今二乘開會ノ本意ハ。正有二鹿苑證果ノ二乘一ニ故ニ一往如レ此釋タマフ也。亙ルニ藏通一ニ事ハ不レ可レ遮

難云。凡今經ノ開會ト者。廣亙二前三教一ニ也。就レ中二乘開會ノ文ハ藏通ノ二乘ヲ可レ會也。何況ヤ今汝等所行ヲハ。法華論中ニ約二退大二乘一釋レ之。然ニ退大ノ二乘ヲハ。一家解釋中ニハ通教ノ二乘ト釋セリ。今何限ンニ三藏ノ二乘一耶

答。可レ亙也。今ノ釋從二說教ノ本意一ニ先三藏ノ二乘ヲ出ス計也。通教二乘ヲハ不レ廢者ヲ耶。但。至二法華論一ニ者。彼論ノ意ハ自レ本一家ノ本意ニ違背セリ。所以ニ。決定性二乘ヲハ不與受記ト云テ。不レ關二法華開會一ニ云也。故ニ約シテ二退大ノ二乘成佛一ニ釋ル也

難云。法華論既約退大二乘。然彼論一家依憑也。釋義違論文耶。況天親菩薩既見經文。豈決定性二乘不成佛得意耶。故論文別有意。退大釋覺。何斥定性故會通耶

答。法華論意決定性成佛不許。故約退大釋之也。但。至一家釋義論不可違云難者。彼別論義也。然論權教意引釋故。定性二乘成佛不許云也會釋(天文二、七六二下)

記四云。當知論指(渉カ)諸有餘施設(之說カ)。無以經意偏(雷カ)同上文

尋云。所詮大師釋法華論何難遮。然藥草品大意負得心合叶經文耶。惣云時決定性法華成佛云事別論義也。今藥草品意草木種子芽莖次第說。然種子者。發大乘心如種釋。大乘結緣有之者約見。若爾者。法華論約退大二乘。尤種子芽莖次第相見耶。一家決定性云不叶經文歟。其故決定性者。無大乘種子名故也

答。此事一家意。必不限決定性。退大二乘汝等所行是菩薩道可云也。但至法華論爲退大云叶經文云難者。彼立種子無上義一偏從意也。一家意。決定性二乘無種子云事無之。强相違難不可來

私云。(天文一、一四五下～六上)在昔則無應化佛道之稱。在今則無住果決定之名等釋。實決定性云。退大云共約三周聲聞也。仍上二周決定開云。下周付說文云也。汝等所行等之內藏通共可入。而擧劣三藏二乘成佛。況釋勝通別計也。爾云非斥。凡汝等所行等說。上迦葉當知等云。迦葉當機衆說也。迦小(葉カ)既鹿苑證果聲聞也。仍析法釋道理也

問。十門之內。卽法不卽法門正釋判。別圓等三釋共有之耶

答。頭七 籤云。下去闕此第二門文(天玄五、一三八)

付之。第二門既三釋共有之。何闕云耶

答。下去云有二義也。一指第三已下下去云歟。

一ニハ三ノ釋有レトモ不ルレ委故ニ闕ト云歟

難云。第三已下ヲ下去ト云義不レ可レ然。此下去ト云下。必第三已下全不レ聞。其上第三已下ニ此三釋有レ之也。又不レ委故ニ闕ト云義モ爾カ不レ有耶

19　籤云。別門云レ說。圓門云レ證事（頭同）（天玄五、一三八）

疑云。別圓共ニ可レ有ニ證說一。何ソ如レ此分別ル耶。依レ之玄（頭同）文ニハ。別圓共ニ有ト說證一釋セリ（同、一三七～八。取意）

答。證道同圓ニテ成レハ證圓ナル故ニ。別教ハ教道ノ方ニテ說ト云ヒ。圓ヲ證ト云ト釋ル也。指ニ本書ヲ爾カ釋ルニハ非ス

20　籤云。卽不卽法中從ニ復次一去亦有ニ三意一事（頭七）（天玄五、一三九）

問。玄文十門ノ中釋ニトシテ卽法不卽法門一ヲ。復次卽法有ニ遍不遍一等云リ。所レ云復次已下ニ幾ノ意有ト可レ云耶

答。如レ題

付レ之。玄文ニハ復次ヨリ下ニ二意有ト見リ。所謂遍不遍門。經文前後門也。聽テ二ノ復次也。卽不卽ハ復次已前ノ文也。何復次下ト云耶

答。爾也。但釋ハ亦有ニ三意ト云ハ。上ヲ取合テ如レ此釋ル也

（頭同）籤云。復次去亦有ニ三意一。初卽不卽。次遍不遍。三約ニ經文前後一文（同前）（「從カ）

問。別教意。明ニ三諦相卽旨一耶。若明ト云ハハ。隔歷不融教也。何明ニサン三諦相卽ノ旨一ヲ耶。若依レ之爾ト云ハハ。籤云。別教ノ三諦ヲ云トシテ。或二卽三卽文三卽ト云。豈ニ非ニ三諦相卽一ニ耶

答。一卽二卽ト者。三諦整束ル處ヲ三卽ト云也。十住入空ナレハ一卽。十行帶空出假二卽。十廻向三諦圓修スルカ故ニ三諦整束也。是ヲ三卽ト云也。非ニ三諦相卽一ニ。仍テ籤ノ次上ニ。（頭七）（同前）三諦不卽ト云ヒ。次下ニハ。而復不レ融文（同前）

難云。猶卽字難シ如何

答。卽字ハ。中論因緣所生法文ヲ止一ニ如レ釋。別教ニモ所依常ノ卽ヲ可レ作。非レ如ニ圓ノ云云

問。第三ノ佛智非佛智ノ門ノ分文ヲハ如何釋ル耶

答。籤云。（頭八）（同、一四二）佛智非佛智分文同レ前文

疑云。佛智非佛智門中ニ第二段無レ之。何同前ト云耶

答。現文ニハ無レトモ之意ハ可レ有。故ニ爾カ釋ル歟。下去ノ諸文此

定也
問。第四ノ次第不次第中ノ第三ノ或前或後ノ文段ニ有ニ復次字一耶
答。籤云。次第不次第中○但第三意初闕ニ復次字一 文 頭九（天玄五、一四二）
疑云。見ニ玄文一ヲ。次第不次第中第三文段。復次別門圓教（行カ）等云テ。復次字有レ之。今何闕云耶（同、一四三）
答。妙樂所覽ノ本ニ。復次ノ字ヲ闕歟
問。別門ニ說ニ圓智一ヲ。圓門ニ說ニ別智一事有レ之耶
答。別門說ニ圓智一。圓門說ニ別智一 文 頭八（天玄五、一四一）
付レ之。別圓二教相分タリ。何如レ此釋ル耶
答。此事籤釋ニ見リ。頭七（同、一三八）但向地相對シテ明ニ融不融一ヲ是（此カ）ハ定屬レ別ニ。若信住（住信カ）相對ハ是（此カ）定屬レ圓ニ云リ。此釋ノ意ハ說ニ向地（地向カ）相對ヲ經ニ明ハ圓ノ法門一ヲ。別門ニ說ニ圓ノ智一云ハン。又信住相對シテ說經ニ說ヲハ別教ノ法門一ヲ。圓門ニ明ニ別智一ヲ云ハント釋ル也。所以ニ。帶權教ノ意ハ信住相對シテ說ニ圓意一ヲ云ヘモ。又別義ヲ含容シ。向地相對シテ說ニトハ別ノ意一ヲ云トモ。又圓智斷義ヲ含容スル意可レ有云也

有云。別教說圓智（門カ）ト云ハ證道ト云也。圓門說別智ト云住前ノ事也。住前ハ空假計ニシテ未レ證ニ中道一故ニ別智ト云也
私云。向地相對ト者。十地爲ニ聖位一ト。十向爲ニ賢位一說也。是ハ別教也。信住相對シテ云ハ。十住爲ニ聖位一。十信ヲ爲ニ賢位一說也。是ハ圓意也
備云。（卍續四四、三三〇丁右下～左上）別門說圓智。先明ニ次第（〔智カ）。此是（是乃カ）說ニ地前一。後明ニ圓智一。此說ニ向後一。或前（就カ）明ニ（先カ）圓智一。此說ニ向後一。次明ニ次第智一。此說ニ地前一。圓門說別智。或先明ニ圓智一。此說ニ信（證カ）後一。明ニ次（〔後カ）第智一。此說ニ住前一。或先明ニ次第智一。此說ニ住前一。後明ニ圓智一說ニ住後（〔此カ）一。圓次第智義不レ同（〔レ別カ） 文
問。解釋中ニ付レ釋ニ別教斷惑相一。且ク別教ノ意。於ニ何位一ニ斷ニ界內ノ見思一ヲ可レ云耶
答。十住ノ位ニ斷レ之也
第六門 頭十（天玄五、一四六）
進云。披ニ大師解釋一ヲ。斷ニ界內見思一。判ニ三十心位一云ヘリ。
付レ之。一家處處ノ解釋。十住斷ニ見思一ヲ云事ハ所レ定ル也。
今何三十心位ニ斷ニ見思一釋タマフ耶
答。任ニ常途ノ義相一ヲ於ニ十住ノ位ニ斷レ之也。但至ニ今ノ釋ニ

者。大ニ分ク二地前地上ヲ一判ル二見思無明ノ位ヲ一意也。三十心ト云ハ實ニハ可二十住ナル一也

難云。解釋ノ始終尚以難也。所以ニ。斷二界內見思一判二三十心位一等云テ。正ク於二三十心一斷ト二見思ヲ一云也。若實ニ十住ニ斷レ之至二行向一云ハハ。何ゾ煩ク判ル二三十心ト一耶

答云云 界內ノ見思十住ノ位ニ斷レ之。但至二三十心ト云釋ニ一者。言惣歟ト云事ハ。斷二見思一事ハ三十心トハ云トモ。正ク見思ハ十住ニ斷レ之。行向ニ界內ノ塵沙ヲ斷ル事有レ之。故ニ斷三十心トハ釋タル也

難云。塵沙ハ是界外惑也。斷ルヲ二塵沙ヲ一爭カ斷ト二界內ノ見思ヲ一可レ云耶

答。如レ難。塵沙ハ是界外ノ惑也。而トモ決ノ三（止カ）（天止二、三五〇。止觀）大乘實說習卽別惑ト云テ。界內見思ノ習氣ヲ。大乘ノ意ニテ立ル二塵沙ト一意有レ之故也

難云。此事付二御答一彌不審。重朦昧難レ散也。其故解釋斷二見思ヲ一位三十心トハ云也。塵沙ノ惑ソト云事ハ違ル二解釋ニ一耶。次界內ノ習氣ヲハ入住已後ノ三住ニ斷レ之。何ゾ十行十向ニ斷二界內塵沙ヲ一云ル耶

答。先解釋ニハ。斷ト二見思ヲ一云テ塵沙ト不レ云事。經論ノ中ニ立ル二惑障ヲ一有二其不同一。所以ニ。立ル二三惑ヲ一時ハ見思ノ外ニ立テ二塵沙ヲ一。五位ト配立ル時ハ塵沙ヲ合シテ二見思ニ一云也。次ニ界內ノ習氣ヲハ八住已上ニ斷レ之云事。一經（住カ）八住已上ニ斷二界內塵沙ヲ一。行向ノ位ニ斷ト二界外ノ塵沙ヲ一云ル也。然トモ八住已上界內ノ塵沙ヲ斷ルニ尚不レ盡。至二十行一意有レ之。又至マテ二十向ニ一有二界內塵沙ト一云釋有レ之

難云。如二此答一者。界外塵沙何位ニ斷耶

師云。其ハ委ク云ハハ。十行十向ニ塵沙ヲ斷タル也。五住配立ノ時ハ委ク不レ立二次位一上ノ事也。界外ニハ以二無明斷ヲ一斷惑トハ云也。故ニ行向ニハ斷スト二塵沙ヲ一云モ只是見思斷分齊也。然トモ十住ニ斷スレハ二見思ヲ一生スレトモ二界外ヘ一。其ハ委ク立テテ二塵沙ヲ一云時ノ事也。例ハ如下次下ニ釋レ圓。十信ニハ斷二見思ヲ一云テ不ルカレ立中塵沙ヲ上。所詮今釋ヲハ。杉生ハ大方ニ釋ト可レ得レ意也ト云云

難云。行向ニ至（斷カ）ン二界內惑一事不審也

答。淨名暹ニハ。被攝者ト釋セリ

難云。行向ニ斷ニ見思ノ餘習ヲ事如何(天止一、二七五)

答。止一云。菩薩可用斷ニ界內塵沙一。亦伏ニ無明一 文(同、二七六)(可ㇾ字カ)(ㇾ外カ)

決云。初向在ㇾ行。次句在ㇾ向 文(句カ)

淨名疏七云。從空入假正治ニ有餘恆沙一。傍治ニ同居無知一(大正藏三八、六五五下)十行

文

妙記云。傍治同居塵沙無明者。以ニ界內塵沙不ㇾ障ニ界外之生一故 文(卍續二八、四〇九丁右上)(ㇾ至カ)(知カ)

遲云。傍治ニ同居無知一者。且約ニ同居土中一修ニ假諦一。以於ニ十行中一專破ニ界外塵沙一。界內任運自除。故云ㇾ傍也 文(天止一、二七七。止觀私記參照)(ㇾ位)(ㇾ於カ)(觀ㇾ人カ)(ㇾ治カ)

玄四云。破ニ內外塵沙一 文(天玄三、三三二)

21 第七門下。玄云。別門說ニ果不縱一。圓門說ニ果縱一事(天玄五、一四七)

備云。別門說果縱。惑先明ニ果縱一此說ニ地前一。後明ニ果不縱一此說ニ向後一。或前明ニ果不縱一此說ニ向後一。後明ニ果縱一此說ニ地前一。圓門說果縱。或先明ニ果不縱一此說ニ信後一ヲ。後明ニ果縱一此說ニ住前一。或先明ニ果縱一此說ニ住前一。後明ニ果不縱一此說ニ信後一。然修德因果俱從ㇾ性起ル。慈悲縱橫。今爲ニ分ニ別類別縱橫一耳 文(卍續四四、三三〇丁左上)(ㇾ不カ)(或カ)(先カ)(圓カ)(並非カ)

問。別教意。三德共本有性德ノ法也ト明可ㇾ云耶

答。不ㇾ然

玄云。法身本有。般若修成。解脫始滿 文(頭十)(天玄五、一四六～七)

付ㇾ之。依ニ性德一顯ニ修德一ヲ也。設別教也ト云トモ。何ソ不ㇾ明ニ性德本有一耶

答。般若解脫ハ性德ニハ不ㇾ可ㇾ有ㇾ之。所以。別教ニハ。此中但理不ㇾ具ニ諸法一 文(天玄二、三三八九。玄義) 若有ト性德ニ云ハハ可ニ融卽一也。但至ㇾ難ニ者。雖ㇾ無ニ性德一ニ爲ニ所依一顯ㇾ修也。次記九ノ釋ハ指シテ地前一ヲ性ト云也。非ニ性德ノ法一ニ。籤ニハ云。別人理體具足而不ニ相收一 文(天玄三、六八二)(ㇾ不同カ)

輔正記云。在ニ法身上一而不ニ相卽一 文(卍續四五、四二丁左下)(融カ)

22 籤云。皆有門前序中門相事(頭十一)(天玄五、一五〇)

備云。皆有門前序中門相。九段之文皆有ニ三義一。言ニ門前一者指ニ正說之前一也。皆先別次圓若正說中如ニ融不融門一。前寄ニ破會一明ニ圓不融一。次約ㇾ經明ニ融不融卽不卽一。亦先到次圓是也。序中文前正說之相者。卽遍並約ニ經文一卽前後下去皆爾 文(卍續四四、三三〇丁左上～下)(ㇾ融カ)(先カ)(門カ)(ㇾ不遍カ)(別カ)(判カ)(幷カ)

23 八圓詮下

頭十一（天玄五、一五〇）玄云。前章偏哢（弄引カ）胤ト者。前章ト者序也。門中ト者正也。門後ト者流通也

問。今經ノ引ニテ何ナル文ヲ一證ニト不斷斷ノ義ヲ一耶

答。頭十二（同、一五二）玄云。過ニ五百由旬ヲ一文

付レ之。五百由旬ハ斷斷ノ義也

答。以ニ五百由旬ヲ一或ハ約ニ生死ニ一或ハ約ニス煩惱ニ一。而約ニル煩惱ニ一時ハ。五百由旬ハ無明也。而ニ圓ノ意ハ無明卽法性ナレハ。以レ是不斷斷ノ義ヲ證也

一義云。頭十三（同前）籤云。卽以ニ佛智ヲ一對ニ前（於カ）煩惱數（及カ）生死處處（處所カ）ヲ一故也。（了〇カ）二乘被レ開先進ニ三百ニ一。案（按カ）位進入皆有レ入レ住。住卽五百。故云レ圓也文二乘斷ハ不斷ニシテ。其カ來テ今經ニ過ニ二百由旬ヲ一實ノ斷ニテ有故ニ不斷斷ト云歟。二乘カ過ニト三百由旬ヲ一云ハ不レ至ニ寶所ニ一故ニ不斷也。サテ三百由旬ノ上ニ過テ二百由旬ヲ一至レ寶所ニ一者斷也。況ヤ圓教斷而不斷ト云カ故ニ過ニ五百由旬ニ一云ハ圓教ナレハ不斷斷ト云也

問。今經ノ引ニ何文ヲ一證ニ卽法ノ義ヲ一耶

答。（天玄五、一五二）客作者是長者子。此是卽法之義也

疑云。今此文ハ是會（云カ）レ人文也。何ソ引レ之證ン卽法ノ義ヲ一耶

答。今所ノ所法ト云ハ。人ト法ト相對ノ法ニハ非。卽法ノ法ト者。此諸法ノ内ニハ人ナランカラニ不レ入者可レ有レ之故。是非ニ論義ヲ一諸法カ卽タルヲ卽法トハ云也

24 頭十三（天玄五、一五二）籤云。案（按カ）位進入皆有レ入レ住事

問。於ニ今經ニ一案位進入ノ二種ノ開會可レ有見リ。爾者。鹿苑又方案位入者有ニ勝進入義ヲ一耶證果ノ二乘。圓教ノ何ノ位ニ案位ルソトカ可レ立耶

答。處處ノ任ニ解釋ニ一。相似卽可レ案レ之

進云。（同前）案（按カ）位進入皆有レ入レ住文　付レ之。夫案位開者。以ニ人天ヲ一案シ觀行卽ニ一。以ニ二乘ヲ一案ニ相似卽ニ一云ルハ非ニ一家定判ニ一耶。今何皆有入住ト釋ル耶

答。可レ案ニ相似卽ニ一也。但至ニ今釋ニ一者。被ルル案ニ相似ニ一二乘終ニ入カ初住ニ一故ニ皆有入住ト釋スルナルヘシ。案トハ初住ニ不レ可レ得レ心

難云。案位進入ノ二種ノ開會ト者。其當位ニ案ルヲ名ニケ案位ト一。本位ヲ改ルヲ名ニ進入ト一也。若案位モ終ニ入ニ初住ニ一故ニ。皆有入

住ト云ナラハ二種ノ開會。其差別未レ開者耶。若終ニ入住スル處ニテ云ハハ。其ハ只勝進ニテコソ有レ。案位ノ名ハ尤無用也

答云云 案位ト者。本相似卽ニ案位ルニ名ル事ハ勿論也。但今ノ釋ハ。本書ニ圓教ノ斷惑ハ不斷而斷義ナル事ヲ釋トシテ。引ル下化城品。過ニ五百由旬一文上也。而ニ五百由旬ヲ過ト云ルハ入住ノ位也。故ニ妙樂ハ案位ノ人モ不レ留ニ相似卽一終ニハ入住スレハ。其モ五百由旬ヲ過タル人也ト釋シテ。案位取出ス事ハ最初ノ案位セル名ヲ呼出ス也

尋難云。抑。案位開二乘モ實ニ終ニ入ル初住ニ歟。又案位ノ分ハ相似卽ニテ留歟。若終ニ入ニ初住一云ハハ。何ソ初ヨリ煩ク可レ立ニ案位ノ義一耶。如何ナレハ一人ヲ初住ノ位ニ開シ。一人ヲ相似卽ニ案ル耶

答。是案位勝進ハ。一人歟。二人歟。別ノ論義也。若二人ト云義ナラハ衆生ノ根性不同ナレハ。相似卽ニ且ク留テ圓實ノ理ヲ悟リ。後ニ入ニ初住ニ者可レ有レ之。又相似卽ニ且ニモ不レ留速ニ入ニ初住ニ斷ニ無明一人モ可レ有レ之故ニ。根性不同ノ意ニテ立ル二種ノ開會ヲ也

難云。衆生根性不同也トモ。勝進入ト被レ云者。何樣ニモ初入ニ相似卽一案位入ト云トモ。終ニ入ニ初住ニ只是二種開會無ニ差別一者耶

答。勝進入ノ者ハ相似卽ヲハ不レ經。直ニ入ニ初住ニ者ニテ有也。故ニ非レ難ニ

難云。何ニモ案位入者。終ニ入ニト初住ニ云ハハ。其人卽成ル勝進入一ニ。又相似卽ニテ當位卽妙ト被レハ開。何ノ不足有テカ之亦重テ入ニ初住ニ耶。又勝進入ノ者ハ。當位卽妙ノ義ヲハ不レ知歟。爭カサル事可レ有耶。來ニ法華ニ初テ聞レク法ヲ位ハ。定テ相似卽ニテコソ有ルラメ如何

答。サレハコソ根性ノ不同トハ云ヘ。案位入ノ士。相似ニ且ク逗留シテ未レ破ニ無明ヲ。前相似ノ位ニシテ中道ヲ開顯シ。勝進入ノ者ハ直ニ入ニ初住ニ。卽破ニ無明一後チ當位卽妙ト可レ悟也。次ニ進入者ハ來ニ法華ニ聞ク中道ヲ位ハ相似卽ニテコソ有レ歟ト云難ニ至テ者。今勝進入者ハ取テ初住ノ位ニ住ニ初住ノ始心（天文二、七七一下）ニ聞ニ圓法スル也。彼始心ト者。十信ノ後心也。彼身子法說時。三重無明一時俱盡。開佛知見入菩薩位ト云カ如クノ者是也。可レ祕可レ祕」

尋云。法華ニテ案位開セラルル人ハ誰ソ耶
答。正ク其人ノ名ヲハ解釋中ニ不レ出人ヲハ出タリ。所以ニ。玄三云。
（天玄二、二二二～五）諸教之中惑住ニ三味二味一味一。或全生者皆決レ麁令レ妙（或カ）
乃至隨レ情仍レ本當門顯レ實 文 籤云。諸教下約ニ諸味中諸（同、二二二）
教一横開 文 今横ノ開會ト云ハ。方等般若ノ中ニ初テ來ル二乘。當
門顯實ト云テ當位卽妙ト開也
私云。此義テハ鹿苑證果ノ二乘ハ。皆勝進入也ト云難有ル義
也。當流ニハ。我等今日。眞是聲聞ト云コソ案位ニテハ在レ之。仍（大正藏九、十八下）（者カ）
三周聲聞コソ案位進入ノ手本ヨト云也
難云。或住三味等 云云（天玄二、二二二）解釋案位開ノ證據ト云テ。方等般若
時初テ來ル者ヲ案位スルソト云ハハ。或住三味ハ阿含座ヨリ來ル者ニ非
耶。何阿含ノ機ヲ勝進開ト云。方等般若ヨリ來ヲハ案位開ト可レ
云耶
答。或住三味ト者。可ニ勝進開一ナル。二味一味住ノ者。案位開ト
云也
難云。釋ノ始終ハ爾カ不レ覺。或住三味ノ者ヲモ取合テ。當知顯（門）
實ト釋スナルヘシ如何

答。此難極難レ通。若或住三味ト云ルハ。方等ノ中ニテ初受タルハ
三藏ヲ一味ノ中ニシテ二味ヲ作リ出セル歟
難云。此義惣シテ不レ被レ得レ心
一義云。於ニ鹿苑二乘一ニ皆共ニ案位進入可レ有也。其根性不
同ニシテ其二種ヲ分ト可レ得レ心也。次ニ法華ニ案位開有ト云事ハ。
（大正藏九、十二下）譬喩品ニ。七寶大車。其數無量 文 此文ヲ玄二（籤カ）ニ釋云。各稱ニ（天玄二、二二五）
本習一等 文 鹿苑ノ二乘來ニ法華ニ悟。法華ノ實相ヲハ七寶大
車ニ譬タリ。然ニ法華一乘ト云ハ眞如實相ノ妙理ニシテ。唯一佛
乘ナレハ無レ二モ無レ三モ。而ニ經文ニハ其數無量ト云テ。數多有レ之
見タルヲ。釋ニハ各稱本習ト云テ。法華已前ニ無量機緣種種行不
同也。此ノ行ヲ少シ不レ捨レ之法華ニ來集シヌレハ。各各ノ所行其
任ニテ實相ト開會スルカ故ニ其數無量ト云也。又本習不同圓乘非
一ト云ル是也。此案位ノ意也。可レ勘レ之
（天玄一、六〇七）玄二云。又案（按カ）ニ其性（「相カ）一。卽是卽空卽假卽中。不レ論ニ引入一 文（同前）
籤二云。發ニ法華經一ニ復有ニ二種入妙不同一。引入ト及案位（按カ）入
故也（言カ」）。又案（按カ）其性相不論引入其如（至カ）下從ニ伏位一來入ニ伏位（者カ）一ニ。
名爲ニ案（按カ）位一。從ニ伏惑位一入ニ斷惑位一ニ名爲中引入上。今不レ論ニ

引入一當位卽妙。妙體稱レ本無ニ隔異一故（案位勝入ノ手本也）（ㇾ文カ）
私云。案位開ト者。法華時三千互具ノ旨ヲ談ス。十界併佛
也。三千皆常住也。故二乘ノ當位卽妙ト開ル邊ハ相似卽ニ
案也。其二乘ノ中菩薩界ノ方ヲ開スルハ勝進也。如レ此得レ
心。法華會上ノ人不レ漏ニ二種ノ開會一也
圓師云。身子カ來ニテ法華ニ直ニ聞ニテ法說ヲ悟ハ勝進也。中下聲
聞。法說ノ時斷シテニ二重ノ無明ヲ一猶ヲ案ルヲニ相似ニ一案位ト云也。其カ
譬說。因緣說ノ時。第三重ノ無明ヲ盡サハ皆有入住ト被レ云也
北谷義也

問。玄文中釋ニ今經ノ十義一引ケリニ提婆品文ヲ一。爾者如何釋ル
耶
答。玄云。智積龍女問答顯レ圓 文（頭十三）（天玄五、一五二）
付レ之。提婆品ニ智積龍女問答全ク不レ見者ヲ耶
答。今ノ釋ノ意ハ。智積問答ハ龍女問答也。智積ト龍女ト問
答ストス云事ニハ非ッ。所以ニッ今ノ釋ハ影略互顯歟ッ。智積、文殊、問
答シ。身子ト龍女ト問答シタル也。智積能問。文殊所問也。身
子ハ能問。龍女ハ所問也。故ニ以ニ智積ノ能問ヲ一顯シニ身子能問ヲ一
也
問。智積。文殊ノ問答ハ共ニ圓意也ト可レ云耶
答。玄ニ圓ト云リ（天文四、一九九一上。文句）
付レ之。智積執ニ別教ヲ一爲レ疑 文 何ソ圓ト云耶
答。智積ノ問ヲ圓ト云ニハ非。只智積執ニ別教ヲ一致セハレ疑ヲ顯ニ圓ノ
速疾ヲ一云也

25 入實觀下

玄云。卽空ノ故方便淨。卽假故圓淨。卽中故性淨事（頭十四）（天玄五、一五六）
問。以ニ空假中ノ三諦ヲ一如何對ルニ性淨圓淨等ノ三涅槃ニ一耶
答。如レ題
疑云。空是般若ルカ故ニ可レ對ニ圓淨一ニ。圓淨ト者。是般若ルカ故
也。假ハ解脫ノ故ニ可レ對ニ方便淨一ニ。方便淨ハ有ニ解脫一故也。
依レ之一兩處釋如レ此對スト見タリ
答。補注云。誤ト云 云
一義云ッ。圓ノ意ハ三諦相卽シテ三涅槃不ニ相離一ッ兎モ角モ相
對スルニ無レ失。況以ニテ空假中ノ三ヲ一如レ次方便淨。圓淨。性淨ト
對ルハ一往ノ意也

26 玄云。（圓十七）（天玄五、一六一）體ニ生死即涅槃一名爲レ定。達ニ煩惱即菩提一名
爲レ惠事

問。煩惱即菩提。生死即涅槃ノ二相即。共ニ互ニル定惠一ニ耶

答。如レ題

付レ之。二ノ相即共ニ互ニヘシ定惠一ニ。何ソ如レ此分別ル耶

答。以テ二事ヲ觀ルヲ一惠ト云ヒ。以ニ理觀ヲ一定ト云意也。理ヲ觀ル心寂靜ナルカ故ニ定也。事ヲ觀心了智分別ナルカ故ニ惠也。故ニ從テ二所觀ノ境ニ一如レ此比ヘ釋ル也。起信論ニ此意見タリ

27 籤云。（圓十九）（天玄五、一六五）道品中三。先正明ニ四念一。次明三破レ倒具ニ品
等一。三結ニ成枯榮一事

問。付二十乘觀ニ第六ノ善識道品中ニ有ニ三ノ文段一釋セリ。爾者。其次第ヲハ妙樂如何釋ル耶

答。如レ題

付レ之。見ニ玄文一。先破レ倒。次明ニ四念ヲ一見タリ。所以ニ。玄云。（同前）能破ニ八顚倒一。即法性四念處文 何ソ先明四念ト云耶

答。非ニ本書次第ヲ云ニハ。只文ノ起盡ノ意ヲ爾カ釋ル也。其故ハ籤ノ釋ニ正クト云意ハ。此本書ノ善識道品ノ文カ正明ニ四念處ヲ一。次ニハ破ニ顚倒ヲ一具ル道品一事ヲモ明ス。サテ後ニ榮枯ヲ結成スル故ニ。此ハ本書ヲ寄ニ傍正ニ一爾カ釋ル也。先ト云。次ト云。三ト云ハ堅ケレトモ。正ノ字ニ力ヲ付テ可レ成也

28 籤云。（圓同）（天玄五、一六六）從ニ又知涅槃一下重結ニ枯榮一事

問。玄文ニ釋トシテ二道品ヲ一。（同前）又知ニ涅槃即生死一。顯ニ四枯樹一。知ニ生死即涅槃一顯ニ四榮樹一文 妙樂如何釋ル耶

答。如レ題

疑云。又知涅槃トヨリ云上ニハ無下シ釋ル二枯榮ヲ一事上。故又無ニ結ル一事。何ソ重結枯榮ト云耶

答。今重ト云ハ枯榮カ二處ニ有レ之故ニ。枯榮結ト云ニハ非。今釋ル二道品ニ一有ニ三段一。而ニ上ニモ明ニ四念ヲ一明ス二破倒ヲ一上ニ。重テ明カニ枯榮ヲ一故ニ重ト釋ル也

29 玄云。（圓同）（天玄五、一六六）若正道多レ障應レ須ニ助道一。觀ニ生死即涅槃一。治ニ報障一也。觀ニ煩惱即菩提一。治ニ業障煩惱障一也事

助道釋也

問。煩惱即菩提。生死即涅槃ノ觀ハ圓ノ正觀歟

答。如レ題

疑云。煩惱卽菩提ト云ハ圓實ノ正觀也。何ソ助道ト云耶

答。行者ノ根性不定ルカ故ニ。以ニ理觀一不レハ叶以ニ事觀一助レ之。以ニ事觀一不レ叶以ニ理觀一助レ之ト云也。故ニ正道助道分別ノ時。助道ニテ非ニ正道一ニ云釋ニハ非ル也

一義云。實ニ生死卽涅槃ハ可ニ正道一ナル。但止觀ノ中。對治。助開。事理ノ助道有ト云ヒ。玄文略シテ理ノ助道計ヲ云歟。而ニ助道ト云意ハ。煩惱卽菩提ト觀ル程ニ不レ斷ニ煩惱一ヲ者ハ。修シテ生死卽涅槃ノ觀ヲ一助レ之也云云（頭十九）(天玄五、一六六)所以ニ。今第一義治ノ意也。第一義治ト者。籤云。若事障與應レ觀ニ諦理一。生死煩惱卽涅槃菩提。故能治レ之 文

一義云。如レ難云云但今ノ釋ハ十法成乘ヲ釋ル中ノ第七ノ對治助開ナレハ。只是助正ハ對治助正也。非ト觀行助正一ニハ云也

問。煩惱卽菩提觀ハ三障ノ中ニハ治ニ何ナル障一ヲ耶

玄云。觀ニ煩惱卽菩提一。治ニ業障煩惱障一 文 (同前)

疑云。煩惱卽菩提ト云カ故ニ。只可レ治ニ煩惱障一。何治ニ業障一ヲ云耶

答。生死卽涅槃。煩惱卽菩提ノ觀ヲ以テ治ルニ三障一ヲ時。生死卽涅槃ト云。生死苦果依身ナルカ故ニ治ニ報障一ヲ。サテ業煩惱俱ニ因ルカ故ニ合シテ爲ニ煩惱卽菩提ノ觀一ノ被レ治也

30 （頭同）玄云。觀ニ煩惱卽菩提一。治ニ業障煩惱障一也事 (天玄五、一六六)

疑云。安忍文云。若觀生死卽涅槃。不爲治入(陰カ)境業魔(〔病患カ)禪 文 (同、一六七)

已下ノ文ハ以レ業ヲ屬スニ生死一ニ。屬ルハ煩惱ニ相違セリ如何

答。業ハ色法ルカ故ニ屬ンニ生死一ニ。或ハ業因ルカ故ニ屬スニ煩惱一

問。何ヲカ名ニ對治助開一ト耶

答。三十七品等云リ

（頭同）進云。玄云。生死卽涅槃等 文 (同、一六六)

付レ之。助道對治ト者。以ニ正觀一ヲ不レカ悟故ニ更ニ用ニ六度三十七ノ助道一ヲ也。煩惱卽菩提ハ是正觀也。何ソ助道ト云耶

答云云但今ノ釋ハ正觀ト者。以ニ此觀一ヲ斷ニ無明一。今卽以ニ此觀一ヲ治ニ事ノ障一ヲ。故ニ以ニ正觀一ヲ且ク斷ルカニ事障一ヲ故ニ助觀ト云歟

師云。生死卽涅槃ノ觀ハ亙テニ十乘一ニ通惣ノ觀也。故ニ對治ノ下ニモ可レ用レ之 (天玄五、一六五) 委如ニ止七一

31 （頭同）籤云。道品是能趣ニ涅槃一行法。三脫是能通ニ涅槃一之門。並是正行事

疑云。嚴王品ニハ。（大正藏九、五九下）三十七品助道法 文 今何正行ト云耶
答。此門所望從レテ時不定也。今ノ釋望ニテ道品三解脫ニ餘行ヲ名ニ助行ト一。止觀ノ意ハ。以ニ六度一望ニ三解脫ニ爲ニ助道一。相望不同不定ナラハ今ノ釋有ニシ何ノ失一カ 嚴王品抄
止七云。（天止四、二〇六）或言三十七品是助道。或言是正道。大論云。是菩（「成カ）薩道。此文似レ正也。淨名云。道品善知識。由レ是正覺。此文似レ助也 文
問。依ニ生死卽涅槃ノ觀ニ三假ノ中ニハ證ニ得ルヲ何ヲ一耶
進云。（天玄五、一六九。玄義）觀ニ生死卽涅槃一。故證ニ得解脫一 文
付レ之。生死卽涅槃。苦道卽法身ナレハ可レ證ニ法身一。何業卽解脫ト可レ云耶
答。今釋ハ。三道三德ト爲ニ對當一非レ釋。實ニ三道三德ト對當セハ如レ難。今釋以ニ煩惱卽菩提。生死卽涅槃ノ觀ヲ一對ニ三德一時ハ。以ニ煩惱卽菩提ヲ一般若ヲ證得スト云事ハ智惠ナレハ可レ然。次ニ煩惱卽菩提。生死卽涅槃ノ不二ナルヲハ證ニ得スト法身ヲ一可レ云。法身ト者不二ノ法也。如レ此對ハ。但シ。生死ハ苦也。不レ可レ對ニ當ス解脫ニ云難ハ。業ヲハ屬レト苦ニ云リ。苦與レトハ業一物也ト釋ル也

32 玄云。（頭二十）（天玄五、一六八）不レ上不レ退名爲ニ頂墮一事
問。玄文ニ釋ニ無法愛一中ニ。爾者何レヲ名ニ頂墮一耶
答。如レ題
付レ之。頂墮ト者。墮落義也。故退ニ捨頂墮ヲ可レ云。何ソ不退ヲ墮落云耶
答。本說有ニ大論一ニ。依レ之決七云。（天止四、四一〇）明ニ頂墮義一二種不レ同。一者頂墮（退イ）。名レ之爲レ墮。二者住レ頂。名レ之爲レ墮 文 住ハニ不退ニ者爲レ墮ト云リ。望レハ進ムニ者ニ不レシテ退住セル者ハ墮ノ義也

33 玄云。（頭二十）（天玄五、一六九）生死卽涅槃。解脫。煩惱卽菩提。般若事 取意
問。法身。般若。解脫ヲ如何カ對ニ判生死卽涅槃。煩惱卽菩提ニ耶
是ハ生死卽涅槃。煩惱卽菩提ハ。以ニ法身ヲ爲レ體。以ニ其體ノ上ノ觀ヲ般若與ニ解脫ト對意也。依レ之大經云。修レ止得ニ解脫。修レ觀得ニ般若ニ。止觀不二法身ト云 云
玄云。（頭十七）（天玄五、一六一）體ニ生死卽涅槃一名爲レ定。達ニ煩惱卽菩提一名爲レ惠 文 經文釋義寄セ合テ可レ得レ心。聽テ今釋ハ大經文也。惣相モ

生死涅槃ト觀シ。斷シ二無明一證ル二實相一ヲ。是卽解脫ノ德トモ被レ
云。又證レハ二實相一ヲ法身ト云ン樣モ無レ疑

問。引二今經ノ何文一ヲ證二無法愛一耶　如二神力品抄一

頭二十一　玄云。眞淨大法卽無法愛 文（天玄五、一七〇）

爾者付レ之。今文ハ。我自欲得ト云カ故ニ法愛ノ義ハ聞リ。無法（天文二、七九五上。文句）
愛ノ義ハ不レ聞如何

答。法愛ト者。愛ニ當位ノ中道一ヲ不レ進二後位一云也。而ル今ノ
文ハ欲得眞淨大法ト云カ故ニ無法愛ト云也

難云。若爾者。專不レ引二欲得言一。只眞淨大法ト云ヲハ引リレ之
如何

答。惣略シテ引レ之歟。籤六ニ引レ之。正ク引リ二欲得ト一（玄カ）（天玄四、一九八）

私云。法愛ト者。當位ニ留ヲ云也。而ニ欲得眞淨大法ト云カ
故ニ欣ト二後後ノ增進一ヲ聞タリ

34　頭二十二　玄云。此十觀意非ニ但獨出ニ今經一。大小乘經論備有ニ（天玄五、一七一）
其意一事

問。小乘經論中ニ明ニ十法成乘ノ觀一ヲ耶

答。如レ題

付レ之。成乘ノ觀法ハ圓融觀ナレハ可レ限ニ大乘一。何ッ有ニ小乘經
論ニ耶

答。可レ有ニ與奪ノ意一。小乘ニモ論シ二次位ノ高下一。修ニ道品一事
有レ之故ニ爾カ釋ル也

35　頭二十四　籤云。半如意珠偏門。全如意珠圓門事（天玄五、一七四。取意）

疑云。如意珠ノ名只限テレ圓ニ可レ論。依レ之玄五ニハ。迹門五妙（天玄三、六八三。取意）
以レ是名ニ半如意珠一ト見タリ。爾者。今釋難レ思

答。一往對當也。籤釋分明也

36　頭二十一　籤云。然彼止觀局引ニ大車一事（天玄五、一六九）

問。止觀ノ意。廣ク引ニ法華一部文一明ニ十法成乘ノ觀一耶

答。如レ題

付レ之。見ニ止ノ文一廣引ニ法華一部一證ニ十乘一耶

答。止觀モ十乘具ニ有ルハ有トニ大車一ニ釋リ（「樹カ）

37　頭十九　玄云。涅槃卽生死。顯ニ四枯一事（天玄五、一六六）

疑云。以ニ圓人ノ所觀一ヲ何論ニ枯榮一耶

答。藏通ノ枯榮ヲハ爲ニ所觀一意也。道品ハ趣ニ涅槃一ニ行道ルカ
故ニ籤釋爾カ見タリ

備云。(卍續四四、三三〇丁左上)本是顯二四榮一言二四枯一者。指二生死體一全是涅槃故ニ言レ枯聞(耳カ)。或(有)書(爲歟)寫誤歟(歟ヵカ)

38 籤云。(頭同)約行相攝事(天玄五、一六五)(書ヵカ)

補注云。(卍續四四、十三丁右上)又云約行相攝者。應レ云二約位相攝一 文

師云。於二道品一有二四種一。約位相攝當分相生也 四教當分 次第義也 如レ止也

問。(頭二十五)(天玄五、一七七)玄文中ニ約二五味一判二麁妙一。爾者。約二乳教一如何判ル耶

玄云。不レ帶二麁能所一乳教是也 文

付レ之。華嚴ハ説二別圓一也。而ニ別教ハ能通ノ麁也。何不帶麁ト云耶

義云。(頭同)籤云。(同前)不レ帶二麁能所一是乳ト者爲レ成二四句(句カ)一一往語耳。故此向(句カ)中但云レ無レ有二眞諦能所一故云也 文

師云。妙樂釋分明也。今ハ爲レ成二四向一一往其能所不レ帶云ハ眞諦也。是ハ藏通也。華嚴ニ不レ談二藏通一故ニ不帶麁能所ト云也。若得二中道一別圓分別セハ別教ハ麁也

39 籤云。(頭二十四)(天玄五、一七五)皆須先明横竪事

備云。(卍續四四、三三一丁右上)修得(如修德カ)境中云。心起如詫(必託カ)レ縁。爲二心具一爲二離具一。(「〇カ)當レ知四向(句カ)求レ心不可得。三千亦不可得此「横四向」(「」四横句カ)也。又云

既横得應三一念滅生二三千一耶。亦滅亦不滅非滅生二三千一(「〇カ)倶不可得此竪也。非レ縱非レ横亦不可得此不二也 文

三〇六

問。玄文付レ判二四教四門ノ麁妙一ヲ。且ク通教ハ能所共ニ麁也可レ云耶

答。可レ爾

進云。披二大師解釋一ヲ。(頭二十五)能通(觀門)爲レ妙。所通(所證理)爲レ麁 文(天玄五、一七六。取意) 付レ之。通教ニハ但空ノ教ニシテ不レ談二中道一。能所共ニ麁ナルヘキヲ耶

答云 能所倶ニ可レ麁ナル。但至二解釋一者。通教ハ是如幻卽空ノ教ナルカ故ニ能通妙也。三乘同ク乍レ聞二無言説一ヲ。二乘取レ證故ニ所通ヲ麁ト云也。是卽玄文第一卷令ミト寄レ融ニ向ニ不融ニ云意也

難云。一家判二麁妙一事ハ不レ出二約教約部ノ二義一。而ニ今ノ出(判カ)麁妙ハ非二約教一非二約部一其意不審也。若當分ニ判ル二麁妙一義ナラハ。三藏教ニモ可レ有レ之。若引テ二三藏一ヲ一向ニ爲レ麁ト。通教ヲモ同界內ノ教ナルカ故ニ能所倶ニ麁也ト可レ判者耶

答云 三藏ハ事教ニシテ析法偏眞ノ教理也。故ニ共ニ爲レ麁ト通教ハ界內ノ教也ト云トモ。理教ニシテ體法無生觀ナルカ故ニ判シテ爲レ

妙ト。然トモ所詮ノ理ハ。三藏ノ理ニ同偏眞ナレハ爲レ麁ト云也。但
至下非ニ約教約部ノ判妙ニ云難上ニ者。今所ハ論ル約教ノ判麁妙
也。而ニ互ニ四教ニ教教皆判ニ麁妙一ヲ意也。若爾者。於ニ當分一ニ
判ルニ妙ノ名ヲ尤有ニ其謂一歟

難云。若於ニ當分一ニ教教判ニ麁妙一ヲ云ハハ。三藏教ニモ尤可レ有ニ
麁妙一也。其故ハ阿含經中ニ妙ノ名ヲ所所ニ說ケリ。依レ之大集
經ノ中ニハ阿含小乘ノ時節ヲ指。五比丘得道ヲ說ル文ニ如レ此甚
深微妙之法非ニ諸異道ノ所一ニ。能ク了悟ニシテ是非レ有ニ妙法
（大正藏三、六〇七中。方廣大莊嚴經）
言一耶。又云。我生（今カ）爲レ汝說ニ於中道一 文 中道豈ニ非ニ妙法一ニ
耶。而ニ何三藏ヲ一向ニ麁トシテ。通教ヲ能通爲レ妙。所通ヲ爲レ
麁判ル耶

答。今是於ニ界內ノ事理ノ教ニ判ニ麁妙一ヲ意也。所以ニ。三藏ハ
事教ナレハ理ヲモ名テニ析空ト一理教共ニ爲レ麁。通教ハ理教ナレハ教ヲハ
爲レ妙ト。理偏眞ナレハ爲レ麁ト云意也。若委ク分別セハ三藏ニモ麁
妙可レ有レ之。依レ之次下ニ約レ門ニ判ルニ麁妙一ヲ其意見タリ。謂
（天玄五、一八八）
如ニンハ三藏ノ中ノ說一ノ。又約ルニ一一ノ門ニ。亦（若カ）說レ依（會カ）ニ四悉機（「檀カ）一名レ
此（之カ）爲レ妙。若乖ニ四機（四門機）一名レ此（之カ）爲レ麁 文

難云。界內界外ノ教ヲ大ニ分ソト云義ナラハ。於テモ界外ニ別教ハ事
教ナレハ一向ニ爲レ麁。圓教ヲ爲レ妙ト可レ云。何ッ於ニ別教ニ判ルニ麁
妙一ヲ耶

答。界外ノ別教ハ事教ナレトモ。既ニ明カニ佛性中道ヲ故ニ。此中道ヲ
爲レ妙。教道ノ方便ヲ爲レ麁云也。三藏教ハ教ニモ析空教。理モ
偏眞ノ理ナレハ一向ニ爲レ麁ト釋也。界內界外ノ事理ノ二教。其
相違ニ異也

難云。別教ニモ。教談（譚カ）ニ中理一（天玄二、一一四。釋籤）是故名レ融ト云テ。教ニ可レ有ニ別
義一聞タリ

答。教談中理等ノ釋ニ至ハ。彼釋ハ只中道邊ヲ爲レ融ト意ナレハ。其
功尋ニ尙歸ルカニ中道ニ故。今釋ニ同レ之者ヲ耶。仍無ニ相違一

尋云。難云。抑通教ヲ能通爲レ妙。所通爲レ麁云釋ノ意ハ。
何ナル所通ヲハ屬レ麁耶

若三藏ノ所證ノ理。偏眞ナルカ故ニトナラハ。若爾ハ。通教ハ大乘初
門ノ教ニシテ初テ取ニ小果一ヲ者難レ有。何於ニ所通ニ有ニ麁ノ義一釋
耶如何。若探ハ實事ヲ二一入通者有レ之。若約ハ此義邊ニ能所
倶ニ妙也ト可レ釋也

答。所通爲麁ト云事ハ。妙樂解釋。（天玄五、一七六。玄義）三乘偏證所通爲レ麁
釋シタマヘハ。約ニ偏小ニ有ニ麁ノ義一得レ心也。但至レ難者。大乘初
門也ト云トモ。傍ニ有ニ小機一從レ初聞レ之證ニ眞ノ理ヲ一也。所
以ニ。通ト者。本ト通レ大ニ通レ小故也。彼方等部ノ大乘ナル。傍ニ
證レ小ヲ通教摩訶衍ナル二乘不トハレ可レ有不レ可レ難
難云。自レ本如レ難カ從リレ初受ナラハレ通ヲ大乘ノ機ナルヘシ。二乘ハ不レ
可レ有。二乘ト者。本鈍根ニシテ用ニ一門一ヲ。而ニ通教大乘意ハ。
諦緣度ノ法門互ニ融シテ無下非ニ般若一云事上。若偏ニ習ニハ四諦緣
生一。只是三藏教ナルヘシ。若彼ノ二乘ハ教カ通ルレ小ニ故ニ。只受トレ小
乘一ヲ云ハハ。三藏ノ二乘ト有ニ何差別一カ耶。若聞ニ大乘一ヲ證ニ小
乘一ヲ云ハハ。機教相違ノ失ヲ招ク如何
答。此ハ通教ニ初テ得ニ小果一ヲ者有耶ト云別ノ論義也。爰ニ不レ
可レ至ニ入眼一ヲ。但至下二乘ハ初ヨリ受ソトニ小乘一ヲ云難上ニ者。本習テニ
通教一ヲ三乘ノ法ヲ含容シ。大小權實如幻ノ一言ニ收タルレ之也。仍
如幻卽空ノ言ニ二乘鈍根ノ機ハ方ニ呼テレ空ヲ卽空ノ教ト信ス。小
乘ノ唯小ノ三藏教ニハ遙ニ異也。依レ之四教轉入ノ者ヲ釋ル外ニ
元是通人ト釋シテ。卽直ニ證ニ通教ノ如幻ノ空理一ヲ者有ト云ル釋

手本也 已上ハ東陽ノ義也
難云。通教能通ヲ爲レ妙云ハハ。本書ノ次下ニ。（天玄五、一七七）自有下帶ニ麁能一
不上帶ニ麁所一。圓攝レ通攝レ別是也 文 此釋ハ圓攝通ノ者ハ通
教ヨリ至ニカ別圓教一ニ故ニ。通教麁ノ能ヲ帶ストス釋ル也。今何ソ通教ヲ
能通爲妙ト釋ル耶
答。大小相望シテ論ニ麁妙一ヲ時ハ。三藏教ヲモ爲レ麁。後三教大
乘爲レ妙ト意有レ之。此時ハ三藏ハ爲レ麁。通教ハ爲レ妙。權實
相望判レ之時。通教能通ヲハ一向ニ屬レ麁。所證ノ中道ヲハ爲レ
妙ト釋ル也。今ノ前後ノ釋以ニ相望不同一ナルヲ可レ得レ意レ之也
有云。以ニ四句一ヲ對ニ四教一ニ。能所俱麁ヲハ爲ニ三藏一。能通ノ麁。
所通ノ妙ヲハ爲ニ別教一ト。能所俱妙ハ圓教也。故ニ能通妙。所通
麁ハ當ニ通教一也。其上通教ハ巧度ノ觀ナレハ。能通ハ妙ニシテ有ル
也。所通ハ同ニ三藏一ト云カ故ニ所通麁ト云也
問。通教ノ中ニ始ヨリ學シテニ二乘ノ道一ヲ取ニ小乘ノ果一ヲ者有ト可レ云
耶 如ニ疏一抄一
答。可レ有レ之
若有ト云ハハ通教ハ大乘ノ教。爭カ始ヨリ證ニ小乘一ヲ者有レ之耶。若

依レ之爾ト云ハハ。玄顯二十五妙樂大師。三乘偏證所通爲レ麁（天玄五、一七六。玄義）文

答。如二一邊難一。但至二道理一者。雖二大乘ノ教ナリト傍ニ有テ二小機一始ヨリ聞レ之歟。所以ニ。通ト者。元ト通シレ大ニ通レ小ニ故也。若始ヨリ受レ小ヲ者ノ無レ之ト云ハハ可レ改ニ通ノ名ヲ耶。彼方等部ノ大乘ナル傍ニ說レ小。通教ノ摩訶衍ナル三乘不レ可レ有云難ハ不レ可レ來

難云。始ヨリ受レ通ヲ大乘ノ機也。二乘不レ可レ有。二乘トハ者。鈍根ニシテ用二一門一能通教。諦緣度互ニ融シテ皆非二般若ニ事無シ。三乘共ニ學ニセリ無言說ノ道ヲ非二小乘ノ人一ニハ。抑（根イ）通レ小ニ義有ト云ハハ。三藏ノ二乘ト有二何ノ別一カ。若通レ大ニ云ハハ受二大乘一ヲ。何ソ證ニ小果ヲ耶

答。既ニ三乘共學ノ教ト者。元習ニ通教ヲ無二二乘一者。餘教ト有二何ノ別カ耶。所以ニ。立ルニ四教ヲ事ハ初心ノ誘引ニ名タリ。初心ニ無二二乘ト者。教理等ノ八種ノ義闕シナン。但二乘ハ受レ小歟ト云難ニ至テハ。本通教ハ三乘ノ法ヲ含容シテ。大小權教ヲ共シテ只如幻卽空ノ一言ニ收ル也。三藏ハ偏ニ受ニ實有ノ教ヲ隔二タリ如幻ノ言ヲ。（天文一、一四三下。文句記）又餘處ノ釋ニ。又有下不レ歷ニ析法一元是通人上ト云ル。尤始ヨリ學ニ通教ヲ聞タリ

師云。當流ニモ直入通教ノ者有レ之云云

問。別教ノ能通所通共ニ妙也ト可レ云耶（天玄五、一七六）

答。玄云。能通麁云リ

疑云。既ニ通教ノ能通尚以テ妙ト云。別教ハ通教ニ勝タリ。何ソ能通麁ト云ン耶

答。別圓相對ル日別教ノ能通麁ト斥（「爲カ）也

顯二十五（同前）玄云。別教ノ四門ハ。教道ノ方便能通麁。詮ニ入圓眞一所通爲レ妙 文

難云。別圓相對セハ但不但異ルカ故ニ。所通ヲモ麁ト可レ云耶

答。入ニ別教ノ初地一ニ。別教入地。但中自開ト云テ。證道同圓ニテ不但中ニテ有也。故ニ所通爲妙ト釋ル無レ失。但地前ヲ思ヘテ但中ト云ン方マテハ實ニ麁ト可レ云。或又但不但異ナレトモ共ニ中道也。故ニ望ルニ藏通一ニ日ハ妙ト可レ云

問。玄文中ニ約シテ二五味一ニ判セリ二麁妙一ヲ。爾ハ約ニ般若ニ如何カ判ル耶（天玄五、一七七）

答。自有下帶ニ麁所一不上レ帶ニ麁能一。熟蘇教是也 文

疑云。般若ニハ説二後三教一ヲ。而ルニ別教ハ能通麁也。何ソ不レ帶二麁能一ヲ耶

答。三藏能通ノ麁ノ教ヲ不レ説故ニ爾カ釋也。爰以テ籤云。頭二十五（同前）無二詮レ眞能通三藏一。此亦約レ部大分爲レ言 文 是又爲レ成二四句一ヲ一往釋也

40 籤 頭同 云。（天玄五、一七七）若隨二二乘當分所見一非レ無下能詮二即空一麁教上事

問。玄文ノ中ニ熟蘇ノ數ハ帶シテ二麁ノ所一ヲ不レ帶二麁能一ヲ云リ。爾者妙樂如何釋ル耶

答。如レ題

付レ之。玄文ノ意ハ。般若モ詮ル二眞諦一ヲ能通ノ麁無カ故ニ麁能ヲ不レ帶ト云也。是即以二三藏ノ能通一ヲ爲レ麁。般若ニハ不レ説二三藏一ヲ故ニ如レ此云也。妙樂何ソ約シテ二通教ノ二乘一。般若ニハ詮ル二即空一ヲ。麁ノ教有ト釋タマフ耶。通教ノ能通ヲハ名レ妙ト釋リ如何

答。於二通教一所望不同也。巧拙相望ノ日ハ。三藏拙度ヲハ爲レ麁ト。通教巧度能通ヲハ爲レ妙ト。サテ今ノ釋ハ眞中相望シテ望ル二中道一ニ日。眞諦ヲ詮ル能通ヲ爲レ麁ト故ニ。本書ノ意ハ如二難勢一也ト云トモ。於二通教ノ能通一ニ有二麁妙ノ二義一。故ニ爲レ顯カ二此心一ヲ妙樂ハ如レ此釋タマフ也。況ヤ本書ノ意ニモ通教ノ能通ヲ爲レ麁ト意可レ有也。爰以玄ノ下云。（同前）自有下帶二麁能一不上帶二麁所一。圓攝レ通攝レ別是也 文 是通教ノ能通ヲ爲レ麁ト云意也。又方約二諸教諸味一判セリ二能通所通ノ麁妙一ヲ。且ク帶二麁能一不レ帶二麁所一ニ事ハ。約シテ二被攝一ニ如何カ其相ヲ釋ル耶

問。玄文中ニ。（天玄五、一七七）有下帶二麁能一不上帶二麁所一 文 爾者妙樂大師如何釋耶

籤 頭二十五（同前）云。有帶麁能所者（等カ）。能通從二於通教中一來。故名爲レ麁。所通即是別圓中道。故名爲レ妙 文 約二二入通一也

付レ之玄文ノ意ハ。權教ヲ圓ニ引入ルヲ帶シテ二麁ノ能一不レ帶二麁ノ所一云也。而ニ別教ハ權教也。何ソ別圓ヲ爲レ妙耶。爰以玄 頭同 文ニ。（同前）圓攝通圓攝（圓ナシカ）別是也 文

答。圓ヲ爲レ本ト來ル者ヲ云フ故ニ且ク出二攝ル者一ヲ也。意ハ圓攝レ通ヲ云也 威抄

難云。此義假令也。既ニ通教ヲ爲レ麁ト。別圓ヲ爲レ妙ト云ヘハ。別攝通圓攝通ト釋スト聞タリ

答。別教ハ但中也ト云トモ。同ク佛性ヲ名レ妙ト也。依レ之次上ノ約教ノ釋ニモ。別教ニハ所通ナレハ爲レ妙ト云者耶

師云。初ヨリ此義ヲ可レ答也

難云。通教ハ能通妙ニシテ所通ハ麁也。圓攝通何ソ帶トニ麁ノ法ヲ一云耶。況圓攝別專ラ帶トニ麁能ヲ一不レ可レ云。若如ニ此義ノ一者。華嚴ニ又帶トニ麁ノ能ヲ一可レ云耶

答。大小相望シテ論レハニ麁妙ヲ一。華嚴ノ如權實相望シテ判レハレ之。通別ノ能通ハ煩惱ニ麁ニシテ被レ攝ラ圓妙也ト釋ル也。仍テ今四句ヲ廢立セントテ如レ此云也

難云。何ニモ今通教ヲ爲レ麁ト云釋ハ。次上ニ違スト云難有レ之者ヲ耶。其故ハ次上ニ以ニ約教四句ヲ一來テ今約レ味判スレ之。次ニ約シテニ被攝一釋レ之耶

答。是ハ通教ヨリ入ルニ別圓ノ中道一者ト云ハ。被攝ト云ハ兩理ノ交際ニ論レ之故ニ。通教ノ中ヨリ來ト云ハ。通教ノ但空ノ理ヨリ令深觀空卽見不空一スル故ニ。通教ノ所通ヲ望メテニ別圓ノ中道ニ一爲シテニ能通一ト爲レ麁ト云也。是卽本ヨリ通教ハ偏眞ノ理ハ麁ナレハ。今モ能通ヲ爲レ麁ト云也。妙樂ノ釋此意也

難云。妙樂ノ釋ニテハ別攝通圓攝通ニ約シテ尤爾カ被タリニ料簡セ一。何如ニテハニ本書一圓攝別ノ者ヲハ如何カ彼ノ別教ヲ麁能ト云ハン。何樣ニモ別教ノ能詮ノ教ト覺タリ

答。其ハ別教ノ但中ヲ望レ圓ニ爲ニ麁能一ト釋ル也。別教教道ノ非レ詮ニハ可レ得レ心也

難云。若爾者。違スニ次上ノ約教ノ四句ニ一。彼ハ別教ノ理ヲハ爲レ妙ト者ヲ耶

答。サレハコソ妙樂ハ可レ有ニ此不審一。故ニ除テニ圓攝別ヲ一只別攝通圓攝通ニ約シテ釋タレ。又如ニ本書ノ一爾カ得レ心不レ苦歟。何樣ニモ別圓攝通等ノ三ニ。能ト云ハ通教ノ理ヲ云ト可レ得レ心也。教ヨリ移ルヲハ被攝トハ不レ云故也 云云

難云。何ニモ約シテニ別攝通。圓攝通ニ一。通教ヲ爲ニ能通一ト屬レ麁ニ釋ハ。今ノ能通爲妙ト釋ルニハ違背ル釋也。何樣ニモ深意可レ有レ之聞タリ

答。約ルニ別攝通。圓攝通ニ釋ハ聊有ニ所存一也。約シテニ權實相望ニ一。通教爲レ麁。中道ヲハ爲レ妙答タルニモ尤有ニ其謂一。此上ニ一重可レ得レ心事有ル也。其故ハ通教ヨリ移ルニ別圓ニ一有トニ被攝一

云ハ。二教ハ明ニ界内理一（天止二、四六八。止觀）。二教明ニ界外理一。兩理夫際（處交カ）須レ安ニ一攝一ト云テ。通教ノ空理ヲ見ル處ヨリ入ニル別圓ノ斷無明ノ位一ヘ也。故ニ通教ノ理ヲ爲ニ能通一故云ハニ麁能一ト尤有ニ其謂一

41 頭二十七（天玄五、一八〇～一）玄云。不下卽ニ生死一是涅槃上故狹小（「教カ）。不下卽ニ煩惱一是菩提上故行狹（「小カ）事

問。煩惱卽菩提。生死卽涅槃。倶ニ互ニ教行ニ耶

答。可レ互。一往對當也。非ニ盡理ノ義一ニハ也

問。玄文中ニ約ニ四教一ニ判ニセリ故行（教カ）理ノ狹小不狹小ノ義一ヲ。其中ニ約ニシテ別教ノ狹小一ニ如何判ニル狹小ノ義一ヲ耶

答。如レ題

疑云。別教ノ意。教行狹小ノ義ニ約事ハ。隔歷不融ノ教ナルカ故ニ。教ヲ名ニ狹小一ト。何ソ（仍歟）煩惱。生死。菩提。涅槃約ニ不相卽一ニ釋レ之也。況又煩惱卽菩提ト云モ是教ノ所談也。生死卽涅槃又是行ノ所詮也。故ニ煩惱卽菩提。生死卽涅槃共ニ可レ互ニ教行一ニ。何ソ以ニ二ノ相卽一ヲ如レ此判ル耶

答。別教ノ教行ノ狹小義如レナル難意モ可レ有也。釋ハ前後文皆同ク以テニ此生死卽涅槃。煩惱卽菩提一ヲ對ニセリ止觀二法一ニ。所以ニ。生死卽涅槃ハ止是定也。煩惱卽菩提ハ觀是惠也。此意ニテ今ノ釋モ卽シテニ生死一ニ不ニ涅槃一ナラ教ノ狹小ト云。卽ニ煩惱一不ニ菩提一ナラ行ノ狹小ト云也

難云。教ハ定。行ハ惠ト云事未レ聞。定惠共ニ可レ互ニ教行一ニ者ヲ耶

答。生死卽涅槃ト者。涅槃ハ是理也。而ニ教ハ本ト詮レ理ヲ故ニ。涅槃ヲ約レシテ教ニ煩惱卽菩提ト云。菩提ハ是智也。智ハ是至ルニ菩提ニ門一也。而ニ行ハ進趣ノ義ナレハ約ニシテ菩提一ニ判ニル行ノ義一ヲ也

補云疑云。何意ヲ以テ生死煩惱ヲ教行ニ分別ル耶

答。生死ト者。苦諦ナルカ故ニ知。苦斷集ノ以ニ次第一ヲ初ヲ且ク屬レル教ニ歟

42 頭二十八（天玄五、一八二）籤云。後之一教教行理三狹小倶妙事

問。圓教ノ意。教行理共ニ狹小ト可レ云耶

答。如レ題

付レ之。圓教ハ教行理共ニ不思議ニシテ不ニ狹小一ト。何ソ狹小ト云耶。サレハ玄文ニ三倶ニ狹小ト云事全不レ見。教行不ニ狹小一。理ハ狹小ト云リ。何ソ三倶狹小ト釋耶。況狹小倶麁ト可レ云。

何ソ狹小倶妙ト云耶

答。圓教ノ意ハ教行理倶ニ不ニ狹小一。教モ融卽セリ。行モ一行一切行也。理モ平等法界ノ理也。夫玄ニ。(天玄五、一八一)卽ニ生死一是涅槃。教不ニ狹小一。煩惱卽菩提。行不ニ狹小一。而此觀(「教カ)取レ理難レ當。名レ理爲ニ狹小一 文 理狹小ト云事ハ。此教行理ヲ取ル事難カ故也。此理ヲ狹小ト云ハ能詮ノ教行又狹小也ト云フ意可レ有。故ニ妙樂如レ此釋ル也。但倶妙ト釋ル事ハ。理雖ニ狹小一ト其理法界圓融ノ妙理ルカ故也

43 籤云。若隨ニ二乘當分所見一非レ無下能詮ニ卽空一麁教上事　圓二十五(天玄五、一七七)

問。般若經ニ說ニ三藏教一耶

答。定教ノ次第ハ不レ可レ說レ之

若不レ說レ之云ハハ如レ題。此釋ハ上ニ而無ニ詮レ眞能通三藏一。此亦約レ部大分爲レ言ト云テ。次ニ若隨二乘等ヲ云リ。知隨テ二乘ノ所見ニ說ニ三藏一云事。若依レ之爾ト云ハハ。一家處處ノ定判。般若ニ不レ說ニ三藏ヲ一云事ヲ如何

答云云 但釋ハ不定教ノ事ヲ釋シ出ス也

---

44 籤云。自有帶麁能等事 如レ上(天玄五、一七七)

圓二十八 玄云。證トシテニ(同、一八三)三藏ノ生空法空ヲ引下論ノ爲ニ鈍根人一說ニ生空一等ノ文ヲ上事

疑云。以レ何三藏ノ利鈍ト云耶。誰知ル。指ニ大小一ヲ利鈍云ニモ有ルラン。例如ニ中論ノ爲鈍(「根カ)說生滅。爲利根說不生ノ文ノ

答。大論。聲聞經中。爲ニ鈍根人一說ニ生空。爲ニ利(根カ)人一說ニ法空一。聲聞經者。三藏也

淨名暹云。似(依歟)ニ毘曇門生(至カ)空一者。意由(「云カ)ニ生空一卽是法空故。(卍續九二、二丁右上)不三別立ニ法空一。如ニ須陀洹人一既破ニ人我一五陰實法豈可ニ不空一 文

問。付ニ空有ノ二門一ヨリ入レ道ニ者。如何カ判ルニ利鈍ヲ一耶

答。解釋。(天玄五、一八三)爲ニ鈍根人一說ニ生空。爲ニ利根人(人因カ)一說ニ法空一 文

付レ之。聲聞中ニ尤利根ナル有ニ身子一ニ。而ニ彼ハ有門得道也。須菩提ノ中根ナルハ空門得道ト見リ

答。既ニ今ノ解釋。引ニ大論一ヲ。高祖所判何疑レ之。所以ニ。四教四門橫豎ノ義等シ。既ニ豎ニ對ルニ四教一ニ。三藏ハ有門。乃至圓教ハ非有非空門也。有門ハ可レ劣云事。此對當分明也。橫

一教ニ論ニ四門一ヲ時。又爲ニ鈍根一。有門云ハンニ有ニ何失一。但至ニ身子難ニ者。彼ハ最上利根ノ者ニテ空ノ調心ニ說ニ諸法實有一時自取レ證ヲ歟。更ニ此釋ノ配立ニハ可レ異ナル者歟

師云。信行法行互ニ有ニ利鈍一樣ニ可レ得レ心。生空ノ方ハ鈍ナレトモ。而モ先悟ル邊ハ利也。法空ハ利ナレトモ後ニ悟方ハ鈍也

難云。身子尊者ノ有門得道ノ事ハ尚以難也。最上利根ノ者。有門ニテ得道スルソト云ヘハ。卽有門ハ利根得道ニ成ル也如何

答。大方ハ大論文ヲモ一往對當ソト可レ得レ心也。所以ニ。有門ノ中ニモ有ニ生空法身一。空門ノ中ニモ亦有ニ二空一。若爾者。身子ハ有門得道ト云モ。有門ノ中ノ法空ヲ先悟タリケル歟ト可レ云也

難云。有門ニモ明ニ二空一事ハ不審也。今ノ解釋本末皆有門生空トモ云。空門ヲハ法空ト云也。加之大師。餘處ノ解釋。依ニ毘曇門一明ニ生空ヲ云リ。又觀音玄ノ中ニハ明シテニ三藏ノ有門ヲ。此卽人空法不レ空 文 爾者如何
名疏四（大正藏三八、六一三中）（ㇾ但カ）（大正藏三四、八七八下）生空

答。三藏ノ有門ハ明ニ法空ヲ歟ト云ハ別ノ論義也。彼亦異義也。且ク任テニ一義ニ明レ之云ル。毘曇ノ意モ空ルカニ我我所一故也。空レヲモ我ヲ生空ト云ヒ。空ルヲハニ我所一ヲ法空ト云也。依レ之妙樂。今ノ解釋ニモ。（天玄五、一八四）順レ理二門倶得ニ二空一。一往從レ便者（者ヒカ）。有門付（附カ）レ俗爲ニ生空一。空門付（附カ）レ眞爲ニ法空一 文 次至ニ淨名疏釋一ニ者。末師釋（道暹）云。依（準カ）ニ毘曇門生空一者。意由ニ生空一卽是法空故。不ニ別立ニ法空一 文 觀音玄モ亦順レ之可レ得レ意

難云。成論ニハ明ニ空門一故明シニ法空ヲ。毘曇ニハ明ニ有門一故ニ明トニ生空ヲ云ハ。此二論大ナル差別也。若二論共ニ明ニ二義ヲ。二門ノ差別不ルレ有者ヲ耶。觀音玄。名疏ノ釋。實ニ誠證ト覺タリ

答云云 有空二門ノ配立相分テ。毘曇。成論。其意異ル也。本ト毘曇ノ意ハ。五陰ノ諸法ハ體實有也。和合ルカ故ニ成ルトニ我人衆生ト云也。仍五陰和合ノ我人衆生ヲ空スレハ叶ニ空理ニ。不和合ノ法體ハ恆有也ト云。仍於ニ和合ノ諸法ニ論シニ生空法空ヲ空トモニ我我所一ヲ云也。所以ニ。擧コブシヲハ譬ニ和合ノ法ニ。此ハ開ハ掌ヲ無レ人。開レ掌夢タレハ又和合スル處ノ法離散故ニ空トニ我所一ヲ云也。是法空者。成論ノ意ハ不レ然。假和合ノ諸法倶ニ生空也。倶ニ我人也。不和合ノ法體ハ空ルヲ法體空ナリト立ニ法空一トハ也。故ニ望レハニ成論ニ毘曇ニハ只明トニ生空ヲ云也。彼毘曇有門ノ意マテモ不レ空ニ我我所一ヲ非ス。仍如レ此得レ心。不レ明云モ。明ト云モ不ニ相

三一四

違一也

師云。空ルヲ二五陰假和合ヲ一空トレ我ヲ云。五陰各各ノ法體ヲ空ルヲ空トニ我所ヲ一云也。即法空也

問。毘曇意。明ニ法空ヲ一耶

答。可レ明

若明ト云ハハ。餘處ノ釋（名疏四）（大正藏三八、六一三中）ニハ。依ニ毘曇門ニ一但明ニ生空ヲ一文 若依レ之爾ト云ハハ。空ルヲハレ我ヲ生空ト云。空スルヲハニ我所ヲ一名ニ法空ト一。毘曇ニ既ニ明ニ二空ヲ一。何ソ只明ニ生空計ヲ一云ハン耶。依レ之籤云。順（準カ）（天玄五、一八四）レ理二門 文 如何

答云云 但至ニ餘處ノ釋ニ一者。望ニ成論ノ空門ニ一且ク如レ此釋ル也。或ハ數存隣虛ニ生空ト云也

一義云。毘曇ハ空レ我ヲ生空ト云。空ルヲニ我所ヲ一法空ト云也。或ハ空ニ我我所ヲ一名ケニ生空ト一。五陰ノ實法ヲ空ルヲ名ニ法空ト一也。毘曇ノ生法二空ハ成論ノ生空ノ程ノ事ニテ有也。故ニ望ニ成論ニ一下スニ毘曇ヲ一意ニテ但（具明カ）明生空ト云者也。サレハ依ニ毘曇門ニ一但明ニ生空ヲ一（同前）。成論空門亦名ニ三空ヲ一（生空。法空。平等空也）

難云。毘曇ニ空ルニ五陰ヲ一事何ソ不レ明。若空觀不レ及ニ五陰ニ一者。何ソ得道ン耶。次ニ名疏ノ釋。末師。由ニ生空ニ一即是法空（卍續九二、二丁右上。維摩經疏）故。不ミ別立ニ法空ヲ一文 全望ニ成論ニ毘曇ヲ下ニハ非ス。是末師釋ハ。生空即是法空ナレハ不ニ別ニ立ニ一云故ヲ釋ル也

一義云。毘曇ハ五陰ノ實體實有也。故ニ不レ空七十五法恆有ト云也。七十五法ト者。四十六心所。十四不相應行。五根。五境。三無爲也。但不得道事。而說性非常ト云カ故ニ。不ニ空體ヲ一云トモ無ニ著心一故ニ得道ル也。次末師ノ釋ハ。成論ノ生空即毘曇法空ト云釋也

問。約ニ生法二空ニ一如何名義同異ヲ釋ル耶

頭二十八（天玄五、一八四）籤云。二空名同意義永異 文

疑云。生法其名既ニ異ル也。サテ空義同レ之故ニ名異義同ト可レ云

答。名同ト云ハ空ソト云名ノ同也。義異ト者。生空ト云ハ空シニ衆生ヲ一。法空ト云ハ空ルニ五陰ノ實法ヲ一也

問。玄文ニ引下半分半無（有カ）者。名爲ニ鈍人ト一云ル文ヲ上（同、一八三）。是ハ出タルニ何ナル論ニ耶

答。玄ニ大論ト云リ

付レ之。所引ノ今文ハ大論ニ不レ見耶
答。大師所覽本ニ見タル歟
一義云。見ニ本書ヲ次上ニ。釋論云。（天玄五、一八三）爲ニ鈍根人ニ說ニ生空ヲ。
爲ニ利根ニ說ニ法空ヲ文 生空ハ有門。法空ハ空門也。故ニ亦有
亦空非有非空ニモ爲ニ利鈍二人ノ可レケレソト有。此意得テ心現
文ニハ無レトモ之。大論ニ半有半無ノ者ヲ爲鈍人ト引ク歟
45 頭三十（天玄五、一八九）玄云。有門對レ惡故爲レ妙。三門非レ對レ惡（惡力カ）故爲レ麁事
疑云。何如レ此釋ル耶
答。以ニ有門ヲ治レ惡。以ニ空門ヲ治ニ有門ヲ。亦有亦空門治ニ
空門有門ヲ。以レ不レ能ハ治レ惡ヲ事ヲ故如レ此云也。若此配
立ノ意歟
46 頭三十四（天玄五、一九四）籤云。加復攝大乘與亦計ニ黎耶ヲ事
問。所レ云攝大乘ト者。指ニ舊譯ノ攝論ヲ歟
答。計ニ梨耶ト云ハ新譯ト聞タリ
疑云。既ニ大師所引ノ攝大乘ナレハ舊譯ノ論ト可レ云。新譯ハ非ニ
大師ノ高覽ニ。何ソ如レ此釋ル耶
答。計ニ梨耶ヲ云ニ依テ何必新譯ト定メン耶。舊譯ノ論ニモ計シテ梨
耶ヲ爲ニ依地ト義有レ之。譬ハ以ニ九識ヲ爲ニ依地ト云義モ有。
其ハ勘ニ別ノ文ヲ爲ニ依地ト也。又彼論ハ第八識ヲ爲ニ依止攝
相ト云文有レ之。故ニ今ハ指レ之也。故ニ今ノ文依ニ計梨耶ノ言ニ
新譯ト定ン事ハ不レ可レ然者也
難云。地論既ニ有ニ南北二道。北道ハ立テ無明依地ヲ。南道ニハ
立ニ眞如依持ヲ爲レ助レ之。引ケリ新舊ノ二論ヲ。知。立ニ舊譯九
識ヲ論師立ニ法性依持ヲ。新譯ノ立ニ八識依持ヲ論師ハ立ニ無
明依持ヲ聞タリ如何
答。今出ニ例證ヲ事ハ。地論ニ有ニ南北二道ヲ同ク弘レ論ヲ。北
道ハ立ニ梨耶依持ヲ如レ此攝論ニモ弘トモ同論ヲ。新譯ニハ立ニ八
識ヲ。舊譯ニハ立ニ九識ヲ云處ヲ例スル也
47 頭三十七（天玄五、二〇一）玄云。中論爲ニ時人見成レ病。先以レ大蕩。後示ニ入眞
之門ヲ事
問。中論意。先說ニ大乘ヲ後說ニ小乘ヲ事有ニ何故ニ耶
答。大乘正意ナル故也
進云。如レ題。　付レ之。破ル時人ヲ事。小乘也ト云トモ何ソ無ン
此義ニ耶。所以籤三云。（天玄二、一五七）始自ニ迦羅ニ終至ニ圓著ニ無レ不下並

爲二初教一所レ破 文

答。時人ノ見ト者。小乘ノ指二執見一也。故爲レ破二小執一先說二大乘一。論ノ緣起ニ見タリ

義云。中論ハ惣シテ二十七品也。先二十五品ニハ說二大乘ヲ一。後ノ因緣邪見ノ二品ニハ說二小乘一也。此時人多ク作ルカ二小乘ヲ一故ニ。先二十五品ニ說レ大ヲ治二小執ヲ一。而モ又非レ可レ捨二小乘ヲ一故ニ後ノ二品ニ說二小乘一也

師云。此義勝陽坊義也。然トモ今ノ釋ハ。前ノ二十五品ハ大乘ノ機ニシテ而モ著有ノ去有リ。亦小乘ノ機ニシテ而著(去カ)有者有レ之。其ヲ皆破ル也。共ニ雖レ破二大小乘ノ見ヲ一。大乘ノ機ハ二十五品ノ間ニ入二大乘一ニ。小乘ノ人ハ後ノ二品マテ入ル二小乘ニ一也。全ク入位ノ二乘ノ執見ヲ破事無レ之。入位ノ二乘ノ執見ハ今經ニ破レ之。卽次下ノ文ニ。草菴(庵カ)聲聞ト云是也。中論異ナル邊ニ出レ之者耶

又云。中論ニ先大乘ヲ以テ破二大小乘ノ見ヲ一事ハ。彼ノ論ハ以レ大ヲ爲レ正。以レ小爲レ傍故也。以レ小破レ之事ハ無也。論ノ本意ノ機ニシテ令レ入二大乘ニ一故也。然トモ機ニ大小分テ。小乘未入位ノ者。聞レ大ヲ破レ見ヲ後ニ二品ニシテ入二小乘ノ正位ニ一。大乘ノ機ハ前二十五品ニシテ破レ執ヲ入ト二大乘ニ一云也。是中論。法華配立異也。先列二大乘ヲ一也。法華ニハ時人無シレ見。只住スニ草菴ニ聲聞ヲ爲二所開一ト故ニ。玄文。先列レ小。後ニ明レ大也

48　玄云。迦羅。鎭頭迦事（頭三十）（天玄五、一八九）

補注云。章安云。並未レ見レ翻。但意知(應レカ)二是甘毒二菓(果カ)一耳。六卷云。迦留治牟也 文（卍續四四、十三丁右下）

49　玄云。生蘇○兩所通爲レ麁。兩處通妙。熟蘇四門是妙。一理爲レ麁。一理爲レ妙事（頭三十五）（天玄五、一九八）（別　藏通　別　別圓　圓　（丅爲カ）（所カ）（丅○カ）圓）

疑云。方等ノ下ニハ別理ヲ爲レ妙。般若ニ何ソ別理ヲ爲レ麁ト釋ル耶

答。方等ノ下ニハ證道同圓ニ約シテ爲レ妙ト。般若ノ下ニハ常ノ教相也

50　玄云。法華折伏破二權門理ヲ一。涅槃攝受更許二權門一事（頭三十七）（天玄五、二〇〇）（丅○カ）

問。涅槃經ニ說二權教ヲ一耶 如レ宗

答。可レ說レ之

若說ト云ハハ何ソ名ン二醍醐味ト一耶。若依レ之爾ト云ハハ如レ題

答。自レ本說レ之也。但至下不レ可レ云二醍醐味ト一云上ニ者。雖レ

説二四教一。倶知常住ノ故ニ名二醍醐味一ト也

難云。若説二ト四教一ヲ云ル方等經ト無二不同一耶。又知二ト常住一ヲ云ハハ。何ソ煩ク設二ン前三教一ヲ耶

答。爾前ハ偏圓互不二相知一也。同ク知二常住一ヲ事無レ之。涅槃ハ四教倶知常住也。是功由法華ト釋シテ。不レ隔二法華一説ニ實相一ヲ。彼ノ大經ニ隔ルレ之事ハ無也。但機未熟ノ故ニ且ク立二前三教一ヲ也。卽入二常住ノ理一ニ也。説二テ前三教一ヲ助ルレ之邊ニテハ攝受更許權門トハ云也。今玄文ノ上下皆此意也（天玄二、一二〇）

難云。涅槃四教ト云ヲハ。籤ノ三（爲カ）。偏被末代ト釋シテ無二當坐一ニ機一（爲カ）釋セリ如何

答。偏被末代ハ贖命重寶ノ文ヨリ起也。此ハ爲二未來一扶律説常ノ説有レ之邊ヲ云也。爾ト云テ非ト當坐ニ無レト機云一ニハ。今攝引（天玄五、二〇〇）鈍根存麁方便ト釋ルハ。現座爲ト二鈍根ノ一云ニ非ス耶

難云。見二經文一ヲ（大正藏十二、七六七上～下）。一切衆生悉有佛性ト説ク。如來常住無有變易ト宣タリ。藏通ノ二教豈ニ如レ此耶。又明ニ如來長壽一事同ニ法華ノ説一ニ。豈ニ有ニト別教一云ハン耶。又有ニト權教一云ナラハ智（知カ）ニト常住ヲ云事如何

答。自レ本涅槃四教倶知二常住一云カ（大正藏四六、七七三中。八教大意）故ニ四教有レ之。而モ知ル二常住一ヲ方等四教ニ異ルカ故ニ名二醍醐一ト。又明シ二如來常住一ト説ニ悉有佛性一ト不レ苦也

難云。何ニモ説ニ權教一ヲ云ナラハ而モ知ル二常住一ヲ事難レ思也。不レ知二常住一ヲ名二前三教一ト。知二常住一ヲ名二圓教一ト也。大經ノ一座ノ機。皆知ハ二常住一ヲ。只是圓機也。何ソ名二權教一ト耶

答。解圓行漸ノ機ナルカ故ニ。雖二權教一也ト知二常住一ヲ也

51 籤云（頭三十七（天玄五、一九九））。通以二三教一而爲二因門一悉歸二常理（果カ）一事

疑云。因果ハ約ニ一教一ニ。何ソ因ハ三教。果ハ常ト云耶

答。如レ難意可レ有。今ハ四教相對シテ。三教ハ無常ノ教ナレハ。因ハ無常ト云テ約ルニ三教一ニ也

52 因雖二無常一而果是常事（頭三十六（天玄五、一九九））玄籤意取

問。玄文引ケリ二大經ノ因雖○文一ヲ。是ハ別圓ノ中ニ何ノ教トカ可レ云耶

答。任二今釋一ニ證セリレ圓

付レ之。圓ノ意ハ依正因果共ニ常住也。何ソ因雖常住ト云ハン耶。若爾ハ可ニ別教ノ意一ナル。彼如下因レ滅二是色一獲ニ得常色一

等文上ノ。別教ナルカ如何
答。大經ノ意ハ雖レ談二佛性常住一ヲ。四教座並テ且ク聞二三教一ヲ。權門蘇息シテ卽還テ依頓觀シテ終ニ入二佛性圓常一ニ。故ニ今ノ釋ニハ。（天玄五、一九九。釋籤）故大經意通以二三教一而爲二因門一悉歸二常果一ト釋ル也。又別教ヲ不レ遮耶。但至二因滅是色ノ文一ニ者。一家ノ解釋ハ約ニル別教圓教一ニ意存レ之。何違耶
師云。籤ニハ以二三教一ヲ爲二因門一歸二圓常ノ果一ニ釋スレハ亙ル二四教一ニ也。今ノ釋ハ因雖二無常一等ヲ云ル圓計トハ不レ云者ヲ耶
問。解釋中ニ付レ釋二開會ノ相一ヲ。且ク涅槃經ニ明二開權顯實ノ旨一可レ云耶
答。任ニハ解釋一ニ。（天玄五、二〇二）法華後教不レ俟二更開一文
付レ之。涅槃經ハ法華ノ後設テ二四味方便一ヲ涅槃說ニ醍醐味一ヲ也。若夫無二開權顯實義一云ハハ。前四味ノ方便無用ナル者ヲ耶」（天玄五、二〇二）
答云云 任二本末ノ解釋一ニ。所以ニ大師ハ。不俟更開ト云ヒ。妙樂。（同前）稟二方便教一咸知二眞實一何須二更開一ト釋ス。實雖レ說二四教ヲ。既ニ俱知常住ノ教也。何ソ可レ待二開權顯實スル事一耶。但至レ難雖レ設二四味方便一ヲ功由法華ノ故ニ。別ニ不レトモ待二開會一ヲ自ラ得二開權顯實ノ道理一也
難云。既ニ許二四味ノ說一ヲ。又明二四教一ヲ。何ソ不二開權顯實一セ耶。若開權顯實無レト之云ハハ。涅槃ノ機ハ法華ノ機ニ勝タリト可レ云歟。但至ニハ功由法華ノ會釋一ニ。見二彼解釋始終一ヲ。彌涅槃經ニハ可レト有二開權顯實一覺タリ。所以ニ。（天止二、四四一。弘決）大經不レ隔功由二法華一。故ニ云二亦名開漸顯頓一文 開漸顯頓トフ云非二開權顯實一ニ耶
答。凡涅槃經ハ法華開顯ノ後。一日一夜ノ說也。後番四味ト云モ法華開顯ノ後ノ事也。涅槃四教モ悉有佛性ノ說顯テ後ノ事也。故ニ如二法華ノ開權顯實ヲ不レ可レ用也。前番ノ機コソ本ヨリ不レ聞二大乘ヲ故ニ用レ開顯ノ說ヲハ。後番ノ機ハ或ハ聞テ二法華ヲ尚不レ入二初住一ニ故ニ。受二五味ヲ用レトモ功由法華ノ故ニ不レトモ二開顯一。自開顯ノ意顯ルルカ故也。爲レ顯二此ノ意一ヲ。大經不隔ト等○釋ル也。開漸顯頓ト者。涅槃ノ機ノ自開漸顯實ル處ヲ釋ル也。故ニ涅槃經四教ノ機ニ至テハ。最初ニ聞二悉有佛性一ヲ故ニ。後ニ向タレトモ二前三教一ヘハ。自三教卽圓教也ト達ハ。別ニ能化ノ開權顯實ノ說ヲ不レ待云也。依レ之行滿ノ釋ニ。涅槃ハ帶權顯實ト釋ル此意也。但至二機ノ勝劣一ニ者。前番ノ機ハ初ハ不レ知二實相一ヲ入ニ

法華ニ一。後番ノ機ハ初ヨリ知ル二實相ヲ一故ニ。涅槃ノ機ハ尚劣也
難云。若涅槃機聞二常住ヲ一故ニ。開權顯實ヲ不レ待云ハハ。設雖レ聞二常住一。既ニ證二權果ヲ一程ノ者ハ。豈ニ不レ用二開權顯實ヲ一耶如何
答。大經ノ機ハ雖レ證二權果ヲ一解圓行漸ノ者也。眞實ニハ不レ廢二圓實ノ悟ヲハ一者也。故ニ開權顯實ヲハ不トレ用得レ心也。依レ之大師餘處ノ解釋中ニ。(天止二、四四一。止觀)故涅槃中得二二乘道果一不レ隔二圓常一文
尋難云。涅槃經ニ不ト二開權顯實一云ハハ。直顯實歟。若爾者。華嚴ノ直顯實ト同レ之歟
答。不レ同レ之。涅槃機ハ通入佛性。捃拾醍醐ノ機ナルカ故ニ。元意知圓ニテ不レ待二佛說ノ開會ヲ一自權卽實也ト知ル也。華嚴直顯實ト云テ。其機ト云ハ圓頓ノ機也。所開ヲ云ヘハ別教也。故ニ華嚴ニハ不レ對二二乘一ニ。對シテ二圓頓機ニ一別教ヲ開會ル也。此開會ハ不レ似二法華ノ開會ニ一。只是圓教ノ中ノ次第門ヲ名クル二行布門ノ別教ト一也。此次第ヲ圓融スレハ名二直顯實ト一也
記九云。(天文五、二一七八下)直顯實者(「等カ)雖レ有二別教一以レ易レ開故。故且云レ直文
玄十云。(天玄五、五四八)初成道時。純說二圓頓一文

記三云。(天文二、六五〇上)部中論レ主雖二是圓教一。順(準カ)二五時意一以レ別助レ圓文
籤三云。(天玄二、二一九)以二一漸兼一頓取レ機不レ得云リ。此釋ハ華嚴ノ別教ニ無レ機云文也
難云。涅槃經中ニ不レ明二開權顯實ヲ一云ハハ。今ノ解釋ノ中ニ正ク開三顯一ヲ釋ルニ。今經ノ(大正藏九、三二上)決了聲聞法。是諸經之王ノ文ト。大經ノ(大正藏十二、六二七中)爲諸聲聞開發惠眼ノ文ヲ引テ釋レ之如何。今解釋非レ引レノミニ之。章安大師解釋中ニモ。開權顯實ヲ釋シテ爲聲聞○文ヲ引ケリ如何
末師。正ク(卍續五八、十六丁左下。涅槃經疏記)開二二乘惠(「慧カ)眼卽佛眼一也ト釋セリ如何
難云。大方同居士ノ儀式。開權顯實ヲ爲二手本一ト。法華涅槃同醍醐味也。前番後番先熟ノ者ハ法華ニ開會ス。後番後熟ノ者ハ涅槃ニ可二開會一。而ニ涅槃經ト云ハ同居士ノ儀式。既ニ四味三教ヲ爲二方便一ト。何不レ開レ之耶。又四教常住ト云事如何。初ヨリ倶ニ知二常住ヲ一。既證二權果ヲ一見リ。何ソ權卽實ト不レ開耶
答。法華ハ始メ受タル二權教ヲ一機ヲ。四十餘年調停テ構テ令ハコソレ入ニ圓頓ニ一。汝等所行是菩薩道トモ開スレ。同居ノ儀式也トテモ初ヨリ知ラン二常住ヲ一者。涅槃解卽而行不卽ト云テ。既ニ立二圓頓ノ解ヲ一

者ナレハ。何ソ別ニ明二ン開權ノ義一ヲ耶。仍解釋有二其謂一
難云。猶不レ明。涅槃四教ト云テ。涅槃ノ座ニ初テ悉有佛性ヲ
唱テ。開者涅槃解卽云トモ。劫後三月ノ閒經二タル四味ノ調熟一ヲ
機ハ。爭カ不二開權一ヲ耶
答。後番ノ前四味ヲ經タル者。功由法華ト云テ。法華ノ開權ノ
後ナルカ故ニ。事新ク不レ用二開顯ノ說一ヲ歟
難云。猶不レ明。法華ノ後ノ敎也トモ。法華ノ座ヨリ傳ル機ヨリ有二トモ
橫入ノ機一ハ可レ用二開權一ヲ者耶
答。有二橫入ノ機一云事。證據未二分明一。設ヒ有レ之入二ル涅槃醍
醐一ニ時。一切衆生悉有佛性說ヲ聞テ可レ入二皆常住一ニ。別ニ汝
等所行等不レ可レ開故ニ。不レ待二開會ノ說一ヲ釋ルハ其理リ有レ之
歟
難云。所詮法華ノ機ハ預二テ開會一ニ。涅槃ノ機ハ不レ預二ト開會一ニ云
道理有レ之耶
答。良師云ツ。此論義ノ所詮有レ之。涅槃機ハ不レ預二開會一
事ハ。凡ソ法華ハ事相常住ヲ一向ニ立ル閒。權卽實ト不レンハ開所
被ノ機。爭カ可レ知二十界常住一ヲ故ニ顯實ル也。涅槃ハ說二カ理性
常住一ヲ故ニ。不二レトモ開權一自理性ハ不レ隔二萬法一ヲ故ニ可レ知也
可レ祕レ之
圓師云。功由法華ノ故也。但可レ有二橫入者一三(云カ)事既ニ法華ニ
顯實ル上ハ。設ヒ無二トモ法華座一可二傳聞一也。況ヤ復涅槃ハ過二タル
法華一ニ機ヲ爲レ本也。又涅槃四教ハ常ノ四教ニハ異ル也。法華涅
槃ノ勝劣可レ思レ之
難云。(天玄二、一二〇)若無二開權顯實一云ハハ。德王品ノ追泯衆經ヲハ籤(順カ)三ニハ。
泯者會(合會カ)合也。自二法華一已前諸經皆泯。此意卽准二法華部一
也
答。涅槃經ニ無二開會一云事ハ。如二法華一依二開權一知二眞實一ヲ
事無レト之云事也。醍醐(天玄五、二一三)味ナレハ立二ル佛性常住ノ開權一ヲ事ヲハ不レ遮」
師云。玄次下云。涅槃以二佛性一爲レ正。此經以二實相一乘一
爲レ正 文 涅槃經ハ以二佛性一爲レ宗ト故ニ不レト用二開權顯實一ヲ
可レ云也。地體ハ不レ可二偏執一事也。涅槃經ニモ有二開權顯
實。開近顯遠一非二彼經ノ正宗一。法華ニモ有二佛性一非二此經ノ
正意一ニハ也。此意ニテ云ヘハ涅槃ニ有二開權一云モ。無ト云モ無二相
違一也。下ノ如二涅槃更不發迹ノ論義ノ處一ノ

尋云。立ニハ後番ノ前四味ヲ一何ソ名ニシ捃拾ノ教ト一。功由法華ナラハ四教ヲモ可レ説耶

義云。此ハ實ニハ一家解釋ニ有ニ二ノ配立一。先處處ノ釋ニ只一段ノ五時ノ次第ニシテ。涅槃ハ法華ノ後。一日一夜ノ説收タル二第五ノ一時ニ一也。所謂普賢經ノ。（大正藏九、三八九中）劫（却カ）後三月當般（了我カ）涅槃ノ言ニ令テレ蒙ラ全法華ノ別座ノ經トハ不レ覺。仍捃拾トモ云ヒ。功由法華トモ被レ釋也。但玄文ノ第十ノミ後番ノ配立初テ釋シ出セリ。意ハ涅槃經ニ説ニ五味相生ヲ一。醍醐ト云ツルヨリ前四味ヲ配立セント釋セントスル也。此日ハ全功由法華ノ意モ不レ可レ有。只涅槃モ開權顯實ソト云也。サレハ不俟更開ト釋ル釋モ皆不レ立ニ五味ヲ一日ニテ云也。是皆涅槃疏幷ニ行滿ノ釋ニ分明也。帶權顯實。開權顯實ノ二ノ意ヲ判タル也。帶權顯實ノ故ニハ不レ立ニ後番ノ後段ノ四味ヲ一。立ルニ後番ノ五味ヲ一故ニハ開權顯實ストト見タリ　已上

師云。涅槃經九云。（大正藏十二、六六一中）猶如天雨成就菓實。（了〇カ）悉除飢饉（饑カ）。是經（了〇カ）出世如彼菓實多所利益。能令衆生見如來性。如法華中八千聲聞　文

相傳ニハ涅槃經只是法華一部ノ經ソト云也　如レ餘　又後番ノ五味ハ涅槃經ノ十三ノ從レ佛出ニ十二部經一等ノ文也。玄文ノ十ニ引テレ之後番ヲ釋ル也　新懐ノ義大切也

籤十云。（天玄五、三六八）涅槃重施ニ方便一入於（又カ）ニ經初一已「用成執行」（了開ニ常宗一。斥カ）奪三修　文　此ノ釋ハ後番ノ五味ハ只涅槃經ノ中ニ説ト之云也

玄十云。（天玄五、三八〇）涅槃是當説。前（先カ）已聞故ニ亦易レ信易レ解　文　此釋ハ正ク涅槃ノ機聞ニト法華ヲ云也。涅槃經帶權顯實ト者。當門顯實卽案位開也。當門顯實ハ籤三ニ見タリ。世間ニハ涅槃經ノ機ハ實ニハ不ト證ニ權果ヲ一云　此義ハ大師ノ釋。惠心ノ一乘要決ノ釋ニ皆實ニ證ト權果ヲ云リ。違スレ之今ノ釋モ稟ハ方便教ヲ咸知ニ眞實ヲ一ト云コソ。正ク涅槃ノ機ハ證果シテ卽本有ノ權果ト達ト云釋ニテ有レ

開（問カ）。證トシテ煩惱卽菩提ノ義ヲ引ニ今ノ經ノ文ヲ耶　頭三十八　（天玄五、二〇三）（了〇カ）

答。玄云。煩惱卽是菩提。觀一切法空如實相　文

付レ之。實相ハ眞如理也。菩提ハ智也如何

答。義云。理智不二也

尋云。此文ハ未レ聞ニ煩惱卽菩提ノ義ハ者ヲ耶

答。一切言ノ内ニ煩惱卽菩提義可レ有レ之　威抄

頭三十九　（天玄五、二〇六）

問。玄文ニ引ニ菩提圓是法（薩聞カ）疑網悉已除ノ文一。爾者遍ク亙ニ前

三教ニ耶

進云。三教菩薩 文 頭同（同前。取意）

疑云。餘處ニハ開ト別教ヲ見リ。何三教ト云耶

答。今經ノ三教共ニ開レ之。但至ニ餘處ノ釋ニ者。從テ權教ノ樣ニ爾カ云歟。開ン三教ヲ事ヲハ不レ遮

問。玄文中ニ以ニ實相ヲ證トシテ今經ノ體ヲ引ケリ方便品ノ文。爾者何ノ文ソ耶

答。玄文ニハ引ニ開佛知見ノ文ニ

疑云。知見ハ智惠也。實相ハ理也。何引レ之耶

答。師（籤歟）云。佛知見ハ所見等（ア等カ）ヲ爲レ體ト云リ。（同、二〇九）以ニ所知見ヲ爲レ體ト云也

問。頭四十 玄文如レ上引ク信解品ノ文ヲ何ノ文ソ耶

玄云。信解中名レ付ニ家業ニ云リ（同、二〇八）

疑云。付家業ハ般若也

答。籤云。所付取ニ不共般若中究竟種智所知ニ爲レ體 文（同、二〇九）不共般若ト云ハ法華平等大惠ト同也。籤十云。般若攝ニ一切法ニ何防（妨カ）ヨ法華亦入ニ其中ニ 文（同、六一六）（不共イ） 般若法華ノ同異ヲ釋ル事也

大論云。般若法華眼目異名 文

53 頭四十 玄云。以ニ平等大會（慧カ）ニ實相異名事 取意（天玄五、二〇八）

疑云。何以ニ大惠ニ證ン實相異名ヲ耶

答。頭四十一 籤云。大惠所照 文（同、二〇九）所照ノ方ヲ爲レ體也 文

54 頭四十 玄云。妙音中名ニ普現色身三昧ニ事（天玄五、二〇八）

疑云。頭四十一 三昧ハ圓人功德也。實相ハ正因也。何如レ此釋ル耶（同、二〇九）

答。籤云。妙音中取ニ三昧所依ニ 文

問。頭四十 今經ノ繫珠ノ譬ハ有ニ何品ニ耶（同、二〇八）（名カ）

答。玄云。授記中明繫珠云ヘリ

疑云。五百品ニ繫珠ノ譬有レ之。何ソ授記ト云耶

答。五百品ニ擧ニ授記ヲ也。五百弟子授記品ト題ル故也。若授記品ナラハ授記化城ト可レ云。而ニ今擧ニタルハ化城授記ト當ニ五百品ニ也

問。玄文引ニ大經所說ノ聲聞之人但見於空ノ文ヲ（同、二一一）。爾者何ノ教ソ耶

答。互ニ藏通ニ

頭四十二 籤云。三藏 文（同、二一四）

付レ之。聲聞ノ言廣ク可レ亙ニ藏通一ニ。何ソ限ニ三藏一ニ耶。況一具ノ文タル智者見空及與不空ノ文ヲハ別圓ト判セリ。順シテレ之聲聞之人ノ文可レ亙ニ藏通一ニ耶

答。見ニ玄文一ヲ。今ハ傍正ノ料簡ヲ判ル中ニ。正ハ卽實相ト云ハ圓。傍ハ卽偏眞ト云ハ三藏也。サテ偏眞或時含實相ト云ハ通教。實相或時帶偏眞ト云ハ別教也。（同前）證ルニレ之先引ニ中論一ニ。次引ニ大論一ヲ。（大玄五、二一一）其中ニ中論ノ。（經カ）實相三人共得ト云カ故ニ當ルニ通教一ニ。（同前）別教ニハ無ニ二乘一故ニ。通教ハ含中ノ教。又明ニ三乘共ノ旨一ヲ。仍テ中論ノ文ハ證ルニ通教一也。サテ智者見空及與不空ト云ルハ。（同前）不空ハ中道ナレハ證ニ別圓一ヲ也。故但見於空ノ文。自當ルニ三藏一ニ故。本書ヨリ如レ此見タルカ故ニ。妙樂。大經文證ニ藏及別圓一ト釋タマフ也。（同、二一二）（文カ）但惣シテ云ハハ。聲聞之人但見於空ノ文ハ可レ亙ニ藏通一ニ也

難云。聲聞之人文可シハレ亙ニ藏通一ニ。何ソ別シテ引テニ中論一ヲ證ニ通教一ヲ耶。爰知ヌ。大經ノ文ハ不トレ亙ニ通教一ニ聞タリ

答。通教ハ有ニ含中ノ意一故ニ。但見於空ト云内ニ不レ入歟。所以ニ。或時偏眞含實相ト云ハ通教ノ意也

問。玄文約シテニ五味一ニ判ニ名義體ノ同異一ヲ中ニ。乳教兩種名義（同、二一五）同。兩種名義異而體同ト云リ。妙樂如何釋ル耶

答。（同前）乳教中ニ云ニ兩種一ト者。別圓名義體同。（證道同圓）（別圓カ）圓別名義異而體（圓攝別）（同カ）圓　文

疑云。別圓圓別ハ言上下計也。何ソ依レ是ニ名義體ノ同異ノ判ルニ不同一ヲ耶

答。別圓ト云ヒ。圓別ト云替也。別圓ト云時ハ別カ家ノ圓也。是別教ノ圓也。別教ノ圓ト云ハ隨智證時也。此閒ハ證道同圓ニテ有カ故ニ名義體同シ。サテ圓別ト云ハ圓カ家ノ別也。此ハ隨情ノ別也。此ハ隨テレ機ニ說カ故ニ名義不同ナルヘシ。然トモ同ク中道ナル故ニ體同也。名義異而體同ト云此意也　威抄

難云。教道證道ノ差別也トモ何ソ別圓ト云ヒ。圓別ト云テ。依ニ文言ノ上下一ニ教證二道ノ差別ソト可レ得レ心耶。尚不レ明

答。上ノ約教ノ釋ニハ。既ニ別圓共ニ以テニ實相一ヲ爲レ正　云云　是卽證道同圓ノ意ニテ無レ之。爭カ同ク實相爲正ト云テ。名義體同ト云耶。故ニ今約ル味ニ時モ別圓ハ約シニ證道同ノ邊ニ名義體同ト云也。是卽中道ニ不レ分ニ但中不但中一故也。次圓別（別圓カ）名義異而體同ト者。圓攝別ニテ有也。意ハ地前ヨリ移レ圓ニ機ノ事也。卽地

前ハ名義異也。但中ナルカ故也。入レハ圓ニ不但中ナレハ體同ト云ハ
尤有ニ其謂レ一也
難云。華嚴ノ別圓ハ有レ習事也。所以ニ。華嚴ノ別教ハ圓ノ次第
門ナルカ故ニ。別卽圓ナレハ名義體同也。圓別ト云時ハ。彼經圓教ハ
全體別教ト云云方ニテ名義ハ異ナレトモ。一圓ノ法ナレハ體同ト可レ
云ナル。何ソ約ニル證道同圓攝別一耶。一義心也
答。此義ノイテ習ニ華嚴ノ別圓ヲ一時ハ爾カ可レ云也。今ハ其マテノ
事ニハ非也。所以ニ。若華嚴別圓ヲ習事マテ云ハハ。何ソ方等四教ノ
中ノ別圓ヲ。（天玄五、二二五。釋籤）此中已有兩種如華嚴ト云テ。方等ノ別圓ヲ如ニト華
嚴一ノ云ハン耶。方等ノ別圓ハ。彈呵ノ別圓ナルカ故ニ非ニ行布門等一ニ
耶。故ニ圓攝別名義異而體同也。此上ニ通教ノ中ノ別攝通
同レ之。別圓名義體同ト者。證道同圓ノ故ニ一向ニ名義體同
也。上ノ通教ノ中ノ圓攝通ヲ名義體同ト云ト同レ之
一義云。別圓ト云時ハ從レ權入レ實心也。但不但中只是中
道ノ一理ナルカ故ニ名義皆同也。別教モ一入ニル初地ニ一證道同者ヲ耶。
圓別ト云時ヨリ實施レ權ヲ心也。所以ニ。名義異レトモ其實ニハ體
同トレ之云歟

圓師云。別圓名義體同ト者。別圓ノ實相ノ理ハ大旨同カ故ニ
如レ此云也。圓別名義異而體同ト者。圓攝別意也。初ハ別圓
異ナレハ異而ト云ヒ。終ニハ圓ナレハ同ト云也。次下方等時ヲ釋ニハ。
近ニ通レハ三藏ニ同。遠ニ通レハ別ニ同ト云ハ被攝ノ心也ト見リ。以レ
是思レニ今ヲ圓攝別ト云ト聞タリ
良師難云。別圓但不但既ニ異也。何ソ同ト可レ云耶。又華嚴ノ
別圓ハ可レ習事有。一流ニ相傳スル處有。仍テ今ノ釋ハ有レ謂レ
云云
圓師云。何ナル義ヲ耶ト被レトモ仰。義ヲハ不レ出 云云
良師。後日華嚴ノ別教ハ常ノ別教ニハ異也。只是圓ノ而二門ヲ
行布門ノ別教ト云也。行ヲ布シクト者。次第門ノ方也。故ニ玄十ニハ。
（天玄五、五四八）純說ニ圓頓一 云云
難云。若爾者。法華ト何ノ異有ル耶
答。良師云。法華ハ開ニ二乘一ヲ。華嚴ハ二乘當座ニ無レ之。二
乘ノ被ルル斥方ハ異也
頭四十六　（天玄五、二二〇）
55 玄云。五品六根以ニ相似正一爲レ體事
問。五品六根共ニ名ニ相似一ト耶

答。如レ題

付レ之。以二五品ヲ一何ソ相似ト云耶

答。従二五品一住上ノ中道ニ相似スレハ随分ノ事ヲ云也

有カ云。判攝ノ五品也

問。四種三昧共ニ亙ルニ四教ニ耶　如二止一一

頭四十七（天玄五、二二二）玄云。諸經別行乃至多（至㋕カ）。略言ニ其四一。謂常行等　文

頭四十八（同、二二九）籤云。既四行倶通ニ四教所行一　文

付レ之。圓頓行者ノ修行也。何通ニン權教ニ一耶

答。義分ハ可レ通ニ四教ノ行ニ一故ニ如レ此釋ル也。常行三昧。常座三昧ニ。或引ニ般若ヲ一。或引ニ方等經一。含容ノ説ナレハ何不レ通ニ權教ニ一耶。十法儀乘約ニ四教一。（天止一、四〇七）（弘カ）當分釋スルハ亙ニ四種三昧ニモ一也。依レ之止云。經部雖別義通（卽カ）　文（「三業カ）

問。玄文引ク下大品經ノ儒童見ニ燃燈佛一得ニ無生忍一文上ヲ。爾者何ノ教ノ意ソ耶　頭四十六（天玄五、二二一）

答。玄文ニハ圓教ト見タリ

疑云。玄七ハ引テレ之證ニ通教ヲ一。何ソ今證ルレ圓ヲ耶　頭同

答。大品經既ニ述レハ二三教ヲ一。或ル時ハ證レ通ヲ。或時ハ證レ圓ヲ也

---

56 頭同 玄云。金剛般若云（天玄五、二二一）。無ニ住相一布施如三人有レ目見ニ種　三二六

種色一事

疑云。處處釋ニハ引レ是ヲ證ニ通教ヲ一。何今證レ圓ヲ耶

答。如レ題　云云

問。小乘ノ戒藏ニ有ニ四重ヲ懺悔スル義一耶

答。玄云。小乘戒藏不レ許ニ懺重一云リ（同、二二三）

疑云。四乘戒藏ノ意。何ソ不レ許ニ懺重ヲ一耶。依レ之諸部律皆（十誦儀等歟）許ニ懺重ヲ一。一家ノ釋ニモ金光明疏云。懺悔有レ三（大正藏三九、六〇中～下）。一作法。二取相。三無生。此三種通ニ小大一。小乘作法者。如ニ毘尼中一發露與學等云リ。既ニ小乘作法云下ニ。發露與學。此發露與學ト云。懺重作法。取相。觀無生ノ三種ノ中ニハ只明ニ作法懺一。（其カ）甚作法懺ト云ハ。只違無作ノ罪ヲ滅シテ性罪ヲ不レ滅也。意ハ戒品ニ違シテ犯ルカレ罪ヲ故ニ。此所ノ違レ罪ハ滅スレトモ。實ニ所レ作罪ハ不レシテ滅。故ニ指シテニ性罪ヲ一不レ許ニ懺重ヲ一釋也

淨名疏五云（大正藏三八、六二八中）。作法懺滅ニ違無作罪一。依ニ毘尼門一　文

疑云。三藏ノ初菩提心。猶重重ノ惡ヲ滅ト云也。何ソ小乘戒藏ノ日。不レ滅ニ性罪ヲ一耶。又今ノ釋ニ不レ限。禪門章三云（大正藏四六、）。作

四八五下）法懺悔。如ニ律中明一。（〔一〇カ）（〔廣カ）倶（但カ）未レ明ニ懺悔四重法一。別有ニ最妙初教經一。出ニ懺悔四重法一文此釋ハ實ニ四重ヲ懺スル事ヲ不レ明聞タリ

答。前ヨリ定リ性罪ハ不レ滅處也。次ニ重重ノ惡ヲ滅ト云ハ。修多羅藏ニ滅レ惡ト云事也。彼ハ經藏也。今ハ戒（身カ）藏也。仍テ不同也。今釋ニモ（天玄五、一二二三。玄義）。修多羅藏ニハ使三犯重人念ニ佛心一。佛心者（身カ）念レ空也文修多羅藏ニハ許ト此義一釋セリ

難云。許ハ懺重ヲ何ソ懺ルニ性罪ヲ事ハ不レ許耶。又金光明疏ニ。（大正藏三九、六〇下。取意カ）許カ懺悔一故ニ僧事ヲ不レ談文此ハ叶ニ道理一也。而ニ禪門章ニハ許トモ懺悔ヲ一。（卍續二一四、一二丁左上）不得預法事云リ。此不同如何。一家兩釋相違スル耶

答。許シテ懺重ヲ不レ許ニ性罪一事ハ。作法懺ハ凡夫ノ僧ニ對シテ所ノレ修法也。故ニ所對ノ凡夫僧カ輕易ナルカ故ニ不レ滅ニ性罪ヲ一也。大乘ニハ對シテ佛菩薩一修ルカ故ニ滅ニ性罪ヲ一云也。次ニ至ニ兩釋ノ不同ニ一者。禪門章ハ已前ニ破レ戒ヲ故ニ。戒品ニ有ツルレ疵故ニ不レ明（得カ）レ預ニ法事一云也。然ト云テ遮ル事ハ不レ可レ有也

一義云。今ハ依ニ四分律ニ也。犯ルハ四重ヲ一如ニ人ノ斷頭ニ云也。

餘ノ流ニハ實ニ如レ難ノ

問。小乘修多羅藏ノ意（天玄五、一二二三）。懺ニ悔ル重罪ヲ一事ヲ許ト可レ云耶

答。解釋。修多羅藏使三犯重人念ニ佛心（身カ）一文

兩方。若不レ明。夫若許レ之云ハハ。凡ソ重罪ト者。大乘無相ノ懺悔ニ非ンハ不レ可レ滅レ之。依レ之有錄（章安百錄）ノ中ニハ（大正藏四六、七九七下。取意）。四重五逆依ニ小乘經一無ニ懺悔一文若依レ之爾ト云ハハ。解釋ノ中ニハ○如レ上

答。任ニ解釋ニ小乘修多羅藏ノ意モ懺ニ悔スト重罪ヲ一可レ云也。但至レ令レ出ニ錄ノ文ヲ一者。彼ハ小乘經ト云ハ。通シテ律藏ヲ爲レ經ト意歟。故ニ律藏ニハ重ヲ許ス義無レ之邊ヲ爾カ可レ云ナル。決五（天止三、一〇九）（〔名カ）云。修多羅之名。該ニ三藏一文

尚難云。大方ハ滅ル重罪ヲ一事。可レ依ニ大乘無生懺悔ノ力ニ一也。（天文四、一九五三上。）何ソ小乘ノ意滅ン重罪ヲ一耶。爰以一處ノ解釋ノ中ニハ。然（唯カ）圓教意逆卽是順（文句記）。自餘三教逆順定故ト判シ。妙記ニハ。然除ニ圓定（卍續二八、三九九丁右上）一無ニ滅レ重分（方カ）一等云リ。前三教ハ惣シテ不レ滅ニ逆罪ヲ一釋定ル者耶。設ヒ修多羅藏ノ意也ト云トモ旣ニ是小乘也。何ソ懺ル重ヲ事ヲ許ン。又百錄者。三藏ヲ皆名トモ經藏一不レ見。抑小乘ノ三藏ヲ皆合シテ名タルニ修多羅藏ト證據有レ之歟。可レ出レ之

傳師云。小乘經中云（最妙初教經。禪門引レ之）。犯重ノ比丘ヲシテ令テ二懺悔一許ト二羯磨ヲ一見タリ。此ハ作法懺歟。今念レ空也ト者。異ナレトモレ是ニハ（ㇷ已カ）作法懺タニモ許ス二羯磨ヲ一念レ空ヲ耶。依レ之止一（天止一、三六二）云。初（三藏也）菩提心能除二重重十惡一文

私云。治禪病經ニ如レ此念二佛身一。念レ空ト說リ　如二餘抄一可レ見レ之　此ハ雜阿含經也。尤爲レ證ト。金光明疏ニハ阿含　文　名疏

三ニハ雜阿含禪經　文

圓師難云。覺大師ノ西方懺法。雖二業障懺悔一果報不レ滅　文

大乘スラ尚ヲ爾リ。況ヤ小乘ヲ耶。抑又小乘經ノ中ニ慥ニ何ノ處ニカ許ト二懺悔ヲ一見タル

難云。彼經ニハ念トモ二大乘ヲ一云ヒ。住ト二楞嚴定ニ一云リ。此大乘經歟

答。此阿含經也。是菩薩法ヲ大乘ト云歟。楞嚴ト云ハ離斷常ノ中歟

一義云。不レ可レ滅二重罪一。任二性相一ニ。但至レ釋ニ者指二四重禁ヲ一歟。非ル二五無閒業ニ一歟

難云。小乘ニ定門戒門分タリ。設ヒ戒門ノ時ハ不トモレ滅。定門ノ日ハ何不レ滅耶。所以ニ。定門ト者。我人衆生俱ニ無ク二受者一無ト二許者一諦觀ル也。爰以今ノ所判。念二佛身一。佛身者念レ空　文　諸法皆空ノ理ヲ觀セン時。何不レ滅二是業一ヲ。爰以四分十誦等ノ律藏中ニ滅ト二重罪ヲ一見タリ。加之餘處ノ釋ニハ。阿含經ヲ引テ懺悔逆罪ト釋セリ。止一ニハ引テ二如來藏經ヲ一。初菩提心能除二重重十惡一（天止一、三六二）（ㇷ已カ）文　末師ノ釋ニハ小乘修多羅藏ニ許ト二理懺悔ヲ一釋セリ。又小乘論藏及經部宗意許ト二懺悔一釋セリ。但不レ許事ハ望テ二後教ニ一下ス釋歟

答。尚任ニハ性相ニ四阿含。笈摩六足發智。光師寶師等ノ釋ノ中ニ。一文トシテモ不レ見處也。爰以宗ノ釋ニハ唯圓教等云リ。般若經ノ中ニハ。除二先定業一現世應レ受　文（大正藏七、一五六下）但至二小乘論ニ一者。譬喩者ノ義也。一家不レ用レ之

寂（志カ）去果經（不審也如レ本）小乘經　闍王懺スト二逆罪ヲ一云リ（卍續四四、二一七丁右下～左上。取意）

補注云。小乘戒藏不レ許二事理懺悔一。修多羅藏許二理懺悔一　文

律ニハ違制罪ト云ハ制スル分也。違教罪ト云ハ教ル二行儀ヲ一也

尋云。何ソ戒藏ニハ不レ許二懺悔ヲ一。許二修多羅藏一耶

答。戒門ト者。制門也。故ニ不レ許レ之。經藏ハ定門ナレハ觀ルカレ空ヲ

故ニ罪障ヲ滅ル也
問。玄云㆑釋シテ二懺悔ノ相ヲ一。頭四十七(天玄五、二二三)使犯重人念佛身ト云リ。佛身ヲハ如
何釋㆑之耶
答。如㆑題
付㆑之。修多羅ノ懺悔ト者。引二用ル治禪病經説ヲ一也。然ニ彼
經ニハ重犯ノ人ハ可㆑念二七佛三十五佛ヲ一説テ。此念佛ノ外ニ觀ト二
空法ヲ一説リ。故ニ念佛念空トハ各別ノ事也。何一トシテ釋ル耶
答。彼經ノ上卷ニハ如㆑難ノ。念佛ノ外ニ。當下念二空法一。(大正藏四六、五五九下。四念處參照)修㆑止(心カ)
觀中不淨上等云テ。各別ニ擧タリ。而ニ今ノ念㆑空念㆑佛一ト説タリ。
今ハ依二下卷ノ文一ニ歟
問。玄文約二諸行ノ體一ニ判二セリ麁妙ヲ一。爾者。其判二麁妙一文
段ヲハ妙樂如何釋耶
答。頭四十八(天玄五、二二七)籤云。判二麁妙一中亦二。謂二教及味一。味ノ中ニ又二。先通
約二五味一。次依諸經下明二○(味カ)中諸部修行分別一文(同、二二九)
疑云。此釋ハ本書ニ不㆑准。玄ノ上ノ文。第六諸行體此爲㆑四。
一諸行同異。二依經修行。三麁妙。四開麁文以二此文一ヲ
見ニ今ノ判麁妙文一ヲ。先約二諸行同異一ニ。次約二依經修行一ニ具ニ
經テ教味ノ二一ニ判㆑スト之見タリ。所以ニ。藏通ハ(同、二二七)信(法カ)四眞似橫竪諸
行。以二傍實相一爲㆑體。體行俱麁等云下ハ約二諸行ノ同異一。
次依二諸經方法一云下ハ約二依經修行一ニ。此二ノ文段ニ各各
有二歷味ノ文一見タリ。故ニ是ヲ爲シテ二科段一ト日ハ判二麁妙一中二。一
約二信法一。二依二諸經方法一ト云下ハ約二諸經一。初文ニ亦二。
先約㆑教。次約二五味一ト云下約㆑味。次文ニ亦二。初約㆑
教ニ。次ニハ約二五味一ニ可㆑云也如何
答。實ニ爾カ分タリ。但又妙樂ノ釋ノ定ニ得ハ㆑意強ニ無㆑失歟。諸
經ノ同異竝ニ依經ノ修行ハ上ニ一段ト釋ル故ニ。判麁妙ハ約二教
味ノ二一ニ云ハントト釋シツコサンメレ

57
宗下(天玄五、二三六)
尋云。籤一ニハ。(天玄一、五七)本中體等與迹不殊ト云テ。體宗用ノ本迹ヲ不㆑
分見リ。而ニ今何ソ釋㆑宗ヲ分二本迹一ヲ耶
答。第一卷ハ略釋本迹未分ニテ釋也。今ハ本迹爲二經ノ意。(天玄
五、二六三)約㆑機ニ釋也。サレトモ今モ實事ハ取ル二本ノ因(「妙カ)果ヲ一也。玄ノ下ノ。本
中師弟因果衆經所㆑無。正以二此之因果一爲二經宗一也文

58
頭五十(天玄五、二三四)玄。桷存事

備云。玄。桷(角カ)タルキ。音用謂椽タルキ也。說文云。秦謂ニ之椽ニ。周謂レ
(卍續四四、三三二丁右下)
榱。齊魯謂ニ之桷ニ 文
頭五十一 玄云。(天玄五、二三九) 二法孤調 文　二法者。宗體也。二法各別ナラハ獨
立ニシテ宗體相助ルニ非ト云事也
頭五十三(同、二四二) 遠師云　補云。(卍續四四、一三丁左下) 惠遠法師
(天玄五、二四三～五) 龍師。印法(師カ) 文　補注云。(卍續四四、十三丁左下) 中興寺僧印法師。(〔一〇カ〕) 廬山惠龍法
師 文
問。籤中ニ宗ノ來意ノ六卷(句カ)ヲ釋。頭五十四(天玄五、二三四) 初二句中上句明ニ宗爲ニ體
功ニ。下句明ニ宗爲ニ行首ニ 文 所レ云初二句者。六句中ノ指ニ第
一第二ニ歟。若指ニ第一第二ノ句ヲ云ハハ。玄文ニ釋ニ第一句ヲ。
(同前。玄義) 修行之喉衿コウ云リ。釋ニハ第二ノ句ヲ。(同前) 顯體之要蹊。上句行。次ノ
句ハ體也。而ニ妙樂ノ今ノ釋ハ。上ノ句ニハ宗カ爲ニ體功ニ事ヲ明ス
故ニ體ナリ。サテ下句ヲハ明ニ宗爲ニ行首ニト云カ故ニ行也。既ニ違ニ
本書ノ第一第二ノ句ニ故ニ非ニ第一第二句ニ聞リ。若依レ之爾ト
云ハハ。妙樂釋。初二句。次二句。下二句ト云故ニ。初ノ二句ト
云ハ指ニ第一第二ノ句ヲ聞タリ
答。見ニ籤ノ前後ヲ。今所レ云初二句ト云ハ。六句ノ中ノ第三第
四ノ句也。其故ハ次上ノ。(同前。釋籤) 此中六句。前二句明ニ宗爲ニ行之
要ニ。次四句明ニ宗爲ニ行體ニ之功ヲ上 文 標シテ委ク釋ニハ此六句ヲ。
先釋ニ第一第二句ヲ。初句ハ行。次ノ句ハ體ト本書ノ異說ヲ出シテ
指レ之ヲ釋畢テ。其次ニ次四句者。上二句ハ立。次二句ハ釋ト
標シテ釋シテ是ヲ委ク釋ル○初二句中上句明ニ宗爲ニ體功ニ。下句
明ニ宗爲ニ行首ニト云カ故ニ。是非ニ第一第二句ニ。當ニ第三第四
句ニ也。但用レ之人ハ下ノ二句ト云處ヲツヨク可レ難也
問。玄文。有人言。(同、二三七) 宗卽是體。體卽是宗 文 許ニ此義ニ耶
答。(同前) 今所レ不レ用 文
疑云。實相ノ上ニ假ニ立ニ因果ヲ。實ニハ宗體一ト云也。此義叶ニ
道理ニ。何不レ許レ之耶
答。玄ニ破レ之(宗歟)云。(同前) 處致既是因果。因果卽二。體非レ因非レ
果。體卽不二。體如(若カ)是二體卽非レ體。體若不二體卽非レ宗
文
59 玄云。頭五十三(天玄五、二四二) 遠師以ニ一乘ヲ爲レ宗事
疑云。以ニ一乘ヲ爲レ宗云ル叶ニ道理ニ。何破レ之耶
問。遠師以ニ一乘ヲ爲レ宗云義ヲハ。妙樂如何破耶

頭同 籤云。(天玄五、二四二) 破三之一待麁之妙。即但因而非レ果 文

疑云。以レ何知ニ以ニ破ニ三一ヲ為ニ一乘一云事ハ。以ニ因果一ヲ為ルモヤ有ン

答。天台。妙樂如レ此釋タマフハ彼師ハ爾云也

60 頭同 玄云。(天玄五、二四三) 破ニ龍師一事 (籤カ)

疑云。今經ハ如來果地ノ功德也。此道理ヲ何ソ破ル耶

答。頭五十三 籤云。(同前) 此經本以ニ因果一為レ宗。龍師棄レ因獨在ニ(存カ)於果一。言ニ乖文一者。今經本迹各立ニ因果一以為ニ經宗一 文

問。解釋中ニ引ニ惠觀師義一ヲ。頭同(同前。玄義) 會三歸一乘之始也。(「〇カ) 滅影澄神乘之終也云リ。爾者所レ云滅影澄神者。妙樂如何釋レ之耶

答。指ニト涅槃一ヲ見タリ

付レ之。以レ何得レ知惠觀ノ師ノ意。以ニ法華涅槃一判ニト一乘ノ始終一ヲ云事。只是於ニ法華一ニ指ニ本迹二門一ヲ始終ト可レ云。而ニ本門ノ開迹顯本。滅影澄神ト可レ云耶。依レ之一家解釋中ニ。(天文五、二三二下。文句) 澄神明レ本 文 (「則カ)

私云。滅影澄神者。滅影者迹門息ル也。澄神者歸レ本ニ也

答云。此本書ノ解釋。先擧ニ諸師異解一ヲ畢テ皆破レ之。然ニ今ノ本書ハ別ニ無ニ破文一。妙樂ノ餘處ノ釋中ニ。滅影澄神ハ指ニト涅槃一ニ依レ見タル此意一ヲ思ハヘテ今モ指ニト涅槃一釋タルニ無レ失。但至ニ澄(「則カ)神明本ノ釋一ニ。彼ハ指シテ涅槃常住佛性一ヲ明レ本ト可レ云ナル。全今ノ本門ト云事非ス

難云。不レ明。其故ハ今ノ本書ニ指ニトモ涅槃一ヲ不レ見。其ヲ妙樂指ニト涅槃一ヲ釋ルハ。餘處ノ釋ヲ思ヘテ釋スト云事。解釋ノ面ニ不レ見。然今ノ本書ニハ引ニテハ彼師ノ義一ヲ什公深ク歎セリトテ別ニ無ニ破文一。於ニ今經ニ判ニル一乘ノ始終一ヲ故ニ不レ破レ之覺リ。次ニ餘處釋ハ尚如ニモ今ノ本書ニ有テン。其故ハ彼澄神明本(「則カ)ト云カ故ニ。別ニ釋ニ涅槃一ヲ不レ見。彼處ヲモ妙樂。以ニ涅槃一為ニトモ乘ノ終一ト釋ラン

答。尚可レ任ニ妙樂ノ釋一ニ。本書ハ別ニ無ニケレトモ破文一非ニシテ彼ノ師ノ義一ニ立ニレハ今家ノ義一ヲ即破ニト彼師ノ義一ヲ覺タリ。故ニ妙樂モ別ニ無ニトモ破文一。本書ニ有ニ其意一邊ニテ破レ之也。但指ニ涅槃一云事ハ。既ニ滅影ト云カ故ニ是當ニレリ入涅槃ノ義一ニ得レ心釋也。況餘處ノ釋ニモ。(天文五、二二二下。文句) 滅影謂レ息レ迹 文 是指ニト雙林入滅ノ事一ヲ覺ユ。若今ノ本門ノ意ナラハ談ニ常住不滅一ト。何論ニ滅影ノ義一耶。故ニ涅槃ト釋ルハ尤モ有ニ其謂一歟

難云。觀師ノ序ノ文ハ實ニ約ト二法華ノ始中終一ニ見タリ。此文ニ遠師棄レ果而取レ因存スト等云リ。知レ限二法華一也

答。可レ有二其分一モ。而モ妙樂。涅槃ト云ハ息レ化歸レ眞義聞タルカ故也。一ノ意也

難云。餘處ノ釋ハ法華ノ壽量品ノ題ヲ釋ル時。引テ二彼師ノ義一ヲ破也。若以テ二涅槃ヲ一爲セハ二乘ノ終ト一引テ無用ナル者ヲ耶。次ニ滅影ト者。入涅槃ノ義ト云事不レ明。誰カ知ル。彼師ノ意ハ指モ二本門ノ廢迹立本ヲ一有ラン。何指ト二涅槃經ヲ一得ン心耶。次ニ今ノ經ハ常住不滅也。滅影ト不レ可レ云云事如何。常住不滅ト云トモ。迹ヲハ皆廢スレハ且ク滅影ト云ニ有シ二何失一耶

答。尚如レ前。餘處ノ釋ト當所トノ釋尤可二一同ナル一也。餘處ニハ滅影澄神ト云ヲハ。息迹ト云カ故ニ尚涅槃ト覺リ。所詮諸師ノ意ハ。皆法華屬二一乘一。涅槃ハ屬二常住一。二種對判シテ釋レ之。故以二大意ヲ一指ト二涅槃ヲ一釋也

猶難云。今ノ本書ハ正指二涅槃一。滅影ト云ル見ル言ハ有レ之歟。可レ出レ之。若夫無ハレ之妙樂ノ釋不審也（天玄五、二四三）

答。是ハ惠影（觀カ）ノ師ノ序ノ文ニ。會三歸一ハ乘之始也。惠覺成滿乘之盛ナル也。滅影澄神ハ乘之終也 文 既ニ迹門ハ始。惠覺盛（成カ）滿ハ名二本門一タリ。此上ニ滅影ト云ハ當二涅槃一（天文五、二二一下。文句）

難云。澄神卽明本ト釋ル釋ハ何モ本門ト覺リ。若涅槃ナラハ直ニ可レ名二涅槃一也

答 云云

61 三修事

頭五十四（天玄五、二四四。釋籤）

備云。三修ニ有レ三。謂邪劣勝ナリ。邪者。（劣カ）世間ノ顚倒見相續スルヲ謂レ常。適テ意ニ可キヲ悅謂レ樂ト。轉動運爲謂レ我ト。愚癡所レ覆虛（唐カ）ク無二毫益一。劣ト者。依二半字敎一破二於邪執一。無常ハ破レ常ヲ。無樂ハ破レ樂。無我ハ破レ我ヲ。三界皆無レ常也（也㔫カ）。諸有悉非レ樂ニ。一切空無我ナリ。勝ト者。依二何（佛カ）ノ勝敎一破二於劣修ヲ一。謂ク常樂我ナリ。法身常恆ニシテ無レ有二變易一。遊コト二諸覺藏ニ一歎（歡歟）娛シテ受レ樂ヲ。具二八自在一ヲ無二能遏アツ絕一。如レ是修者ハ入二祕（「密カ）藏一名二勝三修一 文（卍續四四、三三一丁右下～左上）（天玄五、二四五）

問。印師（云カ）意。諸法實相是一乘妙境。用二境智一爲レ宗 文 如何破レ之耶

頭五十四（天玄五、二四五）
玄云。謂加レ境而闕レ果 文

疑云。彼師既以（用カ）境智爲宗云。智是互因果。何闕果破耶

答。籤云（頭同）。此（同前）乃縱容許其用智。智通因果稍似經宗ト云。領難旨見。若（同前）望三法然俱（但カ）在因而闕於果ト云。是何樣釋耶。是玄六釋意歟

玄六云（天玄四、一）。上來四妙名爲圓因。三法祕藏名爲圓果 文

籤云（同前）。上四妙爲因者。位妙若立實通因果。爲對三法且從因說 文

上來四妙名爲圓因ト云ルハ。迹門十妙中。境智行位四妙因也ト釋也。取其三法祕藏名爲因果トテ。望三法果位モ因ナルソト釋也。彼籤文分明也。今智モ又此心也

62 縱容事 籤

（頭同）（天玄五、二四五）

補注云（卍續四四、十三丁左上）。縱容縱字（用カ）令（〔ア〕者カ）作（合カ）從字 文

問。光宅以一乘因果爲宗云リ。爾者許之耶

玄云。不許 云云（天玄五、二四五）

疑云。二（一カ）（同前）乘因果爲宗ト。叶道理何破之耶

答。玄云。光宅○前段爲因。後段爲果。私謂。二文各有因果 文 光宅迹門爲因。本門爲果 文 故本迹二門各有因果。何爾云ハン耶。若爾ハ。經文注釋タマフ也

籤云（頭同）（天玄五、二四五）。將陪 文　補注云（卍續四四、十三丁左上）。將陪者。陪加也。助也

問。有人（天玄五、二四六）。以（用カ）權實二智爲宗 文 如何破之耶

籤云（頭同）。次破用權實及名爲宗（天玄五、二四五～六）。可見 文

疑云。有人以（用カ）權實二智爲宗云テ。以名爲宗事無之。以名爲宗云ハ次下師義也如何

答。補注云（卍續四四、十三丁左上。取意）。誤釋リ。權實及名ト云ハ。及名二字カ剩セル也

63 籤云（頭同）（天玄五、二四五～六）。破用權實及名爲宗可見事

補注云（卍續四四、十三丁右上）。恐ハ多及名兩箇字也 文

問。玄文中以名爲宗云義破ル中ニ。引地攝二師義破之。爾以攝師義爲能破歟

答。籤云（頭五十五）（天玄五、二四六）。攝師所破既非能破 文

疑云。見玄文。以攝師破地師見タル故ニ。攝師能破。地師所破ト可立。何攝師所破ト云耶

答。攝（同前）師所破既非能破 文 攝師モ今家所破ソト釋ル也。今（同前）猶（尚カ）破攝師○非今經宗ト云テ。今家ハ攝師尚以テ破之。

故ニ攝師ニ被レ破地師ノ義同シ。有人以レ名爲レ宗云義ハ今經ノ宗ニ非ト釋ル文也

問。玄文ニ引下有人。(天玄五、二四八)(言カ)萬善中取ニ無漏一爲上宗文 如何破レ之耶

頭五十五 玄云。太局又濫ニ小涅槃一文 (天玄五、二四八)

疑云。他師ハ萬善ノ中ニ取テ二無漏ヲ一爲レ宗ト云。大乘ノ無漏可レ攝。何ソ小ノ涅槃ニ亂スト云耶。依レ之法華ノ中ニモ。於無漏實(大正藏九、五上)相ト云ヒ。(同、六上)無漏不思議トモ云。今得無漏(同、十八下)文 如何

答。法華ノ無漏ハ圓家ノ中道ノ無漏也。他師ハ大小滿圓ヲ不レ辨。惣シテ無漏ト云カ故ニ亂ルニ小涅槃ニ失ヲ招ク也

64 正明レ宗下

頭五十六 (天玄五、二四九) 玄云。(同前) 此經始從ニ序品一訖ニ安樂行品一。破ニ廢方便一開顯 ○ 亦明ニ師門權因權果一。(「○カ) 從ニ涌出品一訖ニ勸發品一

○亦明ニ師門權因權果一。而顯ニ師之實果一文

問。玄文中明ニ本迹二門ノ師弟ノ因果傍正權實ヲ一。爾者。本門所說師門ノ因果ハ實因實果也トヤ爲ン將如何

答。顯本ノ因果共ニ實也

進云。如レ題。付レ之。尋ニレハ本實成ノ因果ヲ一。修一圓因感一圓果ノ所ノ究竟スル也。無作ノ三身既ニ是實修實證ノ成道也。而ニ何ソ判ルニ權因權果ト一耶。玄一ニハ。(天玄一、一四二)(「之カ) 因窮ニ久遠實修一。果ハ極ニ(窮カ)久遠實證一(「之カ)云云 如何

答云云 如レ難。但廢シテ二方便ノ近壽ヲ一明ニ長遠之實果ヲ一。故ニ彼所ノレ廢中間。今日ノ成道ハ皆方便ニシテ非ニレハ實事ニ一權因權果ト云也。於ニ最初實成ニ一權因ニ屬ストハ不レ可レ得レ意也 尊均

私云。久遠ニ說ニ四教成道ヲ一權ノ因果ヲ釋ル也

疑云。弟子ハ實因實果ト者。是ハ何ナル說ソ耶。次付ニ師ノ門ニ一明ニ權因權果ヲ一云事不レ明。師ノ門ニモ又實因實果ト可レ云。所以ニ。今經ノ意ハ。(天玄一、六七一～二)(「○カ) 具足行ニ諸道ヲ一。道場得レ成レ果ト說ク。是明ニ佛ノ自證因果ヲ一故ニ。依レ之上ノ第一卷ノ略說ノ因果ハ自行ノ因果ヲ明ス。今何ソ權因權果ヲ明ト云耶

答。弟子ノ實因ト者。方便品ノ開示悟入。譬喩品ノ遊ニ於四方ニ一。化城品。寶所等也。實果ト者。三周ノ授記也。次ニ付ニ師門ニ一約ニレハ迹門當分ノ說ニ一。實因實果ト可レ云。如ニ第一卷ノ一。今ハ前後二段ヲ合シテ爲ニ一經ト一也。所以ニ。下ノ文。本門ノ因

果ハ永衆經ニ可レ異ナル釋ス。無ニト三藏ノ權ノ因果一ニ云リ。以レ是可レ
得レ意也
問。若爾者。何次ノ本門ノ因果ヲ釋ルニ。亦明師門權因權果ト(天玄五、二四九)
云耶
答。彼爲レ拂ニ諸ノ迹ノ因果一也。所以ニ經云。一切世閒皆謂(大正藏九、四二中)(「〇カ)
今釋迦牟尼等 文 是卽簡レテ迹顯ニ本ノ因果一ヲ也。仍今ノ釋ニ。
(天玄五、二四九)明ニ師門權因權果一。而顯ニ師之實果一 文
又問。本門ニ明ニ弟子實因實果一ヲ云意如何
答。弟子ノ本因果歟。所以ニ。下ニ釋ニル本門ノ因果ノ一向異一ヲ。
又云。(同、二六二)今經發ニ聲聞有レ本。本有ニ因果一 文 又師弟本因本(同、二六三)
果。與ニ(餘カ)衆經一永異 文 以ニ此等文一可レ得レ意也
問。若約ニ弟子ノ本因果ニ明ニ實因實果一云ハハ。又弟子ノ明ニ
發迹一ヲ明ニト權因權果一ヲ不レン云耶
答。委ク言レハハ之ヲ可レ在レ之。雖レ爾ト本門ノ經ニ委ク不レ說ニ弟
子ノ發迹一ヲ故ニ。今ノ釋以レ師顯ニ弟子一歟
問。本門ニ不レ說ニ弟子ノ本一ヲ云リ。何今說ニ弟子ノ本因本果一ヲ
耶

答。以ニ迹門內祕菩薩ノ者一ヲ釋レ之歟。所以如ニ第一卷ニ云一カ。
(天玄一、五一。釋籤)佛及弟子名爲ニ衆生一。(聖カ)頭角聲聞本是菩薩。如ニ富樓那等一
也

65 三衆經因果下(天玄五、二五一。玄義)

問。大品經意。因果共ニ爲レ宗耶
答。(同、二五二)但因爲レ宗 文
付レ之。彼經ニハ菩薩修ニ行シテ般若一ヲ證ニル佛果一ヲ相ヲ說也如何
答。玄云。(同前)般若遣蕩正是因意。故云菩薩 文 意ハ般若ハ明ニ
畢竟一故ニ專蕩ニ行者ノ妄執一也。蕩ニシテ衆生ノ迷倒一ヲ令レ得ニ佛
果一ヲ也。故ニ明レトモ果ヲ正ハ以レ因ヲ爲レ宗也。依レ之玄ノ次下。文(同、二五三)
(「中カ)亦說ニ一切種智佛果一。爲レ成ニ般若因一。因正果位カ(傍カ) 文
問。般若經以レ因爲ルレ宗ト義ヲ證トシテ無量義經ノ文ヲ引。何ノ文ソ
耶
答。玄云。(頭五十九)(同前)宣ニ說摩訶般若歷劫修行一。故知。彼經用レ因爲レ
宗云リ
疑云。見ニ彼文一。次說方等十二部經摩訶般若華嚴海空ト(大正藏九、三八六中)
說ク。不レ限ニ般若一ニハ。方等華嚴ニモ菩薩ノ歷劫修行ヲ宣說スト云

事ヲ。故ニ此文不レ限ニ般若一耶

答。互ニトモ方等一ニ今ハ證ニ般若一ヲ。其上般若ト云ハ菩薩ノ歷劫修行カ本體ニテ在也。般若ハ句句ニ廻轉シテ明ニ菩薩ノ行一ヲ。專歷劫修行ヲ明也 威抄

問。無量義經。宣說菩薩歷劫修行ト云文ハ。只限ニ般若一歟。將互ニ華嚴方等一ニ耶 如レ上

答 云云

問。華嚴經ニ以レ何爲レ宗ト耶

(天玄五、二五四)玄云。或言用(「因カ)爲レ宗。(「○カ)又云。果爲レ宗。(「○カ)又解云。因果合爲レ宗 文

付レ之。以レ因爲レ宗ト云事不レ明。明ニ遮那ノ相好ノ相一ヲ。依レ之題ニ大方廣佛一。又明ニ法身ノ功德一ヲ。何ソ因ヲ爲レ宗ト耶

答。今解釋ハ引ニ有人ノ義一ヲ也。但兩方ノ疑ハ其義ヲ會釋ニ成ル也

66 (頭六十)籤云。(天玄五、二五四)華嚴者大同ニ淨名一事

疑云。華嚴ニハ或因爲レ宗。或果爲レ宗。因果爲レ宗 文 淨名ハ一向ニ因果ヲ爲レ宗如何。就レ中三ノ釋中ニ。第三ハ因果共ニ爲レ宗云リ。是ハ正義也

答。解云指ニ因果合爲宗ト云釋一歟

67 (頭同)玄云。(天玄五、二五六)神通變化而論ニ本迹一事

疑云。誓扶習生ト云トモ神通トハ不レ云如何

答。通教ハ願通ノ二在レハ之。且ク擧ニ神通ノ意一ヲ也

問。他經ニ明ニ菩薩ノ本迹一耶 如ニ第一卷一

(頭同)玄云。(天玄五、二五六)大品說菩薩有本有本迹(本有ナシカ) 文

疑云 (缺文)

問。他經ニ明ニ聲聞ノ本一耶 如ニ第一卷一

疑云。(同、五六八。釋籤參照)不思議境界經ニハ舍利弗等五百聲聞皆是他方極位菩薩 文

答 云云

68 五結成下 (天玄五、二八五)

問。本迹二門共ニ有ニ生法二身ノ益一耶 如ニ玄七一

(頭六十二)玄云。(同、二八六)若開レ權顯レ實正令ニ七種方便生身未入者入一。傍令ニ生法二身已入者進一。若說ニ壽量長遠一。傍令ニ生身未入者入一。正令ニ生法已入者進一 文

問。初住ニ因因義。妙覺ニ果果義可レ有耶　玄五
頭六十四（天玄五、二八九）玄云。妙覺唯果○初住唯因　文
付レ之。初住望ニ後後位一。何不レ云ニ因因一ト。妙覺望ニ前前位一ニ。何不レ云ニ果果一ト耶
答云云　但今釋ハ初住ハ因ニシテ非レ果ニ。妙覺ハ果ニシテ非レ因ニ云事ヲ釋ル也

問。迹門ノ時。生法二身已入者ノ進ニ後後位一ニ耶　又方。迹門ニ有ニ法身一答耶トモ
頭六十二（同、二八六）玄云。令ニ生法二身已入者進一　文
疑云。迹門ニ三周聲聞得益ノ外ニ全不レ擧ニ得益一。何有ニ法身菩薩增道損生一耶。依レ之籤一（天玄一、一四九）云。迹門唯益ニ生身及生身得忍一○　文　迹門ニハ限ニ生身得忍一ニ釋セリ
答。案ニ道理一ヲ生身得忍ニ不レ可レ限。迹門ニモ爾前ニ悟タル者カ來テ法華一ニ後後ノ位ニ進ム者ノ可レ有也。聞ニ法華ノ開三ノ說一ヲ可レ無カル得益一非。但籤一ハ約ニ大旨一ニ歟。次ニ經ニ不ルハ見略レ之歟

問。初住ニ有ニ亦因亦因因ノ義一耶。若在トハ云ハ玄文ニ。頭六十三（天玄五、二八七。取意）從ニ二住一至ニ等覺一。因因果果義ヲ論ト見タリ。故ニ初住ニハ亦因因ノ義不レ可レ有トモ聞リ。若初住ニ何無ニ因因ノ義一耶。所以ニ。初住爲ニ二住ノ因一ト。サテ爲ニハ三住ノ因因ニテ可レ有レ之
又疑云。初住ノ無礙道ハ因。解脫道ハ果也。其解脫道ノ上ニ修ルカ二住ノ無礙道ヲ故ニ。前ノ初住ノ無礙道ハ因。解脫道ハ因因也。何無レ之耶
答。可レ有レ之　云云

問。妙覺有ニ果果義一耶。若在トハ云ハ。玄ニ從ニ二住一至ニ等覺一因因果果義ヲ云テ。妙覺ハ唯果ト云リ。若依レ之爾ト云ハ。妙覺ハ爲ニ等覺ノ果也。爲ニ十地ノ果果也

69　頭六十二（天玄五、二六八）籤云。後曇無竭爲說者卽法身也事　如本
備云。論問云。曇無竭菩薩爲ンニ生身一トヤ爲ンニ法身一トヤ有人云。是法身。（卍續四四、三三一丁左上）若生身者。云何能令ニ十方佛讚一。復令ニ薩（陀カ）多波倫（崙カ）得ニ六萬三昧一。今言ニ已斷無明一。必出ニ分段等一ニ云リ
70　頭六十七（天玄五、二八八）籤云。以ニ解脫一望ニ無礙一名レ之爲レ果。此解脫望ニ上位一名レ之爲レ因事
問。玄文中。二住已上。等覺已還一一位ニ有ニ因果一云リ。

所レ云因果ノ相ヲハ籤ニ如何釋ル耶

答。如レ題

付レ之。次上ニハ以ニ解脱一望ニ無礙一名レ之爲レ果 文 准ルニレ此ニ以ニ無礙一望ニ解脱ニ一名テレ之爲レ因可レ云。況ャ本書ノ意ハ。以ニ無礙一爲レ因被レタリ得。今何解脱准レ上ニ

答。玄文ニ。(天玄五、二八八)用ニ無礙道ヲ一伏ニ一分ノ無明一。名レ之爲レ因ト。用ニ解脱道一斷ニ一分無明一。名レ之爲レ果ト云トモ。二住ノ無礙。二住ノ解脱也。サテ約此解脱復修無礙ト云ハ。此上ニ所レ擧指ニ二住ノ解脱。此解脱ヲ望ニ二住ノ無礙ニ一果ト云ツルヲ。今又此解脱ヲ望ハニ上位ニ一因ニテ在ル也。サテ此上又修ルニ三住ノ無礙ヲ一故ニ。因ノ上ニ望レハレ因ニ因因ト云也。次ニ。(同前)從此無礙復得解脱ト云ハ。上ニ用無礙道等云ル指シテニ無礙ヲ一。從ニ此二住ノ無礙一得カニ解脱ヲ一故ニ。望レハニ無礙一此解脱ハ即果也。サテ上ニ望レハニ初住已得ノ解脱ニ一。果既ニ重ルカ故ニ果果ト云也。妙樂ハ即釋ニ此旨ヲ一見リ。故ニ復得解脱ト云ハ二住ノ解脱也。三住ノ解脱トハ不レ可レ得レ心也。此從此無礙等云ハ非レ指ニハ次上ノ復修無礙ヲ一故也」

難云。玄文起盡ハ上ノ復修無礙ヲ引ヘテ從此無礙ト云ト聞リ。

次ニ今ノ如ンハニ所答ノ一。二住ノ因ニ可レ在レ因歟。其故ハ二住ノ無礙望テニ當位ノ解脱ニ一因也。サテ此上ニ復修無礙ト云テ。取テニ二住因因ノ義ヲ一釋ルカ故ニ。二住ニ可レ在ニ三ノ因一歟如何

答。大旨如レ前。玄文ニハ無礙道ヲ名レ因ト。解脱道ヲ名レ果樣ヲ釋シ置テ。其次テニ因因果果ノ義ヲ釋ルカ故ニ。約シテニ此解脱一云トモ。又從ニ此無礙ニ一云トモ共ニ上ノ用無礙ト云。用解脱ト云文指也。次三ノ因可レ在云難ハ。二住無礙ヲ解脱望ル日ヲ因トハ云ヘ。其解脱ヲ望テニ上位ニ一因ト云ハン日ハ。前ノ二住ノ無礙ヲハ別ノ因ト名可レ云也。故ニ只二因ニテ可レ在也

難云。解脱ノ上ニ得ルコソニ解脱ヲ一果果ト云カ故ニ。望レ此ニ因ト云フ日モ。無礙ノ上ニ得テニ無礙ヲ一因因ト可レ云也。何ソ解脱ヲ望テニ上位ニ一爲レ因成ンニ因因ノ義ヲ一耶。又三住ノ無礙ハ三住ノ分也。何ソ以レ是三住ノ因因ト爲ン耶

答云云 但至ニ次難ニ一者。反詰シテ云ク。初住ノ解脱初住也。何取レ之二住ノ果果ト爲ン耶

難云。初住分ノ果ヲ取テ二住分ノ爲ルニ因因ト一事。無レ謂處也。譬ハ亦彼ハ初住已ニ證得ノ果也。故ニ以レ是爲ルニモニ二住ノ果果ト一

有ン。三住ノ無礙ハ未證也。何取レ之爲ニ二住ノ因因一トー耶

答。已後ノ三果向ハ不レ離ニ前果ヲ一故ニ。二果ノ向ハ初果ノ攝也。故ニ二住ノ無礙ハ初住ノ解脱道ノ攝。三住ノ無礙ハ二住ノ解脱道ノ可レ攝ナル。仍取レ之二住ノ爲ニル因因一ト事。全無レ過

問。以ニ初住ヲ一名レ果。名ニ解脱一トー可レ云耶

頭六十四（天玄五、二八九）玄云。初住唯因無礙。（ア唯カ）不レ得三名レ果名ニ解脱一文

頭同（同、二八八）疑云。初住ハ分果也。何ソ唯因ト云ル耶。依レ之籤云。初住已得ニ解脱一文　初住ニ在ニト解脱一聞タリ。又解脱是果也。サレハ此解脱望ニ無礙一名レ之爲レ宗文　何ソ不レ得レ名レ果ヲ云耶

答。初住ニ始中終ノ三心在リ今ハ約ニ初心一ニ唯因唯無礙ト釋ル也。中後心ノ解脱道ノ方ヲハ可レ名レ果ト。又解脱也

問。二住名果果ノ義ヲハ如何釋ル耶

頭同（同前）籤云。初住以後解脱。（已得カ）二住復得ニ解脱一故云ニ果果一云リ

付レ之。本書ニハ初住ヲ因ト定テ。分果トモ不レ云。何今如レ此釋耶

答。玄文ニ。頭同（同、二八九）復次初十住爲レ因等云下ハ通惣也。初住ノ前ニ不レ置レ因ヲ。妙覺ノ後ニ無レ果。而ニ籤ニハ通惣ヨリ上カ文付テ如レ此釋ル也。何下ト通惣文ニシテ不レ可レ難。本末可ニ見合一

問。（同、二九〇。玄義）彈指散華。隨聞一句ハ性德修得ノ中ニハ何也可レ云耶　如レ宗

答。頭同（同前）性德ノ三因ト釋リ

付レ之。性德云ハ本ト名ニ理性本有ノ功德一ニ。彈指散華。隨聞一句功德ハ修得所成ノ法也

答云云　任ニ解釋一。但至レ難本ヨリ圓教ノ意ハ。（天止三、二九二。弘決）一一修具無非理具ト云テ。修德ニ得ル法ハ無レ非ニ性德一ニ云事。故ニ彈指散華等ハ。當時ハ雖ニ修德也一ト。其本性ヲ言ヘハ皆性德ノ法門也ト可レ得レ心也。依レ之。此乃遠論性得（同前）（德カ）三因ト釋リ。遠論ト云ル此意也

難云。圓教意也トモ既ニ談ニ修得一。若爾者。惣シテハ修性ノ雖ニ不定一ト。別シテハ修性各別也。尋ニン其本有ヲ一時ハ。何法カ非ニ性得一ニ耶。今彈指散華等ハ只是修得ノ緣了也。押テレ是性德ト云ハハ。此外ニ以ニ何物ヲ一可レ名ニ修得一ト耶

答。修性各別ノ法門ハ別教ノ所談也。今圓教ノ意ハ。尋ルニ修（天玄一、五八八。釋籤）得ノ法ヲ一全本有性得ヨリ起ル也。彼如ニ大通結緣ノ者一ノ。雖レ通ニ修「習一。其語ニ」本性一等ノ釋也。（「」種。語ニ其カ）但至ニ圓教ノ意。修性各別

有レ之云難一者。今ハ既ニ此乃遠論ト云故ニ。修得ノ法ハ性ヨリ起ルト釋ル意也。修得ノ當體全性得也ト釋ル意ニハ非ス。其レハ性不二門ノ時事也

難云。既ニ圓教ノ意ナレハ。修得ノ法ナレトモ隨テ其性ニ性德ト云事ハ尤被レタリ云。但至ニ當所本末ノ釋ニ者。此乃遠論等云リ。隨テ其性得ニ遠論トハ云歟。又釋ノ意。何シト見ルソ耶。釋ノ文分明ニ可レ被ニ料簡一

答。實ニ當處ノ解釋ノ本意ヲ尤可レ驗レ之。所以ニ。今皆互ニ因因果果ノ義有レ之。妙覺ハ唯果ニシテ非レ因ニ。初住ハ唯因ニシテ非レ果ニ釋也。所以ニ。妙覺ハ果上ニ無レ位故ニ唯果ニシテ非レ因。初住ハ眞因初テ開發スレハ只眞因ト被レテ云非レ果ニ。住前ニハ眞因未レ開爲ニハ住前ノ初住ヲ爲レ果云事無レ之。故ニ眞因開發ル初住ヨリシテ因果ノ義ヲ釋ル也。如レ此事ヲ釋シモテ。若性德ヲ爲レハ因ト。住前相似卽ヨリ凡夫ノ彈指散華等マテモ皆取レ之可レ爲ニ緣因ト。此意ナラハ性德ノ言ハ始メ本有性得ヨリ。終至ニ相似ノ後心一ニ。皆性德ト可レ云釋也。已前所ニ答申一義釋料簡無ニ相違一者也。今釋ハ住前性得。住上ハ修得ノ三因。妙覺ハ三身ト云意也。望ニ住上ノ眞因ニ住前未證ヲ名ニ性得一意也 玉抄

頭六十四（天玄五、二九〇）玄云。若取ニ性德爲ニ初因一者。彈指散華是緣因種。隨聞一句是了因種。凡有レ心者是正因種。此乃遠論ニ性德三因種子一。非ニ是眞實開發一。故不ニ取爲レ因也 文

頭六十五（同前）籤云。若取下簡ニ性德一。此簡意者。正判則尚不レ取ニ似位一。若取卽性得（德カ）通立故 文

均云。有ニ三ノ義一。一ニハ以ニ修得ヲ尋ル性德ヲ意也 如レ上 一ニハ住前ヲ望テ住上ノ眞因ニ性德ト名ル意也。一ニハ彈指等ハ修德ト可レ答也。但今ノ釋ハ遠論ト云ヘハ。修ハ從レ性起ルト云心也

問。玄文（同前）ニ。彈指散華。種子（丁〇カ） 文 妙樂約ニ通別ニ如何釋タマフ耶

私云。初住眞因ヲ以爲レ別ト。以ニ相似及性德ノ方ヲ名ルニ通ノ三因ト也

頭同（同前）籤云。今經文並有ニ通別兩意一。初文遠通（是カ）。此乃下是別。如下開ニ五乘一及常不輕等上卽通意。別授ニ聲聞記一乃至本門分別功德卽別意也 文

疑云。此乃遠論等ノ文ハ。上ニ所レ擧ル指シテ三因ヲ此乃性德三（丁〇カ）因ソト云文也。何ソ遠別ノ文段トシテ如ニ三因ノ文ハ通ノ意一ノ。五乘

及常不輕ヲ開スト云ヒ。此乃遠論ヨリ下ハ。別ノ意如ニト三周ノ聲聞等ノ一云耶

答。難勢爾也。但至レ釋ニ者。(頭六十五)玄云。此乃遠論等ヲ云ヲハ結前生後ノ文也。如レ難ノ結ルレ前ヲ事モ在レ之。又生ルレ後ヲ意モ有也。其故ハ今釋ハ簡テニ住前ヲ一住上ニ論ルレ因ヲ也。然ニ上ノ三因ハ住前性得ノ文也。故ニ不トレ可レ取レ之云フニ。サテハ何物ヲ因ト云ハンソト云處有ル也。故ニ付テニ此乃遠論等ノ言一ニ。三周ノ聲聞授記。法身ノ菩薩ノ本門ノ得道ヲ因ト云ハンスルソト云フ意カ付テ來ル也。故ニ如レ此分別シテ釋ル也

問。八世界ノ菩薩ノ發心ハ。眞位似位ノ中ニハ何ソ耶 如ニ分別品一

(天玄五、二九〇)籤云。八界發心又通意也 文

71　二料簡下

(天玄五、二九四)問。經文。漸漸修學。悉(當カ)至ニ成佛一 文 是ハ入住ノ後ノ行歟

(大正藏九、二〇中)

(頭同)玄云。理外七方便(ア種カ) 文 是似位ト釋ル也

(天玄五、二九六)付レ之。此文ハ。説ニ中周聲聞ノ開顯ノ後ヲ一也。故ニ可ニ入住ノ後ナル一

答。(大正藏九、二〇中)(〔一〇カ〕)經文ハ。汝等所行。漸漸修學 文 汝等所行等云ル理外ノ方便也。汝等ハ漸漸修學ノ文。一具ノ文ナレハ理外ノ方便ト釋ル也

問。(天玄五、二九五)玄文。應下作ニ兩種四句一料簡上 文 所レ云四句者。妙樂如何釋タマフ耶

(頭同)籤云。(同前)兩種四句者。一漸圓四句。二賢聖四句 文

疑云。玄文ニ兩種ノ四句ト云ハ。偏圓ノ四句ト唯圓ノ四句トヲ指ト見リ。其故ハ上ニ。(頭同(同、二九〇))初住見レ眞以レ眞爲レ因ト云テ。以ニ初住見レ眞ヲ圓因ト云ソト釋セリ。付レ之起レ問樣ハ。若言ニ初住入レ理。(天玄五、二九五)名爲ニ圓因圓果一。何得ニ文云ニ漸漸修學得成佛道一ト問セリ。是漸漸ノ言。非ニ初住ノ眞因一ニ問也。意ハ可トニ漸教ナル一云也。答ルニ之。偏圓相對ノ四句。唯圓ノ四句在レ之。此兩箇ノ四句ノ下ニ共ニ非ニ漸教ノ漸一ニハ。圓教ニモ有ニ漸ノ義一ト釋セリ。故ニ兩種四句ト云ハ。偏圓ノ四句。唯圓ノ四句ヲ可レ指。何ソ賢聖ノ四句ト判ル耶。若賢聖ノ四句ナラハ。此問ヲ何樣ニ答タル耶。全問答ニハ不レ可ニ相應一ス耶

答。實ニ有ニ偏圓ノ四句。唯圓ノ四句一。亦加ニ賢聖一有ニ三箇ノ四句一也。然トモ此等皆漸圓圓漸等云テ。其意同カレ之故ニ。是ヲハ爲シテレ一ト。サテ加ニ賢聖ノ四句一ヲ兩種ト云ハント釋ル也。但

至二賢聖ノ四句ノ問ノ意不レトレ被レ定云一者。籤ニ顧レテ之釋セリ。次賢聖四句ト釋者。重擧レ例(天玄五、二九八)釋二漸圓四句一以申二前難一。漸中尚有二賢聖之名一。何得下但聞二漸漸之名一便一概爲中漸家之漸上 文 以二賢聖ノ四句一例シテ二漸圓ノ四句一義ヲハ漸圓ノ四句ニテ答タルソト釋ル也

頭六十五（同、二九五）問。玄文。四句料簡。自有二漸圓一自有二圓漸一自有二漸漸一。自有二圓圓一云リ。所レ云四句皆釋レ之可レ云耶

頭六十六（同、二九六）籤云。漸圓一句相對。餘三不釋 文

疑云。見二玄文一。漸圓。圓漸。圓圓（「漸漸カ）ト列テ。次牒釋ストス見タリ。何ソ妙樂。會云不釋（餘三カ）ト云耶

答。玄文ニ初ノ一句ヲハ。漸圓者（同前）ト標シテ委ク釋シ畢テ。漸圓三句（同前）云云 文 故ニ指レ之三句ヲハ不レ釋云也。サテ次ニ圓漸者ト云ヨリ下ハ是ハ各別ノ釋也。全非二一箇ノ四句ノ內一ニ

問。玄文ニ偏圓相對ノ四句。唯圓ノ四句。此兩種四句有ト見リ。其中ノ唯圓ノ四句ヲハ妙樂如何釋耶

頭同（同、二九五）籤云。從二復次一去於レ圓自爲二四句一 文

頭同 疑云。見二玄文ヲ一。上ニ偏圓相對ノ四句ヲハ初ノ一句ヲ釋シテ。後ノ三句ヲハ同シテ三句ト不レ釋耶。次圓漸者（同、二九六）。初入此圓同觀三諦。釋（見カ）實相理ト云ヨリ下約二唯圓一論二四句ヲ一見タリ。全偏圓不二相對セ一耶。何ソ從（去カ）二復次一者等云耶。故ニ復次ト云下ハ。唯圓ノ四句ニ兩種有ル中ノ。第二ノ四句ト可レ得レ心也

答。妙樂ハ偏圓ノ四句ニ有ト二兩種一得タマフ也。故ニ圓漸者。初入二此圓一（同前）等云ヨリ下ハ。偏圓相對ノ四句ノ中ノ第二ノ四句也。サテ初ニ。漸圓者。此約理外七種方便。同開佛知見等云ニハ。初ノ四句ノ中ニモ是ヲ初句トシテ後ノ三句ヲ略シテ。サテ後ノ四句ノ中ニモ又是ヲハ爲ル二初句ト一也。次ニ四句者（同前。釋籤）。亦以二初文一以爲二初句一 文

補注云。此中分文並誤 文（卍續四四、十三丁左上カ。天玄五、二九七私記參照）

72 頭六十五（天玄五、二九六）玄云。漸圓三句 云云 事

疑云。漸圓ノ句ヲハ委ク釋シテ。故言漸圓ト結釋セリ

問。又何ソ漸圓三句 云云 ト者。圓漸三句ト可レ云耶

答。補注（卍續四四、十三丁左上）云。應レ云二圓漸ト一釋セリ

73 頭六十六（天玄五、二九五）籤云。二者從二復次一去於レ圓自爲二四句一事

補注（卍續四四、十三丁左上）云。二者從復次者（去カ）於圓自爲四句者。誤也。應レ云下從

圓漸者。初入二此圓一已去二於圓一。自爲中四句上也。復次已
去。但是重明二圓家一ニ自論ル二之四句一ヲ聞(耳カ)ト云リ
74 籖云。頭六十六(天玄五、二九六)次四句者。亦以二初文一事
補注云。(卍續四四、十三丁左上)亦以初文以爲初句○爲圓漸者。應(亦カ)誤也。何者偏
圓相對論二四句一。乃以二漸圓一爲二初句一耳。安(若カ)於二圓家一自
論二四句一。卽以二圓漸一爲二初句一。漸漸爲二第二句一。漸圓爲二
第三句一。圓圓爲二第四句一。故妙覺位亦名二漸圓一。亦名二圓
圓一。也 文
疑云。玄文ヲ見二上ニ漸圓ノ四句ヲ釋畢テ。次ニ賢聖ノ四句ヲ分
別セリ。漸圓ノ四句ト者。偏圓相對ヲハ論二賢聖ノ四句一ヲ云ルハ。付テ二
四十二位一ニ論レ之。賢聖ノ四句。全漸圓ノ四句ヲ釋ル事無レ之
如何
答。今釋ハ聖ノ中ニ猶有二賢聖ノ名一可レ云耶
一義云。見二玄文一。賢聖四句ヲ釋トシテ。(天玄五、三〇〇)初月。匡(已カ)擲也圓光用
未レ備。此譬二圓漸一ッ從二二日一至二十四日一。其明漸進ニ。此譬二
漸漸一 文 是以二賢聖ノ四句ヲ一釋ト二偏圓ノ四句一ヲ云也
75 玄云。頭同(天玄五、二九八)三十心雖三同有二賢聖之義一(丁義カ)。稱爲レ賢。伏多斷
少故。十地去名爲レ聖。伏小(少カ)斷多故事
問。圓教意。初住已上ノ四十四皆聖位也トヤセン將如何
答。俱可二聖位一
進云。如レ題。　付レ之。尋二圓教ノ地位斷道一ヲ。初住ニ斷二無
明一ヲ如何
答。非二論義一。妙樂。頭六十七(同前)此准二仁王一立二賢聖名一 文 此卽准ルニ仁
王ノ三賢十聖ノ意一ニ者耶 如二玄六一
難云。三十心。(丁〇カ)伏多斷少ト云事如何。三十心コソ斷ハ多ク在レ
之。十地ハ從二地前一修伏有レ之。何伏少ト云耶
答。是モ地前ヲ名レ賢。地上ヲ名レ聖ト一(立カ)ノ配衆也
難云。望ハ地上ニ三十心ハ伏斷共ニ少シト可レ云耶
答。一往仁王ニ依止ル也
義云。三十心伏多ト云ハ。伏ニカ十地等妙ノ上ノ惑ヲ故ニ伏多ト云
也。十地ハ只是伏ルニ等妙二覺ノ惑ヲ計也。故ニ伏少ト云也。斷ノ
多少モ三十心ハ未レ斷二十地ノ無明一ヲ故ニ斷少也。十地ハ斷ル二四
十心無明一ヲ故ニ斷多也
問。頭六十六(天玄五、二九八)玄文ニ。十住名二賢聖一。二十心是聖賢云リ。妙樂如何釋ル

耶
頭六十七（同前）籤云。十住爲二賢聖一者。即是地前爲レ賢。是家之聖（「賢カ）。二十心爲二聖賢一者。初（約レカ）斷名レ聖據レ位仍賢。即指二十地一爲レ聖。故是聖家之賢 文
疑云。若二十心ヲ約シテレ斷ニ名レ聖ト。依レ位名レ賢ト故ニ。聖カ賢ト云ハハ十住モ亦可レ然。約シテレ斷名レ聖ト約レ位ニ賢ト可レ云耶。若又十住ヲ賢カ聖ト名ケハ。二十心モ又可レ然。三十心ハ斷位全ク齊等ナルカ故也。依レ之玄文ニ。三十心雖ミ同有ニ賢聖之義（「義カ）。稱爲レ賢。伏多斷少故トテ。三十心ヲハ一相ニ釋セリ
答。如レ難。但釋ハ別ノ釋也。所以ニ。玄文ハ二重ニ有レ之。上ノ四句ハ如レ難。此外ニ置テ二又ノ字ヲ一設タル二別ノ釋ヲ一也。是ハ十住ハ十地ノ聖ヲ去ル事遠カ故ニ此ヲ名ク二賢カ聖ト一。二十心ハ去ル二十地ヲ一近カ故ニ聖カ賢ト云也。此ハ依テ二仁王ノ三賢十聖住果報ノ文ニ一（大正藏八、八二八上）今ノ賢聖ヲ釋ル也
76 頭六十八（天玄五、三〇一）（卍續四四、三三一丁左上～下）籤云。四教之文。本分二四別一事
備云。四教義中雖二各具レ四ヲ覈（アキラ）ムレ名ヲ定レ實只是四ナル耳。今更引二彼ノ文ヲ一爾（示カ）レ之○三藏ト者。教説ニ無常一即是三乘。同稟入レ道ノ即是通ナリ。別ニ爲ニ菩薩一説ニ弘誓六度一即是別。説ニ一切種智一令レ入ニ佛果一即是圓。通教者。説ニ戒定惠一豈非ニ三藏教一ニ。道種智豈非ニ別教一。説ニ一切種智一豈非ニ圓教一。別教者。亦説ニ戒定惠一。説ニ無生理一。（「亦カ）亦説ニ中道一切種智一也。圓教者。亦説ニ戒定惠一。（「亦カ）有ニ眞空之理一。亦有ニ歴別階級法（「門カ）一也。是即四教（四カ）ノ之名雖ニ復互通ト一研ニ其理實一當教立レ名不レ可ニ混（濫カ）亂一 文
問。經文ニ（大正藏九、二〇中）。漸漸修學。悉當ニ成佛一 文 所レ云成佛ハ妙覺ノ成覺（佛カ）歟。 若究竟成佛ト云ハハ。今中周ノ聲聞ノ授記ヲ云ニ。漸漸修學。悉當ニ成佛一 文 可レ知分證ノ成道也ト云事ヲ。若依レ之爾ト云ハハ。玄文ニ（天玄五、二九六）。漸漸ハ從ニ二住一去至ニ等覺一。此是圓家ノ漸漸 文 既ニ漸漸修學シテ至ル（「者カ）二等覺ニ一可レ知其悉當成佛ト云ルハ妙覺ノ成佛也ト云事
答。分證ノ成道也。迹門三周ノ聲聞。未來成道ヲハ皆分證成道ト定ル也。妙覺ノ成道トハ不レ可レ云フ。本門ニ授ル二法身ノ記ヲ一事ハ妙覺ノ成道也。但漸漸ヲ釋ル事ハ。其ノ修行計也。迹門ノ意。廣ク因位成道ヲ唱レハ。只位位ノ成道ニテ從ニ初住一至マテ二等覺ニ因

因分分ノ成道ヲ漸漸トハ云也。妙覺ヲハ漸漸トハ不レ可レ云。圓圓トモ漸圓トモ可レ云

難云。三周聲聞ノ成佛。必限二初住一耶如何。但今ノ文ハ極テ難也。漸漸修學ト云ルハ因ノ行也。依二此因行一唱二成道一云ル果位也。故ニ其修行漸漸修學ヲ等覺ト釋シツレハ。依レ之所レ唱悉當成佛ハ妙覺ト聞タリ。因位成道ヲ漸漸修學ト云事ハ不レ叶レ文耶。依レ之本朝ノ大師ハ。今ノ經文ヲ妙覺ノ成道ト釋セリ

答。楞嚴先德引二此文ヲ一本高迹下ノ成道ト釋タマヘリ。其釋ハ狐疑作解トテ。煩キ故ニ不レ記云ル是也　已上坐禪坊抄

問。仁王經ニ明二等覺ノ意ヲ一耶。　若明ト云ハハ。餘處ノ解釋ニハ。(天玄一、六〇三。釋籤)仁王經中不レ立二等覺一文　若依レ之爾ト云ハハ。籤云。十地等(天玄五、二九八)覺名爲レ聖者。准二仁王經一云リ。此釋ハ明ニスト等覺ヲ聞タリ

答。准二仁王經ニ一云ハ。次下ニ。(同前)地前名レ賢。故以二十地一名レ之爲レ聖文　指シテレ之准ト仁王ニ云也。彼經ニハ三賢十地等說カ故也。或ハ現文ニ雖レ不レ說レ之。宣ニ別圓ノ經ナレハ探テレ意立ニ等覺ヲ一也

問。玄文。四教ニ各有二四教名義一事ヲ釋畢テ。(同、三〇二)此義既通。亦應ニ漸漸圓圓四句皆得一也文　妙樂如何釋ル耶

(圓六十八)(同前)籤云。應レ云ニ漸圓漸圓(圓漸カ)一。恐文誤故。故閉書レ之

疑云。本書ノ意ハ。四教ニ各有ニ四教義一事ヲ釋シ畢テ。此義既ニ通。乃至皆得也ト云ハ。四教ニ各有ニ四教一如ク。又漸圓ノ四句可トレ有ト釋ト見タリ。故ニ漸漸圓圓ト云ハ。四句ノ中ノ第三第四ノ二句擧テ。初二ノ句ヲ影略スル意ナルヘシ。何屬レ誤耶。況漸圓漸圓ト云ハ。只是二度擧ルニ第一句ヲ成ル。其義甚不レ可レ爾耶

答。籤意ハ玄文ノ漸漸圓圓ト云ハ。四句ノ中ノ非ニ第三第四ノ句ニハ。只是漸圓漸圓ト云也。所以ニ。(三教圓教)漸圓ト云ハ四教也。於ニ此漸圓ニ各有ニ漸圓ノ四句一釋ル也。而ルニ誤ト云事ハ。漸漸圓圓ト云カ。四句ノ中ノ第三第四ノ句ニ似ル也。故此定ニテハ末代ノ學者誤ヲ第三第四句ト可レ得レ心故ニ直スレ之也。故ニ誤ト云ハ。本書ヲ誤ト云ニハ非ス。末代ノ學者ノ思ノ誤ラン事ヲ直テ漸圓漸圓ト可ト云釋ル也。本書。漸漸圓圓ト書タルハ。マシエ書ニシタル也。其ヲ末學誤テ第三第四句トモ思ヘシ。我ハ只漸圓漸圓ト隔テテ書クソト釋ル也

難云。玄文只略シテ四句ノ中ノ擧ニモ三四ノ句ヲ有ラン。何ソ妙樂如レ此釋ル耶

答。玄ニハ既ニ四教各有ニト四教名一云。例レルニ之ヲ於ニ漸圓一ニ各可レト有ニ漸圓四句一云也。仍テ妙樂如レ此釋タマフ也

疑云。或抄云。若作ニ漸圓一。圓漸者。中閒二圓恐ハ人非ニ圓圓讀レ之故ニ。一漸以レ閒ニヲ二圓一。或抄云。恐言誤カ故ニ爲レ閒レ之作ニ漸圓圓漸一更詳 文

問。玄文判ニ漸圓圓漸四句一ヲ。爾者。其中ノ第二四句ハ只圓歟

答（缺文）

進云。偏圓相對 文 付レ之。依ニ釋籤一ニ披ニ玄文一ヲ。頭六十六 上ノ漸圓ノ四句ハ偏圓相對。次ノ圓漸ノ四句ハ偏ニ限レト圓ニ見タリ。所以ニ。圓（天玄五、二九六）漸者。初入ニ此圓一同觀ニ三諦一。見ニ實相理一 文

答。如レ難可レ圓。但。圓漸四句二重有ニ四句一。復次ト云ヨリ下。正クハ圓ナル初ノ四句ハ初テ入レテ圓ニ權教ヨリ入レト圓ニ云處有カ故。圓教ノ意ナレトモ權教ヨリ入レル圓ニ圓ノ意有ル也。然ト云テ第一ノ圓漸四句ノ如ク偏圓相對ストト云釋ニハ非ズ歟（天玄五、三〇三）

77 用下

問。玄文ニ付レ明ニ本門得益ノ菩薩相一ヲ。爾者。增道損生ノ菩薩。其數幾トカ釋ル耶

頭七十一 玄云。抹ニ十方那由他土一爲レ塵。數ニ增道菩薩一不レ能レ令レ盡（天玄五、三一〇） 文

付レ之。分別品經文ヲ見ニ。（大正藏九、四四上）大千界微塵數菩薩ト云テ論ニ齊（「世カ）限一見タリ。今何不能令盡ト云ル耶

答。唐決義云。小國土 云云 智（知カ）禮（佛全32、四二七下）

師云。本門得道數倍ニ衆經一論義如

一義云。實ニハ有ニトモ齊限一爲レ顯ニ（顯カ）ンカ界本ノ功能一ヲ如レ此云也。依レ之籤云。（天玄五、三一〇）（抹カ）次末十方下明ニ顯本也益（之カ）一助ニ歎界（顯カ）本之能一 文

蓮實坊

一義云。本門ハ初メ從ニ華嚴一終至ニマテノ般若一ニ得益ノ人收ニト一（大正藏九、四四下・四六上）經一ニ云リ。皆歸ニルカ本門一故ニ得益遍際難レ得。爰以經云。如ニ虛空無邊一 文 只是顯本ノ功德ヲ歎ル也。依レ之籤云。頭七十二（天玄五、三一〇）助ニ歎顯本之能一 文

一義云。經ニハ三千大千ト說ク。華嚴ノ世界界世顯主ノ意ト同ク。十得心是一大千界ヲ爲レ主。攝ニシテ無盡ノ世界一ヲ爲ニ世界ノ心一也

78 頤七十二（天玄五、三一四）玄云。今則本佛智大妙法良藥（藥良カ）。色身不灰○令心智
不滅事

問。今經ノ二乘成佛ハ本迹二門ノ中ニハ何意耶
答。可ニ迹門一
若迹門トイハヽ如レ題。是本門心ト覺リ。若依レ之爾ト云ハヽ。見ニ
經文ヲ一二乘成佛專明ニ迹門一如何
答。可ニ迹門一。但至ニ今釋一者。只是大師。文成ノ本地ヲ探テ
爾カ釋ル歟。經文ハ實ニ迹門ニ明レ之也 如ニ教相義一
籖一云（天玄一、二二八）。所以開迹顯本皆入ニ初住一故曰（云カ）作佛 文

79 頤七十四 籖云。黃絹（クハウケン）幼（エン（ウか））婦（フ）娚（クハイ）甥（セイ）虀（セイ）臼（キウ）事（天玄五、三一六）

黃絹（絕 色絲）。幼婦（妙 少女）。娚甥（好 母方女子）。虀臼（辭 受辭）
備云（卍續四四、三三一丁左下～三三二丁右上）。黃曰（「○カ）。乃ヒ絕妙好辭ノ四字耳。籖文少誤レリ。後漢書列
女傳云。曹娥ト者（者カ）。會稽上虞（所名）人也。父ハ盱能ニ絃歌一爲ニ巫（カン）
祝（ナキ）一。漢安二年五月五日ニ於（「至カ）レ縣〔泝〕（ショ サカノホルナミ）濤（タウ）ニ迎ニ娑婆神一溺レ水ニ
而（而㐫カ）死ス○元嘉元年縣長度尚（姓名也）改テ葬ニ於江南ノ道ノ傍（ホトリ）ニ爲レ（色也（名也カ））
立レ碑焉。注云。娥（曹娥人ノ名也。七歲）投ニ衣ヲ於水一祝シテ曰。父屍所在衣當レ
沈。衣乃隨レ流至ニ一處一而沈。娥遂與レ衣俱ニ沒ス。會稽典
錄ニ云ク。上虞（所名）長度尚（姓名也 名也）。弟子邯鄲（カンタン）淳。字ハ子禮。時甫弱冠而
有ニ異才一。度先使ミ魏朗作ニ曹娥カ碑文一成テ未タ出レ會ニ朗ハ
見テレ尚與（「子カ）レ之飮宴ヌ。而禮方ニ至ル尚ニ曹（曹㐫カ）問ニ郎（朗カ）ニ碑（「文カ）成シテ未一。郎（朗カ）
辭ニ不才一ナリ。因テ使ニ子禮ヲシテ爲ニレ此之（之カ）操レ筆而成シテ無レ所ニ點
定一。郎（朗カ）嗟ニ歎不レ及自ラ毀ニ其草一。卽後漢桓帝時也。傳ノ中ニハ
作レ第ニ。籖ニハ云ニ有息一ト。本桓帝ナリ今云ニ順帝（其歟）一ト。讀レ籖不レ
妨レ知レ之耳 矣
上虞縣ハ 所名也 令度ハ 姓也 尚ハ 名也 楊修 字德覩（祖カ）也 娚甥 孫庶母方ノ
ヲイ
補注云（卍續四四、十四丁右上）。黃絹ハ是色絲。卽絕ノ字也。幼婦是少女卽妙字也。
外孫（娚甥）ハ是女子。卽好ノ字也。虀臼是受レ辛ヲ。卽辭字也。乃是
絕妙好辭耳 文 虀臼ト者。ニラツクウスハ。カラキ事ヲ受ト云事
也。以ニ辛物一ヲ入レ臼ニツク也
補注云（同前）。按（案カ）ニ元嘉一年卽後漢第十桓帝之時也。今云ニ順帝一
恐ハ誤也。順卽第七帝耳○至後漢時者。應レ云ニ漢末一。卽第

十二獻帝之時也 文

80 玄云。涅槃能治二闡提一。此卽爲レ易事　頭七十二（天玄五、三一二）

問。籤云。初住菩薩得二十種六根一 文 何ナル經ニ說ソ耶（同、三一四～五）

答。籤云。華嚴經云ヘリ（云カ）　頭七十三（同、三一四）

疑云。不レ見二彼經一

答。華嚴惣シテ說二地上ノ功德ヲ一故ニ。且ク約シテ二初住ニ一釋也

81 玄云。二乘智斷（斷ナシカ）如二螢火蟲一。菩薩智如二日光一事　頭七十三（天玄五、三一五）

問。玄文如レ題。爾者所レ云ノ菩薩者。指二三藏菩薩一歟

答。可レ爾

付レ之。三藏菩薩ト者。今所レ引ノ二乘智惠猶如二螢火一等說ハ源般若經ヨリ出タリ。而ニ般若ニハ不レ說二三藏ヲ一。豈可ンレ指二三藏菩薩ヲ一耶。若依レ之爾ト云ハハ。見二玄文ヲ一。（同前）二乘智ノ如二螢火蟲一。菩薩智如二日光一。通菩薩智。如二鴻鵠勢不レ及レ遠。別菩薩智如下金翅鳥從二一須彌一至中一須彌上 文 知ヌ。三藏ト聞タリ」

答 云云 但至レ難者。彼借テ二般若文ヲ一以二菩薩一對二二乘ニ一歟。況設ヒ不トモレ說二三藏ヲ一。以二三教意ヲ一前三藏ノ三乘ノ智惠淺深ヲ不レ說耶。勝ハ兼ルレ劣故也

有云。三藏ノ菩薩也。正使ヲ不レ斷方ハ二乘ニ劣トモ。不染無知斷ル方ハ二乘ニ勝タル也

有云。指二通ノ菩薩ヲ一也。但至レ玄ニ者。此ハ光明寄テ二勝劣ニ一通ニ三乘ノ義ノ深キ事ヲ判シ畢テ。次ニハ亦寄テ二飛鳥ノ譬ニ一通別菩薩ノ勝劣ヲ顯ト得レ心者巧ナル者歟

難云。若以二此文ヲ一屬二通ノ菩薩ニ一。今ノ狹量中ニ除レ之不レ擧レ彼ヲ可レ得レ心歟。尤モ可レ擧レ之者耶

問。身子カ智惠。菩薩ノ智ニ勝耶

籤云。大論云。一切衆生智除二諸佛世尊一。外不レ及二舍利弗智惠一 文　頭七十五（同、三一六。取意）

疑云。菩薩ノ智。何身子ニ劣ナラン耶

答。三藏ノ菩薩ノ未斷惑ニシテ同二凡夫ニ一故ニ。身子ハ斷惑シテ得二無漏ノ智ヲ一故ニ勝ル歟。次本書ニハ。一切世人外道智。不レ及二舍利弗智十六分一一 文（同、三一五） 菩薩ハ非二世人ニ一耶

問。身子目連相對シテ神通勝劣ヲ論ハ何レ勝ル耶 如二疏一一

若目連勝ト云ハハ。玄云。目連不レ如二身子一 文（同前）（〔一〕カ） 身子神通勝ト聞リ。若依レ之爾ト云ハハ。目連神通第一 文 目連ノ神通ニ勝ルル

人不可有之者耶
答。身子勝云意可有之。聲聞中身子最上利根也。
但目連神通第一云。目連一人取所具功德中神
通第一云也。對餘人非(天玄五、三一六)

82 籤云。值佛多(少カ)小事

撿云。四依品云。(卍續四四、三三二丁右上)若有衆生。於恆(亠一カ)河沙諸如來所發菩
提心。然後於惡世中不傍(謗カ)是經。而不能爲人分別
演說。二恆正解信樂若(亦カ)不能演說。三恆受持書寫雖謂(爲他カ)
多說不解深義。四恆廣說十六分中解一分義 文
問。淨名經明界外斷疑生信可云耶
答。明之
兩方。若明云。玄云。淨名經。(天玄五、三一九)(亠〇カ)(經ナシカ)亦是界內疑斷(斷疑カ)生信 文 若
依之爾云。彼經談別圓。何不明界外耶
答云云。但今釋。二乘偏行菩薩彈呵故。且論界內斷疑生
信歟。惣不明非歟
難云。大品經作通別釋約界內界外消之。淨名
經偏約界內釋之故。實不可論界外斷疑生
信聞
答。大品。二乘冥成別人云故作通別釋歟。淨名
經冥成通人云故界內云歟
一義云。淨名通別意見。玄云。別意雖在界外(同前)等
者。兼顯淨名經意可云歟
一義云。以五味對四教時。方等當通教。通教界
內教爾云也
師云。淨名佛國品意配立四種佛土。爾以實斥
權意明寂光土爲能呵。以大斥小意明
界外三土爲能呵。如此明二乘偏行菩薩聞彈
呵推功大乘機

83 玄云。別意雖在界外。(天玄五、三一九)亦未斷近疑生遠信。華
嚴正意斷界外(亠疑カ)等事

問。爾前經明界外土耶
答。方便土不可明
若明云如何明之。若依之爾云如題
答。實報寂光可明 曾均

疑云。今釋ハ必モ明ニト界外ヲ云進ニハ不レ成也。只是別圓界外教也ト云事也。一家ノ釋ノ意也。非ニ經文ニハ一者耶

84 籤云。藏及別圓證ル事　頭四十二（天玄五、二一二）

問。大經ニ聲聞之人但見ニ於空一文（同、二一二）所レ云聲聞ト（「云カ」）者。互ニ藏通ノ二乘ニ耶

答。可レ然

進云。如レ題。付レ之。以レ何得レ知ン限ニト三藏聲聞ニ云事ヲ。爰以テ玄一ニハ。藏通二乘　文

答。藏通二乘ニ可レ亙也。但至レ釋者。一往消スル本書ニ也。所以ニ本書ニハ。中論ノ實相三人共得ノ文ヲ（天玄五、二一一）引テ通教ト云カ故ニ。大經ノ今文ヲハ證ト三藏ヲ云也。是卽本書ノ中論。大經二文ニテ證ル四教ヲ也

難云。大經ノ今文。餘處ニハ證ニ被攝ヲ。是通教ノ意ナルヘシ

答。共部含容ナレハ隨レ時用レ之也

85 十住顯一事　頭七十七（天玄五、三二〇～）

一破三顯一　付ニ機情一也　謂三乘各別シテ各ノ謂ヒ破シテ殊ル處ヲ顯ニス三乘卽一佛乘ト也。二廢三顯一　付レ教　謂ク破ニ三乘教ヲ顯ニ一乘ヲ也。三開三顯一　付レ教　付レ理　付レ教ニ者。爾前ノ教ハ三乘共ニ入レ空ニ。次約レ理ニ者。二乘ノ空自ラ實相有ト云也。四會三顯一　付ニ能化行一　爾前ニハ念處道品等ヲ開會スレトモ。二乘ノ人ヲ不レ會。今經ニハ人法共ニ會ス。五住一顯一　付ニ佛本意一　佛ハ從ニ得道ノ夜一常ニ住タマフ大乘ニ。然ヲ爲ニ所化一說タマフ小乘ヲ。然レトモ終ニ令レ入ニ大乘ニ也。六住三顯一。是ハ　付ニ佛權智一　化シテ衆生ヲ顯ニ一乘ヲ也。七住非三非一顯一　約レ理約レ事　理ハ一ナレトモ住シテ不レ可レ言處ニ。而佛種從レ緣起シテ顯ス一ヲ。約スハ事ニ人天ハ非三非一ナレトモ。開シテ低頭擧手ノ善ヲ令レ入ニ一乘ニ。八覆三顯一。是ハ執レ三ヲ覆フレ一故ニ。覆テ其執情ヲ顯ス一ヲ。然トモ三教ヲハ不レ除。爲レ逗ニ來緣ニ也。九住三用一。是ハ約ニ法身菩薩ノ妙位ニ。內祕ニ菩薩行ヲ外ニ現ニ聲聞ノ形ヲ同梵行者ヲ益ル也。十住一用三　付ニ本誓一也　如ニ華光等ノ住スレトモ一ニハ願說レ三ヲ也

問。玄文ニ付レ判ニ迹門十用ヲ。爾者此十用ハ皆屬對。敍昔。述今ノ三ノ意有ル耶

頭七十七（天玄五、三二二）
籤云。前六文ニ中皆有ニ三意一後四不レ假　文　前ノ六ニハ有リ。後ノ六ニハ無ト云也

疑云。見二玄文一第七ノ住非三非一ノ中ニ有二三意一。又第九ノ
住三用一ノ中ニ有ト二三意一見リ。何ソ後四ニハ無ト二三意一釋ル耶
答。實ニ有トモ云ヒテン。但籤ノ文ニ前六ニハ明有レ之故ニ。望ルレ之日ハ
第七第九ニハ三意不二分明カ一故ニ。後四不レ假ト釋タマフ歟
問。十用ノ中ノ約シテ二第三ノ開三顯一一二。妙樂如何文段ヲ分
別タマフ耶
答。籤云。頭七十八（天玄五、三二四～五）開中初如レ文。次文兩重擧レ昔。三今開下今文
疑云。玄文中ニ約シテ二教理一二。各敍昔。述今ノ意有。初約ルレ教ニ
中ニ。昔教（同、三二五）（「明カ）三人入在ト（眞カ）者。敍レ昔ヲ。次。今教（同前）明三人得佛者。
述ルレ今ヲ也。次約ルレ理ニ中ニ初ニハ。二乘（同前）眞空ト者。述レ昔ヲ。次ニ。
（同前）今開二此空一教ヲ者。述ルレ今也。今何ソ約教約理ノ釋。皆屬シテ二
敍昔一ニ。サテ以二今開已下ノ文一ヲ惣シテ屬ル二教理述今ノ意一ニ也
答。實ニ爾也。但籤釋ハ今開ト云下ニ具ニ有ト二教理ノ二意一得カ
故ニ。從レ此下ヲ述今ト釋ル也
問。十用中ノ第七住非三非一（次カ）ノ三ノ意ヲハ妙樂如何釋タマフ耶
籤云。頭七十九（天玄五、三三八）住非三中。初文闕。以文事理二重。但述レ今不レ敍レ
昔文

疑云。見二玄文一有ト二屬對ノ文一。何ソ初文闕ト云耶。或ハ約理。
或ハ約事ト云ルハ此屬對ノ文也。又從緣起。卽是三緣ト云ル述レ
昔ヲ文也。此中ニ三ノ意共ニ有レ之。何只述レト今ヲ云テ不レ敍レ
昔ヲ不レ云耶
答。籤ニ有二異本一。有（或カ）本ニハ初文如文云リ。或ハ又如二一番ノ論
義ノ可二答申一
難云。不レ敍レ昔ヲ云處如何
有本ニモ敍レ昔文ヲ闕釋スト見タリ
問。玄文證シテ二本門ノ十用ノ中ノ破迹顯本一ヲ引ク二今經ノ文一。爾ハ
何等ノ品。何ナル文耶
答。頭八十二玄引ク二序品。方便。寶塔ノ三品文一ヲ
疑云。此三品ハ全ク破迹顯本ノ義ニハ非ス。文殊。彌勒ノ問答ハ
弟子ノ事也。釋尊ノ久成ニ不レ同。方便品ノ我（我ナシカ）從二久遠一（大正藏九、一〇上）（「劫カ）來等ノ
文。又非二久成一ニ。寶塔品雖二新成也ト一遍ル二法界一ニ。故可二分身
多カル一如何
答。密表壽量ノ意也。依レ之疏四ニ謂ク。（天文二、一〇四五上）（懸カ）舊云。此偈玄指二壽
量義一。今明論二祕密意一。或當レ如レ此文

問。解釋中ニ於二迹門時一ニ本門ノ有二ル動執生疑一事ヲ判タマヘリ。爾者。聞二富樓那尊者ノ顯本一ヲ。一會ノ衆。動執生疑スト可レ云耶

答。動執生疑スル也

兩方。動執生疑ト云ハハ披二ニ大師解釋一ヲ。(天玄五、三三五)序品。方便。寶塔ノ三處ノ文ヲ引テ證トレ有二ルコトヲ動執生疑一見タレトモ。全ク富樓那尊者ノ顯本ノ文ヲ不レ引者耶。若依レ之爾ト云ハハ。顯本機情動發二動執生疑一ヲ。何ソ聞二富樓那尊者ノ顯本一ヲ不二ン動執生疑一耶

答云云聞二テ富樓那尊者顯本一ヲ可二動執生疑一也。但今ノ解釋ハ序品。方便。寶塔ノ三品ヲ明ト云トモ。末師五百品文ヲモ許者耶

難云。自レ本今ノ解釋。於二迹門一ニ有二動執生疑一事ヲ釋ルニ引二迹門ノ文一ヲ也。若爾ト云ハハ寶ニ富樓那尊者ノ顯本ニ有二動執一尤可レ引レ之。今何不レ引レ之耶

答云云可レ引二五百品文一ヲ。然トモ今且ク略レ之歟。其故ハ今動執生疑ト者。寄二テ師弟事一ニ引レ之釋ル也。而ニ引二ク序品文一ヲ寄二テ弟子事一ニ有二動執生疑一事ヲ顯ス故ニ。五百品ノ文ヲハ攝二在シテ序品一ニ別ニ不レ引歟

難云。富樓那ノ顯本ヲモ引カレスレトモ略ト云ハ。誰カ知ル。實ニ聞二ク富樓那ノ顯本一ヲ時無二ニモヤ動執生疑一有ラン。若爾者。正ク動執生疑スルソト云證據有レ之歟如何

答。富樓那顯本時可レト有二動執生疑一云事ハ。(天文一、五六下)大師ノ餘處解釋ニ引二ヲ富樓那ノ顯本ノ事一ヲ。妙樂受レテ之。亦是擧レ資(弟子)密顯二於師一ニ。弟子尚非二實少一ニ(小カ)驗知師非二近成一文 此釋正ク富樓那顯本時可レ有二動執生疑一釋セリ。尤成二證據一ト歟

難云。妙樂餘處ノ釋ハ。只是密ニ顯二トシテ師本一ヲ云トモ。正ク集會ノ衆。動執生疑ストマテハ不レ覺如何

答。彼疏一ノ解釋ハ可レ有二動執生疑一被レ得レ心也。所以ニ彼解釋ニ云。(同前)利根縱其已ニ知トイフトモ。須待彌勒扣發文 既ニ利根縱其已知ト云フ一類利根ノ者有レテ之。聞二テ富樓那顯本一時。動執生疑スレトモ。彌勒疑自ラ不レ知發レ問ヲ云也

私云。序品ノ文ハ文殊ハ昔釋尊九代ノ師也。今弟子也ト云云 文殊ハサテハ今佛ノ弟子ト示ハ權化也。何樣ニ弟子ノ超越スルニハ非。佛ノ久ク成佛セル歟ト可レ疑也。次方便品ノ文。從二(大正藏九、一〇上)久遠劫一來。生(一〇カ)死ノ苦永盡云云 既生死苦永盡ト云カ故ニ

久ク成リ佛ニタマフラント疑也。寶塔品ハ分身多カ故ニ成佛文ト思也。五百品ノ富樓那尊者。內祕菩薩行ノ文ヲ可レ引云事ハ。富樓那ハ九十億佛ノ所ニシテ說法第一ノ人也。是程ノ人ヲ爲ルハニ弟子ニ一何樣佛モ久ト可ニ動執生疑一也

問。玄文中ニ釋トシテニ（頭八十二）三所動執生疑ヲ一依ト二序品ニ一見リ。爾者指ニ何文ヲ一耶

答。文殊彌勒ノ引ニ問答ノ文ヲ一釋ニ動執生疑ヲ一也

付レ之。諸佛菩薩爲レ助ニ行化ヲ一從レ本垂レ迹。諸佛聖衆ノ常ノ習也。釋尊設ヒ新成也ト云トモ古佛爾シテ（示カ）文殊ト爲ニ弟子ト一。不レ助ニ新成ノ佛ノ行化ヲ一耶。今ノ釋難レ思

答。如レ此釋ル事。下ノ文ニ釋尊久成ノ佛ト云事既ニ顯シ畢ヌレハ。序品ニ文殊ハ釋尊九代ノ祖師ト釋ヌレハ。久成ノ佛ナル故ニ。以ニ九代祖師ヲ一今日爲ニ弟子ト一也得レ意。久成ヲ引證スル歟。但是。弟（天文一、五六下）子尚非ニ實小ニ一（驗カ）咸知師非ニ近成ニ一。大旨ヲ存ル計歟 尊均

疏三云。（天文二、五五二下）妙覺昔親對レ佛。（光カ）先復爲レ師故ニ釋レ疑非レ謬。密開ニ壽量ニ一者。（「師カ）成佛。祖爲ニ弟子ト一師弟無レ定。將ニ密ニ顯ニ生非レ生滅非レ滅之意（「○カ）文

---

86 籤云。（頭八十六）（天玄五、三四四）師子能前跳後跳。後跳卽未來益之相也事

補注云。（卍續四四、十四丁右上）師子後跳卽未來者誤也。（「奮迅カ）准ニ文句中ニ一師子譬ニ現在ニ一。（「恐カ）又奮迅將前乃表ニ未來ヲ一耳。將前豈非ニ前跳ニ一乎 文

備云。（同、三三二丁右上）後跳卽未來答物。（益相カ）疏釋云。師子奮迅者。（「云カ）或將レ前之狀。此表ニ未來益物ヲ一（相カ）文

87 玄云。（頭八十七）（天玄五、三四五）今題來證レ義事

備云。（卍續四四、三三二丁右下）題應レ作レ提 文

師云 題字ナラハ始メト可レ讀歟 義ノシルシ

88 籤云。（頭八十八）（天玄五、三四六）前來開合之義事

備云。（卍續四四、三三二丁右下）前來開合之義。如ニ迹門開レ因合レ果。本門開レ果合レ因 文

89 本門十重顯本事（頭同）（天玄五、三三三〜）

一破迹顯本 本因妙 是ハ破ニ所化ノ情ヲ一也。謂ク執シテ今日ノ迹ノ情ヲ一實ト思カ故ニ。破レ之顯ニ久遠ノ本ヲ一也 玄七卷。三世料簡ノ心也 二廢迹顯本 本說法妙 此ハ付テ能化ノ說法ニ。謂迹ノ中ノ說法ハ皆是方便也。今此ノ廢シテ方便ノ說ヲ顯ニ久遠ノ說法ヲ一。三ニ開迹顯本 本果妙 就レ教就レ理。就レ教ニ者。中間ノ迹ノ說法。皆是顯本ノ意

也。故開近迹。示其本因（要カ）釋也。就理者。只是約觀門也。卽觀方便迹卽顯本理云事也。四會迹顯本　本因妙也　是就能化行云也。謂迹中諸行皆是從本垂迹行皆爲顯本地云也。五住本顯本　本國土妙　此就佛本意。乃至常住此本恆顯於本釋。佛本意ハ現種種迹惣以無非本。本外迹云物一分無之也。依正二法一同皆本有依正也。依之妙樂。只是（天玄五、三四二～三）不離於本而常顯本。引文意不離本時娑婆。於迹娑婆以顯本娑婆　文　爰以引證文。娑婆世界純以蓮（黃金カ）（同、三四二）爲地。人天充滿。人衆見燒盡我淨土不毀等文（〔〕又云カ）說。指之妙樂。引文意釋也（引）

六住迹顯本者　本壽命妙　此亦就迹意內內顯（現カ）本云事（同、三四二）也。故籤云。住迹中只於迹中顯一之時已觀古佛之塔正爲顯本故也　文　七住非迹非本顯本　感應　此約絕言。謂非本非迹而能示本迹云事也。八覆迹顯本　本神通　亦納（約カ）機應多。謂執迹障本。以顯本示之令其迹不失也。故覆迹云迹質カクス也。卽未來益物形也。九住迹用本　壽命眷屬　是迹中種種示身種種被說教。皆以本地實因實果施衆生也。十住本用迹　本涅槃利益　謂本地不動迹遍法界也。現種種相云也。此十重顯本中高顯本云。以第五顯本爲至極也　一口傳也

師云。十重從始至第五從迹歸本形也。第六已下從本垂迹心也

尋云。此次上迹門十重釋開權。此意通歷十妙。（天玄五、三三二）一一妙中皆具十意　文　次本門十重釋。（同、三三四～五）通就本門一一妙中。皆具十意。若別論者　○　文　此十重互通云覺。何中高云耶

示云。此釋十重通別釋作。通者約佛意無高下云也。例如十界一念無高下。次別釋約機方也。是可有高下也

問。新成久成佛相對。於分身有多少不同可云耶

答。論新成久成時可有多少不同也

兩方。若有レト之云ハハ。新成久成同ク應用遍シテ法界ニ無レ有ニ差別一。何ソ論ニ多少ノ不同一ヲ耶。若依レ之爾ト云ハハ。大師解釋中ニ。（天玄五、三三六）分身既多。當レ知成佛久矣文如ニ解釋一ノ。久成佛ニハ分身可レ多カル聞リ

答云云論ルニ新成久成ノ不同一ヲ時ハ。分身多少可レ有レ之。其故ハ久成佛ハ過去久遠已來。處處ニ垂ル二應迹一ヲ分身散影スルカ故ニ分身可レ多也。新成妙覺ノ佛ハ今日初テ分身スルカ故ニ。雖レ遍ニ應用法界一ニ不レ可レ似ニ久成佛一ニハ者也。但至ニ一邊ノ難一ニ者。應用遍ニル法界一ニ事ハ。新成久成ノ差別雖レ無レ之。分身散影ル事可レ隨ニ結緣ノ衆生ノ有無一ニ者也。故ニ新成妙覺ノ佛ハ結緣ノ衆生。不レ可レ及ニ久成ノ佛一ニハ者也

難云。斷ニ無明一顯ニテ法性一ヲ後。分身散影シ應用遍ニ法界一ニ。新成久成無ニ差別一。於ニ無盡ノ世界一ニ可ニ分身一也。設新成佛也ト云トモ豈ニ無ニ若干一耶。次ニ久成佛無量劫ヨリ已來。結緣衆生身カ故ニ分身多ト云事難レ思。其故ハ久成ノ分身ノ佛モ過去既ニ入滅ス。若爾者。現在ニ所レ有分身ハ新成佛同レ之。何久成佛ノ分身可レト多カル得レ心耶

答。何度如レ前。新成分身不レ可レ多。但過去無量劫已來分身ハ既ニ入滅スト云難ニ至テハ。一機前ニ雖レ示ニト入滅一ト實ニハ不レ滅可レ有レ之故ニ。惣シテ論シ二分身ノ多少一ヲ時ハ。過去已來分身ヨリ可レ取レ之也。依レ之今解釋ニハ。（天玄五、三三六）分身既多。當レ知成佛久矣。如ニ荷積滿レ池之喩一文意ハ謂蓮華生ルレ池ニ始メハ但一ノ蓮ニテ有レトモ。彼蓮ノ子ノ大ニシテ池中ニ散テ彼分散蓮子也。又分散如レ此。每年各各ニ分散ル程ニ。池中ニ蓮華遍滿スルカ如ク。佛ノ分身モ如レ此世世ニ分散スルニ。彼分身佛又彼彼ノ世界ニ分身シテ。如レ此久遠劫ヨリ如來分身ルカ故ニ。久成分身多レト之釋ル也

難云。以ニ荷積池滿譬一ヲ久成分身可レト有云ハハ。（天玄四、四〇九カ）玄文第七ニ迹佛果成ノ相ヲ釋スルニ。指シテニ寶塔品分身一ヲ（通カ）迹佛果成相ト釋セリ。知ヌ迹佛ト者。新成妙覺ノ佛ナルカ故ニ。新成久成分身數可レト多云事

答。此事ハ今ノ解釋ト第七卷ノ解釋トヲ可ニ得レ意合一也。所以ニ。今ノ解釋ハ。本門動執生疑ヲ釋ルカ故ニ。迹門ノ外ニ久遠成道ノ佛ヲ有ラセテ。久成佛ノ分身ハ可レト多カル釋セリ。第七卷ノ釋ハ開迹顯本ノ相ヲ釋ルカ故ニ。新成久成ノ妙覺共ニ無ニ差別一。佛果圓

滿義同相ヲ釋ルカ故ニ。迹佛分身ノ外ニ本佛ノ分身ヲ不レ立。本佛ノ分身ヲ以テ迹佛ノ分身ニ令レ同也トモ可レ得レ意也

難云。玄文第七卷釋義以不審也。所以彼解釋。開迹顯本ノ意云事。惣シテ無ニ其謂一。彼ハ釋シテニ本果妙一ヲ。先出ニ迹佛果成ノ相ヲ一釋スニ四教佛果一ヲ。(天玄四、四二四)一ニハ今世ニ始テ成ルカ故ニ。二ニ淺深不同故。三中間被レ拂故ニト云テ。破迹顯本ノ意也ト見タリ如何

答。誠ニ迹佛果成ノ相ヲ所ハレ出ス似タレトモニ破迹顯本一ニ。正ク出ニ本佛相ヲ一處ナルカ故ニ。非ニ迹本ノ本一ニハ。非ニ本迹ノ迹一ニ。本迹雖レ殊不思議一也ト云。此正ク開迹顯本ノ意也ト聞タリ

難云。本迹雖レ殊不思議一也トノ釋ハ。亙ニテ十妙ノ文段ニ一一ニ有レ之。彼ハ融通文ニテ別テ開迹顯本トモ□(虫損)(不カ)レ覺如何

答。此事ハ打任テハ如レ此可レ答也。然トモ彼ノ第七卷ノ釋ヲ可レ得レ心事有レ之也。所以ニ。本果妙ヲ釋ルカ故ニ。久遠最初ノ得果ヲ爲レ本ト。中間今日世世番番分身ノ成道ノ相ヲハ。皆迹佛果成ノ相ト釋ル也。故ニ今ノ第九卷釋。彼ノ第七卷ノ中間番番ノ分身。其數無量無邊ナル事。本佛ノ成道ノ久キ故ソト釋セル也。故ニ彼此其意同シ

難云。第七卷釋ハ尚新成妙覺ノ分身ト覺リ。所以ニ。今世始成ト釋ル故也

答。今世始成ト云ル釋ハ。彼ノ分身事ニハ不レ關。所以ニ。今世始成ト者。上ニ所レ出ス四教佛果皆始成ト云カ故ニ指レ彼ヲ也。淺深不同ト者。四教果成淺深不同ナルカ故ニ。分身ヲハ中間被ルルカレ拂故ニト釋ル是也。故ニ各別也。不レ可レ亂

難云。猶以テ道理不レ明。二死大夜爰ニ曉テ自ラ應用遍ニ法界ニ已來。利物受テ無ニ齊限一。依テカレ何論ニ多少一耶。但至ニ結緣ノ多少ニ者。初住眞因ニ叶テヨリ已來。分身遍シ十方ニ調フ成佛ノ機ヲ。縱ヒ一時也トモ不レ可レ有レ限耶

答。內證法身ノ理ハ。横ニ遍ク豎ニ極トモ。八相作佛ノ儀式逗ニ所被ノ根機ニ。若爾ハ。結緣久成ノ機緣滿ハ法界ニ應用同不レ惜影ヲ。豈ニ久成ノ佛不ン多耶。彼如シ荷積滿レ池ノ

師云。新懷ニハ新成久成ノ分身多少無レ之。一法一切法ナレハ一佛成道スレハ。一切衆生成佛スルコソ分身ナレト云云　此義ノ意ハ實事可レ爾。但教門邊不レ可レ然。今ハ新成ト云ハ教門機情前ノ事也。其前ニハ可レ有ニ多少一。又分身ト云事付テニ應身ニ事也。

約シテ二何ナル衆生ニ一論ルレ之耶。我等卽八相ヲ唱ル事ハ別ノ沙汰也。
其說ハ祕事也
私云。今ノ文段ハ五重玄ノ用ヲ釋ルニ十重顯本有レ之。其中ニ
今ノ當レ知成佛等ノ釋ハ破迹顯本ノ文段也。仍テ新久ヲ立三
世料簡門意也。此前ニハ久成ノ分身ハ可レ多也。難ノ意ハ住
本顯本ノ意ニテ難ル也。其邊モ可レ有。仍テ所詮文段各別ナレハ
非レ難ニ事也
圓師難云。本爲法身迹爲八相ト云テ。法身ノ本ヨリ示ニ八相ヲ一。
若新成ノ佛ノ法身ハ久成ニハ可レ劣ル也。若爾者。佛ニ可レ有ニ淺
深一耶
答（缺文）
尋云。新成佛中ニ成佛已前行行ニ有ハ遲速一。可レ有ニ分身ノ多
少一モ耶。一生妙覺ノ人若有ト云ハハ。分身可レ少カル耶
答（缺文）
問。釋籤中ニ以ニ五重玄一對ニ本迹二門ノ十妙一ニ。爾者。本迹
二門ノ以ニ利益妙一ヲ對ニ五重玄ノ用一ニ可レ云耶
答。可レ然

進云。釋ニトシテ此事ヲ不ニ對用一ト見タリ。付レ之。利益妙トハ者。
顯ニハ本迹二門ノ力用一ヲ文也。何ゾ五重玄ノ用ニ不レ對耶。例如下
以ニ十用一對ニ十妙一時ハ約ルカ利益妙ニ上
答。可レ對也。用ハ本妙ノ故ニ重テ且ク不レ擧レ之歟。但至レ例ニ
者。彼ハ以ニ十用一ヲ如レ次對ルカニ十妙ニ故ニ非レ例ニ
難云。本體ナラハ先可レ擧レ之邊
（天玄五、三四六）
答。文云。今用者（旣カ）益レ他卽是果上之用 文 旣ニ用體質他益スル
義ト云ヘハ。不レ擧ニ利益妙一ヲ聞タルカ故ニ不レ及ニ對當ニ歟
問。開迹顯本ノ文ヲハ如何分レ之耶
頭八十四（天玄五、三三九～四〇）
籤云。開迹文中。初就法下先敍レ迹。次今若下拂迹
疑云。見ニ本書一ヲ開迹顯本中ニハ有ニ三意一ト見タリ。敍レ昔。述レ
今二ノ意ニ約シテ。初ノ屬對ノ文無ト釋ル耶
答。實爾也。但籤ハ屬對ノ文可ト有レ難ル事ハ。但標ニ上ノ文一ヲ次
文ヨリ敍レ昔。述レ今ト釋タマフ也
頭同（天玄五、三四〇）
90 玄云。文殊所レ述。燃燈佛事
疑云。文殊ノ所述ハ燈明也。何ゾ燃燈ト云耶
答。燈明佛ト可レ云。今ノ釋ハ誤也。次ニハ日月燈明佛。八人ノ

王子有リ。最後ノ王子ハ燃燈佛也。從ヘテレ之釋ル歟
問。玄云。以ニ破迹顯本等ノ十文ヲ一對ニ本門十妙ニ一見リ。爾者
第二 云云

91 玄云。開迹顯本是別論本果妙事　頭八十八（天玄五、三四六）（ㇾ用カ）
疑云。以ニ迹門境智行位ノ四妙ヲ一。本門ニハ合ニ立三一ノ本用妙ニトス一。而ニ迹門十用ノ中ノ開三顯一ニハ爲ニ境妙ト一故ニ。以ニ本門ノ開迹顯本ヲ一可レ爲ニ本因妙ト一。何ソ本果妙ト云耶
答。籤ニ會シテレ之。卽知ニ文誤ト一（同前）〇或別有レ意也 文 別意ト者。玄ニ開迹顯本ヲ釋スルニ引ニケリ我成佛已來ノ文ヲ一。是本果相也。此ヲ別意ト云歟。對ルニ本因ニ事ヲハ落伏ヲチフシテ其上ノ別意也

92 玄云。住本顯本是別用ニ本國土妙ニ一事　頭同（天玄五、三四六）
疑云。迹門十用ノ中ノ住一顯一。是三法妙也。故ニ准レ之住本顯本ハ是可ニ果妙ナル一。何ソ國土ト云耶
答。如レ難。但見ニ本書ヲ一釋ルニ住本顯本ヲ一中ニ我淨土不毀ノ文ヲ引ケリ。以レ是ヲ本國土ト云歟。籤ニハ。本門開レ果出ニ國土ヲ一 文（同前）（ㇾ以カ）故ニ對ルニ本果妙ニ一事ハ勿論也

93 玄云。住非迹非本別論是用ニ本感應妙ニ一。覆迹顯本別論是用ニ本神通妙ニ一事　頭八十八（天玄五、三四六）
疑云。迹門ノ住雙非顯一ハ是迹ノ神通也。准レ之住雙非顯本亦可ニ神通ナル一。何ソ感應ト云耶。又迹門ノ覆三顯一ハ位妙也。故ニ覆迹顯本ヲハ壽命ト可レ云。若ハ國土ト可レ云。何神通妙ト云耶
答。玄文已上四箇條共ニ文誤歟
籤云。准下迹十用對ニ十妙ニ一義上。兼取ニ前來開合之義ヲ一來レ此勘會卽知ニ文誤ト一 文 既ニ以迹門ノ十用ヲ勘會シテ文誤ル事ヲ知ト云カ故ニ。今ノ文共ニ誤歟。或ハ又有ニ別意一。所以ニ。開迹ノ文ニハ我成佛已來等云フ故ニ又果ト云也。住本ノ文。我淨土不毀ト云故ニ屬ニ國土ニ一。住雙非ノ中ニハ垂迹顯本等云リ。又是感應義也。覆迹中ニハ師子奮迅等ヲ云故ニ。又神通ト云。住迹ノ中ニハ本時滅度等云故ニ。又壽命ト云。住本中ニハ非レ滅現レ滅等ヲ云故ニ又涅槃ト云也　頭八十八（天玄五、三四六）

94 籤云。前是位妙。故今應レ對ニ果妙ニ一事　頭八十八（天玄五、三四六）
疑云。位妙是因也。何對シテ果妙ニ一耶
答。依レ智ニ行故。正有ニ證位ニ一故ニ。前ノ望テ境智行三ニ一以レテ

位ヲ名レ果ニ。若望ニ內證理一ニ其位尚屬レ因ニ也。依レ之上ノ籤ニ云。(天玄四、一)位妙若立實通ニ因果一文仍無レ失。今ノ籤ノ次上ニ云。(天玄五、三四六)位通ニ因果一云リ

95 籤云。(天玄五、三四六)今用既益レ他。即是果上之用。應(在)レ本ニ迹中六七八九四妙。及本中第三乃至第九一事

疑云。迹門十妙中ノ第十ハ是利益也。何今不レ取レ之耶

答。利益妙ハ理在絕言ナルカ故ニ別ニ不レ云也

問。以ニ本迹十妙一ヲ對ニ五重玄一ニ時。且ク宗用ノ二ヲ本迹二ニ攝シ盡ストル可レ云耶

答。攝ニ本迹九妙一文

付レ之。宗ニ攝ニ因果ノ諸妙一ヲ。用ニハ攝ニ果上ノ諸妙一ヲ云リ。十妙雖レ區ナリト因果及果上ノ用ヲ不レ可レ過。抑十妙中ニ除ニ一妙一ヲ云ハ何ノ妙ソ耶

答。釋ハアラハ也。本迹ノ利益妙ヲ除也。其故ハ宗用ノ二ヲ立テ攝ニ諸妙一ヲ。其用ヲ立ニハ益他ノ用也。即用ノ當體ハ利益ニレハ。別シテ攝レトモ之不レ可レ云也

難云。當體ナラハ彌可レ攝レ之。上ニ明ニ本迹ノ十用一ヲ。住一用三。住迹用本ト云ルモ。其利益妙ナレトモ是ヲハ攝トコソ。今體宗用ノ用取テ不レ攝。利益妙强ニ可レ云耶

問。本門ノ涅槃妙。壽命妙ハ迹門ノ十妙中。何ノ妙ニ攝在ストカ可レ云耶

答。(同前。釋籤)壽命合在ニ眷屬妙中一。涅槃妙在ニ(合カ)利中一(「益妙カ)文　取意

擒(キン・トラフ)

付レ之。三法妙ヲ離シテ涅槃壽命二妙ヲ出ス故ニ可レ對ニ二法妙ニ。例ハ如ヨ破三開三會三境智行ノ三妙ニ對シ。破迹會迹等ヲハ對ニ本因妙一ニカ

法華玄義第九抄

墨付百七丁終

〔法華玄義伊賀抄九　終〕

法華玄義伊賀抄十ノ上　目録

23〔玄〕佛智至深。是故三止四請事
24〔玄〕三止四請事
25籤云。鹿苑方等未レ稱二梵心一事
26籤云。圓理無レ殊。故今許云可レ爲二連類一事
玄云。但此法華開レ權顯レ本。前後二文 文
27籤云。至下說二十地一時上有二三十六菩薩一事
28籤云。三世十方諸佛無レ有下不レ說二此十地一者上事
29玄云。而人師偏著謂レ加二於法華一言小乘致レ請事
法華教主三身中何哉 一乘義。二算
華嚴教主三身中何耶
30〔籤〕本門四請三誡事
31籤云。華嚴中加二於菩薩一說二菩薩法一 文
華嚴經十方同說佛皆分身明耶
32籤云。是則化主眷屬並以二一身無量身一互爲二主伴一事
33籤云。華臺相去其量叵レ量事
法華三變土田時集處分身諸佛。三身中何也可レ云耶
34二異解下
35籤云。齊建武事
36籤云。止觀詮等事
37籤云。長干領語事

38籤云。禪衆文章事
39三明レ難下 有相教難下
40玄云。釋論云。三藏中明二法空一爲二大空一事
41〔玄〕既以法空爲大空事
42籤云。法華云下貪二著小乘一三藏學者上事
43籤云。又三藏教准二不定教一。亦非三獨在二十二年前一。如レ食二檀耳一是
涅槃時。其事亦在二四阿含內一。迦留陀夷亦復如レ是事
44籤云。故顯露教十二年前定唯在レ小事
45籤云。文殊央掘仍是大乘明レ空。亦在二十二年前一事
宗意可レ許二有門得道義一耶
46玄。引二陳如得道文一破二十二年前有相教義一事
47第二無相教下
籤云。佛性有五種名。如二止觀第三記一。意仍少別事
48玄云。八十年佛背痛有レ疾。於二娑羅一入レ滅。那忽謂レ常辨レ性事
49玄云。金剛般若論云。福不レ趣二菩提一。二能趣二菩提一。於レ餘名二生因一。
於レ實名二了因一事
50籤云。生身有二寒熱乃至九惱一事
釋籤中大品經所說普明菩薩行相引。爾所レ云普明菩薩。何世界來
耶
小乘心。五分法身常住不滅也可レ云耶

51籤云。非二常住不滅一。且引二不滅一破二彼無常一事
52玄云。不レ許二他人般若會三之義一事
53第三時
籤云。七百阿僧祇者。楞嚴七百。及淨名金剛。二經俱是第三時敎事
54籤云。何疾何惱者。乳光經中事
55籤云。乳光經。獨犢子授記事
56籤云。乳犢事
法華論引二何文一證二三種佛性一耶
57玄云。我不三敢輕二於汝等一○正因佛性事
58第五時敎難下
59不レ許二雙林常住敎一事
60不定敎難下
61籤云。阿闍世王有レ女名二無垢施一事
62籤云。八大聲聞事
八大菩薩
他人從二十二部經一出二修多羅一。爲二般若無相敎一文
玄文中。他人從二方等一出二般若一破二云義一
且提謂經中五戒十善俱明可レ云耶
玄文中引二提謂長生之符一。爾者如何釋給耶
他人以二提謂經一爲二人天敎一。一家如何破レ之耶

63玄云。奈苑之前○未レ有二僧寶一事 如レ抄
64玄云。從二般若已去一訖至二涅槃一。皆明レ滿者此不レ應レ然事
65及偏方祕密事
66〔籤〕汝今未レ得二一切種智一事
67玄云。六因四緣事 如二私抄止第十。九一。俱舍第七
68籤云。緣緣者。如三識生二眼識一事
69籤云。俱舍五因成性事
70不レ許三成論爲二假名宗一事 取意
71十喩事
72方廣事
73玄云。已如二前說一 文
74八術事
75籤云。次從二通不眞宗一去至二修也一。有二二十字一事
76籤云。當レ知楞伽四含之後爲二漸制之始一事
77籤云。下佛答中仍云二菩薩不レ應レ食レ肉。故知仍存二小敎中開一事
玄文中破二一音師義一。爾如何破レ之耶
華嚴五天往反相如何釋レ之耶
78玄云。華嚴五天往返。亦爲二鈍根菩薩一開二別方便一事
79玄云。明二有相敎一。此得二小乘一門一而失二三門一事
80籤云。此得二斥小一種聲聞一。全失二七種聲聞一事

（以上目次新作）

〔法華玄義伊賀抄十-上〕

（題簽）玄義第十伊賀抄 二之內本

玄義第十鈔

1〔離世間品中明二善知識一可レ云耶〕

問。離世間品ノ中ニ明二スト善知識一ト可レ云耶

答。爾也

若明トト云者。見二籤文一ヲ。（頭十ノ一ノ三丁）（天玄五、三六二）第八會明二離世間。（了一品カ）及以最後入法界品一。只是令レ信二善知識教一 文 既ニ最後ノ入法界ノ品ニ明二善知識一ヲ宣タリ。（大正藏十、三〇六下）知ヌ。不レ明云事。若依レ之云レ爾ト者。見ルニ經文一ヲ。親二（近カ）逝多聞。眞善知識一 文 如何

答。一義云。明也。但至テハレ釋ニ。二品ノ中明二善知識相一ヲ云歟。（天玄五、三六二）百文程讀歟。故ニ釋云。知一經等ラ云ヘリ。又義云。不ハレ明可レ答也。但經文ニ至テハ少分ハ說トモレ之。入法界品ノ非レ如二ハ善知識一也

抄傳 八十華嚴五十八云。（大正藏十、三〇六下）佛子。菩薩摩訶薩。有二十種智惠一助二

道具一。何等爲レ十ト。所謂親二逝(近カ)多門(聞カ)一。眞善知識一ニ。恭敬供
養。尊重禮拜。種種隨順。不レ違二相義(其教カ)一。是ヲ爲(「以カ)レ一ト 文
尊均云。第八會ニハ明二離世間一品(「教カ)一ヲ。及最後入法界品ハ。只
是令レ信二善知識一云也。仍不レ明也 莆同レ之

2　袖衿事　圖一(天玄五、三五九。玄義)

備云(卍續四四、三三三丁右上)。衿(神カ)ハ衣ノ頸(領カ)耳。應レ作レ襟(ネンコロ)ニ。謂ク心襟也 文
襟コロモノクビ

3　阡陌事　圖二(天玄五、三五九。玄義)

備云(卍續四四、三三三丁右上)。阡陌一路也(一㐫カ)(爲カ)。東西白(曰カ)レ阡ト。南北白(曰カ)レ陌ト 文
補注云(卍續四四、十四丁右下)。南北白レ阡。東西白(爲カ)レ陌 文

4　〔華嚴第五會有二幾品一可レ云耶〕

問。華嚴ノ第五會故(有カ)二幾品一可レ云耶
答。三品云云
籤云(天玄五、三六一)。第五會(經カ)二品ト 文
疑云。見二本性文一第五會有二三品一。謂ク昇都率品。都率讚
嘆品。十廻向品也。何今云二二品一耶
答。可二三品一。二字誤歟。二字上ノ一點缺タル歟。籤下文云。

第五都率天會說(天玄五、四九五〜六)(兜カ)二十向一有二三品一 文 依(此意歟)レ之故知(同、三六二)一經三十
七品ト云ハ誤ト聞ヘタルヲ(リ)
補注云(卍續四四、十四丁右下)。若准二下文一應レ云二三品及三十九品一也 文 備撿
同レ之
難云。二ノ字ノ誤ノ之事ハ自由ナリ。所以ニ。下ノ結ノ文ニ三十七品
文 若二品ナラハ違二結成一ニ如何 用イ
答。三十七品ノ處ハ二字ト云テモ尚不レ合也。玄ハ別ノ論義也
難云。第三會忉利天會ニ。昇須彌。須彌讚嘆。各義同何ソ
開レ之耶
答。必開合義不レ同。以二第五會(前歟)一ヲ別ノ合ノ意ヲ顯歟。又義云。
昇都率。都率讚嘆。各義同カ故合爲レ一ト云二二品一歟

5　逝多林會方便大事　山家釋

大上法橋云。華嚴七處八會。皆報土ト云事不レ可レ諍。但
如レ此釋事。信解品。中止一城ハ方便土也。又父子相見ノ
時ノ華嚴ト只同長者ニテ見(天文三、一四〇九上。文句記)タリ。サレハ釋ニ。又此ハ與二中止一雖二
卽チ同是他受用報一。此既主下入二忍界一於二菩提場一爲(示カ)(爲カ)(諸教カ)中說故
之始上ト云テ。同他受用ニテ釋ヲ。勝兼兩品(同、一三七一上)(處カ)トモ云也。故逝多林ニ

二乘在テ云方モ有也。故ニ是二乘在レ座ニ邊ヲ約ニ逝多林一作ニ方便土ノ釋一也。報土ト者。融通無礙邊也。二乘在座ノ邊ハ方便土也。皆是横ノ實報方便也

後日ニ又尋タルニ二乘在ルレ座ニ故(故カ)ニト云義ハ。勝陽房ノ相座主御房ニテ被レシ用也

信解品ノ記ニハ。中止一城與華嚴同ト云ヘリ。撿云云 唐土人師。天台トモ未レ見云云

釋云。七處八會○他受用在(土歟)也。亦是有餘土也文 慈雲坊。寛印供奉如レ此

問。華嚴七處八會ハ同時說歟

答。同時也

難云。經ハ次第ニ往故(反カ)ト見タリ。何況同時ナラハ重會如何

答。二ノ筋有也。同時ニ說ト見ミ。又一類ノ者ノ次第シテ往反スト見テ有也。性(經)ハ其次第邊ヲ得(說歟)歟。又重會次第ト見(現カ)タル邊ヲ云也

弘ノ二云。不レ動ニ寂場一見ニ身八會一文(天止四、四二六)

尋云。經次第ト見タリ。同時ト云事ハ何處ニカ見タル

答。自ニ得道夜一泥洹ノ夕ニ至マテ說ニ般若一ヲ云事ハ無レ論(諍カ)歟

問。華嚴教主。成道處如何

答。今日ノ報佛成道ノ處ハ菩提樹下。寶(法カ)菩提場也

難云。色究竟成道ハ別教品(所カ)成ト釋如何

答。サレハ第十地ノ菩薩ノ所居ト色究竟ヲ云テ。其菩薩ノ成道ストト云筋ヲ約ニ報佛一ニ。色究竟成道トハ云也。實ニハ今日ノ成道ハ寶(法カ)菩提場ニテ有也。今日ノ人ハ色究竟ハ第十地ノ菩薩所居ト云ヘハ。十地究竟ノ佛ヲ色究竟ノ成道ト說トコソ思ラメ。是ハ三身成レ覺ヲ時。自受用ハ寂光。十地究竟ハ色究竟。應佛ハ樹下ト施設也。今日ノ成道ハ寶(法カ)菩提場ニテ見ニ報佛一ヲ也。可レ見ニ入大乘論一

尋云。色究竟成道ト者。色界頂歟

良師云。色心ノ究竟ト云事也。教時義ニ釋タリ

6 華嚴說處。淨穢不同會文

六十華嚴一云。佛在ニ摩竭提國寂滅道場一。始成ニ正覺一文(大正藏九、三九五上)

八十華嚴一云。佛在ニ摩竭提國阿蘭若寶(法カ)菩提場中一。始成ニ正覺一文(大正藏十、一中)

六十華嚴一(二カ)云。爾時何神(佛カ)通力(通力カ)故。蓮華藏莊嚴世界海。六(大正藏九、四〇五上)

種十八相振動文

探玄記三云。問。（大正藏三五、一四五下）何故此摩竭即云ニ華藏界一（〻是カ）耶。答○今此文約ニ別教一說耳文

顯法華義抄三云。說ニ此經一時。於ニ大海中一有ニ無量百千億諸龍一。而來ニ其所一聞ニ此法一ヲ也。深厭ニ龍趣一ヲ正求ニ佛道一ヲ。咸捨ニ身直人天中一ニ。故知生ニ人天中一求ニ佛道一。今經會生ニ人天一即百ナリ。故ニ不ニ人天教一ニ也。華嚴後有ニ無量無數衆生一。成ニ於三乘中各得一レ伏。　又云。（大正藏十、二四六中）或時爲レ說ニ差別三乘一。或時爲レ說ニ圓滿一乘一ヲ（〻皆カ）。普濟度。令レ出ニ生死一。（〻文カ）又七十五云。（大正藏十、四二一中）六十萬那由他人。直（盡諸カ）ニ說有淨（漏カ）一心得ニ解脫一。十千衆生遠塵離垢。得ニ法眼淨一。無量衆生發ニ菩提心一。（〻文カ）故知華嚴隨機之故說ニ三乘差別一文

問。華嚴十定品已下諸品ハ。一會ノ說也ト可レ云耶　今釋ニハ正無レ進

答。各別會也

爾也。七八兩會文　付レ之。以レ何ヲ知ルコト得ン各別ノ會說也ト云事。於ニハ各別ノ會一各各有ニ得（從カ）座而起ノ言一。爾ニ今ノ十定品已下ノ諸品ニ無ニ此言一。知ヌ。一會ノ說云事ヲ。是以說處ハ同寶（法カ）菩提場。同聞同普賢。金剛惠。普見等ノ菩薩也。何ノ替ル事有カ分爲ニ兩會一耶

阿彌陀坊云。華嚴ハ。第一會ハ寶（法カ）菩提場。第二會普光明等ノ會會各別也。何ソ同ク寶（法カ）菩提場ト疑ン耶。此定ナラハ同聞モ不審也

答。十定品ノ初ニ。（大正藏十、二二一上）普光明殿會ニモ。寶（法カ）菩提場。始成正覺ト（〻中カ）云ヒ。離世間ノ初ニ。（同、二七九上）又寶（法カ）菩提場。始成正覺ト云言ヲ置ケリ。會ノ始ニハ皆寶（法カ）菩提場ト云說處ノ云。又始成正覺之由ヲ云時ノ衆會ノ初ニハ令ルレ知也。故ニ爲ルニ二一會一トスルニ無レ失。但說處同聞無レシト異云ニ至レ難ニ者。（人師會釋ノ心）重會ニ多樣有リ。何處ノ人法皆有ニ重義一。第七會ハ約レ處ニ。第八會ハ據レ法ニ會セハ。況ヤ新譯ニハ喜覺三藏。得ニ十品ル爾ノ梵本一ヲ故分テ爲ニ二會一云耶。又無ニ報座ノ之處一二會同座也。從座而起ノ言ハ無トモ約ニ處法一ニ各別ノ會トスル也

難云。約ニ處法一ニ二會トスル事假令也。前會ノ所說ニ違。又別法トテ何ナル法ヲ說耶。前會所說ノ法ト云ハ十地歟。爾第八會ノ所

説法ト云ハ。何十定品ノ十地ノ勝進ノ法ニコソ有ランスレ。其ニ依テ各別法トヤ可レ云。前初會ノ中ニモ只必シモ同シ法ヲノミ説カン。住行向ノ解功徳ヲハ説ランニ

義云。其ハ一會ノ內ニ少少ノ各別ノ法ヲ説トモ。後ニハ寶(法カ)菩提場。始成正覺ノ言無歟

又尋云。可ニ定無一歟

師云。無云云 妙樂

骨目云。又云。（大正藏三六、一〇五七中～六〇中）第七重會普光明殿説ニ十一品十三卷一。十定品二十七。（「〇カ）爾時世尊在（存カ）ニ摩竭提國阿蘭若法菩提場中一始成ニ正覺一。（「上カ）「於ニ正覺二」於ニ普光明殿一入ニ刹那際諸佛三昧（三カ）一恆住。（「〇カ）第八會再（再會カ）普光明殿説ニ一品七卷一。離世間品二十八。（「〇カ）爾時如來在ニ菩提場普光明殿一。坐ニ師子座一妙悟皆兩（滿カ） 始成異名也 二行永絶 文

華嚴七處九會頌云 寶藏釋 （大正藏三六、七一二中～下）問曰第二會ノ後歷（歷後カ）ニ忉利等四處一後亥（復カ）ニ普光（「〇カ）一耶。答曰重會之名通ニ於多種一。謂時處人法皆有ニ重義。前約レ處明此ニ據レテ法説。前六會同顯ニ生有之因（之因カ） 解歟（「謂カ）果一。今重辨ニ彼ノ所成ノ行一ヲ（「解カ）。故名（名カ）ニ重會一 文

又云。（同、七一二上～中）第七會重普光法堂 寶歟 表ニ此所ノ説ニ六位之法一前（「依カ）信等ニ圓（周カ）攝聞盡。是故重會ニ於此處一也。第八會重普光（千カ）寶堂（法カ）表ニ此所説ニ二十行法一亦依ニ前信一等ニ圓（周カ）攝聞盡。是故重會ニ於此處一也 文

又云。問曰晉（同、七一二中）朝源（經カ）唯有ニ八會一何故唐性（經有カ）九會耶。答。覺（「曰カ）賢三藏不レ得ニ十定品梵文（本カ）一。終不レ知説ニ十明品 舊云ニ十通品 等十品處（有レ之カ）一。由ニ此十品一入ニ於第六他化自在天會一。是故唯有八會耳。喜（學カ）覺三藏得ニ十定（「品カ）一卽分明知十地品是他化天會。十定等十一品是普光重會。故開爲ニ九會一耳 文

九處者。普光明殿二會（會カ）。第七重會ハ依ニ新譯一得ニ十定品梵文一開セリ

七處者。天四處。人中三處。菩提樹下。普光明殿。給孤獨薗

7　六十華嚴説處

經歟 性一云（大正藏九、三九五上）。如レ是我聞。一時佛在ニ摩竭提國「阿蘭若法菩提（「上寂滅道場カ）寶場中。」始成ニ正覺一 文

同五（同上。摩竭提寂滅道場）初始得レ佛普光法堂（同、四一八上） 文

同二十五云他化天十地品（同、五四二上）。舊譯ニハ無ニ十定等十一品第七會一。依ニ新譯一開レ之

同三十八云離世間品爾時世尊（同、六三一中）。在ニ摩竭提國寂滅道場普光法堂一

入法界品四十五云。爾時佛在ニ舍衞國城祇樹給孤獨薗一（同、六七六上）（國ナシカ）

8 八十華嚴說處

第一如レ上

同十二云名號品菩提場中（大正藏十、五七下）。始成正覺。於普光明殿。妙悟皆（「〇カ）歸（滿イ）文

同十九云。須彌頂（同、九九上）昇夜摩天品文

同二十云（同、一一五上）（兜カ）昇都率品

同三十四云（「二カ）十地品他化天

同四十云（同、一七八中）。爾時世尊（同、二一一上〜中）。在ニ摩竭提國。阿蘭若法菩提場中一。始成ニ正覺一。於ニ普光明殿一○（其カ）異名。曰金剛恵菩薩。無等恵（「〇カ）菩薩。普見菩薩。普眼菩薩（「〇カ）已上百菩薩擧リ爾時普眼菩薩。承ニ（「〇カ）佛力一（「神カ）。從レ座起文（「而カ）此ハ普光殿。新譯。喜覺三藏譯ニハ出開加也

同五十三云。爾時世尊（同、二七九上〜中）。在摩竭提國阿蘭若法菩提場中普光明○妙悟皆（滿カ）歸○而イ爾其名曰普賢菩薩。普始（眼カ）菩薩。普（「〇カ）菩薩（「覺カ）已上十菩薩

爾時普賢菩薩（同、二七八下）。承佛神力

9 七處八（九カ）會

第一會。菩提場中說ニ六品一摩竭陀國世主妙嚴品。妙（如カ）來現相品。普賢三昧品。世界成就品。華藏世界品。毘盧遮那品十一句

第二會。普光明殿說ニ六品一摩竭「悲蓮何曲」（「」提阿蘭若カ）如來名號品。四聖諦品。光明覺品。得（淨カ）行品。菩薩問明品。皆（賢カ）首品四句

第三會。忉利天說ニ六品一說ニ十種一昇須彌頂品。須彌讚嘆品。十住〔品〕。梵行品。發心功德品。說（明カ）法品三句

第四會。夜摩天說ニ四品一昇摩品。夜摩讚嘆品。十行品。十無盡藏品

第五會。都率天說ニ三品一昇都率天品。偈讚品。十廻向品三句

第六會。他化自在天說ニ一品一十地品

第七會。重會普光明殿說ニ十一品一舊譯十定品已下無。喜覺三藏譯未レ開ニ第七會一也。十定品。十通品。十忍品。阿僧企品。壽量品。菩薩信（住カ）處品。不思議品。如來十力（身カ）品。如來隨怒（好カ）光明〔品〕。普賢行品。如來出現品

第八會。再會普光明一品離世間品

第九會。給孤獨薗說ニ一品一又（入カ）法界〔品〕逝多林會云云

〔新譯華嚴經有二幾品一可レ云耶〕

問。新譯華嚴經有二幾品一可レ云耶

答。有二三十九品一可レ答

進云。籖〔頭三〕云。故知經(ア一カ)三十七品 文(天玄五、三六二) 付レ之。始自二施主(世カ)妙嚴品一終至二良入法界品一凡三十九品也。何只三十七品云耶。依レ之籖下文云。但有二三十九品一 文(天玄五、四九五) 如何

答云云 但釋除二如來名號品。壽量品一云歟。彼二品ニハ如來自說故也

難云。設ヒ佛自說ナリトモ說二菩薩位行一ヲ。何不レ擧レ之耶。況名號品ハ文珠(殊カ)說。壽量品ハ心王菩薩ノ所說也如何

答。名號品ノ異譯ハ都沙性(度沃焦カ)。壽量品ノ異譯ハ邊功德品(經イ)也。是ハ佛說トハ見ル相(故カ)二爾云歟

一義云。隨合(好カ)品。阿僧企品ハ佛說ト見タリ。仍此二品ヲ略歟

難云。若爾四品ハ佛說ト見タリ如何

一義云。世主(施)妙嚴品。如來現瑞(相カ)品ハ序分也。不レ及二正宗一ニ故除レ之歟

一義云。離世閒。入法界二品ニハ明二知識淺事一ヲ。不レ說二住行向地位行一故除レ之歟。望二此二品一ニ釋ハ。但明トハ判シ給歟等ル(吉歟)

尊均云。七ノ字誤歟。次ニ如來現相品及入法界品ニハ說二如來果地功德一ヲ。今三十七品但明二菩薩行位功德一云故爾云歟

又義云。開合異歟。又義云。文言誤歟。第五會三品ヲ二會品ト云ハ二字誤ト見タリ

骨目云。三十九品唯如來名號品壽量品。是佛自說。餘皆加二諸菩薩說一也 文(大正藏三六、一〇五〇上)

疑云。名號品ハ文珠(殊カ)說。壽量品心王菩薩說見タリ如何(答缺)

〔莊嚴經。因果功德俱明可レ云耶〕

問。莊嚴經。因果功德俱明可レ云耶

答。俱說ト可レ答

兩方。若共ニ說云ハ。釋云。故知一性(ア明カ)三十七品。但菩薩行位功德 文(天玄五、三六二。釋籖)經 於守問攝 若依レ之爾云。盧遮那品ニハ說二盧遮那功德一ヲ。名號品ニハ明二如來名一ヲ。如來壽量品ニハ說二壽量一ヲ。此等豈非レ明二果地功德一ヲ耶

答云云但釋云。華嚴中逗ニ別圓機性一明ニシテ次第不次第ノ教ヲ一（相歟）。唯說ニ地上住上ノ功德ヲ一。未レ明ニ如來說頓ノ意ヲ一。但明ニ菩薩行位功德ヲ一畢。如ニ法華ノ殊ナルニ不レ說ニ如來說頓ノ心ヲ一非レ令ニハ殊ニ果位一耶 吉

又義云。玄云。其宿殖厚キ者。初卽頓ニ與ノ直ニ明ニシテ菩薩ノ位行功德ヲ一。言ハ不レ涉レ少ニ。故ニ付テレ不レ明ニ小乘ヲ一。但明ニ菩薩等ヲ一云也。非レ行ニハ佛果ヲ一歟（天玄五、三七一）（ア淳カ）（小カ）（ア文カ）此義談ニ何人妨義ヲ一也。可レ用レ之

又義云。法華已前皆屬ニ因分ニ一。法華屬ニ果分ニ一心ニテ。華嚴ヲ只屬ルニ菩薩行ニ一歟。依レ之山家釋云（秀句ト 引ニ十地論一）。華嚴因分。法華果分 文（傳全三、三八。取意）此心歟

難云。爾前ヲ因分ト云心如何

答。久遠實成ヲ因分ト云也。果分者。本實成也。而ニ爾前ニハ唯シ從本垂迹シテ利ル物ヲ了ヲノミ明テ。不レ辨ニ眞實果成ヲ一故ニ下ス因分ト一也。山家秀句云（傳全三、三八）。華嚴之時未レ說ニ果分ヲ一。雖レ說ニ佛ノ不思議。如來ノ相海等ヲ一。然是形體也（也カ）之果（對）。故ニ地論云。因分可說。果分不可說 文 是心也

難云。若爾ハ。迹門モ久遠果ヲ不レ明故ニ可レ云ニ因分一歟

答。迹門ハ久遠成ヲ不レ明云トモ。明ニ施化ノ取由ヲ一故爾落（前カ）ニ異也

一義云。形對ノ果者。因位ニ形タクラフル果ト云也

〔華嚴所說十住多別教說歟〕

問。華嚴所說ノ十住ニハ多別教說歟（下論義一歟）

答。多說ニ別教ヲ一云有ニ何失一

若多說ニ別教一云者。住中多明ニ圓融之相ヲ一 文（天玄五、三六二。釋籤）若依レ之爾云。決七云。初住雖ミ卽略明ニ圓義ヲ一。二住已去乃至十地多明ニ別義ヲ一 文（天止四、二四六）如何

答云云所以經ノ現文ニハ多說ニ歷別之旨ヲ一故。任テ現文ニ多說ニ別教ヲ一答也。但釋ハ雖ニ行向ノ只別教ナルニ一住中多明ニ圓融ヲ一云歟。實ニ十住ノ一位中ニ論ニ多少ヲ一時ハ如レ難（ア別カ）

決七云（同前）。初華嚴雖レ具（ア中カ）ニ二義ヲ一文多明（ア云カ）。故偏ニ多四榮ナリ。所以住前十種梵行全明ニ別義ヲ一。初住雖ミ卽略明ニ圓義ヲ一。二住已去乃至十地多別義（ア明カ）。雖ミ行向中辯（於カ）ニ出普賢行布二門ヲ一。而諸位中普賢義少。入法界品唯見ニ彌勒文珠（殊カ）普賢ヲ一。廣明ニ圓融ヲ一。餘諸知識多明ニ別起（ア是カ）（相イ 教歟）ヲ一。故今云ニ偏四榮（ア多カ）ヲ一 文

問。妙樂大師解釋中ニ。華嚴經ノ所說。四十二位ノ功德ヲ引知ヘリ。爾者約ニ四十二位一如何別圓二教ノ相釋給耶

答。住中多明ニ圓融ノ相一。行後多明ニ歷別之相一（「之カ）文（頭三）（天玄五、三六二。釋籤）

爾也。付レ之。驚ニ妙樂大師解釋一ニ。披ニ華嚴經文ヲ一明メテ二四十二位行相ヲ一。初住一位ノ中ニ於テ雖レ明ニ融ノ義ヲ一（「圓カ）。於ニ二住已去ニ一者。全不レ說ニ圓融ノ相ヲ一爾者如何

答。自レ本任ニ解釋一。但至レ難者。凡華嚴經者別圓兼帶ノ說也。故ニ隨ニ義門ニ一判屬不定也。而ニ今釋ハ初住ニ明ハ二圓融ノ相ヲ一。二住已上ニ又其意可レ有故。十住ヲ惣シテ明ニ圓融之相ヲ一釋ル尤有ニ其謂一

難云。何ニモ經文ハ不審也。所以初住ニ說ニ圓融ノ義ヲ一。雖レ顯ニ一多自在ノ德ヲ一。於ニ二住已上ニ一全明ニ別圓ノ義ヲ一。爰以妙樂大師一處解釋ニハ。（決七）初住雖ニ卽チ略テ明ニト圓義ヲ一。（天止四、二四六）二住已去乃至十地ニ多ク明ニ別義ヲ一文 爾者妙樂大師。自ノ違ニ背ヲ解釋一ニ。今何住中多明ニ圓融之相一ト釋レ

答。自レ本彼經ノ意。一一ノ位ニ別圓ヲ兼合セリト得レ心タル上ニハ。一一ノ位皆或ハ成ニ別教一成ニ圓教一ト可レ釋也。又二住已去ニハ圓融ノ相ヲ明トモ。文相次第セル邊ヲハ別教ニ屬スル時在レ之。卽弘決七釋其意也。籤次下云。（天玄五、四九六）如レ是處會（七處八會九會イ）所レ明位行不レ出ニ別圓一ニ。但シ經意兼合（含カ）シテ義難ニ分別（判カ）シ一。始メ從ニ住前一至マテ二登住一來タ全ク是圓義ナリ。從ニ第二住一至ハ二第七住一。文相次第セリ。又似リ二別義ニ一。於ニ七住ノ中ニ一又辨ス二一多相卽自在ヲ一。次ニ行向地ハ又是次第差別之義ナリ。又一一位皆有ニ普賢行（圓教）布（別教）二門ヲ一。故知ヌ。兼テ用テ二圓文ヲ一攝（接カ）スル別ヲ文（天玄三、三三五。玄義）

籤（玄カ）四云。華嚴頓教多明ニ圓斷ヲ一。四十一地ニシテ不レ出ニ十信之名ヲ一文

難云。處處解釋相違如何。所以今釋ニハ。（天玄五、三六二）住中多明 云云 次（決カ）七云。（天止四、二四六）初位一位 虫入 ○○ 云云 今釋次下ニハ。（天玄五、四九六カ）初住七住ハ圓融 云云 又（天玄五、四九六）一一位皆有普賢行布 云云（初住雖卽略明圓義カ）

答。大旨如レ上。但初住ハ圓融ト云事。經文ニ初發心時便成正覺文ニ。初住ノ菩薩嘆ニ。（天玄三、三九六。玄義）三世諸佛嘆（歎カ）不レ能レ盡 云云 但七住ハ圓融ヲ明トモ不レ及ニ初住ニハ。惣テ一一ノ位中ニ有ニ、モ別圓ノ義相ニ。互ニ有ニ傍正一可レ得レ心

10 （頭三）籤云。（天玄五、三六二）而皆不レ明ニ行位之意一事

尋云。行位之意者。何事耶
答。說頓ノ意也。謂擬宜也。玄次下ノ。言不レ涉レ小(天玄五、三七一) 文 此意
歟
疑云。華嚴ニ旣ニ明ニ位行心一如何
答。說教ノ取意ヲ不レ明云也
備云。不明行位之意。(卍續四四、三三三丁右上)住ノ中ニハ圓融ハ是圓ノ住。行ノ後歷別
是圓接別 文
　　已上華嚴沙汰畢
〔阿含經中各明ニ何法門一釋耶〕
問。阿含經中各明ニ何法門一釋耶（頭三）
玄云。若說ニ四阿含一ヲ(天玄五、三六三)。增一ニハ明ニ人天ノ因果一ヲ。中ニハ明ニ眞
寂深義一ヲ。雜明ニ諸禪定一。長ニハ破ニ外道一ヲ(「文カ)
疑云。四阿含所說互近慢セリ。何ソ文ニ限テ有ト說耶
答。今文ハ依ニ報恩經一文也。彼ノ經中ニ如ニ今釋一說仍無レ失
此論義ノ藥師供奉各僧出テ(卍續四五、四丁左上)。始ニ爲レシテ之ヲ世間ニ被レ惡ニクマレ」
輔正記一云。言ニ人天因果一(「明カ)者從ニ多分一說。但云レ明ニ其苦
集一。非レ不レ說ニ於道滅一(「邊カ)。今從レ略。或云。報恩經中正明ニ此

文一 文
〔淨名經何品文殊歎ニ淨名德一耶〕
問。得(淨カ)名經何品文殊歎ニ淨名德一ヲ耶
答。歎ニ淨名一在ニ方便品一。歎ニ文殊一ヲ在ニ問疾品一可ニ答申一
疑云。若爾籤(頭四)云(天玄五、三六四)。如ニ觀衆生品一卽是。稱ニ嘆(歎カ)ナリ(「歎大カ)文殊及淨名
等一卽是褒圓ナリ 文 若依レ之爾云。經文不レ見耶
答云云 但至レ釋者。於ニ淨名室ニ現ニ八未曾有法ヲ云テ嘆セリ淨
名室一ヲ。是豈非レ嘆ニ淨名一耶。文殊得(淨カ)名同實相補處也。然ニ
於ニ室內ニ二ノ大士實相甚深義ノ問答セリ。故嘆ルニ得(淨カ)名ノ德一ヲ
自ラ文殊ノ德聞ルカ故無レ失
又義云。今文消ニ玄文一也。所以折小彈嘆大褒圓(頭四)(天玄五、三六四) 文 如ニ觀
衆生品一歎レ大 唐 稱ニ嘆(偏歎カ)ナリ文殊及得(淨カ)名等一。卽是褒レ圓云也。
非レ云ミ觀衆生品ニ歎ニ文殊等一ヲ。仍無レ失
難云。兩ノ法門ハ出ニ品ノ名一ヲ。文殊得(淨カ)名何ソ不レ出ニ菩薩品一ヲ
耶
淨名經云。觀衆生品。(大正藏十四、五四八上～中)如下入ニ瞻蔔林一(「人カ)唯嗅ニ瞻蔔一不レ嗅中
餘香上。若(「如是カ)入ニ此室一。但聞ニ佛功德之香一(「聞カ)。不レ樂ニ聲聞辟支佛

功德香也○釋(「有カ)梵(「○カ)諸(「龍カ)天鬼神等入此室者。聞斯上人稱(講カ)說正法。皆聞(樂カ)佛功德之香○此室釋迦牟尼。阿(「佛カ)彌陀。阿(「佛カ)閦佛○如是等十方無量諸佛。是上人念時卽皆爲來廣說諸佛祕要法藏文

問疾品云。文殊師利白佛言。(大正藏十四、五四四上～中)世尊。彼上人○說法○(要カ)。辯才無滯悉知。諸佛祕藏○是衆中諸菩薩大弟子釋梵四天王咸(「○カ)作是念。今二大士文殊師利維摩詰共讀(談カ)必說妙法文

尊均云。淨名有八字。折小彈偏嘆(歎カ)大褒圓也。經折小如實(弟カ)子品。彈偏如菩薩品。如觀衆生品稱歎也。文殊及淨名等卽是褒圓云也。文意觀衆生爲歎大也。歎大互後三教歟。文殊淨名只爲圓可(耶カ) 阿彌陀房同之

難云。以稱歎字付上。何只文殊及淨名等卽是褒圓云。稱歎文殊淨名云褒圓有。唯文殊淨名計云褒圓旨不聞。次本所歎大褒圓云。何云稱歎耶。稱歎意廣。歎大義限如何

答。文殊及淨名等云。意稱歎文殊淨名云也。文言惣略

求歎大旨問疾品。不思議品。不二品有之。何不指彼耶

答。約大旨如此云歟

尋云。若爾觀衆生品歎大者。何文耶。又歎大事不限彼品。何別以彼品歎大云耶。問疾品。不思議品歎大文分明者耶

答。互雖(天玄五、三六四)有其心。只約大旨如此分別歟

籤云。慈非(悲カ)行願如問疾品。佛道品。事理殊絕如不思議品。香積品等。是事殊絕。不(「入カ)二門(「法カ)品。是理殊絕文

觀衆生品云。譬(大正藏十四、五四七中)如如(如幻カ)幻師見幻人(「所カ)等文約涅槃等豈非大乘譬耶 取意

師云。此義尤可爾

撿云。經(卍續四四、三三三丁右下)云。文殊(問疾品)白佛言。彼上人者難爲酬對。深達實相善說法要。辯才無滯智惠無礙。此乃圓褒淨名也。洎至文殊入室已。維摩言善來文殊師利不來相而來。不見相而見。文殊言居士若來已更不

來。若去已テハ更不去トイハ○圓ヲモテ褒二文殊一文

〔淨名以二何教一彈二呵迦葉一可レ云耶〕

問。淨名以二何教一彈二呵迦葉一可レ云耶

答。任二餘處釋一ニ以レ圓呵レ之文

疑云。何以得レ知耶。是以見二經文一明二如幻旨一ヲ非レ說二通教一耶。加レ之經文。非(大正藏十四、五四〇中)レ任(住カ)二世間一非(ㄱ住カ)二涅槃一文 是(答カ)別教雙非意聞耶。例如下ヲ目連宣二ト三教一ニ云上カ耶(互歟)。是見二經文一。不レ捨二八邪一入二八解脫一。或平等法可レ行レ施ヲ文(同前。取意) 此等皆圓意見タリ。但至二如幻旨一者。如幻義無ンレ圓ニ耶。次至二例難一者異也文

淨名經云。知(同前)二諸法一如二幻相一無二自性一無二他性一。本自不レ(以カ)然今則無レ滅。迦葉。若能不レ捨二八邪一入二八解脫一。八邪入(ㄱ相カ)二正法一。以レ食施(ㄱ一カ)二一切一。他(供養カ)二入諸佛及衆生(賢聖カ)一文

疏四云。佛答(大正藏三八、六一七下)二德女一云。如下幻非二內外一而現中一切其中(幻事カ)上。無明亦爾(名イ)。非(ㄱ如カ)二內外一有二一切法一云(云乃カ)也。今體レ意者四句捨(撿カ)レ生皆不可得。卽本無生可(今カ)則無滅文

記云。捨(檢カ)等者(卍續二八、三九一丁左上～下)。凡云二如幻一四句(ㄱ必カ)推レ之。令レ至レ理(空カ)已後(復カ)辨二大小一。今一一文皆以二圓文一ヲ殊(對カ)訶二三藏一。既以二圓教一而訶二於少(小カ)一。所レ列菩薩道理應レ圓文

〔呵二目連一用二何教一耶〕

問。呵二目連一用二何教一耶

答。籤(頭四)云。用(天玄五、三六四)二ト三教一文

疑云。身子目連ハ同是鹿苑證果聲聞。皆灰斷小執甚深人也。故ニ以二後三教一可レ誡二三藏斷業之非一也。何如レ此分別耶

答。呵二目連一文ニ。來(大正藏十四、五四〇上)(夫カ)レ說法者無レ說無レ示。其聽法ノ者ハ無レ聞キ無レ得コト。譬ハ如下幻士ノ爲二幻人一ノ說ク上法ヲ文 是通教心也

又云。當(同前)了ス三衆生根ニ有リ二利鈍一。善於二知見一無レ所二礙(罣カ)礙一文

是別教心也

又云。以(同前)二大悲心一ヲ讚二于大乘一ヲ。念レ報二佛ノ恩一ヲ不レ斷二三寶一ヲ。然後說レ法ヲ文 是圓心也 備撿注レ之

〔以二何教一呵二身子一可レ云耶〕

問。以二何教一ヲ呵二ト身子一ヲ可レ云耶

釋(頭如上)云。以(天玄五、三六四。釋籤取意)レ圓ヲ呵レト之ヲ文

付レ之。何以得レ知。能呵教可レ亙ニ三教ニ耶

答。經云上卷（大正藏十四、五三九下）不レ起ニ滅定ニ現ニ諸威儀ヲ文或云。（同前）不レ捨ニ道法ヲ（而カ）示現ニ凡夫事ヲ（「〇カ）不レ斷ニ煩惱ヲ（「而カ）而入ニ涅槃ニ等文故ニ圓ト云ニ無レ失

〔方等彈呵時。必用ニ通教ヲ爲ニ能呵教ト耶〕

問。方等彈呵ノ時。必用ニ通教ヲ爲ニ能呵教ト耶

答。釋ノ文ニハ必用レ圓ヲ見タリ

兩方。若用レ圓云者。今籤文ハ。頭四（天玄五、三六四）有ニ用レ圓呵（訶カ）ヲ如レ訶ニ身子ヲ文餘處ノ釋。呵ニ迦葉ヲ只用レ圓文若依レ之爾云。不レ明レ有レ理。通教ハ大乘初門（天止一、二三四。弘決）○調機爲ニ入頓ノ純可レ用レ之耶。依レ之餘處釋ニ云。如ニ諸聲聞ヲ至ニ方等會ニ。被ニ彈斥ヲ已皆習ニ通門ヲ文如何

答。根性不同用ニコト能呵教ヲ不レ可ニ一准ナラ。何必用ニ通教ヲ耶。依レ之餘處ノ釋云。（卍續二八、四〇四丁右上。維摩疏記取意）或以レ呵。或以レ一呵レ三文但至ニハ道理疑ニ。設大乘ノ初門ナリトモ（三カ）何ソ渡テ（「一カ）不レ用レ圓ヲ耶。但可レ依ニ性意樂ニ耶。但至レ釋被ニ彈斥ヲ已皆習ニト通門ヲ云也。何ソ能呵時必ス用ニト通教ヲ准ニ申耶

問。鹿薗證果聲聞ヲ彈呵スルハ。必以ニ大乘ヲ爲ニ能呵ト耶

答。不レ爾

兩方。若爾云者。餘處ノ釋云。引テ大經四不可説ヲ約ニ四教ニ判歟得レ之。知。以ニ三藏ヲ爲ニ能呵ト云事。若依レ之爾云者。不レ明ニ道理ヲ。彈呵ノ意ハ以ニ大乘ヲ呵レ小ヲ也。何以ニ小乘ヲ爲ニ能呵ト耶

答云云

但釋ハ約ニ體内ノ三教ニ付ニ擧ニ四不可説ヲ也。呵ニ須菩提ヲ時ハ不レ見ニ體内ノ四ヲ。約ニ對外四教ニ非ニ此義ヲ釋スルニ耶　答（缺文）」

名疏四云。（大正藏三八、六二〇上～中）三約ニ四不可説ヲ者。大經明ニ四不可説ヲ。即四四諦理ハ。有ニ圓（因カ）縁ヲ説ケ者。四悉赴レ之説ニ於四ニ也。不見四諦者四四諦理皆不可説。不可見故故言ニ不見四諦ヲ。雖ニ不可説ヲ而四教ノ説。雖ニ不可見ヲ而モ五眼見ル。故言ニ非不見體（諦カ）ト文　呵ニ須菩提ヲ文也

記云。（卍續二八、三九三丁左上～下）三約四不可説者。問若訶ニ小乘ヲ只合レ用レ大。而云ニ（亦云カ）四不可説爲ニ不見體（諦カ）ト。普（善カ）吉正得ニ有作滅理ヲ可ニ不見ヲ。何名テ爲レ訶。非見諦（「不カ）亦指ニ大性（經カ）有因縁説ヲ。善吉已稟ニ生滅之

教一。亦能說レ之何名爲レ呵(訶カ)。答前文先作二雙非釋一竟。已屬二
無作一更去取見(釋カ)。復用二大小相對門一。訶ハ卽明四善吉非三但
不レ見二無作四諦一。意ハ是二(顯カ)衍中三俱不レ見。今引二大經四不
可說及四可說一。明下四四諦俱是聖法一心中具見二此理具(具理カ)一。
而說(說ナシカ)能具說若破若立俱說(了俱カ)泯上。俱(但カ)須菩提無二斯證用一則二
俱者(失カ)何名二聖因(田カ)一　文
遲云。記云(卍續九二、五丁左上)。無二斯證用一者。善吉雖(旣カ)レ不レ證二四不可說理一。
卽無二四悉赴機之用一　文

〔玄。若二般若一論レ通則三人同入。論レ別則菩薩獨進　文〕

問。大師解釋中二。頭四(天玄五、三六五。玄義)若二般若一論レ通則三人同入。論レ別則則(菩薩カ)
獨進　文　爾者所レ云三人同入ト者。指二共般若一ヲ可レ云耶
答。妙樂大師ノ釋二。頭四(天玄五、三六五。釋籤)般若論レ通則通二於三教一。故曰二三人一
文
爾也。付レ之不レ明。玄文心指テ二通教一ヲ論通ハ三人同入ト判ト
覺タリ。今何ゾ通二於三教一釋耶如何
答。自レ元任二解釋一。但至レ難者。通教ハ本ヨリ通通通別通圓ノ
三ノ心有故二。互二後三教一二意有レ之故二。通前(於カ)三教ト釋給ル尤
有レモ心
難云。本書ノ解釋ハ何ニモ當通教ノ三人ト覺タリ。其故ハ。論レ通(則カ」)三(天玄五、三六五)
人同入矣ト云ル言。當通教ノ三乘同ク眞淨法性之理ニ入リ云
事ヲ釋ト覺タリ。隨テ論レ別則菩薩獨進ト云耶(同前)。通教ノ外ニ別圓ノ
不共般若ヲ出ト覺タリ。妙樂大師。何心シテ事新ク通ニレハ三教ニ三
人ト云ソトハ釋シ給耶
答。自本書ノ般若論通ノ言廣シテ。或ハ當通教ノ心。或ハ別圓入
通ノ心可レト有。妙樂大師得レ心始テ通ニトハ三教一ニ釋タマフ也。又通
教ト云ハ。必ス通通通別通圓ノ心有ン。誰カ可レ遮レ之耶
難云。抑妙樂大師。頭四(天玄五、三六五。釋籤)通於三教ト釋給ハ後三教歟。不教不審
也。其故ハ上ニ。般若ハ(同前)論レ通ヲ卽通二於三教一。故ニ曰二三人一。
論レ別ヲ則獨在二別圓一。故云二獨進一ト釋シテ。通於三教ノ外ニ
擧テ二別圓一ヲ。其心ヲ惣テ釋ニ。籤(同前)三教同被トモ二盡淨虛融一ヲ。二乘之
人ハ無二心ニ悕取一。鈍根菩薩ハ推リ二功ヲ上人一ニ。別教ノ地前ハ謂テ
爲ス二別俗一ト。圓ノ衆ハ自謂ヘリ二一切圓融一スト　文　此釋ノ心ハ上ノ通於
三教ト云ヘル。於二通教ノ内一ニ諦緣度ノ三教ヲ通於三教ト可レ云。
其故ハ二乘之人ト云ルハ。通教ノ二乘鈍根菩薩推二功上人一

云ハ。通教鈍根菩薩ト聞タリ如何
答。妙樂釋心ハ。通於三教ト云ハ無レ所レ諍通通通別通圓ノ
者ナルヘシ。但シ至二三教同被盡淨虛融等釋一（天玄五、三六五。釋籤）者。彼ハ惣テ般若ノ
後三教ノ相ヲ釋レハ。通教三乘ヲ各別擧。通別通圓ノ者ヲ不レ云
也。可レ得レ心也
一義云。今妙樂釋（天玄五、三六五）ハ通ニ取テ諦緣度ヲ三教ト釋歟 云云
11 （頭四）籤云。三教同彼（被カ）二盡淨虛融一事
問。般若經所說。盡淨虛未レ亙二後三教一耶
答。如レ題
付レ之（丁淨カ）。別教ハ隔歷不融ノ教也如何
答。盡虛融者。只是空寂妙理也。別教空觀明二諸法體空ノ
旨一。只同歸二空理一畢竟淸淨ト云故。盡淨虛融云也。何必是
相即耶。況通教明程ノ相即ハ別教所談也。何許二通教一可レ
難二別教一耶。次ニ佛說二虛融之旨一一音異解ル歟。如レ云カ下不（天玄二一八五。玄義）
共般若與二二乘一共說上ト是也。所以。二乘之人無二心悕取一（天玄五、三六五。釋籤）
等者。其心也。次上ノ般若論（同前）レ通乃至故曰二三人一者。此心
也 已上尊均

師云。後義可レ然。釋既ニ云。別教地前謂爲二別俗一故也（天玄五、三六五）
難云。盡淨虛融者。空寂義也。何謂二別俗諍（淨カ）一耶
答。佛一音中說二三教法門一ヲ時。其機各別テ聞レ之不同也。
心ハ謂俗淨恆沙諸法皆空云歟 尊云
莆云。別教眞諍（淨カ）ハ唯理ニシテ不レ論二諸法一。今ノ盡淨虛融ノ說ハ
約二諸法一故謂爲二別俗一云也
師云。此義可レ爾。盡淨虛空（融カ）ト者。無シテハ二諸法一爭約レ之耶
因尋云。三教同彼（被カ）盡淨虛融等者。但釋二共般若一意歟
答。莆云。不レ爾。可レ通二共不共一也
12 （頭四）籤云。圓衆自謂（天玄五、三六五）二一切圓融一事
問。爾前圓人知開顯（會歟）可レ云耶
答。爾也
若知云者。處處釋。爾前圓帶レ權 云云 所以。若依レ之爾云
如レ是
莆云。爾前圓ハ帶權者。約二二乘一也。爾落（前カ）ノ圓有二二心一。爲二
二乘一彈呵洮汰所說也。圓是帶權也。爲ニハ二圓人一是開顯也
難云。若爾處處釋。何以二爾前圓一屬二未開顯一耶

答。彼ハ約ニ二乘一　如レ上

師云。圓衆自謂一切圓融ト云ハ有ニ多意一。爾前圓ト云ハ名字卽分ソト云邊ニテハ圓融トモ云ト名字卽分也。不レ可レ及ニ法華開顯一ニハ。若又隨喜已去人所聞ナラハ法華ト同レ之。其ハ不待時ノ法華也

13 頭四 籤云。(天玄五、三六八)又於ニ性(經カ)初一已開ニ常宗一。斥ニ奪三修十仙小證一事

問。大經中斥ニ奪三修十仙(佛歟)一事。經末有レ之耶

答。可レ爾

進云。如レ題。付レ之。大經初無ニ十仙小證之文一如何

答。次下云。(天玄五、三六八)中閒廣答(答因カ)ニ三十六問一。廣辨(「菩薩カ)ニ五行十功一　文

在ニ三十六問其已前一故云レ初歟。何必大經初ト得レ心耶(尊)云

莆云。委云ハハ經末ニ斥ニ奪スト十仙小證ヲ可レ云。文言不レ委歟。所以次下云。所以文閒。中閒　等文　意ハ對ニ始末ニ歟。或ハ十仙雖レ在ト經末一ニ。斥奪之義同故且一具ニ引來歟

師云。無ニ異論一。是經初ニ開シ常宗ヲ。經末斥ニ奪ス三修十仙ヲ。中閒ニハ廣答ニトニ三十六問ヲ云事也

問。涅槃經ノ心。可レ說ニ如來說教ノ元始一耶

頭四 玄云。(天玄五、三六八)亦不ミ委ク說カ如來置教ノ原始結要之終(也カ)ヲハ　文

付レ之。法華涅槃ハ同一醍醐味之。何可レ隱ニ佛化始終ヲ一耶

答。迹門ニハ說テ大通ノ往事ヲ。中閒ニ調熟シテ今日得道スル旨ヲ說キ。本門ニハ說ニ五百塵點ノ久成ヲ施ニ番番ノ利益ヲ。仍事舊タレハ涅槃ニハ不レ明レ之也

師云。法華ハ鹿苑證果ノ聲聞ヲ今入ニ佛乘一。以レ之爲ニ正意一故說ニ教取意(元)一也。涅槃ハ偏被末代爲ニ正意一故不レ說ニ元始ヲ一設說アモ功由(用カ)法華ニテ重テ涅槃ニ不レ說也

問。涅槃經意。明下開ニ方便教一心上耶

頭四 籤云。(天玄五、三六八)而亦(少カ)不明下開(用カ)ニ方便一意上　文

付レ之。法華涅槃ハ同醍醐味也。何不レ明レ之耶。依レ之。權(天止二、四〇一。弘決)用ニ三教一以爲ニ蘇息一　文

答。可レ用レ權也。扶律說常是也。然而如ニ法華一不レ論ニ權教ハ方便。一乘ハ眞實ト。達(建歟)ニ立四教一經カ故ナリ。但釋ハ望ニ法華一簡ニ餘教ヲ一心也

14 籤云。三修事(天玄五、三六八) 如₂前第九卷₁。備撿注ㇾ之。今補注同ㇾ之
私云。苦下四行相₂除ㇾ空也。是劣₂三修₁也。大乘ニハ常樂我得(常歎)ノ中除ㇾ淨(淨カ)。今ハ以₂勝タル三修₁斥₂劣ナル三修ヲ₁者

15 籤云。十仙事(天玄五、三六八)
補注云。十仙外道也(卍續四四、十四丁右下～左上)。一闡(首カ)提須那(闍カ)。二婆私吒。三先尼。四迦葉。五富那。六淨梵志。七犢子梵志。八納衣梵志。九弘廣。十須跋陀羅 文
十功德。文對₂十地₁(卍續四四、三三四丁左上。備撿) 文
五行十功 如ㇾ籤 如ㇾ下ノ

16 籤云。爲₂華嚴中別。鹿苑四含。方等中三。般若中二₁(天玄五、三六九)(並カ)(如カ)。普是圓門網目而已事
問。以₂帶權圓₁爲₂法華網目₁可ㇾ云耶
答。可ㇾ有₂與奪意₁歟
若不ㇾ可ㇾ及₂法華₁。尤可ㇾ爲₂網目₁也如何
答云云 依ㇾ之今解釋前後₂其意見タリ。初ニハ除₂別圓₁以₂三教ヲ₁爲₂網目₁云。是此妙彼妙妙義無ㇾ殊心也。次釋ニハ云ト(天玄一、六四五。玄義)
雖₂諸部中有ㇾ權有ㇾ實。而並不ㇾ明₂權實本迹被ㇾ物之意₁(天玄五、三六九。釋籤)故非㆗大綱㆖ 文 此釋ハ但爲₂次第三諦所攝₁意ニテ爲₂網目₁釋也 會云。同ㇾ之

17 迹門以₂大通₁爲₂取始(元カ)₁事(頭五)(天玄五、三六九) 籤
問。大通空王二佛相對何前トカ可ㇾ云耶 如ㇾ宗
甫云。今釋ハ約₂能化佛布教元始₁也。空王ハ是說₂阿難本₁也。非₂布教元始₁ニハ(佛全25、二五七下)
論記八云。今案。迹極遠不ㇾ過₂大通₁(了之カ) 文

〔玄文中證₂方等₁引₂五百品何文₁可ㇾ云耶〕

問。玄文中證₂方等ヲ₁引₂五百品何文ヲ₁可ㇾ云耶
答。玄云。苦切シテ責コトㇾ之ヲ已テ(頭六)(天玄五、三七一) 文
付ㇾ之。今文法華時也。依ㇾ之五百品記(疏カ)云。動執生疑。示珠(天文四、一八〇六下。文句)則宿世因緣(譬カ) 文 如何
答。如ㇾ此釋スル事ハ。既苦切責之已云テ。呵責ノ言ニ依テ方等ト釋也。再ヒ云ン時ハ不ㇾ遮₂法華ノ時ト云事ヲ₁
難云。至₂法華₁示₂一乘珠₁所ヲ苦切責之已ト云也如何(了宜カ)
答。苦切シ終コソ法華ナレ。苦切ル所ハ方等也。故擬彈呵也。疏釋ハ一心ナルヘシ

有云。體業已後是顯實（天玄一、一七三。釋籤）トテ云心ニ方等ヲ繫珠云也
18引下化城品將ニ導衆人一等文上證ニ般若一事　頭七（天玄五、三七一。玄義）
問。大品遣ニ蕩相著一義ヲ證ニ引ニ今經何文一耶（天玄五、三七一。玄義）
答。如レ題。値歟
難云。此文譬ニ十六王子覆講法華之後。今日已前中間相
續ニ也。何是般若時耶。依レ之化城品疏云。將導。譬上中間（天文四、一七三五上）（ノ〇カ）
相値文如何
答尊云　隨義轉用也。所以。般若誘引。今日似タルニ將導之輩一
之意耶。故借用者耶
私云。借用ニテモ無用也。將導義之中閒ヨリ至テ下今日說ニ法
華一時上故ニ廣得レ心引也
三百五百嶮難ハ。阿含。法華ヲ爲レ譬トレ可レ云耶。可レ思レ之
19玄引ニ唯以一大事因緣文一釋ニ久成照機ヲ一事（天玄五、三七八）
問。證ニ法身地照機一引ニ何文一耶
答。如レ題
疑云。此文迹門文也。何證ニ久遠照機一耶
答。僻ヒカ論義也。今文心ハ。惣シテ迹門等ニ所ノレ說文ヲ以テ。探サクテニ久
遠照機一引レ之者ヲ耶
問。四大聲聞叶ニ初後一不レ聞ニ本門壽量說一前ニ知ニ本地久
成ヲ一可レ云耶
答。不レ可レ知
若知者。壽量ハ非レ說ニ不レ可レ知レ之。設ヒ叶ニ初住一何知レ之
耶。依レ之餘處釋云（天止四、五七七。止觀私記參照）。始得者（ノ無生カ）有執近謂（天玄五、三七五）文若依レ之爾云者。
可ミ籤文ニハ引ニ四大聲聞領解ヲ一。自本地眞因文故知聞タルヲ
耶
答云云　今釋ハ於ニ寂滅道場ニ始テ非レ鑒ルニ機緣一寂場已前ヨリ
遠クレ照レ機ヲ云テ引ニクニ四大聲聞領解ヲ一許リ也。何文遠照レ機ヲ領
解ストレ得レ心耶
決三云（天止二、三三五）。初地不レ知ニ二地菩薩擧足下足一。若約レ理說。名字（教カ）
觀行尚（自カ）有知レ圓。豈有ミ初地不レ知ニ二地一○文　別教如門ヲ出也
華嚴十七云（大正藏十、九二下）。說ニ初住一中云。過去所有皆億（憶カ）念。未來一切
悉分別文
〔釋尊本地眞因時。以ニ初住智力一知ニ今日妙覺所被機
緣一可レ云耶〕

問。釋尊本地眞因時。以二初住智力一知二今日妙覺所被機縁一可レ云耶〔頭八〕
豈（答カ）。雖レ難レ測可レ知
兩方。若知ト云者。因果功徳異ヲ智斷優劣アリ。何知レ之彼如二初住菩薩（地カ）。不知二地菩薩擧足下定（足カ）ト云一カ。若依レ之爾云。自本地眞因 云云〔頭八〕（決三（天止二、三三五））
答 云云 叶二初住一時。三世了達智惠朗ニシテ古來今事ニ不レ暗。（天玄五、三七五。釋籤）
於二妙覺機縁一ニ何不レ知耶。但至二道理一者。明勝ハ約（昧イ）二界內一ニ歟
難云。餘處釋二八。初地不知等云ヘリ如何
答。內心ハ因果功徳互ニ具シテ無二捨劣得勝ノ義一。若夫雖二下地一具ニト上位功徳一云者。何初住ナリトモ不レ知二二住已上ノ所作一耶。但至レ釋ニ者。若約說（「理カ」）。名字觀行等 文（天止二、三三五。弘決）
問。釋尊。自二本地眞因初住一已來遠鑒二大小衆機一終ヲ可レ給レ引二何文ヲ一耶
進。籤。本行菩薩有時（道カ）〇等文引ク（天玄五、三七五）
又方 初住智力證ニ照妙覺所化機一事。引二今經何文一耶

疑云。此文未レ聞耶。所以。因位ノ壽命不レシテ盡至二極果一云文也。全初住照二妙覺所化一云事不レ聞如何
答。本因ノ時壽命不レ盡。常住不滅ニシテ至二極果一得也。所レ云壽命者。照レ機惠命也。故ニ初住照機ノ智惠不レシテ盡至二果位一ニ云。初住ノ智力卽鑒二未來妙覺ノ機一心也。依レ之法華論云。「所成壽命。」（「」因カ）今猶未レ滿者。以二本願一故。衆生界未レ盡願非二究竟一故。言二未滿一非レ謂二菩薩不滿足（提カ）一故 文（大正藏二六、九中～下）此文（也カ）（「所成壽命カ」）約ニスル照機惠命一。仍今初住照機惠命鑒二未來所化ノ機一事ヲ證ル也
問。解釋中付レ明二佛意ノ鑒レコト機ヲ。且以二本果ノ時ノ惠命一ヲ鑒ニト根機一ヲ可レ云耶
答。可レ鑒レ之
兩方。若鑒レ之云。開二妙樂解釋一ヲ。本地眞因初住已來等釋給ヘリ。如二解釋一者。限二因位ノ者一ニ聞リ。若依レ之爾云。以二極佛ノ智力一ヲ何無レ照レ機耶
答 云云 以二妙覺智力一ヲ可レ鑒レ之也。但至二解釋一ニ者。彼ハ思（且クカ）ヲ鑒機ノ始ヲ擧トシテ本地眞因等釋始（給カ）也

難云。妙覺智力誰カ知照レ機無レヲヤ之有ン。所以ニ。妙覺位ヲハ
湛若虛空（四十二字門）ト釋シテ無ニ利生ノ義一釋始（給カ）耶。隨テ今釋ニモ本地眞因
初住以來ヨリ鑒レトハ之釋トモ。佛果ノ智力ニテ鑒レト之云釋無レ之如
何
答云云其故ハ妙覺ノ所化ノ機ヲハ可レ鑒レ之也。但至ニ湛若虛空
等釋一者。本リ照機ノ初也
難云。因位ノ智ハ不レ及ニ妙覺一ニ事ハ勿論ナレトモ。圓敎ノ位ハ初住ニ
具ニカ妙覺ノ功德一ヲ故ニ。本地眞因ノ智以テ妙覺ノ機ヲモ可レ照也。
是以テ今解釋。本地眞因〇文無ニ簡フ所一。今日未來機縁（縁歟）ヲ
照ト釋ル者耶
答。初住ニ妙覺ノ一分ヲ得ト云ル。或ハ只是以ニ妙覺智一ヲ照レト機ヲ
云准（難カ）ニテコソ有レ。今ハ四十二位ノ智力ヲ各別令レテ有ラ。以ニ初住智
力一ヲ照レカト機ヲ令レレハ尋。妙覺分ノ所化ノ機ヲ不レト照レ之答申也。其
故ハ初住ノ菩薩ノ。二住ノ菩薩ノ擧足下足ヲ不レ知故ニ（天玄五、三七五。玄義）。次ニ可レ
釋ル本書ノ文ニ佛意鑒レコトヲ機ヲ釋ニ。既ニ。法身地寂而常照ト
云テ。以ニ極果ノ照機一ヲ釋レ之。後ニ妙樂大師。此上ニ遠ク因位ノ
智力照レ機事ヲ釋カ故ニ。本地眞因等釋テ。今日未來ノ機ト

云ニハ。因果ノ照機ヲ合テ擧ル也可レ得レ意
難云。今本地眞因ト云ヲ。本行菩薩道ノ照機ヲ出ル也。然ニ法
華論中ニハ。我本行菩薩道ノ文ヲ釋ニ。以本願故。衆生界未
盡ト云テ。正ク照機ノ智ヲハ本行菩薩道ノ因位ノ智ニ限テ釋レ之。
今ノ釋ハ法華論ニ全ク同レ之。何强ニ解釋ヲ會釋セシメテ妙覺ノ智力
照レト機ヲ成スル耶
答。法華論ハ彼モ照機ノ初ヲ擧也ト可レ得レ心。何限テ初住ノ位ニ
計一ニ照機ノ能有ト可レ得レ心耶
難云。妙覺ノ極智ハ如如法界ノ理ヲ照カ故ニ。全ク照機ノ義不レ（之カ）
可レ有レ之。依レ之名疏ノ一ニハ（大正藏三八、五六五上）。妙覺極智所照如如法界也
理ト釋シテ。全照機ノ義無ト聞リ如何
答。自レ本妙覺ノ位ニ照機ノ義可レ有レ之。若一向ニ照機無ト
云ハ。別敎ノ但中法性ノ極果ニ同スル有レ失。但至ニ大師一處
釋一者。彼又妙覺自證圓明ノ位ヲ釋也
傳云。四眼二智萬像森然（天止三、二〇二。弘決）〇等文照レコトヲ機ヲ因位ノ智ヲ以テ
鑒ト云也。所以ニ。四眼二智ノ邊ニテ照レ機ヲ也。內證ノ方ハ湛若
虛空ノ姿也。等妙二覺一佛二名ニテ。妙覺ノ位ナレトモ。照機邊ヲハ

等覺ノ位ト云也　祕事

頭八(天玄五、三七五～九)玄云。如レ是等意ハ皆ナ法身地ニシテ。寂而モ常照ナリ。非ニ始テ道樹ニシテ逗レ大逗レ小ニ。佛智照レ機其ヨリ來タ久ナリ矣。當レ知佛意(了一〇カ)深遠ニシテ。彌勒不レ識ニ所爲ノ因緣一ヲ。況ヤ下地ノ二乘凡夫耶(了等カ)　文

頭八(天玄五、三七五)籤云。法身地等旨。自ニ本地眞因初住一已來。遠鑒ニ今日乃至未來大小衆機一ヲ。故ニ云ニ本行菩薩道時キ所レノ(者カ)成壽命今猶未盡一。豈ニ今日迹ノ中ノ草座木樹ニシテ方ハシメテ鑒ニ今日大小ノ機一ヲ耶　文

因師云。初住智力ハ妙覺機ヲハ不レ知也。凡妙覺機ト者。凡夫ヨリ終リ至ニ等覺一也。凡夫ヨリ初住マテハ委ク可レ知也。二住已上ハ難レ知也。但今解釋ハ本書ニ照レ機事ニ釋トシテ引ニケリ信解品文一。是則探領ノ領解。父子相失解(譬カ)ノ意也。是則今日一代ノ事ト見タル上ニ。妙樂ハ亙テ三世ニ照レ機樣ヲ釋加也。則自本地等云ハ過去。未來ト云ハ未來也。乃至ノ言ハ今日也。本書ニ今日ノ事見タルカ故ニ。妙樂ハ略シテ乃至ト云也　相傳意也

櫻師云。乃至ノ言ヲ今日ト得レハ意。遠鑒今日ト云ハ何ニカ可レ云不審スル也

私云。聞(圓カ)ノ意ハ初後相在シテ互ニ融卽ス。若而ハ妙覺機ヲ不レ鑒耶。一處釋ニ(天止二、三三五。弘決)。初地不知等釋スレトモ。次下ハ若約レ理(同前)說。名字觀行於(尚自カ)亦知レ聞(圓カ)等　文　終ニハ可レ知ト聞タリ

圓師云。理ノ融卽實可レ爾。今難レ得ニ白(自歟)相ニ事也。而ニ初後相在ストハ云ハ。初住ニ四十二位功德具足ス。其中ノ妙覺方カ一分等覺マテ機ヲハ知也。非ニ初住ノ得分一ニハ也

櫻師云。昔ハ此流ハ信解品ノ學匠。壽量品ノ學匠トテ有ニ二人一。何モ偏執也。今ノ釋ハ。四大聲聞引テ領解ニ五時ヲ釋スルニ。本書ニ。頭九(天玄五、三七九)佛智(智?カ)意深遠。彌勒不識ト云ヲ。妙樂ハ受テレ之。自本地眞(同、三七五)因ト云　此可レ得レ心樣ハ。四大聲聞。初住無生覺ヲ開テ後得ニ三世了達智惠一ヲ。過去久遠ノ事ヲ薄黑(墨カ)ニ覺ヲ。大師深ク得レ心給テ如レ此引合スル也。然トモ當知壽量非說不知ト云テ。佛不レ說前ニハ壽量事ヲハ秀(委カ)ク不レ知也。故ニ壽量品ノ學匠ハ二取テハ吉也ト云　云　ヒ(祕カ)事

師云。此問答ハ無用也。所以ニ。妙覺智ニテ鑒レ機事ハ勿論也。本書ハ。(天玄五、三七五)如レ是等意皆法身地。寂而常照　文　此釋ハ皆約ニ佛果一ニ此釋ス。然ニ籤(同前)云。本地眞因初住已來ト釋スルハ。照レ機久シキ

事ヲ遠ク云ントシテ。猶越テ本行菩薩有ノ（道カ）時ヲ指也。而ト云テ果位照機ヲ捨スルニハ非者ヲ耶。打任テハ然カ可レ云也。サテ妙覺ノ位ニテモ有レ。照機ヲハ屬ニ因位ニ云ン事ヲハ。其レ別ノ沙汰也。惣シテ云ン時ハ而可レ云也。今本末ノ釋コソ正ク本書ニハ。約ニ果位ニ釋ニ照機ヲ。妙樂。本地眞因初住已來ト云テ。住上ヲハ皆照機スル方ヲハ攝テ本地眞因ニ佛果ニテソ屬シテ本因ニ釋タレ。此卽叶フ法華論ノ意ニ也。爾ニ本書。當知佛意深遠。彌勒不識ト云ヘルハ佛果ニテ釋ス之。卽是佛果ニ四十二位圓滿シテ。本因本果有ルレ之中ノ取ニ本因妙ニ照レ機德ヲ釋出スト習也

尋云。本書ニハ引ニ信解品ノ文ヲ（頤九（天玄五、三七九。參照））。何本門意ナラン耶

答。信解品通ニ本門ニ也。凡ソ入ニ初住ニ知ニ本門ヲ也。知ト云ヘトモ當帶ルカ迹ノ情ヲ故屬ニ迹門ニ。屬スト迹門ニ云ヘトモ一分常住ノ命ヲ得ハ屬スル本門ニ也。至ニハ等覺ニ可レ有ニ此二意。得テ無作本地ヲ而モ帶ニ迹悟ヲ（近情）故有ト執近ノ情ニ云也。入ニ本門ニ十界皆迹ノ情無也。不レ顯ニ佛說未タ已處ニ。等覺猶帶ニ迹情ヲ也

〔玄文中。非始道樹逗大逗小。佛智照機其來久矣文〕

問。玄文中ニ。（天玄五、三七五）非始道樹逗「小ノ大。」（「大逗小カ」）佛（「智カ」）照機其來久矣。（「文カ」）而妙樂大師。以智（佛カ）照機ト者。何時トカ釋給耶

答。如ニ玄文ノ法身地寂而常照トニシテ釋ス文

進云。如レ題。付レ之。因果功德相別テ分極照機天地隔タリ。何以ニ本地眞因ノ智ヲ照ニ極佛所化ノ機ヲ耶。彼ノ圓亦（天止二、三三五。弘決）轉展（展轉迭カ）迹不相知ト云テ。上下優劣有テ下位ノ智力。上位不レ知ニ擧足下足ヲ斥リ。況ヤ極果利物照機更及ニ因位ノ所ニハ非ス如何

答。玄義旣ニ法身地ニシテ寂而常照ト云也。妙樂大師。本地眞因智ナリト釋タマフ。何失カ有ン耶。但至ニ因位智劣ト云ニ。一往雖レ有ニ明昧ハ一分理顯シテヨリ後ハ契ニ當法界ニ知ナルカ故ニ。妙覺ノ所化照ニ何有ン失耶。圓亦轉展（展轉カ）等ノ釋ハ。且ク附ニ傍シテ別教教門ヲ判ニ上位下位ヲ一意也。但此文ヲハ初住分ノ照ニ妙覺ノ機ニ云テ。不レ照ニ極果機ヲ云有レ義モ。或ハ自レ初機ヲ照。次第ニ妙覺ニテ照レ機云事也。初住照機カ妙覺ノ所化ヲモ照ト云ニハ非スト云義アリ。仍此釋ヲハ人不レ進テ不レ謂ワレ事也

義云。此論義問ニハ只以ニ初住智ヲ照ニ妙覺ノ所化ヲ問ハ。サラハ不レ照云意モ有ト可レ答。若以ニ本地眞因智ヲ照カト可レ答

也。本本ノ因迹因カ相別テ。迹初住非ニ悉具足ノ因一ニ。本ノ因カ悉具足トハ云ル也。故ニ初住言通ニ教門實義ノ二一ニ。問ニ本因一ト者。今任テレ文ニ悉具足故。妙覺照機ノ功德モ。本因ノ外ニ有ハコソ不レ照云意モ有ラメ。本ノ照機ト云事名ニ惠命一事ナレハ。初住壽命（天玄四、四六五）齊限有ヤト本算意ニテ可レ答也。本地眞因。（天玄五、三七五）初住實壽亦復無量。論ニ迹因ヲ（「文カ）（前カ）金剛　有量ト。以ニ此意一安儀此也。本ハ法身地ノ照機ト云事。壽量品。我本行ニ菩薩道一所レ成壽命之（大正藏九、四二下）文ヨリ起レリ。法華論ノ中ニハ。所成壽命。今猶未レ滿者ハ（大正藏二六、九下）（同、九中）（「〇カ）文初住照レ機若有ニ齊限一。經論說。未滿。未盡ノ言ヲ可レ刪ケツル也

師云。此義ハ本因妙ト云ハ佛果ノ上ノ菩薩ノ行也。四十二位化他行也。仍吉義也

難云。若迹ノ初住ノ智ハ不ト者。玄十ニ引ニ四大聲聞領解一ヲ證レ（大正藏十、九二下）之如何。又華嚴經文ニ說ニ初住一ヲ云。過去所（「有カ）皆憶念ハ。又此等皆迹ノ事ヲモ如レ此云如何

答。具聲聞引ニ領解一ヲ事ハ。（天文一、五六上。文句記）下文顯已通得引用ノ意也。迹門ノ面ハ彼レ忽ニ非ニ本行一ニ。爾トモ照機ノ邊ハ本門ノ意ニテ探レハ皆法身照機ニテ有也。華嚴經說ハ忽ニ知ニトモ妙覺ノ事一ヲ不レ言。只當位智惠知ニ當分一切一ヲ可レ得レ心也。彼經意ニテハ如レ此以レ玄ヲ（言カ）探ハ。彼モ深ク法身地ノ照機無云也 已上懷

師云。打任テハ無レ樣モ初住ニ得ニ妙覺智一分一ヲ故。尤可レ照ニ妙覺機一ヲ也。故ニ解釋有ニ其次一不レ知ニ擧其ノ下（足カ）足一ヲ云ハ教門ノ意也。サテ惣シテハ如ニ新懷ノ一可レ云歟。照機ハイツモ菩薩界ナレハ三世照機因位也。此因位ト云ハ本因妙也。即妙覺所具因也。法華論ハ此意也。今釋ニ引ニ本行菩薩有ヲ（道カ）一此意也。サテ引ニ信解品一ヲ事ヲ。具聲聞入ニレハ初住一ニ得ニ佛智一ヲ故文遠知ル也。爾トモ佛之密意菩薩ノ所智ニテ之量ヲハ不レ知レ之。只是動執生疑多也。故探タン領ト云也。顯本已後コソ實ニハ知レ之

〔籤中引ニ本行菩薩道時文一釋ニ本因妙一。爾何位可レ云耶〕

問。籤中引ニ（頭八）本行菩薩道有（時カ）文ヲ一釋セリニ本因妙一ト。爾ハ何ノ位トカ可レ云耶

答。釋スニ初住眞因一ト

付レ之。本實成因廣ク可レ互ニ住前住上一ニ。若爾ハ。本行菩薩道ノ文。何初住ニ限ン耶

答。實ニ本因廣可㆑具㆓一切功德㆒ヲ。悉具足ノ因也。何物カ闕處有ン耶。但如㆑此釋スル事ハ說クランモ㆓四味三教ハ因位ノ功德㆒ヲ。併テ爲㆓迹門方便㆒皆菩薩ノ屬㆓行因㆒ニ非㆓佛因㆒ニハ。開シテ㆓迹門㆒ニハ彼ノ因果㆒ヲ會ヨ入ル佛知判(佛カ)見㆒ニ也。本門ノ意ハ。迹門十界三千ノ明シテ㆓開會㆒ヲ皆佛ナリ云ヲモ。本門ニハ下㆑此ヲ併屬㆑因ニ也。仍迹因果下㆓本因功德㆒時且ク釋㆓初住㆒也。本無㆓因果差別㆒。教門附順立㆓因果㆒ヲ時。猶迹ノ因果ハ初住ナリト云意也。迹門ハ因。本門ハ果門ト云モ卽此心也 新懷

師云。此義ハ餘リ事也。本行菩薩ト云ハ觀行卽。所成壽命根本ナレハ三世ニ可㆑出㆓初住㆒ヲ也

問。玄文中釋㆓佛智照機ノ文事(具カ)㆒ヲ。法身地寂而常照 文 頭八(天玄五、三七五) 爾ハ所㆑云法身地ト者。迹門明處大通已來ノ事カ

答。籤云。本地眞因 文 (同前)

付㆑之。文ノ意ハ引㆓信解品ノ文㆒ヲ釋㆑之。何ソ遠至ヤ㆓本因妙㆒ニ耶。是本書ハ雖㆓信解品ナリト㆒法身言廣故遠至㆓本因妙㆒ニ意有㆑之故。妙樂ハ爾カ釋スル歟

師云。此論義ハ已前ノ多疑ヲ皆疑テ重難ヘキ也。尤被タリ㆑難セ。但本書ニ引㆓信解品㆒ヲ矣。(天玄五、三七九。玄義) 當知佛意深遠。彌勒不識ト云カ故。本書ヨリ本因果マテモ證スル㆑之ヲ也

20 籤云。一代始テ成㆓四十餘年㆒ニ。豈能ク合(令カ)彼ノ世界塵數 頭八(天玄五、三七八)
菩薩等事

問。新成妙覺佛。塵數菩薩萬億諸大聲聞令㆓得益㆒可㆑云耶 (天玄五、三七八。釋籤)

答 (缺文)

若令㆑得㆑之云ハ如㆑題。若依㆑之爾云。三論(輪カ)不思議ノ化難ヲ㆑化能化㆑之ヲ德有耶。設雖㆓始成佛㆒何無㆑令㆑脫㆓若干ノ菩薩聲聞㆒ヲ耶

答。尊云。久成實事之顯㆑了スレハ。乘ヨ取テ此意㆒ヲ如㆑此釋也。況悟㆓大道㆒現獲㆓無生㆒甚難故如㆑此云歟

師云。新成妙覺佛。無㆓久遠下種㆒。王城得脫等機㆒歟。布教元始在㆓久遠㆒ニ。(天玄五、三七八) 今日得脫スト云事無㆑之故也

21 籤云。萬億諸大聲聞事

問。法華得益聲聞限㆓萬二千人㆒歟

答。如㆑題

付レ之。經文不レ云二萬億一耶
答。尊云。無量義經ニ。萬億人天得二須陀洹一文(大正藏九、三八六中)(了○カ)又法華云 蓮實房出レ之 如二我等比一百千萬億 文(大正藏九、六下)序分正說既以分明者歟
難云。此文非二證據一所以。如我等比ト讀切テ。百千萬億ノ世世ニ從レ佛受レ記云也。故ニ百千萬億ハ世世ノ數也。非二聲聞ノ數一如何 (答缺)

22　無量義是今說。亦是隨他意事 (天玄五、三八〇。玄義)

問。今說者。法華歟 如二法師品抄一
頭八
問。無量義經。隨自意說歟
答。如レ題
付レ之。無量義經ハ純圓序分也。可二隨自意一如何
答。望二正宗一故ニ如レ此釋也 如二疏三一
山王院釋云。彼約二一往一爲二隨他意一文 (佛全25、七五上。法華論記)
難云。望二正字(宗カ)一云心未レ顯如何
答。從一出多ト說トモ未タレ云二從多歸一一ト。故ニ不レ及二正宗一ニ

23　佛智至深。是故三止四請事 頭十(天玄五、三八一。玄義)

問。今經三止四請スル故ヲハ大師如何釋給耶

答。如レ題
付レ之。佛ノ說法及威儀進止。悉無レ不レ依二機緣奢促シャソク一者也。三止四請如レ是可レ任二機宜一ニ。何必佛智深故ナリ(了至カ)耶。依レ之華嚴經ニハ。解脫月菩薩謂二金剛藏菩薩一。說二十地法門一時。及二三請一至二三止一者也。大方廣修多羅了義經ニハ。衆會三請シテ佛說レ之耶。而何法華妙理深奥故三止四請ナラン耶
答。尊云。法華ハ甚深祕藏。諸佛道場終得也。法師三說校(世カ)量。藥(譬カ)王十喩稱歎趣過二一期諸教一者也。然ニ迹門ニハ三止四請シ。本門ニハ四請三誡スル。誡是其法甚深故。慇懃鄭テイ重テ諸問往處スト斷給也。故諸經中全不レ如レ是所レ難。華嚴ノ三(籤三)意(天玄五、三八四)諸闕二法華一請一止一。況了義經三請ヲ耶。羅什所レ存ノ略スル之(請カ)一本ニ强ニ載ルニ請止重重一ヲ誡ニ有二其故一者歟 已上

24　三止四請事 頭十(天玄五、三八一。玄義)

問。今經迹門ニ有二幾止(了止カ)請一耶
疑云。今云二三四諸(請カ)一者。准二籤下文一(天文二、七四一下)是迹門也。然ニ疏三ニハ。三請三止ト云ヒ。決五ニハ(天止三、一〇九)。三請四止(了○カ) 文 今文相請レ文ニ

耶

答。可二三止四請一者。正順二經現文一也。所以。汝已慇〔懃〕(大正藏九、七上)三請。豈得不說云ヒ畢。猶未レ說レ之。增上慢比丘退座而去。其後。舍利弗言。唯然世尊。願樂欲聞ハ諸(談歟)リ。是豈非二三(同前)止四請一耶。但至レ餘者。處處解釋其心非レ一。三止三請者。任二三請之言一不レ取二後ノ願樂欲聞ノ重請一ヲ也。請四止ト(「三カ)者。三談(請カ)任二現文一。三止三談(請カ)之後依テ上慢猶在ルニ座一二。雖レ許スト猶不レ說レ之。豈非二四止一二耶。其後亦重テ談(請カ)二願樂欲聞一ト者也　尊云

有云。開合異也

25 籤云。鹿苑方等未レ稱二梵心一事(天玄五、三八一)

問。鹿苑方等酬テ二梵王ノ請一二說レ之歟

答。可レ爾

若爾ト云者如レ題。若依レ之爾云者。通二梵王一ハ請二スル五味法輪一ヲ也。依レ之疏七云　如レ下

答。依二通談(請カ)一二酬二五味皆請一二。然ニ未稱梵心ト者。疏七文ヲ見二。若依二方便品ノ文(天文四、一六七六上)一二梵王請レ大　文　故ニ鹿苑方等ハ說二小教一ヲ。故ニ不レ稱二梵心一二云計リ也

難云。若爾者。華嚴何不レ請二耶

答。華嚴ハ佛加(カ)二シテ四菩薩一二令レ說レ之。佛非二シテハ自說一二不レ請レ之歟。況ヤ見二其文一ヲ華嚴ハ別シテ出シテ爲二連類一故。華嚴ヲハ別ニ出也

疏四云。諸梵(天文二、一〇三七上)雖レ請レ說レ大。佛知(「明カ)二見(見[无]カ)無一レ機所以不レ說　文

記云。問。(同前)如何得レ知二梵王請一レト大ヲ。答。據三佛酬云二若但讚佛乘等一　文

問。說二大品一ヲ事ハ稱二梵王ノ請一耶

答。通請ニハ叶ラン

兩方。若稱コト云者。般若ハ是帶權ノ教。梵王請大ヲ志ス。可レ知於二般若一二者。不レ稱二梵王心一事ヲ。若依レ之爾云者。玄(籤)云。鹿苑方等(天玄五、三八一)未レ稱二梵心一。玄(「文カ)。說二大品(同前)一時猶酬二梵請一　文

答。梵王請ハ通云ヘハ通シ二一代一二。別シテ云ハ限二法華一二。但今釋ハ。籤ニ鹿苑方等般若ハ但大乘ニシテ不レ交二小乘一ヲ。故應ト二梵請一二云也。況ヤ大經中ニ酬二梵王ノ請一二說二摩訶般若一ヲ　文　今ノ釋依二此文一二歟

一義云。其說大品時猶酬梵請ト云ハ。(頭十(天玄五、三八一。玄義))鹿苑方等般若ニテ皆
酬二梵請一ト云事也。(天文四、一六七六上)籤文モ此意也
疏七云。舊云東東(本カ)南請レ小。七方請レ大。上方請二小大一。若
釋論明梵大云請レ大○又如下今佛自レ始至レ終テ。轉(〔具カ〕)二五味法
輪一ヲ。一一皆酬中梵ノ請上ニ 文 (大正藏二五、五八上～中)
大論一云。是時三千大千世界梵天王(〔主カ〕)○勸ヨ請世尊ヲ初轉二
法輪一ヲ○以レ是故佛說二摩訶般若波羅蜜經一 文 (卍續二一五、三三四丁左下)
五百問論云。可謂(今カ)。一代大小皆酬二梵請一 文
問。釋尊。最初成道ノ時。請二ト梵王(初禪)轉法輪一ヲ見タリ。然ハ所レ云
梵王ノ請ハ廣亙二法華一ニ可レ云耶
答。可レ亙也
兩方。若亙二ト法華一ニ云者。開二妙樂大師解釋一ヲ。(頭十一(天玄五、三八一。釋籤))故至二般若一
尚酬二初請一。故知三請。唯獨法華 文 驗シ法華ハ但限二ト身子カ
請一ニ云事。若依レ之爾云者。梵王ヲ請二轉法輪一意。周ク可レ
亙二一代ノ諸經一ニ也。何不レ亙二法華一ニ耶。爾如何
答云云可レ請二五時共一ニ也。一邊道理如二所難一ノ。但至二ハ解
釋一ニ者。阿含說二方等一ヲ時ハ猶未レ稱二梵王ノ請一ニ。說二般若一ヲ
時モ初ノ酬テレ請ニ有レモ之。說二法華一ヲタマヘル時正酬二梵王ノ請一ニ
也。故知ヌ。法華ヲ通請セル梵王ヲ。上身子尊者重テ三請八(ママ)故
爾前勝ト釋也。意爾云テ梵王請限二トハ般若一ニ不レ可レ得レ心
難云。今解釋何ニモ不審也。其故本書ニハ。(頭十(天玄五、三八一))說大品時猶酬梵
請ト釋シ。妙樂大師ハ。(頭十一(同前))佛初成道。梵王初請ハ。請ノ意既ニ遠シ。
鹿苑方等未レ稱二梵心一。故至二般若一當(尚カ)酬二初請一。故知三請。
唯獨リ法華ナリ 文 此釋ハ鹿苑方等ヲ說トモ梵王ノ請心ニハ未レ稱。
般若說時。梵王ノ請ノ心ニハ滿足スト云也。次ニ故知三論(請カ)。唯獨
法華ト云ハ。正法華不レ請二梵王一ヲ。身子尊者獨請レ之覺タリ如
何
答云云可レ請二法華一也。其故ハ梵王ノ通請ハ偏ニ不レ可レ限二
爾前一ニ。依レ之大師一處解釋(化城疏)ニハ。又如下今佛自レ始至レ終。具(天文四、一六七六上)
轉二五味法輪一。一一皆酬中梵請上 文 但至二今ノ本末解釋一ニ
者。猶法華ハ身子尊者三請セル事ハ爾前ニハ異也。般若マテハ梵王
通請ノ外ニ別シテ無二三請一スルコト 故法華身子三請タ故勝二ト爾前一ニ
云處ヲ釋顯ントシテ。般若ヲ說時酬トハ二梵王ノ請一ニ釋スル也。既ニ疏第
七ニ五味法輪共ニ皆酬二梵請一ニ釋ルカ故。以レ彼ヲ今ニ可レ合得レ

心也

難云。說大品時猶酬梵請ト云者。何ニモ梵王請心ハ般若ニテ（頭十一（天玄五、三八一。玄義））
請シタリケリト釋者ヲ耶如何

況ヤ今釋ノ心。餘經教ノ心淺シテ不レ說ニ佛意ヲ一。梵王通請フレ之。三請レ之事ナシ。法華ニシテ教心深ケレハ身子尊者三請（請カ）タリト釋スル也。若梵王最初通請ノ中ヘ入ニ法華ヲ一。法華卽爾前施權教ニ同レ之有レ失如何

上ニ身子三ヒ請シ。佛四ヒ止給カ故。爾前ニハハルカニ勝ト可レ得レ心釋スル也

難云。餘教ニハ梵王通請ノ外ニ三請コト無レ之云者。華嚴經中ニ解脫月藏（藏ヒカ）。金剛藏菩薩三請レト之見タリ如何

答。此事ハ非レ難ニ。今本末解釋引レト之會釋給ヘリ。始不レ可レ疑。所以ニ本書ニ。華嚴中請ニ金剛藏一。可レ爲ニ連類一文（頭十一（天玄五、三八三））妙樂大師受レ之。此乃三請兩止。猶闕ニ法華一請一止一。故云ニ連類一文（同、三八四）意ハ三請ト云方ハ類ニスヘケレトモ法華ニ。法華ハ三止四請有レ之故。闕ニト華嚴ニハ一請一止一釋給也

圓師云。方便品云。請ニ我轉ニ法輪一等文（大正藏九、九下）化城品云。同疏云。一一皆酬ニ梵請一文（天文四、一六七六上）尤可レ亙ニ法華一見タリ。又今釋ニ。尚酬ニ初請一云テ（天玄五、三八一。釋籤）。請ノ字不レ限ニ般若一ニハ聞タリ。唯獨法華ノ釋（同前）。身子カ三請ハ獨有ニ法華一ニ。不レ亙ニ餘教ニ故ニ唯獨ト云也

問。華嚴幾ノ有ニ止請一耶

此乃三請兩止文（天玄五、三八四。釋籤）

付レ之。華嚴ニハ解脫同（月歟）三請ノ上。佛菩薩加レ請有リ。數レハ有ニ五請一如何

答。佛ト與身子ハ對ニ止請一ニ。解脫同（月カ）與ニ金剛藏一ト三請兩止ト云也。取ラハ餘人ヲ一法華ニモ本門ニ四請四誡有レ之。皆是別事也

26 籤云。圓ノ理ハ無レ珠（殊カ）。故今許ト云ハ可レ爲ニ連類一ト事（頭十一（天玄五、三八三））

問。玄文中引ニ華嚴經ニ解脫月菩薩請ニ金剛藏菩薩一。殊可レ（頭十二）經ニ三止四請一。可レ爲ニ連類一釋セリ。所レ云連類意ヲハ妙樂大師。如何釋レ之耶

答。如レ題（本書）

付レ之。七云六心。連類者。只是可レ約ニ止請義一也。何云ニ圓理無殊故一耶

答。甫云。凡止請ノ艱難ハ本是佛智ノ志微相也。所以。止請連類之上ニ籤師ノ辨才歟。是則初後佛恵圓頓義齊之意也。(天玄五、五四八。玄義)依レ之次又連類等ノ釋約ニ止請之義一ニ。若爾連類有ニ二心一歟　已上

一義云。籤釋ハ本品ニ。而人師偏ニ著シテ。謂ヘリ加マサレリト於法華一ニ。(書カ)頭十三(天玄五、三八三)言フ小乘致スハ請ヲ不ルトレ及ニ菩薩一ニ。此ハ見ルニ一邊ヲ耳　文　此釋ニ得レテ心ヲ。籤。次ニ與ニ華嚴一對辨ルコトヲ者。(天玄五、三八三)一家ノ意。(「今カ)豈欲レセンカ貶ニ於法界ノ融通ハ○圓理リハ無レ殊等　文　只是爲レ破カニ人師偏縁。華嚴ヲ爲レ勝ニ於法華一。今家ハ法華ヲ爲レ勝云者。華嚴ハ帶ニ行布一故ニ於レ理者可レ爲ニ連類一云也。他人ハ偏ニ存ヨ致請人ノ菩薩異ニ聲聞一。華嚴謂レ加レリト法華ニ一者。無ニ其謂一云也　脅均

師云。此義意ハ本品ニ。(書歟)頭十二(天玄五、三八三)圓理無殊。故ニ爲ニ連類一意有レ之云也

難云。圓理無殊ト乍レ釋下ニ又連類ト者。但云ニ止請ルコトヲ不レ云ニ所説之法一ヲ。法ハ非ニ連類一　文　上下相違如何

答。サレハコソ圓理方ハ可ニ連類一。有ニ行布一邊ハ不レ可ニ連類一。故ニ於レ法一分ノ連類也。非ニ全分一故ニ上下無ニ相違一歟

難云。圓理無殊ノ故ナラハ不レ限ニ華嚴一。方等般若ニモ可レ互如何

答。籤ニ有ニ二心一。下ニハ約ニ止請一。今ハ約ニ圓理一ニ。但シ難ハ方等般若ハ共般若説也。華嚴ハ不共也

〔玄云。但此法華開レ權顯レ本。前後二文　文〕

問。玄云。頭十五(天玄五、三九二)但シ此ノ法華ハ開レ權顯レ本。前後ノ二文　文　爾者本迹二門共指歟

籤云。(天玄五、三八六)但此下ハ結ニ歸ス本文ノ疑多ク請倍セル之一　(「意カ)文

付レ之。既云ニ開權顯本一。籤何如レ此釋耶

答。如レ難ノ。但釋籤ハ文言略歟

27 籤云。(天玄五、三八三)至テ下説ニ十地ヲ時上ニ。有ニ三十六菩薩一事

問。玄文中付レ引ニ華嚴經所説十地法門一。爾者有ニ幾菩薩一耶

答。(古カ)左經。三十七ノ中ニ除ニ解脱一以レ藏爲レ名菩薩ハ三十六。(同、三八三～四)故如レ此云歟。依レ之釋云。三十六菩薩。皆以レ藏爲レ名　文

28 籤云。頭十二(天玄五、三八四)三世諸佛(「十方カ)無レ有下ルコト不レ説ニ此ノ十地一ヲ者上事

問。三世諸佛必說二十地法門一耶
答。如レ題
付レ之。諸佛說教隨レ機不定也。何定說二十地一哉
尊云。是正引二華嚴文一。十地法門ハ斷無明證中道之旨也。
一切諸佛誰不レ斷二此惑一ヲ耶
29　玄云。〔頭十一〕(天玄五、三八三)而人師偏ニ著シテ謂ヘリレ加リト二於法華一ニ。言ク小乘致スレ

請ヲ事

問。他人法華ハ小乘致レ請云ヘリ。一家許レ之哉
答。如レ題
付レ之。見二經文一ニ身子致レ請如何
答。玄文委釋レ之。所以ニ玄云〔頭十三〕(天玄五、三八六～七)○何シテ獨是一小乘ナラム。又彌
勤コメテ闔レ衆求二決ヲ文殊一ニ。與二解脫月金剛藏一。若爲ナンスレソ有ランレ異 文
〔法華敎主三身中何哉　一乘義。二算〕
問。法華敎主ハ三身中ニハ何哉(天玄五、三八七)　一乘義。二算
兩方。若報身トハ云ハ。籤云。二處會主ト云テ。(同前)但是衣瓔(纓少カ)小殊 文 如二疏四一
釋迦ハ麁弊ノ衣ナレハ劣應ト聞タリ。若依レ之爾云。或ハ若說法華(大正藏三八、五七〇中) 名疏
單現尊(但カ)特ト云ヒ。或ハ當レ知法華報佛所レ說 文 記四(天文二、一〇二四上)

一義云。可ニ劣身ナル今釋分明也。其上一經始終皆應身ト(大正藏九、五五下)
見リ。妙音來ニ此土一ニ不ニ佛身卑小ノ(有歟)誡一。地涌詣ニ靈山一ニ。少病
少惱ト問ヒ。報居(起カ)輕利安樂行不ト問セリ。是等ハ皆應身ト見タリ。
華嚴ノ敎主ハ瓔珞細輭粧ニ。阿含ヨリ後ハ著テ二麁弊ノ衣一。又還テ
著二瓔珞一ヲ不レ云。但至二一偏ノ難一ニ者。且ク大小相望シテ大乘ノ
敎主ヲ報身ト云也
師云。此ハ法華敎主ヲ報身ト云事。始是我身(見カ)等文(大正藏九、四〇中)ニテ得レ心
也。又應身ト云モ道理也。當時應身ナレハ報身ト云モ有二其謂一。
內身一故也。開權顯實。祕妙方便敎主ナレハ。應身ニテ三身相
即也
尊均云。華嚴敎主ヲハ二乘不レ見レ之。而來ニ至二法華一時。鹿
苑(薗)已來丈六即三身相即也。就レ中華嚴敎主也ト知也
尋云。衣瓔小殊也。何云二不別一ト哉
答。內身一ナレカ故也
師云。寶塔品ハ自證ノ方ハ自受用也。化地(他歟)方ハ他受用也。壽
量品ハ說二眞實ノ自證一ヲ故ニ自受用ト云也。然而トモ偏ニ不レ可レ
執。地體ハ同居儀式也。應身ハ手本也。此上ニ所說ノ法門ニ

依テ如レ此云也。壽量品ハ正在報身トハ云トモ口輪ノ說法有リ。豈非二應身一哉。世間人餘リニ高ク云ハントテ。法華ノ教主ハ報身トハ不レ可レ答也。開權顯實。祕妙方便教主ナレハ。一部始終應身也。此應身卽他受用トモ法身トモ可レ云也

記一云。（天文二、一〇九下）來ニ至此經一從レ劣辨レ勝。受用（受用自カ）矣壽量品ハ自受用トモ可レ云。凡夫二乘所見卽本來常住ト云ハコソ。凡夫二乘卽身成佛モ顯レ。如二華嚴一ノ地住已上ノ所見ニテ不レ可レ云事ハ。於二凡夫二乘一ニ無レ益存也。然圓頓教本被二凡夫一可レ思レ之」

妙音品云。（大正藏九、五五中）爾時淨華宿王智佛（「告カ）妙音菩薩。汝莫下輕二彼國一生中下劣想上○彼娑婆世界。高下不平。（「○カ）佛身卑小文應身文也

名疏二。（大正藏三八、五八二下～三上）復次法華明長者所止一城威德特尊窮子驚愍（避カ）トイハ。（「○カ）亦二尊特身。說二華嚴一（「教カ）小機不レ堪○卽脫瓔珞著弊垢衣トイハ○作（示カ）テ二老比丘一ヲ（「身カ）擬レ說カントニ三藏教一ヲ。過是已後心相體信入出無難トイハ。（「出カ）現ス二弊衣一入テハ現レ（「威カ）德ヲ。卽是現ニ尊特身一說二方等一（「教カ）○是現ニ尊特身一○說ニ般若一ヲ也。又在宅內集國王。（「○カ）卽是法華現ニ尊特身一爲ニ說（諸カ）聲聞一授レ記時也。（「○カ）皆譬ニ釋迦勝應尊特之身一ヲ文

私云。玉云。大乘ノ教主ハ尊特。小乘ハ劣應ト云一往釋歟

補注九云（卍續四四、一三〇丁右上～左上）寶塔品記云。雖三分テ（「文カ）（分自カ）云二三身一意ハ將二法報一以斥二化（地カ）師一。（「○カ）卽レ劣是勝謬矣

精微集云彥ケンシュ揄（倫カ）述○法華教主爲二何身一。答。開權顯實。體內用殊○（在イ）不定尊特演妙性文

法華教主卽劣應而尊特ノ文也

顯法華義抄云○法華教主。是久遠實成圓滿報佛○所居土是常寂光土文

同二云。（天文二、一〇二四上）經言。強力轉輪王○知今佛正是報佛也（卍續四五、七九丁左上）

記云。當レ知法華報佛所レ說文輔云。當知法華報佛所（所自カ）說者○自受（「用カ）報佛也文

圓師云。如二第一抄一

良師云。寶塔已前劣應。寶塔已後他受用。壽量品自受用。屬累已後劣應也

私難云。寶塔品ノ釋二釋迦多寶ハ境智冥合ヲ表ト云リ。豈非二自受用一哉。又是所表ノ釋也

後日示云。大旨如レク上定レトモ實ニハ上周ハ方便品ニテ悟ヲ開報身ヲ見。中周ハ譬喩品。下周ハ化城品ニテ初住開レ悟ヲ時見ニ報身一也。サレトモ今ハ下周ニ隨テ寶塔已下ハ他受用ト云也。又自證ノ進ニ約ハ自受用ト可レ云也

尋云。法華ノ教主ハ始終應身ト覺タリ如何

示云。內證ノ開レハ悟。應身卽遍照ト見也。遍照ヲ受用ト云也。姿（形）ニハ不レ可レ依。芥子也トモ自受用ト可レ云也。無作三身可レ思レ之

輔次上云。（卍續四五、七九丁右上）我盧舍那（佛カ」）說ニ華嚴一。汝應身ハ（「〇カ）近遠不可得云ヘリ（「齊カ）文　名疏二云華嚴。方等。般若。尊特（「雖カ）又在定（宅カ）內集國王〇文（大正藏三八、五八二下）又云。此方等教（同、五八三上）入出無難。復出トハ處シテニ草菴一ニ見ルニ弊衣者一ヲ（「長カ）。入レテハ宅ニ猶見レ現ニ瓔珞身一ヲ。瓔珞ノ長者ハ卽是今佛也（也[ナシ]カ）〇現ニ尊特身一ヲ。問那ソ知ランニ尊特身一ヲ（「現カ）表レ說ニ法身一。答法華云ク我以レ相嚴レ身光以照（明カ）ニ世間一。無量衆所レ尊。爲說ニ實相印一文

皇云。法華教主ハ三身相卽スルニ取テ。當時ノ靈山會上ノ說法ノ身ハ。三身ノ中ニハ應身方ヲ指出テ偏說法給也。所以ニ。四土ノ利益ノ作法ハ。從ニ寂光一應ヲ實報土ニ垂テ。實報土ヨリ應ヲ方便土ニ垂。自ニ方便土一應ヲ同居ニ垂テ。八相成道シテ說法利生シ給ヘハ。住上無生ノ悟ヲ不レ開物モ有也。故ニ說法利生シ給ニ尤可ニ應身一也。而ニ上ニ說文次第。華嚴ノ時瓔珞細輭ノ衣ヲ脫キテ。麁弊垢膩ノ衣ヲ著テ。後チ始終此ノ垢衣不シテレ脫靈山ニシテ說法シ。涅槃ニ至テ頭痛背痛シテ栴檀ノ煙ニ交ルト云ル。是明ニ應身ノ方ヲ示非スヤ。或又報身ナラハ如レ此不レ可レ有也。但諸文ニ報身ト釋ル事。釋處ニ隨テ可ニ會釋一

難云。義勢尤爾也。但シ靈山ヲ釋ニ。既ニ。此謂實報土也ト（天文五、二三七下。文句）云ヘリ。若夫教主應身ナラハ（士歟）前ニ相違ル有レ失者耶。何又住上無生ノ機前ニ丈六卑小姿タ無ニ相違一耶（不審歟）

答。或人云。報身ト云義モ有リ。サレトモ不レ云也。法華ノ教主ヲハ三身中ニハ應身ト可レ云也。サレハ上古經藏房モ應身トノタマヘリ。然ニ彼ノ御房ノ弟子ニ二人アリ。持乘房。竹中也。其經藏房存生ノ時ニ。門徒皆應身ト云リ。滅後ノ時。竹中カ報身ト云ヘリ。時ニ持乘房。竹中ニ語テ云。汝ハ經藏房ノ面ニ奕ヲハ（本ノママ）出ト。存生ノ時ニ應身ト傳テ。設後（沒カ）ニ報身ト云ト申テ論給リ。其モ此心ニテ云ケル也。此義ヲ委ク云ク。法華ノ教主ハ上古ヨリ論ル事也。有レト論

云トモ釋ヲハ不レ難。法身ト云釋モアリ。應身ト云釋モ有リ。但劣應身ト云釋ハ無シ。先ッ法身ト云釋ハ。華嚴ヨリ事起テ。圓教ノ教主ヲハ法身ト云也。虛空爲座ノ成道ハ法身也。華嚴既ニ四教ノ果成ヲ云ニ。法身以テ圓教ニ配タル釋文ニハ。來ニ至此經一（記一（天文一、一〇九下））從レ劣辨レ勝ト云テ。前三教ノ佛ヲハ圓佛ヨリ開シテ法華ノ教主ヲハ法身ト名ナリ。約教ノ三身ニテ釋給也

次報身ト云釋ハ。（記四（天文二、一〇二四上））地論師。華嚴ノ教主報身。法華ノ教主ハ應身ト云破シテ。當レ知法華報佛所レ說ト云テ。法華論ニ報佛ノ菩薩判シテ（道カ）爲ル二法華教主一トスル文ヲ引ケリ。山家ノ釋ニモ。（傳全五、一。傳法偈）吾此法華宗。久遠實成自受用身。釋迦牟尼佛。實報土中說ト云テ。自受用報身ニテ皆法華ヲ說ト釋シ給。次ニ淨名疏ニ。四處現尊特身ト云テ。華嚴圓。方等般若圓。法華教主指シテ尊特ト釋給リ。是ハ勝應身ト釋セリ。但常義ニ鹿薗ヨリ垢衣ノ佛ニテ。法華涅槃マテ此身ヲ不レ改云義アリ。此義云事也。亙ニ五時一ニ五時有レハ。鹿薗ノ佛ヲ不レ改メ涅槃ニ至マテ說ク也。此筋壽量品ニテ醫師譬說ニ涅槃入滅一給。是三藏教主也。四教ノ果成カ一代五時ノ間（タ）悉ク相並テ有也。仍テ法華ノ時モ四教ノ機相並テ在也。雖レ然法華ノ

教主ト被レ云方ハ。圓佛ニテ本迹二門共ニ法身ト可レ云。是ハ約（教カ）教教主也。但四處現尊特身ト云テ。四處教主ヲ尋レハ。四教（イニ）處ノ圓。當機所見ニ蒙ル也。入佛惠ノ機ヲ當機トハ云也。此機ノ（ナシ）所見ニハ。勝應身ト者。他受用報身也。惣シテ是ヲ云ヘハ約位ノ佛ノ一定ニテハ有ル。約教ノ佛ハ一往事也

約位者。同居分段ノ習ナレハ。八相ノ佛ヲ以テ本體トシテ機ノ淺深ニ隨テ四見ノ不同ヲモ（決一此教主シテ）判也。又圓教ニ取テモ同居ノ圓機ハ。未斷見思ノ凡夫ハ丈六ト見ル。是ハ劣應身也。斷見思以後ハ勝應身ト見ル。是ハ通教教主ノ分齊ニ當レハ。斷無明以後ハ他受用報身ヲ見ル。是ハ地住已上所レ見別教教主ノ分齊也。等覺ノ最後身菩薩ハ自受用報身ヲ教主ト可レ仰。約位三身。（五大院云。等覺已還未レ達ニ心源一文（大正藏七五、五〇七下。菩提心義））實事ノ教主ニテハ有ル。約教ノ教主ハ一往事也。疏ノ三。序品ノ放光瑞ノ佛ヲ釋トシテ。（天文一、四五三上）若丈六ノ佛ノ放ト光者。三藏義也。若（イハ）尊特ノ佛與ニ（「獨カ）丈六ノ佛一共放光ト者。通義也。若尊特佛放光者。別義也。若夫丈六卽（佛カ」）毘盧遮那法身放光者。圓義也ト云テ。（所開三藏佛擧也）法華時ニ四（夫㋡カ）教ノ佛不ニ相離一ト（セス）見ヲハ。常ニハ約教ノ釋一往ノ事ト思タリ。雖レ然再（往カ）德ノ實義ト可レ得レ心也。其故ハ上如レ云。約位ノ位ニモ機根萬

差ニテ。横ニ三身幷ニ類ニ隨テ令レ見。又法華ノ時ニモ横ノ五時カ有レハ四教ノ機見不同也。仍處處ノ釋ハ隨テレ處ニ一機ノ見ヲ擧テ。此モ隨類化現ノ身ヲ現シ給ヘハ。種種身同時ニ現シ給ハ。但此ノ不同ヲハ正ク法華ノ教主ト問ン時ハ。開權顯實ノ教主ナレハ。前三教ノ教主ヲ開テ圓佛ト成テ法華ヲ說給ト可レ答也。四處現尊特身トハ釋給也

再往ノ實義ニハ法華ノ教主ヲハ本迹二門共ニ法身ト可レ云也。是ハ約教ノ大旨ニテ有ル八相ヲ一佛乘ト開會シ。佛ノ圓機ニ非スハ不レ可レ有。圓佛ト者。疏ノ三。(天文一、四五三上)上ニ毘盧遮那法身也。山王院此ノ文ヲ受テ自受用報身ト釋給ヲ。法華ヲ說カ料ニ一道清淨ヲ表ル。白毫ヲ放ツ佛既自受用報身也。尤自受用報身ニテ法華ヲ可レ說也。此ハ教相ノ大旨ニテ有ル自受用法身也ト云トモ。能化所化ノ相對スル日ハ應身ト名ル也。圓教ハ法身ヲ以テ爲ニ教主一スレハ。法身ヲ應身ト名テ說法ストト可レ云也。但應身云ニ付テ。內應外應有リ。外應ト者。前三教ノ教主。爲ニ權機一ノ所レ現身ナレハ外ノ應ト名タリ。此義可レ然。是ハ報身ノ上ニ於テ(觀音品疏見ッ)境智冥合ノ義ヲ以テ內應ト名タリ。內應ト者。圓機ヲ自證ノ機ト云テ。彼ニ應レハ內應佛ト名タリ。三藏ノ機ハ化他ノ機緣ナレハ。彼ノ外應ト名ルニ殊(對歟)テ。爲ニ圓機一ノ說法スル身ヲハ內應ト云也。是レハ論ノ記ノ意也。多ノ義有リト云トモ此義ハ教相ニハ相ヒ叶ヘル。超八ノ圓教教主ト被レ云。佛ノ圓佛ニ非スヨリハ不レ可レ有ル事ニテ有ル也

疏一云。(天文一、一〇九上)隱クシテ前三教(相カ)ヲ。唯シ示(不可カ)シ二一不思議ヲ如シ虛空ノ相ノ一。卽圓佛ノ自覺覺他ナリ

記云。(同、一〇九下)若隱ニ前三相一從レ勝ニ而言說(言之カ)。非レ謂ントニハ大虛名爲ストニ圓佛ト一

華嚴經八ニ師子戴ニ佛所座一ヲ云リ。華嚴經ニ云。佛師子座等ニ同虛空一ト文 此文ニ依テ天台ハ虛空爲座ト云事ヲ如レ此釋出給ヘル也。經藏房ノ弟子四人已。良覺。營(演イ)延。竹中。明鑒。此ノ中ニ明鑒勝タリ。是ハ唯佛所座次第ニ殊勝ル事ヲ云トシテ虛空爲座トハ云也。實ニ虛空ヲ座トスル佛不レ可レ有事也。可レ書所ハ切取ニ有リ。宗要七帖ノ上ニ有リ。七帖ノ下。三惑同體別紙ニ有リ。(一〇カ)(天文四、一六九八下～九上)無法ヲハ妙樂大師。人見釋迦一代教中一分聲聞。永滅無發ト釋給リ。可レ思レ之

〔華嚴經主三身中何耶〕

問。華嚴教主ハ三身中何耶（題如レ前）
答。報身　一義云。應身
兩方。若應身ト者。宗處處ノ解釋ニ華嚴教主報身定リ。若依レ之爾者。華嚴教主五天往反在ト云ヒ。所化ハ凡夫大根性ノ人ヲ列リ。又說所ハ菩提樹下始成正覺ノ儀式。非ニ摩醯首羅智處（所成）城成道一耶
答。報身也。但至レ難者。同居影現土故ニ菩薩（提カ）樹下凡夫等有也。五天往反ハ不レ往而往意也。如下不レ動ニ寂場一而遊中化鹿薗（苑カ）上 文（天玄二、一一九〇。玄義）
難云。夫尋ニ華嚴經一四衆形交シウ。豈純諸菩薩ノ國土耶。八部並レ面ヲ實報微細ノ土トハ難レ云。前後ニ隔ニ九山一ヲ帝網無礙也。稱空（虛カ）成式（儀カ）ハ。八相成道轉ニ妙法輪一 文（天文五、二二四二上。文句）全非ニ報身義一耶。是以守護章中ニハ。但見ニ勝應一非ニ是眞報一 文（傳全二、二〇三）（「身カ）（「見カ）如何
答。尋ニ華嚴經一題ニハ置コト大毘盧遮那一ト。經ニハ說ニ十方臺葉互爲主伴一ト（天文五、二二四八下。文句記）。梵網經ハ華臺華葉ノ相ヲ說キ。受職灌頂旨分明也。全非ニ勝應身一云事。何況ヤ因陀羅網華藏世界。重重相入儀式也。豈非ニ實報土相一ニ耶。但至ニ八相乃至菩提樹下等難一ニ者。同居影現ナル故不ニ相違一耶
疏六云。威德特尊ト者。光明無邊色像無邊○須レ作ニ舍那之佛一 文（天文三、一四一二上）
記云。相海者。全指下華嚴如來相海品。及以隨好光明品中明中（「藏カ）毘盧遮那ノ具ニ足十蓮華世界海微塵數相一。一一以ニ妙（「皆カ）相一〔莊嚴〕上故○ 文（同、一四一二下）（同、一四四七下）
疏云。卽脫瓔珞下○脫ニ妙服一。譬レ隱ニ報身無量功德一○ 文
四教義（儀カ）云。第一頓教者○爾時如來現ニ盧舍那身一。說ニ圓滿修多羅一。故言ニ頓教一 文（大正藏四六、七七四下）
集解上云。問。華嚴教主爲ニ是舍那一。卽是舍那明矣 文（卍續二－七、七丁右上～下）（「○カ）
疏六云。居（踞カ）師子座（牀カ）者。圓報法身 云云（天文三、一三九五下）
輔云。圓報身他受用報也 文（卍續四五、一〇一丁左下）
記六云。勝兼ニ兩處一 文（「法カ）（天文三、一三七一上）又云。故勝應在ニ華嚴一也 文（同、一三九八下）
遂（邃カ）云。從勝應華嚴者。亦是義也 文（佛全15、一八五下～六上。義決）（「其カ）（「知カ）
無量義經註（記カ）釋云。勝應不レ起ニ起（「在カ）樹王之座一○說ニ華嚴一。乳味（「時カ）也 文（傳全三、六二九）（起ヒカ）（是卽カ」）
玉攝（抄カ）云。華嚴教主ハ界內ノ穢土ニ出事。爲ニ未斷見思人一也。

然ニ爲二三藏人一示二劣應一爲二華嚴機一現二勝應身一。應ニシテ界內ノ機ニ示二勝應ヲ一漸漸爲レ令レ見二初住分ノ報身ヲ一也。一家處處釋如レ此シツラウ也。勝應生身ト云事。壽量品本文下ニ見タリ

壽量品疏云（天文五、二三〇九下）。爲是人說下。第二現在應化又二。一非生現生。二非滅現滅（〻現カ）。生又二。一現生。二利益。現生又二。一現生。二非生。現生者迹現ニ出生（於カ）一。非生者非二始示生一也。爲二是人一說三我始得二菩提一○今卽（照ジカ）照現二勝劣兩應一。劣應應二（二カ）鈍根一。勝應（〻應カ）二利根一。此兩應幷有二生法二身生一。劣應生身生者○勝應生（〻身生カ）者。如二華嚴大經等說一。與二諸菩薩一○可レ見レ上

30 本門四請三誡事　頭十四（天玄五、三八八。釋籤）

疑云。見二經文一有二三請一也。何云二四請一耶。又三誡後更有二汝等諦聽之文一。豈非二四誡一耶。依レ之餘處釋云 云云

答。尊云。處處解釋其文不同也。各有二一旨一也。今四請ト云ハ者。如是三白已（大正藏九、四二中）。復言唯願說之ト云故也。今其三誡者。現文。汝等當信解等云文（同前）。正有二三度一故也。餘處ニハ兼取二汝等諦聽ヲ一（同前）歟 已上

補注云（卍續四四、十五丁左下）。四請三誡者。應レ云二四誡一也 文

31 籤云　頭十四（天玄五、三八八）。華嚴中加二於菩薩一說二菩薩法一 文

問。華嚴ニ有二佛自說クレ法義一耶

答。如レ題

付レ之。見二經文一。僧企現相ノ兩品ハ佛自說レ之。骨目ニモ名號。壽量二品ハ佛說 云云 如何

答。約二多分一歟。法華ハ多分佛說也。華嚴ハ三十七品但明二（天玄五、三六二。釋籤）菩薩行位功德一等 文 多分加二菩薩一令レ說也

問。華嚴中。十方雲集菩薩。釋尊宿世知識 文 爾知識者。妙樂大師如何釋レ之耶

答。知識可互相成益 文　頭十四（天玄五、三八九）爾也。見二釋文一。知識之無（言カ）（同前）。覆二此發心之事一 文

付レ之。二乘成佛。久遠實成。法華仲（沖カ）微ナレハ。隱レ之菩薩隨二釋尊一發心ストト云ハン事。帶方便莚二何彈レ之。依レ之悲華嚴（經カ）ニハ。十方佛皆我皆勸化令レ發二菩薩（提カ）心一（大正藏三、二一二上。取意カ） 文 如何

答。今釋意ハ華嚴法華二經ノ化儀同キ事ヲ云時。華嚴ハ十方雲集盧舍那ノ宿世知識ト云（天玄五、三八九。玄義取意）。法華ニハ地涌菩薩隨二釋尊一發

心スト明リ。十方雲集ノ菩薩。卽地涌菩薩也。華嚴示シテ二始成一穩ニ本地一説ニ宿世知識一發心ト不レ云。法華ニハ顯ニ本地一故。今初發道心シテ云ニ本門動執生疑一也。然云テ惣菩薩隨ニ釋尊一發心スト云事非レ遮也

問。華嚴十方雲集菩薩ハ卽爲ニ法華地涌菩薩一ナリトヤ。ハタ如何（如ニ涌出品抄一）

若同云者。彌勒不レ識ニ地涌一。若華嚴座ニ有レ之。何云ニ乃不識一人一耶（大正藏九、四〇下）。況地涌菩薩ハ本地衆。何可レ有ニ迹化ノ座一ニ耶

若依レ之爾也。籤云（圓十四）（天玄五、三八九）。故知。知識之言覆ニ此發心之事一文既華嚴ニハ知識ト云。此經ニハ發心ト云ヲ。覆ニフト發心一ヲ釋カ故ニ。覆藏シテ知識ト云ソト釋スト聞タリ。又涌出品疏云（天文五、二一六八上。文句記）。焉知レ不ニ是彼法惠等一文如何

答。難レ測。但法華地涌菩薩ト者。本化弟子。今經時初テ來テ爲ニタリ本門ノ遠由一。其人有ニト爾落（前カ）一ニ云者。一代教相豈不レ亂耶ッ（天玄五、三八九。玄義）。故ニ非ニ一體一ニハ。今釋ハ非レ云ニ一體一ト。華嚴ニハ（同前）。十方雲集テ（菩薩カ）。皆是盧舍那佛ノ宿世ノ知識ト說キ。此經ニハ。地涌千界皆從ニ釋尊一發心スト云ヲ（同前。釋籤）。知識ハ可下互ニ相成レ益ヲ。發心ハ師位（〔一則カ）不レ移ラ。仍可レ云ヲ二發心一知識ト說。覆藏ノ說リト下ス也。彼此菩薩一トハ不レ云也。次餘處釋ハ一往也。華嚴ニハ法惠功德林等ノ四菩薩ヲ爲ニ上首一ト。此經ニハ上行無邊行等ノ四菩薩ヲ爲ニ上首一故ニ（天文五、二一六八上）。焉知不是彼法惠等ト云ハ。一往付テニ二經一ニ四菩薩ヲ同スル也

難云。釋難シ。今釋ハ付レ能付テ二所化（〔化カ）一ニ覆藏シテ說クヲ。而ヲ眞實說辨ヘ釋スルニ。華嚴列衆十方雲集ハ說ニ宿世知識一ト。此經ノ地涌ハ說ニ釋尊ノ弟子一ト。若華嚴ニ說カ二弟子一本成可レ顯ス故ニ覆レフト之釋也。若餘ノ菩薩ナラハ實ニ宿世知識ナレハ可ニ知識ト說一クナル。何是ヲ覆藏ノ說ト云事有耶。サレハ十方臺葉ノ佛ヲ。華嚴ノ時ハ雖レ不レ云ニ分身一ト。寶塔品時ハ云ニ分身一ト。其ヲハ。凡集ニ幾許華臺佛一耶ト釋セリ（天玄五、三九〇。釋籤）。華嚴ニハ覆レテ之不レ云ニ分身一ト也。今又其定也。依レ之涌出品疏釋ニ。既ニ兩經菩薩同シト釋セリ。今又存ニ其意一見タリ。但至下本化弟子不レ可レ有ニ迹化衆一云上ニ者。菩薩ハ無ニ定ル形一。或時ハ示ニ迹化衆一。或時ハ示シテニ本化衆一助ニ釋尊ノ化道一也（天文五、二一八三上。文句記）。彌勒不レ識事ハ。若實位高爲衆發迹ト云テ。爲レ衆示スニ不レ知相一ヲ也如何

答。爲ニハ法華ノ奇特一。地涌菩薩在ニ華嚴座一云事不レ可レ有。只是地涌ヲ爲ニシテ才覺一トヲ可レ云ニ發心一ト。其レハ覆藏シテ知識トハ云メト釋也。若實位高等云モ。ヨイ程事ニテコソ可レ有。ケニケニト華嚴座ニ列ル菩薩ヲ彌勒不レ識云事ハ不レ可レ有事也　阿彌陀房
無物也

問。解釋ノ中ニ華嚴法華ノ勝劣ヲ釋スト見タリ。然者華嚴ノ引テ二十方雲集ノ菩薩ヲ一。華嚴ハ法華ヨリ劣義ヲハ如何釋スル耶
頭十四（天玄五、三八九。玄義）
答。開ニ大師ノ解釋一ヲ。盧舍那佛宿世知識ト云ヘリ
付レ之。法門ノ純帶ニ依テ勝劣ヲ釋スル事ハ。尤モ其謂レ可レ有者也。而ルニ今彼ノ經ノ意。十方雲集ノ菩薩。更ニ盧舍那佛ノ宿世知識ナル故ハ如レ此説ニモ有ラン。若爾ハ。依テ二知識ノ語一ニ何華嚴法華ヨリ劣ナリト可レ得レ心耶
答云云　但至ニ御難一ニ者。大師ノ解釋ニハ。華嚴ニハ知識ト云ヒ。法華ニハ云ニ所化一ト云テ。非レ無ニハ疎密一ス云リ。妙樂大師受レ之。知（天玄五、三八九）識疎發心密ト釋シ給ヘリ。意ハ華嚴ニハ十方雲集ノ菩薩所化ト不レシテ云。先世知識ト云カ故ニ。地涌ノ菩薩押ヘテ所化ト説キ給ヘルハ。遙ニ法華勝タリト釋シ給ニ無レ失可ニ答申一

難云。自レ本所ニ難申一。十方雲集ノ菩薩ハ宿世知識ニテ有レハ之。所化トハ不レ云知識ト説ク事ハ。尤モ正直ノ説也。何依レ之法華ヨリ劣ト得レ心耶。例セハ如ニ今ノ經ニ文殊ハ釋尊ノ九代ノ祖師ト云ヒ。提婆ハ釋尊ノ善知識ト云カ。爾ハ如何
答。此事華嚴ニハ雲集卽釋尊ノ所化トハ不レ云事。尚是別教ノ方便ヲ帶スルカ故ニ。只云テ知識ト不レ云ニ所化一ト。今ノ經ニハ純圓一實ノ説ナルカ故。地涌ノ菩薩ヲ釋尊ノ所化ト説ク也。依レ之妙樂大（頭十四）師。（天玄五、三八九。釋籤）知識ハ可ニ互ニ相成レ益ヲ。發心ハ（法華）則師位不レ移。故知。知識之言ハ。覆フ此發心之事ヲ。顯ト覆トハ不レ等疎ト密ト何ソ疑ハント云ヘリ。但至ニ文殊調達ノ例難一ニ者。今ハ地涌ト雲集トヲ相對シテ勝劣ヲ判スル事也。文殊調達ノ事引キ來テ不レ可レ難
難云。自レ本難スル處雲集ノ菩薩。實ニ盧舍那佛ノ宿世ノ知識ニテ有リヤ否。是今ノ本末ノ釋彌不審也。（虫入）其故ハ雲集ト地涌ト其ノ體一體ナラハ尤此釋仰タリ。地涌雲集各別ノ人ナルカ故ニ。雲集菩薩ハ實ニ知識ナレハ説ニ知識一ト。地涌ハ實ニ所化ナレハ所化ト説ニコソ有レ。何ソ知識之言。覆此發心之事ト釋給リ（丁耶カ）
答。此事法華ノ地涌ノ菩薩ト者。卽華嚴ノ十方雲集ノ菩薩ソト

云事有ルレ之故ニ。地涌ノ菩薩ヲ華嚴テハ過去ノ知識ト說キ。今ノ經ニテハ我所化ソト說給カ故。華嚴經ハ所化ノ言ヲ隱覆シテ說ケハレ之。法華ニ不トレ及釋給也。依レ之妙樂大師。（記九）餘處ノ釋中。地涌ノ菩薩ヲ釋トシテ。焉知レ不ニ是彼ノ法會（慧カ）一等ト釋シ給ヘリ（天文五、二一六八上）

難云。焉ココニ知ヌ不ニ是彼レ法會（慧カ）一等ト云リ。此釋意ハ上ニ華嚴法華ノ十異ヲ釋スルニ。華嚴四大士。法華四大士既ニ異也等云ソ。以テレ之思ニ。焉ニ知不是等ノ釋。文點ヲ讀メハ各別ノ菩薩也ト聞タリ如何

又難云。此事大ニ不審也。華嚴ノ十方雲集ハ迹化ノ衆也。地涌ハ本化ノ弟子也。又華嚴雲集上衆ハ法惠・功德林等也。地涌上衆ハ上行・無邊行等ノ菩薩也。其名言既ニ各別也。又地涌菩薩ヲハ補處ノ彌勒。乃不レ識ニ一人一等ニテ。彌勒不トレ知レ之疑ヘリ。若華嚴ノ十方雲集ナラハ。四味ノ經ニテ坐席ニ一幷テレ肩ヲ。何不トレ知レ之云耶

答。地涌菩薩ハ卽華嚴ノ十方雲集ノ菩薩也ト云事ハ。今ノ解釋及記ノ第九ノ解釋ニ任タル也。但至ニ迹化本化ノ不同ノ難ニ一者。自レ本不ルレ諍處也。華嚴ノ時ハ迹化ノ相ヲ示シ。今ノ經ノ時ハ地涌ノ菩薩ト現スル也。次ニ至ニテ名言不同也ト云難ニ一者。彼レ又本化迹化ノ不同ヲ示ス日ノ事也。依レ之妙樂大師。及名不等ト（天文五、二一六八上）釋ヲ名言不同有レ之存シ給ヘリ。次ニ至ニ彌勒不トレ知云難ニ一者。是又迹化本化ノ不同ヲ示現スル上ノ事レハ。示サンニ本化ノ相ヲ一時ハ。乃不識一人ト不レ疑ハ不レ可レ有。凡ソ此土菩薩ハ楞嚴難思ノ化道無謀ニシテ一多自在。備權現出沒自在也。故ニ華嚴經ト十方雲集ヲ示シ。今ノ經ノ時ハ地涌ノ相ヲ現スルニ何有ンレ憚耶。例如下文殊ノ亙ニテ五時ニ一入海スレトモ不起滅定現諸威儀（大正藏十四、五三九下。維摩經）ト云テ。五時ノ生（坐歟）モ而（「而カ）去。又入海上スルカ也

難云。地涌卽華嚴ノ四大士ト云事。經文ニ無ニ證據一也。難ニ信用一者也如何

答。是涌出品ヨリ得レ心出事有リ。所以ニ。地涌菩薩。華嚴ノ發起衆ヲ隨喜スル文ニ。能ク問フニ諸佛甚深知惠ヲ一聞已信解シケリ。我等ニ隨喜スト云耶。解釋受レ之。能問ノ人ト華嚴四大士。法華身子ト釋セシ。而ニ經文ニ。於時世尊。讚歎上首諸大菩薩。善哉善哉善男子。汝等能於如來發隨喜心（大正藏九、四〇中）ト云リ。是ハ佛。地涌菩薩。華嚴四大士。法華身子ヲ隨喜セルヲ。汝ハ隨ニ喜スル如來ヲ一

也ト讃歎シ給リ。此如來ト者。華嚴ノ四大士。法華ノ身子也。然ルニ疏ニ釋レ之ルニ。此亦得山表壽量ト云リ。（天文五、二一八一下）記ニ受レ之。隨ニ（密カ）喜スル菩薩ヲ。其迹ヲ隨喜ルナリ。如來ト說ハ其菩薩ヲ出也。此卽佛始成非事表也ト云テ取意。而モ華嚴ノ四大士菩薩ルヲ。佛ケ如來ト名ヲ給ヘハ。一定佛久成ヲ顯ス序ト成レハ。菩薩ナレハ華嚴四大士カ卽地涌ニテ〓（在歟）ト一家得レ意給也。依レ之記九云。（天文五、二一二五五上）然諸菩薩於此已前亦曾不（有カ）迹ト釋セリ。此十方雲集ヲ垂迹ト釋スルナルヘシ 已上祕藏

師云。地涌菩薩。如來ノ分身ト習也。備ニ眞言敎ヲ也。意ハ如來所具ノ菩薩界ト云事也。故釋尊ノ菩薩界ヲ地涌トモ雲集トモ云也云云

尋云。華嚴十方雲集ノ菩薩。一代ノ閒ニ有レ之耶

良師云。方等經等ニ見タリ

問。華嚴ノ十方雲集ハ。皆釋尊ノ所化ト可レ云耶

答。（頭十四）（天玄五、二三八九）籤云。知識之言。覆此發心之事ト云ヨリ。釋尊ノ所化ト聞タリ

付レ之。以レ何得ニ知ル事ヲ釋尊所化云事。法華已前也ト云トモ。不シテハ明ニ種熟脫因緣ヲ非レ可ニレ云。若釋尊所化ナラハ。

隨テ釋尊ニ發心スト云リ。帶權ノ經也ト云トモ。隨ニ釋尊ニ發心ト云說無ニ非ス。然ニ法華ニ地涌千界ノ菩薩。皆隨ニ釋尊ニ皆發心ス。華嚴十方ノ雲集ノ菩薩。又定テ可ニ釋尊弟子ナル。サレハ（頭十五）釋籤ニハ。（天玄五、三九〇）擧レ例ヲ然（而カ）知塵數亦爾釋セリ。但シ悲華經ハ。彼ハ寶海梵志トシテ敎エテ令ニ發心一云カ故ニ是一ノ因緣也。サテ華嚴ハ十方ノ雲集ヲ皆過去ノ弟子ソト云ナラハ。卽チ釋尊ノ久成レト可レ顯ル不レ說ニ其事ヲ也。仍悲華經ニハ異ナルヘシ。寶海ノ時。化示導ノ一類ノ諸佛シテ指ニテ有コソ也

〔華嚴經十方同說佛皆分身明耶〕

問。華嚴經ニ十方同說ノ佛ヲ皆分身ト明耶

答。（頭十五）（天玄五、三八九）玄。不レ言ニ彼佛是舍那分身ト文

付レ之。見ルニ華嚴經ヲ。（施（世カ）主妙嚴品）（大正藏十、二五上）故能分身遍ニ十方ト文

答。華嚴分身ト者。此ノ方ノ華嚴ノ諸ノ道樹ニ分身ノ佛有リ。指シテレ之爾カ云也。見レハ梵注（經歟）ヲ是一箇ノ臺葉ノ儀式也。一箇ナレトモ一華萬億國ト說カ故ニ遍十方ト云也。今所レ云分身ト者。十方ノ指シテ華臺ヲ。此ヲハ彼ノ經ニ分身トハ不ルレ云也

難云。何シテ此方臺葉ヲハ分身ト云ヒ。十方臺葉レハ不レ云ニ分身

耶

答。一箇臺葉ノ儀式ト者。臺上ノ佛現ニ葉上釋尊ヲ一。葉上ノ佛復現ニ百億ノ釋迦ヲ一。(大正藏二四、九九七下。取意カ)三重成道。一佛ノ示現ナルカ故ニ分身ト云也。サレハ梵網經ニ云。釋迦文分身ノ百億ト云ヘリ。(大正藏二四、一〇〇一上。瓔珞經カ)十方臺葉ノ儀式。必シモ不ニ同時ナラ一。是ヲ名ニ分身ト一者。釋尊久可レ顯ル陰密シテ云ニ分身ト一也

問。玄文ノ中ニ。頭十五(天玄五、三八九。取意)十方佛不言舍那是分身ト云リ。是ハ華臺ノ教ヲ指シテ分身ト不レ云釋スル歟。將ニ葉上ノ佛歟。若臺上ト者。籤ニ頭十五(同、三九〇)云。是則化主眷屬並以ニ一身無量身互爲ニ主伴一○而覆ニ其分身之說ヲ一但云ニ意伴(主カ)相關ト一云リ。故ニ化主ト者。指ニ臺上ヲ一。眷屬ト者。指ニ葉上ヲ一歟。此重伴(主カ)ヲ分身ト不レ云釋セリ。故ニ不言伴佛ト者。葉上ノ佛ヲ葉上ノ佛ニ望メテ不レ云ニ分身ト一聞タリ。若依レ之葉上ト者。導(道カ)理不レ明。彼經ニ樹王下ノ佛ヲ以テ分身ト說ヲ。何不レ言ニ分身ト一云ハン耶。況ヤ玄文ニ。(天玄五、三八九)十方佛說華嚴ト云リ。知ヌ分身ト不ハレ云レ問(同カ)。說ニ華嚴ヲ一臺上ノ佛ヲ可レ指云事ヲ。加レ之法華以ニ十方諸佛ノ同ヲ一故。十方臺葉相望シテ可レ論レ之。若葉上相望ナラハ又可レ約ニ一葉ニ。何十方ト云ハン耶

答。難レ知。但十方臺葉相望スル歟。但シ釋籤ハ主伴ト云ハ。誰カ知ル十方臺葉ニ約シテ論ニ主伴ヲ一歟。玄ノ八ニ(天玄五、三九〇)斷ムト二臺上ニ一見タリ。況ヤ籤云。凡集ニ幾許華臺佛ヲ一耶 文

問。華嚴經ノ中ニ十方臺葉相望シテ明ニ互爲主伴ヲ一耶
頭十五籤云。(同前)互爲主伴ト云リ

付レ之。正ク見ニ華嚴經ヲ一。全ク十方臺葉互爲主伴ト不レ云。何如レ此ノ釋ル也(耶カ)

答。十方臺葉等ノ義。經ニ不ニ分明一。華嚴ノ人師此意ヲ釋ト見タリ。一家引レク之歟。華嚴ハ報身報土儀式。十方互相攝スル時。此方ヲ十方ニ攝スレハ。十方爲レ主ト此方爲レ伴ト。此方ニ攝レハ二十方ヲ一。此方ヲ爲レ主ト。十方ヲ爲レ伴ト。帝釋如シ二羅網ノ一

難云。經此意不レ見歟

答。彼經云。(大正藏十、四二中)(十方所有カ)攝十方廣大刹。悉來入此世界種ト云リ。先德出ス二此文一。華嚴ノ人師モ依ニ此文ニ歟

問。此ノ經ノ時。實報土ノ分身來歟。若來ト云者。周圓無際ノ色身。同居ノ境ニハ可レ來ト。若不レ來ト云者。籤云。(天玄五、三九〇)今以方土(ア八カ)田滿レ中諸佛。凡集ニ幾許華臺佛ヲ一耶ト云リ

答。報土ノ分身來ト不レ言。今ノ釋ハ華嚴十方臺葉ニ華嚴ノ時ハ分身ト不レ云ハ。今ノ經ノ時ハ說ニテハ分身ニ定テ可レ來ト云也。但シ今ノ經ニ來ラン時ハ。應身應土ノモテナシテ可レ來ル也。華臺ノ佛ノ相ニテ可レ來ン耶

難云。華嚴ノ時ノ十方臺葉ノ佛ケ。今ノ經時來テ作法ハ可ニ何樣ナル一ソ耶。本ハ雖ニ實報土ノ分身也一トモ。此ノ經ニ來ラン時初テ應佛ト成ル歟。若爾ハ。三變淨土ノ時キ。分身來集スル儀式ト云ハ。本土ヲ捨テテ來ル彼レ皆一國土ノ敎主。應身同居ノ佛ト見タル也。報身ニテ如レ來ト云事。可ニ何樣ナル一トモ不レ覺。又本ハ報身ニテ御在スカ。俄ニ應身ト成ラン事モケニトモ不レ覺ヘ事也

答。華嚴ノ十方臺葉ニ取テ。此ノ土ノ臺葉儀式。既ニ同居土ノ上ニ實報土ヲ影現ス。故ニ十方臺葉モ定メテ影現ノ報土タランカ。若爾ハ。同居ノ上ノ假立ナレハ。法華ノ時ノ本土ニ覆シテ應身同居ノ儀式ニテ來ル歟［　］(缺字カ)云フ其ノ定ニ十方同說ノ佛モ華嚴ノ時コソ報佛ナレ。今ハ釋迦ト同シ樣ナルカ故來ルト云ニ無レ失。全來ルトハニ報佛一不レ可レ得レ心

32 籤云。是則化主モ眷屬モ並以テニ一身無量身ヲ一互爲ニ主(天玄五、三九〇)

伴一ト事

問。華嚴ノ經ノ意(若カ)。互爲主伴ノ義ヲ明ナリ。爾ニ化主眷屬互爲主伴ノ義ヲ明耶　爲ニ寶塔品ノ一

答。可レ有レ之

若有レ之云者。法惠等ニ爭カ互爲主伴ノ論レ義ヲン耶。若依レ之爾ト云者。如レ題

答。釋尊(釋[ナシ]カ)云。指ニ葉佛ヲ一歟。故互爲主伴ト云也。次ニハ法惠等既ニ一身無量身ヲ得ル人ナレハ。皆互爲主伴ノ義可レ有也(也[ナシ]カ)

探玄記云。一方ヲ爲レ主ト十方ヲ爲レ伴ト餘方亦爾也(大正藏三五、一二四上)。是故ニ主伴(主主伴伴カ)各不ニ相見一也(也[ナシ]カ)　文

師云。華嚴經ニ有リニ三不同一。一ニハ果主果伴。二ハ因主因伴。三ハ果主因伴也。澄觀師ノ演抄ニ如レ此釋シタリ。今ノ釋此三心(若カ)ニテ可レ得レ心也　爲ニ壽量品抄ノ一

33 籤云。(頭十五)華臺相去レハ其尋曰(量カ)レシ量事(天玄五、三九〇)

尋云。意如何。臺ト葉ト相去ルシ云也。臺與レ臺相去ル歟

答。尊云。華臺既ニ是實報土也。豈有ニ限量一耶。經云。一切佛刹咸來入(大正藏十、四〇上)　文　故ニ臺葉相去テ其量曰レト量云歟

難云。此ノ義如ナラハ華嚴ニハ十方臺臺(葉カ)不レ明ト可レ云歟。若明ニハ十方臺葉一ヲ。彼此ノ臺上トヤ可レナルラン得レ意如何

圖十五 籤云(天玄五、三九〇)。擧テレ例ヲ而知ヌ塵數モ亦爾ナリヲ云ヘリ。心如何

答。擧例而知者。華嚴ニハ一ノ華臺ニ一化主ヲ立テテ而モ諸佛分身ト不レ云ハ。法華來集ノ諸佛ヲ分身ト云リ。此ノ例ヲ以テ思ニ。法華ハ勝タリト云也。塵數亦爾云者。華嚴ニハ十方雲集菩薩等ヲ說トモ。法華ノ千界塵數(地淨(涌カ)也)說ニハ不レ及云事歟

〔法華三變土田時集處分身諸佛。三身中何也可レ云耶〕

問。法華ノ三變土田ノ時集ル處ノ分身ノ諸佛ハ。三身ノ中ニハ何也ト可レ云耶

答。可ニ應身一ナル也

兩方。若應身ナリト云者。於ニ妙樂大師ノ解釋一(同前)開タルニ。凡集ニ幾許華臺佛一耶ト云リ。如クハニ解釋ノ一可ニ報身一ト聞タリ。爲(若カ)依レ之爾也ト者。三變得(淨カ)土ノ儀式ハ應報如來集マルヲ示ス也。何華臺報佛トト可レ云耶

答云云 分身ノ諸佛ハ可ニ應身一ナル。但シ至ハニ今解釋ニ一者。彼ハ圓教意ハ三身相卽シテ無ニ暫ク離時一キ故ニ。應身ナレトモ報身ト釋スルニ無レ失

有云。華嚴ハ主伴ト云テ分身ヲ不レ云ハ。今ノ經ニテ思ヘハ分身ト可トレ云釋也。非ニ報身ヲ云ニハ分身ト一也

難云。妙樂大師解釋ヲ。事ヲ相卽ニヨセテ會釋ヲ令レ存セ給フ事難レ思。圓教ノ意。三身相卽セハ事ヲハ不レ論處也。尋ネ申ス處ハ。正ク法華ノ時來集スル分身ノ儀式ハ應身歟ト疑申也。爾ルニ如クハニ經文ノ一寶樹下ニ高座ヲシク。其上ニ可ニ座シ給一。法佛ハ何ニモ應身ト覺タル也。爰以テ寶塔品ノ疏文ニハ。分身ハ應身ヲ表スト釋シ給ヘリ。南岳大師ノ解釋ニハ。諸佛應身釋迦牟尼佛 文 今何妙樂大師。報身如來ト釋シ給耶

答云云 一家ノ意ハ應身卽報身ナルカ故ニ。相卽ニ寄テ釋レ之給ヘル(天玄四、四一〇)尤モ有レ謂レ其ノ○依レ之玄文ノ第七。法華ニ八方。一一ノ方ニ各四百萬億那由他國土ニ安置スル釋迦悉ク是遮那法身ナリ。普賢觀云。釋迦牟尼名ニ毘盧遮那一。此卽圓佛果成相也文 此釋旣ニ應身卽法身ト釋セリ。若爾ハ。報身ト釋セン有ニ何失一耶。但至ニ經文並ニ南岳天台ノ所判ニ一者。彼ハ來集ノ時。正ク隨テニ應身ナルニ一應身ト釋スル尤モ有リニ其心一

難云。惣シテ云ハン時ハ。相卽ニ言レ事ヲ法身トモ報身トモ釋ン事不レ可レ諍レ之。今釋ニモ必シモ何以テカ報身如來ト釋給ヘル耶。釋ニ深キ意有レ之。不レ爾者經文ノ如ク應身ト釋シテ。南岳天台ノ釋ニ可レ叶也如何

答。今本末大意。華嚴法華ノ二經相對ノ勝劣(判カ)ヲ知スル時。華嚴ニハ此座十方皆報身如來ニシテ同ク說トモ二華嚴一ヲ。十方盧遮那佛ノ分身ヲ不レ說。法華彼ノ華嚴ニ明處ノ十方華臺ノ佛ヲ集テ說ニク分身一ト也。此卽法華勝タル事也。故ニ分身ノ說諸佛ト云ニ。華嚴ニ明處ノ十方報身。全ク今分身ト得テレ心。凡集ニ幾許華臺佛一耶ト釋スル也

難云。今經ニ集ル處ノ分身。以テレ何知ル。華嚴經ニ明處ノ十方盧舍那佛ト云事ヲ。其證據不ニ分明ナラ一如何

答。今經ノ時ハ釋尊所レノ有ル分身皆悉來集スル也。若爾者。華嚴ノ十方盧舍那佛(天文四、一九二八上)。豈ニ釋尊ノ分身ニ屬スルナルヘシ

疏八云。大集明ニ若干佛與欲一。華嚴亦說ニ十方若干佛同說ニ華嚴一。大品亦云ニ千佛同說ニ般若一。皆不レ云ニ是釋迦分身一。准ニ今經一ニ者應ニ是分身一。彼帶ニ方便一故時中不ニ顯說一耳。今經非ニ但數多一。亦直說ニ是分身咸來與欲一 文

玄云。又彼明ニ(華嚴事)十方佛說ニ華嚴一(天玄五、二三八九)。被レ加者。同名ニ法惠金剛藏等一。不レ言ニ彼佛是舍〔那〕分身一。今明ニ三變土田。一方各四百萬億那由他土。滿レ中諸佛悉是釋尊分身一。此意異レ彼 文

頭十五 籤云(天玄五、二三九〇)。彼ノ十方ノ說法ハ法同ク人同ク被レ加者同シ。是ハ則化主モ眷屬モ並以テニ一身無量身ヲ一互爲ニ主伴一ト同トモ而不同也(也ナシカ)。一身多身一多自在ナリ。然(而カ)トモ覆テニ其分身之說ヲ一但云ニ主伴相關カルト一。設ヒ彼ノ一身多身。其ノ量(了〇カ)巨シレ尋(量カ)。今以ニ八方ノ土田ニ滿タル中諸佛ヲ一凡ソ集ニ幾許華臺佛一耶 文

難云。抑釋ニハ華臺佛分身ト釋スレトモ。經文ニ正ク見タル處有リ可レ出ス歟

答。師云。各於妙土(捨カ)文ヲ出ス也

圓師云。分身可レ思レ之

34　二異解下

頭十七（天玄五、三九六。玄義私記參照）
二朋(ホウ)三黨 籤 二朋ト者。毘曇。成論。三黨ハ三論也

35　籤云。齊建武帝事 頭十六（天玄五、三九五）
南齊ノ第二帝。梁武帝ハ梁ノ初帝也 頭十六（帝㊅カ）

36　籤云。止觀徐等事 頭十六（同前）（詮カ）
補注云。攝山ノ止觀寺ノ僧ハ徐法師也。大乘ノ海嶽聲(カクコヘ)譽(ヨ ナホマレ)遠ク彰ル。其ノ餘九人。未タレ聞二其號一ヲ文（卍續四四、十六丁右上）（詮カ）

頭十六
籤云。興(コウ)皇伏レ虎ヲ云者。陳朝ノ楊都興皇寺法朗師也 文（天玄五、三九五）（卍續四四、十六丁右上。補注）（輿イ）

籤云。棲霞得意布ト云ハ。陳朝ノ攝山ノ棲霞寺ノ惠布師也。（天玄五、三九五）（卍續四四、十六丁右上～下）
師(トシテ)二事(ツカ)ヘ僧徐一（詮カ）二聽二三論等一ヲ。學徒數百翹二楚一期一。洞達二清玄一妙知二論旨一ヲ。皆無二與上一。時人號レ之爲二得意布一ト。亦意二思玄中一。徐師講解聽ト者。猶迷每レ有二客問一。必待二惠布一而答レ之。布師以二陳禎(テイ)明元年十一月二十三日一。卒終 （言カ）（布カ）（詮カ）（㆑也カ）（率歟）

後屈二三指一 ウシロヘマクル也 サイハイ。ヨロコフ

37　籤云。長干領語事 頭十六（天玄五、三九五）
長干玄辯法師也（卍續四四、十六丁右下）（㆑寺カ）

38　籤云。禪衆文章事（天玄五、三九五）

陳朝楊都大禪衆〔寺慧〕勇法師也 已上皆徐（詮カ）師弟子也（卍續四四、十六丁右下。補注參照）

頭十七
玄云。虎岳山岌(キウ)法師者。補注云。虎岳山在二疎州一。岌師未レ詳二氏族一 文（天玄五、三九三）（法㊅カ）（丘カ）（丘カ）（卍續四四、十六丁左上）（蘇カ）（詳カ）

頭十七（天玄五、三九三）
玄。宗愛法師者。補注云。未レ詳二氏族一 文（卍續四四、十六丁左上）

頭十七（天玄五、三九四）
莊嚴旻(ヒン)師者。補注云。梁朝楊都莊嚴寺僧旻法師也 文（卍續四四、十六丁左上）

頭十七（天玄五、三九四）
定林柔次二師者。補注云。定林寺僧柔法師○京師謝寺次法師也 文（卍續四四、十六丁左下）（慧カ㆑）

頭十七（天玄五、三九四）
開善者。補注云。開善寺也 文（卍續四四、十六丁左下）

玄。佛馱三藏。學士光統者。補注云。惠光法師。姓楊定州ノ人也。年十三從二佛馱禪師一受二三歸一○乃名二惠〔光〕一。初習二毘尼一後弘二經論一ヲ。任二國僧都一轉爲二國統一ト。故云二光統一ト 文（天玄五、三九四）（卍續四四、十六丁左下）（陀カ）

耆闍ノ凜師者。補注云○鐘山耆闍寺安廩(リム)法師也（天玄五、三九四）（卍續四四、十六丁左下）（鍾カ）
家宗途也。今此卽是一家所レ用。法相宗旨大途多依二大論一也 文（同、十六丁右下）（㆑一カ）（㆑故カ）

頭十七（明カ）（天玄五、三九四）
問。菩提流支ハ立二幾ノ教義一ヲ耶
答。玄二半滿教一見タリ（リウ）

付レ之。披ルニ探玄記。大乘義章ノ所判ヲ。立テ一音教ト云リ如
何

答。披キ唐土ノ人師ノ所判ヲ驗ニ（法薗林章）菩提流支教時依テ涅槃等經ニ
立半滿教ト云ヘリ。今ノ釋無レ失。仍立テ一音教ヲモ立ル半滿ノ
教ヲモ二ノ意有レ之歟

大乘義章一云。淨影。菩提流支。宣ニ說如來一音ヲ。赴レ機（大正藏四四、四六五上～中。取意）
大小並陳。不レ可レ心ニ得頓漸而別ヲ（以ニ彼カ） 文 又第四云。依テ涅槃（一カ）（同、四六八下。）
經ニ立半滿教ト云ヘリ。（取意カ）玄ニ不レ引ニ一音教ヲ。第十地師一音教ヲ
立ツ。爲レ引カ之不ルレ引レ之歟

問。（頭十七）佛䭾三藏。光統。幾ノ教時ヲ立耶（天玄五、三九四）

玄云。四宗判レ教 文

疑云。佛䭾三藏既ニ立ツ漸頓圓ノ三教ヲ也。光統既ニ稟クレ彼ニ。
何ソ立ルニ四宗ヲ耶。依レ之他宗ノ人師。魏ノ光統律師。佛䭾三
藏承習ノ漸頓圓ノ三教ヲ立ツト云ヘリ如何

答。玄ノ次下ノ文ヲ見ルニ。有ル人稱シテ光統カ云ル。四宗ハ有レ所
不ルレ收。更ニ開タリ六宗ヲハ。爲レ夫レ人師ノ所釋ヲ引歟。依憑集
云。華嚴一乘（「教カ）分記云（傳全三、三四九。取意）。三後魏光統律師。立ツ三種教ヲ。謂漸
頓圓ト云ヘリ。又云。後魏光統律師。承ニ習佛䭾三藏ニ。立ニ三（同、三五一）
種教ト云ヘリ

39　三明レ難下（頭十八裏）（天玄五、三九八）　有相教ヲ難スル下

問。（頭十九）玄文中ニ。阿含中說。是老死。誰老死。二皆邪見 文 爾（天玄五、三九九）
者約シテ生法二空ニ如何カ判スル耶

答。無ニ是老死一即法空。無ニ誰老死一即生空 文（同前）

難云。餘處釋云。無ニ誰老死一即法空也。無キハ是老死ニ生空（四念處。大論三十同レ之（大正藏四六、五六二中カ））
文 相違如何

答。弘六ニ見タリ。所以ニ弘六云。若說下無ニ誰老死一虛妄上。是（天止三、六七一）（「當知カ）
名ニ生空ニ。若說下無ニ是老死一當レ知虛妄上。是名ニ法空ニ 文 是
老死ハ我所也。誰老死ハ我也。故ニ小乘ニハ空我生空ト云ヒ。空
我等ヲ法空ト云也ト云ヘリ。四念處文ヲ見テ私義スヘキ也（大正藏二五、二八八上）（是カ）
大論三十一云。是人老死則衆生空。是老死卽法空 文
新懷云。各ノ其義也。今ノ釋ハ誰老死ト云ハ。誰ノ無ニ依テ生空ト
云フ。是老死ト云ハ法空ト云歟。四念處ハ誰老死ハ法空ト云ヒ。
是老死ハ生空ト云ヘル義ハ。彼ノ釋ヲ不レトモ見決六ニ分明ニ見タリ（得カ）
名疏四云。（大正藏三八、六一三中）五隱（陰カ）成レ人卽レ隱（陰カ）離レ隱（陰カ）ノ求レ人不レ論名ニ衆生

空一。折二〔五〕隱（陰カ）一空名爲二法空一。無二誰（〇カ）老死一衆（名カ）生空。無二是
老死一名爲二法空一 文

40 玄云。釋論云。三藏中明二法空一爲二大空一事 頭二十（天玄五、三九九）

問。玄文ノ中ニ他人。十二年前有相教（名カ）トヲ云破トシテ引二ケリ大論一ヲ。頭二十（天玄五、三九八）
爾者何ノ文引シテ耶
答。如レ題
付レ之。他人三藏通大小ト云リ。（天玄五、三九九。釋籤）若シ爾ハ今何ノ意ソ。三藏何
必ス小乘ナラン耶。（云カ）既ニ不レハ限二小乘一ニ破立豈成ン耶
答。大論ノ中ニ處處ニ小衍相對スル時。以テ二小乘一ヲ名ル二三藏一ト也。
今小衍相對シテ云カ故非レ難ニ歟 筭均

41 既已（以カ）法空爲大空ノ事 頭十九裏（天玄五、三九九。玄義）

問。三藏教ノ意。生法二空共ニ名ル二大空一ト歟
答。經論不同也
若二空合シテ大空トヲ云ル今ノ釋如レ題。若爾ト云者。弘六ニ引二テ（天止三、六七二）
阿含經ノ文一ヲ。二空故名爲二大空一ト云ヘリ（具カ）如何
答。經與レ論其意異ナル歟。況ヤ大論ノ意。生法二空相對シテ
以テ勝タルヲ名二大空一ト也。阿含ノ意ハ。生空法空倶ニ滿足スルヲ名テ
爲二大空一ト也。終ニ不レ可レ違 筭均
問。成實論中ニ。我今正形（故我欲正カ）論二三藏中實義一 文（大正藏三二、二三九中）實義ト者。何
物ソ耶
玄云。實義ト者所謂空 文 頭十九（天玄五、三九八）
付レ之。成論中ニ實義者四諦ニシテ全空トハ不レ云耶（大正藏三八、五二二下）
答。今成實論ノ義ヲ引ク也。依レ之淨名玄云。諸成論師言二實（定歟）（天玄五、三九九。私記參照）
義一者（所謂カ）空也 文 但論文ハ約シテ二四論（諦カ）一ニ明カレ空故無レ失

42 籤云。法華云下貪二著小乘一三藏學者上事（天玄五、三九九）

問。他人三藏名通大小ト云ヘリ。妙樂大師。引テ二今經ノ何文一ヲ
破レ之耶
答。如レ題
付レ之。法華ノ文ハ置テ二能別言一ヲ。三藏ノ名通二大小一ニ聞タリ。何ソ
引二此文一ヲ破二他人一耶
答。能別ノ言。山家披シテ二此義一ヲ云。佛在世時無二大乘論藏一（傳全二、一八八～九。守護章取意）
也。何云二能別一耶 文 小乘ノ三藏ハ共ニ有リ
問。他人十二年前有相教（名カ）ト云ヘリ。頭二十（天玄五、三九八。玄義）一家引テ二何ノ經一ヲ破レ之耶
答。鴦掘經引レ之（也カ）

付レ之。他人所立ハ惣シテ頓漸不定ノ三教ヲ立ツ。此中ニ漸ヲ開シテ三時四時五時トスル也。而ルニ鴦掘。金光明等ヲハ不定教トス。今經ノ約シテ次第ノ教相ニ引レ之破レ之耶

答。今ノ釋ノ意。他人十二年聞テ惣シテ有相教ト云故。十二年ノ中成道六年ニ鴦掘經ヲ說ク。彼ノ經ニ空ヲ說。豈ニ有相ナランカト破レ之。如ニ時分ヲ破スル也。定教不定教ニテヲハ不レ破歟

問。解釋ノ中ニ如來說教ノ相ヲ釋スルニ付テ。釋尊成道ノ後。經ニテ幾ノ時節ヲ說ニ鴦掘經ヲ可レ云耶

答。成道六年ニ說レ之釋シ給ヘリ（「レ何カ）爾也。付レ之。以テ得ン知事ヲ。如來成道ノ得下經ニテ六年ニ說上ヲ說レト之云事。所以ニ何（阿歟）難尊者ハ。如來成道ノ二十五年ヲ經テ初テ來ニ佛所ニ見タリ。而ニ此經ニ阿難尊者ヲ同聞ニ列ト見タリ。知非ニ成道六年ノ說ニ云事

答。凡ソ鴦掘ノ說時異說不同也。爰以テ法相ノ人師解釋ノ中ニハ。舊相傳云。成道六年ニ說ニ鴦掘經ヲ云リ。（嘉祥）義疏釋同レ之。故ニ今ハ他人十二年ノ前ハ有相教。十二年ノ論（後カ）ハ無相教ト云カ故ハ。是破時他宗ノ人師。成道六年ノ說也云ニ乘ノリ取テ成道（天玄五、四〇三。玄義）六年即說鴦掘摩羅經ト釋シ給リ

難云。設ヒ他人成道六年ノ說ト云モ。實ニ六年ノ說ニ非スハ彼ノ時節ヲ可レ破。而ルニ不レシテ破レ之成道六年ノ說也ト一兩處ニ釋シ給ヘリ。知一家ノ定判トノ成道六年ノ說也ト釋シ給ヘル也ト云事ヲ。若爾ハ。阿難在座ノ旨。尚以テ不審也如何

答云云鴦掘經ノ說時異說多レ之。今ハ先ツ亦（示カ）ニ一師ノ義ニ成道六年說也ト釋スル也。爰以テ（惠遠釋）大乘義章ノ中ニハ。成道九年ニ鴦掘經ヲ說ト云ヘリ。或ハ十二遊經ノ中ニハ九年ニ說ニ鴦掘經ヲ見タリ。（法相）圓（人師）境（鏡カ）疏ニハ成道六年說。眞淨（諦カ）ノ云ク。成道七年ニ說ニ（阿含部）菩薩藏ヲ云リ。異說也

難云。設雖モ異說多云ト。皆是十二年ノ閒ノ說也。阿難尊者。同聞ニ引ル之事ハ何度モ不審也如何

答。凡ソ同聞列ル事。結集者。多結集シ入也。即央崛經ニ說ニ彈呵ヲ故ニ。方等經ノ同聞ヲ來シテ央崛經ニ列ル尤有ニ其謂レ。況大聖化儀不定也。以ニ一往一說ヲ不レ可レ爲ニ定量

私云。見ニ央崛經ニ大小乘兩經ニ全阿難不レ見。而經ニ（玄十）十大弟子云ヘル內ニ阿難可ト入ル覺タリ

大乘義章一云。九年宣說央崛經云（大正藏四四、四六六中。取意）　五百問論上云　如ニ義章一　玄贊一云　如ニ義章一　義疏七云。古相傳云（大正藏三四、五五一中）（舊カ）　文

法華圓鏡云。成道六年說ニ央掘摩羅經一。眞（諦カ）初。成道七年說ニ菩薩藏一矣　名疏云○

摩耶經疏引ニ十二遊經一云。央崛摩羅。佛成道六年而授記　文

疏（記カ）四云。（天文二、八一九下）自レ古共云ニ華嚴時長一○結ニ集彼（後カ）教一。至ニ般若一來。實也。（方可得云カ）令ニ諸比丘成ニ十大心一。此乃義當ニ轉教時一也。結ニ此等意一入ニ華嚴中一。故云ニ時長一　文

疏一云。（天文一、九七下〜九上）阿難佛得道夜生。侍レ佛二十餘年○入藏經云。佛從ニ金棺（胎カ）一出ニ金臂一。重爲ニ阿難一現ニ入胎相一。諸經皆聞（「之カ）　文

義疏一云　吉藏（大正藏三四、四五四下）阿難佛得道夜生（半生カ）也。年二十五方乃侍レ佛　文

淨名經云　問疾品（弟子品カ）　阿難。羅睺羅。身（「是カ）。目連（「子カ）同ク逑ニト菩薩ノ彈呵ヲ一見タリ。昔ト者可ニ央崛ナル一

句（記カ）一ニ釋ルニ七一ヲ一云。（天文一、一四三上）同或佛時也。同鹿薗（苑カ）ノ處也　云云　是ハ釋ルニ二萬二千聲聞ヲ一也（感カ）

43　籤云。（頭ニ十）（天玄五、三九九）又三藏教准ニ不定教一ニ。亦非ミ獨在ニ十二年前一。如レ食ニ檀茸（耳カ）一是涅槃時。其事亦在ニ四阿含內一。迦陀（留カ」）夷亦護（復カ）如レ是事

問。食ニ栴檀茸一迦留陀夷結戒緣。涅槃經時ニ有レ之。又在ニ阿含經時一ニ。定教歟。將ハタ不定教歟

答。如レ題

付レ之。佛ケ臨ニ涅槃一ニ如下老死比丘詣ニ純陀ノ家一ニ受中栴檀茸上等ノ事ハ。只是顯露定教ノ儀式也。但阿含經ノ中ニ明スハ此事ヲ一。以ニ後番說ヲ一入ルニ前番一也。何ソ今難不定教ト云耶

尊云。他人十二年前ハ唯小。有相教。十二年後ハ唯大。無相教ト云カ故ニ。今破シテレ之擧テニ小乘ノ至ルコトレ後ニ破ニ彼ノ偏執ヲ一也。所以ニ。准不空（定カ）教ト逑タリ。正是非スニ一家不定教ノ義一ニ。准シテニ不定ノ教相一ニ小乘後ニ至ル事ヲ判ル也

44　籤云。（頭ニ十）（天玄五、三九九）故顯露教十二年前定唯在レ小事

問。宗意。十二年前ニ顯露ニ說ト大小乘ヲ可レ云耶

答。可レ爾

若說レ之云者。籤云。如レ題。次上云。（天玄五、三九九）故十二年前約ニ顯露教一只可ミ通云ニ三藏教一耳　文　若依レ之爾也云者。方等ハ

無ニ説時一故。設ヒ雖ニ十二年前也一ト。何ゾ不レ説ニ大小一ヲ耶。如ニ央掘經一者。成道六年ニ説ク者耶

答。尊云。十二年前可レ説ニ大乘一也。十二年前彈呵ト云事。一家ノ定判也。依レ之籤次下云。三難ニ唯小一中二。(天玄五、四〇三)文殊ト央掘トナリ。仍是大乘明レ空。亦在ニ十二年前一文 但至レ難者。若小乘ニ准シテ定不定ヲ説カハ。顯露定教ニハ十二年前ハ三藏小乘也。若後ニ不定一ヲ。(論歟)准ニ不其教一ニ。(定歟)亦非ミ獨在ニノミ十二年ノ前一ニ。如レ食ニ檀茸(耳カ)一ヲ是涅槃時。其事亦在ニ四阿含内一等文 故對シテニ大乘一ニ非レ論ルニ比義ヲ一耶

籤云。(頭二十)(天玄五、三九九)又三藏教准ニ不定教一。亦非ミ獨在ニ十二年前一文

莆疑云。八萬ノ諸天獲ルニ無生忍一ヲ。是顯露也如何

答。八萬諸天ノ得忍ハ密益也。顯露ニハ法眼淨ノ益也。而ヲ約ルニ(「教カ)顯露不定ニ事ハ約ルニ人ノ相ヒ見ニ一也。況ヤ今釋ハ上ニ。又三藏准ニ不定教一文 故ニ不定教ゟ(前歟)顯露也

又疑云。他人ノ難スルニ唯小一ヲ。今何シテ定唯在レト小ニ云耶

答。今釋今家ノ難ノ心ハ。十二年前ヲハ可レト名ニ三藏教一ト難ル也。他人難ルニレ之。三藏ハ通スニ大小一ニ。若十二年前ヲハ名ケハニ三藏一ト亂ストレ大ニ云カ故ニ。今家ノ釋。三藏唯小ノ義ヲ置テ。十二年前ノ三藏ハ。定テ唯在レ小ニ不レト可レ亂レス大ニ云事也。十二年前不レト説レ大ヲ云事ニハ非ス。而ニ今釋ノ心ハ。先以レ空ヲ難スル有相一ヲ時。以レ大ヲ難ニ唯小一ヲ也

師云。云(云カ)此等ノ義ハ皆殊勝也

45 籤云。(頭二十)(天玄五、四〇三)文殊央掘仍是大乘明レ空。亦在ニ十二年前一事

問。宗心。十二年前偏ニ明ニ小乘一歟

答。顯露ニハ明レ小也

進云。如レ題。付レ之十二年前阿含唯小也。依レ之次上云。(同、三九九。釋籤)故顯露教十二年前定唯在レ小文 上下ノ相違如何

答。尊云。他人。十二年前有相教見有得道文 故ニ今引ニ央掘一成道六年明ニ無相一破ニ彼偏執一也。但至ニ所難一者。他人。十二年前小乘。有相教。十二年ノ後ヲ無相教ト云ヲ。只約ニ小乘一ニ定不定教ノ不同事ヲ云トシテ。十二年前ニハ顯露定教小乘也。若准ニ不定教一ニ小乘又至ニト十二年ノ後ニ云也。若准シテニ大乘一ニ論セハレ之。文殊央掘大乘ノ空。又在ニト十二年前一ニ者。又別ノ筋也。大略上ニ如レ注スルカレ之

師云。此等ノ破文ハ皆是一往也。所以。他人十二年前小乘ト云ヘリ。十二年前ニモ有二大乘一。文殊央掘等是也。是ハ他人不レ知二方等說時不定ニシテ鹿薗ノ時代ニ有ルレ之事一ヲ。故如レ此ノ破也。又他人十二年前ニ雖レ有ト二大乘一。他人不レカ知二顯露祕密ノ敎相一ヲ。而ニ顯露ニハ一向小乘ニテコソ有レ之。全ク無ト二大乘一判ル也。又他人十二年前有相敎ト云ヘハ。十二年前ニ無相有レ之。謂ク大空等是也。又十二年前ヲ天台三藏ト云事不レ可レ爾ル。三藏ハ通スル二大小一ニ故ニト云ヘハ。一家破ルレ之時。三藏ハ通二大小一ニ。鹿薗顯露定敎ハ一向小乘三藏也。不定敎ニハ十二年後ニモ有レト之破也。此等心ニテ能能可レ見レ之。得道夜聞ハ二般若一ヲ不定敎ナレトモ引レ之ヲ。十二年前ニ有ト二無相一破ス。可レ思レ之

尋云。本書ニ但引二央掘一不レ云二文殊一トハ。何籤ニ文殊央掘ト云耶

答。唐本ニハ。三難（唯カ）小中二。初文引二央掘一文殊ノ字カ引ニテ有ナリ。仍和本ノ誤歟

〔宗意可レ許二有門得道義一耶〕

問。宗意可レ許ス二有門得道ノ義一ヲ耶。若許ト云者。玄云。頭二十一（天玄五、四〇五）若不レ見レ空得レ道。亦同二九十五種一。非レ得二佛道一文若依レ之爾也ト云者。曇（毘カ）ハ佛法根本也。何不レ許二得道ノ義一耶。爰以或ハ。（天止三、六六七。止觀）千二百等（多カ）聲聞於有門ト釋シ。或ハ引二陳如比丘前（於カ）諸法（天玄五、六二。玄義）獲得眞實之知見ノ文一ヲ。有門得道ノ義ヲ證シ給ヘリ

答。有門得道ノ義ハ非レ可キニレ不ル許サル。玄文第八ニ。有門ニ得道ノ人有事ヲ證シ給ヘリ。但今釋ハ他人以テ二十二年前一ヲ名クト二有相敎一ト云カ故ニ。破ニ二此義一ヲ有相ト云ハ見レ空得道歟。見テレ空ヲ不ニ得道一歟。見レ空得道セハ成ヌ二無相一ニ。不シテレ見レ空ヲ得道セハ同トニ邪見一ニ破ル也。毘曇心ハ談ニ二有門得道一ヲ見レ空得道スルカ故ニ無ニ相違一

難云。玄次上云。頭二十（天玄五、四〇四）論師云。有相四諦。是調心方便。實不レ得レ道。須下見二空平一乃能得上道文既ニ引テ二此文一ヲ爲ニ二能破一ト。是ハ毘曇有門心ヲ簡テ調心方便ニシテ正キ得道ニ非スト云カ故ニ。是ヲ爲レハ二能破一ト正ク簡ト二毘曇一ヲ聞タリ

答ノ但借ルレ文ヲ也。成論ニ簡テ二毘曇一ヲ調心方便不能得道ト云。此言ヲ借テ有相敎ノ義ヲ破ル也　已上阿竹耶

問。頭二十（天玄五、四〇三）玄文中ニ。從二得道夜一（〇カ）常說二般若一文何論ニ出タル耶

答。玄云。大論(同前)文
付レ之。大論ニ不レ見如何
答。大論一云。佛二夜經中。從ニ得道夜(「般カ)一至ニ涅槃夜(「是カ)。二夜
中間所レ說經教。一切皆實不ニ顚倒一(大正藏二五、五九下)文 廣明集ニハ引ニ此
文(「說佛カ)ヲ。以ニ是義一故知得道至ニ涅槃一常說ニ般若一文 人師既ニ
出ニ此文一(大正藏五二、一三八下。取意)。學者不レ可ニ苦勞ス。大論ニ以ニ般若ヲ爲ニ眞實ト故ニ
不顚倒ノ義。尤モ當ルニ般若ニ
金剛仙論第一云。相傳云。如來一代成道乃至涅槃。經說ニ(恆カ)
摩訶般若華嚴海空大集。未レ曾ニ斷絕一。此金剛般若。八部
之中是最後也(大正藏二五、八〇一中)(海空□カ)(「說カ)文

46 玄。引ニ陳如得道文ヲ破ルニ十二年前有相教義一事

問。玄文中ニ他人十二年前有相教。爾ハ一家引ニ阿含經誰レ
人ノ得道ノ文ヲ破レ之ル耶
答。如レ題
付レ之。陳如ハ是有門得道也。還テ叶ニ有相ノ義一ニ。何ソ引レ之
成レ破ヲ耶
答。有門ニモ入レ道ニ時ハ。必ス見レ空ヲ取ル證ヲ(得カ)也。身子ハ有門得
道ナレトモ。前空法得證ト說ケルヲ耶。得道ノ時ハ定メテ見レ空ヲ故ニ。
陳如既ニ最初得道ノ人也。最初ノ言ハ豈ニ非ニ十二年前一耶 脅
均
師云。有門空門ハ行者ノ能入ノ門也。實ニモ得道時ハ共ニ見ニ空
理一也。故ニ獲ニ得ト眞實之知見ヲ一云ハ空也。此空門ニハ尚眞是
有ト行スレトモ其體性ハ空也。於空法得證ノ例證大切也 如ニ玄第八
抄一

47 第二無相教下

籤云。(頭ニ十二)(天玄五、四〇七)佛性有五種名。如ニ止觀第三記一。意仍少別事
補注云。(卍續四四、十八丁右下)大經二十五云。一切衆生皆悉有ニ於首楞嚴定一。亦(「亦カ)
名ニ般若一。亦名ニ金剛三昧一。名ニ師子孔(吼カ)一。亦名ニ佛性一。彼證ニ
止觀ノ義兼ニ三德一。故云ニ意仍小(少カ)別一也 文

48 玄云。(頭ニ十四)(天玄五、四一〇)八十年佛皆痛(背カ)有レ疾。於ニ沙(娑カ)羅一入レ滅。那忽
談(譚カ)レ常辨レ性事

疑云。他人。法華ニハ明レ常ヲ。前過ニ恆沙一論倍(後歟)ニ上數一 文 既ニ
法華ノ中ニ明ニ如來壽量常ヲ一。涅槃佛性常住也ト云也。故ニ
以テ涅槃ヲ不レ可レ破レ之ヲ云耶

答。彼師ノ心。法華ニ明レ常ヲ非ニ常住一ニハ。神通延壽也ト云ヘリ。（玄下文）(天玄五、四二五)是以テ常住法身ノ理ヲ不ニハレ說カ。常住ノ教ト不レ可レ云破シ如ク。尤モ有レ謂リ

難云。他人ハ涅槃ニハ佛性法身ノ常住ヲ明ス。背痛有疾等ラ云ハ。佛ノ權カリニ示ス也ト云也。若爾者。引ニ佛權示一ヲ不レ可レ難ニ常住法身ノ義一ヲハ耶

答。法華モ涅槃モ同ク佛ニ有ニ生身法身一。生身ハ有ニ背痛義一。法身ハ常住也。而ルヲ他人涅槃ヲハ立ニテテ常住一ト。餘ヲハ無常ト云カ故ニ。涅槃ニモ八十入滅有ト破スル也。內證法華ト同事也

49 玄云。（頭二十三）(天玄五、四〇九)金剛般若論云。論（五波羅蜜）(福カ)不レ趣ニ菩提一。二（受持讀誦）能趣ニ菩提一。

於レ餘生因（有漏因也）(「了名カ)。於レ實名ニ了因一事

疑云。他人涅槃ハ法華ノ後ナルハ說ク常ヲ。般若ハ法華已前ナレハ不レ說カレ常ヲ故救也。若爾者。破文不レ成如何

答。尊云。今南三ノ師ノ義ヲ破也。爾ルニ玄文ノ上ニ彼ノ師ノ義ヲ出スニ中ニ。頓漸不定ノ三時ノ教ヲ立ル。頓者華嚴。不定者勝鬘。金光明等也。漸教ノ中ニ於テ。或ハ三時トシテ十二年ノ前ヲ有相教也。十二年ノ後ハ法華見レ空得道ニ限ル無相教ト名ク。最後雙林ニ明シテ佛性ヲ爲ニ常住教一ト。或ハ分テレ漸ヲ爲ニシテ四時一ト。指シテニ法華一ヲ萬善同歸等云リ。彼ノ師既ニ以テニ法華一ヲ不レ名ニ常住一ト。今何故ソ涅槃ハ法華後故ト可レ云耶

問。他人以テニ般若一ヲ爲ニ無相教一ト見タリ。一家是許ス耶

答。不レ許

付レ之。無相教ト者空也。般若ニ盛リニ明ニス萬法皆空ノ旨一ヲ。何破レ之耶

答。他人十二年ノ後ハ大乘ノ人ノ爲ニ說ニ五時般若一ヲ。乃至常住ヲ名ニ無相教一ト云ヘリ。然ルニ般若ヲ無相教トスル云者。無ニ會三一無ニ彈呵一歟。若シ然云者。經ノ文ニ有リニ會三一。又有ニ彈呵一モ。豈ニ是無相ノ義ナランヤト破スル也

問。玄ニ般若ノ無相教ニ常住ヲ不ルレ明義ヲ破ストシテ引ニケリ龍樹智論ノ二文一ヲ。爾ハ如何カ離合ノ不同ヲ判耶

籤云。（頭二十四）(天玄五、四一〇)次引ニ大論一又二。先分ニ二身一。次二身合 文

付レ之。披テニ玄文一ヲ大論二重ノ文ヲ見ルニ。初ニハ。佛ニ生身法身。（頭二十四）(天玄五、四一〇～一)。（取意）人法(「生身カ)同有ニ寒熱一。則無量(「〇カ) 文 前後二文共生身法身ヲ離シテ明スレ之見タリ。何ソ後ノ文ニ二身合ト釋セル耶

答。本書ノ文ハ如レ難ノ。但シ次ノ文ニ二身合ト釋スルハ。一ニハ生法二身ヲ合ストニ云ニハ非ズ。上ノ生法ヲ今ノ生法二身ニ合ストニ云フ釋也。上ニハ生身寒熱馬麥等有ト云ヒ。次ニハ生身ノ佛壽卽有量ヲ云フ故ニ。上ニ有ルヲニ寒熱一今ノ生身ニ合シ。上ニ光明無邊等ヲ云ヲ。今ノ法身ト合ト云事也。次ニ又上ニハ生身有ニ寒熱等一。法身光明無邊等ヲ云テ。直ニ二身ノ別ヲ明ス。次ノ文ニハ。生身佛壽卽有量。法身佛壽則無尋(量カ)ト云テ。豈可ミ無常八十年加ニ於法身一也ト(耶カ)云カ故ニ。二身ノ不同ヲ云ハ尙爲ニ劣機一也。爲ニ二機一現スル處ヲ以テ不ト(「以カ)レ可レ加ニ法身ヲ一釋也。實ニ生法二身一ナルヲ。爲ニ劣機ノ一無常ノ身ヲ現スルカ故ニ實ニハ一ソト合スル也。籤云。明ニ二身合一者。(天玄五、四一一)教分ニ二身一爲ニ機劣一故。豈以下爲ニ劣機一故暫現中無常上卽以ニ無常一加ニ誣ソシル法性一令ニ無常一耶 文 此意也(天玄五、四一〇～一一)

50 籤云。生身有ニ寒熱乃至九惱一事

補注。(卍續四四、十八丁右下～左上)大論云。一梵眞女殊陀利(孫カ)謗五百羅漢亦被レ謗。二旃(志カ)遮婆羅門女。繫ニ大杅一(杅イ)作レ腹謗。三提婆達多推シレ山厭ヲ(壓カ)レ佛傷イタムニ足ノ大指一。四 迸 木刺サレ脚ス。五毘瑠璃王興(「兵カ)殺ニ釋種一。佛時頭痛。六受ニ阿耆達多婆羅門請一マカラカシテ。而食ニ馬麥一。七冷風動故ニ背(脊カ)痛。八六年苦行。九入ニ婆羅門聚落一乞食不レ得空鉢而還。復有下冬至前後八夜ニ寒風破レ竹索ムニ三衣ヲ一禦レ寒。又復患上レ熱。若准ニ興起行經一。乃有ニ十惱一。一孫陀利謗。二奢彌跋謗。三頭痛。四骨節煩疼。五背痛。六木鏘刺レ脚。七達多擲レ石。八婆羅門女旃沙謗。九食ニ馬麥一。十六年苦行。

大論音云。釪杅杆皆非。應レ作レ盂盆也 文

私云。信解品ノ疏可レ見レ之

〔釋籤中大品經所說普明菩薩行相引。爾所レ云普明菩薩。何世界來耶〕

問。釋籤中ニ大品經ノ所說ノ普明菩薩ノ行相ヲ引ケリ。爾ハ所レ云普明菩薩。何ノ世界ヨリ來シテ耶

答。任ニハ本經ノ說ニ從ニ東方多寶世界一來トレ可レ答(天玄五、四一〇。釋籤)

進云。華積世界普明菩薩 文 付レ之相違如何

答。見ニ龍樹智論ヲ一釋ニトシテ多寶世界ノ相一ヲ。多有食色(金カ)光明千葉蓮華ト云ヘリ。(大正藏二五、一二九中)依テニ此文ニ華積世界ト云歟

師云。彼ノ世界ノ中ニ多有ニ金寶華一。亦寶華覆レ地常有ニ華樹一ト云ヘリ。故ニ多寶世界恐クハ多ク有ルニ寶華一故歟。若爾ハ。多

寶ト與二華積一ト。其ノ義不レ異歟

大論十云。（大正藏二五、一二四上）是時東方過恆（河カ」）沙等談（諸カ）佛世界。（「○カ）名多寶佛（號カ）告二寶

積一○爾時彼國ニ有二菩薩一。名（「日カ）二普ク明一ト○　文

又云。（同、一二九中）人華大ナル蓮華ヲ十餘葉。天華ハ百葉。菩薩華千葉ナリ。

彼ノ國土ノ中ニ多ク有リ二金色光明千葉蓮華一。娑婆ノ國中ニ雖トモレ

有二化華干（千葉カ）（貴）一。無二水生者一。佛（以カ）是故遣（「是カ）二蓮華千葉（「金色カ）一　文

〔小乘心。五分法身常住不滅也可レ云耶〕

問。小乘心。五分法身ハ常住不滅也ト可レ云耶

答。不レ可レ然

付レ之。開二大師解釋一ヲ。頭二十五（天玄五、四一一）尚歟無歟 小乘中法身劣其不レ滅　文（「云カ）○。付レ之

尋ニレハ小乘ノ意一ヲ。於テハ二擇滅無爲ノ理一ニ常住不滅也ト定タリ。有漏

無漏ノ五陰ハ有爲無常義也。何法身劣（尚其カ）不滅ト釋シ給也

答云云 小乘ノ意ハ。五分法身共ニ可レ滅也。但至二解釋一ニ者。

妙樂大師釋シレ之給ニ。頭二十五（同前）言二不滅一者。以二無作業一ヲ（「之カ）至二未來世一

名テ爲二不滅一。非二常住不滅一。且引二不滅一破二彼無常一ト

云ヘリ。是則五分法身ノ中。戒善ノ業展轉シテ至二未來世一ニ故ニ

不滅ト云也

難云。實無作ノ業展轉シテ至ル二未來一ニ故ニ。常住不滅ト云ソト被ルル二

會釋一事。實ニ假令也。今ノ解釋ハ。他人十二年ノ後ハ。明シテ二無

相ノ教一ヲ未タストレ明二常住佛性一ヲ云ヲ爲シテレ破。小乘中ノ法身尚其

不滅ト云也。若シ實常住不滅ニ非ル。他人所立義不レ可レ被レ

破

答。今ノ釋意ハ。般若等ノ經ニ不レ說二常住一ヲ云ヲ。常住不滅ニ戒

善ノ業展轉シテ至トニ未來世一ニ云處ヲ取合シテ破レ之也。實ニ五陰ノ

不レ業（滅カ）云ニハ非ス

難云。戒善ノ業展轉シテ至ル二未來世一ニ故不業（滅カ）ト云ハン事尚ヲ假令

也。經論ノ證據釋義有レ之歟。尤モ可レ被レ出レ之如何

答。此事ハ不レ可レ及二私會通一ニ。金言ニ據ヲ得タリ。所以（而カ）ニ。遺教

經云。（大正藏十二、一一一二中）我諸弟子展轉シテ行ルニレ之。卽是如來法身常在卽不滅

也

師云。無作業ト者。五分法身ノ中ノ戒也。此戒善滅轉展シテ

至テ二未來一ニ不レ滅也

難云。小乘ノ心ハ。戒法等コソ不レ業（滅カ）セト云ヘ。身ハ尚ヲ業（滅カ）スル也。何法

身共ニ不レ滅ラ云耶

答。今法身トハ五陰ト云事也。非ル有漏ノ五陰ノ身ニハ也
玄。均提沙彌（頭二十五（天玄五、四一一））矣舎利弗ノ弟子也。至ニ舎利弗入業（滅カ）ニ（佛入滅以前ニ三七日入滅ス）憂惱スル時。佛此沙彌ニ告テ云ク。五陰ノ身ハ死ストモ我法ハ常住也。汝不レ可レ悲ム之
尋云。五分法身共ニ常住ト云歟。得戒法計常住ト云歟
一義云。戒計リ常住ト云也 如ニ先義一
一義云。五分法身共ニ常住也。所以ニ。籤ニ無作ノ之業至ニ未來ニト云ハ非ニ無作ノ戒ニ。無表ハ身口意ニ亙ル也。故ニ舎利弗口ニ五分法身ヲ唱ヘテ弟子ニ教フ。弟子口ニ唱ヘ心ニ念シ身ニ持シテ至ル未來ニ也。故無作ノ業至ニ未來ニ也。依レ之一ノ釋中ニ戒體ト戒トハ分明也ト釋セリ
難云。無作ノ業ト者。道具戒也。此ノ戒ト者。隨心轉戒也。故ニ心智不レ滅程ハ此戒至ニ未來ニ。此レ有餘涅槃ノ閒ノ報命一期ノ不業（滅カ）也。仍無作ノ業至ニ未來ニ義ニハ異也
輔正記（補注カ）云。盡智爲ニ解脱身ニ。無生智爲ニ解脱知見身ニ（卍續四四、九八丁右下） 文
五分法身者。戒定惠解脱 勝解爲レ體斷ニ煩惱ニ智也 解脱知見身 以レ智爲レ體盡智無生智也
籤云。（頭二十五（天玄五、四一一））均提沙彌縁出ニ大論ニ。如ニ止觀第四記ニ 文 有ニリ第九ニ。四ノ

字誤歟

51 籤云。非ニ常住不滅ニ（天玄五、四一一）。且引ニ不業（滅カ）ニ破ニ彼無常ニ事
疑云。既ニ非ニ常住ニ。何ソ引テ之。他人十二年ノ後ノ無相教ニ不レ明レ常ヲ事ヲ破スル耶
答。小乘尚ヲ如レ題。況ヤ大乘ノ般若ノ法身非ル常ニ耶ト云ヤ。所以。大論等ノ大乘ノ意ハ。五分法身常住ノ義ナル故如レ此云歟

會均

52 玄ニ云。（頭二十五）不レ許ニ他人般若會三ニ之義ニ事
問。他人般若ニハ不ニ會三ニセ云ヘルヲ。一家許レ之耶
答。不レ許レ之
疑云。夫レ會三歸一ト者。一乘法華ノ深極也。般若等ノ經ニ不レ可レ明レ之。他人ノ義理ニ叶ヘリ。何ソ不レ許レ之
答。他人會法會人ノ不同ヲ不レシテ知。偏ニ非ニス會三ニ云カ故破レ之也。本末ノ釋此意也
問。解釋ノ中ニ般若經會三ノ義有ル事ヲ證スト見タリ。大品經ノ何ノ文ヲ引テ證レトカ之可レ云耶（天玄五、四一五。玄義）
答。或ハ。是人若發之（三カ）菩提心者我（亦カ）前隨喜ノ文ヲ引ケル也

且ク。(天玄五、四一三)諸天子今未發文引ニ付テ不レ明。夫會三ト者。三乘卽一乘也ト會スル也。諸天子ハ非ニ二乘ニ。何ソ會三義ヲ可レ證耶

答。實ニ會三ト者。三乘卽一佛乘ト說ク也。但至ニ今ノ引證ニ者。只是發菩提心文ヲ引テ會三ノ義ヲ證計リ也。必シモ(心カ)非レ取ニハ其ノ人ヲ。依レ之妙樂大師。頭二十五(天玄五、四一四)天(「子カ)雖非二乘然發菩提心卽當會義ト釋給ヘリ

難云。妙樂大師ノ解釋彌以テ不審也。今ハ般若ノ會三ノ義アリト釋スル也。若爾ハ。二乘開會ノ文ヲ不レ引者。會ノ義全ク不レ成耶

答云云 發菩提心ノ文。會三ノ義ニ當レルカ故ニ引レ之也。二乘開會ノ文ハ。次ノ文。頭二十五(天玄五、四一五)是人若(「三カ)發菩提心者我前(亦カ)隨喜ト云ル文。正ク開會ノ義ニ當レリ。依レ之妙樂大師。(同前)次引聲聞發心正明會義ト釋シ給ヘリ(給カ)。是卽聲聞開會ノ義分明ニ見タル上ニ。頭二十五 諸天子ノ發心ノ文(文歟)ヲ引キ文也(本ノママ)

難云。設ヒ二乘發菩提心ノ文有レ之トモ。諸天子ノ發心ノ文ハ彼ニ不レ可ニ准(列)(例カ)引一。今ノ解釋ハ他人ノ般若ニ會三ノ義無ト云ヲ破スル也。若爾者。正キ二乘開會ノ文ニ非ルヲ引來シテ。他人アサケリヲ可ンレ受耶

答。一家ノ意ハ。般若法華ハ眼目ノ異名ト云テ共ニ開會ヲ明ン。而ルニ聲聞旣ニ開會セラルルト見タレハ。諸天子ノ發ニスト菩薩(提カ)心一ヲ云モ圓實ノ心ヲ發スル也。若夫圓教ノ菩薩(提カ)心ナラハ開會ナラスハ何物ソ耶。故ニ他人ヲアサケリヲ不レ可レ受ク

玉抄云。圓發心者。五乘七善ヲ會ス。天子發心ト云ハハ二乘モ發スヘシト云也 云云

難云。一家意モ。法華已前ノ諸經ニハ開會無ト定タリ。而他人般若ニ會三無ト云事。尤叶ニ道理一ニ。而ヲ何强般若ニ會三義有事ヲ釋給耶

答。一家ノ心ハ。於ニ開會一ニ有ニ法ノ開會一。有ニ人開會一。般若經ニハ法ノ開會ヲ明テ人ノ開會ヲ不レ明。法華ニハ人法共ニ開ニ會ス之一。而ニ他人ノ心ハ。此等ノ不同ヲ不レ辨。偏ニ般若經ニ無ニシト開會一ト云カ故强ニ破レ之給也

難云。般若經ニハ法開會ヲ明スト云事。大以テ不審也。其故ハ大師一處ノ解釋ニハ。問。此與ニ大品隨喜一云何。答。此法彼人(天文五、二四四八上。文句)人法互ニ擧 文 此解釋ノ如キハ般若ニモ人ノ開會有ト聞タリ如何

答。此ハ別ノ論義也。今不レ可ニ入眼一。但可キレ得レ心事ハ。打任ハ

法開會。人ノ開會ト云事ニハ非ス。所以。彼ハ随喜品ニハ。今ノ法華ヲ展轉。第五十ノ随喜也。故ニ法ヲ随喜スト云也。般若經ニハ人ヲ随喜スト云ハ。是人若發菩提心者ト云カ故ニ。人ヲ随喜スト云也。是ハ正キ非ニ法開會ノ文一ニハ故也（記十心）

弘七云。人必有レ法。法必藉レ人。故云ニ互擧一 文（天止四、三八四）

頭二十五 玄云。若シ言ニ般若ニ無ト會レ三者ハハ。何カ故シテ問住品云。諸天子今未レ發ニ三菩提心一ヲ者ハ。應身當ニ發ス（身ナシカ）。若入ハニ聲聞ノ正位一ニ。是人ハ不レ能レ發ニ（〔三カ）菩提ノ心一ヲ。何ヲ以故ニ。與タメニ生死一ノ作ニ障隔一故ニ。是人ノ若シ發サ三菩提心一ヲ者我亦随喜セン。所以者何。上人ハ應シレ求ニ上法一ヲ。我終ニ不レ斷ニ其功德一ヲ。若聲聞不レ求ニ上法一ヲ。何所アラムニ随喜一スル。既ニ随ニ喜ス上法一ヲ卽是會ナリレ三ヲ 文（天玄五、四一三〜七）

頭二十五 籤云。般若ニ無コトヲ會ニ三一難コトハ者。其レ實ニハ般若ニハ未タレ會ニ其人一ヲ。今ハ且ク以テレ會セルヲ法ヲ而モ爲ルレ難ト者ハ。彼亦不ルレ曉コトニ會テレ法ヲ不コトハレ會レ人ヲ故ナリ ○ 天雖レ非ニ二乘ニ然モ發ルコトニ菩提心一ヲ（心ナシカ）卽當レリニ會ノ義一ニ。次ニ引テニ聲聞ノ發心一ヲ正ク明スニ會ノ義一ヲ ○ 與生死作障隔ト者。滅シレ智ヲ灰セルレ身ヲ永ク斷スニ生死一ヲ。若其發シテレ心ヲ大悲ヲモテ利レハレ物ヲ應ニ處シテ生死一ニ與レ物結緣シ。若種シ若脫シテ而モ成（熟カ）就ス之上ヲ。是故二乘ハ已斷シニ生死一ヲ。永ク與ニ生死一ノ作カニ障隔一故ニ。不レ能下復入テニ生死一ニ益セ上コト物ヲ。若發ニ三菩提心者我等（亦カ）随喜者。折ニ挫小行一令レ發ニ大心一。於ニ權教中一雖レ云ニ敗種一。佛以ニ實理一而發ニ動之一。假使能發ニ菩薩（提カ）心一者我亦随喜 文

大論五十四云。須菩提雖ニ是小乘一。常習ニ行空一故不レ著ニ聲聞道一。心（以カ）レ是故。假使（設言カ）。若發心有ニ何咎一 文（大正藏二五、四四三下）

大品十六（一カ）云 随喜回向心（品カ） 爾ノ時彌勒菩薩摩訶薩語ニ惠命須菩提一。有ニ菩薩摩訶薩一随喜福德與（〔共カ）ニ一切衆生一之。廻ニ向阿耨菩提一（〔〇カ） ○ 若聲聞辟支佛 ○ 布施持戒修定随喜。爲ニ自調一自淨（〔爲カ）爲ニ自度一故。所レ謂四念處乃至八聖道分空無相無作。菩薩 ○（〔〇カ） 廻ニ向阿耨菩薩（提カ）一。持ニ此（是カ）功德一爲レ調ニ一切衆生一。爲レ淨ニ一切衆生一故（〔〇カ） 文（大正藏八、二九七中〜下）

大品經十二（七カ）云 天主品 爾時三千大千國在（土カ）諸四天王王（天カ）。各與ニ無數百千億諸天一俱來在ニ會中一。三千大千國土諸釋提桓因等（〔等カ） ○ 諸梵天王。乃至首陀婆諸天。各與ニ無數百千億諸天一俱來 ○（〔〇カ） 諸天子。今未レ發ニ阿耨菩提心一者應レ當ニ發（同、二七三中〜下）

心一。諸天子若入二聲聞正位一。是人不レ能レ發二阿耨(〻〇カ)○菩提
心一者戒(我カ)亦隨喜。所以者何。上人應三更求二上法一。我終不レ
斷二其功德一 文

私云。疑云。今玄文中ニ。問住品云。諸天子今未レ發二三
菩提心一等 文 然ニ天主品ニ有レ之如何。答。天主品
文ナレトモ。問答ノ事ノ有ノ故ニ問住品ト云歟

難云。隨喜品ニハ般若ハ人ヲ隨喜ストヘリ云。今ハ般若ノ隨喜ノ文ヲ
引テ開會ノ爲ニ證據一。若爾者。般若ニ人ヲ開スルニ當レリ如何。又發
心云ヘル何定テ圓ノ發心得レ心耶

答。發心ノ邊ヲ取テ法開會トスル也。故非レ難。又般若洮汰本
意。圓實ノ菩提心ヲ爲レ令レ發也。故ニ法開會スル也。故釋云。
我亦隨喜者(天玄五、四一五)○　如レ上

問。玄中引二大品經。是人若發菩提心(〻二カ)者等文一。爾證二何事一(頭二十五)
耶

答。證二般若會三一 文

付レ之。見二經前後文一。入二聲聞聖(正カ)位一。不レ能レ發二菩提心(〻〇カ)一。(大正藏八、二七三中～下)(〻〇カ)
爲二(與カ)生死一作二障隔一(〻〇カ)故ト云テ。是人若發二三菩提心一等 文 是

知ヌ。聖雖レ無二發心義一。只是以二假設心一ヲ。是人若發等云
也。何引レ此證二此義一耶

答。籤云(頭二十六)(天玄五、四一五)。於二權教中一○　如レ上 佛意發動。開會菩提心ヲ動ト
云ハ。天子所發菩提心ハ圓發心ト聞也

問。玄中引二大品經一證二般若會三一見タリ。爾者所引文ハ是
會レ人歟

答。不レ可レ會レ人

進云。籤云(頭二十五)(天玄五、四一三)。今且以レ會レ法而爲レ難者 文 付レ之。既ニ引二
天子發心及聲聞發心一ヲ。知ヌ。是會レ人云事耶

答云云 見二釋文一(同、四一五)。上人應レ求二上法一 文 大師釋。既ニ云二隨喜(同、四一七)
上法一。卽會レ法釋給也

難云。決云。是人何云レ會レ法。是以疏十ニハ(天文五、二四四八上)。此與二大品(大品云カ)隨
喜一云何ト問シテ。此法彼人ト答タリ。彼人ト者。此文也 文 如何

答。會レ人事ハ法華ノ心也。般若ハ會二念處品一也。人者約シテレ
法ニ可レ得レ心。大旨疏十釋ハ。但約二現文一一往意也 如二疏抄一

問。玄文中引下大品經。是人若發二三菩提心一者ノ文上ヲ(頭二十五)(天玄五、四一五)。爾者
是須菩提ノ言歟

答。爾也
若須菩提言者。妙樂大師釋ニトシテ此文一(天玄五、四一五)佛以實理等 文 故金
口ク説教ト聞ナリ。若依レ之爾(云カ)三者。智論。須菩提自説 文
答。須菩提言トモ被ニ佛加一説存(故カ)ニ云ニ佛説一歟
問。大品經。(大正藏八、二七三中～下)(「○カ)入ニ(聲聞カ)無爲正位一與ニ生死一作ニ障隔一 文 爾爲ニ通
教心一。將如何 如レ抄
若通教心者。通菩薩雖レ斷ニ煩惱ヲ一尚誓扶習生ス。何作ニ障
隔一耶。若依レ之爾ト云ハハ。今文大品經文也。彼会(全歟)。不レ説ニ三
藏一尤可ニ通教一如何
答。僻論義也。通教菩薩コソ誓扶習生セム。何ニカ二乘誓扶習
生耶。般若經ニハ專洮ニ汰三藏二乘一也。故ニ顯ニハ彈ニ三乘一(天玄五、四一五。釋籤)
眞(冥カ)ニハ通人ナリ。而聞法シテ冥入別人也。今釋。折挫小行ト釋
也。須菩提説也。非ニ通教二乘ニハ也
師云。今釋洮ニ汰三藏一也。直入ニ通教一二乘ハ般若時不定
教也。鹿薗二乘。冥成通人シタル人也。顯ニハ三藏也
問。玄文中。破ニ他人一無ニ般若會三義一。引ニ大品諸天子發
心文一。爾者淨居天子歟

兩方。若淨居天ト云者。籤云。(天玄五、四一四)天雖レ非ニ二乘一 文 非ニ不還
果ノ天一ニハ聞タリ。若依レ之爾者。玄文心ヲ案ニ。般若ノ會三
證ストシテ引ニ諸天子發心一故ニ。諸天ト者。不還ノ二乘故ニ引
證スル歟。依レ之況(見カ)ニ大經(品カ)文ヲ。(大正藏八、二七三中。取意カ)諸梵天王。乃至首陀婆諸天。
來集○發ニ菩提心一 文 首陀婆天。豈ニ非ニ五淨居一ニ耶
答云云 經文ハ首陀婆天者。非ニ不還ノ天一歟。摩醯首羅 文
他人般若無相教。無ニ彈呵褒貶一(天玄五、四〇五) 文 爾者宗師許ニ此義一耶
答。不レ許
付レ之。宗心。方等彈呵。般若洮汰也。何破レ之耶
答。大品云。(同、四一七)二乘智惠猶如ニ螢(火カ)大一。菩薩一日學ニ智惠一。如ニ
日照ニ四天下一等 文 且此文ニ依也。洮汰ハ約ニ大旨一也
有云。般若ニハ彈レ大會レ法故ニ般若洮汰ト云也。方等ニハ彈レ(天玄一、八六。釋籤)
大法故ニ無ニ洮汰一。凡方等般若彈ニ二乘一也。不ニ彈呵一但爲
次第三諦所攝トハ不レ可レ云也
問。他人。以ニ般若經一第二時 文 破レ之耶
答。破レ之
付レ之。見ニ經文ヲ一。(大正藏八、三二一中)二法輪轉 文 如何

答。一宗立㆔五時㆒事。依㆓テ四大聲聞ノ領解㆒。無量義經等㆒。般若ハ第四時ト定ル也。但至㆓經文㆒ニ者。半滿相對心也

53 第三時

[頭]二十八 籤云。七百阿僧祇者。（天玄五、四二一）楞嚴七百。及淨名金剛。二經俱是第三時教事

問。玄文ニ。佛身無爲不㆑墮㆓諸數㆒（天玄五、四二一）文 爾者此ハ首楞嚴經文歟

答。淨名經ノ文也

兩方。若淨名經文也ト云者。見ル㆓ニ玄文㆒ヲ。若言㆓七百阿僧（天玄五、四二一）企㆒（祇カ）者。此亦不㆑然。其文自說㆓佛身無爲不㆑墮㆓諸數㆒。金剛之體 文 當㆑知七百阿僧企壽ヲ說事ハ拆ム㆓楞嚴經㆒ヲ。其文自說トハ可㆑云也。若依㆑之爾者如㆑題。明カニ知ヌ。玄文ニ所ノ㆑云佛身無爲等云者。指ストニ淨名經ヲ㆒云事ヲ

答。尊云。淨名性（經カ）ノ弟子品ニ有ル㆓此文㆒也。所以。如來身者金（大正藏十四、五四二上）剛之體〇（「〇カ）當㆑有㆓何疾㆒當㆑有㆓何惱㆒〇（」但爲佛出カ）佛身無爲不㆑墮㆓諸數㆒。當㆑有㆓何疾㆒。（「〇カ）「俱但於爲」五濁惡世。佛現（現行カ）㆓斯法㆒廣（度脫カ）說㆓衆生㆒ 文 今玄文ノ所引。淨名所說ト相叶者ヲ哉。但玄義ノ意ト

楞嚴ト與㆓淨名㆒同ク。此第三時ノ故ニ引㆓テ淨名金剛㆒ヲ難ル㆓楞嚴七百㆒ヲ也ト得㆑テ心。釋籤ニハ如㆑此釋スル也。楞嚴經既ニ此文無クハ何至（致カ）サン㆓此ノ疑㆒ヲ耶

54 [頭]二十八 籤云。何疾何惱者。（天玄五、四二一）乳光經中事

問。玄ノ中ニ。[頭]二十七（同前）金剛之體疾（「何カ）何惱ト云ヘリ。爾者何ナル經ノ文ソヤ

答。淨名經ノ文歟

進云。如㆑題。付㆑之。此文ハ是淨名經文也。依㆑之籤次上ニハ淨名經ト云ヘリ。前後相違如何

答。尊云。世尊有㆑疾。阿難ヲシテ用㆓牛乳㆒ヲ因緣。其文廣レハ乳（光歟）者經ノ中ニ有リ。故委ク欲㆑明ト㆑之乳光經ト云也。但至ハ㆑難ニ。淨名經ノ中ニ卽使㆓阿難㆒。淨名居士ニ問㆒ハ。此文雖モ㆑有ト此ハ十二年ノ前キ昔ノ擧ル㆓彈呵㆒ヲ也。正ク其ノ根源ヲ論セハ卽是乳光經ノ所說ナルカ故ニ不㆑可㆑違ス歟 已上

師云。淨名經ハ昔ノ擧ケ㆓彈呵㆒ヲ指ト㆓乳光經㆒ヲ可キ㆑得㆑意也

55 籤云。乳光經。（增一阿含攝也）（天玄五、四二一）獨（積歟）犢子ノ授記事

疑云。爾前何畜趣ノ授記有ル耶

答。鴿雀ノ授記有㆑之 如㆑宗ノ

籤云。喜出レ息償レ錢畢 文 利錢ト云事也。出ハ下。下息ハ納也（天玄五、四二二）

56 籤云。乳𩞄事（天玄五、四二二）

補注云。乳𩞄等者。𩞄應レ作レ湩ニ。竹用ノ切ナリ。又ハ多貢切。（卍續四四、十八丁左上）
乳ノ汁也。聲古喉（候カ）切。取レ乳也。與汝ハ作レ乳ヲ。𩞄ト者應レシ
云ニ汝與ニ我乳ノ湩ヲ一也　聲シホル　𩞄カユ シル　醒ナマク サシ　諾ウケコウ ウケカウ カタル

問。釋籤中ニ付レ引ニ乳光經授記一ヲ。爾ハ釋尊出世已後。彌勒ノ出世前ニ梵天數死數生ノ者有ト可レ云耶

答。任ニハ法相ニ不レ可レ有

兩方。若有ト云者。彼ノ天ノ壽ハ五十八劫也。一減半一增ニ全ク數死數生ノ義不レ可レ有ル。若依レ之爾ト云者。籤引ニ乳光經ヲ一（頭三十）。釋尊ノ時。佛乳ヲ供養シテ。梵天ニ七反生後ニ値テ彌勒ニ得ニ羅漢果ヲ一 文 如何

答 云云 但至レ經ニ者。二意可レ有。一者供ニ養佛一功力多キ事ヲ擧ル也。而リト云テ二佛ノ中閒ニ。梵天ニ數死數生有ト云者釋ニハ非ス。次ニハ經論異說ハ如クン此經ノ者。可レ有ニ數死數生一歟

（頭三十一）籤云。大經文 文

付レ之。玄文ニハ正引（引?カ）ニ華嚴一。何云ニ大經一耶（頭三十一）

答。是ハ二經ノ說ヲ准望シテ引タル也。佛菩薩相對スル事ハ。於ニ華嚴ニ直ニ說ニ菩薩智惠ヲ一不レ說レ解ヲハ。十方爪上ノ土ノ事ハ有ニ大經ニ。仍華嚴。大經准據シテ引也。華嚴ニハ菩薩ノ智惠ハ如ニ一塊土一云ヘリ。依レ之今籤ニハ。今借以譬菩薩智 文（天玄五、四二六）

難云。本書ハ。華嚴爪上土云何明ニ常住一 文 正ク在リトニ華嚴一聞タリ如何（同前。玄義）

答。夫ハ華嚴ニ說ニ菩薩智惠一。以ニ大經譬一ヲ得レ意上ニ如レ此釋也

（六十）華嚴二十云。解脫同（月カ）言。佛子。菩薩行處（「若カ）神通力（「カカ）如レ是者。佛行處（「カカ）神力復云何。答言。佛子。譬如ニ有レ人以ニ一塊土一。而作（言カ」）（「通カ）レ是。無量無邊世界地性力（爲カ）レ多（見カ）レ此耶。汝所レ問者。我謂如レ是。無量無邊（如來無量カ）智惠。云何以ニ菩薩智惠一爲ニ測（而欲カ）尋（量カ）一 文（大正藏九、五七四中）

問。玄文中ニ（頭三十一）。菩薩智惠如ニ爪上土一。如來智惠如ニ十方土一（天玄五、四二六）文 何ナル經文ソ耶 如レ抄

一義云。華嚴ノ意ニモ有ニ其意一歟。所以。華嚴中ニ以テニ一ノ塊土ヲ一譬ニ菩薩ノ智惠一ニ。以テニ無量無邊世界ヲ一譬ニ如來ノ智惠一ニ。

指二此文ヲ一歟。但今譬ハ大經ニ見タリ
淨名疏一云。(大正藏三八、五七三下)華嚴明二十地智惠一如二爪上土一。諸佛智惠猶
如二大地一文(天玄五、四二三)
籤云。故淨名安二慰阿難一文
付レ之。開タルニ本經ヲ一。今此偈ハ阿難蒙ニ淨名ノ彈呵ヲ一時。空
中ニ安二慰スト阿難一見タリ。何淨名安慰釋スル耶
答。今釋ハ淨名ト云非ニ淨名大士ニハ一指ニ淨名經一也
頭三十(同、四二四)問。玄文中引ニ淨名經ノ塵勞之儔是如來種文一。爾者三因佛
性中ニハ何耶
頭三十玄云。豈非二正因佛性一文(同前)

〔法華論引二何文一證二三種佛性一耶〕

頭三十三問。法華論ニ引二何文ヲ一證二三種佛性ヲ一耶(〃佛カ)
頭三十三(天玄五、四二九)玄云。法華論亦明二三種性一論云。唯佛如來證二大菩提一。究
竟滿足文
付レ之。不レ見。況三因佛性不レ聞ヲ耶(大正藏二六、七中)
答。論ニ。尚無二二乘何況有三ト云文ヲ。釋ノ下ニハ有レ之。上引
所ノ一具ニ此無トモ餘處有レ之。但至ニハ三因佛性一ニ。玄上ニ既ニ
引二三菩提ノ文ヲ一故ニ。今證大菩提ノ文可レ互二三種一可レ得レ
心歟
難云。以二三道ヲ一爲スルニ三因佛性ト一時。指テ二苦道ヲ一名二性(正カ)因ト一。
指テ二煩惱ヲ一名二了因ト一。爰以テ會處ニハ斷ス二了因ト一
答。塵勞之儔ト者。煩惱ヲ具スル人也。仍正因ト云也
問。玄中。南地師以二法華ヲ一引ク下名コトヲ二同歸教ト一證トシテ二涅槃所
頭三十三(天玄五、四二九)說一如法華中八千聲聞ノ文ヲ上。爾者明二三佛性ヲ一者。第三ノ文
段也ト可レ云耶
頭三十三(同、四二八)答。籤所レ引。涅槃遙指文
付レ之。見ニ玄文ヲ一明二三佛性ヲ一。先ツ引二法華一。次引二法華
論ヲ一。後ニ引二大經ヲ一。若爾者。第三ノ文段也如何(天玄五、四二九。玄義私記參照)(明カ)
答。和本脫落スルカ。唐本。次名二三佛性一又有レ五(四カ)。初所レ引二
(〃不カ)輕文一。次引二法華論文ヲ一。三引二涅槃遙指一。次引二涅槃一乘一。
五汎擧二涅槃猶劣一文
57 頭三十三(天玄五、四二八)玄云。我不三敢輕二汝等一(〃於カ)。性(正カ)因佛性事(〃〇カ)
疑云。三因佛性可レ云如何
答。如二玄五抄一(天文四、一五七九下。文句記)。合二彼性三一爲二一法身一意歟

問。涅槃經中ニ(教歟)發迹顯本ノ義明耶
答。可レ爾
進云。涅槃更不レ教(發カ)レ迹。此經顯レ本義彰 文(天玄五、四三〇。玄義)　付レ之。法華ノ中ニ既ニ如來常住ノ義明レ之云。涅槃同ク如來常住ト明セリ。此豈非ニ發迹顯本ニ耶。爰以テ涅槃經第二ニ。我於無量劫文。爲ニ成佛一 文 豈非ニ發迹ノ文ヲ耶
尊均云。決(旣カ)ニ更不發迹ト云ク。更證可レ思レ之。法華ニハ顯實誠(久カ)畢。至ニ涅槃ニ何更ニ明シ文成(久カ)ヲ耶。彼ノ經ノ意ハ。雖レ祕ニセスト文成ヲ。而モ正キ無レ發レ迹 已上
師云。隱便ノ義也
師云。涅槃經ニ不レ明ニ發迹顯本ヲ可レ得レ心也。涅槃ニハ爲ニ佛性ヲ宗ト。設雖レ明ト文成(久カ)一只是佛性法身可ニ常住ナル。俱體俱用。三身常住ノ可キ非ニ顯本ニ也。故ニ更不發迹ト釋也
難云。若爾者。涅槃經ハ爾前法身常住ニ同レ之歟
答。不レ爾。涅槃經ハ三乘機無レ隔令シムレ聞ニ三佛性常住ヲ。爾前ニハ永ク隔ヘタツレ之
尋云。開權顯實ヲハ不レ明ニ涅槃經ニ如レ釋スルカ。發迹顯本ヲハ可レ得レ心也(歟カ)
答。不レ爾。不レ明ニ開權ヲ事ハ。稟ニ方便教一咸知ニ眞實ニ(天玄五、二〇二。釋籤)。不俟更用(開カ)ト釋也(同前。玄義)。不レ明ニ發迹顯本ヲ。涅槃經ノ法華ヨリ劣ナルカ故ニ不レ說云事可レ思レ之
師云。凡ハ互ニ法華涅槃ノ佛性常住ヲモ發迹ヲモ明セトモ。法華ハ發迹爲レ本ト。涅槃ハ佛性常住ヲ爲レ本ト也。依レ之玄次下云。然(天玄五、五六二)二經教意起盡是同。如ニ法華一三周說レ法。斷ニ奠聲聞一咸歸ニ一實一。後開近顯遠明ニ菩薩事一。涅槃亦爾 文(天玄五、四三五)

58 第五時教難下

問。他人ハ以ニ涅槃經ヲ爲ニ第五時常住教ト云ヘリ。爾者宗師破レ之耶
進云。若二諦攝與ニ諸教一同 文(同前。玄義)　付レ之。設ヒ涅槃經二諦攝也トモ。何必非ニ常住教ニ耶。所以。二諦可キ有ニ淺深一。故例如ニ七重二諦淺深不同ノ如何
答。是ハ破ニ南地師義ヲ也。南地師意ハ。以ニ成論ヲ爲レ宗ト。爾ニ彼師ノ意ハ。二諦ヲ立事ハ無ニ不同一故破レ之ナリ
問。他人以ニ華嚴ヲ名ニ頓教ト一家許レ之耶

答。破レ之也

付レ之。華嚴ヲ頓教云事。一家定判也。何不レ許レ之耶

答。約部時ハ爲レ頓ト。約教ノ時。頓漸ノ爲ニ二義一ト。他人ハ不レハ然ラ不レ許也

一義云。他人ハ頓ハ唯限ニ華嚴一ト云カ故。化法ノ頓。約レ時互テ二一代ニ有ニ頓ノ義一也。他人不レハ知レ之破スル也

59　不レ許ニ雙林常住教ヲ一事　頭三十四（天玄五、四三五。玄義參照）

問。他人ハ雙林常住ノ義ヲ存ス。一家許レ之耶

答。不レ許レ之

付レ之。（天文一、三六上。文句記）涅槃ニ明ニ常住ヲ一云事。一家ノ定判也。何此ヲ不ン許耶

道理必然。偏立成レ失也。就レ中他人ハ明ニ二諦ヲ一。然ニ二諦通ニ諸教ニ一。何涅槃ニ二諦ノミ常住ニシテ。餘教ノ二諦非ニ常住ニ耶ト破スル也

難云。涅槃前教ニハ設ヒ明トテ二諦ヲ一。有カニ大小權實不同一故ニ。成論ノ二諦。涅槃ノ二諦。常無常不同有ト云ハンニ。何有レ失耶。例如ニ一家七重ノ二諦ノ不同ヲ判カ一如何

答。尊云。今破ニ南地師ヲ義也。然ニ南地師ハ以ニ成實ヲ爲ニ依憑一ト。籤ノ如ニ上文一ノ。江南盛ニ成實ヲ弘ト云是也。彼ノ論ニハ不レ明ニ二諦多種ヲ一。雖レ云モニ二諦トニ而モ不レ分ニ共別異ヲ一。所レ明スニ十二年前ニ二諦。十二年後所レ明ス二諦ト。其義不レカ異故破レ之也

籤（天玄五、四三五）云。共別含顯 文 七重二諦也。共ハ藏通。別ハ別教。含ハ被攝。顯ハ顯中ノ二諦也

問。法華ニ明ニ闡提作佛ヲ一耶

兩方。若不レ明云者。今ノ文ヲ案ニ。破下ス他人涅槃ニ明ストニ闡提作佛ヲ一義ヲ上云（天玄五、四三六。釋籤）。二諦既同。應ミ俱明ニ闡提作佛一 文 知ヌ。一家ノ心ハ不レ限ニ涅槃一ニハ。法華等ノ經ニモ明レ之ヲ事ヲ。若依レ之然ト云者。弘六（止カ）ニ。（天止四、三二二。止觀）闡提有レ心。猶可ニ作佛ヲ一 文

答。通ヲ云時。法華一切皆成佛ニ不レ可レ漏ニ闡提一。別（止カ）シテ而モ此云者。法華ハ二乘作佛。涅槃ハ闡提成佛也。仍弘六ニ。難レ治シ二乘ヲ以ニ法華ヲ能治ト云計リ也

60　不定教ノ難下　頭三十五（天玄五、四三七）

問。南地偏方不定教ト者。頭二十一（三十五カ）（同前）唯金光明。勝慢（鬘カ）ノ二經ニ限歟

兩方。若限云者。玄文ニ云。頭三十五（天玄五、四三七）金光明（明𡧃カ）勝慢（鬘カ）楞伽央崛（殃掘カ）之流也 文

若依レ之爾云者。籤一ニ。今師ノ所立ヲ釋シテ云。卽指ニ金光明(「勝鬘及カ」)經(經ノカ)一文知。限ニ二經ニ云事ヲ(天玄一、一九八)

答。但至ニ籤ノ文ニ者。今玄ノ上文ニ。別有ニ一經。非ニ頓漸攝一而明ニ佛性常住一。勝慢(鬘カ)金光明等是也文妙樂ノ釋ハ依ニ此文ニ歟(天玄五、三九三)

問。他人。勝慢(鬘カ)。金光明。央崛等ノ以レ經ヲ名ニ偏方不定教一ト見タリ。爾者一家許レ之可レ云耶

答。不レ許レ之。

爾也。不レ許レ之見タリ。付レ之。央崛經ニハ廣明ニ常住一ヲ。金光明ニハ明ス如來常住壽量一ヲ。勝慢(鬘カ)經ニハ明ス二乘成佛旨一ヲ。此等卽法華已前定教ノ相ニハ非サル者也。若爾者。不定教ト云。尤叶ヘリ道理ニ。何不レ許レ之耶(天玄一、一九八。釋籤)

答。凡一家ノ心ハ。不定通(遍カ)前四味ニテ不レ立ス別部ノ不定教ノ經ヲ。故ニ他人ノ破ニ不定教ノ義ヲ也

難云。如來ノ善巧方便定リ無ケレハ。誰カ知ル金光明等ノ經ハ爲ニ不定ノ機ノ別說レ之有ン。爰以央掘經ハ成道六年ノ說ナルニ。而モ廣明ニ常住佛性一ヲ。非ニ定教ノ相ニハ覺タリ。不定偏(遍カ)前四味ノ義ヲ。

一家此ヲ雖レ立ツト。不レ用ニ他人一ヲ何可レ破ニ遍(偏カ)方ノ不定教一ヲ耶

答。凡不定教ト者。佛於ニ三密四門ニ備ニ無妨無礙ノ德ヲ故ニ。念念中ニ於テ皆可カ有ニ不定ノ義一故ニ。不定偏(遍カ)前四味ニテ以ニ一經ニ不レ云ニ不定教經一。他師所レ立不定教ハ佛德抑失カ有レ之故ニ今不レ用レ之

難云。玄文ノ第一ニ釋ニトシテ此座十方ノ不定教ヲ。此座ニハ說キレ頓ヲ。十方ニハ說レ漸ヲ。說ニク不定ヲ。或ハ十方ニハ說キレ頓ヲ不定(「說ニカ」)ヲ。此座ニハ說レ漸ヲ云ヘリ。此釋ノ心ハ。明ニ頓漸ノ座ノ外ニ有ニト不定ノ座一聞タリ。爾ハ他人義。一家解釋ノ意ニ何破レ之耶

答。自レ本不定教ノ相ト者。不レ可レ出ニ漸頓ノ座一ヲ。但至ニテハ玄一ニ彼釋ハ必ス漸頓ノ外ニ有ニト不定教座一不レ可レ得レ心也。所以ニ。說レ漸說ニトイ不定ヲ者。說ニ漸教ヲ時有ニ類(頓カ)ノ機聞ニテ頓教ヲ得ニ頓ノ益ヲ故云也。餘ハ可レ准ニ知之ニ

難云。一家ノ解釋トシテ淨名經ヲ五時ノ中ニハ方等部。四教中通教。四藏中雜藏。化儀中不定文一家モ以ニ淨名經ヲ名タリ不定教ノ經ト。他人又金光明經等ヲ名ニケ不定教ノ經ト。何破レ之

耶

答。一家ノ意ハ不定教ト云事。源出ニテ方等部一ヨリ廣亙ニレリ前四味ニ一。故隨ニ其源一釋ニナルヘシ化儀中ニハ不定教一ト。若如ニナラハ所難一ノ。方等淨名經ノ中ニ。惣シテ説ニテ通教一ヲ無ニト自餘一可レ得レ心歟如何

難云。不定教ト云事。方等ヨリ起ハ經ノ何ノ文ソ耶。又解釋ハ何ニ判耶 上

答。淨名經ノ佛以ニ一音一演ニ説法一。衆生〇 文(大正藏十四、五三八上) 此文ヨリ起也。解釋ニハ玄文ノ一ニ釋ルニ不定教一ヲ。妙樂大師解釋ニ。問。此與ニ不定相 下。定教下 方等不(恐カ)畏歡喜等ト爲レ有ニ何ノ別一。答。不定偏(遍カ)ニ前ノ四味一ニ(天玄一、一九八)。若直語ニ方等一但彈斥而也(已カ)。既以ニ身土ヲ一令ニ物ヲ殊レ途。正當ニ不定一。般若亦然。思レ之可レ見ツ 文(天玄一、一七〇) 是則上ニ釋スルニ定教ヲ一下ニ釋シテ方等ヲ一。遂(逐カ)ニ器ノ方圓一ニ隨テ波動靜一ニ。示ニ一佛土ヲ一令ニ淨穢不同ナラ一。菩薩 恐畏歡喜厭離斷疑神力不異(共カ) 文 以ニ此釋ヲ一下ノ 菩提(〇カレ) 對シテニ不定教一ニ問答也。其故ハ定教ノ下ニモ。示ニ一佛土ヲ一令ニ淨穢ヲ不同ナラ一云ヘリ。見ニ定教ノ相一ト。今ノ不定教ト何差別カ有ト問也。答スルニレ之。不定偏(遍カ)ニ前四味一等答テ。自レ本不定教ト云事出タリ方等ヨリ答タリ。可レ思レ之

尋云。偏ト者。何事シテ耶

答。他人。金光明等ハ偏不定計ト思カ故ニ立ニ偏方ノ名一ヲ也。玄一云。不レ同ニ舊義專判ニ一部一 矣(天玄一、一九八) 其心也

難云。守護章ニ云。約ニ不定教一。提謂喩レ乳 文(傳全二、二〇一) 此釋ハ正ク指シテ提謂一ヲ爲ニ不定ノ部一ト如何

答。如ニ玄ノ一ノ一

61 籤云。阿闍世王有レ女名ニ無垢施一事(天玄五、四三八)

疑云。無垢施女經ニハ波戸匿王ノ女ト云ヘリ如何

答。文誤歟

問。他人。大經説佛出(從カ)十二部等文ヲ引テ名ニ有相教一ト云ヘリ(同、四四一。玄義參照)。而宗師如何破レ之耶

答。有相教ハ佛ノ初説ニ非トヤ破ラン

進云。何以ニ十二部一(國三十七(同前)) 對ニ於相(九カ)部有相教一 文 付レ之。大小乘有ニ十二部一云事。有ニ經教ノ常説一也。何有カニ十二部一故不レ可レ云ニ有相教一ト破給耶

答。小乘別シテハ九部。通シテハ十二部也。他人ハ不レ知ニ通別ノ

心ヲ一故ニ破レ之歟

62 籤ニ云。八大聲聞事（頭三十六）（天玄五、四三八）

補注云。舍利弗。目連。迦葉。定生（須菩提）（空カ）。滿願（富樓那）。離越（離婆多）。那律。阿難（卍續四四、十九丁右上）文

〔八大菩薩〕

八大菩薩（天玄五、四三八〜九）

補注云。文殊師利。不虛見。寶英。棄諸惡趣。棄若（諸カ）蘊蓋。光世音辯積。超度。無虛跡 文（卍續四四、十九丁右上）

〔他人從二十二部經一出二修多羅一爲二般若無相教一 文〕

問。他人從二十二部經一出二修多羅一爲二般若無相教一ト 文（天玄五、四四三。取意）宗師如何破給耶

答。玄云。修多羅則通二一切有相無相一。五時皆名二修多羅一。何以獨對二無相般若一 文（頭三十九）（天玄五、四四三）

付レ之。彼ノ破意ハ依ラハ二自宗心一以二修多羅ヲ一譬二阿含經ニ一給ヘリ。何兔ニ此難ヲ一耶

答。一家ノ心。五時配立テ得ニ餘經ヲ一以ニ此文ヲ一顯ニ阿含ヲ一也。他人偏執シテ顯ニ無相般若ヲ一云カ故破ニ偏執ヲ一歟

七寶者。金。銀。琉璃。車渠。馬腦（瑙カ）。眞珠。水精 文

〔玄文中。他人從二方等一出二般若一破二云義一〕

問。玄文ノ中ニ。他人從二方等一出トニ般若ヲ一破ニ云義ヲ一。爾者如何破レ之耶

答。五時次第相承不トカ二相叶一破ラン（天玄五、四四五。玄義参照）

進云。以二般若ヲ一爲ニ法華一ト有ニ廻文就義失一 文 付レ之（〔文カ）。般若法華ハ眼目異名也。指シテニ般若ヲ一云ニ法華一ト。何招ンニ廻（其歟）就義失ヲ一耶。況ャ指ニ華嚴海定（空カ）ノ文ヲ一既ニ圓頓法華教ト 文（天玄五、五四五。玄義参照）更ニ無ニ廻文就義ノ失一耶

答云云 所以ニ。自ニ方等一出ニ般若ヲ一說ケリ。故ニ方等生蘇教後チ說ト二般若熟蘇ノ教ヲ一聞タリ。超テ指ト二第五時ノ法華ヲ一云ハハ。是不レ招二廻文就義失ヲ一耶。但至二華嚴海空文ニ一者。彼ノ般若ノ後。華嚴海空ト云カ故釋スル二第五時ノ法華教ト一也

佷子（コンシ）　俫（ライ）（イアルイタル・サムクトモ）　佷俫（ナラソソリ）

〔且提謂經中五戒十善俱明可レ云耶〕

問。解釋中ニ北地ノ師。以二提謂經ヲ一爲ルニ人天教ト一事ヲ推見。且提謂經中ニ五戒十善俱ニ明ト可レ云耶

答。倶明ト可レ答耶

進云。披二解釋一(天玄五、四四七。玄義)但明二五戒一。不レ明二十善一文　付レ之不レ明。依二解釋一披二經文一ヲ。五戒十善ヲ說事分明也。今何不レ明二十善一ヲ釋給耶

答。本云ク。倶ニ可レ明也。但至二解釋一者。彼經(天玄五、四四九。玄義參照)ニハ五戒ハ是諸佛ノ母也ト說テ。一切ノ法ハ皆說二五戒(但カ)一出生ト說故ニ。且明五戒。不明十善ト釋也

難云。五戒ハ諸佛ノ母也ト說事ハ尤可レ然。然ト云テ經ノ現文ニ十善ヲ明事分明ナランニ。何不レ明二十善一ヲ可レ云耶如何

答。五戒十善倶ニ說事ハ無二異論一。倶(但カ)至レ難ニ者。經文ニ十善ヲモ明トハ云トモ。皆是五戒ヨリ出生スル法カ故ニ。從二能生一ニ但明五戒トハ釋也。若隨ニハ所生ニ十善ヲモ說ト可レ云也

難云。能生進テ但明五戒云テ。十善ヲ不レ明云。他人其旨存トモ能生所生共ニ合シテ五戒十善ヲ明ト云ニシテ有ラン如何

答。實他人能生所生ノ旨ヲ存ラン事無レ疑ッ。其ヲハ大師破レ之給ニ隨ヘハ所生ニ十善ノミニ非ス。三乘ノ法ヲモ出生セリ。得益ノ邊ヲ以テ見レハ之大乘ノ得益モ有レ之。若爾ハ。獨リ不レ可レ云ニ人天教ト釋給ヘリ也

難云。一家解釋ノ中ニ處處提謂經ヲハ人天教ト釋給ヘリ。若爾ハ。他人所立ノ義叶二道理一ニ者也。何破レ之耶

答。一家ノ心ハ人天ノ教ヲ釋給トモ。又三乘ノ得益有事ヲモ存給カ故ニ。他人偏ニ人天教ト立ニハ不レ可レ同

私云。一家ノ提謂經ヲ人天教云事。何處釋耶

答。四教義一云(大正藏四六、七二四中)。提謂經。說二五戒一明二人天善一文

撿云。提謂經有二眞僞二本一(卍續四四、三三七丁右下)。隨番(隋翻カ)經學士費長房○魏沙門曇靖。「定也シツム。」(「」〇カ)今大師所引非(「者カ)二曇靖(「本カ)一文

〔玄文中引二提謂長生之符一。爾者如何釋給耶〕(頭四十一)

問。玄文中ニ引二提謂長生之符一ヲ。爾者如何釋給耶

答。玄云(天玄五、四四九)。長生符者卽三乘法是文

付レ之。見二本經一ヲ(同前)。長生ノ符者。常樂我淨ト見タリ。全非二三乘ノ道一ニハ。就レ中。欲得不死之地。當佩長生之符文　然ニ三乘法ハ無常也。何ソ不死ト云耶。依レ之金光句ニハ實相ト文　如何

答。今所引ハ提謂經ニ說ク五戒ヲ文也。此則三藏正因緣法ナラハ三乘法ト釋スルニ無レ異

玄云。六衰（天玄五、四五〇）文

備云。有云。（卍續四四、三三七丁右下）卽六根爲三六塵ノ所ニ敗衰。故云二六衰一文

〔他人以二提謂經一爲二人天敎一。一家如何破レ之耶〕

問。他人以二提謂經ヲ一爲二人天敎一ト。一家如何破レ之耶

玄云。（天玄五、四五六）爾時未レ有二僧寶一。故不レ應下用二提謂一爲中初敎上也文

付レ之。設無トイフトモ二僧寶一。何不レ立ン二人天敎一耶。僧寶有無ニハ不レ可レ依。況ヤ見ルニ二本經一ヲ。（天玄五、四五〇。玄義參照）二百人得二須陀洹一文　豈非二僧寶一耶

答。提謂經爲二人天敎ト一義ヲハ上種種ニ破シテレ之。今ハ別シテ爲二初敎ト一義ヲ破也

大論ニ。（天玄五、四五一。玄義參照）初從二波羅奈一至二泥洹夕一。凡所レ說小乘法。結爲ニ三法藏一文　此ハ鹿薗時。三寶世ニ出現シテ後ヲ爲二初ノ敎一ト。提謂ハ鹿苑已前ノ說。此立二人天敎ト一爲二初敎ト一事ハ不レ可レ然破也。但至二須陀洹ニ一者。祕密ノ說ヲ顯露ニハ非ヘシ

義林章云。二百人ハ須陀洹ヲ非スニ時ニ得ニハ一。內ニ聞カレ法ヲ故。論ノ時乃得レ度コトヲ二五人一ヲ。後世ニ有リ二僧寶一文

難云。提謂猶屬二顯古（露カ）一來（未カ）レ假ニ祕密一（天玄五、五〇五。釋籤）釋セリ。何今祕密ト云ヘリ。況ヤ可ニ祕密ヲハ不レ可レ戴レ經ニ如何　答（缺文）

問。提謂經ハ五時ノ中ニハ何耶　如レ宗（答缺）

63 玄云。（頭四十二）（天玄五、四五一～六）奈苑之前〇未レ有二僧寶一事　如レ抄

問。提謂時有二僧寶一耶

答。如レ題

爾也。付レ之。見ルニ二經文一ヲ。（天玄五、四五〇。玄義參照）三百比丘得二須陀洹一文　此豈非ニ僧寶一ニ

答云云　但經ノ文。僧ト者。無トモ二事和ノ僧一ハ可レ有二理和ノ僧一ハ。次此文ハ不定敎ノ意也。定敎次第ニ無ト云事也

私云。事和ノ僧ト者。比丘像ニシテ受戒得度スルヲ云也。理和ノ僧ト者。得二解脫ヲ一非二形服比丘一ニハ。故理和ト云也

問。玄文ノ中引二無量天人得無生忍文一ヲ。（天玄五、四五九）爾者何ノ經ノ文ソ耶

玄云。（同前）如三提謂時。無量天人得二無生忍一文

付レ之。不レ見二本經ニ一ハ。如何

答。玄文ノ次上ニ引二提謂經ヲ一（天玄五、四五〇）提謂（「長者カ）得二不起法（「法カ）忍一。三百人得ニ信忍一。二百人得二須陀洹一。四天王得二柔順忍一。龍王得二信根一文

信忍。柔順等ハ皆地上益也。指レ之無量天歟。得無生忍ト云
也(耶カ)
玄云。不起法忍(天玄五、四五〇)
撿云。(卍續四四、三三七丁右下)不者無二。起者生二(也カ)。卽無生法忍。淨名疏云(「也カ)。當レ知
不起法忍只(也カ)是無生(「記カ)文
64 玄云。(天玄五、四五八～九)從二般若已去一訖至二涅槃一。皆明レ滿者此不レ
應レ然事
疑云。宗意ハ既ニ般若ヨリ已後至マテ二涅槃一ニ明二大乘ヲ一云也如何
答。宗心同ク大乘ト云トモ生熟醍醐ノ辨スレ不レ知ラ二他人不同ヲ一
破レ之也
問。菩提流支ノ心。鹿薗三藏ニハ皆明二半教ヲ一釋セリ。爾者一家
引二涅槃經(同、四五九。玄義)何ナル文ヲ一破二此義ヲ一可レ云耶
答。我初成道恆沙菩薩來問是義ノ文引タマヘリ
爾也。付レ之。既ニ我初成道ト云リ。初成道ノ言ハ聞タリ二華嚴ト一。
何ソ鹿ロクヲン苑ニ約シテ此義有ト釋給耶
答。付テ二問端ニ一解釋引文ヲ出シ申計也。但初成道言ハ廣カ故ニ。
或ハ華嚴(止十)。或ハ鹿苑(涅槃疏)。或久遠(五百塵點)等ヲ云ル多ノ意有レ之。故ニ今先ツ

約レ薗(「鹿カ)ニ引レ之給ル也
難云。被ニ成道一言。一家モ不ルニ定量セ一前ニハ菩提流支トモ不レ
可レ用レ之。況ヤ鹿薗ノ時ハ恆沙菩薩來テ佛性常住ヲ問ヘル事
無レ之如何
答。初成道ノ言。佛意多含ニシテ三處ノ存セリ二神(初カ)成道ヲ一。故約シテ二久
遠。華嚴。鹿薗ノ三ニ釋レ之故ニ。鹿薗神(初カ)成ノ時ト釋スル尤有ニ其
謂モ一。此卽約レハ二小乘ノ所見ニ一。尤鹿苑初成義被タルレ成レ之。他
人何ツ鹿薗初成義ヲ可レ諍耶
難云。約ニ小機ニ鹿苑ソト云事難レ思。鹿苑ノ時。二乘ハ恆沙菩
薩來問是義ノ旨ヲ不レ知故ニ。若爾者。猶華嚴ノ初成道ト可レ
得レ意也如何
答。初成道ノ言ハ隨ニ小機所見ニ可レ有ニ鹿苑ニテ也。華嚴ノ初
成道ヲハ二乘不レ知レ之故ニ。只恆沙菩薩來問是義ノ儀式ヲ二
乘不レ見トレ之云事ハ。此約ニ祕密ニ云事也。不レ可レ有ニ顯露ニハ
尋云。我初成道ノ言約ニ鹿苑ニ。鹿苑ノ時ソト言フハ實ニ鹿苑ノ時。
恆沙ノ菩薩問ニ常住佛性ニ事有ニ經論證據ニ歟
答。大論云。初轉法輪ニ顯露五比丘及八萬諸天得ニ法眼

淨一。祕密ニハ無量菩薩得ニ無生法忍一ヲ文既ニ無量菩薩云ヘリ。
豈ニ非ニ恆沙菩薩一ニ耶　決十云○
名疏五云○涅槃佛答迦葉云。我初成道已ニ有ニ十方一來(菩薩カ」)
問ニ是(此カ)義一○此約華嚴(「○カ)○文(大正藏三八、六三四上)
涅槃疏四云。舊カ(七カ)解云座(坐カ)道場亦曾問ト者。或言。是華嚴中ニ(大正藏三八、七八中～下)
問ヘリ。翻レ經不レ盡。其文未レ來ス。或カ言。是偏方ノ不定
教ナリ。文亦不レ來。或言。是ニ(「教カ)祕密非ニ顯露攝一。義不レ(「皆カ)然。今
明サク道場ニ乃是元初圓滿始座(坐カ)非ニ方便道場一。第二卷云。我
已久於ニ無量劫一來久已成佛。亦如ニ法華成佛已來甚大久
遠一。昔シ(問カ)諸菩薩曾テ問ニ此義一ヲ(「之カ)。如レ今ノ不レ異ス。正ク(當イ)對ニ過去ノ
之文一ヲ。非ニ一化始一。不レ應レ據ニ寂滅道場及偏方祕密一ト文(大正藏三八、七八下。涅槃經疏)

65及偏方祕密事

私
難云。無量菩薩得ニ無生忍一ヲ云ヘハ。無ニ異論一恆沙菩薩來テ
問ニ是義一文證據不ニ分明一也如何
答。得益ハ定テ可レ有ニ問答一云云
私云。涅槃疏ノ如クハ。今家一向久遠初成ノ義計ヲ存シ給
歟。若爾者。今ノ釋ト相違ヲハ如何。又今鹿薗時約ニ祕密ト一

令ルニ答者。涅槃疏ニ他人祕密ト云ヲハ一家破レ之如何。答。
破ルニ偏執一ヲ也。凡ソ一家ノ心ハ。初成道ノ言ニ今日久遠ノ事ヲ
含ル也。玄ヲ(其カ)一邊ニ華嚴ト釋ハ僻事也
良師云。今日ト久成トハ地體一也。佛ハ三世常恆ニ說法シ給ヲ。
一段ノ機。一化ノ始終ヲ見ル也。故時節妄法也。三世諸佛ハ但タ
唱ニ一座成道一ヲ給也。世世番番ト云フ機ノ方ヨリ云事也。故ニ記
九云。開ニ諸經中長短一俱常。既了ニ諸經長短俱常一自曉ニ(天文五、二三二五上)
今經久遠之本一ヲ文可レ祕レ之
尋云。鹿薗初成等云事。有ニ證據一耶
答。師云。道樹草座ノ成道ハ鹿苑初成ト一乘ハ可レ思也(天玄五、四五九。釋籤)

66汝今未レ得ニ一切種智一事

問。迦葉童子。於テ涅槃ノ座ニ入ニ初住一可レ云耶。籤ニ引ニ大
涅槃ヲ一
答。可レ爾
若入ニ初住ニ云者。如レ題。若依レ之然ト也云者。此菩薩設テニ
三十六ノ問一ヲ。對レ佛ニ問ニ佛性常住ノ旨一ヲ。豈是住前ノ未證
人ナラム耶。依レ之涅槃疏云。已ニ得ニ分身意一ヲ云也如何

答。尊云。見ルニ二經文一ヲ。汝等未(今カ)レ得二一切種智一。(天玄五、四五九。釋籤參照)如二已得一レ之。如二汝所問一。如二一切智一等無レ有レ異 文 此文ハ分明。是分眞ノ位位ヲ得ト云事無レ疑者歟。但未得一切種智ト者。(大正藏三八、七八中)未得佛果(「果地カ)智ト云ヘリ。涅槃ノ疏ノ意也。彼疏云。乃是因中分證非ニ是究竟一故言二未得一 文

私云。天喜年中ニ平等院番論義。第二番 山ノ隆範○已上

67 頭四十四 玄云。六因四緣事 (天玄五、四六一) 如二私抄止第十九一ノ。俱舍第七

備云。(卍續四四、三三七丁右下～左上) 六因。記云。所作(同カ)因者 新ニハ能作因。不レ礙二於他一。相應因者。心心數法同相因緣共相應故。如二親友知識和合成一レ事。共有因 新ニハ俱有因 (有ナシカ) 者。一切有爲法更相佐助互相成濟。自種因 新同類因 者。過去善法與二現在善法一爲レ因。現在善法與二未來善法一(二ナシカ)爲レ因。惡無記法亦復如レ是。遍行因 新古同 者。苦集ニ二諦下十一遍使ナリ。報因 新ニハ異就(熟カ)大因 者行二善惡因一得二善惡報一。是名二六因一也

甫(備カ)云。(卍續四四、三三七丁左上) 四緣者。如二上五因一名爲二因緣一。心心數法次第無閒續(「相カ)シテ而起ルヲ名二次第緣一ト。心心數法詑(託カ)ツイテレ緣ニ生故名(「爲カ)二緣緣一。諸法生時不レ生二障礙一名二增上緣一。又心心數法從二四緣一生。無想滅定從二三緣一生。除二於緣緣一諸餘心數不相應行及色ハ從二二緣一生。除二次第緣及緣緣一餘有爲法劣故。無レ有コト下從二於一緣一生者上。心心數法從二五因一生。除二於偏(遍カ)因一無漏ノ心心數法ハ從二二緣一生。謂相應共及無障礙 文

十一遍使。俱舍十九云。苦諦下七。身見。遍(邊カ)見 麁字也。邪見。見取見。戒[ ](禁カ)兩見。疑。無明。集諦下。四。邪見。見取。疑。無明。(大正藏二九、三二二上)頌云。返(遍カ)行謂前遍。爲同地染因トテ云。四諦遍二修道一ニ。九地當地當地ノ因ト成ヲ云也

68 頭四十四 籤云。(天玄五、四六一) 緣緣者。如ミ識生二眼識一事

私云。本論ニハ。色生二眼識一云云 有籤ニハ識生二眼識一云云

疑云。(同前) 依因ト者。如ミ心心數法衣(依カ)二色香等一文 何有二差別一耶。(同、四六二) 又成論以二所作因卽是增上一故不レ立レ別(別立カ)云リ。本書ニハ。三因卽因緣故不レ可レ立レ因如何

答。此事ハ難シレ知リ。或義云。三因一緣開合不同ナルカ故別ニ立レ之。所作增上ニ一因一緣ナルカ故別不レ立レ之

69 籤云。(天玄五、四六二) 俱舍ニ五因成性事

備云。(卍續四四、三三七丁左上～下) 論云。能作及俱有同類。與二相應一偏(遍カ)行并異熟許二因唯五種一言二成性一者。是緣種類。於二六因中一除二能作因一

所餘五因是因緣性 文

問。他人指二毘曇一ヲ爲ト二因緣一ト判リ。爾者此義許耶

答。不レ許

付レ之。毘曇ニハ明二六因四緣一ヲ故。指レシテ之判二因緣宗一ト。玄有レ據何不レサラン許レ之耶

答。成論ニ又有カ二三因四緣一故ニ。偏ニ指二毘曇一ヲ屬ル二因緣宗一ニ事不レト成破スルニ無レ失

問。釋籤ノ中引テ二成論ノ三因四緣ノ文一ヲ。〔頭四十四　生因。依因。習因〕（天玄五、四六一）爾者成論ノ心。三因ノ外ニ不レ立二所作因一ヲ事ハ。妙樂大師。何ナル故トカ釋タマフ耶

進云。籤云。〔頭四十四〕（同、四六二）成論以二所作因卽是增上一故不二別立一 文

付レ之。此故不レ明ナラ。何以カ得ン二知事一ヲ。所作因卽增上緣ノ故。彼ノ論中ニ不レ明二所作因一ヲ云事ハ。況ヤ彼論中已ニ因緣ニ具ニ足セル三因一ヲ也。依二此故一三因卽緣也。何ソ別立レ之耶。論文既ニ三因外ニ立二因緣一ヲ。知ヌ。不レ可レ用二此故一ヲ事ヲ如何」

答。三因ノ外ニ既ニ不レ立二所作因一ヲ故。四緣ノ中ニ立二因緣一ヲ故ヲ釋スル計リ歟

難云。不レ立上（歟イ）ニモ不レ依レ別ニ故也。若依二此義一ニ三因ノ外ニ立二因緣一ヲ。難勢未レタ遮セ如何

答。因已ニ三也。故ニ此外ニ可レ立二因緣一ヲモ也。所作因ハ卽攝レハ二增上緣一ニ不レト立云歟。偏行因。相應因ト不レ可レ論二成論一ニ。故不レ立レ之事ヲ不レ釋也。但至二三因卽因緣ノ難一ニ者。以テレ開スレ心ヲ故緣ト一也ト云ヒ。全不レ立二因緣ノ名一ヲ合スルレ緣ヲ心ヲ又顯ス歟

問。籤中以二毘曇ノ六因一ヲ對二成論ノ三因一ニ。爾者成論ノ依因ハ。毘曇六因ノ中ニハ對トカレ何レニ釋スル耶

進云。（天玄五、四六二。釋籤）共因卽依因云ヘリ。心ハ俱有因ヲ云也。　付レ之。法門ノ對當ハ任二義文相順一ニ也。而成論ノ以二三因一ヲ對二毘曇六因一ニ也。故毘曇ノ共因ト卽俱有因也。此ヲ互ニ爲ナル二果ノ義ト一也。成論ノ依因ハ心心數法依色香等ト云云 既ニ色心相依ヲ名ル二依因一ト也。互ニ爲スルニ二果ノ義ト一非ス。何俱舍ノ對二俱有因一ニ耶。況成論ノ心。因果法非ニト同時一ニ云也。俱舍ノ共因ハ同時ノ法也。其相既ニ乖反セリ。對當不ヲレ成セ耶。故ニ成論ノ依因ハ。俱舍能作因ニ對ストレ可レ云耶

答。大乘義章云。（大正藏四四、五一六下）所（「謂カ）色心互相依立 文 故ニ成論ノ配立既ニ色

心互相依スル故。約シテ二此義一釋スルニ二互爲果義一ト同也。不レ可レ違

難云。心心數ノ法ハ依二色香等一ト云事ハ可レ然。互能縁ノ心ヲ時（對カ）二所縁一義也。色香等ニ自レ本有レ之。此色香等カ依二能縁ノ心一ニ生ト云ハン事ハ尤可レ爾ル。不レ可三互爲果ノ義ナル。又成論ハ經部義ニ同シ。經部ハ不レ許二同時ノ因果一ヲ。何可レ有二互爲果義一耶

一義云。心心數依二色香一ニ云ハ扶根ノ日ノ境ニ依住。此心能依二色心一住ヲ。色身ハ依二心法一住。止淨顯色互ニ住スト云也。仍互爲二果義一也

70　不レ許三成論爲二假名宗一事　取意　（天玄五、四六四。玄義取意カ）

疑云。明二成論一ニハ三假浮虚ノ旨ヲ故ニ。他人立テ二爲二假久（名カ）宗一ト有レハ二何失一不レ許レ之耶

答。尊云。成論ハ空門ナルカ故爲二空ヲ宗一ト也。三假浮虚卽是帝（事カ）法ニシテ非二彼ノ論ノ宗ニ一耶。故ニ大論ニ明二三藏中ノ空門一ヲ無二假名門一者ヲ耶。豈以二見空得道一ヲ爲二假名宗一ト耶　頭四十五（天玄五、四六四。玄義）

71　十喩事　頭四十五（天玄五、四六五）

補注云。大論第七云。一如レ幻。二如レ炎（エン）（焔カ）。三水中月。四虚空（ヿ文カ）。五如レ響（響歟）。六如レ城（乾闥婆城引）。七如レ夢。八如レ影。九如二鏡像一。十如レ化　（卍續四四、十九丁右下）

72　方廣事　頭四十五（天玄五、四六五）

備云。方廣ハ。西域付（附カ）佛法外道名也。自以二聰明一讀二佛十喩一自作レ義云。不生不滅如レ幻如レ化。龍樹斥云二是邪人法一　文　（卍續四四、三三七丁左下）

73　玄云。已如二前説一　文　頭四十五（天玄五、四六五）

備云。前ノ云下我ト與二無我一ト其性不二一ナリ。不二之性卽是佛性上ナリ。如レ此遙指二明文一炳然ナリ　文　（卍續四四、三三七丁左下）

74　八術事　（天玄五、四六六）

補注云。大經云。復有二明醫一（ヿ圓カ）。曉二八種術一從二遠方一來。章安云。有二十種醫一。謂初心。中心。後心。三教菩薩。兩教二乘。斷結外道。苦行外道。空見外道。八術。一治レ身。二治（小カ）（ヿ治カ）レ眼。三治レ胎。四治二少兒一。五瘡。六治レ毒。七治レ邪。八知レ星ヲ。內合下佛知二八正道一能ク治中スル八倒之病上ヲ也。又三達五眼名（ヿ者カ）爲二八術一。又云常樂等四。及非常非無常等四。惣成二八術一恐誤也。應レ云二無常等四及常等四一二（也カ）。中道雙非八　（卍續四四、十九丁左上～下）

倒皆破。故云ニ非常非無常等一。復能雙照二用宛然。故云ニ
能常能無常一也。今明ニ雙照一故云ニ八術一也
備云。八術。喩也。謂吐ト下ト塗身ト灌鼻ト薫(熏カ)ト洗ト丸ト散トナリ。(卍續四四、三三七丁左下)
經合ニ常無常一 文 (天玄五、四六八) 大乘ノ常等四。小乘無常等四術ト云也
75 籤云。次從ニ通不眞宗一去至ニ修也一。有ニ二十字一事
疑云。本書ニハ只有ニ二十字一如何
答。一ノ字ノ誤歟
補注云。有二十一字者。但有ニ二十字一(「耳カ) 文 (卍續四四、十九丁右下)
76 籤云。當レ知楞伽四含之後爲ニ漸制之始一事 (天玄五、四七七)
問。楞伽經ノ中明スニ制戒相一ヲ。爾者是漸制之始歟
答。如レ題
付レ之。何以カ得レ知コトヲ。漸制始ト云事。漸教制戒者。鹿薗
始ニ可レ有レ之。若如ニ是ノ釋一ノ方等ノ三藏ヲ爲ニ鹿苑三藏一ト歟
答。今釋ハ於ニ大乘一ニ者。梵網ハ頓ノ制也。楞伽ハ漸之始也ト云
歟。故ニ對ニシテ梵網一ニ漸制之始ト云也
問。楞伽經ハ涅槃ノ後ノ說歟。若爾者。籤云。當知楞伽四含 (天玄五、四七七)
之後 文 聞ニタリ阿含ノ後一ト。若依レ之爾云者。楞伽ニ擧ニ已說經一ヲ

擧ニク涅槃經一ヲ。知ヌ。涅槃ノ後ト云事ヲ
答。可シニ涅槃ノ後一ナル。其故ハ楞伽經ノ斷肉品(「食カ)ニ。象ノ脇ヲ與ニ大 (大正藏十六、六二四下)
雲一ニ。涅槃央掘(「摩カ)。及此ノ楞伽經。我皆制レ斷スレ肉ヲ。失ニ(先說カ)見聞
疑一ヲ。已テ斷ニ一切肉一ヲ 文 小乘心ヲ離ニ見聞疑一ヲ淨肉ヲハ許。此ヲ
(先說カ)失見聞疑ト釋ス。而ニ已ニ以ニ涅槃一ヲ爲ニ已說ノ經一ト。故涅槃後ト
聞タリ。但シ今釋ハ指ニシテ楞伽一ヲ非レスト云ニハ漸制之始一ト。楞伽經ニ我
於餘處。禁斷肉食 文 其ノ餘處ト云ハ指ニ阿含一ヲ。故ニ阿含ニ始テ
制レ食ヲ。此ノ楞伽經ニ指ニ阿含說一ヲ。四含ノ其後爲ニ漸制之
始一ト云ハ。指スニ楞伽一ヲ處ヲ四含ノ之後ト云也
師云。見聞疑淨肉ト云ハ。正ク殺生スト見聞シ。或ハ爲レ我カ
殺タリケルヤラン疑也。此見聞疑ノ三ヲ離タルヲハ淨肉ト云也。市ナントニテ
買カイタランハ淨肉歟
難云。今文堅クモ他人。楞伽非ニ第三時一ニ云。破レ之楞伽第三
時ノ義ヲ釋成スル也。故ニ當知楞伽四含之後ト者。阿含後ニ說ニ
此經一ヲ聞ル也。況ヤ涅槃後速入滅ス如何
(答カ)ムシ。楞伽ハ方等部也。何ソ涅槃ノ後ト云ン耶。但載タルニ涅槃經一ヲ
事ハ有ニソカシ阿含經一ニモ。所以食ニ栴檀ノ茸一ヲ等也。此ハ横ノ五時心

也。五時共互一代事可思也

77 籤云（天玄五、四七七）。下佛答中仍云菩薩不應食肉。故知仍存

小教中開事

問。三藏教心。於三乘制戒有其不同可云耶

答。無之

進云。如題。　付之。三藏教心於三乘戒品無其別者。何於二乘菩薩有制戒不同耶

答。尊云。菩薩何教慈悲本（「スか）。故皆可制食肉也。但仍存小教中開文。未云聲聞開者耶。況准菩薩慈悲。聲聞可開云歟。然云非斥聲聞食肉耳

備云（卍續四四、三三七丁左下～八丁右上）。故知仍存小教中開。楞伽又云。我若聽許聲聞食肉。我卽不名住慈心者。我不許弟子食肉。凡是肉者於出家人悉是不淨。今云仍存小教中開者。恐不指楞伽云開。乃指律文也。以律中開有痏（病カ）者食五種脂及乳酪魚肉。若無痛（病カ）者一切不得。僧祇云。不得從屠家乞肉汁文

補注云（卍續四四、十九丁右下～左上）。此卽（判カ）恐誤○故知楞伽與涅槃（「經カ）同斷三乘不應食肉。非謂楞伽但制菩薩不禁二乘。故知今云（存カ」）小教開卽是誤矣。以諸大乘并（並カ）皆不許三乘食肉故也文

〔玄文中破一音師義。爾如何破之耶〕

問。玄文中（天玄五、四八〇。玄義）破一音師義。爾如何破之耶　答（缺文）

進云。衆生能化。佛所化（「是カ）文　付之。設佛常雖說一乘。何衆生返成能化。佛成所化耶。例如說生滅悟無生

答云云　釋心佛但說一乘。衆生悟三乘也。故如來權智無逗所化義。衆生悟三乘故。所化返成能化云也。但至聞生滅悟無生云。彼佛鑒機說生滅。生滅悟無生故。功依佛故衆生非能化云也

淨名經上云（大正藏十四、五三八上）。佛以一音○或有恐怖（畏カ）或動喜（歡カ）。或生厭離或斷疑文

（一ナシカ）一或人云。一音說法者。吹笙笛。吹一口如有種種音聲

〔華嚴五天往反相如何釋之耶〕

問。華嚴ノ五天往反相ヲハ如何釋レ之耶（頭五十三（天玄五、四八一））

答。籤云。通擧二上五一。故云二五天一。其實但四。除二化樂一故（頭五十三（同前））

文

疑云。既ニ除ク二四王化樂一ヲ何五天ト云耶

尋云。梵網經ノ中擧ルニ二華嚴ノ説處一ヲ。至二帝釋堂（宮カ）一ニ説キ二十住一ヲ。（大正藏二四、一〇〇三中～下。取意）又至二夜（炎カ）摩天中一説二十行一ヲ ○ 至二第四ノ天ノ中一ニ説二十回向一ヲ。至二化樂天一ニ説二十禪定一ヲ。至二他（〔ﾏ化カ〕）天一ニ説二十地一云ヘリ如何

答。華嚴經ニハ四王化樂ニハ全無二説法一。此釋ハ非二成佛處一ニ疏一釋セリ。但シ梵網ハ別事也。爰ニハ通ト二色界一ニ見ルカ故

難云。四王化樂非二成佛所一ニ云事如何。既ニ列タリ二同聞衆一ニ

答。同聞ハ別事也。非二成佛所一ニハ也

問。五天往反身ハ爲二應身一トヤ將如何

疑云。若報身ト云者。報身相好身ハ豈有ンニ二五天往反ノ義一耶。若應身ト云者。華嚴教主也如何

答。同居上影現ノ報土ナレハ始終如レ此云也　播（ハヒコル　ホトコス　シケル）

78 玄云。華嚴五天往反（返カ）。（天玄五、四八一）亦爲二鈍根菩薩一開二別方便一事

問。玄文ノ中ニ付テレ明二五時説教ノ相一ヲ。且ク華嚴五天往反説ハ亙二別圓ノ二教一ニ耶

答。可レ亙

兩方。若亙ト云者。如レ題。若爾云者。華嚴ハ對シテ二別圓ノ機一ニ普逗ス二普（賢歟）現行布一ヲ。所レ説五天往反何只限二別教一ニ耶

答云云 但至レ釋ニ者。一音師心ハ。佛只常ニ説二一大乘一ヲ云カ故ニ破レ之。五天往反對ストニ二別教ノ機一ニ破スル計也。全不トハレ亙レ圓ニ不レ可レ得レ心也

師云。五天往反ハ爲二鈍根一ノ云者。別教ヲ指シテ鈍ト云也

尋云。華嚴ニハ爲二厚殖善根機一ノ也。何爲ナラン二鈍根菩薩一ノ耶

答。會云。以レ別對二圓鈍（頓カ）一ト云也

師云。一往惣以テ二別圓一爲レ厚ト。別圓共雖二厚殖一ト。再往圓ヲ爲スニルニ厚殖一ト也

去（者）取耶。他師義。惡ヲハ去リ能キヲハ取ト云事也（天玄五、四八二）

玄云。其對宜レ休事。（天玄五、四八二）（此カ）配當惡（〔ﾏ小乘カ〕）ト云事也

79 玄云。有相教。是得二「見有得道」一門一而失二三門一ヲ（〔ﾏ明カ〕）

事

問。有門得道人。四門共學耶

答。菩薩ハ偏（遍カ）學。聲聞ハ不レ爾

進云。如レ題。　付レ之。名疏云。迦旃延四門偏（遍カ）學 文 何失ニ三門ヲ云耶

答。尊云。破ノ意ハ爲十二年別（前カ）ヲハ名ニクニ有相教ト者。三藏ニ有ニ四門得道一。何意シテ偏ニ有門一種ニシテ餘三門ヲ失セン耶。若菩薩須ク廣ニ四門ヲ學一ス。成佛ス時名ニク正遍知ト故也。若只有相ナラハ只偏ニ知テ一門ヲ不レ解ニ三門ヲ非ニス正遍知ニ。聲聞全ク泥洹ノ道ニ失コトヲ入事ヲ。何存レ一ヲ失レ三ヲ耶。但名疏ハ指ニ菩薩ヲ四門偏（遍カ）學ト云也

難云。名疏ハ云ニ迦旃延一ト。何ソ約ニ菩薩ニ云耶

師。非ニ論義ニ釋ニ見タリ

頭五十五
80　籤云（天玄五、四八四）。此得ニ斥小一種聲聞一。全失ニ七種聲聞一事

頭五十四
七門者。共ノ三門。不共四門也。七聲聞者。除ニク藏通八門ノ中ノ一ヲ也

疑云。有相教ノ中ノ聲聞菩薩共ニ明也。何只約ニシテ聲聞ニ破レ之耶

答。三藏ノ有門得道ト者。本約ニ聲聞ニ論レ之。菩薩ハ四門遍學故也

81　無レ所ニ閒然一事（天玄五、四八五。玄義）

備云（卍續四四、三三八丁右上）。論語孔子曰。禹吾無シ閒然。注云。孔子ハ推ニ禹功德之盛ル美ヲ言コトハ已ニ不レ能ミ復閒ニ廁其閒（門カ）一。今借ニ語勢ヲ。謂若不コトレ依ニ二諦一更有ニ何法ト可レ廁マシワル其閒ニ 文

82　七術者。常樂等ノ四。及非常非無常等ノ四事（天玄五、四八五。釋籤）

私云。非常非無常等ノ中ノ四ノ除レ一ヲ也

仁王私記云（大正藏三三、二六〇下參照）。過去ハ宿卽（命カ）。現在ハ天眼。未來ハ漏盡

補注云（卍續四四、十九丁左上～下）。大經云。復有ニ明醫一 ○ 如ニ上ニ書レ之 又三達五眼久（名カ）爲ニ八術一。又云。常樂等四。及非常非無常等四。惣成ニ八術一者。恐誤也。應レ云ニ無常等四及常等四（「也カ）一。中道雙非八倒皆破。故云ニ非常非無常等（能カ）一。復鈍雙照ニ用宛然。能常能無（「故云カ）常也。今明ニ雙照一。故云ニ八術一也。若指ニ雙非一卽是八術之體耳 文

83　玄云（天玄五、四八六）（「半カ）。滿教得ニ實意一失ニ方便（「意カ）一事

疑云。半敎ハ方便也。滿敎ハ實也如何
師云。前難處ニ見レタル之也。般若已前ハ半敎ト云ハ無ニ實ノ意一也。般若已後ハ一向ニ滿ト云者。無ニ方便意一也。然ニ一向滿字ト云者。十二年後權實有リ。何失ニ方便ヲ取ニ實ノ一途ヲ耶破也
頭五十六(天玄五、四八六) 玄。二種大乘者。父母ハ權實也。不相卽也
頭五十六(同、四八七) 玄云。若不レ除レ法。用レ之則異ト者。意ハ彼ノ御計ヲハ取トモ用事ハ少シ異也

84 頭五十六 玄云。二鳥倶遊事 (天玄五、四八七)
備云。籤文寫誤。今錄ニ彼文一 ○ 文 (卍續四四、三三八丁右上)

85 頭五十六。七 籤云。然沙羅雙ニ堅固一不レ應レ云レ雙事 (天玄五、四八七) 娑
疑云。以ニ娑羅林ヲ一者。已ニ云ニ雙林ト一。古師ハ以ニ沙羅ヲ一云ニ雙林ト一何破レ之耶
答。今ハ引ニ涅槃疏ヲ一。而大經序ニ。娑羅雙樹ノ閒ト云ヘリ。(大正藏十二、六〇五上) 同本異譯。泥洹經ニハ此文ニハ。堅固林中雙樹閒 文 (同、八五三上) 知娑羅ハ堅固林。雙ハ樹林ト聞タリ

86 頭五十七 籤云。娑羅雙爲ニ天鶴一事 (天玄五、四八七～八)
疑云。涅槃疏ニハ。或言ニ隣提一無レ雙。或雙爲ニ天鶴一 文 (大正藏三八、一一〇下) 何違耶。依レ之六卷經ニハ娑羅舍利トコソ云タレ
答。今籤ハ涅槃ノ疏ニ違ス。文誤歟。或ハ梵語多含ナレハ有ニ雙名一歟

87 頭五十七 籤云。凡與レ聖共。聖與レ凡共等事 (天玄五、四八八)
疑云。凡聖共行ノ義ヲ釋センニハ。以ニ各別ノ義文ヲ一可レ爲ニ初ノ二句ト一。今ハ言ノ前後計也。何ソ爲ニ二句ト一耶
答。補注云。人師訛略也ト云ヘリ。(卍續四四、十九丁左下カ) 仍誤歟。依レ之涅槃疏ニ云。(大正藏三八、一一〇下) 爲レ凡與レ凡共行。聖與レ聖行。(「共カ) 凡與レ聖行共行 (行亡カ) 文

88 籤云。此中具有ニ凡共レ聖等一。如ニ前三句一事 (天玄五、四八八)
疑云。見ニ涅槃疏ヲ一。一箇ノ三句ハ。凡與レ凡共行。聖與レ聖共行。凡與レ聖共行 文 一箇ノ三句ハ凡與レ凡共行。凡與レ聖共行。非凡與ニ非聖一(聖カ) 共行 文 何ソ如レ此釋スル耶
答。非凡互句ハ異也ト云ヘトモ大旨ヲ同スル也。虛ニ三人師誤ト云 (唐土カ)
〔籤破ニ一音師一。無レ惠方便縛 文 何經說耶〕
問。籤ニ破シテニ一音師ヲ一。無レ惠方便縛 文 頭五十八(天玄五、四九一) 何ノ經說耶
籤云。淨名 (同前) 文

付レ之。不レ見（天玄五、四九一。玄義私記參照）

答。彼經意ハ。無ニ方便惠一縛也。卽愛見心成ニ就衆生一。住ニ（於カ）出三ニ。無ニ（了空カ）方便惠一縛トハ二乘洗（洗沈カ）空ノ惠。サテ方便ト云ハ出假ノ義也。夫ヲ今釋ハ除ニ圓無緣ノ慈悲一ヲ外カ。餘ノ三教ノ實惠無クシテ利生スルニ無レ惠方便ト云ハント釋スル也

〔玄云。則有ニ五句一。滿。開レ滿立レ半。破レ半明レ滿 文〕

圓五十七。八（天玄五、四九〇）玄云。則有五句ト者。滿 華嚴 開レ滿六（立カ）レ半 鹿苑（薗） 破レ半明レ滿 方等 下ハ可レ知

問。菩提流支。半滿教ヲ立ト。爾者宗師破レ之耶

答。菩提流支。十二年前屬ニ半教一。十二年後滿教ト云カ故。十六年前ニモ有ニ滿教一與トヤ破ラン（天玄五、四八六。玄義）

進云。半滿教得ニ實意一失ニ方便意一 文 付レ之。菩提流支已立ニ半滿ノ教一ヲ。半教者。卽方便教也。若爾者。與テ云者。方便眞實共ニ可レ得。奪テ論レ之。方便眞實共ニ不レ可レ得。何如レ此判耶

答 云云 菩提流支既ニ十二年前教ト云カ故ニ。十二年後滿教ト云テ。滿中ニ有ニ方便一不レ知。故ニ滿中方便失ト云也。仍テ不レ可ニ相違一耶。論ニ三大乘共ニ滿教也。圓ハ實也。通別ハ權也。故ニ如レ此云也

已上他師破畢

玄義第十抄 中（ママ） 他師破畢　　一校畢

〔法華玄義伊賀抄十一上　終〕

法華玄義伊賀抄十-下　目錄

33玄。法身眷屬如二陰雲籠一レ月共降二母胎一事
34玄云。而八億諸天來下聽レ法。發二菩提心一事 引二無量義一
35玄云。大品或說二無常無我一事
36籤云。若準二深密普曜等一事
37玄。引二序品。聖主師子等文一證二先頓後漸一事 如二疏第三抄一
38玄云。卽有二兩義一事
39玄。三教分別事 頓等三教也
40玄。初能生レ後復是於レ乳事
41玄云。因二般若一入法界一。卽是華嚴海空。又華嚴時節長事 如シ上ノ後分華嚴。方等般若ノ外ニ圓別有耶ト云尋ノ
42籤云。此是不共般若。與二二乘一共說事
43玄云。老比丘像事
44玄云。密遣二人事
45玄。二十年中常令レ除レ糞事
46籤云。有無不レ等事
47玄云。燈明迦葉先說二華嚴一。後說二法華一事 取意
48玄云。如二身子等大德聲聞一。乃至更無二所作一事
49玄云。誡約將來。使末代鈍根事
50三牛滿下
51四合不合下

52玄云。於二彼初分一永無二聲聞一事 如二玄一一
53玄云。華嚴三藏非レ合非二不合一事
54玄云。或半滿雙明。或半滿相對事
55玄。或以レ滿彈レ半稟レ半聞レ滿事
56玄云。已有密悟無生忍事
57籤云。彼經既有二住世無量劫之言一。又見二報身一○故知華嚴至二涅槃後一事
58籤云。像法決疑結二涅槃一故事
59籤云。卽指二王城授記同二於法華一事
60玄云。證レ通般若至二涅槃一論。引二大論須菩提畢定不畢定問文一事 取意
61籤云。舍利弗滅度緣。出二增一第九一事
62籤云。聞二文殊得レ記事
63籤云。野馬事
64玄云。涅槃當レ四通入二佛性一。別教次第後見二佛性一。方等保レ證二不レ見レ性事
65籤云。是故行中更習二前八一事
66〔玄〕益不益料簡下
67玄。未入位聲聞。或於二三藏中一見レ性。是歷二二味一事
68最勝講。法勝三十

（以上目次新作）

〔法華玄義伊賀抄十-下〕

（題簽）法華玄義第七伊賀鈔

法華玄義第十抄　五味義下

1 五判教下　頭十之二（天玄五、四九二）　五味義 本書五判教相ヨリ終至ニ約前八法開一。末書五判教中ヨリ終至ニ二純一醍醐一

示云。五味義ト教相トハ大旨ハ同物也。仍隨一ニ立ル也。寺ニハ豎者。乳中殺人ト誦ル時ニ。敵人ノ豎者ノ乳ヲ射徹（イトヲ）シケリ。其ヨリ五味義ヲハ不ㇾ立云云 五味義ト者。破ニ他師ヲ一畢テ（〔不カ〕）立ルニ一家大綱ノ三教ヲ一也。大綱ト者。一頓二漸三定也。此ノ三ノ名ハ他師ニ同シテ三ノ義ハ一家ノ實義ヲ述ル也。然トモ一卷ノ漸頓不定ニハ異ル也。所以ニ。一卷ハ華嚴ヲハ名ㇾ頓ト。今ハ亙ニ五時一。圓教ヲ名ㇾ頓ト。一卷中間ノ三味ヲ名ㇾ漸ト。今ハ亙ニ五時一次第ノ義有ルヲ之名ㇾ漸ト。一卷ハ立ニ顯祕ノ二不定ヲ一。今ハ論ニ毒發ノ不定ヲ一也。又云。一卷ハ略釋。今ハ廣釋也。一卷ノ法門ニ今ノ教相ヲ可ㇾ加也。一向各別トハ不ㇾ可ㇾ得ㇾ意也

2 大綱三教下

頭十ノ二ノ二丁(天玄五、四九三)玄云。大綱三種。一頓二漸三不定。此三名同レ舊義異
也事

問。當卷ノ教相ノ中ニハ有ニ祕密教一耶

玄云。如レ題

付レ之。頓等ノ四教ハ判教ノ大綱。藏等四教ハ釋義綱目。今ノ
釋何ソ可レ除ニ祕密教一ヲ耶。依レ之第一卷ノ教相ニハ明ニセルヲ祕密
教一ヲ耶

答。此ハ唐決也。維蠲決レシテ之云ク。(卍續二―五、四一七丁左下)祕密至ニ文ヲ(非カ)可レニ傳存レ義
而已ミ。上ニ(今カ)(論ニ文部一カ)論文ヲ了故ニ此ハ略也文 廣修決ノ云。(同、四〇八丁右下)今有ニ祕密。一
只(可カ)謂レ屬ニ佛邊(道カ)一ニ。祕密而(而ナシカ)不レ傳故無也云云

難云。祕密ハ非レ可レ傳レ文ニ故ニ略レトノ之者。第一卷並ニ處處ノ
釋ニ何ソ明ニ祕密教一ヲ也
四教緒餘(人師釋)云。(天玄五、四九三。私記參照)廣釋ハ對シテニ古三教一 故不レ云ニ祕密教一。又云。
設取ニ其名一用レ義永ク異文 又云。此三名同レ舊義異也。
於ニ不定中一遍(兼カ)明ニ祕密一。故引ニ大論顯祕法輪一文 此釋吉シC
此釋ノ意ハ付シテニ舊キ師一ニ明ニ教相一ニ。古師ハ漸頓不定ノ三時ノ教ヲ
各指ニ一部ノ經一ヲ。一家ハ破レ之漸頓不定互ルニ諸部一ニ相ヲ釋ル也

已上　禪定坊抄

師云。當卷ニハ不レ立ニ祕密教一ヲ事ハ。一卷ニハ顯祕ノ二不定ヲ
立リ。一卷ニハ二不定ニ所レノ殘ル。毒發ヲ立出ス也。サレハ祕密
教ハ讓ニ一卷一ニ別ニ不レル立也

問。玄文中ニ付レ明ニ一家所立ノ判教ノ相一ヲ。且ク頓漸不定ノ三
教ハ大綱網目ノ中ニハ何ナリトカ可レ云耶

答。今解釋ニハ。(天玄五、四九三)大綱三種。一頓二漸三不定文 爾也

付レ之。夫大綱ト者。明ニ如來施化ノ本意一ヲ名リ。而ニ今判ル處ノ
頓漸不定ノ三教ハ。全如來ノ元意ヲ不レ明者也。而ニ何大綱ノ
三教ト釋スル耶

答。自レ本任ニ解釋一ニ名ニ大綱ノ三教一ト也。依レ之妙樂大師記一(「之カ)
一處ノ解釋ニハ。(天文一、八四上)頓等ハ是此宗判教ノ大綱。藏等ハ是一家釋
義(「之カ)ノ綱目文 但至レ難ニ者。一家ノ立ルニハ大綱ノ四教一ヲ多意可レ
有。一ニハ約シテニ頓部漸部一ニ顯ニ如來施化ノ本意一ヲ。如ニ玄文第
一卷ノ。次ニハ漸頓不定渡テニ一化ノ始終一ニ大ニ分釋レ之。是名ニ
大綱一ト。是今ノ大綱ノ意ナルヘシ。何ソ守テニ一隅一ヲ可レ令ム致ニ疑難一ヲ
耶

難云。一家大綱ニ知ル事ハ。專如來ノ元意ヲ宣ルニ可レ有。今所ノ(天玄五、四九四～五)釋大綱ノ三教ニ。全ク如來施化ノ本意ヲ不レ明。其故ハ。先ツ約セハレ教ニ。(「者カ)若ニ華嚴七處八會之說一。譬如ミ日出先照ニ高山一○非ニ頓教部一也文餘ノ漸教不定教モ亦互ニテ五時ニ釋ストハ。三トモ皆如クニ頓教ノ佛ノ本意ヲ不ニ釋シ出一サ。若爾者。何ソ可レ名ニ大綱ト耶。次又佛意ヲ不レトモ宣大綱ト可レト云事。何レノ才覺ル耶

如何

答。頓等ヲ名ニ大綱ト事ハ。今ノ解釋ニ出タリ。而不レ明ニ如來施化ノ本意ヲ云ヘトモ。既ニ互ニ諸經ニ三種ノ教相ヲ釋シテ遍ク收ムニ一代ヲ。豈ニ非ニ大綱ニ耶。依レ之玄文云。(頭八)(天玄五、五一三)是名下略シテ點ストニ教觀ノ大意ヲ。大ニ該ル中佛法上也(也㋹カ)文

籤云。(頭八)(同前)大該佛法者。前標ニ大綱ヲ。故此結云ニ大該佛法ト。言ニ大綱一者。此三種義。若教若觀。該ニ通一化ヲ。語レ頓則始終倶有。語レ漸又三種不レ同。不定復寄ニ諸門ニ。涉ニ於四教一。列レ觀只是行者教部。(「教部カ)隨レ行ニ何等ヲ。為レ至ニ何位ニ。發心所期。各各不レ同。不假如須(必カ)○並未ミ委論ニ諸門網目ヲ。為ニ是義一故。名為ニ大綱ト。不レ同下古人以ニ此三名ヲ局カキテ定判上部。

今師以レ此為ニ大綱一竟文如ニ此釋一者。漸頓不定ノ教相ヲ判ル事。一代ノ教法ヲ該通ルカ故ニ名ニ大綱ト釋ル者ヲ耶。別ニ不レト可レ求ニ才覺ヲ可ニ答申一

難云。(頭十ノ二丁也)今玄文ノ卷ノ始ニ立ニ章段一中云。(天玄五、三六〇)略明レ教為レ五。一大意。二出レ異。三明レ難。四去取。五判教文此ノ中ニ始ノ大意ニ釋トシテ。(同、三七四)當レ知此經明論ニ(唯カ)如來設教大綱一。不レ委ニ網目一(「微細カ)文是即五重玄中ノ第五ノ教相ヲ釋ル大意也。既ニ大意ノ中ニ如來設教ノ大綱ヲ論ルヲ以テ為ニ大綱ト名タリ。今ノ判教ノ文ニ至テ。何ソ如來設教ノ大綱ニ不レ約セ。佛意ヲ不レ談シテ而モ大綱ノ三教ト釋ル耶

如何

答。凡一家ノ立タマフニ大綱教ヲ有ニ二意一。一ニハ為ニ設教ノ元意一。二ニハ大該佛法ノ心也。而ニ玄文ノ次上ノ標章ノ文ニ。如來設教ノ元意ヲ為ニ大綱ト。今判教ノ文ニモ其ノ心可レ有。而ニ寄ニ如來設教ノ元意ニ為ル大綱ト事ヲハ讓ニ第一卷ニ。今ノ判教ノ文ニハ不レ釋レ之。即其ノ意ヲハ含セリ。故ニ方便品。無量義經。信解品三處ノ文ヲ引テ三種ヲ大綱ヲ釋ルニ。寄ニ如來設教ノ元意ニ說ケル文ヲ引ケリ。彼ハ列ノ(別歟)疑ナレトモ。今如レ此得ツレハ心非ニ論義一也。一

十ノ教相ノ同異ハ此事ニ有リ。可思之
尋云。大綱ノ三教ト者。如來設教ノ元意ヲ宣ル故ニ名ト大綱
云ヘル。其心不審也如何
答。此ハ設教ノ元意ト云事ハ。佛久劫ヨリ如來結緣ノ衆生ヲシテ令
入法華ニ成佛得益セシメントシテ思食シテ種種ノ方便ヲ廻シ。如影隨
形ノ利益無退轉。(大正藏九、九中)雖示種種道。其實爲佛乘ト說テ。皆法華ノ
タメノ擬宜。誘引。彈呵。淘汰也ト云ヘル心ヲ述ルヲ名ニ大綱ト
也。卽法華ノ大意ト此ヲ云也。如此大綱ヲ法華已前ノ諸經ノ
中ニハ惣不明也。今經ニシテ明也。故法華ノ教相トモ名ク大綱トモ
云也。玄云。(天玄五、三六八～七〇)凡ソ此ノ諸經ハ皆是逗會シテ他ノ意ニ。令他ヲ得
益ヲ。不談(譚カ)佛意ヲ。意趣何ニカ之。今經不爾。絓ニ是法門網
目。大小觀法。十力無畏。種種規矩皆所不論。爲前經
已說故。但論如來布教之元始。中閒取與(說カ)漸頓適時。
大事因緣究竟終訖。設教之綱格大化之筌蹄(罤カ)文　如此等ノ
意ヲハ。第一卷ニ先先ニ明五時八教ヲ中ニ委ク釋也。今ノ判教ノ
文ニハ如來設教ノ始終。布教ノ元始ヲ不明。爾前法華ノ對論
無之。第一卷ニ。(天玄一、一五五。釋籤)初明八教以辨昔。次明今經以顯

妙ト云テ。本書ニ先明五時ヲ。次明顯露祕密ノ二不定ヲ
畢テ。(天玄一、二二四)今法華是顯露非祕密。是漸頓。(「〇カ)是定非不定ト釋カ
故ニ。擧テ一代ノ始終顯如來ノ本意ヲ也。此ヲ一十ノ教相ノ同
異トハ習也。又山王院ノ大師。一十ノ教相ニハ。(佛全26、五四五上。玄義略要)各解・合論トモ
(初カ」)(「二カ)
釋タマヘリ。各解ト者。一卷ハ頓漸各別ニ釋シテ不定教ヲ合シテ論謂
華頓中閒漸。(三昧也)不定遍前四味ルカ故ニ。第十卷ハ頓漸合シテ論
也。(「嚴カ)謂ク頓漸同ク互ルニ五時ニ故不定入遍スニ頓漸ニ故ニ。第十ハ頓
漸不定共ニ合論ト可得心也。但於是學者ノ異義有トモ之
先一義ヲ存ル也
又云。一十ノ教ノ差別ハ惣シテ得心。一ノ卷ハ頓漸皆約部ニ
不約教ニ。今十卷ハ頓漸共ニ不約部ニ約教ニ也。不定
教ト云モ。今ハ判シ毒發ノ不定ヲ。一卷ハ淺深更互ノ不定教也。(一音異解不定也)
以此等ノ大ナル意ヲ一十ノ不同ニ可得心也。毒發ノ不定ト
者。小乘ヲ說ク時。小乘トハ乍知リ大乘ノ解ヲ開ク也
尋云。(授決集)山王院釋タマフ大綱ノ三教ヲ事有之。今ノ十卷ノ釋ニ同ル
歟
答。異也。彼ハ第一卷ノ教相ノ意ニ叶ヘリ。所以授決集上云。(佛全)世

26、(三三四上)謂。天台立二四教一ヲ為二大亦(乘歟)ノ綱要一ト ○ 一端似レ爾ニ。今意異レ先。法華ニ云。唯此一事實(宗カ)。餘二則非眞 文(文ナシカ) 已上 一事實ト者。非頓非漸ノ唯(ヿ之カ)一妙法也。餘二ト者。一ニハ頓。二ニハ漸ナリ。此ノ二ハ從レ一出タル。一卽(一ナシカ)無相ノ一實也。故ニ八萬寶藏(法カ)舒卷スルニ在(于カ)リ此ノ中一ニ。立(言カ)二四教一者。從二漸ノ中一出リ。本ト非二大綱一。漸(此カ)ハ網目也。須レク知ヘシ。天台ハ以二三教一為二大綱一。一非頓非漸。二頓。三漸。初ヲハ亦名レ圓ト矣(ヿ〇カ)。此ハ大唐座主ノ決談(議也カ)レ之文ナリ。在二玄文(義カ)文句止觀等一ニ 文 此釋一卷ニ華嚴ヲ名レ頓ト。中間三味ヲ名レ漸ト。法華ヲ名ルニ超二八一ト教相ノ意ナルヘシ。今ノ第十ニハ。類例(天玄五、四九五)皆名二頓教相一等云テ。超八ノ圓教ニ不レ立二頓漸乃至不定一。併五時該通セリ。故ニ異也

問。今大綱三教者。第一卷ノ頓漸不定ノ重同レ之歟

答。小異也

若異也ト云ヘリ。第一第十ハ廣略是異ナレトモ同是五重玄中ノ判教也。何異ト云耶。若依レ之爾ト云ハハ。第一卷ニ華嚴名レ頓。阿含已後名レ漸ト。然ニ今ノ頓漸者。諸部中ニ遍ク論レ之。爾者如何

答。第一ニハ判二當分一ヲ。第十ニハ釋二跨節一。故ニ其意少異也

難云。若爾者。第一ハ至二法華ノ五重玄ノ中教相一。他經ノ判教歟

答。尤被レ尋事也。但天台大師ハ跨節ノ宗ニテ有ハ。探テ二如來設教ノ始終一ヲ任テ二如來ノ化儀一ニ釋ヲ作也。佛ハ先逗シテ二種種ノ根緣一ニ略シテ說二當分教門一ヲ。後ニ任テ二本意一ニ跨節ノ廣說ヲ述タマフ也。仍先述テ二所開ノ法一ヲ立二八教ノ網目一ヲ故ニ。指二當分一卽名二略釋一也。次本意ハ法華一ト合ル時判シテ二頓漸不定ノ三種ノ大綱一ヲ。五時互ニ具足スト云時ニコソ跨節ノ廣釋ハ圓タレ。仍略廣ノ次第。當分跨節ノ意。是皆如來設教ノ化儀也。所謂遠クハ四味三教。當分是法華廣說ノタメ也。近ハ無量義經ノ所開ノ諸法當分ノ階差異ナル法華ニ合ンタメ也。大師モ順レ之。爰以玄義第一ニハ。元意法華教ナレハ釋二八教一畢。漸頓相資等ノ四句ヲ。漸卽頓。頓卽漸ナル意ヲハ顯ス。彼釋モ實ニ教教略判ルニ似タレトモ。法華教一ノ意皆顯タリ 已上新懐

私云。此義ハ餘リニ深義也。是ヲ可レ云事ハ。彼此同ク法華ノ教相ニテ有トモ。一卷ハ先五味濃淡。次第淺深。鹿苑證果ノ

聲聞修入スル姿。不定教等ノ意ヲ。爾前當分ニ不レ顯サ。今法華教相起テ後。爾前ノ隱覆ニ皆說顯也。第十ハ他人三種ノ教相ヲ云ヘルニ因テ。一家モ又立ル二頓漸不定ノ三種ノ教相一也。依レ之籤云。（天玄五、四九八）今用二舊名一通判二一代一。且置二藏等一是故爾耳文而ニ第一卷ニ云ヒ。殘部部ノ內ニ皆三種ノ教相有事ヲ今ハ釋ル也。所詮第一第十教相。何レモ皆法華ノ教相ニテ此二筋自レ本可レ有レ之故也。山王院ノ（略要）各解・合論（佛全26、五四五上）ノ釋ヲ寄合テ可レ云事也。サレハ第一卷ハ約シテ二部部一ニ頓漸等ニ判。而モ第十ノ教相ノ意ヲ含シテ頓漸等ヲ釋ル也（第一ハ漸頓各解。第十ハ頓漸合論）。然トモ第十教相ノ心ヲモ含レ之。依レ之引二三文一證レ之如二第一卷一。又籤云。（天玄五、四九五）始自二華嚴一終至二法華（華力カ）一。皆有二頓義一故顯露中。唯除二鹿苑一。以二餘部中皆有一レ頓。（「故カ）名爲二頓教一。而至二頓部（非カ）一。下文不定。亦復如レ是文又引二方便。信解。無量ノ三文一釋ルハ全ク同二第一卷ノ教相一ニ。是一家所立ノ心也。前ノ大綱ノ三教ハ舊釋ニ因テ釋レ之故ニ第一卷ニハ異也。第一第十ノ同異有レ之。終ニハ異ル事無レ之也

難云。引二三文一前ノ大綱ヲ證。若爾ハ如何

答。一家ノ教相ニ二ノ意有リ。如來ノ設教ノ元意ト大該ノ佛法ト也。今ノ釋ハ一卷ニ釋シ殘ル大該佛法ノ三教也。然トモ意ハ佛意ノ大綱ヲ含ル故ニ。引二三文一證二佛意ノ大綱一ヲ無レ失

難云。涅槃經ノ五味相生ノ文。全ク第一卷ノ漸ノ次第ノ如シ如何

答。今華嚴ヨリシテ至マテヲ（意歟）二涅槃一ニ皆名レ漸ト第一ニハ異也

示云。第十ノ大綱ト第五卷ノ判教下ノ引證トハ一卷ニ同レ之。判教ハ一卷ニ釋殘ス處ヲ釋故ニ異也ト可レ得レ意也。此ノ卷ノ不定ト者。毒發ノ不定也

籤云。（天玄五、四九五）始自二華嚴一終至二法華一。皆有二頓義一○況諸經耶文

師云。布教ノ元始。如來施化ノ事ハ如二第一ノ頓漸不定等一ノ。又如二當卷ノ初ニ釋一ルカ。然ニ今釋ハ他人別部ノ經ニ論シテ名二頓漸一ト。一家破シテレ之。自立二頓漸不定一ヲ。（天玄五、五一三）五時皆收レ之爲二大綱一ト。依レ之玄次下云。是ハ名略點二教觀ノ大意一文

3 天台大綱。決一

須レ知天台以二三教一爲二大綱一事

問。宗家ノ意。立二幾ノ教一ヲ爲二一代ノ大綱一ト耶

答。三教也

付レ之。天台意。立二五時八教一ヲ。其ノ八教ト者。化儀化法各立二四教一故也。是卽化儀四教ハ判教ノ大綱。化法ノ四教ハ釋義網目也。爰以法華記文如レ此判リ。依二大唐ノ座主ノ決一ニ。妙樂大師ノ所判ニ背ルヲ耶

答。一代ノ大綱ハ法華ノ方便品ノ一實二權ノ文也。爰以天台大師。法華玄義。文句。止觀。淨名疏等皆以二三教一ヲ爲ル二一代ノ大綱一ト也。但至ハ二法華ノ記ノ釋一ニ。彼ハ約シテ二法華已前八教一ニ大綱網目ノ文ヲ論也。故ニ彼ハ非ス二一代ノ大綱一ニ也。(天玄一、一五五)只是爾前ノ大綱也。爰以籖云。初明二八教一以辨レ昔。次明二今經一以顯レ妙云ヘリ

尋云。猶其ノ三教明證如何

答。藥夢(草カ)ノ疏ニ釋シテ。(天文三、一二〇〇上)方便唯此一事實。餘二則非レ眞文(文云カ)　餘二非眞者。頓漸二教也。玄十ニ引下法華ノ始見二我身一等文ヲ上證二前頓後漸一。豈非二明證一ニ耶

又問。法華玄ノ第十所レ明之頓漸不定ノ三教ハ一代判教ノ大綱歟

答云云

疑云。若非二大綱一ニ云ハハ。玄文ニ判教ノ大綱云ヘリ。若依レ之大綱ト云ハハ。一代大綱ハ方便品ノ。唯此一事實。餘二則非レ眞(大正藏九、八上)也文也。彼文ハ頓漸皆通二五時一ニ不定ハ。置毒ノ不定ニテ非二化儀ノ不定一ニハ。是豈ニ一代判教ノ大綱ナラン耶

答。玄義ハ明二教相一ヲ。第一第十ノ大綱ノ義。大同小異也。大同ト者。倶是化儀ノ教相也。小異ト者。玄十ハ用二古師所立ノ名一ヲ。天台ハ依二大經ノ文一ニ判レ義ヲ不レ依二法華ノ文一也。玄ノ一ハ依二法華ノ一實二權文一ニ也。二經ノ倶化儀ナル事ハ同是大綱ナレトモ。其ノ大綱ノ義ノ相ハ異也。其ノ二經ノ中ノ方便品ノ一實二權ノ文。並ニ迦葉領解ノ五時ノ大綱。是再往ノ說也。此等ノ文ハ集二一代ノ頓漸ノ諸經一ヲ開餘(用カ)スル文故以二漸頓ノ諸經一ヲ爲二所開一以二非頓非漸ノ說一ヲ爲二能開一。是正一代聖教ノ大綱也。大經所說ノ大綱ハ。彼ハ雖二大綱一ナリト。頓漸ノ儀式。前後ノ始終ヲ顯ニハ非ス。彼ノ頓漸ハ各別ニ說テ非二一具合論ノ說一ニ故ニ。爰以大唐ノ良諝ショ和尙セウ。依二法華文句ノ文一ニ天台大綱ノ決ニ論也。法華玄ノ大綱。文句ノ說ニハ不レ及故也

寂光問

廣修決云。（卍續二ノ五、四〇八丁右上～下。取意）判二教相一爲レ六。文云。一ニハ擧二大綱一。乃至六ニハ增數明レ教。大綱ノ三種ハ。一頓二漸三不定。此ノ三名ハ同二舊一義ハ異也云云　疑云。一家文中ニ多用二四教ヲ一判二一代ノ教一。今至二此ノ文一更ニ立テテ二三教ヲ一何爲二正義一ト耶。　答。此問失二前ノ大綱ノ意一ヲ。所以ニ。大綱ニ有二三種一者。謂佛一代ノ中ノ大綱。要之法不レ出二漸頓不定之三一ヲ也。今有二祕密一只爲ニハレ屬ルコトヲ二佛邊一ヲ。祕密ハ而モ不レ轉（傳カ）者也。此ノ大綱ノ三法四教之中ニ。一一ノ教中ニ各有二此ノ三一。且ク如二華嚴ノ頓部一ノ兼ヌ二其ノ一別一。此ノ別ハ卽是頓ナリ（漸歟）。亦有リ二不定機一。如レ經可レ尋。鹿苑ニハ但漸部亦因レ有レ頓。八萬諸天是也。亦有二不定機一方等般若亦如レ是。此三ハ是佛法之大綱。四教各各ニ共有レ知レ之云云

義眞問

維蠲決云。（卍續二ノ五、四一七丁左下）答。大綱ハ卽化儀也。頓中ニ廣引二諸經說一レ頓。結云。此頓教（教相頓カ）ニシテ非二部頓一ニ。恐ク（了也カ）人監（濫カ）二化儀一ニ故ニ此結也。教ハ卽諸教（法カ）。部ハ唯華嚴。此乃化儀ノ口（化方カ）ニ引レ諸經（法カ）比イ○說也。但三不レ四者。祕密ハ非二文一トシテ可レ傳存レ義ヲ而已。今ハ論二文部一ヲ故此略也。問。否や（又云カ）云云

頭二

又問。法華玄ノ第十卷ニ所レ明三教ノ。大綱ノ中ノ頓漸ノ二教ハ。頓漸非頓非漸ノ三教ノ中ノ頓漸ノ二教歟

疑云。若不レ爾云ハハ。俱ニ是化儀ノ四教ノ中ノ頓漸ノ二教也。豈ニ異ナラン耶。若彼レ一也ト云ハハ。大綱ノ三教ノ中ノ頓漸二教ハ。三教ノ次第ハ。頓ハ鹿苑ノ前。漸ハ鹿苑ノ後。法華ノ前也。玄ノ第十ノ頓漸ハ。頓漸共ニ通二五時一ニ。豈ニ一ナラン耶。玄ノ十ノ漸教ハ通二五時一ニ故ニ。漸教則通二大綱ノ三教一ニ。頓教モ又可ヲ二大綱ル一耶

答（缺文）

頭三

又問。玄第十ノ中ニ所レ明頓教ハ。化儀化法ノ四教ノ中ニハ是何耶

略要

進云。化儀。　付レ之。化儀ノ頓ハ。鹿苑已前ノ兼別ノ華嚴ニシテ不レ通二餘部一ニ。玄文第十。（天玄五、四九五。取意）類例シテ取テ二頓漸圓ノ諸教ノ中ノ圓ヲ一名タリレ頓ト如何耶

答。玄義略要云。（佛全26、五四五上～六上）第五判レ教者（ㇷ゚相カ）。乃至今判二同異一。同異ニハ有レ三。一根性融不融相。二化道始終不始終相。三師弟遠近不遠近相。初中後ノ二（復カ）。初ニハ化儀。二ハ化法。乃至初化儀

又二。初ニハ各解。二ニハ合論。曰ヲハ(〔〇カ〕)喩ニ大應一山ヲハ喩ニ大機一ニ。
(大〔應〕カ)大機感大應ニ頓說一(〔也カ〕)。此頓教體如ニ醍醐一 已上

頭四 又問。法華玄ノ第一第十所レ明頓漸ノ二教ハ爲レ同シトヤ。將如何 (答缺)

4 一事實者。非ニ頓漸一也。唯一妙法也事

頭五 問。方便品ノ經文ニ。(大正藏九、八上)唯此一事實。餘二則非レ眞 文 爾者此文ハ教行人理ノ四一ノ中ニハ。教一ノ文トヤセン將如何
進云。行一也 云云 付レ之。唯此一事實ト云文ハ。是非頓非(一代教大綱也)漸ノ一大圓教也。若爾ハ可キニ教一ナル一。何ソ行一ト云ハン耶。何況經ノ次上ノ文ニ。(大正藏九、八上)十方佛土中○說ニ佛智惠一故 文 明ニ知。唯此一事實者。說ニクヲ佛ノ智惠ヲ一指ス一乘法也ト云事ヲ。彼一乘ノ法ハ教一ノ文ル故也。爰以光宅ノ雲法師。教一ト判タリ。彼ノ釋道理ニ相叶。大師何ニ意ロ有テカ不シテレ許レ彼行一ノ文也ト判タマフ耶

5 餘二者。一頓二漸事

頭六 問。方便品ノ經文ニ。(大正藏九、八上)唯此一事實。餘二則非レ眞 文 爾者餘二ト者。指ニ何ニ物ニ一耶
答。漸頓二法也
付レ之。迹門ノ正意ハ開ニ鹿苑證果ノ二乘ヲ一也。一實二非ノ文。法華一乘ニ鹿苑ノ二乘相對也ト云事ヲ。爰以譬喩品ノ說ニハ。前三後一ノ四車ヲ說ニハ。三車ハ鹿苑ノ三乘。一車ハ法華ノ一乘也。或ハ云。(天玄一、六四〇)昔於ニ波羅奈一轉ニ四諦法輪一。今復轉ニ(〔〇カ〕)最妙無上(之カ)大法輪一 文 今昔相對ルニ昔ハ鹿苑ヲ指ス。明知ヌ。餘二則非眞ノ文ハ。鹿苑ノ二乘ト云事ヲ
答。今一實二權ノ文ハ。是一代五時ノ大綱文也。餘二ノ言ハ非ニ漸頓ノ二教一ニ耶。爰以方便品ノ文ノ餘二ト者。是無量義經ニ所ノレ集ル爾前諸經ナリ。明知。一實ト者。非頓漸ノ唯一ノ妙法。餘二ト者。頓漸ノ法也ト云事ヲ。彼ノ經ニ所レ說所生ノ法ハ四味ノ說ナルカ故ニ。所以ニ。彼ノ文ハ一代ノ大綱ノ文也。全鹿苑ノ二乘ト不レ可レ云。但至ニハ餘ノ文一彼大綱ノ說ニ非。全以不レ可ニ例同一ス
問。以レ何ニ定ン方便品ノ一實二權ノ文。是一代ノ大綱ト云事ヲ。誰カ知ル。如ニ餘ノ文一。今昔相對シテ說ク對シテニ(天文二、七六二上。文句)法華ニ鹿苑ノ說ヲ指ス。是且法華ノ一乘ニ對シテ指ニモヤ鹿苑一ヲ有ン。今開三顯一

(正意カ)者。爲ニ決定退大聲聞令レ成ニ大乘聲聞一ト云。迹門開顯ハ鹿苑ノ二乘ヲ開會ル故ニ。但至ニハ無量義經ニ所レノ集頓漸二法ノ文也ト云者。設ヒ無量義經ハ取ニ集一法所生ノ諸經一ヲ也ト云事

答。方便品ノ一實二非眞ノ文ハ。權實相對シテ一法ハ實也。二法ハ非實ト說也(云カ)〇事ヲ。是正ク無量義經ニ所レノ集所生漸頓ノ二法ニ當ル也。所以ニ。無量義經ニ所レ集漸頓諸經。信解品ニ所レノ集幷會國王ノ說。方便品ノ一實二權ノ文。是皆一代大綱ノ說ニ同レ之。若爾者。開顯ノ正意ハ鹿苑ノ二乘也ト說リ。此等ノ諸文ハ皆是權實相對ノ說ルカ故ニ。一代ノ大綱ニシテ闕ル處不レ可レ有レ之故ニ。所以ニ。以ニ餘ノ文ヲ一不レ可レ爲レ難ト

又問。方便品ノ文ニ。唯此一事實(大正藏九、八上)文 爾者餘二ト者。二乘ト云事歟

進云。二乘也。　付レ之。此ノ文ハ一代ノ大綱ノ三教ノ文也。故ニ餘二ト者。是漸頓ノ二教也。豈ニ以ニ漸頓ノ二教ヲ二乘ト云事ヲ得ン耶

答。對シテニ一佛乘ニ漸頓ノ二教ハ是非ニ二乘ニ耶。餘經所說ノ二乘ニ不レ可レ同。爰以テ山王院大師。指ニ漸頓ノ二教ヲ二乘ト云

也ト判タマヘリ。授決集ノ裏書シ。大論四云。(佛全26、二三四上～下)如ニ(レ〇カ)唐(康カ)藏一似ニ今論一。准ニ華嚴一耳　決集抄

6　頓教下

問。玄文ノ中ニ廣亙ニ諸經ニ取ニ頓教ヲ釋レ之。爾者華嚴ノ七處八會ハ併名ルニ頓教一ト歟

答。取ニ日(照カ)出高山ノ文一(頭一(天玄五、三九三))云

付レ之華嚴經ハ七處八會ニ皆有ニ圓教一可レ取レ之。所以ニ。一(天玄五、四九六。釋籤)位中(中カ)皆有ニ普賢行布二門一文 何別シテ取ニ日照高山ヲ耶。況此ノ文限レト圓ニ得レ心耶

答。七處八會ハ皆含ニ別圓一ヲ邊ニテハ如レ難ノ。然トモ今ハ取ニ日照高山ヲ一事ハ。此ノ文ハ別シテ圓教ニ說ト得レ心故也。但至ニハ日照高山ノ文。何ゾ限ト圓ニ云難ニ。華嚴ノ大機得ニ圓教ヲ事。此文尤分明ナル者歟

難云。日照高山ノ文ヲハ。玄一(天玄一、一五六)ニハ取レ之釋シテニ頓部ト。別シテ頓教ト不レ云。依レ之籤(諂カ)一云。未レ遊ニ鹿苑ニ名レ之爲レ頓。此是頓部。非ニ是頓教ニ云ヘリ如何

答。玄一ニハ惣シテ華嚴ヲ屬レシ頓ニ。中間三昧(味カ)ヲ屬レ漸ニ意ナルカ故

也。今ハ不レ爾。互ニ五時ニ一一別シテ取レ圓ヲ也
難云。（同前。玄義）如三日初出先（前カ）照二高山一。厚殖二善根一等 矣 此ノ文ヲ妙
樂受レ之。（同前。釋籤）別圓爲レ厚 文 如何
答。籤一ニハ。一往（同前）惣以二別圓一爲レ厚 文 既ニ一往ト云故ニ。再
往ハ圓ヲ可レ取被レ得タリ
問。一家天台ノ意。互ニ五時ニ頓教ノ相ヲ釋ス。且指二法華一
部ヲ。併名ク二頓教一ト可レ云耶
答。可レ名二頓教一ニ也
進云。披二解釋一ヲ。但說二無上道一（天玄五、四九五。玄義）。始（「又カ）見二我身一聞二我所說一（〇カ」）。盡
教二爲以（爲以ナシカ）佛道一等ノ文ヲ引ケリ。付レ之。法華ハ是諸佛內證ノ
功德。純圓一實ノ經也。若爾者。一部ノ文。悉頓教ニ可レ屬ス。
籤指二一文一ヲ頓教ト釋給耶。爾者如何
答 云云 一部ノ文併可レ屬二頓教一ニ也。但至二解釋一ニ。今ハ互ニ五
時一ニ。皆別シテ指二一文一ヲ屬二頓教一ニ故ニ。法華ノ中ニハ。但說二無上（大正藏九、一〇上）
道一等文。頓義明ナル故ニ引レ之證ルニ無レ失可二答申一
難云。何ニモ法華ノ文ヲハ別シテ不レ可レ取。法華ノ二處三會。併
可レ取レ之。例如下華嚴經ヲ頓教ト云ニ。七處八會皆悉引クカ上。

別圓スラ尚共ニ取ル。何ニ況純圓ヲ耶
答。法華一部ハ皆雖二圓教一ナリト。或ハ問答釋レ疑。或ハ二乘ノ受
記。諸天ノ領解ノ文等ハ。正ク圓頓ノ文ニハ疎シ。故ニ今諸經ノ中ニハ
別シテ說二頓教一ヲ文ヲ引テ證レ之故ニ。但說無上等ノ文。純圓一
實ノ中ニ取テモ圓教ノ義親故ニ引レ之也。但至二華嚴ノ例難一ニ。
雖二七處八會一トハ別シテ譬如日出先照高山ノ文ヲ取レハ。彼モ別シテ
限二圓教一ニト可レ得レ心也
難云。今ノ經ハ。是（故カ）品品之內咸具二體等一。（天文一、十五上。文句記）句句之下通結二妙
名一ト云テ。何ノ文ニカ別シテ頓教ト云カ。何ノ文ニカ別シテ屬二漸教一ニン
耶。次ニ華嚴經ノ事。譬如日出ノ文限二圓教一ト云事不審也。其
故ハ妙樂大師受レ之。言二七處八會一者 頭三（天玄五、四九五～六）〇如レ是初會（處カ）〇又是
次第差別之義等 文 如二解釋一別圓共ニ含ト釋セリ。何ソ限二圓
教一ニト云ン耶
答。實ニ法華ハ。品品之內咸具體等ト云事ハ立敵共ニ許也。（天文一、十五上。文句記）
而トモ其中ニモ正ク一品ノ肝要ヲ撰擇ルニ有二何ノ失一カ。次至ニハ二華嚴
經一ニ。妙樂大師ノ解釋ハ。正キ譬如日出ノ文ヲ釋ニハ非。彼ハ七處
八會ノ惣相ノ文ヲ消釋ル也ト可レ得レ心

難云。今ノ經ハ妙法蓮華ト題レハ。品品之內皆至ト妙法ニ云事無レ之。依レ之妙樂大師ノ一處ノ解釋ニハ。始レ自ニ如是一終ニ至(乎カ)而去一。莫レ非ニ佛說一倶是妙法 文(天玄一、四二四)何可レ指ニ一文一ヲ耶。次ニ譬如日出ノ文ハ限ニ圓教一ニ云事。猶以難レ思。其故ハ玄一 ニハ。如ニ日初出先照ニ高山一。厚殖ニ善根一感ニ斯頓說一 文(同、一五六)妙樂受レ之。別圓爲厚ト釋タマヘリ。(前カ)今ノ釋同レ之。別圓共ニ取レ之可レ得レ心也(同前)如何

答。法華ノ文猶如レ前。但至ニ籤一一ニ。彼(同前)一往物以ニ別圓一爲レ厚 文(彼ヵ カ)既ニ一往ト云。再往ハ可レ限ニ圓教一ニ聞ニク返テ答者ノ潤色一也

難云。華嚴經ノ頓教ノ文ハ。何ニモ七處八會ナカラ引レ之覺リ。若別シテ引ニカハ譬如日出ノ文一ヲ。先約教者。若華嚴譬如日出ト可レ云。(天玄一、一五六。取意)七處八會ノ言無用也。依レ之玄一 ニハ。華嚴ヲ名ニクルヲハ頓教一ト。妙樂受レ之。未遊鹿苑。(同前)名之爲頓ト釋タマヘリ。(詺カ)知。鹿苑已前ヲハ惣シテ所レ擇フ無レ之可レ屬ニ頓教一ニ覺リ。若爾ハ。法華ノ純圓一實ナル併屬ニ頓教一ニ也如何

答。凡華嚴ノ頓教ノ文ハ別ノ論義也。于レ今不レ可ニ混亂一。但强テ會レセハ之。七處八會ノ言ヲ出事ハ。華嚴經ノ一部ノ大綱ハ。七處八會併別圓頓大ノ機ノタメニ說レ之故ニ。兼含○中ニ。(本ノママ)(料揀カ)譬如日出ノ譬ノ正意ハ。圓頓ノ機ヲ譬タリ。故ニ七處八會ノ中ニハ併說クヲ圓教一ヲ擇ヒ取ントスル釋ル意也。故ニ七處八會之說。譬如日出先照高山ト云也。但至ニ玄一一ニ者。彼ノ妙樂ノ釋ハ。今ノ頓教ニハ不レ可レ同ス。彼ハ頓ノ部ヲ名テ爲レ頓ト也。依レ之籤一 ニハ。(天玄一、一五六)未レ遊ニ鹿苑一○此是頓部。非ニ是頓教一。以ニ彼部中兼ニ一別一故 文

問。法華ニ頓ノ義有ル證ハ何ノ文ヲ耶

答。玄 ニハ。(頭一)始シ見我身ノ文ヲ引ケリ(天玄五、四九五)

付レ之。此文ハ指ニ華嚴一ヲ也。引ニハ此ノ文一可レ證ニ華嚴ノ頓ノ義一ヲ。例ハ如シ我初成道文ヲ引テ證ルカ鹿苑ノ頓ノ義一ヲ

答。始見我身ノ文。華嚴ノ頓ト云意モ可レ有レ之。而トモ今ハ初後佛惠同カ故ニ引テ證ニ法華一ヲ無レ失

一義云。文ヲ引コト殘也。(大正藏九、四〇中)除先修習學小乘者○我今亦令得聞是經ト等ヲ可レ引也

籤云。(頭二)晉義熙者。(天玄五、四九五。取意)晉安帝ノ時也。證聖セイ元年ト者。(中カ)高宗ノ代也

問。玄ノ中ニ釋ルニ頓教一ヲ。涅槃經ノ。(頭一)(同前。玄義)我初成道。(佛カ)恆沙菩薩來問

是義ノ文ヲ引ク。爾者涅槃ニ有ニ頓教一證據歟
答。籤云(同前)○且借ニ祕密一助ニ入此中一。明ニ鹿苑初成一。亦有ニ頓義一。況諸經耶 文
爾者(也カ)。付レ之。見ニ本書ノ文一引ニテハ雪山有草等ノ文ヲ(同前)。涅槃經ニ有ニ頓義一事ヲ證。又云。我初成道ト者。如ニクンハ本書ノ涅槃經ニ有レ義云事釋ト覺如何
答云云 任ニ妙樂ノ釋一ニ。但至レ難ニ者。涅槃經ノ文ナレトモ。我初成道ト云文ハ。涅槃經ニテハ鹿苑ノ事ヲ。佛對シテ迦葉童子一ニ說タマフ故。引レ之證タマフニ無レ失
難云。初成ト者。華嚴ニコソ初成道トハ云ヘケレ。何ソ鹿苑ト得レ心耶。又ム(ママ)九ニハ。久遠初成ト釋セリ如何
答。涅槃經ノ時ニテ。華嚴機。阿含ノ機。法華ノ機。三種ノ機有レ之。華嚴ノ機ハ聞テ初成一ヲ寂滅初成ト聞キ。阿含ノ機ハ鹿苑ノ初轉ヲ初成ト說ト思。法華ノ機ハ久遠實成ヲ初成ト聞也。仍今妙樂ノ釋ハ。同居ノ二乘ノ聞。鹿苑初成ト思ニ隨テ如レ此以ニ初成道ノ言ヲ一鹿苑祕密ノ頓教ヲ證ニ無レ失。但至ニ餘處ノ釋一ニ者。法華ノ機思ニ隨テ久遠初成ト釋ル歟

難云。章安大師。涅槃疏第五ニ(大正藏三八、九一上カ)。我初成道文ヲ他師カ祕密ト云ヘルヲハ。此義不然ト破タマヘリ。今ハ妙樂大師ノ祕密證據ニ引ケルヲ耶
答。他師ハ華嚴ノ機。鹿苑ノ機。法華ノ機ヲ不ニ分別一。只祕密ト計云ヘハ破レ之也。對ニ鹿苑ノ機一ニ祕密トモ可レ云簡別モ無ニ華嚴法華ノ機ノ聲聞一ニハ。非ニ祕密一ニ破也
難云。見ニ本書ノ文一。法華ニ頓教有故ヲハ。始見我身ノ文ヲ引ケリ。若爾ハ。始見我身ト云ハ華嚴ノ時ヲ說トモ。法華ノ文ナレハ引ニ法華ノ證ニ也。サレハ今ノ我初成道ノ文モ涅槃經ニ說ケハ涅槃ノ證ナルヘシ。何依ニ初成ノ言ニ鹿苑ト引判タマフ耶
答。華嚴ニハ顯露既ニ譬如日出先照高山ノ文有レ之。何ノ不足ニカ引ニ餘經ヲ可レ證耶。鹿苑ニコソ顯露ニ無ニ頓教一故ニ。且借祕密ト云テ。涅槃ノ初成道ノ文ヲモ引テ證ルカ故ニ。法華ノ始見我身ノ文ハ何ニ華嚴ノ時事ヲ說クトモ(天玄五、五四八。玄義)。初後佛惠圓頓義齊ナレハ皆引ニ法華ノ證一ニ也。華嚴ニハ別シテ日照高山ノ文有カ故也
問。華嚴ヲ名レ頓ト事ハ。約レ教ニ得ニ頓ノ名一ヲ歟。將約ルレ部ニ歟。若約レ部ニ云ハハ。今ノ玄文ニハ上ニハ擧ニ七處八會一ヲ(頭一(天玄五、四九四))。下ニハ諸大(頭三(同、

（四九五）乘。如レ（「經カ）此意義類例皆名ニ頓教相一。（「也カ）非ニ頓教部一也 文 此ハ許ニ頓教ノ義ヲ一遮ニスト頓ノ部ノ義ヲ一聞リ。若依レ之爾也ト云ハハ。華嚴經ハ部ハ是初頓ルカ故ニ頓ト可レ云。教ハ兼ニ別教ヲ一故ニ可レ非レ頓ニ。依レ之籤一卷ニハ。（天玄一、一五六）此是頓部。非ニ是教（「頓カ）一。以ニ彼部中兼ニ一別一故 文

答。此ハ各有ニ其心一。地體華嚴ヲ頓ト云事。化儀ノ頓即約ルレ部ニ也。而ニ今釋ハ諸經各別以レ文ヲ類ニ別シテ之ヲ一名ニ頓教一ニ非ニト頓教ノ部一ニ釋ス。此ハ付ニ説文ニ一説クレ頓ヲ文ソト云釋也。七處八會ノ説ト云ヘトモ。正ク所ノ引用ル文ハ譬如日出ト云一文也。是先照高山ノ説文ヲ頓教ノ文ソト云也

難云。山家ノ釋ニハ華嚴ニ教頓部頓ト釋リ。此ハ惣シテ華嚴ハ付レテモ教ニ無ニ漸教ノ義一ハ聞リ

答。部頓ハ可レ然。頓ニ説ニ別圓ヲ一故也。教頓ト者。説ニ圓教ヲ一方ヲ云也。所説ノ教ヲ皆非ニ頓ト云一ニハ

師云。頓教ト者。華嚴ノ圓也。頓部ト者。華嚴ノ圓（別歟）也。頓ノ部ト云事ハ無ニ二乘ノ漸機一故也。依レ之籤一云。（天玄一、一五六）此是頓部。非ニ是頓教一 文

7　籤（頭二）云。（天玄五、四九五）十三世界微塵數品事

問。解釋ノ中ニ付レ釋ニ華嚴經ヲ一。龍宮ニ有ニト三本ノ不同一見リ。其中ノ上本ニハ有ニ幾ノ品一可レ云耶

答。一（一[illegible]カ）四天下微塵數品トカ釋ラン（大正藏三五、一二二中。探玄記）

進云。如レ題。付レ之。探玄記ノ第一ニ引ニテ西域ノ傳ヲ一云ク。上（同前）本十（「有カ）三（「千大千カ）世界微塵數偈（頌カ）一四天下微塵數品一 文 今ノ釋何相違ル耶

答云云 探玄記ヲ可レ爲レ本ト也。但今ノ釋ハ言略ル歟。十三（〇カ」）世界微塵數偈（頌カ）一四天下微塵數品ト可レ云。影略互顯セル歟

補注云。品字應レ作ニ偈ノ字一也（「誤也カ）。唐本ニハ十三世界微塵數偈 文（卍續四四、二丁右上、二〇丁右上〜下。取意）

尋云。探玄義幷ニ刊（カン・ミカク・サタム）定記ニハ。十三千大千世界 文 何十三世界ト云耶

答。今ハ十ノ三世界ト云心歟。意ハ三千大千ト可レ云ナル 瑜伽論十三云。又有ニ三界一。謂小千界。中千。大千界云ヘリ（大正藏三〇、三四五中。取意）

8　籤（頭三）云。（天玄五、四九六）始從ニ住前一至ニ登住一來全是圓義事

問。華嚴經ノ心。住前住上共ニ明ニ圓教ヲ一耶

答。如レ題

付レ之。弘七云。(天止四、二四六)十種梵行全明ニ別義一文　十種梵行ハ住前ニ
説レ之。知。住前ハ明ニ別教一ヲ。初住ニハ説ニ圓教一ヲ云事。爾者
今ノ解釋難レ思

答。如レ難。所以ニ華嚴經ハ。(天玄五、四九六。釋籤)一一位中皆有普賢行布二門ト
釋シテ。別圓ヲ不ニ分別一セ。而ニ今ハ行方ヲ(中カ)取出如レ此ノ釋ル也

難云。始終共ニ互ニ別圓一ニ。今ノ解釋ニハ全是圓義ト云テ。一向ニ
取レ圓ヲ。弘七ニハ全明別義ト云テ。全別教ニ釋シ切レルヲ耶。各有ニ
其ノ意據一耶

示云。別ノ意據不レ有レ之。華嚴經ニ取説クニ別圓一ヲ。全別ト被レ
云。全圓ト被レテ云。藏通不レ説ト云也。サレトモ終ニハ互ト別圓ニ
也。故ニ今ノ釋ニハ全ク圓ナル邊ヲ釋。弘七ニハ全別ナル邊ニ釋也

問。付レ引クニ新譯華嚴經七處九會ノ説一ヲ。且壽量。普賢行
品ハ於ニ何ノ處ニ説ク耶

頭三 (天玄五、四九六) 籤云。普光明殿 文 説レ之云ヘリ

付レ之。於ニハ本經ニ雖レ不レ明ニ説處一ヲ。同本異譯ノ説ヲ檢ルニ。壽
量品ハ閑寂林ノ説也。普賢行品ハ菩提樹下ノ説ト見リ如何

答。新譯ノ華嚴ノ説。全同ニ今ノ説ニ。但至ニ異譯ニ是ハ非ニ相
違一ニ。所以ニ。普光明ハ堂ノ名也。閑寂林ハ處ノ名也。此ハ樹林ノ
中ノ一處也。隨レ處ニ隨レ堂ニ相違無レ之

9　二漸教下

頭三 (天玄五、四九八) 玄。涅槃十三云。從レ佛出ニ十二部經一云ヘリ

疑云。華嚴涅槃等ヲ今何漸ト云耶。依レ之華嚴法華ニハ頓
教ニシテ如何

答。此ハ漸教ト釋スル事ハ。華嚴ヨリ次第ル方ニ漸ト云也。仍テ教ノ漸
也。非ニ部漸一ニハ也

10　頭四 (天玄五、四九九) 玄。始自ニ人天一二乘菩薩佛道。亦是漸也事

示云。此ハ味味ニ一時ノ中ニ。人天二乘菩薩佛ト一時一時ノ
中ニ悟也

尋云。此ノ中ノ佛道ト者。何ノ教佛ソ耶

答。圓佛也。此ハ約シテレ機漸ニ作也。此ハ阿含一味ノ中ニテ云也。
卽八所ノ諸天等也。此レ不待時ノ法華心也。第一卷ノ漸教ニハ
異也。今ハ不定教ヲ名レ漸ト也

11　頭四 (天玄五、五〇〇) 玄。中閒次第入事

此ハ漸ト者。方等般若ノ閒ニ不シテレ至ニ法華一ニ。又人天二乘菩薩佛ト入者有レ之。此ハ機ノ漸也。依レ之籤次ニハ。言ニ中閒一者。（同前）或（「或カ」）復初從ニ方等般若一。後漸深入 文

尋云。方等一時ノ中ニ。人天二乘菩薩佛ト入者ハ無レ之歟

答。其モ可レ有。釋ニハ不レ委也。玄三ニハ。（天玄二、二二二。取意）一味住。二味住ル是（全生カ）者 云云

問。玄文中ニ付ニ漸教一ニ。三種ヲ分別ト見リ。爾者第三ノ中閒。次第入漸教ハ以ニ鹿苑一ヲ爲レ初ト歟。若鹿苑ヲ爲レ初ト云ハハ。籤ニハ或ハ。頭四（天玄五、四九八）從ニ方等之初一至ニ法華前一皆名爲漸トモ云。或言ニ頭四中閒一者。（同、五〇〇）或復初從ニ方等般若一。後漸深入。皆如ニ前說一。普（竝カ）名爲レ漸トモ云ヘリ。此等ノ釋ハ以ニ方等ヲ一爲シテレ初ト不トレ取ニ鹿苑ヲ一聞タリ。若依レ之爾ト云ハハ。華嚴ハ頓教ノ故ニ不トレ取レ之云ヘトモ。以ニ阿含ヲ一爲ルニ漸教ノ初ト事ハ釋ノ所レ定也。依レ之籤頭四ニハ。（同、四九八）前文多處及止觀等。用中閒之漸ト釋セリ。今所ノレ指玄文ノ前文止觀等ハ以ニ阿含ヲ一爲ルカニ漸教ノ初ト一故ニ。中閒次第入漸教ニ可トレ取ニ鹿苑ヲ一聞リ

答。漸教ニハ皆以ニ阿含ヲ一爲レ初ト。サレハ籤ニ。（同、五〇〇）此等漸人初不レ在ニ華嚴一後不レ至ニ法華一 文 所ハレ遮華嚴法華是也

又。頭四（同、四九八）前文多處及止觀等 文 而所ノレ指處處ノ釋。皆以ニ阿含一爲ニ漸ノ初一ト。就レ中若三種ノ漸教ノ中ノ第三漸教ニ不ンハレ取ニ阿含ヲ一。惣シテ以ニ阿含ヲ一爲ニ漸教ト一事ハ可レ無レ之。今三種ノ漸ノ中ニ以ニ阿含ヲ不ンハレ屬ニ中閒次第入漸教ニ可レ屬レ何ニ耶。但至ニ一邊ノ釋一。從方等初（「之カ」）法華前（「至カ」）ト云釋ハ。本ノママ方等ノ初ト指ハ即鹿苑ト可レ得レ心。即是五品之初ト云カ如シ。或復初從方等ト云ハ不定ノ心ヲ顯シ。或以ニ阿含ヲ一爲レ初ト。或以ニ方等ヲ一爲レ初。或ハ以ニ般若ヲ一爲レ初ト。如レ此不定ナレハ置ニ或ノ言ヲ一

難云。或復初從方等般若ト云釋ハ。方等ト般若ト不定ナル處ヲ或復初從ト云也。此ノ文ニ鹿苑ヲ爲ル初ト事不レ聞也

答。猶如レ前（ニ歟）

尋云。第三漸教ト云ルニ以ニ何ノ時ヲ一爲レ初ト耶。又第三漸教ト有ニ何ノ不同一耶

答。第二ハ約レ人ニ。第三ハ約レ教ニ。初ニ取ル事ハ第二ハ人天ト云カ故ニ。即取ニ提謂ヲ一爲レ初ト。第三ハ鹿苑。方等。般若如レ此三時ヲ爲レ初ト事不定也。或ハ鹿苑ヲ爲レ初ト。或ハ方等ヲ爲レ初。

或般若為初。仍不定義也

12 頭四 籤云。前文多處(天玄五、四九八)○用中間之漸事 第一卷 阿含。方等。般若

示云。第一卷乃至第九。止觀等阿含方等般若漸云也。今三重漸有之。華嚴涅槃漸云一重。又阿含一味中人天二乘菩薩佛入一重。又方等般若二味入者一重

籤(天玄五、四九八)。出沒者。華嚴沒。阿含出。阿含沒方等出等也

13 頭四 籤云(天玄五、四九九)。人雖在於諸味漸稟而得益深淺事

意如二乘五時次第可得入。只一味中得佛道者有云事也

14 頭四 籤云(天玄五、四九八)。通判一代。且置藏等事

一義云。今依古藏等名指置漸頓不定云名云云釋也。此阿含三藏。方等通教。般若別教云事今不云云事也

一義云。地體今大綱頓漸不定三教云。網目藏等云云事也 此義吉

15 三不定教下(天玄五、五〇一)

口傳云。毒發不定云事。付佛說教不定云也。一卷時時對當味味不定。淺深更互不定也。十卷聞淺教悟深教不定也。提謂經小乘座大乘悟也

頭五 玄云(天玄五、五〇七)。鈍根聲聞開發惠眼者。初住歟

問。玄文中付漸頓不定三種教釋。爾者。其不定教如何釋耶

答。頭四 玄(天玄五、五〇一~四)。不定教者(「謂」カ)○置毒乳中乳即殺人。酪蘇醍醐亦能殺人。此過者(去カ)佛所。嘗聞大乘實相之教。譬之以毒

○結惑人死 矣 毒發不定釋

付之。不定教者。一音異解。同聽異聞義名。依之第一卷同聽異聞不定明。當卷何異之判毒發不定耶

答。不定有二義。各出一義歟。一卷如難。今毒發不定云。部不定。發不定也。是只圓教一教於論之。所謂如乳教得人天益是定教也。其乳教聞得無生忍醍醐益是名不定教。今聞淺教。

昔聞法毒忽發即得醍醐益也

守護章云。(傳全二、二二二～三) 毒發不定。圓教所立。依見佛性殺無明人 上文

同聽異聞不定教不定也。所謂鹿苑但三藏明無生忍人有之。方等說四教以通教爲定教。然又有三教得益人。般若三教說以別教爲定教。餘二教得益不定也。其云佛生無生等一音含衆音下之故令所化同聽異聞也。第一卷不定是也。次淺深更互不定云。含容經中。或一會唯大。一會唯小。但說大時兼說小。但說小時又傍說大。但說深歟スレハ又說交淺。淺說歟スレハ又深說交。加樣能化說不定也。但淺深更互不定不共許歟

難云。如此義方等般若時斷無明皆不定教云也。方等般若時說別圓聞斷無明可定教耶如何

答。生熟蘇時得醍醐益。豈非不定教耶。方等通教。般若別教定教有 已上威勝坊

尋云。毒發不定約一音異解歟

答。不然

尋云。毒發不定悟圓約歟。若約圓云宿習不定也。於鹿苑座發生蘇毒何毒發不名耶。若依之爾云。今釋約實相毒發如何

答。毒發源出大經。彼以實相爲毒經五味殺人論故。今釋是本說約實相毒也。彼有唯小砌發生蘇事經釋不見事也

問。華嚴經時有毒發耶。若有云。今釋不見。若無云何此義無耶。依之大經中。置毒乳中乳即殺人 文 是可華嚴如何

答。今釋華嚴斥見。乳中殺人約提謂論之。其故毒發不定有方便位開圓實悟者約。華嚴別機開別教悟。圓機開圓悟。是次第悟入者也。毒發不可云。仍華嚴不論之

難云。毒發者。斷無明位不至發斷惑智以名毒發也。別圓地住已前菩薩。次第入不至初地初住

断惑セハ毒發也。付レ中有ニ別教ノ賢位一ニ發ニセハ圓ノ實相一ヲ正キ毒
發ノ義也。依レ之。若歟(天玄五、五〇七。釋籤)爲圓教中及別登地得レ入レ實者不レ名ニ不
定一。故不定名必在ニ方便一等文サレハ籤一ニハ。(天玄一、二〇二)乳中則約ニ圓
別相對一以辨ニ不定一文
答。實ニ以ニ籤ノ意一ヲ論ニ不定一ヲ非レ可レ無ニ華嚴一ニ。其ヲ玄文ニ
不ルレ論事ハ不定教ト云ハ。專在ニ七方便位一ニ發ルニ圓ノ毒一ヲ約ス
故ニ。華嚴ニハ別圓共ニ明ニ實相一ヲ故ニ不レ論レ之也。籤ノ釋ハ別
圓ノ中ニモ探ラハ此義可レ有ト釋也
(天玄五、五〇五。玄義取意)不起法忍 初住 信忍 初二三地 順忍 初住ト華嚴ニハ釋也 淨名疏ニハ十
信ト云云

16〔籤。提謂猶屬ニ顯露一未レ假ニ祕密一事〕(天玄五、五〇五)

問。提謂經ハ五時中ニハ何耶 如レ宗 (答缺)
進云。頭五(天玄五、五〇五。玄義)乳中殺人文 華嚴ノ攝ト云也。 付レ之。法門ハ只明ニ五
戒一得益ハ互ニ大小一ニ。何ソ華嚴ノ攝ナラン耶
答。方等ノ攝也。但至レ釋ハ華嚴ト云ニハ非。只是鹿苑已前ニシテ五
戒故ニ。鹿苑已前ヲ且ク乳ト云フト也
問。解釋中ニ付レ釋ニ不定教一ヲ。且提謂經ニ論ニ祕密不定一可レ
云耶
答。可レ論ニ祕密不定一
兩方不レ明。若論ニ祕密不定一ヲ云ハハ。披ニ妙樂大師ノ解釋一。提頭五
(同前)(「屬カ)謂猶ニ顯露一未レ假ニ祕密一文 若依レ之爾ト云ハハ。凡祕密ニ論ル
事ハ時トシテ無レ不ルコトレ遍。何ソ彼經ノ中ニ無ニシ祕密ノ得益一耶
答云云 提謂經ニ論ニ祕密一ヲ事ハ非レ可レ無。但至ニ妙樂ノ釋一ニ者。
學者ノ異義相分テ[主]ノ美ヲ恣ニスヒ。一ニハ本書ニ提謂經ニ不カレ論ニ祕
密一ヲ故ニ猶屬ニ顯露一ト釋也。惣シテ無ニハ祕密一ニ非ス。次ニハ彼釋ノ
意ハ。祕密教ト云事ハ。鹿苑ノ後ニ判レ之。鹿苑已前ニハ未レ有ニ
僧寶一故ニ未レ論ニ祕密一云事也。彼提謂經ノ中ニ一向非下無ト
祕密一云上可ニ答申一
難云。聞ニ戒善一得ニ無生忍一。尤可ニ祕密一ナル。約ニ聲聞一ニ云ハハ。
提謂ノ時ハ(二カ)三百人得ニ須陀洹一文 可レ有ニ聲聞一聞リ。何强約ニ
鹿苑一ニ耶
答。ノイテハ祕密ト可レ云。然トモ一家ハ約ニシテ鹿苑證果ノ聲聞一ニ
判ニル一代一意ニテ云也
難云。初ノ義殊以テ假令也。本書ニハ於ニ提謂經ニ不レ論ニ不定

教ヲ一故ト云事。サレハコソ本末共ニ不審ニテ有レ。今釋二不定教ヲ一事ハ互ニ諸經ニ釋レ之。何提謂經獨除レ之耶。次義又以不レ被レ得レ意。其故ハ提謂經ニ實ニ有ハ二祕密教一。何必鹿苑ノ後ニ可レ論二顯祕ノ二不定一耶。道理未二分明一耶

答。雖レ有ト二二義一。先任二一義ニ答申サハ。鹿苑後可レ論二不定教一云事。解釋分明也。所以ニ。頭五(天玄五、五〇五)提謂猶屬二顯露一未レ假二祕密一。故至鹿苑方分二顯祕一文 但至二道理ニ一者。玄文次上云。(同、四五一～六)奈苑之前不レ預二小乘ノ攝一ニ。何者爾時未レ有二僧寶一故云ヘリ。意ハ鹿苑ノ時。僧寶出現シテヨリ後鹿苑ノ二乘ニ相對ノ立二定教不定教ヲ一故ニ。鹿苑ヨリ已前ニハ二乘未レハ有。定不定教ヲ不レ可レ判云ヘル釋ノ意ナルヘシ

難云。猶以難レ思。其故ハ提謂經ノ中ニ無ト二不定教一云事。當處ノ解釋ニハ。(毒發)乳中殺人ヲ釋ルニ。頭五(同、五〇五)若如二提謂波利一。但聞二五戒一(得ナシカ)得不レ起二法忍一。三百人得二信忍一。四天王得二柔順忍一 ○ 住二於戒中一見二諸佛母一。卽是乳中殺人也文 正キ所引ノ經文ニ擧タリ二不定ノ得益ヲ一。豈ニ非二祕密ニ一耶如何

答。本書ノ乳中殺人引證ノ文○當レ可二顯露ナル一可レ得レ意也。

依レ之妙樂大師。(天玄五、五〇五)提謂猶屬顯露ト釋タマフ。本書。乳中殺人ノ引證ノ文ニ消タマフ也。但至レ難ニ者。略中殺人ノ文ニ顯露祕密ノ二種ヲ分別セリ。而ニ今ノ乳中殺人ノ文ニハ無二顯露祕密ノ分別一故ニ。妙樂大師。鹿苑已前ニ顯祕ノ二不定ト可レ有レ之故ニ。提謂經ヲハ屬二顯露ニ一釋也。再ヒ云ハン時ハ提謂經中ニ有ン。祕密不レ遮セ

難云。提謂經ノ得益ノ文ヘ何ニモ祕密不定ト可レ得レ心也。實ニ不レ對二鹿苑ノ二乘一ニハ。於二彼ノ經ノ一座ニ一祕密ト可レ云者也。依レ之玄文ノ次下云。頭二十七(天玄五、五七三)若論二聲聞一。一祕密合。二顯露合。祕密合者。初爲二提謂一說二五戒法一。已有下密語(悟カ)二無生忍一者上。況修多羅方等般若。豈無二密悟一文 妙樂受レ之。頭二十七(同、五七四)初祕中以二提謂一況二出三時一文 本末解釋。一同ニ以二提謂一爲二祕密一ト。今解釋。何前後相違ニシテ猶屬顯露ト釋タマフ耶

答云云 提謂經ニ一向無ト二祕密一云事ニハ非。雖レ有ト二祕密一鹿苑已前ナレハ屬二顯露一祕密トハ不レシト云釋也。今ハ對二鹿苑ノ二乘二一判二八教ヲ一教相ノ一筋也。惣シテ云ハン時ハ何ノ經ニカ無ン二祕密一。依レ之妙樂大師。(天玄一、一七〇)若以二祕密一橫被無二時不レ遍ト釋セリ。若爾ハ。

玄文次下ノ釋全ク非ニ相違一

尋云。不レ起ニ法忍一者。顯露ノ記歟
(天玄五、五七三)

答。玄云。已有下密悟ニ無生忍一者上文
(同、五〇五)

疑云。玄文ニハ。提謂波利。但聞五戒得不起法忍文 鑯受レ之。猶屬ニ顯露一文
(頭五)(得[ナシ]カ)(同前)

答。難ハ卽答也。既ニ聞ニ五戒一悟ニ無生忍一祕密ト聞ヘタリ。但至レ鑯者。約ニ小見一得ト初果ヲ可レ云歟。依レ之名疏二ニ。長者得ニ初果一文 四教義四云。提謂說ニ五戒一等者。人天教。是正因緣所生善法也。此已爲ニ三藏所攝一故文 此意也
(大正藏三八、五八六下)(一カ)(大正藏四六、七二四中。取意)(〇カ)(之カ)(並カ)(也[ナシ]カ)

尋云。提謂猶屬顯露ト釋ルハ。顯露不定ト云歟。將顯露定教ト云歟

答。雖ニ異義也一任ニ可義ノ意一ニ顯露定教ナル歟
(一カ)

難云。既ニ不定教ノ證據引レ之。顯露不定ト可レ云ナル如何

答。可ニ顯露定教一ルト云事ハ。彼經ノ本意以レ說ニ五戒一ヲ爲レ本ト。而ニ長者及四天王等ハ皆乍レ聞ニ五戒一非ニシテ五戒ノ得益一ニ顯リ大小乘ノ無漏ノ益一ヲ。若爾者。對レシテカ誰ニ是ヲ不定ト云ハン。但至ニ不定教ノ證據引クト云難一ニ者。是ハ毒發ノ不定ニ引レ之。全非ニ同聽異聞ノ淺深更互ノ不定一。仍非レ難ニ

難云。如ハ今義ニ提謂經ニ有ニ祕密教一云ル義ニハ背ク如何

答。不レ爾。提謂經ノ時佛有ニレハ三密四門無妨無礙ノ德一。祕密教モ可レ有レ之。而ニ提謂猶屬顯露ト云ハ。今ハ彼經ノ現文ニ付擧ルトニ得益ヲ一云事也。祕密得益ノ人ヲハ彼經ニハ不レ擧レ之。然トモ。若以祕密橫被無時不遍ノ心ニテ有ニトハ祕密教一答申也
(天玄一、一七〇)

尋云。已有密悟無生忍ト云ヘルハ。今ハ提謂經ニ擧タル無生忍ノ益歟

答。爾也

難云。若爾者。前ノ顯露定教ト入眼シツルニ違背セリ

答。彼ハ乍レ聞ニ五戒十善ノ法一ヲ入ニ大乘一ニ邊ヲ且密悟ト云也。眞實ノ祕密ニハ非ト可レ得レ心也

東云。提謂祕密ノ益者。提謂ニハ不レ見。寶積經ニ見リ。謂佛在ニ深山一。提謂頗利二人寶賣。下車等不レ進。空有レ聲可レ供ニ養佛一云云 爾時八億諸天共供得ニ無生一。願我獨佛最初供ト云カ故ニ知祕密教也。而ニ經文得益ニ有レ大。玄次下ノ釋ニハ。祕密合ト云ヒ。初爲提謂說五戒法。已有密悟等文
(大正藏十一、六四下。參照)(賈客カ)(天玄五、五七三)(同前)

名疏ノ二。（大正藏三八、五八六下）乃爲ニ提謂長者一論ニ（說カ）於戒一（〻五カ）○長者得ニ初果一文
四教義四（一カ）云。（大正藏四六、七二四中）問提謂經。說ニ五戒一明ニ人天善一。何意不レ開
爲ニ五教義一（〻並カ）也。（耶カ）（〻曰カ）而（〇カ）三藏教明ニ世間布施持戒禪定一。卽是人（善カ）（也カ）
天之教。是正因緣所生之法也。此已爲ニ三藏所攝一。故不レ
須レ爲レ五也文
賢抄云。提謂ハ祕密經也。其故寶積如レ上而經文得ニハ益有レ
大似ニ顯露一也。（天止二、二八二。弘決）但觀ニ諸經會未得道一。卽識ニ所說共別之
意一文故ニ本ト祕ナルヲ屬ニ顯露一也

17　籤云。（頭五）（天玄五、五〇五）故至鹿苑方分ニ顯祕一事

問。華嚴經ノ時ニ得ニ祕密ノ益一ヲ者有レ之耶
答。可レ有レ之
進云。如レ題
疑云。華嚴ニモ可レ有。何故至鹿苑ト云耶
答。華嚴ノ聞ニ祕密可レ有レ之。今ノ釋ハ約ニ鹿苑證果ノ聲聞一ニ
可レ得レ意也

18　玄。（天玄五、五〇六）八萬諸天得ニ法眼淨一事

問。鹿苑ノ時。八萬ノ諸天ノ法眼淨ノ益。是小乘歟如ニ第一卷一
答。可ニ小乘ナル一
兩方。若小乘ト云ハヽ。今ノ釋ニハ鹿苑ニ約シテ判ニ不定教一ヲ也。知
大乘ノ益也ト云事。爰以玄第一卷ニハ。（天玄一、一九〇）雖ニ五人證レ果不レ妨ニ
八萬諸天獲ニ無生忍一文若依レ之爾云者。四教義一ニハ。（大正藏四六、七二一中）八
萬諸天得ニ法眼淨一。但有ニ小乘得道一未レ有ニ大乘之益一文
答。甫云。今不定教ト者。是置毒也。祕密ハ無量ノ菩薩。得ルヲニ
無生忍一ヲ爲ニ不定一ト。八萬諸天ノ得ニ法眼淨一ヲ爲ルニハ不定一ト非
師云。此ノ義可レ然
尊云。同レ之。顯露定教。八萬ノ益ハ小乘也。今ノ釋ハ顯露不
定ノ邊ヲ釋也。第一卷ハ互相知ノ不定ヲ判ルカ故ニ。依ニ大論ノ
說ニ八萬得無生忍ノ文ヲハ引釋タレ。今ハ不レ然
大論三十四云。（大正藏二五、三一一中）一（〻初カ）比丘及諸（〻皆カ）天得レ道。而無ニ一人得ニ阿羅
漢及菩薩道一云（〻者カ）ヘリ

19　玄。（頭五）（天玄五、五〇六）若祕密教。無量菩薩得ニ無生忍一。（〻法カ）此是毒至ニ於
醍醐一而能殺レ人也事

問。大論ノ中ニ初轉法輪ノ時。祕密ニ無量ノ菩薩得ニト無生忍一ヲ
云ヘリ。爾者是ハ般若ノ得益歟

答。如レ題

付レ之。無量ノ菩薩得ニ無生法忍一。是聞ニ般若一ヲ所レ得也。非下聞ニ三藏一ヲ得上ニハ。何酪中殺人ト云耶

答。初轉法輪ノ時。二種ノ教有レ之。三藏ハ是顯。般若ハ是密也。佛意ハ其ノ體一也。故ニ般若ノ得益卽鹿苑ノ密益也。(天玄二、一九二)依レ之籖一云。引ニ大論顯祕ノ音聲一ヲ云。意(此カ)據レ別說。約レ體而論二義倶時。故今文中相卽而說ト云リ。甫 已上

師云。此義吉也

20 玄。頭五 (天玄五、五〇六～七) 方等般若ノ中見ニ佛性一以テ爲ニ不定教一事 取意

問。方等般若ノ中ニ置毒ノ不定ヲハ如何釋耶

答。如レ題

付レ之。方等般若ニ得ニ見スル佛性一ヲ是可ニ定教一ナル耶

答。方等般若。定教ト者。二乘ノ彈呵洮汰ノ益也。是則生熟蘇ノ益也。今既ニ生蘇中殺人ト云。約ニ菩薩ノ得見佛性一ニ尤有ニ其理一。但其中ノ方便ノ菩薩也 已上 甫

師云。此義吉

21 頭五 籖云。(天玄五、五〇七) 若祕密教二乘之人處處得レ入事

問。法華已前ノ顯露不定ニ明ニ二乘作佛一ヲ耶

答 (缺文)

若明ト云ハハ今ノ文。菩薩爾前ニ得ニ見ルヲ佛性一ヲ爲ニ顯露不定一ト。二乘處處ニ祕密ニ得入スト云ヘリ。若依レ之爾云ハハ。何顯露不定ニ不レ明レ之耶

答。設次第ニモ不定ニモ何顯露ニ論レ之耶。故ニ難非也

師云。祕密ト者。不待時法華也

問。法華ノ中ニ有ニ置毒ノ不定一ト可レ云耶

答。異義也。且任ニ一義ニ可レ有答申

兩方不レ明。若有ト云ハハ。解釋中互ニ諸經ニ置毒ノ不定ヲ判トハ云ヘトモ。法華中ニハ不レ釋レ之。若依レ之爾云ハハ。置毒ト者。昔ノ實相ノ毒。今正ニ發ルニ名リ。設法華ノ中也ト云ヘトモ。何無ニ置毒ノ義一耶

答云云 置毒ノ義ヲ可レ論也。依レ之一處ノ解釋中ニ（玄五）法華ノ得益ヲ釋トシテ。(天玄三、五三六) 今決ニ此權一令レ得レ顯レ實。卽是置ニ毒醍醐一云ヘリ。今妙樂ノ解釋ニハ。(天玄五、五〇七) 登地登住超斷ニ無明一亦名ニ不定一。是故名爲ニ醍醐殺人一云ヘリ

但至三解釋ニ二不レト擧レ之云難一ニ者。妙樂大師。頭五（天玄五、五〇七）不レ語二今經一
者。如二第一卷中分別一。今經無二不定一故文意ハ謂ク法華ハ八
教ノ中ノ不定教無キ邊ニ約シテ。法華ノ毒發ノ不定ヲモ不レ釋云也。
爾ト云テ無二トハ毒發ノ不定一不レ可レ得レ意
難云。妙樂大師ノ解釋。聊以不審也。今釋ルニ二置毒ノ不定一ヲ。
第一卷ノ淺深更互ノ不定。今ノ經ニ無ト例タマヘル事大ニ相違リ。凡
今ノ經ハ純圓一實ノ教ルカ故ニ。爭カ置毒不定可レ有。此本ココモト不審
也
答。於二今經一ニ可レト有二置毒ノ不定一云事。一家ノ解釋往（ㄱ一カ）云也。
依レ之弘決ノ第三ニ。（天止二、四四六）次第增道名レ之爲レ定。若超證者名爲二
不定一文是則本門ノ增道損生ノ利益ニ有二次第超入ノ不同一
約レシテ之定ヲ釋ル也。但至二妙樂大師ノ解釋一者。第一卷ノ中ニ
法華ハ純圓一實ノ經ルカ故ニ。（天文二、七九五下。文句記）偏圓互不相知ノ不定無レト之定ルカ
故ニ。今置毒ノ不定ニ於モ純圓ノ說ナレハ。淺教ノ根性ヨリ圓教ノ毒ノ
發ル不定ハ不レル可レ有意ニテ。如レ此釋也。法華ノ中ニ無二トハ毒發一
不レ可レ得レ意
難云。自レ本所レハ難ル亙ニテ五味一ニ置毒殺人ノ義ヲ釋レハ。其中ニ醍
醐殺人事ヲ云ハン時。淺深更互ノ不定無レハ之。聞二淺教一ヲ發二
實相ノ毒一義可レトハ有不レ可レ釋。妙樂大師ノ解釋何ニモ不審也
答。凡毒發ノ不定ト云事ハ。法華ニモ可レ有レ之。但至レハ難ニ法
華ヲ名二定教一ト。置毒ノ不定ヲ不レ釋。意ハ付二三周聲聞ノ次第
入一ルニ沙汰ル時ハ。二乘來ニ至法華一ニ。（天玄五、五〇七）定初住ニ次第入ルカ故ニ。
此ノ意ニテ本書ニモ。妙樂大師モ。如第一卷ト例釋云ヘル也。別シテ
於二法華ノ中一ニ再ヒ云ハン時ハ。頭五（天玄五、五〇七）若圓教中及別登地得レ入レ實者
不レ名二不定一。故不定名必在二方便一ト釋シテ。次第入ノ者ヲハ
不レ名二不定一トハ。自リ二方便ノ位一超ニ入センヲハ證位一ニ可レト名二ク不定一ト
釋ル也。故ニ一向法華ニ無二トハ置毒ノ義一不レ可レ得レ意
（私カ）祕云。置毒ノ不定ト云ハ。皆初住ノ悟ヲ云也。五味ノ中ニ明ハ
皆發二レハ初住一ヲ云也
難云。實ニ付二三周聲聞一ニ云ハン時ハ無二ト毒發ノ不定一云トモ。於二
餘疏一ニ毒發ノ義實ニ有ラハ。醍醐殺人ノ義於二法華一ニ可レ釋レ之。
況三周聲聞ノ中ニモ身子尊者ヲハ。解釋。疏五（天文三、一〇七四下）身子既是上根利智。
必是超入至（之歡カ）觀喜（圓ノ初地）地（地□カ）ト釋シテ。觀（歡カ）喜地超入ト許ス。豈ニ非ニ毒發ノ
義ニ耶。次又於二乳酪等ノ四味ノ中一ニ毒發ノ不定ヲ釋ルモ。違ニシテ鹿

苑ノ二乘ニ有ヲコソ得益一毒發トモ釋シ。法華ニモ三周ノ聲聞ハ毒發ニ非ス。於ニ餘人一尤可レ釋レ之。此ノ條條以テ不審也如何

答。此等難尤有ニ其謂一。能能可レ留レ心ヲ。所以ニ。法華ハ顯露定教ニシテ餘教ヲ交ル事無レ之故ニ。淺深更互ノ不定モ無。毒發ノ不定モ爾前ニハ異也ト可レ得レ心也。其故ハ爾前ニハ淺深更互ノ不定モ毒發ノ不定モ有トモレ之。對ルニ鹿苑ノ二乘ニ互不ニ相知一。今ノ經ニハ淺深更互ノ不定無故ニ。有トモニ毒發ノ不定一皆定教ト被レ云也。其故ハ淺ヨリ深位ニ赴ル事有トモレ之。三周聲聞互ニ不レ隔レ之。皆知レ之故ニ。(天玄一、二一四。玄義)今法華是顯露非祕密 乃至 是定非不定トハ記五釋ル也。次ニ疏ノ五ノ釋ハ。彼ハ妙樂○未ニ敢定判一(天文三、一〇七四下)故或二途等釋セリ。定量ノ釋ニハ可レ非可レ祕レ之

記四云。(天文二、七九五下)爾前偏圓互不ニ相知一。今至ニ此經一同入ニ一圓一。雖レ密而顯純一味故。但於ニ一座一有ニ待(ㇾ知カ)不待一。但彰灼受(授カ)ニ記二乘一。顯露分明說ニ長遠壽一。於ニ此(茲カ)一座一無レ不ニ聞知一。故名爲レ顯 文

難云。私云。爾前ニ異ニシテ顯露ニ顯ル故ニ。別シテ法華ニハ不レ釋トニ不定一ヲ云ル涅槃モ同ニ法華ニ不レ可レ釋。而ニ涅槃ニハ不定ノ有樣ニ釋セリ

答。涅槃ニハ有ニ四教一許カ故ニ有ニ不定一モ樣ヲ釋也。法華純圓ルカ故ニ不定ヲ不レ釋也

籤五云。(天玄三、五三六～七)開ニ三藏一故皆云ニ置毒一者。不レ同ニ不定昔時置(去カ)レ毒今方毒發一。今法華經非ニ不定教一。但是卽座聞ニ於開權一(諸カ)能破ニ無明一。義同ニ毒發一。談位不同。稍似ニ不定一。故借ニ置毒殺人之言一 文 此釋ハ法華毒發ト云ハ作事ト見ル證據也。住上超次沙汰ニテ可レ定也

難云。凡毒發不定ト云事。先世ノ聞法ノ種ト。今世ノ聞ニ淺教一ヲ爲レ緣ト。自ラ發レハコソ毒發ニテハ有レ。法華ハ是初ヨリ開會ヲ聞テ。一切衆生本來實相ト聞故ニ。能化ノ說教ニ說顯シテ開悟脫スルハ全非ニ毒發一ニハ。是ハ開會ニテコソ有レ。開會ヲ毒發ト云ハハ。毒發ト開會ト一歟別歟ハ宗要ノ算也。全不レ可レ亂。依レ之籤五云。(天玄三、五三六～七)不レ同ニ不定昔時置レ毒今方毒發一 ○ 如レ上 此ノ釋ハ全毒發不定無ト釋ル也如何

答。自レ本今經ニハ雖レ有ニ毒發不定一ハ爾前ニ異也。所以ニ。如レ難ノ聞ニ淺教一。先世ノ毒發名リニ毒發一ト。今ノ經ニハ先世ノ實相ノ毒ヲ發ル者ノ。聞ニ今ノ開會一ヲ皆開悟ス。是ヲ隨ニレハ開會ノ能說ニ非ニト

毒發不定云。約行者宿習不同邊名毒發不定故。處處釋隨開會設釋時無毒發不定云。隨行者宿習作釋時有毒發不定云也。是可祕藏處處釋相違樣。此二心以可落居者也

止觀記第三云。私謂。法華亦有不定義。於一教中四發不定故。今云法華名定者。從法華聞教入三教人。故言發破無明取果爲發云

決三云。三乘薄地（家博カ）聞教名爲教發。內外凡位名爲行發。至聖位發名爲四（四?カ）證發 文 （天止二、四四九）

圓三十九　釋圓五味下　（天玄五、六〇二）

籤十次下云。教雖是頓。由發不定。卽是後（從カ）十二部教。發卽不定。卽是頓中不定教也。亦有超位以爲圓中之頓也○五品外凡。未得名發。應以斷惑高下而判位也。應（云カ）之初信如乳。二信至七信如酪。八九十信如生熟蘇。始從初住。終至妙覺。並（如カ）爲醍醐。約此五味又（復カ）論不定 文

示云。於發義不同在也。決三六卽配立也。籤十七位配立也。可思之

一義云。法華無毒發不定云也。是能化邊說不許故。籤五云 如上 凡毒發者。藏通在之。別圓無之可定也。其故毒者。實相也。先世聞實相。今生習藏通者先世實相俄發毒發云也。別圓初心聞實相故。不慮毒發非。仍處處釋於別圓釋毒發。或教教毒發釋。或教行證毒發釋。ナントシタル皆作事可得心。若得此意毒發有云無云無相違事

難云。法華自淺位超至深位可毒發義。何毒發不云耶

答。毒發者。聞淺教不慮至深教也。法華初深教（天玄三、五三七）也。故非毒發。但處處釋作事也。依之籤五云。今法華非（ㇾ經カ）不定教 文

尋云。若爾者。涅槃經自初聞佛性。何有毒發耶

答。彼說四教故亦有毒發云也

示云。法華涅槃共作事云也。然法華不云初聞

實相ヲ一故也。涅槃ニ毒發ヲ釋ルハ作事ナレトモ有ニ四教一故也

師云。法華ニモ有ニ毒發ノ不定一可レ云也。處處ノ釋爾カ見リ。但至ニ今釋ニ醍醐殺人ヲ於ニ法華ニ不レ釋ニ者。是ハ三周ノ聲聞來ニ至スレハ法華ニ必定シテ入テ初住ニ無ニ不定一故也。約シテハ餘人ニ可レ有レ之。又以ニ開會ヲ爲ルニ毒發ト意ナラハ無ニ不定一故也。約シテハ餘人ニ可レ有レ之。又以ニ開會ヲ爲ルニ毒發ト意ナラハ三周ノ聲聞モ毒發ノ義也

問。解釋中ニ判下セリ大經ニ有ルニ不定教一事上ヲ。爾者引ニ大經ノ何ル文一證レトカ之可レ云耶

答。頭五(天玄五、五〇七。玄義)鈍根聲聞開ニ發惠眼一等ノ文ヲ引ケル也

爾也。　付レ之。鈍根ノ二乘開發惠眼ノ文ハ定教ノ意ナルヘシ。有テカニ何ル故一爲タマフニ不定教ノ證據ト一耶

答云云　任リニ解釋ノ所引一ニ。但至レ難ニ既ニ鈍根聲聞ト云カ故ニ。法華ニ不シテレ解涅槃ノ座ニ來至セル二乘。淺ヨリ超テ無生忍ニ叶スル故ニ。不定教ト得レ意尤有トニ其謂一可ニ答申一

示云。開ニ發惠眼一者。二乘ノ惠眼ヲ開發スレハ成トニ佛眼一ト云事也。玄ノ二ニ見タリ

難云。以レ何得レ知ルコト鈍根ノ二乘ト云ヘル。法華ノ座ニ過タル人也トハ。又設法華ノ座ヲ過ト云トモ。涅槃ノ時ニ次第入シテ開發惠眼ト被レ云ニモ有ラン。何毒發ノ不定ト得レ意ン耶

答。是ハ私ノ會通ヲ可レ存ニ非。妙樂大師。(天玄五、五〇七)鈍根二乘等者。應下於ニ法華一皆得中悟入上。若至ニ涅槃一乃是鈍中之鈍。此如ニ五千一復成ニ不定一文　既ニ是五千退座ノ二乘ト云カ故ニ。五千ノ聲聞ハ法華ノ時。小乘ノ四善根ノ位ニ不レ入人ト定ルカ故ニ。此等聲聞涅槃ノ時。直ニ開ニ發惠眼一スレハ毒發ノ不定ト釋タマフ也

難云。大經ノ鈍根二乘開發惠眼ノ文以テカレ何ヲ知也。法華五千退座ノ聲聞ト云事ハ。誰カ判ル涅槃經ノ時。初テ來極果ノ聲聞。機緣熟ノ次第ニ入ニモヤ初住ニ有ン。何ソ不定ト釋タマフ耶

答。大經ノ文ハ法華ノ座ヲ經タル聲聞也ト見ルカ故ニ。住果ノ聲聞ハ法華ニ不レハレ過。五千退座ノ聲聞ノ法華ヲ過タル人ナレハ。指レ之鈍根ノ二乘ノ者ソト釋タマフ也

難云。五千ノ聲聞。涅槃時聞テ機熟スル故ニコソ次第シテ初住ニ入ラメ。何ソ超越證ノ毒發ノ不定ト可レ得レ心。依レ之玄文次下ニハ後番ノ般若ヲ釋トシテ。(天玄五、五五二)若五千自起。人天被移皆是後熟。

涅槃中收文既ニ後番ノ般若ニ洮汰シテ次第入ニ初住ニ一見リ。何ソ不定ト釋耶

答。五千ノ聲聞。法華ノ時二乘外凡人ナレハ。時節不レシテ久涅槃ノ中ニシテ得道ストヘハ。小乘ノ位モ未タシテレ入ニ極果一ニモ。而洮汰ヲ蒙テ涅槃ノ名字卽ノ位ニ入。初住ノ惠眼開發スト覺リ。故ニ毒發ト釋道理ニ叶フ涅槃ノ時蒙フル二洮汰一ヲ者ナレトモ。圓教ノ初心ニシテ深位ニ超越セハ豈ニ非ニ不定教一ニ

難云。五千ノ聲聞。八箇年閒ニ何不レ得ニ羅漢一ヲ耶。又涅槃ノ中ニシテモ次第入ノ者ナルヘシ。何ソ不定教ト得レ心耶

答。實事ハ得ニルル羅漢一ヲ事モヤ有ン。又次第入ニモヤ有ン。今ハ何ノ處ニモ五千聲聞叶ニ極果一ニ云事不レ見。又次第トモ經文ニ不レ見。只鈍根二乘開發惠眼ト云ハ。任ニ經文一ニ不定教トハ釋ル也。其ノ實事ヲハ尤可レ難カルレ探リ

難云。若爾者。五千聲聞人天被移ノ者ハ。聲聞酪中殺人。人天ハ乳中殺人也。何醍醐殺人ノ證據ニ出耶

答。此ノ難非也。今ハ毒發ノ不定ト云ハ約ニ經ノ大意一ニ云事。所以ニ。乳中殺人ト云ハ說ニ五戒十善一ヲ。經ヲ聞テ悟ニレハ大乘一ヲ乳中殺人云ヒ。阿含唯小ノ經ニ大乘ノ毒發レハ酪中殺人ト云也。乃至涅槃モ惣相ノ醍醐味ノ經ナルニ。淺位ヨリ超深位ニ入故ニ毒發ト云事也。依レ之籤五（十カ）云。至ニ涅槃中一得レ聞レ常。破ニ於無明一（天玄五、五〇七）（「方カ）亦屬ニ不定一文。此等ハ皆發ノ不定ト名ルカ故ニ。既ニ聞レ常ヲ破ニ無明一故ニ醍醐殺人ト云也。今ハ付ニ如來所說一ニ云也。若約ニシ行者一ニ時ハ實ニ乳中殺人トモ。乃至酪中殺人トモ可レ云。其故ハ約ニ行者一ニ五味ヲ廢立ル事有レ之故ニ。其時ハ以ニ五時一ヲ對ニ五味一ニ一一ニ毒發ヲ判ス。處處解釋有レ之。（止ノ三。玄五）今ハ不レ爾也

尋云。五千ノ聲聞。正於ニ涅槃中一ニ得度スト云ルハ。經文ニ證據有レ之歟

答。古ヨリ尋ル也。慥ナル文ヲハ不レ得。一ノ相傳ニ別ノ證據ヲ不レ可レ尋。鈍根二乘（聲聞カ）開發惠眼ノ文也。（天玄五、五〇七）其故ハ妙樂。應下於ニ法華一皆（同前）得中悟入上。若至ニ涅槃一乃是鈍中之鈍。此如ニ五千一復成ニ不定一文。鈍根ノ二乘ト得レ心。若涅槃ノ時橫ニ來者ナラハ別ニ鈍根トハ不レ可レ云。故ニ知鈍根ト云ルヽ。法華ニ皆可レ悟者ヲ。涅槃マテハスリサカリタレハコソ鈍根トハ被レ云。若爾ハ。此等鈍根ノ者ト云ハ正ク五千退座ノ者コソ。法華ヲハ略開三計聞。廣開三ヲ不レ聞

者ナレハ。此ヲ鈍根二乘ト可レ云トナル釋タマフ也。可レ祕レ之
疏四云。(天文二、八一八下)問五千在レ座卽不レ蒙レ益。去有二何益一。答此非二當
機一。是結緣人耳 文
尋云。涅槃經ハ悉有佛性經也。何有二毒發不定一耶
答。鈍根ノ二乘於二淺位一ニ悟二實相一ヲ。何ソ不レ名二毒發一ニ耶
難云。法華ニモ淺位ヨリ實相ヲ悟ル。是不定ト可レ云歟
答。涅槃ニハ有二四教一。故前三教ヲ聞發レ毒ヲ。法華ハ初ヨリ一圓
也。故ニ無二不定教一超ニ入ル深位ニ一意ナラハ法華ニモ此義可レ有
也。(天玄五、五〇七。釋籤)登地登住超斷無明亦名不定ト云ヘル此意也

22 籤云。(天玄五、五〇七)若圓教中及別登地得レ入レ實者不レ名二不定一
事

問。圓教ノ住前人ニ有二毒發ノ不定一耶
答。以レ義云ハハ可レ有レ之
若有ト云ハハ今ノ釋如レ題。若依レ之爾ト云ハハ。於二住前一ニ何ソ無二
毒發ノ義一耶。依レ之籤次下ニ。圓教ノ五味ニ有二毒發一ト釋セリ如
何
答。如二權教一ノ不レ可レ有レ之。若以二義立一ヲ云ハハ可レ有レ之。

如シ下前ノ法華ニ有二不定一歟ノ論義ニ出上ルカ之

23 籤云。(頭六)(天玄五、五〇七)又登地登住超斷二無明一亦名二不定一事

疑云。何住前ニ毒發義無ン耶。依レ之處處釋ニ於二住前一ニ毒發
可レ有レ之見リ
答。今ノ釋ハ。(無量義。千手。金光明)諸經論ニ於二住上一ニ超登スル事ハ見タレトモ。住前ニ超ノ
義不レ見故ニ爾カ釋ル也。此ノ經ハ赴機ノ異說也。以二實義一ヲ(同、
云ハハ住前ニモ超ノ義有也。餘處ノ釋此意也。故ニ籤次下ニ。教
五九九)道無レ超。證道亦有 文
尋云。別教ハ次第隔歷ナルカ故ニ。地前ニ超ノ義ヲ不レ許ト云ハハ。何ソ
三藏ノ淺教實相ノ毒ヲ發ル事ヲ許耶
答。自レ本藏通不ルニレ聞二中道ヲ一發レハコソ毒ヲ毒發トハ云ヘ。別教ハ
初心ニ知ル二中道ヲ一故ニ毒發トハ不レ云也。又作事ニテ云ハハ毒發可レ
有レ之
尋云。(天文二、七七五上。文句)眞修體顯レハ卽無二差降一。(「文カ)何ソ有ン二地上ニ超次ノ不同一耶
答。如二三周義ノ抄一

24 約二觀門一下(天玄五、五〇九)

問。漸次止觀ノ行者。經二七ニ方便位ヲ一耶

答。可レ經也 如ニ止一ノ
兩方。若經ト云ハハ。一心三觀ノ行者ナリ。何可レ經レ之耶。若
依レ之爾ト云ハハ。今ノ釋ニ阿那波十二門禪。觀練薰修。觀ニ十（四禪。四無色。四無量心）（ア那カ）
二因緣一等如レ此立ニ七方便ノ行ヲ見リ
答。漸次ノ行者。七方便ヲ行テ擧ルヲ助緣ニ。今ノ解釋ハ判ル也。
實ニ彼ノ二乘ト成ル事ハ無レ之也
難云。設爲ルトモ助緣ト其心地ハ皆有ニ七方便一故ニ。且クナリト
モ可レ成ニ二乘ト也
答。只助緣トコソ成レ。實ニ成ル二乘等ト事ハ無レ之。只行計コソ借
用シテハ有レ。住ニ彼ノ心地ニ斷ル煩惱ヲ事ハ無レ之。爰以止一云。（天止一、七七）（ア文カ）
俱緣ニ實相一同名ニ止觀一。是三種ノ止觀ヲ釋ル也
頭六 籤十云。故彼三種初皆知レ圓 文（天玄五、五〇九）
止一云。唯授ニ天台圓頓之理一。約レ行須下以ニ漸不定一助上 文（弘カ）（天止一、九一）
決三云。實不三保レ權以爲ニ究竟一云ヘリ（天止二、四〇一）
籤云。又三種不同 文 此ハ上ノ教ノ下ノ漸次ノ釋。一ニハ從ニ十二（天玄五、五一二）
部經一等。二ハ始自ニ人天一等。三ニハ中閒等ノ三重ノ文段ヲ指
也

25 不定觀事（天玄五、五一二。玄義）

義云。此ノ不定觀ハ止觀ノ不定ニハ異也。所以ニ。今以テ藏通等
觀ヲ發ル圓教ノ悟ヲ也。此ハ付ニ行者ニ不定也。上ノ不定ハ說教ノ
不定也。所レ悟ハ圓教ノ住上ニ入也。止觀ノ不定ハ圓頓ノ行。漸
次ノ行互ニ用也。仍テ止觀ハ行ノ不定也。今ハ發ノ不定也。止
觀ハ釋ニ行位ヲ。今ハ證位ノ不定ヲ釋也
頭六 籤云。既云ニ天台傳於南岳一。不レ可三得レ師傳ニ於所發一是故（同、五〇九）（從カ）
不レ同 文
示云。不定ニハ有ニ六種一。一ニハ二味相對ノ不定。二ニハ一味ノ不
定。三ニハ此座十方相對。四ニハ祕密不定。五ニハ毒發不定 教觀ノ
二種不定也 六ニハ不定止觀 止觀
頭八 玄云。各作ニ三意一者。信行法行ニ各有ト頓漸不定一云事也。（同、五一三）
信行ト者。前ノ教門ノ下也。法行ト者。前ノ觀門ノ下也
備云。籤ニ或對或並ハ分ニ別ルヲ淺深ヲ曰レ對ト。一音普ク被曰レ（卍續四四、三三八丁左下）（籤㊦カ）（等カ）（般若㊦カ）
並ト。斥ニ奪スルヲ偏小ヲ爲レ破ト。融ニ通諸法一爲ニ般若會一。教足（方等）（華嚴。阿含。般若。法華）
爲レ盈。教闕爲レ縮 文（缺カ）
頭七 玄云。有作四諦 三藏四諦 體假入空四諦 通教四諦（天玄五、五一二。取意）

尋云。別教菩薩。知無量苦集耶如何
答。有情類所有無量也。螻蟻蚊虻苦集皆知可治樣學。故經無量劫學也
26 頭八 玄云。法華般舟等四種三昧事（天玄五、五一二）法華ハ半行半坐三昧。般若（若ナシカ）舟ハ常行。此云佛立三昧
27 頭八 玄云。無有一科而不異諸法師也事（同、五一三）（文缺）
意ハ南三北七學匠四教五時立事ハ異也云事也
28 頭八 玄云。歷前諸觀等事（同前）
此ヲ大段ヲシ分教觀分別可得意。上不定觀ハ諸經（教歟イ）無異。今不定觀ハ宗門異也
示云。此對五時四教數息等乳味。三藏四諦酪。通四諦生蘇。別四諦熟蘇。圓四諦醍醐也
問。玄文付釋三種觀。且不定觀如何釋耶
答。玄云。頭八 修中道自性等禪正觀學無作四聖諦○得無生忍。即是醍醐行中殺人也 文（同、五一二）
付之。修中道禪發無生忍云ハ修證相順。此ハ次第觀意也。何不定觀云耶

答。今不定云ハ約昔所聞發故。修中道禪雖學無作四諦豁然忽悟得無生忍。即爲醍醐中殺人也。圓行修。圓觀學スレトモ。付之忽發昔毒方取爲殺人不定歟
29 第一第十不定教不同事
尋云。第一卷ハ淺深更互不定也。然其中聞淺教實相悟開。第十卷毒發三藏教聞發ルトハ實相毒只是同事也。有何不同耶
示云。第十ハ昔大乘結緣。今生習小乘佛。小乘教程僅實相毒不慮外得心也。第一卷ハ大小乘機並座居。佛同時大小乘並說機。初各一教受取大小乘悟開也。此ハ不慮事ニハ非。仍遙異也。而不定云事ハ。大乘機ハ一切人。如我習大乘思程餘人ハ小乘習也。又小機准上可得心故不定被得心也
30 頭九 籤云。更須約教事（天玄五、五一三）
備云。更須約教。頓漸不定三大綱中雖有對並等義。（卍續四四、三三八丁左下）

須レ約ニ化他(法カ)ノ四教一ニ。教教ニ各有リニ頓漸等ノ三一。如ニ下文ノ玄ノ中ニ云(云ヒカ)ルカ今當教ヲ爲判(各カ)ニ五味ノ文是ナリ　文

31　頭六　籤云。頓觀一種全同ニ止觀一。漸及不定小分(少カ)不同事（天玄五、五〇九）

問。止觀ノ頓觀ト者。唯佛ノ道。開權ノ妙觀也。今文頓觀ト者。諸部ノ圓ノ上ノ頓教ノ文ニ可レ亙。約ニ諸部ノ圓一故ニ。若爾者。何全同ト云ン耶。次ニ今ノ漸觀者。初發心ヨリ爲ノ圓極ノ故ニ修ニ阿那波那十二門禪等一ヲ。全漸次止觀ト不レ異。何不同ト云ン耶。又不定觀ノ異ル樣如何

答。今ノ文頓教頓觀。何必同ン。例如ニ漸教漸觀不同一ルカ。所以ニ。頓教ト者。例類ノ通ニ諸部ノ圓一ニ約シテニ教門一ニ判レ之。頓觀ト者。證道ノ實義依ニ法華ニ論レ之故ニ。玄ニハ。頭六（天玄五、五〇九）其意具(了在カ)止觀　文　但類例ノ頓モ依ニ法華ニ判ニ一代ヲ故ニ大ニ異ルニハ非歟。次ニ漸觀ト者。其意實ニハ同歟。但文ニハ歸戒等ヲ略ル故ニ小分ノ不同アル歟。次ニ今不定ト者。發ノ不定也。止觀ハ修行不定也。故ニ異ル歟

32　頭九　二引ニ三ノ文證一下（同前）（天玄五、五一四）

籤云。無量義重敍ニ於開一。爲レ合作レ由事

無量義者。實相也。此ノ實相ハ只華嚴阿含等也。而テ爲ニ法華ニテ開會シカ重テ說ト一法出生ノ重ヲ云事也。是ハ已說ノ經ノ經ヲ重テ舉ト云事也

頭九　玄。引ニ三文證一事

問。玄文ノ中ニ付レ證ニ頓等ノ三教ヲ引ニ無量義經等ノ文一。爾者其中ニ涅槃經ノ五味相生ノ文ヲ引耶

答。不レ引レ之

疑云。五味相生ノ文上漸教ニ乍レ引キ之。引證ノ文ニ何不レ引レ之耶

答。此ノ疑非也。方便。無量義。信解品ノ三文ヲ引ク。卽涅槃ノ五味相生ノ文自ラ附合セリ。所以ニ。引ニ三文一卽涅槃ノ五味ヲ引合ト見ルカ故也

師云。此義吉

33　頭十　玄。法身眷屬。如ニ陰雲籠レ月共降ニ母胎一事（天玄五、五二一）

問。釋迦。都率ヨリ下テ胎託(託カ)ル時。餘ノ眷屬ハ誰人ノ胎ニ詑(託カ)耶　同時ニ各各胎義一提婆。斛飯ノ胎ニ處ルカ如シ

答。如レ題

付レ之。上ノ第六卷ノ中ニハ。（天玄四、一九二）散ニ降餘胎一人(人カ)　文

答。薗云。共胎者各母胎歟

有カ云。法身ノ眷屬無礙也。或ハ隨ニ遂ノ佛ニ同一胎ニ處ルモ有リ。或ハ爲レ化セン餘類ヲ有ニ餘胎ニ處ルモ歟

師云。何ノ義モ無ニ相違一。彼此ノ胎内圓融シテ如ニ虚空説法一也
問。玄文ノ中ニ引ニ方便品。信解品ノ無量義ノ文ヲ一。爾者上ニ
所レ擧三ノ大綱ヲ證スト可レ云耶（頭九）
答。籤云。證ニ三大綱一　文（天玄五、五一四）
付レ之。上ニ所レ擧三ノ大綱者。頓漸不定併互ルニ五時ニ也。然ニ
所レ引方便品等ノ文ハ。華嚴。中間三昧（味カ）。漸教ノ次第也。只是
第一卷ニ所レ釋ル頓漸ノ次第ニ相叶ヘリ。爾者籤ノ釋難レ思如何
答。自レ本任ニ籤ノ釋一。但至レ難ニ上ニ所レ擧頓漸不定ノ三ノ大
綱ノ中ニ漸教ヲ釋ニ。涅槃經ノ從レ佛出ニ十二部經一等ノ五味相
生ノ文ヲ引ケリ。此ノ文ハ漸教ノ雖ニ證據ナリト一。即五味相生ノ次第
頓漸ハ如ニ第一卷一故ニ。此ノ文ニ頓漸不定具足スレハ證トシテレ之。
引ニ方便品等ノ文ヲ一也。故證三大（大乃カ）大綱ト云ル尤有ニ其謂一
難云。涅槃經ノ文ハ頓漸ノ二教ハ分明ナレトモ不定教ハ無レ之。如
何ソ證三大綱ト云ル耶
答。自レ本不定教ハ列ニ階位一無シ。只約ニ頓漸ニ明ニ毒發ノ不
定一故有ニ頓漸ト一許サハ。自然ニ不定教ハ顯ルル者耶
籤下云。（天玄五、五六五）今家五味次第。唯用ニ大經一。爲レ有ニ所據一。然諸教

意散在ニ諸經一。大經之文。但略結ニ示前諸教（五時）一耳（了文カ）。是ハ依ニ涅
槃經ノ文ニ五味ノ次第ヲ立ト云釋也。謂ク從佛等ノ文也
尋云。涅槃經ニモ五味次第ヲ説ハ漸頓不定ノ三大綱聞リ。何ソ
强ニ無量義。方便。信解品ノ三文計リヲ引ケル耶
示云。如來説教ノ大意有ニ法華ニ故ニ引レ之也。依レ之當卷ノ
始ニ。（天玄五、三六八）若ニ涅槃一在レ後。略斥ニ三修一。粗點ニ五味一。亦不ニ委説ニ
如來置教原始結要之終一。凡此諸經皆是逗ニ會他意一。令ニ他
得レ益。不レ談（譚カ）ニ佛意一　文
問。玄文中ニ證トシテ頓等ノ三教ヲ引ニ方便。無量義。信解ノ三
文一。且引ニ（天玄五、五一四）方便品ノ何ル文ヲ。阿含ノ前ニ説ニ華嚴ヲ事ヲ證ル耶
答。我始坐道場（念カ）○尋令過去佛等ノ文ヲ引也
疑云。我始坐等ノ文ハ。忽ニ説ニ華嚴一不レ見。三七日ノ思惟ハ
文雖レ可トレ説ニ三乘一。彼時説ト華嚴ヲ見ル。此證文返テ有レ疑如
何
答。今引證ハ華嚴ノ説不説ハ難カタクシテレ知リ引キタマフニハ非。只涅槃經ノ
相生ノ文ニテ五時ノ説教必定シツ。其上ニ寄ルレ文時。阿含ノ前キ
三七日ノ思惟ハ是當ルトニ華嚴時ニ得レ意給也。坐シテニ道場ニ三七

日ノ間不ニシテ説法一始テ思惟シタマハハ。佛無ニ法身地ノ照機一成ヌ。小乘ノ機見ヲ云時思惟ト説ニテコソ有レ。爲ニ華嚴頓大ノ機ノ（法カ）說ニタマフト華嚴一云事ハ無レ諍。爰以序品。聖主師子演説經典。（天玄五、五二三。玄義）乃至若人遭苦。爲説涅槃ノ文ヲ以テ顯シタマヘリ此意一ヲ 已上新懐

師云。今三文ノ引證ハ。只是法華一部ハ五時具足ト云事ヲ肝心トシテ釋スル也。該通一部ト云釋可レ思レ之

34 玄云。而八億諸天來下聽レ法。發ニ菩提心一事 引ニ無量義一（天玄五、五三三）

問。無量義經ノ此文ハ顯露歟。將祕密歟

答。可ニ顯露不定一ル

若爾ト云ハハ。聞ニ小法一悟ニ大乘一ヲ。豈ニ非ニ祕密ニ耶。若依レ之爾ト云ハハ。無量義經。顯露ノ經ニ載レ之。知。顯露也ト云事ヲ

答。非ニ論義一。設雖ニ祕密也一ト無量義經等ハ顯露大乘ノ經ナレハ豈不レ載レ之耶。例如下阿含ノ八萬諸天得ニタルヲ大乘ノ益一ヲ大品經ニ載ヒルカ之

疑云。大品經ニモ八萬ノ諸天トコソ云ヘ。今何八億ト云耶（大正藏三三、五三〇中。取意）（〔〇カ）

答。經異説機見ノ不同歟。普曜經ニハ。初轉ニ法輪一時。六十億諸天得ニ法眼淨一 文 或ハ謂ク大數小數ノ不同歟

問。玄文ニ引ニ無量義經ノ摩訶般若等文一。其得益ノ相ヲハ如何判耶

頭十四 玄云。百千比丘無量衆生。發ニ菩提心一。或住ニ聲聞一等 文（天玄五、五三三）

付レ之。見ニ本經一ヲ。摩訶般若等ノ下ニ無量衆生トハ不レ云。今何如レ此引釋耶

答。文ノ亂脱歟。上ノ演説玄深（甚カ）十二因緣ト云下ハ有ニ此文一

問。玄文引ニ無量義經一判ニ頓漸二教一引ニ何文一證ニ頓教一耶

頭十四 玄云。佛眼觀ニ一切法。卽是頓法 文（天玄五、五三四）

付レ之。佛觀ニ一切一云ハ惣シテ鑒ニ説教一義也。以レ之引シテ不レ可レ爲ニ頓教一ト者耶

答。佛眼ト云ハ中道。眼（〔佛カ）觀一切法ト云ハ中道所觀ヲ擧也。故ニ以ニ佛眼觀一切法ノ文一證レ頓ヲ有ニ其謂一

35 頭十六 玄云。大品或説ニ無常無我一事（天玄五、五三八）

疑云。般若何説ニ無常一耶

答。以藏助通ノ意ニテ如レ此説ル歟 仁王經ノ四非常ノ偈等是也

36 (頭十六)籤云。若准(準カ)深密普曜等事 (天玄五、五一五)

問。妙樂大師ノ釋中ニ引ニ地論。深密。普曜。大論等ノ文一。如來說ニタマフ華嚴一時分ノ不同ノ相ヲ釋セリ。爾者此等ノ說ヲハ宗家許レ之耶

答。有ニ許邊一

疑云。若許ト云ハヽ。一家ハ成道ノ始ヨリ三七日ノ閒說レ之。今ノ所引ノ經。彼論ハ併不レ叶ニ宗家ノ釋一ニ。豈不レ破レ之耶。若依レ之爾ト云ハヽ。雖レ擧ニ此等ノ異說ヲ一無ニ能破ノ文一。況智論ハ是一家ノ依憑豈破レ之耶

答。一家ハ是以ニ法華一爲ニ依憑一ト。仍以ニ三七日ノ思惟ヲ一。華嚴所說ノ時分ノ顯。仍餘ノ經論ハ一機一會ノ說ナレハ。一家ノ大綱ノ證ニ不レ能ハ。仍一機一緣ノ說ナレハ。望ニ法華一時不モレ許レ之有レン之。又悉檀ノ隨宜ノ一說ナレハ强ニ不モレ破レ之有ン。雖レ引ト不ニ依用一也。又不レ破レ之 新懷

問。初七日ヨリ說ニ華嚴經ヲ一耶 華嚴宗ノ一算

答。難レ測。說レ之歟

兩方。若說ト云ハヽ。十地論 天親 思ニ惟(〇カ)因緣一(行カ)(「行カ)故。初七日不說(「思惟カ) (大正藏二六、一二四上。取意)法ト述タリ。若依レ之爾ト云ハヽ。華嚴ハ逗ニ厚殖善根ノ機性一ニ。何初七日ヨリ速ニ不レ說耶

爰以(頭十)籤云。在ニ法身地一佛眼洞覽。豈止道場淹ニ留三七日(日カ)一 (天玄五、五一五) 文

如何

答 云云 既爲下厚殖ニ善根一機上感ニ斯頓說一。佛日先ツ照ニトイフ菩薩ノ高山一時。何至マテニ第二七日一ニ不ニ說法一耶。故ニ初七日ヨリ速ニ可レ說ニ華嚴一也。但至ニ十地論ノ文一者。彼ハ擧ニ機見不同一也 云云

探玄記五云。彼論經中爲ニ論主別釋ニ此品一。一部別行。是故取(取カ)ニ此經初如是我聞一致ニ此品首一也。又彼中言ニ第二七日一者所(「始カ)經初成正覺之文。今此中無者何(以カ)ニ經初有一故。同是一部故既大(大カ)經初始成則是論經二七日(日カ)。明知華嚴一部惣是第二七日同時說也。若不レ爾者此品之初何不ニ別安ニ二七日(日カ)之言一。豈此品初脫ニ彼文一耶。是故當レ知。有人意判ニ華嚴七(十カ)地已前諸會是初七日說。唯十地品爲ニ第二七日說一者恐不レ准(順カ)レ文也。又地論主釋ニ初七日但思惟行因緣行自受法樂元未ニ說法一。是故名ニ初時及勝處說一。故知初 (大正藏三五、一二七八下～九上)

七非レ說。爾時卽是二七之時勝也(「顯時カ) 文
十地論一云。第二七日。(大正藏二六、一二三中～四上)在二他自在天中一(「化カ)○論曰。云何故(云囚カ)
不二初七日說一。思二惟行三(「行カ)因緣一故。爲二利他一(「本カ)成道。何(○カ」)七日(「故カ)
思惟不レ說○大法樂故。何故顯二已法樂一。爲レ令下衆生於二
如來所一增中長愛欲(敬カ)心上故。復捨二如レ是妙樂一非三(悲カ)愍衆生一
爲說レ法故 文
一義云。第二七日ヨリ說レ之。依レ之十地論ニ正ク第二七日ニ
說ト云故ニ以レ之爲レ證ト。今ノ籤ニモ引二テ新疏一第二七日ト云
說ヲ承用ストス覺リ不レ破也故(之カ)也。於三七日中ト云ルハ只是三七
日ノ思惟ノ時分ニ說二華嚴一ヲ云也。サレハ十地第二七日ト定
判セリ。東春。明曠。又本朝人師先德。皆第二七日ト云ヘリ
一義云。如日初出ト云ルハ爲二大機一ノ初七日ヨリ說レタマフ之。初七
日空ク不レ可レ過。於三七日中等云ヘルハ爲二小機一只思惟ト
也。但十地論。十地品計カ第二七日ニテ有也。十地品ハ第六
會ナレハ其レ已前ノ五會ハ初七日ノ說ナルヘシ
(天玄五、五一六～七。玄義私記參照)僧侶云。五十七日寂不說法者。此亦他相(化カ)不レ同。隨レ機異レ
唱。依二華嚴大本一初成卽說。依二地論中一第二七(「日カ)說。乃至

此經論不同者。普(並カ)隨レ機見聞異也。旣(「已上カ)有二大品(本カ)證一。故知亦
有二初七日說一ト云事 文
守護章上ノ上 山家釋云。入法界會當ルニ轉教ノ時一ニ。(傳全二、二〇二)第二七日。專在二(未カ)聲聞一。
給孤獨薗。是造(豈至カ)二二七日前一耶。但十地品ノ會。第二七日。
餘會未二必然一。以二海印ノ前後一故。同印ニ過スニ未ノ事一ヲ 文 過去ヲ
過ル故ニ。知ヌ。初七日。又說レト經聞リ
難云。此ノ釋ハ三世一念ニ有ル故ニ卽指二三際一也。如下初七
日ニ說ニハ華嚴ヲ一非上也
問。華嚴第八會ハ三七日ノ內歟。若內ト云ハハ籤(記カ)云。此乃義(天文二、八一九下)
當二轉教時一也云ヘリ。若爾ト云ハハ。頭十(天玄五、五一五)有人(「○カ)第九會別時說ト云テ。
探玄記ニハ破レ之。妙樂ハ引二用之一。知。三七日ノ內ト聞リ
答。守護章云。(傳全二、二〇五)雖二海印三昧。同時具足一。然三世隔異。都(不ニカ」)雜
亂一 文 凡第八逝多林會ハ後分ノ華嚴ナレハ三七日ノ後歟
37 玄。頭十一(天玄五、五二三。取意)引二序品。聖主師子等ノ文一證二先頓後漸一ヲ事 如二疏ノ
第三ノ抄一
示云。佛ヲ聖主師子ト云事ハ。出ニセハ師子ノ聲一ヲ諸獸ノ死ルカ如ク。
說ニ教ヲ諸煩惱ヲ斷ルニ譬ル也

圓十 問。籤中ニ如來成道。第七日在ニ鹿苑一說ニ三乘一 文 出ニ何ル（同、五一五）
經ヲ一耶
圓十 答。籤云。若准（準カ）ニ深密普曜二經一 文（同前）
付レ之。深密ノ中ニハ不レ見。初成道ノ思惟ト云事。又鹿苑第七
日ト云事不レ見如何
答。今ノ釋ハ引ニ探玄記一ヲ。彼ハ普曜。密迹經云ヘリ。今ノ釋ハ誤ル
歟。第七日ト云モ文言不レ正ラ。三七日ニテ可レ有歟
問。籤ニ引ニテ小雲法師疏ヲ證ニ華嚴ノ說時一。爾者此義ハ同ニ因
果經ニ耶
圓十 答。籤云。因果經略同 文（同前）
付レ之。因果經ニハ三七日思惟 文 小雲疏ニハ三七日說ニ法華一
文 兩義異也。何同ト云耶
答。略同ト者。同ニ此經一ニ云也。小雲ノ疏ニ同ト云ニハ非。記四（天文二、一〇三五下）
云。「佛欲說（「說カ）」三周等者。此與ニ因果經意一大同 文 此ノ經ト（「」表佛初カ）
因果經ト大ニ同シト釋也。思惟ノ日數。經論ニ不同ナルニ。因果經ハ
同ニキ今經ニ故也
問。華嚴經ニ頓教歟

圓十 玄云。最初頓說云ヘリ（天玄五、五二一）
付レ之。入法界品云。舍利弗。將ニ六千弟子一。自坊出。文殊（大正藏九、六八六下～七上。取意）
爲下說ニ十法（義カ）一發中無上道心上 文 既ニ化ニ二乘ヲ可ニ漸教ナル耶
答。探玄義記云。此經ノ疏ニ無ニ聲聞之機一（大正藏三五、一一七中）文ニ無ニ廻小之
說。爲成ニ了義深廣之典一。設第八會有ニ聲聞（衆カ）一者。爲下寄ニ對（何カ）
顯法一表レ如中聾盲上非ニ是所被一。其六千比丘非ニ是羅漢一故
不ニ相違一 文 第八會有ト聲聞一云事ハ。華嚴經カ了義ノ經ニテ
隔ニ二乘一故ニ爲レ顯ニンカ此義ヲ擧レ之。正キ非ニ所被ノ機ニハ。六
千比丘發ニ無上道心一。非ニ證果ノ羅漢ニ故無ニ相違一
難云。非ニ第八會一ノミニ華嚴經ノ中ニ多說ニト小乘ノ法ヲ見リ。文殊（大正藏十、三三三上。八十華嚴）
於ニ沙羅林ニ說レ經。無量衆生（「無數カ）。於ニ三乘中一。各得ニ調伏一 文
又現相品ニ說ニ二乘ノ益。又如來出現品ニ。爲レ求ニンカ二乘ヲ。（同、二七〇中。取意）
降ト大法雨ヲ等云ヘリ。德一ハ付ニ此文ニ華嚴ハ通ニト漸敎ニ難ナリ。（傳全二、二〇三～四。守護國界章）
山家救タマフニレ之。漸有ニ多種一故。且化儀之漸。非（非カ）化法之漸。
所レ望不レ同。化儀之頓。化法之頓。亦各各別。華嚴名レ頓。
多約ニ化儀一。汝執ニ漸教（「文カ）。是約ニ化法一。豈以ニ化法漸一難ニ化
儀頓一哉。既ニ化法之漸ヲハ前伏（落歟）シテ（ヲチフシテ）釋セリ如何

答。於三乘中。各得調伏ト云ハ非ニ華嚴ノ座一ニ只文殊出レ會説法タマフ樣ニ明也。法華。餘深法中等云ヘリ。三草二木等。是昔ノ事也。非ニカ法華ノ座ニ一定ル也。次ニ山家ノ釋。是出會ノ説ナリ。其ノ化儀化法ト云ハ。以ニ當坐ノ逗機ヲ一名ニ化儀一ト。廣ク驗ルヲニ佛説ヲ一名ニ化法一ト也。現相品ニモ菩薩ノ説法タマフ樣ヲ説ク也。故以ニ此ノ化法ノ漸ヲ一化儀ノ頓ヲハ不レト可レ難會釋タマフ也

問。華嚴ヲ名ニ頓教一ト事互ニ別圓一ニ耶 如ニ第一卷一 若不レ互云ハハ。玄頭一(天玄五、四九四～五)云。華嚴七處八會之説○頓教相也 文 若依レ之爾云ハハ。別教ニ何ソ頓ト云ン耶

答。華嚴ノ時。二乘淺近ノ教ヲ不レ説。爲ニ頓大ノ機ノ一説ニ別圓ノ法一。既ニ無ニ廻小入大ノ義一故ニ名レ頓ト也。豈ニ不レ互ニ別圓一ニ耶。此ハ化儀ノ頓也。サテ約ハニ化法一ニ別ニ漸也

籤一云。(天玄一、一五六)此是頓部。非ニ是頓教一 文

一義云。華嚴ニ名レ頓ト事ハ可レ限レ圓ニ。以ニ速疾ヲ一名レ頓ト。別教ハ歴ニ無量劫ヲ一何付ケンニ頓ノ名ヲ一耶。佛ノ本意ハ説ントニ圓頓ヲ一思食トモ衆生ノ機不ルカレ堪故ニ傍ニ兼レ別ニ也。サレハ別教ハ非レハニ本意ニ一不レ可レ名レ頓ト 威抄

問。華嚴ノ擬宜互ニ後三教ニ一耶

進云。擬ニ宜後三教ヲ一云ヘリ 取意 頭十(天玄五、五一五。釋籤)

籤云。頭十(同、五一五) 初七思ニ惟欲レ説レ圓。次七思ニ惟欲レ説レ別。三七思ニ(欲ナシカ)惟欲レ説レ通 文

付レ之。華嚴ノ思惟者。佛以レ圓ヲ逗ルレ機ニ事ヲ思惟也。全以ニ通別ヲ一不レ可ニ思惟一。依レ之經云。(大正藏九、九下)若但讃ニ佛乘一。衆生沒ニ在苦一 文 衆生不レ堪ニ一乘ニ一。趣ニ波羅奈ニ一説ニ小乘ヲ一故ニ。只思ニ惟ストレ圓ヲ一可レ云歟

答。今ノ釋ニハ有ニ二ノ意一。思ニ惟シ三周ヲ一。思ニ惟ス後三教ヲ一。説ントニ後三教ヲ一思惟ントト云意ハ。爲ニ二乘窮子ノ一直ニ説ントニ圓教ヲ一思トモ不レ堪レ之ニ。別テ説ント思ヘトモ尚ヲ不レ堪ヘ。説レ通ヲ思タマヘトモ猶不レ堪。趣テニ鹿苑ニ一三藏ヲ説也。故ニ初七日ニハ法華ヲ思惟シ。第二七日ニ別ヲ思惟シ。第三七日ハ通ヲ思惟スト釋也。サテ若但等ハ約ニ本意ニ一也

問。初頓ノ華嚴ノ座ニ只有トニ法身ノ菩薩一ノミ可レ云耶

答。解釋。(天玄五、五二四。玄義)亦有ニ凡夫大根性一 文

付レ之。夫華嚴ハ報身報土ノ儀式。斷無明證中道ノ菩薩ノミ

有レ之。今何ソ有ニト凡夫大根性ノ者一釋タマフ耶(同前)
答云云任ニ解釋ニ所以ニ。如レ此等初頓。未ミ必純教ニ法身菩薩一。亦有ニ凡夫大根性者一文但至レ難ニ者。雖ニ報身報土ノ儀式也一ト。忍界同居ノ上ニ報土ノ相ヲ假立ルカ故ニ。凡夫有ト坐ニ云ニ不レ苦者也
難云。設同居土ノ上ノ假立ルト云トモ。報身報土ノ儀式ナラハ。斷無明ノ凡夫。何可レ感ニ見之一耶。依レ之。經文ヲ見テ雖レ列ニ天龍(同聞衆)八部等一ヲ。皆是不思議解脱菩薩ニシテ實ノ非ニ凡夫ニ聞リ
答。於ニ實報土ニ二配立有ト之可レ得レ心。所以ニ。竪ニ所ノ配立ルニ報土ニハ。斷無明ノ菩薩ノミ居シテ地住已前ヲハ不レ交。横ニ同居ノ上ニ報土ノ相ヲ影現ル時ハ。十界皆居ストニ報土ニ可レ云。何ニ況ヤ大根性ノ凡夫耶。但至ル不思議解脱ニ住ル菩薩也ト云ニ。是ハ能引ノ菩薩也。有ト所引ノ凡夫一云ハン事ヲハ不レ可レ遮
有云。擧ニ上首一歟
難云。何ノ度モ同居ノ上ニ假立ル報土也トモ。報土ト云ハン方ニテハ有ニトハ凡夫一難レ云。若凡夫有ハ之。只是同居土也。同居ノ上ニ假立スレハ。有ニ凡夫一云道理ヲ委ク可レ明レ之。又經ノ文ニ正ク有ニト凡夫一云有ニ證據一歟
答。同居土ノ上ニ所レ現報土ハ。非ニレハ眞實ノ報土ニ凡夫在レ座ニ無レ憚。竪ノ報土ヲ以ニ斷惑ノ分齊ヲ對ニ判ルカ之一故ニ無ニトハ凡夫一云ヘ。次至ニ經文證據ニ者。法華涌出品ノ經ノ文ニ。(大正藏九、四〇中)始見ニ我身一聞ニ我所說一。卽皆信受入ニ如來惠一。除下先修習學ニ小乘一者上。如レ是之人。我今亦令下得レ聞ニ是經一入中於佛惠上文初後ノ佛惠圓頓義齊ノ故ニ。法華ノ座ニ旣ニ有ニ凡夫。華嚴座ニ何無ニン初入佛惠ノ者一。凡夫在ト座ニ云事無レ疑可レ得レ心
難云。影現ノ實報土ナレハトテ凡夫可レ在レ座ニ云事不審也。決一(天止一、二五九)云。今後(從カ)ニ教道他受用邊一亦云ニ報身一。卽是登地菩薩所(者カ)レ見(丁〇カ)文　攝論(大正藏三一、四四六上)ニ明ニ華藏世界一ヲ。唯有ニ已入大地菩薩一。天龍等耶(ア藥叉カ)〇此假(化カ)非レ實文　次ニ始見我身等ノ文ハ。凡夫初テ入(入カ)ニモ初住ニ不レ聞。彼ハ住前相似卽ノ人ニテコソ初住ニ有ラメ。此外ニ正ク有ニ凡夫一勘文有レ之。可レ被レ出レ之
答。凡華嚴時ノ報身報土ノ相ヲ影現ル事ハ。同居ノ凡夫ヲ爲レ引ニ入シカ實報土ニヲ也。引入花臺ト云ハ是也。華嚴經ノ大綱也。故ニ凡夫在レ座ニ尤被レ得レ心也。次ニ。始見我身ノ文ハ相似

卽ノ人ニテコソ有ラメ云難ハ。還テ成ニ凡夫モ有ルト云一ニ。所以ニ。報土ニハ斷無明ノ菩薩ノミ可レ有ト乍レ難。見思斷ノ者可レ在レ座ニ許故也。故ニ凡夫モ在トレ座ニ彌可レ得レ心也。別ニ尋ニ勘文一事ヲ不レ可レ得

圓頓止觀三云。若是上地。皆是法性身菩薩。(天玄五、五二四。私記參照)自レ應ニ法性身一爲レ其說レ法。何意相輔ケテ來ニ此三界一。當レ知七處八會只是爲レ度ニ凡俗之衆一。所以應同。應同者爲レ同ニ凡夫人一得レ有レ修ニ行此理一。是故應同。若不レ爾者。應無ニ所益一便爲ニ衆多一。施レ權本引レ實。豈可レ推レ之(天止三、七四)

弘四云。然圓頓教本被ニ凡夫一。一(「〇カ」)心在レ凡。卽可ニ修習一文

守護章上云。(傳全二、一九九)豈不レ論(兼カ)ニ兩身一哉文

地持(佛地カ)論一云〇如ニ實義一者。釋迦牟尼說ニ此經一時。地前大衆見下變化身居ニ此穢土一爲レ說レ法。(大正藏二六、二九三上。佛地經論)地上大衆見下受用身居ニ佛淨土一爲中其(「其カ」)說上レ法。所レ聞雖レ同所レ見各別ナリ。雖ニ共(具カ)ニ歡喜信受奉行一(「解カ」)。有ニ淺深一所レ行各異。而傳法者爲レ令下衆生聞ニ勝希(悕カ)ノ願一(「勸カ」)修ニ彼因一。當生(證カ)ニ淨土一修中佛功德上(就カ」)。故勝者所(住カ)レ見。結集言薄伽梵經ニ最勝等一。乃至廣說ニ如來功德一文

私難云。此文ハ地前未證ノ人ハ不トレ見ニ實ノ報土ニハ聞リ如何(大正藏二六、二九八下。佛地經論)

答。旣ニ凡夫ハ在座ストハ聞ヘタリ。同二云。或復如來神力加被。令下暫得ニ見聞一說中妙法上文　不正義也　華嚴經云。(大正藏九、五四三中～下。取意)解脫月菩薩。請ニ金剛藏菩薩一十地說云云　金剛藏云ク。座ニ有テ不久行ノ菩薩一謗シテ可レ墮ニ三途ニ故ニ不レ可レ說云云

此ノ文ニ有ニ凡夫一見タリ

難云。記九云。(天文五、二三〇六上)故彼經以レ未レ至(「知カ」)ニ廻向一。爲ニ不久行一文　不久行者。住行ノ菩薩ト聞リ。何凡夫云耶

答。爲(若カ)住行ノ菩薩ナラハ爭カ謗シテ墮ト三途ニ云ン。故ニ可ニ十信ノ位一ナル。十住ハ位不退ナルカ故ニ。但以レ未レ至ニ廻向一者。十向修中ノ位ニ至ヌレハ。聞ニ十地一ヲ不レ謗故ニ。對シテ修中ノ位ニ以未至廻向ト云也　可レ祕レ之

輔正記云。(卍續四五、一五五丁左上)退ニ墮凡夫一三界爲ニ惡道一文

止四ニ釋シテ五蓋ヲ云。(天止三、七三)若爲ニ上地人一說。應下作ニ法轉(性カ)佛一現ニ法性國一爲ニ法性菩薩一說中之上。何意相輔現ニ此三界一。爲レ欲レ度ニ此凡俗一故論ニ此妙法一文

玄三（二カ）云。始見（開麁初）我身初聞一實已入華臺 文（天玄二、二一七）

名疏一云。卽因陀羅網華藏世界純（「是カ）諸法身菩薩所居○ 文（大正藏三八、五六四下）

決四云。當知七處八會爲引凡俗（取歟） 文（天玄五、五二四。私記參照）

38 玄云。卽有兩義事 頭十二（天玄五、五二四）

尋云。兩義者。次ノ擧醍醐ノ乳味歟。又上ノ擧法身凡夫歟

答。約凡夫判兩義歟。所以ニ。法身ノ菩薩ハ始テ得ルト醍醐ヲ不可云故也

有云。華嚴ハ始ナルカ故。大ナルカ故。大機ノ開悟スルヲ名醍醐ト。至テ十信ニ名乳ト二義也

玄云。初心之人○始入十住（唐信）。最是初味 文 頭十二（同前）

疑云。初心之人トハ云フ可ト入十信覺リ。依之唐本ニハ。十信 文 如何

答。約能住ノ人十信ヲモ十住ト云也

尋云。十住者。圓ノ十住歟。若爾者。醍醐味ト可云。又唐本ニ十信ト云ヘルハ。華嚴ニハ不說十信如何

答。別教ノ十住歟 甫

39 玄。三教分別事 頓等三教也 頭十二（天玄五、五二九）

問。華嚴ヲハ五味ノ中ニハ譬何耶

答。可乳味ナル

付之。華嚴ハ說別圓ヲ可對醍醐ニ如何

答云云。但至難者。對菩薩名醍醐對二乘ニ乳也。所以玄ニ云。呼爲乳者。意不在淡。以初故本故 文 頭十二（同、五二八）

尋云。初ト云ヒ本ト云ヘル不同如何

答。如下義。初者敎ノ初ナル故ニ且ク乳ト云也。本ノ故ニ乳ト者。意ハ華嚴ヨリ開出ルカ三藏ヲ故ニ本ト云也。故ニ大經云。從十二部經出修多羅 文（大正藏十二、六九一上）

40 玄。初能生後復是於乳事 頭十二（天玄五、五二四）

問。上ニハ。始入十住。最是初味（同前）ト云乳ノ義顯リ。何ソ重テ初能生後復是於乳ト云耶

答。下文云。意不在淡。以初故本故 文 頭十二（同、五二八） 意ハ最是初味者。當ルニ初ノ義ニ。初能生後者。當レリ本故ノ意ニ

問。淨名經ハ前番ノ方等歟。若爾云ハハ心地觀經ニハ。列八塔中ニ（大正藏三、二九六上。取意）。耆闍崛山般若塔ノ後。奄（菴カ）羅會林（衞カ）維摩塔ト擧リ。知後

番ノ說ト云事ヲ。若爾ト云ハハ。今判ルニ五時ノ次第ヲ一。三藏ノ後說ニ方等ノ事ヲ證トシテ擧リ二維摩思益等ヲ一。加レ之蒙ニ彈呵一時ハ應在十二年前ト云ヘリ。被レ呵ヲ事。既ニ在ニ十二年前ニ一。述レ之事尤前番ノ方等ナルヘシ

答。後番ノ方等歟。如ニ一邊難ノ一。八塔ノ次第ハ般若ノ後ト被レリ得。加之阿難ハ佛成道二十五年後始テ詣ニ佛所ニ一證果ス。其後蒙ニ彈呵ヲ一。維摩經ニハ述ニ昔ノ彈呵ヲ一故ニ。淨名經ニ第三時ト云ハハ時節遙ニ相違ス。但第三時ニ列事ハ。後番ノ說ナレトモ引上テ第三時ノ方等ト釋給也

威勝坊云。方等彈呵ト云ハ昔被ニ彈呵ヲ一旨ヲ今對レ佛ニ次第ニ述ル時歟。故ニ被ルニ其ノ呵ヲ一事ハ法華ノ前ニテモ有ツラン。正對シテレ佛ニモ彈呵ノ樣ヲ述時ハ法華ノ後ナルヘシ。其ヲ今ノ釋ハ第三時ニ引證ル事。得果之後卽有ニ彈呵一ニテ。鹿苑證果後蒙ニ彈呵ヲ一故ニ。以ニ淨名方等ヲ一且ク爲ニ第三時ノ方等ト一也

私云。第一義ニハ釋難ジト可レ難也

一義云。前番方等也。案ルニ道理ヲ一下ニス彈呵ヲ一事ハ得果スレハ卽有レ之。其故ハ未證ノ者ハ聞ニ彈呵ヲ一必作レ謗ヲ成ニ墮獄ノ因ト一。恐レテ之不ニ彈呵一セハ。サテ證果ノ上ニ備ルニ聞モン大不謗ノ德ヲ一故ニ。急テ彈ニ呵シテ之ヲ一令レ得ニ生蘇ノ益ヲ一也。十二年ノ間有ラハ得レ果。淨名急テ可ニ彈呵一也。被レ呵之時。應在十二年前ト云ハ是也。若爾ハ。前番ニ不シテレ述レ之。何至テニ後番ニ述ニ昔ノ彈呵ヲ一耶。故ニ此次第尤可トニ前番ニ一被レ得。サレハ始樂(妙カ)ノ。得果之後(天玄五、五三六)○彈呵(訶カ)之時復云ニ往昔ヲ一驗知。並在ニ十二年前ニ一文 但心地觀經ハ色非ニ說ノ次第ニ廣擧ニ八塔ヲ一也。說ノ經ノ筆者ハ添削多レ之。仍古來必不レ依ニ用之ヲ一。一家ノ釋ニ前番ノ方等ト見タラハ彼說ヲハ且ク可レ置レ之。次ニ阿難羅云事ハ。大聖所作不ニ一准ナラ一。央掘經ハ成道第六年ノ說ナレトモ。阿難在ニ其座ニ一。如レ此ノ說共多レ之故ニ。二十五年ニ始テ來ルト可レ定事ニ非ス

有云。心地觀經ハ新釋(頭十七(同、五三八))ニシテ非レ所ニ大師ノ高覽ル一

問。玄文中ニ。引ニ無量義經ノ百千比丘萬億人天。得須陀洹及阿羅漢。住辟支佛ノ文一。爾者共不共ノ般若ノ中ニハ何耶

答。(頭十七(同前))驗(知カ)知是共般若也玄文云ヘリ

付レ之。案ニ經ノ意ヲ一。已說今說相對シテ文辭ハ同義門異ルカ故ニ。得道得果又異ナリト云事ヲ明ス故ニ。是ハ佛說レ小ヲ時密ニ得ニ大

益ヲ一。説レ大時密ニ得二小益一云意也。故ニ今百千萬億ノ人天
得二四果支佛ノ益一云也。今何以レ之共般若ノ意ヲ釋耶
答。釋ノ意ハ般若經カ。(同前)歷二色心一至二一切種智一。句句廻轉明ニ
修行法一。卽是歷劫修行之意也云云 次(以カ)テ二此文ニ一今ノ文來ルカ故ニ
共般若ト釋也
問。般若經時。百千比丘萬億人天。得ルト二四果支佛益一云ハ
祕密ノ答(益カ)歟
頭十七 玄云。共般若ト云テ(天玄五、五三八)顯露ノ益ト釋セリ
付レ之。在二大乘ノ座一ニ得ト二小乘ノ益ヲ一云ハ。祕密ノ意ナルヘシ。例如下シ
阿含ノ時。得二大益ヲ一名カ中祕密上ト
答。般若ハ説二後三教一。而ニ有カ二二乘ノ益一故ニ。般若中ニ説二通
教一得ヲ二四果支佛ノ益ヲ一共般若ノ心ト釋シ。阿含ハ唯小ノ經ナレハ。
其座ニ得ルヲ二大乘ノ益ヲ一祕密ト云ハ可レ然。般若ハ兼含ノ説ナレハ(説二カ」)通
教ヲ一顯露ニ得ンニ二小乘ノ益ヲ一有二何失一耶
問。大師一算解釋中ニ五時ノ次第相成ノ義付レ釋ニ。且ク鹿苑
般若ノ外ニ。別ニ有ト二方等ノ説時一可レ云耶
答。雖二異義也一且存セハ二一義ヲ一別ノ説時無トレ之可二答申一

兩方。不レ明。若無二別説時一云ハハ。般若經ニ既ニ有二説時一。方
等經獨無二説時一耶。若依レ之爾ト云ハハ。披二大師ノ解釋一。被 頭十
六(同、五三六)(訶カ)呵之時。應レ在二十二年前一文 如二解釋一者。方等説時。鹿
苑ノ外ニ無トレ之聞リ
答云云 無二方等ノ説時一云事ハ。一家家ノ解釋ニ。阿含十二
年ト云。般若三十年ト云事ハ見レトモ。於二方等ノ説時一ニ全不レ
見二處處一。但至二道理ノ難一ニ者。既ニ彈呵在ト二十二年前一ニ云ヘル。
二乘證果セハ忽ニ可トレ用二彈呵一聞リ。若爾ハ。於二方等一ニ無ハレ説
(「時カ)尤有二其謂一歟可二答申一。寺ニ有云云 山ニハ無云云
難云。以二五時説教ノ相生ヲ一案レニ之。説時モ次第シテ別ニ可レ有レ
之也。爰以妙樂今解釋ニハ。五時ノ次第ヲ釋トシテ。頭二十(同、五五八)大集之(云カ)如來
成道始十六年。故知方等在二鹿苑後一文 如二此ノ解釋一者。
大集經ノ十六年文ヲ引テ阿含後ニ有二方等一事ヲ證セリ。若爾ハ。
方等ハ十六年ノ閒説レ之。其後十四年ノ閒ニ説二般若ヲ一可レ云
也。況案ルニ二道理ヲ一。五時次第ハ阿含般若ノ經ニ既ニ有二時節一。
方等ニ豈ニ無二時節一耶
答。方等ニ無二説時一云事ハ。大師釋ハ。頭十六(同、五三六)然方等彈斥。(「教カ)在二三藏

之後ニ。被ニ呵(訶カ)之時。應レ在ニ十二年前一 文 妙樂受レ之。得果之(圓十六(同前))後卽有ニ彈呵(訶カ)一。彈呵(訶カ)之時復云往(ㇾ昔カ)。驗知並在ニ十二年前一 文 意ハ二乘阿含十二年閒。何處ニテモ得果スル事有ハレ之。卽說ニ方等經ヲ一必可ニ彈呵一故ニ。方等經ト云ハ說時モ不定也。說處モ不定也 文 可レ得レ意也。依レ之大師處處解釋中ニ(名玄)。方等經ハ化儀ノ中ニハ不定教ト判ル此意也。但至ニ大集經ノ文ニ者。彼ハ如來成道シテ十六年ニ始テ說ニト大集經ヲ一云事也。十六年閒說トモレ之不レ可レ得レ意

難云。一家立ニタマノ五時次第ヲ一時。然方等 ○ 如レ上云テ。方等經ハ必ス阿含經ノ後ニ有リト治定セリ。妙樂ハ引テニ大集經ノ如來成道始十六年ノ文ヲ一(同、五五八)。故知方等在鹿苑後ト釋セリ。本末ノ解釋ハ。方等經ハ正ク在ニト鹿苑ノ後ニ一釋者耶。若爾ハ。成道十二年ノ後。二十九年已前。十六年ノ閒ハ是方等ノ說時ナルヘシ。其後十四年說ニト般若ヲ一得リレ心。仁王經二十九年已後ノ般若ヲ十四年ノ後ニハ說レ之聞リ。般若三十年ノ說也ト云事ハ。一家ノ釋ニハ不レ定メ者耶。北地師ノ中ニコソ般若維摩等ノ經ヲ三十年ノ閒說トハ云ヘ。一家不レ許レ之

答。一家立ニタマフ五時ノ次第ヲ一事ハ必說時ヲ定量シテ不レ判也。然トモ五時ノ次第不レシテ亂。以ニ華嚴ヲ一爲レ始。乃至涅槃ヲ以テ爲レ終ト。如レ此次第ヲ定ル時。華嚴ニハ初成正覺ト云故ニ在ニル五時ノ始ニ一事明ケレ。阿含經ハ十二年ノ說ト見タレハ。華嚴ノ次在レ之云事分明也。方等ハ說時說所共ニ不定ナレトモ。大集經中ニ如來成道 ○ 如レ上云カ故ニ。十六年ノ後ニ有ル事分明也。般若ニハ二十九年說摩訶般若ト云ヘハ。大集經ヨリ有ト後ニ聞リ。法華ハ。四十餘年未顯眞實ト說故ニ有ニ般若ノ後ニ一見リ(大正藏九、三八六中。無量義經)。涅槃經ニハ臨滅度時ト說故ニ在ニ法華ノ後ニ一聞リ。如レ此次第相生ヲハ釋タマヘトモ。說時ヲ定タマヘル解釋ノ本意不レ見レ之。然末學定ニル五時說時ヲ一事不レ可レ安カル。但阿含ニハ說ニ十二年一ト。般若ニハ二十九年ト云フ文分明ナルニ。於テニ方等ノ說時ニ一經文ニハ不レ見レ之。大集經ノ十六年ノ文ハ。當成道十六年ハ始テ說ト見ル(中カ)也。其故ニ經(大正藏十三、一中)文ニ。爾時如來(ㇾ佛カ)成就(就ㇾ力カ)得レ道。始十六年廣知ニ衆生一等說テ。十六年ノ閒說トハ大集經ヲ不レ見ッ。次ニ仁王經ノ文ハ(大正藏八、八二五中)。前已爲ニ我等大衆一二十九年 ○ 如レ上ノ云テ。今日如來放ニ大光明一等 文(同前) 大品等ノ四種ノ般若ハ前ニ已二十九年ノ閒說テ見リ。全二十九

年始テ般若經ヲ説コト始ルトハ不レ可レ得レ意
尋云。一家ノ解釋中ニ方等ニ正ク無ニ説時一判事ヤ有ル如何
答。此ハ般若經ノ説時ヲ定ルニ依無ニトハ方等ノ説時一不レ得レ心。
所以ニ。般若經ニタニモ三十年ノ説テ治定セハ。方等ノ説時ハ不レ
可レ有。金剛般若ノ疏ニ云。(大正藏三三、七六上)對機設教廣略不同。從ニ得道夜一
訖ニ泥洹夕一常説ニ般若一明ニ理一等ヲ一。若依ニ光讚一如來十
九年(年[ナシ]カ)出家三十成道。至ニ四十二一二月十五日食後。爲ニ諸
菩薩一説ニ般若一 文 既ニ佛四十二ニシテ始テ説ト般若ヲ一云ヘハ。無レ
諍三十成道後。阿含十二年ノ次ニ。般若ヲ三十年ノ閒説ト
聞リ。若爾ハ。方等ニ無ニ説時一云事分明也
覺大師。綱カウ目抄云。方等説時十六年 文
仁王私記云。(大正藏三三、二六三中)(〔〇カ)眞諦云。(〔方カ)先二十九年一已説ニ餘般若一。今至ニ三(前至ニカ)
十年初月八日一説ニ仁王一 文
私尋云。並在十二年前トイフ釋如何。十二年ノ內ニ説ニ阿
含一ヲハ也如何
答。第十二年前ト云事歟
義綱集上云 先唐院 問曰。(日藏七九、四五上～下)天台云。瓔珞結ニ諸方等ト云文一(之カ)如

何。答云。(日。問曰カ)汝般若部諸何方ニ習耶。不審也 答。仁王云。般若二十九
年已後説也。(〔之カ)傳云。(日カ)(結經カ)以ニ彼方等部一共住可レ定 文 (結經カ)一行ノ三(云云カ)
陀羅尼集上云。(也[ナシ]カ)(〔〇カ)如來成道二十八年説ニ瓔珞經一。般若二十(書カ〕)
九年始説レ之。(〔云云カ)不空智阿闍梨云。(〔佛カ)成道已來二十八年説ニ瓔
珞經一 文 (文[ナシ]カ)私云。(謂カ)瓔珞ハ結ニ諸方等一其理無レ限。況經云。(曰カ)瓔珞
序幸也 文 (〔品云カ)(幸云云カ) 已上義綱
問。(頭十六)淨名ノ彈呵ハ何時ト可レ云耶
答。玄云。(天玄五、五三六)應レ在ニ十二年前一 文
付レ之。淨名中ニ諸ノ聲聞被ニ彈呵一事ヲ説ケトモ未レ云ニ十二年
前一トハ。況阿難既被レ呵ル。而ニ阿難ハ成道後二十五年ニシテ始テ
來ニ佛邊一ニ。知二十五年ノ後ニシテ非ニ十二年前ニト云事ヲ
答。如レ此釋ル事。鹿苑證果ノ聲聞。得果ノ後卽彈呵ルカ故ニ
有ニ十二年ノ時一釋也。但至ニ阿難一者。二十五年ノ後ハ一説
也。律文ニ見リ 鹿苑ノ時有ト見ルカ故ニ不レ可ニ相違一 大集經ニ擧ニ阿難一ヲ
師云。淨名ノ彈呵十二年ノ後也。應在十二年前ハ央掘ノ事
也。此經ハ成道六年説也。初年ニ得レ果者ハ次年彈呵ノ教可レ
起故也。方等ハ無ニ説時一。而方等彈呵ノ教在ニト三藏ノ後一ニ釋ハ。

方等ハ十二年内ナルヘシ。(同前。釋籤)得果之後卽有彈呵(訶カ)ト釋シテ。三藏ヨリ後ト可レ云也

尋云。如來成道ノ後。經幾ノ時節說ニ大集經一耶

答。始十六云ヘリ [頭]二十(同、五五八。釋籤)

付レ之。金剛仙論一云。如ニ大集寶幢。(大正藏二五、八〇一上。取意)品王舍城迦蘭陀竹薗(園カ)佛「(「」恐重複記載)成道一年說 文如何

答。見ニ論ノ始終一ヲ。陀羅尼自在王品。(同前)成道十六年」(「說カ)說云ヘリ。仍無レ失 云云

問。解釋中ニ引ニ無量義所レ說華嚴海空一ヲ。約ニ般若等ノ經一ニ釋レ之。爾者方等ヲ又名クトニ華嚴海空一ト可レ云耶 教相義一算

答。方等ニモ可レ名ニ華嚴海空一ト也

兩方。不レ明。若可レ約トニ方等一ニモ云ハハ。披ニ解釋一般若。法華。涅槃ニ約シテ釋トレ之云ヘトモ。全約シテハニ方等一ニ不ルレ釋レ之者也。若依レ之爾也ト云ハハ。入法界ノ故ニ般若法華等ノ釋ヲ作ラハ。方等ノ時ニ豈ニ無ニ入法界ノ義一耶

答云云 方等時可レ有ニ華嚴海空ノ義一。如ニ一邊ノ難一ノ。但至レハ不ルニレ釋セレ之ヲ。且ク消ルニ經文一一往ノ意ナルヘシ。所以ニ經文ニ。(大正藏九、三八六中)摩訶般若華嚴海空ト云テ。般若ノ後ニ有ニ華嚴海空文一故ニ。約ニ方等ニ不レ釋レ之也

難云。自レ本所ニ難申一。方等經ニ華嚴海空ノ義何無レ之。返テモ經文ニ不審也。不トモレ擧レ之自レ本可レ有ニ其義分一者。釋ニモ可レ釋レ之。經ニ不トモレ擧。法華涅槃ニモ有トレ之釋ルカ故也

答。華嚴海空ノ義。方等ニモ可レ有レ之。其故ハ妙樂ノ餘處ノ解釋ニ。(天文二、八一九下。文句記)當知以法界論之無非華嚴ト釋シテ。華嚴一代五時ニ亙ルト釋ルカ故ニ。但至ニ經文ニ方等時キ華嚴海空ノ義ヲ不ルコトレ擧者ハ實ニ佛意難レ計。或ハ略シテ不レ擧レ之歟。次至ニ法華涅槃ノ例難一ニ者。彼ハ法性論ノ中ニ擧ニ三處ノ入法界ヲ引レ之釋ルカ故ニ。約ニ法華涅槃ニ釋レ之無レ失。依レ之釋云。(天玄五、五三九。玄義)而言ニ華嚴海空一者。若作ニ寂滅道場之華嚴一。此非ニ次第一。今依ニ法性論(法界性論)云一。鈍根菩薩三處入ニ法界一。初則般若。次則法華。後卽涅槃。因ニ般若一入ニ法界一。卽是華嚴海空 文

難云ツ。經文ハ何ニモ不審也ツ。方等ノ時ニ華嚴海空ノ義不レ可レ有故ニ有レ之歟。又法性論ニ法華涅槃ヲハ擧トモレ之。方等經ニ不ルハレ擧尤モ不審也如何

答。入法界ノ義ニテ云ハン時ハ互ニ五時ニ。皆華嚴海空ノ義可レ有也。但經文ニ約シテ方等ニ不レ云事ハ。實ニ雖ニ不審也ト一家ノ解釋。長時ノ華嚴。後分ノ華嚴ト云事ニテ許サハ。方等ノ時モ華嚴海空ノ義可レ有聞リ。依レ之妙樂ノ解釋ニ。華嚴海空ノ文ヲ釋トシテ。（同前）一以ニ法界一爲ニ華嚴一。一以ニ時長一通至ニ於後一。（二カ）二義倶通。是故兩存。大機卽華嚴不レ休。少（小カ）機卽諸教次第。是故鈍根猶同ニ小見一。次至ニ法性論ニ者。（〔文カ〕）今ハ無量義經ニ般若ノ後ハ擧レハ華嚴海空一約ニ般若已後ノ經一ニ。三處ノ入法界ヲ釋ル也ト可レ云也

要決云。（佛全15、一一二下）三處入ニ法界一。雖レ准ニ彼論一。意隨レ義而引。華嚴入ル者ヲ爲レ利。方等爲レ中。般若已後入ル者ヲ爲レ鈍　文

難云。法性論ノ文ハ華嚴海空ノ文ニ依テハ三處ノ入法界ヲ不レ釋者ヲ耶。一家コソ華嚴海空ノ文ヲ見ルニ。法性論ヲハ引證タマヘ。若爾者。無量義經ニ方等ノ華嚴海空ノ不レ説不審也。法性論ニ四種ノ入法界トモ不レ云。除テ方等ヲ約ニ般若已後ノ三處ニ入法界ヲ釋ルモ不審也。一家ノ釋ニ引ニ法性論一釋ニ成ルニ華嚴海空ヲ不レ待得テ心。其故ハ無量義經ノ文。無量義經ヨリ已前ノ諸經ノ擧ル文ニテ有ルニ。約シテ無量義經ヨリ已後ノ未レ説經ニ釋ル之事モ。尤不審也如何

答。此事ハ所詮方等ノ時キ有トモ華嚴海空ノ文。經文ニ不レ擧故ヲ得レツレハ心。諸ノ難ハ自ラ被レ會。所以ニ。方等ノ時モ入法界ノ華嚴ノ義有トモ之。二乘ハ偏ニ蒙ニ彈呵ヲ別圓ノ座ニ不ルカ共故ニ。今ハ約ニ二乘所見ニ説レ之故ニ。方等ニハ華嚴海空ヲ言ハ不レ擧。至ニハ般若時ニ二乘漸ク快ココロヨクシテ轉變シテ。法界唯心ノ重ヲ令レ教ヘ菩薩ニ故ニ。般若ノ時入法界ノ華嚴有ト云事ヲ。經ニモ説キ法性論ニモ擧レ之。籤三 依レ之妙樂一處ノ解釋ニ。不共般若與ニ二乘共説ト者。（天玄二、一八六）諸部般若以ニ但不但二種中道不共之法一與ニ二乘一共説。如レ云ニ四諦清淨ノ故ニ眞如清淨等一。例ハ方等部一非レ無ニ此義一。以下方等經多ク雖ヰ彈（順カ）呵（訶カ）上共義稍疎ナリ。故判在ニ般若一。般若於テ菩薩ニ卽成ニ共說一　文　今ノ釋モ以ニ此心ヲ釋ス。依レ之頭十七（天玄五、五三九〜四五）玄ニ。又華嚴時節長。昔於（〔於カ〕）小機未レ入如レ聾如レ瘂。今聞ニ般若一卽能得レ入。卽是（〔是カ〕）其義焉。大品ノ通ニ三乘人一可レ得レ有ニ四果一。華嚴隔レ小故無ニ此義一。故方等之後次説ニ般若一。爲ニ第四時教一也　文

籤云。(頭十七)(天玄五、五三九)而言下別。別卽不共。此是不共般若。與三二乘一共說
文
示云。不共ト者。別圓共般若ハ。通ノ二乘カ聞二別圓一ヲ如レ我
得レ心也
有云。名ノ疏五云。方等大品大同小異。(大正藏三八、六三四下)大同故二處不レ殊。
小異故二蘇之別 文 大同ノ故ニ別ニ不レ擧歟
難云。若爾者。法華涅槃。何ソ別ニ擧ル耶
答。前番後番異ナル也
尋。玄云。(頭十七)(天玄五、五三九)昔小機未レ入 文 爾者小機ト者。二乘歟
答。華嚴時ノ鈍ノ菩薩也。故ニ籤云。(頭十七)(同前)是故鈍根猶同二小見一 文
私記云。因二般若一入二法界一卽是華嚴海空。又華嚴未レ云ニ
長時一也。昔小機云下又因二般若心一也
尋云。玄云。(頭十七)(同前)昔小機未レ入如レ聾如レ瘂。今聞二般若一卽能
入。(「得レカ)卽是(是ナシカ)其義 文 文ノ意如何
尊仰云。昔小機未入如聾如瘂ト云ハ。次上ノ又華嚴時節長ニ
可レ付也。意ハ長時華嚴ト云物ハ地體二乘ノ境界ヲ隔ルカ故ニ。
昔ヨリ至レテ今ニ小機未入如聾如瘂ト云テ。長時カ引キハエテ徹タル

相ヲ顯シ釋タレ也。次ニ。今聞二般若一(頭十七)(同前。玄義)卽能得レ入。卽是其義ト(是ナシカ)
云ヘルハ。上ノ。因般若入法界(同前。玄義)ヲ立返テ入法界スル姿ヲ委ク釋也。サ
テ卽是(是ナシカ)其義ト云ハ。上ノ。因二般若一入二法界一スルヲ摩訶般若
華嚴海空ト云。卽是其義トハ云也。惣シテ今ノ釋ニ入法界。長時
二共ニ擧タレトモ入法界カ可ニト本意一ナル云事 云云
有難云。昔小ト云ヒ今聞ト書キ對タルハ。分明ニ昔未タルレ入機。今
聞テ二般若一ヲ入ト云釋ト覺タリ。又卽是其義ト云ルハ。上ニ法界。長時
共ニ擧レテ之。是ヲ般若ノ華嚴海空ト云其義也ト結釋スト覺リ。若
又今聞ヨリ上ヘ歸ルト云御義ナラハ。今聞乃至其義ノ言ヲ。又華嚴
時長ヨリ上ニ具ニ可ト釋レ之云不審有レ之
寛師云。昔小機未入ト云ル小機ハ。法界性論。鈍根ノ菩薩ノ中ノ
初入ノ者ヲノ小機ト可レ云ナル。意ハ昔シ華嚴ノ時ハ不レシテ入如聾如瘂
也シカ。今至テ二般若ノ時一ニ入法界スト被レ釋也。般若ノ時。卽是其
義ト云ヘル者ハノ。二乘ニ共シテ來ツル菩薩カ卽能得入スル也。サテコソ
今昔相對シテ釋ハ被レ心。サテ妙樂ノ。(頭十七)(同前)小機則諸教次第。是故
鈍根猶同小見ト云ヘル會釋ノ意ヲハ可レ得レ心也。所詮惣シテ小
機ト云事ハ二乘ニ限タル事ナレトモ。三乘根性感佛出世ト云時ハ。三

乘共ニ小機ト被レ云事勿論也。故ニ本書ニ。昔小機未入ト云ルヲ鈍根ソトテ得。會ニ釋シテ之一二乘ノ小機ハ諸教次第セリ。此故ニ鈍根ノ菩薩ハ尚同ニ小見一故ニ。本書ニ鈍根ノ菩薩ヲ小機ト云ル也ト會釋シタマフ也。如レ此料簡スルニ本末無ニ相違一（「一カ）歟

尋云。籤云。一以ニ法界一爲ニ華嚴一以ニ時長一等文（天玄五、五三九）此ノ二ノ差別如何

答。雖ニ異義ナリト一非ニ長遠ノ華嚴一ニハ。所以ニ今ノ解釋ニ。一以ニ法界一爲ニ華嚴一。二以ニ時長一通至ニ於後一ト云テ。（頭十七（同前））長時ノ外ニハ擧ニ法界ノ華嚴一ヲ故也

難云。法界爲華嚴ト云事。長時ノ外ニハ何ニト可レ云耶。不審也如何

答。法界爲華嚴者。方等般若圓教ノ法界唯心ノ重ヲ悟ルヲ云也。是ハ二乘ガ正見之故也。其ヲ華嚴ト云事ハ。華嚴經ハ宣テ二法界唯心ノ重一ヲ。一代五時皆華嚴一經ニ收タリ。方等ノ末席ニテ悟ハニ圓教一ヲ皆不レ違ニ華嚴ノ悟一ニ。一代ノ諸經ヲ皆華嚴ト知ル也。次ニ長時ノ華嚴者異レ之。所以ニ。實報土ノ義（儀カ）式。三世常恆ニシテ無ニ間斷一二乘不レ知レ之

尋云。長時ノ華嚴ト法界爲華嚴トノ外ニ。後分ノ華嚴ト者何物耶

答。後分ノ華嚴者。正爲ニ同居土ノ機ノ用ニ擬宜ヲ也。故ニ於ニ二乘一乳味ノ益有レ之。此後分ト初頓トハ三世常住ナルヲ長時ト云也

尋云。初頓者。長時ノ外ニ有レ之歟

答。初頓者。豎ノ實報土ノ儀式也。是ガ三世常住ナレバ長時ト被レ云。對レハ二乘ニ初頓ト云事ヲ云出也

尋云。後分華嚴者。方等般若ノ別圓ノ外ニ有レ之歟

答。此ハ異義也。此流ニハ有ト別座一云也

難云。以ニ方等般若ノ別圓ヲ後分ト釋タル云ヲハ如何可レ云耶

答。此ハ極ル祕事也。所以ニ。方等般若ノ別圓者。彈呵洮汰ノ爲ニトシテ定教一ト。而モ華嚴ノ機ハ即以ニ此ノ別圓一華嚴ヲ擬宜ト釋レ之。二乘ハ不レハ知レ之有ニト別座一云也。教ノ體無レ二故ニ以ニ方等般若ノ別圓一後分華嚴トモ長時ノ華嚴トモ釋也。以ニ此等ノ心一ヲ釋共ヲハ寄合テ可ニ料簡一ス也

問。無量義經ニ。（大正藏九、三八六中）摩訶般若華嚴海空文所レ云華嚴者。五時

中ニハ何耶

頭十九 玄云。般若ト云云（天玄五、五三九） 一進也 付レ之。既ニ云二華嚴海空一ト。是可ニ華嚴一ナル。何ソ般若ト云耶

答。摩訶般若華嚴ト云テ。次ニ般若ニ擧ルカ二華嚴海空一故ニ。或ハ指二般若一華嚴海空ト云ヒ。或ハ指二長時華嚴一。或指二法華一多ノ釋ヲ作也。但華嚴海空ト云言ハハ。釋ニ。因二般若一入二法界一。卽是海空（「華嚴カ）文（同前。玄義） 華嚴海空者。卽法界ノ義ナルカ故ニ。般若ノ入法界ニ華嚴海空ト云ソト釋セリ 阿抄

問。如レ上。爾者華嚴海空者。指二初頓華嚴一ヲ耶。若爾ト云ハハ。頭十七 玄云。若作二寂滅道場之華嚴一。此非二次第一 文（同前） 非二初頓一ニ聞リ。若爾リト云ハハ。無量義經ニハ擧二已說經一ヲ。而モ適有二華嚴海空ノ言一ハ。尤可レ指二初頓華嚴一。依レ之宗師解釋中ニ引ニ今釋一。初頓華嚴ト判タマヘリ （古カ）去論義者

答。難レ測。初頓トモ云ヒ。後分トモ云二ノ心可レ有。次說方等十二部經摩訶般若華嚴海空ト說ニ。般若ノ後華嚴海空ト云カ故ニ。依ラハ二說ノ次第一ニ初頓ノ華嚴ト不レ可レ云。若依ラハ二淺深次第一ニ。方等ハ說二四教一。般若說二三教一。華嚴ニハ說ケハ二別圓一ヲ般若ノ後ニ列ヌト二初頓華嚴一ヲ云意可レ有。依二此義一ニ難レ計。一家ノ釋モ兩向也。卽今釋依二說次第一ニ。日（因カ）般若入法界トモ。長時ノ華嚴モ釋也。餘處ノ釋ハ依二教ノ淺深一ニ日初頓華嚴ト釋也。此義ハ卽本ト山王院ノ大師ノ釋ニ彼ノ二義載レ之

難云。付二華嚴海空ノ文一ニ作二多ノ釋一事ハ今ノ玄文也。而ニ經ニ初頓華嚴ト云意有ラハレ之。何多ノ釋中ニ不レ作二此釋一耶。般若ノ入法界ト云ヒ。後分ノ華嚴ト云。法華ト云多釋ヲ作ル。初頓華嚴ト云釋可レ無ルレ之樣無シ。故ニ實ニ經文ハ不レ指二初頓ノ華嚴一ヲ歟。依レ之經ノ上ニ云ク。我於道場菩提樹下端坐六年。（大正藏九、三八六上。取意）得レ成二菩提一。我以二佛眼一觀二一切法一不レ可二宣說一 文 玄文ニハ引レ之。佛眼觀一切法。卽是頓法在前ト云テ。（天玄五、五三四）初頓ノ華嚴ヲハ釋畢ヌ。若摩訶般若華嚴海空ノ文。初頓ナラハ二重ニ說ニ華嚴一ヲ成ス如何

答云云 今釋ハ約ルカ二說ノ次第一ニ故ニ。此日ハ般若ノ後ノ華嚴海空ト云カ故ニコ。或ハ般若歟コ。或ハ長時ノ華嚴歟。或ハ法華歟ト云。三ノ釋ヲ作也。今ハ引テ二無量義經一證ルト五時次第故ニ亂ニ次第一。初頓華嚴ト云釋ヲ可レ作樣無シ。故ニ如レ此釋ル日ハ。以ニ佛眼觀

一切法ノ文ヲ初頓華嚴ト釋也。而ニ歸テ經文ニ得レ意時ハ。從レ淺至レ深ニ般若ノ後說ニモ華嚴ヲ不レ可レ有レ妨。以佛眼觀一切法ト云フ如來自證也。必モ非ス說教ニ故ニ。以ニ華嚴海空ノ文ヲ初頓ト云ハハ。以佛眼觀等ノ文ヲハ顯ス如來ノ自證非ル凡慮ノ境界ニ事上文ソト可レ得レ心歟

一義云。華嚴海空ノ文ニ有カ初頓後分ノ二心一故ニ。釋ハ只略シテ述ル一邊ヲ也。今釋ハ述ニ後分ノ華嚴ヲ。餘處ノ釋ハ述ル初頓華嚴ノ邊ヲ也

難云。望ニ今釋ニ爾カ不レ見也。若作寂滅道場之華嚴。此非次第ト云テ。正ク非ニ初頓華嚴ヲ斥ヘリ。故依ニ經文ニ難レ測各各作ニ一釋ヲ可レ云也
頭十七（天玄五、五三九。玄義）

師云。山家ノ釋。遍ク通ニ五時ニ。入法界義名爲ニ海空ト釋ルハ。可レ互ニ初頓ニ存ルヤラン
（傳全三、六三九。註無量義經）（〔〇カ）　阿抄

問。引ニ法界性論三處ノ入法界ヲ。所レ云三處ノ入法界ハ約ニ上中下ノ三根ニ歟

頭十七
玄云。鈍根菩薩三處入ニ法界ニ文（天玄五、五三九）

（〔答カ）
付レ之。三處入法界ト云ハ。初卽般若。次卽法華。後則涅槃也。得悟既ニ有ニ前後。專可ニ上中下ノ三根ナル。何屬ニ鈍根ノ一類ニ耶。依レ之淨名疏ニハ。上中下ノ三根ト判セリ

答。三處者。上中下ノ三根也。名疏玄ノ下文モ爾釋セリ。但鈍根ト云釋ハ付ニ一代得悟ノ類ニ判スル之日ハ。望テ華嚴ノ時得悟ル者ニ。且般若入法界ヲ鈍根ニ屬ル意也

問。法界性論。三處ノ入法界ハ俱ニ約ニ菩薩ニ歟。若爾ト云ハ。玄ニ引ニ三處ノ入法界ヲ。昔小機未レ入如レ聾如レ瘂。今聞ニ般若ヲ卽能得レ入 文（同前）約ニ二乘ニ見リ。若依レ之爾ハ。入法界ト云ハ本約ニ菩薩ニ不レ可レ約ニ二乘ニ。況昔ノ教ノ意ハ。全ク二乘不レ入ニ法界ニ耶

答。約ニ菩薩ニ也。依レ之玄云。鈍根三處入ニ法界ニ 文（同前）（〔菩薩カ）但昔小機未レ入等云ハ釋ニ別ノ事ヲ也。其故ハ因入法界ト云ルコソ般若ノ入法界ヲ釋スレ。次ニ又華嚴時節長ト云ヨリ。下華嚴海空ヲ約ル長時ノ華嚴ニ時。其下ニ擧ルヲ二乘ノ益ヲ昔小機未レ入等釋也。釋ニトハ般若ノ入法界ヲ不レ可レ得レ心事也

頭十七
問。玄文ニ。昔小機等 文（同前）此ハ上ノ因ニ般若ニ入ニ法界ニ。卽是海空ノ文ヲ釋歟

若爾ト云ハヽ。既ニ又華嚴時節ト云下ニ有ニ此釋一。知ヌ。釋ニ長時華嚴ノ意ヲ云事ヲ。若依レ之爾ト云ハヽ。今聞ニ般若一即能得レ入等云ヘルハ。上ノ因般若入法界ノ意ト聞リ

答。釋ル長時華嚴ヲ文ハ。又華嚴時節長ニテ也。サテ昔小機未レ入等云ハ。立還テ上ノ因般若入法界ノ文ヲ釋ル也

問。長時華嚴ニ有ニ別座一耶（如ニ疏四一）若有ト云ハヽ指シテ方等般若ノ入法界ノ理ヲ。長時ノ華嚴ト可レ云。依レ之記四云。結ニ此等意一入ニ華嚴中一。故云ニ時長ト判リ。（天文二、八一九下）若依レ之爾ト云ハヽ。玄ニ釋トシテ摩訶般若華嚴海空ノ文ヲ。或ハ云ニ般若ノ入法界ト。或ハ云フ長時ノ華嚴ト設ニ二ノ釋ヲ。（頭十七（天玄五、五三九））籤ニ受レ之。（同前）一以ニ法界一為ニ華嚴一。二以ニ時長一通至ニ於後一 文 方等般若ノ外ニ有ト別座ノ華嚴聞リ

答。可レ有ニ別座一。付テ佛ノ化儀ニ頓漸相分タリ。華嚴ノ頓教ノ化儀。華王世界ニシテ現シ報身ノ相ヲ化ル頓大ノ機ヲ也。方等般若ハ漸教ノ化儀以ニ應身應土ノ化儀ヲ化ニ漸悟ノ機一。其相既ニ異也。（天文二、八一九下。文句記）仍可レ有ニ別座一。但至ニ餘處ノ釋一者。結ニ此等意一入ニ華嚴中一等者。後分ノ華嚴ヲ結入ト初頓ニ云釋也。般若結入スト云ニハ非

難云。疏記釋ハ難シ。（同前）當知以法界論之無非華嚴ト云テ。以ニ法界ヲ論レ之無レ非ニ華嚴ニ云カ故ニ。方等般若ノ入法界ト云モ皆華嚴ソト釋ト聞リ。其上結ニ此等意一等云釋ハ不レ被レ會樣ハ。今ノ文ノ意ハ十種ノ大心ヲ釋成スト云文ヲ般若ノ説ト釋結シテ。サテ當知以法界論之等見法界ハ即華嚴ナレハ。般若ノ入法界ヲ華嚴ニ結入ス。又此定ニテハ鹿苑ノ初教ヲモ即可レ結ニ入華嚴ニ一。而トモ大小ノ不同ニシテ機見不レ齊故ニ。教教ノ説モ又不レ一ナラ。不レ結ト入之釋也。若方等般若ヲ不ニ結入一者。何ノ料ニ鹿苑ヲハ大小トハ異ナレハ不ニ結入一可レ釋耶。次ニ今釋ハ般若ノ入法界ト云ヒ。長時ノ華嚴ト云フ義同レトモ。是ヲハ般若ノ入法界ト云ハン。又長時ノ華嚴ト云シト篇ヲ立テ立テ替テ可レ釋レ之。（頭十七（天玄五、五三九。玄義））サレハ又華嚴時節長云下ニ委ク釋レ之。昔小機未レ入等 文 此釋ハ以ニ般若ノ入法界ヲ即長時ノ華嚴ト云シト聞リ

答。記四ノ會釋ハ。（天文二、八一九下。文句記）上鹿苑般若ノ外ニ有ニ長時華嚴一事ヲ釋（詮敷）畢テ。當知以法界論之無非華嚴ト云ハ指ニ所被ノ理ヲ一也。サテ次テ之ニ道理ハ雖レ然ト。（同前）若約次第部類不便ト云道理ハ。方等

般若ノ所詮理同レトモ之。部類カ異ル故ニ不レ入レ結レ之。其次テニ。（同前）即鹿苑初教（諸カ）皆應ニ結取一。但是大小不レ同。機見不レ等。故令シムニ教主ノ説ヲシテ亦タ不サラレ一ト云ハ。鹿苑モ約セハニ入法界ノ義ニ可レ結ニ入之一云トモ。大小異ルカ故ニ不ニ結入一釋也。故ニ此釋カ二重ニテ有レ之。次今釋ハ般若ノ入法界ノ外ニ既ニ又華嚴時長ト云カ故ニ。無レ疑有ニ別座一見ル釋也。但。今聞般若即能得入ト（天玄五、五三九。玄義）云ハ。只當ニ般若時ニ説ニクニ華嚴一故ニ聞トハ般若一云也。爾ト云テ般若ノ入法界。正ク非ニス長時ノ華嚴ト釋ルニハ一　惠光。寶地同レ之

一義云。無ニ別座一華嚴ノ云ハ。別圓方等般若ノ別圓ノ外ニ不レ可レ有レ之。初頓ト云ハ。爲レ引ニ入ンカ同居ノ機ヲ一影ニ現ス報身報土ヲ。後分ト云ハ直ニ爲レ令レ悟ニ別圓ヲ一。應身應土ノ儀式ニテ説ニ別圓ヲ一也。化儀ヲ華嚴ト云ニハ非ス。所説ヲ華嚴ト云也。故ニ般若時ハ其所説ノ別圓即華嚴也。法華時ハ其所レ説圓即華嚴也。（天文二、八一九上）記四云。應レ知華嚴盡未來際。即是此經常在靈山トモ云ヒ。（同、八一九下）當知以法界論之無非華嚴。以佛惠言之無非法華トモ釋ルハ此意也。サテ以ニテ此意ヲ一十種ノ大身ノ文ヲ結ニ入ル華嚴一樣ヲ。般若ノ中ニ有ニレハ此説一般若ノ中ニ可ニレトモ結入一。部類カ各別ルカ故ニ華嚴ニ結入シテ般若ニハ不ニ結入一釋也。若約次第部類不便ト云ハ（天文二、八一九下。文句記）是也。サテ又因レ之。（同前）鹿苑初教（諸カ）皆應結取。但是大小不同機見不等ト云ハ。阿含モ此心ニテ可ニ結入一。大小異ナレハ不ニ結入一。十種大心ノ文ハ般若ナレハ華嚴結入スル也ト釋歟。又今文。又華嚴時長ト云テ。今聞ニ般若一即能得入。即是其義ト結見ル極難シ

松林房義也

一義云。有ト別座一云モ。無ト云モ無ニ相違一。其故ハ於ニ方等般若ノ別圓ニ機見不同ニシテ。或ハ長時華嚴トモ。或ハ方等般若ノ別圓トモ云也。別圓頓大ノ機ハ方等般若別圓ノ機ニテ報身報土ト釋ル。此邊ハ長時華嚴也。サテ漸教ノ機ハ聞レ之。應身應土故只聞ニ方等般若ノ別圓一也。如レ此得レ意無ニ異ル事一

難云。阿含。法華時可ニ何樣ル耶。阿含ハ唯小。法華ハ純圓共ニ別圓兼含ノ設ニ非如何

（「押紙」一紙「悉曇連聲並切韻標條。除勤男孝臻私記」あるも省く。）

答。夫ハ別座也。化儀異ルカ故ニ。今ハ取ニ方等般若ニ如レ此得レ心也。但應レ知華嚴等釋ルハ。華嚴ノ圓ト法華ノ圓ト同故ニ爾カ釋也

難云。頓大ノ機ヲ長時ノ華嚴ト云ハ。身子等ハ何ニ見ニ此ノ儀式一

耶
答。身子見ハ之冥機ノ邊也。阿含時ハ不レ進ニ其機一。故ニ隔見レ圓。方等般若時ハ冥機進ムカ故ニ見レ之也。サレハ記四云。不（天文二、八一九上）見如來自在莊嚴等云ヲハ阿含ノ時ト釋シ。見ニ文殊一云ヲハ轉教ノ時ト釋セリ
求云。長時華嚴ハ祕密歟。若爾ハ。長時ノ阿含方等般若等モ可レ云。若顯露ナラハ方等般若ノ別圓ノ外ニ不レ可レ有如何
答。祕密歟。但不レ云ニ阿含等一事ハ。今ノ籤ニ。頭十七（天玄五、五三九）一以ニ法界一爲ニ華嚴一等云事ヲ釋ルカ故ニ阿含等不レ云也
41 玄云。頭十七（天玄五、五三九）因ニ般若一入ニ法界一。卽是華嚴海空。又華嚴時節長事 如シ上ノ後分華嚴。方等般若ノ外ニ圓別有耶ト云尋ノ
問。長時華嚴者。初分後分ノ外ニ有ニ別座一耶 新懷尋（答缺）
問。玄文ニ釋ニ華嚴海空ノ文一有ニ幾釋一耶
籤云。頭十七（同前）又分ニ二義一 文
付レ之。般若入法界云。長時ノ華嚴ト云。法華教ト云三釋有レ之如何
答。取ニ般若ノ文段ニ二義トハ云也。般若ノ入法界ト云ヒ。或ハ長時ト釋。指レ之二義ト云也。サテ卽是圓頓等云ハ。（同、五四五。玄義）般若後法華ノ義ハ別ニ釋也
問。玄文ニ。釋ニ摩訶般若華嚴海空ノ文一。（同、五三八）所レ云華嚴海空者。五時中ニハ何耶
答。玄云。頭十七（同、五四五）卽是圓頓法華教也 文
付レ之。經文ニハ擧ニ已說經一摩訶般若等云也。其中ニハ不レ可レ指ニ未說ノ法華一ヲ。況歷劫修行ト云フ非ニ速疾圓頓ノ義一ニ如何
答。約ニ說ノ次第一ニ日ハ。般若ノ後華嚴海空ト說カ故ニ。指ニ般若一歟。長時華嚴歟。法華歟ト云三ノ釋ヲ作也。其中ノ法華歟ト云釋ハ。初後佛惠圓頓義齊ノ意ニテ釋也。但擧ニ已說一ヲ云難ハ。大莊嚴等菩薩ノ問ハ。限ニトモ已說一ニ佛意ハ含ニル未說ノ經一ヲモ歟。次歷劫修行ト云ハ方等般若ニ相從ジウスル也
難云。此義不レ叶レ釋。般若之後華嚴海空ト明スハ圓頓法華ソト釋シテ。般若後ナレハ法華ソト云ハ。第五時ノ法華ヲ思ハエテ釋也。全爾前ノ祕密含トハ不レ見
一義。華嚴海空者。指ニ無量義經一也。經擧ニ（大正藏九、三八六中）頭初中後說一。初

十四(天玄五、五三三～八。玄義)說四諦ト云ハ阿含。次說方等十二部經摩訶般若ト云中說ノ方等般若華嚴海空ト云。後說無量義也。其ヲ法華ト云ハ序正異ナレトモ。同ク一座席ノ說ナレハ。無量義經ノ法華ト云也。法華論。十七種ノ異名。無量義トモ法華トモ云也 先德御義云云 多武峯 檀那師云。今消二華嚴海空ノ文一方等已後相生ノ釋也。而ニ無量義經ノ文ハ擧二已說ノ經一。法性論ノ三處ノ入法界ノ文ノ心ニ案ルニ無量義經ヲ。法華ヲモ可レ云二華嚴海空一ト釋也。故ニ下ニ。法性(天玄五、五四八。玄義)論中入者是也 文 尊均 但(檀那カ)御ニハ不待時法華云云 尤爾カ 可レ有覺也。如二祕抄ノ第一一ノ

問。華嚴海空ト云ハ可レ取二涅槃一耶。若取ト云ハハ釋二不レ見。若依レ之爾ト云ハハ。以二入法界一論レ之時。何不レ取二涅槃一。依レ之山家大師。遍通二五時一(傳全三、六三九。註無量義經) 文 可レ取二涅槃一聞リ

答。涅槃不レ取歟。無量義經ノ今文ハ述二前番ノ一化一(天玄五、五五三)。仍涅槃ハ後番ノ醍醐ナレハ不レ指レ之。依レ之玄云。案(按カ)二無量義一也(云カ)。摩訶般若次華嚴海空。卽前番法華中次第也 文

頭十七 42 籤云(天玄五、五三九)。此是不共般若。與二二乘一共說事

問。方等ノ別圓有下與二二乘一共義(「說カ)上耶

答。可レ有レ之

若有ト云ハハ。今ノ釋二般若時一キ釋レ之。若依レ之爾ト云ハハ。方等ニ有二華嚴一二乘見レ之。何無二共說義一

答。可レ有。依レ之籤三云(天玄二、一八六)。此是不共般若與二乘共說者。諸部般若以二但不但二種中道不共之法一與二二乘一共說。如レ云二四諦清淨故眞如清淨等一。例二方等部一無(「非カ)二此義一。以三方等經多准(順カ)二彈呵(訶カ)一共義稍疎。故判在二般若一。於(「般若カ)二菩薩一卽成二共說一 文 此釋ニ皆被レ會。般若入法界。二乘轉教シテ菩薩ニシテ令二法界一故ニ二乘共說ル也。方等ニハ無二此義一

問。不共般若與二二乘一共說耶

頭十七 籤云(天玄五、五三九)。不共般若與二二乘一共說云ヘリ

付レ之。既ニ不共般若ト云。何與二二乘一共說耶。依レ之大論云。不共般若如二不思議經一 文 指二華嚴一。華嚴ニハ二乘共說義不レ可レ有。宗ノ釋ニハ不共般若不レ入二二乘人之手ニシテ共說ノ義一。何ソ不入二乘之畢(手カ)ト云ン耶

答。別圓ノ方ヲハ不共般若ト云也。通教ヲハ共般若ト云也。而ニ方等般若。別圓二乘ト共說スレハ如レ此釋也。但大論ノ說ハ約レ部ニ日ハ指二華嚴一名二不共般若一也。故ニ宗ノ釋ハ此心也。サテ

約レ教時ハ方等般若ノ別圓ヲ名ニ不共般若一ト。二乘ト共說スト
云ニ無レ失
問。華嚴ノ逝多林會至ニ法華ニ可レ云耶
答。不レ可レ至
若至ト云ハハ華嚴ハ別圓兼含ノ說也。何ソ法華ノ時ニ至耶。若
依レ之爾ト云ハハ。釋ニトシテ無量義經ノ華嚴海空ノ文一ヲ。以ニ法性
論ノ三處ノ入法界一ヲ消レスレ之。而ニ法華ハ第五時教也ト釋ツレハ。後
分ノ華嚴。法華ニ來タルト聞タリ
答。不レ可レ來。道理ノ難ニ顯リ。但法華第五時ノ教ト云ハンカランニ。
後分ノ華嚴トヤ聞ル。只華嚴ノ名ヲ法界ト得レ心。以ニ法性論ノ
文ヲ約ニシテ法華涅槃ニ華嚴ノ文ヲ消スト云事ニテコソ有レ。後分ノ華
嚴ニハ非
師云。是ハ法華ノ時モ。長時ノ華嚴有歟ト云論義也。其ハ可レ有
也。入於佛惠是也。爾ト云テ逝多林會至ニトハ法華ニ不レ可レ得レ
心
問。華嚴經ノ中ニ別圓二教共ニ說ト可レ云耶 疏ノ三ト兼但對帶ノ算ノ如
也

答。別圓二教共ニ說ヘキ也
兩方。若共ニ說ト云ハハ。披ニ解釋一ヲ。(天玄五、五四八。玄義)初成道時。純說ニ圓頓一 文
若依レ之爾ト云ハハ。處處ノ解釋。皆華嚴ニ別圓共ニ說ト釋セリ
答云。如ニ道理ノ一邊一ノ。但至レ釋ニ別圓異ナレトモ。圓頓ノ理同カレ
之故ニ。且純說圓頓ト釋スルナルヘシ。爾ト云テ別教ヲ不レトハ說不レ可レ
得
難云。以レ何得レ知ルコト。華嚴經ニ說ニト別教一ヲ云事。既ニ純說圓
頓ト云テ限ニ圓教一ニ覺リ。況ヤ今華嚴ノ教主ヲ云ヘハ。報身如來ニシテ
國土ハ卽實報土也。爭カ別教ヲ可レ說耶。依レ之經ノ文ヲ見ニ。
所說ハ三無差別ノ理所ハレ宣ル一塵法界ノ旨也。全說ニ別教一事
無也
答云任ニ一家ノ解釋一。華嚴根機未レ熟。且ク圓教ニ兼ニ別
教ヲ隔ニ二乘一ヲ也。若別教ヲ不レ說ニ二乘聞ニ純圓一實ヲ成レ謗ヲ
墮レ苦ヘシ。但法界唯心ノ旨。一塵含法界ノ義別教ニ無レト之云
事ハ。華嚴經ニ圓教ヲ說ク邊ニテ明トレ之云ニ無レ失。況別教ニモ當
分ニハ明レ之者耶。只是其言同レトモ。相卽不相卽ノ不同ニテ分ニ
別ル之一計也

難云。華嚴經ニ說ニ別教ヲ一云事。猶以不審也。所以經文ニ正ク說ニト別教ヲ一見ル無レ之。爰以經ノ文ニハ說テ十梵行空ヲ一住前斷惑論シ。說ニ初住斷無明ヲ一。別教斷位ノ次第無レ之。又圓教ニハ十住ノ位ニ唱ニ八相ヲ一許ス。別教ニ無レ之。而ニ一家ハ。只（唯カ）華嚴起信（天文五、二四〇一上。文句記）彰灼明文十住八相釋リ。既ニ華嚴經ニ十住八相ノ文有リ。何別教ニ有レ之。但至ニ處處ノ解釋ニ一者。兼ニト別教ヲ一者。兼トハ云ヘトモ爲ニ別教ノ機ノ一說レ之不レ云。所以ニ解釋ノ中ニ。華嚴兼ノ義ヲ釋トシテ。以別助圓ト釋セリ。（記三（天文二、六五〇上。文句記））只是圓機ノタメ也。借ニ別教ノ言ヲ一顯ニ圓教ヲ一計也。爾リト云テ華嚴經ニ正ク說ニトハ別教ヲ一不レ可レ得

答云云 別教ヲ可レ說。但至ニ經文ニ說ニ別教ヲ一文無ト云ニ上者。華嚴經ノ中ニ。（頭三（天玄五、四九六。釋籤））始從ニ住前ニ至ニ登住ニ來全是圓義。從ニ第二住ニ至ニ第七住ニ。文相次第又似ニ別義ニ等云テ。一一ノ位ニ皆別圓有レト之釋ニ非耶。（同、三六二。釋籤）或ハ又。住中多明ニ圓融之相ニ。行後多明ニ歷別之相ニ一ト釋リ。（天止四、二四六）又決七ニハ。初住雖ニ即略明ニ圓義ヲ一。二住已去乃至十地多明ニ別義ヲ一等ハ。皆說レトコソ別ヲ聞ヘタル。以ニ何ソ初住斷無明ノ一文ヲ一別教無レ之ト令レ難耶。況十種梵行ノ文ヲハ。決七ニハ。（同前）全明ニ別義ヲ一ト釋ル者耶。此等ノ文ヲハ不レシテ知。全是圓義釋ヲ不レ可レ爲ニ定量ト。次ニ至ニハ以別助圓ノ釋ニ一華嚴ノ本意ハ爲レ隔ニンカ二乘ヲ一以別助圓ト云也。而ト云テ偏ニ爲ニ圓人ノ一借ニ別教ヲ一計トハ不レ可レ得

難云。華嚴經ニハ偏ニ說ニト圓教ヲ一覺ル也。其故ハ今ハ。（天玄五、五四八。玄義）純說圓頓ト釋シ。玄次下ニハ。（頭二十（同、五五六））寂滅道場。法身大士四十一地眷屬圍遶。（同、五六六。玄義）說ニ圓頓教門ヲ一文 如華嚴頓滿大乘家業。但明ニ一實ヲ一不レ須ニ方便ヲ一文 又妙樂一處ノ中ニ。（記三（若カ）（天文二、六五〇上））故至ニ華嚴ニ一兼說ニ於別ニ。部中論レ主雖ニ是圓教ト一。准（準カ）ニ五時意ニ一以レ別助レ圓文 此等ノ釋ノ意ハ。雖レ兼ニ別教ヲ一華嚴ノ爲ニ圓人ノ一以別助圓ト云也。部中論主雖是圓教ト云テ。華嚴ノ正意ソトコソ釋タレ。若爾ハ。隨ヨリ正意ニ一純說圓頓ト云ナルヘシ如何

答。一家ノ心ハ華嚴ニ說ニト別教ヲ一云事ハ不レ可レ諍事也。但一向ニ說ニト圓教ヲ一云ハハ。（天止四、二四六）豈ニ以ニ華嚴ヲ一可シレ爲ニ法華ノ方便ト一耶。依レ之止七云。又華嚴日出先照ニ高山ニ一偏多ニ四榮ヲ一文（常樂等也）受レ之。華嚴雖レ有ニ二義ニ（具カ）（同前。弘決）文多明レ別。故云ニ偏多四榮ト一。所以住前十種梵行全明ニ別義ヲ一。初住雖ニ即（「中カ）略明ニ圓義ヲ一。二住已去乃至十地多明ニ別義ヲ一文 但至ニ但明一實ノ釋ニ一。彼ハ華嚴ノ當機

衆ニハ不レ用ニ藏通ノ方便ヲ一直說ト二別圓ヲ一云事也。不トハレ用ニ別
教ヲ一不レ可レ得レ意。記三ノ釋モ華嚴ノ正意ハ別圓ノ機有トモレ之。
實ニハ以ニ圓機ヲ一爲レ本ト。故以別助圓トモ釋也。又一家ノ心ハ無
量義經。華嚴海空宣說菩薩ノ文ヲ。華嚴ノ別教ソト定判タマヘリ
瓔師云。華嚴ノ別教ヲハ圓教ノ教門ノ別教ト云也。常ノ別教ニハ
非ルカ故ニ純說圓頓ト釋也。初後佛惠ノ釋可レ思レ之
報師云。華嚴ノ別教ト者。附機ノ別教ニハ非。是行布門ノ別教
也。仍以別助圓ノ釋。理實教權トモ只是法華ト替ル處ハ。華嚴ハ
隔ニ二乘ヲ一處カ別教ト被レ云也。記四ノ應知華嚴ノ釋可レ合レ之」
問。五千起去ノ輩ハ何ノ處ノ得益ナルソ耶
答。皆是後熟涅槃中收 文 （玄云（天玄五、五五二）　頭十九）
付レ之。不レ見。況文句ノ十ノ從初菩薩。弘經得益ノ文ニ違ス（大正藏十二、六二七中）　頭五
答。分明ノ證ハ無レ之。涅槃經ニ。鈍根聲聞開ニ發惠眼一 文（爲諸カ） 籤ニ（天玄五、五〇七）
引レ之。若至ニ涅槃一乃是鈍中之鈍。此如ニ五千一復成ニ不
定一 文 記一云。從座去仍判於涅槃中。若四依邊得聞故 文（天文一、一四五下）
是則機萬差ナレハ涅槃ニテモ可レ悟。又可レ至ニ滅後一ニモ云釋也。涅
槃ニテ可トレ悟云道理ハ。法華ノ略開三ニ結緣ル者ナレハ。涅槃ノ坐ニテ
可トレ悟云道理也
問。信解品引ニ何ル文ヲ一證ニ華嚴ノ時ヲ一耶　頭二十（天玄五、五五六。玄義）
進云。求レ子不レ得 文（大正藏九、一六中。法華經）
疑云。此文ハ說ニ中止一城ヲ一。何華嚴ト云耶
答。正ク遇ニ到父舍一（同、一六下）（マ〇カ）疾走而去ノ文ヲ可レ引也。而ニ引ク其父先（同、一六中）
來ノ文ヲ事ハ委ク引ニ文前後ヲ一也。仍不レ可レ違
一義云。於ニ方便土ニ一鑒ニ今日ノ機ヲ一故ニ且屬ニ應土ニ一歟
問。玄ノ中ニ仁王經ノ二十九年說摩訶般若ノ文ヲ引ク。爾者　籤　頭二十（天玄五、五五八。釋籤取意）
此ハ第二十九年ニ始テ說ク般若經ヲ一耶
答。二十九年ノ閒說ニ般若經ヲ一也
兩方。若所答ノ如クンハ籤ニ。大集經中如來成道始十六年。故（同前）（云カ）
知。方等在ニ鹿苑後一。仁王云。如來成道二十九年。已爲レ我
說ニ摩訶般若一。故知。般若在ニ方等後一 文 既ニ大集經ハ如來
成道十六年ニ始テ說レ之。其後二十九年始說ニ般若ヲ一聞リ。
依レ之他人般若三十年云ヘリ。若依レ之爾ナリト云ハハ。鹿苑十二
年。般若三十年ト云事ハ。大空論。法界性論ニ明レ之
答。方等部ノ經ハ說時不定ルカ故。鹿苑十二年。般若三十年。

方等說時不定ト云也。但至二大集經一耶。設ヒ大集經ハ十六年ノ說ナリト云ヘトモ。忽ニ方等始テ十六年ニ說トハ不レ可レ定。次ニ至二般若ノ時一ニ二十九年已前ニ說コト二般若一ヲ。第二十九年ニハ說二仁王一ヲ也

尋云。他人ハ般若ヲ三十年ノ說ト云。宗師許レ之歟

答。不レ許レ之歟

依レ之。信解品ノ。二十年。（大正藏九、一八上）執作家事ノ文ヲハ。般若ノ說時 文 仁王ニハ。（大正藏八、八二五中）二十九年等 文 眞諦所譯ノ中ニハ。羅悅祇國（閱）三十年中說二大品一 文 論藏ノ中ニハ。三十年中說二大品空宗一 文 何不レ許レ之耶

答。依二ソト何ナル經一ニ破也。此ノ次第ノ經ニ無レ證破タマヘリ

難云。金剛般若疏 道行經四十二云。如來成道後第二十年ノ說ト見リ。

依レ之章安ハ。得道已後二十九年說此般若ト釋タリ（大正藏八、四七八中）

道行般若經十。屬累品。支婁迦懺（讖カ）。次佛說二是般若波羅蜜一時。在二羅悅（閱カ）祇闍（耆カ）崛山中。在二衆弟子中央坐一。佛年三十得レ佛。十二月十五日過食後說レ經 文

頭十八 玄云。（天玄五、五四九）涅槃稱爲二醍醐一。此經名二大王膳一。得知（故カ）二經俱是醍醐 文

疑云。大王膳何ソ醍醐ナラン耶

答。味ノ中ノ最上ノ故也

頭十九 籤云。（同、五五三）爲二畢定一爲二不畢定一 文

撿云。（卍續四四、三三九丁右上）大論九十五（三カ）云。須菩提問丁法華經中說丙ク於佛所作小（少カ）功德。乃至戲笑一稱二南無佛一。漸漸ニ必當乙作佛甲ニ。又聞（聞カ）三ク跋致品中 大品ニハ無ニ 此ノ品一 有レ退又聞聲聞人皆作佛スト。（「不退。カ）若爾不レ應レ（當カ）有レ退如二法華中ノ說一。（有レ）畢定餘經ニハ（應レカ）說有二退不退一。（「經カ）是故ニ今問爲二畢定一爲二不畢定一。佛答。菩薩ハ是畢定ナリ。須菩提心以二入涅槃一ヲ爲二畢定一ト。是故ニ問レ佛爲ニ二何ル道ノ畢定一ト。（「中カ）答。（「佛カ）不ラス二畢定二乘一ニハ。但於二大乘中一ニ畢定シテ求ル二佛道一者ニ有二上中下一。是故問フ爲二初發意一爲二阿鞞跋致一ト爲二後心一トカ。（身カ）佛答。三種菩薩並ニ（皆畢カ）皆定ナリ。皆定者必當ニ作佛一ニ 文

問。解釋ノ中ニ後番ノ般若ノ相ヲ釋ト見リ。且引二大論ノ何文一ヲ證レ之耶

答。大論九十五（三カ）ノ須菩提。（大正藏二五、七一二下～一五上參照）畢定不畢定ノ問ノ文ヲ引ク也

爾者以レ何得レン之。畢定不畢定ノ文。後番ノ般若也ト云事。旣

是般若經ノ中ニ有ニ此ノ文一。誰知ル前番ノ般若ノ中ニ問答ノ文ニモ有ン如何

答云云 但至レ難ニ。解釋ハ正ク大論ニ依テ法華後ノ說ニ後番ノ般若ト得タマフ也。仍解釋ハ無レ失

難云。大論ノ文ニ依ト云事ハ尤可レ然。而ニ大論ハ大品經ヲ消ル也。大品經ノ文ニハ必モ法華後ナリトモ不レ見。何法華ノ後ニ般若ト可レ得レ心耶

答。大品經ノ文ハ實ニ不審ナレトモ。龍樹ハ天台ノ高祖也。大論ハ一家ノ依憑也。若爾者。今ノ釋ハ且依ニ大論ニ釋ルニ之無レ失。大論ハ又龍樹定テ有ン所存一。仰テ可レ信レ之

難云。大論ノ文ハ實ニ龍樹菩薩ノ解釋ナレハ。仰テ可ト信レ之云ヘトモ。經文ハ何ニト見ヤラン。尤可レ驗レ之者也如何

答。尤此ハ可レ驗ニ經文ヲ事也。所以ニ經文ニ。須菩提ノ畢定不畢定ノ問二重ニ有レ之。所以ニ阿鞞跋致品ノ中ニ此ノ問有リ。前番前熟ノ者ノタメニ問ニ答之一。今又至ハ畢定不畢定ノ問ヲ爲ニ後番後熟者ノ問ニ答スト之一 大論ハ得レ心タマフ也。須菩提於ニ法華中ニ已聞ニ諸菩薩得記一故已畢定。今復更問。故須菩提更爲ニ未入者一問 文（大論九十三ノ文也（同前參照））是ハ大論ノ正文也。尤有ト其理一可レ答也

難云。實ニ問答ハ二重ニ有レトモ之。法華ノ後ノ般若トハ不レ聞。所以ニ菩薩ノ受記作佛。畢定不畢定ヲ問カ故ニ。若法華ノ後ナラハ。二乘ノ受記作佛ヲ可ニ問答ス也如何

答。此事ハ大論ニ。問曰。阿鞞跋致品中此相（如是カ）。既問答。今何更問耶ト問カ。論ニ自答レ之ニ。般若有ニ種種門（門カ）一。今更問ニ異問一耶（也イ）ト答リ。（同、七一三中。取意）以ニ此ノ問答ノ意ヲ還テ本經ニ得レ心。阿鞞跋致ノ須菩提ノ問答ハ爲ニ前番ノ機一ノ。後ノ問答ハ爲ト後番ノ機ノ大論ニハ云也。但至下二乘ノ得記作佛ヲ不ト問答一云難上者。須菩提ハ是權化ヲ漸センノ機ノ能引ノ人ルカ故ニ。寄ニ菩薩ニ顯ニ二乘作佛ヲ一也。其ノ故ニ二乘成佛ル事ハ。法華ニ有テ之。般若等ノ經ニハ無レ之。後番ノ般若也ト云（致カ）ヘトモ二乘成佛ヲ顯露ニ難レ顯シ故ニ。寄ニ菩薩ニ畢定不畢定ノ問ヲ至也。夫ヲ結集者。前番後番異ナレトモ。般若同カ故ニ前番般若ニ結集入也。結集者同爲ニ一部一 文（頭十九（天玄五、五五四。釋籤））

私云。大品經ハ大品衆ニ一會ノ說ニシテ。何般若不レ殊等云耶。答。用否隨時 云云

有云。龍樹親開ニ七佛ノ經藏一ヲ如レ此判カ故ニ。定テ然ル事有レ
之歟
大論九十五（三カ）云。（大正藏二五、七一二下～三下。取意）經。須菩提白佛○是菩薩摩訶薩爲畢定爲
不畢定。佛告須菩提。菩薩摩訶薩非不畢定（〃畢定カ）。世尊。何處畢
定。爲聲聞道中爲辟支佛道中爲佛道中。佛言。菩薩摩訶
薩非聲聞辟支佛道中畢定。是佛道中○（畢定。須菩提曰イ）佛言。爲ノ初發意
菩薩畢定。爲最後心（身カ）菩薩畢定耶。佛言。初發意菩薩亦畢
定。阿鞞跋致菩薩亦畢定。最後心（身カ）菩薩亦畢定。論（〃○カ）。問。阿
鞞跋致品中如レ是相。是阿鞞跋致如レ此相非ニ阿鞞跋致一。
阿鞞跋致卽是畢定。須菩提。今何以更問。答。是般若波羅
蜜有ニ種種門一。有ニ種種道一。阿鞞跋致地（地ナシカ）是一門中說。今問ニ
畢定一更問ニ異門一。復次佛心中一切法皆畢定人（聞イ）以ニ智不レ
及故名爲ニ不畢定一云云 復次須菩提。問ニ法華經中說一。於ニ
佛所作少功德一。乃至戲笑一種（稱カ）ニ南無佛一。漸漸必當ニ作佛一。
又問（聞イ）阿鞞跋致品中有ニ退不退一。又復聞聲聞人皆當ニ作佛一。
若爾者不レ應レ有レ退。如ニ法華中說ニ畢定一。餘經有ニ退不
退一。今問○如レ是等種種因緣問ニ定不定一。佛答。菩薩畢定。

須菩提。以ニ涅槃（〃心カ）一爲ニ畢定一。是故問爲ニ何道中畢定一。答。
不ニ畢定一二乘。但於ニ大乘中一定（〃畢カ） 文 文廣シ具ル文ヲ可レ見

43 玄云。（天玄五、五五六）老比丘像事

疑云。三藏ノ教主ハ初ヨリ老比丘歟
答。記一云。（天文一、一〇九上）佛臨ニ涅槃一等 文

44 玄云。（頭二十一）（天玄五、五五六）密遣二人事

疏云。（天文三、一四三二下。取意）約レ法四諦因緣。約レ人聲聞緣覺 文

45 玄。（頭二十一）（天玄五、五五七）二十年中常令レ除レ糞事

疑云。阿含ハ十二年也。何二十年ト云耶
答。今ノ釋ハ所表也。見思ヲ二十年ト云也。但空ヲ一日之價ト
云也。爰以次下ニ。（同前）見思已斷無漏心淨 文
難云。見思ハ只二也。何ゾ二十ト云耶
答。思惑ハ九無礙九解脫。見惑ハ一無礙一解脫也
　私云。今次ニハ見惑ノ一無礙一解脫不レ見 云云
問。鹿苑證果ノ聲聞。何ノ斷ニ塵沙ノ惑一ヲ耶 如ニ三周義一
答。般若ノ時斷レ之也
付レ之。二乘斷ニ塵沙一ヲ事ハ廻心向大後也。何ゾ般若ノ時斷レ

之耶。依レ之
玄。出二摩訶般若一（頭二十二）（天玄五、五五七）○滅二破無知一文
記四云。（天文二、七六九上）故被二洮汰一義當二斷伏一文是卽感テ二菩薩ト一轉教レハ
卽當ルカ二利生ニ一故ニ斷ト二塵沙ヲ一云也。法華開悟ノ時ハ破二無明ヲ一。
故ニ以二洮汰ヲ一斷二塵沙ヲ一擬也
46 籤云。（頭十八）（天玄五、五四九）有無不レ等事
此ハ燈明ハ不レ説二涅槃一故ニ無ト云ヒ。釋迦ハ説二涅槃ヲ一故ニ有ト
云也
47 玄云。（頭十八）（天玄五、五四九）燈明迦葉先説二華嚴一。後説二法華一事 取意
疑云。燈明迦葉説二華嚴ヲ一云事不レ見如何
答。經ニ已ニ。（大正藏九、四上）初中後善文 初ハ華嚴也。迦葉ノ難ハ准望シテ爾云
歟。迦葉豈ニ不レ説二華嚴ヲ一耶
48 玄云。（頭二十二）（天玄五、五六一）如二身子等大德聲聞一。乃至更無二所作一事
奠（テン タタス マツル カサル ウム カソナフ タムケ）
問。大經ノ八千聲聞ト云ハ指二身子等ヲ一歟
答。サル事モ可レ有也
一義云。不レ然。三周ノ聲聞皆可レ（ヘケレトモ）出隨一ノ八千也。持

品ノ八千聲聞也
49 玄云。（天玄五、五六三）誡約將來。使末代鈍根事
疑云。涅槃ノ三藏ハ偏ニ爲ト二末代ノ一云歟
答。約ハ二大旨ニ一當坐ノ益モ可レ有レ之也
問。妙樂ハ大經諸品ニ付テ。如何開二演涅槃施等ノ四段ヲ一判耶
答。籤云。（頭二十三）（同、五六二）初純陀品去明二涅槃施一○長壽品去十四品明二
涅槃義一。（「品カ）三現病去五品明二涅槃行一。四師子吼品去三品明二
涅槃用一文
疑云。涅槃疏初ニ。（大正藏三八、四一中）從二純陀一訖二大衆問一。是施。從二現病一
訖二德王一。是行。從二師子吼一訖レ品。是義。從二迦葉一訖レ經。
是用文相違ス如何
答。彼疏ニハ施行義用ト分リ。今施義行用ト云フ。又取レ品ヲ不
同也。各據二一義ニ一也。所以ニ籤ニハ。純陀一品正明二涅槃施一
故取レ之爲レ施。彼疏ニハ。從二純陀一至ニハ二大衆問ニ一廣明レ施ヲ
故ニ爾カ云フ。從二長壽品一去テハ涅槃義也。故ニ今ハ取レ之彼
疏ニハ從二師子吼一明カニ悉有佛性ノ義ヲ一故取レ之爲レ義。各有二
文理一不レ可レ爲レ難 補註云。籤文ハ誤 云云

50 三半滿下（天玄五、五六三。玄義）

頭二十四 玄云。行アラハ藏カクス得レ處 文（同、五六四）（カウ）（所カ）

頭二十四 籤云。且置ニ前三一 文 頓漸不定也 云云（同、五六三）

51 四合不合下 頭二十五（天玄五、五六七）

合ト者圓教。不合ト者前三教ヲ云也

問。不思議境界經ハ何ノ處ノ說ソ耶

答。任ニハ本經一ニ。摩訶提國菩提樹下 文（大正藏一〇、九〇九上）（竭カ）

進云。籤云。不思議境界經云。舍利弗等○逝多林會 文 相（天玄五、五六八）（子カ）
違如何

答 云云 但至レ籤ニ。皆是他方極位菩薩ト云ニテハ經文ニテ有也。（同前）

故今在此ト云下。大師ノ解釋也。故ニ非レ難ニ（同前。釋籤）

撿云。感通傳云天雜云。華嚴入法界品。逝多林會一卽祇園（卍續四四、三三九丁右上）（「經カ）（「云」カ）（園カ）
中聲聞云ヘリ（耳カ）（云?カ）（神カ）

一義云。不思議經ニ舍利弗ノ聲聞。菩薩ト云カ故ニ准レ此ニ。今
逝多林會聲聞モ菩薩ノ示タルソト聲聞ニ釋ル也。彼經卽逝多林
會ノ說ト云釋ニハ非

尋云。今ノ文ニ引レ何ヲ後分通ノ義ヲ證スル耶

答。不思議經ハ法華ノ後ト見ルカ故引レ之也。所以ニ。五百聲聞（天玄五、五六八。釋籤）
他方極位菩薩 文 是法華ノ時ト覺リ（「皆是カ）

尋云。此ノ文ハ爾前ニ應化ノ聲聞ヲ明ト云歟。若爾ト云ハヽ。記（天文一、一四五下）
一ニハ。在レ昔卽無ニ應化佛道之稱一 文

答。如ニ上答一 云云

問。不思議○意。幾菩薩成ニ聲聞一ト耶

答。籤云。五百聲聞皆是他方極位菩薩 文 頭二十六（天玄五、五六八）

付レ之。經ニハ。無量千億菩薩現ニ聲聞形一 文 今何ツ五百聲（大正藏一〇、九〇九上。不思議境界經）
聞ト云耶

答。釋籤。不思議經ニ舍利弗ハ皆菩薩ト云カ故ニ。准レ之ニ。今 頭二十六（天玄五、五六八。取意）
逝多林會ノ五百聲聞モ菩薩ソト云也。准ニセハト不思議境界經ニ
云ニ可レ讀也

問。華嚴入法界品ニ。身子對ニ比丘ニ令レ觀ニ文殊相好威儀一 文
爾ハ所レ對比丘幾ナル耶 頭二十六（同前）

答。籤云。五百聲聞云ヘリ

付レ之。本經ニハ六千比丘ト云ヘリ如何

答。本經ハ實然也。今五百聲聞ト云ハ逝多林會ニ有ニト五百聲

聞一見レハ。且ク令ニ五百。文殊相好威儀等ヲ觀一義セモ可レ有釋ル
也

問。不思議○入法界品ノ同異(〔一本カ)譯歟。若爾ト云ハハ。不思議經ハ菩提樹下ノ說。入法界品ハ逝多林會ノ說也。說處既異也。不レ可ニ同本一ナル。若依レ之爾ト云ハハ。籤ニ引ニ不思議經一ヲ釋ニ入法界品ノ義一ヲ同本異譯ト聞リ

答。今釋未タレ云ニ同本一トモ。只不思議○經ニ舍利弗等ヲ菩薩ト云カ故。以レ是ヲ思フニ。入法界品五百聲聞カ又他方菩薩ソト釋ルニテコソ有レ

問。不思議經ハ初頓歟

若爾ト云ハハ既ニ有ニ聲聞一。若後分ト云ハハ菩提樹下ノ說ト見リ。知ヌ。初頓ト云事

答。既ニ有ニ聲聞一故後分ノ華嚴也。但菩提樹下成正覺ト云ハ。只是歎ニ菩提樹下ノ德一ヲ還テ述ニ昔ノ事一也

問。法華已前ノ諸經ノ中ニ明ニ二乘發迹顯本一ヲ耶。若明ト云ハハ師弟顯本ハ法華仲微也。爾前ニ不レ可レ明。若依レ之爾ト云ハハ。籤云(圓二十六(天玄五、五六八))。不思議境界經云。舍利弗(子カ)等○如レ上

答。聲聞發迹顯本。爾前ニ不レ可レ明レ之。舍利弗ハ至ニ法華一ニ初悟ルニ一乘一ヲ。若爾前ニ說ニカハ應化聲聞一ト。法華開悟既ニ成ニ虛妄一ト。但不思議經文ハ或ハ祕密ノ說歟。或ハ經家歎德ノ言トシテ。滅後ニ載ニ此說一ヲ歟。佛正ク非ニ菩薩ノ化現ト說一ニハ

難云。經家結集ト云モ。一代ノ議(儀カ)式ヲ守テ結集ル也。爾前ニ都テ不レ明ンニ聲聞ノ顯本一ヲ取テハ。華嚴枝分ノ經。舍利弗等ノ本ヲ經ニ可レ顯無レ樣。若如レ此云ヒ。成ンニ取テ。一切聲聞本モ久遠實成モ皆經家カ別歟如何

問。後分華嚴ハ只限ニ鹿苑已後一ニ可レ云耶

答。可レ爾

兩方。鹿苑已後ト云ハハ。籤ニ(同前)。亦可ニ通在ニ鹿苑之前一文若依レ之爾ト云ハハ。鹿苑已前ハ是初頓也如何

答。鹿苑已前ニ不レ可レ通。但釋ハ方等般若ノ餘ノ時ニ對シテ鹿苑卽前ト云也。仍無レ失

良師。鹿苑已前ニモ可レ通。卽佛惠華嚴ニ對シテ令レ蒙レ機ヲ後分ト云也

一義云。今釋ニハ三重心見ル也。舍利弗ノ五百ニ語ル言ニテ方等

般若ノ時。不レ悟處カ如ニ聾瘂一ノ。既ニ。後分之言。（同前。釋籤）時仍長遠也（也カ）ト被レルル云義。是一重。左ハアレトモ。又。（同前。釋籤）亦可通在鹿苑之前トテ。起ニ頓趣一漸儀式ニテ鹿苑十二年ノ前ニモ有レト之云義。是一重。左ハアレトモ又。今且判在華嚴會時ト云ヘル義。（同前。釋籤）是一重。仍三重ノ釋也。次第終リヨリ始ノ方ヘツメモテ行ク義也。仍テ鹿苑之前ノ前ノ字。方等般若ト云義ハ不レ被レ得レ心歟ト覺ル也

52 玄云。於ニ彼初分一（天玄五、五六八）永ノ無ニ聲聞一事　如ニ玄一一

問。玄文中引ニ般若ノ三百比丘一ヲ。（同、五七四）爾者爲ニ菩薩一ト。將如何

答。非ニ菩薩ニ釋ス

付レ之。以レ何ヲ得レ知コトヲ。所以ニ。聲聞無ニ淨土ノ行一故ニ經ニ數劫ヲ成佛ル也。而ニ三百比丘ハ過ニ六十劫一ヲ可ニ成佛一スト說ク。既ニ速ソク疾也。知ヌ。非ニ聲聞ニ云事

答。既ニ比丘ト云。准ハ經論ノ大旨ニ聲聞也ト聞リ。況大論ニハ三十一謂ル。（大正藏二五、二五二下。取意カ・天玄五、五七四參照）三百比丘以ニ所レ著衣一奉レ佛ニ。阿難問レ之。比丘離ルニ三衣一無レン過耶。答ルニ之。佛過テニ十二歲一ヲ爾カ後結戒ス。故ニ比丘衣ヲ施ト文　問答ニ約ルニ聲聞ノ威儀ニ故ニ聲聞ト釋ル歟。但至ニ六十劫ノ記莂ニ約カニ未入位ノ聲聞一故ニ六十劫ト云歟

難云。三百比丘未入位ト云事如何。又大般若ニハ未レ入ニ正性離一（了生カ）不レ記故如何

答。爾前ニハ入位聲聞成佛ヲ不レ許故也。サテ未入正性カ云事ハ取ニテノ菩薩ニ事也

備云。（卍續四四、二三九丁右上～下）玄。三百比丘。般若經佛記云。從レ是已後六十劫當レ（了一カ）得ニ作佛一皆號ニ大相一ニ。論云。施時以レ手擧レ物　文

53 玄云。（頭二十九）（天玄五、五八一）華嚴三藏非レ合非ニ不合一事

尋云。華嚴ノ非合非不合ト者。華嚴帶レ別ヲ故不合也。純大ノ邊ハ合也。三藏ヲ非不合ト云ハ小機ノ得入ノ邊ヲ合ト云也

54 玄云。（頭二十六）（天玄五、五六八）或半滿雙明。或半滿相對事

相對ト者。螢火ヲ對ル日光ニ等也。大小對當スレトモ未タルニ彈呵セ一也。雙明ト者。付ニ創稟ニ云也

55 玄。（頭二十六）（天玄五、五六八）或以レ滿彈レ半ヲ稟レ半聞レ滿事

上ノ句ハ彈呵。下ノ句ハ創稟ノ者カ當坐ニ大乘ヲ聞ケリ

56 玄云。（頭二十七）（天玄五、五七三）已有密悟無生忍事

問。提謂經ノ時得ルニ無生忍一ヲ。顯露歟。祕密歟　如ニ前ノ提謂猶屬ニ顯露一（答缺）

問。提謂經ノ時。二乘祕密ニ得ニ無生忍一ヲ可レ云耶
進云。如レ題。　付レ之。經文不レ釋
答。經ニハ聲聞密悟ノ文無シ。只是阿含等ノ悟。無生ヲ爲レ說ンカ也。極テ淺キ五戒ノ法門ヲ聞テ當下ル密ニ悟ニ無生一ヲ者上。況修多羅方等般若ニ。無ニラン密悟無生ノ者一耶ト云事也
有云。寶積經中ニ有ニ祕密一云也
問。大品般若三百比丘ノ發心ハ。眞位ノ發心歟。若眞位ト云ハハ。見ニ大論一此ノ比丘ハ未レ得ニ天眼一ヲ疑ニ生處一ヲ故ニ。（又方三百授記ハ得忍ノ後歟）佛正ク可レ生ニ阿閦佛國一ニ說ト云ヘリ。若眞位ナラハ不得天眼トハ不レ可レ云。又可レ生ニ實報土一ニ。同居ノ淨土ニ不レ可レ生。依レ之大論惠影ノ疏ニハ。內凡ノ發心ト釋セリ。若依レ之爾ト云ハハ。玄文ニ顯（頭二十七）露合ノ義ヲ釋ルニ。（同、五七四）未入位聲聞○例如ニ般若三百比丘得レ記者一是也文祕密合。顯露合ト云。開ニ眞位ノ悟一ヲ名リ。知ヌ。眞位ノ發心ト云事
答。眞位ノ發心歟。但至ニ大論文一ニ者。未レ得ニ天眼一ヲ疑フト生處一ヲ云ハ未發心ノ前ノ事也。サテ發ノ後佛爲レ拂ニンカ此ノ疑一ヲ可レト生ニ阿閦佛國一ニ說タマヒテコソ有レ。生ニト阿閦佛國一ニ云ハ應生也。不レ非ニ果報ノ生一ニハ也。次ニ人師ノ釋ハ用否隨レ時ニ
難云。經ニハ（三十卷）授記ノ後ハ。是三百比丘捨ニ此身一ヲ。當ニトレ生ニ阿閦（大正藏八、二二九中。大品般若經）佛世界一ニ（國カ）文　論ニ受テ釋ルニハ。是諸比丘未レ得ニ天眼一故。（大正藏二五、三五四上）自疑テ不レ知レ生ニトイフコトヲ何處一。恐クハ不レ能レ得レ集ニ諸功德一。不レ得レ正レ（至カ）道。是故佛言下捨ニ是身一當レ生中阿閦佛國上（世界カ）文　是ハ當時不ニレ得ニ天眼一ヲ依テ生處ヲ不レ知。依レ無ニ善根一疑ニ佛道一ヲ故ニ。授記又捨ニ此ノ身一ヲ可レト生ニ阿閦佛國一ニ可レ說ナル。若眞位ノ發心ナラハ。設發心ノ前ニハ疑トモレ之。發心ノ後ニハ生處等ニハ不レ可レ闇カル。就レ中若應生ナラハ佛記タマフ不レ足ラ耶。但今釋ハ顯露ニ引レ之事ハ。合ハ是會ノ異名也。未ニ開悟一入テニ圓ノ道一ニ發ニ圓ノ位一ヲ合ト云也。サレハ籤云。（天玄五、五七五）當レ知不合卽是不信。不信故名ニ不實得一ト。故云ニ不合一ト成ニト增上慢一文　以ニ信不信一合不合ヲ釋ト見リ
答。釋。（同、五七二。玄義）密悟無生忍者ト云テ。祕密合ヲハ正ク得忍ノ者ニ約ス。對レ之顯露合ト云ハ。（同、五七四。玄義）未入位ノ聲聞。亦隨レ處得レ合。例如ニ般若三百比丘得レ記者一是也（同、五九七。玄義）文　豈ニ（ワ○カ）非下叶ニ眞位一ニ者上ニ耶。サレハ下文ニ。般若中見レ性。如ニ三百比丘一文　但未得天眼ノ文

前ノ如シ。未得忍ノ前ノ疑ヲ發心授記ノ時ニ至テ皆拂レ之也。捨ニ此身ヲ一當レ生ニ阿閦佛國ニ一云モ。實ニハ生ニレトモ實報土ニ一ニ。實報土ノ生ハ佛ノ授記ニ不レ足故ニ。又應ニ生ルヲ阿閦佛國ニ一爲ニ傍人ノ一佛記タマフ也。次ニ人師ノ釋ハ不レ可レ用レ之。就レ中惠影ノ釋ハ初二果ノ聲聞云ヘリ。大品經ノ心トシテ何ソ初二果ノ聲聞發心スト云ハン耶。只合ハ是會ノ異名ト云釋ヲ信スレハ。卽開レ悟ヲ故ニ其ハ只同シ事也

威師云。答ノ初ニ道理ヲ可レ立ツ。般若經ノ心ハ。菩薩未入正性（大正藏六、五四二上他。大般若經參照）離生。不應授彼（「大カ）菩提記ト云テ。未入正位ノ菩薩ニハ不トレ授レ記ヲ云也。而テ今既ニ授レ記ヲ。知ヌ。眞位ト云事ヲ

難云。夫ハ大旨也。又住前ノ菩薩ニ授記ル事無ニアラス耶。

次ニ。見性。（天玄五、五九七。玄義）如（「○カ）三百比丘ト云事ハ相似ノ見性ナルヘシ

一義云。未得天眼ト云ナラハ生身得忍ノ人ナルカ故ニ。生身不トレ起レ應ヲ云意ニテ。又未得天眼トハ斥歟。次眞位ノ發心ト云フ潤色ハ。劫名（「國カ）號ノ記ナレハ眞位ナルヘシ。未發心ノ記ハ隱記ナレハ劫國名號ヲ無ニ可レ記ス樣一

難云。未發心也ト云ヘトモ。佛決定シテ作佛スヘシ。知テハ何不ンレ記ニ劫國ヲ一耶。サレハ大論等ニ雖ニ未發心也ト一記ニ劫國ヲ一事多レ之。雖ニ生身得忍也ト一疑フニ生處ヲ一得道ヲ可レ疑樣無シケニトモ不ルレ覺事也

問。住果聲聞。過ニ法華ノ座ヲ一耶　如レ宗

頭二十八 玄云。（同、五七五）若住果聲聞　決カナラス至ニ法華ニ一。敦信令レ合　文

問。增上慢ノ聲聞ハ入位歟。若爾ト云ハハ。經云（大正藏九、七下）○若實（「○カ）得阿羅漢。若不信此法。無有是處　文　非ニ住果ニ一聞リ。法華論ニハ（天玄五、五七五）決定性ノ外ニ列リニ增上慢ヲ一。若依レ之爾ト云ハハ。玄云。若住果不レ合是增上慢　文

答。住果ノ不トレ合云ハンハ增上慢ニコソ有ンスレ。正キ非ニト住果ニ一ニハ云釋也

問。瓔珞ノ五千退座ノ人ハ。何ノ時得悟耶

頭二十九 籤云。（同、五八一）此人於ニ涅槃中ニ一當（尚カ）已得レ入云ヘリ

付レ之。難レ廻ニ根性ヲ一難レ改ニ慢執ヲ一。五千退坐ノ人。以レ何涅槃得度ノ人ト可ニ治定一耶。爰以經文ニハ。千佛過去スレトモ尚不レ能ニ得度スルコト一見タリ

答。五千退坐ノ得益實ニ難レ知。其ヲ涅槃ノ時得益スト云事。

約シテニ捃ノ教ノ大旨一ニ法華ニ漏ルル者ノハ。大旨至テニ後番ノ説一ニ得
道スレハ。瓔珞ノ五千退坐ノ人。前番ノ説ニ渡ルカ故ニ。至ニ捃拾説一ニ
可トニ得度スト釋也。但至ハニ經文一ニ。頭二十九（同、五八一）籤云。是方等部抑挫之辭ナル。
故云ニ千佛過去一。若其實説此人於ニ涅槃中一尚已得レ入 文

阿抄

尋云。此ハ何ノ教ノ菩薩ソ耶

答。疏四云。三藏菩薩聞ニ三身功德一起レ坐 文

問。爾前ニ説ニ法華涅槃一耶。若説トニ云ハハ法華涅槃ノ部ノ中ニ
可ニ結集一。而ニ法華涅槃ノ中ニ不レ擧ニ説處同聞一ヲ。若依レ之
爾ト云ハハ。頭二十九（同、五八二）玄云。論レ通通ニ於初後一云ヘリ

答。爾前ニモ可レ説也。祕密ノ五時ハ無ニ時トシテ不レ通ト云事一。但
不ニ結集一事。祕密説教ハ必モ不ニ結集一。仍鹿苑祕密ノ法論。
是ヲ如レ不ルカニ結集一セ

（私カ）祕云。此義ナラハ法華ヲ八教ノ中ノ祕密ト云歟。若爾者。超
八ノ圓トハ難レ云。當流ニハ不待時ノ法華ト云也。而ニ爾前ニテモ
（〔一本カ）有レ。法華ノ説處ハ靈山ニテ有ト云也。理大綱集ニ見タリ

問。玄中ニ引下釋スニ五時諸教ノ説一通コト中初後上ニ。爾ハ華嚴ノ通レル

後ニ義ヲ如何釋耶

答。玄云。法華會ニ入佛惠一。（同、五八三）即是通至ニ二經一 文

付レ之。法華佛惠ニ只取ニ法華一ニ事也。何ノ法華佛惠。華嚴ニ
預テ至レ後ニ義ナラン耶

答。地體五時ノ説教ハ互ニ亙ニ始終一ニ得レ心上ハ。初後佛惠圓（同、五四八）
頓義齊ノ心ニテ如レ此釋也

問。長時ノ華嚴。法華時有ニ別座ノ説一耶。若有云ハハ玄云。若（同、五八三）
華嚴頓乳別シテハ但在レ初ニ。通シテハ則至レ後ニ。故無量義云。次
説ニ般若歴劫修行華嚴海空一。法華會ニ入佛惠一。即是通至ニ
二經一 文 法華ノ佛惠ニ會入ルヲ長時華嚴ト云フト見リ。餘處ニハ。（天文二、八一九上。文句記）
或。應レ知華嚴。或ハ。當レ知以ニ法界一論レ之無レ非ニ華嚴一。（同、八一九下）
以ニ佛惠一言レ之無レ非ニ法華一 文 若依レ之爾ト云ハハ。法華ト
云ハ一圓。華嚴ト云ハ別圓含説也。何ソ法華ノ一會ニ説レ之耶

答。別座ノ説也。今釋ハ如ニ次上一ノ。餘處ノ釋ハ證者見歟

難云。法華ハ純一無雜ノ砌也。一乘ノ會座ノ外ニ更ニ不レ可
有ニ華嚴ノ別座一（天玄一、二〇四。釋籤）

答。十方容有一席定無ト云テ。法華ノ一座ハ皆知ルカニ十方一故ニ

是顯露也。定教也。一席定無ト云ハ是也。サテ十方ノ法華ヲ不レ知故ニ。其方ニハ祕密モ可レ有。不定モ可レ有。十方容有ト云ハ此意也。依レ之南岳大師。異座異聞。得解薄小(少カ)文（大正藏四六、六三五下。諸法無諍三昧法門）異座異聞ナラハ不レ可レ苦

難云。華嚴ハ報身報土ノ儀式。法華ハ應身應土ノ儀式也。若相並テ忽ニ有ニ勝劣一法華ハ可レ劣ル耶。若爾ハ。法華ハ。祕密不定ニ可レ成ル如何

答（缺文）

問。華嚴ヲ名レ頓事ハ亙ニ初分後分一ニ耶。若亙ト云ハハ。別圓頓大ノ機ノタメニ最初ニ説ニ華嚴一。依レ之名ニ頓教一ト。以ニ後分ノ説一何名ル頓耶。依レ之籤一ニハ。未遊鹿苑。名(詺カ)之爲頓云ヘリ。（天玄一、一五六）若依レ之爾ト云ハハ。玄云。夫日初出先照ニ高山一。日若垂レ沒。亦應レ餘ニ輝ヲ峻嶺ニ文（天玄五、五八四）後分ノ華嚴モ既ニ照ニ峻嶺ヲ可ラ頓ナル耶

答。初後ニ可レ亙。爲ニ頓大ノ機一直ニ名ク説ニ別圓一ヲ。此義ハ初後全同シ。サレハ今釋ニ。日出照ニ高山一。日沒ニモ光リ殘ルト峻嶺ニ(餘ニ輝)釋シテ。無ニ次照幽谷ノ義一耶。次ニ餘處ノ釋ハ。別圓頓大ノ機カ不レ受ニ小化ヲ處ヲ未遊鹿苑。名(詺カ)之爲頓ト云也。此義ハ可レ亙ニ後分一ニモ也

難云。玄一ニ釋ルニ不定教一ヲ。雖高山頓説不動寂場。而遊化鹿苑ト云ヘリ（天玄一、一九〇）。妙樂受レ之。此指ニ華嚴一不レ動不レ離而昇(升カ)而遊者。此指下頓後漸初不レ動ニ於頓一而施中漸化上文（同、一九一）頓後ト者。初分ノ後。漸初ト者指ニ鹿苑一故ニ不レ趣ニ此レハ鹿苑ニ前ヲハ頓。鹿苑ノ漸化顯テ後ハ漸ト云也。而ニ後分ノ華嚴既ニ漸シテ。化顯テ後ナルカ故ニ何ソ名レ頓ト耶

答。今籤云。初出先照セル既別得ニ頓ノ名一ヲ。餘耀(輝カ)獨及與ト先照一ト何殊ラン。則初後倶ニ照ニ高山一。高山不レ異。照體無レ別。是故初後倶ニ是華嚴ナリ文（天玄五、五八四）（圓三十一）此文カ分明ニ後分ニモ名レ頓ト見リ。頓ト云ハ何ヨリ起ルソト云ハ。只爲ニ別圓頓大ノ機一ノ説テ別圓一ヲ云也。此ノ義カ日出ノ時モ照ニ高山一。又本地ノ時モ乃至日沒ノ時モ輝ヲ餘ニ峻嶺ニ。此義ヲ爲レ頓ト云カ故ニ後分ニ亙ル也。若後分漸化ナラハ。何ソ漸頓ノ化儀不同ナルニ結集シテ爲ンニ一經一ト耶

難云。後分ノ華嚴ヲ名レ頓ト云ハハ。化儀ノ頓歟。化法ノ頓歟。化儀ノ頓ト云ハ鹿苑已前ノ説也。是ヲ化法ト云ハ又一ノ別教ヲ兼ルカ故ニ。何ノ分ニテ後分ノ華嚴ヲ頓ト可レ云耶。籤一ニモ（天玄一、一一六）。此是頓部。

非二是頓教一。以三彼部中兼二一別一故文化儀ノ頓ト云ハ未ルレ遊二鹿苑ニ一故ニ。サテ非ニ頓教ニ一云事ハ兼二一別一故ト釋リ。故ニ後分ハ何ノ分ニテカ頓ト可レ云耶

答。化儀ノ頓也。其ノ化儀ノ頓ト云ハ。必モ如來出世ノ最初ニ說ソト云テ化儀ノ頓ト云ニハ非。只直ニ菩薩ノ行位ヲ說テ不レ施二小化一ヲ處ヲ頓ト云也。故ニ此義ハ後分モ同時也。鹿苑ノ時ニ並ヘトモ不レ受二小化一故ニ頓ト云也。釋中ニ此心見ル事有レ之

難云。見二守護章一。他人ハ入法界品ノ聲聞ノ得益ヲ以テ華嚴ヲ(傳全二、二〇二。守護國界章)名レ頓ト事ヲ難ルヲ。山家救レタマフニ之。入法界會當二轉教時一。第二七日。未レ在二聲聞一。給孤獨薗(園カ)。豈迹(至カ)二二七日漸(前カ)一耶文此釋ノ心ハ。入法界品ハ轉教ノ時ニ當レリ。彼ニ二乘ノ得益在ル也。二七日ニハ無カ二聲聞一故ニ。後分ニ以テレ有ヲ二聲聞ノ得益一。初分ノ華嚴ヲ名レ頓ト義ヲ不ストレ可レ難釋スト見ルカ故ニ。頓ノ名ハ後分ノ華嚴ニハ不レ互被レ得

答。山家ノ釋ハ。先約二定教一ニ初分ヲ名レ頓ト意歟。三七日已後ノ華嚴ハ不定教故也。他人カ以二後分一ヲ難ニカ頓ノ義一故ニ。山家ハ二七日初分ノ華嚴ヲ以テ先ツ設二此ノ翻難一ヲ也。爾ト云テ後分ノ華嚴ヲ漸教ト云ハントニ非ス

私云。玄上ニ。(天玄五、四九五)類例皆名二頓教相一也文此釋モ初分後分共テ名二頓教一也

57 籤云。(天玄五、五八四)彼經既有二住世無量劫之言一。又見二報身一○故知華嚴至二涅槃後一事

問。玄文中ニ引トニ像法決疑經ノ四見ノ不同一見リ。爾者此ノ中ノ何レノ文カ華嚴至トニ涅槃ノ後一ニ云ル耶

答。如レ題

付レ之。住世無量劫ノ言ハ餘ノ大乘經。別圓二教ノ意モ豈住世無量劫ト不ンレ云耶

答。尊云。後分ノ五味。文義極成ノ上ニ像法決疑經ハ涅槃經ヲ結成ス。而彼經ニ住世無量劫ノ文有リ。(同、五八四。釋籤)又見三報身蓮華藏海說二心地法門等一(天玄五、五八四)文豈ニ華嚴ノ教主至ニレ後ニ非耶

58 籤云。像法決疑結二涅槃一故事

問。像法決疑經ハ何ナル經ヲ結成ル耶 如二疏三抄一(卍續四五、四一丁左下)

輔正記云。結二方等一云ヘリ如何

頭三十(天玄五、五八三)玄。若華嚴頓乳別但在レ初。通則至レ後。故無量義云。次

説二般若歴劫修行一文
問。後番ノ華嚴ト者。後分ノ華嚴歟
答。一家ノ釋中ニ委ク無ト二分別一云ヘトモ。初分後分共ニ前後兩番ニ亙ル後分ノ華嚴ト云テ。前番華嚴ニハ非ス。若シ後番ノ華嚴ト云ハハ。三七日ノ華嚴ヲ除テ逝多林會ノ所説ヲ後分ノ華嚴ト名タリ。更ニ法華ノ後ノ華嚴トハ不レ見
若依レ之爾ト云ハハ。證トシテ二華嚴ノ後ニ通一ルコトヲ。無量義經ノ摩訶般若等ノ文ヲ引ケリ。彼華嚴海空ト云ハハ。卽後分ノ華嚴ト釋ト見リ。知ヌ。後番ノ華嚴也ト云事
答云云 初分後分。前番後番配立異也。顯リ二疑難ノ一邊一ニ。但至ニ華嚴通ル後ニ證一ニ者。非ニ後番ノ華嚴一ニハ。通ノ五味ノ意也
師云。此吉ノ義也。後番ノ華嚴ハ定教也。通ノ五味ノ中ノ華嚴ハ不定教也
問。引ニ何ル證據一阿含三藏教ノ至ルコト二法ノ花ノ後一ニ證ル耶
答。引ニル迦留陀夷一成ニル結戒ノ緣一ト事也
爾也。付レ之。以レ何得レ知。迦留陀夷ノ緣。法華ノ後ノ阿含也ト云事。彼緣起ハ是涅槃經所説ノ三藏ナルヘシ如何

答。凡ソ後番ノ時。前番ノ諸經。皆是有ルコトヲ釋ルニ。諸經ノ一文各各ニ撿レ之。其中ニ阿含法華ノ後ニ至ル證據ニハ。迦留陀夷ノ結戒緣起。身子尊者ノ法華ノ後ニ入滅ル。或ハ大論ノ初自ニ鹿苑一至テノ二涅槃一ニ所説ノ三藏ヲ結スト二修多羅藏一ト云ヘル文。此等ノ證據ヲ引カ故ニ。阿含經。法華ノ後ニ通事分明ナル證據有レ之。上ニ引クニ迦留陀夷緣起ヲ一無レ失
難云。阿含三藏教ノ至ニ法華ノ後一ニ事。惣以不審也。身子尊者ノ緣起モ同ク不審ナレトモ。且付ニ迦留陀夷緣起一ニ難レ申處也。若一家ノ意。後番ノ五味。涅槃ノ四教有トレ之不レ許ンハ。法華ノ後ニ三藏教ノ法門有ルヲハレ之。前番ノ阿含經ノ通シテ法華ノ後ニ至ルトモ可レ得レ心。旣ニ後番ノ五味有レ之。涅槃四教分明也。何ソ迦留陀夷ノ緣起ヲ前番ノ阿含通シテ至ニ法華ノ後一ニト得レ心ン耶
答。此事ハ通論別論ノ五味ノ相ヲ能能可レ得レ意事也。所以ニ。通論ノ五味ト者。約ニ不定教一ニ釋レ之。別論ノ五味者。令レ被タル二鹿苑證果一ニ定教ノ相也。故ニ涅槃四教。後番五味ハ皆定教也。其中ニ通論ノ五味有レ之。卽前番五味通シテ至ニ涅槃ノ時一ニ也。但至レハ難ニ迦留陀夷等ノ因緣ハ。但涅槃經ノ中ニ有テレ之。前

番阿含經ニ無レンハ之。尤後番阿含乃至涅槃三藏教トモ可レ得レ
心。而ニ此等ノ因緣。皆阿含經ノ中ニ有レ之。知。前番ノ阿含ト
全ク一ナルカ故ニ。前番ニ結集シ入タルナルヘシ。(天玄五、三九九)但 虫入 至ハ二解釋所引ニ一
無レ失。依レ之籤次上云。又三藏教純(準カ)ニ不定教一。亦非三獨在ニ
十二年前一。如レ食ニ檀茸(耳カ)一是涅槃時。其時(事カ)亦在ニ四阿含內一。
迦留陀夷亦復如レ是。故顯露教十二年前定唯在レ小 文
難云。惣シテ通論ノ五味ト云事不審ナル中。別ノ阿含唯小ノ教
至ト二法華ノ後ニ一云事。道理ト云。證據ト云皆不審也。其故ハ
別ヨリ如ニ難申一。法華ノ後。後番ノ涅槃四教有トレ之乍レ許。涅槃
中ニ有ラハ二四味ノ文一。皆前番四味通至ニ法華ノ後ニ一云テ屬ルニ不定
教ニ一事。無ニ其謂一者也。但至下法華ノ後ノ事ノ前番ノ經ニ載タレハ。
前番ノ四味通シテ至ト二法華ノ後ニ一云義ニ上者。必モ前番四味不トモレ
至ニ法華ノ後ニ一。只是前後兩番五味義同カ故ニ。或ハ結集シテ
入ル。又涅槃經ニモ可レ載レ之如何
答。此事ハ通論別論ノ五味ヲ習定ル教相也。所以ニ。別論ノ五
味ト者。鹿苑證果ノ小機ノ所見ハ以ニ法華ヲ一爲レ終ト。是ノ故ニ前
番ノ四教次第相生ス。又後番ノ機有レ之。可カレ經ニ五味ヲ一故ニ。

重テ施シテニ前四味ヲ一令ニ涅槃ノ佛性ニ入一。此ヲ前番ノ四味ヲハ爲ニハ
前番ノ機一ノ通論ノ五味ト云テ屬レトモ二不定教一ニ。後番後熟ノ者ノタ
メニハ卽屬ルカニ定教ニ一故ニ。後番後熟ノ定教ニ屬ルカ故ニ。涅槃經ノ
五味ト云テ彼ノ經ニ載レ之。爲ニハ前番前熟ノ機一ノ通論ノ五味ト云テ
屬ルヲ二不定教一ニ。同ク結シテ前番ノ經ニ載レ之。如レ此得レツレハ意。通（横五味）
（豎五味）論別論ノ五味。前後兩番ノ五味ハ皆被レル得レ心教相也
示云。後番ノ前四味ハ皆涅槃經ノ中ニ被タル二書キ入一也。別ニ經ニ
無レ之。後番ノ五味ノ證據ニハ。涅槃經ノ。從修多羅出方等等ノ(大正藏一二、六九一上)
文也
尋云。後五味ト者。卽通論ノ五味ヲ云歟
答。不レ爾。後番ノ五味ト者。定教也。通論ハ不定教ナルカ故也
難云。若各別也ト云ハハ。後番ノ般若ヲ釋ルニ。須菩提ノ畢定○
問答ヲ以テ釋セリレ之。而ニ通論ノ五味ノ中ノ般若ヲ釋ルニモ引ケリ二此
文ヲ一如何
答。此事ハ其ノ教ノ體ヲ論レハ實ニ一物也。然而トモ各別ソト答申ス
事ハ。通論ノ五味ト者。約スル二不定教一ニ。後番ノ五味ト者。約ルニ定
教ニ一。是其ノ差別也。教體無カレ二故ニ互ニ引テレ之證ルニ無レ失

尋云。後番ノ五味ト者。實ニ五味共ニ有㆑之歟

答。可㆑有㆑之

難云。大師ノ解釋ノ中ニハ。後番ノ五味ノ名目無㆑之。所以ニ次上ノ釋云。(天玄五、五四九。玄義)今佛熟前番人。以法華爲醍醐。更熟後段人。重將般若洮汰。方入涅槃ト釋シテ。後番ノ般若ハ有トハ見タレトモ。華嚴阿含方等有トハ不㆑見 寶地坊 一義筋也

答。後番ノ五味ト云事ハ具ニ可㆑有㆑之。其故ニ前番ニ既ニ以㆓四味㆒ヲ調機シテ入㆓法華㆒ニ。後番ニ何ソ不㆑然耶。但至㆓解釋不㆑見云難㆒者。重將㆓般若㆒洮汰ト者。兩四味ノ般若ヲ可㆑擧ヤル。其故ハ經文。從㆑佛(涅槃)出㆓十二部(華嚴)㆒。從㆓十二部㆒出㆓修多羅(阿含)㆒。從㆓修多羅㆒出㆓方等㆒。從㆓方等㆒出㆓般若㆒。從㆓般若㆒出㆓涅槃㆒ト(大正藏十二、六九一上。涅槃經取意)說ケリ。此文卽後番ノ五味ノ相生也

難云。今ノ相生ノ文ヲハ一家ノ釋中(玄次上)ニ前番ノ四味相生ノ證據ニ引㆑之。今何ツ後番ノ五味ノ證據ニ引㆑之耶

答。今五味相生ノ文ハ。前番後番ノ五味ノ證據ニ引㆑之也。其故ハ前番ノ機ノ爲ニハ。前番ノ五味相生ト說ソト釋㆑之。約ニハ後番ノ機㆒ニ卽後番ノ五味ト釋ル也

尋云。正ク五味相生ノ文ヲ以テ後番ノ五味ト釋タル證據如何

答。今玄文ノ釋中ニ有㆑之。謂ク。圖二十八(天玄五、五四九~五三)今佛熟㆓前番人㆒ ○乃至爲㆓(也カ)此義㆒故。故云㆘從㆓摩訶般若㆒出㆗大涅槃㆖。卽後番次第之文 既ニ五味相生ノ文ノ終。從摩訶般若出涅槃ノ文ヲ引テ後番ノ般若ヲ證ス。故ニ知。已前ノ華嚴等ノ相生ヲモ可㆑引㆑之。然トモ略シテ不ト㆑引㆑之被㆑得㆑心也

難云。後番ノ五味ト云事ハ分明ナル證據無㆑之。適有トハ㆓般若㆒見タレトモ已前ノ方等無㆑之。引㆓從般若出涅槃ノ文㆒ヲ。當所ノ解釋㆓兩所㆒ニ後番ノ般若ヲ證タレトモ。惣シテ以テ已前ノ諸味ヲ不㆑引如何

答。既ニ五味相生ノ文ノ終ヲ引テ證レハ之。已前ノ諸味尤可㆑引㆑之。況法華ノ後モ有ト㆓通論ノ五味㆒見レハ。於㆓此ノ通論ノ五味㆒ニ後番ノ機ハ後番ノ定教ノ五味ト可㆑見㆑之。依㆑之須菩提ノ畢定不畢定ノ問答ノ文。通論ノ證據ニモ引キ㆑之。(大正藏三八、六三三中~四中。取意)後分ノ般若ノ證據ニモ引ク㆑之。況淨名疏ノ五云。教法華是醍醐。約人悟入。亦有生熟乳酪等 文 妙樂受㆑之云ク。(卍續二八、四〇二丁右下。維摩經疏記)教旨無㆑他。人自ラ前スヽミ却シリソク。(一〇カ)尚ヲ置ク㆓餘國傳說之言㆒ヲ。何必モ全ク在ラン㆓靈山之席㆒ 文 又金

光明ヲハ彼ノ疏ノ方等ノ後分ト釋セリ。知。後番ノ方等可レ有レ之。
故ニ後番ノ五味有トハ立申也
示云。法華ノ時。後番ノ前四味在ル事ヲ別座ニテ説レ之。故無諍
三昧云。異座異聞。得レ解薄小(少カ) 文 (大正藏四六、六三五下) 法華八箇年ノ閒ニ説ニ權
教ヲ一歟ト云論義ハ依ニ此ノ文ニ一也。此ハ法華ノ座ノ人ハ皆知レ之
也。權機ハ法華ノ座ヲハ不レ知也。故ニ斥方ハ成ニ不定ヲ一也
松井法橋ハ此ノ論義ヲシタリケレハ。問答共ニ八箇年ノ閒ニモ説ト權
教ヲ一共許シタリケレハ。腹立シテ北向ニ居テ證義ナカラ一言モ不レ云。
皇覺ハ聞レ之。長耀カ不ルハレ知道理也ト云 云
問。後番ノ方等ヲ證ニ引ニ何ル經文ヲ一耶 如レ宗 (顯三十二) (天玄五、五八六～七)
答。玄云。先於ニ王舍城一授ニ諸聲聞記一。今復於ニ舍衞國祇
陀林中一復授ニ聲聞記一 ○第二第三。授ニ我等記一。故知方等
至ニ法華後一 文
付レ之。以レ何得レ定ルコトヲ。先於王舍城ノ文。後番ノ方等ノ證ト
云事。設法華已前ノ經也ト云ヘトモ。或ハ約ニ祕密一ニ。若ハ約ニ不
定一ニ。聲聞ヲ授記ル事何無レ之。若爾者。先於王舍城ノ文。恐ハ
是指ニ彼ノ祕密等ノ記ヲ一被レ得

答。一家ハ可ト有ニ後番五味一得タマフ上ニ後番ノ方等ヲ證ル也。所 (大正藏八五、一三三七上・天玄五、五八四。釋籤參照)
以ニ像法決疑經ノ。又見報身蓮華藏海。説心地法門等ノ文ヲ
以後番ノ華嚴ヲ證シ。迦樓陀夷ノ緣ヲ以テ爲ニ後番ノ阿含一ト。大 (留カ)
論。畢定ノ定文以テ後番ノ般若ヲ證ス。既ニ華嚴阿含般若有レ
之。方等決定シテ可レ有得タマフ上ニ。方等陀羅尼經ノ文ヲ引タマフ
也。既ニ先於王舍城ト云フ第五時ノ法華ト聞リ。況大師ハ靈山ノ
聽衆ノ仰可レ信レ之
難云。惣シテ大師ハ權化ノ人也ト云筋ハ。仰テ取レ信ヲ事ハ地體
也。而ニ爲レ止ンニ學者迷執ヲ一。聊カ於ニ所判ニ擧ル不審ヲ一處也。
而ニ先於王舍城ト云ヘル。法華ノ約ニ祕密不定ニ聲聞授記ル事
何ソ無ン之。寶積經ノ中。於ニ王舍城一記ニ聲聞ト見リ。何ニ況先
於王舍城文ヲハ。妙樂。今此法華是顯露記。不レ同ニ方等隱 (弘六) (天止四、二一九) (之カ)
密與レ記 文 若法華記ナラハ隱密トハ不レ可レ云。加レ之記三ニ八。 (天文二、五四八下) (記小カ) (乃カ) (說己カ)
雖ニ楞伽有等有ニ與之言一。楞伽內密對ニ菩薩一。説方等爲レ (方カ)
斥ニ奪聲聞一故 文 法華ノ記ナラハ豈ニ斥奪ト云ン耶
答。後番方等ヲ證タマフ意據如レ前。但寶積經文二十九年會 (守護章中)
中。第十ノ十法會經也。而ニ此ヲハ山家。法華後ト釋タマヘリ。次ニ

弘六釋ニスレハ隱密ノト法華也トモ方等部ニ載ツレハ。方等ノ面ニテハ隱密トモ可レ思也。機緣不レ及ニ法華ニ故ニ。次記三ノ文ハ。彼ハ方等部ノ大意。斥奪ノ記ニテ法華記ニ不同ナル相ヲ釋ル也。先於王舍城ト云ルヲ斥奪ト云ニハ非。依レ之輔ニ釋ニ此ノ文ヲ云ク。有記小者（卍續四五、五二丁右上）多是方等陀羅尼經云。聲聞若能發レ心（「菩提カ）亦得ニ受記一（授カ）。但不レ能レ發如ニ敗種一（「猶カ）ト釋セリ。別ノ筋也

問。波羅奈ノ受記ト者。阿含經中ニ聲聞受記セル歟

答。彼ハ只方等彈呵ノ記歟。方等ハ本ト有ニ十二年ノ内一ニ。只波羅奈ノ記トハ云歟。次ニ引ニ見諸菩薩受記作佛文一（天玄五、五九〇。玄義）證ルヲモ二乘通記ヲ。妙樂。通至ニ鹿苑一（同前） 文 仍鹿苑ノ中ニ菩薩ニ受記ル事有レ之故ニ。佛意不擁ノ故ニ。佛波羅奈ノ記ト說タマフニモ有ラン 已上新

59 籤云。（頭三十三）卽指ニ王城同ニ於法華一事（天玄五、五八七）

疑云。以ニ王城受記ヲ（「授記カ）名ニ法華一ト。何ソ同於法華ト云耶

答。今前後方等ヲ釋ルニ。方等陀羅尼經ニ王城ト說ハ。法華ノ受記ト同ノ故ニ法華ト同ト云也

私云。惠心云。同ニ似同體同有レ之ト云云

問。宗家般若ノ方等前ニ有ルコトヲ釋シテ引ニ何經文一ヲ可レ云耶

答（缺文）

進云。引下（同前。取意）方等陀羅尼經。無レ形。無レ相。無レ我。無レ有ニ無（言語カ）悟一○等ノ文上ヲ籤 付レ之。此文ハ文殊身子ノ授記ヲ破ル文也。何ソ般若方等ノ前ニ有事ヲ證ル耶

答。無形等云フ聞ルカ空有ヲ故ニ般若ト得レ意歟

籤云。（同前）此文是文殊破ニ舍利弗得記之相一。亦同ニ彈呵（訶カ）一。仍似ニ般若一。亦可レ云ニ般若在レ前意一也 文

尋云。（同前。釋籤）仍似ニ般若一 文 意如何

答。文殊斥奪ノ言ニ無レ相。無レ我等ヲ般若ノ空寂ノ心ト見タレハ。仍似般若ト云也

尋云。（同前。釋籤）亦可レ云ニ般若ノ在レ前ニ意一トモ云事如何

答。般若在前ト者。通ニ前四味一至ニ涅槃後一ニ中ニ方等中ニ般若ノ有リ。般若ノ前ニ有トニ般若（經イ）一云意也

問。玄中ニ證シテ涅槃教通レコトヲ前ニ引ケリニ大論文ヲ何文ソ耶（同、五八九）

答。玄云。釋論云。從ニ初發心一常觀ニ涅槃一 文

付レ之。爾前既ニ明ス常住涅槃ノ理ヲ。故ニ菩薩ノ初心ニ觀ト涅槃ヲ云也。何ソ第五時ノ涅槃ト得レ心耶

答。通ニ涅槃初ニ事ヲ釋ル。我初成ノ文ヲ引。涅槃初ニ通ル事聞タル故ニ。引テ今文ヲ為ニ助證ト歟

問。玄文引ニ方等陀羅尼經。先於王舍城文ヲ。爾者指ニ法華ノ說ヲ歟

若爾也ト云ハハ。籤云。頭三十三(同、五八七)即指ニ王城受(授カ)記同ニ於法華 文 既ニ同於法華ト云。正キ非ニ法華ノ說ニ聞リ。若依レ之爾ト云ハハ。今證トシテ後番ノ方等ヲ引ニ此文。王舍城聲聞受記指ト法華ヲ聞リ(同前。釋籤)

答。指ニ法華ニ說レ之。但。同ニ於華(「法カ)釋。是卽法華說ニ同スレハ法華ソト證ルニテコソ有レ

問。玄文中ニ方等陀羅尼經引ケリ第二第三文ヲ。爾者指シテ何ヲ第二第三ト云耶。又指シテ何ヲ為ニ第一ト耶。(大正藏三九、一二下)若王舍城舍衞國ヲ指ト云ハハ。金光明玄ニ引ニ今說ヲ。王舍城波羅奈祇陀林三處與ニ聲聞記 文 (天玄五、五八七)此釋波羅奈。祇陀林ノ為ニ第二第三ト見リ。若依レ之爾ト云ハハ。籤云。至(「言カ)法華後者。卽指ニ王城授記同ニ於法華。舍衞國記。卽指ニ方等在ニ法華後。(「文カ)故ニ王城記ヲ為ニ第二。舍衞國記ヲ為ニ第三ト見リ

答。波羅奈第一。王城ハ第二。舍衞ハ第三也。本經說卽爾也。但金光明玄ハ不次第ナル歟

威抄云。波羅奈受(授カ)記。祕密也。故ニ身子聞レ之不レ及。サレハ第二第三。(同前。玄義)受我等記トテ。第二第三ニ我等授レ記ト云ヘリ

難云。若爾者。惣シテ波羅奈ノ記ヲ不レ可レ擧。何ッ第二ト列ル耶

答。先德沙汰有レ之事也

問。後番方等顯露ニ明ニ二乘作佛ヲ耶。若明ト云ハハ。前番後番異ナレトモ五味次第不レ可レ亂。在ニ方等ノ座ニ。何ッ顯露ニ明ニ二乘作佛ヲ耶。若依レ之爾ト云ハハ。證トシテ後番方等ヲ方等陀羅尼經引ニ先於王舍城等文ヲ指ス法華說ヲ。此顯露記ト聞タリ

答。顯露ニ二乘作佛義不レ可レ明レ之。說ハ方等ニ二乘作佛ヲ。此顯露ノ面ニテハ為ニ斥奪ト也。約シテ祕密ニ云ハ實二乘ニ授記ス。依レ之決六云。(天止四、二九)今此法華是顯露記。不レ同ニ方等隱密與レ記(之カ)云ヘリ。仍テ方等ヲ隱密ト云也

難云。後番方等ト云ハ。法華已後ノ說也。一向可ニ祕密ナル樣無レ之。(天止二、四四一。弘決)如ニ大經不隔功由法華ト釋ルカ

問。後番ノ方等ニ可レ有ニ彈呵耶。若有ト云ハハ法華開悟已ヌ。後番ニ彈呵不レ可レ有レ之。若依レ之爾ト云ハハ。籤ニ頭三十三(天玄五、五八七。取意)方等經。身

子彈呵ノ文ヲ引ク。知ヌ。後番ノ方等ニ有ニ彈呵一云事
答。後番方等也ト云トモ。顯露ニ非レ可レ明ニ二乘作佛一ヲ故。二乘授記スル文ヲ顯露ニハ斥奪シ。祕密ニハ實ニ授記ストモ可レ得レ心也。故ニ爲ニハ二後番ノ機一ノ身子ヲ斥奪ルナリ
難云。法華ニ人天大會。皆身子開悟ヲ知ル。而ニ後番又被ニラン彈呵一ヲ事如何
答（缺文）
問。玄文引下（天玄五、五八六）方等陀羅尼經。先於ニ王舍城一等ノ文上。此ハ何事ヲ證ル耶
籤云。（同、五八七）仍似ニ般若一。亦可レ云ニ般若在意一（「レ前カ）也文
付レ之。玄ニハ引ニ此文ヲ一證ニ後番ノ方等一ヲ。何ソ如レ此釋ル耶。此文全般若心不レ見。況般若方等前ニ有コト不レ見耶
答。見ニ經ヲ。（同前。釋籤取意）文性（殊カ）身子カ得記ヲ破シテ。無レ形。無レ相今猶ニ如野馬一文有相記ヲ破シテ明ニ無相記一ヲ。此ヲ仍似般若ト云也。然ニ此說ハ指ニ王城ノ授記一ヲ無相得記ソト云カ故。般若又在ニト方等ノ前ニ一證ル歟。其ト云ハ卽亦可云般若在前意ト云テ推義ノ釋也

難云。何ノ經也ト云ヘトモ大乘經ニ何ソ前ナラン。無レ形無レ相也ト不レ云耶
答。實爾レトモ般若ハ猶ヲ相准セリ
問。玄文證トシテ二後番般若一ヲ。從得道夜。（頭三十二（同、五八八））至泥洹夕（夜カ）ノ文ヲ引ケリ。是ハ經文歟
籤云。（同前）正引レ經（釋カ）文文
付レ之。此ハ大論ノ文也。何ソ引ト經文一ヲ耶
答。論ナレトモ意有ニ大品經ニ一歟
一義云。大品。大論一ナルカ故ニ論ヲ經ト云歟
一義云。引ニ二夜ノ經說ヲ一故ニ經ト云歟
60 玄云。（天玄五、五八八～九）證トシテレ通ヲ般若ノ至ルコトヲニ涅槃ニ一論ルニ。引ニ大論ノ須菩提ノ畢定不畢定問ノ文ヲ一事　取意
問。法華ノ後ノ通ノ四味ハ。後番ノ四味ト同歟異歟
答。異也
若異ナリト云ハハ旣ニ法華ノ後也。非ニ後番後熟ノ教一ヲ者。是何ニソ耶。依レ之後番ノ般若ヲ證ルニモ。須菩提ノ畢定等ノ問ヲ引ク。通ノ般若ヲ證ルニモ同ク引ニ此文ヲ一。知ヌ。同ト云事。若依レ之爾ト云ハハ。

道理不レ明。後番五味ト云ハ是相生ノ次第也。通ノ五味ト者。不定心也。知レ可レ異ル

答。配立遙ニ異也。但至ニ法華ノ後ナラハ後番ノ心ナルヘシト云一ニ。後番後熟ナランカラニ五味相生ハ可レ同。如ニナラハ此難一ノ前番ノ四味相生ト前番ノ通ノ前四味トハ同トヤ云ハンスル。但畢定證ハ互レルヲ一二ニ誠可レ得レ心。彼ハ只後番ノ般若ト云意ヲ釋シ出ンカタメニ引ニ此ノ文一也。通ノ般若ハ卽法華ノ後ナレハ。又通レ彼ニ意ヲ顯ス計也。配立ハ異ナリト可ニ答申一　已上新

問。初成道ノ時。五味ノ說教俱時ニ說ト可レ云耶

答。爾カ云意モ有レ之

若俱時ニ說ト云ハハ。法華ハ是難解難入ノ法。四味ノ後ニ可レ說レ之。若依レ之爾ト云ハハ。既ニ五時互ニ通ト云。知ヌ。俱時ニ可レト說云事ヲ

答。佛音ハ本ト名ニタリ權實ノ說法具足一ルニ。設ヒ法華也トモ爭俱時ニ不レ說レ之。依レ之華嚴ノ頓說ニ漸ヲ悟リ。漸說ニ頓悟。華嚴鹿苑ノ不定佛音具足セリ。法華ノ根緣皆入ニ佛惠一ニ。仍初後佛惠云云　已上

師云。初成道ヨリ五時同時也。鹿苑ノ機方次第シテ見レ之。是ヲ定教ト云テ。此ノ見ニ違セルヲハ不定教ト云也。通ノ五味ト云モ不定教ノ日ノ事也。又法華ハ初ヨリ有レル之事ハ勿論也。通ノ法華ノ證ニ我昔佛等ノ文ヲ引ク是也。又今通論ノ五味ト云ハ。法華涅槃ヲ爲レ境ヒト大ニ爾前ノ四味至ル法華ノ後一マテ事ヲ云ヒ。法華カ通ルニ爾前一ニ事ヲ釋ル也。大旨ト云也。實ニハ時時部部皆可レ通也。所以ニ。華嚴ハ別シテハ有レ初ニハ。通シテ至ニ鹿苑一ニ。鹿苑ハ別シテハ第二時ニ有レ之。通シテハ至ニトモ華嚴方等一ニ可レ云也（同前）。餘ハ准シテレ之知レ之。籤一（天玄一、一九八）二（味カ）味之中皆有不定ト云ヒ。不定遍前四味トモ釋シ（同、一七〇）。若以ニ祕密一横被無ニ時不レ遍トモ云是也。又從得道夜般若經涅槃ヲ說ト云此意也。又籤一ニ八。（同、一八六）且約ニ一期五味相生一卽漸頓一向。若當部橫辨卽漸頓互通 文 此ノ釋ハ卽橫ノ五時。通ノ五時一物也ト釋ル也

61 籤云。舍利弗滅度緣。出ニ增一第九一事　頭三十三ニ敷（天玄五、五八五）

補注云。此因ニ目連入レ城乞食一。爲メニ諸梵士（志カ）一ノ打ニ損スル身肉一ニ（卍續四四、二〇丁左下）。目連來告ニ舍利弗一ニ云。欲レ取ニ滅度一。舍利弗言汝今小シ停トトマレ。我前（先カ）ニ入レ滅（文因カ）　文已上撮ニ彼經意一ヲ耳

62 籤云。聞ニ文殊得レ記事 圓三十三（天玄五、五八七）

補注云。聞文殊得記者。聞應レ作レ問。此文似レ煩ハンナルニ應レ（卍續四四、二〇丁左下）（〔ㄱ也カ〕）除ニク下ノ問字ヲ一也（〔ㄱ一カ〕）

63 籤云。野馬事（天台五、五八七）

補注云。野馬者塵埃カイ也。邑外曰レ郊カウ。郊カウ外曰レ牧。牧外曰レ野ト。中ノ埃奔ハシ走ハシリルコト如レ馬故也。文出ニ莊子一（卍續四四、二〇丁左下）（〔ㄱ野カ〕）

備云。莊子曰。野馬塵埃也 文 郭像注云。遊氣也。崔サイ氏シ音義云。天地ノ閒ノ氣如ニ野馬ノ馳ルカ一也 文（〔ㄱ塵カ〕）（文囗カ）（象カ）（〔ㄱ又カ〕）（同、三三九丁右下）

問。解釋中ニ約ニ祕密一ニ。今經ノ通ルニ爾前ニ一事ヲ釋トシテ引ニ譬喩品文一。爾者何文也トカ可レ云耶（天玄五、五九〇。玄義）

答。我昔從レ佛聞ニ如レ是法一。見ニ諸菩薩受記作佛一文引也

爾也。付レ之。不レ明。夫我昔從佛等ノ文ハ。是二乘ノ人。顯露ニ大乘ノ法ヲ聞キ。菩薩ノ受記作佛ヲ見レトモ。而モ自不レ預トニ此ノ事ニ深感傷スル事ヲ說ル文也。而ニ何ソ引ニ此ノ文ヲ一約ニ祕密一ニ法華ノ通ルコトヲレ前ニ證ニ耶

答。一代五時ノ教相ハ別ニ論レハ之。以ニ華嚴ヲ一爲レ初ト。法華涅槃ヲ以テ爲スニ第五時一ト。通シテ論レハ之前四味通レ後ニ。法華涅槃又通レ前ニ也。是則五時ノ法輪。三世ニ無ニキ閒斷一相也。故ニ引ニ聞如是等ノ文一。此ノ經ノ通ルコトヲ一前四味ニ證ニ尤有ニ其謂一。但至レ難ニ旣ニ云ニカ聞如是法一ト故ニ。於ニ爾前ニ一聞ニト今經ヲ一云事分明也。大師ノ引證不レ可レ誤可ニ答申一

難云。爾前ノ諸經中ニ通シテ在ニン法華一事ハ雖レ可レ然。引證ノ文ニ至テハ尤不審也。其故ハ聞如是法ト云ヘルハ。法華已前ニシテ聞ニク法華ヲ一事ハ被レトモ證。於ニ法華已前ニ一爲ニ二乘ノ一說ニ法華ヲ一事ハ無レ之。若二乘聞レナラハ之顯露ニシテ非ニ祕密一ニ。何通論ノ法華ノ可レ證耶。況見諸菩薩受記作佛ト云ヘハ。方等ノ席ニシテ菩薩ノ受記作佛ヲ見聞スルヲ聞如是法トコソ云ラメ。菩薩ノ受記ハ諸經ニ專有レハ之非ニトモ通論ノ法華ニ顯露ニ可レ說カル之。若爾ハ引證猶以不審也

答（云云カ）我昔從佛等云カ故ニ。身子尊者ノ領解ノ意。聞ニ今ノ法華ヲ開悟得脫シテ後ニ聞如是法ト云ヘハ。指セルレ如クレ是ノ處ハ以ニ今ノ法華ヲ顯レ之也。故ニ爾前ニ聞ニ法華ヲ云事有レ文分明也。但至レ難ニ爾前ニシテ顯露ニ二乘正非レ聞ニハ法華ヲ也。只是方等彈呵ノ時說ニ大乘ノ法ヲ。與ニ菩薩ノ受記ヲ一二乘ニ令レ被ニ彈

呵ヲ。而ニ二乘ハ偏ニ聞ニ彈呵ヲ無ニ巨益。今於ニ法華ニ開悟得脱シテ後思ヘハ之。爾前ノ彈呵ハ非ニ別ノ事ニ。佛意ヨリシテ法華ヲ令ケルヲレ聞カレ說キ不シテレ知彈呵計リト思ケルヨト擧ニ昔ノ失ヲ也。故妙樂釋トレ之云。昔日ニ受記佛意不レ擁。小乘情隔自無ケリニ悕取スルコト方等（天玄五、五九〇）（授カ）文故ニ約ニ佛意不擁ニ聞如是法ト領解ルカ故ニ。大師ハ引ニ此文ヲ證タマフニ通論ノ法華ヲ有ニ其謂ヒ

尋云。佛意不レ隔邊ニ約セハ。廣ク亙テ前四味ニ聞如是法ノ義可レ有。而テ何ソ。況約ニ祕密ニ已記ルヤ二乘ニ。據レ斯ニ以論セハ（同前。釋籤）通至ニ鹿苑ト釋シ。方等ノ時ヲハ約ニ佛意不擁ニ。鹿苑ノ時ヲハ約ニ祕密ニ耶

答。聞如是法ノ義ハ廣論ハ前四味ニ可レ亙。依レ之大師解釋中ニ。若日照高山。密有聞義ト釋セリ（天文三、一〇七八下。文句）（了時カ）。華嚴ノ時モ祕密ニ聞如是法ノ義有レトモ之釋ル也。而ニ華嚴阿含ヲハ一向ニ約ニ祕密ニ。方等ノ時ヲハ約ニ佛意不擁ニ釋ルレ之事ヲハ華嚴鹿苑大小長ク隔タリ。故ニ聞如是法ノ義難レ有。方等ノ時ハ爲ニ彈呵ノ親シク大乘ノ法ヲ令ニ說キ聞ニ顯露ニ聞レ之故ニ。約シテニ佛意不擁ノ邊ニ釋レ之。只是方（同前）疏五等教中。聞ニ大乘實惠ヲ與レ今不レ殊釋ル此意也

尋云。聞如是法ノ義ヲ釋ルニ。處處ノ釋ハ皆約シテニ方等ノ時ニ。般若ノ時不ハレ釋レ之有ニ何ノ故ニ耶

答。聞如是法ノ文。佛意不擁ノ邊ニテハ前四味ニ雖レ可レ亙。見ニ諸菩薩受記作佛ニ。而我等不レ預ニ斯事ニ深自感傷ト領解ルカ故ニ。甚自感傷ノ言。方等ノ時被テニ彈呵ヲ悲歎啼泣セン時ヲ領解ストリ覺リ（同前）（斯カ）。依レ之疏五云。亦是方等中。與ニ菩薩記ニ（文句カ）。二乘不レ預ニ此事ニ。甚自感傷 文（「爲カ）（「文カ）。思益淨名中ニ。聞ニ褒大折小ニ。內ニ疑テ而卑タルヲ（外鄙カ）。名感傷トト。般若ノ時ニハ不共般若與ニ二乘ニ共說ルカ故ニ。既ニ洮汰時ニ及フ故ニ感傷無レ之。故ニ約ニ方等ニ釋レ之也。依レ之輔正記五云（卍續四五、八二丁右上）。若二乘於レ彼顯雖レ未レ入而於ニ方等ニ聞ニ已般若ニ（已聞ニカ）能說故無ニ聾瘂之稱（答カ） 文

私云。無レ樣モ方等能彈呵ハ法華ニテ有也。其ヲ二乘カ爲ニハ我カ非ト思ヘハ爾前ノ權教ト被レ云也。教主ノ方ヨリ見レハ。菩薩ノ受記作佛。二乘ヲモ不レ隔也。其ヲ身子法華ノ時悟テ見レハ。爾前能彈呵ハ全分法華ニテ有ケルト得レ心也。爰本ニ云 我昔從（天玄五、五九〇。玄義）佛聞如是法トハ云也

問。解釋中ニ付レ釋ニ通論ノ五味ヲ。爾ハ爾前ノ祕密ノ法華ト者。

四味ノ外ノ說歟。將方等般若圓卽法華ト云歟
兩方。若方等等ノ圓ヲ祕密ノ法華ト云ハハ。法華ハ名ニ開權顯
實ニ。豈ニ方等等ノ圓ナラン耶。若依レ之爾ト云ハハ。玄云。祕密邊 頭三十四（同前）
論理無ニ障礙一。故身子云。我昔從レ佛開ニ如レ是法一等 云云（聞カ）モン歟
答。良師云。祕密法華ト者。不待時也。此ハ方等等ノ圓ノ外
也。況約祕密等云ハ此也（同前。釋籤）
籤云。不レ論ニ法華一者。以ニ法華部非ニ八數一故。故第一卷（同、六二五）
結ニ教相一云。今法華是定非ニ不定一爾。前八教中雖レ有ニ顯（等カ）
露一。望レ祕名レ顯猶爲ニ權教近迹一所レ覆。是故不レ同ニ法華
之顯一。又八教中雖レ有ニ圓教一帶レ偏明レ圓猶屬ニ於漸一。故前（今カ）（偏カ）（了文カ）
文云。漸開ニ四教一。本法華圓開レ漸顯レ圓
記可。雖ニ昔圓人若見ニ四教俱是祕妙一。然於ニ彼教一不レ得ニ（三カ）（天文二、五八六下）（亦カ）（種カ）
顯說ニ相卽之言一 文

64 玄云。涅槃當レ四通入ニ佛性一。別教次第後見ニ佛性一。 頭三十五（天玄五、五九一）
方等保レ證ニ二不レ見ニ佛性一事（佛ナシカ）
涅槃別教。方等四教事ハ 如レ宗
別教十行ニ習ニ圓ノ無作一耶 如ニ第四一

65 籤云。是故行中更習ニ前八一事 頭三十四（天玄五、五九二）
疑云。十行ノ位ニハ化他ノ爲ニ前ノ八ヲ具ト可レ云也。何更習前
八ト云耶
答。先ニ十行十向ノ中ニ無量無作ノ四門ヲ習カ故ニ指レシテ之更習
前八ト云也。全生無生ノ四門ニハ非具前八トハ不レ云歟（同、五九三。玄義）

66 益不益料簡下
問。大師解釋ノ中ニ以ニ大經所說ノ五味相生ノ文ヲ一對ニ判スト一
代五時一ニ見リ。亦華嚴經ヲハ五味ノ中ニハ何ニ對ストカ可レ云耶
答。如華嚴爲レ乳云ヘリ 頭三十五（同前。玄義）（若カ）
爾也。付レ之。夫華嚴經ト者。別圓頓大ノ教。地住已上ノ菩
薩ノ所學也。若爾者。醍醐味ニ可レ屬也。何ソ名ルニ乳味一ト耶
答 云云 以ハニ華嚴經一ヲ可レ譬ニ乳味一ニ也。但至レ難ニ者。實ニ於ハニ華
嚴ノ當機衆一ニ雖レ可ニシト醍醐味一ナル令レハ被ニ二乘一ヲ當ニ乳味一ニ故ニ
解釋無レ失
難云。自レ本華嚴ハ純說圓頓ノ說教。大根性ノ所學也。醍醐（同、五四八。玄義）
味ト可レ云也。爰以。初後佛惠○釋ルハ。華嚴法華同ク圓頓ノ（耶カ）
義同ト釋ル。法華ヲ名ニルカ醍醐一ト故ニ。華嚴ヲモ可レ名ニ醍醐味一ト也

答。於二華嚴一二義ヲ具セリ。所以ニ。爲ニハ大機ノ雖二醍醐味也一ト。（同、五三二。玄義）爲ニハ小機一ノ尤當レリ乳味一ニ。依レ之。漸機於頓教未轉全生如乳○不取濃淡爲喩（〔一優劣カ〕）云ヘリ。妙樂ハ。在二四味初一。故復名レ乳 文（同、五二九）又云。一從二所證理極一。得二醍醐名一。二得二乳名一復從二二（同前）義一。一大行之始。二小行未（機カ）レ轉 文 次至二圓頓義齊ノ難一ニ者。彼ハ約二佛惠ノ邊一ニ。華嚴ハ同ク名二醍醐一ト心ヲ釋ル也。故ニ難ノ旨ヲ强ニ不レ可レ違ス

難云。於二二乘一ニ乳味ノ益有トレ之云事難レ思。其ノ故ハ二乘鹿苑施小ノ初ニ有テ。華嚴頓大ノ座ニ無レ之。何ゾ華嚴ニ二乘得ル乳ノ益ヲ事有レン之。若爾者。一向ニ醍醐味ト可レ名也如何

答云云華嚴經ニ。如レ此等ノ初頓ニハ。未三必モ純教二法身菩薩一。（同、五二四。玄義）亦有二凡夫大根性者一。卽有二兩義一。當體圓頓得レ悟者。卽是醍醐。初心之人。雖レ（聞カ）圓大教一始入二十住一。最是初味。初能（信カ）生レ後復是於レ乳云ヘリ。如レ此釋ルニ如二所難一ノ。於二當坐ノ得益ノ人一ニ醍醐ト可レ名也。又於ニモ當坐ノ得益ノ人一ニ爲ニハ初心ノ乳味ト可レ名也。何ニ況ルヲ令レ被二二乘一ニ耶。依レ之釋云。（玄十。二之十三丁）大機稟レ（同、五二九～三〇）頓卽破二無明一。得二無生忍一行如二醍醐一。又雖レ稟二此頓一未レ能二悟入一。始初立レ行。故其行如レ乳。若望二小根性人一行又如レ乳。何者大教擬レ小如レ聾如レ瘂。非二己智分一。行在二凡地一全生如レ乳。以二此義一故頓教在レ初。亦名二醍醐一亦名爲レ乳。其意可レ見 文 但至下華嚴坐ニ無二二乘一云難上者。彼ハ又別ノ論義也。設無ト座云ヘトモ。佛意ニ擬ルニ之當ルカ乳ノ分ニ故ニ。爲ニハ二乘ノ乳味ト釋ルニ無レ失

難云。華嚴ヲハ爲ニハ小乘ノ如レ乳ト云ヲハ。（同、五九四。玄義）華嚴亦如レ是。於レ小如レ乳。於レ大如二醍醐一。小（少カ）分譬喩不レ可二全求一也ト釋シテ。非二全喩一ニハ分喩ソト釋ルニ。華嚴ヲハ全喩ニハ醍醐味ト可レ云コソノヘタレ。若爾ハ。名ルヲ醍醐ト可レ爲二手本一ト覺リ如何

答。小（少カ）分譬喩不可全求ト釋ルハ。華嚴經ハ或ハ乳味ト被レ云。或ハ醍醐味ト被レ云。二義ヲ具ルカ故ニ。一邊ニ乳味トハ不レ可レ執云事也。乳味醍醐ノ二義共ニ非二全喩一ニ可レ得レ心也

難云。望テ二二乘一ニ乳味ト名クト云事難レ思。其故ハ一處ノ解釋ニ（疏五）舍利弗ノ明ニレコトヲ乳味ノ益ヲ釋ルニ。（天文三、一〇七五下）始從二外道一拔レ（〔一歸レカ〕）邪正ニ示二乳味歡喜一ヲ 文 此ハ華嚴ヲ不トコソ約釋タレ。今ノ釋何ソ約シテ二華嚴一ニ釋レ之耶如何

答。始從外道ト者。彼ハ只舍利弗ノ拔邪歸正セン事ハ。華嚴ノ擬宜ニ當ルカ故ニ示乳味歡クワン喜トハ釋ル也。故ニ今ノ解釋ト無ニ相違一

玄云。呼爲レ乳者。(天玄五、五二八)意不レ在レ淡。以レ初故本故 文

守護章ノ上ノ上ニ云。約ニ說次第一。(傳全二、二〇一)華嚴喩レ乳。約ニ不定一。提謂(一教カ)喩レ乳。約ニ轉法輪一。阿含喩レ乳。所レ望不同。何得ニ相違一 文

玄云。說ニ華嚴一時。(天玄五、五九六)凡夫見思不レ轉。故言レ如レ乳 文

67 玄。(頭三十七(同、五九七))未入位聲聞。或於ニ三藏中一見レ性。是歷ニ三(二カ)味一事

疑云。三藏ノ中ニハ只歷ニ一味ヲ何歷二味ト云耶

答。華嚴ノ擬宜以歷ニ二味ヲ云也

問。般若經ノ中ノ三百比丘得記スト見リ。爾者此ノ比丘ハ具ニ歷ニ前四味ノ座ヲ人也ト可レ云耶

答。難レ測

兩方。具ニ歷ニ前四味ヲ云ハハ。以レ何得レ知ルコト三百比丘歷ニ前四味ノ座ヲ云事。誰知般若ノ時初テ來ニモ有ラン。若依レ之爾ト云ハハ。披ニ大師ノ釋ヲ歷ニ前四味ノ座ヲ釋セリ

答云云 若ハ具ニ前四味ヲ經歷セル歟。如ニ大師解釋一。但至レ難ニ者。既ニ般若ノ時。得記作佛セル人ルカ故ニ。定阿含等ノ說教ノ座ヲ經ル人ナルヘシ云道理ヲ以テ釋タマフ之歟。次ニハ又般若ノ時初テ來歟。其故ニ三百ノ比丘ハ未入位ノ二乘ト釋ルカ故ニ。阿含方等ノ座ヲ不レ歷ト覺リ。但至ニ解釋ニ者。歷ル二四味ヲ三百比丘ノ如シト云ヘルハ。般若カ五味ノ中ニハ當ニ第四味ニ故ニ歷四味トハ云也。前四味ト云ニハ非歟

難云。三百比丘且ク前四味ノ座ヲ不レ歷ト云御答不審也。其故ハ解釋既ニ方等ノ中ニシテ得度ル者ヲハ。歷ル三味ヲ者ソト云ヒ。於ニ般若ニ見ル佛性ヲ者ヲハ歷ニ四味ト釋セリ。次第ニ三味四味ヲ經歷スト覺リ。何ッ前四味ヲ不レ歷ト令レ答耶。釋ノ本意ニ不レ叶如何

答云云 爾トモ先ッ前四味ヲ不レ歷歟ト云ニ一義ヲ。付テ難勢ニ可ニ答申一也。今此ノ三百ノ比丘若有ラハ。鹿苑方等ノ坐ニ未入位ノ聲聞ニテハ不レ可レ有。故ニ前四味ヲ具ニ不レ歷ト可レ云歟。但至レ難ニ釋ノ本意ハ。阿含ニ見ニ佛性一。見ニ佛性ヲ者ヲ歷ニ二味ヲ云ヘハトテ。必華嚴ノ座ヲ歷トハ不レ可レ云。彼既ニ第二味ノ中ニシテ得道スレハ歷ニ二味ヲ云也。方等准ヲ知ス之。故ニ般若時得記作佛セル者ヲ四味經歷スト釋ルハ。第四味ヲ歷ト云ソト可レ得レ心也。依レ之妙

樂。（天玄五、五九七）言ニ歴ニ二味乃至四味一者。至ニ第二味一即便見レ性。故云ニ二味一。三四亦然 文 既ニ妙樂。二味ト云ルヲ第二味ソトト釋シテ。三四亦然ト云。方等般若ヲ三四味トシ。第三第四ト云事ソト分明ニ釋セリ

難云。解釋ニ。般若中見レ性。頭三十七（同前。玄義）是歴ニ四味一如ニ三百比丘一 文 此ノ釋ハ正ク三百比丘歴ニ前四味一ト釋ル者ヲ耶。又未入位ノ聲聞ナレハ。般若ノ時始テ來ソト云事。大ニ以不審也。以レ何ヲ未入位ノ聲聞トハ有ニ何ナル證據一耶

答。猶以如レ前。可レ任ニ妙樂ノ解釋一ニ。既ニ二味三味四味ト如レ例ルカ。次第ニ經歴スル者ニ付テ二味トモ三味ト云ナラハ。何ソ妙樂事新ク第二味乃至三味トモ可レ釋耶。故知。般若ノ時ノ比丘。前四味ヲ具ニ不レ經ト云事ヲ。鹿苑ノ二乘不レトモ經ニ華嚴ノ座一ヲ二味得度ノ者ソト云ルカ故ニ。以レ是ヲ般若ヲモ可レ得レ意也。次ニ未入位ノ聲聞ト云事ハ。凡於ハ法華已前一ニ入位ノ二乘ノ成佛顯露ニ不レ明レ之。然ニ今三百比丘。一會ノ衆ノ前ニシテ脱テ僧伽梨衣一ヲ奉レリ佛ニ得記作佛ルカ故ニ。未入位二乘トハ見タマフ也

難云。今本書ノ大ル意ハ。有ニ一人一經ニレハ一味一ヲ華嚴大根性ノ人也。有テ二一人一經ニレハ二味一ヲ如ニ阿含得度ノ者一ノ。一人經ニハ五味一ヲ如ト二舍利弗等一ノ見ル也。若於シテ二般若ノ中一ニ始テ來テ得度ルハ。已前ノ諸味ヲ不レト經云ハハ。有テ二一人一經ル二一味一ヲ華嚴ノ機ト有ニ何ノ差別一耶。依レ之玄文三（二カ）云。（天玄二、二二二）諸教之中或住ニ三味二味一味一。或全生者皆決レ麁令レ妙悉入ニ華臺一 文 籤ニ受レ之。亦（且カ）（同、二二三）如ニ方等般若一初證ニ二乘一名爲ニ一味一。歴（若カ）鹿苑已證得ニ彈呵（斥カ）一名爲ニ二味一。得ニ洮汰益一名爲ニ三味一 文 如ニンハ此釋ノ二味三味ニシテ得度スル者ト者ハ。皆已前ノ諸味ノ座ヲ歴タル故ニ二味トモ三味トモ可レ得レ意

答。本書ノ意ハ實ニ如レ難ノ。然而モ阿含得度ノ者ヲ二味得益者ト云テ有レトモ。彼ノ人ハ華嚴ノ座無レ之故ニ二味ト云ヘハ。第二ソト可レ得レ心也。隨テ本書ノ解釋一可レ思言有リ。其故ハ華嚴ニシテ得度セル者ヲモ乃至般若ニシテ得度セル三百ノ比丘ヲモ皆。自有一人（天玄五、五九七。玄義）乃至自有利根等ヲ云テ不レ歴ニ餘味一ヲ自ラ歴ト二一味一ヲ覺リ。自有ト云ル可レ思レ之。但至ニ籤三一ニ者。彼ハ一味ト云テ方等トシ。乃至般若ヲ一味トシ。二味ト云ヘルハ鹿苑ヲ爲レ始ト。方等ヲ爲ニ二味一ト。般若ヲ爲ニ三味一ト故ニ華嚴ヲ不レ取。故ニ中間ニ入者ニ約シテ

釋レ之。今ノ解釋ニハ異ル也可レ得レ意也
尋難云。三百比丘ニ未入位ノ聲聞ノ證據引レ之事難レ思。其故ハ。此三百比丘ヲ菩提流支ノ楞伽經ノ疏ニ菩薩也ト釋セリ
答。比丘ノ名ハ多具ニ聲聞一故ニ。今ハ聲聞ソト釋ルニ有ニ其謂一。但至ニ菩提流支ノ釋一ニ者。(同、五七四。玄義)菩提流支ハ立ニ教相一事。一家ノ解釋ニ不レ叶處處ニ破レ之。例如ニ般若三百比丘得レ記者一是也 文(大正藏十六、五五九上)
私難云。依ニ比丘ト云ニ聲聞ト云ハハ不審也。楞伽經中ニ。有ニ大德比丘一名クトニ龍樹菩薩一ト 文 今經中ニハ不輕菩薩ヲ名ニ比丘一ト見リ
答。比丘ノ名ハ多名リニ聲聞一ニ。菩薩ハ亙ニ在家出家一ニ故ニ
玉抄云。見ニ大論文一三百比丘既ニ在ニ鹿苑時一祕密ニ得益ストス見リ。若在ラハニ鹿苑ノ座一ニ可レ有ニ方等般若ニ思食如レ此釋也
難云。設ヒ三百比丘在トモニ鹿苑一ニ。是歷ニ四味一ヲ云事不審也。(天玄五、五七四。玄義)華嚴座ニ三百比丘有トレ不レ見如何。又今釋ニハ三百比丘。若顯露。未入位聲聞 文 何祕密ノ益ト云耶
(ㇾ就カ)
答。良師云。華嚴座ニ無レトモ。有ラハニ乳味ノ益一前四味ト可レ云。例如下シ鹿苑證果聲聞經ニ前四味ヲ云上カ。次ニ至ニ顯露ノ證據ト云一ニ。本ヨリ鹿苑時祕密也。般若ノ時ハ顯露歟。今指ニ般若時一ヲ也

68 最勝講。法勝三十

問。般若時。三百比丘發心ハ。眞位似位中ニハ何ソ耶
兩方。眞位ト云ハハ。見ニ經文一。(大正藏八、二二九中。大品般若經)捨レ身(ㇾ此カ)當レ生ニ阿閦佛國一 文(大正藏二五、三三四上。取意) 若眞位ナラハ何生ニ同居土一ニ耶。依レ之釋論。是諸比丘未レ得ニ天眼一。故令レ知ニ當生之處一 文 若依レ之爾ト云ハハ。玄云。頭二十七 是歷ニ四味一如ニ三百比丘一 文(天玄五、五九七)
答。眞位歟
如ニ玄文一。但至下生ト阿閦佛國ニ云上ニ者。示現歟。未レ得ニ天眼一者。後天眼歟
答。不審本、ママ 叶ニ眞位一ニ云事ハ得ニ受記一故也。如ニ菩薩。未入等云一(天玄五、五九七。玄義取意)也。況奉ニ三衣一事ハ大論ニ釋レ之。有ニ多ノ復次一中ニ(爲カ)。此比丘(諸カ)(大正藏二五、三五三下)知ル三諸法ノ(佛カ)畢竟空ニシテ無レト所著一(一〇カ)斷ニ法愛一ヲ(破カ)。故ニ世諦ノ故ニ結戒ス非ニ第一義一ニハ。是ノ故ニ無ニ結レ戒ヲ罪一 文 是又叶ニ眞位一ニ見ル歟

記五云。經云各各脱衣等者（天文三、一一一四下）。此中通語四衆八部。出家二衆。言上衣者。卽（大カ）天衣也。若三衣俱不可捨○（〔論カ〕）如大品中三百比丘聞般若已。皆以僧伽梨而供養（〔用カ〕）。論中或云。忘（亡相カ）想爲法。或云。當日更得。若通説之以兼俗故。或如大論 文

（佛奉禮時有袈裟處不知一心奉想也。是非被論三衣。□當日持ツクヲ云也）

尋云。三百比丘誰知入位聲聞有。何未入位云耶

師云。既犯離三衣戒故。又入位爾前顯露得記不可有故未入位釋也。同本異譯大般若未入位云云。大論三百比丘捨衆釋云。十二年前未結戒時故（大正藏二五、三五三下。取意）不犯捨衆戒 文 取意

問。三藏五味經文不見如何

答。山家釋云。影傍二處文（傳全二、二九三。守護國界章）。以立此喩（一譬カ） 文 第八卷惣（兩カ）五味。第三十卷通五味准立之也

問。解釋中約四教判五味相時。且約通教三乘如何釋之耶

答。解釋菩薩二乘如生蘇釋也

付之。通教二乘以酪味對。以菩薩如生蘇可釋也。何以二乘同菩薩譬生蘇味耶

答云云 所以。通教菩薩及二乘如生蘇釋故也（天玄五、五九九。玄義）。但至難通教三乘如幻卽空重同學故。二乘觀門巧同菩薩故生蘇味釋也

難云。設通教也云三乘既各別也。若爾者。二乘對酪味。菩薩可譬生蘇味也。爰以大經文（同、五九八。玄義）。凡夫如乳。聲聞如酪。菩薩如生熟蘇。佛如醍醐 文 既聲聞如酪云故。藏通同以聲聞酪味可對也。觀門雖巧二乘既無出位心。何同菩薩生蘇味釋耶

答云云 自本以五味對四教釋本意故。以凡夫譬乳。以三藏教二乘譬酪。以通教三乘爲生蘇味。以別教對熟蘇味。以圓教對判醍醐也。既以酪味三藏教對畢。何以通教二乘可對酪味耶。故通教三乘同生蘇味釋尤有其謂。但至違本經云難者。本本經如難以酪味對聲聞。而一家立四教門戶故。經文轉用對判四教故。違經文云難不可來。次至通教三乘各

別ト云難ニ者。通教ノ心ハ三乘同ク諦緣度ノ法ヲ習ヘリ。故ニ大同小異ト釋シテ。二乘ハ無ニ化他ノ義一邊ハ菩薩ニ異ナレトモ。諦緣度無レ隔故ニ二乘同ク生蘇味ト釋ル也。此ハ一家ノ常ノ教相也。驚不レ可レ令レ難セ者也

難云。支佛ト九十地ノ菩薩ハ。侵ニ習氣一ヲ事不同也。何ソ爲ニ一味ト一耶

答。雖レ有ト二差別一習不盡ノ故ニ爲レ一ト也

尋云。初二乘ヲ何ソ爲ニ一味ト一耶

答。不レ離ニ欲界一ヲ故ニ爲レ一ト歟

難云。三界ニ同可レ爲ニ一味ト一耶

答。約ニ大旨ニ一也

問。玄文中釋ニテ二通教ノ五味一ヲ。且ク熟蘇味ト者。何ノ位ヨリ取レ之耶

答。以九地トカ釋ラン（天玄五、六〇一。玄義）

進云。支佛至ニ十住（地カ）菩薩一如ニ熟蘇一 文　付レ之。通教ハ只十地也。何ソ住ト云耶

答。隨ニ能住ノ人ニ一住トハ云也。唐本ニハ地云ヘリ

疑云。八九十ハ不同也。何ソ同如ト二熟蘇一ノ云耶

答。淺深不同ナレトモ同ク侵ニ習氣一ヲ故ニ熟蘇トハ云也

問。證ルニ二別教ノ五味ヲ一引ケリ二大經一ヲ。何文耶（同前。玄義）

答。經ノ九云。衆生如ニ牛新生血乳未レ別。聲聞緣覺如レ酪等 文

付レ之。別教ニハ無ニ二乘一如何

答。十住（已カ）斷ニ四住之血一。與ニ二乘一齊 文（玄五（天玄三、五四六））（天玄五、六〇二）

69 籤云。五品外凡。未レ得レ名レ發事

疑。發ルニ宿習一ヲ事ハ不レ可レ依ニ位ノ淺深一ニ。設外凡也ト云ヘトモ何ソ不レ發耶。依レ之餘處ノ釋ニ。理發。教發。行發 文（天止二、四四五。止觀取意）

答。外凡ヲハ對ニ三藏一ニ。內凡ヨリ取ル通ニ也。通教ニハ有ニ含中一故ニ爾カ云也（三井）

私云。今約ニ證發ニ一歟

問。妙樂ハ圓教ノ十信ノ位ニ約シテ。如何カ五味ノ相ヲ判ル耶

答。披ニ籤釋一（頭四十（天玄五、六〇二））初信如レ乳。二信至ニ七信一如レ酪。八九十信如ニ生熟蘇一 文

爾也。付レ之。五味ノ中ノ乳味ト者。名ルニ未斷惑ノ凡夫一ニ也。然ニ

十信ノ位ハ初信ニ三界見惑ノ斷盡セリ。今何名ニ乳味ヲ耶
答云云今妙樂ハ解釋ノ意ハ。於ニ斷惑ノ位ニ五味ノ義ヲ判ル一ノ心也。故於ニ十信ノ位ニ併論レ之也。但至ハ難ニ圓教ノ心ハ以レ斷ニ無明ヲ斷惑ノ位ト定ルカ故ニ。雖ニ斷見ノ位ナリト猶ヲ同ニ未斷惑ノ凡夫ニ對ル乳味ニ無レ失
難云。圓教ノ心ナリト云ヘトモ。以ニ五品ノ位ヲ爲ニ乳味ト。以ニ七信已前ヲ爲ニ酪味ト。八信已上ニ生蘇熟蘇ヲ可レ對。何ソ五品ノ位ヲ乍レ立不レ對ニ判セ五味ニ耶。次ニ圓教ノ心ハ以レ斷ニ無明ヲ爲ニ斷惑ノ本意ト云事。惣シテ云ハン時ハ尤可レ然。別シテ今ノ釋ハ其ノ心トモ不レ聞。若又以ニ十信ヲ未斷惑ト云ハヽ。十信併可レ對ニ乳味ニ
答。此事ハ私ノ義ヲ不レ可レ成。妙樂ハ。五品外凡。未レ得レ名レ發。應下以ニ斷惑高下ヲ而判ヒ位也。應レ云。初信如レ乳 文（天玄五、六〇二）既ニ以ニ斷惑ノ高下ヲ位ニ可レ判定ルカ故ニ。偏ニ約シテ十信ニ前四味ヲ釋ル也。但至下十信共ニ可レ爲ニ乳味ト云難上ニ者。十信ノ位ハ斷ト見思塵沙ヲ云ヘトモ。望レハ初住斷無明位ニ未斷惑也ト云事ニテコソ有レ。若爾ハ。初信ニ雖レ斷レ見ヲ。未斷惑ノ定ニテ乳味ト云ニ無レ失。二信ヨリ至ハ七信ニ斷ルコト思惑ヲ尤有ニ酪味ニ。八信已上ニハ斷ニ塵沙ヲ。對ニ生蘇熟蘇ノ二味ニ無レ失故ニ。今ハ斷見ノ初ヨリ對ニ判ル五味ヲ一ノ意ナリト存申也
難云。妙樂ノ解釋猶以不審也。乍レ立ニ五品ノ位ヲ不ルレ屬ニ乳味ニ有ニ何ノ故ニ耶
答。其故ハ。五品外凡。未得名發ト釋シテ。（同前。釋籤）五品ノ位ニハ毒發ノ義無カ故ニ不レ釋レ之者也。意ハ今ハ約レ教ニ教教ニ具ル五味ヲ事ヲ釋ニ。一一ニ頓漸不定ノ三ノ義有レ之。而ニ圓教ハ正直純一ナルカ故ニ不トレ論ニ五味ヲ云テ。眞ノ醍醐ノ一乳（味歟）也。然トモ名字即ヨリ至ニ究竟卽ニ五味相生ヲ可レ釋。此ノ時以ニ名字觀行ヲ可レ對ニ乳酪ニ也。次約ルニ不定教ニ一向相似卽ヨリ於ニ已後ニ毒發不定ヲ可レ論除ニ名字觀行ヲ也。是ハ本書ノ意。可下約ニ四善根ニ就ニ發中ニ爲中五味上也ト釋ル故ニ。（同前。玄義）妙樂ノ釋無レ失
難云。論ニ毒發ヲ事ハ。名字觀行ノ位ニ何無ンレ之。依レ之玄文五ニ。（天玄三、五三四 一八參照）名字觀行ニ有ニ毒發ノ義ト見リ。今何ク五品外凡未得名發ト釋ル耶
答。名字觀行ノ位ニモ實ニ毒發義可レ有レ之。而トモ今ハ別シテ約ニ

斷惑ノ位ニ有ト毒發義一釋ル也。凡圓教ニハ毒發ノ義モ難レ有。五味相生モ難レ作。何樣モ今ハ一往ノ釋ルカ故ニ。理盡ノ難ハ不レ可レ來

尋云。今釋ニ約ニ名字觀行ニ(天止二、四四九)(名字初心)毒ノ不定ヲ不レ釋事ハ何ニモ不審也。決ノ三ニハ。三乘ノ薄地(家博カ)ニ聞ヲハ教ヲ名爲ニ教發一ト(一文カ)。內外凡位(觀行相似)名爲ニ行毒(發歟)。至ニ聖位(初住)一發名爲ニ證發一。既ニ圓教ノ位ヨリ有ト發ノ不定一釋ス。豈ニ無ニ名字卽ニ發ノ義一耶。況觀行卽ヲ耶如何

答。此ノ事ハ難レ思事有レ之。謂ル直ニ凡夫地ヨリ付テ修ニ入ル圓人ニ云時ハ。名字觀行ヨリシテ發ノ不定ノ義可レ有レ之。如ニ決ノ三釋一。次ニ付テ鹿苑證果ノ聲聞一來ニ至ルニ法華ニ云時ハ。彼等ノ聲聞於ニ法華已前ニ見思既ニ斷セリ。來レハ今ノ經ニ橫ニ來ニ至ルカ十信位ニ故ニ。付テ此ノ機ニ名字觀行ニハ毒發ノ不定ヲ不レ釋。十信ノ位ヨリ五味ヲ建立シテ。味味ノ毒發ノ義ヲ論也。如ニ今ノ釋ノ面白祕事也

尋云。法華ニハ無ニ毒發ノ不定一。今何ソ有ト云耶

答。今ハ作事也

一義云。今十信位ハ判ニ五味ノ事ハ七位ノ配立歟。七位ノ時ハ相似ニ當ル故也

問。法華已前ニ立ニ半教ノ名一耶

答。爾也

進云。不レ名レ半云ヘリ。(頭四十四)(天玄五、六一〇。釋籤)　付レ之。爾前ニ既大小相分テ優劣遙ニ異也。以ニ何ソ小乘ヲ不レ名レ半ト耶

答。半字ノ教ノ名。對シテ滿字ノ教ニ論レ之也。爾前ニハ二乘ノ人。全大乘ニ分絕リ。何論ン半ヲ耶。故ニ如レ此云歟

70 (頭四十一)(同、六〇五) 玄云。始從レ一而開レ一。終從レ一歸レ一事

義云。圓ノ一ヨリ別ノ一ヲ開ル等也。三藏ノ一ヨリ乃至圓ノ一ニ可レト歸ス云歟

71 (頭四十二)(同、六〇六) 玄云。利者得ニ傳傳入一事

義云。(同、六〇五) 豎ニ五味ヲ不レ經。橫ニ以ニ四門一ヲ知ルヲ開合ヲ利ト云也

玄云。大乘文以ニ四教ノ菩薩ヲ大乘ト云也

問。解釋中ニ付レ明ニ增數教ヲ。且ク六法ノ開合ノ時ハ。只約シテニ四教ノ六度ニ釋ト之可レ云耶

答。約ニ六度ニ釋レ之ラン

進云。披ニ妙樂ノ解釋ヲ。取ニ七覺八正ヲ釋セリ 取意　付レ之。六

法ノ增數ハ只可レ限ニ六度一ニ。以ニ七覺八正一ヲ七八ノ二法ノ增數ニ可レ列レ之

答。此事ハ非レ可ニ存ニ私會通一ヲ。妙樂釋レタマフニ之。所以。六法(天玄五、六〇七)中唯一種。便列ニ七八一 文 是卽六法ノ時ハ正六度ノ一種ナルヘシ。而トモ便宜ニ七覺八正ニ列ト云也

難云。便列七八ト釋ル事彌難レ思。今增數ノ教相ハ只限ルニ六法一ニ者ナラハ。尤便ニ七覺八正ヲ六法ノ次ニ呼ヒレ之來ストモ可レ得レ心。而ニ六法ノ外ニ七八ノ二法ヲ列ヌ。七覺八正ヲハ彼ノ七八ノ二法ノ中ニ列レンレ之事ハ尤便リ

答。六法ノ中ニ便リ明ニセル七覺八正一ヲ事ハ。七覺八正ヲハ七八ノ二法ノ中ニ可レ列レ之。然トモ七八ノ二法ハ約ニ四教二乘人天等一ニ列レ之明レ之。故ニ六法ノ次テニ列ニ七覺八正一ヲト云也

難云。設七八ノ中ニハ約ニトモ四教二乘人天等一ニ七覺八正ヲモ可ニ攝在一ス也。其數不ニ相配一セ。次テニ六法ノ中ニ置テレ之便リ列レヌルソト之云事。惣以テ難レ思

答。七八ノ二法ハ約ニ四教二乘等一ニ。此ノ上ニ重ヲ七覺八正ヲ不レ可レ置。今ノ增數ト云ハ。始一法ヨリ至テニ終リ八法一ニ。只是各以ニ一種ノ數一ヲ次第ニ列レ之。若爾者。七八ノ中ニ列ル法數ヲ不レト可ニ寄セ來一ス得テレ心。六法ノ中ニ七覺八正ヲ列ル也

難云。七法八法ノ中ニ列ノ法數ヲ不ルレ可レ來義ナラハ。何ソ六法ノ中ニ七覺八正ノ列ノ法數ヲ攝ニ在シタル之一耶

答。以ニ七覺八正一ヲ六法ノ中ニ列テ是ヲ爲レ便ト云事ハ。正クハ以ニ六度一ヲ爲ニシテ六法一ト。七覺八正ヲモ實ニハ六度ノ法門トスルカ故ニ來シテ列ル也

尋云。七覺八正ヲ六波羅蜜ト何ニト云事ソ耶。不審也

答。六度ト者。戒定惠ノ三學ヲハ不レ出。然ニ七覺八正ハ其實體戒定惠也。故ニ六度ノ中ニ列レ之。依レ之俱舍論ノ中ニ明ニトシテ三十七品一ヲ。此實事ハ唯十(大正藏二九、一三二中)。謂惠勤(勤カ)定信。念喜捨輕安。及戒尋爲レ體 文 以レ是ヲ可レ爲ニ今ノ論義ノ所詮一ト

私難云。七法ノ中ニ聲聞ナラハ七覺八正ハ又聲聞ノ所學也。何ソ必六法ニ入ンニ七覺八正一ヲ耶

答。且ク六波羅蜜ハ三學也。七覺八正亦三學也。仍一往六法ニルル七覺八正一ヲ也(天玄五、五九四)

頭三十五 籤云。但(俱カ)有五味 文

備撿○但ヲハ應レ作レ倶ニ云リ（卍續四四、三三九丁右下）

玄云。及一（二カ）乘 文（天玄五、五九九）

備云。一應レ作レ二ニ 文

（籤カ）玄云。法華前未レ有ニ半名一 文 如何（卍續四四、三三九丁左上）頭四十四（天玄五、六一〇。釋籤）

答。法華ノ教ノ興テ立ニ權實ヲ一時。半トモ滿トモ云也。籤釋分明也（天玄五、六一二）

72 章安私錄下

問。解釋ニ引ニ大論ニ所ノレ明。頭四十五（同、六一二。玄義）雲經。大雲經。法華經。般若最大ノ文一。爾者是ハ顯ニ何事ヲ一トカ可レ云耶

答。此ハ大論ノ心ハ。雲經。大雲經。法華經ノ中ニハ般若最大云也

爾也。付レ之。法師ノ三說校量。藥王十喩。稱ニ歎諸經ノ中ニ一法華第一也ト云事。經ノ現文明白也。智論心。何般若法華勝ト云耶

答。此事ハ所難尤トモ可レ然。但妙樂會ニ通タマヘリ之一。所以ニ。不（同、六一六。釋籤）共般若攝ニ一切法一。何妨ミ法華亦入ニ其中一 文 故知不共般若ノ理ノ同ルニ依ヲハ。般若經ノ中ニハ諸大乘經ノ攝入シ事ヲ。當レ知ニ般若ノ中ニ攝ニ法華一云事强ニ無レ失

難云。不共般若ノ理攝ニ法華一ヲ云ハハ。尚是般若勝ニ法華一ニ云心也。設ヒ又互ニ攝入トモ法華般若齊等ノ義ハ顯トモ。全法華勝トハ不レ聞如何

答云云 藥王ノ十喩。法師ノ三說ニハ不レ可レ過。雖レ爾大論ノ心ハ。專以ニ般若經一爲ニ論ノ依憑一ト。故ニ先般若最第一ト云也。然トモ不レ明ニ記小久成一ヲ故ニ法華ニハ不レ可レ及。此ノ心ハ龍樹不レルニハ鑒レ之非。所以ニ。論レ（百卷）之法華祕密ニシテ不レ付ニ屬二乘一ニ。菩薩ニ付ニ屬ト之一云ヘル文在レ之。卽法華ハ般若ニ勝ト云也。大論百云。（玄引レ之）頭四十五（同、六一二）法華是祕密般若非ニ祕密一。爲レ不レ明ニ二乘作佛一故 文（文ナシカ） 又云。般若法華是異名耳 文

頭四十五（同、六一七）籤云。法華是祕密者○此是祕妙之密。般若ノ中ニハ無シ法華ハ爲レ勝タリト 文

難云。般若最大ト云ハ。般若經ニハ非モヤ在ラン。依レ之大論ノ末師釋シテ。彼文云。般若最大者。六度中般若是也 取意 如何

答。彼ノ釋ノ心モ一向ニ般若經ニ非トハ不レ云也。只是般若經ノ本意ハ。六度ノ中ニハ般若波羅蜜ヲ爲レ本ト也。故ニ約レシテ之般若經最大トモ云也ト釋ル也。依レ之法華中ニハ一念隨喜者ヲハ。五波

羅蜜ノ功徳ヲ擧テ校量シ。般若波羅蜜ヲハ法華ト等シク說レ之可レ
思レ之
一義云。般若ハ非ニ第四時ノ般若ニハ。第六ノ般若波羅蜜也。
如レ此諸經ノ中ニ六度ノ中ニハ般若波羅蜜勝ルカ故。般若最大ト
云歟　惠心。一乘要決義
尋云。以ニ般若ニ諸經校量ル時。何只限ルヲ雲經ト方等大雲
經ト法華トノ三經ニ耶
答（缺文）
頭四十五（同、六一一）玄云。釋論會宗品　文
疑云。摩訶衍品ニ有レ之如何
答。今ハ引ニ嘉祥ノ所引ヲ一也。仍會釋ニ不レ及
問。解釋中ニ。頭四十五（同前。玄義）諸餘善法入ニ般若中一　文　爾者。所レ云善法者
如何釋ル耶
答。見ニ本經ヲ一。六波羅蜜大悲等（「つカ」）　文（大正藏八、二二二中。大品般若取意カ）
進云。法華經亦是善法也云リ。頭四十五（天玄五、六一二。玄義）付レ之。本經ノ意ハ。指シテ六
波羅蜜大悲等ヲ諸餘善法等云也。何法華等ト云耶
答云云　但至ニ說文一者。諸餘善法入般若ト云カ故ニ。法華モ又

是レ十二部經ナルカ故ニ。且ク諸餘ノ善法ト云ト釋給也。況此等
經ノ中ニ。六度三十七品ノ善法ヲ明ス故ニ如レ此釋也
73　頭四十五（天玄五、六一二）玄云。不共般若。何時不レ明ニ二乘作佛一事　如レ宗
問。爾前ニ明ニ二乘作佛一耶
義云。約ハ佛意ニ處處ニ明レ之。他人ハ不レ知ルカレ之故ニ云也。籤
云。（同、六一八）但不下顯露對ニ二乘一說上則名爲レ祕　文　可レ思レ之
問。玄ニ。法華是祕密般若非祕密ノ義ヲ釋シテ。頭四十五（同、六二〇）然密顯通ニ大
小一　文　此ハ今家ノ釋歟
籤云。（同、六一七）然密下今判　文
付レ之。玄文ノ前後ハ廣ク引ニ嘉祥ノ義ヲ一。然密顯通大小ト云モ。
專移ニ此レ嘉祥ノ釋ヲ一也。何今判ト云耶。依レ之玄ニ擧ルニハ自
解ヲ一。（同、六一二）今謂不共般若。何時不レ明ニ二乘作佛一云ヘリ
答。妙樂常ノ習也。他義也ト云ヘトモ無ニ指ル失一。准ハ今家義一
付シテ現文ニ（同、六一七）今家所判定メ釋タマフ也
籤云。初文中初至ニ其事難一者。此亦明他會義○何教二
乘。不レ能ニ具ニ破一故　云云　文
疑云。玄文ハ他ノ會通ニ引ニ釋論一ヲ云云ト注ル也。何ソ委ク不レ破

云云ト釋ル耶

答。玄文ハ實ニ爾也。但籤ノ意ハ。他人引ニ大論ヲ一上ニ一家具ニ可レ破レ之。不レシテ爾カ云云ト云カ故ニ。此ハ具ニ不レシテ破云云ト注シ釋ル也。非ニ能破ノ言ニ一得レ心上ノ釋也

問。大論ニ法華是祕密般若非ニ祕密一文（同、六一二。玄義參照）法華祕密ト云ハ如何釋レ之耶

（頭四十八（同、六一七））籤云。只是祕妙之密文（此カ）

付レ之。得レ定ルコトヲ祕妙密ト云事。十法經云。祕密教者。我（大正藏十一、七六七中。取意）記ニ聲聞一得ニ阿耨菩提一者。此不レ應レ爾文 菩提資糧論（大正藏三二、五三三中。取意）云。法華受記名ニ祕密記一入ニ無爲正位一。不レ生ニ菩提心一文（「定カ）（授カ）此等ハ祕密ト聞タリ

答。法華是定非不定。是顯露非祕密トテ。顯露彰灼ノ惑也。何ゾ覆隱ノ密也ト云ハン耶。

（頭四十八（天玄五、六一七））籤云。又准ニ論文言ニ一法華是祕密一者。須レ知祕密語同意別。如ニ前云一是顯非レ密。謂覆隱之密一等文（「非ニカ）隨テ大論ト法華ハ明ニ二乘作佛一ヲ。是祕密般若ニハ不レ明ニ二乘作佛一ヲ故ニ非ニト祕密一ニ。法華ハ勝レ般若ハ卽劣ト釋ト見タリ。既ニ殊ニ以ニ般若一ヲ爲ニ祕密義一ト故ニ。祕妙ノ密ト釋ルニ無レ失。但至ニ十法經一ニ者。守護章云。法華經前。未到早記。是名祕密文（傳全二、五九六）（「授カ）（「爲カ）是ハ指ス不待時說一歟（不違カ」）（經前カ）。菩提資糧ノ論權門心也

問。他人般若ニハ不レ明ニ二乘作佛一故ニ非ニト祕密ニ一云ヘリ。許ニ此義一耶

答。不レ許レ之

付レ之。他人既ニ般若經ニ不レ明ニ二乘作佛一ヲ故ニ。如來口密ノ（祕歟）說ニ非。尤叶ニ道理一ニ。何不レ許レ之ヲ耶

答。（頭四十九（天玄五、六二〇～一））玄云。般若法華。皆明下菩薩得ニ無生忍一。具中六神通上。並祕密並深並大。就ニ祕密一更論ニ祕不祕一。般若不レ明ニ二乘作佛一。闕ニ此一條一故言ニ不祕一耳文 意ハ有ニ餘ノ祕密ノ義一不レ限ニ此ノ一條ニ一故不レ許レ之也

問。玄引ニ大論說一。（頭四十八（同、六一七））如ニ用レ藥爲レ藥其事易。毒爲レ藥其事（「用レカ）難一文 爾者如何此譬ヲ釋ル耶

進。（頭四十八（同前））籤云。昔以ニ煩惱生死一爲レ毒。今以下入ニ生死一不上レ斷ニ煩惱一。如ニ用レ毒爲レ藥文 付レ之。玄文ノ意ハ。般若ニ明ニ菩薩ノ作佛ヲ一於レ義易レ悟。法華ニ明ニ二乘作佛一於レ義難レ解シ

云テ。引ニ此ノ文ヲ一故ニ二乘ノ小執難レシ蕩シ。不ルヲレ悟ラ爲トレ毒ト見タリ。何ソ煩惱生死ヲ爲ルレ毒ト耶。依レ之玄ノ第六。二乘爲毒ト（天玄四、一五九。取意）云ヘリ

答。實ニ爾也。但今ノ釋ノ意ハ。二乘昔ハ猒ニ生死ヲ一斷シカニ煩惱ヲ一故ニ。以ニ生死煩惱ヲ一爲レ毒ト。今廻心向大ノ後爲ニ利ニ益衆生ノ一返テ入ニ生死ニ一不ルレ斷ニ煩惱ヲ一。如用毒爲藥ト釋也。是又一意也

問。玄云。他師般若法華相對ルニ多ノ問答ヲ引ク。其中ニ。既【頭四十九】言ニ深大ヲ一。何不レ說ニ二乘是方便令レ得ニ作佛ヲ一。此義未了亦何大乎 文（天玄五、六二一。玄義）此問ヲハ如何答ル耶

答。玄云。非ニ獨自釋ニ一。叡師亦云。般若照也。法華實也 文（同前）

付レ之。既ニ般若深大ナラハ何ソ不レ說ニ二乘作佛ヲ一耶ト問也。何ソ非ニ獨自釋ノ答ヲ可レ設耶。依レ之所引ノ他師ノ問答ヲ釋ニ。汝爲レ作ニ此破ヲ一爲ニ此事一等ノ問ヲ答トシテ。今ノ答ノ文ヲ擧ク。若爾者。問ノ意ヲ非レ不レノミニ答。所引ノ本說ニ相違ル耶

答。今所詮引ニ他師ノ問答ノ釋ヲ一（同、六二二。玄義）。一重ノ問テ略ル也。サテ下ニ（擧カ）破シテレ之。雖レ引ニ叡師ヲ一如ニ擧レ枯求レ力。不レ覺人杌コツ倶倒クイセ一 文

引ケトモニ叡師ヲ一枯木ニツカシツケルカ如シト云テ。破レ之一家所破ナレハ。問ノ意ヲ不レトハ答不レ可レ難者也

難云。何ノ料ニ如ク此引成ニ破耶。他師ノ問答ノママニ引テ可レ破也。加樣ニ引成レハ問答モヤヤ不レ相。破レ之事理不レ盡也

師云。此ノ問答ノ定ニテハ被リレ答。般若大ト云ハ照ノ方ニテ實ノ義無レハ。二乘作佛ヲ不ルレ明ソカシト答テ有也。非獨自釋ノ釋ハ。術盡タル事ニテ有レ之

問。祕密不定意。明ニ二乘作佛ヲ一耶。若明トハ云ハ。八敎ハ皆法華ノ方便也。設祕密不定也ト云トモ。何ソ明シニ二乘作佛ヲ一耶。若依レ之爾者。玄云【頭五十】。不共般若。何時不レ明ニ二乘作佛一 文（同前）籤云【頭四十八】。又復方等般若中圓何曾不レ明ニ二乘作佛一 文（同、六一八）如何

答。祕密不定ニ二乘作佛ヲ可レ明歟。楞伽乃密對ニ菩薩一說（說ヵ）文（天文二、五四八下。文句記）但八敎ハ方便ト云ハ。法華ハ顯露ノ說。爾前ハ祕密ナレハ成ルニレ方便ト一無レ失

難云。雖レ異ニ顯祕一共ニ法華ノ方便也。擧カ（手カ）明シニ二乘作佛ヲ一耶。但爾前ニ有ラハニ其ノ文一不待時ノ法華也。非ニ祕密敎ニ一二乘作佛ト云ハ。必用テニ權實ヲ一可レ明レ之故ニ。爾前ニ顯トニ二乘作佛一

見タルハ不待時ノ法華也。是レ非ニ祕密ニ不待時ナレトモ顯露也。
故ニ八教ノ中ノ祕密教トハ不レ可レ云 三井

答。漸頓ノ二教ニ不レ明ト二乘作佛ヲ云ハハ顯露定教ノ心也。不定教ノ日ハ圓人カ聞ニ二乘作佛ヲ居ル也。佛モ顯露ノ面ニテコソ憚タマフ。祕密ニハ明レ之也。不待時ノ法華ト云事ハ旁不審也。帶權ノ席ニ爲ニ一機一緣ノ說カン處ノ法華ハ尤可ニ祕密ル。法華ヲ顯露ト云ハ第五時ノ法華也。況爾前ニ說ンニ二乘作佛ヲ。何必可ニ開權顯實ス耶。帶權ノ說ナレハ開會セハト云ヘトモ明カシ之。サレハ勝鬘ノ一乘ニハ存ニ二ノ一乘ト釋也。是捨ニ二乘ノ道ヲ入ニ菩薩ノ道ニ(天文二、五八六下。文句記)作佛ルニテコソ有レ。依レ之一處ノ釋ニ能通方便ヲ釋ル下ニ。兩教二乘唯祕密得云ヘリ。既ニ能通方便ノ下ニ釋レ之故ニ不ニ開會ト聞リ。開會セハ祕妙方便下ニ可レ釋レ之。所詮一處ノ釋ニハ八教ノ中ノ祕密ニ明ト二乘作佛ヲ見リ

難云。法華ハ超八ノ圓ト云故ニ。八教ノ中ノ祕密教ニ明ニ開會ヲ。至ニ超八ノ圓ニ重テ不レ可レ開ニ會之ト 云云
頭五十 (天玄五、六二二) 玄云。問雖レ引ニ叡師ノ如ニ攀レ枯求レ力。不レ覺人杌倶倒ト。釋猶末了云ヘリ

頭同 籤云○章安立レ問責竟 文 (同前)
疑云。今ノ問ハ他師ノ問也。今謂ヨリ下ハ今家ノ釋也。何如レ此釋ル耶

答。玄文ハ爾也。但籤今謂ヨリ下正釋ナレハ。至シテ上ノ問ヲ責竟テ正釋ト得レ心タマフ也

問。玄文付レ釋下以ニ二藏三藏ヲ通中ルコトヲ四教ニ上。爾者二藏ノ中ノ菩薩藏ハ通ニ後三教ニ歟
頭五十 (同、六二三) 玄云。其二通ニ菩薩藏ニ 文 通ストニ通別二教ニ釋也

付レ之。以ニ諸教ヲ爲シテニ二藏ト對ルニ四教ニ日ハ。菩薩藏廣ク後三(同、六五〇)大乘ニ可レ亙。何ソ只通別ナラン耶。依レ之玄次下ニハ。菩薩藏通(卽カ)別圓 文 (「教カ)籤云。以ニ聲聞藏ヲ通ニ三藏教ニ。(同、六二三)以ニ菩薩藏ヲ通ニ於三教ニ。爲ニ(謂カ)摩訶衍藏ト 文 本末ノ釋共ニ通ト後三大乘ニ聞リ。若不レ攝レ圓ヲ二藏ノ中ニハ不レ可ニ四教ヲ攝盡ニ歟

答。玄ニ二藏三藏四藏ヲ列ヌ。其ノ四藏ノ中ニ佛藏ヲ列ヌ。以レ是ヲ對ニ圓藏ニ日。以ニ菩薩藏ヲ只通別二教ニ對ル意歟。再ヒ論レ之日ハ如ク難ノ後三教ニ可レ亙。菩薩藏ト云ハ摩訶衍ルカ故也。サテ下ノ文ハ不レ可レ爲ニ三藏四藏ト。只以ニ二藏ヲ對ニ四

教ニ曰。以ニ菩薩藏ヲ一對ルニ三教ニ也。仍テ彼此不同也。釋籤ノ
釋モ。只二藏ニ攝ントニ四教ヲ一云意ニテ。菩薩藏通於三教ト釋也（天玄五、六二三）
難云。本難不レ被レ遮。二三四八藏ハ各別也ト云ヘトモ皆對ニ四
教ニ也。故ニ四藏ハ別ノ事也。二藏ノ日可レ闕レ圓ヲ樣ヤハ有ル
答（缺文）
求云。二藏ハ藏通。三藏ハ後三教。四藏ハ四教ト對セヨカシ
答。三教菩薩屬菩薩界ナレハ。菩薩藏ニ又別教ヲ不ルヘキレ攝樣無レ
之

74　（頭五十一）籤云。以ニ菩薩藏ヲ一通ニ於三教ニ事（天玄五、六二三）

疑云。本書ニハ菩薩藏ハ通ニ三教ニ如何
答。如レ上
問。以ニ三藏ヲ如何對ニ四教ニ耶
（頭同）玄云。初通聲聞藏。次通ニ雜藏（通教）。其一通ニ菩薩藏（別教）一文（同、六二四）（藏カ）
付レ之。雜藏ニハ對ニ通別二教ニ。菩薩藏ニハ對ヘシニ圓教ヲ。何ソ雜
藏ヘ「通教菩薩藏」（「通通教カ）別教ト云テ除ニ圓教ヲ耶。サレハ籤ニハ如レ
難ノ對當セリ
答。如レ前所詮四乘觀智ノ心也。以レ佛ヲ對ニ圓教ニ意也。又

云。如ニ下ノ難ノ。四乘觀智ノ意ナラハ何ソ支佛無レン之耶
求云。聲聞藏ヲハ對ニ藏通ニ。通教ニハ又有ニ二乘ニ故也如何
答。四乘觀智ノ心也。此ノ日ハ聲聞ハ小乘也

75　（頭五十一）籤云。雜藏通ニ通教別教ニ事（天玄五、六二四）

疑云。本書ハ雜藏ハ通教云ヘリ。何ソ通別ト云耶
答。如レ前云云
問。三藏ノ中ニ（又樣）雜藏ハ何ノ教ル耶
（頭五十一）玄云。雜藏通教（ア卽カ）文（同、六二五）
付レ之。分別論。雜藏經等ノ意ハ。三藏ノ菩薩ノ行因ニ明ヲ以テ
名ニ雜藏ト故是可ニ小乘ナル。何ソ通教ト云耶
答。今三藏ト云ハ。聲聞藏。雜藏。菩薩藏也。聲聞藏ハ顯了
也。仍對ニ三藏ニ雜藏ト云ハ。通教ハ三乘共學ノ教ナレハ雜藏。サ
テ別教ハ獨菩薩ノ教レハ對ニ菩薩藏ニ也。分別論ニ所レ明雜藏ハ
別ノ教門也。彼モ別ニ小乘ニ可レ屬樣無シ。大小ノ閒雜ルカ故也
求云。以ニ別教ヲ對ニ雜藏ニ云事如何。別教ハ獨菩薩ノ教也。
菩薩藏ニ可レ對如何
答。以ニ三藏ヲ攝ニ四教ニ曰ハ。聲聞藏ハ三藏。菩薩藏圓ナルカ

故ニ雜藏對ニル通別一ニ也。但屬菩薩教ト云ハ。籤云。別教雖ニ是（天玄五、六二四）獨菩薩法一。帶ニ方便一故亦入レ實故。故名爲レ雜 文 獨菩薩ノ教ナレトモ。帶ニシテ方便一ヲ入レ實故ニ。權實兼帶ル處ヲ雜藏ト云也

難云。通教ハ三乘共ノ教ナレハ對ニル雜藏一ニ事ハ可レ爾。菩薩藏ヲ別圓ニ對セヨ如何。爰以四藏ノ同ハ菩薩藏ヨリ佛藏ヲ開シテ對ニ別圓一ニ如何

答。別教ハ帶レ權ヲ入レハ實ニ雜藏ト云也。但四藏ノ配立ハ菩薩藏ヨリ開ニストハ佛藏一ヲ不レ可レ云

問。玄文ニ引ニ菩薩處胎經ノ八藏一ヲ。其中ノ方等藏ヲハ八教ノ中ニハ對レ何ニ耶

玄云。（同、六二五）方等藏卽頓教 文

付レ之。既ニ方等ト云可レ對ニ方等經一ニ如何

答。方等ハ大乘ノ通名ナレハ對ルニ何レニ不レ苦

問。以ニ何ナル藏一ヲ對ニ方等一ニ耶

（頭五十一（同前））玄。十住藏卽方等教 文

付レ之。十住經（藏）ハ不レ限ニ方等經一ニ通ニ諸時一ニ。況方等藏ニ可レ對レ之

答。以ニ八藏一ヲ對ニ八教一ニ事。依ニ列名ノ次第一ニ一往ノ對當也。胎花（化カ）藏中陰藏對ニ顯露祕密一ニ。爲ニ阿難ノ不ル說時祕密說。後ハ顯露不定。摩訶衍方等藏ハ頓教。戒律藏ヨリ去ル對ニ漸教一ニ日ハ。十住藏ハ方等。雜藏已下ハ般若ト對當ル也

玄云。（同前）然佛意難レ測。一往相望作ニ此會通一 文

求云。今ノ釋。方等經ヲハ惣合シテ對シ十住ノ一藏一ニ。般若ヲハ開シテ對ニ三種ノ藏一ニ事。何ニト對當ル耶。只以ニ八藏一ヲ對ニセランカシ化儀化法ノ八教一ニ

答。自在ノ釋義也。盡理ノ難ヲ不レ可レ至。胎花（化カ）中陰ノ二藏ヲ對ニ不定祕密一ニ。方等藏ヲ對シ頓教一ニ。餘ノ五藏ヲ爲ニ漸教一ト中ニ。戒律藏三藏。十住藏方等教。雜藏ハ通教。金剛藏ハ別教。佛藏ハ對ル圓教ニ也

問。八藏ノ中ノ佛藏ニ取ニ法華一ヲ耶

答。不レ取也

付レ之。以ニ八藏一ヲ一代ノ諸教ヲ攝ル時。何法華不レ取耶

答。法華ハ超八ノ圓ナルカ故ニ。八藏ヲ以テ化儀化法ノ八教ニ對シテ。（頭五十一（同、六二五））此ノ外ニ法華ヲ論ル也。其故ヲハ籤ニ。不レ論ニ法華一者。以ニ法華

部非ニ八教(數カ)一故。故第一卷結ニ教相一云。今法華是定非ニ不定一文

一義。八藏ト云ハ菩薩處胎經ノ說也。仍法華ヲ不レ收歟。以ニ爾前ノ說一ヲ法華ヲ不レ攝也

難云。華嚴ノ三照ニ法華ヲ取ル事。一家自在ノ釋義也

問。法華ハ八藏ノ攝歟

第一卷ニ見リ

問。菩薩處胎經所說ノ胎化藏等ノ八藏ハ。一家所立ノ八教也ト可レ云耶

答。章安頭五十(同、六二三。取意)○八教ト釋リ

爾也。付レ之。不レ明。夫菩薩處胎經ハ方等ノ經也。彼經ハ以ニ八藏一何華嚴頓教等ノ相ニ可レ對耶

答云云任ニ解釋ニ一但至レ難ニ耶。既ニ八藏ト云カ故ニ。自然ニ數當レリニ八教一ニ。故ニ對ニ八教ニ一無レ失

難云。凡今ノ釋ノ心ハ。二藏三藏四藏等ヲ引テハ。皆對ニ化法ノ四教ニ一也。何胎經ノ八藏ヲ獨リ對ニ八教一耶。方等部ノ經ナレハ華嚴(ㇾ阿カ)含般若等ノ經ニハ不レ可レ互也。對ルニ八教ニ一事ハ聊以不審也。

設ヒ數ハ相ヒ當ルト云トモ。其ノ義分不レ叶ンハ。八教ニハ難レ對者ノ耶

答云云彼ノ經ニ立ルニ八藏一ヲ事ヲハ。其義分當レルニ化儀化法ノ四教一ニ也。其故ハ彼ノ八藏ト者。胎化(摩耶ノ胎內ニ十大幢ヲ立テテ說也)。中陰藏ハ祕密教也。此ハ未下(都率天ヨリ下生ノ時道ニテ說也)爲ニハ阿難一ノ說上故也。又摩訶衍方等藏ハ華嚴。戒儀藏ハ三藏教。十住藏ハ方等教。雜藏ハ通。金剛藏ハ別教。佛藏ハ圓教也。如レ此對ルニ八教ニ一事。其ノ道理ト云ヒ。其ノ數ト云ヒ相當ルカ故

解釋ハ無レ失

難云。胎花(化)。中陰ノ二藏ハ爲ニ阿難一ニ不レ說レ之故ニ。祕密教ソト云事難レ思。其故ハ阿難既ニ聞ケルコソレ之彼經ヲハ結ニ集スラメ之一。若爾者。祕密教トハ難レ云

答。此事ハ阿難傳ルニ祕密教一ヲ歟ト云論義也。今ハ阿難尊者ハ具ニ十德一ヲ中ニ未レ聞處ノ法ヲ知ル德有レ之。又未レ聞處ヲ佛ハ重テ密ニ令レ說ト聞カ之一見リ。依レ之今ノ解釋中ニモ。(同、六二五。玄義)若胎化藏中陰藏。未下爲ニ阿難一說上時。卽是祕密教。爲ニ阿難一說時卽是不定教文既ニ爲ニ阿難一ノ重テ說レト之聞リ。仍非レ難ニ

難云。以ニ八藏一ヲ對ニ八教ニ一事ハ猶以不審也。今ノ釋ノ大意ハ引テニ二藏三藏等一ヲ對ニ藏等ノ四教ニ一也。何非前非後ニ對ニ八

教ニ耶。付レ中摩訶衍方等藏ト云ヘルハ。名言既ニ方等教ト聞ルヲ
對ニ華嚴ニ事不審也
答。實ニ今ノ釋ノ大意ハ。對ル二藏等ノ四教ニ爲ニ本意ト。然トモ八藏ヲ
釋ル事ハ。又藏等ノ四教有レハ之。頓等ハ必具スレ之。故ニ釋ルニ八
教ヲ無レ失。次ニ摩訶衍方等藏ト云ヘルヲ對ル二華嚴ニ事ハ。菩薩處
胎經ノ八藏ハ淺ヨリ至レ深ニ生起分明也。故ニ胎化中陰ノ二藏ハ
一代施化ノ已前也。摩訶衍藏ハ是華嚴也。戒(律カ)儀藏ハ阿含小
乘ノ教也。皆是淺深次第炳然也。但至ニ方等ノ名言ニ□(者カ)。方
等ト云ハ大乘ト云事也。依レ之普賢觀經ヲハ。又名ニ方等經ト者
也。例シテレ之可レ知
尋云。今ノ八藏ヲ對ニ八教ニ事ハ盡理歟。一往歟(天玄五、六二五)
答。一往ノ對當也。依レ之玄云。然佛意難レ測。一往相望作ニ
此會通ト文
私難云。一一ニ不審也。先摩訶衍方等藏ト者。大乘ノ惣名
也。又戒藏ト者。小乘ト云事不審也。梵網ノ戒ハ是小乘ナラン
耶。十住藏何方等ナラン耶。又雜藏ト者。三藏ノ時ハ當ニ別教ニ。
何又金剛藏。何別教ナラン耶。又佛藏ハ可ニ有(圓カ)教ニ如何

答。一往ノ對當也。小小ノ有ニ義分ニ也
玄云。時節節 文(同、六二四)
備撿云。多ニ一ノ節字ニ 文(卍續四四、三三九丁左上)
籤云。故相通(レ云カ) 文(天玄五、六二四)
撿云。或謂四藏。或謂四教四義皆通 文(卍續四四、三三九丁左上)
籤云。前三如レ文 文(天玄五、六二五)
撿云。祕密不定頓ノ三 文(卍續四四、三三九丁左下)
問。玄文ニ四教ノ名義ヲ問答セリ。爾ハ此ハ大師ノ問答歟(天玄五、六二六)
答。籤ニハ。先明ニ他問答ニ云ヘリ
付レ之。四教ノ名義ハ一家ノ所立也。何ソ他人ノ問答ト釋ル耶
答。見ニ玄文ニヲ。記者私錄ニ異同ニ文(同、六一二)引ニ有人ノ義ヲ下ニ。此問
答有ル故ニ非ニ天台ノ問答ニハ云歟。次ニ引ニ阿含ノ四教大教
等ヲ。記ニ四教ヲ月燈三昧ヲ釋トシテ私謂ト釋セリ。故知ヌ。上ノ問
答ハ章安ノ釋ニハ非ト云事ヲ。但至ニ他人ハ四教ヲ不レ知ト云ニ者。天
台ノ門人ノ中ニ存ル異義ヲ人ヲ他人ト云也
難□(云カ)。上ノ問答ハ記者異聞ト云テ有人ノ義也。次ノ問答ハ天台ノ
義ト可レ得レ心。況第一第四ヨリ他ノ解ヲ引ケリ。第三ノ問答ハ有

人トハ不レ云。又無ニ能破ノ文一
答。異義ヲ出スニ四教名義出。何經問シテ答ルニレ之。引ニ長阿含。月燈。地持一ヲ。知ヌ。皆他ノ問答也。釋籤ハ他ノ所引ノ月燈。地持ヲ一家會通ストレ云釋也
頭五十二（同、六二六）籤云。然教定レ體 文
撿云。然字レ應レ研ケン 文（卍續四四、三三九丁左下）（應レ作レカ）（妍カ）
頭五十四（天玄五、六三二）籤云。諸四皆爾 文
備云。諸行不語 云云（卍續四四、三三九丁左下）（「語カ）
問。證トシテニ四教ヲ一引ニ何ル經ノ文一耶 如レ宗
答。引ニ月燈ノ四種ノ修多羅一等 云云
進云。引ニ阿含ノ四大教一ト見リ。　付レ之。阿含ハ唯小乘ノ經也。何證ルニ四教ヲ一耶
答。今ハ且ク證ルニ四教ト一云名言計ヲ一也 守護章ノ心 定レ體與レ今不レ同（天玄五、六二六。釋籤）文 但引レ小ヲ證レ大事ハ。一家ノ常ノ習也。如下シ引ニ成論ノ二如來一證ルカ中無作三身ヲ上
問。玄文ニ。引ニ地論ノ四家ノ義ヲ一證トニ四教ヲ一見リ。所レ云地論ト者。天親ノ十地論歟

答。籤ニハ。地持 文（同、六三二）
付レ之。所引ノ四家ハ十地論ニ有レ之。何ソ地持ト云耶
答。如レ難ノ。但地持論ト釋ルニ。玄文。地論ノ第七地云。一念（同前）心具ニ十波羅蜜一 文（「〇カ）此ノ七地ニ一念ノ心ニ具トニ十波蜜ヲ一云文カ。（「羅カ）十地論ニハ持論ニモ有レ之故ニ。爲ニ顯レンカ之。本書ニハ指セハニ地論一ヲ。妙樂ハ指ニ地持ト一也。爾カ云テ本書ノ地論ト云ヘルヲ地持ト云ニハ非ス」
頭五十四（同、六三一〜五）難云。籤ニハ。於念念中具十波羅蜜乃至四釋。今借四釋以對四教ト云ヘリ。四釋ト者四家也。故ニ四家ハ卽地持論ニ有ト釋ト聞タリ
答。乃至四釋ト云ハ地論ニ還テ消ル也。於念念中具十波羅蜜ト云コソ地持ニ消ルニテハ有レ
問。解釋中ニ引下ケリ地持論ニ所レ明第七住ニ具トニ十波羅蜜ヲ一云文上。爾者所ノ云第七住ト者。別教ノ何ノ位ニ對スト可カレ云耶
頭五十四（同、六三二）答。妙樂。第七住菩薩。卽當ニ第七遠行地一 文
爾也。付レ之。依ニ妙樂解釋一ニ披ニ地持論ノ文一。十二種ノ階級ヲ説トシテ。種性解行ノ二住ヲ以テ對トニ地前一ニ云テ。第三種ヨリ如レ次ノ對ニ觀喜（歡カ）等ノ十地一ニ也。若爾者。彼ノ十二住ノ中ノ第七住ハ。十

地ノ中ノ第五地ニ當ル也。今何如レ此釋ル耶
答。解釋ハ上古難義也。今ハ不レ可ニ一決ス。故ニ試ココロミニ會レセハ之。若ハ依ニ大師所覽ノ論ノ本一ニ如レ此云ヘル歟。又ハ十二住ノ始ノ種性解行ノ兩住ハ。地前ニ既ニ對シ畢ヌ。若爾者。第三住ヨリ始テ數ルカレ之故ニ。以ニ第九住一名テニ第七住一ニ第七地ニ對レ之歟
難云。以ニ十二住一ニ對ルニ別教ノ位一ニ。種性。解行ノ兩住ヲハ地前ニ對シ。第三住ヨリシテ對ニ初地一ニ。乃至對ニ第十地一ニ也。何ニモ第七住ハ當ルニ第五地一ニ者也。今ノ解釋難レ思。大師所覽ランノ本歟ト云事。彼ノ論ニハ異本有ト見ル歟如何。次ニ第九住ヲ第七住ト云歟ト云事如何。直ニ第九住ト可レ云如何
答云云 難義也。故ニ試ニ一往ノ會通ヲ存申計也。其ノ中ニ第三住ヨリ始テ數レ之故ニ。以ニ第九住一七住ト云義隱便也。其故ハ直ニ第九住ト不シテレ云。第七住ト云ヘル事ハ。所對ノ別教ノ七地准シテ七住ト云ニ。尤便也ト可ニ答申一 寶地房
地持。(大正藏三〇、九三九下。菩薩地持經取意) 十三住。一ニハ種住 習種性種 二解行住 解行地 三觀喜住(歡カ) 歡喜地。四增上戒住 離垢地 五增上惠住(意カ) 發光地 六菩提分法相應住 炎惠地 七諦相應住 難勝地 八緣起相應增上惠住 現前地 九有行開發無(「有カ)相住 遠行地 十ニハ無相住 不動地 十一無礙住 善惠地 十二最上住 法雲地 十三如來住云ヘリ

(大正藏五五、六八九上・七一二下。開元釋教錄參照)
目錄ニハ。菩薩地持經十卷。或ハ經ノ字無レ之。又ハ菩薩戒經ト云。或ハ八卷 曇無讖(讖カ)ノ譯
地持第九云 方便處住品 (大正藏三〇、九三九下～四五上。取意) 今當ニ略說一。菩薩十二住攝ニ一切住一切菩薩行一。十三如來住(「第カ)無住(「上カ)。云何菩薩十二住。一者種性住。二者解行住。三者歡喜住。四者增上戒住(提カ)。五者增上惠住(意カ)。六者增上惠住(「增上カ)。惠住有ニ三種一。一者菩薩分法相應。二者諦相應。三者緣起生滅相應(「〇カ)。九者有行有開發無相住。十者無行開(無開カ)無發無相住。十一者無礙住。十二者最上住(「菩薩カ)○云何種性住○離ニ麁煩惱一○解行住。堅固不レ退。未レ離ニ五怖(恐カ)畏一(「所謂カ)。不活畏。惡名(「畏カ)。死畏。惡道畏。大衆畏(「〇カ)○「忍法位也」(歡カ)。觀喜住菩薩解ニ脫煩惱上纏一(「〇カ)。增上住○離垢地○增上意住(焰カ)(卽カ)○明地○菩薩分法相應增上惠住。炎惠地諦相應增上惠住。難勝地。緣起相應增上惠住。現前地。有行有開發(「發カ)無相住○念念中具菩提分法。遠行地。無行無開無相住。名爲ニ不動一。無礙住。善惠地。最上菩薩住。法雲地 文

十地論云。遠行地第七之九云。遠行地中。(大正藏二六、一七五中)念念具ニ足十(提カ)波羅蜜一。亦具ニ足四攝法一。亦具ニ足四家三十七助菩薩分法 文

頭五十四 尋云。玄文ニ。(天玄五、六三二)一念心具○四家 文 爾者所レ云四家ト者。何ナル論出ル耶

答。玄云。地論云(同前) 云云

疑云。籤ニハ。地持第七等云テ(同前)。四家ノ義ヲ釋セリ。若依レ之爾也ト云ハハ。地持論ノ中四家ノ義不レ見如何

答。玄文ニ地論ト者。擧ニル地持論。十地論ノ二一ヲ歟。一念心具十波羅蜜ハ地持。次四家ハ十地論ニ有レ之。仍テ籤ニモ委ク四家ハ地持トモ不レ云

一義云。玄文ハ引ニ十地論一也。籤ニモ因チナミモ地持テ引キ合ル歟

問。玄文證トシテ二四教一引ニ地論ノ一念心具十波羅蜜ノ文一。妙樂如何釋ル耶

頭五十四 答。若借ニ高位念念具法一。以成ニ初心具法之意一。以證ニ圓門初後不二一。故得レ用也(同、六三五) 文

付レ之。玄文。只引ニ四家一證ニト四教一見リ。全ク借テ念念具法一ヲ證ニト圓ノ初後不二一ヲ云事ハ不レ見也(耶カ)

答。引ニ四家一證ニル四教一事ハ勿論也。夫ヲ妙樂ハ彼論ノ四家ハ第七ノ高位ニ有リ。引レ夫ヲ示シテ證ルニ二四教一ヲ即初心ニ通ルナリ。故ニ有ル二彼ノ高位一ニ引テ二四家一ヲ。四家ノ初心ヲ釋成ル也

問。玄文ニ(籤カ)引ニ有人ノ解一ニ。漸頓。了不了。一音等ノ教ヲ判セリ。(同、六三五～四五)

且。人情既爾經論云何カ云被下ノ釋ハ。一家ノ外釋歟(同、六四六。玄義)

頭五十五 籤云。三人情下今立ト云ヘリ(同、六三五)

付レ之。今ノ有人解ハ正出リ二大乘義章一ニ。若爾ハ。他人ノ解也。

何今立ト釋ル耶

答。他人ノ解也ト云ヘトモ。我カ義ニ叶ヘハ今立ト釋也

問。玄文ニ古キ師ノ五時七階ノ教相ヲ引ク。爾者。七階ヲハ如何釋レ之耶

頭同 籤云。人天爲兩階。二乘爲二階。幷餘三時名爲七階云ヘリ(同前)

付レ之。五時七階ノ教相ハ淨影ノ解釋ニ出リ(大乘義章入)。然ニ彼ニハ人天ヲ爲二一階一ト。有相教ニ用テ二三乘一ヲ爲レ三ト。餘ノ三時ヲ幷テ七階ト釋セリ。今何如レ此釋ル耶。サレハ玄文ニハ。人言第一時十二年中。說三乘別教ト云テ。有相教ニ三乘ヲ開スト釋セリ(同、六三九) 難論義也

答。淨影ノ釋ハ如レ難ノ。但釋籤ニ別ノ師判ルニ二此ノ七階一ヲ。人天ヲ

爲二兩階一ト。二乘ヲ爲ル二二階ト一義有レ之。今ハ引ルレ之也。卽毘盧
山ノ印師ノ義也
問。他人ノ意ハ。佛教不レ出二漸頓一（天玄五、六三七。玄義）（頓漸カ）文 爾者一家許二此ノ義ヲ一耶
答。不レ許レ之
爾也。付レ之。何佛教不出漸頓（頓漸カ）ト云事ヲ破タマフ耶。依レ之佛教
雖レ廣ト皆是漸頓ニ被レ攝ル者也。他人ノ意ハ尤叶二道理一ニ。一
家何不レ用レ之
答。不レ許レ之。但至レ難ニ一家ノ意ハ雖レ判二漸頓ノ教ヲ一。其中ニ
不定祕密等ノ種種ノ義有レ之。他人釋ノ意。其ノ一分ハ雖レ叶ト二
道理一ニ。偏立成失ノ故ニ破レ之也
難云。他人ノ漸頓ノ義。叶二道理一ニ不レ可レ破レ之。又彼ノ文ノ
心。何樣ニカ釋タル耶。不審也如何。況四阿含經。五部ノ戒。彼
是漸教也。然ニ不レ被ト攝二漸教一ニ破タマフ意如何
答。他人ノ心。只漸頓ノ二教ト云カ故ニ。阿含ハ漸教也。華嚴ハ
頓教也トモ不二分別一。只漸頓ト云カ故ニ。阿含ニハ無二頓教ノ相一。
何ソ頓教ハ被レルナリト攝破ル也。漸教ニ被ルル攝處ヲ破ルニハ非。依レ
之。不得全破ト（同前。玄義）釋ルタマフ者耶。一分ハ許ス義有トレ之聞リ

難云。今ノ破文ノ心ハ何ニト釋ル耶。他人ノ意モ華嚴ハ頓教。阿含
漸教ニトヤ云ラン。何阿含ヲハ不レ可レ名二頓教一トハ破ル耶。一家ノ心
破文深意有レ之歟。若不ンハレ爾カ他人一家ノ破ヲハ不レ可レ用如
何
答。他人ノ意ハ佛教ハ漸頓ヲ不トハレ出云ヘトモ（慢カ）教相ヲ不二分別一。能化
所化ノ漸頓ノ相ヲ不レ辨ヘ。其ノ義通萬ナルカ故ニ破レ之也。一家ノ
意ハ隨ニハ所化一ニ漸頓前後次第セリ。隨レハ能化ノ如來一ニ漸頓並
陳ニシテ時トノ無二前後一釋タマフ也。依レ之玄云。（同、六三七～八）凡論レ漸（「頓カ）。蓋隨ニ
所爲一。若就二如來一實大小並陳。時無二前後一。但所爲之人悟
解不レ同。自有二頓受一或從レ漸入。隨二所聞一結集。何得レ
言レ無レ頓漸（漸頓カ）也。但不レ可下定二其時節一比中其淺深上耳 文
此ハ一家ノ心也
76 玄云。（頭五十八）（同、六四二）舍利弗在二佛涅槃前七日一滅度事
疑云。大通方廣經ノ中ニ。佛臨滅時身子目連有トレ之見リ如何
答。機見ノ不同歟
77 玄云。（同前）如二阿難迦葉一○涅槃會中二人不レ在事
疑云。阿難ハ涅槃ノ座ニ列ヌレ之。迦葉モ又涅槃經ヲ付屬ス。何ソ

如レ此釋ル耶
答。阿難ハ正宗ノ時不レ來。迦葉ハ如來ノ後ニ始テ來ルカ故。涅槃
座ニ無云歟
問。他人佛成道シ已テ三十年ノ內ニ。般若維摩思益ヲ說ト
云ヘリ。如何破レ之耶
答。〔頭五十七（同、六四〇）〕玄云。依ニ何經文一知ニ三十年一也 文
付レ之。成道ノ後十二年阿含ヲ說。後八箇年ニ說ニ法華一ヲ。中
間ハ有テ二三十年一ニ。般若維摩等ノ諸大乘經ヲ說云道理必然
也。何ソ破レ之耶
答。三十年ノ間分明ニ說ト云事無レ之。若ハ又約ニ不定教一ニ論ルレ
之日ハ。大小乘ノ教皆通ニ始終一ニ故ニ。般若ハ但限ト二三十年一ニ
可レ云樣無レ之。以ニ我カ義ノ邊一ヲ他人ノ不知ノ樣ヲ破タマフ也
問。釋籤ノ中ニ引ニ維摩經ノ說一ヲ。〔頭五十八（同、六四一）〕佛身離五種（種［ナシ］カ）非常 文 爾者室
內外ノ中ニハ（同前）何ソ耶
籤云。如ニ淨名室內一爲ニ諸國王長者一說レ法 文
付レ之。今說文ハ方便品ノ文也。方便品ハ室外ノ說也。何室
內ト云耶

答。方便品ハ室內ノ說也。爲ニ問疾一國王等ノ淨名說法ル故ニ。
方等室內ト云事勿論也。（卍續一八、三八二丁左上。維摩經疏記）一家室外ト云ハ論義ニテ有リ。其ヲ（且カ）妙
樂ハ。雖復在於室內。而所被者機形並疎。亦云室外ト云ヘリ。
實ニハ室內ナレトモ。所被ノ者機形カ疎ナレハ室外ト云ハト會釋セリ
補注云。（卍續四四、二〇丁左下）可レ（應カ）云ニ室內一（外カ） 云云
私云。淨名ハ住ニ方丈室一ニ。惣シテ淨名經ヲハ皆室內ノ說ト云也
阿抄
問。玄文中ニ有人所立ノ了不了ノ義ヲ破ト見。爾者有人ノ意。
維摩經不レ明レ常云歟
〔頭五十八（天玄五、六四一）〕玄云。維摩偏名（詺カ）ニ明常一云ヘリ
付レ之。有人心ハ。雙林已前ハ不了。以ニ涅槃教一ヲ獨了ト云也。
故ニ此ノ義ノ心ハ。維摩等ニ專不ト明レ常ヲ云也。今何ソ偏名（詺カ）明
常ト云耶
答。不明常ト可レ云。名ノ字ノ誤歟 阿抄
問。玄文中。淨名經ノ所說ノ五種ノ佛身ヲ說コトヲ引ケリC 爾者其
〔頭五十八（天玄五、六四一）〕中ノ第四五ヲハ如何引判（墮カ）タマフ耶
籤云。四佛身無爲。五不レ隨ニ諸數一 文

付レ之。見二本經ノ文一。佛身無爲不レ隨(墮カ)二諸數一ト云ハ(大正藏十四、五四二上。維摩經)共ニ是第
五ノ身也。今何開レシテ之對二第四第五一ニ耶。又第一ノ除二諸如(同前)
來卽是法身ノ句一(「身カ)。第二ノ。非思欲身ノ句ヲ爲二第一一ト事如何(同前)
答。實ニ本經ノ五種佛身ト云ハ。諸如來身卽是法身ト云ハ第
一。非思欲身ハ第二。佛爲世尊過於三界第三。佛身無漏諸
漏已盡第四。佛身無爲不墮諸數ハ第五也。但今ノ釋ノ心ハ法
身ハ其ノ本ナルカ故ニ。諸如來身卽是法身ノ句ヲハ惣標トシテ置ヲ不レ
論レ之。其外ニ開二五種一ヲ日如レ此釋也
難云。若爾者。過於三界ト云句。諸漏已盡ト云句。此等ヲ
開シテ可レヲ爲二別身一ト耶。佛身無爲不墮諸數ト云モ。無爲ノ義
釋シテ不墮諸數トテ云コツ有レ。何用レ之耶
答(缺文)
問。玄文中ニ。(頭五十九(天玄五、六四四))又法華優婆提舍中。明二法華經理圓教極無レ
所二闕(缺カ)少一文所ノ云優婆(波カ)提舍(波カ)ト云ハ指二法華論一ヲ歟
進云。非二法華論一文　籤云。(頭五十九(同前))又法華下龍女所得同文
付レ之。法華論ハ以二七成就一ヲ理圓教極ノ義ヲ釋ス可レ指レ之。
爰以次下ニ引二龍樹ノ智論一ヲ。明ニ知ヌ。如ク次ノ天親龍樹ノ二

説ヲ引ト云事ヲ
答。玄文ノ意ハ。實ハ天親ノ法華論ヲ指ト云意モ可レ有。但妙樂ノ
心ハ。(同前)四又法華下龍女所得同。五大智論下明二所付同一文
所得ト所付ト釋シ分タル故ニ。優婆(波カ)提舍等云ハ。是所得ヲ同ル文ニテ
有ルカ故ニ龍女カ所得ト釋ル也。又聞レ成二菩薩一。(大正藏九、三五下。法華經)唯佛當二證知一。
我闡(「教カ)ニ大乘一等ト説テ理圓教極ノ心見リ。優波提(提カ)舍ト云ハ論義
經ノ名也。龍女對レ佛ニ。(同前)我獻二寶珠一世尊納受等云。又智積
龍女ノ問答有レハ指レ之也
問。華嚴。無量。法華ノ三經ハ三昧ノ名也ト可レ云耶
(頭六十(天玄五、六四五))玄云○皆三昧名文
付レ之。華嚴ハ三昧ノ名ト云事。全不レ見耶
答。大乘義章云。(大正藏四四、四六六下)華嚴無量義法華等。三昧爲レ宗文華嚴
宗カ以二海印三昧一ヲ釋二華嚴經一ヲ指レ彼ヲ歟
問。玄文中ニ引二智論一ヲ。(頭五十九(天玄五、六四四。取意))法華但付二菩薩一。不レ付二阿難一文爾
者釋レ之耶
答。(同前。玄義取意)法華ハ甚深ノ故ニト云
付レ之。法華開顯ノ心ハ。於二二乘一ニ父子ノ天性ヲ定ム。何ソ祕

密ノ奥藏ヲ不レン付耶。依レ之問論云（缺文）

答。經文既ニ付二屬千界塵數ノ菩薩一ニ見ルカ故ニ爾カ釋也　如二三百帖一

問。玄文中ニ智論ニ迦葉阿難。引二三藏ヲ結集ストニ云文一ヲ。爾者何レノ所ニシテ三藏ヲ結集ト云耶

答。本論ニ任ハヽ耆闍崛山　文（大正藏二五、七五六中）

答。玄云。在香山撰集　文　頭六十一（天玄五、六四六）付レ之。全不レ見如何

答。大師ノ高覽定テ有レン據。況又於二耆山一ニ立二香山ノ名一ヲ歟。所以ニ。有ル經ノ中ニ。靈山有二蓮華香氣一普薰二一輸膳那一　文（卍續四五、一九七丁右下）依二此意一ニ歟。又人師釋中ニ東春靈山ノ異名ヲ出ニ。五名ニ小香山一　文

問。玄文中ニ決定退大ノ聲聞ノ相ヲ釋セリ。爾者決定ノ聲聞ヲハ如何釋レ之耶

答。玄云。頭同（天玄五、六四七）決定聲聞者。久習二別異善根一。小心狹劣　文

疑云。大品經ノ中ニ以二退大ノ者一ヲ。別異善根　文（天文二、七五八上。文句）依レ之餘處ノ釋中ニ退大ノ者ヲ判トシテ。大品稱爲二別異善根一文今何ソ相違耶

答。退レ大向レ小ニ故以二小善一ヲ稱二別異善根一ト也。決定ノ聲聞ハ始終共ニ小ルカ故ニ。全不レ可レ入二大乘一ニ別異ト云歟。一意ヲ顯也

問。他人釋ニトシテ三藏一ヲ。（天玄五、六四八）菩薩藏中有二「漸悟頓悟」一（「」能頓悟者カ）文　爾者漸悟ト者。廻心向大ノ者歟

答。爾ル者モ可レ有。不レ爾者モ可レ有

進云。山家。非二廻心向大一ニ云リ。　付レ之。漸悟ノ菩薩。何ソ非二廻心向大一ニ耶

答。麁食者○山家。（傳全二、二九〇。守護國界章）漸悟有二ト多種一見リ

問。玄文ノ中ニ。（天玄五、六五〇）爲二漸悟ノ菩薩一ノ説二別教一ヲ云ヘリ。所レノ云漸悟ト云ハ廻小入大ノ説歟

進云。廻レ小入レ大　文（傳全二、二九〇）　付レ之。別教ハ獨菩薩ノ教。二乘作佛ヲ不レ明。何爲二廻小入大ノ人一ノ可レ説二別教一ヲ耶。依レ之山家。非二廻小入大ノ菩薩一ニ云ヘリ

答。別教ニ不レ明二二乘一ヲト云ハ。二乘當位ニシテ不二成佛一セト云也。二乘方便ノ位ヨリ捨二二乘ノ取證一ヲ成二菩薩一ルト事ハ何ソ不レ明耶　山家ノ

釋ニ他師破也

問。爲ニ決定性ノ聲聞ニ說ニ通教ヲ耶　如ニ上五ノ抄一

（頭六十二）（天玄五、六五〇）玄云。爲ニ決定聲聞ニ說ニ三藏一（〔教カ〕）。爲ニ退大ニ說ニ通教ニ云ヘリ（〔聲聞カ〕）

付レ之。聲聞藏ハ決定退大ノ二類ニ可レ亙。爰以玄文ノ上ニ。聲（同、六四七）聞藏中有ニ決定聲聞。及退大（〔大ヵ〕カ）菩薩（提カ）心聲聞一文　今何限ニ決定性ニ

答。約ニ大旨ニ也（傳全三、二二三）

守護章云。定性二乘。未ニ廻心一時。但說ニ三藏一。退大二乘。前後倶大。故說ニ通教一（二乘）文

尋云。鹿苑證果聲聞ノ外ニ。又通教ノ二乘有レ之耶

示云。定教ノ筋ニテ不レ可レ有レ之。不定教ノ日ハ可レ有レ之。先定教ト者。鹿苑ノ二乘但空法性ヲ得證シテ居ルヲ方等ヲ起テ成ニ彈呵一ヲ。汝カ心ハ無欺ト云ニ無ト答フ。其時佛無ト思心有リト仰セ有時。ケニ有ケリ有レトモ。一向ノ有ニモ非スト思フ處カ。通教ノ如幻ノ義ニ當。此ヲ通教ト云也。故ニ今ノ釋ニ決定ハ三藏ト云ハ。是鹿苑ノ時（天止一、二三四。弘決）入滅セル聲聞ヲ指也。退大ト者。方等ノ時ノ聲聞ヲ云也。是。若（同前）至方等必到法華ノ心也。被彈斥已皆習通門ト云是也。是彈ニ呵スレハ非空ヲ如幻ト思也。是六識還生也。サレハ鹿苑ノ聲聞ノ外ニ。通教ノ聲聞ト云ハ誰人ソ耶。然トモ又本來通教根性ノ聲聞有シハ不定教ノ心也

私云。決定性ノ聲聞ハ。鹿苑ニテ入滅スルソト云義ハ其ノ分モ可レ有。サレトモ方等彈呵ノ聲聞ヲハ決定性ト云也。在レ昔則（天文一、一四五下〜六上。文句記）無ニ應化佛道之稱一。在レ今卽無ニ住果決定之名一ト云ヘル可レ思レ之

問。玄文ノ中ニ。（頭六十（天玄五、六四六））人情既爾文　爾者妙樂大師如何釋レ之耶

進云。（頭六十（同、六四五））人情下明ニ今意一文　付レ之。玄文ノ前後ヲ見ニ。今家ノ正意ト云事。全不レ見處也（答缺）

法華玄義第十抄　五味義

法華ニモ有ニ八教一事ヲハ。寺ニハ了淵（龍カ）房。山ニハ此流。法華ハ超八ノ圓ト　虫入　超八ノ八教也。法華ニ密用ニ大車一等ハ祕密不座ノ內ニシテ。皆顯露ニ知故也。覺大師。八教圖ニ見リ。體內ノ八教也

後番五味事。東塔ニハ却後三月閒ニ說云云此流ニハ只涅槃內ニ前四味有也。謂ク從ニ十二部經一等文化城品記云。故知ニ(於カ)涅槃顯露敎中一。取ニ小果一者。皆(天文四、一七四四下。文句記)知ニ涅槃實(眞カ)一文涅槃經顯露定敎ト云文也隨緣生ノ三諦者。事事ノ諸法カ三諦ニテ有也此流

〔法華玄義伊賀抄十一下　終〕

(底　本)叡山文庫佛乘院藏、二十二册寫本(重複册も含)
(對校本)㋑＝東叡山護國院藏、七册寫本
　　　　㋺＝叡山文庫眞如藏、九册寫本
＊寫年は各卷末奧書參照
(校訂者　武　覺超)

法華玄義伊賀抄　下　終

顯教　6

校訂者：天台宗典編纂所　編纂委員：武　覺超

天台宗典編纂所

（初版）〈編輯長〉荒槇純隆　〈編輯員〉藤平寛田・成田教道
一色皓湛・小川晃洋

天台宗開宗一千二百年記念

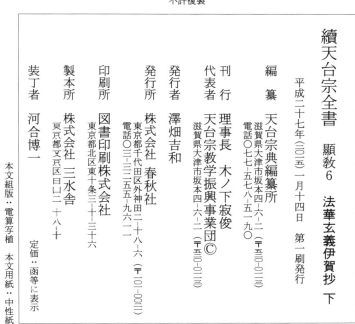

續天台宗全書　顯教6　法華玄義伊賀抄　下

平成二十七年（二〇一五）一月十四日　第一刷発行

編　纂　天台宗典編纂所
滋賀県大津市坂本四-六-二（〒五二〇-〇一一三）
電話〇七七-五七八-五一九〇

刊　行
代表者　理事長　木ノ下寂俊
天台宗教学振興事業団©
滋賀県大津市坂本四-六-二（〒五二〇-〇一一三）

発行者　澤畑吉和

発行所　株式会社　春秋社
東京都千代田区外神田二-十八-六（〒一〇一-〇〇二一）
電話〇三-三二五五-九六一一

印刷所　図書印刷株式会社
東京都北区東十条三-十一-三十六

製本所　株式会社　三水舎
東京都文京区白山二-十八-十

装丁者　河合博一

定価：函等に表示

本文組版：電算写植　本文用紙：中性紙

ISBN973-4-393-17125-7

第9回配本（第Ⅱ期全10巻）

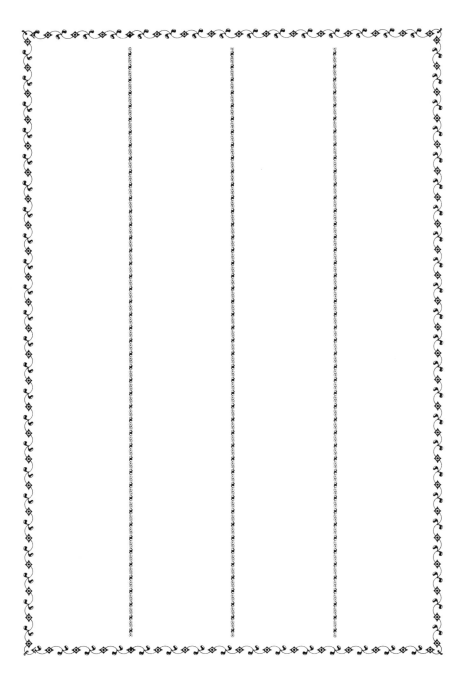